별자리와 숫자로 보는

366일
신비한
생일 사전

The Power of Birthdays,
Stars, & Numbers

새피 크로퍼드
제럴딘 설리번
지음

◆

유엔제이 옮김

ᕼ 현암사

별자리와 숫자로 보는
366일 신비한 생일 사전

초판 1쇄 발행 2017년 12월 25일
초판 4쇄 발행 2022년 12월 1일

지은이 | 새피 크로퍼드, 제럴딘 설리번
옮긴이 | 유엔제이
펴낸이 | 조미현

편집주간 | 김현림
책임편집 | 일반편집팀
디자인 | 나윤영

펴낸곳 | (주)현암사
등록 | 1951년 12월 24일 · 제10-126호
주소 | 04029 서울시 마포구 동교로12안길 35
전화 | 365-5051 · 팩스 | 313-2729
전자우편 | editor@hyeonamsa.com
홈페이지 | www.hyeonamsa.com

ISBN 978-89-323-1894-3 03180

이 도서의 국립중앙도서관 출판예정도서목록(CIP)은
서지정보유통지원시스템 홈페이지(http://seoji.nl.go.kr)와
국가자료종합목록시스템(http://www.nl.go.kr/kolisnet)에서
이용하실 수 있습니다.(CIP제어번호 CIP2017034351)

• 책값은 뒤표지에 있습니다. 잘못된 책은 바꾸어 드립니다.

우리가 이 책을 완성하는 동안 큰 인내심을 발휘하며 도움을 준 가족들,
부모님 마거릿 설리번과 마이클 설리번, 레온 그루시코와 크리스티나 그루시코,
멜리사 크로퍼드, 리키 파울서, 클레오 파울서에게 드립니다.

감사의 말씀

출발점부터 우리 프로젝트를 지원해주신 편집자 지니 페이버, 대리인 줄리 카스티야,
척 웨인에게 특별한 감사를 보냅니다. 또한 많은 격려와 함께 편집을 도와주신 제이슨 주즈가,
휴 데이비스, 제인 랭, 디자인을 도와주신 마크 라이너에게 특히 감사드립니다.
그리고 이 프로젝트를 가능하게 해주신 팻 포스터, 조세핀 섀넌, 톰 설리번,
디어드리 에드워즈, 줄리아나 도일, 알렉시아 벡, 타샤 그리피스, 앤 레먼에게도
고마움을 전하고 싶습니다.

차례

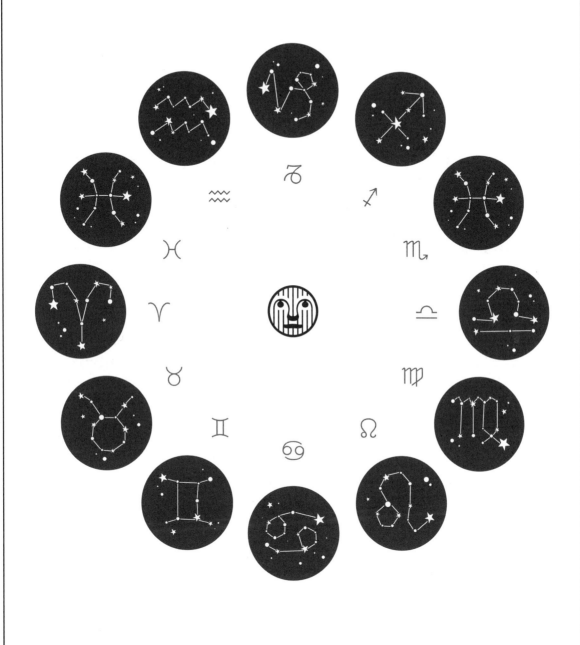

서론

이 책에서 독자들은 1년 366일 각 날에 태어난 사람들의 성격 분석을 볼 수 있습니다. 이 책은 단순한 태양궁 점성학을 넘어 각 날짜만의 독특한 특성을 통찰력 있게 제시합니다. 우리는 천문학, 심리학, 수비학(數秘學), 행성에 관한 지식에 두루 의지했고 이 모든 분야를 종합한 후 포괄적인 날짜별 분석을 완성하여 이 책에 담았습니다. 어떤 두 날짜도 동일한 우주의 힘을 공유하지 않습니다. 각각의 날짜가 독특하고 특별합니다. 날짜별 분석은 당신이 정말 어떤 사람인지, 당신의 미래는 어떨지에 대한 흥미로운 정보를 제공합니다. 또한 이 책으로 당신은 친구나 연인, 가족, 동료의 생일도 확인하고 싶어질 것입니다. 그리하여 당신의 능력과 잠재력을 제대로 인식할 수 있을 뿐만 아니라 주변 사람들의 성격, 당신과의 관계 등을 더 잘 파악하게 될 것입니다.

점성학과 수비학은 인류와 우주의 관계를 탐사하는 상징의 언어로, 더 큰 우주 안에서 우리가 어디에 있는지 알려줍니다.

역사 초기부터 인류는 자연의 힘과 주기를 알고 있었습니다. 이 자연의 주기와 우주의 리듬은 살아 있는 모든 생명체에게 영향을 미칩니다. 항성(별)들은 태양계 밖에 있지만 우리에게 영향을 미칩니다. 항성은 고대부터 점성학에서 다루는 한 부분이었는데 이 책에서는 1년 366일 하루하루에 대해 항성이 미치는 영향을 현대식으로 해석했습니다.

점성학과 수비학은 이 영향을 해석하는 방법이며, 이 주기들이 우리 삶에 어떻게 영향을 미치는지 보여줍니다. 점성학 연구에는 천문학, 상징주의, 심리학, 기하학 등 다양한 학문이 포함되고, 수비학은 숫자가 질과 양의 이원성을 띤다는 이론을 구체화합니다. 이 책은 모든 효과적인 해석 기법들을 통합해 각 날짜에 대해 고유의 심도 깊은 분석을 제시합니다.

이 책은 태양의 1년 주기를 계산하는 두 가지 방법을 통합했습니다. 점성학에서 1년은 양자리 0도인 3월 21일에 시작하는 반면 수비학의 1년은 매년 1월 1일에 시작하는 서양력을 바탕으로 합니다. 이 두 태양력 체계가 결합되면 각 생일에 대해 심오한 심리학적 통찰력을 제시하는 전체론적 관점의 점성·수비학(astronumerology)이 나타납니다.

신뢰성 있는 점성학에서는 공간과 시간의 한 시점을 바탕으로 상징적으로 유일무이한 각각의 점성학 도표를 만드는 것이 관행입니다. 점성학자들이 천궁도를 그리려면 태어난 연도와 날짜, 시간, 장소가 필요하지만 대중적인 점성학은 황도 12궁의 기본 별자리 12개만 참조합니다. 이렇게 1년을 행성에 따라 12개의 월로 나누는 방식은 점성학 연구의 기본으로 볼 수 있습니다.

태양은 우리 태양계의 중심으로, 지구를 포함한 행성들이 그 주위를 돕니다. 지구는 자체 회전축을 중심으로 자전하고 태양을 시계 반대 방향으로 공전하면서 두 가지 중요한 주기를 형성합니다. 지구의 자전으로는 낮과 밤의 주기가 생깁니다. 지구에서 보면 태양이 동쪽 지평선에서 하늘을 가로질러 서쪽 지평선으로 가는 것으로 보입니다. 12개 별자리의 항성들을 배경으로 한 태양의 겉보기 여행은 지구 주위에 황도라는 경로를 만들어냅니다. 지구의 자전축은 회전할 뿐 아니라 기울어져 있어 북극이 1년의 어느 시기에 태양을 마주보는지, 얼마나 멀어지는지에 따라 4계절의 변화가 생깁니다. 이 지점들을 보통 춘분, 추분, 동지, 하지라고 부르죠. 점성학에서는 1년을 이렇게 네 부분으로 나누는 지점을 360도 황도대(zodiacal wheel)의 4개 카디널 포인트(cardinal point)라고 부릅니다. 점성학의 1년은 양자리 0도에 봄이 시작되고 게자리 0도가 하지, 천칭자리 0도가 가을, 염소자리

0도가 동지를 나타냅니다. 황도는 각각 30도씩 12개 부분으로 나뉘기 때문에 이 4개의 활동궁 뒤에는 4개의 고정궁인 황소자리, 사자자리, 전갈자리, 물병자리가 옵니다. 그리고 변화무쌍의 별자리(변통궁)인 쌍둥이자리, 처녀자리, 궁수자리, 물고기자리가 황도의 12개 별자리를 완성합니다.

황도는 12개의 개별적인 별자리로 나뉩니다. 하지만 고급 점성학에서는 이 별자리들이 더 세분되어 각각 또 다른 힘과 연결됩니다. 12개 별자리는 다시 각각 3개의 십분각(十分角, decanate)으로 나뉩니다. 각 십분각은 황도의 10도에 해당하며 이 십분각 지배성(支配星)은 해당 별자리의 성질을 보완하고 추가적인 영향을 미칩니다. 또 각 십분각은 자기 별자리와 행성에 연결됩니다. 이 책에서 독자들은 자신이 태어난 별자리뿐 아니라 십분각 지배성도 알 수 있습니다.

태양이 매년 거의 비슷한 위치로 돌아오기 때문에 점성학자들은 개인의 생일을 태양의 회귀(solar return)라고 부릅니다. 이 책은 12개 별자리 각각을 30도로 나누고 수비학과 행성까지 포함하여 12개 별자리와 포괄적인 점성학을 연결합니다.

우리는 또한 독자들이 수비학을 이용해 자신의 성격과 미래를 더 살펴볼 수 있는 특별한 항목을 준비했습니다. 이 부분에서는 각자의 탄생수(holistic number)를 계산하고 1년 수(personal year number)를 통해 미래를 예측합니다.

생일의 분석

🐎

각각의 생일 분석에서는 태어난 날짜의 특징들을 구체적으로 풀이합니다. 천체의 일반적 지식과 수비학, 별자리, 태양의 각도 등의 해설뿐 아니라 다른 별자리와 행성의 관계를 추가해 더욱 개인 맞춤화된 분석을 담았습니다.

또 태양의 프로그레션(progression, 진행)이라는 예측 기법도 포함시켰습니다. 점성학에서는 주로 이것을 이용해 개인의 삶에서 중요한 해들을 짚어냅니다. 이 전환점은 평생 약 세 번, 태양이 다른 별자리로 들어가는 때에 찾아옵니다.

'숨어 있는 자아' 부분에서는 당신의 내면에 숨겨져 있는 장점과 약점을 설명하고 '일과 적성'에서는 그날 태어난 사람에게 맞는 직업이 무엇인지를 알려줍니다. 그날 태어난 각 분야의 유명 인사들도 실었습니다.

생일에 대한 수비학적 분석도 제공하는데, 먼저 태어난 날의 수의 특징을 설명한 뒤 태어난 월에 따라 더욱 자세히 운세를 풀어봅니다. 태어난 날과 달의 수비학은 당신의 성격을 이해하는 데 중요한 역할을 하기는 하지만 당신의 인생 전체와 성격의 모든 측면에 영향을 미치는 개인의 탄생수에 비하면 부차적인 숫자들입니다. 따라서 당신의 성격을 이해하려면 태어난 날과 달의 수비학뿐 아니라 서문에서 명확하게 정의하는 탄생수에 대해서도 꼭 읽어야 합니다. 한편 각 해의 수비학이 당신에게 어떻게 적용되는지 알고 싶으면 1년 수를 계산하면 되는데, 이 역시 서문에 설명되어 있습니다.

생일 분석에서는 연애와 인간관계도 다루는데, 당신이 어떤 유형의 사람들과 숙명적 관계, 또는 이상적 친구나 연인 관계를 이루는지 다루고, 상대방의 생일도 소개합니다. 우리는 적절한 날짜들을 많이 포함시켰지만 이 목록이 결정적인 것은 아닙니다. 따라서 제시된 날짜에 태어나지 않은 사람들과도 중요한 관계를 맺을 수 있습니다.

각 생일을 분석하면서 황도 주위에 흩어져 있는 항성들이 미치는 특별하고 강력한 영향에 대한 정보도 제공합니다. 생일에 따라서는 여러 항성이 영향을 받는 경우도 있지만 별의 영향을 받지 않는 생일도 있습니다. 그 생일의 태양 근처에 영향을 미칠 만한 밝기의 별이 없기 때문입니다. 이 책에서는 생일에 태양과 관련된 영향을 미칠 수 있는 모든 별들의 목록과 주성의 영향을 소개했습니다. 부록에 모든 주요 항성들에 대한 자세한 설명이 나오니 참고하시길 바랍니다. 그리고 점성학에 대해 더 깊이 탐구하다 보면 항성이 당신이 태어난 날의 태양의 위치와 관계가 없을지라도 몇몇 별들이 그날의 행성 위치와 연관이 있다는 사실을 알게 될 것입니다. 독자들이 다채롭고 복잡한 항성들에 대해 더 많이 공부하고 더 깊이 파고들고 싶은 마음이 생겼으면 좋겠다는 것이 우리의 바람입니다.

우리는 방대한 전문지식을 한 권의 책에 담으면서 성격학 분야에서 이용할 수 있는 가장 포괄적인 참고 도구가 되길 바랐습니다. 수년 동안의 연구와 복잡한 점성학 및 분석 경험, 수천 건의 사례 연구를 종합했는데 이것은 당신은 물론이고 다른 사람들의 성격과 능력, 잠재력을 더 깊이 이해하게 해줄 것입니다. 그러면 이제 1년의 하루하루로 들어가봅시다. 각 날짜는 가능성으로 가득 찬 유일무이한 개인이 태어나면서 시작됩니다.

점성학의 세계

먼 옛날부터 우리는 인간과 우주의 관계를 더 깊이 이해하기 위해 천체를 관찰해왔습니다. 인간이 지구에서 영원히 존재할 수 없다는 사실은 초기 인류에게 불안감을 안겨주었습니다. 반면 해가 뜨고 지는 것처럼 반복되는 천체 현상은 안도감을 주었습니다. 우리 조상들은 이런 대비가 천상의 영역과 지상의 영역의 근본적 차이라고 인식했습니다. 점성학은 바로 이렇게 별, 행성의 주기와 지구에서 일어나는 사건들 간의 의미 있는 상호작용을 연구하는 분야입니다.

전체론적 관점을 유지하는 몇 안 되는 철학들 중 하나인 점성학은 모든 것이 서로 연결되어 있다고 가르칩니다. 그 무엇도 홀로 하나의 법칙으로 서 있지 못합니다. 모든 것은 우주 주기와의 끊임없이 변화하는 역동적인 관계의 일부입니다. 우리는 이런 생명 체계의 밖에 있지 않으며, 그 체계에 영향을 미치고 깊은 영향을 받습니다. 모든 사람은 타인과 맺고 있는, 변화하고 역동적인 관계의 일부입니다. 우주는 반대 극성들이 서로를 움직이게 하고 그 자체가 더 큰 체계의 일부분이기 때문에 주기와 힘의 복잡한 상호작용이라 할 수 있습니다. 점성학자들은 이러한 상호작용을 인식하고 상징을 통해 이를 이해하려고 노력합니다.

어떤 사람도 홀로 서 있지 않습니다. 모든 사람은 타인과의 역동적이고 변화하는 관계의 일부분이고, 각 개인은 우주 주기와 복잡하고 변화하는 관계에 연루되어 있기 때문입니다.

모든 유기적 진동은 주기에 의해 구분되며, 점성학의 가설들은 이 주기적이고 변화하는 존재를 포착합니다. 점성학은 복잡성, 그리고 주관성과 객관성을 동시에 내포합니다. 점성학은 객관적으로는 행성의 주기에 따라 시간을 측정하여 그 지속의 의미에 대해 독특한 관점을 제시합니다. 주관적으로는 상징적으로 사물을 파악하고 사물의 전후 관계에서 사실을 발견합니다.

점성학은 자연의 흐름이 하나의 주기 혹은 만다라(우주 법계의 온갖 덕을 나타내는 둥근 그림)라고 주장합니다. 360도 주기에서 우리는 개인적·집단적으로 존재하는 각 순간을 경험합니다. 각 도수는 주기의 개별적 부분이지만 각 도수가 있어야 주기가 존재합니다. 만다라는 모든 창조물의 상징이며 시작도 끝도 없는 자립적이고 완벽한 형태입니다. 주기는 우주와 모든 개인, 그리고 내면의 우주를 상징합니다. 모든 생명체의 활동이 이 주기와 관련되어 있습니다. 생명체의 구조에도 시간 주기가 있습니다. 점성학을 탐구하면 외부적 우주와 내부적 우주 사이의 연관 관계를 밝혀 더 큰 심리학적·정신적 인식을 얻게 됩니다.

점성학의 두 가지 주요 빛은 태양과 달로, 낮과 밤의 주기에 상응합니다. 이 주기에 따라 초기 문명에서 태음력이 만들어져 시(時), 일(日), 월(月), 연(年)으로 해석되었습니다. 심리학 용어에서 태양과 달의 상징적 결합은 개인 내면의 상반되는 것들의 결합을 나타내는 '신비의 결혼(mystical marriage)'으로 인식됩니다. 동양 철학 용어에서는 이 결합을 음/양, 즉 남성적 원리와 여성적 원리로 특징짓습니다.

개인 천궁도는 태어난 순간에 태양계의 행성들이 지구와 상대적으로 정확히 어느 위치에 있었는지 보여주는 '지도'입니다. 이 점성학의 탄생 도표는 기본적으로 10개의 행성과 12개의 별자리로 이루어져 있습니다.

태양의 점성학적 역할 12가지

사랑, 미움, 탄생, 죽음, 어린 시절, 부모 시기, 노년 같은 잘 알려진 보편적 주제들은 모든 인간들에게 공통됩니다. 태양이 12개 별자리를 지나는 상징적 여행을 하면서 인간의 이러한 경험 전체가 황도에 의해 상징화됩니다. 점성학에서는 우리 모두 신의 드라마에서 하나의 역할을 맡기 위해 이 존재의 거대한 주기에 합류하려고 태어났다고 믿습니다. "이 세계는 무대요, 모든 남녀는 배우일 뿐이다"라는 셰익스피어의 말처럼 말입니다.

전체적으로 보면 만물이 다른 모든 것과 관련이 있고 따라서 서로 연결되어 있습니다. 마찬가지로 점성학에서도 12개의 별자리 모두가 개인과 인류의 정신에 똑같이 내포되어 있습니다. 인간은 하나의 특정 별자리에서 태어났지만 전체와 통합되려면 다른 11개의 별자리와 관계를 맺어야 합니다. 일상생활에서 우리는 12개 별자리의 모든 면들을 경험하지만 태어난 날의 별자리가 주요 역할을 한다고 할 수 있습니다. 심리학에서는 카를 구스타프 융(Carl Gustav Jung)이 이러한 보편적 역할을 원형(archetype)이라고 했습니다.

사람들은 종종 자신만의 고유한 역할을 하고 있다고 생각하지만, 개인은 신의 뜻의 전달자나 통로일 뿐이며 개인들의 역할이 모여 우주가 형성되는 있는 것임을 자기 인식을 통해 깨닫게 됩니다. 점성학자 데인 러디아르(Dane Rudhyar)는 자신의 책 『점성학적 만다라(An Astrological Mandala)』에서 "[개인]의 자아는 렌즈와 같은 것, 빛이 렌즈를 통해 모아지듯이 신의 뜻은 개인의 행동에 집약된다. 인간은 아무것도 하지 않지만 한마음(One Mind)이 그를 생각하신다. 그의 삶은 더 이상 자신의 것이 아니라 그의 유기체라는 공간을 통해 수행되는 전체가 되기 때문에 신성해진다"라고 말했다.

12개 별자리의 원형과 역할

각 별자리는 창조 활동에서 자신의 힘을 나타내기 위해 특정 원형의 역할을 맡아 수행합니다. 다음 목록은 각 별자리와 연결된 일부 주요 원형과 역할입니다.

양자리 : 리더, 열렬한 지지자, 개척자, 전사, 저돌적인 사람, 경쟁자

황소자리 : 실용주의자, 호색가, 자연애호가, 가수, 평가자

쌍둥이자리 : 소통에 능한 사람, 해설자, 작가, 연설자, 이야기꾼, 교육자

게자리 : 어머니, 남을 보살피는 사람, 신통력이 있는 사람, 조언자, 보호자

사자자리 : 연기자, 왕이나 여왕, 아이, 창조적 예술가, 연인, 배우

처녀자리 : 분석가, 완벽주의자, 연구자, 하인, 개선하는 사람, 비평가

천칭자리 : 연인, 외교관, 동반자, 사교에 능한 사람, 주인 혹은 여주인, 균형을 잡는 사람, 협상가

전갈자리 : 지배자, 최면술사, 마법사, 형사, 변화를 만드는 사람

궁수자리 : 여행가, 철학자, 낙천주의자, 탐구자, 국외자

염소자리 : 아버지, 권력자, 노동자, 엄격한 사람, 전통주의자

물병자리 : 인도주의자, 객관적 관찰자, 발명가, 과학자, 친구, 기인, 혁명가, 연금술사

물고기자리 : 선지자, 낭만적인 사람, 구원자, 신비주의자, 치유자, 몽상가, 시인

12개의 별자리

✺

양자리

3월 21일~4월 20일

첫 번째 별자리

활동궁 불

지배성 : 화성

신체 부위 : 머리

키워드 : 에너지, 활동, 리더십

에너지와 창조적인 아이디어가 넘치는 양자리 태생들은 황도의 첫 번째 별자리에 속합니다. 양자리는 불을 나타내기 때문에 이 별자리에서 태어난 사람들은 활기차고 열정적입니다. 세계가 자기 것이며 자신이 탐구하고 정복할 대상이라고 믿습니다. 천성적으로 열정적이고 적극적이어서 끊임없는 프로젝트 추진과 활발한 활동으로 빠르게 앞으로 나아갑니다. 양자리 태생들은 황도의 개척자이자 리더로, 그중에서 가장 조용한 사람들도 속으로는 일등이 되거나 무언가에서 최고가 되길 원합니다. 양자리 태생들은 화성의 영향을 받아 행동가이며 빈둥빈둥 지내는 일이 드뭅니다. 활동적인 육체와 대담하고 진취적인 정신이 결합되어 어떤 활동에서건 선두에 서려고 합니다. 대담하고 열정적인 양자리 태생들은 매우 이상주의적이며 사랑하는 사람들에게 꽹장히 충실합니다. 파트너에게 자신이 좋아하는 일들에 대해 자세히 이야기하길 좋아하고 힘이 되어줍니다.

인내심이 강하지는 않기 때문에 직접적 접근 방식, 단호한 행동, 교묘하게 행동하거나 요령을 부리지 않는 점 등에서 양자리 태생들을 알아볼 수 있습니다. 그러나 이런 성급함 때문에 참을성이 없고 충동적이며 순간적으로 분별없는 행동을 할 가능성도 높습니다. 하지만 양자리 태생들은 과제에 정면으로 대응하고 힘든 상황에 용기 있게 맞설 수 있어서 위기에 잘 대처합니다.

양자리에서 태어난 사람들은 반대 여론에도 불구하고 자신의 이상에 대해 타협하지 않습니다. 그 때문에 곤경에 빠진다 해도 마찬가지입니다. 많은 대립에 부딪친 뒤, 나이가 들면서 대부분 겸손을 배우게 됩니다. 이 별자리에 태어난 남성들은 모험을 찾아다니길 좋아하고 여성들은 단호하고 적극적인 모습을 보입니다.

양자리 태생들은 화를 잘 내고 자기 의견을 몹시 표현하고 싶어 하지만 마찬가지로 빨리 용서하고 잊기도 잘합니다. 아드레날린의 자극을 잘 받고 성급해서 세세하게 잘 챙기지 못하는 이 사람들은 보통 급히 서두르는 편이어서 새로운 프로젝트를 시작할 때 일을 잘합니다. 하지만 천진난만한 자기중심적인 성격이나 다른 사람들을 괴롭히는 성향은 경계해야 합니다.

전반적으로 양자리에서 태어난 사람들은 에너지와 영감으로 가득 차 있고 자신감이 강합니다. 타고난 리더십에서 이런 면들이 나타납니다. 따라서 양자리 태생들이 다른 사람들에게 자신을 따라오도록 영향력을 발휘해도 놀라운 일이 아닙니다. 무시당하는 걸 거부하고 활동적이며 너그러운 양자리 태생들은 어떤 일에도 굴하지 않고 힘을 냅니다.

황소자리

4월 21일~5월 21일

두 번째 별자리

고정궁 흙

지배성 : 금성

신체 부위 : 목구멍, 목

키워드 : 인내심, 끈기, 관능

황소자리 태생들은 조용하고 단호하며 매우 합리적인 사람들로 절대 포기를 모릅니다. 인내심과 끈기가 있어 다른 모든 사람들이 도중에 실패해도 계속 나아갑니다. 따뜻한 마음과 차분하고 느긋해 보이는 태도는 삶의 소박함을 즐긴다는 것을 보여줍니다.

황소자리 태생들은 급하게 일에 돌진하지 않습니다. 안전성과 경제적 문제들을 중요하게 고려하여 신중하고 주의 깊게 결정을 내립니다. 십분각 지배성인 금성의 영향을 받아 사람의 마음을 강하게 끌고 관능적이어서 이성에게 대단히 매력적입니다. 금성의 영향은 미에 대한 사랑, 예술에 대한 관심, 정교한 촉각도 부여합니다.

황소자리에서 태어난 사람들은 현실적이어서 음식이나 집 같은 기본적인 삶의 안락을 매우 중요하게 생각합니다. 요리 솜씨가 뛰어나고 와인에도 일가견이 있으며 놀이를 좋아합니다. 황소자리에 태어난 사람은 황도 12궁의 은행가라고 할 만큼 대다수가 금전 거래 목록을 꼼꼼하게 작성합니다. 물질주의적이라는 말을 들으면 자신들은 그저 합리적이고 돈의 가치를 알 뿐이라고 합니다. 또한 돈과 관련된 문제부터 자기 자신에 이르기까지 모든 것을 평가하는 데 능합니다.

사랑하는 사람들에게 관대하지만 소유욕이 지나치게 강해지지 않도록 하세요. 충실하고 헌신적인 친구인 황소자리 태생들은 평화를 유지하기 위해 힘들어도 내색하지 않는 편이지만 지나친 압력을 받으면 완고해져서 고집을 부리기도 합니다. 정착과 안정을 바라기 때문에 상황을 지금 그대로 유지하는 쪽을 좋아합니다. 변화와 불안정을 겪는 시기에는 새로운 상황에 적응하는 데 어려움을 겪을 수 있지만, 다행히 예술에 대한 사랑과 창의력, 자연이 주는 즐거움, 혹은 음악을 통해 평온을 찾을 수 있습니다.

황소자리 태생들은 매력적이고 차분한 목소리로 노래를 잘하는 사람이 많습니다. 그러나 스트레스를 받으면 목에 병이 생길 수 있습니다. 하지만 황소자리에서 태어난 사람들은 대체로 강건합니다. 재미있는 것을 찾아 즐기는데 너무 거기에만 빠지지 않게 하세요.

황소자리 태생들은 현실적이고 끈기가 있으며 목표를 향해 근면하게 노력합니다. 탄탄한 토대를 쌓고 싶다는 확고한 열망으로 성공을 얻을 수 있습니다.

쌍둥이자리

5월 22일~6월 21일

세 번째 별자리
변통궁 공기
지배성 : 수성
신체 부위 : 폐, 팔, 손
키워드 : 다재다능함, 달변, 독창성

지식을 끝없이 갈망하고 천부적으로 소통에 능한 쌍둥이자리 태생들은 영원한 학생입니다. 공기의 속성을 가진 별자리에 속하고 매우 지적인 쌍둥이자리 태생들은 끊임없이 정신적 호기심을 충족시키려 노력하며 늘 굉장히 바쁩니다. 어떤 주제든 핵심을 재빨리 짚어내고 방대한 지식을 습득해 타인과 나누는 걸 좋아합니다. 똑똑하고 다재다능하며 열정적이지만 에너지를 너무 많은 방향으로 분산시키지 않아야 합니다. 정신 수양과 교육을 통해 좀 더 심오한 사고를 발달시킬 수 있습니다.

수성과 연결된 이 별자리에서 태어난 사람들은 종종 양성적 특성을 보이며, 몸이 호리호리하고 팔팔합니다. 대체로 얼굴이 밝고 표정이 풍부하며 자신의 생각을 전할 때 손을 잘 사용합니다. 이야기하는 걸 좋아해 몇 시간이고 거뜬히 수다를 늘어놓을 수 있으니 통신비 걱정을 해야 할지도 모르겠습니다. 생각이 젊은 쌍둥이자리 태생들은 항상 호기심에 차 있는 영원한 아이에 비유되기도 합니다.

쌍둥이자리 태생들은 신경이 예민해서 어떤 일이나 사람에게 전적인 관심을 집중하지 못합니다. 상징인 쌍둥이들처럼 한 번에 적어도 두 가지 일을 할 수 있을 뿐 아니라 융통성 있고 다재다능하며 적응력이 뛰어난 걸로 유명하죠. 쾌활하고 세련된 사람들로, 속박을 싫어하고 따분하거나 지루한 것을 싫어합니다. 일관성을 찾아보기 힘든 면도 있고 기분이 잘 바뀌는 것처럼 보이기도 합니다. 그러나 지성적이어서 세속적 열정보다 정신적 자극을 주는 과제들에 더 관심을 보입니다.

명랑하고 친화적인 쌍둥이자리 태생들은 다른 사람

들과 쉽게 친해지고 자신의 풍부한 지식을 사람들과 기꺼이 나누려 합니다. 활기찬 매력과 타고난 재치의 소유자인 쌍둥이자리 태생들이 가장 유쾌한 친구이자 동반자가 될 수 있다는 게 놀라운 일은 아니지요. 재미있고 아이디어가 풍부한 이들은 활달한 기운이 치솟을 때는 표현력이 정말 좋습니다.

게자리
6월 22일~7월 22일

네 번째 별자리
활동궁 물
지배성 : 달
신체 부위 : 가슴, 위
키워드 : 세심함, 공감력, 애정

정서적이고 섬세한 게자리 태생들은 감정의 지배를 받습니다. 지배성인 달과 마찬가지로 조수 변화에 따라 온갖 감정을 다 겪죠. 게자리에서 태어난 사람들은 깊은 대양의 힘과 외로운 해변에 홀로 있는 게의 취약함을 둘 다 가지고 있습니다. 그 게처럼 엄청난 예민함과 신중함을 감추기 위해 수줍음이나 내성적 성격이라는 방어용 껍데기를 쓰고 있죠. 그러나 이런 성향을 나약함으로 해석해서는 안 됩니다. 게자리에서 태어난 사람들은 때때로 내면으로 침잠해서 힘을 모으거든요.

공감을 잘하고 인정이 많은 게자리 태생들은 사람들을 보살피려는 마음이 강해 좋은 부모가 되고, 간병인이나 치료사로 일을 해도 좋습니다. 사랑하는 사람을 지키려는 강한 의지가 있기 때문에 모든 역경에 대항해냅니다. 그러니 이들의 안정에 대한 욕구에서 집과 가족이 매우 중요한 역할을 한다는 게 당연하지요. 대체로 가정적인 게자리 태생들은 음식 감식가이고 요리 솜씨가 좋습니다. 심지어 냉장고가 꽉 차 있지 않으면 안심하지 못하는 사람들도 많아요.

기분 변화가 심하지만 선천적으로 애정이 풍부한 성격입니다. 그러나 주위 사람들을 사랑하고 보호한다고

해서 그들을 숨 막히게 하지는 마세요. 게자리는 물의 별자리이기 때문에 이 별자리에서 태어난 사람들은 부끄러움을 타고 감상적이지요. 과거에 대한 애착이 강하기 때문에 열렬한 수집가가 되는 경향이 있습니다. 수집 대상은 가보와 골동품부터 사진과 편지에 담긴 기억들까지 다양합니다. 또한 돈을 관리하는 능력도 뛰어나 만일에 대비해 저축에 힘쓰는 편입니다.

게자리에서 태어난 사람들은 성격이 복잡합니다. 한편으로는 비빌 수 있는 든든한 언덕처럼 보이지만 다른 한편으로는 아이 같은 모습을 보이지요. 또한 소극적 저항의 대가들입니다.

달의 영향으로 게자리 태생들은 천성적으로 직관력이 강하고 영적 능력이 있으며, 또한 쉽게 상처를 받기도 합니다. 풍부한 상상력과 섬세한 이해력은 창의적이고 예술적인 세계에서 활동할 수도 있게 할 것입니다. 게자리 태생들은 일단 자신의 감정을 보여줄 정도로 누군가를 신뢰하면 더욱 강하고 충실해지며 그 사람을 보호하려고 합니다.

사자자리
7월 23일~8월 22일

다섯 번째 별자리
고정궁 불
지배성 : 태양
신체 부위 : 심장
키워드 : 활력, 자신감, 자기표현

따뜻하고 다정한 사자자리 태생들은 마음이 넓습니다. 인정 많고 너그러운 모습은 극적인 것을 좋아하는 데서 나옵니다. 사자자리 태생들은 대중의 인기를 바라면서 안목 높은 청중들과 있을 때 가장 행복을 느끼기 때문입니다. 다행히도 이들은 무대 중앙을 차지하려고 하는 만큼 다른 사람들에게도 신경을 씁니다. 다른 사람들의 프로젝트에 너그럽게 동의를 표하고 찬사를 퍼붓죠.

태양의 지배를 받는 사자자리 태생들은 사랑스럽고

아이 같은 장난기가 있으며 창의적이고 자기표현 욕구가 강합니다. 코러스 라인에 있기보다 주연을 맡고 싶어 하고, 가끔은 허영심과 오만함 때문에 어려움을 겪기도 합니다. 자신이 틀렸다는 것을 잘 인정하지 못하고 아첨에도 쉽게 넘어가죠. 하지만 쾌활한 성격, 장난기, 관대함으로 어떤 결함도 쉽게 상쇄합니다. 이 친화적이고 남과 어울리기 좋아하는 사람들은 사교 행사, 파티, 극장 방문, 긴 휴가를 함께할 이상적인 파트너입니다.

주목받고 싶어 하는 욕망과 위엄 있고 당당한 사자자리 사람들은 권한 있는 자리에 올라가고 빼어난 리더십을 발휘합니다. 사자자리 태생들은 자연스럽게 책임을 떠맡는데, 때로는 요청이 없는데도 그렇게 하기 때문에 너무 우두머리 행세를 한다는 비난을 듣기도 합니다. 하지만 이들은 책임을 완수하기 위해 매우 열심히 일해 뛰어난 관리자와 리더가 됩니다. 그러나 타고난 잠재력을 실현하지 못한 사자자리 태생들은 게으름에 빠져 활기를 잃어버릴 수 있습니다.

사자자리에서 태어난 사람들은 용감하기로 유명하며 무방비로 약한 상태로 있기보다 남을 보호하는 강한 역할을 좋아합니다. 성격이 조용한 사자자리 태생들이 겸손한 겉모습 뒤에 자부심과 훌륭함을 숨기고 있을 때도 당당한 위엄이 드러나 보이죠. 사자자리에서 태어난 사람들은 남들도 자신과 비슷한 고결함을 지니고 있다고 생각하며, 어떤 의견 충돌에서도 자아 존중감을 지키는 데 신경을 씁니다. 사람들이 자신을 좋게 생각해주길 바라고, 자신이 남들에게 어떤 인상을 주는지 굉장히 의식합니다.

고정된 불의 별자리에 속한 사자자리 태생들은 활기가 넘치고 열정적이지만 다소 완고한 편입니다 창의성과 극적인 감각이 결합되면 엄청나게 로맨틱한 사람이 되며, 사랑하는 것, 사랑받는 것을 좋아합니다. 당신이 어디에서 사자자리 태생들 만나더라도 쾌활한 성격이 오랜 인상을 남길 겁니다.

처녀자리
8월 23일~9월 22일

여섯 번째 별자리
변통궁 흙
지배성 : 수성
신체 부위 : 장
키워드 : 안목, 효율성, 봉사

분석적이고 효율적인 처녀자리 태생들은 직업의식이 투철합니다. 삶에서 질서를 원하고 체계적으로 일을 완수하고 싶어 하죠. 처녀자리에서 태어난 사람들은 기존 체계를 개선하기 위해 끊임없이 검토하고 다듬어나갑니다. 유감스럽게도 이런 완벽주의가 주위 사람들에 대한 비판으로까지 확장되어 다른 사람들이 이들의 말을 거부하게 될 수 있습니다. 반면 처녀자리 태생들은 자신의 결함을 지적당하는 건 달가워하지 않습니다. 그 결함들을 이미 잘 알고 있고 스스로를 가장 가혹하게 평하기 때문이죠. 자신의 결점을 인정하기 때문에 겸손하고 잘난 척하지 않으며 타인에게 봉사함으로써 자아 존중감을 확인합니다.

처녀자리에서 태어난 사람들은 수성의 영향을 받아 지적이고 논리정연하며 분별력이 있습니다. 여기에 원소 흙의 영향이 더해져 현실적이고 능력 있는 조직자이며, 매우 열심히 일하고 세부적인 부분들까지 신경을 씁니다. 경제적이고 돈에 대해 신중해 때로는 돈주머니를 졸라매지만 누군가가 도움이 필요하면 시간과 돈을 아끼지 않습니다. 그러나 도움을 받는 사람들이 스스로 일어서려고 노력하길 기대합니다. 처녀자리 태생들은 어리석거나 천박한 짓에 잘 반응하지 않으며 본능적으로 혼란에서 질서를 세우길 원합니다. 가장 작은 세부 사항까지 분석하지만 한 가지 일을 계속 곱씹느라 큰 그림을 놓칠 수 있으니 유념하세요.

처녀자리 태생들은 지극히 기준이 높아서 안목이 뛰어나고 특정 분야에서는 더 꼼꼼합니다. 또 청결함과 영양에 관심이 많고 운동과 건강한 생활 태도를 지지합니다. 하지만 때로는 정신적 긴장으로 지나친 불안에 빠지거나 신경증에 걸릴 수도 있습니다. 일의 압박이 그 원인인 경우가 흔한데, 의무감이 강해 자신이 처리할 수 있는 이상의 일을 맡기 때문입니다. 대개 뛰어난 고용인인 처녀자리 태생들은 어수선한 것을 싫어하고 철저함과 효율성을 좋아합니다.

처녀자리 태생들은 신뢰할 수 있고 진지하며 삶에 체계적으로 접근하는 사람들로, 늘 현실적이고 합리적인 도움을 줄 든든한 기둥입니다. 사실 처녀자리 태생들은 요청을 받기 전에 먼저 도움을 줍니다.

천칭자리

9월 23일~10월 22일

일곱 번째 별자리
활동궁 공기
지배성 : 금성
신체 부위 : 신장
키워드 : 균형, 사교술, 인간관계

천칭자리 태생들은 황도의 외교관들입니다. 불화를 피하기 위해 매력을 발산하며 기분 좋은 미소를 보내고 평화를 지킬 수 있는 일은 다하죠. 애정이 많고 남과 어울리기 좋아하며 세련된 천칭자리 태생들은 인기를 얻고 싶어 합니다. 공기의 속성을 가진 별자리에 태어나서 쾌활하고 친화적이며 지적이고 사교적입니다.

금성의 지배를 받고 인간관계에 대해 잘 알고 있는 천칭자리 태생들은 항상 다른 사람의 시선에서 상황을 볼 수 있습니다. 이러한 균형을 원칙으로 하기 때문에 이들은 자신을 더 잘 이해하기 위해 거울 역할을 해줄 파트너를 원합니다. 천칭자리에서 태어난 사람들은 굉장히 공명정대하고 모든 것을 신중히 저울질한 뒤에야 결정을 내립니다. 어떤 상황이나 문제의 장단점을 놀라울 정도로 논리적이고 분별력 있게 이야기할 수 있죠. 그 때문에 타협과 협상 기술이 뛰어난 반면 유감스럽게도 우유부단해지거나 최종적인 결론을 내리지 못할 수도 있습니다.

균형은 천칭자리 태생들에게 굉장히 강력한 키워드입니다. 이들은 진심으로 조화를 원하지만 저울이 한쪽으로 너무 기울어지면 어려운 시기를 겪기 쉽습니다. 하지만 자기 인식과 함께 내면의 평형 상태를 유지하기 위해 노력하면 할수록 자립성이 커져 다른 사람에게 의존적이 되는 성향이 완화됩니다. 천칭자리 태생은 논란을 불러일으키더라도 자신의 믿음을 지지하는 하는 법을 배워야 합니다.

천칭자리에서 태어난 사람들은 금성의 지배를 받아 사교적이고 우아하며 미와 화려함을 좋아합니다. 대체로 멋진 집에 살고, 예술적 감각도 타고났습니다. 색채에 대한 타고난 안목이 있어 고상하고 조화로운 환경에 둘러싸여 있어야 하며, 그렇지 않으면 불만을 느낄 수 있습니다. 미에 대한 이러한 사랑은 외모에서도 볼 수 있습니다. 천칭자리들은 매력적으로 보이기 위해 노력을 기울이거든요.

훌륭한 주인 노릇을 할 수 있는 천칭자리 태생들은 결혼식, 친구들 모임이나 소규모 가족 모임 같은 사교와 애정이 결합된 모임을 좋아합니다. 실제로 이들은 꽃이나 초콜릿 선물을 항상 고맙게 생각하는 대단한 로맨티스트들이며 이런 선물로 미에 대한 욕구와 단것에 약한 취향을 충족시킵니다: 약간의 사랑과 애정만으로도 천칭자리 태생들의 마음을 얻을 수 있을 겁니다.

전갈자리

10월 23일~11월 21일

여덟 번째 별자리
고정궁 물
지배성 : 명왕성
신체 부위 : 생식기
키워드 : 쇄신, 비밀, 힘

사람을 끄는 매력이 있는 전갈자리는 황도에서 가장 열정적인 별자리입니다. 전갈자리 태생들은 무슨 일이

건 힘차고 치열하게 합니다. 전갈자리들에게 무성의란 없습니다. 이들은 힘과 의지, 극단으로 뭉친 생명체들입니다.

물의 속성을 가진 별자리에서 태어난 이들은 깊은 정서적 수준에서 삶을 탐구하길 좋아합니다. 호사가들의 허황된 말은 통하지 않습니다. 전갈자리 태생들은 진짜 이야기를 원하고 진실을 탐구합니다. 저승의 지배자(Pluto)와 이름이 같은 지배성을 가진 전갈자리 태생들은 잠재의식의 신호를 잘 포착합니다. 그래서 다른 사람들이 말하는 것뿐 아니라 무의식적으로 느끼는 것까지 알아차립니다. 형사나 심리학자처럼 상대방에게 온갖 질문을 던지면서도 정작 자기 자신에 대해서는 거의 드러내지 않는답니다. 이런 비밀스러움이 이들의 진짜 힘을 가리고 있습니다. 전갈자리에서 태어난 사람들은 예민해서 심하게 상처받을 수 있기 때문에 제어할 수 있는 위치에 있기를 바랍니다.

전갈자리 태생들이 인생에서 필요한 것은 의지력으로 욕구를 극복하라는 것입니다. 전갈자리는 성욕의 근원과 연결되어 있고 감정이 강력하고 치열하기 때문에 때로는 질투나 소유욕에 사로잡힐 수 있습니다

전갈자리들은 죽음이나 변신으로 상징되는 강력한 경험에도 과감하게 도전하는데, 그것이 모든 걸 잃는다는 의미여도 이들은 거짓되게 살지 못합니다. 물론 그것을 두려워하지 않으면 궁극적으로 엄청난 힘을 얻게 됩니다. 전갈자리 태생들은 일단 어떤 일을 맡기로 결정하면 해내겠다는 의지가 대단합니다. 고정 상태의 별자리에서 태어나 지구력이 굉장히 강해서 끝까지 버티죠. 또한 경쟁심이 강하고 지는 걸 싫어합니다. 만약 패하면 상대가 틀렸다고 입증할 수 있거나 정확하게 설욕할 수 있을 때까지 아무리 오랜 시간이 걸려도 기다립니다. 반면 자기편에게는 그만큼 충실하고 다정해서 노력과 희생도 마다하지 않고 헌신합니다.

전갈자리는 재생의 별자리입니다. 이 별자리에서 태어난 사람들은 자연의 창조력과 연결되었을 때 엄청난 힘을 발휘할 잠재력이 있습니다. 잿더미 속에서 다시 날아오르는 신비의 상징 불사조는 이들이 새로운 지혜와 힘으로 소생해 심연에서 높은 곳으로 다시 올라갈 수 있

음을 나타냅니다. 전갈자리 태생에게 이것은 모 아니면 도입니다. 허울뿐인 삶을 살기를 원하지 않으니까요. 이들에게는 자기 능력을 충분히 발휘하고 살아 있다고 느끼게 해줄 도전이 필요합니다.

궁수자리
11월 22일~12월 21일

아홉 번째 별자리
변통궁 불
신체 부위 : 엉덩이, 허벅지
키워드 : 정직, 탐험, 이상주의

궁수자리 태생들은 자유로운 정신의 소유자로 상냥하고 독립심이 강해서 속박을 싫어합니다. 또한 못 말리는 이상주의자여서 항상 자신의 더 높은 목표를 위해 시야를 넓히고 운명을 헤쳐나가려 합니다. 낙천적이고 느긋한 궁수자리들은 진실, 정직, 정의를 사랑해 인생에 매우 철학적으로 접근합니다.

궁수자리 태생들은 활기차고 크게 생각하며 더 원대한 비전을 봅니다. '큰 계획'을 인지하는 능력이 있어 대개 미래를 위한 계획이나 프로젝트에 공을 들입니다. 이들은 탐험을 좋아하는 마음 여행자이기도 하고, 실제로 세계를 자주 여행합니다. 지식이나 지혜를 중시하고 자신과 다른 사람들을 위한 영감을 찾죠. 또 재치 있는 말과 환한 미소로 사람들을 행복하게 해주길 진심으로 바랍니다. 그러나 유감스럽게도 먼저 생각을 한 뒤 말해야 한다는 걸 잊어 종종 역효과를 불러오기도 합니다. 거리낌이 없고 솔직해서 머릿속에 떠오르는 생각은 뭐든 놀라울 정도로 솔직하게 표현하거든요. 그러나 무례를 저지른 뒤에도 쾌활하게 이를 만회하는 것이 궁수자리들의 매력 중 하나이기도 합니다. 그래서 상대를 모욕하려는 의도가 아니었음을 이해시켜 용서할 수밖에 없게 하죠.

궁수자리에 태어난 사람들은 끊임없는 성장을 추구하기 때문에 더 높은 수준의 교육을 받고 철학, 종교, 여행, 법 같은 주제를 탐구하길 즐깁니다. 일부 궁수자리

태생은 지적인 활동보다 게임 같은 걸 하면서 즐기기도 합니다. 보통 운이 따라다니기 때문에 이런저런 모험을 좋아하고 도박이나 투기에 끌릴 수도 있습니다.

궁수자리 태생들은 무엇을 하든 멋진 것을 좋아합니다. 좋은 것을 찾고 탐닉하는 경향이 있는데, 낭비벽이 지나쳐서 탐욕을 부리거나 방종하지 않도록 조심하세요. 하지만 궁수자리 태생들은 명랑하고 진지합니다. 돌아다니는 자유를 좋아해서 항상 선택권을 열어두길 원하죠.

열정적이면서 마음이 따뜻하고 관대해서 감정을 숨김없이 드러내는 궁수자리 태생들은 궁수처럼 먼 곳으로 화살을 겨눕니다. 즐기는 법을 알고 있고 모험을 열망하는 사람들입니다.

염소자리

12월 22일~1월 20일

열 번째 별자리

활동궁 흙

신체 부위 : 무릎, 골격

키워드 : 야망, 양심, 근면함

철저한 현실주의자인 염소자리 태생들은 노력이 없으면 얻는 게 없다는 것을 잘 알고 있습니다. 의무감이 강하고 야망을 실현하기 위해 끈기 있게 기다릴 의지가 있죠. 이들은 염소처럼 평생이 걸려도 결국 산꼭대기에 올라갈 것입니다.

근면하고 부지런하며 단호한 염소자리 태생들에게는 지향할 목적이 필요합니다. 정확한 목표가 없으면 길을 잃어버리거든요. 완벽한 느낌을 받기 위해 질서와 체계를 원하고 매일 할 일의 목록을 작성합니다. 안전을 중요하게 생각하며, 지배성인 토성의 영향을 받아 삶에 신중하고 보수적인 태도를 취합니다. 염소자리에 태어난 사람은 권위를 굉장히 존중하고 연륜과 경험을 존경하는데, 이런 면이 일까지 확장되어 일을 할 때 매우 성실합니다. 그러나 완고하고 냉정하거나 계산적일 수 있

고, 토성에서 영향을 받은 준엄함이 자신들의 장점 중 하나인 자제심으로 나타나기보다 이기적인 일면이 되어 나타나기도 합니다.

염소자리 태생들은 경제적이고 현실적이며 알뜰한 특성이 지위와 명성에 대한 욕구와 잘 어우러져 노력이 헛되지 않고 권력 있는 자리로 올라갈 수 있습니다. 경솔하거나 변덕스럽지 않으며 책임을 진지하게 받아들이고 집과 가족을 우선순위의 맨 위에 놓죠. 그러나 비관적이 되고 자신이 부족하다고 느낄 수도 있으니 우울증을 조심해야 합니다. 자기 자신과 자신의 능력을 의심할 때는 시도도 해보지 않고 포기할 수 있지만, 탄탄한 토대를 갖추어 마음이 안정되어 있으면 성공을 향해 매진할 수 있습니다. 염소자리 태생들은 무엇보다 낙천적이고 긍정적인 생각을 길러야 합니다.

약간 수줍고 내성적인 겉모습 뒤에는 내면의 절제에서 나온 천연덕스러운 유머 감각과 끈기가 있습니다. 사람들은 도움이 필요할 때 염소자리 태생들이 항상 믿음직하고 든든한 의지가 될 수 있음을 알고 있습니다.

물병자리

1월 21일~2월 19일

열한 번째 별자리

고정궁 공기

신체 부위 : 발목, 종아리

키워드 : 객관성, 인도주의, 독립성

독창적이고 인습에 얽매이지 않는 물병자리 태생들은 진취적이고 독립성이 강합니다. 물병자리에서 태어난 사람들은 인류 문제에 관심이 많은데 이것이 그들에게는 하나의 지적 운동입니다. 항상 객관적인 관찰자 역할을 하며 사심과 감정이 섞이지 않은 견해를 밝힙니다. 이런 성향은 물병자리 태생들이 사람은 큰 집단을 형성하고 그 안에서 활동하는 별개의 개인임을 인식하며 사고할 수 있음을 의미합니다. 이런 인도주의적인 인식이 물병자리 태생들의 강력한 특성으로, 이들은 보편적이

거나 박애주의적 목표와 정당한 대의를 위해 일하는 경우가 많습니다. 차별 의식이 없어서 우호적이고 남을 잘 돕죠. 낯선 사람에게도 늘 알고 지내던 사람인 듯 대합니다.

물병자리 태생들이 지닌 반항적인 기질은 지배성인 천왕성의 영향입니다. 천왕성은 앞을 내다보는 힘을 부여하는 동시에 자유를 찾는 강한 욕구를 부여하는 행성입니다. 이들은 지시받는 것을 좋아하지 않으며 스스로 생각하고 자신만의 방식으로 일하길 원합니다. 특정 방법을 따르라고 지나치게 강요하면 물병자리들은 분명 정반대로 해버릴 겁니다. 강한 반골 기질이 고정 상태의 별자리와 결합되어 굉장히 완고하죠. 다행히 이들은 객관적으로 제시되는 다른 의견에는 항상 기꺼이 귀를 기울입니다. 미래 지향적 시각을 갖고 있어 새로운 기술이나 혁신을 겁내지 않고 받아들이죠. 천왕성과 마찬가지로 물병자리 태생들은 전기적 자질(electric quality)이 있는데, 이런 특성이 정신적 직관 형태로 나타날 수 있고 갑자기 무엇을 깨닫는 '유레카 효과'를 낳을 수도 있습니다. 괴짜 같은 천재성이 있어 변덕이 심하고 예측하기 어렵지만 매우 독창적이기도 합니다.

물병자리에서 태어난 사람들 각자는 개인주의적 모습이지만, 이들은 자신들이 인류의 권리와 사회 개혁을 옹호하는 통합된 집단의 일원임을 알고 있습니다. 다른 사람들이 한발 앞서가는 물병자리 태생들을 이해하지 못하더라도 지금 그들이 하고 있는 일들을 내일의 다른 사람들이 하게 될 것입니다.

물고기자리

2월 20일~3월 20일

열두 번째 별자리

변통궁 물

신체 부위 : 발

키워드 : 열정, 수용성, 상상력

물고기자리 태생들은 감정적인 부분이 매우 발달해

있습니다. 예민한 물고기자리 태생들은 외부 환경이 주는 인상을 끊임없이 받아들이지만 내면의 자극 역시 예리하게 인식합니다. 이들은 강력하고 경이로운 상상의 세계를 즐기고 때로는 삶의 가혹한 현실에서 도망치기 위해 종종 혼자만의 꿈의 세계로 물러납니다. 물고기자리의 상징은 반대 방향으로 헤엄치고 있는 물고기 두 마리로, 극단적인 이중적 성격을 나타냅니다. 이들은 때로는 지쳐서 힘이 없거나 그저 무기력하지만 때로는 효율적이고 정확하고 매우 근면합니다.

사람들의 미묘한 감정의 기미를 알아차리는 물고기자리 태생들은 관대하고 동정심이 있습니다. 자신의 주위에 확고한 경계를 정하지는 않기 때문에 다른 사람들이 원하는 것에 자기 자신을 잃을 수 있습니다. 그러니 자아 존중감을 잃지 않고 희생을 자처하지 않도록 조심하세요. 자신감을 북돋우려면 스스로 엄청난 확신이 있어야 하고, 때로는 매우 완고해서 어떤 사람에게도 영향을 받지 않습니다. 황도에서 가장 이기적이지 않은 별자리인 물고기자리는 인내심이 지극히 강하지만 화가 나면 놀라울 정도로 공격적일 수 있습니다.

감상적이고 인정이 많고 부드러운 감정의 소유자인 물고기자리 태생들은 주위 환경이나 다른 사람들의 감정을 잘 받아들입니다. 이런 특징이 놀라운 상상력과 결합되어 모든 형태의 치유나 음악, 예술, 드라마, 사진, 그리고 특히 정신세계와 관련된 분야의 일들에 뛰어나죠. 물고기들이 반대 방향으로 헤엄치는 것처럼 물고기자리 태생들 역시 기분이 잘 변합니다. 때로는 지극히 낙천적인데 때로는 애매모호한 태도를 취하거나 추진력이 부족해 너무 쉽게 포기해버리죠. 그럴 때 도망가거나 낙담하지 않도록 조심하세요. 이상주의적인 물고기자리들은 자신의 높은 기대와 꿈을 다른 사람들에게 투영하여 결국에는 환멸을 느끼기 쉽습니다.

그러나 다행히 이들은 타고난 영적인 능력을 이용해 모든 인간의 의식과 직접 연결될 수 있습니다. 물고기자리 태생들은 유머와 매력, 공감력으로 주변사람들에게 행복을 줄 수밖에 없는 몽상가들입니다.

10개의 천체

꙼

각 천체는 사람의 심리 작용과 우리 성격의 여러 측면을 나타냅니다. 천체의 위치와 서로 간의 관계는 성격의 특성들을 보여줍니다. 점성학에서 태양과 달은 전문적인 용어로 발광체(luminaries)라고 불리며 우리 태양계를 구성하는 10개의 천체에 포함됩니다. 이제 각 천체와 관련된 주요 사항을 살펴보겠습니다.

태양

태양계의 에너지 중심인 태양은 빛의 힘과 활력을 내뿜고 생명을 주는 힘과 관련되어 있습니다. 점성학에서 태양은 각 생명체의 에너지 원천을 나타내고 강력한 개성을 부여합니다. 우리 존재의 중심, 정체성, 자아를 나타내죠. 태양의 상형문자는 가운데에 점이 있는 동그라미로, 우리의 물리적 우주의 중심을 나타냅니다. 심오한 상징주의에서는 이 원이 총체적인 무한성 혹은 영원성을 나타내고 가운데 있는 점은 그 총체성 안의 시간과 우주의 특별한 지점을 의미합니다. 의지력, 에너지, 힘, 자기표현은 태양의 속성들 중 일부입니다. 또 태양은 아버지나 남성적 원형을 비유합니다. 신화에서는 왕과 영웅을 종종 헬리오스, 즉 태양과 연결하죠. 태양은 사자자리를 다스리는 지배성입니다.

장점 : 활력, 개성, 창의성, 활기, 의지력, 영감, 자기 인식, 자아, 정체성
단점 : 이기주의, 자기중심적, 자만, 오만, 고압적, 군림

달

태양에서 반사되는 빛을 받는 달은 지구 주위를 도는 유일한 위성이라는 점이 독특합니다. 달의 영향력은 본질적으로 수용적이고, 이성적이기보다 감성적입니다.

달은 우리의 정서적 욕구와 본능을 나타내고 대양과 밀물, 썰물을 포함한 물의 원소와 밤의 삶을 다스립니다.

신화에서는 이시스(Isis), 아르테미스(Artemis), 디아나(Diana)가 모두 달의 여신의 여러 얼굴을 나타냅니다. 전통적으로, 달은 여성성과 연결되고 고대 그리스의 가이아(Gaia, 대지의 여신) 개념과 일치합니다. 일반적으로 직관, 영적 능력과 연결되는 달은 민속 문화와 시, 신화에서도 강렬하게 표현됩니다. 달의 신성은 특히 여성성, 자연의 풍요로움, 그리고 수태 능력부터 임신, 출산, 어머니가 되기까지의 주기로 표현됩니다.

심리학적 점성학에서 달은 우리의 무의식적 반응과 주관적 경험을 나타내며, 기본 욕구를 충족시키고 싶어 하는 무의식적 욕구와 상응합니다. 우리의 긴장된 마음 상태를 반영하고 이러한 감정들을 표출하도록 하죠. 또한 이러한 감정이나 기분의 변화에 영향을 미칩니다. 달은 게자리를 다스립니다.

장점 : 섬세함, 양육, 수용성, 직관, 영적 능력
단점 : 침울함, 과민함, 지나치게 감정적임

수성

신화에서 수성은 머큐리로 불리는데, 신들의 전령입니다. 인간에게 말과 글을 주고 소통하고 배우는 능력을 부여했습니다. 그리스인들에게는 헤르메스라고 불렸는데 인간에게 말과 글을 주었습니다. 머큐리는 수사가 뛰어난 말 잘하는 책략가인데, 이는 지성적 표현이기는 하지만 너무 자기 자신만의 이익을 생각하는 것을 반영하기도 합니다.

수성은 일반적으로 활기찬 남성으로 묘사되지만, 남성도 아니고 여성도 아닙니다. 이런 점은 정보를 교환하는 중성적 매개체로서의 역할을 상징합니다. 수성은 지식인, 합리적 사고, 분별력을 나타내며 상업, 시장과도 연결되어 있습니다.

수성은 정신적 능력과 말, 글, 가르침 혹은 그 밖의 어떤 표현 형태를 통해서든 이해하고 소통하려는 욕구를

나타냅니다. 수성은 쌍둥이자리와 처녀자리를 다스립니다.

장점 : 똑똑함, 명민함, 뛰어난 소통 기술, 주지주의
단점 : 잔꾀에 능함, 얕은 지성 혹은 과도한 지성, 논리 부족

금성

신화에서 비너스(금성)는 사랑과 미의 여신이며 에로스의 어머니입니다. 그리스인들에게 비너스는 아프로디테로 불렸습니다. 여성 원리를 상징하는 금성은 자연과 예술에 대한 안목을 부여할 뿐 아니라 조화와 통합을 이루어냅니다.

금성은 타인을 이해하려는 욕구, 사랑하는 감정의 표현, 즐거움을 가져다주는 것을 나타냅니다. 비너스는 인기가 많고 매력적이며 고혹적이지만, 멋대로 하려고 하거나 태평합니다. 대립하는 것을 싫어해서 상대의 마음을 사로잡거나 유혹하여 충돌이나 위협을 피합니다.

금성의 역할은 화합을 불러오는 것이기 때문에 매력이 그 역할에 중요한 부분을 차지하고, 겉모습, 사교성, 낭만적 사랑, 이성이 강조됩니다. 금성은 다정한 성격, 자연에 대한 안목, 강한 욕구를 부여합니다. 또 손길이 닿는 것은 뭐든 '부드럽게 만들고' 미적 감각이나 고상한 취향, 타고난 세련됨, 예술과 음악에 대한 재능을 부여하죠. 당신이 가치 있게 생각하는 것을 다스리는 금성은 돈과 소유물에 대한 태도뿐 아니라 자존감 등을 주관합니다. 금성은 황소자리와 천칭자리를 지배합니다.

장점 : 미와 예술에 대한 사랑, 따뜻함, 사교성, 가치관, 협력
단점 : 쾌락 추구, 탐닉, 나태, 사치

화성

신화에서 마르스(화성)는 군신이며, 우리가 싸우건 도망치건 생존 본능을 지배합니다. 비너스(금성)와 반대되는 마르스(화성)는 남성 원리를 나타내며 경쟁심이 강하고 적극적이며 행동할 준비가 갖추어져 있습니다. 에너지와 투지로 가득 차 있죠. 역경에 직면했을 때 용기와 역동적 힘을 보여주는 마르스는 영웅의 전형이기도 합니다. 용감한 행동과 물불을 가리지 않는 성격이 화성의 특징입니다. 현대를 살아가는 우리는 화성의 에너지를 이용해 경력을 발전시켜나가거나 목적을 성취하거나 신념을 위해 저항할 수 있습니다.

화성은 우리의 생존 본능에도 영향을 미치기 때문에 인체 내의 아드레날린 분비, 기민하게 상황에 대처하는 능력과도 관계가 있습니다. 그러나 우리가 싸울 힘을 주는 에너지와 적극성이 너무 지나치면 까다로움, 화, 공격성, 성급함으로 표현될 수도 있습니다. 그러나 화성이 없으면 활력, 활기, 진취성, 야망을 성취하려는 추진력을 갖출 수 없습니다. 화성은 양자리를 지배합니다.

장점 : 적극성, 용기, 활력, 행동, 활기
단점 : 공격성, 폭력, 상스러운 행동, 화, 침착하지 못함

목성

목성(주피터)은 태양계에서 가장 큰 행성입니다. 로마신들의 지배자(그리스 신화에서는 제우스로 불림)의 이름을 땄습니다. 신화에서 주피터는 지혜, 승리, 정의와 관련이 있습니다. 크기에 어울리게도 목성은 확장을 해나가거나 과장합니다. 목성은 현재의 지평을 넘어 더 큰 계획이나 원대한 비전을 찾는 능력을 나타내며 이를 달성하기 위한 낙천주의와 자신감이 있습니다.

사물의 의미와 더 큰 진실을 발견하고 싶은 바람은 목성이 삶에 철학적으로 접근한다는 것을 말해줍니다. 또 지식욕은 더 높은 수준의 교육을 받도록 자극하고 대학이나 정신적 스승을 찾는 마음과 연결됩니다. 진실의 신이기도 한 주피터는 재판제도, 법정, 법과 질서와도 종종 연결됩니다.

목성은 정신적·정서적·영적으로 성장하고 싶은 열망과 함께 행운, 풍요와도 연결됩니다. 또한 새로운 경험

과 이국적인 먼 장소로 여행하고 싶은 갈망을 자극합니다. 그러나 과도한 팽창은 탐욕과 잘못된 낙관주의, 불성실, 오만한 자존심을 불러옵니다. 그러나 목성은 최상의 상태일 때는 자신의 계획을 실현할 수 있는 믿음과 지혜를 갖춘 명랑하고 관대한 이상주의자를 상징합니다.

장점 : 진실에 대한 욕구, 관대함, 이상주의, 낙천주의, 장기 여행, 높은 수준의 교육

단점 : 과장, 지나친 팽창, 잘못된 낙관주의, 탐욕

토성

신화에서 사투르누스(새턴, 토성)는 노인, 수확자입니다. 그리스·로마 시대에 새턴은 사회적 질서의 신이었고 낫을 들고 있는 수확자로 그려져 뿌린 대로 거둔다는 원리를 상징했습니다. 또 완벽한 정의 혹은 인과법칙을 나타냅니다.

심리학적으로는 현자(賢者), 스승의 원형입니다. 우리는 책임감을 갖고 자기 실현을 해나가면서 나이가 들수록 더 현명해집니다. 토성의 영향으로 힘든 노동과 훈련을 하게 되지만 그것은 배움의 수단이고, 결과적으로는 매우 가치 있는 일이 됩니다. 토성은 외부로 확장하려는 목성의 성질과 적절한 균형 관계에 있고 질서를 유지할 수 있습니다. 그러나 토성의 억제적인 영향은 비관주의, 두려움, 과도한 진지함을 낳을 수도 있습니다.

토성은 정의(定義), 형태, 구조를 원하고, 통제와 규제, 안전을 위해 경계를 설정합니다. 토성은 단단한 것, 즉 뼈와 치아부터 스스로에게 엄격해야 할 필요성에 이르기까지 모든 딱딱한 것을 나타냅니다. 이 행성은 우리에게 책임과 의무를 직시하라고 요구하기 때문에 토성이 주는 교훈은 때로는 불편함을 안겨줍니다. 토성은 정말 공명정대해서 어떤 노력이라도 정확하게 보상합니다. 토성에서는 공짜로 무언가를 얻을 기대할 수 없습니다. 토성은 성공을 위한 투지와 인내심을 부여하며, 염소자리를 다스립니다.

장점 : 절제, 질서, 권위, 책임감, 지혜, 현실주의, 인내심, 끈기

단점 : 비관주의, 두려움, 지나친 엄격함

천왕성

고대 그리스어에서 우라노스(천왕성)는 하늘 혹은 밤하늘을 나타내며 신화에서 사투르누스의 아버지입니다. 하늘의 광대함은 보편적인 것에 마음을 여는 능력을 상징합니다. 천왕성은 토성의 제약과 안전함에서 벗어남으로써 깨달음과 정신적 자유를 불러옵니다. 이런 자유에는 예기치 않은 일에 대비해 삶에 여유를 두거나 순응하라는 압력에 굴하지 않고 대담하게 개성을 표현하는 것 등이 포함됩니다. 그러나 너무 지나치면 반항을 위한 반항을 하게 될 위험이 있습니다.

천왕성을 통해 우리는 시야를 보편적인 것으로 넓히고 인류를 형제자매로 이루어진 가족으로 이해합니다. 또한 인권과 자신을 표현할 자유를 지켜줍니다.

천왕성은 텔레비전과 전파, 자기장, 레이저, 컴퓨터, 새로운 전자기술 등 모든 유형의 전기 에너지를 지배하며, 직관과 독창력을 상징하여 항상 미래를 향해 있는 관심과 상징적·추상적 개념을 나타냅니다. 이는 전반적으로 사회를 앞서나가 개성적으로 자신을 표현한다는 뜻입니다. 천왕성은 물병자리를 다스립니다.

장점 : 자유, 인도주의, 초연함, 객관성

단점 : 반항, 기행, 반항적 성향, 완고함

해왕성

신화에서 넵튠(해왕성)은 깊고 불가해하며 신비한 바다의 신입니다. 대양이 바위를 녹여 모래를 만들 듯 해왕성은 자아가 만들어내는 장벽들을 미묘하게 서서히 녹여 신비한 경험을 하도록 우리를 풀어줍니다. 해변에 드리운 안개가 이 행성을 둘러싼 안개와 비슷하며, 이 행성에서는 그 무엇도 확실하지 않고 모든 것이 환상이

고 불가사의합니다.

해왕성은 우리의 정서적 본성을 다듬고 정화해서 한계를 넘을 수 있도록 돕는 것입니다. 토성과 마찬가지로 해왕성은 경계를 모르고 모든 것과 일체감을 느끼죠. 그러나 모든 것과 융합될 수 있는 힘은 애매모호한 느낌을 주기도 합니다. 해왕성의 영향으로 나타나는 만물에 대한 극도의 섬세함은 인류의 고통에 대한 엄청난 연민을 불러일으킵니다. 또 예술이나 음악, 연극 등 창조적 활동에 몰두할 수 있는 능력도 줍니다. 해왕성은 예술가들에게 영감과 상상력을 선물합니다.

그러나 직관과 상상력이 증폭되면서 환상의 세계로 도피하거나, 약물, 알코올을 남용하고, 자기기만에 빠져 길을 잃거나 혼란에 시달릴 수도 있습니다. 해왕성과 긍정적으로 작용한다는 것은 우리의 꿈을 실현하기 위해 자신의 이상적 비전을 지킨다는 뜻입니다. 해왕성은 물고기자리를 다스립니다.

장점 : 섬세함, 비전, 연민, 영감, 초탈
단점 : 오해, 기만, 도피주의, 혼란, 애매모호함

명왕성

신화에서 지하 세계의 신인 플루토(명왕성)는 변신, 죽음, 부활을 나타냅니다. 명왕성은 심오한 변화를 의미하며 그 에너지는 치열하고 강렬합니다. 명왕성의 영향을 받으면 우리는 명왕성이 특히 몸과 언어를 통해 생성하는 잠재의식의 신호를 통해 무의식을 꿰뚫어보거나 읽을 수 있습니다. 이런 능력은 심층심리학 등의 분야에서 긍정적으로 사용될 수 있지만 다른 사람들을 지배하는 데 남용될 수도 있습니다.

명왕성이 발견된 때와 거의 비슷하게 아원자가 발견되고, 융의 무의식 이론이 발표되었습니다. 암흑가의 인물들, 광신도, 테러리스트 혹은 선을 위해 싸우는 주요 사회 변혁가들, 그 누구를 다스리건 명왕성은 매우 강력한 에너지를 냅니다.

명왕성은 우리 내면에서 이러한 수준의 강렬한 반응

을 불러일으키기도 합니다. 또한 때로는 '모 아니면 도'라는 반응을 상징합니다. 자기 계발을 향한 끊임없는 노력의 과정에서 우리는 미래에 대한 아무런 보장도 없이 과거를 남겨두고 가야 할 때가 있을 겁니다. 명왕성은 죽음과 부활의 에너지를 강렬하게 상징하는데, 명왕성의 도움을 받아 우리는 삶의 변화를 받아들이고 과거나 이제는 쓸모없어진 것을 적절한 시기에 놓아주는 법을 배웁니다. 명왕성은 우리에게 모든 끝은 새로운 시작이고 삶은 계속된다는 것을 가르쳐줍니다.

이런 사실을 인식한다면, 우리가 무엇인가를 다시 일으켜 세우려 할 때 큰 도움이 될 것입니다. 명왕성은 전갈자리를 지배합니다.

장점 : 힘, 변신, 재건, 숨겨진 것을 드러나게 함
단점 : 힘의 남용, 집착, 강박

십분각 지배성

꩜

십분각(十分角, Decanate)은 360도로 된 황도대의 10도를 구성합니다. 각 별자리는 황도대의 30도에 걸쳐 있기 때문에 하나의 별자리에는 공간적으로는 동등하지만 상징적으로는 다른 3개의 십분각이 있습니다. 황도대의 30도는 지구의 공전 궤도의 30도 부분에 해당한다는 것을 기억하세요. 태양은 점성학의 1개월 동안 별자리를 통과하면서(천구에서 황도대의 별자리는 태양을 중심으로 지구의 위치와 반대 방향에 있습니다) 3개의 십분각을 차례로 지나갑니다. 약 열흘마다 새로운 십분각으로 들어가죠. 3개 십분각 각각의 천체와 별자리는 태양궁의 기본 영향력에 부가적 영향을 미칩니다. 우리는 태양궁뿐 아니라 십분각의 지배성(좌)까지 검토해 각 생일에 대한 해석을 미세하게 조정했습니다. 예를 들어 염소자리의 두 번째 십분각에서 태어난 사람은 태양궁인 염소자리의 영향 아래 있지만 황소자리 십분각 지배 성좌의 영향도 받습니다. 고대 이집트인들은 십분각 지배 성좌의 의미를 태양궁만큼 중요하게 생각했습니다.

십분각의 영향은 이를 포함하고 있는 별자리와 관련된 원소에 따라 결정됩니다. 각 별자리는 다음 네 가지 기본 원소중 하나와 상징적으로 연결됩니다.

- 불의 원소가 지배하는 별자리 : 양자리, 사자자리, 궁수자리

  지배성 : 화성, 태양, 목성

- 흙의 원소가 지배하는 별자리 : 황소자리, 처녀자리, 염소자리

  지배성 : 금성, 수성, 토성

- 공기 원소가 지배하는 별자리 : 쌍둥이자리, 천칭자리, 물병자리

  지배성 : 수성, 금성, 천왕성

- 물의 원소가 지배하는 별자리 : 게자리, 전갈자리, 물고기자리

지배성 : 달, 명왕성, 해왕성

세 지배성의 순서는 12개 별자리 각각에서 같은 패턴을 따릅니다. 각 별자리 아래 지배성들은 그 별자리와 관련된 원소가 공통된 세 별자리와 연결됩니다. 예를 들어 위에서 볼 수 있듯이 양자리는 불과 관련됩니다. 양자리에 태어난 모든 사람들은 불의 원소에 속하죠. 양자리의 세 지배성들은 모두 불에 해당하는 별자리와 연결됩니다. 양자리의 첫 번째 지배성은 양자리 근처에서 불과 연결된 가장 가까운 별자리, 즉 양자리 자신과 연결됩니다. 이제 황도를 시계 방향으로 따라가 보면 다음에 만나는 불의 원소는 사자자리입니다. 따라서 두 번째 지배성은 사자자리의 영향을 받게 됩니다. 황도를 더 따라가 보면 불과 관련된 세 번째 별자리인 궁수자리에 도착합니다. 따라서 양자리의 세 번째 지배성은 궁수자리의 영향을 받습니다. 모든 별자리 아래 지배성은 이 같은 방식으로 정해집니다.

한발 더 나아가보면, 각 별자리는 천체(대부분이 행성)와 연결됩니다. 각 별자리에 지배성이 있듯 각 십분각 지배 성좌 역시 마찬가지입니다. 양자리의 지배성은 화성, 궁수자리의 지배성은 목성입니다.

아래 표를 보면 십분각 지배 성좌들이 다른 별자리들 내에서 어떻게 작동하는지 분명하게 알 수 있습니다.

다음은 각 별자리 목록과 그 내부에 위치한 십분각 지배성들의 영향, 그리고 각 지배성과 관련된 날짜들입니다.

양자리, 3월 21일~4월 20일

양자리-양자리	지배성 화성 : 3월 20, 21일 ~ 3월 30일
양자리-사자자리	지배성 태양 : 3월 31일 ~4월 9일
양자리-궁수자리	지배성 목성 : 4월 10일 ~4월 20, 21일

황소자리, 4월 21일~5월 21일

황소자리-황소자리	지배성 금성 : 4월 20, 21일 ~4월 30일

황소자리-처녀자리   지배성 수성 : 5월 1일
~5월 10일

황소자리-염소자리   지배성 토성 : 5월 11일
~5월 21, 22일

쌍둥이자리, 5월 22일~6월 21일

쌍둥이자리-쌍둥이자리 지배성 수성 : 5월 21,22일
~5월 31일

쌍둥이자리-천칭자리   지배성 금성 : 6월 1일
~6월 10일

쌍둥이자리-물병자리   지배성 천왕성 : 6월 11일
~6월 21, 22일

게자리, 6월 22일~7월 22일

게자리-게자리   지배성 달 : 6월 21, 22일
~7월 1일

게자리-전갈자리   지배성 명왕성 : 7월 2일
~7월 11일

게자리-물고기자리   지배성 해왕성 : 7월 12일
~7월 22, 23일

사자자리, 7월 23일~8월 22일

사자자리-사자자리   지배성 태양 : 7월 23, 24일
~8월 2일

사자자리-궁수자리   지배성 목성 : 8월 3일
~8월 12일

사자자리-양자리자리   지배성 화성 : 8월 13
~8월 22, 23일

처녀자리, 8월 23일~9월 22일

처녀자리-처녀자리   지배성 수성 : 8월 22, 23일
~9월 2일

처녀자리-염소자리   지배성 토성 : 9월 3일
~9월 12일

처녀자리-황소자리   지배성 금성 : 9월 13일
~9월 22, 23일

천칭자리, 9월 23일~10월 22일

천칭자리-천칭자리   지배성 금성 : 9월 22, 23일
~10월 3일

천칭자리-물병자리   지배성 천왕성 : 10월 4일
~10월 13일

천칭자리-쌍둥이자리   지배성 수성 : 10월 14일
~10월 22, 23일

전갈자리, 10월 23일~11월 21일

전갈자리-전갈자리   지배성 명왕성 : 10월 22, 23일
~11월 2일

전갈자리-물고기자리   지배성 해왕성 : 11월 3일
~11월 12일

전갈자리-게자리   지배성 달 : 11월 13일
~11월 21, 22일

궁수자리, 11월 22일~12월 21일

궁수자리-궁수자리   지배성 목성 : 11월 21, 22일
~12월 2일

궁수자리-양자리   지배성 화성 : 12월 3일
~12월 12일

궁수자리-사자자리   지배성 태양 : 12월 13일
~12월 21, 22일

염소자리, 12월 22일~1월 20일

염소자리-염소자리   지배성 토성 : 12월 21, 22일
~12월 31일

염소자리-황소자리   지배성 금성 : 1월 1일
~1월 10일

염소자리-처녀자리   지배성 수성 : 1월 11일
~1월 20, 21일

물병자리, 1월 21일~2월 19일

물병자리-물병자리   지배성 천왕성 : 1월 20, 21일
~1월 30일

물병자리-쌍둥이자리   지배성 수성 : 1월 31일
~2월 9일

물병자리-천칭자리   지배성 금성 : 2월 10일
                                     ~2월 19, 20일

물고기자리, 2월 20일~3월 20일

물고기자리-물고기자리 지배성 해왕성 : 2월 19, 20일
                                     ~3월 1일
물고기자리-게자리   지배성 달 : 3월 2일~3월 11일
물고기자리-전갈자리   지배성 명왕성 : 3월 12일
                                     ~3월 20, 21일

프로그레션

🐎

점성학에서 프로그레션(progression, 진행)은 예측 체계의 한 기법으로 널리 사용됩니다. 가장 잘 알려진 프로그레션 기법은 우리의 삶을 상징적으로 느리게 보여주는 방법으로 '하루를 1년'으로 잡는 것입니다. 이 상징적 해석 체계에서는 하루 동안 행성의 이동을 1년 동안의 이동으로 환산합니다. 예를 들어 출생 후 24일째 되는 날의 천체 위치를 그 사람의 24년 후 천체 위치로 생각하는 것입니다.

지구에서 볼 때 태양은 별자리가 늘어선 크고 둥근 황도에 있습니다. 즉, 지구가 태양 주위를 도는 데 따라 태양은 별들로 이루어진 이 크고 둥근 원의 30도마다 위치한 다양한 별자리들을 지나갑니다. 이 책에서 우리는 다양한 별자리들을 통과하는 태양의 여행을 따라가면서 이 여행이 각 개인에게 어떻게 영향을 미치는지 설명합니다. '하루가 1년'인 프로그레션 체계에서는 태양이 각 별자리를 완전히 지나가는 데는 30일이 아니라 약 30년이 걸립니다. 예를 들어 두 별자리의 경계에서 태어난 사람이라면 이 체계에서 다음 별자리의 경계에 도착하는 것은 30년 후 30세 생일 때가 됩니다. 어느 별자리의 15번째 날에 태어났다면 당신의 태양은 15년 후에 다음 별자리로 들어갑니다. 그리고 출생 후 서른 번째 되는 날에 그다음 별자리의 중간에 도착하겠죠.

한 별자리의 끝부분이나 경계에서 태어났다면 당신의 태양은 몇 년 안에 다음 별자리로 들어갑니다. 이럴 때는 당신의 별자리보다 다음 별자리에 더 친밀감을 느낍니다. 다음은 3가지 예와 여기에 해당하는 태양의 진행 도표입니다. 전환점은 X로 표시되었습니다.

예 1. 당신이 쌍둥이자리가 시작되는 무렵인 5월 23일에 태어났다면 당신의 태양은 28년 동안 쌍둥이자리를 지나갑니다. 그리고 당신이 29세가 될 무렵 게자리로 들어가죠. 그런 뒤 게자리를 완전히 통과하는 데 또다시 30년이 걸려 당신이 59세가 될 때 사자자리로 들어갑니다.

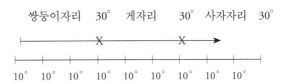

예 2. 당신이 처녀자리의 가운데인 9월 7일에 태어났다면 당신의 태양은 당신이 15세가 되었을 때 별자리를 바꿔 천칭자리로 들어갑니다. 그런 뒤 30년에 걸쳐 천칭자리를 통과하여 당신이 45세가 되었을 무렵 전갈자리로 들어갑니다. 당신의 태양이 궁수자리로 들어가는 75세 때 또 다른 변화가 일어납니다.

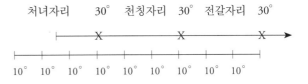

예 3. 당신이 궁수자리의 마지막 며칠에 태어났다면 아직 아기일 때 당신의 태양이 염소자리로 들어가서 30년에 걸쳐 염소자리를 통과합니다. 당신의 태양이 물병자리로 들어가는 31세 때 또 다른 변화가 나타나고 61세 때 당신의 태양이 다시 별자리를 바꾸어 물고기자리로 들어갑니다.

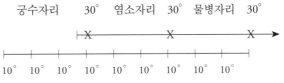

항성과 점성학

항성들은 우리 태양계 밖의 큰 우주에 속해 있으며, 우리 태양 주위를 도는 행성들과 달리 스스로 빛을 냅니다. 사실 광도를 보면 어떤 항성들은 우리 태양보다 훨씬 크고 밝습니다. 항성을 이야기할 때 우리는 계산하기 어렵거나 가늠이 안 되는 방대한 거리를 표현하기 위해 '광년(光年)'이라는 용어를 사용합니다. 이 별들은 지구에서 멀리 떨어져 있기 때문에 고정된 것처럼 보여서 '항성(恒星)'이라고 불립니다. 항성의 영향은 밝기에 따라 계산되는 이 별들의 힘과 관련되어 있습니다.

우주에는 이루 헤아릴 수 없이 많은 항성이 있지만 점성학에서는 황도대 근처에 위치한 비교적 소수의 항성만 고려합니다.

수천 년 전부터 사람들은 항성을 관찰하여 세상사와 연결시켜왔습니다. 메소포타미아와 바빌로니아 시대에 이미 항성에 이름을 붙인 기록이 남아 있습니다. 항성은 세계에서 가장 오래된 바빌로니아의 서사시 '길가메시 서사시(Epoth of Gilgamesch)'에 언급되었을 뿐 아니라 혜성, 일식·월식, 행성과 함께 기상 현상을 해석하는 데 중요한 역할을 했습니다. 바빌로니아인들뿐 아니라 이집트인들도 항성의 강한 영향력을 믿었습니다. 예를 들어 자연의 힘을 잘 알고 나일강에 생존을 의지했던 이집트인들은 하지에 풍요를 기원하는 의식을 치렀고 시리우스가 관찰되면 나일강이 범람할 것이라고 예상했습니다. 최근에는 이집트인들이 기자(Giza)의 웅장한 피라미드를 오리온자리의 허리띠와 일치되도록 지었다는 증거가 많이 나왔습니다. 많은 역사가들은 여전히 거대한 피라미드가 이집트의 위대한 왕들에 대한 충성을 나타내는 증거라고 주장하지만 많은 새로운 고고학적 연구 결과들은 쿠푸 피라미드의 설계와 주극성 간의 분명한 상관관계를 보여줍니다.

예수의 탄생 이야기에서는 3명의 현자가 별을 따라 베들레헴의 마구간을 찾아갑니다. 또 그리스에서는 기원전 250년경 항성들의 목록이 기록되었습니다. 항성들은 유사 이래 내내 관찰되었고 천체에 대한 고대인들의 지식은 축적되어갔습니다. 항성들은 삶의 다양한 장면과 연결되었으며, 별자리와 관련된 상징들로 해석되었습니다. 예를 들어 사자자리에서 가장 밝은 별은 레굴루스(사자의 심장이라고도 불림)로, 힘, 권력, 권위를 상징합니다. 하늘에서 가장 중요한 항성들 중 하나인 이 별은 왕족, 명예와 연결되며, 보통 왕, 여왕, 지배자, 고위 관료의 별점에 나타납니다. 또 인기를 부여하는 별이어서 대중의 사랑을 받는 사람과도 연결됩니다.

항성은 우주의 모든 물체가 전하를 띠고 있고 주위에 자기장이 있다는 사실에서 중요성을 띕니다. 항성의 가장 약한 빛의 방출도 지구의 생물에 영향을 미칠 수 있습니다. 나비의 날갯짓 한 번이 후일 지구 반대편의 기상 체계를 바꾸는 파급효과를 미칠 수 있다는 현대 카오스 이론의 '나비 효과'와 유사하죠. 항성들은 본질적으로 우리 태양과 동일하기 때문에 힘의 장이 비슷합니다. 별의 효과는 광도, 즉 밝기에 따라 측정됩니다.

항성들은 무의식, 그리고 개인이 가진 잠재력이나 문제들에 대해 놀라운 통찰력을 제시합니다. 하지만 항성을 해석할 때는 탄생 천궁도를 바탕으로 주의 깊게 분석해야 합니다. 항성들만 따로 해석하는 것이 아니라 행성의 영향을 보충하는 것이라고 해석하기 때문입니다. 항성은 이들이 접촉하는 행성들의 영향을 강화하거나 약화하는 것으로 이해해야 합니다.

이 책에서는 각각의 생일 분석에서 그 날짜에 가장 영향을 미치는 항성을 소개했습니다. 또한 다른 항성들도 종종 추가적인 영향력을 발휘하기 때문에 부록에 그 별들에 대한 해석도 실었습니다.

이 책의 모든 생일이 항성과 관련되어 있지는 않습니

다. 우리는 태양과 연관된 별들만 이야기하고 있기 때문에 특정한 날 태양 근처에 영향력 있는 중요한 별이 없으면 그 생일 분석에 항성이 나와 있지 않습니다. 그러나 아마 그날 행성의 위치와 연관된 다른 항성들이 있을 것입니다. 이 책의 부록을 이용하면 당신의 행성과 연관된 항성이 당신에게 미치는 영향을 이해할 수 있을 것입니다.

항성 - 해석의 기본 규칙

❧

태양은 1년에 360도로 된 황도대를 여행하며, 12개의 별자리는 각각 이 원의 30도씩을 차지합니다. 항성들 자체는 원의 1도를 차지하지만 그 궤도는, 즉 영향의 범위는 몇 도에 걸쳐 있습니다. 별의 밝기가 그 영향의 효력에 작용합니다. 별이 발휘하는 힘의 잠재적 지속 기간과 강도를 판단하려면 영향의 범위와 효력을 모두 계산에 넣어야 합니다. 태양이나 행성이 한 항성의 궤도 내에 있을 때 그 항성의 영향이 분명하게 느껴지고 지구에서 봤을 때 같은 방향에 있는 순간 영향이 가장 강력해집니다. 태양이나 항성이 항성의 궤도를 넘어가면 영향이 약해집니다.

항성의 등급

별의 힘은 그 밝기에 따라 판단합니다.
최고 등급은 0~-1에 가깝습니다.

등급 1 : 궤도 2°30′
등급 2 : 궤도 2°10′
등급 3 : 궤도 1°40′
등급 4 : 궤도 1°30′
등급 5인 별, 성단, 성운 : 궤도 1° 이하

이 책에서는 이 항성들이 당신의 생일에 미치는 긍정적인 영향과 부정적인 영향을 알려줍니다. 우리는 이 별들이 미치는 영향에 대한 고전적 해석뿐 아니라 현대 심리학적 해석도 제시하려 했습니다.

우리는 각 별의 광도에 따라 강도의 등급을 매겼습니다. 가장 밝은 -1등성은 별 10개, 가장 어두운 5등성은 별 2개입니다.

항성 목록

❧

양자리

데네브 카이토스(Deneb Kaitos) ★★★★★★★★

바텐 카이토스(Baten Kaitos) ★★★★

알게니브(Algenib) ★★★★★

알 페르그(Al Perg) ★★★★

시라(Sirrah) ★★★★★★★★

베르텍스(Vertex) ★★★★

황소자리

미라크(Mirach) ★★★★★★★★

멘카르(Menkar) ★★★★★★★

미라(Mira) ★★★★

잔라크(Zanrak) ★★★★★

엘 셰라타인(El Scheratain) ★★★★★★

카풀루스(Capulus) ★★★★

하말(Hamal) ★★★★★★★★

알골(Algol) ★★★★★★★

스케디르(Schedir) ★★★★★★

알키오네(Alcyone) ★★★★★★

알라마크(Alamak) ★★★★★★★★

쌍둥이자리

알키오네(Alcyone) ★★★★★
민타카(Mintaka) ★★★★★★
프리마 히아둠(Prima Hyadum) ★★★★
엘 나트(El Nath) ★★★★★★★
아인(Ain) ★★★★
엔시스(Ensis) ★★★
알데바란(Aldebaran) ★★★★★★★★★
알닐람(Alnilam) ★★★★★★★
리겔(Rigel) ★★★★★★★★★
알 헤카(Al Hecka) ★★★★★★★
벨라트릭스(Bellatrix) ★★★★★★★★
폴라리스(Polaris) ★★★★★★★
카펠라(Capella) ★★★★★★★★★
베텔게우스(Betelgeuze) ★★★★★★★★★★
팍트(Phact) ★★★★★★
멘카리난(Menkalinan) ★★★★★★★

게자리

테자트(Tejat) ★★★★★★
프로푸스(Propus) ★★★★
디라(Dirah) ★★★★★★
카스토르(Castor) ★★★★★★★★
알헤나(Alhena) ★★★★★★★
폴룩스(Pollux) ★★★★★★★★★
시리우스(Sirius) ★★★★★★★★★
프로키온(Procyon) ★★★★★★★★★
카노푸스(Canopus) ★★★★★★★★★
알타르프(Altarf) ★★★★★
알 와사트(Al Wasat) ★★★★

사자자리

알타르프(Altarf) ★★★★★
메라크(Merak) ★★★★★★★★
프레세페(Praesepe) ★★
알 게누비(Al Genubi) ★★★★★★
노스 아셀루스(North Asellus) ★★★★★
알파르드(Alphard) ★★★★★★★★
사우스 아셀루스(South Asellus) ★★★★
아드하페라(Adhafera) ★★★★★
코카브(Kochab) ★★★★★★★★
알 자브하(Al Jabhah) ★★★★
아쿠벤스(Acubens) ★★★★
레굴루스(Regulus) ★★★★★★★★★★
두베(Dubhe) ★★★★★★★★
페크다(Phecda) ★★★★★★

처녀자리

페크다(Phecda) ★★★★★★
코풀라(Copula) ★★★★
알리오트(Alioth) ★★★★★★★★★
라브룸(Labrum) ★★★★
조스마(Zosma) ★★★★★★★
자비야바(Zavijava) ★★★★★
미자르(Mizar) ★★★★★★★
알카이드(Al Kaid) ★★★★★★★★
데네볼라(Denebola) ★★★★★★★★
마르케브(Markeb) ★★★★★★★

천칭자리

자니아(Zaniah) ★★★
세기누스(Seginus) ★★★★★
빈데미아트릭스(Vindemiatrix) ★★★★★
포라멘(Foramen) ★★★★
카피르(Caphir) ★★★★★
스피카(Spica) ★★★★★★★★★
알고라브(Algorab) ★★★★★
아르크투루스(Arcturus) ★★★★★★★★★

전갈자리

프린켑스(Princeps) ★★★★
알 셰말리(Al Schemali) ★★★★★★★
캄발리아(Khambalia) ★★★★
우누칼하이(Unukalhai) ★★★★★★
아크룩스(Acrux) ★★★★★★★★★
아게나(Agena) ★★★★★★★★★
알페카(Alphecca) ★★★★★★★
분굴라(Bungula) ★★★★★★★★★
알 게누비(Al Genubi) ★★★★★★

궁수자리

이에드 프리오르(Yed Prior) ★★★★★★
라스알하게(Rasalhague) ★★★★★★★★★
이시디스(Isidis) ★★★★★★★
레수트(Lesuth) ★★★★★★
그라피아스(Graffias) ★★★★★★
아쿨레우스(Aculeus) ★★★
한(Han) ★★★★★★
에타민(Eta min) ★★★★★★
안타레스(Antares) ★★★★★★★★★★
아쿠멘(Acumen) ★★★
라스타반(Rastaban) ★★★★★★★
시니스트라(Sinistra) ★★★★★★
사비크(Sabik) ★★★★★★

염소자리

스피쿨룸(Spiculum) ★★
아셀라(Ascella) ★★★★★★
폴리스(Polis) ★★★★
마누브리움(Manubrium) ★★★★
카우스 보레알리스(Kaus Borealis) ★★★★★★
베가(Wega) ★★★★★★★★★
파시에스(Facies) ★★
데네브(Deneb) ★★★★★★
펠라구스(Pelagus) ★★★★★★★★
테레벨룸(Terebellum) ★★

물병자리

알비레오(Albireo) ★★★★★

아르무스(Armus) ★★

알타이르(Altair) ★★★★★★★★★★

도르숨(Dorsum) ★★★★

기에디(Giedi) ★★★★

카스트라(Castra) ★★★★

다비(Dabih) ★★★★★★

나시라(Nashira) ★★★★

오쿨루스(Oculus) ★★

사달수드(Sad Al Suud) ★★★★★★

보스(Bos) ★★

데네브 알게디(Deneb Algedi) ★★★★★★

물고기자리

사달멜리크(Sad Al Melik) ★★★★★★

아케르나르(Achernar) ★★★★★★★★★★

포말하우트(Fom Al Haut) ★★★★★★★★★★

마르카브(Markab) ★★★★★★★★

데네브 아디게(Deneb Adige) ★★★★★★★★★★

스케아트(Scheat) ★★★★★★★★

스카트(Skat) ★★★★

수비학(數秘學)의 세계

숫자에 신비한 힘이 있다고 믿은 것은 고대 문화와 그리스 철학자들뿐이 아닙니다. 르네상스 시대 학자들과 오늘날의 많은 수학자들도 공유하는 생각입니다.

자이르에서 발견된 뼈들에 새겨진 빗금들은 기원전 9000년에서 7500년 사이의 것으로 보이고 달의 위상 변화 기록과 일치하는데, 이는 가장 초기의 수학 활용을 보여주는 흔적입니다.

수비학은 점성학만큼 오래되었고 메소포타미아 문명, 유대 문명, 고대 그리스 문명에 그 기원이 있습니다. 예를 들어 구약에서 숫자와 글자는 메시지, 꿈, 그리고 개인의 이름과 관련된 숨겨진 의미에 해당된다고 여겨졌습니다. 각 문화는 숫자를 해석해 우주와 인간 본성에 의미를 부여하는 고유의 체계를 발달시켰습니다. 수비학이 포함된 가장 유명한 체계로는 피타고라스 정리, 히브리 신비철학, 역경(易經), 마야 이론을 들 수 있습니다.

그리스의 많은 철학자들이 숫자의 신비에 강한 흥미를 나타냈습니다. 초기 그리스 시대의 가장 뛰어난 사상가들 중 한 명인 피타고라스는 숫자는 신성한 것이고 "만물은 수"라고 주장했습니다. 현대의 많은 수학자들과 달리 피타고라스는 신학을 논리적 사고와 융합했습니다. 그는 서구 문명에 독특한 유산을 남겼고 숫자의 성질을 알아내는 출발점을 마련했습니다. 피타고라스는 음악과 숫자와의 관계가 얼마나 중요한지 밝혀 악보와 수학을 조화롭게 연결시켰습니다. 숫자가 형태에 대응한다는 것을 깨달아 직사각형, 정사각형, 삼각형을 점이나 숫자들의 집합으로 처음 표현한 사람이기도 하죠. 그의 추종자들인 피타고라스학파도 수학적 원리가 만물의 근원이며 이 원리들의 근간이 숫자이기 때문에 다른 무엇보다 숫자가 자연과 우주의 질서를 확립한다고 최초로 믿은 사람들입니다.

현대의 일부 수학자들은 이러한 믿음을 따르고, 우주가 작동하는 방식을 더 깊이 살펴보면 우주가 좀 더 수학적이라는 것을 알게 된다고 주장합니다. 숫자와 수학이 우주가 움직이는 정확한 방식의 기저를 이룬다는 것이죠.

숫자에는 기본적으로 세 가지 유형이 있습니다. 우리는 수학 이론, 철학적 정의, 숫자 상징주의를 통해 숫자를 인식할 수 있습니다. 20세기 초에 융은 의식할 수 있는 질서의 원형으로 숫자를 해석했고 숫자가 질서 창조에 도움이 된다고 주장했습니다. 또 숫자는 정량적이면서도 정성적이라고 믿었습니다. 실제로 입자물리학 연구들도 거시적 세계에서 원자의 양적 변화가 인지할 수 있는 정성적 변화를 낳는다고 제시합니다.

수비학은 점성학과 마찬가지로 상징적 체계이고 우리 자신과 삶의 목적을 좀 더 잘 이해하는 데 이용할 있는 많은 도구들 중 하나입니다. 숫자에는 이원성이 있어 긍정적 힘 혹은 부정적 힘을 나타낼 수 있습니다. 숫자의 의미를 탐구하면 우리의 개인적 잠재력을 발견하여 계발하고 삶이라는 여행의 지침을 얻는 데 도움이 됩니다. 이 책에서 우리는 개인이 태어난 달과 날짜에 따른 숫자의 정량적 해석에 특히 초점을 맞출 것입니다. 다음 설명을 따르면 당신의 탄생수를 간단하게 찾을 수 있습니다.

탄생수 계산하기

당신의 탄생수는 태어난 연, 월, 일의 숫자를 모두 더한 것입니다. 이 숫자는 긍정적 속성과 부정적 속성들을 통해 당신의 삶의 목적이나 과제를 드러냅니다. 자신의 탄생수를 이해하면 더 높은 수준의 자기 인식에 이를 수 있습니다. 탄생수 계산은 간단합니다. 숫자들을 전부 차례차례 더하기만 하면 되니까요. 예를 들어봅시다.

1956년 6월 28일 = 1+9+5+6+6+2+8 = 37=3+7=10=1+0=1

이 경우 탄생수는 1이고 37/1이라고도 읽을 수 있습니다.

1961년 10월 20일=1+9+6+1+1+0+2+0+=20=2+0=2

이 경우 탄생수는 2이고 20/2라고도 읽을 수 있습니다.

9개의 기본수

🎋

기본이 되는 9개의 숫자는 당신이 삶에 대해 어떤 자세를 갖는지에 따라 당신의 장점 또는 단점이 되어 나타납니다.

수 1

수 1은 의식적입니다. 수 1의 긍정적 속성은 자신감, 창의성, 특이성, 독립성입니다. 탄생수가 1이라면 당신은 창의적이고 활력과 야망, 추진력으로 가득 찬 사람입니다. 대담한 개척자인 당신은 주도적인 역할을 맡고 자신의 독창성을 표현하길 좋아합니다. 자신의 창의력과 개성을 자각하게 되면서 자신을 표현하고 스스로 일어설 준비를 갖추고 싶어 합니다. 이 말은 당신이 다른 사람들과 다르게 생각하거나 독단적으로 행동한다는 뜻일 수도 있습니다. 때때로 당신은 가까운 주변으로부터 소외되었다는 느낌을 받는데, 새로운 아이디어에 착수할 때 특히 더 그러합니다. 정신적인 자극을 받으면 동기부여가 되고, 수많은 선택 상황에 직면했을 때 직관은 도움을 줄 것입니다. 의지력과 결단력이 강해서 남을 따라가기보다 이끌려고 합니다. 평생 동안 당신은 정서적이건 육체적이건 정신적이건 불안을 극복하는 방법을 배워나가게 됩니다. 자신의 행동에 책임을 지는 것도 인

생에서 명심해야 할 부분 중 하나입니다. 당신은 최상의 상태일 때는 타인들에게 긍정적인 방식으로 자극을 주는 자신감 있고 독립적인 사람입니다. 관용, 연민, 인내심을 발휘하면 목표 성취에 도움이 됩니다. 천천히 시간을 들여 기술을 발전시키면 당신의 독창성을 보여줄 수 있을 겁니다.

탄생수가 1인 모든 사람들에게 주어진 과제는 자신감 부족부터 과한 자신감, 까다로움, 오만, 이기심, 독재적 성향을 극복하는 것입니다.

수 2

수 2는 감각적입니다. 수 2의 긍정적 특성은 사교성, 수용성, 그리고 자신과 타인의 욕구 사이에 균형을 맞추는 능력입니다. 탄생수가 2인 사람들은 사람을 잘 다루고 협력하면서 무언가를 배웁니다. 탄생수가 2라면 당신은 사려 깊고 타인의 감정에 예민하며 용기 있고 낭만적인 성격의 소유자입니다. 사교술이 뛰어나고 친화적·사교적이며 홍보에 관심이 많죠. 직관력이 뛰어나고 적응력이 좋은 당신은 격려받는 걸 좋아하지만 아첨에 넘어가기 쉽습니다. 협력하고 타인에게 봉사하는 것과 정서적 불안 때문에 종속적으로 희생을 자처하는 것을 구분할 줄 알아야 합니다. 지나치게 의존적이 되면 자신감이 떨어질 수 있으므로 항상 균형잡힌 관계를 유지하는 것이 중요합니다. 궁핍하거나 취약한 상태일 때는 다른 사람들이 당신의 친절한 본성을 쉽게 이용할 수 있습니다. 탄생수가 2인 사람들은 공격적이지 않게 대응하는 법과 거절하면서 죄책감을 느끼지 않는 법을 터득해야 합니다. 또한 나약하거나 무능해보이지 않으면서 도움을 받아들이면 득을 볼 수 있습니다. 자신을 있는 그대로 받아들이는 것이 무엇보다 중요합니다. 당신이 이룰 수 있는 긍정적 성취는 내면의 조화를 이루는 것, 의미 있는 목표를 개발하는 것, 그리고 경계를 긋는 것입니다.

탄생수가 2인 사람들의 과제는 의존성, 초조함, 불안,

불안정, 지나친 예민함, 쉽게 낙담하는 성향, 사람에 대한 습관적 불신, 자긍심 부족을 극복하는 것입니다.

수 3

수 3은 표현적 혹은 정서적입니다. 수 3의 긍정적 속성은 창의적 자기표현, 섬세함, 상상력, 다재다능함입니다. 탄생수가 3이라면 당신은 열정적이고 흥이 많으며 사교적이고 친화적인 사람입니다. 당신은 광범위한 예술 활동을 통해 자신의 다재다능함을 보여주고 싶어 할 수도 있겠네요. 탄생수가 3인 사람들은 놀이, 사교모임, 친밀한 대화를 통해 타인들과 교유하는 것을 즐깁니다. 자유롭고 정서적이어서 삶의 즐거움을 표현하고 싶어 하죠. 또 지식을 통합하고 자신의 아이디어를 전달하는 데도 뛰어납니다. 탄생수가 3인 사람들은 쾌활하고 낙천적인 태도를 유지함으로써 갈등을 피합니다. 이 사람들에게는 정서적 성장과 자기표현과 관련된 충고를 해줄 수 있는데, 자신의 감정을 더 깊이 이해해야 하고 상황을 조종하려기보다 자신의 느낌을 직접적으로 명확하게 말해야 한다는 것입니다. 탄생수가 3인 사람들은 정서적 격변을 겪거나 질투나 미움 같은 부정적 감정을 느낄 수 있습니다. 재치 넘치고 말재주가 있지만, 수줍음을 많이 타거나 불안하면 소외감을 느끼거나 기가 죽어 감정 표현에 어려움을 겪고 현실을 부정하며 살 수 있습니다. 3의 사람들은 대개 사랑과 연민을 배우고 나누는 즐거움에서 정서적 성취감과 만족감을 얻습니다.

탄생수가 3인 사람들의 과제는 걱정과 의심, 에너지를 분산시키는 성향, 과장, 편협함, 준비가 안 된 느낌, 우유부단함, 무책임함을 극복하는 것입니다.

수 4

수 4는 물질적입니다. 수 4의 긍정적 속성은 실용성,

총괄 능력, 자기 훈련입니다. 탄생수가 4인 사람은 정직하고 딱 부러지는 성격에 근면하고 안정을 이루고 싶은 욕구가 있습니다. 인내심이 강하고 꼼꼼하며 무엇을 이루려면 방법과 준비가 필수적임을 잘 알고 있죠. 인생에서 무슨 일을 하건 목적이 있고 현실적으로 적용되는 일이어야 합니다. 탄생수가 4인 당신은 뛰어난 조형 감각, 기술력 혹은 기계를 다루는 기술, 뭐든 스스로 하는 능력이 있습니다. 안전에 민감하기 때문에 금융계나 비즈니스 쪽에 관심이 있습니다. 엄격하고 감정을 잘 드러내지 않지만 충실하고 믿음직한 사람입니다. 완고하거나 융통성이 없는 편이니 유연성과 적응력을 기르는 것이 좋습니다. 당신은 야망과 활력이 있어 다른 사람들이 힘이 빠졌을 때도 참고 견디는 데 도움을 줍니다. 하지만 감당할 수 없을 정도로 많은 일을 맡지는 마세요. 좋아하는 사람들을 보호하려고 하지만, 상황을 떠맡고 군림하려는 성향은 극복해야 합니다. 탄생수가 4인 사람들은 흔히 구축자(builder)로 불리며, 프로젝트나 기업의 창업자가 되기도 합니다.

탄생수가 4인 사람들에게 주어진 과제는 독단주의, 완고함, 신뢰할 수 없는 성격, 너무 게으르거나 반대로 일중독이 되는 성향, 과거에 대한 집착, 무절제를 극복하는 것입니다.

수 5

수 5는 직관적입니다. 수 5의 긍정적 속성은 독창성, 빠른 반응, 단호한 행동입니다. 탄생수가 5인 사람들은 열정적이고 자유를 사랑합니다. 긍정적인 경우 자기 관리 능력이 뛰어나 집중력이 있으며 기민하고 빈틈이 없습니다. 책임감이 강하지만 자유롭게 움직이고 싶어 합니다. 또한 다재다능하고 진취적이어서 새로운 사람들을 만나고 싶어 하며, 경험해보지 못했던 것을 해보고 싶어 합니다. 자유롭고 마음이 넓으며 새로운 상황에 쉽게 적응하고 태도가 진취적입니다. 능숙하고 효율적이어서 빨리 배울 뿐 아니라 현실적인 접근 방식으로 상황

을 파악합니다. 탄생수가 5인 사람들의 라이프스타일에는 여행과 변화가 한 부분을 차지합니다. 대세를 따르는 편이어서 개혁을 환영하고 새로운 상황에 거의 저항 없이 적응합니다. 부정적인 면은 초조함과 불안, 성급함, 그리고 일관성이 부족하다는 점입니다. 목적과 인내심이 없으면 자신의 진짜 소명을 찾아 평생 정처 없이 헤맬 수 있습니다. 따라서 만사를 운에 맡기지 않는 것이 좋습니다. 깊은 이해력과 더 많은 지식이 당신의 커다란 잠재력을 활용하는 데 도움이 됩니다. 빠른 사고와 강한 직관을 발휘한다면 신속한 대응력으로 쉽게 다른 사람들보다 빛날 수 있습니다. 재치가 넘치고 대담한 당신은 정중하거나 과감한 성격입니다.

탄생수가 5인 사람들의 과제는 충동적 행위, 불안정함, 무책임한 행동, 성급함, 사려 부족, 에너지를 분산시키는 성향, 권태, 지나친 솔직함, 무자비한 성격을 극복하는 것입니다.

수 6

수 6은 정서적이고 보편적입니다. 수 6의 긍정적 속성은 이상주의, 창의력, 인도주의, 연민, 비전입니다. 탄생수가 6인 사람들은 섬세하고 책임감이 있으며 보통 자신의 느낌에 따라 삶을 판단합니다. 또한 반응이 직접적이며, 주변 환경과 가까운 사람들에게서 영향을 받습니다. 가정적이고 세속적이며 공동체에 관여하는 걸 즐깁니다. 가족 간의 유대가 끈끈한 것으로 보아 당신은 자녀에게 지원을 아끼지 않고 힘이 되어주는 좋은 부모가 될 수 있습니다. 믿을 만한 사람이고 현실적인 조언자라서 친구들이 어려울 때 찾아올 것입니다. 완벽주의자인 당신은 창의적이고 예술적입니다. 취향이 세련되었고 스타일, 미, 조형에 대한 안목이 있어서 주변을 꾸미고 집을 아름답게 가꾸는 걸 좋아하죠. 고귀한 이상을 갈망하여 일상의 평범한 현실과 자신을 분리시킬 수도 있습니다. 하지만 더 나은 세상을 만들려면 당신의 유토피아적인 이상을 고수하고 높은 도덕주의에 따라 살기 위해

노력해야 합니다. 자신의 감정과 생각 간의 균형을 맞출 수 있다면 조화와 평화를 이룰 수 있습니다. 또 자신이 불완전하고 결점이 있다는 걸 인정하면 이 세상과 세상의 한계를 좀 더 잘 받아들일 수 있습니다. 그러나 당신은 걱정하거나 좌절하는 성향을 극복해야 합니다. 당신이 남에게 더 많이 줄수록 더 많이 받게 될 것입니다.

탄생수가 6인 사람의 과제는 불만, 속물근성, 동정심 부족, 지나치게 비판적인 성향, 고압적 태도, 참견하기 좋아하는 성격을 극복하는 것입니다.

수 7

수 7은 직관적이고 정신적이며 합리적입니다. 수 7의 긍정적 속성은 정직과 신뢰, 분별력, 세부적인 것에 대한 관심, 독창성입니다. 탄생수가 7인 사람들은 분석적이고 사려 깊으며 자신에게 몰두하고 사색적입니다. 또 완벽하고 정확하죠. 자주적이고 적극적이기도 합니다. 스스로 결정을 내리고 싶어 하기 때문에 흔히 직접적인 경험을 통해 최상의 것을 배웁니다. 그러나 지나치게 예민하고 불안해지면 냉담하거나 자기 안으로 침잠해버릴 수 있습니다. 자신의 감정을 전달하지 못하면 이해받지 못한다는 느낌을 받기도 하죠. 차별화하고 개선하는 능력이 있어서 쉽게 흠을 잡는 사람처럼 보일 수도 있지만 기존 시스템을 개선하는 데 탁월한 능력을 보입니다. 정보통이고 꼼꼼한 성격으로 볼 때 탄생수가 7인 당신은 정보를 모으는 걸 좋아하고 기억력이 뛰어납니다. 자기 분석을 잘하고 항상 더 깊은 자기 인식을 추구하기 때문에 자신만의 시간을 갖는 것이 자기 성찰에 좋습니다. 하지만 너무 고립되지 않도록 해야 합니다. 독서, 글쓰기, 혹은 영적인 것에 대한 관심이 당신에게 영감을 주고 지평을 넓혀줍니다. 이것은 교육과 학문, 특히 특정 분야의 연구에 대한 관심으로 이어집니다. 직관적이지만 지나친 합리화에 빠져 세부적인 부분에서 헤맬 수도 있겠네요. 이럴 경우 자신감을 잃고 자기 의심에 빠져 불안해질 수 있습니다. 남에게 자기 얘기를 잘 안 하

고 숨기거나 모호한 태도를 취하기도 하는 당신은 호기심이 많고 다른 사람들에게 본심을 들키지 않은 채 민감한 질문을 던지기도 합니다.

탄생수가 7인 사람들에게 주어진 과제는 불성실, 비밀주의, 회의, 혼란, 지나치게 비판적인 성향, 무심함, 냉정함을 극복하는 것입니다.

수 8

수 8는 정서적, 물질적 힘을 나타냅니다. 수 8의 긍정적 속성은 힘과 강한 확신입니다. 탄생수가 8인 당신은 의욕 넘치고 단호하며 권위가 있습니다. 8이 암시하는 힘은 확고한 가치관, 실행력, 건전한 판단력입니다. 당신은 안정과 현실 유지를 바라는 마음이 강합니다. 권세와 물질적 성공에 대한 욕구가 있고 권위적인 당신은 큰 성취를 이루길 바라는 야망 있는 사람입니다. 헌신적으로 일하며 인내심이 있어서 대개 책임자와 지도자 자리로 올라가죠. 탄생수가 8인 당신은 천부적인 사업 감각이 있어 타고난 조직력과 실행 능력을 발휘해 많은 이익을 볼 수 있습니다. 그러나 자신의 권위를 행사하거나 위임하는 데 공정해야 합니다. 영향력이 큰 위치에 있을 경우 다른 사람들을 보호하고 현실적인 조언을 해줄 수 있습니다. 당신은 판단을 내릴 때 힘과 인내심, 관용을 발휘해 너그럽게 이해하고, 다른 사람들의 약점을 고려해줄 필요가 있습니다. 탄생수가 8인 사람들은 장기적인 계획과 미래 투자를 통해 안정을 추구합니다. 자신뿐 아니라 다른 사람들을 치유하는 힘이 있으며, 이러한 힘을 주변 사람들에게 베풀어준다면 가장 득을 봅니다.

탄생수가 8인 사람들에게 주어진 과제는 성급함, 편협함, 자린고비 성향, 과로, 권력에 대한 굶주림, 고압적인 성격, 계획성 부족을 극복하는 것입니다.

수 9

수 9는 우주 전체에 영향을 미칩니다. 수 9의 긍정적 속성은 연민, 관용, 인내심, 진실성, 섬세함, 인도주의입니다. 탄생수가 9인 사람들은 대개 사람의 마음을 끄는 매력과 카리스마가 있으며, 보편적으로 수용되는 통찰력과 영적 능력이 있습니다. 탄생수가 9인 당신은 관대하고 직관력이 강하고 예감이 잘 맞습니다. 이상주의적이고 감수성이 예민한 당신은 자신의 감정과 감수성에 따라 삶을 예견하고 판단합니다. 이렇게 앞을 내다보는 것은 당신이 내면의 지혜와 높은 의식을 갖추었음을 암시합니다. 당신은 너그럽고 인정이 많으며 상상력이 풍부하지만 자신이나 타인들이 당신의 높은 기대에 미치지 못하면 환멸을 느끼거나 정서적 좌절에 빠져 기분 변화가 심해지거나 도피주의로 흐를 수 있습니다. 내면의 만족을 찾아야 하고 낙담하거나 깊은 우울감에 빠지지 않도록 주의해야 합니다. 또 이해심, 관용, 인내심을 키워야 하고, 감정에 휩쓸리지 말아야 합니다. 당신은 타인에게 봉사하거나 인류에 공헌할 운명일 수 있습니다. 세계적인 시야를 갖춘 당신은 세계 여행을 하거나 각계각층 사람들과 사귀면서 큰 득을 볼 수 있습니다. 해결해야 할 과제들과 지나치게 예민한 성향을 극복해야 하는 당신으로서는 균형 잡힌 태도를 유지하고, 너무 비현실적인 꿈은 갖지 않는 것이 좋겠습니다. 치열한 내면세계와 강렬한 꿈, 그리고 영감과 이상주의가 조화를 이룬 당신은 정신적 길을 추구하면서 가장 큰 행복을 느낍니다.

탄생수가 9인 사람들의 과제는 초조불안, 이기심, 완고함, 비현실성, 남의 말을 쉽게 믿는 성향, 열등감 콤플렉스, 걱정을 극복하는 것입니다.

1년 수 계산법
✦

특정 해에 대한 당신의 1년 수를 계산하려면 해당 연도에 당신이 태어난 달과 날을 더하면 됩니다. 예를 들어 당신이 1956년 6월 28일에 태어났고 2018년에 무슨 일을 겪을지 알고 싶으면, 탄생수 계산에서 태어난 해 대신 2018을 쓰세요.

예를 들어,
태어난 연도(1956) 대신 2018을 씁니다.
2018년 6월 28일 = 2+0+1+8+6+2+8=27=2+7=9
이 수의 울림은 2018년 1월 1일부터 2018년 12월 31일까지 1년만 유효합니다.

9개의 1년 수 해석
✦

1년 수들은 9년의 주기가 있습니다. 다음 키워드들이 각 1년 수의 성질을 설명합니다.

1년 수가 1인 해

새로운 시작을 위한 시기입니다. 이미 정착된 프로젝트를 확장하거나 당신의 존재가 돋보이는 프로그램들을 시작할 기회가 많이 찾아옵니다. 새로운 방향을 취하면 위험이 따를 수 있고 적절히 선택하려면 용기와 자신감이 필요하지만 내면의 목소리에 귀를 기울이고 다른 사람들 때문에 의욕이 꺾이지 않도록 하세요.

변화의 기운이 감돌면 행동을 취해야 할 때가 온 것입니다. 당신에게는 자기계발이 굉장히 중요하며, 올해의 주안점은 독립적이고 긍정적인 태도를 취하고 야망을 품는 것입니다. 그렇지 않으면 1년 수 1이 주는 기회를 놓칠 수 있습니다. 뒤로 물려나려는 태도 역시 허락되지 않으며 바람직하지 않습니다. 꿈을 성취하려면 너무 게으름을 부리거나 불안에 빠지지 않도록 조심하세요. 올

해 가장 큰 보람을 얻을 수 있는 일은 다른 사람들에게 도움이 되는 새로운 생각을 하고 이뤄내는 것입니다.

1년 수가 2인 해

관계, 협력, 인내심이 중요한 해입니다. 올해 당신은 사회적 인맥의 범위가 넓어지고 다른 분야의 사람들을 만나게 될 것입니다. 중재자로서 역량을 발휘한다면 지속적인 관계나 특별한 파트너십을 진전시킬 기회가 늘어납니다. 또 당신에게 굉장한 자극을 줄 누군가를 만날 수 있는데요, 열린 마음으로 받아들이면서 기회를 놓치지 마세요. 이 사람에게는 여러 가지를 배울 수 있을 것입니다. 이 해에는 사람들과 타협을 해나가고 균형 잡히고 사교적인 태도를 유지하며 소통을 더 잘할 수 있습니다. 전반적으로 자기 인식을 통해 자기 계발을 하고 다른 사람들과의 관계를 통해 스스로에 대해 많은 것을 배우는 해가 되겠네요. 올해는 사람들과 좋은 관계를 유지하고 진정성이 바탕이 된 새로운 파트너십을 이루며, 당신의 자유나 독립성을 잃지 않으면서 다른 사람들을 도울 수 있는 해이기도 합니다.

1년 수가 3인 해

창조적 활동, 재미, 사랑을 통해 당신의 감정을 표현하는 해입니다. 또한 축하의 시기이기도 해서 당신은 삶에서 더 많은 즐거움을 얻길 원할 것입니다. 창의적 에너지가 흘러넘쳐 자신을 더 충분히 자유롭게 표현할 수 있겠네요. 사랑에 빠지는 시기이며, 당신의 쾌활한 낙천주의가 사랑과 즐거움에 대한 욕구를 충족시키는 데 도움이 될 것입니다. 교제 범위도 넓어집니다만 질투, 불안감, 우유부단함을 조심하고 에너지를 분산시키지 말아야 합니다. 이 해는 창조와 발전의 시기이기도 합니다. 아이를 낳거나 여행을 하거나 가정에서 예술, 음악,

문화를 즐길 수 있도록 집을 더 쾌적하게 만드는 때입니다. 모임에 나가거나 극장이나 미술관을 찾고 집에 손님을 초대하는 등이 모두 올해 당신이 원하거나 필요한 일들입니다. 당신이 늘 마음속으로 하고 싶어 했던 연극, 그림, 춤, 노래 혹은 글쓰기를 시작하기에 좋은 해입니다. 자신감을 가지고 새로운 것, 재미있는 일을 시도해보세요. 이 해의 가장 큰 보람은 삶의 즐거움을 아는 것, 그리고 정서적으로 성장하는 일입니다.

1년 수가 4인 해

이 해의 열쇠는 탄탄한 토대입니다. 확고한 삶의 터전을 만들기 위해서는 조직, 질서, 인내심, 현실적 실천이 필요하겠지요. 올해 당신은 많은 것을 성취할 수 있고 이를 위한 기회가 생길 것입니다. 그런데 자금을 잘못 관리할 경우 재정적 혹은 그 외의 물질적 어려움이 닥칠 수 있기 때문에 알뜰하게 잘 챙겨야 합니다. 당신의 재정 상황이나 보험, 법률문제들을 검토하고 모든 것을 간결하고 효율적으로 점검해야 합니다.

사업을 하거나 집을 짓고 수리하거나 더 나은 곳으로 옮기기에 좋은 해입니다. 하지만 재산이나 보험과 관련해 나중에 후회할 수 있는 비현실적인 결정을 내리지 않도록 조심하세요. 올해 가장 중요한 과제는 탄탄한 토대를 구축하는 것, 그리고 불필요한 반항과 나태에 빠지지 말라는 것입니다. 이 해에 당신은 스스로 자부심을 느낄 만한 무언가를 해냄으로써 큰 보람을 얻을 수 있습니다.

1년 수가 5인 해

변화의 해로, 직장에서건 개인적 관계에서건 상황이 변화하는 시기입니다. 여행(짧건 길건)이나 이직 등 많은 기회가 생깁니다. 본능적으로 무언가 변화가 필요하다고 느끼게 됩니다. 새로운 사람을 만나고 새로운 일을

만나 예기치 못한 즐거운 일이 생길 수도 있습니다.

중요한 것은 이런 변화에 어떻게 잘 적응하느냐 하는 것입니다. 차분하게 객관성을 유지하고 성급함, 초조불안, 권태를 떨쳐버리세요. 또한 순간적 충동으로 나중에 후회할 일을 하지 않도록 조심하세요. 목적를 설정하고 결단력 있게 움직여야 할 시기이므로 타성에서 벗어나냐 합니다. 자신의 이미지를 새롭게 하거나 일상을 변화시켜 보세요. 이 해의 가장 큰 수확은 새로운 것을 경험하고 새로운 곳을 찾고 새로운 사람들을 만나는 것입니다. 짧은 기간에 많은 것을 성취할 수 있는 해입니다.

1년 수가 6인 해

집에서나 사회에서나 책임을 맡는 해입니다. 6은 보편적 숫자이기 때문에 자신의 영역뿐 아니라 더 넓은 세상에 더 많은 관심을 두어야 하는 해입니다. 또 새로운 환경에 적응하는 시기이기도 합니다. 가족에 관한 일이나 집을 더 편안하고 멋지게 만드는 것과 관련해 새로운 책무가 생깁니다. 올해는 지역사회 사업을 포함해 타인에게 봉사하는 배려의 해입니다. 그러나 열심히 노력하면 타인을 돕는 데서 뜻밖의 기회와 소득이 찾아와 이번 해 동안 긍정적인 보상을 받게 될 것입니다. 가장 가깝고 사랑하는 사람들과 함께하는 시간을 마련하세요. 이한 해 동안 그들은 당신의 도움이 필요합니다. 이 해는 삶에 조화와 아름다움을 이루어야 할 시기로, 가정을 편안하고 안락하게 만들기에 좋은 때입니다.

1년 수가 7인 해

새로운 지식을 습득하고 정신적으로 성장하는 자기계발의 해입니다. 배움의 열망을 충족하는 것이 가장 중요합니다. 따라서 자신의 인생을 응시하면서 지금까지 성취한 것들을 돌아보고 미래의 계획을 세워야 할 시기

입니다. 또한 지금까지 쌓아온 것을 더욱 발전시켜 새로운 지식을 흡수하고 새로운 분야에 도전해보기도 좋은 해입니다. 당신의 지위나 실적을 향상시킬 교육이나 훈련을 받을 기회가 생깁니다. 자신만의 시간 갖기를 원할 수도 있지만, 미혼일 경우 관심사를 공유하고 편하게 소통할 수 있는 새로운 사람을 찾기도 합니다. 책이나 기사를 읽고 깊은 영향을 받거나 새로운 방향에 대한 통찰력을 얻을 수도 있겠네요. 글을 쓰거나 독서를 하거나 지적인 자극을 주는 모임에 참여하면 당신이 찾는 것을 얻을 수도 있습니다. 그러나 이 해에는 오해가 일어나기 쉬우니 세상으로부터 자신을 소외시키거나 주위 사람들에게 지나치게 비판적인 태도를 보이지는 마세요. 이 해에 가장 보람을 안겨주는 일은 다양한 것에 더 깊은 이해력이 생기고 당신의 아이디어들을 새로운 방식으로 잘 전하는 것입니다.

1년 수가 8인 해

이 해는 결단과 실행의 해입니다. 지난 7년간의 모든 노력이 열매를 맺을 해입니다. 성공하고 싶다면 희망만 품어서는 안 되는 해입니다. 노력을 하고 밀어붙여야 할 시기죠. 성취나 발전의 기회가 승진이나 경제적 이익을 통해 나타날 것이며, 그 밖에 과거의 계획이나 투자가 결실을 맺을 것입니다. 또 할 일이 많아지고 책임감도 무거워지는 해이기도 합니다. 그러니 과로하지 않도록 조심하세요.

삶의 터전을 마련하고 안정된 생활을 하고 싶다는 마음이 들어 부동산 구매 같은 장기적인 투자에 끌리겠습니다. 또한 좋은 사업 기회가 찾아오고 운도 따를 수 있습니다. 하지만 좋은 수익을 얻으려면 자산 운용을 잘해야 합니다. 사람들을 지배하려 하거나 자기 눈앞의 이익에만 집중하지 않고 사람들을 배려하면서 한 해를 즐겁게 보내세요.

1년 수가 9인 해

수비학 주기에서 가장 중요한 정신적인 해입니다. 완성의 해이고, 많은 미진한 부분들을 매듭짓는 해입니다. 새로운 주기는 아직 시작되지 않았지만 이전의 주기가 끝나가는 시기입니다. 수 9의 근본적 규칙은 뿌린 대로 거둔다는 것입니다. 또 자신의 현재 위치를 평가하고 꼭 필요하지 않은 것은 모두 버려야 하는 시기이기도 합니다. 과거에 집착하지 마세요. 특정 상황, 심지어 사람이라도 맞지 않으면 안녕을 고하고 미래의 계획을 세울 시간입니다. 특히 이 해의 후반부에 이런 정리가 필요합니다.

또한 9의 보편적 상징은 성숙해지는 것, 그리고 죽음과 부활, 이별과 새로운 시작의 순환 속에서 삶의 근본적인 원칙을 이해하는 것입니다. 9는 변화하고 지속되는 영원한 삶의 기반을 상징합니다. 당신의 선행은 사라지지 않습니다. 다른 사람을 도우면 당신은 더 나은 사람이 되고 앞으로 나아갈 용기를 얻을 것입니다.

31개의 1일 수 해석

❦

1일 수(personal day)는 당신이 태어난 달의 날에 해당하며 바뀔 수 없습니다.

1일

당신의 생일은 최고가 되고 독립적이고 싶은 열망을 암시합니다. 1일에 태어난 당신은 개성 있고 혁신적이며, 용기가 있고 에너지가 넘칩니다. 그러나 당신은 정체성을 확립하고 자신감과 적극성을 키울 필요가 있습니다. 개척 정신이 있어 스스로 결정을 내리고 실행하고 싶어 합니다. 스스로 시작하는 이러한 힘이 자극제가 되어 실행력이나 리더십이 배가 됩니다. 열정과 독창적인 아이디어들로 가득 찬 당신은 다른 사람들에게 성공으로 가는 길을 보여주기도 합니다. 하지만 존경받고 인기를 얻고 싶어 하는 마음이 스스로 확신을 약화시킬 수 있고, 자신감 부족으로 이어져 타인에게 의존하려는 성향을 보일 수도 있습니다. 또한 1일에 태어난 사람들은 세상이 자신을 중심으로 돌지 않는다는 것을 알아야 하며 교만해지지 않도록 조심해야 합니다. 그러나 당신은 새로운 발상과 흥미롭고 모험적인 일들을 도모함으로써 승리와 성공을 얻어낼 수 있습니다.

장점 : 리더십, 창의력, 진취성, 강력함, 낙천주의, 강한 확신, 경쟁력, 독립성, 사교성

단점 : 고압적, 질투, 이기주의, 자만심, 적대감, 자제력 부족, 이기심, 나약함, 불안정, 성급함

2일

2는 섬세함, 그리고 집단의 일원이 되고 싶은 열망을 나타냅니다. 2일에 태어난 당신은 적응력과 이해력이 뛰어나 사람들과 소통하는 협업을 즐깁니다. 주변 환경에 영향을 잘 받으며 친화적이고 따뜻한 성격이죠. 또 사교술이 좋아 사람들에게 재치 있는 태도로 다가섭니다. 화합을 중시하고 다른 사람과 함께할 때 더 일을 잘해서 가족 문제에서도 중재자나 조정자 역할을 합니다. 그러나 다른 사람들을 즐겁게 해주려다 지나치게 그들에게 휘둘릴 위험도 있습니다. 다른 사람들의 행동과 비판에 쉽게 상처받지 않을 수 있도록 좀 더 자신감을 가지세요. 연애와 인간관계에서는 당신의 직관을 믿으세요. 그러나 당신이 모든 걸 조종하려는 성향은 조심해야 합니다.

장점 : 훌륭한 파트너십, 온화함, 재치, 수용적, 직관, 사려 깊음, 조화, 상냥함

단점 : 의심이 많음, 자신감 부족, 굴종, 소심함, 지나치게 예민함, 이기적, 쉽게 상처받음, 교활함, 기만적, 부정직

3일

생일 3은 사랑, 창의성, 정서적 표현에 대한 욕구를 나타냅니다. 흥이 많고 느긋하며 함께하기 좋은 친구인 당신은 친목을 위한 사교 활동과 다양한 관심사들을 즐깁니다. 또한 다재다능하고 창의적 표현 욕구가 있어 많은 경험을 하려고 하죠. 그러나 쉽게 싫증을 느껴 우유부단해지거나 한꺼번에 너무 많은 일을 벌여 하나도 제대로 못 하게 될 수도 있습니다. 3일에 태어난 사람은 예술적이고 매력적이며 유머 감각이 뛰어납니다. 그러나 자긍심을 기를 필요가 있고, 걱정, 질투, 그 외의 감정적 불안에 빠지는 성향은 경계해야 합니다. 당신에게는 친밀한 관계와 다정한 분위기가 가장 중요합니다. 열정과 영감을 부여하거든요.

장점 : 유머 감각, 행복감, 친화적, 생산적, 창의성, 예술적 능력, 소망을 이루는 힘, 자유에 대한 사랑, 말재주

단점 : 쉽게 싫증 냄, 허영, 지나친 상상, 과장, 애정이 없음, 자랑하기 좋아함, 방종, 게으름, 위선

4일

생일 4가 나타내는 탄탄한 구조와 정돈된 힘으로 볼 때 당신은 안정을 원하고 규칙과 질서를 세우고자 합니다. 정력적이고 실용적 기술, 강한 결단력을 타고났기 때문에 열심히 노력하면 성공을 거둘 수 있습니다. 4일에 태어난 당신은 형태와 구성에 대한 감각이 있어서 효율적인 시스템을 만들 수 있습니다. 또 안정을 중시하기 때문에 자신과 가족을 위한 탄탄한 토대를 쌓고 싶어 합니다. 충실하지만 감정을 잘 드러내지 않는 편이며 말보다 행동이 중요하다고 믿습니다. 당신은 인생에 현실적으로 접근해서 탁월한 사업 감각으로 경제적 성공을 거둘 능력이 있습니다. 솔직하고 공정하지만 자신의 감정을 좀 더 잘 표현하는 법을 익혀야 하고, 완고하거나 눈

치 없이 굴지 않도록 조심해야 합니다. 4일에 태어난 사람들에게 주어진 과제는 불안정한 시기를 잘 넘기고, 경제적인 걱정, 냉정한 성격을 극복해야 한다는 것입니다.

> 장점 : 조직력, 절제력, 꾸준함, 근면, 솜씨, 손재주, 실용적, 신뢰,
> 　　　정확성
> 단점 : 파괴적 행동, 말수가 적음, 억압됨, 융통성 없음, 나태,
> 　　　인색함, 위압적, 엄격함

5일

강한 직관력, 넘치는 모험심, 그리고 자유에 대한 열망이 생일 5가 가리키는 특성들입니다. 새로운 무언가를 탐구하거나 시도하기를 원하는 열정적인 당신에게 삶은 많은 것을 안겨줍니다. 당신은 여행과 아울러 예상하지 못한 수많은 변화의 기회를 통해 세계관과 믿음의 실질적 변화를 겪을 수 있습니다. 인생은 흥미진진해야 한다고 느끼지만, 책임감 있는 태도를 가져야 하고 돌발적인 행동과 과도하고 차분하지 못한 성향을 조심해야 합니다. 또한 인내심을 키우고 세부적인 부분에도 주의를 기울여야 합니다. 성급한 행동이나 투기를 피하면 성공할 수 있습니다. 5일에 태어난 사람들의 천부적인 재능은 순리를 따를 줄 알고 객관성을 유지한다는 것입니다.

> 장점 : 다재다능함, 융통성, 진취적, 직감이 뛰어남, 사람을 끄는
> 　　　매력, 운이 좋음, 대담함, 자유에 대한 사랑, 순발력과 재치,
> 　　　호기심, 신비적, 사교적
> 단점 : 미덥지 않음, 변덕, 미루는 버릇, 일관성이 없음, 의지할 수
> 　　　없음, 과한 자신감, 고집불통

6일

동정심, 이상주의, 배려하는 성품이 6일에 태어난 사람들의 특성입니다. 6은 누구와도 친구가 되는 사람을 나타내는 수로, 이날 태어난 당신은 책임감이 강하고 다

정하며 힘이 되어주는 예지력 있는 인도주의자입니다. 세상일에 밝고 출세 지향적이지만, 가정을 잘 보살피고 헌신적인 부모가 될 수 있습니다. 자신이 믿는 것을 위해서라면 공동체를 위한 일이건 자원봉사 활동이건 고생도 마다하지 않고 열심히 임하는데, 그 원동력은 풍부한 감정과 조화를 갈구하는 마음입니다. 좀 더 감성이 풍부한 사람들은 창조적 표현 방법을 찾아 연예계나 예술, 디자인 계통에 끌릴 수 있습니다. 자신감을 키우고, 친구와 이웃들에게 더 많은 정을 베풀고, 책임감을 기르는 일에도 힘을 써야 합니다. 또한 간섭하거나 걱정과 불만에 빠지거나 부적절한 동정을 하는 등의 성향도 극복해야 합니다.

> 장점 : 세상일에 밝음, 보편적인 인류애, 친화적, 인정이 많음,
> 　　　신뢰할 수 있음, 이해심, 공감능력, 이상주의, 가정적,
> 　　　인도주의적 이상, 침착함, 예술적 재능, 균형감
> 단점 : 불만, 수줍음, 비합리적, 완고함, 지나친 솔직함,
> 　　　군림하려는 태도, 무책임, 이기적, 의심이 많음, 자기중심적

7일

7일에 태어난 사람들은 분석적이고 생각이 깊은 완벽주의자로, 비판적이고 독립적인 성향입니다. 스스로 판단해 결정하고 자신의 경험 속에서 가장 큰 교훈을 얻습니다. 자신을 더 잘 알고 싶다는 마음이 강하고, 다양한 지식을 흡수하면서 독서나 글쓰기 등 정신적 영역에 관심이 많습니다. 이러한 학구열로 학계에 몸담게 되기도 합니다. 이날 태어난 사람들은 지나친 합리화를 한다거나 너무 세세한 것에 빠지기도 합니다. 자신에 대한 비판에 대해 지나치게 민감하고, 오해하고 있는 것은 아닌지 걱정하기도 합니다. 알쏭달쏭한 태도를 취하거나 속을 잘 드러내지 않는 성향이 있는데 다른 사람들에게 본심을 드러내지 않고 미묘한 질문을 던지기도 합니다. 지나치게 비판적이거나 독단적이게 군다든지 말을 잘 하지 않거나 냉담해지기도 하는 성향은 주의가 필요합니다.

> 장점 : 교양, 신뢰, 세심함, 이상주의, 정직, 정신적 능력, 과학적,

합리적, 사색적

단점 : 부정직, 혼자 있길 좋아함, 속을 터놓지 않음, 회의적, 혼란, 거리감, 냉정함

8일

8이 암시하는 힘은 뚜렷한 가치관과 냉철한 판단력입니다. 8이라는 숫자로 볼 때 당신은 성취욕이 크고 야심가적 기질이 있습니다. 또한 8은 지배욕, 안정과 물질적 성공에 대한 열망도 나타냅니다. 이날 태어난 사람들은 천부적인 사업 감각이 있어 조직 운용 능력과 경영 능력을 연마하면 큰 도움이 될 것입니다. 일에 매진하면 책임 있는 자리를 맡게 됩니다. 하지만 자기 권한을 공정하게 위임하거나 행사해야 합니다. 이날 태어난 사람들은 흔히 정의, 법이나 질서와 관련된 직업이나 경영 쪽의 리더, 혹은 금융과 은행 쪽에 끌립니다. 또 안정감을 느끼고 확실히 자리를 잡고 싶은 마음이 강해서 장기적인 계획을 세우고 투자합니다. 자신뿐 아니라 다른 사람들을 치유해주는 능력이 있는 사람이 많으니 이런 능력을 인류의 삶을 개선하는 데 쏟아도 좋겠습니다.

장점 : 리더십, 철저함, 근면, 전통적, 권위, 보호, 치유력, 훌륭한 가치 판단

단점 : 성급함, 편협함, 인색함, 초조함, 불안, 과로, 권력욕, 고압적 행동, 쉽게 낙담함, 계획성 부족, 통제하려는 행동

9일

어진 마음과 사려 깊음, 정서적 감수성은 모두 생일 9와 관련된 특성입니다. 창의적이고 다정한 당신은 지적이고 관대한 사람으로 여겨집니다. 뛰어난 직관력과 정신적 능력은 우주적인 감수성을 의미하는데, 긍정적으로 작용하면 영적인 길을 추구하게 될 수 있습니다. 9일에 태어난 사람들은 자신의 인생이 미리 계획되어 있고

자신이 조정할 여지가 많지 않다고 느낍니다. 이날 태어난 당신은 이해심과 관용, 인내심을 키워야 할 뿐 아니라 개인감정을 갖지 않는 법도 배워야 합니다. 또 여러 도전을 이겨내야 하고, 지나치게 예민해지는 성향이나 감정적 기복이 심한 것을 극복할 필요가 있습니다. 하지만 9일에 태어난 사람들은 인생에서 성취를 이루고 인류에게 봉사할 운명입니다. 세계 여행을 하면서 다양한 부류의 사람들을 만나 큰 소득을 얻게 되겠지만, 비현실적인 꿈을 꾸거나 현실도피로 흐르지 않도록 조심하세요.

장점 : 이상주의, 인도주의, 창조력, 세심함, 관대함, 매력적, 시적 성향, 자비심, 베푸는 성향, 객관성, 행운, 인기

단점 : 좌절감, 분열, 초조불안, 확신이 없음, 이기심, 비현실적, 신랄함, 쉽게 휘둘림, 열등감 콤플렉스, 걱정, 소외감

10일

10일에 태어난 당신은 1일에 태어난 사람들과 마찬가지로 성취를 위해 각고의 노력을 기울입니다. 그렇지만 많은 장애물을 극복해야 목표를 이룰 수 있습니다. 자기 정체성을 분명히 하고 싶어 하는 마음이 강하며, 혁신적이고 자신감과 야망이 있는 사람입니다. 크게 생각하는 편이며 대체로 세속적입니다. 에너지가 넘치고 독창적인 당신은 다른 사람들과 생각이 다를 때도 자신의 신념을 고수합니다. 혼자라거나 인기가 없다고 느낄 때도 있죠. 스스로 시작하는 능력과 진취적 정신으로 누구도 예상하지 못했던 일을 혼자 힘으로 시작할 수 있습니다. 그러나 자신감 상실, 두려움, 사람들에게서 인정받고 싶은 욕구 등이 맞물려 다른 사람에게 의존하는 성향을 보이기도 합니다. 당신은 세상이 자신을 중심으로 돌지 않는다는 것을 알아야 하고, 너무 오만해지지 않도록 주의해야 합니다. 10일에 태어난 사람들은 대부분 목표를 달성하고 성공하길 바라는데 많은 사람들이 그 소망을 이룹니다. 하지만 자칫 일에만 매달릴 수 있는데 가정에도 소홀히 하지 않도록 유념하세요.

장점 : 리더십, 창조적, 진취적, 강력함, 낙관적, 강한 확신,

경쟁력, 독립적, 사교적
단점 : 고압적, 질투심, 자기중심적, 자만심, 적대감, 절제 부족,
이기심, 나약함, 불안정, 성급함

11일

11의 특별한 영향으로 당신에게는 이상주의, 영감, 혁신이 매우 중요합니다. 겸손함과 자신감을 겸비한 당신은 물심양면으로 자신을 잘 다스리는 것이 중요한 과제입니다. 당신은 경험을 통해 자신의 양면성을 잘 살려 균형을 잡힌 행동을 할 수 있습니다. 직관력이 뛰어나지만 그 역량이 분산될 수 있으니 목표를 잘 잡는 것이 중요합니다. 늘 기운이 넘치고 활력을 즐기지만 지나치게 걱정한다거나 너무 비현실적인 것을 찾지는 마세요. 최악의 경우 목표를 잃고 당신이 정말 무엇을 하고 싶었던 것인지조차 알 수 없게 되어버릴 수 있으니까요. 그러나 당신은 다른 사람들에게도 도움이 될 수 있는 천재성을 타고났으니 그 재능을 발휘할 수 있을 것입니다.

장점 : 균형 잡힘, 집중력, 객관적, 열정적, 고무적, 정신적,
이상주의, 지적, 외향적, 독창성, 예술적, 인도주의, 신뢰,
영적 능력
단점 : 우월 콤플렉스, 목적 상실, 지나치게 감정적, 부정직함,
목적이 없음, 쉽게 상처받음, 몹시 신경질적임, 이기적,
투명성 부족, 군림하려는 태도, 비열함

12일

12라는 생일은 진정한 개성을 확립하고 싶은 욕구를 나타냅니다. 이날 태어난 당신은 직관력과 추리력이 뛰어나며, 사람들을 잘 돕고 친화력이 있습니다. 혁신적이고 이해력이 뛰어나며 섬세한 당신은 목표를 이루기 위한 요령과 협력하는 방법을 잘 알고 있습니다. 비록 마음속으로는 신념이 흔들리고 불안해서, 너그러운 성격과 긍정적인 시각에 손상을 준다 하더라도 사람들 앞에서는 자신감 있어 보입니다. 자기주장을 하고 싶어 하는 마음과 다른 사람들을 돕고 싶어 하는 마음의 균형을 이룬다면 만족감과 성취감을 느낄 수 있습니다. 무엇보다 자신의 의지를 다지고 자신감을 갖는 것이 중요합니다.

장점 : 창의성, 매력 있음, 추진력, 자제심, 자신이나 다른
사람들을 홍보함
단점 : 은둔, 비협조적, 지나치게 예민함, 자존감 결여

13일

13일에 태어난 당신은 섬세한 감정의 소유자로 열정적이며 영감 뛰어납니다. 수비학적으로 볼 때 당신은 근면한 사람이며 투지와 재능을 발휘해 많은 것을 성취할 수 있습니다. 하지만 창조적인 재능을 실제 제품들로 구현하고 싶다면 실용적인 관점을 길러야 합니다. 일에 몰두해 전력을 기울이면 큰 성공을 거둘 수 있겠습니다. 당신의 독창적이고 혁신적인 접근 방식이 사람들에게 깊은 인상을 남기고 새롭고 흥미로운 아이디어를 만들어내게 합니다. 13일에 태어난 사람은 성실하고 낭만적인 데다 매력적이고 흥이 넘칩니다. 맡은 일에 전념한다면 큰 수확을 거둘 수 있습니다. 풍부한 감정과 자유를 추구하는 정신, 자기표현 욕구는 당신의 가장 큰 자산이죠. 그러나 다른 사람들과 협력하고 공동 작업을 한다면 당신의 재능을 나눌 기회가 생길 것이고 더 큰 성과로 돌아오게 됩니다. 같은 날 태어난 많은 사람들과 마찬가지로 당신은 스스로 더 나은 삶을 만들어나가기 위해 여행을 하거나 새로운 환경에 정착하길 갈망합니다. 연예계를 선택하여 창의적 재능을 발휘하고 싶어 하는 사람도 있습니다.

장점 : 야망, 창조적, 자유에 대한 사랑, 자기표현력, 추진력
단점 : 충동적, 우유부단, 권위적, 감정을 드러내지 않음, 반항심

14일

14일에 태어난 사람들은 탄탄한 토대를 쌓고 싶은 열망이 강하고 열심히 노력하여 성공을 거둡니다. 일을 최우선으로 생각하고 자기 자신과 다른 사람들을 직업적 성취를 바탕으로 판단하죠. 안정을 원하지만 숫자 14의 변화를 추구하는 성향은 끊임없이 앞으로 나아가면서 새로이 도전하라고 다그칩니다. 이것은 삶에서 많은 변화를 만드는 자극제 역할을 하는데, 특히 근무 환경이나 경제적 상황이 마음에 들지 않을 때 그런 성향이 강하게 나타날 수 있습니다. 생일이 같은 많은 사람들처럼 당신도 일하는 분야에서 최고의 자리에 오를 수 있습니다. 14가 가리키는 숨겨진 특징들로 볼 때 당신은 창의적 재능을 개발하고 자신의 감정을 좀 더 터놓고 표현하는 법을 익히면 좋습니다. 때로는 사랑이 당신에게 진정한 시험대가 될 수 있지만, 당신의 다재다능함, 현실적인 분별력, 강한 직관이 완고한 성향을 이길 것입니다. 당신의 뛰어난 통찰력은 문제를 신속하게 해결하는 데 도움을 줍니다. 위험을 무릅쓰거나 도박을 하는 것도 좋아하는데, 운이 좋아 뜻밖의 횡재를 할 수도 있습니다.

장점 : 결단력 있는 행동, 근면, 행운, 창조적, 실용적, 상상력, 부지런함

단점 : 과도하게 신중하거나 충동적임, 불안정, 경솔함, 고집

15일

당신은 다재다능하고 관대하며 변화를 추구하는 사람입니다. 또한 민첩하고 열정적이며 카리스마가 넘칩니다. 강한 직관력, 이론과 현실을 아우르며 빨리 배우는 능력이 당신의 가장 큰 자산입니다. 많은 경우 새로운 기술을 배우면서 일로 연결시켜 돈을 벌죠. 직관력이 날카로워 찾아온 기회를 놓치지 않습니다. 돈을 끌어 모으고 다른 사람들부터 도움과 지원을 받는 데도 소질이

있습니다. 당신은 근심걱정 없고 열정적이어서 예기치 않은 일을 좋아합니다. 천성적으로 모험심이 강하지만 자신의 의지가 되는 근거지나 집을 마련하길 원합니다. 추진력과 야망이 넘치지만 때로는 완고해질 수 있으며 매너리즘에 빠질 수 있으니 주의하세요. 독창적 아이디어를 실제 기술로 접목해내고, 불안에 빠지거나 불만족스러워하는 성향을 극복하면 성공적인 결과를 얻을 가능성이 더 많습니다.

장점 : 의지력, 관대함, 책임감, 친절, 협력적, 안목, 창조적 아이디어

단점 : 파괴적, 초조함, 불안, 무책임, 자기중심적, 변화에 대한 두려움, 신뢰 결여, 걱정, 우유부단함, 물질만능주의, 권한 남용

16일

생일이 16일인 사람들은 야심이 크지만 감정이 풍부하고 배려심이 있으며 친절합니다. 자기실현 욕구와 큰 세상을 경험하고 싶은 마음 때문에 가족과 떨어져 지낼 수도 있습니다. 사람을 보는 눈과 상황을 판단하는 능력이 정확해서 주로 자신의 느낌에 따라 사안을 판단합니다. 그러나 자신의 욕망과 다른 사람들에 대한 책임감이 충돌할 때 내면의 갈등을 겪을 수 있습니다. 16일이 생일인 사람들의 관심은 세계를 향해 뻗어 있기 때문에 국제 기업이나 언론계에서 일을 할 수도 있습니다. 또는 대의를 위해 자선 기구에서 일을 하기도 합니다. 창의적인 사람들은 번뜩이는 영감으로 글쓰기에 재능을 발휘합니다. 생일 16은 겉으로 드러나지 않는 초조함과 불안한 기운도 나타내는데, 이는 특히 생활이 불안정하거나 변화를 겪을 때 자아가 정신적으로 각성함을 말해줍니다. 16일에 태어난 사람들은 지나친 자신감과 불안 사이에 균형을 잘 잡는 것이 중요합니다. 단란한 가정에서 자란 사람이 많지만 혼자 사는 걸 선택하거나 여행을 즐기는 사람이 많습니다.

장점 : 높은 수준의 교육, 집과 가족에 대한 책임감, 진실성,

직관력, 사교적, 협력적, 통찰력
단점 : 걱정, 만족하지 못함, 무책임, 자기 홍보, 독단적, 회의적, 까다로움, 화를 잘 냄, 이기심, 인정이 없음

17일

17일에 태어난 사람은 내성적인 성격으로 총명하고 분석력이 뛰어납니다. 독립적인 사색가이며, 교육을 잘 받았거나 숙련된 기술이 있는 경우가 많습니다. 자신의 전문 능력을 발전시켜 물질적 성공을 이루고 전문가로서 위상을 분명히 하기 위해서 지식을 구체적인 방식으로 활용합니다. 남에게 자기 이야기를 잘 하지 않는 편이며 자기 성찰적이고 객관적입니다. 사실과 수치에도 관심이 많습니다. 보통 진지하고 사려 깊은 태도를 보이며, 서두르지 않고 여유 있게 일하는 걸 좋아합니다. 사람들과 의사소통을 더 원활히 할 수 있다면 그 사람들을 통해 자신의 또 다른 면을 알게 될 수 있을 것입니다. 일단 행동 방침을 정하면 굉장히 단호해져서 좋은 조언이건 아니건 다른 사람들의 말을 듣지 않습니다. 오랜 시간 인내심 있게 집중할 수 있어서, 자신의 경험을 통해 스스로 많은 것을 배울 수 있습니다. 하지만 회의적인 성향을 줄이면 더 빨리 배울 수 있습니다.

장점 : 사려 깊음, 전문 지식이 풍부함, 좋은 기획자, 사업 감각, 돈을 끌어들임, 개성적 사고, 각고의 노력, 정확성, 연구 기술, 과학적 능력
단점 : 무심함, 외로움, 완고함, 경솔함, 침울함, 예민함, 편협한 생각, 비판적, 혼자 있기 좋아함, 걱정, 의심

18일

결단력, 적극성, 야망은 생일 18일과 연관된 특성입니다. 18일이 생일인 사람들은 활발하고 활동적이며 권력을 추구하고 끊임없이 도전합니다. 유능하고 근면하며 책임감이 강해 높은 지위까지 올라가는 경우가 많고, 법과 관련된 일이나 공직에 진출할 가능성이 큽니다. 사업 감각과 조직을 이끄는 능력도 뛰어나 비즈니스 분야로 가기도 합니다. 18일에 태어난 사람들은 따지기 좋아하고 비판적이며 조금 까다롭습니다. 일중독자가 되기 쉬우니 이따금 긴장을 풀고 느긋해질 필요가 있습니다. 18일의 사람들은 사람의 마음을 치유하고 조언해주며 문제를 해결해줄 힘이 있습니다. 그러니 사람들과 더불어 살아가는 법을 배우며, 그런 능력을 올바르게 사용해야 합니다.

장점 : 진취적, 적극적, 직관, 용기, 단호함, 치유력, 효율성, 자문 능력
단점 : 통제되지 않는 감정, 나태, 무질서, 이기적, 냉담함, 일이나 프로젝트를 끝내지 못함, 기만

19일

19일에 태어난 사람은 창의적이고 명랑하며 야망이 있고 활동적입니다. 섬세한 면이 있는 인도주의자로 결단력도 있고 지략이 풍부합니다. 통찰력이 탁월하고 몽상가적인 면도 있습니다. 중요한 사람이 되고 싶다는 마음이 눈부신 활약의 원동력입니다. 자신의 정체성을 확립하고 싶어 하는 강한 욕구가 있는데, 그러려면 먼저 동료로부터 받는 중압감을 극복해야 합니다. 수많은 경험을 거치고 나면 자신감과 리더십을 얻을 수 있습니다. 다른 사람들에게는 자신만만하고 회복력이 뛰어나며 지략이 풍부해 보이지만, 실제로는 내면의 긴장 때문에 감정의 기복을 겪기도 합니다. 자부심이 강하고 다른 사람들에게서 노력을 인정받고 싶어 하지만, 세계가 자신을 중심으로 돌지 않는다는 것을 깨달을 필요가 있습니다. 이기적이거나 오만한 성향을 극복해야 한다는 뜻입니다. 또한 용기, 계획 수립, 체계를 배워야 하고 혼자 있는 것에 대한 두려움도 극복해야 합니다. 예술적이고 카리스마가 넘치는 당신은 세상이 당신의 탐험을 기다리고 있다는 것을 알고 있습니다. 혼자서 일하거나 대기업

에서 일할 경우 성공 가능성이 더 높습니다.

장점 : 활동적, 중심 역할, 창의성, 리더십, 행운, 진취적,
　　　 낙천주의, 강한 확신, 경쟁력, 독립성, 사교적
단점 : 자기중심적, 침울함, 근심 걱정, 거절에 대한 두려움, 심한
　　　 감정 기복, 물질주의적, 이기주의, 성급함

20일

20일에 태어난 사람은 직관력이 뛰어나고 섬세하며 적응력과 이해력이 뛰어나 집단 속에서 힘을 발휘합니다. 그래서 사람들과 서로 어울려 경험을 공유하며 배울 수 있는 공동 작업을 좋아합니다. 주위 환경에 따라서는 예술이나 음악의 재능도 꽃피울 수 있습니다. 매력적이고 품위가 있어서 사교 기술을 발휘해 다양한 사람들의 모임에서 활약합니다. 하지만 자신감을 키워 다른 사람들의 행동과 비판에 쉽게 상처받거나 너무 의존하는 경향은 극복해야 합니다. 인간관계와 그 밖의 공동 단체에서 희생을 자처하거나 불신하거나 타인에게 지나치게 의존하지 않도록 조심하세요. 그러나 당신은 화기애애한 분위기를 만드는 귀재이며, 가정이나 직장에서 중재자로 없어서는 안 될 존재입니다.

장점 : 훌륭한 파트너십, 온화함, 재치, 수용적, 직관, 사려 깊음,
　　　 조화, 상냥함, 원만함, 친선대사
단점 : 의심이 많음, 자신감 부족, 굴종, 소심함, 지나치게 예민함,
　　　 이기적, 쉽게 상처받음, 기만

21일

역동적인 추진력이 있고 외향적인 성격이 21일에 태어난 사람들에게서 흔히 볼 수 있는 특징입니다. 사교적인 성향이라 관심 분야와 아는 사람이 많고 전반적으로 행운이 따릅니다. 사람들에게 다정하고 사교적인 모습으로 다가가죠. 또한 독립심이 있으며 직관이 강하고 굉장히 독창적입니다. 21일에 태어난 사람은 흥이 많고 사람을 끌어당기며 사교적 매력이 있습니다. 반대로 수줍음을 타고 속마음을 잘 드러내지 않을 수도 있는데, 특히 가까운 사이에서는 자기주장을 할 필요가 있습니다. 인생에서 많은 기회가 찾아오며 다른 사람들과 협력하여 성공을 거둡니다. 일에서도 함께 일할 동지를 구하고 결혼도 바라지만 항상 자신의 재능과 능력을 인정받길 원합니다. 그러나 너무 이기적이 되거나 다른 사람들에게 자신의 꿈을 강요해서는 안 됩니다. 또한 당신은 사람과의 관계에 너무 많은 시간을 쏟아 상호의존관계가 될 수도 있으니 주의하세요.

장점 : 영감, 창의력, 사랑으로 맺은 관계, 오래 지속되는 관계
단점 : 의존성, 소심함, 지나치게 감정적, 비전 결여, 실망감,
　　　 변화에 대한 두려움

22일

22일에 태어난 사람은 자부심이 강하고 현실적이며 직관력이 뛰어납니다. 22는 마스터 수로 22라는 수와 4라는 수로 울림을 줄 수 있습니다. 정직하고 근면하며 리더십을 타고난 당신은 카리스마가 있으며 사람에 대한 이해가 깊고 무엇이 사람들에게 동기를 부여하는지를 잘 압니다. 그리고 감정을 잘 드러내지 않는 편이지만 다른 사람을 이해하고 배려하며 그들의 행복을 바랍니다. 하지만 자신의 현실적 입장을 망각해서는 안 됩니다. 당신은 교양이 있고 세상사에 밝아서 친구와 추종자가 많습니다. 실용적 기술과 실행력도 돋보입니다. 솔직하면서도 침착한 성격이 더 높은 관리직으로 올라가는 데 도움이 됩니다. 이날 태어난 사람들 중 좀 더 경쟁력이 강한 이들은 타인의 도움과 격려로 성공과 부를 얻습니다. 형제자매와 유대감이 강한 사람이 많아 그들을 보호하고 힘이 되어줍니다.

장점 : 보편성, 직관력, 실용적, 현실적, 솜씨 좋음, 능숙함, 구축
　　　 능력, 조직력, 현실주의자, 문제 해결 능력, 성취
단점 : 일확천금에 대한 기대, 신경과민, 열등감 콤플렉스, 위세,

물질주의, 비전 결여, 나태, 이기주의

23일

날카로운 직관, 정서적 감수성과 창의력은 23일에 태어난 사람들의 특성입니다. 다재다능하고 열정적이며 두뇌 회전이 빨라 프로다운 면모를 보이고 독창적인 아이디어가 넘쳐납니다. 23이라는 생일의 영향으로 새로운 것을 쉽게 배우지만 이론보다는 실천을 더 선호합니다. 그러나 다른 사람을 너무 비판적으로 판단하는 것에 주의하고 이기심을 버려야 합니다. 여행과 모험, 새로운 사람들 만나기를 즐기는 당신은 가만히 있지를 못하는 성격으로 다양한 경험을 많이 하고 어떤 상황에서도 적응력이 뛰어납니다. 전반적으로 다정하고 흥이 많으며 용기와 추진력을 갖추었는데, 자신의 진정한 잠재력을 발휘하기 위해서는 활동적인 생활을 할 필요가 있습니다. 다른 사람을 돕고 싶어 하지만 우유부단하거나 변덕이 심하면 무책임해 보일 수 있으니 주의해야 합니다. 23일에 태어난 사람들 중에는 몇 번의 만남과 이별을 겪고 나서야 평생의 반려자를 만나는 경우도 있습니다.

장점 : 충성심, 책임감, 여행을 좋아함, 소통, 직관, 창의력,
　　　다재다능함, 신뢰할 수 있음, 명성
단점 : 이기주의, 불안정, 완고함, 비타협적, 트집 잡기, 질투,
　　　내성적

24일

성실하고 책임감이 있으며 진취적인 면은 24일에 태어난 사람들에게서 볼 수 있는 특성입니다. 판에 박힌 일상을 싫어하지만 현실적 능력과 건전한 판단력으로 부지런히 일합니다. 24에 부여된 정서적 감수성으로 볼 때 당신에게는 질서 있는 안정된 생활을 구축하는 것이 필요합니다. 조형 감각이 있어서 복잡하지만 효율적인 시스템을 쉽게 구축합니다. 정직하고 믿음직하며 안정을 중시하는 당신은 파트너의 사랑과 지원이 필요하고, 자신과 가족을 위해서 튼튼한 토대를 만들어나가기를 원합니다. 감정을 잘 드러내지 않는 편이지만 충실하고 공정하며 말보다 행동이 중요하다고 믿습니다. 삶에 대한 실용적 접근 방식으로 인해 사업 감각이 뛰어나 물질적 성공을 거둘 수 있습니다. 이날 태어난 사람은 불안정한 시기들을 잘 이겨내야 하고, 완고하거나 자신의 생각에 갇히는 성향을 극복해야 합니다. 자신의 직관을 믿고 사회성을 몸에 익히면 자제력을 얻을 수 있습니다. 하지만 파괴적인 성향을 조심해야 합니다. 다른 사람들에게 무자비하고 물질주의적인 사람으로 비칠 수 있으니까요. 24일 태생들에게 주어진 주된 과제는 각계각층의 사람들과 어울리는 법 터득하기, 의심 많은 성향 극복하기, 안정적인 가정 꾸리기입니다.

장점 : 활력, 이상주의, 현실적 능력, 강한 결단력, 정직함, 솔직함,
　　　공정함, 너그러움, 가정적, 활동적
단점 : 무자비함, 물질주의, 돈에 인색함, 무정함, 판에 박힌
　　　일상을 싫어함, 나태, 불성실, 고압적, 완고함, 앙심을 품음

25일

직관적이고 사려 깊으나 민첩하고 에너지가 넘치는 당신은 다양한 것에 도전하고 자신의 재능을 발휘합니다. 여기에는 새롭고 흥미로운 아이디어나 사람들, 장소가 모두 포함됩니다. 완벽을 추구하기 때문에 열심히 일하고 생산성 또한 높습니다. 하지만 상황이 계획대로 흘러가지 않더라도 너무 조바심을 내거나 비판적이 되지 말아야 합니다. 정서적 감수성과 창의적이고 예술적인 재능은 당신의 숨겨진 자질들 중 일부일 뿐입니다. 자신을 과소평가하지 마세요. 그러면 좌절에 빠지거나 파괴적인 행동을 할 수 있습니다. 친밀하고 지속적인 관계와 사랑, 애정을 갈망하지만 25라는 숫자의 안정적이지 못한 파동 때문에 힘들 수 있습니다. 당신은 대체로 직관적이고 기민하며, 단순한 이론보다는 실용적인 적용을

통해 더 많은 지식을 습득합니다. 판단력이 뛰어나고 세부적인 것까지 보는 눈이 있어 성공을 이뤄냅니다. 하지만 회의적인 태도에 주의하고, 엉뚱하거나 충동적인 결정을 내리는 일을 피해야 합니다. 변화에 대한 두려움이 정서적 긴장과 침울함, 질투를 낳을 수 있습니다. 25일에 태어난 당신은 정신적 에너지가 강해서 이 에너지를 집중하면 다른 누구보다 빨리 모든 사실을 파악하고 결론을 내릴 수 있습니다. 자신의 직관을 믿고 끈기와 인내심을 기르면 성공과 행복이 찾아옵니다.

장점 : 직관력, 완벽주의자, 통찰력, 창의력, 사람을 대하는 데
　　　 뛰어남
단점 : 충동적, 조급함, 무책임, 과도하게 감정적, 질투,
　　　 비밀스러움, 비판적, 침울함, 신경과민

26일

26은 당신이 큰 성공을 이루길 원하는 야망 있는 성격임을 말해줍니다. 당신은 삶에 실용적으로 접근하고 실무 능력이 있으며 사업 감각이 뛰어납니다. 26일이라는 생일이 암시하는 힘으로 볼 때 당신은 확실한 가치관과 건전한 판단력을 갖춘 신중한 성격의 소유자입니다. 또 책임감이 있고 미적 감각도 탁월합니다. 가정적이고 좋은 부모가 될 본능을 타고났으니 탄탄한 기반을 쌓거나 현실적 안정을 구할 필요가 있습니다. 완고하거나 자신감이 부족해 때로는 너무 빨리 포기해버릴 수도 있지만, 자제력을 발휘하고 주의 깊게 계획을 세우면 성공을 거둘 수 있습니다.

이날 태어난 사람들은 이상주의적이고 인도주의적인 대의를 따라 사람, 교육, 공동체에 대한 봉사와 관련된 일을 할 수도 있습니다. 친구와 가족, 친척에게 든든한 힘이 되어주고 어려울 때 의지해 오는 사람들을 기꺼이 도와줍니다. 하지만 물질주의적 성향과 모든 것을 자기 뜻대로 하고 싶어 하는 성향에 대해서는 주의가 필요합니다.

장점 : 창의적, 현실적, 배려심, 책임감, 가족에 대한 자부심,

　　　 열정적, 용기
단점 : 완고함, 반항적, 인내심 부족, 불안정, 지배하려는 성향

27일

27일의 사람들은 인내심과 자제력을 키우면 사고의 폭이 더 넓어지고 깊어질 수 있습니다. 직관적이면서도 분석적인 당신은 단호하고 결단력이 있으며 관찰력도 좋습니다. 또 세세한 부분까지 많은 주의를 기울입니다. 전반적으로 이상주의적이고 섬세하며 창의성이 풍부해서 독창적인 생각과 아이디어로 다른 사람에게 깊은 인상을 줍니다. 때로는 속을 잘 드러내지 않거나 거리를 두는 듯 보이지만 사실은 내면의 긴장을 감추려 하기 때문입니다. 충동적이거나 결단하지 못할 때, 또 우유부단하거나 혼란스럽고 불안함을 느낄 때가 그런 때입니다. 사람들과 원활히 소통하려면 자신의 감정을 잘 표현할 수 있어야 한다는 점을 유념하세요. 당신에게는 영감이 성공의 열쇠이며, 시야를 좀 더 넓히면 감정을 잘 다스리게 되고 다른 사람들의 시선에 대한 걱정에서 벗어날 수 있습니다. 27일에 태어난 사람에게는 교육이 특히 도움이 되고, 적절한 자격 요건을 갖추면 글쓰기, 연구, 대규모 조직에서 성공을 거둘 수 있습니다. 다재다능함과 상상력을 타고났고 직관력과 정신적 능력이 강한 당신은 야망이 크고 아이디어가 넘칩니다. 그러나 차분하지 못해 정착하지 못하고 충동적이 될 수 있으니 자신의 아이디어를 구체적인 결과로 구현할 수 있게 해야 합니다. 당신은 애정이 많고 사려 깊지만 때때로 지나치게 예민하거나 접근하기 어려운 사람처럼 보이기도 합니다. 좀 더 객관적인 시각으로 보면 다른 사람들의 말에 귀를 기울이고 남들의 비판이나 아이디어들을 받아들일 필요가 있습니다.

장점 : 다재다능함, 상상력, 창의력, 단호함, 용감무쌍함, 깊은
　　　 이해심, 정신적 역량, 영적 능력, 독창성, 정신력
단점 : 무례함, 쉽게 상처받음, 싸우려 드는 성향, 차분하지 않음,
　　　 신경과민, 불신, 지나치게 감정적, 몹시 예민함, 긴장

28일

독립심이 강한 이상주의자이며, 인습에 얽매이지 않는 사고방식으로 실행 능력과 결단력이 있는 당신은 자기 마음대로 행동하는 스타일입니다. 독립적이고 싶은 마음과 팀의 일원이 되고 싶은 마음 사이에 내적인 갈등을 겪기도 합니다. 1일에 태어난 사람들과 마찬가지로, 당신은 야망이 있고 단도직입적이며 진취적입니다. 늘 새로운 일에 뛰어들 준비가 되어 있어 인생의 도전을 용기 있게 받아들이며, 그러한 열정이 사람들에게 정신적 자극을 주어 함께 일하지 않더라도 당신에게 성원을 보내줍니다. 당신의 많은 특성 중에서도 강한 확신과 풍부한 지략, 훌륭한 판단력, 지식을 응용해 문제를 개선하거나 해결하는 데 이용하는 능력이 돋보이네요. 28일에 태어난 사람들은 성공 지향적이지만 가정도 매우 중요합니다. 안정을 찾고 가장 사랑하는 이들을 잘 보살필 수 있도록 노력하세요. 책임 있는 자리에 오르지만 지나치게 몰아붙인다거나 성급하고 편협해질 수도 있습니다. 또 위압적이고 독선적이지 않도록 조심해야 합니다.

장점 : 인정이 많음, 진취적, 대담함, 예술적 소질, 창의력, 이상주의, 야망, 근면함, 안정적인 가정생활, 강한 의지
단점 : 백일몽, 동정심 부족, 비현실적, 위압적, 판단력 부족, 공격적, 비협조적, 자신감 부족, 타인에 대한 의존, 자만심

29일

29일에 태어난 사람들은 활동적이고 힘이 넘치는 이상주의적 공상가들로, 개성이 강하고 잠재력이 뛰어납니다. 직관력이 뛰어나고 예민하며 정서적이죠. 당신의 타고난 공감력과 이해심이 바탕이 된 인도주의적 성향은 다른 사람들이 희망과 꿈을 실현하도록 용기를 북돋워줍니다. 당신의 성공을 위해서는 정신적 자극이 중요한데, 이러한 자극을 받지 못하면 목적을 상실할 수

도 있습니다. 진정한 몽상가이지만, 가끔 극단적인 면을 보이기도 합니다. 굉장히 친절하고 따뜻하다가도 차갑고 냉담하게 변하거나, 낙관적이다가 비관적으로 바뀌기도 합니다. 29일에 태어난 사람들은 경쟁력과 야심이 있지만 인기를 원하고 다른 사람들이 당신에 대해 어떻게 생각하는지에 신경을 씁니다. 너무 비판적이 되거나 의심하지 않고 주위 사람들을 더 사려 깊게 대할 수 있어야 합니다. 당신 내면의 목소리에 귀를 기울이며 다른 사람들에게 마음을 열면 노심초사하는 마음도 사라지고 마음의 갑옷을 입지 않아도 됩니다. 당신의 창의성을 다른 사람들에게 정신적 자극을 주거나 도움이 되는 일, 특별하고 독특한 목표를 이루는 데 사용하세요.

장점 : 영감을 줌, 균형, 내적 평화, 관대함, 성공, 창의력, 직관, 신비적, 원대한 꿈, 현실적, 신념
단점 : 산만함, 불안정, 신경과민, 우울증, 까다로운 성격, 극단주의, 소외감, 지나치게 예민함

30일

30일에 태어난 사람들의 특징은 예술적이고 창의적이며 우호적이고 사교적이라는 것입니다. 당신은 행복한 생활을 즐기고 사람들과 어울리기를 좋아합니다. 카리스마가 넘치고 충실하며 친화적이죠. 감성이 풍부하고 야망이 크며 창의적 잠재력이 있는 당신은 자신만의 방식으로 그 재능을 꽃피웁니다. 침착하고 사교적이며 세련된 감각과 감식안이 있어 미술, 디자인, 음악 등의 분야에서 큰 성취를 이룰 수 있습니다. 당신의 자긍심과 야망은 좋은 기회를 만나 당신을 그 분야의 최고 자리에 올라가게 할 수도 있습니다. 격렬한 감정의 소유자라서 사랑에 빠지거나 만족감을 느껴야 직성이 풀립니다. 행복을 추구하지만 게으르거나 제멋대로 행동하고 조급해하거나 질투를 느끼는 등, 정서적 불안을 겪을 수 있기 때문에 조심해야 합니다. 30일에 태어난 사람들 중에는 인정받고 명성을 얻은 사람이 많은데, 특히 성공한 뮤지션이나 배우, 연예인이 많습니다. 사랑하는 사람들

을 위해 어느 정도 희생을 감수해야 할 수도 있습니다.

장점 : 흥이 넘침, 충실함, 친화적, 통합력, 말재주, 창의력, 행운
단점 : 나태, 고집, 변덕, 성급함, 지나친 방임, 무심함,
　　　우유부단함, 질투

31일

강한 의지와 결단력이 있고, 자기주장이 강한 성향이 31일에 태어난 사람들의 특징입니다. 직관력과 실무 능력을 바탕으로 올바른 결정을 내립니다. 일단 결심하면 지칠 줄 모르고 단호하며, 물질적인 성공을 추구합니다. 하지만 인생에는 한계가 있기 마련이니 그 한계를 받아들이고 탄탄한 토대부터 쌓을 필요가 있습니다. 31의 영향으로 당신은 독창적인 아이디어가 많고 감각이 뛰어나기 때문에 시간을 들여 제대로 된 계획을 세워 실행하면 사업에서 성공을 거둘 수 있습니다. 운이 따라주고 좋은 기회가 찾아오기 때문에 여가 활동을 수익성 있는 사업으로 전환하면 성공을 거둘 수도 있습니다. 그러나 쉽게 좌절하는 성향은 고쳐야 하고, 다른 사람들을 좀 더 배려해야 한다는 것도 잊으면 안 됩니다. 일을 정말 열심히 하는 사람이지만, 사랑하는 사람과 보내는 시간이나 즐거움을 누릴 시간도 필요합니다. 그러나 지나치게 탐닉한다거나 이기적이 되는 성향, 과도한 낙관도 조심해야 합니다. 31일에 태어난 사람들 중 나약한 이들은 너무 쉽게 꿈을 포기하거나 희망 사항에만 빠져 있을 수 있습니다.

장점 : 행운, 창의력, 독창성, 구축 능력, 건설적, 인내심, 현실적,
　　　재담가, 책임감
단점 : 불안정, 성급함, 의심, 쉽게 좌절하는 성향, 야심이 없음,
　　　이기적, 완고함, 물질주의

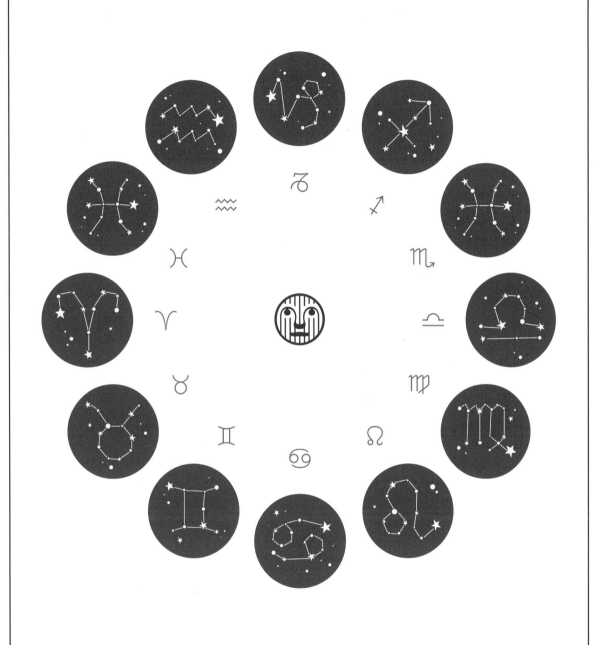

366일 날짜별
생일 분석

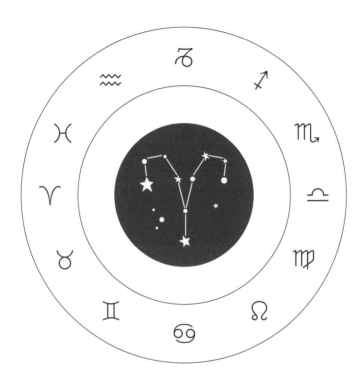

양자리
ARIES

3월 21일 ~ 4월 20일

태양 : 양자리/물고기자리 경계

지배 성좌 : 양자리/화성

위치 : 29° 30′ 물고기자리 – 0° 30′ 양자리

상태 : 활동궁

원소 : 불

항성 : 데네브 카이토스

3월 21일

ARIES

의욕과 야망이 넘치는 사교적인 성격

과감한 결단력과 자기주장이 강하면서도 친화력 있고 협조적인 당신은 조직 속에서 사람들과 함께 작업할 때 타고난 능력을 마음껏 발휘합니다. 양자리의 첫날에 태어난 당신은 에너지가 넘치고 활동적인 성격으로 가슴에 큰 포부를 품고 있어 항상 의욕이 넘칩니다. 때로 현실적인 성과를 올리려는 욕심이 앞서 참을성이 없고 성급하다는 인상을 주기도 하지만 이상주의적인 성향이 있어 타인들과 나누고 소통하는 것을 즐깁니다. 샘솟듯 나오는 톡톡 튀는 아이디어는 다양한 분야에서 활용될 수 있을 것입니다.

지배 행성인 화성의 기운이 배가되면서 장애를 극복할 수 있는 능력과 용기를 갖추게 되며 예리한 직관과 감각으로 수익성 높은 사업 기회를 한눈에 알아보기도 합니다. 영감과 상상력이 풍부하면서도 판단력도 뛰어나 열의를 다해 타인들에게 깊은 감동을 주는 방법을 알고 있네요. 하지만 완고한 면도 있어서 사사건건 따지는 성향은 극복해야 합니다. 돈 버는 데 재능이 있지만 적절히 타협할 줄도 알아야 합니다. 물질에 과도하게 집착하는 성향이 있어, 성공해서 경제적 풍요를 얻은 후에도 재산을 잃지 않을까 계속 불안한 마음을 가질 수 있어요.

훌륭한 전략가이기도 한 당신은 성공에 대한 야망과 박애 정신의 균형을 잘 잡습니다. 사람에게 투자하여 엄청난 보상을 받기도 하지만 그러기 위해서는 사람 보는 눈을 먼저 키워야 합니다. 사람들과 어울리기 좋아하는 당신은 일에서든 일상생활에서든 많은 사람들과 활발하게 교류하면서 조직의 규율도 잘 지키고 일을 잘하는 사람들과 좋은 협력 관계를 다지게 될 것입니다.

서른 살이 넘어 태양이 황소자리에 들어가면 경제적인 안정감을 찾고 싶어 합니다. 자신과 사랑하는 가족을 위해 탄탄한 기반을 다지는 데 집중하는 시기지요. 이런 성향은 태양이 쌍둥이자리에 들어서는 60대까지 계속되며 이때 사고방식에도 변화가 오기 시작합니다. 새로운 분야나 학문에 관심을 두게 되고 사람들과의 소통 방식 또한 새롭게 변화하게 되는 중요한 시기입니다.

숨어 있는 자아

인정받고 싶다는 마음이 성공의 원동력이 됩니다. 미래에 대한 통찰력과 직관력이 결합되어 물질적인 성취에 대한 가능성은 어마어마하게 커집니다. 그러나 공짜로 뭔가를 얻는 것은 원치 않기에 성과를 내기 위해 기꺼이 노력을 아끼지 않습니다. 이상이 높은 당신은 스스로도 금전적 보상을 받되 다른 사람들에게도 그 혜택이 돌아가는 일이 적합합니다.

당신 내면에는 극과 극의 성향이 공존하고 있네요. 부와 권력과 명예를 원하면서도 동시에 평온하고 잔잔한 일상도 꿈꿉니다. 이런 상반된 성향을 잘 조화시키는 길은 가정이라는 평화로운 안식처를 찾는 것입니다. 혹은 권력을 향한 욕망의 물길을 마음의 치유나 예술, 음악 등의 창조적인 작업으로 돌려놓는 것도 방법이지요. 그렇더라도 긴장이 너무 풀리면 성취감이 떨어지면서 타성에 젖어 불안감에 시달릴 수 있으니 특히 조심해야 합니다.

일과 적성

사람들을 사귀는 것을 좋아하고, 일대일로 사람을 상대하는 일에 탁월한 능력을 발휘하는 당신에게는 협상가나 자문·홍보 전문가, 중재자, 변호사나 중개상 등의 직업이 특히 잘 맞습니다. 판매업으로 진출하는 경우, 판매하는 상품에 대해 신뢰만 있다면 그게 어떤 형태든 특히 뛰어난 재능을 발휘합니다. 가장 이상적인 방법은, 당신의 모든 열정과 리더십을 프로젝트를 기획하는 데 쏟아 붓고 그 밖에 일상적이고 반복되는 일들은 다른 사람들에게 맡기는 것입니다. 또 다른 대안으로는, 당신 특유의 안목을 창작 세계에서 발현하는 방법이 있습니다. 그렇지만 어떤 직업을 선택하든, 당신은 사람들을 상대하는 업종에서 능력을 발휘할 가능성이 가장 큽니다. 관리와 경영 분야에 타고난 능력이 있어 권위 있는 자리에 앉기도 하며 통신 판매업이나 부동산 업종에서도 두각을 나타낼 수 있습니다. 자영업을 선택해도 좋지만 사람들과 팀워크를 이루는 일에서 더 많은 수익을 낼 수 있습니다.

수비학으로 본 당신의 운세

21일에 태어난 사람은 흥이 넘치고 사람을 끄는 강한 매력이 있고 창의적이며 사교적입니다. 사람들에게 언제나 다정다감하고 마음이 잘 통합니다. 남과 어울리기 좋아하고 다정한 성품 덕분에 관심 분야와 인간관계가 폭넓고 다양하여 늘 행운이 따릅니다. 그러나 독립적인 성향과 독창적이고 직관적인 면이 강하고, 한편으로 수줍음을 많이 타고 속마음을 잘 드러내지 않는 성향으로 기울 수도 있습니다. 특히 가까운 관계에서는 자기주장을 좀 할 필요가 있습니다. 우호적인 인간관계나 결혼에도 마음이 끌리지만 자신의 재능과 능력에 대해 인정받고 싶어 하지요. 탄생월 3이라는 숫자의 영향으로 늘 자신의 감정과 기분을 솔직하게 표현하고 싶어 합니다. 주변 사람들을 접대할 때는 매력 있는 주인장 역할도 톡톡히 해내고, 인정 많고 배려심이 있어 어려운 상황도 잘 넘길 수 있습니다. 세세한 일에까지 신경이 쓰이겠지만 비판적이 되지 않도록 조심하세요.

- 장점 : 예술적 영감, 넘치는 매력, 창의적이고 공동체적인 성향, 지속적인 관계 유지
- 단점 : 의존적, 불안 초조, 감정 조절 부족, 미래에 대한 비전 결핍, 쉽게 낙담, 변화에 대한 두려움과 시기심

연애와 인간관계

정신적인 자극을 원하는 당신의 마음이 활발한 사회생활과 폭넓은 인간관계로 이어지네요. 명석하고 영향력 있는 사람에게 끌리는 당신은 파트너와 정신적 줄다리기를 하다가 너무 많은 에너지를 소진하지 않도록 조심하세요. 연애를 할 때 당신은 굉장히 적극적이고 관대해집니다. 그러나 상대방과 자기 자신의 요구를 균형 있게 다루는 요령을 배울 필요가 있어요.

연인이나 친구
♥

1월 3, 23, 31일 / 2월 11, 21, 22일 / 3월 9, 19, 28, 31일 / 4월 7, 17, 26, 29일 / 5월 5, 15, 24, 27, 29, 31일 / 6월 3, 13, 22, 25, 27, 29일 / 7월 1, 11, 20, 23, 25, 27, 29일 / 8월 9, 18, 21, 23, 25, 27일 / 9월 7, 16, 19, 21, 23, 25일 / 10월 5, 14, 17, 19, 21, 23일 / 11월 3, 12, 15, 17, 19, 21일 / 12월 1, 10, 13, 14, 15, 17, 19일

힘이 되어주는 사람

1월 4, 10, 21일 / 2월 1, 2, 8, 19일 / 3월 6, 17, 30일 / 4월 4, 15, 28일 / 5월 2, 13, 26일 / 6월 11, 24일 / 7월 9, 22일 / 8월 7, 20일 / 9월 5, 18일 / 10월 3, 16, 31일 / 11월 1, 14, 29일 / 12월 12, 27일

운명의 상대

1월 22, 28일 / 2월 20, 26일 / 3월 18, 24일 / 4월 16, 22일 / 5월 14, 20일 / 6월 12, 18일 / 7월 10, 16일 / 8월 8, 14일 / 9월 6, 12, 23, 24, 25일 / 10월 4, 10일 / 11월 2, 8일 / 12월 6일

경쟁자

1월 11, 20일 / 2월 9, 18일 / 3월 7, 16일 / 4월 5, 14일 / 5월 3, 12, 30일 / 6월 1, 10, 28일 / 7월 8, 26, 31일 / 8월 6, 24, 29일 / 9월 4, 22, 27일 / 10월 2, 20, 25일 / 11월 18, 23일 / 12월 16, 21일

소울메이트
★

1월 26일 / 2월 24일 / 3월 22, 30일 / 4월 20, 28일 / 5월 18, 26일 / 6월 16, 24일 / 7월 14, 22일 / 8월 11, 12, 20일 / 9월 10, 18일 / 10월 8, 16일 / 11월 6, 14일 / 12월 4, 12일

이날 태어난 유명인

티머시 돌턴, 매슈 브로드릭, 게리 올드먼(배우), 모데스트 무소륵스키(작곡가), 슬라보이 지제크(철학자), 로타어 마테우스(축구 선수), 조용필, 신승훈, 아웃사이더(가수)

양자리

태양 : 양자리	
지배 성좌 : 양자리/화성	
위치 : 0° 30′ – 1° 30′ 양자리	
상태 : 활동궁	
원소 : 불	
항성 : 데네브 카이토스	

3월 22일

ARIES

성공을 향한 강한 열망을 실현해가는 이상주의자

이날 태어난 사람들의 특징은 강한 열망과 역동성입니다. 양자리 태생인 당신은 직관력이 뛰어나 세상 무서울 것이 없이 대담하고 독립적이며, 천성적으로 모험심이 넘칩니다. 매사에 솔선수범하여 일을 추진하는 능력 덕분에 새로운 아이디어를 실험하면서 새로운 방향으로 주저 없이 나아갑니다. 동기 부여가 당신을 성공으로 이끄는 열쇠가 되며 어려운 상황에 맞닥뜨리더라도 늘 뛰어난 대처 능력으로 극복해나갑니다. 지배 행성인 화성의 영향으로 생명력이 더해지면서 평범한 삶은 그 격이 한 차원 높아지네요.

마음이 넓으면서도 적극적인 당신은 리더십과 이상주의와 확신에 찬 모습을 보이며 한발 한발 성공에 다가갑니다. 그 과정에서 기대에 미치지 못하는 사람들에게 너무 직설적이거나 비판적인 성향은 조심하십시오. 앞날을 내다보는 통찰력이 있고 독립적인 당신은 생각이 크고 넓어 대규모의 새로운 기획을 할 때 최고의 능력을 보여주며, 새로운 프로젝트나 아이디어를 낼 때는 늘 중심에 서게 됩니다.

지나친 성취욕으로 인한 광적인 열정이나 군림하려는 태도는 극복해야 합니다. 지루한 것을 못 참는 성격 탓에 자주 마음을 바꿀 수도 있고, 일이 지연되면 한꺼번에 몰려드는 좌절감에 힘들어질 수도 있습니다. 일을 과장하는 성향도 극복하면서 감정적으로 심한 굴곡을 침착하게 다스리는 법을 터득하는 것이 좋습니다.

이상주의적 성격을 타고나 타인을 위한 일에 적극 뛰어들고, 상황 판단이 빠르고 현실적인 능력과 훌륭한 전략가 기질이 있어 상상력 넘치는 독창적인 아이디어로 사람들에게 격려와 자극을 주기도 합니다. 타고난 휴머니스트인 당신은 사람들에게 용기를 주는 일에 관심이 많아서 사람들을 꿰뚫어 보는 직관력도 뛰어납니다.

29세가 되면 당신의 태양이 황소자리로 들어가면서 부와 물질적 성공을 얻어야겠다는 마음이 더욱 굳어지게 됩니다. 경제적인 안정을 원하면서도 또 한편으로는 자연과 더욱 친밀해지기도 하네요. 이런 성향은 59세까지 계속되는데 이 시기 당신의 태양이 쌍둥이자리로 들어가면서 관심사가 넓어지고 다양화되면서 배우고자 하는 마음이 더욱 커지는 전환기를 맞게 됩니다.

숨어 있는 자아

당신은 마음속 깊이 사랑과 애정에 대한 열망이 흘러넘칩니다. 상황만 받쳐준다면 언제라도 그 에너지가 넘쳐흘러 마르지 않는 샘물을 만들며, 타고난 리더십으로 강렬한 사랑의 힘을 실천합니다. 그러나 지나치게 자신에게만 관심을 쏟게 되면 너무 감성적으로 흐르거나 다른 사람을 통해 대리만족하려는 성향으로 바뀔 수도 있습니다. 에너지가 창의적으로 발산만 된다면 예술계, 연예계 또는 비즈니스 업계 어디서든 독창적인 성과를 낼 수 있습니다.

성공의 기회가 그만큼 커지기 때문에 타인과 소통하는 것이 중요합니다. 한번 세운 원칙은 고수하려고 최선을 다하게 되니 직감과 전략적 감각을 믿으세요. 항상 활달하고 근면 성실하며, 솔직하고 분명하여 상황을 압도할 수 있지만 사교적 수완과 협조적인 면이 중요하다는 사실을 명심하세요.

일과 적성

용기와 책임감과 더불어 실행력까지 갖춘 당신은 협상가나 에이전트, 재무 상담사 등의 직업을 선택할 수 있습니다. 또한 당신의 개성으로 볼 때 창의적인 세계에서도 충분히 능력을 펼칠 수 있습니다. 이상주의와 현실주의가 강력하게 결합하여 천부적인 리더십 능력을 보여주네요. 새로운 시작이나 도전에서 능력이 더욱 빛을 발하는 당신은 기회를 감지하는 능력 또한 타고났습니다. 자기 자신보다는 남을 더욱 돋보이게 하는 재주가 있지만 어떤 직업을 선택하든 탁월한 대인관계 능력으로 많은 혜택을 입을 수 있을 것입니다.

수비학으로 본 당신의 운세

22일은 마스터 숫자로 22 그 자체로서 그리고 숫자 4에 의해 울림을 낼 수 있습니다. 솔직하고 근면하며 타고난 리더십을 지닌 당신은 카리스마가 있으며 사람들에 대해 깊이 이해하고 그들에게 무엇이 힘을 주는지를 잘 알고 있습니다. 감정을 잘 드러내지 않는 당신은 사람들이 잘 지내는지 챙기는 자상한 사람이기도 합니다. 더욱 확실하게 나타나는 특성은 현실성과 실행력입니다. 솔직 담백하면서도 침착한 성격 덕분에 고위 관리직에 오를 수도 있습니다. 승부욕이 강해질수록 성공을 이루게 될 확률이 높아지고 사람들의 도움과 격려 속에서 행운도 함께하게 됩니다. 탄생월 3의 영향으로 역경을 통해 지혜와 이해심이 더욱 깊어지네요. 자기 성찰적이며 사색적인 당신은 자신의 직관을 신뢰할 필요가 있습니다. 현실을 직시하고 균형감을 유지하면서 비관적인 생각은 피하십시오. 모든 상황을 세세히 챙기며 분석해야 하더라도 의심하거나 비판적이 되지 않도록 하십시오.

- 장점 : 보편성, 솔직함, 직관, 실용주의, 현실성, 손재주, 개발 능력, 조직화, 문제 해결력, 성취도, 현실주의
- 단점 : 일확천금에 대한 기대, 신경과민, 열등감, 위세, 물질주의, 비전 결여, 나태함, 이기주의, 자기 홍보, 탐욕

연애와 인간관계

지금 어떤 상황에 있든 지속적인 변화에 대한 열망과 만족할 줄 모르는 성향으로 인해 정서적으로 불안한 모습을 보일 수 있습니다. 이는 당신이 진정으로 원하는 상대에 대해 혼란스러워질 수 있음을 암시합니다. 쉬지 않고 당신의 관심을 끌고, 자극적이고 다양한 아이디어를 계속 만들어내는 사람이 필요하지요. 어떤 방식으로든 제약을 받는다는 것은 생각도 하기 싫어하는 당신은 하나에 전념한다거나 안주하는 것을 어려워합니다. 그렇지만 당신은 열정적이고 매력이 넘치며 다정해서 주변에 사람들이 많으며 원하면 언제든 사람들의 마음을 끌 수 있습니다. 시간을 두고 좋은 친구와 파트너를 선택한다면 사랑과 연애에서 충동적인 면을 줄일 수 있을 것입니다.

당신에게 특별한 사람

연인이나 친구
♥

1월 14, 15, 24, 31일 / 2월 12, 22, 29일 / 3월 10, 20, 27일 / 4월 8, 9, 18, 25일 / 5월 6, 16, 23, 30일 / 6월 4, 14, 21, 28, 30일 / 7월 2, 12, 19, 26, 28, 30일 / 8월 10, 17, 24, 26, 28일 / 9월 8, 15, 22, 24, 26일 / 10월 6, 13, 20, 22, 24, 30일 / 11월 4, 11, 18, 20, 22, 28일 / 12월 2, 9, 16, 18, 20, 26, 29, 30일

힘이 되어주는 사람

1월 5, 22, 30일 / 2월 3, 20, 28일 / 3월 1, 18, 26일 / 4월 16, 24일 / 5월 14, 22일 / 6월 12, 20일 / 7월 10, 18, 29일 / 8월 8, 16, 27, 31일 / 9월 6, 14, 25, 29일 / 10월 4, 12, 23, 27일 / 11월 2, 10, 21, 25일 / 12월 9, 19, 23일

운명의 상대

1월 12일 / 2월 10일 / 3월 8일 / 4월 6일 / 5월 4일 / 6월 2일 / 9월 24, 25, 26, 27일

경쟁자

1월 16, 21일 / 2월 14, 19일 / 3월 12, 17, 30일 / 4월 10, 15, 28일 / 5월 8, 13, 26일 / 6월 6, 11, 24일 / 7월 4, 9, 22일 / 8월 2, 7, 20일 / 9월 5, 18일 / 10월 3, 16일 / 11월 1, 14일 / 12월 12일

소울메이트
★

1월 25일 / 2월 23일 / 3월 21일 / 4월 19일 / 5월 17일 / 6월 15일 / 7월 13일 / 8월 11일 / 9월 9일 / 10월 7일 / 11월 5일 / 12월 3, 4, 30일

이날 태어난 유명인

앤드루 로이드 웨버, 스티븐 손드하임(작곡가), 마르셀 마르소(무언극 배우), 조지 벤슨(가수), 박중훈(배우), 황영조(육상 선수)

양자리

태양 : 양자리	
지배 성좌 : 양자리/화성	
위치 : 1°30' - 2°30' 양자리	
상태 : 활동궁	
원소 : 불	
항성 : 데네브 카이토스	

3월 23일
ARIES

지성과 통찰력을 바탕으로 성공을 이루는 사람

강한 정신력과 훌륭한 판단력, 그리고 지적인 면모와 깊이 있는 사고는 당신의 천부적 재능입니다. 양자리에서 태어나 결단력도 있고 통솔력도 갖추고 있습니다. 무엇보다도 당신의 가장 큰 무기는 정신력입니다. 그러니 지식과 교양을 갖추고 매진한다면 큰 성공을 거둘 수 있습니다. 이날에 태어난 여성은 책임 있는 역할을 맡게 됩니다. 타고난 리더인 당신은 독립적인 성향으로, 새로운 계획을 추진하거나 책임지는 일을 좋아하는군요. 문제 접근 방식이 독특하고 기발하여 주변 사람들에게 늘 현실적인 조언을 해주는 해결사 역할을 톡톡히 하겠어요.

당신을 잘 아는 사람들은 당신을 보수와 진보가 묘하게 섞여 있는 사람이라고 생각하지만 절대 지루하다거나 따분한 사람으로 보지는 않아요. 평소 논쟁을 즐기고 대부분 이기는 편이지만, 공격적이고 융통성이 없으면 원하는 결과를 얻지 못할 수도 있다는 점은 꼭 명심하세요.

다른 사람이 제시하는 이론적 근거를 꿰뚫어 보는 통찰력이 있네요. 그들이 뭘 원하는지 쉽게 파악하니 일을 위임받거나 좋은 관리자가 될 수 있는 자질은 충분합니다. 그러나 어리석은 짓을 용서하지 못하고 다른 사람들의 잘못을 그냥 넘어가지 못하는 면이 있네요. 역설적이게도 당신이 모든 걸 너무 잘 알고 있다고 생각하여 군림하려는 태도를 보일 수 있다는 점, 그것이 당신의 단점으로 작용할 수 있습니다. 관대한 마음으로 인정을 많이 베풀면 일이나 인간관계에서 큰 성공을 거둘 수 있습니다. 자기표현에 대한 강렬한 열망을 무시하고 살다 보면 낙천적이었다가 갑자기 비관주의로 흐르는 등 기분 변화가 심해질 수 있고 자존감도 낮아질 수 있으니 조심하세요. 타고난 직관력을 믿고, 사업 감각이나 예술적 재능을 개발하는 일에도 도전해볼 만합니다.

27세가 될 때까지는 활동적이고 모험심이 강한 면모를 보입니다. 28세부터는 태양이 황소자리에 들면서 경제적인 면에 관심이 많아지고 물질적 안정감에 대한 관심과 열망이 커집니다. 이런 성향은 58세까지 지속되고 그 이후 태양이 쌍둥이자리에 들어가면서 다양한 계층의 사람들과 소통하고 싶어 하고 새로운 것에 관심을 많이 두게 되는군요.

숨어 있는 자아

당신은 늘 힘을 갈구하고 또 누리고 싶어 합니다. 친선 경기같이 의견을 교환하는 토론을 할 때는 특히 그렇습니다. 흔쾌히 일을 열심히 하면서도 때로 끈질긴 투지가 엿보입니다. 상황만 받쳐준다면 사교술을 십분 발휘하는데, 둘 중 하나를 선택해야 하는 어려운 상황에서는 타고난 지혜가 그대로 발현됩니다.

사람들과 토론하면서 의견을 나누는 것을 즐기지만 타협의 기술도 좀 필요하겠는데요. 아무리 상황을 장악하고 싶어도 교묘한 술수를 쓰는 것은 금물입니다. 보기에는 냉소적이고 권위주의적인 인상을 줄 수 있지만, 내면에는 정의를 위해 싸우는 십자군의 마음을 품고 언제든 사람들을 도울 채비가 갖추어져 있네요. 성실하고 책임감이 투철한 당신, 자신을 혹사하지 않도록 주의하는 것 잊지 마세요.

일과 적성

리더십과 강한 책임감, 근면성을 타고난 당신은 모든 분야에서 끊임없이 발전하겠어요. 예리한 지적 능력과 상상력이 풍부해 말이나 글로 자신을 표현하고 싶은 열망은 당연히 생기겠지요. 교사나 학자의 길로 접어들 수도 있겠어요. 아니면 타고난 연극 감각 덕분에 예술이나 연예계에 끌릴 수도 있습니다. 어떤 직업을 선택하든 냉철한 지성이 든든히 받쳐주고 있으니 어떤 분야든 교육을 많이 받으면 잠재되어 있는 특별한 능력을 발휘할 수 있습니다.

수비학으로 본 당신의 운세

다재다능하고 열정이 넘치고 머리 회전이 빠른 당신은 프로 의식이 있어서 독창적인 아이디어가 차고 넘칩니다. 여행과 모험을 즐기고 새로운 사람들과의 만남을 좋아합니다. 생일의 23이라는 숫자 덕분에 항상 마음이 들떠 있으니 다양한 경험을 하게 되겠네요. 어떤 상황이든 최대한으로 이용하려는 것이 몸에 배어 있어요. 23이라는 수의 영향으로 새로운 학문을 쉽게 익히되, 이론보다는 실천에 강하지요. 그러나 다른 사람들을 비난하거나 이기적인 태도를 보이는 건 자제할 필요가 있습니다. 탄생월인 3이라는 숫자의 영향으로 기억력이 좋고 상상력이 풍부하네요. 늘 사랑과 관심을 갈구합니다. 역동적이고 창조적인 능력으로 자신의 감정을 표현하는 법을 터득한다면, 불안정한 정서도 극복할 수 있지요. 전반적으로 다정하고 흥이 넘치는 성향에 용기와 추진력이 받쳐주니 당신은 진정한 잠재력을 실현하기 위해서 활발한 사회생활을 할 필요가 있습니다. 책임을 갖는 것도 중요합니다.

- ●장점 : 충실, 책임, 여행, 소통, 직관력, 창조력, 다재다능, 믿음직함, 명성
- ■단점 : 이기심, 불안정, 비타협적인 성향, 흠잡기, 따분함, 내면으로의 침잠, 편견

연애와 인간관계

정서적으로 안정된 환경을 원하기 때문에 옆에 친구나 연인이 있어주길 원합니다. 감정에 솔직하고 직설적이면서도 사람들을 품어 보호해주는 성향이 강하네요. 사랑하는 사람을 위해서라면 무슨 일이든 하겠어요. 주변 사람들이 당신의 판단력을 충분히 인정하더라도 자만하는 모습은 금물입니다.

가정생활은 당신에게 정말 중요합니다. 오래도록 지속적이며 안정적인 관계는 정서적인 안정감을 주기 때문이죠. 현실적인 면이 강해서 어느 정도는 안락한 삶을 누릴 수 있겠네요. 카리스마가 넘치고 열정이 많은 당신, 그러나 이 열정에 너무 휘둘리지 않도록 주의하세요.

연인이나 친구 ♥

1월 11, 13, 15, 17, 25, 27, 28일 / 2월 9, 11, 13, 15, 23일 / 3월 7, 9, 11, 13, 21일 / 4월 5, 7, 9, 11, 19일 / 5월 3, 5, 7, 9, 17, 31일 / 6월 1, 3, 5, 7, 15, 29일 / 7월 1, 3, 5, 27, 29, 31일 / 8월 1, 2, 3, 11, 25, 27, 29일 / 9월 1, 9, 23, 25, 27일 / 10월 7, 21, 23, 25일 / 11월 5, 19, 21, 23일 / 12월 3, 16, 17, 19, 21, 30일

힘이 되어주는 사람

1월 1, 5, 20일 / 2월 3, 18일 / 3월 1, 16일 / 4월 14일 / 5월 12일 / 6월 10일 / 7월 8일 / 8월 6일 / 9월 4일 / 10월 2일

운명의 상대

9월 24, 25, 26, 27일

경쟁자

1월 6, 22, 24일 / 2월 4, 20, 22일 / 3월 2, 18, 20일 / 4월 16, 18일 / 5월 14, 16일 / 6월 12, 14일 / 7월 10, 12일 / 8월 8, 10, 31일 / 9월 6, 8, 29일 / 10월 4, 6, 27일 / 11월 2, 4, 25, 30일 / 12월 2, 23, 28일

소울메이트 ★

1월 6, 12일 / 2월 4, 10일 / 3월 2, 8일 / 4월 6일 / 5월 4일 / 6월 2일

양자리

이날 태어난 유명인

조앤 크로포드(배우), 베르너 폰 브라운(과학자), 에리히 프롬(사회심리학자), 양택조, 김민종, 엄기준, 정태우(배우), 원미연, 박정현(가수)

태양 : 양자리	
지배 성좌 : 양자리/화성	
위치 : 2°30′ - 3°30′ 양자리	
상태 : 활동궁	
원소 : 불	
항성 : 데네브 카이토스	

3월 24일
ARIES

타고난 재능이 많고 자신감이 넘치는 사람

일반적으로 이날 태어난 사람들은 직관력과 판단력이 뛰어나고 지적 능력이 탁월합니다. 지혜와 논리성을 갖추고 있으니 힘 있는 자리에 앉게 될 가능성이 많네요. 양자리에서 태어난 당신은 현실적이고 결단력이 있으면서도 매력적이고 남의 시선을 많이 끌겠어요. 지배 행성인 화성의 영향이 배가되어 승부욕이 강해지고 원대한 포부를 품게 됩니다. 그러나 무엇보다 타고난 직관력과 내면의 소리에 대한 신뢰가 우선임을 잊지 마세요.

사람들은 당신을 자신감이 넘치고 타고난 재능이 많고 정직하고 딱 부러지는 성격이라고 표현하지요. 그러나 너그러움과 인정이 부족하면 고집불통이 되기 쉬워 누구의 간섭도 용납하지 않으려 합니다. 무시당하는 것은 못 참아 초조해지고 불안해할 수 있습니다. 또한 기꺼이 도움을 주고 인정을 베풀고 싶은 나머지, 희생을 자처하는 등 너무 극단적인 반응을 보이는 건 삼가야 합니다.

투지가 강해 일단 맘먹은 것은 바로 실행하려 하고, 호기심이 많아 늘 새로운 분야를 파고들게 됩니다. 소통에 관한 한, 전광석화 같은 재치 있는 말재주와 인상적인 달변가 기질을 보입니다. 사교적이고 독창적이어서 예술 분야나 연극, 희극 작가 기질이 엿보입니다.

26세까지는 독립적이고 대담한 성향을 보이네요. 27세부터 태양이 황소자리로 들어가면서 물질적인 성공과 안정을 누리고 싶은 강한 열망이 나타납니다. 이런 현실적인 성향은 57세까지 지속되는데 이때 태양이 쌍둥이자리로 들어가 전환기를 맞게 되면서, 새로운 아이디어와 능력을 탐색하게 되고 집필 활동이나 강의, 소통의 중요성이 점점 커집니다.

숨어 있는 자아

주위 사람들은 당신을 매우 지적인 사람이라고 생각합니다. 그러나 자신감 넘치는 태도 속에 감춰진 매우 예민한 감수성이 있습니다. 깊숙이 숨겨진 감정을 표현하는 창조적인 방법을 찾을 필요가 있습니다. 개인 영역에서가 아니라 사람들에게서 인정받고 싶다는 열망이 강해서, 때로는 불가능해 보이는 생각에 이끌리기도 합니다. 그러나 포기하지는 마세요. 당신에게는 최종 목표를 이루는 것보다 그 꿈을 이루는 여정이 더 중요하니까요.

사고의 폭이 넓어서 멀리 바라보며 성취할 대상을 찾습니다. 삶에서 물질적인 면을 고려하는 성향만 극복한다면, 돈과 지위만으로는 궁극적인 만족을 얻지 못한다는 깨달음을 얻게 되고 그것을 통해 돈으로 살 수 없는 많은 보상이 뒤따른다는 것 또한 깨닫게 됩니다. 이런 깨달음을 얻기 위해서는 인생의 선택 기로에서 자신의 가치관과 정체성을 높이는 쪽을 택한다는 원칙을 고수할 필요가 있습니다.

일과 적성

당신은 휴머니즘 성향이 강해서 교사나 상담사, 사회사업가로서 탁월한 능력을 보이며 노조 간부나 정치인과 같이 다른 사람들을 대변하는 직업도 좋습니다. 그 밖에 법률가나 은행가 또는 종교인도 잘 어울립니다. 창의력이 풍부하고 언어 습득 능력도 탁월하니 작가나 영화 제작자, 음악이나 연극 분야에 종사할 가능성도 있습니다. 그러나 천성이 현실적이어서 과학이나 사업 분야로 뛰어들 수도 있습니다. 어떤 직업을 선택하든 가장 큰 성취감은 타인을 위해 봉사할 때 얻을 수 있겠네요. 리더십이 탁월한 당신은 훌륭한 업적을 이루어 자신이 선택한 분야에서 선두를 달리게 됩니다.

수비학으로 본 당신의 운세

성실함과 책임감, 그리고 진취적인 면은 24라는 생일 숫자에 태어난 사람들의 특징입니다. 판에 박힌 일상을 싫어하지만 현실적인 성향과 현명한 판단력으로 근면성을 보이기도 합니다. 정직하고 믿음직하고 안정을 중시하는 당신은 사람들의 사랑과 지원을 필요로 하고, 자신과 가족을 위해서 튼튼한 토대를 만들어나가는 것을 즐깁니다. 인생을 실용적인 시각으로 바라보기 때문에 사업 감각이 뛰어나고 물질적인 성공을 거두게 되네요. 24라는 숫자가 암시하듯 완고한 성향이나 고정관념은 극복해야 할 부분입니다. 이날에 태어난 사람들은 의심이 많은 성향만 극복한다면 안정적인 보금자리를 꾸릴 수 있습니다. 탄생월인 3이라는 숫자의 영향으로 인정도 많고 관대하지만 인내심을 갖고 편협한 생각을 줄이며 이상에 부응하는 삶을 사는 방법을 터득할 필요가 있네요. 사려 깊고 이해심이 넓어서 균형과 합의를 이끌어낼 수 있습니다.

- ● 장점 : 에너지, 이상주의, 현실적 능력, 결단성, 정직, 솔직, 공정함, 너그러움, 가정적, 활동적
- ■ 단점 : 무자비함, 물질주의, 불안정, 판에 박힌 일상 혐오, 게으름, 불성실, 고압적 태도, 완고함, 복수심에 불타는 성격

연애와 인간관계

모험심이 강하고 호기심이 많은 당신은 직관적이면서도 현실적이며, 사람들에 대한 직감력이 있습니다. 친화력이 좋아 사람들과 어울리기 좋아하는 당신은 재주가 많고 야심만만하며 지적이고 활동적인 사람을 좋아합니다. 인생에서 자신이 원하는 것이 무엇인지를 잘 알고 있으면서도 우물쭈물하다가 갑자기 마음을 바꿀 수도 있습니다. 어디서 잘못되었는지 밝히기 위해서 전혀 다른 방향에서 바라보기도 합니다. 충실하고 다정다감하지만, 당신의 몫 이상을 해내려 하거나 과한 동정심은 금물입니다. 당신의 친절함을 이용하려 드는 사람이 있거든요. 인내심을 기르고 쉽게 지루해하는 성향을 이겨내면 견고하게 오래 지속되는 관계를 만들어갈 수 있습니다.

당신에게 특별한 사람

연인이나 친구 ♥

1월 12, 16, 25일 / 2월 10, 14, 23, 24일 / 3월 8, 12, 22, 23, 31일 / 4월 6, 10, 13, 20, 29일 / 5월 4, 8, 18, 27일 / 6월 2, 6, 16, 25, 30일 / 7월 4, 14, 23, 28일 / 8월 2, 12, 16, 21, 26, 30일 / 9월 10, 19, 24, 28일 / 10월 8, 17, 22, 26일 / 11월 6, 15, 20, 24, 30일 / 12월 4, 13, 17, 18, 22, 28일

힘이 되어주는 사람 ♣

1월 2, 13, 22, 24일 / 2월 11, 17, 20, 22일 / 3월 9, 15, 18, 20, 28일 / 4월 7, 13, 16, 18, 26일 / 5월 5, 11, 16, 18, 26일 / 6월 3, 9, 12, 14, 22일 / 7월 1, 7, 10, 12, 20일 / 8월 5, 8, 10, 18일 / 9월 3, 6, 8, 16일 / 10월 1, 4, 6, 14일 / 11월 2, 4, 12일 / 12월 2, 10일

운명의 상대

1월 25일 / 2월 23일 / 3월 21일 / 4월 19일 / 5월 17일 / 6월 15일 / 7월 13일 / 8월 11일 / 9월 9, 26, 27, 28일 / 10월 7일 / 11월 5일 / 12월 3일

경쟁자

1월 7, 23일 / 2월 5, 21일 / 3월 3, 19, 29일 / 4월 1, 17, 27일 / 5월 15, 25일 / 6월 13, 23일 / 7월 11, 21, 31일 / 8월 9, 19, 29일 / 9월 7, 17, 27, 30일 / 11월 3, 13, 23, 26일 / 12월 1, 11, 21, 24일

소울메이트 ★

1월 17일 / 2월 15일 / 3월 13일 / 4월 11, 22일 / 5월 9일 / 6월 7일 / 7월 5일 / 8월 3일 / 9월 1일 / 11월 30일 / 12월 6, 28일

이날 태어난 유명인

스티브 매퀸(배우), 윌리엄 모리스(화가), 빌헬름 라이히(정신분석학자), 아야세 하루카(배우), 박봄(가수), 한채아(배우)

태양 : 양자리
지배 성좌 : 양자리/화성
위치 : 3˚30′ - 4˚30′ 양자리
상태 : 활동궁
원소 : 불
항성 : 데네브 카이토스

3월 25일
ARIES

예술적이고 독창적인 표현을 잘 해내는 개성파

사람을 끄는 강한 매력과 생기발랄함, 타고난 열정은 이날에 태어난 사람들의 특징입니다. 삶의 힘든 과제에 과감하게 달려드는 당신은 천성적으로 이상주의자면서도 낙천적입니다. 양자리 태생인 당신은 겁이 없고 단도 직입적이며 적극적이고 빛나는 아이디어가 넘칩니다. 즉흥적이라 스스로를 치켜세우기도 하고 지나치게 열성 적이거나 초조해하기도 합니다. 이런 성향으로 인해 적절한 대안 없이 때로 충동적이거나 성급한 결정을 내리 기도 하지요.

책임감이 강하고 성숙하고 사색적인 태도는 성공의 열쇠가 될 수 있습니다. 불안정한 기분과 변화무쌍한 성 향만 잘 관리한다면 당신의 재능과 총명함을 그대로 드러낼 수 있습니다. 지식을 쌓고 교육을 충분히 받으면 연 설이나 글쓰기 또는 연구, 교직, 강의 등 안정된 직업으로 천부적인 재능을 쉽게 발전시킬 수 있을 것입니다.

개성이 강해서 예술적이고 독창적인 표현에 뛰어납니다. 관심사나 취향이 독특한 당신은 현대적이고 파격 적이며 진취적인 성향을 보입니다. 사회성이 뛰어나고 다정한 성격이지만 자유분방하고 별난 데가 있어 또래 집단의 압력에는 잘 굴복당하지 않습니다. 그렇지만 초조해하며 시간만 허비하거나, 다른 사람의 감정을 무시 하면서 반항적인 태도를 보이지 않도록 해야 합니다.

25세까지는 열정적이고 대담하고 자유분방한 면이 많이 드러납니다. 26세쯤에 태양이 양자리에 들면서 현 실적인 지위나 경제적인 안정에 대한 관심이 높아지네요. 그 이후 태양이 쌍둥이자리로 들어서는 56세가 지나 면 전환기가 찾아와 관심 분야가 더욱 넓어지고 새로운 분야의 공부에 전력하게 됩니다.

숨어 있는 자아

활력이 넘치고 자기표현에 대한 열망도 강렬해서 그 격정적인 감정과 의견을 표출하고 싶어 합니다. 그러나 안정감에 대한 열망도 강해서 물질적인 면을 많이 고려하게 되지요. 쓸데없이 금전적인 걱정을 하느라 소중한 에너지를 헛되이 쓰지 않도록 주의하세요.

내적으로 충만한 감성으로 인생에서 사랑과 애정의 중요성이 강조되는데, 이런 감성을 세상 밖으로 표출하 면 사람들을 황홀하게 매료시키고, 인류를 돕고자 하는 열망으로 표현될 수 있습니다. 감정의 욕구와 경제적 안 정 사이에서 균형을 잘 맞추어나가면 유쾌한 기지와 유머를 발휘하게 되고 다른 사람들에게 희망과 행복감을 안겨줄 수 있습니다.

일과 적성

즐거움을 주면서도 멋진 방법으로 소통하는 능력이 뛰어난 당신은 강의나 집필, 영업, 홍보 판촉, 증권 시장, 정치인 등의 직업이 적성에 맞습니다. 이상주의 성향이 강하고 역동적이라 광고 전문가나 대의를 위해 싸우는 투쟁가가 될 수도 있겠어요.

지식 습득에 뛰어난 잠재력을 보여 학자나 교수가 될 가능성도 있습니다. 그렇지 않으면 젊은 감각의 세계관과 창의력으로 미술이나 음악, 또는 연극을 하며 살아갈 가능성이 큽니다. 목표를 정해놓고 열심히 노력하는 성향인 데다 섬세한 감각과 리더십을 갖추고 있으니 법이나 경영도 잘 맞겠네요. 개척가 정신과 탐구 정신이 모험심을 자극하기도 합니다.

수비학으로 본 당신의 운세

25일에 태어난 당신은 강력한 정신력이 있어서 집중을 통해 모든 사실을 꿰뚫어 보고 다른 사람들보다 훨씬 빠르게 결론에 이릅니다. 직관적이고 사색적이면서도 신속하고 에너지가 넘치는 당신은 다양한 경험을 통해 자신을 표현할 필요가 있습니다. 여기에는 새롭고 흥미로운 발상이나 사람, 또는 장소 등이 다 포함됩니다. 그러나 일이 계획대로 안 된다 하더라도 너무 조급해하거나 비판적인 태도를 취하는 것은 좋지 않습니다. 자신의 천부적인 재능을 믿고 인내심과 끈기를 기르면 성공과 행복이 따라옵니다. 탄생월 3의 영향으로 당신은 독창적이고 늘 확신에 차 있습니다. 야심이 크지만 가능하다면 스스로 결정을 내리는 독립적인 일이 필요합니다. 당신에게는 정서적 감성과 예술적 재능도 감춰져 있네요. 직관적이고 항상 정신이 깨어 있기에 이론에 사로잡혀 생각하기보다는 현실에서 적용해 생각하면 견문을 더 넓힐 수 있습니다.

- ●장점 : 직관, 완벽성, 통찰력, 창의력, 대인관계 기술
- ■단점 : 충동적, 조급함, 무책임, 과도하게 감성적, 질투, 비밀스러움, 비판적, 우울감, 신경과민

연애와 인간관계

즉흥적이고 열정적이면서 대담하고 활기가 넘치는 당신은 이상적인 연인 관계를 꿈꾸면서도 자유를 사랑하고 독립적인 상태를 유지하고 싶어 하네요. 때로는 격렬한 감정에 휩싸여 앞일을 생각하지 않고 감정적인 급류에 뛰어들기도 합니다. 하지만 기대가 너무 크면 실망도 그만큼 큰 법이지요. 먼저 책임 있는 행동을 보여야 안정적인 관계에 들어설 수 있습니다. 이상주의적 성향이라 외로움이나 실연의 두려움을 극복할 수 있는 정신적인 유대감이 필요합니다. 사랑의 유대감이 신비한 분위기에 감싸여 있는 것을 보니 은밀한 관계에 휘말릴 수도 있을 것 같네요.

당신에게 특별한 사람

연인이나 친구

1월 7, 10, 17, 18, 27일 / 2월 5, 8, 15, 25일 / 3월 3, 6, 13, 23일 / 4월 1, 4, 11, 21일 / 5월 2, 9, 19일 / 6월 7, 17일 / 7월 5, 15, 29, 31일 / 8월 3, 4, 13, 27, 29, 31일 / 9월 1, 11, 25, 27, 29일 / 10월 9, 23, 25, 27일 / 11월 7, 21, 23, 25일 / 12월 5, 15, 19, 21, 23일

힘이 되어주는 사람

1월 3, 5, 20, 25, 27일 / 2월 1, 3, 18, 23, 25일 / 3월 1, 16, 21, 23일 / 4월 14, 19, 21일 / 5월 12, 17, 19일 / 6월 10, 15, 17일 / 7월 8, 13, 15일 / 8월 6, 11, 13일 / 9월 4, 9, 11일 / 10월 2, 7, 9일 / 11월 5, 7일 / 12월 3, 5일

운명의 상대

1월 13일 / 2월 11일 / 3월 9일 / 4월 7일 / 5월 5일 / 6월 3일 / 7월 1일 / 9월 27, 28, 29일

경쟁자

1월 16, 24일 / 2월 14, 22일 / 3월 12, 20일 / 4월 10, 18일 / 5월 8, 16, 31일 / 6월 6, 14, 29일 / 7월 4, 12, 27일 / 8월 2, 10, 25일 / 9월 8, 23일 / 10월 6, 21일 / 11월 4, 19일 / 12월 2, 17일

소울메이트

1월 16일 / 2월 14일 / 3월 12일 / 4월 10일 / 5월 8일 / 6월 6일 / 7월 4, 31일 / 8월 2, 15, 29일 / 9월 27일 / 10월 25일 / 11월 23일 / 12월 7, 21일

양자리

이날 태어난 유명인

엘튼 존, 아레사 프랭클린(가수), 아르투로 토스카니니(지휘자), 데이비드 린(영화감독), 글로리아 스타이넘(페미니스트), 세라 제시카 파커(배우), 오현경, 이태란, 차태현(배우), 백지영(가수), 류현진(야구 선수)

태양 : 양자리	
지배 성좌 : 양자리/화성	
위치 : 4° 30′ – 5° 30′ 양자리	
상태 : 활동궁	
원소 : 불	
항성 : 데네브 카이토스	

3월 26일
ARIES

♈

3월

겸손한 이면에 강한 의지를 품은 사람

명철한 두뇌와 강한 포부, 그리고 투지는 이날 태어난 사람들의 특징입니다. 양자리에 태어난 당신은 다양한 경험을 하는 데 열심이지만 자기수양에 공을 들이면 정신적인 에너지가 한곳에 모아져 중요한 목표에 집중할 수 있습니다.

지배 행성인 화성의 영향이 배가되어 인생에서 많은 것을 이룰 수 있는 가능성이 충분합니다. 그러나 정신적 자극이 부족하면 시작한 일을 끝내지 못해 불안감이 커지고 좌절감을 맛볼 수 있습니다. 당신의 상상력에 불을 지필 수 있는 목표를 발견하지 못하면 계속해서 궁극적인 목표만 찾아 헤매게 됩니다. 이것을 극복하려면 자기 성찰의 힘과 극기심을 키우십시오.

삶의 진정한 만족은 스스로의 노력으로 얻은 성취를 통해서만 느낄 수 있습니다. 타인의 노력에 의지한다면 쉽게 따분해지고 불만을 느끼게 됩니다. 한 목표를 향해 매진하되 각고의 노력을 해야 성공할 수 있습니다. 미래를 보는 선견지명과 영감을 타고났으니 사소한 일에 연연하지 않고, 독립적으로 폭넓게 사고하게 됩니다.

또한 당신은 설득력이 있고 다른 사람들에게 당신의 큰 꿈을 좇도록 용기를 불어넣어 주는 능력도 있습니다. 때로 당신은 겸손하게 보이는데, 당신의 자상하고 느긋한 성격 이면에 힘과 강박증이 감춰져 있을 수 있습니다.

어렸을 때 남자에게서 강한 영향을 받을 수도 있는데, 그 남자는 아버지일 가능성이 큽니다. 24세까지 당신은 활동적이고 진취적인 성향을 보입니다. 25세가 넘으면 태양이 황소자리로 들어가면서 물질적인 안정을 원하게 되네요. 45세부터는 태양이 쌍둥이자리로 들어가게 되어 지식과 교육, 전반적인 소통을 강조하는 기운이 지배하게 됩니다. 새로운 기술을 배우면 많은 변화가 생길 수 있습니다.

숨어 있는 자아

구조적으로 정직함에 대한 열망이 매우 강해서 다른 사람들이 피하는 상황을 정면으로 맞닥뜨려 해결사 역할을 할 수 있습니다. 확실한 기반을 닦고자 하고, 목표를 이루기 위해서라면 노력을 아끼지 않네요. 현실적인 분별력과 뛰어난 사교성과 함께 직관력과 통찰력이 어우러져 성공의 공식을 만들어갑니다.

풍부한 창의력을 타고난 당신에게는 자기표현이나 대인관계 어느 것도 인생에서 놓칠 수 없는 중요한 부분이네요. 고심하느라 미적거리면서 인생의 재미를 망쳐버릴 수야 없지 않겠어요. 일은 당신의 삶에서 정말 중요한 부분이지요. 자부심을 느끼는 게 당연합니다. 그러나 너무 일에만 매달리면 직관이 들려주는 낮고 작은 소리를 놓쳐버릴 수 있으니 조심하세요. 그러나 언제든지 필요하면 삶에는 철학적인 접근법을, 사회적인 문제에는 유쾌한 해결책을 제시해줄 심오한 지혜를 얻을 수 있습니다.

일과 적성

역동적인 추진력과 예리한 지적 능력, 뛰어난 친화력 덕분에 당신은 삶의 다양한 분야에서 잠재력을 발휘합니다. 자기표현 욕구가 강하고 극적인 요소를 좋아해 글 쓰는 일이나 예술, 또는 연예계 쪽에 끌립니다. 교육이나 연구, 과학, 정치, 철학, 홍보 분야에서 두각을 나타낼 수도 있습니다. 남의 지시를 받는 걸 아주 싫어해서 복종을 요구하는 자리는 전혀 맞지 않습니다. 자연히 큰 기획에 마음이 끌리며 탁월한 문제 해결사 역할도 도맡게 됩니다. 조직 관리 능력이 있어 높은 자리까지 올라가게 되겠네요. 어떤 직업을 선택하든 당신은 다양성을 좋아하고 엄청난 에너지와 열정으로 프로젝트를 새롭게 기획하는 일에서 두각을 나타냅니다.

수비학으로 본 당신의 운세

26이라는 수가 의미하는 장점과 능력으로 당신은 확실한 가치관과 현명한 판단력을 갖춘 매우 신중한 성격의 소유자입니다. 실무 능력과 사업 감각을 키워 삶에 대해 실용적인 접근법을 터득할 필요가 있겠네요. 26이라는 수는 당신이 책임감이 강하고 예술적 감각을 타고났음을 보여줍니다. 가정적인 성향으로 모성 부성 본능이 강해 현실적인 안정을 찾거나 탄탄한 기반을 마련할 필요가 있습니다. 당신은 가족들뿐 아니라 친구들이 힘들어할 때 언제든 발 벗고 나서서 도와줍니다. 그렇지만 물질주의적인 성향은 경계할 필요가 있으며 상황과 사람들을 통제하려는 습성도 좀 자제할 필요가 있어요. 탄생월 3이라는 수는 당신이 예민하고 이상주의적이라는 걸 보여줍니다. 휴머니즘 성향도 강해 높은 이상에 따라 자선활동도 많이 합니다. 영감이 떠오르거나 사람들에 의해 자극을 받기도 하겠지만 무엇보다도 자신의 직관과 감정을 따르세요.

- ● 장점 : 창의적, 현실적, 배려심, 책임감, 용기, 열정, 가족에 대한 자부심
- ■ 단점 : 고집스러움, 반항적, 불안정한 관계, 열정의 결핍, 인내심 부족, 불안정

연애와 인간관계

가정적이고 협조적인 당신은 신뢰할 수 있는 파트너입니다. 그렇지만 당신은 독립심이 강하고 확고한 소신이 있어서, 강렬하고 자기주장이 강한 사람들에게 끌립니다. 인간관계를 포함하여 모든 일에 의욕을 보이며 시작은 먼저 하지만 상대가 적극성을 보이지 않거나 의욕도 별로 없어 보이고 매력적이지 않다는 것을 확인하면 금방 시들해져 버립니다. 근면 성실하거나 아니면 권위가 몸에 배어 있는 친구나 연인을 만날 필요가 있습니다. 당신은 진지하면서도 진실한 사람을 만나고 싶은 열망을 품고 있습니다.

이날 태어난 유명인

테네시 윌리엄스(극작가), 피에르 불레즈(지휘자), 빅터 프랭클(신경정신의학자), 로버트 프로스트(시인), 다이애나 로스(가수), 제임스 칸, 키이라 나이틀리(배우), 리처드 도킨스(진화생물학자), 황순원(작가), 정경화(바이올리니스트), 전영록, 손호영(가수)

태양 : 양자리
지배 성좌 : 양자리/화성
위치 : 5° 30′ – 6° 30′ 양자리
상태 : 활동궁
원소 : 불
항성 : 없음

3월 27일
ARIES

대담하지만 내면적으로는 섬세하고 풍부한 감정

이날 태어난 사람은 정서적이고 이상적이며 창의적인 성향으로 아이디어와 예술적인 재능이 많습니다. 직관적이고 상상력이 풍부한 당신은 쉽게 패배를 받아들여 좌절감을 맛보기도 합니다만, 자기 통제 능력을 키우고 힘든 과제를 새로운 것을 배우는 기회라고 받아들이면 충분히 이겨낼 수 있습니다. 건설적인 사고를 유지한다면 어려운 상황도 충분히 유리한 상황으로 변화시킬 수 있지요.

지배 행성인 화성의 영향이 배가되면서 개척자 정신이 발동되어 지식을 갈망하게 되므로 약간의 용기만 낸다면 새롭고 흥미로운 모험을 시작할 열정이 생깁니다. 너무 심각해지거나 걱정하진 마세요. 그러면 괜히 불안해지거나 우울해지고 쓸데없는 근심만 생길 뿐이니까요.

사랑하는 사람들에게 다정하고 너그러운 당신은 그 상냥함과 유쾌함 속에 자신의 예민한 감성을 감춰놓으려 하네요. 극적 감각이나 역동적인 성향을 가진 당신은 때로 인생을 즐기려는 마음이 커져 헤어날 수 없는 상황에 휘말릴 수 있습니다. 균형을 유지하는 법을 터득하고 마음의 평화와 조화로움을 키우면 진정으로 놀라운 결실을 얻을 수 있을 것입니다. 시야를 넓히고 더 넓은 마음으로 인정을 많이 베풀면 성공의 가능성은 더 커집니다. 몽상가가 아닌 행동하는 실천가적인 생활 태도를 터득하십시오.

23세까지는 여행도 많이 하면서 다방면에 관심을 보이겠네요. 24세가 되면 태양이 황소자리로 움직이면서 물질적인 성공과 안전, 그리고 재정적 안정을 갈구하게 됩니다. 어떤 형태로든 자연과의 교감도 필요하지요. 50대 중반부터는 태양이 쌍둥이자리로 들어가게 되어 지식과 교육, 소통이 삶에서 더 중요한 부분을 차지하게 됩니다.

숨어 있는 자아

주목받고 싶어 하는 타고난 연극적 기질이 마음의 평화와 만족감에 대한 욕구와 묘하게 섞여 공존합니다. 조화를 원하는 당신은 안정감을 주고 자긍심을 느낄 수 있는 가정을 꾸리고 싶어집니다. 사람들을 솔직 담백하게 대하고 자신의 생각을 표현하고 싶은 강한 열망이 있는 당신은 약한 사람들의 입장을 대변해주는 데 타고난 사명감을 느끼게 됩니다. 종종 약자들을 위해 싸우면서 말이죠. 단, 당신의 강한 책임감이 발동되면서 쉽게 흥분하거나 다른 사람들의 삶을 간섭하지 않도록 주의하세요.

확신에 차 있을 때는 특유의 타고난 재주로 사람들에게 너그럽고 관대하게 대합니다. 그러나, 이런 성향은, 상대를 쥐고 흔들고 싶어 하는 성향으로 기운다면 자칫 왜곡될 수 있습니다. 사람들과 적당한 거리를 유지하면서, 무언가 옳다고 믿는 것을 추구한다면 당신에게 부여된 최대한의 잠재력을 끌어낼 수 있습니다.

일과 적성

자신의 생각을 표출하고 싶은 열망이 많은 당신은 디자인이나 저술, 음악, 예술, 연극 등의 세계에 끌리겠네요. 당신은 지식을 사랑하는 휴머니스트로 교사나 작가, 과학자, 사회사업가 또는 남을 돌보는 직업에 어울립니다. 평소에도 토론을 즐기며, 논쟁하고 소통하는 능력이 탁월하니 변호사나 정치인, 또는 사업가 등의 일을 병행할 수도 있습니다. 가치 있는 대의를 위해서라면 자금 조달 능력을 발휘할 수 있는 당신은 자선사업도 두각을 나타낼 수 있는 직종입니다.

수비학으로 본 당신의 운세

27일에 태어난 사람들은 직관적이고 분석적이며 세세한 것까지 챙길 수 있는 안목이 있어서 단호하면서도 빈틈이 없습니다. 때때로 생각을 잘 드러내지 않고 합리적이고 공정하게 보이지만 사실 내적 긴장감을 감추고 있을 수 있습니다. 우유부단하거나 갑작스러운 변화에 결정을 내리지 못하고 받아들이지 못하는 경향도 있습니다. 성공에서 중요한 점은 풍부한 영감입니다. 더 넓은 시야를 가지면 감정의 심한 기복이나 다른 사람들이 어떻게 생각하는지에 대해 신경 쓰지 않을 수 있습니다.

탄생월 3이라는 수의 영향을 받아 당신은 이상주의적이고 섬세하면서도 창의적인 발상으로 넘쳐납니다. 독특한 아이디어로 사람들을 감동시킬 수 있고 조직의 프로젝트에 큰 도움을 줄 수 있습니다. 선천적으로 다재다능하고 상상력이 풍부하며 강력한 직관력을 갖추고 있으니 주목을 받고 싶어 하기도 하네요. 충동적인 행동을 자제하지 못하면 자칫 마음이 불안해질 수 있음을 명심하세요. 창의적인 발상에서 비롯된 아이디어를 구체적으로 전환시킬 수 있는 방법을 터득할 필요가 있겠네요.

- ● 장점 : 다재다능, 상상력, 창의력, 단호함, 용감무쌍함, 깊은 이해심, 정신적 역량, 영성, 독창성, 정신력
- ■ 단점 : 시비 거는 버릇, 논쟁을 좋아함, 불안감, 신경과민, 불신, 심각한 감정 기복, 긴장감

연애와 인간관계

이상주의자이며, 다른 사람들의 감정과 욕구에 대해 민감하지만, 결단력과 자기중심적인 성향도 있습니다. 사교성이 좋아 친구와 지인들이 많습니다. 격한 감정에 휘말릴 때는 혼자서 차분히 사색하고 명상하는 시간을 갖는 것이 좋습니다. 인간관계를 중시하기 때문에 상대에게 너무 의존한 나머지 상대방의 의견에 휘둘릴 가능성도 있습니다. 이상주의적이면서도 자기희생적이어서 사람들에게 쉽게 실망감을 느끼거나 배신감을 느낄 수도 있으니, 조급해하거나 흥분하지 않도록 주의하십시오. 속내를 감추고 자기 안에 들어앉기보다는 자신의 감정을 효과적으로 전달하는 법을 배우는 것은 어떨까요? 당신의 열정과 아이디어, 그리고 믿음을 함께할 수 있는 사람이 꼭 나타날 것입니다.

연인이나 친구
♥
1월 1, 5, 15, 26, 29, 30일 / 2월 13, 24, 27, 28일 / 3월 11, 22, 25, 26일 / 4월 9, 20, 23, 24일 / 5월 7, 18, 21, 22일 / 6월 5, 16, 19, 20일 / 7월 3, 14, 17, 18, 31일 / 8월 1, 12, 15, 16, 29, 31일 / 9월 10, 13, 14, 27, 29일 / 10월 8, 11, 12, 25, 27일 / 11월 6, 9, 10, 23, 25일 / 12월 4, 7, 8, 21, 23, 29일

힘이 되어주는 사람

1월 1, 2, 10, 14, 27일 / 2월 8, 12, 25일 / 3월 6, 10, 23일 / 4월 4, 8, 21일 / 5월 2, 6, 19, 30일 / 6월 4, 17, 28일 / 7월 2, 15, 26일 / 8월 13, 24일 / 9월 11, 22일 / 10월 9, 20일 / 11월 7, 18일 / 12월 15, 16일

운명의 상대

9월 28, 29, 30일

경쟁자

1월 17, 26일 / 2월 15, 24일 / 3월 13, 22일 / 4월 11, 20일 / 5월 9, 18일 / 6월 7, 16일 / 7월 5, 14일 / 8월 3, 12, 30일 / 9월 1, 10, 28일 / 10월 8, 26, 29일 / 11월 6, 24, 27일 / 12월 4, 22, 25일

소울메이트
★
1월 21일 / 2월 19일 / 3월 17일 / 4월 15일 / 5월 13일 / 6월 11일 / 7월 9, 29일 / 8월 7, 17, 27일 / 9월 5, 25일 / 10월 3, 23일 / 11월 1, 21일 / 12월 9, 19일

이날 태어난 유명인

세라 본, 머라이어 캐리(가수), 글로리아 스완슨, 마이클 요크(배우), 빌헬름 콘라트 뢴트겐(물리학자), 쿠엔틴 타란티노(영화감독), 김조한, 이지훈(가수)

양자리

태양 : 양자리	
지배 성좌 : 양자리/화성	
위치 : 6° 30´ - 7° 30´ 양자리	
상태 : 활동궁	
원소 : 불	
항성 : 없음	

3월 28일
ARIES

강한 자기주장과 자립심이 강하고 적극적인 사람

타고난 두뇌의 잠재력과 의지력에 침착함과 끈기만 더해진다면 당신은 크게 성공할 수 있습니다. 다른 양자리 태생과 마찬가지로 당신도 자기주장이 강한 성격으로 대단히 적극적인 성향을 보이는데 특히 정신적인 면에서 그렇습니다.

지배 행성인 화성의 영향이 배가되면서 독립적이며 직관적인 성향이 뚜렷해집니다. 그렇지만 화가 나면 너무 솔직해져서 때로는 지나치게 감정적이 될 수 있습니다. 화기애애한 분위기를 만드는 것이 당신에게 아주 긍정적인 영향을 주고, 훌륭한 소통 능력을 통해 오해의 불씨도 없앨 수 있습니다.

모든 지적 활동에서 보이는 탁월한 능력 덕분에 토론이나 논쟁에서 단연 돋보입니다. 그러나 쉽게 지루해져 사소한 언쟁에 많은 신경을 쏟게 되고 불필요한 정신적 긴장을 느끼게 되기도 하지요. 파워 게임이 벌어지면 타고난 직감력으로 사람들의 진심을 쉽게 간파해냅니다.

자기 관리에 철저하지만, 인정받지 못한다고 느끼거나 감정적으로 우유부단해질 때, 다른 사람들이 자신을 비난한다고 생각하기 쉬우니 조심하세요. 당신의 능력은 지적인 능력이 필요한 장면에서 진정한 잠재력이 발현됩니다. 총괄 기획자가 되어 좋은 전략을 세울 수 있습니다. 투자에도 운이 따라주네요. 다양한 능력을 활용하여 물질적으로도 풍요를 누리게 됩니다.

22세까지는 열정적이고 스스로 결정하는 강한 의지가 있네요. 23세 이후엔 당신의 태양이 황소자리로 들어가면서 물질적인 성공과 경제적인 안정을 이루겠어요. 현실적이고 효율적인 성향이 강해질 수 있는 시기로 마음에 안정도 찾아옵니다. 53세가 되면 당신의 태양이 쌍둥이자리로 들어가면서 인생의 전환점을 맞게 됩니다. 당신의 운명을 바꿀 새로운 친구들도 만나게 됩니다.

숨어 있는 자아

좋은 운을 타고나서 노력 없이도 많은 것을 얻을 수 있지만 그것이 오히려 큰 어려움이 되기도 합니다. 지혜를 타고났지만 그것을 바탕으로 무엇을 쌓아 올리려는 인내심이 부족할 수도 있어요. 이날 태어난 사람들은 자기 수양과 집중력을 통해 놀라운 정신적 잠재력을 계발하는 것이 정말 중요합니다.

사랑에서 깊은 정서적 유대감을 느끼는 당신은 삶에서 애정이 그만큼 중요해지지요. 그래서 다양한 경험도 많이 하게 됩니다. 항상 활동적이지만 세상과 떨어져 조용히 있고 싶은 열망 또한 강하기 때문에 사색하고 글을 쓰거나 심오한 삶의 본질에 대해 답을 찾아보는 활동도 필요합니다. 신념과 영감을 바탕으로 목표를 향해 과감하게 밀고 나가는 타입입니다.

일과 적성

어떤 직업을 선택하든 타고난 리더십으로 조직을 이끄는 자리에 오르게 되며 프로젝트를 주도하는 것을 좋아합니다. 구성하고 조직하는 감각이 뛰어나 훌륭한 전략가의 기질도 보입니다. 미래를 보는 눈이 있어서 건축가나 사진작가, 영화제작 분야가 잘 맞습니다. 선천적으로 사람들과의 소통 능력이 뛰어나 많은 사람들과 관련되는 직업을 가질 수 있습니다. 교육과 건강 분야, 사회사업이나 법조계에 종사하면 이상적으로 능력을 발휘할 것입니다. 예술적 영감이 더 풍부해질수록 예술이나 음악, 연예계 등에서 창의적인 자기표현에 대한 열망 또한 강해질 수 있습니다.

수비학으로 본 당신의 운세

독립적인 이상주의자이며 관습에 얽매이지 않으면서도 실용적이고 결단력이 있는 당신은 마음 내키는 대로 행동하는 스타일입니다. 자립적이고자 하는 마음도 있고 조직에 소속되고 싶어 하는 마음도 있는데, 이는 28일이라는 탄생일에 기인합니다. 늘 새로운 일에 뛰어들 준비가 되어 있는 당신은 인생의 도전을 용기 있게 받아들이며, 그러한 당신의 열정에 고무된 사람들이 함께 일을 하지 않더라도 마지막 순간에 적어도 도와주는 역할이라도 하게 됩니다. 많은 특성 중에서도 강한 확신과 풍부한 지략, 훌륭한 판단력과 분별력이 출중합니다. 성공 지향적이지만 가족들과 가정생활도 당신에게 중요하지요. 안정을 찾고 가장 사랑하는 이들을 보살피는 것이 때로는 당신에게 아주 힘든 과제일 수 있습니다. 탄생월 3이라는 숫자의 영향으로 직관적이고 창의적인 면이 보이네요. 규칙적인 일상을 유지하고 현실적으로 삶을 대할 필요가 있습니다. 훌륭한 성취를 이루려면 그만큼 준비가 되어 있어야 하니 미리 계획을 세워 집중도를 높이면 성공을 거둘 수 있습니다.

- 장점 : 연민, 진취적 성향, 대담함, 예술적 소질, 창의력, 이상주의, 야망, 근면, 강한 의지
- 단점 : 동기부여 결여, 동정심 부족, 비현실적, 위세 부림, 판단력 부족, 공격적, 우유부단, 과도한 의존성, 자만심

연애와 인간관계

의지가 강하고 독립적인 당신은 대담하고 솔직합니다. 그러면서도 충실하고 믿음직한 면이 있습니다. 인간관계에서는 정신적으로 자극을 주고 관심사와 가치를 공유할 수 있는 사람을 찾는 것이 중요합니다. 관계가 지속되려면 공정함을 유지하고 따지기 좋아하는 성향은 줄여보면 어떨까요? 가치관이 비슷하거나 기본적인 이해만 있다면 파트너와 따뜻하고 다정한 관계를 유지할 수 있습니다. 솔직하고 정직한 당신은 명석하고 직설적인 사람에게 종종 끌리지만 주제넘은 말이나 충동적인 행동을 하여 후회하는 일이 없도록 주의하세요. 그렇지만 성실하고 부지런하여 사랑하는 사람에게 애정과 안정감을 줄 수 있습니다.

연인이나 친구 ♥

1월 10, 13, 20, 21, 30일 / 2월 8, 11, 18, 19, 28일 / 3월 6, 9, 16, 26일 / 4월 4, 7, 14, 24일 / 5월 2, 5, 12, 22일 / 6월 3, 10, 20일 / 7월 1, 8, 18일 / 8월 6, 16, 30일 / 9월 4, 14, 28, 30일 / 10월 2, 12, 26, 28, 30일 / 11월 10, 24, 26, 28일 / 12월 8, 22, 24, 26일

힘이 되어주는 사람 ♣

1월 12, 16, 17, 28일 / 2월 10, 14, 15, 26일 / 3월 8, 12, 13, 24일 / 4월 6, 10, 11, 22일 / 5월 4, 8, 9, 20, 29일 / 6월 2, 6, 7, 18, 27일 / 7월 4, 5, 16, 25일 / 8월 2, 3, 14, 23일 / 9월 1, 12, 21일 / 10월 10, 19일 / 11월 8, 17일 / 12월 6, 14일

운명의 상대

3월 31일 / 4월 29일 / 5월 27일 / 6월 25일 / 7월 23일 / 8월 21일 / 9월 19, 30일 / 10월 1, 17일 / 11월 15일 / 12월 17일

경쟁자

1월 6, 18, 22, 27일 / 2월 4, 16, 20, 25일 / 3월 2, 14, 18, 23일 / 4월 12, 16, 21일 / 5월 10, 14, 19일 / 6월 8, 12, 17일 / 7월 6, 10, 15일 / 8월 4, 8, 13일 / 9월 2, 6, 11일 / 10월 4, 9일 / 11월 2, 7일 / 12월 5일

소울메이트 ★

3월 28일 / 4월 26일 / 5월 24일 / 6월 22일 / 7월 20일 / 8월 18일 / 9월 16일 / 10월 14일 / 11월 12일 / 12월 10일

이날 태어난 유명인

더크 보가드(배우), 데레사(아빌라의 성녀), 페트로비치 무소르그스키(작곡가), 셰릴 제임스, 레이디 가가(가수), 루시 로리스, 다이앤 위스트, 줄리아 스타일스(배우), 보후밀 흐라발(작가), 류혜영(배우)

양자리

태양 : 양자리	
지배 성좌 : 양자리/화성	
위치 : 7°30' - 8°30' 양자리	
상태 : 활동궁	
원소 : 불	
항성 : 알게니브	

3월 29일
ARIES

솔직하고 정직한 성격, 깊이 내재된 통찰력

빠른 상황 판단, 재치와 기민함, 풍부한 직관은 이날 태어난 사람들의 공통된 특징입니다. 상황에 대해 잘 알고 있더라도 너무 비판적인 태도를 취하거나 자기 의견을 고집하지 마십시오. 진실을 알고 있는 것은 내면에서 들려오는 지혜의 목소리일 수 있으니까요.

양자리에서 태어난 당신은 자기주장이 강하고 승부욕이 넘칩니다. 하지만 쉽게 믿지 않는 성향과 고지식한 면이 묘하게 섞여 있어 주변 사람들은 당신이 무슨 생각을 하는지 궁금하겠어요. 때로는 옹고집을 부리며 당신을 진정 생각해주는 다른 사람들의 말도 들으려 하지 않습니다.

지배 행성인 화성의 영향이 배가되면서 도전적인 일이 필요하겠네요. 멋진 자유인의 삶을 원하면서도 주어진 일도 열심히 하는 편입니다. 솔직하고 직선적인 당신은 정직하고 진솔하며 현실적이고 가식 없는 사람들과 어울리기를 좋아합니다.

어려운 상황을 해결하는 데 천부적인 재능을 타고나 운명의 제물이라는 생각은 털끝만큼도 하지 않는 당신, 강한 의지와 결단력 덕분에 물질적인 성공도 이루겠어요. 하지만 돈 문제로 좌절하고 걱정한다거나 부자 되는 방법에만 몰두하는 일은 금물입니다.

21세까지는 모험심과 자립심이 강합니다. 22세 이후에는 당신의 태양이 황소자리로 들어가면서 경제적인 안정을 열망하게 되네요. 더욱 현실적이고 실제적인 성향이 강해지는 시기죠. 52세가 되면 태양이 쌍둥이자리로 들어가게 되어 새롭고 흥미진진한 것들에 관심이 쏠리게 되고 글쓰기와 같은 새로운 재능도 계발하게 됩니다.

숨어 있는 자아

당신에게는 장애를 극복할 수 있는 내면적 힘이 있으며, 강한 투지로 풍요로운 생활을 이루는 데도 성공할 수 있습니다. 그러나 당신은 돈만으로는 만족할 수 없기에, 깊이 내재되어 있는 통찰력을 표현할 방법을 찾아야 합니다. 사물의 진가를 알아보는 당신의 안목을 활용하면, 제때에 적합한 사람들과 함께 일하며 영향력을 키울 수 있습니다.

생산적인 분야에서 훌륭한 역할을 해내고 싶은 열망이 강하므로 당신 인생에서 일이 차지하는 부분은 굉장히 큽니다. 정신적 자극이 적절히 주어진다면 이상적인 생각을 구체화시킬 준비도 되어 있습니다. 그러나 쉬엄쉬엄 하기보다는 힘이 집중되었을 때 계속 밀어붙이는 것이 훨씬 좋은 성과를 낼 수 있습니다. 자발적인 힘과 추진력이 있지만 회의적이 되지 않도록 조심하세요. 당신의 직관을 믿으면 됩니다.

일과 적성

당신은 비즈니스와 토론, 법률, 또는 연구 분야에서 실력을 발휘하는 역동적인 정신력이 있습니다. 전문적인 기능을 익혀 컴퓨터나 공학 분야로 진출할 수 있습니다. 건전한 정신의 소유자로 리더십까지 갖춘 당신은 교육계로 진출할 수도 있으며 글로 소통하는 데 재능을 활용할 수도 있습니다. 생일로 볼 때 높은 공직에 오를 수도 있고 사회 개혁에서 중요한 역할을 맡을 수도 있습니다.

수비학으로 본 당신의 운세

활동적이고 단호하며 이상주의적 비전을 제시하는 성향은 이날 태어난 사람들의 공통점입니다. 개성과 놀라운 잠재력을 보유하고 있지요. 직관력이 뛰어나고 섬세하며 감성이 풍부합니다. 당신의 타고난 공감력과 이해심은 휴머니즘을 고취시키고 다른 사람들이 희망과 꿈을 실현하도록 용기를 북돋워줍니다. 포부가 크고 승부욕도 강하지만 대중의 관심을 받고 싶어 다른 사람들의 생각에 신경을 쓰는 편입니다. 마음속에서 일어나는 감정을 믿고 남에게 마음을 연다면 노심초사하는 성향은 극복할 수 있습니다. 당신의 마음을 보호 장비로 사용하십시오. 탄생월 3이라는 숫자의 영향으로 직관적이고 직감이 뛰어나며 창의적 발상이 풍부합니다. 활기가 넘쳐 잠시도 가만있지 못하는 당신은 마음껏 자유를 즐기지만 누구에게도 책임을 지우지는 않습니다. 틀에 박힌 일상에 변화를 주되, 자기 수양과 안정은 꼭 필요한 요소입니다. 다재다능하고 상상력이 풍부하지만, 신중한 태도를 키워 현실적으로 생각은 깊게 하되, 일 처리는 요령껏 하는 것이 좋겠네요.

- ● 장점 : 감흥, 균형, 내적 평화, 관대함, 성공, 창의력, 직관, 신비주의, 강렬한 꿈, 현실적, 신념
- ■ 단점 : 집중력 결여, 불안정, 신경과민, 우울증, 까다로운 성격, 극단주의, 경솔한 행동, 고립, 과민성

연애와 인간관계

긍정적인 마음으로 과단성 있게 밀고 나간다면, 다른 사람들의 생각과 말에 민감하게 반응하지 않고 의연해질 수 있습니다. 머리가 좋고 직관적이나, 말수가 적고 비밀이 많은 당신은 무슨 얘기든 하지만 자신의 속마음은 절대 말하지 않네요. 쉽게 믿지 못하는 성향이니, 신뢰하고 오래 지속되는 관계를 쌓기 위해서는 시간이 필요하지요. 그러면서도 열정적이고 사랑스러운 당신, 침착성을 잃지 않는다면 상대에게 강하게 어필할 수 있습니다. 자수성가한 사람이나 근면 성실한 사람, 또는 야심이 큰 사람에게 끌리겠네요. 믿을 만한 멋진 사람을 만나면 당신은 자신감을 얻게 되며 성실하고 믿음직한 파트너가 될 수 있습니다. 여성은 사생활뿐 아니라 직장 생활에서도 행운이 많이 따르겠네요.

| 태양 : 양자리 |
| 지배 성좌 : 양자리/화성 |
| 위치 : 8°30′ - 9°30′ 양자리 |
| 상태 : 활동궁 |
| 원소 : 불 |
| 항성 : 알게니브 |

3월 30일
ARIES

성실하고 근면하며 탐구심이 왕성한 사람

직관적이고 통찰력 있는 당신은 창의적인 발상과 아이디어가 넘쳐납니다. 그러나 의욕과 무력감이 묘하게 섞여 있어 잠재력을 발휘하는 데 장애가 될 수 있습니다. 당신의 생일로 볼 때 강한 책임감과 의무감이 있는 근면 성실한 성향은 타고났지만 사랑과 정서적인 만족감을 얻고 싶은 열망이 당신의 탁월한 재능에 걸림돌로 작용할 수 있습니다.

다양한 아이디어를 지닌 당신은 세상일에 밝고 다재다능한 면모를 보입니다. 자신만의 독특한 비전이 있기에 자신만의 스타일로 타인을 놀라게 하는 재주도 있네요. 다정하고 관대한 인품, 예리한 정신력의 소유자입니다. 지식에 대한 탐구심이 강해서 스터디 그룹 활동을 하기도 합니다. 배움에 대한 의욕이 넘치는 당신은, 특히 창작력을 키울 수 있는 미술이나 음악 분야 등에서 창조적인 재능을 발휘할 기회를 얻을 수도 있습니다.

사람들은 당신이 섬세하고 예민한 반면 극적 감각이 있다고 말합니다. 쓸데없이 걱정하는 성향은 극복할 필요가 있는데, 특히 기대만큼 성과가 좋지 않을 때는 더욱 심해지니 주의하세요. 지독히 꼼꼼하여 마지막까지 사소한 것 하나도 놓치려 하지 않는 당신은 자기연민이나 우울증에 걸릴 일은 좀처럼 없겠네요. 당신은 자수성가한 지적인 사람에게 끌리네요. 다정하면서도 외향적인 당신은 공동체에서 중요한 역할을 맡고 싶어 합니다. 그룹의 일원이라는 소속감을 즐기는 편입니다. 외롭거나 무기력하게 느껴질 때 당신은 마음 가는 대로 하면서 그것을 보상받곤 하지요. 마음의 평화와 정서적인 안정을 유지하려면 자꾸 자기표현을 해보세요.

20세까지는 활기차고 실험 정신이 투철합니다. 21세부터 당신의 태양이 황소자리에 들면서 물질적인 안정을 누리고 싶은 열망이 커지기 시작하네요. 경제적인 안정을 위해 기반을 다지고 싶어 하며, 이런 성향은 40대 후반까지 이어집니다. 태양이 쌍둥이자리에 들어가는 51세가 되면 전환기를 맞습니다. 소통과 교감에 대한 열망이 두드러지는데, 바로 당신이 정신적인 지평을 넓히며 새로운 관심 분야를 탐색하게 되는 시기입니다.

숨어 있는 자아

리더의 자질을 타고난 당신은 다른 사람들의 협조 없이는 아무 일도 하지 못한다는 것을 잘 알고 있어요. 다행스럽게도, 당신은 사람을 일대일로 대하는 능력이 뛰어나고 적합한 사람을 사귀는 데 귀재예요. 당신은 강한 신념이 있기 때문에 한번 마음을 먹은 것은 밀고 나가 무시할 수 없는 존재로 성장합니다. 따라서 목표와 방향을 정확하게 아는 것이 중요합니다.

때로 당신은 의무감과 즐거움 사이에서 이러지도 저러지도 못하게 되기도 해요. 이런 성향 때문에 직장에서는 영향력을 발휘하면서도 가정에서는 수동적인 모습으로 비칠 수 있습니다. 평정심을 유지해야 다른 사람들의 감정을 읽을 수 있습니다. 그러나 남에게 자기 자신을 너무 많이 양보하지는 마세요. 일에 대한 욕심과 인간관계에서 균형을 잘 유지하는 것이 무엇보다 중요합니다.

일과 적성

자신의 능력을 개발하는 데 인내심이 부족한 면이 있는데, 지적인 활동을 즐기니 교사나 강사 또는 연구 분야나 글 쓰는 분야로 진출할 수 있습니다. 형태와 색상에 타고난 감각을 살려 인테리어 디자인이나 조경 원예, 연극, 음악이나 미술 분야로 진출하면 좋겠네요. 사람들을 이해하는 능력을 타고나서 인력 관리와 같이 사람들을 대하거나 조언을 해주는 직업도 좋습니다. 이 생일은 훌륭한 매니저와 경영인을 배출하기도 합니다.

수비학으로 본 당신의 운세

창의적이고 다정다감하고 사교적인 성향은 생일 30이라는 숫자와 관련이 있습니다. 멋지고 사교적인 생활을 즐기면서도 특히 카리스마가 있고 충직하고 다정합니다. 의욕적이고 다재다능하여 아이디어가 떠오르면 자신만의 드라마틱한 스타일로 펼쳐 보이는 재주가 있습니다. 사람들과 어울리는 것을 좋아하는 당신은 색상과 형태에도 타고난 감각이 있어서 미술과 디자인, 음악과 관련된 모든 일을 즐길 수 있습니다. 행복해지려면 게을러서는 안 됩니다. 또 제멋대로 행동하거나 조급해하고 질투심을 보이는 성향은 좀 조절할 필요가 있어요. 그렇지 않으면 감정적으로 불안해집니다. 30일에 태어난 사람들은 인정과 명성을 얻는데, 특히 음악가나 배우, 연예계로 진출하면 좋습니다. 탄생월 3이라는 숫자의 영향으로 열정적이며 천부적인 기억력을 가진 당신은 드라마틱한 자기표현 능력 덕분에 항상 주목을 받을 수 있습니다. 전반적으로 침착한 편이지만 때로 신경질적이고 비이성적인 성향을 드러낼 수도 있겠네요. 완벽주의자여서 매사에 완전무결하지 못하면 불평이 많은 사람이 되기 쉽습니다.

- 장점 : 흥이 넘침, 충실함, 다정다감, 통합력, 언어 능력, 창의력, 행운
- 단점 : 게으름, 완고함, 괴팍한 행동, 성급함, 불안정, 무심함, 에너지를 분산시키는 성향

연애와 인간관계

다정다감하고 열정이 많은 당신은 드라마틱한 감정의 소유자로 애정 넘치는 이상주의자입니다. 넘치는 사랑과 애정을 원하지만 심리적 안정감이 최우선이지요. 매력과 카리스마가 넘치는 당신은 사람들과 함께하는 것을 즐기며 상상력에 불을 지피는 독창적인 활동을 즐깁니다. 그러나 인정할 수 없는 일이 발생했을 때 정서적으로 불안정해지거나 지나치게 까다로워지는 성향은 경계하세요.

정신적으로 자극을 주는 사람, 당신과 같이 지적인 호기심이 강한 사람에게 끌리는데, 지적인 교감을 나누고 독창적인 자기표현에 대한 열망을 표출할 수 있습니다.

이날 태어난 유명인

워렌 비티(배우), 빈센트 반 고흐, 프란시스코 고야(화가), 멜라니 클라인(심리학자), 에릭 클랩턴, 트레이시 채프먼, MC 해머, 셀린 디온, 노라 존스(가수), 나도향(작가), 박지성(축구 선수)

양자리

| 태양 : 양자리 |
| 지배 성좌 : 사자자리/태양 |
| 위치 : 9°30' – 10°30' 양자리 |
| 상태 : 활동궁 |
| 원소 : 불 |
| 항성 : 알게니브 |

3월 31일
ARIES

역동적이고 자기주장이 강하며 풍부한 감성을 지닌 사람

직관력이 뛰어나고, 기민하고 행동이 빠르다. 이날 태어난 사람들의 공통된 특징입니다. 이러한 특성 덕분에 당신은 호기심이 많아 한시도 가만있지 못하며 늘 움직입니다. 지속적으로 새로운 경험을 하고 싶어 하는데, 무언가 가치 있는 것을 찾았다 싶으면 그 분야를 파고들어 전문가가 되고야 맙니다.

양자리에서 태어난 당신은 천성적으로 역동적이며 자기주장이 강하고 대담합니다. 그러나 쉽게 지루함을 느껴 정서가 불안정해지는 것은 경계해야 합니다. 인내심을 키우면 이런 충동성을 어느 정도는 극복할 수 있습니다. 사자자리의 영향으로 더욱 활기차고 자기 확신이 강해지지만 너무 자만하지 않도록 조심하십시오.

이상주의적 성향을 타고난 당신은 어떤 사항에 흑백을 분명히 가리고 싶어 하며, 만족감을 얻지 못하고 회의를 느끼면 갈피를 잡지 못하며 힘을 분산시킬 수 있습니다. 반면에 학습과 배움을 통해 체계적인 집중력과 생각의 깊이를 키울 수 있다는 것을 깨닫기만 한다면, 당신은 문제 해결에 있어 치밀함과 뛰어난 능력을 마음껏 발휘할 수 있습니다.

19세까지 당신은 모험을 좋아하고 심리적으로 불안정할 수 있습니다. 20세 이후에는 당신의 태양이 황소자리로 들어가면서 현실적인 성향이 강해지고 통찰력이 생기며 부와 안정을 얻고 싶은 열망이 강해집니다. 물질적인 안정에 대한 이러한 열망은 50세 초반까지 이어지네요. 이때가 되면 당신의 태양이 쌍둥이자리로 들어가게 됩니다. 이 인생의 전환기를 지나면서 당신은 관심사를 넓히고 새로운 능력을 학습하는 것에 더욱 집중하게 됩니다.

숨어 있는 자아

당신이 얼마나 풍부한 감성의 소유자인지, 또는 당신이 인정하는 것 이상으로 타인의 평가를 받고자 하는지는 겉으로 잘 드러내지 않습니다. 감정에 이중성을 보이지요. 다시 말해, 한편으로는 변화를 원하면서도 또 한편으로는 자신을 위해 튼튼한 기반을 다지고 싶다는 생각이 있어요. 조화만 이룬다면 이 상반된 감정은 잘 결합되어 좋은 결실을 이뤄내고, 적어도 관심 있어 하는 분야에서 자신을 단련할 계기를 만들어주기도 합니다.

한창 바쁠 때는 시간을 내기 힘들 수도 있지만 잠시 멈추고 다른 사람들에게 마음을 열어 희생적이다 싶을 정도로 그들을 위해 일할 수도 있습니다. 천진난만한 매력을 타고난 당신은 자신을 창조적으로 표현할 수 있는 분야로 진출할 수 있습니다. 당신에게는 고정되어 있지 않고 자연스러운 흐름이 중요합니다.

일과 적성

영민한 지성을 갖추고 있어 정신적 자극에 대한 열망이 있으므로 정체되지 않는 삶을 추구합니다. 이에 따라 정보를 신속하게 파악하는 능력이 생깁니다. 타고난 리더십으로 어떤 분야에서든 성공을 이룰 수 있지만 특히 재계, 철학이나 정치 분야에서 두드러질 수 있습니다. 직업을 선택할 때 타성에 젖는 면을 경계해야 하는데, 대중을 상대로 하거나 여행업처럼 사람과 상황이 계속 바뀌는 직업을 선택하는 것이 좋겠습니다.

수비학으로 본 당신의 운세

강한 의지와 투지, 그리고 자기표현을 중시하는 성향은 생일이 31일인 사람들의 특징입니다. 당신은 직관력과 현실적인 감각이 결합되어 훌륭한 결정을 내립니다. 또한 항상 지칠 줄 모르며 결연한 태도를 유지합니다. 31의 영향으로 당신은 독창적인 아이디어가 많고 형태에 대한 감각이 뛰어나, 시간을 들여 실행할 수 있는 계획을 세우면 사업에 성공할 수 있습니다. 자신의 레저 활동을 수익이 나는 사업으로 전환시켜 성공을 거둘 수 있습니다. 그렇지만 마음 내키는 대로 한다든가 너무 낙천적인 성향으로 흐르지 않도록 조심하십시오.

탄생월 3의 영향으로 당신은 창의적이면서도 분석적인 면모를 보입니다. 당신의 직관력과 말솜씨는 특히 집필 분야에도 가능성을 보여주지만 너무 과민해지거나 냉소적이 되는 것은 금물입니다. 당신은 넘치는 애정과 관심을 원하지만 너무 소유욕을 드러내지는 않도록 하세요. 또한 자기성찰과 사색적인 모습이 때로는 무심하거나 냉담하게 비칠 수도 있다는 점도 유의하세요.

- ● 장점 : 행운, 창의력, 독창성, 구성 능력, 건설적 성향, 포기 절대 불가, 현실적, 재담가, 책임감
- ■ 단점 : 불안정, 성급함, 의심 많음, 쉽게 좌절, 야심이 없음, 이기적, 완고함

연애와 인간관계

날카로운 통찰력이 있고 이상을 추구하는 당신은 은밀하면서도 가볍고 피상적일 수 있습니다. 정서적으로 예민하면서도 비밀이 많은 당신은 인간관계에서 사적인 것을 좋아합니다. 어떤 관계든 자극을 주는 배움의 기회라고 여기는 것이 좋겠습니다. 당신의 직업은 사생활에서도 중요한 역할을 합니다. 지난 일을 털어버리지만 거기서도 좋은 교훈을 얻게 됩니다.

양자리

이날 태어난 유명인

요제프 하이든, 요한 제바스티안 바흐(작곡가), 레아 펄먼(배우), 르네 데카르트(철학자), 앨 고어(미국 정치인), 리처드 체임벌린, 크리스토퍼 워컨, 이완 맥그리거(배우), 노홍철(방송인), 안재홍, 윤균상(배우)

태양 : 양자리	
지배 성좌 : 사자자리/태양	
위치 : 10˚30′ - 11˚30′ 양자리	
상태 : 활동궁	
원소 : 불	
항성 : 알게니브	

4월 1일

ARIES

자유를 사랑하고 평범하지 않은 것을 동경하는 탐험가

독립적이고 의지가 강하면서도 예민한 당신은 실용적이면서도 신비로운 분위기를 냅니다. 자신만의 독특한 철학적 견해도 지니고 있습니다. 양자리에서 태어난 당신은 열정적이고 야심차며, 강한 직관력과 리더십을 보여줍니다. 지적인 당신은 경험을 통해 많은 것을 배우게 됩니다. 제대로 교육을 받으면 성공할 수 있는 확률이 그만큼 더 높아집니다.

태양의 영향으로 자기표현에 대한 열망이 커지고 판에 박힌 것에서 벗어나 색다르고 독특한 것을 성취하고자 합니다. 자유를 사랑하고 평범하지 않은 것을 동경하므로 탐험과 여행은 당신이 가장 즐기는 여가 활동이 될 수 있습니다.

자신의 재능을 발휘할 수 없는 자리에 있으면 마음속에 그리는 이상과 일상의 현실 사이에서 내적인 갈등을 겪게 됩니다. 그런 좌절감에서 생기는 질투심과 분노는 꼭 극복할 필요가 있습니다. 정서적 충만감을 얻기 위해서는 자기 자신을 진정으로 신뢰하면서 마음속의 의심을 떨쳐버려야 합니다. 침착하게 인내심과 확신을 키우면 독창적인 아이디어나 꿈을 현실화시킬 수 있습니다.

18세까지는 대담하고 독립적인 성향을 보입니다. 19세부터는 당신의 태양이 황소자리로 들면서 심리적이고 경제적인 안정에 대한 열망이 커집니다. 이런 성향은 당신의 태양이 쌍둥이자리에 들어가게 되는 49세 때까지 지속되는데, 인생의 전환기를 맞게 되는 이 시점에는 새로운 분야에 대한 관심과 소통에 대한 관심이 새롭게 솟아오를 것입니다.

숨어 있는 자아

스스로 자신의 능력을 제대로 인식하고 사람들을 이끄는 자리에 서게 되면 타고난 리더십을 잘 발휘할 수 있습니다. 기회가 주어지면, 결과에 대해 많이 생각하고 그에 걸맞게 단련하여 잠재력을 최대한으로 끌어올릴 수 있습니다. 때로 당신은 자신을 인정해주지 않는 사람을 위해 일을 하게 될 경우도 있을 텐데, 그럴 때는 그 과정에서 얻는 교훈이 자신에게 거름이 되고 독립심을 키우는 데 요긴하다고 여기세요.

일과 즐거움을 결합시키는 놀라운 능력은 가히 천부적이라 할 만합니다. 사람들을 잘 대하면서 활발한 모습을 유지하려면 자기성찰의 시간을 더 많이 확보할 필요가 있습니다. 이러한 시기에는 당신의 영감을 불러일으킬 수 있는 미술과 음악, 연극과 관련된 일도 좋습니다.

일과 적성

1일은 실무 능력이나 리더십의 잠재력을 보여줍니다. 이러한 능력은 경영이나 관리, 군사 또는 정치 분야에서 전문가가 되었을 때 분명하게 드러납니다. 당신은 예리한 사업 감각을 갖추었지만, 미술이나 연극, 음악 등 당신의 비범한 상상력이 발현될 수 있는 직업에서 더욱 풍부한 창의력을 발휘할 수 있습니다. 당신은 관리 능력도 갖추고 있어서 다른 사람들의 경제적인 문제도 처리해줄 수 있는 위치에 있게 되며 뛰어난 영업 수완을 발휘하기도 합니다. 강한 박애주의 성향과 이상주의 성향이 공존해 공공 분야에서 일하거나 통찰력이 필요한 카운슬러나 교사 등의 직업도 좋습니다.

수비학으로 본 당신의 운세

이날 태어난 사람들은 1등이 되고 싶다거나 독립하고 싶어 하는 성향이 매우 강합니다. 무엇이든 최고여야 하는 당신은 개인주의적이고 개혁적이며 용기 충천하여 활기가 넘칩니다. 강한 정체성을 확립하고 적극성을 개발할 필요가 있겠네요. 생일에 부여된 개척자 정신은 혼자 독립하려는 용기를 불러일으킵니다. 스스로 추진력에 계속 불을 붙여 경영과 리더십 능력을 키웁니다. 열정과 독창적인 아이디어가 넘치는 당신은 다른 사람들에게 성공으로 가는 길을 보여줄 수 있습니다. 그런데 1일에 태어난 당신은 태양이 자신을 중심으로 돌지 않는다는 사실을 자각할 필요가 있고, 또 자기중심적이며 독선적이 되지 않도록 하세요. 탄생월 4라는 숫자의 영향으로 당신은 천성이 현실적이고 근면 성실합니다. 또 에너지가 넘치고 호기심이 많습니다. 다재다능하고 재기발랄하고 강한 의지와 진취적 기상의 소유자이기도 합니다. 그러나 고집 세고, 고지식하고 지나치게 자만하는 태도는 버려야 합니다.

- 장점: 리더십, 창의력, 진취적 성향, 강력함, 낙천적, 강한 확신, 승부욕, 독립적, 사교적
- 단점: 고압적인 행동, 질투심, 자기중심적, 자만심, 적대감, 절제 부족, 이기심, 나약함, 불안정, 성급함

연애와 인간관계

사교적이고 다정한 당신은 독립적이고 현실적이면서도, 풍부한 감수성으로 예술가적 기질이 보입니다. 흥이 오르면 파티의 분위기 메이커 역할을 톡톡히 하면서 사람들에게 인기를 끌겠네요. 당신은 교육을 많이 받은 지적인 사람에게 끌리네요. 이날 태어난 여성은 말을 많이 하거나 교만한 자세는 경계해야 합니다. 새로운 것을 배우는 것을 즐기니 늘 정신적인 자극이 필요합니다. 스터디 그룹이나 교육 활동에 참여하면 훨씬 좋은 성과를 낼 수 있습니다. 낭만적이기도 한 당신은 매력적이고 재치와 흥이 넘치는 성격입니다.

연인이나 친구

1월 5, 6, 21, 28, 31일 / 2월 19, 26, 29일 / 3월 17, 24, 27일 / 4월 15, 22, 25일 / 5월 13, 20, 23, 30일 / 6월 11, 18, 21일 / 7월 9, 16, 19일 / 8월 7, 14, 17, 31일 / 9월 5, 12, 15, 29일 / 10월 3, 10, 13, 27, 29, 31일 / 11월 1, 8, 11, 25, 27, 29일 / 12월 6, 9, 23, 25, 27일

힘이 되어주는 사람

1월 9, 12, 18, 24, 29일 / 2월 7, 10, 16, 22, 27일 / 3월 5, 8, 14, 20, 25일 / 4월 3, 6, 12, 18, 23일 / 5월 1, 4, 10, 16, 21, 31일 / 6월 2, 8, 14, 19, 29일 / 7월 6, 12, 17, 27일 / 8월 4, 10, 15, 25일 / 9월 2, 8, 13, 23일 / 10월 6, 11, 21일 / 11월 4, 9, 19일 / 12월 2, 7, 17일

운명의 상대

1월 3일 / 2월 1일 / 10월 4, 5, 6일

경쟁자

1월 7, 8, 19, 28일 / 2월 5, 6, 17, 26일 / 3월 3, 4, 15, 24일 / 4월 1, 2, 13, 22일 / 5월 11, 20일 / 6월 9, 18일 / 7월 7, 16일 / 8월 5, 14일 / 9월 3, 12일 / 10월 1, 10일 / 11월 8일 / 12월 6일

소울메이트

1월 3, 19일 / 2월 1, 5, 17일 / 3월 15일 / 4월 13일 / 5월 11일 / 6월 9일 / 7월 7일 / 8월 5일 / 9월 3일 / 10월 1일

이날 태어난 유명인

앨리 맥그로, 데비 레이놀즈, 다케우치 유코(배우), 에이브러햄 매슬로(정신분석학자), 세르게이 라흐마니노프(작곡가), 밀란 쿤데라(작가), 이용식(코미디언), 이창동(영화감독), 박예진(배우)

| 태양 : 양자리 |
| 지배 성좌 : 사자자리/태양 |
| 위치 : 11°30′ - 12°30′ 양자리 |
| 상태 : 활동궁 |
| 원소 : 불 |
| 항성 : 알게니브, 시라 |

4월 2일
ARIES

개척 정신과 창조적 재능을 갖춘 사람

양자리에서 태어난 당신은 개척 정신이 강하고 진취적인 성향의 소유자입니다. 활동적이면서도 독창적 아이디어를 가지고 있는데 항상 변화를 원하기 때문에 끊임없이 자신을 자극하는 능력이 있습니다. 지배 행성인 화성이 적극적이고 활동적인 삶을 살도록 영감을 불어넣어 주는군요. 당신의 지배 성좌인 사자자리의 영향으로 상상력이 풍부하고 창의력이 있으며, 다른 사람의 인정을 받고자 합니다.

직관적이고 매력이 넘치며 조화와 평화를 중시하는 성향은 이날 태어난 사람들의 특성입니다. 모험적이긴 하지만, 천성이 고상하여 마음이 잘 통하는 분위기에서 안정감을 갖고 싶으면서도, 속마음을 잘 드러내지 않거나 예민한 성향이 강합니다. 이날에 부여된 엄청난 잠재력은 자기 수양을 통해 실현될 수 있습니다. 진정한 능력을 발견할 때 당신은 모든 장애물을 극복할 수 있는 강한 의지와 결단력을 보입니다. 그러나 고집스러움과 인내심은 다르다는 점은 잊지 마세요.

사람들과 만나는 것을 좋아하는 성향에 태양의 영향이 더해져 창조적 재능과 무언가를 이뤄내고 싶다는 의지가 생겨납니다. 사람을 좋아하고 사교적인 성향인 당신은 공명정대하며 정의감도 투철합니다. 강한 책임감, 근면 성실, 진지한 태도 등이 타인에게 비친 당신의 모습입니다. 그러나 섬세함 뒤에는 진취적인 성공 의지와 야망이 숨겨져 있을 수 있습니다.

인생 초반기에 여성에게서 강한 영향을 받겠네요. 18세 이후에 당신의 태양이 황소자리로 들어가게 되면서 심리적 안정감과 경제적인 안정에 대한 열망이 커지게 됩니다. 이런 성향은 48세까지 계속되는데, 이때 당신의 태양이 쌍둥이자리로 들면서 전환기를 맞게 되어 다른 사람들과의 소통과 지적인 활동에 대한 중요성이 점점 더 커지게 됩니다.

숨어 있는 자아

당신은 휴머니즘적인 성향이 강하고 관대한 성품이라 사람들에게 인기가 있습니다. 앞을 내다보는 힘과 사람을 신뢰하는 마음이 당신의 뛰어난 이해력과 연결되어 있기도 하지요. 그런데 당신에게 필요한 것은 거리두기입니다. 안정을 바라는 마음은, 그것이 물건이든 사람이든 놓아줄 용의도 있어야 한다는 것을 말해줍니다. 이러한 교훈은 인생의 후반에 이르러서야 좀 더 잘 느낄 수 있겠지만, 집착하지 않으면 아무것에도 얽매이지 않는 자유와 좀 더 심오한 정신적인 가치를 추구할 수 있게 됩니다. 대인관계에서 당신은 헌신적이고 자상하며 충실한 친구가 되어주는데, 사람에게 의존하기 때문에 때로 속상해할 수도 있습니다. 타인의 요구를 잘 수용하는 당신은 공동의 프로젝트에서는 없어서는 안 될 귀한 자산이기도 합니다.

일과 적성

이날 태어난 사람은 미디어나 홍보, 심리학, 카운슬링, 사회사업 등 사람과 관계된 직업에서 성공을 거둘 가능성이 큽니다. 또한 협업으로 함께 일할 가능성이 큰데 이런 관계에서 배우면서 많은 혜택을 보게 됩니다. 독창적이고 창의적인 접근법으로 연극과 예술 분야뿐 아니라 대의를 위한 일이나 교육, 탐구 분야에서도 성공을 거둘 수 있습니다. 때로 힘든 과제로 인해 근심할 수 있으나 새로운 대안을 모색하는 일은 결국 긍정적인 결과를 가져다줍니다. 정체되어 있거나 단조로운 일은 피하십시오. 인생을 긍정적으로 바라보면서 노력하는 근면 성실함은 탁월한 사업 감각으로 큰 성과를 내게 하는 밑거름이 됩니다.

수비학으로 본 당신의 운세

집단에 대한 강한 소속감과 예민한 감수성은 2라는 생일 숫자에 기인합니다. 적응력이 뛰어나고 이해심이 많은 당신은, 다른 사람과 교류하는 공동 활동을 즐깁니다. 좋아하는 사람들을 기쁘게 해주고자 노력하지만 그 과정에서 지나치게 의존적이 될 수 있다는 걸 감수해야 합니다. 그렇지만 자신감이 생기면 다른 사람들의 행동이나 비판에 쉽게 상처받는 성향을 극복할 수 있습니다. 탄생월 4의 영향으로 탄탄한 안정감을 원합니다. 정확하고 완벽한 것을 추구하면서도 다른 사람들과 협조하며 지원해주는 것을 즐깁니다. 사교적이고 훌륭한 주최자 역할을 하는 당신은 손님 접대를 즐기며 가정을 자랑스러워합니다. 격려를 해주면서도 항상 감정을 드러내지는 않습니다. 완벽주의자인 당신은 책임감이 강하지만 불만과 무력증에 빠지지 않도록 해야 합니다.

- 장점 : 훌륭한 파트너십, 온유함, 전술가, 수용력, 직관력, 사려 깊음, 조화, 유쾌함, 친선 대사
- 단점 : 의심이 많음, 자신감 부족, 굴종, 과민, 이기심, 쉽게 상처받음, 기만

연애와 인간관계

직관적이고 영민한 당신은 아는 게 많고 무엇이든 빨리 터득합니다. 독서를 즐기고 지식을 사랑하므로 진정한 정서적 만족감을 원한다면 계속해서 배우고 새로운 기술을 터득할 필요가 있습니다. 자극을 받을 수 있는 지적인 사람들과의 교류를 즐깁니다. 낭만적인 성향이 있어서 성공한 사람에게 끌리거나, 영향력 있고 아는 게 많은 똑똑한 상대를 원하지요. 당신의 성격으로 볼 때 친구가 많고 사회적으로도 인간관계의 폭이 넓습니다. 그러나 가까운 관계에서 불신을 드러내거나 의심을 하는 모습은 금물입니다.

연인이나 친구
♥

1월 6, 10, 20, 22, 24, 30일 / 2월 4, 18, 20, 22, 28일 / 3월 2, 16, 18, 20, 26, 29일 / 4월 14, 16, 18, 24, 27일 / 5월 12, 14, 16, 22, 25일 / 6월 10, 12, 14, 20, 23일 / 7월 8, 10, 12, 18, 21, 29일 / 8월 6, 8, 10, 16, 19일 / 9월 4, 6, 8, 14, 17일 / 10월 2, 4, 6, 12, 15일 / 11월 2, 4, 10, 13일 / 12월 2, 8, 11, 19일

힘이 되어주는 사람
♣

1월 1, 3, 4, 14일 / 2월 1, 2, 12일 / 3월 10, 28일 / 4월 8, 26, 30일 / 5월 6, 24, 28일 / 6월 4, 22, 26일 / 7월 2, 20, 24일 / 8월 18, 22일 / 9월 16, 20일 / 10월 14, 18일 / 11월 12, 16일 / 12월 10, 14일

운명의 상대

1월 11일 / 2월 9일 / 3월 7일 / 4월 5일 / 5월 3일 / 6월 1일 / 10월 5, 6, 7일

경쟁자

1월 3, 5일 / 2월 1, 3일 / 3월 1일 / 7월 31일 / 8월 29일 / 9월 27, 30일 / 10월 25, 28일 / 11월 23, 26, 30일 / 12월 21, 24, 28일

소울메이트

1월 5, 12일 / 2월 3, 6, 10일 / 3월 1, 8일 / 4월 6일 / 5월 4일 / 6월 2일

양자리

이날 태어난 유명인

알렉 기네스, 마이클 패스밴더(배우), 에밀 졸라, 한스 크리스티안 안데르센(작가), 윌리엄 헌트(화가), 송영창(배우)

| 태양 : 양자리 |
| 지배 성좌 : 사자자리/태양 |
| 위치 : 12°30' - 13°30' 양자리 |
| 상태 : 활동궁 |
| 원소 : 불 |
| 항성 : 시라 |

4월 3일
ARIES

열정 넘치는 활동적인 성격으로 이뤄내는 인생

당신의 개척 정신과 다재다능함, 여행을 즐기는 성향은 당신의 인생이 단조롭지 않다는 것을 보여줍니다. 천부적인 소통 능력과 강렬한 동기부여가 어우러져 사람들을 잘 설득합니다. 자기표현과 변화에 대한 열망이 강해서 이날 태어난 사람은 흥미진진한 모험으로 가득 찬 삶을 맞게 될 것입니다.

당신의 지배 행성인 화성과 불 원소의 영향으로 당신은 열정적이고 성미가 급하며 역동적입니다. 게다가 당신의 지배 성좌인 사자자리가 영향을 미쳐 다른 사람들에게 확신에 차고 대담한 모습으로 비칩니다. 당신의 인생 여정이 도전으로 가득 차 있더라도 인내심과 근면 성실함과 집중력을 쏟아붓는 투지를 보이면 성공을 쟁취할 수 있습니다. 열정이 넘치고 강렬한 성향이기에 외로움을 견딜 수 있게 된다면 정신적 성장을 이룰 것입니다. 일에서도 변화가 많아 장애물을 만나기도 하겠지만 그것이 기회가 되어 새로운 출구와 행운을 안겨주기도 할 것입니다.

기분 변화가 심하기도 하지만 결연한 의지 덕분에 그리 오래가지는 않습니다.

상상력과 열정으로 놀기 좋아하고 유쾌한 당신은 사교적이면서 좋은 친구가 될 수 있으며 타고난 위트와 유머가 넘칩니다. 그러나 쉽게 싫증을 느끼지 않도록 하세요.

젊을 때는 활발하고 독립적이며 들떠 있어 때로는 무모해 보이기도 합니다. 지원을 해줄 수 있는 남자 친척이나 친구의 영향을 받겠네요. 당신의 태양이 황소자리에 드는 16세나 17세 이후에는 보다 현실적이 되고 경제에 눈을 뜨게 됩니다. 많은 변화를 겪고 난 중년에는 사람들과의 협력적 관계 속에서 이득을 얻을 가능성이 보입니다. 당신의 열정과 동기부여 덕분에 이 무렵에 당신의 꿈의 일부는 실현될 것입니다. 47세부터는 당신의 태양이 쌍둥이자리에 들면서 지적 호기심이 더 왕성해지고 전혀 새로운 분야에 진출하게 됩니다. 77세에 또 한 번의 전환점을 맞겠네요. 이때 당신의 태양이 게자리로 들어가게 되면서 감성이 더욱 풍부해지고 가족 중심적인 성향으로 바뀝니다.

숨어 있는 자아

당신의 가장 큰 성공은 사랑의 힘에서 옵니다. 강렬한 내적 감정을 바깥으로 드러내어 흐르게 할 필요가 있습니다. 그러지 않으면 감정싸움에 휘말릴 가능성이 있습니다.

매력과 감수성, 풍부한 상상력을 타고난 당신은 인생에서 탄탄한 기반을 닦아 균형을 이룰 필요가 있습니다. 확신에 찬 미래를 상상하는 비범한 능력을 한껏 활용하고 그것을 이루기 위해 계획을 짠다면 당신의 능력을 마음껏 발휘할 수 있습니다. 근면 성실하게 매진하면 진정한 잠재력을 발휘할 수 있고 경제적으로도 보호받을 수 있다는 것이 이 생일의 특징입니다.

일과 적성

설득력이 탁월하고 드라마틱한 감각이 뛰어나 영업이나 기획자로서 탁월한 능력을 발휘할 수 있습니다. 이러한 능력이 자기표현 열망과 결합되면, 연극이나 예술, 강의 또는 정치 쪽에서 활약할 수 있습니다. 여행 가이드나 운송업, 또는 항공사 직원 등도 직업적인 만족을 줄 것입니다. 동정심이 많아 건강과 치유 쪽 일에도 끌릴 수 있습니다. 모험심은 유지하고 단조로운 직업은 피하는 것이 좋습니다.

수비학으로 본 당신의 운세

3이라는 날에 태어난 당신은 감성이 풍부하며 창의적이고 감정적인 표현 욕구가 있습니다. 흥이 넘쳐 함께하기 좋은 친구인 당신은 친목을 위한 사교적인 활동과 다양한 관심사를 즐기는 편입니다. 언제나 흥미진진한 경험을 하고 싶은 열망 때문에 쉽게 싫증을 내고 우유부단해진다거나 한꺼번에 너무 많은 일을 하려고 덤빌 수 있습니다. 유머 감각과 예술적 재능이 넘쳐 매력적인 당신이지만 자존감을 키울 필요가 있고 그런 자신감으로 정서적 불안을 쫓아버리세요. 탄생월 4의 영향으로 당신은 매우 꼼꼼하고 분석력도 탁월합니다. 강력한 자기주장으로 자신의 의견에 많은 사람들이 관심을 갖도록 만드는데, 때로는 초연한 태도나 자기 생각에 빠져 있는 듯한 모습을 보여 차가워 보이기도 합니다. 그러나 단 몇 마디만으로도 다른 사람들의 관심을 한 몸에 받는 능력을 타고 났습니다.

- 장점 : 유머, 행복감, 친화적, 생산적, 창의적, 예술적 성향, 기원, 자유에 대한 사랑, 말재주
- 단점 : 권태, 허영, 지나친 상상력, 과장, 애정 표현 불능, 자기자랑, 사치, 방종, 게으름, 위선

연애와 인간관계

상상력이 풍부하고 선견지명이 있는 당신은 애정이 많고 충실하며 헌신적인 사람입니다. 로맨티스트인 당신은 항상 이상적인 상대를 만나고 싶어 하지요. 그러나 당신의 높은 기대에 부응할 정도의 사람은 찾기가 어려울 수도 있겠네요. 지적인 휴머니스트를 선택하는 것이 좋겠습니다. 사랑에 빠지면 상대의 구원자 역할을 자처하여 자신을 너무 희생하지 않도록 조심하십시오. 특히 상대가 구해주기를 원하지 않을 때는 더욱 조심하십시오. 낭만적인 성향이 있어 대담하게 보이길 원하지만, 쉽게 상처받는 모습을 드러내지 않으려는 반증일 수 있습니다. 이상적인 상대를 원한다면 친밀하게 소통 능력을 키우되 절대 급하게 서두르지 마십시오.

양자리

이날 태어난 유명인

말런 브랜도, 알렉 볼드윈, 에디 머피, 도리스 데이, 매슈 구드(배우), 제인 구달(동물학자), 조지 허버트(시인), 웨인 뉴턴(음악가)

태양 : 양자리
지배 성좌 : 사자자리/태양
위치 : 13°30' – 14°30' 양자리
상태 : 활동궁
원소 : 불
항성 : 시라

4월 4일

ARIES

역동적인 야심가이면서도 현실적인 성격

근면하고 과감하며 긍정적인 당신은 산을 옮길 정도의 추진력을 갖추고 있으며 박학다식하여 다른 사람들을 감동시킵니다. 항상 안정을 갈구하고 스스로 탄탄한 기반을 닦고자 노력합니다. 직장에서 좋은 기회를 얻게 되고 타고난 사업 감각을 통해 성공에 대한 강한 열망을 실현시킬 수 있습니다. 이는 당신이 경제적인 문제는 거의 겪지 않는다는 것을 보여주며 혹 생기더라도 단기간으로 끝납니다.

매력적이고 관대하고 친절하여 인기를 얻긴 하지만 너무 직설적이고 고압적인 자세를 취하면 사람들이 떠날 수 있다는 것을 명심하세요. 자신의 매력과 친화력으로 당신 스스로도 즐기고 다른 사람들도 즐겁게 해주는 방법을 익혀보세요. 가치관이 불확실해서 과잉 행동을 하고 풍요로운 삶에만 집중하게 되는 성향은 조절할 필요가 있습니다. 그렇지 않으면 어려움에 처한 사람들에게 동정심을 갖지 않는, 완고하고 매정하고 융통성 없는 모습으로 비칠 수 있습니다.

양자리 태생인 당신은 역동적인 야심가이면서도 현실적입니다. 왕성한 호기심은 다채롭고 흥미진진한 생활을 보장합니다. 당신의 지배 성좌인 사자자리의 영향으로 이미 확신에 찬 성향에 투지와 활기가 더해집니다. 그렇지만 너무 고집스럽거나 의지가 강해지면 파괴적 행동을 보일 수 있으니 경계해야 합니다.

15세가 될 때까지는 대담하고 반항적으로 보입니다. 16세 이후에는 당신의 태양이 황소자리에 들면서 경제적인 안정과 물질적 풍요에 대한 열망이 커지네요. 이런 성향은 46세가 될 때까지 계속되는데, 이때 태양이 쌍둥이자리에 들게 됩니다. 이 전환점에서 새로운 관심 분야와 학문, 주변 사람들과의 소통과 관계 등의 중요성이 점점 부각됩니다. 76세에 이르면 당신의 태양이 게자리에 들면서 감성이 풍부해지고 가족 중심적인 성향으로 변합니다.

숨어 있는 자아

당신에게 지식과 전문 기술은 큰 힘이 됩니다. 당신은 당신처럼 정신력이 뛰어나고 독립적으로 사고하는 사람들을 존경합니다. 성취에 집중하며 야심찬 당신은 기회를 포착하는 눈이 있고 문제를 해결하는 창의적 재간이 뛰어납니다.

직설적이고 솔직하게 사람을 대하는 당신은 자신의 의지력과 분석력을 건설적으로 사용할 수 있는 분야에서 성공을 거둘 수 있습니다. 천성적으로 호기심이 많기 때문에 인생 전반에서 늘 탐구하고, 새롭고 신명나는 일들을 발견하게 됩니다. 불굴의 열정으로 다른 사람들에게 활력을 불어넣어 주는 능력도 있습니다. 너무 흥분하거나 욕심을 내는 등 자제력을 잃지 않도록 주의하십시오. 다행스럽게도 당신은 개방적이고 활발한 태도 덕분에 행운이 따라 어떤 상황이든 자신에게 유리하게 물길을 바꾸어버립니다.

일과 적성

당신의 현실적인 감각과 전략적 능력이 합쳐지면 대규모 기획안이나 프로젝트를 계획하는 데 탁월한 능력이 드러나게 됩니다. 이는 경영이나 관리 분야나 자영업에 유리하게 작용하지요. 많은 기업가들, 프로듀서나 기획자, 그리고 개발자들이 이날 태어났습니다. 예술 분야로도 진출할 수 있지만 금전적인 보상이 없다면 당신은 관심을 보이지 않을 것입니다. 훌륭한 구조주의자인 당신은 구성감이 탁월하며 근면 성실합니다. 때때로 완벽주의자 면모를 보이며 자신의 능력에 자부심을 갖지만 다른 사람들에게는 너무 완벽하기를 기대하지 마십시오.

수비학으로 본 당신의 운세

생일 4라는 숫자가 나타내는 탄탄한 구조와 통제 능력으로 볼 때 당신은 안정을 원하고 질서를 세우고자 합니다. 에너지와 현실적 감각, 강력한 투지력을 타고난 당신은 각고의 노력으로 성공을 거둘 수 있습니다. 안정을 중시해 자신과 가족을 위한 튼튼한 기반을 원합니다. 삶에 대한 실용적 접근법으로 탁월한 사업 감각과 물질적 성공을 거두는 능력을 갖추게 됩니다. 생일 4로 인해 당신은 늘 정직하고 솔직하며 공정합니다. 숫자 4에 부여된 힘든 과제는 불확실성이나 경제적 근심을 극복하는 것입니다. 탄생월 4의 영향으로 당신은 호기심과 에너지가 넘치는 사람으로 활기찬 삶을 즐깁니다. 자기 수양과 강렬한 의지는, 당신이 독립적이고 지휘하는 입장에서 권력욕도 있음을 보여줍니다. 그러나 고압적이고 통제하는 자세는 좋지 않습니다. 제약받는 것을 좋아하지 않고 명령을 받으면 그에 맞서려 합니다.

- ● 장점 : 조직력, 자기 수양, 꾸준함, 근면, 조직적, 손재주, 실용 감각, 신뢰, 정밀성
- ■ 단점 : 소통 부족, 억압, 융통성 부족, 게으름, 감성 부족, 미루는 버릇, 자린고비, 위세, 감춰진 애정, 분개, 엄격함

연애와 인간관계

성공 지향적인 당신은 야망이 크고 역동적이며 권위와 인정에 대한 강한 열망이 있습니다. 확실한 기반을 잡은 부유한 사람들이나 전문가들과 어울리기를 좋아하기도 합니다. 인간관계에서 돈은 중요한 요소로 작용하는데 시간을 낭비하는 사람이나 가능성이 보이지 않는 사람들은 좋아하지 않습니다. 너그럽고 자부심이 강한 당신은 훌륭한 취향과 자질을 갖추었고 미에 대한 높은 안목이 있습니다. 그렇지만 정서적인 충만감은 반드시 부유함에서 오는 것이 아니라는 것을 깨닫고 물질적인 성향을 극복할 필요가 있습니다.

연인이나 친구 ♥

1월 8, 14, 17, 20, 22, 24일 / 2월 6, 15, 18, 20, 22일 / 3월 4, 13, 16, 18, 20일 / 4월 2, 11, 14, 16, 18일 / 5월 9, 12, 14, 16일 / 6월 7, 10, 12, 14일 / 7월 5, 8, 10, 12, 30일 / 8월 3, 6, 8, 10, 28일 / 9월 1, 4, 6, 8, 26일 / 10월 2, 4, 6, 24일 / 11월 2, 4, 22일 / 12월 2, 20, 21일

힘이 되어주는 사람 ♣

1월 6, 23일 / 2월 4, 21일 / 3월 2, 19, 30일 / 4월 17, 28일 / 5월 15, 26, 30일 / 6월 13, 24, 28일 / 7월 11, 22, 26일 / 8월 9, 20, 24일 / 9월 7, 18, 22일 / 10월 5, 16, 20일 / 11월 3, 14, 18일 / 12월 1, 12, 16, 30일

운명의 상대 ♦

1월 7일 / 2월 5일 / 3월 3일 / 4월 1일 / 10월 7, 8일

경쟁자 ♠

1월 5, 26, 29일 / 2월 3, 24, 27일 / 3월 1, 22, 25일 / 4월 20, 23일 / 5월 18, 21일 / 6월 16, 19, 30일 / 7월 14, 17, 28일 / 8월 12, 15, 26, 31일 / 9월 10, 13, 24, 29일 / 10월 8, 11, 22, 27일 / 11월 6, 9, 20, 25일 / 12월 4, 7, 18, 23일

소울 메이트 ★

1월 30일 / 2월 8, 28일 / 3월 26일 / 4월 24일 / 5월 22일 / 6월 20일 / 7월 18일 / 8월 16일 / 9월 14일 / 10월 12, 31일 / 11월 10, 29일 / 12월 8, 27일

이날 태어난 유명인

머디 워터스(가수), 앤서니 퍼킨스, 로버트 다우니 주니어, 크리스틴 라티, 히스 레저(배우), 엘머 번슈타인(작곡가), 김현정, 테이(가수), 공효진(배우)

양자리

태양 : 양자리	
지배 성좌 : 사자자리/태양	
위치 : 14°30′ - 15°30′ 양자리	
상태 : 활동궁	
원소 : 불	
항성 : 시라	

4월 5일

ARIES

창조적인 에너지와 대담함의 이면에 감추어진 매력

양자리에서 태어난 당신은 역동적인 사람으로, 설득력이 뛰어나고 근면 성실합니다. 당신의 다재다능함과 매력은 당신의 지배 행성 화성의 승부 근성과 맞물려 대담하고 자신만만한 모습으로 나타납니다. 게다가 태양의 영향을 받아 창조적인 에너지가 넘쳐흐르면서 자기표현에 대한 강한 충동도 일게 됩니다.

자신감이 있어 보이지만 때로는 우유부단함이나 불안감을 감추고 있을 수 있습니다. 그러나 자신의 야심을 이루기 위해 끈질기게 도전하기 때문에 굳은 의지로 이런 장애는 극복할 수 있습니다. 억척스러운 면은 당신에게 지속적인 활동이 필요하다는 것을 의미합니다. 당신의 강한 성격은 리더십을 발휘하는 자리에 타고난 사람임을 보여주네요. 단, 너무 까다롭게 굴거나 권위적인 태도는 금물입니다.

당신은 올바른 태도로 다른 사람들에게 자극을 줄 수 있는 잠재력을 갖추고 있지만, 정서적인 에너지를 사소한 일에 소진해서 신경이 날카로워지지 않도록 하세요. 에너지를 충전할 시간을 갖고 건강을 돌보세요. 만년에 이르러 먼 인생 여정을 거쳐 왔다는 자각과 다양한 경험은 인생의 깊은 지혜를 줄 것입니다. 드라마틱한 성향이 있어서 거침없이 대담한 발언을 하기도 합니다.

젊을 때는 활동적인 생활, 야외 활동을 많이 하면서 다양한 친구들을 많이 사귈 수 있습니다. 15세가 되면 당신의 태양이 황소자리에 들면서 정신적인 안정과 경제적인 안정에 대한 열망이 커지게 됩니다. 이런 성향은 45세까지 계속되는데, 이때 당신의 태양은 쌍둥이자리로 들어가면서 전환기를 맞습니다. 지식과 소통, 새로운 능력 습득에 대한 열망이 커져 여행을 더 많이 하면서 변화무쌍한 생활을 누리게 됩니다. 75세부터 당신의 태양은 게자리로 들게 되는데, 감성이 충만해지면서 가족과 함께하는 시간이 인생에서 훨씬 중요하게 자리 잡습니다.

숨어 있는 자아

인생은 결국 새옹지마라, 처음에 나쁘게 보였던 것도 결국 좋은 일이 되는 경우가 많습니다. 마음 깊이 조화로움을 원하지만 당신 인생의 많은 부분은 돈과 물질적인 성향, 그리고 거기에 함께 따라오는 시련을 대하는 당신의 자세에 달려 있습니다. 두려움과 의심을 떨쳐내야만 당신 자신과 인생에 대한 믿음을 갖게 됩니다. 사랑과 우정, 그리고 아름다움은 원한다면 당신 것이 될 수 있지만 반드시 책임이 따르게 마련입니다. 책임 있는 행동을 하면 인생은 훨씬 많은 것을 보상한다는 것을 깨닫게 될 것입니다.

예술과 음악, 연극에 대한 재능도 있어서, 불안감이나 성급한 성향만 극복한다면 훨씬 더 많은 발전을 이룰 수 있습니다. 그 재능을 건설적으로 쏟아내면 역동적인 자기표현뿐 아니라 생기 넘치는 매력과 카리스마로 다른 사람들에게도 즐거움을 줄 수 있을 것입니다.

일과 적성

진취적인 개척 정신과 자신의 잠재된 창의력을 표현하고 싶은 열망으로 인해 탐험가나 정치인 또는 영화나 연극계로 진출할 수 있습니다. 교육이나 과학, 법률과 철학 분야에서 연구에 소질을 보일 수도 있습니다. 설득력이 탁월하고 천부적인 리더십이 있어서 어떤 일을 벌여도 주목을 받게 되며, 신학 분야나 공무원, 또는 관리 행정 분야에서도 두각을 나타낼 수 있습니다. 선택한 직업이 수익성이 없다면 바로 포기해버릴 가능성이 높네요. 꿈과 열망을 이룰 수 있는 능력을 갖추고 있어서 이것을 예술 분야에서 실현하고자 합니다.

수비학으로 본 당신의 운세

강한 직관력, 넘치는 모험심, 그리고 자유에 대한 열망 등은 5일에 태어난 사람들의 공통점입니다. 넘치는 탐구심과 새로운 것에 대한 도전 의식, 그리고 열정이 있어 인생은 당신에게 많은 것을 줄 것입니다. 여행과 더불어 예상하지 못한 수많은 변화의 기회로 인해 세계관과 믿음이 확실하게 변화되는 시기를 거칩니다. 5의 영향으로 인생은 흥미진진해야 한다고 느끼지만 책임 있는 태도가 필요하고, 예측 불가능한 상황, 무절제, 안달하는 성향은 자제하는 것이 좋습니다. 투기적 행동은 피하고 인내심을 배우면 성공할 수 있습니다. 탄생월 4의 영향으로 안정감을 열망하지만 자기 정체성을 발견하고자 하는 성향도 강합니다. 직관력이 있고 예민한 당신은 자신의 성향을 폭넓은 시각으로 흡수시켜 현실적인 측면에서 생각하기를 원하지요. 현실감을 유지해서 지나치게 감정에 휘둘리지 않도록 하세요.

- ● 장점 : 다재다능, 융통성, 진취적인 태도, 강렬한 직관력, 매력, 행운, 대담성, 자유에 대한 열망, 기민함, 넘치는 기지와 호기심, 신비주의, 사교성
- ■ 단점 : 불신, 변화무쌍함, 미루는 버릇, 일관성이 없음, 불성실, 과신, 억지스러운 행동

연애와 인간관계

당신의 타고난 매력은 연인이나 팬덤을 만드는 데 전혀 문제가 없습니다. 모든 유형의 사람들을 끌어당기는 당신은 친구를 사귈 때 신중해질 필요가 있겠네요. 생각과 감정을 충분히 나타내다가도 고독감을 느끼는 경험이 반복될 수 있습니다. 그렇지만 특히 자연에서 재충전의 시간을 보내며 문제를 되짚어보는 시간이 필요합니다. 활달하고 정신적인 자극을 주는 사람들에게 끌리기 때문에 연인과 지적인 활동을 함께하는 것은 큰 도움이 될 것입니다. 관계를 조화롭고 꾸준하게 유지해나가는 것이 당신에게 큰 과제입니다.

양자리

이날 태어난 유명인

스펜서 트레이시, 그레고리 펙, 베티 데이비스(배우), 콜린 파월(전 미국 국무장관), 토머스 홉스(철학자), 헤르베르트 폰 카라얀(지휘자), 이상화(시인), 태진아, 인순이, 하림(가수), 박상원, 엄태웅, 신민아(배우)

태양 : 양자리
지배 성좌 : 사자자리/태양
위치 : 15° 30′ – 16° 30′ 양자리
상태 : 활동궁
원소 : 불
항성 : 시라

4월 6일

ARIES

현실 감각과 이상주의가 어우러진 매력적인 성격

대담하고 야심차지만 섬세하면서도 매력적인 특성을 보이는 이날 태어난 사람들의 성향은 이상주의와 현실주의가 어우러져 있습니다. 사교적인 성향도 있지만 현실적인 감각을 타고나 자신의 높은 이상과 균형을 이루려는 열망이 절대 마음에서 떠나지 않습니다. 그래서 능력이 미치는 한 기회를 최대한 살릴 수 있습니다.

양자리 태생인 당신은 투지와 개척정신을 직관력과 추진력으로 발현시켜나갑니다. 지극히 독립적이지만 혼자 하는 일보다는 여럿이 함께하는 일을 선호합니다. 때로 사람이나 사건에 너무 몰입하게 되는데, 과민해지거나 자신을 고립시키지 않도록 하세요. 파트너십과 연대를 통해서만 엄청난 잠재력을 실현시킬 수 있고 팀의 노력과 협력적인 시도를 통해 경제적인 혜택도 누릴 수 있을 것입니다.

태양의 영향으로 독창성이 뛰어나며 자유를 갈망합니다. 활기가 넘치면서도, 드세고 상대가 원하는 것에 반하는 행동은 자신에게도 스트레스가 될 수 있음을 명심하십시오. 우울해지거나 조급해지는 마음, 또는 고집스러운 성향을 극복해야만 공동 작업에서 혜택을 얻을 수 있습니다. 그러나 당신 특유의 통찰력과 직관력으로 인간 중심의 사고와 객관적인 판단력을 키운다면 사람들에게 동기를 부여할 수 있는 것이 무엇인지 파악하는 데 도움이 될 것입니다.

14세가 되면 당신의 태양이 황소자리로 들어가 경제적인 안정과 물질적인 성공을 이루겠다는 마음이 강해집니다. 이때부터 자연을 가까이하십시오. 이런 영향은 44세가 될 때까지 지속되는데 이때 태양이 쌍둥이자리에 들게 됩니다. 이 시기가 인생의 전환기로, 정신적인 분야에 대한 관심을 넓히고 새로운 기능을 습득하면서 소통에 대한 중요성도 커지게 됩니다. 74세부터 당신의 태양이 게자리로 들어가면서 자신의 정서적인 욕구를 깊이 깨닫고 가족과 가정에 중점을 두게 됩니다.

숨어 있는 자아

균형 잡힌 삶을 사는 것은 당신의 행복을 이루는 열쇠입니다. 일을 하면서 많은 교훈을 얻게 되지만 단조롭고 판에 박힌 일상에 갇히지 않는 것이 무엇보다 중요합니다. 다양한 관심사나 취미를 익히거나 또는 여행을 통해 지평을 넓히고 색다른 기회를 탐색할 수 있습니다. 창조적인 재능이 있고 상상력이 풍부하기 때문에 당신의 그 큰 꿈을 실행해내는 것이 과제가 될 것입니다.

당신의 고귀한 내면은 특히 리더의 자리나 책임 있는 자리에 오르게 되었을 때 발현됩니다. 일에 임하는 태도가 진지해 자기 방식으로 일할 수 있도록 자유가 주어졌을 때 최대한의 능률을 올립니다. 걱정거리가 있을 때 다른 사람들과 나누려 하기보다 혼자 끙끙대는 성향은 극복할 필요가 있습니다. 어려운 상황에 직면해서는 모든 면을 살펴보고 파워 게임을 하기보다는 타협하는 쪽을 택하면 훨씬 좋은 결과를 얻을 가능성이 커집니다. 사교적으로 보이지만, 속마음은 잘 드러내지 않고, 감성적이며 강한 정신력을 갖추고 있습니다.

일과 적성

어떤 직업을 선택하든, 당신은 활동적인 면과 개척적인 성향, 그리고 풍부한 감성 사이에서 균형을 유지할 필요가 있습니다. 팀을 이루어 일할 때 가장 큰 성취를 이룰 수 있고, 특히 홍보나 외교, 협상, 외국을 상대하는 에이전트 분야로 진출할 확률이 높습니다. 그렇지 않으면 자선 활동이나 불우이웃을 돕는 일에 종사할 수도 있습니다. 어떤 일을 선택하든, 당신은 열의를 다하기 때문에 당연히 그에 따른 보상도 받게 됩니다. 매매업과 은행업에도 재능을 타고났으며 탁월한 에이전트로서의 능력을 발휘할 수 있습니다. 공직으로 진출한다면 정치나 공공 서비스 분야에서도 성공을 거둘 수 있습니다. 창조적 재능과 탁월한 선견지명은 연기나 사진 분야, 또는 집필 활동이나 다른 예술 활동 또는 연예계에서도 빛을 발할 수 있겠습니다.

수비학으로 본 당신의 운세

측은지심과 이상주의, 자상한 성향은 6일에 태어난 사람들의 특성입니다. 완벽주의자이면서 누구와도 친구가 되며 책임감이 강하고 다정하며 힘을 주는 휴머니스트입니다. 6의 영향으로 당신은 가정적인 경향이 강해서 헌신적인 부모가 될 수 있습니다. 감성이 풍부해서 창조적 표현에 대한 열망이 강해지기 때문에 연예계 또는 예술이나 디자인 계통에 끌릴 수 있습니다. 자신감을 키우고, 간섭이나 걱정하는 버릇, 부적절한 동정을 하는 성향을 극복해야 합니다. 탄생월 4의 영향으로 야심차고 이상주의적인 성향을 보이며, 독창적이고 창의적이어서 자신감을 키우고 독립적인 인생관을 확립하면 자신의 포부를 실현시킬 수 있습니다. 여행업계나 해외로 진출할 수도 있습니다. 절묘한 제안 기술이나 외교술을 터득한다면 좋은 인맥을 쌓는 데 도움이 될 것입니다.

- 장점 : 세상일에 밝음, 보편적인 인류애, 다정함, 측은지심, 신뢰할 수 있음, 이해심, 동정심, 이상주의, 가정적, 휴머니즘, 침착함, 예술성, 균형감
- 단점 : 불평, 근심, 수줍음, 비합리적, 고집스러움, 노골적임, 군림하려는 태도, 책임감 부족, 이기적 행동, 회의감, 자기중심적

연애와 인간관계

연애에서 당신은 감각적이고 대담하며 로맨틱한 매력을 발산합니다. 그러나 그 열정 이면에 안정된 관계를 유지하고 싶은 마음이 중요하게 작용하네요. 연애를 할 때 밀월 기간이 지나면, 당신은 평화롭고 조화로운 생활에 안주하고 싶어 합니다. 그러나 그 반대로 관계가 지나치게 무미건조하고 단조로워지지 않게 주의하세요. 그러지 않으면 애정 관계에서 순수함을 잃게 되거나 기분 변화가 심해지게 됩니다. 다행스럽게도 친화력이 뛰어난 당신은 사람을 끄는 매력이 있어 외로움을 느낄 일은 없겠네요.

양자리

이날 태어난 유명인

라파엘로(화가), 앙드레 프레빈(피아니스트), 귀스타브 모로, 한스 리히터(화가), 제임스 왓슨(생물학자), 신경림(시인), 김규철(배우)

태양 : 양자리	
지배 성좌 : 사자자리/태양	
위치 : 16°30′ - 17°30′ 양자리	
상태 : 활동궁	
원소 : 불	
항성 : 시라	

4월 7일

ARIES

탁월한 직감을 바탕으로 발휘되는 창의력과 결단력

이날 태어난 사람은 엄청난 투지와 탁월한 직관적 감각의 소유자입니다. 여기에 역동성과 새로운 것을 좋아하는 성향이 더해져 프로젝트를 기획하는 일을 하게 될 가능성이 큽니다. 새로운 도전의식으로 시작한 일이 진정한 변화를 가져오고, 계속 미루기만 하고 우울해하고 있던 기간을 보상하게 됩니다. 또한 내적인 직관과 직감을 키우면 자신을 더 깊이 이해할 수 있을 것입니다.

자극을 받으면 당신은 일을 열심히 하고 헌신적으로 전념하기도 하지만, 지배 행성 화성의 영향은 늘 변화의 욕구를 느끼는 당신을 가만히 내버려두지 않습니다. 영감을 받으면 당신은 바로 이상주의자가 되어 아주 열정적이고 창의적이 됩니다. 그렇지만 비밀스럽고 말수가 적은 편이어서 다른 사람들은 당신이 무슨 일을 벌일지 궁금해하기도 합니다. 대담하게 앞서 나아가지만 사실 수줍음을 많이 타고 예민한 성격을 감추고 있지요. 지난 일은 흘려버리고 감정적인 일로 자신을 괴롭히지 말아야 합니다. 그래야만 진정한 발전을 이루고 자기 수양을 이루어 성숙해질 수 있습니다. 힘찬 투지나 정신력을 고집스러운 자만심과 구별할 수 있어야 하는데 그렇지 않으면 사람들에게 적대감이나 무관심으로 오인받을 수 있습니다.

13세가 되면 당신의 태양이 황소자리로 들게 되어 정신적·물질적인 안정감에 대한 열망이 커집니다. 이러한 성향은 43세가 될 때까지 계속되는데, 이때 당신의 태양은 쌍둥이자리에 들게 됩니다. 이때가 전환기인데, 많은 사람들과 소통하려는 열망이 강해지고 새롭게 관심을 두는 일들이 많아지게 됩니다. 여기에는 새로운 기능을 익히는 것도 포함됩니다.

숨어 있는 자아

사람들은 잘 모르겠지만 당신은 감성적이고 이상주의적인 사람입니다. 그런 면은 당신이 사색에 잠겨 있을 때 드러나지요. 완벽주의자여서 사람들이 자신의 높은 이상에 맞추지 못한다고 생각합니다. 의심하는 성향은 경계하고, 외로워지거나 실연당할까 두려워하지 마세요. 다행스럽게도 당신은 타고난 직관력이 뛰어나 그 정신적인 힘이 당신을 보호해주고 어떤 어려운 상황도 극복할 수 있도록 도와줄 것입니다.

두뇌 회전이 빠르고 근면 성실한 당신은 다른 사람의 성격을 잘 파악하는 능력을 타고났습니다. 이러한 심리술을 사람들에게 활용하면, 사교적 수완을 발휘하여 원만하게 일을 처리함으로써, 신경과민이 되거나 조급해지는 성향을 피할 수 있습니다. 도가 지나치게 진지해지지 않고 유머 감각을 살릴 수 있습니다. 에너지를 긍정적으로 활용하면 자발성도 커집니다. 특히 무술이나 스포츠, 요가 등과 같은 신체 운동을 하면 큰 도움이 됩니다.

일과 적성

당신의 리더십 능력과 근면 성실함 덕분에 당신이 노력을 기울이는 어떤 분야에서도 발전을 이루고 두각을 나타냅니다. 남에게 종속되기보다는 직접 관리하는 걸 좋아해서 경영이나 관리직에서 성공을 거둘 수 있고 자영업도 좋겠네요. 위기 상황에서도 침착성을 유지하여 진정한 정신력을 보여주고 다른 사람들의 찬사를 받는 지위에 오를 수 있습니다. 분명 다른 사람들은 관리자로서 당신의 능력을 인정하고 새롭고 독창적인 아이디어에 대한 접근법을 대단하게 여길 것입니다. 연극이나 영화계로 진출하면 훌륭한 배우나 프로듀서, 감독이 될 수 있고, 글이나 예술, 음악 방면에서도 당신의 강한 개성을 그대로 표출할 수 있습니다.

수비학으로 본 당신의 운세

7일에 태어난 사람들은 분석적이고 사려 깊은 사람들로 종종 비판적인 성향을 띠며 자기 자신에게만 관심이 있습니다. 자의식에 대한 욕구가 강해 새로운 정보의 습득이나 독서, 글쓰기 등 정신적인 영역에 관심이 많습니다. 상황 판단이 빠르지만 회의적으로 흐르거나 지나친 합리화로 디테일을 놓칠 수 있습니다. 종교적·신비적이거나 초연한 태도를 취하는 성향은, 때때로 자신이 이해받고 있지 못한다거나 있는 곳이 제자리가 아닌 듯 느낄 때 나타납니다. 탄생월 4의 영향으로 현실적이면서도 지극히 직관적이고 수용적인 면모를 보입니다. 감정의 폭이 넓고 세심한 사람이기 때문에, 즐기면서 마음의 긴장을 푸는 법을 터득하고 스트레스가 많은 상황에서 너무 자신을 혹사하지 마십시오. 수수께끼같이 자신을 숨기는 성향으로, 당신이 실제로 생각하는 것을 상대에게 들키지 않으면서도 민감한 질문을 던질 수 있는 능력이 있습니다.

- ● 장점 : 교육, 신뢰, 세심함, 이상주의, 정직, 심령적 능력, 과학적 능력, 합리성, 심사숙고
- ■ 단점 : 불친절, 혼자 있는 걸 즐김, 감추는 성향, 회의적, 갈팡질팡, 기만, 무심함, 냉정함

연애와 인간관계

당신이 애정 표현을 할 때는 매우 적극적으로 표출하거나 아니면 완전히 내면에 가두어버리는 경향이 있습니다. 이러한 극단적인 성향의 균형을 유지하기 위해서는 사람들이 당신의 높은 기대 수준에 맞기를 바라기보다는 그들을 있는 그대로 받아들이세요. 이러한 이상주의를 창조적인 표현이나 인도주의적인 활동, 또는 정신적인 깨달음으로 돌리면 좋겠습니다. 당신은 친구나 사람들을 끌어 모으는 놀라운 매력이 있기 때문에 활동적인 사회생활을 해나갈 수 있습니다. 그러나 개인적인 소망이나 일 또는 의무 사이에서 갈등이 생길 수도 있습니다. 자기 내면을 탐구하는 데만 열중해서 남들에게서 고립되지 않게 주의하세요. 당신과 잘 맞는 사람은 당신을 닮은 사람입니다. 당신처럼 친화력이 있으면서도 근면 성실한 사람과 호흡이 아주 잘 맞을 것입니다.

연인이나 친구

1월 11, 20, 21, 25, 27, 29일 / 2월 9, 18, 23, 25, 27일 / 3월 7, 16, 21, 23, 25일 / 4월 5, 14, 19, 21, 23일 / 5월 3, 12, 17, 19, 21일 / 6월 1, 10, 15, 17, 19일 / 7월 8, 13, 15, 17일 / 8월 6, 11, 13, 15일 / 9월 4, 9, 11, 13일 / 10월 2, 7, 9, 11일 / 11월 5, 7, 9일 / 12월 3, 5, 7일

힘이 되어주는 사람

1월 9, 26일 / 2월 7, 24일 / 3월 5, 22일 / 4월 3, 20일 / 5월 1, 18, 29일 / 6월 16, 27일 / 7월 14, 25, 29, 30일 / 8월 12, 23, 27, 28, 31일 / 9월 10, 21, 25, 26, 29일 / 10월 8, 19, 23, 24, 27일 / 11월 6, 17, 21, 22, 25일 / 12월 4, 15, 19, 20, 23일

운명의 상대

1월 16일 / 2월 14일 / 3월 12일 / 4월 10일 / 5월 8일 / 6월 6일 / 7월 4일 / 8월 2일 / 10월 8, 10, 11, 12일

경쟁자

1월 8, 29, 31일 / 2월 6, 27, 29일 / 3월 4, 25, 27, 28일 / 4월 2, 23, 25, 26일 / 5월 21, 23, 24일 / 6월 19, 21, 22일 / 7월 17, 19, 20일 / 8월 15, 17, 18일 / 9월 13, 15, 16일 / 10월 11, 13, 14, 30일 / 11월 9, 11, 12, 28일 / 12월 7, 9, 10, 26일

소울메이트

2월 11일 / 5월 5, 30일 / 6월 28일 / 7월 26일 / 8월 24일 / 9월 22, 30일 / 10월 20, 28일 / 11월 18, 26일 / 12월 16, 24일

이날 태어난 유명인

프랜시스 코폴라(감독), 라비 샹카르(시타르 연주자), 윌리엄 워즈워스(시인), 제임스 가너, 성룡, 러셀 크로(배우), 빌리 홀리데이(가수), 올레 키르크 크리스티얀센(레고 창업자), 게르하르트 슈뢰더(전 독일 총리), 김갑수(배우), 김수철(가수)

태양 : 양자리

지배 성좌 : 사자자리/태양

위치 : 17° 30′ - 18° 30′ 양자리

상태 : 활동궁

원소 : 불

항성 : 없음

4월 8일

ARIES

자립심과 실천력이 돋보이는 천부적인 사업 감각

양자리에서 태어난 당신은 독립적이고 대담하며, 색다르고 독창적인 방법으로 자신을 표현하기를 좋아합니다. 새로운 아이디어를 잘 받아들이는 당신은 새로운 것을 경험하는 데 열의를 보이지요. 많은 걸 이루고 권력을 잡는 것이 이날 태어난 사람들의 특징입니다. 단호한 성격과 실용적인 성향 덕분에 당신은 권위 있는 지위를 얻게 될 가능성이 큽니다. 태양의 기운을 받아 지칠 줄 모르는 활력에 천부적인 사업 감각이 더해져 솔선하여 일을 추진하고 성공적인 결과를 가져옵니다.

최정상에 오르기 위해 당신은 책임감과 근면 성실한 모습을 보입니다. 안정적인 미래를 위한 것이 당신에게 특히 중요하지만 때때로 즉흥적인 결정에 따라 드라마틱한 행동을 보이기도 합니다. 그런 성향은 자기 수양을 통해 극복할 필요가 있습니다. 쉽게 싫증내거나 좌절하는 성향도 경계해야 합니다. 한편 뜻하지 않은 곳에서 놀라운 행운이 찾아올 수도 있습니다. 전통주의자로 비치지만 실제로는 아주 진취적인 사고방식의 소유자입니다.

12세 이후에 태양이 황소자리로 들어가면서 물질적인 성공과 안정감에 대한 중요성이 더욱 부각됩니다. 이렇게 현실적인 감각은 42세가 될 때까지 계속되는데, 이때 태양이 쌍둥이자리로 들어가게 됩니다. 이때가 당신의 전환기로 인생의 속도가 빨라지면서 새로운 관심사나 글쓰기, 소통에 대한 중요성이 커집니다.

숨어 있는 자아

지적인 재능이 넘치는 당신에게는 다양한 표현 수단이 있습니다. 그러나 너무 많은 프로젝트를 한 번에 해결하려고 한다면 문제가 될 수 있습니다. 당신은 겉보기보다 더 복잡한 성격으로, 감성이 풍부하고 예술적이며 재능과 지성이 넘칩니다. 그러나 안타깝게도 당신은 성급하고 초조한 모습을 보일 수도 있어요. 자신이 이루려는 목표를 위해서는 이런 모습을 보이는 건 조심해야 할 필요도 있겠습니다.

창의력이 뛰어난 당신은 계속 성취해나가기 위해서 지속적으로 자신에게 박차를 가하는 추진력의 소유자입니다. 그런데 다른 사람의 명령을 받는 것을 싫어하여 남의 비판을 수용하기 힘들어합니다. 사람을 다루는 기술이 뛰어나 친구를 잘 사귀지만 따뜻하게 공감을 잘해주다가도 냉담하고 무관심해질 수 있습니다. 겉으로는 자신감이 넘치지만 그 이면에는 부족함에 대한 두려움과 의심이 숨어 있습니다. 그래서 따뜻하고 다정한 친구나 가족의 사랑이 필요합니다.

일과 적성

당신은 부지런한 사람으로, 권력을 얻기 위해 리더십을 발휘할 수 있는 자리를 찾게 됩니다. 사람의 마음을 이해하는 능력이 뛰어나 상담이나 치료를 해주는 직업에 끌릴 수 있고, 그렇지 않으면 이런 재능을 비즈니스 세계, 특히 인사부나 광고 분야에서 활용할 수도 있습니다. 조직 구성에 뛰어나고 야심을 품는 것을 두려워하지 않아 어떤 직업을 선택해도 좋습니다. 이날 태어난 많은 사람들은 정의나 법, 질서와 관련된 직업을 갖거나 사업 경영이나 금융, 은행업 분야에서 리더의 자리에 앉을 수도 있습니다. 그렇지 않으면 예리한 통찰력과 명석한 두뇌, 그리고 드라마틱한 감각으로 예술이나 연극, 음악 분야에서 다양한 감정 표현을 하는 일을 하게 될 수도 있습니다.

수비학으로 본 당신의 운세

생일이 8일인 사람들에게서 보이는 힘은 뚜렷한 가치관과 냉철한 판단력입니다. 8이라는 숫자로 볼 때 당신은 성취욕이 크고 야심을 품고 있습니다. 지배욕과 안정감, 물질적 성공에 대한 열망이 큰 것도 이 숫자에 기인한 탓입니다. 이날 태어난 사람들은 천부적인 비즈니스 감각이 있어 조직 관리 능력, 경영 능력을 개발시켜 엄청난 이득을 볼 수 있습니다. 안정을 얻고 확실히 자리를 잡고 싶은 열망이 커서 장기 계획을 세우고 투자를 합니다. 탄생월의 4라는 숫자는 책임감, 신중함, 현실을 중시하는 태도를 말해줍니다. 당신은 남들에게 도움을 주고 친절하며 사람들을 즐겁게 하는 재주가 있습니다. 상상력이 풍부하고 재능이 넘치지만, 쉽게 싫증내는 성향은 극복해야 합니다. 노력을 아끼지 않으면 큰 책임을 부여받게 되기도 합니다. 당신의 권한을 어떻게 공정하고 공명정대하게 위임하고 관리할 것인가를 잘 터득해야 할 필요가 있습니다. 일을 너무 많이 해서 자신을 너무 혹사하지는 마세요.

- 장점 : 리더십, 철저함, 근면, 전통 중시, 권한, 보호, 치유력, 훌륭한 가치 판단
- 단점 : 조급함, 참을성 부족, 인색함, 노심초사, 권력 집착, 군림하거나 통제하려는 행동, 쉽게 좌절하는 성향, 계획성 부족

연애와 인간관계

당신은 자상하고 사교적이며 발전하는 사람에게 끌립니다. 낙관적이고 솔직하기 때문에 상대방에게도 솔직함을 요구하는데 때때로 이런 모습이 고지식해 보일 수도 있습니다. 돈이 곧 권력이라고 생각해서 성공 가능성이 있는 사람들에게 특히 매력을 느낍니다. 정신적으로 자극을 주는 사람이나 새로운 정보나 기술을 배울 수 있는 집단과 어울리기를 좋아하네요. 자부심이 강해서 상대의 존경을 받고 싶어 하지만 파워 게임은 피하세요. 그리고 사랑하는 사람을 너무 통제하려 들거나 비판하는 태도는 삼가세요. 다행스럽게도 당신의 매력과 대인 기술 덕분에 늘 주변에 친구들이 많겠네요.

양자리

이날 태어난 유명인

카르멘 맥레이, 줄리언 레논(가수), 베티 포드(포드 클리닉 창립자), 메리 픽포드, 퍼트리샤 아퀘트(배우), 비비안 웨스트우드(패션 디자이너), 장용(배우), 김병지(축구 선수), 고유진, 거미(가수), 손병희(독립운동가)

태양 : 양자리	
지배 성좌 : 사자자리/화성	
위치 : 18° 30′ – 19° 30′ 양자리	
상태 : 활동궁	
원소 : 불	
항성 : 없음	

4월 9일

ARIES

카리스마 있는 근면하고 믿음직한 리더

창의적이고 진취적이며 모험심이 강합니다. 통찰력과 이해심이 뛰어나고 활동적인 성격에 리더십을 갖추고 있어서 어떤 조직에서든 중요한 역할을 하게 됩니다. 결단력 있고 근면 성실하며 믿음직한 당신은 자기 일에 대한 자부심이 대단합니다. 이는 안정감을 얻고 싶은 열망이 표출되는 것인데 자칫 다른 요소들은 무시해버리는 습성은 조심해야 합니다. 다른 사람들은 당신을 관대하고 인정이 많으며 확고한 가치관을 가진 사람이라고 봅니다. 하지만 물질에 대한 과도한 집착은 근심의 원인이 될 수 있습니다. 당신에게는 금전적인 계획을 세우는 것이 힘든 과제가 될 수도 있습니다.

강한 성격 탓에 지휘를 받는 위치는 좋아하지 않는군요. 매력 있고 카리스마 넘치는 성격인데 간혹 너무 솔직해서 다른 이의 마음을 찌르는 말을 할 수도 있으니 유의하세요. 호기심이 많고 생각이 깊어서 과학 연구에 적합한 성향을 보이고 매사에 정확하고 정교하여 문제의 핵심을 짚어내는 능력은 정평이 자자합니다. 근면하고 꼼꼼하여 아이디어를 명확하게 설명하고 기획하고 규정하거나 문제를 단번에 해결하는 능력이 있습니다.

11세 즈음해서 당신의 태양이 황소자리로 들어가면서 물질적 안정과 지위를 얻고 경제적으로도 안정되어 그런 상태가 30년 동안 이어집니다. 또 한 번의 전환기는 41세 무렵에 찾아오는데 이때 당신의 태양이 쌍둥이자리로 들어가면서 관심 분야가 넓어져 지식과 소통, 연구 등에 더 많은 관심을 쏟게 됩니다. 71세부터는 태양이 게자리로 움직여, 자신의 정서적 욕구를 깨닫게 됨과 동시에 가족들과 가정에도 더욱 충실하게 됩니다.

숨어 있는 자아

남다른 창의력이 있는 당신에게 물질에 대한 과도한 관심이나 우유부단함은 장애물로 작용할 수 있습니다. 그런 데서 벗어난다는 것은 인생에서 느끼는 부담감과 좌절감으로부터 자유로워지는 것을 의미하며 더 고상한 목표를 향해 나아갈 수 있게 합니다. 박애주의적인 활동 같은 일에 당신의 마음은 더욱 열리게 됩니다.

일단 거리를 두고 객관적으로 바라보면 자신에게 실리는 무게도 가벼워지면서 다른 사람을 보는 눈도 열리지요. 이렇게 스스로 가벼워지니 사교적이 되고 공적인 일에도 관심을 갖게 되는데, 이 두 가지를 결합시키면 다른 사람들을 위해 좋은 일도 많이 할 수 있게 됩니다. 매우 창조적인 당신은 타고난 재주를 자유자재로 사용하지만, 혹 한물간 것에 계속 매달리지 않도록 조심하세요. 마음이 넓은 당신은 시간과 에너지를 자선을 베푸는 데 사용하고, 진심으로 믿는 사람이나 프로젝트에는 자신에게 할당된 몫 그 이상의 노력도 마다하지 않습니다.

일과 적성

당신은 에너지와 열정이 넘쳐 미지의 영역을 향해하는 데 두려움이 없습니다. 충만한 개척가 정신과 더불어 용기와 리더십을 갖추고 있는 당신은 다양한 직업을 선택할 수 있습니다. 사업에서도 두각을 드러내고 스스로 일을 해나가는 것을 좋아하는군요. 그렇지 않으면 일종의 개혁안을 통과시키는 능력이 있어서 노동조합 같은 조직에서 리더의 자리에 앉아 통솔력을 발휘하기도 합니다. 자유를 위해 싸우는 전사가 아니라면 교육이나 공적인 분야의 직업으로 진출할 수 있습니다. 많은 박애주의자, 기획자, 예술가, 화가, 음악가들이 이날 태어났으며, 미술상이나 큐레이터들도 있습니다. 권한을 갖는 자리에서 빛이 나며 공정하고 공명정대하기 때문에 훌륭한 관리자나 행정가가 될 수 있습니다.

수비학으로 본 당신의 운세

자비심이 넘치고 사려 깊으며, 풍부하고 예민한 감성의 소유자, 이것이 바로 9일에 태어난 사람들의 특성입니다. 아량이 넓고 인정이 많으며 너그럽고 자유롭습니다. 직관적인 능력이 긍정적으로 흐른다면 영적 세계의 길로 들어설 수도 있습니다. 힘든 도전 과제와 지나치게 예민해지는 성향, 때때로 겪게 되는 감정적 기복을 극복할 필요가 있어 보입니다. 세계 여행을 하면서는 다양한 사람들을 만나고 많은 것을 배우지만 비현실적인 꿈을 꾸거나 현실도피주의로 흐르지 않도록 하십시오. 탄생월 4의 영향으로 현실적이며 뛰어난 기획 능력을 갖추고 있습니다. 주변 여건이 받쳐주지 않으면 신경질적이 되는데 좀 더 유연해질 필요가 있습니다. 새로운 상황을 받아들이고 지난 일은 잊는 것이 최선입니다.

- ● 장점 : 이상주의, 휴머니즘, 창조력, 세심함, 관대함, 매력적, 타고난 시적 성향, 자비심, 베푸는 성향, 객관성, 행운, 인기
- ■ 단점 : 좌절감, 신경과민, 반신반의, 이기심, 비현실성, 신랄함, 비윤리적 태도, 휘둘리는 성향, 열등감 콤플렉스, 두려움, 근심, 고립감

연애와 인간관계

천성이 쾌활하고 자기표현 열망이 강해서 언제나 친구가 많고 활발한 사회생활을 영위합니다. 자신들만의 방식으로 살아가는 독창적인 사람들을 보며 당신의 타고난 창의력은 자극을 받습니다. 매우 자상하지만 관계에 대해 확신이 없어 우유부단한 탓에 때로는 우려와 실망을 낳기도 합니다. 그렇다고 완벽한 만남을 꿈꾸는 당신의 행로를 멈추게 할 수는 없지요. 당신에겐 사랑하는 사람을 위해서라면 희생도 감수하는 면이 있습니다. 창의성을 유지하되 문제를 너무 깊이 생각하지 않는다면 강하고 긍정적인 태도로 관계를 잘 이루어나갈 수 있을 것입니다.

양자리

태양 : 양자리	
지배 성좌 : 궁수자리/목성	
위치 : 19°30′ – 20°30′ 양자리	
상태 : 활동궁	
원소 : 불	
항성 : 바텐 카이토스	

4월 10일

ARIES

변화를 추구하는 마음과 모험심

이날 태어난 사람은 야망과 의욕이 넘치고 성격이 발랄합니다. 매력적이며 마음씨도 따뜻해서 다른 이들에게 기쁨을 줍니다. 물질주의와 이상주의가 묘하게 섞여 성공에 대한 열망으로 뿜어져 나옵니다. 양자리 태생인 당신은 지루한 것을 못 참고 모험을 즐깁니다. 늘 흥미진진하고 화려한 삶을 꿈꾸지요. 사람을 끌어당기는 매력이 있어 항상 사람들로 둘러싸입니다. 그러나 늘 성취욕이 앞서 충동적인 행동을 보일 수 있으므로 일관성이 없거나 무책임한 성향으로 기우는 것은 경계해야 합니다.

당신은 예리한 정신과 예술적이고 창조적인 재능이 있지만 인생에서 제대로 방향을 찾지 못하면 에너지를 분산시키기 쉽다는 점을 명심하세요. 자기의 길을 결정할 때까지 다른 사람의 생각에 흔들려 곁길로 새지 않게 해야 합니다.

평소에는 단호하면서도 총명하고 기지가 넘치고 유쾌한 성격이지만, 아이 같은 성향을 보이며 성장하는 것을 싫어하기도 합니다. 책임감을 갖게 되면 삶에 안정을 가져올 수 있고 훨씬 원숙한 통찰력으로 성공의 기회를 포착할 수 있겠네요.

10세부터 당신의 태양은 황소자리로 들어가게 되어 안정에 대한 열망이 커집니다. 특히 다른 사람의 애정을 인식하고 현실적인 것에 눈을 뜨게 됩니다. 이런 성향은 당신의 태양이 쌍둥이자리로 들어서는 40세가 될 때까지 계속됩니다. 이 시기가 전환점으로서 새로운 관심사와 소통에 대한 중요성이 점점 부각되면서 당신은 새로운 능력도 개발하게 됩니다.

숨어 있는 자아

당신은 밝고 매력적이며 표현력이 풍부하여 친구가 많습니다. 관심사도 다양하며 기회도 많이 주어지네요. 정말 자신이 하고 싶어 하는 일과 돈을 버는 일 사이에서 줄다리기를 해야 할 수도 있습니다. 다양한 관심사는 당신을 다양한 방향으로 이끄네요. 목적의식을 갖고 선택의 기로에서 우유부단해지지 않는 것이 무엇보다 중요합니다.

매우 독립적이면서도 대인관계를 중시하고 친밀한 관계에 대한 열망이 큽니다. 특히 일에서든 개인 생활에서든 파트너십이 중요합니다. 균형이 깨지면 노심초사하게 될 위험성이 있으므로 탁월한 직관력을 바탕으로 극복할 필요가 있습니다. 그러면 내면적으로 진정한 행복감을 느낄 수 있습니다. 날카로운 통찰력으로 창의적인 많은 아이디어를 쏟아내고, 언제까지나 타고난 열정은 식지 않고 그대로 있겠네요.

일과 적성

리더십과 조직력이 뛰어나고 카리스마가 있어서 당신이 선택한 분야에서 최고의 자리에 오를 능력이 있습니다. 특히 영업이나 협상 분야, 홍보, 출판, 광고, 법조계, 은행업 등에서 성공할 가능성이 큽니다. 야망이 커서 경영이나 관리 분야로 진출할 수도 있고, 스스로 자영업을 할 수도 있습니다. 어떤 분야를 선택하든 당신의 대인관계 능력이 성공에 큰 도움을 줄 것입니다. 자기표현에 대한 열망과 드라마틱한 것을 좋아하기 때문에 예술이나 연예계로 진출할 가능성도 있습니다.

수비학으로 본 당신의 운세

이날 태어난 사람은 과감하게 모험에 도전하여 원하는 것을 성취하고자 합니다. 그렇지만 목표를 달성하기 위해서는 인내와 투지를 길러야 합니다. 활력이 넘치고 독창적인 당신은 자신이 믿는 바가 다른 사람과 다를 때에도 변함없이 소신을 지킵니다. 개척자 정신이 넘쳐 자발적으로 행동하는 능력 덕분에 먼 곳으로 여행을 하거나 독립적인 생활을 영위합니다. 그런데 이 세상이 자신을 중심으로 돌지 않는다는 것을 깨달아, 이기적이고 권위주의적이 되지 않도록 경계해야 합니다. 성공과 성취가 무엇보다 중요하다고 여기기 때문에 자신이 선택한 분야에서 최고가 되고자 합니다. 탄생월 4의 영향으로 지루한 것을 못 참는 진취적인 성향을 보입니다. 너무 쉽게 포기하지 말고 자신의 책임을 신중하게 받아들이세요. 변화의 가운데서 안정을 찾고 판에 박힌 단조로운 생활에 갇히지 않도록 하세요.

● 장점 : 리더십, 창조력, 진취성, 단호함, 낙관적, 강한 확신, 경쟁력, 독립심, 사교적
■ 단점 : 고압적 성향, 질투심, 외로움 타는 성향, 자기중심적, 우월감, 적대감, 자제심 부족, 이기심, 불안정, 조바심

연애와 인간관계

활달하고 천성적으로 카리스마 넘치는 당신 주위에 사람들이 모여듭니다. 열정적이고 유쾌한 당신은 어떤 사교 모임에서도 재미있고 즐겁습니다. 모험심이 넘치고 대담한 당신은 사회생활도 활발하게 하겠네요. 그렇지만 사람들과 관계를 맺을 때는 신중할 필요가 있습니다. 그렇지 않으면 나중에 성급한 결정을 후회하게 됩니다. 이날에 태어난 사람은 훌륭한 결혼 생활을 유지하고 가까운 사람들에게서 많은 도움을 받습니다.

양자리

이날 태어난 유명인

조지프 퓰리처(저널리스트), 오마 샤리프, 스티븐 시걸(배우), 맨디 무어(가수), 공형진, 이광기, 명세빈(배우)

태양 : 양자리

지배 성좌 : 궁수자리/목성

위치 : 20° 30′ - 21° 30′ 양자리

상태 : 활동궁

원소 : 불

항성 : 바텐 카이토스

4월 11일
ARIES

아이디어와 프로젝트를 현실화하는 천부적인 재능과 탁월한 리더십

영감이 넘치고 성공 지향적인 당신은 부와 성공을 보장하는 행운의 날에 태어났습니다. 그러나 이날이 보장하는 보상을 받기 위해서 당신은 먼저 자기 수양을 하고 근면 성실해야 합니다. 양자리에서 태어난 당신은, 직관력과 훌륭한 가치관의 소유자로, 결단력이 있고 야망이 넘칩니다. 지배 행성 화성은 당신에게 용기와 역동적인 추진력과 모험심을 부여했습니다. 아이디어와 프로젝트를 현실화하는 천부적인 재능과 탁월한 리더십은 누구나 인정합니다.

더불어 지배 성좌 궁수자리의 기운으로 당신에겐 항상 행운이 함께합니다. 낙천적이며 기회를 포착하는 능력 또한 대단합니다. 그러나 불필요하게 기회를 엿보거나 생각 없이 투기에 뛰어드는 일은 금물입니다.

물질적인 부와 재산을 중요시하기 때문에 화려하고 사치스러운 생활을 하게 될 수도 있으나 지나치게 물질 만능주의로 흐르는 경향은 경계해야 합니다. 경제적인 안정을 얻기 위해 너무 무모한 결정을 하면 안 됩니다. 마음이 들떠서 목표를 이리저리 바꾸며 불안해하고 에너지를 분산시킬 수도 있으니 이 또한 경계해야 합니다.

9세부터는 당신의 태양이 황소자리에 들면서 물질적·경제적 안정감에 대한 열망이 커지는 시기입니다. 그 이후 30년 동안 자신이 원하는 것을 성취하고 인생의 힘든 과제에 현실적으로 접근하기 위해 튼튼한 기반을 다지고 싶은 열망이 커집니다. 30대 후반쯤 되면 또 한 번의 전환기가 찾아오는데 이때 당신의 태양이 쌍둥이자리로 들게 됩니다. 이 시점에 당신은 주변 사람들과의 인간관계에 대한 관심이 증폭되고 소통의 중요성도 깨닫게 됩니다. 69세 이후에는 당신의 태양이 게자리에 들면서 정서적 안정의 중요성을 깨닫게 되고 가족과 가정이 그 어느 때보다 귀하게 다가옵니다.

숨어 있는 자아

돈이 힘이라는 것을 일찌감치 깨달은 당신에게 비즈니스 마인드는 기본입니다. 내내 바쁘게 생활하면서 인생의 충만함을 느낄 것입니다. 또한 조직화하는 능력이 뛰어나 긍정적 에너지를 발산하며 다른 사람들을 자극하면서 자신의 계획에 그들을 불러 모으기도 합니다. 그러나 늘 바쁘게 지낸다고 해서 자신의 내면을 탐구하는 일을 게을리해서는 안 됩니다.

내면적인 고결함과 드라마틱한 기질이 있어서 힘들고 단조로운 일로 과부하가 걸리는 일이 있어서는 안 되지요. 하지만 권한 있는 자리에 앉게 되겠네요. 다양한 분야의 사람들을 서로 연결시키는 역할을 하는 데 타고난 재주가 있습니다. 사람들은 당신을 자신감 있는 사람으로 보는데, 실제로 결과를 이뤄내는 당신의 능력은 실로 어마어마합니다. 그러나 의도치 않게 이기적이 되지 않도록 주의하십시오. 고의는 아니지만 자신의 일에 너무 몰두하다 보니 자신만의 생각에 갇혀 주변을 배려하지 못할 수 있습니다. 그러나 너무 걱정하진 마세요. 당신의 남다른 관용과 호의로 보상은 충분히 받게 되니까요.

일과 적성

명령받는 것을 싫어하고 일을 맡기는 데 탁월하니 권한이 주어지는 자리에 앉게 되겠네요. 타고난 비즈니스 감각과 필요할 때면 언제든 시시때때로 뿜어져 나오는 매력 덕분에, 특히 영업과 마케팅, 서비스업, 식당업에서 경제적인 보상을 받겠습니다. 혼자 하는 일보다는 사람들 중심에서 일을 진행해나가는 직업에서 두각을 드러낼 수 있습니다. 넓고 크게 보는 능력이 있으니 관리자나 경영인, 행정가, 공무원, 판사, 성직자 등의 직업이 좋겠습니다. 당신의 이타적인 면으로 인해 교육과 상담과 관련된 일에 매료되기도 합니다. 이날 태어난 사람 중에 자선가, 예술가가 많습니다.

수비학으로 본 당신의 운세

11일은 특별한 울림을 전하는데, 풍부한 영감을 지닌 이상주의자의 숫자입니다. 겸손함과 자신감이 묘하게 섞여 물질적으로나 정신적으로 극기심을 발휘합니다. 당신은 그런 자신의 감정을 신뢰하면서 자신의 본성에 내재하는 이 양면성을 어떻게 다뤄야 할지, 그리고 이 극단적인 면을 어떻게 순화시킬지를 잘 알고 있습니다. 늘 감정이 고조되어 있고 활력을 즐기지만 지나치게 불안해하거나 비현실적으로 흐르지 않도록 유의하십시오. 탄생월 4의 영향으로 당신은 현실적이고 사려 깊으며 천성이 자상하고 이해심이 많습니다. 자신의 아이디어를 현실적인 면에 통합시키면 독창적인 구상을 해낼 수 있습니다. 평소에는 관대하고 협조적이지만 때로는 성급하고 충동적인 면모를 보이기도 하는데, 너무 자기중심적이거나 파괴적이 되지 않도록 홀로 상황을 반추해보는 시간을 가지는 것이 좋겠습니다. 자신에 대한 확신을 바탕으로, 문제를 즉각적으로 해결하려는 충동만 자제한다면 좋은 결과를 얻을 수 있습니다.

- 장점 : 균형감, 집중력, 객관적, 열정, 영감 충만, 이상주의, 직관력, 지성적, 활달한 성격, 창의력, 예술적 능력, 봉사정신, 치유 능력, 휴머니즘, 확신, 영적 능력
- 단점 : 우월감, 쉽게 상처받음, 쉽게 흥분함, 이기적, 군림하는 자세

연애와 인간관계

카리스마 있고 인기가 많아 사람을 사귀고 연애할 수 있는 기회가 많겠습니다. 사랑하는 사람들에게는 무엇이든 해주려는 관대하고 성실한 사람입니다. 지루한 것은 못 참고 정서적으로 만족하지 못해 다양성을 추구하고 일상생활에서도 흥미진진한 것을 찾아다닙니다. 강렬하고 열정적인 감정의 소유자여서 순간적인 감정에 이끌릴 수 있는데 그런 감정을 잘 다스려서 중요한 관계를 망가뜨리지 않게 주의하세요. 때로는 자신의 열정에 이끌리기도 하겠네요. 사랑과 애정에 대한 강렬한 열망과 물질적인 안정 사이에서 줄다리기할 가능성도 엿보입니다. 포부가 크고 독립적인 사람들과 만나는 것을 즐기니 감정적으로나 개인적으로 부담이 커질 가능성은 적습니다.

양자리

이날 태어난 유명인

올레그 카시니(패션 디자이너), 조엘 그레이(배우), 앤드루 와일스(수학자), 베른트 아이힝거(영화 제작자), 김홍국(가수), 줄리엔 강, 유연석(배우)

태양 : 양자리

지배 성좌 : 궁수자리/목성

위치 : 21° 30' – 22° 30' 양자리

상태 : 활동궁

원소 : 불

항성 : 바텐 카이토스

4월 12일

ARIES

치열한 이성과 관대한 마음의 모험가

역동적인 성격과 즉흥성으로 볼 때 당신의 인생은 다양한 동선으로 이루어지게 됩니다. 이상주의적이고 낙천적인 당신은 훌륭한 가치관의 소유자이기도 합니다. 양자리에서 태어난 당신은 야심만만하고 모험적이지만 관대하고 정도 많습니다. 지배 성좌 궁수자리의 기운으로 여행을 즐기고 해외에서 성공할 가능성이 있습니다. 물질적이든 정신적이든 일정한 속도로 발전시키면 계속 영감을 받으며 살 수 있습니다.

자기 수양을 바탕으로 성실하게 일해서 돈은 쉽게 벌지만 사람들에게 후하게 베푸느라 그 돈이 부족할 수도 있겠네요. 이런 역설적인 상황은 당신의 생일과 연결이 되어 있는데, 때로는 놀라운 행운이 따르다가도 또 어떤 경우에는 강력한 직관력을 믿고 움직였다가 행운이 물거품처럼 사라지기도 합니다.

총명하고 관대하며 언제나 객관성을 유지하는 당신은 자신의 상상력과 개성을 살린다면 절망적인 상황도 큰 성공 스토리로 바꿔놓을 수 있습니다. 당신의 충천한 사기를 누가 감히 떨어뜨릴 수 있겠습니까. 그렇지만 다른 사람들의 의견도 도움이 될 수 있으니 무모하게 배짱만 부리거나 위험을 감수하려 들지 마시길 바랍니다. 자제심을 키우고 신중하게 천천히 목표를 달성하면 계획을 멋지게 성공시킬 수 있습니다.

8세 즈음해서 당신의 태양이 황소자리로 들어가면서 그 이후 30년 동안 현실성과 물질적·경제적 안정에 대한 열망이 증가됩니다. 또 한 번의 변화는 38세에 찾아오는데, 이때 당신의 태양이 쌍둥이자리에 들면서, 관심사가 다양해지고 지식과 공부, 주변 사람들과의 소통으로 무게 중심이 옮겨갑니다. 68세 이후에는 당신의 태양이 게자리로 들어가게 되어 자신의 감정을 더 중요하게 생각하면서 타인들과 가정, 가족을 더 살뜰하게 보살피게 되겠네요.

숨어 있는 자아

당신은 돈에 관한 한 타고난 촉이 있어 판단이 정확한 편입니다. 그러나 경제적인 면은 몇 번의 파고를 겪은 후에야 안정을 찾게 됩니다. 어떻게 예산을 세울 것인지, 장기 투자는 어떻게 할 것인지에 대해 터득하게 되면 금전적인 우려를 최소화시킬 수 있습니다.

성격이 강해 명령을 받는 자리는 좋아하지 않으니 중요한 역할이 주어지는 모임에서 두각을 드러냅니다. 그렇지만 일은 변화가 수반되는 일이 좋겠네요. 그래야 싫증 내거나 지루해하지 않을 수 있습니다. 머리가 좋아서 자신의 능력을 믿고 새로운 일에 뛰어들 기회가 많은데, 운이 받쳐주면 성공을 거둘 수 있지만 굳이 위험을 감수하지 않는 것이 좋겠네요. 권한과 리더십이 주어지는데 너무 군림하거나 고압적인 자세를 취하는 것은 금물입니다. 일에 대한 자부심이 있기 때문에 책임을 다함으로써 만족감을 얻을 수 있을 것이고 그런 모습에 사람들은 당신을 의지하게 됩니다.

일과 적성

지적인 총명함과 객관성을 지닌 당신은 자기 수양과 결연한 의지만 받쳐준다면 어떤 직업을 선택해도 성공할 수 있습니다. 지도력을 타고나 권한이 부여되는 자리에 앉게 되거나, 또는 교사나 강사, 자영업처럼 적어도 스스로 일할 수 있는 자유가 보장되는 일을 선택하겠네요. 이날 태어난 사람들은 연예계나 예술계 쪽에서도 성공을 거둘 가능성이 큽니다. 현명하고 자유로운 휴머니스트인 당신은 자선사업이나 홍보, 힐링 관련 직업이나 의료, 과학 분야로 진출할 수 있습니다. 훌륭한 감정가의 면모도 갖춘 당신은 실용적인 특성을 겸비하여 은행업이나 사업, 증권시장으로 진출할 수도 있습니다.

수비학으로 본 당신의 운세

12일생은 통찰력 있고 추리력이 대단합니다. 누구도 흉내 낼 수 없는 개성을 드러내 보이고 싶어 하기도 합니다. 천성적으로 이해심이 많고 섬세한 당신은 목적을 달성하기 위해 어떻게 해야 할지 잘 압니다. 자기표현에 대한 열망과 남을 도우려는 성향 사이에서 균형을 이루면 정서적으로 만족감을 느끼고 개인적인 성취감도 얻을 수 있을 것입니다. 그러나 스스로 두 발을 디디고 서서, 다른 사람에게 휘둘리지 않을 수 있도록 해야 합니다. 탄생월 4의 영향으로 근면 성실하며 총명함이 넘칩니다. 관대하고 자상하지만 인내심을 가지고 현실을 잘 살펴야 합니다. 긍정적이고 확신에 차 있을 때, 자신의 분석력을 바탕으로 기발하게 문제를 해결합니다. 상황을 제대로 파악하고 어려움을 극복하기 위해서는 자신의 생각과 아이디어는 반드시 기록해두세요. 책임감을 키우고 솔직한 태도로 타협하면서 일을 해나가면 성공은 저절로 다가옵니다.

- 장점 : 창의성, 매력, 추진력, 자기 수양, 자신이나 다른 사람들을 홍보
- 단점 : 은둔하는 성향, 기행, 비협조적, 지나치게 예민함, 자존감 결여

연애와 인간관계

지적이고 기지가 넘치는 당신은 사람들에게 인기가 있습니다. 두뇌 회전도 빨라서 자신에게 지적인 피드백을 주며 긴장을 늦추지 않게 하는 똑똑하고 영감 있는 파트너를 원합니다. 항상 이해심 많고 다정다감한 당신에게도 낙담을 하거나 지나치게 심각해지는 시기가 올 수 있는데 이때 관계에 문제가 생길 수 있으니 특별히 조심하세요. 그러나 타고난 친화력과 사람의 마음을 읽어내는 힘으로 문제가 되는 상황을 이겨낼 수 있습니다. 당신은 마음이 통하는 사람들과 함께하며 재미를 나눌 때 가장 행복하다고 느낍니다.

연인이나 친구

1월 6, 16, 25일 / 2월 4, 14일 / 3월 2, 12, 28, 30일 / 4월 10, 26, 28일 / 5월 8, 24, 26, 30일 / 6월 6, 22, 24, 28일 / 7월 4, 20, 22, 26, 31일 / 8월 2, 18, 20, 24, 29일 / 9월 16, 18, 22, 27일 / 10월 14, 16, 20, 25일 / 11월 12, 14, 18, 23일 / 12월 3, 10, 12, 16, 21일

힘이 되어주는 사람

1월 9, 14, 16일 / 2월 7, 12, 14일 / 3월 5, 10, 12일 / 4월 3, 8, 10일 / 5월 1, 6, 8일 / 6월 4, 6일 / 7월 2, 4일 / 8월 2일 / 9월 30일 / 10월 28일 / 11월 26, 30일 / 12월 24, 28, 29일

운명의 상대

1월 21일 / 2월 19일 / 3월 17일 / 4월 15일 / 5월 13일 / 6월 11일 / 7월 9일 / 8월 7일 / 9월 5일 / 10월 3, 14, 15, 16일 / 11월 1일

경쟁자

1월 4, 13, 28일 / 2월 2, 11, 26일 / 3월 9, 24일 / 4월 7, 22일 / 5월 5, 20일 / 6월 3, 18일 / 7월 1, 16일 / 8월 14일 / 9월 12일 / 10월 10, 31일 / 11월 8, 29일 / 12월 6, 27일

소울메이트

1월 15, 22일 / 2월 13, 16, 20일 / 3월 11, 18일 / 4월 9, 16일 / 5월 7, 14일 / 6월 5, 12일 / 7월 3, 10일 / 8월 1, 4, 8일 / 9월 6일 / 10월 4일 / 11월 2일

양자리

이날 태어난 유명인

데이비드 레터맨(방송인), 허비 행콕(재즈 피아니스트), 데이비드 캐시디, 클레어 데인스, 시얼샤 로넌(배우), 김태원(가수), 이수영(가수)

태양 : 양자리
지배 성좌 : 궁수자리/목성
위치 : 22°30′ - 23°30′ 양자리
상태 : 활동궁
원소 : 불
항성 : 바텐 카이토스

4월 13일
ARIES

부와 명성을 얻는 탁월한 사업 감각과 확고한 가치관

이날 태어난 당신은 확고한 가치관과 판단력을 갖추고 있고 탁월한 사업 감각을 지녔습니다. 지배 행성인 화성은 당신에게 양자리의 의지력과 생명력, 그리고 조직력과 리더십에 더욱 힘을 보태어줍니다.

당신의 역동적인 성향의 원동력은 안정과 권력에 대한 열망, 경제적인 성공과 인정을 받고 싶은 열망입니다. 성공하기 위해서 필수적인 것은 교육입니다. 새로운 지식을 얻기 위해 노력한다거나 정보를 실용적이고 생산적인 방법으로 사용하는 일이 꼭 필요합니다.

목표 달성을 위해 우선 튼튼한 기초를 다지려 하지만, 그 전에 조심해야 할 것이 있습니다. 우선, 자제력이 있어야 합니다. 물질적인 성공만을 위해 밀어붙여서는 안 됩니다. 모든 에너지를 의미 있는 프로젝트에 쏟는다면 기록적인 성과를 얻을 수 있습니다.

큰 성장은 어려움을 극복하는 데서 옵니다. 그러나 정상에 오르면 지나치게 사치스러워지거나 완고한 모습을 보일 수 있으며, 힘들게 번 돈을 함부로 쓸 수도 있으니 조심하세요. 사람들은 당신을 성실한 사람이라고 생각하지만, 제멋대로 구는 듯한 태도는 주의하세요.

7세가 되는 해에 당신의 태양은 황소자리로 들어가게 되어 물질적·경제적 안정에 대한 열망이 커지기 시작해서 그 이후 30년 동안은 인생에서 성취하고 싶은 분야에서 튼튼한 기반을 다지고 싶은 열망을 느끼게 됩니다. 37세 이후에는 당신의 태양이 쌍둥이자리에 들면서 세상에 대해 호기심이 많아져 더 탐구하게 되고 새롭고 다양한 분야에 관심을 두게 됩니다. 67세부터 태양이 게자리에 들면 감수성이 풍부해지면서 가정과 가족이 인생에서 중요한 역할을 하게 됩니다.

숨어 있는 자아

천부적인 리더십은 여러 면에서 당신이 힘을 발휘할 수 있게 합니다. 그러한 힘은 자제력을 발휘하는 형태로 나타나기도 하는데 덕분에 당신은 성실하고 아이디어가 많은 훌륭한 지도자가 될 수 있습니다. 자신의 능력에 의문을 품는다면 주변 사람들에게 냉담해지거나 거리를 두게 될 수 있습니다. 당신의 마음이 향하는 방향으로 나아가세요. 그러면 당신 자신뿐 아니라 다른 사람들에게도 행복감을 안겨줄 수 있습니다.

당신의 타고난 지혜를 유용하게 쓸 수 있는 방법도 잘 압니다. 그것이 현실적이고 실무적인 분야에서도 그대로 발현됩니다. 그러나 당신 본성에는 감추어진 부분이 많은데, 혼자만의 성찰을 바라기도 하고 누구에게도 뒤지지 않을 만큼 자신을 표현하고 싶어 하기도 합니다.

일과 적성

대담하고 직설적인 성격이라서 시간을 낭비하는 일 없이 목표를 향해 매진합니다. 기획자, 관리자, 감독자로서 조직의 효율성을 높이고 새로운 프로젝트를 주도하면서 일하면 탁월한 능력을 발휘하게 됩니다. 이날 태어난 사람은 특히 재계나 법조계, 정치 분야로 진출할 수 있습니다. 명령받는 것을 싫어하고 매우 독립적인 성향이라 자영업을 하거나 다른 사람에게 일을 위임하는 일을 선호합니다. 의사소통 능력이 중요한 분야에 종사하는 경우가 많습니다.

수비학으로 본 당신의 운세

13일에 태어난 사람은 정서적 감수성과 열정이 가득합니다. 당신은 야망과 성실함을 겸비하고 있으며 큰 꿈을 품고 꿈을 이루기 위해 노력합니다. 꿈을 꿈으로 그치게 하지 않기 위해서는 우선 현실을 직시할 필요가 있습니다. 그러면 창조적인 재능으로 손에 잡히는 현실적인 상품으로 만들어낼 수 있을 것입니다. 독창적이고 혁신적인 당신의 접근법은 새롭고 흥미진진한 아이디어여서 다른 사람들을 놀라게 할 것입니다. 13이라는 숫자는 성실하고 로맨틱하며 매력과 흥이 넘치는 성향으로 전념하기만 한다면 큰 성공을 누릴 수 있습니다. 탄생월 4의 영향으로 당신은 탁월한 판단력과 강한 개성을 갖추게 됩니다. 지략이 풍부하고 부지런한 당신은 활동적이고 에너지가 넘치네요. 비즈니스 감각이 좋고 전통을 중요하게 생각하기도 합니다만 자기 나름의 철학을 삶에 잘 적용시켜 자유롭게 생각하는 걸 즐깁니다. 재산이나 권력을 갈망하여 자칫 당신의 다른 개성이 빛을 잃게 될 수도 있으니 주의하세요.

- 장점 : 야망, 창의력, 자유에 대한 애정, 자기 표현력, 추진력
- 단점 : 충동적, 우유부단, 위세, 감정을 드러내지 않음, 반항심

연애와 인간관계

매우 사교적인 당신은 인간관계를 넓혀 인기 있는 사람이 되고 싶어 합니다. 타고난 창의력과 표현하고 싶어 하는 열망이 도움이 되고 사교적인 성격도 한몫하겠네요. 당신은 친구로서도 충실한 사람이고, 사랑하는 사람을 위해서라면 무엇이든 해주려고 합니다. 하지만 당신이 정말로 원하는 것이 무엇인지 당신 자신도 모르게 되어버리는 경우가 있습니다. 가까운 관계에서 느끼는 근원적인 불안감이나 질투심, 우유부단함 등이 당신을 괴롭히기도 하겠어요. 그럴 때는 소금 거리를 두고 객관적으로 보고, 그 무엇도 당신의 행복에 방해가 될 수 없다고 마음먹으면 충분히 해결됩니다.

연인이나 친구

1월 7, 17, 18, 20일 / 2월 5, 15, 18일 / 3월 3, 13, 16, 29, 31일 / 4월 1, 11, 12, 14, 27, 29일 / 5월 9, 12, 25, 27일 / 6월 7, 8, 10, 23, 25일 / 7월 5, 8, 21, 23일 / 8월 3, 4, 6, 19, 21일 / 9월 1, 4, 17, 19일 / 10월 2, 15, 17일 / 11월 13, 15, 30일 / 12월 11, 13, 28일

힘이 되어주는 사람

1월 15, 17, 28일 / 2월 13, 15, 26일 / 3월 11, 13, 24일 / 4월 9, 11, 22일 / 5월 7, 9, 20일 / 6월 5, 7, 18일 / 7월 3, 5, 16일 / 8월 1, 3, 14일 / 9월 1, 12일 / 10월 10, 29일 / 11월 8, 27일 / 12월 6, 25일

운명의 상대

1월 5일 / 2월 3일 / 3월 1일 / 10월 16, 17, 18일

경쟁자

1월 4, 5, 14일 / 2월 2, 3, 12일 / 3월 1, 10일 / 4월 8, 30일 / 5월 6, 28일 / 6월 4, 26일 / 7월 2, 24일 / 8월 22일 / 9월 20일 / 10월 18일 / 11월 16일 / 12월 14일

소울메이트

1월 2일 / 3월 29일 / 4월 27일 / 5월 25일 / 6월 23일 / 7월 21일 / 8월 5, 19일 / 9월 17일 / 10월 15일 / 11월 13일 / 12월 11일

양자리

이날 태어난 유명인

토머스 제퍼슨(전 미국 대통령), 사무엘 베케트(극작가), 앨 그린(가수), 조녀선 브랜디스(배우), 손목인(작곡가), 최인훈(작가), 유지태(배우)

태양 : 양자리
지배 성좌 : 궁수자리/목성
위치 : 23°30' – 24°30' 양자리
상태 : 활동궁
원소 : 불
항성 : 없음

4월 14일
ARIES

다른 사람들보다 한발 앞서가는 이상주의자

이날 태어난 사람은 낙천적 이상주의자입니다. 성급한 면도 있지만 사람을 끄는 매력과 삶에 대한 열정으로 가득 차 있습니다. 지배 성좌 궁수자리의 기운으로 당신은 직설적이고 솔직하며 야심만만한 성격을 타고났을 가능성이 있습니다. 큰 야망을 지니는 건 좋지만 지나친 열정으로 강박증을 느끼며 행동하는 것은 좋지 않습니다. 책임감이 강하고 정의로우며 고결한 성품이지만 성공 여부로 인생의 성패를 판단하는 경향이 있네요. 인생에서 많은 것을 성취하고 싶은 욕심이 있어서 끊임없이 새로운 도전을 계속하면서 앞서 나아갑니다.

한편으로는 휴머니스트의 면모를 보이며 연민과 자비심이 발동되다가, 다른 한편으로는 특히 돈에 관해서는 너무 엄격하고 냉정해지기도 합니다. 그렇지만 적극적이고 밝은 성격이라서 확신에 찬 마음 상태만 유지한다면 큰 성공을 거둘 수 있습니다. 행운의 여신이 당신에게 미소 짓기도 하지만 그것을 너무 당연하게 생각하지 말고 감사하세요. 그리고 모든 걸 운에 맡기지는 마세요.

침착성과 인내심이 부족해서 세부적인 것을 놓치는 경우가 생길 수 있습니다. 철저하고 꼼꼼한 태도로 과제를 완수할 수 있고, 일이 지체되는 상황이나 장애물쯤은 얼마든지 극복할 수 있습니다.

6세부터 당신의 태양은 황소자리로 들어가게 되어 물질적·경제적 안정에 대한 열망이 생기기 시작합니다. 그 후 30년 동안은 그 열망을 실천하여 목표를 위한 튼튼한 기반을 다지게 됩니다. 이런 영향은 36세 전후까지 계속되며, 당신의 태양이 쌍둥이자리에 들면서 새로운 시기를 맞게 되는데, 더 많이 이해하고 더 많이 소통할 필요성을 느끼게 됩니다. 66세부터 태양이 게자리에 들면서 감수성이 풍부해지고 가정과 가족이 인생에서 더욱 중요한 역할을 하게 됩니다.

숨어 있는 자아

애정을 표현하는 것은 당신에게 상당히 중요한 문제입니다. 다른 사람들과 마찬가지로 당신도 사랑받고 싶어 하는데, 다른 사람들의 기대에 맞추어 살지 않았다면 그런 바람은 충족되지 않았을지도 모릅니다. 당신이 사랑받기 위해 어디까지 타협해야 할지 시험대에 오를 수도 있습니다. 그러나 중요한 것은 타협이 아니라 당신 스스로를 소중히 하는 것입니다. 자신과 자신의 감정을 소중히 여기면 정신적으로 자립할 수 있고 감정에 휘둘리지 않을 수 있습니다. 자신의 약한 면을 솔직하게 드러낼 수 있으면 다른 사람들에게도 관대해지게 되고, 일어나는 상황을 자연스럽게 받아들일 수 있게 됩니다. 긴장의 고삐를 좀 늦추고 인생이 흘러가는 대로 맡겨두면 그에 대한 보상이 따르고 당신이 필요한 모든 것을 얻을 수 있습니다.

일과 적성

사교적이고 매력 넘치는 당신은 대인관계가 중요한 분야에 적합한데, 일에서 기쁨을 느낍니다. 개성을 표현하고 싶어 해서 예술, 연극, 음악, 또는 저술 쪽의 직업이 적합합니다. 리더십을 타고나, 권한이 주어지는 직업이나 자영업으로 자연히 끌리게 되지만 급한 성미로 인해 잠재력을 최대한 발휘할 수 있는 기회를 놓칠 수도 있으니 주의하세요. 또한 당신은 자발적으로 일할 자유가 필요한 사람이라, 사업적인 감각과 타고난 열정으로 프로젝트를 기획하고 추진하는 일을 즐깁니다.

수비학으로 본 당신의 운세

지적인 잠재력과 실용주의적 면모, 투지력 등은 14일에 태어난 사람들의 특성입니다. 안정을 추구하지만 한편으로는 항상 변화를 추구하기 때문에 끊임없이 새로운 도전을 받아들이며 앞으로 나아가게 됩니다. 이러한 두 가지 상반된 감정이 당신의 인생에서 몇 번의 전기를 마련하게 될 것입니다. 근무 환경이나 경제적 상황이 마음에 들지 않으면 당신은 새로운 직업을 찾으려 합니다. 예민하기 때문에 문제가 발생하면 즉각 반응하고 적극적으로 해결책을 찾지요. 탄생월 4의 영향으로 당신은 활달하고 호기심이 많으며 활력이 넘칩니다. 현실적인 능력과 풍부한 지략을 겸비하고 있기도 하고요. 다른 사람의 지시를 받는 것을 싫어해서 자기 능력을 살려 혼자 일을 도모하길 좋아합니다. 실행력이 뛰어나 자영업도 할 수 있지요. 감성이 풍부하고 직관적이어서 고상한 생각과 물질적인 성공 사이에서 균형을 잘 잡는 것이 중요합니다.

- 장점 : 결단력 있는 실천력, 근면 성실, 행운, 창조력, 실용주의, 상상력, 근면성
- 단점 : 과도하게 신중하거나 충동적임, 불안정, 경솔함, 고집스러움

연애와 인간관계

연애와 인간관계는 당신에게 기쁨이 되기도 하고 그러지 않기도 합니다. 당신은 자상하고 따뜻한 모습을 보였다가도 냉정하고 내성적인 모습이 되기도 합니다. 그렇지만 타고난 매력과 사교성 덕분에 친구가 많습니다. 아름다움과 예술을 사랑하기에 자신의 내면을 표현하고 싶어 하지요. 자기 마음을 표현하는 것은 큰 만족감을 줍니다. 가끔 좌절감과 실망감에 빠지게 되더라도 금방 극복할 수 있습니다. 당신의 애정과 충실한 사랑을 받을 자격도 없는 사람을 위해 희생하지 마세요. 같은 연령대가 아닌, 다양한 연령대의 파트너에게 끌릴 수 있습니다.

연인이나 친구
♥

1월 4, 8, 18, 19, 23일 / 2월 2, 6, 16, 17, 21일 / 3월 4, 14, 15, 19, 28, 30일 / 4월 2, 12, 13, 17, 26, 28, 30일 / 5월 10, 11, 15, 24, 26, 28일 / 6월 8, 9, 13, 22, 24, 26일 / 7월 6, 7, 11, 20, 22, 24, 30일 / 8월 4, 5, 9, 18, 20, 22, 28일 / 9월 2, 3, 7, 16, 18, 20, 26일 / 10월 1, 5, 14, 16, 18, 24일 / 11월 3, 12, 14, 16, 22일 / 12월 1, 10, 12, 14, 20일

힘이 되어주는 사람

1월 5, 16, 27일 / 2월 3, 14, 25일 / 3월 1, 12, 23일 / 4월 10, 21일 / 5월 8, 19일 / 6월 6, 17일 / 7월 4, 15일 / 8월 2, 13일 / 9월 11일 / 10월 9, 30일 / 11월 7, 28일 / 12월 5, 26, 30일

운명의 상대

1월 17일 / 2월 15일 / 3월 13일 / 4월 11일 / 5월 9일 / 6월 7일 / 7월 5일 / 8월 3일 / 9월 1일 / 10월 17, 18, 19일

경쟁자

1월 1, 10, 15일 / 2월 8, 13일 / 3월 6, 11일 / 4월 4, 9일 / 5월 2, 7일 / 6월 5일 / 7월 3, 29일 / 8월 1, 27일 / 9월 25일 / 10월 23일 / 11월 21일 / 12월 19, 29일

소울메이트
★

8월 30일 / 9월 28일 / 10월 26일 / 11월 24일 / 12월 22일

이날 태어난 유명인

로드 스타이거, 존 길구드, 줄리 크리스티, 피터 카팔디, 에이드리언 브로디(배우), 에리히 폰 데니켄(작가), 로레타 린(가수), 그레그 매덕스(야구 선수), 오지호(배우)

양자리

태양 : 양자리	
지배 성좌 : 궁수자리/목성	
위치 : 24° 30' – 25° 30' 양자리	
상태 : 활동궁	
원소 : 불	
항성 : 알 페르그	

4월 15일
ARIES

날카로운 통찰력을 바탕으로 자신감 넘치고 자상한 성격

당신은 감수성이 풍부하고 매력적이면서도 포부가 크고 단호한 면이 있습니다. 이날 태어난 사람의 마음에는 의욕과 타성이 혼합되어 있습니다. 양자리 태생인 당신은 성공과 부를 이루고 싶은 열망에 의해 종종 시험대에 오르게 됩니다. 그러므로 당신에게 동기를 부여해줄 사람이나 무언가가 필요합니다. 그게 없으면 뭔가를 찾을 때까지 정처 없이 방황하거나 매너리즘에 빠지게 됩니다.

목성의 영향으로 솔직하고 정직한 성격에 기회와 운까지 따라주네요. 그러나 성공하고 싶다면 낙관적이고 진취적인 자세를 지녀야 합니다. 의지를 가지고 끈기 있게 노력할 때 비로소 목표에 도달할 수 있습니다.

자신감이 넘치면서도 자상한 당신의 성품 때문에 사람들은 당신에게 의지하고 용기를 얻고자 합니다. 당신은 확실히 도움이 되는 조언을 해줄 수 있지만, 당신 스스로도 말하는 대로 행동하기가 어렵다는 것 또한 종종 느끼게 됩니다. 자만하는 듯하다거나 강요하는 듯 보이지 않게 하세요.

당신은 시야가 넓고 조직을 구성하는 능력이 탁월해서 성공과 행복은 당신이 손을 뻗으면 닿을 거리에 있다고 할 수 있는데, 그것을 손에 넣으려면 노력을 쏟아부어야 합니다.

5세 무렵부터 당신의 태양은 황소자리로 들어가게 되어 현실적인 문제와 경제적 안정에 대한 열망이 증가되는 30년의 기간이 시작됩니다. 35세 즈음, 당신의 태양이 쌍둥이자리에 들면서 인생에서 중요하게 생각하는 것에 변화가 생기는데, 흥미와 관심의 폭이 커져 지식 탐구의 중요성이 부각됩니다. 강의를 듣는다거나 기술을 배우려 할 수도 있습니다. 태양이 게자리에 드는 65세부터는 정서적인 문제와 가정생활에 더 큰 관심을 두게 됩니다.

숨어 있는 자아

당신은 창의적이고 아주 날카로운 통찰력이 있습니다. 그러나 이러한 특별한 능력이 낙담으로 손상되지 않도록 주의하세요. 당신에게 끌리는 사람들은 당신에게 기대고 싶어 하는데, 당신이 힘이 부족해 도와줄 수 없을 때 이런 낙담이 생기게 됩니다. 먼저 당신의 내면을 긍정적으로 변혁해가세요. 그래야 외부 환경에 영향을 미칠 수 있습니다.

상황이 낙관적일 때 당신은 지극히 사교적이고 사람들에게 따뜻한 관심을 보입니다. 당신을 마음이 넓고 관대하다고 생각하는 다양한 부류의 친구들이 많습니다. 다른 사람의 인생 이야기에 휘말리는 성향을 피하기 위해서는 자신만의 강력한 목적의식이 있어야 합니다. 예측 가능한 편안한 일상에 안주하면서 만족감을 느끼는 성향이 있으면서도, 한편으로는 인생에 의미 있는 것을 얻고 싶은 강한 열망이 있어 자신을 더욱 채찍질하게 됩니다.

일과 적성

당신은 자기 의견을 솔직하게 말하는 능력이 탁월하여 사업이나 영업, 중개인, 홍보업 등으로 진출할 수 있습니다. 어떤 분야로 진출하든 당신은 새로운 프로젝트를 탐구하거나 시작하고 추진하는 일을 하고 싶어 합니다. 마음이 넓고 철학적인 성향이 짙어서 성직자나 교사가 되고 싶어 할지도 모르겠습니다. 사람들을 잘 다루고 힘없는 사람들을 잘 도와주기 때문에 대의명분을 위해 투쟁하기를 원합니다. 조형 감각이 있어서 미술이나 음악 또는 연기 분야에서도 재능을 발휘할 수 있습니다.

수비학으로 본 당신의 운세

다재다능함과 열정은 15일에 태어난 사람들이 보이는 공통적 특성입니다. 카리스마 있고 신중한 성격에 행동 또한 기민합니다. 당신의 가장 큰 자산은 강력한 직관과 이론과 실제를 결합하여 빠르게 습득하는 능력입니다. 자신의 직관을 활용하고 기회를 빠르게 포착하는 능력이 정말 대단합니다. 천성적으로는 모험심이 가득하지만 그럼에도 현실적인 기반이나 안정적인 가정을 원합니다. 탄생월 4의 영향으로 융통성이 있고 현실적입니다. 독립심이 강하고 결단력도 뛰어납니다. 다른 사람을 배려하고 잘 돌보는데 모든 것을 혼자 짊어지려고는 하지 마세요. 확신에 차 있고 자신감이 넘치는 모습으로 보이지만 내적 긴장과 불안감으로 정신적인 동요를 일으킬 수도 있습니다. 그러나 자부심과 단호한 마음가짐으로 노력해서 사람들의 관심과 인정을 받고 싶어 합니다.

- ● 장점 : 자발성, 관대함, 책임감, 자상함, 협동심, 감사함, 창조적인 아이디어
- ■ 단점 : 혼란스러움, 안절부절, 무책임, 자기중심적, 변화에 대한 두려움, 신뢰 결여, 걱정, 우유부단, 물질만능주의, 권한 남용

연애와 인간관계

자신을 잘 알며 자상하고 따뜻해서 사람들에게 인기가 높습니다. 사람을 상대하는 직업에서 성공한다는 것은 앞서 얘기했지만, 당신이 가까이하고 싶은 사람을 고를 때는 좀 더 신중할 필요가 있습니다. 당신에게는 정서적으로 안정감을 주는 능력이 있기 때문에 사람들이 많이 의지하는 편입니다. 그렇게 사람들이 당신을 의지한다 해도 대등한 상태에서 관계를 유지할 필요가 있습니다. 가정과 가족은 당신의 전체 인생에서 가장 중요합니다. 물질적인 안정감 또한 중요합니다. 인간관계에 큰 기대를 갖는 당신은, 누군가 당신을 원하고 인정하고 있다는 것이 큰 의미가 있다고 여깁니다.

당신에게 특별한 사람

연인이나 친구

1월 5, 9, 18, 19일 / 2월 3, 7, 16, 17, 18일 / 3월 1, 5, 14, 15, 31일 / 4월 3, 12, 13, 29일 / 5월 1, 10, 11, 27, 29일 / 6월 8, 9, 25, 27일 / 7월 6, 7, 23, 25, 31일 / 8월 4, 5, 6, 21, 23, 29일 / 9월 2, 3, 19, 21, 27, 30일 / 10월 1, 17, 19, 25, 28일 / 12월 13, 15, 21, 24일

힘이 되어주는 사람

1월 1, 6, 17일 / 2월 4, 15일 / 3월 2, 13일 / 4월 11일 / 5월 9일 / 6월 7일 / 7월 5일 / 8월 3일 / 9월 1일 / 10월 31일 / 11월 29일 / 12월 27일

운명의 상대

10월 17, 18, 19, 20일

경쟁자

1월 2, 16일 / 2월 14일 / 3월 12일 / 4월 10일 / 5월 8일 / 6월 6일 / 7월 4일 / 8월 2일 / 12월 30일

소울메이트

1월 11, 31일 / 2월 9, 29일 / 3월 7, 27일 / 4월 5, 25일 / 5월 3, 23일 / 6월 1, 21일 / 7월 19일 / 8월 17일 / 9월 15일 / 10월 13일 / 11월 11일 / 12월 9일

양자리

이날 태어난 유명인

베시 스미스(재즈 가수), 헨리 제임스(작가), 레오나르도 다빈치(예술가), 클라우디아 카르디날레, 엠마 톰슨, 엠마 왓슨(배우), 레온하르트 오일러(수학자), 변정수, 왕빛나(배우)

태양 : 양자리
지배 성좌 : 궁수자리/목성
위치 : 25° 30' – 26° 30' 양자리
상태 : 활동궁
원소 : 불
항성 : 알 페르그, 베르텍스

4월 16일

ARIES

대담하고 자신감 넘치는 야심가

변화를 좋아하고 지루한 것을 못 참는 천성은 이날 태어난 사람들의 특징입니다. 부드러운 성품인데 야망이 커서 세상에서 명예를 얻고 싶어합니다. 이동 수는 당신 인생에서 두드러진 특징인데, 특히 더 나은 직업이나 직장을 얻기 위해 이동을 반복하게 될 수도 있습니다. 흥미진진하고 다채롭고 활동적인 삶을 살고 싶어 하기 때문이지요.

양자리 태생인 당신은 자신감이 충만하고 야심차며 대담합니다. 당신의 지배 행성인 목성의 영향으로 진보적이고 진취적입니다. 이러한 영향으로 다른 사람들에게 활기를 불어넣을 수 있는 영향력 있는 자리에 앉고 싶어 하는 열망이 있습니다. 구체적인 목표에 집중하려 하고 그것에 전심전력하는 능력이 있습니다. 자유를 사랑하고 자기표현에 대한 열망이 있어서 실의에 빠지더라도 오래 처져 있지는 않습니다. 인내심과 투지력으로 어려움을 극복하고 나면 더욱 자신감이 충만해집니다. 기조를 유지하고 충동적인 행동을 피하면 급격한 경제적 변화는 최소화할 수 있습니다.

아는 것이 많고 의사 전달력이 뛰어난 당신은 타고난 직관력을 이용해 저축을 하거나 장기 투자를 고려한다면 굉장한 이윤을 얻을 수 있습니다.

4세 무렵부터 당신의 태양은 황소자리로 들어가게 되어 그 이후 30년간 물질적·경제적 안정에 대한 열망이 커지는 시기를 맞게 됩니다. 이 시기에는 성취하고자 하는 분야에서 튼튼한 기반을 닦는 데 집중하게 됩니다. 34세 전후해서 인생의 전환점을 맞게 되는데, 이때 당신의 태양이 쌍둥이자리에 들면서 대인관계와 소통 능력에 대한 관심이 부쩍 커지게 됩니다. 그리고 일이든 재미를 위해서든 새로운 분야의 공부를 시작하게 됩니다. 64세부터 태양이 게자리에 들면서 감수성이 풍부해져 가정과 가족들이 인생에서 큰 부분을 차지하게 됩니다.

숨어 있는 자아

당신은 때때로 자신이 내린 결정에 대해 불안을 느끼기도 합니다. 그러나 그런 불안은 크게 보면 하찮은 경우일 가능성이 큽니다. 고민하기보다 당신의 훌륭한 아이디어와 창의적인 계획, 유머 감각을 살리는 쪽으로 집중하면 상황이 훨씬 나아질 수 있습니다.

다행스럽게도, 당신은 무엇이든 빨리 배우고 기회를 포착하는 눈이 있어 경제적인 보상도 받을 수 있습니다. 그러나 때로 성급하고 즉각적으로 물질적 욕구를 채우고자 하는 욕망에 사로잡힌 나머지 사치나 방종에 빠지는 일이 없도록 주의해야 합니다. 들뜬 마음을 진정으로 관심이 가는 분야로 돌려놓으면 큰 자극을 받아 아주 열심히 일할 수 있으며, 책임감도 느끼게 되고 그에 따라 확실하게 보상도 받을 수 있을 것입니다.

일과 적성

포부가 크고 변화를 추구하며 리더십을 타고난 당신은 권한 있는 자리에서 더 많은 능력을 발휘할 수 있습니다. 당신은 현실적인 감각과 상상력을 함께 발휘할 수 있는 일이 이상적인데, 예를 들면 배우나 작가, 사진작가, 그리고 건축가 등을 들 수 있습니다. 글로벌 회사나 미디어 쪽에 관심이 갈 수 있습니다. 그렇지 않으면 자선단체에서 일하거나 가치 있는 대의를 위해 일하게 될 수도 있습니다. 선택한 직종에서 새로운 아이디어를 탐색하면서 자극을 받고 성취해나가게 됩니다. 경제적인 보상이 제대로 이루어지지 않는다면 그대로 머물러 있지 못할 가능성이 큰데, 그러면 특히 여행과 관련된 일에 끌리게 될 소지가 많네요. 그렇지 않으면 스포츠 분야로 진출할 수도 있습니다.

수비학으로 본 당신의 운세

16일에 태어난 사람들은 사려 깊고, 감성이 풍부하고 자상한 편입니다. 분석능력이 탁월하지만 때로는 느낌에 따라 판단하려 하는 성향이 있습니다. 자기표현 욕구와 다른 사람에게 대한 책임감 사이에서 갈등을 느끼기도 합니다. 세계정세와 정치에도 관심이 많습니다. 내면의 창조적인 성향들 중에서도 갑자기 떠오른 영감을 글로 옮기는 재주가 엿보이네요. 의심과 불신이 생기기도 하고 지나친 자신감이 생기기도 하니 그 사이에서 균형감이 필요합니다. 탄생월 4의 영향으로 당신은 현실적이고 근면 성실합니다. 사교적이고 활달하며 집단 지향적인 당신은 자상하고 세심하게 다른 사람들의 감정을 살펴 도움을 줍니다. 다른 사람의 의견을 잘 들어주고 소중하게 여기지만 그렇다고 좋아하는 사람들의 비판에 너무 쉽게 기죽지는 마세요. 변화를 두려워하지 말고 매사에 유연하게 대처하는 법을 터득하면 됩니다.

- 장점 : 높은 교육 수준, 집과 가정에 대한 책임감, 직관력, 사회성, 협동심, 통찰력
- 단점 : 근심걱정, 계속되는 불만족, 무책임, 자기주장이 강함, 회의주의, 노심초사, 화를 잘 냄, 이기적, 연민 부족

연애와 인간관계

기민하고 주의 깊게 사람들을 파악하는 당신은 사교 모임에서 활기차고 재미있는 친구가 될 수 있습니다. 우정은 당신에게 아주 중요한데, 신명나게 함께 즐길 수 있는 사람들과 어울리길 좋아합니다. 스스로 만들어내는 이미지를 알고 아이디어가 넘치는 당신은 다른 사람들의 의견에 신경을 쓰는군요. 관계를 평화롭게 유지하기 위해서 언제나 노력하지만 때로 조급해지거나 논쟁적으로 흐르면 관계에 해를 끼칠 수 있으니 주의하세요. 섬세한 마음을 가진 상대와 관심사를 함께 나눌 수 있는 관계가 이상적입니다. 활기 넘치고 놀기 좋아하는 성향이 있으므로, 책임감 있는 태도를 갖추는 일도 필요합니다.

연인이나 친구

1월 6, 10, 20, 29일 / 2월 4, 8, 18, 27일 / 3월 2, 6, 16, 25, 28, 30일 / 4월 4, 14, 23, 26, 28, 30일 / 5월 2, 12, 21, 24, 26, 28, 30일 / 6월 10, 19, 22, 24, 26, 28일 / 7월 8, 17, 20, 22, 24, 26일 / 8월 6, 7, 15, 18, 20, 22, 24일 / 9월 4, 13, 16, 18, 20, 22일 / 10월 2, 11, 14, 16, 18, 20일 / 11월 9, 12, 14, 16, 18일 / 12월 7, 10, 12, 14, 16일

힘이 되어주는 사람

1월 7, 13, 18, 28일 / 2월 5, 11, 16, 26일 / 3월 3, 9, 14, 24일 / 4월 1, 7, 12, 22일 / 5월 5, 10, 20일 / 6월 3, 8, 18일 / 7월 1, 6, 16일 / 8월 4, 14일 / 9월 2, 12, 30일 / 10월 10, 28일 / 11월 8, 26, 30일 / 12월 6, 24, 28일

운명의 상대

1월 25일 / 2월 23일 / 3월 21일 / 4월 19일 / 5월 17일 / 6월 15일 / 7월 13일 / 8월 11일 / 9월 9일 / 10월 7, 19, 20, 21일 / 11월 5일 / 12월 3일

경쟁자

1월 3, 17일 / 2월 1, 15일 / 3월 13일 / 4월 11일 / 5월 9, 30일 / 6월 7, 28일 / 7월 5, 26, 29일 / 8월 3, 24, 27일 / 9월 1, 22, 25일 / 10월 20, 23일 / 11월 18, 21일 / 12월 16, 19일

소울메이트

1월 18일 / 2월 16일 / 3월 14일 / 4월 12일 / 5월 10, 29일 / 6월 8, 27일 / 7월 6, 25일 / 8월 4, 23일 / 9월 2, 21일 / 10월 19일 / 11월 17일 / 12월 15일

양자리

이날 태어난 유명인

스파이크 밀리건, 찰리 채플린(희극배우), 헨리 맨시니(작곡가), 킹즐리 에이미스(작가), 피터 유스티노프(배우), 카림 압둘 자바(농구 선수)

태양 : 양자리

지배 성좌 : 궁수자리/목성

위치 : 26°30′ - 27°30′ 양자리

상태 : 활동궁

원소 : 불

항성 : 알 페르그, 베르텍스

4월 17일
ARIES

강한 직관력과 현실적인 능력을 갖춘 완벽주의자

미래에 대한 통찰력과 야심찬 포부가 있는 당신은 긍정적인 마인드로 실행해낼 능력도 갖추고 있습니다. 늘 패기가 넘치고 성공에 대한 집념이 강하지만 그 중간에 집중력을 잃거나 이리저리 방향을 바꾸기도 하는 습성은 극복해야 합니다. 당신의 지배 성좌인 궁수자리의 영향으로 예지력을 갖추고 있기 때문에 행운이 따르는 결정을 하게 되네요. 이런 결정으로 천운을 맞게 되고 경제적으로도 도움이 됩니다. 그러나 진정으로 이런 천운의 혜택을 받으려면 가치 있는 것에 집중하고 책임 있는 자세로 열심히 노력해야 합니다. 당신은 어려운 상황을 잘 해결해낼 능력이 있고 실제로 빠른 판단을 통해 문제를 해결합니다. 있는 힘을 다해 어려움을 극복했다면 잠시 멈추고 충분히 휴식을 취하십시오. 당신은 그걸 누릴 자격이 충분합니다.

현실적인 능력과 강력한 직관력, 그리고 당면한 문제에 집중하는 능력은 당신의 많은 능력 중 일부일 뿐입니다. 당신의 일에 대한 자부심은 완벽주의자의 전형입니다. 그러나 이와 관련해 너무 경제적인 면에만 몰두하는 사람이 되지 않도록 하십시오. 당신의 능력을 다양한 분야에서 활용하시기 바랍니다. 또한 당신이 효율적이고 현실적인 접근법으로 일을 해나가는 것은 큰 장점이지만 그 과정에서 너무 고지식하고 고집스러워 보일 수도 있습니다.

3세가 되면 당신의 태양은 황소자리로 들어가게 되어 그 이후 30년간 안정을 중시하며 살게 됩니다. 33세에 전환기를 맞게 되는데, 이 시기에는 관심사가 증대되고 지식과 소통, 공부에 더 많이 집중하게 됩니다. 60대 초반부터 당신의 태양이 게자리로 진입하게 되면서 자신의 정서적 욕구에 신경을 더 많이 쓰게 되고 가정과 가족에게 집중하게 됩니다.

숨어 있는 자아

안정적이고 예측 가능한 삶을 원하는 면과 지루하지 않고 활기 넘치는 생활을 추구하는 상반된 면이 있습니다. 상황이 순조롭게 풀릴 때에도 판에 박힌 일상에 빠져 익숙해지지 않도록 하세요. 일상의 틀에 박힌 일에서 멀어질수록 당신에게 기회는 더 많이 찾아옵니다. 새로운 기회나 흥미진진함을 추구하는 욕구가 억눌리면 평소에도 이유 없이 불안하고 초조해집니다. 이런 증상을 보상하기 위해 자칫 현실도피적인 태도를 보일 수도 있습니다.

당신은 활동적인 사람이기 때문에 이론보다는 경험이 더 훌륭한 교사라고 느끼게 됩니다. 또한 풍부한 감수성과 섬세하고 직관적인 통찰력은 당신을 긍정적으로 이끕니다. 잘못된 방향으로 나아가지 않도록 내면의 소리에 조용히 귀 기울이다 보면 인생은 순풍을 타고 흘러갈 것입니다.

일과 적성

17일이라는 숫자로 볼 때, 무역이나 비즈니스 업계에 당신을 위해 특별히 좋은 기회가 많이 준비되어 있습니다. 당신의 큰 야망을 이루기 위해서는 먼저 탄탄한 계획을 세우는 것이 필수적입니다. 사업에서 당신은 다른 사람의 돈을 다루는 일이나 수입과 수출, 은행업, 법과 관련된 직업이나 해외 사업, 대형 프로젝트 기획 등이 잘 맞습니다. 손재주가 많고 조형 감각이 뛰어나며, 협상 기술이 탁월한 당신은 유리한 거래를 성사시키며 보상을 제대로 받습니다. 사물과 사안에 대한 관심이 깊어 정확하고 자세한 정보가 많고, 물질적인 성공과 함께 전문가나 연구자 같은 중요한 지위를 얻을 수도 있습니다. 그렇지 않으면 여행이나 탐험을 선택할 수도 있고, 풍부한 감수성과 창의력을 바탕으로 음악이나 예술 분야에서 활약할 수도 있습니다.

수비학으로 본 당신의 운세

상황 판단이 빠르고 독립적인 사색가인 당신은 고등교육을 받거나 숙련된 기술이 있으면 성공에 더 가까이 갈 수 있습니다. 17이라는 숫자로 볼 때 당신은 전문적인 기술을 개발하는 데 지식을 구체적인 방법으로 잘 활용합니다. 속마음을 잘 드러내지 않고 분석 능력이 탁월한 당신은 전문가나 연구자로서 높은 자리에 오를 수 있습니다. 내밀하고 자기 성찰적인 당신은 정확하고 자세한 정보에 특히 관심이 많아 사려 깊게 행동하며 무슨 일이든 서두르지 않고 천천히 하는 걸 좋아합니다. 소통 능력을 발전시키면 다른 사람을 통해 자신에 대해 더 많은 것을 알게 됩니다. 탄생월 4의 영향으로 당신은 친절하고 외향적이며 외교적 수완도 갖추고 있습니다. 다정하게 배려하는 성향을 보이는 당신은 어떤 오해도 말끔하게 풀어버릴 수 있습니다. 독자적으로 문제를 푸는 것을 좋아하지만 다른 사람과 생각을 나누거나 팀의 일원으로 소속감을 갖는 것도 좋습니다. 너무 욕심을 내거나 질투심을 내지 않도록 조심하세요. 인정받고자 하는 욕구가 있으니 창조적 정신을 마음껏 발현하여 자기표현을 극대화하십시오.

- ● 장점 : 사려 깊음, 계획적, 탁월한 사업 감각, 정성을 다하는 성향, 정확성, 연구 능력
- ■ 단점 : 무심함, 외로움, 완고함, 경솔함, 우울증, 신경과민, 편협한 생각, 비난, 의심이 많음

연애와 인간관계

따뜻하고 사교적인 당신은 사람을 끌어모을 만큼 매력이 있습니다. 감성도 풍부하여 사랑할 줄도 알지만 그것을 잘 표현하지 못해 우울해지거나 시무룩해질 수 있습니다. 현실적인 상황으로 인해 제약이 많거나 불만이 쌓이면 노심초사하는 성격이 드러나게 됩니다. 늘 모험심을 가지고 적극적으로 행동하면 정서적 만족감을 얻을 수 있습니다. 때로 관계가 불안정하더라도 평온을 유지하면서 절대 쉽게 포기하지 않네요. 대담하고 활기차며 감성적이기 때문에 누구와 같이 있어도 자신의 입장을 유지하면서 애정과 존경심을 얻을 수 있습니다.

♈

양자리

태양 : 양자리
지배 성좌 : 궁수자리/목성
위치 : 27° 30´ – 28° 30´ 양자리
상태 : 활동궁
원소 : 불
항성 : 미라크, 알 페르그, 베르텍스

4월 18일
ARIES

상식적인 시선으로 분별력 있게 여러 상황의 다양한 면을 보는 능력

언제나 성실한 당신이지만 독창적이고 다재다능해 자신을 표현할 방법을 모색합니다. 양자리 태생인 당신은 창조적이며 강한 의지를 품고 있는데 매력적이고 느긋한 성격입니다. 당신의 지배 성좌인 궁수자리의 영향으로 여행과 탐험을 하거나 다양한 경험을 얻으려 하며 관심사도 다양합니다. 그러나 다양한 관심은 좋지만 이런 것에 너무 에너지를 분산시켜 시간을 낭비하지 않도록 하십시오.

당신은 상식적인 시선으로 분별력 있게 여러 상황의 다양한 면을 보는 능력이 있지만 때때로 우유부단해질 수도 있습니다. 그렇지만 당신은 문제에 직면했을 때 강력한 직관력으로 신속하면서도 독창적인 해결책을 내놓습니다.

부지런하고 체계적이며 꼼꼼한 당신은 문제의 요점을 파고들기를 좋아합니다. 지성이 넘치고 이해력이 뛰어난 당신을 사람들은 신뢰하고 좋아합니다. 인생의 힘든 과제도 척척 떠안고 맞서 해결할 수 있다고 믿는데, 지나치게 이상주의적인 태도를 취하지는 말고, 무모하다 싶을 때는 피하세요.

2세가 되는 때부터 당신의 태양이 황소자리로 들어가게 되면서 당신의 어린 시절은 안정적입니다. 32세에 전환기를 맞게 되는데, 이 시기가 당신의 태양이 쌍둥이자리에 드는 시기입니다. 이때 당신은 인생의 모든 분야에 대해 더 많이 알고 싶어지고 인간관계의 폭을 늘리고 싶어 합니다. 62세 즈음에는 당신의 태양이 게자리로 진입하게 되면서 변화가 생기는데, 감성이 풍부해지고 가정과 가족에게 신경을 더 많이 쓰게 됩니다.

숨어 있는 자아

당신의 기질에서 중요한 점은 지속적인 안정과 애정을 추구한다는 것입니다. 이는 여러 가지 방법으로 표출됩니다. 예를 들면 리더십에 도전을 받을 때 당신은 안전하다고 느낄 때까지 무리하게 앞으로 나아가지 않습니다. 또한 사랑하는 사람들이 침울해 있을 때 당신은 정성을 다해 그들에게 힘을 불어넣어 주고자 합니다.

삶이 판에 박힌 일상의 연속이거나 원하는 만큼 속도를 내지 못하면 불안하고 초조해질 수 있습니다. 그러나 당신의 뛰어난 능력과 결단력이 실제로 실행되는 것은 시간문제일 뿐입니다. 이렇게 일시적으로 오는 정적인 상태는 마음의 평화를 찾는 데 필수적이라 잠시 멈추어 원기를 회복하고 다시 시작하기 위해 심사숙고하는 시간으로 활용해보세요.

4월

일과 적성

두뇌가 명석하고 소통 능력도 뛰어난 당신은 많은 것을 달성할 수 있습니다. 단, 초조해한다거나 스스로를 의심하는 성향은 경계해야 합니다. 긍적적인 마음 상태일 때 당신은 인생에 대해 매우 창의적으로 접근하는데, 예술 분야에서 독창적인 아이디어를 발현하고 싶어 할 것입니다. 타고난 사교성과 비즈니스 감각을 살릴 수 있는 직업, 예컨대 은행업, 영업, 부동산 등과 같은 분야로 진출할 수 있습니다. 철학적이고 인도주의적 성향으로 보아 성직자나 자선사업가도 좋겠습니다. 또한 여행은 삶의 폭을 넓힐 수 있는 길을 열어줄 것입니다.

수비학으로 본 당신의 운세

결단력이 있고 자기주장이 강하며 포부가 큰 것은 18일과 연관된 특성입니다. 활동적이고 도전심이 강한 당신은 계속 진취적인 일을 하고 싶어 합니다. 유능하고 성실하며 책임감이 강해 권한이 주어지는 업무 영역에서 능력을 발휘하겠네요. 당신의 탁월한 사업 감각과 조직력을 활용하면 무역계로 진출할 수도 있습니다만, 과로로 고생할 수도 있으니 때때로 느긋이 쉴 필요가 있습니다. 18이라는 숫자로 보면, 다른 사람들에게 도움을 주거나 조언을 해서 문제를 해결하는 능력이 있습니다. 탄생월 4의 영향으로 당신은 유능하고 유순하며 상상력이 풍부합니다. 의심이 들더라도 자신감을 갖고 직관을 믿으십시오. 때때로 감정이 격해질 경우 흥분하거나 이기적으로 행동하지 마십시오. 인내심과 이해심을 보여주세요. 거침없이 말하는 성격이니 행동하기 전에 생각하고 너무 비판적으로 대하지 않도록 하세요. 권한이 있는 자리에 앉게 되면 정직하고 정당하며 공정하게 처신하는 것이 무엇보다 중요합니다.

● 장점 : 진보적 태도, 자기 확신, 직관, 용기, 단호함, 치유력, 효율성, 자문 능력
■ 단점 : 통제되지 않는 감정, 게으름, 질서 결여, 이기적, 일이나 프로젝트 미완성, 기만

연애와 인간관계

다재다능하고 창조적인 당신에겐 친구들과 지인들이 많습니다. 상냥하고 쾌활한 매력으로, 사람과 관련된 모든 활동에서 성공을 이루는데, 특히 자기 개성을 충분히 표현할 수 있는 쪽이 좋습니다. 연애와 관련된 문제에서도 긍정적인 자세를 계속 유지하면 사랑을 얻을 수 있을 것입니다. 그러나 상대를 생각하지 않고 자기 일에 너무 매여 있다면 냉정하거나 무관심하게 보일 수 있습니다. 자신을 돌아보는 시간을 갖고 내면의 목소리에 귀를 기울일 필요가 있습니다. 이것은 당신을 고양시키고 당신의 높은 이상과 연결되어 있기 때문입니다. 당신의 믿음을 강화시키고 경제적인 불안정에 대한 걱정으로 인해 관계가 불안해지는 것을 피할 수 있게 해줍니다.

이날 태어난 유명인

헤일리 밀스(배우), 레오폴드 스토콥스키(지휘자), 코넌 오브라이언(방송인), 새뮤얼 헌팅턴(정치학자), 그리고리 소콜로프(피아니스트), 민해경, 강균성(가수)

양자리

태양 : 양자리	
지배 성좌 : 궁수자리/목성	
위치 : 28°30′ – 29°30′ 양자리	
상태 : 활동궁	
원소 : 불	
항성 : 미라크, 베르텍스	

4월 19일
ARIES

모험심을 품은 관대하고 친절한 이상주의자

이상주의적이고 사교적이면서도 진취적이고 물질적인 안정을 추구하는 당신은 이익과 발전을 가져다줄 수 있는 교류를 원합니다. 양자리 태생인 당신은 열정적이고 자기주장이 강하며 예리한 직관력의 소유자입니다. 이는 당신이 통찰력이 뛰어나고 상상력이 풍부하며, 독창적인 재능으로 주도적으로 일을 해나갈 수 있게 합니다.

이날 태어난 사람은 인간관계를 매우 중요하게 생각합니다. 당신이 강인하고 단호한 사람이긴 하지만 다른 사람들의 도움을 받기 위해서는 타협의 기술을 배울 필요가 있겠네요. 지배 성좌 궁수자리의 영향으로 당신은 낙천적이며 지략이 풍부합니다. 때때로 당신은 엄청난 경제적 보상을 가져올 수 있는 대단히 훌륭한 아이디어를 만들어내기도 합니다.

관대하고 친절하기 때문에 앞장서서 공동체를 위해 활동하기도 할 것입니다. 대의에 대한 확신이 선다면 당신은 단호한 설득력을 발휘할 수 있습니다. 영업과 홍보에서도 재능을 보여 거래를 성공적으로 협상해나갈 수 있습니다.

태어나 30년간 안정기에 있다가 31세에 전환기가 찾아오는데, 당신의 태양이 쌍둥이자리에 드는 시기입니다. 이때 당신은 관심의 폭을 넓히면서 지식을 늘려나가며 사람들과의 소통을 중요시합니다. 60대 초반부터 당신의 태양이 게자리로 진입하면서 인생의 희로애락에 대해 크게 깨닫게 되고 조화로운 가정생활을 모색하게 됩니다.

숨어 있는 자아

세상에서 인정받고 싶다는 생각에 자극을 받아 물질적 성취를 이루는 길로 나아가게 됩니다. 이상을 추구하는 마음과 부와 명예에 대한 욕구가 묘하게 섞이면서 당신은 성공을 위한 열망과 결의가 생깁니다. 그러나 당신의 마음을 채워주고 성취감을 맛보게 하는 것은 다른 사람들을 위해 무슨 일인가를 할 때입니다. 평화로움과 조화를 추구하는 마음이 강하기 때문에 당신의 포부를 펼쳐 보일 수 있는 안정된 토대, 가정이 필요합니다. 그것은 또한 음악이나 예술적인 재능을 계발하는 방향으로 확대될 수도 있습니다.

일하지 않으면 얻는 것도 없다는 자각과 직업의식이 투철한 당신은 다음 목표가 확실하게 정해졌을 때 행복감을 훨씬 많이 느낍니다. 금전적인 부족 상태를 매우 두려워하지만 그런 근거 없는 두려움이 생길 때도 당신의 이상적인 성향은 다른 사람들에게 이득이 되는 무언가를 성취하고자 갈망합니다.

일과 적성

당신은 프로젝트 추진에 필요한 열정과 전문적 지식이 있어서 여러 분야로 진출할 수 있습니다. 타고난 사업 감각이 있어, 자신이 가치를 인정하는 아이디어나 상품을 충분히 팔 수 있습니다. 그 능력은 영업에 그치지 않고 자기 자신과 자신의 이상을 널리 홍보할 특기가 되기도 합니다. 자신은 책임자로 있으면서 지극히 세부적이고 일상적인 작업은 다른 사람에게 위임할 수 있는 상태를 이상적이라고 생각합니다. 대인관계 능력이 탁월하여 사람을 상대하는 직업이 좋습니다. 예를 들자면, 홍보와 광고, 또는 중개인이나 에이전트 등이 이런 직업에 속합니다. 또한 부동산이나 통신 관련 직종에서 협상을 책임지는 쪽으로 진출할 수도 있습니다. 매니저로 일을 하거나 자영업을 하더라도 당신은 다른 사람들과 협력하여 일하는 것이 얼마나 중요한지 이미 알고 있습니다.

수비학으로 본 당신의 운세

쾌활하고 포부가 큰 성향은 19일에 태어난 사람들을 평가하는 말입니다. 결단력이 있고 지략이 넘쳐 통찰력이 뛰어나네요. 몽상가 기질이 있어서 측은지심이 많고 이상주의적입니다. 다른 사람이 되고 싶은 욕구가 있어 드라마틱한 연극의 주인공이 되어 조명을 받을지도 모릅니다. 당신은 남들에게는 자신만만하고 쾌활하며 지적인 사람으로 보이지만 내면적으로는 긴장감으로 인해 심한 감정의 기복을 겪을 수 있습니다. 예술적이고 카리스마 넘치는 당신은 미지의 세계에 대한 호기심도 많습니다. 탄생월 4의 영향으로 당신은 현실적이고 근면 성실하지만 역량을 분산시키지 않고 계속 집중해야 합니다. 당신은 지나친 낙관주의로 인해 때때로 너무 성급하게 행동하는 경향이 있지만, 자기 확신이 강하면서도 다른 사람의 말에도 귀를 기울일 줄 알기에 훌륭한 리더십을 보여줄 수 있을 것입니다. 현실적인 능력과 상상력을 발휘하여 머릿속의 아이디어를 눈에 보이는 상품으로 전환시키는 능력도 뛰어납니다.

● 장점 : 창의성, 리더십, 행운, 진보적 성향, 낙천주의, 강한 신념, 독립성, 사교적 성향
■ 단점 : 근심 걱정, 거부에 대한 두려움, 감정 기복, 물질 만능 주의, 이기주의, 성급함

연애와 인간관계

당신은 활력이 가득하고 다양한 분야에 관심을 두고 있기 때문에 무척 바쁜 사회생활을 하게 될 것입니다. 당신은 지적인 사람, 힘 있는 사람, 특히 강렬한 개성을 가진 사람에게 매료됩니다. 그러나 당신은 상대보다 정신적 우위에 있으려 하거나 당신 뜻대로 되지 않으면 정신적인 파워 게임을 하거나 술수를 쓰게 될 가능성이 있으니 주의하세요. 그럼에도 당신은 다른 사람들에게 관대하고 지극히 협력적일 수 있습니다. 또한 다양한 부류의 사람들과 친구가 되는 행운이 따라주며 이런 새로운 우정이 사업에 도움을 주게 됩니다.

양자리

이날 태어난 유명인

팔로마 피카소(패션 디자이너), 제인 맨스필드, 애슐리 저드, 헤이든 크리스텐슨(배우), 마리아 샤라포바(테니스 선수), 박남정, 유희열, 길건(가수), 이다해, 임수향(배우)

태양 : 양자리/황소자리 경계점	
지배 성좌 : 궁수자리/목성	
위치 : 29°30′ 양자리 - 0°30′ 황소자리	
상태 : 활동궁	
원소 : 불	
항성 : 미라크	

4월 20일

ARIES

열정과 야망을 지니면서도 감성이 풍부한 성격

양자리와 황소자리 경계점에 있는 당신은 양자리의 추진력, 자기 확신과 함께 황소자리의 현실적인 결단력까지 겸비하고 있습니다. 야망이 있으면서도 감성이 풍부한 당신은 물질적 안정과 강한 출세욕이 있습니다. 당신에게는 자기중심적이고 권위적인 부분과 다른 사람을 배려하는 부분이 공존하고 있습니다. 그 둘 사이의 균형이 매우 중요합니다.

성공과 안정에 대한 욕구가 있어 다른 사람들에게 인정받고 싶어 하고 사교적이고 수용적인 태도를 보입니다. 사람을 끌어당기는 힘이 있네요. 당신의 직관력은 상황을 빠르고 정확하게 파악하는 데 도움이 됩니다.

사교적이고 외향적이면서도 당신은 다른 사람의 비판에 매우 민감하게 반응합니다. 이성적으로 생각하면서, 다른 사람의 말에 쉽게 상처받지 않도록 하십시오.

세상 물정에 밝고 허튼 생각을 하지 않으며 천성적으로 외교술이 뛰어난 당신은 사람들과 함께하는 작업을 즐깁니다. 또한 일과 놀이를 결합시키거나 아이디어를 경제적인 이득과 연결시키는 재주가 거의 신의 경지입니다!

초년에는 특히 한 여성에게서 강력한 영향을 받는데, 보통 어머니인 경우가 많습니다. 30세까지는 당신의 태양이 황소자리를 통과하면서 물질적 안정과 사회적 지위, 부를 추구하는 데 집중하게 됩니다. 30대 초반부터 전환기가 찾아오는데, 이 시기는 당신의 태양이 쌍둥이자리에 드는 시기로, 관심사를 넓혀가며, 지식과 소통, 공부를 중요하게 생각합니다. 60대가 되면 당신의 태양이 게자리로 진입하게 되면서 정서적 안정, 가정과 가족을 중시하는 경향이 두드러집니다.

숨어 있는 자아

사람과 상황을 신속하게 판단하는 타고난 직관력은 당신이 원하는 길로 한 발짝 나아가는 데 도움이 됩니다. 다양한 아이디어에 대해 사람들을 설득시키거나 인간관계를 만들어갈 때, 이 능력을 활용하면 큰 도움이 됩니다. 다른 사람들과 일할 때, 힘으로 밀어붙이지 않고 타협하고 의논하고 협의하면서 진행하는 것이 좋습니다.

당신의 깊은 내면에는 매우 강렬한 욕망이 도사리고 있습니다. 이 강력한 욕망의 물길을 이타적인 활동이나 봉사활동으로 돌린다면 다른 이들의 삶을 개선하는 강력한 힘이 될 수 있습니다. 선한 일을 하고자 하는 이런 어마어마한 능력이 경제적인 걱정에 가려져 힘을 잃어버리지 않도록 하세요. 당신에게 필요한 것이 무엇인지, 그리고 그것이 왜 필요한지를 분명히 인식하는 일이 무엇보다 중요합니다.

일과 적성

열정과 용기, 집중력, 실행력 등을 갖춘 당신은 협상가나 에이전트, 또는 재정 고문 같은 직종으로 진출할 가능성이 있습니다. 새롭게 도전하기를 좋아하는 당신은 절대로 기회를 놓치지 않습니다. 강력한 집중력과 의지, 결단력으로 일에서 수익을 올리는 능력이 대단합니다. 이상주의와 현실주의가 강력하게 화학작용을 일으키며 당신을 자극하니 타고난 리더십이 그대로 발현됩니다. 특히 매니저나 실무 경영자, 기업가로 두각을 나타내겠어요. 표현력이 출중하고 창의력이 풍부해서 예술이나 연예계로 진출할 수도 있습니다.

수비학으로 본 당신의 운세

20일에 태어난 당신은 직관력이 뛰어나고 감성이 풍부하며 적응력이 좋고 이해심이 넓어, 조직에 소속된 경우가 많습니다. 그래서 사람들과 서로 경험을 공유하고 상호작용하며 배울 수 있는 활동을 좋아합니다. 우아하고 매력적인 당신은 사교성과 사회성이 좋아 다양한 모임에도 쉽게 참여합니다. 그러나 다른 사람들에게 쉽게 상처받거나 너무 의존하는 경향은 자신감을 키워서 극복해야 합니다. 당신은 서로 마음이 통하는 분위기를 조성하는 데 귀재입니다. 탄생월 4라는 숫자는 당신이 현실적이면서도 다정하게 협력하는 사람임을 나타냅니다. 당신의 직감을 믿고 다른 사람에 대해 너무 신경 쓰지 마십시오. 특히 신뢰할 수 없는 상대에 대해서는 더 그렇습니다. 완벽주의자인 당신은 최선을 다한 것만으로도 충분합니다. 너무 심하게 다른 사람의 의견에 귀 기울이기보다 스스로 자신 있게 결정하는 법을 터득해야 합니다.

- ● 장점 : 훌륭한 파트너십, 관대함, 재치, 수용력, 직관, 배려, 조화, 친선, 우호적인 성격, 친선 대사 역할
- ■ 단점 : 의심, 자신감 결여, 수줍음, 과민증, 지나치게 감정적인 반응, 이기심, 기만

연애와 인간관계

당신은 다정하고 온화한 성품으로 바쁜 일상을 살면서 사람들을 만나면서 활기찬 삶을 영위합니다. 누구와도 금방 친해지지만 그러면 마음이 쉽게 변할 수 있습니다. 시간을 두고 정성을 들일 필요가 있습니다. 변화를 좋아하니 인생에서 여행이나 모험 등 신명나는 일들을 많이 경험하겠군요. 의지가 강하고 결단력이 있어서 당신처럼 활동적이고 근면 성실한 사람을 이상적인 상대로 생각하겠네요. 전체적으로 따뜻하게 배려하는 심성이지만 때로는 사랑하는 사람에게 이기적이고 지배하려는 모습도 간간이 엿보입니다. 인내를 배우고 편견을 없앤다면 정서적으로 안정되고 균형 있는 관계를 유지할 수 있을 것입니다.

당신에게 특별한 사람

연인이나 친구
♥
1월 14, 24, 31일 / 2월 12, 22, 23, 29일 / 3월 10, 20, 27일 / 4월 8, 18, 25일 / 5월 6, 16, 23, 30일 / 6월 4, 14, 15, 21, 28, 30일 / 7월 2, 12, 19, 26, 28, 30일 / 8월 10, 11, 17, 24, 26, 28일 / 9월 8, 15, 22, 24, 26일 / 10월 6, 13, 20, 22, 24, 30일 / 11월 4, 11, 18, 20, 22, 28일 / 12월 2, 9, 16, 18, 20, 26, 29일

힘이 되어주는 사람
♦
1월 5, 22, 30일 / 2월 3, 20, 28일 / 3월 1, 18, 26일 / 4월 16, 24일 / 5월 14, 22일 / 6월 12, 20일 / 7월 10, 18, 29일 / 8월 8, 16, 27, 31일 / 9월 6, 14, 25, 29일 / 10월 4, 12, 23, 27일 / 11월 2, 10, 21, 25일 / 12월 9, 19, 23일

운명의 상대
◆
1월 12일 / 2월 10일 / 3월 8일 / 4월 6일 / 5월 4일 / 6월 2일 / 10월 24, 25일

경쟁자
◆
1월 16, 21일 / 2월 14, 19일 / 3월 12, 17, 30일 / 4월 10, 15, 28일 / 5월 8, 13, 26일 / 6월 6, 11, 24일 / 7월 4, 9, 22일 / 8월 2, 7, 20일 / 9월 5, 18일 / 10월 3, 16일 / 11월 1, 14일 / 12월 12일

소울메이트
★
1월 25일 / 2월 23일 / 3월 21일 / 4월 19일 / 5월 17일 / 6월 15일 / 7월 13일 / 8월 11일 / 9월 9일 / 10월 7일 / 11월 5일 / 12월 3, 30일

♈
양자리

이날 태어난 유명인

라이언 오닐, 제시카 랭(배우), 호안 미로(화가), 루더 밴드로스(가수), 미란다 커(모델), 천우희(배우)

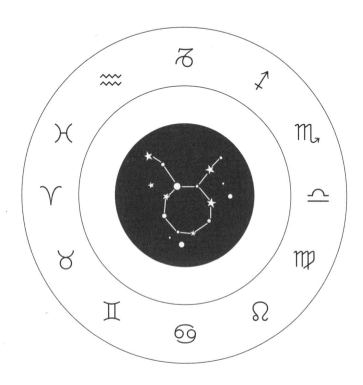

황소자리
TAURUS

4월 21일 ~ 5월 21일

태양 : 황소자리/양자리 경계

지배 성좌 : 황소자리/궁수자리

위치 : 0° - 1° 30′ 황소자리

상태 : 고정궁

원소 : 흙

항성 : 미라크, 미라

4월 21일

TAURUS

인생의 목적을 향해 성실히 나아가는 자립심 강한 사람

당신은 지적이고 독립적이며, 솔직한 것을 좋아하는 능력 있는 사람입니다. 총명하고 꼼꼼하며 창의력이 가득한 당신은 새로운 아이디어에도 개방적인 데다 대담하고 확신에 찬 면모를 보입니다. 양자리와 황소자리 경계에서 태어난 당신은 황도 12궁 중 두 자리의 혜택을 모두 받아 독창적이고 대담하면서도 감각적인 데다 예술적인 재능을 타고났습니다. 안타깝게도 두 자리의 영향으로 고집스럽고 탐닉하는 성향도 두 배로 나타납니다.

매우 명석하기 때문에 탁월한 잠재력을 발휘하기 위해서는 교육이 필수적인 요소입니다. 실용주의적 성향이긴 하지만 지적 호기심을 자극하고 견문을 넓혀주는 관심의 대상이 필요합니다. 인생의 목적을 성실하게 추구하는 성품인데, 그러기 위해서는 안정적 기반이 무엇보다 중요합니다. 이는 보통 가정을 의미하지만 직장이나 사업 등 삶의 다른 영역과 관련될 수도 있습니다. 일단 안정이 되면 자신의 영향력을 발휘할 수 있고, 지혜롭게 상황을 지배할 수 있다는 것을 깨닫게 됩니다. 이날 태어난 여성은 사고가 남성적이지만, 남성 여성 모두 지나치게 군림하려는 태도는 지양해야 합니다.

29세까지 당신은 경제적인 안정에 집중하는 경향이 있습니다. 30세 이후에는 당신의 태양이 쌍둥이자리에 들면서 새로운 관심사가 나타나고 명확한 소통에 중점을 두게 됩니다. 이런 성향은 60세에 들어설 때까지 계속되는데, 이때 당신의 태양은 게자리로 진입하게 됩니다. 이 시기에는 정서적인 안정에 대한 욕구가 더욱더 커져 가정과 가족은 인생에서 더 중요한 자리를 차지하게 됩니다.

숨어 있는 자아

사람들을 대하는 뛰어난 수완과 강한 정신력이 결합되어, 자신이 주도권을 쥐지 않으면 절대 만족감을 느낄 수 없습니다. 잘못하면 파워 게임에 빠지게 되고, 잘하면 우호적 경쟁을 통해 다른 사람들에게 도전하는 방식으로 자신의 능력을 발휘할 수 있습니다. 다른 사람들과 의견을 나누는 것도 좋아하고 함께 노력하여 일하는 데 재능을 보입니다. 그러나 내면에는 섬세함과 풍부한 감성, 이상주의적 면모가 감춰져 있습니다.

책임을 다하려고 자신을 너무 혹사하지는 마십시오. 목표를 이룰 때까지는 멈추지 않고 노력하는 유형입니다. 장기적인 목표와 목적을 이루기 위해서는 인내와 참을성이 얼마나 중요한지 이미 깨닫고 있네요. 고단하게 노력하고 전력을 다하지만 지배하려는 습성과 지나치게 물질주의적인 성향은 극복해야 합니다. 그러나 당면한 과제에 그다지 관심이 없는 상황에서도 당신의 결단력은 두각을 드러내고 쉽게 타협하지 않습니다.

일과 적성

리더십과 근면 성실함을 인정받아 어떤 분야로 진출하든 권한이 부여된 자리에 앉게 됩니다. 비범한 잠재력과 내적 강인함을 끌어내기 위해서는 교육이 꼭 필요합니다. 날카로운 지성과 뛰어난 상상력의 소유자인 당신은, 글이나 말, 노래나 연기 등으로 자신을 표현하고 싶은 열망을 느낄 수도 있습니다. 그래서 교사나 판사, 개혁가 또는 연예인 직업을 갖게 될 수 있습니다. 비즈니스 쪽으로는 특히 투자, 증권시장, 영업, 출판, 광고, 부동산 관련 분야로 진출할 가능성이 있습니다.

수비학으로 본 당신의 운세

강한 의욕이 넘치고 적극적인 성격은 생일이 21일인 사람들에게서 볼 수 있는 공통적인 특성입니다. 자상하고 사교적인 당신은 다양한 사람들과 인간관계를 넓혀갑니다. 흥이 넘치고 매력적인데, 반대로 수줍음을 타고 내향적인 면도 있습니다. 가까운 사이에서는 자기주장을 할 필요가 있습니다. 협력적인 관계나 결혼을 바라는 마음이 있지만 자신의 재능과 능력을 인정받고자 하는 열망 또한 큽니다. 탄생월 4의 영향으로 당신은 현실적이고 책임감이 강하면서도 사려 깊고 분석력이 있으며 상상력 또한 풍부합니다. 다른 사람들과 함께 있는 것을 즐기는데, 때로는 혼자서 평안한 분위기에서 사색하고 반추하는 시간을 가질 필요가 있네요. 또한 사람을 신뢰하는 마음, 자기 생각을 솔직하게 표현하는 것이 중요합니다.

- ● 장점 : 정신적 자극, 창의력, 사랑으로 맺은 관계, 오래 지속되는 관계
- ■ 단점 : 의존성, 신경과민, 감정 조절 상실, 비전 결여, 실망감, 변화에 대한 두려움

연애와 인간관계

정서적 안정감에 대한 강한 열망이 있어서, 활동적이고 도전적인 생활을 원하면서도 평화로운 가정생활을 갈망하기도 합니다. 안정된 관계를 유지하기 위해서 설득력을 발휘하여 최선의 노력을 기울이네요. 그러나 너무 비판적이거나 자만하게 되면 긴장감과 불안감을 가져올 수 있으니 주의하세요. 사람들에게 정신적인 자극을 주는 것을 좋아하며, 파트너와 공통의 관심사를 나눌 필요가 있습니다. 당신에겐 다른 사람들을 보호하려는 보호 본능이 있고 애정이 넘치는 스타일입니다.

연인이나 친구

1월 8, 11, 13, 15, 17, 25일 / 2월 9, 11, 13, 15, 23, 24일 / 3월 7, 9, 11, 13, 21일 / 4월 5, 7, 9, 11, 19일 / 5월 3, 5, 7, 9, 17, 31일 / 6월 1, 3, 5, 7, 15, 29일 / 7월 1, 3, 5, 27, 29, 31일 / 8월 1, 3, 11, 25, 27, 29일 / 9월 1, 9, 23, 25, 27일 / 10월 7, 21, 23, 25일 / 11월 5, 19, 21, 23일 / 12월 3, 17, 19, 21, 30일

힘이 되어주는 사람

1월 1, 5, 20일 / 2월 3, 18일 / 3월 1, 16일 / 4월 14일 / 5월 12일 / 6월 10일 / 7월 8일 / 8월 6일 / 9월 4일 / 10월 2일

운명의 상대

10월 23, 24, 25일

경쟁자

1월 6, 22, 24일 / 2월 4, 20, 22일 / 3월 2, 18, 20일 / 4월 16, 18일 / 5월 14, 16일 / 6월 12, 14일 / 7월 10, 12일 / 8월 8, 10, 31일 / 9월 6, 8, 29일 / 10월 4, 6, 27일 / 11월 2, 4, 25, 30일 / 12월 2, 23, 28일

소울메이트

1월 6, 12일 / 2월 4, 10일 / 3월 2, 8일 / 4월 6일 / 5월 4일 / 6월 2일

이날 태어난 유명인

샬럿 브론테(작가), 이기 팝(음악가), 롤로 메이(심리학자), 앤디 맥도웰, 앤서니 퀸, 찰스 그로딘, 제임스 맥어보이(배우), 김영애, 김지석(배우)

황소자리

| 태양 : 황소자리 |
| 지배 성좌 : 황소자리/금성 |
| 위치 : 1°-2° 황소자리 |
| 상태 : 고정궁 |
| 원소 : 흙 |
| 항성 : 미라크, 미라, 엘 셰라타인 |

*4*월 *22*일

TAURUS

자신에게는 엄격하고 남을 돕는 사람

이 생일로 보면 당신은 명민하고 사교적이며 자신감이 넘치고 매력적인 사람으로 천부적인 재능도 많습니다. 탁월한 리더십도 발휘합니다. 두뇌 회전이 빨라 재기 넘치는 토론 또는 재치 있는 말장난을 즐기고 훌륭한 비평가의 자질이 있습니다. 직설적이고 솔직해서 마음에 있는 말을 파급효과는 개의치 않고 그대로 쏟아내는 용기가 대단합니다.

지배 성좌 황소자리의 영향이 배가되어 사랑을 주고받는 데 열정적입니다. 색상과 예술, 미(美)에 조예가 깊은 당신은 독창적이고 화려한 것을 좋아합니다. 그러나 지나치게 몰두해서 거기에 빠져버리는 일이 없도록 주의하세요. 그래도 경제적인 문제나 물질적 안정 면에서는 항상 훌륭한 판단을 내리네요.

당신은 큰 그림을 그리고 전체를 바라보는 능력이 있어 다양한 그룹 간에 소통을 담당하거나 훌륭한 조직 관리자 역할을 할 수 있습니다. 사랑하는 사람들에게는 관대하고 이해심이 깊습니다. 그러나 고집이 세고 자기 마음대로 하려는 경향은 경계할 필요가 있겠네요. 자신에게는 엄격한 잣대를 들이대며, 말보다 행동이 중요하다고 생각하는 사람입니다. 자기 수양을 더하면 정말 놀라운 결과를 이룰 수 있습니다.

28세까지 당신은 인간관계와 금전적인 것의 가치에 관심을 갖게 됩니다. 29세 이후에는 당신의 태양이 쌍둥이자리에 들면서 새로운 능력을 개발하고 공부하는 것에 집중하게 됩니다. 사람들과의 소통이 당신의 삶에서 더 중요한 부분을 차지하게 되겠네요. 이런 경향은 50대까지 지속되는데, 이 시기에 당신의 태양은 게자리로 진입하게 됩니다. 이 전환기를 맞으며 당신은 자신의 감정에 집중하게 되고 정서적인 안정감, 가족, 가정 등이 훨씬 더 중요하게 다가옵니다.

숨어 있는 자아

물질만능주의와 풍부한 감성이 묘하게 섞여 있는 당신은 개인적인 성취감을 중요시합니다. 그러나 세속적인 관심이 당신의 삶을 지배하는 경향을 극복해야 합니다. 그러면 당신은 돈이나 사회적 지위만으로는 온전한 만족감을 얻을 수 없다는 것을 깨닫게 됩니다. 또한 지금까지 당연시해온 편안한 것에 안주하는 버릇을 버리고 자기 내면의 목소리와 자신의 직관에 귀를 기울이게 되지요. 여기서 가장 어려운 부분은 올바른 결정을 내리는 것과, 자신의 방식을 믿는 것입니다. 그 문제를 풀어내면 당신은 결단력과 자신감을 바탕으로 훌륭한 성과를 이뤄낼 수 있습니다. 당신은 자신을 표현하는 힘이 있는데, 그것이 걱정 근심을 없애고 지나친 신경과민을 막아줍니다. 그것은 또한 삶의 기쁨을 느끼게 하고 당신만의 독창적인 삶을 꾸려나가는 데 큰 도움이 될 것입니다.

일과 적성

당신에게는 현실적인 면이 있어 비즈니스와 관련된 직종이 좋습니다. 재계로 진출하여 멋진 은행가나 경제학자, 또는 증권 중개인이 될 수 있습니다. 아니면 금융 자문가나 회계사, 또는 협상가나 딜러가 될 수도 있습니다. 리더로서의 자리를 선호하고 탁월한 조직 능력을 갖추고 있어 정치인이나 매니저, 또는 행정가로서도 성공을 보장받을 수 있겠네요. 또한 당신은 과학 분야에 끌릴 수도 있습니다. 달변가인 당신은 교육계나 법조계로 진출할 가능성도 있습니다.

수비학으로 본 당신의 운세

22일에 태어난 당신은 현실적이고 자제력이 있으며 직관력이 뛰어납니다. 22는 마스터 수로 22라는 수와 4라는 수는 둘 다 울림을 줄 수 있습니다. 정직하고 근면 성실하며 리더십을 타고난 당신은 카리스마가 있고 사람들을 깊이 이해합니다. 감정을 잘 드러내지 않지만 자상해서 다른 이들을 걱정해주고 신경을 쓰는 등 보호 본능을 갖추고 있습니다. 그러나 4라는 숫자에 영향을 받는 당신은 불필요한 위험을 감수하지 않도록 유의해야 합니다. 인내심 있게 잘 조정해나간다면 당신은 더 유능하고 건설적인 사람이 될 것입니다. 직관력과 통찰력으로 일상적인 일들을 처리하는 방법을 배워두십시오. 정신적인 면에 관심을 쏟으면 이 우주의 질서와 원리를 알게 되어 물질주의적 성향을 극복하는 데 도움이 될 것입니다. 결단력과 근면 성실함으로 인생에서 많은 것을 이루겠네요.

- 장점 : 보편성, 리더십, 직관력, 실용주의, 실용성, 손재주, 체계 확립, 조직력, 현실주의, 문제 해결 능력, 성취도
- 단점 : 일확천금에 이끌림, 신경과민, 열등감, 위세, 물질만능주의, 비전 결여, 게으름, 이기주의, 탐욕

연애와 인간관계

모험심이 강하고 열정적인 당신은, 포부가 크고 의욕이 넘치는 다양한 사람들과 어울리는 것을 즐기네요. 매력적이고 사교적인 당신은 연애할 기회가 많을 것입니다. 그렇지만 관계가 진전되지 않으면 답답함을 느끼게 됩니다. 재치와 유머 감각을 함께 나눌 수 있는 사람과 인연이 있습니다. 인간관계에서 당신은 너무 많이 희생하는 성향이 있으니 경계해야 합니다.

당신에게 특별한 사람

연인이나 친구
♥

1월 4, 12, 16, 25일 / 2월 10, 14, 23, 24일 / 3월 8, 12, 22, 31일 / 4월 6, 10, 20, 29일 / 5월 4, 8, 18, 27일 / 6월 2, 6, 16, 25, 30일 / 7월 4, 14, 23, 28일 / 8월 2, 12, 21, 26, 30일 / 9월 10, 11, 19, 24, 28일 / 10월 8, 17, 22, 26일 / 11월 6, 15, 20, 24, 30일 / 12월 4, 13, 18, 22, 28일

힘이 되어주는 사람

1월 2, 13, 22, 24일 / 2월 11, 17, 20, 22일 / 3월 9, 15, 18, 20, 28일 / 4월 7, 13, 16, 18, 26일 / 5월 5, 11, 16, 18, 26일 / 6월 3, 9, 12, 14, 22일 / 7월 1, 7, 10, 12, 20일 / 8월 5, 8, 10, 18 / 9월 3, 6, 8, 16일 / 10월 1, 4, 6, 14 / 11월 2, 4, 12일 / 12월 2, 10일

운명의 상대

1월 25일 / 2월 23일 / 3월 21일 / 4월 19일 / 5월 17일 / 6월 15일 / 7월 13일 / 8월 11일 / 9월 9일 / 10월 7, 25, 26, 27일 / 11월 5일 / 12월 3일

경쟁자

1월 7, 23일 / 2월 5, 21일 / 3월 3, 19, 29일 / 4월 1, 17, 27일 / 5월 15, 25일 / 6월 13, 23일 / 7월 11, 21, 31일 / 8월 9, 19, 29일 / 9월 7, 17, 27, 30일 / 11월 3, 13, 23, 26일 / 12월 1, 11, 21, 24일

소울메이트
★

1월 17일 / 2월 15일 / 3월 13일 / 4월 11일 / 5월 9일 / 6월 7일 / 7월 5일 / 8월 3일 / 9월 1일 / 11월 30일 / 12월 28일

이날 태어난 유명인

잭 니콜슨(배우), 이마누엘 칸트(철학자), 로버트 오펜하이머(과학자), 앰버 허드(배우), 블라디미르 레닌(소련 정치인), 블라디미르 나보코프(작가), 박문성(축구 해설가), 김선우(피아니스트)

황소자리

| 태양 : 황소자리 |
| 지배 성좌 : 황소자리/금성 |
| 위치 : 2° - 3° 황소자리 |
| 상태 : 고정궁 |
| 원소 : 흙 |
| 항성 : 미라크, 미라, 엘 셰라타인 |

4월 23일

TAURUS

자기감정에 솔직하고 개성을 유감없이 발산하는 성향

이날 태어난 당신은 열의에 차 있고 카리스마가 넘치는 성품이 특징입니다. 자신의 생각을 정확하게 전달하는 능력이 있고 매우 총명하며 사교적이고 유쾌한 사람입니다. 자신의 감정에 솔직하고자 개성을 유감없이 발산하며, 대대적으로 일을 벌이는 재주가 남다릅니다.

황소자리의 영향으로 아름다움과 자연, 그리고 예술을 사랑하고 자기표현에 대한 강한 열망이 있습니다. 타고난 재능을 독창력과 결부시킨다면 멋진 결과를 낼 수 있습니다. 이는 또한, 압박을 받으면 완고한 자기 틀 속에 갇힐 수도 있다는 사실을 암시합니다. 그렇지만 사랑의 힘이라면 이끌릴 수 있습니다. 전체 인생의 설계에서 물질적 안정이 중요한 자리를 차지하므로 의지할 수 있는 견고하고 안정된 무언가가 필요합니다. 당신은 경제적인 문제는 항상 잘 풀어나가며, 스스로를 위해 또는 다른 사람을 위해 부를 이룰 능력이 있습니다.

다정다감한 당신은 다양한 부류의 사람들과 어울리면서 계속 활동합니다. 그러나 억압을 받거나 너무 많은 일을 맡으면 신경과민이나 스트레스를 받게 되는 경향이 있으니 주의하십시오. 일반적으로 당신은 설득력이 뛰어나 힘들이지 않고 쉬운 방법으로 사람들을 이끌고 조직할 수 있습니다. 그러나 불안해지거나 마음이 조급해지면 완강하게 자신의 의견만을 고집하는 성향으로 바뀌게 되니 주의하세요. 진취적인 당신은 한곳에 가만히 처져 있지는 않으므로 자신을 돕고 또 남도 도울 수 있는 능력을 발휘해 지평을 넓힐 수 있는 새로운 방법을 찾아낼 것입니다.

27세까지 당신은 아주 현실적이고 안정을 중요시하면서 인생을 바라보게 됩니다. 그러나 28세 이후에는 당신의 태양이 쌍둥이자리에 들면서 새로운 것을 수용하게 되고 공부를 시작하게 될 수도 있습니다. 지적인 자극은 50대 후반까지 지속되는데 이 시기에 당신의 태양은 게자리로 들어가게 됩니다. 이때부터 당신이 중요시하는 것은 정서적인 문제, 특히 가정과 가족에 관련된 것으로 바뀌게 됩니다.

숨어 있는 자아

투철한 직업의식과 성취 욕망이, 내적 쾌락과 사랑과 애정에 대한 갈구에 의해 균형을 이루고 있습니다. 애정을 추구하는 성향에 고삐가 풀리면, 당신은 자기표현 열망에 휩싸이고 사람을 끄는 강력한 매력을 발산하게 됩니다. 재기 발랄한 당신은 자신감과 열정으로 가득 차 있습니다만, 책임감과 쾌락 추구 사이에서 균형을 이루는 방법을 터득해야 합니다. 뭔가를 하고 싶다는 생각이 들 때는, 특유의 이상주의와 기발한 재주가 발동해 당신의 여가 시간을 몽땅 쏟아부을 수 있습니다.

성공을 향해 엄청난 속도로 질주하는 데 문제가 하나 있다면 물질주의적인 습성입니다. 이로 인해 진정한 도전을 하기보다는 안주할 수 있는 길을 모색하게 되지요. 당신은 돈 버는 수완이 탁월하니 돈에 대한 이런 걱정은 기우일 수 있습니다. 이런 수완은 계속 사람들의 관심을 끌고, 아이디어를 전개시키는 당신의 능력에는 재운이 따라붙습니다.

일과 적성

어떤 직업을 선택하든, 당신은 목표를 달성하기 위해 열심히 노력하며, 사업 감각도 타고났습니다. 매력적이고 설득력이 있으며 소통 능력이 있어서 영업이나 홍보, 협상 분야에서 성공할 수 있습니다. 부동산이나 홍보, 법조계, 또는 정치계로 진출하면 좋습니다. 지적인 역량에 대한 열망이 있으니 학계에서도 성공을 거둘 수 있습니다. 사진이나 저술, 미술, 음악, 또는 연극 같은 창의력이 필요한 직업에도 이끌릴 수도 있습니다. 당신은 대의를 위해 끈질기게 투쟁하는 성향이라 개혁과 관련된 일과도 잘 어울립니다. 또한 훌륭한 매니저나 행정가, 경영자로도 능력을 발휘합니다.

수비학으로 본 당신의 운세

23일에 태어난 사람들의 특징은 섬세한 감정의 소유자로 직관적이고 창의력이 있다는 것입니다. 당신은 다재다능하고 열정적입니다. 두뇌 회전이 빠르고 독창적인 아이디어가 넘칩니다. 당신은 새로운 과제를 쉽게 받아들이는데 이론보다는 실천을 더 선호합니다. 여행과 모험, 새로운 사람들을 만나는 것을 좋아하며 항상 다양한 경험을 많이 하고 싶어 합니다. 전반적으로 다정다감한 성품으로 흥이 넘치며, 용기와 추진력을 갖추었기에 진정한 잠재력을 실현하기 위해서라도 활동적인 생활을 할 필요가 있습니다. 탄생월 4의 영향으로 당신은 질서와 계획을 좋아합니다. 직관과 현실적인 능력을 발휘하여 훌륭한 아이디어를 실제 현실로 이끌어냅니다. 계속 중심인물로 남고 싶어 하기 때문에 집중할 목적을 망각하지 않으려 노력합니다. 이는 또한 외로움이나 고립감을 극복할 수 있도록 도와줍니다.

- 장점 : 충성심, 책임감, 여행, 소통, 직관, 창의력, 다재다능함, 신뢰, 명성
- 단점 : 이기주의, 불안정, 완고함, 비타협적, 트집 잡기, 우둔함, 침잠, 편견

연애와 인간관계

열정적인 당신은 현재를 즐길 줄 아는 사람입니다. 그러나 이상주의적인 성향으로 사랑에 대한 기준이 높아 정신적인 유대감을 갈망합니다. 그러나 그 기대치에 이르지 못하면 외로움을 느낄 수 있겠네요. 또한 평범하지 않은 관계나 은밀한 관계를 갖게 될 가능성도 있습니다. 사람들에 대한 책임감이나 가족 구성원들에 대한 부담감도 관계에 영향을 미칠 수 있습니다. 그러나 당신은 충실하고 지원을 아끼지 않는 파트너나 친구가 될 수 있으며, 당신의 카리스마는 사람들에게 매력으로 작용합니다.

연인이나 친구

1월 2, 7, 10, 17, 27일 / 2월 5, 8, 15, 25일 / 3월 3, 6, 13, 23일 / 4월 1, 4, 11, 21일 / 5월 2, 9, 19일 / 6월 7, 17일 / 7월 5, 15, 29, 31일 / 8월 3, 13, 27, 29, 31일 / 9월 1, 11, 25, 27, 29일 / 10월 9, 23, 25, 27일 / 11월 7, 21, 23, 25일 / 12월 5, 19, 21, 23일

힘이 되어주는 사람

1월 3, 5, 20, 25, 27일 / 2월 1, 3, 18, 23, 25일 / 3월 1, 16, 21, 23일 / 4월 14, 19, 21일 / 5월 12, 17, 19일 / 6월 10, 15, 17일 / 7월 8, 13, 15일 / 8월 6, 11, 13일 / 9월 4, 9, 11일 / 10월 2, 7, 9일 / 11월 5, 7일 / 12월 3, 5일

운명의 상대

1월 13일 / 2월 11일 / 3월 9일 / 4월 7일 / 5월 5일 / 6월 3일 / 7월 1일 / 10월 26, 27, 28일

경쟁자

1월 16, 24일 / 2월 14, 22일 / 3월 12, 20일 / 4월 10, 18일 / 5월 8, 16, 31일 / 6월 6, 14, 29일 / 7월 4, 12, 27일 / 8월 2, 10, 25일 / 9월 8, 23일 / 10월 6, 21일 / 11월 4, 19일 / 12월 2, 17일

소울메이트

1월 16일 / 2월 14일 / 3월 12일 / 4월 10일 / 5월 8일 / 6월 6일 / 7월 4, 31일 / 8월 2, 29일 / 9월 27일 / 10월 25일 / 11월 23일 / 12월 21일

이날 태어난 유명인

막스 플랑크(과학자), 로이 오비슨(가수), 조지프 터너(화가), 리 메이저스(배우), 마이클 무어(영화감독), 김희애(배우), 이영표(축구 선수)

태양 : 황소자리	
지배 성좌 : 황소자리/금성	
위치 : 3° - 4° 황소자리	
상태 : 고정궁	
원소 : 흙	
항성 : 엘 셰라타인	

4월 24일
TAURUS

실행력을 갖춘 조직의 리더형

24일에 태어난 당신은 마음이 따스하면서도 이지적이고, 결단력과 자립심도 있어 무슨 일이든 성취해낼 수 있는 사람입니다. 대의만 확실하다면 어떤 프로젝트든 열과 성을 다하여 마침내 괄목할 만한 결과를 보여줄 수 있는 잠재력의 소유자이기도 하지요.

당신의 태양이 지배 성좌인 황소자리에 들어 있어서 상당히 감각적인 성향도 보이네요. 자연과 예술, 그리고 미(美)를 사랑하는 것도 그 때문입니다. 사교적인 당신은 필요할 때마다 매력을 발산하면서 분위기를 흥겹게 만드는 재주가 있습니다. 그러나 바라던 것을 얻지 못하면 과도하게 자기 고집을 세우거나 완고해질 수도 있습니다.

늘 크게 생각하는 당신은 실행력도 갖추고 있어서 조직에서 훌륭한 리더 역할을 톡톡히 해냅니다. 때로 자만심에 차 자신의 의견을 고집하기도 하는데, 경우에 따라서는 이상할 정도로 자신감 잃은 모습을 보이기도 하네요. 다행스러운 것은 신속한 결단력과 직관력이 이러한 어려움을 극복하는 데 도움을 준다는 점입니다. 매력적인 당신은 세상의 주목을 받고 싶어 합니다. 선천적으로 타고난 강력한 설득력으로 무장되어 있으니 자기 수양만 탄탄하게 받쳐준다면 이 엄청난 잠재력을 최대치로 끌어올리는 것은 시간문제입니다.

26세까지 당신은 애정과 물질적인 안정에 주로 집중하네요. 그러나 27세 즈음해서 당신의 태양이 쌍둥이자리에 들면서 관심 분야는 더욱 다양해지고 많아집니다. 이때부터 당신에게 공부와 의사소통이 더욱 중요하게 다가옵니다. 57세를 지나면 당신의 태양이 게자리로 진입하게 되면서 전환기를 겪게 되는데, 이때부터 당신은 감성이 더욱 풍부해져 가정의 소중함을 절실히 깨닫게 됩니다.

숨어 있는 자아

'지식이 힘'이라는 사실을 일찌감치 터득한 당신, 그래서 배움에 대한 욕구가 강하죠. 현실적인 성향과 훌륭한 판단력을 타고났으니 원대한 계획을 이루는 데 필요한 기초는 이미 갖추어져 있는 것이나 다름없습니다. 현실을 감안한 목표와 그걸 이루기 위한 인내력을 통해 그 눈부신 잠재력을 완성시키기만 하면 됩니다. 사회성이 뛰어나고 기획력도 있는 당신은 다른 사람들과 의기투합하여 성공을 이뤄나가는 능력도 가히 놀랄 만합니다.

사교적이고 자유롭게 살고 싶다고 생각하지만, 당신의 삶에서 일은 중요한 위치를 차지합니다. 직관이 속삭이는 소리에 가만 귀 기울여보세요. 특히 사람들에게 실망했을 때 틀림없이 그것을 극복할 수 있는 힘을 줄 것입니다. 당신은 사람들에게 마음을 터놓기를 좋아하는데 자칫 휘둘리지 않게 조심하세요. 과욕을 부리거나 물욕에 집착하지 않도록 하고요. 그러나 돈은 걱정하지 않아도 되겠네요. 마음껏 인생을 즐기고 싶은 바람을 충족시켜 줄 정도로 경제적으로는 충분히 보호받을 수 있습니다.

일과 적성

지적이면서 드라마틱한 성향 이면에 감춰진 섬세함과 탁월한 대인관계 수완은 다양한 분야에서 당신의 잠재력을 맘껏 발산할 수 있는 도구가 됩니다. 직장에서 당신은 진취적이며, 아랫사람들도 잘 보호합니다. 문제 해결 능력이 뛰어나고 조직을 이끄는 관리 능력도 탁월합니다. 글쓰기에 재능이 있어서 소설 등 문학 작품을 창작하거나 비즈니스에서도 활용할 수 있겠네요. 공적인 영역의 삶에도 매력을 느끼니 정치나 연예계로 진출해도 좋습니다. 다양성을 사랑하고 상당히 독립적인 성향이라 윗사람에게 복종할 필요가 없는 직업을 선택할 가능성이 큽니다. 이날 태어난 사람들은 지극히 현실적이면서도 철학이나 신비주의에도 끌릴 수 있습니다.

수비학으로 본 당신의 운세

생일 24라는 숫자가 품고 있는 풍부한 감성 덕분에 당신은 항상 균형과 조화를 모색합니다. 또한 형태와 구성을 잘 수용하여 복잡하면서도 효율적인 시스템을 잘 만듭니다. 충실하고 공정하며 자기감정을 잘 드러내지 않으며, 행동이 말보다 우선이라는 격언의 신봉자입니다. 24라는 숫자가 내포하는 가장 힘든 부분은, 다양한 부류의 사람들과 어울리는 법을 터득하고 의심하는 성향을 극복하며 안정된 가정을 꾸리는 일입니다. 탄생월 4의 영향으로 당신은 강한 의지와 호기심, 그리고 결단력이 있습니다. 그러나 마음이 급하고 쉽게 만족하지 않으며 뭔가를 좌지우지하려는 성향은 극복할 필요가 있습니다. 더 빨리 가려 지름길을 택했다가 시간이 더 걸릴 수도 있다는 교훈을 얻기도 하겠네요. 행동에 책임을 지고 세부적인 것을 챙기는 것이 궁극적으로는 시간을 아낄 수 있는 방법입니다. 사람들에게 인정받기를 원하지만, 찬탄과 존경을 받기 위해서는 먼저 일을 열심히 해야겠죠. 수동적인 자세에서 벗어나 자신감을 키우세요.

- 장점 : 활기, 이상주의, 실용성, 확고한 결의, 정직, 솔직함, 공정함, 관대함, 가정적, 활동적, 넘치는 활력
- 단점 : 무모함, 지배하려는 경향, 물질만능주의, 불안정함, 판에 박힌 일에 대한 혐오, 나태함, 불성실함, 거만함, 완고함

연애와 인간관계

어른, 특히 아버지에게 받은 깊은 영향은 당신의 통찰력에 그대로 녹아듭니다. 혼자서 바쁘게 지내는 것을 즐기는 것을 보니 인간관계에 확신이 없군요. 당신이 존경하고 감탄할 수 있는, 권위를 타고난 듯한 파트너가 필요할 것입니다. 권위와 지혜에 자극받는 당신은 진지하고 근면 성실한 사람에게 끌립니다. 지나치게 신중하고 군림하려는 성향만 자제한다면 딱 맞는 대상을 찾아 서로 사랑하며 행복해질 수 있습니다.

당신에게 특별한 사람

연인이나 친구 ♥

1월 1, 4, 9, 14, 28, 31일 / 2월 12, 26, 29일 / 3월 10, 24, 27일 / 4월 8, 22, 25일 / 5월 6, 20, 23일 / 6월 4, 18, 21일 / 7월 2, 16, 19, 30일 / 8월 14, 17, 28, 30일 / 9월 12, 15, 26, 28, 30일 / 10월 10, 13, 24, 26, 28일 / 11월 8, 11, 22, 24, 26일 / 12월 6, 9, 20, 22, 24일

힘이 되어주는 사람 ♣

1월 26일 / 2월 24일 / 3월 22일 / 4월 20일 / 5월 18일 / 6월 16일 / 7월 14일 / 8월 12일 / 9월 10일 / 10월 8일 / 11월 6일 / 12월 4일

운명의 상대

10월 26, 27, 28, 29일

경쟁자

1월 3, 25일 / 2월 1, 23일 / 3월 21일 / 4월 19일 / 5월 17일 / 6월 15일 / 7월 13일 / 8월 11일 / 9월 9일 / 10월 7일 / 11월 5일 / 12월 3일

소울메이트

1월 3, 10일 / 2월 1, 8일 / 3월 6일 / 4월 4일 / 5월 2일 / 9월 14일

물소자리

이날 태어난 유명인

셜리 매클레인, 질 아일랜드(배우), 바브라 스트라이샌드, 켈리 클락슨(가수), 배호, 하청일(가수), 원미경, 손창민, 김현주, 최정원, 김태리(배우), 강수진(발레리나)

태양 : 황소자리	
지배 성좌 : 황소자리/금성	
위치 : 4°-5° 황소자리	
상태 : 고정궁	
원소 : 흙	
항성 : 하말, 엘 셰라타인	

4월 25일
TAURUS

총명하고 감성이 풍부하며 솔직한 사람

25일은 당신이 매우 총명해서 뭔가 표현할 것이 많은 사람임을 나타내주는군요. 현실적이면서도 이상주의적인 당신은 분별력이 탁월하고 개방적이며 누구에게나 솔직합니다. 마음이 넓은 당신은 토론을 즐기고 그렇게 지식을 습득하는 자유주의자입니다. 그러나 부정적으로 생각하는 습성은 극복할 점이네요. 비판적이 되거나 독선적으로 흐르는 성향도 경계하세요.

당신의 지배 성좌 황소자리에 든 태양의 영향을 받아 당신은 신뢰할 만한 사람이고, 사랑과 애정을 몹시도 갈망합니다. 근검절약하고 알뜰한 면을 보이지만 사랑하는 사람들에게는 매우 후하지요. 미(美)와 예술, 음악을 사랑하는 당신은 뛰어난 예술적 재능과 굉장히 좋은 목소리를 갖고 있네요. 이러한 재능을 단련하면 대단히 좋은 성과를 낼 수 있습니다.

외고집 성향을 극복하기 위해서는 이미 검증된 분야를 고수하기보다는 지속적으로 새로운 분야에 도전하려는 노력이 필요합니다. 전반적으로 낙관적인 성향이지만 한번 우울감에 빠지면 조급증과 좌절감이 한데 몰려와 순식간에 자신감을 잃게 될 수도 있습니다. 그렇지만 아이디어 구상력이 좋고 기획력이 뛰어나니 그런 아이디어들을 실현시킬 노력을 계속한다면 탁월한 잠재력을 활짝 꽃피울 수 있습니다.

26세 이후에 당신의 태양이 쌍둥이자리에 들면서 사람들과 생각을 나누고 소통하고 싶어 하는 욕구가 점점 커집니다. 이때가 새로운 분야를 공부하여 정신적인 지평을 넓힐 수 있는 시기가 될 수 있습니다. 56세 이후에 당신의 태양이 게자리로 들어가게 되면 커다란 전환점을 맞게 되는데, 주변의 사랑하는 사람들을 더욱 가깝게 느끼게 됩니다. 가족 구성에도 큰 변화가 있을 수 있습니다.

숨어 있는 자아

인간관계와 가정생활은 당신에게 특히 중요합니다. 주변이 화목해야 안정감을 느끼고 마음이 편안해지기 때문입니다. 당신은 가정을 편안하고 따뜻하게 만드는 데 탁월한 재주를 발휘합니다. 지적으로 자극을 주는 사람들과 어울리는 것도 당신에게는 무척 중요한 일이고, 공부를 통해서 판에 박힌 일상생활에 활기를 불어넣을 수 있습니다.

당신은 자상해서 조언과 지원이 필요한 많은 사람들을 포용합니다. 감성이 풍부하고 대인관계가 좋아서 상담을 해주거나 멘토 역할을 하기도 합니다. 삶의 목표와 목적을 뚜렷이 정해놓으면 사람들에게 지나치게 의존할 위험성은 피할 수 있습니다. 당신이 사람들에게 의지한 상태에서 그들이 당신 기대에 못 미치면 당신이 느끼는 실망과 좌절감은 더 커집니다. 당신은 협조적이고 공정하고 책임감이 강한 사람인지라 다른 사람들도 그렇게 해주기를 바라기 때문입니다.

일과 적성

타고난 창의력과 지식 사랑이 남다르니 교육 분야나 예술 분야에서 성공할 가능성이 크겠네요. 휴머니즘적인 성향과 온정이 많으니 개혁가나 사회사업가, 컨설턴트 분야로 진출할 수도 있습니다. 웅변가의 자질을 타고나 다른 사람과 지식을 나누는 일도 좋습니다. 사업에 관심이 있어 은행업이나 증권 중개인, 상품이나 부동산 업종 등 다양한 분야에서 활동할 수도 있습니다. 독창성과 손재주가 뛰어나 디자인에서도 재능을 발휘할 수 있습니다. 연기, 음악, 노래에도 많이 끌리겠네요. 대의를 위해 모금 운동을 하는 능력도 탁월해서 자선사업에 뛰어들면 조직과 경영 기법을 익히는 데 더없이 좋은 무대가 될 수 있을 것입니다.

수비학으로 본 당신의 운세

직관적이고 사려 깊으면서도 민첩하고 에너지가 넘치는 당신은 다양한 경험을 통해 자신을 표현할 필요가 있습니다. 생일 25라는 숫자가 부여하는 완벽성 덕에 당신은 열심히 일해서 생산성을 높입니다. 선천적으로 직감이 발달한 덕분에 감각이 늘 열려 있어 단순한 이론보다는 실제 체험을 통해 더 많은 지식을 얻을 수 있습니다. 훌륭한 판단력에 세부적인 것을 보는 안목까지 갖추어 어떤 일에서든 성공을 거둡니다. 단, 일관성 없이 충동적으로 결정을 내리는 성향을 극복하고 매사에 회의적인 태도는 자제해야 합니다. 25라는 생일은 충만한 정신적 에너지를 부여합니다. 일단 집중하면 그 에너지 덕분에 모든 상황을 한눈에 파악하여 남보다 빨리 결론에 도달합니다. 탄생월 4의 영향을 받아, 타고난 독창성을 발현시키려면 현실에 발을 디디고 인내심을 길러야 합니다. 감정의 기류를 타면서 집중하는 법을 터득하고 직관력을 믿으세요. 지나치게 근심하거나 비현실적인 경향은 극복해야 합니다. 의심하는 버릇을 자제하고 변화무쌍하고 충동적으로 결정하는 성향을 극복하려면 행동하기 전에 먼저 생각하세요. 사교적 수완과 요령을 터득하면 그만큼 적응하기 쉬워질 것입니다.

- ● 장점 : 직관, 완벽주의, 통찰력, 창조성, 사교술
- ■ 단점 : 충동적, 성급함, 무책임, 과잉 감정, 질투심, 은밀함, 비판, 침울함, 초조감

연애와 인간관계

당신처럼 감성이 풍부하고 섬세한 사람에게 인간관계가 주는 의미는 남다릅니다. 이날 태어난 여성들은 충실하고 순종적이지만 지나치게 상대방에게 의존하는 것은 금물입니다. 사교적이고 다정다감한 당신은 쾌활하고 유머 감각이 있기 때문에 친구들을 즐겁게 해주는 능력이 탁월합니다. 인생의 전환기에 촉매제 역할을 하는 사람을 만나면 세상을 이해하는 수준이 깊어질 수 있습니다. 너무 과도하게 겸손하거나 마음 상태가 가라앉지 않도록, 자신의 생각이나 감정을 상대에게 잘 전달할 방법을 찾아보세요. 격려와 사랑을 먹고 자라는 당신, 삶에 대한 확신을 가지세요. 그러면 당신을 이해해주는 사람을 만날 수 있습니다.

연인이나 친구

1월 1, 5, 10, 15, 26, 29, 30일 / 2월 13, 24, 27, 28일 / 3월 11, 22, 25, 26일 / 4월 9, 20, 23, 24일 / 5월 7, 18, 21, 22일 / 6월 5, 16, 19, 20일 / 7월 3, 14, 17, 18, 31일 / 8월 1, 12, 15, 16, 29, 31일 / 9월 10, 13, 14, 27, 29일 / 10월 8, 11, 12, 25, 27일 / 11월 6, 9, 10, 23, 25일 / 12월 4, 7, 8, 21, 23, 29일

힘이 되어주는 사람

1월 1, 2, 10, 27일 / 2월 8, 25일 / 3월 6, 23일 / 4월 4, 21일 / 5월 2, 19, 30일 / 6월 17, 28일 / 7월 15, 26일 / 8월 13, 24일 / 9월 11, 22일 / 10월 9, 20일 / 11월 7, 18일 / 12월 5, 16일

운명의 상대

10월 28, 29, 30일

경쟁자

1월 17, 26일 / 2월 15, 24일 / 3월 13, 22일 / 4월 11, 20일 / 5월 9, 18일 / 6월 7, 16일 / 7월 5, 14일 / 8월 3, 12, 30일 / 9월 1, 10, 28일 / 10월 8, 26, 29일 / 11월 6, 24, 27일 / 12월 4, 22, 25일

소울메이트

1월 21일 / 2월 19일 / 3월 17일 / 4월 15일 / 5월 13일 / 6월 11일 / 7월 9, 29일 / 8월 7, 27일 / 9월 5, 25일 / 10월 3, 23일 / 11월 1, 21일 / 12월 19일

황소자리

이날 태어난 유명인

굴리엘모 마르코니(발명가), 엘라 피츠제럴드(가수), 알 파치노(배우), 올리버 크롬웰(영국 정치인), 볼프강 파울리(물리학자), 이용, 김종국, 박재범(가수), 유창혁(바둑 기사)

태양 : 황소자리	
지배 성좌 : 황소자리/금성	
위치 : 5°- 6° 황소자리	
상태 : 고정궁	
원소 : 흙	
항성 : 하말	

4월 26일

TAURUS

긍정적이며 안정을 중요시하고 자신의 가치관대로 살려는 의지

26일에 태어난 당신은 지적이면서도 풍부한 감성의 소유자로 현실적인 선견지명을 갖추고 있으며 엄청난 성공을 이룰 수 있는 잠재력도 엿보입니다. 정신력으로는 둘째가라면 서러울 정도지만 주위 반응에 민감해서 주변 사람들에게 신경을 많이 쓰는 편입니다. 천부적인 추진력과 상상력은, 꿈을 이루기 위해 전력을 기울일 때 더없이 이상적인 역할을 해줄 것입니다.

황소자리에 든 태양의 영향으로 당신은 독창성이 뛰어나며 색상과 형태, 소리에 대한 심미안도 갖추고 있습니다. 그래서 자연과 아름다움, 그리고 고급스러움에 대한 사랑이 남다르고 자기표현에 대한 열망 또한 강합니다. 자신이 다정다감한 성격인지라 다정한 사람들에게 끌리는군요. 지배 성좌 금성의 영향으로 돈 거래에 소질을 보이는데 대규모 프로젝트를 실현시켜 행운을 얻기 위해서는 먼저 자기 수양이 선행되어야 합니다. 과도하게 탐닉하는 성향도 엿보이네요.

조형감이 뛰어난 당신은 심령적인 능력도 타고났습니다. 강력한 직감력은 사람들에게 강한 자극을 주며, 고도로 발달한 통찰력 덕에 만인에 대한 이해심이 깊어집니다.

25세 이후에 당신의 태양이 쌍둥이자리에 들면서 자신의 생각을 표현하고 가까이 있는 사람들과 소통하고 싶은 마음이 커지게 됩니다. 이 열망 덕분에 당신은 정신적으로 다양한 방법으로 공부를 하게 되는데, 이런 성향은 55세까지 이어집니다. 이때가 당신의 태양이 게자리에 들어가는 전환기로, 기반이 튼튼한 가정에 대한 중요성이 커지게 되며 특히 가족에게 자신의 감정을 표현하는 일이 얼마나 소중한지 깨닫게 됩니다.

숨어 있는 자아

지식의 가치를 알고 그것이 미래 설계에 큰 도움이 된다는 사실을 잘 알고 있으므로 스스로 공부하려는 자세를 유지합니다. 긍정적이며 안정을 중요시하고 자신의 가치관대로 살고 있다는 확신을 합니다. 그러나 늘 깨어 있으려는 고귀한 정신과 잠재력을 최대한 발현하려는 노력이 자칫 현실도피적인 성향에 의해 위협받을 위험성도 있습니다. 생명력 넘치고 풍부한 감성과 상상력이 때로는 너무 쉽게 쉬운 길을 택하게 하기도 합니다. 반면에 한번 마음먹었다 하면 그 의지와 결심이 흔들리지 않습니다.

탁월한 조직 능력을 갖추고 사교성 있는 당신은 조직 생활에서도 능력 발휘를 더욱 잘해나갑니다. 때로 당신은 선도적인 역할을 좋아하는데 특히 배움의 길에서 두드러지게 나타나는군요. 한번 관심이 생긴 분야에 대해서는 그 배움의 속도가 타의 추종을 불허하며, 형이상학적인 주제에 끌릴 수도 있습니다.

일과 적성

　현실적인 성향이 조직 능력과 결합되어 있으니, 제조업이나 판매업, 은행업에서 성공을 거둘 수 있습니다. 사업을 하기로 했다면 큰 사업체에서 일하는 것이 나을 것 같습니다. 타고난 독창성으로 작가나 화가, 음악가가 되고자 하는 꿈도 가져볼 수 있습니다. 사람 상대하는 일에 소질이 있어 공적인 일, 특히 교육이나 사회복지 계통에서 성공을 거둘 수 있습니다. 뛰어난 조형감이 비전과 결합되어 건축이나 사진, 영화제작업 같은 분야로 진출할 수도 있습니다. 또는 철학에 대한 당신의 특별한 통찰력과 천부적인 치유 능력으로 의료계나 건강 관련 직종에 끌릴 수도 있습니다.

수비학으로 본 당신의 운세

　생일 26이라는 숫자가 암시하는 강인함과 탁월함은, 당신이 신중한 성격으로 확실한 가치관과 건전한 판단력의 소유자임을 보여줍니다. 가정에 대한 애정과 부모로서의 본능이 있으니 제대로 토대를 갖춰서 진정한 안정을 찾을 필요가 있습니다. 종종 다른 사람들의 의지처가 되는 당신은 친구와 가족, 그리고 친지들이 어려울 때 늘 기꺼운 마음으로 지원을 아끼지 않습니다. 그렇지만 물질주의적인 성향이나, 사람이나 상황을 좌지우지하려는 마음은 경계할 필요가 있습니다. 탄생월 4의 영향으로 자신을 자유로운 방식으로 표현하고자 하는군요. 타고난 재능을 개발하되 새로운 실험을 두려워하지 마세요. 지나치게 비판적이거나 게으르거나 냉소적인 자세는 피하십시오. 마음이 혼란스러워지면 성마르거나 완고해지거나 또는 쉽게 싫증 낼 수 있습니다. 긍정적이며 현실적인 자세로 비관주의를 경계하고, 때로 책임도 훌훌 벗어던지고 인생의 재미를 즐겨보는 시간도 가져보세요.

- ● 장점 : 창의성, 실용성, 배려, 책임감, 가족에 대한 자부심, 열정, 용기
- ■ 단점 : 완고함, 반항심, 불안정한 관계, 열정 부족, 인내 결여, 불안정

연애와 인간관계

　당신의 반쪽을 찾고 싶으면 가치관이 같고 이해 수준이 엇비슷하며 생각이 비슷한 사람을 찾는 것이 중요합니다. 가장 성공적이고 지속적이며 안정적이고 정서적인 관계는 지적으로 자극을 주고 스스로를 잘 파악하고 있는 사람들과 함께함으로써 이루어질 수 있는데, 정치나 철학, 정신세계 또는 교육과 관련된 사람들일 가능성이 있습니다. 인간관계에서 일은 중요한 역할을 할 수 있지만 파워 게임으로 치닫지 않게 하세요. 섬세한 감정적 변화를 잘 파악하면 상대와 황홀한 관계를 누릴 수 있을 것입니다.

이날 태어난 유명인

외젠 들라크루아(화가), 루트비히 비트겐슈타인, 데이비드 흄(철학자), 캐럴 버넷, 이연걸(배우), 장 비고(영화감독), 이운재(축구 선수), 남규리, 대성(가수)

황소자리

태양 : 황소자리
지배 성좌 : 황소자리/금성
위치 : 6° - 7° 황소자리
상태 : 고정궁
원소 : 흙
항성 : 하말, 스케디르

4월 27일
TAURUS

명석하고 독창적 아이디어가 뛰어나며 활기 넘치는 성격

당신은 명석하고 기민한 황소자리 태생으로 결단력과 독창적인 아이디어가 넘쳐납니다. 독립적이고 상황 판단력이 빠르며 의심과 순진함이 묘하게 섞여 있네요. 젊음의 활기가 넘치는 당신은 신명 나는 모험적인 아이디어로 사람들에게 신선한 자극을 줍니다. 또한 불굴의 의지와 인내심도 갖추고 있으니 일단 일을 시작했다 하면 끝을 보고야 맙니다.

지배 성좌인 황소자리에 든 태양의 영향이 두 배로 커지면서 인생에서 맛볼 수 있는 재미와 고급스러운 취향을 추구하게 됩니다. 압박을 받으면 고집스럽게 변하며 멋대로 하고 싶은 마음이 생깁니다. 그러나 이런 성향은 다정다감한 천성으로 상쇄되면서 절묘한 균형을 이룹니다. 타고난 감각주의자로 미(美)와 색상, 형태에 대한 심미안이 있어서 예술적으로 자신을 표현하고 싶은 마음 또한 커지게 됩니다. 자칫 탐닉으로 빠질 수도 있으니 주의하세요.

걱정과 근심이 생기면 냉정해지고 우울해질 수 있으니 명확한 목표를 정하고 확신을 갖는 것이 중요합니다. 자극을 받으면 예리하고 빈틈없이, 순간의 기회를 잘 포착하여 즉각적으로 실행하는 능력이 그대로 발현됩니다.

24세 이후에 당신의 태양이 쌍둥이자리에 들면서 자신의 아이디어를 전하고 교류하고 싶은 마음이 커지게 됩니다. 이때가 정신적 지평을 넓힐 수 있는 시기로, 새로운 기능을 익히거나 새로운 분야의 공부를 하게 됩니다. 54세쯤, 당신의 태양이 게자리로 들게 되면 또 한 번의 전환기가 찾아오는데 일을 할 수 있는 탄탄한 기반에 대한 열망이 증대되는 것이 특징입니다. 가족 간의 유대나 안정된 가정의 소중함이 대두되는 시기이기도 합니다.

숨어 있는 자아

살아가면서 아무리 어려운 상황에 직면하더라도 그것을 이겨낼 수 있는 힘이 있다는 것을 스스로 알고 있습니다. 물질적인 성공을 거둘 수 있는 추진력뿐 아니라 상황을 판단하는 감각 또한 타고났습니다. 목표를 달성하는 데 특히 여성들의 영향을 많이 받겠네요. 사업 감각을 타고났으니 경제적으로 성공할 가능성이 높지만 당신이 하는 일이 가치 있다는 것을 인식하는 것이 중요합니다. 천부적인 재능을 마음껏 발휘하는 데 교육은 필수입니다.

고집스러운 마음이 생길 수 있지만 논쟁하지 않고도 다른 사람들과 얼마든지 토론을 즐길 수 있다는 것을 명심해야 합니다. 재미로 재치를 겨루는 것도 좋아하고 묘하게 화를 돋우는 질문도 잘하네요. 당신이 사교적이긴 하지만 혼자 시간을 내어 되돌아보는 시간을 갖는 것도 중요합니다. 이런 시간이 타고난 직관력을 더욱 연마시키는 데 큰 도움을 주며 회의적인 성향에서도 벗어나게 해줍니다.

일과 적성

활기차고 토론을 즐기는 성향 덕분에 당신은 교육계나 법조계, 또는 연구와 관련된 직종에서 두각을 드러낼 수 있습니다. 기술력이 뛰어나 컴퓨터나 다양한 공학 기술 분야에서도 충분히 실력을 발휘합니다. 명석해서 교육을 많이 받으면 그만큼 더 혜택을 누릴 수 있고, 조직력도 갖추고 있어서 공직에 진출하면 높은 자리에 오를 수도 있습니다. 한편으로는 심리학에 관심을 보일 수 있고, 뛰어난 분석력을 바탕으로 의료 관련 업계로 진출할 가능성도 엿보입니다.

수비학으로 본 당신의 운세

직관력이 있고 호기심이 많은 27일생들은 사고의 깊이가 남달라 인내심과 자제력만 키운다면 크게 두각을 드러낼 수 있습니다. 종종 단호하고 결단력 있는 모습을 보이는데 세부적인 것에도 특별히 신경을 쓰네요. 전반적으로 이상주의적이고 감성이 풍부한 당신은 독창적인 아이디어로 사람들에게 깊은 인상을 남깁니다. 의사소통 능력을 조금 발전시키면 마음속 깊은 감정을 전달하는 데 머뭇거리는 것을 극복할 수 있습니다. 27일에 태어난 사람들에겐 특히 교육이 필수적입니다. 글쓰기나 연구 또는 큰 조직에서 일하면서 성공을 거둘 수 있는 바탕을 갖추게 됩니다. 탄생월 4의 영향으로 삶의 방향에 대한 질서를 잡아볼 필요가 있겠네요. 열정적인 당신은 자기 수양이 바탕이 된다면 삶을 계획대로 잘 이끌어나갈 수 있습니다. 천성적으로 다재다능하고 상상력이 풍부하며 강력한 직감과 영적 능력까지 갖추고 있는 당신은 아이디어가 많고 원대한 포부도 품고 있습니다. 그러나 안정을 못 찾고 충동적이 될 수도 있네요. 넘치는 아이디어를 손에 잡히는 구상으로 변화시키는 방법을 터득하세요.

- 장점 : 다재다능함, 상상력, 창의력, 결연함, 용기, 훌륭한 이해력, 지적 능력, 영적 능력, 창조성, 정신력
- 단점 : 무뚝뚝함, 쉽게 화를 내는 경향, 논쟁을 좋아하는 천성, 끈기 부족, 신경과민, 의심, 긴장감

연애와 인간관계

직관력과 감성이 넘치면서도 진취적이고 활동적인 당신은 지략이 풍부한 사람들에게 끌립니다. 상황 판단이 빠르고 독립적이며 사람들에게 용기를 주는 것이 무엇인지 알고 싶어 하죠. 하지만 마음을 열고 감정을 솔직하게 표현할 수 있다는 믿음만 갖게 된다면 원하는 방향으로 발전할 수 있습니다. 헌신적인 여성들이 당신의 성공에 중요한 역할을 해줄 수 있습니다. 직장에서 권한 있는 자리로 승진하는 데 도움도 주고 괜찮은 사교 모임을 소개해줄 수도 있을 것입니다.

당신에게 특별한 사람

연인이나 친구

1월 11, 21, 28, 31일 / 2월 19, 26, 29일 / 3월 17, 24, 27일 / 4월 15, 22, 25일 / 5월 13, 20, 23일 / 6월 11, 18, 21일 / 7월 9, 16, 19일 / 8월 7, 14, 17, 31일 / 9월 5, 12, 15, 29일 / 10월 3, 10, 13, 27, 29, 31일 / 11월 1, 8, 11, 25, 27, 29일 / 12월 6, 9, 23, 25, 27일

힘이 되어주는 사람

1월 9, 12, 18, 24, 29일 / 2월 7, 10, 16, 22, 27일 / 3월 5, 8, 14, 20, 25일 / 4월 3, 6, 12, 18, 23일 / 5월 1, 10, 16, 21, 31일 / 6월 2, 8, 14, 19, 29일 / 7월 6, 12, 17, 27일 / 8월 4, 10, 15, 25일 / 9월 2, 8, 13, 23일 / 10월 6, 11, 21일 / 11월 4, 9, 19일 / 12월 2, 7, 17일

운명의 상대

1월 3일 / 2월 1일 / 10월 30, 31일 / 11월 1, 2일

경쟁자

1월 7, 8, 19, 28일 / 2월 5, 6, 17, 26일 / 3월 3, 4, 15, 24일 / 4월 1, 2, 13, 22일 / 5월 11, 20일 / 6월 9, 18일 / 7월 7, 16일 / 8월 5, 14일 / 9월 3, 12일 / 10월 1, 10일 / 11월 8일 / 12월 6일

소울메이트

1월 3, 19일 / 2월 1, 17일 / 3월 15일 / 4월 13일 / 5월 11일 / 6월 9일 / 7월 7일 / 8월 5일 / 9월 3일 / 10월 1일

이날 태어난 유명인

세르게이 프로코피예프(작곡가), 새뮤얼 모스(발명가), 코레타 스콧 킹(시민운동가), 시나 이스턴(가수), 메리 울스턴크래프트(페미니스트 작가), 샌디 데니스(배우), 송해(방송인), 임동진, 성동일(배우)

133

태양 : 황소자리	
지배 성좌 : 황소자리/금성	
위치 : 7° - 8° 황소자리	
상태 : 고정궁	
원소 : 흙	
항성 : 하말, 스케디르	

4월 28일

TAURUS

사람을 끄는 매력과 사업 감각이 묘하게 배합된 사람

이날 태어난 사람들은 정신력과 사람을 끄는 매력, 그리고 사업 감각이 묘하게 배합되어 독특한 인상을 줍니다. 타고난 인내심을 바탕으로 노력을 통해 성공할 수 있음을 보여주는 산 증인으로, 스스로의 비전을 완성해나가는 불굴의 의지가 엿보입니다. 풍족한 삶에 대한 열망과 자신에게 너무 몰입하는 경향 때문에 큰 꿈을 이루는 것에서 자칫 멀어질 수 있으니 유의하세요.

황소자리에 든 태양의 영향으로 아름다움이나 색상, 소리에 대한 탁월한 심미안을 보이며 독창적인 표현을 하고 싶은 열정이 있습니다. 이런 자기표현에는 말재주나 노래에 대한 특별한 재주도 포함됩니다. 강한 매력의 소유자인 당신은 다른 사람들에게 사랑받기를 원하면서도 그 사랑에 보답할 줄도 압니다. 그러나 좌절한다거나 타고난 감각적 본능을 과도한 탐닉으로 몰고 가지 않도록 주의하세요.

감각적인 이상주의와 세속적인 물질주의 사이에서 갈등을 피하기 위해서는 무조건 조직에 전념하기보다는 먼저 자신의 상황과 자신이 진정 원하는 것이 무엇인지 깊이 생각해보는 것이 우선입니다. 이렇게 하면 현실적인 문제에 당신의 뛰어난 직관력을 활용하게 되어 꿈을 이룰 수 있는 탄탄한 기반을 마련할 수 있습니다.

23세 이후에 당신의 태양이 쌍둥이자리에 들면서 당신의 삶의 속도는 빨라지고 글쓰기나 강연, 의사소통 등에 대해 더욱 집중하는 시기가 옵니다. 이런 추세는 53세까지 계속되는데, 이즈음 당신의 태양이 게자리로 들어서게 되어 전환기를 맞게 됩니다. 정서적인 유대감, 든든한 가정, 가족 등이 더욱 소중해지는 시기입니다.

숨어 있는 자아

야심찬 성격과 결단력이 협동심과 맞물려 당신의 리더십은 더욱 빛을 발합니다. 자신의 재능을 상품화하고 인맥을 만드는 데 천부적인 재능을 타고났네요. 하지만 재정적 여력이 바닥날지도 모른다는 근거 없는 두려움은 극복해야 할 과제로 남습니다.

시간과 에너지를 기꺼이 쏟아부으면 당신이 하는 일에 강력한 방어막이 유지됩니다. 그러나 인생에서는 일과 인간관계 사이에 균형을 잡는 것이 무엇보다 중요합니다. 다른 사람들에게 양보를 하거나 타협을 잘하지만 그 과정에서 힘의 균형을 이루는 것이 가장 중요합니다. 군림하게 되거나 소극적이 되어 체념하는 듯한 태도를 보일 수도 있으니까요. 그러나 당신은 언제나 균형 잡힌 의지로 어떤 상황이든 제어해나갈 수 있습니다.

일과 적성

정신적인 것을 추구하는 것을 즐기니 교사나 작가가 적성에 잘 맞습니다. 인간의 본성을 이해하는 능력이 있어 고문, 치료사, 또는 카운슬러 같은 직업도 보람 있는 일이 될 것입니다. 조형과 색상 감각이 뛰어나 디자이너가 되고 싶다는 생각이 들거나, 아니면 연극, 음악, 미술 등의 분야로 진출할 수 있습니다. 설득력과 반짝이는 아이디어가 충만하니 광고나 미디어, 출판 분야에서도 성공을 거둘 수 있습니다.

수비학으로 본 당신의 운세

1일에 태어난 사람들과 마찬가지로 28일에 태어난 사람들도 야심차고 직설적이며 진취적입니다. 새로운 것에 대한 시도라면 언제라도 시작할 만반의 태세를 갖추고 있는 당신은 삶의 도전을 대담하게 받아들입니다. 열정이 넘치니 다른 사람들도 당신의 그 새로운 시도에 지원을 아끼지 않습니다. 성공 지향적이며 결단력 있는 성격이지만 가족과 가정생활도 소홀히 하지 않습니다. 안정을 찾고 가장 가깝고 사랑하는 사람들을 돌보는 일이 중요하다는 점을 잊지 마세요. 탄생월 4의 영향으로 당신은 다재다능하고 열의가 대단하네요. 안정감을 원하지만 집에서 멀리 떨어진 곳에서 일을 하거나 여행을 떠날 수 있습니다. 의무감과 자유의 갈망 사이에서 균형을 찾고자 하는 마음이 있으니 자신에게 스스로 엄격해지면 결단력이 생기고 확신에 차게 될 것입니다. 자신의 역량을 사방으로 분산시키지 않도록 하십시오. 절차대로 한발 한발 내디디는 법을 터득하면 목표에 다다를 수 있습니다. 오래 생각해둔 것들을 바탕으로 새로운 것을 만들어내는 능력 있으니 새로운 사업으로 진출할 때 큰 힘을 발휘할 수 있을 것입니다.

- 장점 : 따뜻한 온정, 진취적인 태도, 대담하고 예술적인 능력, 창의력, 이상주의, 야망, 근면, 안정된 가정생활, 강한 의지
- 단점 : 몽상, 동기 결여, 몰인정, 비현실적인 기대, 위세, 판단력 부족, 공격성, 자신감 결여, 과도한 의존, 지나친 자부심

연애와 인간관계

드라마틱한 성격인 당신은 자신의 애정과 독창성을 표현하고 싶어 합니다. 감성이 풍부하여 낭만적이지만 그것이 소유욕이나 부러움 또는 질투 같은 것이 되지 않게 스스로 경계해야 합니다. 개성 있고 친절한 사람들에게 끌리는 당신은 삶에 활기를 주는 드라마틱한 사람들을 선호합니다. 그렇지 않으면 지식을 추구하는 성향으로 보아 관심사를 공유할 수 있는 마음이 맞는 사람들을 찾게 됩니다.

| 태양 : 황소자리 |
| 지배 성좌 : 황소자리/금성 |
| 위치 : 8°‒9° 황소자리 |
| 상태 : 고정궁 |
| 원소 : 흙 |
| 항성 : 하말, 스케디르 |

4월 29일

TAURUS

예리한 지성과 직관력이 뛰어나고 관대한 사람

예리한 지성과 기민한 정신력의 소유자인 당신은 항상 깨어 있습니다. 뛰어난 직감력과 깊은 사고력을 갖춘 당신은 사람을 즉석에서 평가하는데, 그것이 항상 들어맞습니다. 자신의 관심 분야를 찾아 그 분야를 특화시키면 정신적 힘을 가치 있는 일에 쏟아부을 수 있습니다.

지배 성좌 황소자리의 영향으로 미(美)와 예술을 사랑하고 창조적인 자기표현을 좋아하네요. 타고난 사업 감각은 사람들에 대한 많은 관심과 잘 어우러져 다양한 부류의 사람들과 교제를 하게 됩니다. 해외에도 관심이 많은데 새로운 사람들을 만나는 것을 좋아해서 외국에서 일을 하게 될 가능성도 큽니다. 또한 새로운 경험을 하기 위해 많이 찾아다니면 그만큼 인생의 깊이는 더욱 깊어질 것입니다.

비관주의나 냉소주의를 피하기 위해서는 충분히 해낼 수 있는 확신이 드는 목표를 설정하는 것이 필요합니다. 이런 과정을 통해 진취적인 태도가 낙관적인 생각으로 이어지며 결국 행운이 찾아오게 됩니다. 머리 회전이 빠르고 기민하며 호기심이 많은 당신은 유머 감각까지 갖추고 있어 어울리기 좋은 친구이며 늘 주변을 밝게 만듭니다.

22세 이후에 당신의 태양이 쌍둥이자리에 들면서 당신의 삶의 속도는 빨라지고 글쓰기나 강연, 의사소통 등에 더욱 집중하는 시기가 옵니다. 이런 추세는 52세까지 계속되는데 이즈음 당신의 태양은 게자리로 들어서게 되어 전환기를 맞게 됩니다. 정서적인 친밀감, 안정감에 대한 중요성이 더욱 커지는 시기지요.

숨어 있는 자아

안주하기보다는 다양성을 추구하지만 마음속에는 질서, 신뢰성, 안정감에 대한 열망이 깊이 숨어 있습니다. 기발한 재주와 실용적인 접근법으로 당신은 인생을 설계하고 문제를 해결하는 데 능숙하군요. 의지가 매우 강하고 고집이 세어 한번 마음을 먹으면 무시할 수 없는 존재가 되어버립니다.

겉으로는 매우 현실적으로 보이지만, 깊이 있고 의미 있는 것에 대한 내면의 욕구를 간직하고 있습니다. 그래서 내밀한 관계를 갖거나 심오한 분야에 관심을 갖게 될 수 있습니다. 또한 정서적으로 감성이 풍부하고 직관적이며 영적이라 사람들에 대한 이해의 폭이 넓습니다. 자상하고 다정하지만 쉽게 기분이 동요되는 성향은 유념하세요. 그렇지만 확신이 설 때는 당신의 생각과 현실적인 능력을 창조적으로 활용하여 목표를 달성할 수 있는 방향으로 돌려놓을 수 있을 것입니다.

일과 적성

정신적인 자극을 추구하고 두뇌 회전이 빠른 당신은 정보를 매우 빠르고 완벽하게 습득할 수 있습니다. 그런 만큼 직업 선택의 폭도 넓지만 싫증을 내는 면도 있으니 주의하세요. 성공의 핵심은 다양성에 있는데 에너지를 분산시키지 않도록 하고 한 번에 너무 많은 일을 벌이지 마세요. 사람들과 관련된 활동에서 목적의식이 생기니, 공공 분야로 진출하면 적성에 아주 잘 맞을 것입니다. 예술적인 재능을 타고났으니 작가나 저널리스트, 상업 예술, 광고 또는 패션 분야에서 성공할 수도 있습니다. 재계나 정계로 진출해도 탁월한 리더십으로 성공을 거둘 수 있습니다. 상상력과 추진력이 있으니 연기나 음악 분야에서도 멋진 방법으로 에너지를 발산할 수 있습니다.

수비학으로 본 당신의 운세

29일에 태어난 당신은 직관력이 뛰어나고 예민하며 감성이 풍부합니다. 타고난 공감력과 이해심은 휴머니즘으로 발전되어 다른 사람들이 희망과 포부를 펼칠 수 있도록 용기를 북돋워주게 됩니다. 몽상가 기질이 있는데 감정 기복이 있을 수 있으니 유념하세요. 당신은 다른 사람들의 생각을 알고 싶어 하고 또 당신을 어떻게 생각하는지 궁금해합니다. 탄생월 4의 영향으로 볼 때 당신은 안정을 이루고 싶어 합니다. 이상주의자로 너그러워서 다른 사람들의 감정을 더 고려해주기도 합니다. 마음이 안정되지 않으면 감각이 무뎌지고 분산될 수 있으니 유념하세요. 높은 이상과 자유에 대한 갈망, 그리고 현실주의 사이에서 균형을 잡으려면 자기수양과 근면함밖에 없습니다. 자신의 한계를 받아들이고 땅에 발을 단단히 디디고 서면 목표를 이룰 수 있을 것입니다.

- 장점 : 영감, 균형, 내면의 평화, 관대함, 성공, 창조적, 직관적, 신비함, 강력한 꿈, 현실성, 믿음
- 단점 : 집중력 결여, 불안감, 신경과민, 침울함, 까다로움, 극단적, 경솔함, 고립감, 과민성

연애와 인간관계

솔직하면서도 감성적인 당신은 자신에 대해서는 너무 많은 것을 말하려고 하지는 않습니다. 사랑하는 사람을 지나치게 의심하는 경향도 있으니 주의하고, 어떤 관계든 그 속에서 무언가를 배울 수 있는 기회로 삼아야 합니다. 좋은 친구를 사귀어 친밀한 관계를 이어갈 수 있지만 무엇보다도 당신은 사람을 즐겁게 하는 성향 덕분에 사회적으로 성공을 거둘 수 있습니다.

이날 태어난 유명인

미셸 파이퍼, 우마 서먼(배우), 듀크 엘링턴(재즈 피아니스트), 윌리 넬슨(가수), 앤드리 애거시(테니스 선수), 토머스 비첨, 맬컴 사전트(지휘자), 요네하라 마리(작가), 윤하(가수), 이동국(축구 선수)

물병자리

| 태양 : 황소자리 |
| 지배 성좌 : 황소자리/금성 |
| 위치 : 9° - 10° 황소자리 |
| 상태 : 고정궁 |
| 원소 : 흙 |
| 항성 : 하말 |

4월 30일
TAURUS

감각적으로 세련되고 매력 있는 사람

이날 태어난 당신은 매우 성실하고 정직한 사람입니다. 실용적인 접근법, 독창성과 충실함을 갖춘 당신은 대규모 창작 작업에 참여해도 좋을 것입니다. 그러나 반항적인 기질도 있어 그런 조화를 이루고자 하는 바람에 방해가 될 수 있습니다.

당신의 지배 성좌 황소자리의 영향으로 감각적이며 강력한 매력이 있으며 사랑과 애정을 갈구합니다. 아름답고 화려한 것을 좋아하는 고급 취향이 있지만 온갖 종류의 쾌락에 탐닉하지 않도록 각별히 주의해야 합니다. 이러한 영향은 예술이나 음악, 연극에 대한 사랑과 더불어 자연에 대한 심미안을 제공합니다. 타고난 창조적 기질 덕분에 이를 자기표현의 형태로 발전시키고 싶은 욕구가 있네요.

협상이나 흥정을 잘하고 사업적인 인맥을 만드는 데 소질을 타고난 당신은 기회가 오면 실력을 발휘해 성과를 거둘 수 있습니다. 설득력과 번뜩이는 재치를 즐기는 당신은 명민하거나 스스로의 힘으로 성공한 사람들에게 끌립니다. 어떤 일을 하든 당신은 우아하고 정직하게 일하며 견문을 넓히고 싶어 하는 욕구가 있습니다. 열의를 다해 집중하면 머릿속 아이디어를 손에 잡히는 현실로 바꿀 수 있는 능력이 있습니다.

21세쯤에 태양이 쌍둥이자리에 들면서 당신은 관심사가 부쩍 다양해집니다. 이 시기에 공부와 사람들과의 소통이 더욱 소중하게 다가옵니다. 51세쯤 되어 당신의 태양이 게자리로 들어설 때 인생의 전환기를 맞게 되면서 정서적인 애착과 탄탄한 가정의 기반이 중요함을 깨닫게 됩니다.

숨어 있는 자아

감성이 풍부하고 섬세한 당신은 혼잡하고 분주한 바깥세상에서 돌아와 쉴 수 있는 조용하고 안전한 안식처를 갖는 것이 중요합니다. 그래서 가정은 책임을 다할 중요한 곳이 되고 모든 것의 바탕이 됩니다. 평화롭고 조용한 곳에 대한 열망과 함께 지속적으로 정신적인 만족감을 갈구하게 되네요. 경제적 보상을 위해서든 또는 내면의 이상주의적 성향을 충족시키기 위해서든 지식이 힘이라는 생각으로 새로운 길과 아이디어를 모색하게 됩니다.

당신은 연애 대상을 애타게 구하면서도 정신없이 감정에 빠져드는 일은 결코 없으며, 어떤 일에 책임을 맡으면 필요한 만큼의 희생은 감수합니다. 반대로 전혀 뜻밖의 장난기가 발동할 때가 있어 그 즉흥성에 모든 사람들을 놀라게 할 수도 있겠네요.

일과 적성

돈을 벌 수 있는 아이디어가 넘쳐나고 훌륭한 기획력과 조직력도 갖추고 있습니다. 교육이나 영업, 상업, 홍보, 광고 등의 분야에서 성공할 가능성이 있습니다. 재계로 진출한다면 독립적으로 운영할 수 있는 여지가 많아야 하는데, 자영업을 하는 것이 더 행복할 수 있습니다. 그러나 보람이 크고 경제적으로도 득이 되는 많은 일들을 기획하고 실행하는 능력이 있어 어떤 팀에 있어도 소중한 구성원이 됩니다. 특히 철학이나 심리학, 또는 종교적 사색 쪽에 관심을 보일 수 있습니다. 지적이고 예리한 정신의 소유자이니 정보나 교육 등의 직업에 끌릴 수 있습니다. 그렇지 않으면 연예계나 예술계 쪽으로 진출할 수 있습니다.

수비학으로 본 당신의 운세

창의적이고 친절하며 사교적인 성향은 30일에 태어난 사람들의 공통된 특성입니다. 스타일과 형식에 대한 안목이 탁월한 당신은 예술이나 디자인, 음악과 관련된 분야에서 성공을 거둘 수 있습니다. 선천적으로 말재주가 있는 당신은 자기표현에 대한 열망도 있어 글쓰기나 강연, 노래에 뛰어난 능력을 보일 수 있습니다. 신념이 확실하여 자신의 지식에 대해서도 확고한 믿음이 있지요. 행복을 추구하면서 나태해지거나 과도하게 탐닉하지 않도록 하세요. 탄생월 4의 영향으로 멋진 아이디어가 넘쳐나는 당신은 창의력을 마음껏 발휘할 수 있는 안정되고 평화로운 장소가 필요합니다. 때로 당신은 깊은 생각에 잠길 수도 있고 관찰이나 책을 통해 통찰력을 얻어 눈앞의 일 그 이상을 꿰뚫어 볼 수 있습니다. 한곳에 집중하십시오. 에너지를 이곳저곳으로 분산시키면 결국 허탈감만 남습니다. 외향적인 당신, 답은 당신 안에 있습니다. 내면을 응시하십시오.

- 장점 : 흥이 많음, 충실함, 친근감, 통합 능력, 말재주, 창조성, 행운
- 단점 : 나태함, 고집, 일관성 없는 행동, 성급함, 불안, 무관심, 에너지를 분산시키는 성향

연애와 인간관계

인생의 어느 한 시점에서 평범하지 않은 관계에 이끌릴 수도 있지만 분별력이 있으니 헤어나지 못할 정도로 마음을 빼앗길 일은 없을 듯합니다. 연애는 당신에게 소중한 배움의 기회를 제공해, 진정 사랑이 무엇인지 깨닫게 되고 더불어 더욱 지혜로워집니다. 감정을 표현해야 할 상황에서 자신의 의사만 전달하려다가 어려움을 느낄 수도 있지만 일단 마음에 드는 상대를 찾으면 지원을 아끼지 않는 충실한 파트너가 될 수 있습니다.

♍

처녀자리

이날 태어난 유명인

질 클레이버그, 이브 아덴, 커스틴 던스트(배우), 카를 프리드리히 가우스(수학자), 윤미진(양궁 선수)

태양 : 황소자리	
지배 성좌 : 처녀자리/수성	
위치 : 9°30′ - 11° 황소자리	
상태 : 고정궁	
원소 : 흙	
항성 : 없음	

5월 1일

TAURUS

사랑을 주고받는 능력이 탁월한 감성의 소유자

이날 태어난 당신은 상황 판단이 빠르고 독창적이면서도 현실적인 사람으로 사람들과 어울리기를 좋아합니다. 사람을 끄는 매력으로 사교성이 풍부한 당신은 사람들로부터 인정받는 것을 좋아하고 또한 인기도 많습니다. 미(美)와 예술 쪽에도 강하게 끌리는데, 이는 자신의 감수성을 표현할 수 있는 귀중한 수단이 됩니다. 예술과 음악 또는 연기에 끌리는 당신은 일을 자기표현의 수단으로 활용할 가능성도 높습니다.

당신의 지배 성좌 처녀자리의 영향으로 당신은 명민함과 분별력, 그리고 세련된 소통 능력과 안목을 갖추고 있습니다. 이는 타고난 창의력과 어우러져 작가로서 재능을 드러낼 수도 있습니다. 또한 열과 성을 다해 일을 하고 늘 주변에 도움을 주고자 하는 당신은 정밀한 작업이나 연구도 적성에 맞습니다. 돈을 벌거나 물질적인 자산을 축적하는 것도 당신의 이상을 실현하는 데 도움이 된다는 생각으로 집중력을 발휘합니다.

현실적이고 분석적인 성향이 풍부한 감성과 만나 시너지 효과를 일으키면서 다양한 개성을 보여주니 규모가 큰 일을 성취하기에 훨씬 좋은 위치에 있습니다. 인생의 재미에만 푹 빠져 과도하게 탐닉하는 생활을 하면 목표에서 멀어져 실의에 빠질 수 있으니 경계하세요.

젊을 때는 감성이 풍부하고 다재다능하고 사교적인 성향을 보입니다. 20세 이후에는 당신의 태양이 쌍둥이자리로 들면서 자신의 아이디어를 표현하는 데 더 많은 관심을 갖게 됩니다. 주변 사람들과 더욱 긴밀한 의사소통을 하게 되고 한편으로는 학문에 대한 욕심이 생기며 정신적으로 훨씬 풍요로워집니다. 중년에는 수많은 변화를 겪으면서 동업이나 협력적 관계를 통해 이득을 얻을 가능성이 있습니다. 50세 즈음해서는 당신의 태양이 게자리로 움직이면서 또 한 번의 전환기를 맞게 되는데, 정서적인 안정감과 가정의 안락함에 더욱 집중하게 됩니다.

숨어 있는 자아

강렬한 감성의 소유자인 당신은 사랑을 주고받는 능력이 탁월합니다. 그래서 금전적인 이익을 채우려고 노력하기보다는 자신의 감정을 표출할 통로를 찾는 것이 무엇보다 중요합니다. 자신만의 출구를 못 찾고 떠돌게 되면 괜히 다른 사람의 감성 드라마에 말려들 수 있습니다. 어마어마한 당신의 잠재력을 최대한 발휘하기 위해서는 확실한 인생 설계가 무엇보다도 선행되어야 하는데, 인생을 크게 보고 그 큰 맥락에서 세워야 합니다.

가치관이 뚜렷한 당신은 미래를 위해 가치 있는 것이 무엇일지 생각하면서, 근면 성실하게 당신의 탁월한 비전을 실행 가능한 현실로 바꿀 수 있으며, 당신이 원하기만 하면 기회는 얼마든지 있다는 것을 깨닫게 될 것입니다. 인내는 성공의 가장 강력한 열쇠입니다. 성급해지는 마음을 다스리면서 꾸준하게 밀고 나가면 좋은 결실을 맺을 수 있습니다.

일과 적성

창의력과 음악적 재능을 타고난 당신은 글쓰기나 노래에 이끌릴 수 있습니다. 당신은 훌륭한 목소리와 좋은 음감을 타고났습니다. 변화와 다양성을 추구할 수 있는 일이나 여행에 관심이 갈 수도 있습니다. 직관적이고 섬세한 당신은 형이상학이나 철학, 또는 영적인 능력에도 관심을 보일 수 있습니다. 아이디어나 사람 또는 제품을 홍보하는 훌륭한 영업 담당자가 될 수 있을 것입니다. 그외 적합한 직업으로는 은행업이나 부동산업, 원예용품점, 또는 요리 분야 등이 있습니다. 연예계로도 진출할 수 있는데 창조적인 직업이라면 어디서든 성공할 가능성이 있습니다.

수비학으로 본 당신의 운세

최고가 되려 하고 자립하고자 하는 성향이 강한 것은 이날 태어난 사람들의 특성입니다. 1일에 태어난 당신은 개인주의적이며 혁신적이고 용감무쌍하며 에너지가 넘칩니다. 개척자 정신으로 무장되어 있어서 스스로 결정하거나 혼자 독립하여 살게 됩니다. 열정과 독창적인 아이디어로 가득 차 있는 당신은 사람들을 성공으로 이끕니다. 전반적으로 1일생은 세상이 자신을 중심으로 돌지 않는다는 것을 깨달을 필요가 있습니다. 탄생월 5의 영향으로 당신에겐 꾸준한 인내와 목표가 필요합니다. 자기 수양을 바탕으로 자제력을 기르면 인생을 스스로 지배하는 힘이 생깁니다. 다재다능하고 현실적인 전략가인 당신은 끊임없이 생각을 행동으로 옮기는데, 이런 성향은 자기만의 분야를 갖게 되었을 때 그 빛을 발합니다. 강력한 직관이 당신을 인도하고 자극을 줍니다. 용기를 잃지 않고 나아가면 새로운 가능성이 보이고 미래는 더욱 밝아집니다. 인내하면서 할 수 있는 범위 내에서 일하십시오.

- ● 장점 : 리더십, 창조성, 진보적 성향, 진취성, 낙천주의, 강한 신념, 경쟁력, 독립심, 사교적
- ■ 단점 : 자만심, 질투심, 자기애, 적대감, 자제력 결여, 이기심, 허약함, 불안정함, 초조감

연애와 인간관계

낭만적이고 이상주의적인 관계를 추구하는 당신은 진정한 파트너를 찾기 위해 서두르지 않습니다. 때로는 자신의 기대에 부응하는 사람을 찾기 힘들어 우정 관계를 원하기도 합니다. 당신은 명민하고 열정적이며 인도주의적인 성향이 강한 상대를 찾는 것이 좋습니다. 한번 연애를 시작하면, 이따금 어려움은 겪겠지만, 깊이 사랑하고 충실함을 지켜나갑니다. 유연하고 객관적인 태도를 지닌다면 감정적으로 심한 좌절을 겪지 않을 수 있고, 더욱 원활하고 행복하며 서로에게 도움을 주는 관계로 만들어나갈 수 있을 것입니다.

이날 태어난 유명인

주디 콜린스, 리타 쿨리지(가수), 글렌 포드(배우), 오우삼(영화감독) 조지프 헬러(작가), 박해진(배우), 김남일(축구 선수)

태양 : 황소자리
지배 성좌 : 처녀자리/수성
위치 : 10° 30′ - 12° 황소자리
상태 : 고정궁
원소 : 흙
항성 : 알라마크

5월 2일

인간관계가 좋고 정직하며 인생을 즐길 줄 아는 사람

황소자리 태생인 당신은 현실적이고 결단력이 있으며 창의력이 넘치는 사람으로 인생의 재미와 아름다움을 즐길 줄 아는 사람이기도 합니다. 솔직하고 직선적이며 사교 수완을 타고난 당신은 사람들에게 친근한 이미지를 주어 성공을 예견하게 합니다.

지배 성좌 처녀자리에 든 태양의 영향으로 당신은 물질적인 자산을 얻는 데 천부적인 재능을 타고났습니다. 수용적이고 직관적이면서도 분석적이고 현실적인 당신은 정신적인 명민함도 갖추고 있습니다. 정확하게 말하고 소통하는 것을 좋아하고 비판력과 혜안을 갖추고 있습니다.

사람을 끌어당기는 매력이 있고 따뜻해 사람을 상대하는 일에서 행운으로 작용합니다. 다른 사람들과 조화로운 관계를 유지하고 싶은 당신은 주변 환경에 예민하여 주위를 감각 있고 고급스럽게 꾸며놓습니다. 그러므로 당신에게 가정은 삶의 과제에서 중요한 역할을 하게 되며 편안하고 매력적으로 만들기 위해 최선의 노력을 기울입니다. 창의력을 타고나 음악이나 미술, 글쓰기나 연극 같은 분야로 진출하여 비범한 재주를 유감없이 발휘할 수도 있겠네요. 자연을 좋아하니 원예나 야외 활동에 끌릴 수도 있습니다.

19세 이후에는 당신의 태양이 쌍둥이자리로 들어가면서 아이디어를 전하고 교류하는 데 관심이 커집니다. 정신적으로 기지개를 활짝 펴며 더욱 깊이 배움의 길로 들어서는 때이기도 합니다. 49세가 되면 당신의 태양이 게자리로 움직여 전환기를 맞게 되는데, 이때는 가족 내에서 당신의 위치를 점검해보게 되고 다른 사람들과 친밀하게 지낼 필요성이 더욱 커지는 시기이기도 합니다.

숨어 있는 자아

강인한 정신력과 명민함을 갖춘 당신은 경험 많고 아는 게 많은 사람들을 존경합니다. 자신의 능력을 활용하여 이론을 현실화하는 걸 좋아하는 당신, 성공의 반은 이미 보장받은 것입니다. 그 밖에 근면 성실함, 성공 지향적, 큰 포부, 리더의 기질은 그 성공 가능성을 한층 높여줍니다. 세세한 것도 놓치지 않는 당신은 문제 해결력 또한 탁월하며 독창적입니다. 천성적으로 호기심이 많아 신비주의나 심령술에도 관심을 가질 수 있습니다.

자신이 충실한 사람이기에, 사랑과 우정을 바탕으로 안정감을 얻습니다. 인간관계가 좋아야 성취감도 느낄 수 있기 때문입니다. 항상 직설적이고 솔직한 당신은 한번 오해를 하면 완고해지고 진실과 마주하기를 꺼리게 될 수 있습니다.

ზ

5월

일과 적성

현실적이고 진취적인 당신은 기업가, 제작자, 기획자, 또는 건축업자로 성공할 수 있습니다. 당신은 항상 안정을 얻기 위해, 그리고 값비싼 취향을 충족시키기 위해 열심히 일하려 합니다. 예술 방면에 끌리지만 금전적 보상이 필요해서 광고나 미디어, 또는 글쓰기나 연기 분야에서 성공을 거둘 수 있습니다. 느긋하고 안정적인 일 처리와 실행 능력이 있으니 훌륭한 매니저나 친절하고 이해심 많은 사장이 될 수도 있습니다.

적극적인 접근법과 능수능란한 솜씨를 갖춘 당신은 손재주가 좋으며 새로운 프로젝트를 구상하는 것을 즐깁니다. 하는 일에 운과 기회가 따라주며 결단력 덕분에 어떤 분야를 선택하든 성공할 수 있습니다.

수비학으로 본 당신의 운세

생일 2라는 숫자는 당신이 감성이 풍부하고 조직에 소속감이 강한 사람임을 말해줍니다. 새로운 환경에 적응하며 사람들과 소통하고자 하는 마음이 커서 가족 사이에 문제가 생겼을 때 중재자 역할을 멋지게 해냅니다. 사람들을 즐겁게 해주고 싶은 욕심에 지나치게 그들에게 의존하게 될 수도 있습니다. 탄생월 5의 영향으로 자신의 감정을 표현하고 다른 사람과 소통하고 싶은 마음이 엿보입니다. 확신을 갖고 과단성 있게 행동하면 집중력과 자신감을 키울 수 있습니다. 초연하게 뒤로 물러앉아 불신하는 태도와, 사람들에게 너무 많은 것을 기대하다가 결국 실망하게 되는 태도 사이에 균형을 유지할 필요가 있습니다. 창의적이면서도 이성적인 당신은 견문이 더욱 넓어지면 좀 더 객관적인 인생철학을 터득할 수 있을 것입니다.

- 장점 : 좋은 동반자 관계, 온유함, 재치, 수용력, 직관, 배려, 조화, 유쾌한 천성, 친선 대사
- 단점 : 의심, 자신감 결여, 굴종, 수줍음, 과민증, 이기심, 쉽게 상처받는 성향, 기만

연애와 인간관계

야심찬 포부를 품고 있는 당신은 성공과 명예를 얻길 원합니다. 경제적인 안정과 돈은 인간관계에서 중요한 요소가 되기에 당신은 성공한 사람이나 그럴 가능성이 있는 사람을 더 좋아합니다. 좋은 취향과 고상한 가치관의 소유자인 당신은 다른 사람에게서도 그 진가를 알아봅니다. 사랑하는 사람에게 늘 아량이 넓고 관대하지만 놀라울 정도로 인색해지는 경우도 있습니다. 매사를 물질적인 측면으로만 판단하지 말고 융통성 있게 이해하면 당신이 바라는 존경과 애정을 얻을 수 있습니다.

황소자리

이날 태어난 유명인

사티야지트 레이(영화감독), 비앙카 재거(배우), 데이비드 베컴(축구 선수), 정보석, 심지호(배우), 임권택(영화감독), 정주리(코미디언)

143

태양 : 황소자리	
지배 성좌 : 처녀자리/수성	
위치 : 11°30′ - 13° 황소자리	
상태 : 고정궁	
원소 : 흙	
항성 : 알라마크, 멘카르	

5월 3일

TAURUS

머리가 좋고 사교적이며 근면 성실한 사람

당신은 놀랄 만큼 이지적이고 창조적인 잠재력의 소유자입니다. 걱정 근심이나 우유부단함으로 인해 목표를 향해 나아가는 데 방해를 받지 않도록 주의만 하면 됩니다. 사교적이고 자상한 당신은 사람들을 끌어들이는 매력이 있어 대인관계에서도 성공을 보장받을 수 있습니다.

지배 성좌 처녀자리에 든 태양의 영향으로 당신은 물질적인 만족을 충족하는 방법을 알고 있습니다. 지식과 아이디어를 빠르게 받아들이고 적용하는 좋은 머리 덕분에 분석력과 세부 작업 능력, 소통 능력이 있습니다. 아름다움과 예술에 대한 심미안은 천성적인 감각과 결부되어 미술이나 음악, 연극의 형태로 표현될 수 있습니다. 그 재능을 잘 개발하면 너무 과민해지거나 좌절감을 느낄 때 치유 효과를 톡톡히 볼 수 있습니다.

당신은 사람들을 고무하는 잠재 능력이 있고, 일을 추진하는 노력 속에 기쁨도 느낍니다. 확신이 서면 근면 성실하게 노력하며, 그 노력이 최종 결과를 가져온다는 것을 믿기에 성공은 약속된 셈입니다. 거리를 두고 객관적으로 바라보며 일하되 건설적인 비판력을 갖추면 완고해지고 불만스러워하는 성향을 쉽게 극복할 수 있습니다. 실용적이면서도 타고난 신비로운 직관력이 있는데 잘 개발하면 자신과 주변 환경을 이해하는 데 엄청난 도움이 될 것입니다.

어릴 때는 사교적이며 상상력이 풍부하고 다재다능하며 외부 활동을 아주 좋아합니다. 18세 이후에는 당신의 태양이 쌍둥이자리에 들면서 사람들과 의견을 교환하고 소통하고 싶은 마음이 커집니다. 이때는 정신적으로 지평을 넓히는 시기이기도 하며 새로운 공부를 시작할 수도 있습니다. 48세가 되면 당신의 태양이 게자리로 들어가게 되는데, 인생의 전환기를 맞아 일을 하는 데 도움이 되는 강력한 정서적 기반에 대한 열망이 두드러집니다. 이때 안정된 가정과 가족 간 유대 관계의 소중함이 대두됩니다.

숨어 있는 자아

비즈니스 감각이 뛰어나고 일에 대한 의욕이 넘치는 당신은 천천히 그러나 확실하게 부를 축적하게 됩니다. 그러나 정신적 성장은 세속적인 것에 매이지 않는 데서 이룰 수 있습니다. 가정의 화목을 열망하고 그것을 이루기 위해 희생을 마다하지 않으므로 안전하고 안정된 가정은 인생에서 매우 중요한 부분이 됩니다.

당신 내면에서 발산하는 강력한 에너지는 창의력과 놀이 또는 자기 연민으로 표현될 수 있습니다. 때로 다른 사람들의 기대에 미치지 못해 좌절할 수도 있는데 그것을 만회하기 위해 과도하게 치닫지 않도록 조심해야 합니다. 어려움에 처했을 때 그 책임을 온전히 받아들이면 인생이 더 많은 것을 보상해준다는 사실을 알게 될 것입니다.

일과 적성

자기표현과 정신적 자극은 당신의 직업에 바탕을 이룹니다. 여성들이 당신의 발전에 중요한 역할을 담당하게 됩니다. 비즈니스 감각을 타고나서 무역업계나 은행업, 부동산업 등의 분야로 진출할 수 있습니다. 근면 성실성은 예민한 정신력과 결부되어 과학 연구나 법조계 쪽으로 인도할 수도 있습니다. 또는 글쓰기나 인테리어 디자인, 장식, 골동품이나 미술 세공품 거래업 등의 창의적인 직업을 가질 수도 있습니다. 이상주의적 성향으로 영감을 받으면 대의를 위해서는 아낌없이 힘을 쏟아붓습니다. 자연에 대한 애착도 강해서 농업이나 원예 분야의 일을 하게 될 수도 있습니다. 대중을 상대하는 직업에서 두각을 드러냅니다.

수비학으로 본 당신의 운세

흥이 많고 함께하기 좋은 친구인 당신은 친목을 위한 사회활동을 즐깁니다. 자기표현 열망이 있어서 그것이 잘될 때는 인생의 가장 큰 기쁨을 느낍니다. 그러나 쉽게 싫증을 느끼는 성향도 있어서 우유부단해지거나 한꺼번에 많은 일을 하려 합니다. 유머 감각을 갖춘 당신은 예술적이고 매력적입니다. 천부적인 언어 구사 능력은 강연이나 글 또는 노래를 통해 발현됩니다. 자존감이 강해서 걱정 근심이나 정서적인 불안감을 느끼기도 하니 주의하세요. 탄생월 5의 영향으로 넘치는 독창성을 어떻게 활용할지가 늘 과제입니다. 다재다능하여 안주하지 못하는 성향인데, 실용적인 면을 살리는 쪽으로 노력해보세요. 부단한 노력과 근면함은 성공에 대한 투지를 나타냅니다. 많은 어려움과 미루는 버릇에도 불구하고 인내심을 기르면 상황을 적절하게 조절할 수 있을 것입니다.

- 장점 : 유머, 행복, 친근감, 생산성, 창조성, 예술적 재능, 기원의 힘, 자유에 대한 사랑, 언어 재능
- 단점 : 지나친 상상력, 과장, 쉽게 지루함을 느끼는 경향, 허영심, 애정 결핍, 허세, 방종, 탐닉, 나태, 위선

연애와 인간관계

사교적인 성향이지만, 혼자 침잠하고 싶은 시기가 올 것입니다. 평화로운 환경이나 자연 속에서 생각을 정리하고 사색할 시간이 필요합니다. 지적인 사람에게 끌리는 당신은 지적 활동이나 여가 활동을 함께할 수 있는 사람을 좋아합니다. 매력이 당신 최고의 장점이므로 친구들과 연인을 만나는 것은 그리 어렵지 않지만 진정한 결실은 오랜 기간 관계를 유지하는 어려움을 극복하는 데서 올 것입니다.

연인이나 친구

1월 9, 11, 13, 23, 25, 27일 / 2월 7, 21, 23, 25일 / 3월 5, 19, 21, 23, 29일 / 4월 3, 17, 19, 21, 27, 30일 / 5월 1, 15, 17, 19, 25, 28일 / 6월 13, 15, 17, 23, 26일 / 7월 11, 13, 15, 21, 24일 / 8월 9, 11, 13, 19, 22일 / 9월 7, 9, 11, 17, 20일 / 10월 5, 7, 9, 15, 18일 / 11월 3, 5, 7, 13, 16일 / 12월 1, 3, 5, 11, 14일

힘이 되어주는 사람

1월 2, 4, 7일 / 2월 2, 5일 / 3월 3일 / 4월 1일 / 5월 31일 / 6월 29일 / 7월 27, 31일 / 8월 25, 29일 / 9월 23, 27일 / 10월 21, 25일 / 11월 19, 23일 / 12월 17, 21일

운명의 상대

1월 8, 14일 / 2월 6, 12일 / 3월 4, 10일 / 4월 2, 8일 / 5월 6일 / 6월 4일 / 7월 2일 / 11월 4, 5, 6일

경쟁자

1월 6, 19, 29일 / 2월 4, 17, 27일 / 3월 2, 15, 25일 / 4월 13, 23일 / 5월 11, 21일 / 6월 9, 19일 / 7월 7, 17일 / 8월 5, 15일 / 9월 3, 13, 30일 / 10월 1, 11, 28일 / 11월 9, 26일 / 12월 7, 24, 29일

소울메이트

1월 16, 21일 / 2월 14, 19일 / 3월 12, 17일 / 4월 10, 15일 / 5월 8, 13일 / 6월 6, 11일 / 7월 4, 9일 / 8월 2, 7일 / 9월 5일 / 10월 3일 / 11월 1일

이날 태어난 유명인

빙 크로스비(가수), 메리 애스터(배우), 피트 시거, 제임스 브라운(가수), 니콜로 마키아벨리(정치철학자), 하수빈(가수)

태양 : 황소자리	
지배 성좌 : 처녀자리/수성	
위치 : 12°30′ - 14° 황소자리	
상태 : 고정궁	
원소 : 흙	
항성 : 알라마크, 멘카르	

5월 4일

TAURUS

현실적이면서도 감수성이 뛰어나고, 협력해서 성공을 이루는 사람

현실성과 정서적인 감수성이 묘하게 결합된 성향이 이날 태어난 사람들의 공통된 특성입니다. 직장이나 개인 생활에서 일을 분담하고 협력하는 것이 성공의 비결입니다. 포부가 크고 근면한 당신은 책임감이 강하고 성실합니다.

지배 성좌인 처녀자리에 든 태양의 영향으로 직장에서 목표 기준을 높게 설정해놓고 다른 사람들이 그 일을 이루도록 도와주는 것을 좋아합니다. 이는 당신이 매우 현실적이며 세상물정에 밝다는 것을 보여주고 질서를 존중하고 조직 속에서 비로소 안정감을 느낀다는 것을 알 수 있습니다.

매우 독립적이고 제약받는 것을 싫어하지만 사람들과의 일대일 관계에서 탁월한 능력을 발휘합니다. 이는 부분적으로는 인간 본성에 대한 타고난 깊은 이해가 있고 인지 능력이 뛰어난 덕분이기도 합니다. 처음에는 물질적인 보상에 관심을 보이지만 통찰력을 키워가면서 만년에는 형이상학적이고 심령적인 문제에 관심을 갖게 됩니다. 그렇지만 자기중심적이고 완고한 면도 보일 수 있고, 스스로를 불신하는 모습을 보이는 시기도 있을 것입니다. 이러한 감정에서 벗어나려고 현실 도피나 방종으로 흐를 수도 있으니 특히 주의하세요. 마음속에서 일어나는 강력한 상상력의 힘으로 또는 완벽한 이상에 대한 비전을 그리며, 부정적인 기운을 떨쳐버릴 능력을 갖게 될 수도 있습니다.

17세 이후에는 당신의 태양이 쌍둥이자리에 들면서 당신의 인생은 바쁘게 지나가고 글쓰기와 말하기, 소통 등에서 더욱 두각을 드러내게 됩니다. 이런 기세가 47세까지 이어지게 되는데, 이때 당신의 태양이 게자리로 들어가 인생의 전환기를 맞으면서 정서적인 친밀감과 안정감, 가정의 유대감을 더 소중하게 생각하게 됩니다.

숨어 있는 자아

비효율적이거나 진행이 순조롭지 못한 일을 떠맡게 되었을 때, 비로소 당신의 리더십은 자연스럽게 그 힘을 발산합니다. 때로 이는 권위적으로 보일 수도 있지만 일반적으로 사람들과 함께 협력하여 일을 해내는 능력이 탁월합니다. 필요한 정보의 습득 능력이 뛰어나 그것을 바탕으로 사안마다 판단하고 결정 내리기를 좋아합니다. 타고난 직관력을 발휘해 당신의 뛰어난 아이디어를 눈에 보이는 형태로 실현해낼 수 있어서 엄청난 이득을 보게 될 것입니다.

사람들이 당신의 강한 책임감을 알고 당신의 성공을 위해 도움을 줄 것입니다. 때때로 우울해지거나 노심초사하며 긴장하는 버릇은 버리세요. 그런 성향은 사람들과의 관계에서 나쁜 영향을 미칠 수 있습니다. 특히 주변 환경에 영향을 받는 당신은 화목하고 좋은 환경에서 지내야 합니다. 그러므로 가정은 특별히 소중하고 안전한 장소가 될 것입니다.

일과 적성

매매나 은행업, 무역업에 천부적인 재능을 타고났으며, 뛰어난 에이전트나 협상가가 될 가능성도 큽니다. 또는 사람들에게 도움이 되는 일을 하고 싶어 해서 자선사업이나 상담, 또는 가난한 사람들을 돕는 일을 하게 될 수도 있습니다. 정계나 공무원, 외교, 또는 홍보 분야의 직업에서도 성공을 거둘 수 있습니다. 창의적인 재능은 특히 음악이나 사진, 연극 등의 분야에서 두각을 드러냅니다. 이날 태어난 사람들은 스포츠계로 진출할 수도 있습니다. 어떤 직업을 선택하든 당신의 근면함은 그 보상을 톡톡히 받게 될 것입니다.

수비학으로 본 당신의 운세

생일 4로 볼 때 안정을 원하고 질서를 좋아합니다. 조형 감각도 뛰어나네요. 안정을 바라기 때문에 자신과 가정의 기반도 탄탄하게 다지고자 합니다. 실용적인 삶의 자세로 훌륭한 비즈니스 감각을 이용해 인생에서 경제적인 성공을 누립니다. 충실하면서도 감정을 잘 드러내지 않는 당신은 솔직하고 정직하며 공정합니다. 그렇지만 감정을 어떻게 표현하는지는 알아야 합니다. 4라는 숫자가 주는 어려움이 있다면 불안정의 시기를 극복하는 일입니다. 탄생월 5의 영향으로 당신은 열정이 넘치면서도 정서적으로 섬세합니다. 영감을 주는 아이디어나 프로젝트를 찾아 동기부여가 되어야 합니다. 그리고 자신의 직감을 믿고 그것을 실생활에 적용하는 방법을 터득해야 합니다. 자유인으로 살고 싶어 하는 당신, 자기수양과 안정은 필수입니다.

- 장점 : 조직, 자기 수양, 꾸준함, 근면, 장인 정신, 손재주, 실용주의, 신뢰, 정확성
- 단점 : 파괴적 행동, 말이 별로 없음, 억압, 나태함, 감정 결여, 지체, 구두쇠, 위세, 감춰진 애정, 울화

연애와 인간관계

결혼, 안정된 관계, 안정적인 가정은 특히 당신에게 소중합니다. 지식을 사랑하고 사람들과의 소통을 하고 싶어 하기 때문에 새로운 아이디어를 탐색하고 독창적인 것에 마음이 끌립니다. 판에 박힌 일상에 갇히거나 단조로운 상태가 되지 않도록 특히 조심하세요. 파트너와 함께 창조적인 활동을 해나가면서 재미있는 시간을 보낼 수 있습니다. 밖으로 나가 사람들과 어울리거나 친구들을 집으로 초대해서 즐기는 것도 큰 기쁨을 줍니다.

연인이나 친구

1월 10, 11, 14, 26, 28일 / 2월 8, 24, 26일 / 3월 6, 22, 24, 30일 / 4월 4, 20, 22, 28일 / 5월 2, 18, 20, 26, 29일 / 6월 16, 18, 24, 27일 / 7월 14, 16, 22, 25일 / 8월 12, 14, 20, 23, 30일 / 9월 10, 12, 18, 21, 28일 / 10월 8, 10, 16, 19, 26일 / 11월 6, 8, 14, 17, 24일 / 12월 4, 6, 12, 15, 22일

힘이 되어주는 사람

1월 8일 / 2월 6일 / 3월 4, 28일 / 4월 2, 26일 / 5월 24일 / 6월 22, 30일 / 7월 20, 28, 29일 / 8월 18, 26, 27, 30일 / 9월 16, 24, 25, 28일 / 10월 14, 22, 23, 26, 29일 / 11월 12, 20, 21, 24, 27일 / 12월 10, 18, 19, 22, 25일

운명의 상대

1월 15일 / 2월 13일 / 3월 11일 / 4월 9일 / 5월 7일 / 6월 5일 / 7월 3일 / 8월 1일 / 11월 5, 6, 7일

경쟁자

1월 7, 9, 30일 / 2월 5, 7, 28일 / 3월 3, 5, 26일 / 4월 1, 3, 24일 / 5월 1, 22일 / 6월 20일 / 7월 18일 / 8월 16일 / 9월 14일 / 10월 12, 29일 / 11월 10, 27일 / 12월 8, 25, 30일

소울메이트

1월 8, 27일 / 2월 6, 25일 / 3월 4, 23일 / 4월 2, 21일 / 5월 19일 / 6월 17일 / 7월 15일 / 8월 13일 / 9월 11일 / 10월 9일 / 11월 7일 / 12월 5일

황소자리

이날 태어난 유명인

오드리 헵번(배우), 호스니 무바라크 (전 이집트 대통령), 메이너드 퍼거슨 (트럼펫 연주자), 키스 해링(예술가), 이소은(가수), 배영수(야구 선수)

태양 : 황소자리	
지배 성좌 : 처녀자리/수성	
위치 : 13° 30′ – 15° 황소자리	
상태 : 고정궁	
원소 : 흙	
항성 : 알라마크, 멘카르	

5월 5일
TAURUS

질서를 중요시하는 현실적인 성격

이날 태어난 당신에게는 의지력과 결단력이 엿보입니다. 다양한 것, 직접 행동하는 것을 좋아하지만 안주하지 못하는 마음은 극복할 필요가 있습니다. 예리한 정신력의 소유자인 당신은 상황을 곧바로 파악하고, 의미 있는 대의나 프로젝트를 성실하게 추진해나갈 때 더없는 행복을 느낍니다.

당신의 지배 성좌인 처녀자리에 든 태양의 영향으로 실용주의적 경향을 비판적으로 바라보면서 일을 처리하는 것도 중요하다고 생각합니다. 또한 분석력과 체계성에 대한 열망, 또는 어떤 점에서는 기술적인 능력도 보입니다. 완고하거나 고집스러운 면은 이 생일에 부여된 엄청난 잠재력을 활용하는 데 걸림돌이 될 수 있습니다.

물질적 안정에 대한 열망 외에 당신은 인간관계든 인생이든 더 깊은 단계에 이르기를 원합니다. 겉으로 드러나지 않는 내면을 탐색하거나 연구하게 되면 실제 보이는 그대로 받아들이지 않게 됩니다. 이러한 직관력을 좀 더 키우면 이기심, 변덕, 우울증으로 흐를 수도 있는 성향을 극복할 수 있습니다. 그러면 이날에 부여된 어마어마한 잠재력을 드러내는 데 엄청난 도움을 받을 것입니다.

직관력과 매력이 넘치며 바쁘게 살고 싶어 하는 당신은 리더십이 부여되는 자리에 설 수 있는 모든 요소를 갖추었습니다. 사물을 시각적으로 이해하고 현실적으로 생각하기 때문에 새로운 사업 분야를 성공으로 이끌 수 있습니다. 당신이 지닌 이상적인 생각은 안정된 생활 속에서도 새롭고 활기를 줄 것입니다.

16세 무렵에 당신의 태양이 쌍둥이자리에 들면서 흥미와 관심사가 다양해집니다. 이때 새로이 배우고 사람들과 소통하는 것이 매우 소중하게 다가옵니다. 46세 이후에 태양이 게자리로 들어가게 되면서 인생의 전환기를 맞게 되네요. 가족 간의 유대에 대해 자각하게 되면서 감성이 풍부해지고 가정이라는 든든한 기반의 중요성을 느끼게 됩니다. 76세부터 당신의 태양이 사자자리로 들어가면서 당신은 더욱 강해지고 자신감이 넘치게 됩니다.

숨어 있는 자아

겉모습은 현실적으로 보이나 그 이면에는 지극히 이상적인 성향이 숨어 있습니다. 그러다 보니 당신의 높은 기대는 충족되지 않고 자주 실망하게 될 수도 있습니다. 그러나 그런 상태가 심각해지지 않도록 당신의 멋진 유머 감각을 발동시켜야 합니다. 그러면 생각에 균형이 잡혀 사람들에게도 신속하게 반응해줄 수 있습니다. 이러한 직관적인 반응을 믿고 사람들에게 기분 좋은 방법으로 도전의식을 북돋워준다면 당신의 영향력이 커져서, 스스로 실망하거나 내향적이 되거나 냉정해지는 것을 막을 수 있습니다. 자신의 영향력을 신뢰하면 엄청난 자신감과 자발성이 생깁니다.

당신 내면에는 어떤 상황도 잘 해결할 수 있는 능력이 있어요. 이런 능력을 발휘하여 새로운 아이디어를 신중하고 논리적인 방법으로 사람들에게 보여주면 그들은 당신의 독특한 통찰력에 감동하게 될 것입니다.

일과 적성

당신의 독창적인 아이디어와 상황 파악 능력은 사장이나 윗사람의 인정을 받습니다. 위기 상황에서 침착성을 유지하는 적응력 덕분에 어려운 상황도 극복할 수 있습니다. 이러한 특성은 근면함과 결부되어 리더십을 개발하는 데 도움을 줍니다. 당신은 상황을 장악하고 통제하기를 원하고, 다른 사람 밑에서 복종하는 것은 그리 달가워하지 않기 때문에 자영업을 하거나 사장이나 경영진으로 일해야 능력을 발휘할 수 있습니다. 문제 해결력이 뛰어나서 필요하면 강인하고 권위주의적인 모습을 보이기도 합니다. 영화나 연극계로 진출하면 훌륭한 배우나 연출자, 감독이 될 수 있습니다. 조형 감각이 뛰어난 당신은 이미지를 만들어내는 일이나 디자인과 관련된 일에 끌릴 수 있습니다. 재능을 발휘할 수 있는 또 다른 통로인 공직이나 정계로 진출하면 타고난 권위를 충분히 활용할 수 있을 것입니다.

수비학으로 본 당신의 운세

강력한 직관, 타고난 모험심, 그리고 자유에 대한 열망, 이것은 5일에 태어난 사람들의 공통된 특성입니다. 여행이나 예상치 못한 변화를 경험함으로써 가치관이나 신념을 전환시키기도 합니다. 일반적으로 5일에 태어난 사람들은 활동적인 삶을 영위하게 되는데, 인내와 세심함을 배울 필요가 있습니다. 너무 서두르거나 질투 어린 행동만 삼간다면 성공할 수 있습니다. 5에 부여된 타고난 재능은 대세를 따르고 객관적인 거리를 유지하는 것입니다. 5의 영향으로 당신은 야망이 크고 결단력이 있지만 때로 자신을 너무 과신하는 모습을 보여주기도 합니다. 목적지에 빨리 도착하기 위해 질주하는 과정에서 주변의 놀라운 장관들을 그냥 스치고 놓쳐버릴 수 있습니다. 의지가 강하고 상황 판단이 빠른 당신은 어떠한 형태의 제약도 싫어합니다. 자신이나 사람들에 대해 만족하지 못하거나 상황에 얽매이게 되면 변화를 추구하거나 새로운 무언가를 시작하고 싶어합니다. 성공하려면 자기 수양이 먼저입니다.

- ● 장점 : 다재 다능, 적응력, 진취적인 태도, 강한 직관, 매력, 행운, 대담성, 자유에 대한 사랑, 민첩성과 기지, 호기심, 신비주의, 사교성
- ■ 단점 : 신용할 수 없음, 변화무쌍, 꾸물거림, 일관성 결여, 탐욕, 지나친 자신감

연애와 인간관계

당신은 자상하고 관대하지만 독립적이고 자유를 사랑합니다. 변화하는 환경 탓에 당신은 사랑과 일 또는 의무와 개인적 소망 사이에서 갈등할 수 있습니다. 당신은 깊은 친밀감을 필요로 하지만 때로는 강렬한 감정을 표현하는 것을 조금 억제할 필요도 있습니다. 그렇지만 당신은 파트너에게 헌신적이군요. 이기심에 사로잡히면 다른 사람들과의 사이가 벌어질 수 있으니 조심하세요. 당신의 높은 이상과 열망을 공유할 수 있는 사람이 당신에게 적합합니다.

연인이나 친구

1월 11, 15, 20, 25, 27, 29일 / 2월 9, 18, 23, 25, 27일 / 3월 7, 16, 21, 23, 25일 / 4월 5, 14, 19, 21, 23일 / 5월 3, 12, 17, 19, 21일 / 6월 1, 10, 15, 17, 19일 / 7월 8, 13, 15, 17일 / 8월 1, 6, 11, 13, 15일 / 9월 4, 9, 11, 13일 / 10월 2, 7, 9, 11일 / 11월 5, 7, 9, 12월 3, 5, 7일

힘이 되어주는 사람

1월 9, 26일 / 2월 7, 24일 / 3월 5, 22일 / 4월 3, 20일 / 5월 1, 18, 29일 / 6월 16, 27일 / 7월 14, 25, 29, 30일 / 8월 12, 23, 27, 28, 31일 / 9월 10, 21, 25, 26, 29일 / 10월 8, 19, 23, 24, 27일 / 11월 6, 17, 21, 22, 25일 / 12월 4, 15, 19, 20, 23일

운명의 상대

1월 16일 / 2월 14일 / 3월 12일 / 4월 10일 / 5월 8일 / 6월 6일 / 7월 4일 / 8월 2일 / 11월 6, 7, 8일

경쟁자

1월 8, 29, 31일 / 2월 6, 27, 29일 / 3월 4, 25, 27, 28일 / 4월 2, 23, 25, 26일 / 5월 21, 23, 24일 / 6월 19, 21, 22일 / 7월 17, 19, 20일 / 8월 15, 17, 18일 / 9월 13, 15, 16일 / 10월 11, 13, 14, 30일 / 11월 9, 11, 12, 28일 / 12월 7, 9, 10, 26일

소울메이트

5월 30일 / 6월 28일 / 7월 26일 / 8월 24일 / 9월 22, 30일 / 10월 20, 28일 / 11월 18, 26일 / 12월 16, 24일

이날 태어난 유명인

카를 마르크스(철학자), 태미 와이넷, 아델(가수), 쇠렌 키르케고르(철학자), 김호진, 최강희(배우)

149

태양 : 황소자리

지배 성좌 : 처녀자리/수성

위치 : 14°30' – 16° 황소자리

상태 : 고정궁

원소 : 흙

항성 : 알라마크, 멘카르

5월 6일

TAURUS

다재다능하고 자신감이 넘치는 성격

당신은 보기보다 굉장히 복잡한 성향입니다. 다재다능하고 넘치는 자신감을 그대로 표현하지만 그러한 외모 뒤에는 걱정이 많고 우유부단한 모습이 감춰져 있습니다. 타고난 리더십으로 사람들을 잘 다루는 당신은 탁월한 능력을 최대한 활용할 수 있는 이상적인 자리에 있게 될 것입니다. 어느 정도 선에서 그냥 안주해버리거나 안일한 생활을 하며 능력 발휘를 하지 않으려 할 위험성도 있습니다.

당신의 태양이 황소자리의 두 번째 십분각에 자리하면서 당신은 목표를 성취하는 데 도움이 될 분석적이고 비판적인 능력을 갖추게 됩니다. 또한 사업 수완뿐 아니라 글쓰기 재주도 타고났습니다. 무엇이든 빠르게 습득하는 당신은 지식과 자유를 소중히 하며 독창적이거나 진취적인 아이디어에 개방적입니다.

가정과 안정은 당신 인생에서 가장 중요한 문제로, 당신은 그 책임을 진지하게 받아들입니다. 자상함이 너무 지나치면 다른 사람의 삶에 너무 깊숙이 개입을 하게 되어 그들이 스스로 배울 수 있는 기회를 박탈하게 될 수도 있습니다. 다행스럽게도 당신은 매력을 발산하며 사람들과 잘 지냅니다. 당신에겐 지인들이 많고, 재미있고 활기를 불어넣어 주는 친구들을 좋아합니다. 그러나 재밌고 즐겁게 사는 데에 지나치게 탐닉하지 않게 주의할 필요가 있습니다.

15세 이후에는 당신의 태양이 쌍둥이자리에 들면서 인생의 속도는 빨라지고 소통에 대한 중요성은 더욱 커집니다. 그 이후 30년 동안 지적인 능력이 커지면서 사람들과 생각을 나누면서 인생길을 걸어가고 싶다는 욕구가 생깁니다. 45세가 되면 당신의 태양이 게자리로 들어가게 되는데, 이때가 인생의 전환기로 가족, 정서적 안정 등의 중요성이 두드러집니다. 75세부터는 당신의 태양이 사자자리로 자리를 옮기며 당신의 능력과 자신감은 점점 커지게 됩니다.

숨어 있는 자아

당신은 창의적인 정신의 소유자입니다. 재치와 기지가 통찰력과 결합되면서 사람들의 특성을 한눈에 세부적으로 파악하여 짓궂게 표현하기도 합니다. 인간 본성에 관심이 쏠려 일에서 멀어지면서 뭔가 의미 있는 일을 하고 싶다는 인도주의적인 열망을 품게 됩니다. 이는 대의나 자유, 또는 당신의 꿈을 위해 싸우는 것도 포함됩니다. 그것은 불안감에서 벗어나게 하며 훨씬 더 큰 만족감을 줄 것입니다. 이 과정에서 가장 큰 장애는 자신의 능력에 대한 믿음 부족이나, 선택 앞에서 우유부단해지는 성향입니다. 이런 자기 불신으로 인해 잠재된 역량을 최대한으로 발휘하지 못하고 2인자 역할만 하며 살 수도 있으니 자신감을 가지세요. 격려를 받으면 바로 반응을 보이는 당신은 존경하는 사람들의 전기를 읽으며 많은 자극을 받습니다. 꿈을 향해 내디디는 한발 한발이 다른 사람들에게도 영감을 줄 수 있다는 것을 명심하세요. 다른 사람들에게는 영감을 주되 달갑지 않은 비판은 자제해야 합니다.

일과 적성

심리학적인 통찰력을 타고났으니 어떤 직업을 선택하든 당신에게 큰 도움이 될 것입니다. 이런 통찰력은 직장에서도 사람들과 잘 지낼 수 있게 하며 경제적 과제의 결과도 직관적으로 간파할 수 있습니다. 이는 상황을 판단하는 당신의 전문적인 지식과 맥이 통하여, 선택한 분야에서 권위가 부여된 자리로 올라갈 수 있는 전제 조건이 됩니다. 또는 이러한 재능을 치료 요법 분야에서 활용하면 타고난 인도주의적 성향을 발휘할 수 있을 것입니다. 날카로운 지성과 강렬한 감성을 바탕으로 무대에 서는 직종으로 진출할 수도 있고 남다른 목소리의 축복을 받았으니 가수나 정치인으로 살아갈 수도 있습니다. 음악계나 교직으로 진출하면 재능을 최대한 활용할 수 있을 것입니다. 독립심이 워낙 강하고 남의 명령을 받는 것을 싫어하니 자영업을 하는 것도 한 방법입니다.

수비학으로 본 당신의 운세

정이 많고 이상주의적이며 자상한 마음은 6일에 태어난 사람들이 보여주는 전반적인 특징입니다. 가정적인 성향인 당신은 가정주부나 헌신적인 부모와 같습니다. 화목을 원하는 마음이 당신의 강렬한 감성과 결부되어 당신이 믿는 것을 위해 열심히 일하게 합니다. 감성이 더욱 풍부해지면 창조적으로 표현하고 싶은 분야를 찾다가 연예계나 미술, 디자인 분야로 관심을 돌리게 됩니다. 탄생일 6이라는 숫자에서 나타나는 과제는, 친구들과 주변 사람들에 대한 배려, 자신감을 키우기, 더욱 책임감 있는 자세를 가지는 일입니다. 탄생월 5의 영향으로 당신은 열정적이고 안주하지 못하는 성향이 있지만 강한 책임감과 자부심도 엿볼 수 있습니다. 기지가 넘치고 사교적인 당신은 느긋한 성품으로 사람들을 매료시킵니다. 자신감이 넘치고 확신에 차 있다가도 예민하게 반응하면서 자신 없이 머뭇거리는 모습을 보이기도 합니다. 인도주의적인 대의에 감동을 받는 당신은 다른 사람들과 공동 작업을 하면 좋습니다.

- ● 장점 : 현실 감각, 보편적 형제애, 친밀감, 온정, 신뢰성, 이해심, 공감력, 이상주의, 가정적, 휴머니즘, 침착, 예술적 재능, 균형감
- ■ 단점 : 불만족, 걱정 근심, 수줍음, 비이성적, 완고함, 노골적인 말투, 완벽주의, 군림하려는 태도, 책임감 부족, 이기심, 냉소주의

연애와 인간관계

자기 수양에 관심 있는 사람에게 끌리는 당신은 사회활동을 배움과 연계하면서 정보와 지식을 나누는 데 흥미를 보입니다. 당신이 인간관계를 맺는 데 가장 중요한 요소는 조화를 중시하는 점인데, 정신적으로 자극을 주거나 공부를 많이 한 교양 있는 사람들에게 끌립니다. 강한 성격이긴 하지만 사랑하는 사람을 상대로 지나치게 군림하려 드는 태도는 피하세요.

황소자리

| 태양 : 황소자리 |
| 지배 성좌 : 처녀자리/수성 |
| 위치 : 15° 30′ – 17° 황소자리 |
| 상태 : 고정궁 |
| 원소 : 흙 |
| 항성 : 알라마크 |

5월 7일
TAURUS

예리한 통찰력과 강력한 리더십

당신은 기민한 현실성과 강한 성격이 결합되어 있습니다. 부지런하고 고집이 센 당신은 자연스럽게 권한 있는 자리에 앉게 되지만 가슴을 찌르는 말이나 군림하려는 자세는 지양해야 합니다. 현실 상황이나 사람에 대해 판단하는 능력이 탁월하고 다른 사람의 권리를 지켜주기 위해 투쟁하는 모습도 보입니다. 바쁘게 사는 걸 좋아하고 폭발적인 에너지가 넘쳐흐르는 당신은 놀랄 만한 성취를 이뤄냅니다.

황소자리의 십분각 처녀자리에서 영향을 받는 당신은 정신적인 기민함과 집중력으로, 삶의 문제를 대하는 자세가 체계적이고 분석적입니다. 이런 특성은 당신의 강력한 설득 능력에 반영되거나 글쓰기나 소통 능력에서 여실히 드러납니다. 현실적인 태도로 삶을 대하는 당신은 문제의 핵심을 찌르는 능력이 있어 그것이 사업 감각으로 발현될 수 있습니다. 깊이 있는 사고를 하는 당신은 철학적인 통찰력과 문제 해결 능력을 갖추고 있습니다. 엄청난 잠재력에 장애가 되는 것은 가끔씩 자기 속으로 침잠하여 완고해지고 자만하며 남과 소통을 거부하는 경향입니다.

물질적 자산을 모으는 데도 타고난 재주가 있으며, 훌륭한 조직력과 더불어 사람들에게 영감을 불어넣는 능력을 타고난 당신은 어떤 상황에서도 자연스럽게 리더십을 발휘합니다. 정신력이 강해 자기 수양만 쌓으면 당신의 영감을 눈에 보이는 현실로 바꿀 수 있는 잠재력도 있습니다.

14세 즈음해서 당신의 태양이 쌍둥이자리에 들면서 변화의 시기를 맞아 새로운 관심사를 찾아 나서게 됩니다. 이즈음 당신에게는 공부와 소통이 중요한 화두가 됩니다. 44세 이후에 당신의 태양은 게자리로 들어가게 되는데, 이때 또 한 번의 전환기가 찾아옵니다. 이 시기에는 정서적인 관계, 즉 가족이 중요해지고 다른 사람들이 무엇을 필요로 하는지에 대해서도 직관적으로 깨닫게 됩니다. 74세 즈음부터 당신의 태양이 사자자리에 들면서 당신은 자기표현에 더욱 자신감을 보입니다.

숨어 있는 자아

타고난 드라마틱한 성향에 자기 수양만 더한다면 당신은 미술과 음악, 연극에 대한 사랑을 구체적인 자기표현의 형태로 나타낼 수 있습니다. 여기서 엿보이는 내적 창의력은 일에서든 가정에서든, 당신의 삶에 전체적으로 적용될 수 있습니다. 그러나 돈이나 일에 대해 걱정하거나 우유부단한 자세로 일관하는 것은 이 생일에 부여된 놀라운 잠재력을 깎아먹는 일이 될 것입니다. 이러한 걱정 근심이나 좌절감은 생사가 걸린 문제에서 안전한 쪽을 선택하게 하거나 적절하지 않은 상황에 너무 오래 눌러앉게 할 수 있습니다. 인도주의적이고 왕성한 독립심은 당신을 격려하고 높은 지위까지 오를 수 있는 자극제가 되어 더욱 활기차게 살아갈 수 있게 합니다. 일단 고삐가 풀리면 인생의 재미를 맛보느라 엄청난 호사스러움이나 과도한 탐닉에 휩쓸릴 수 있으니 조심하세요.

일과 적성

직업 영역에서 당신이 선택할 수 있는 폭은 아주 넓습니다. 리더의 자리에서 탁월한 능력을 보이며 판매나 광고 분야에서 성공할 수 있습니다. 당신의 관대함으로 볼 때, 당신이 믿는 사람이나 아이디어를 지원할 수 있는 자선가가 될 수도 있습니다. 또는 독창적인 성향으로 볼 때 연예계나 미술 또는 음악 분야로 진출할 수도 있습니다. 일반적으로 아름다움이나 예술을 보는 당신의 심미안이 사업과 결합되어 미술품 딜러나 기획자 또는 큐레이터 일을 할 수도 있습니다. 개혁을 추진할 수 있는 능력을 타고난 당신은 노동조합 같은 조직에서 리더의 역할을 맡게 될 수도 있습니다. 이 밖에도 교육이나 공직 또는 사회적인 일에 관심을 둘 수 있습니다.

수비학으로 본 당신의 운세

분석적이고 사려 깊은 7일생들은 완벽주의인 데다 비판적이고 자기에게 몰두하는 성향을 보입니다. 스스로 결정 내리기를 좋아하는 당신은 자신의 경험에서 가장 큰 교훈을 얻습니다. 배우고자 하는 열망이 커서 학계로 진출하거나 자신의 능력을 개발하는 일에 몰두할 수 있습니다. 반대로 당신은 지나치게 비판에 민감하거나 오해받고 있다고 여기는 성향이 있습니다. 수수께끼 같고 신비로운 성향 때문에 당신은 자신의 심중을 알아채지 못하게 하면서 상대방에게 민감한 질문을 할 수 있습니다. 탄생월 5의 영향으로 당신은 대단히 이지적이며, 아이디어를 파악하는 능력이 탁월합니다. 재치 있고 표현력이 좋아 함께하면 아주 재미있는 사람이군요. 창의력이 뛰어나고 감성이 풍부한 당신은 흥이 많아 취미도 다양합니다. 성실하고 협조적인 면은 당신이 성공하는 데 필수적인 요소입니다. 자상한 성품을 타고났기에 사람들이 아이디어를 낼 수 있도록 기꺼이 도움을 아끼지 않습니다. 자신의 감정을 표현하기를 어려워해서 직설적이기보다는 우회하는 방법을 선택하기도 합니다.

- ● 장점 : 교육, 신뢰, 꼼꼼함, 이상주의, 정직, 심리적 능력, 과학적 소질, 합리성, 자기반성
- ■ 단점 : 은폐, 기만, 불친절, 회의, 혼란, 악의적인 행동, 무심함

연애와 인간관계

정신적인 자극에 대한 욕구가 있고 창의적인 당신은 다양한 부류의 지적인 사람들에게 끌립니다. 함께하면 즐겁고 관심 분야도 많지만 이성 관계에서 우유부단함이나 머뭇거리는 태도는 혼란과 우려만 키울 뿐입니다. 당신의 마음이 누구에게 있는지 확신하지 못하면 밖으로 나가 사람들과 어울려보는 것도 좋은 방법입니다. 독창성을 유지하면서 이 부분에 집착하지 않는다면 개인적인 문제들을 잘 정리할 수 있을 것입니다.

연인이나 친구
♥

1월 13, 17, 29일 / 2월 11, 27, 29일 / 3월 9, 25, 27일 / 4월 7, 23, 25일 / 5월 5, 9, 21, 23, 29일 / 6월 3, 19, 21, 27, 30일 / 7월 1, 17, 19, 25, 28일 / 8월 15, 17, 23, 26일 / 9월 1, 13, 15, 21, 24일 / 10월 11, 13, 19, 22, 29일 / 11월 9, 11, 17, 20, 27일 / 12월 7, 9, 15, 18, 25일

힘이 되어주는 사람
♣

1월 11일 / 2월 9일 / 3월 7, 31일 / 4월 5, 29일 / 5월 3, 27, 31일 / 6월 1, 25, 29일 / 7월 23, 27, 31일 / 8월 21, 25, 29, 30일 / 9월 19, 23, 27, 28일 / 10월 17, 21, 25, 26일 / 11월 15, 19, 23, 24, 30일 / 12월 13, 17, 21, 22, 28일

운명의 상대
♦

1월 12일 / 2월 10일 / 3월 8일 / 4월 6일 / 5월 4일 / 6월 2일 / 11월 8, 9, 10일

경쟁자
♠

1월 10일 / 2월 8일 / 3월 6, 29일 / 4월 4, 27일 / 5월 2, 25일 / 6월 23일 / 7월 21일 / 8월 19일 / 9월 17일 / 10월 15, 31일 / 11월 13, 29, 30일 / 12월 11, 27, 28일

소울메이트
★

1월 18, 24일 / 2월 16, 22일 / 3월 14, 20일 / 4월 12, 18일 / 5월 10, 16일 / 6월 8, 14일 / 7월 6, 12일 / 8월 4, 10일 / 9월 2, 8일 / 10월 6일 / 11월 4일 / 12월 2일

이날 태어난 유명인

지미 러핀(가수), 게리 쿠퍼(배우), 라빈드라나드 타고르, 로버트 브라우닝(시인), 에바 페론(아르헨티나 정치인), 요하네스 브람스, 표트르 일리치 차이콥스키(작곡가), 김수로(배우), 임형주(성악가)

태양 : 황소자리

지배 성좌 : 처녀자리/수성

위치 : 16° 30′ - 18° 황소자리

상태 : 고정궁

원소 : 흙

항성 : 없음

5월 8일

TAURUS

다재다능하고 사교적인 사람

이날 태어난 사람들의 특징은 친절하고 매력이 넘치며 두뇌 회전이 빠르다는 점입니다. 이상주의와 물질주의가 묘하게 섞인 모습을 보여주는 당신은 사람들을 좋아하고 따뜻하며 사교적입니다. 활기찬 기질은 평생을 갈 것이며 늘 사람들을 매료시킬 수 있는 특성이기도 합니다. 또한 당신이 품은 야망과 사람들을 대하는 탁월한 능력도 당신이 최고의 자리에 오르는 데 확실하게 도움을 줄 수 있습니다.

지배 성좌인 처녀자리에 든 태양의 영향을 받아 정교함과 정신적인 기민함이 더욱 향상되면서 소통 기술도 증가합니다. 그로 인해 비판적인 분석력과 사람들에게 도움을 주고자 하는 열망이 커지는데 그것이 타고난 사업 감각과 맞물려 시너지 효과를 내면서 물질적 자산을 모으게 됩니다.

이미지에 신경을 쓰는 당신은 다른 사람에게 자신이 어떻게 보이는지 알고 있으며 일반적으로 강한 개성과 스타일로 표현하고자 합니다. 일상을 초월하고자 하는 마음은 신비한 경험에 대한 열망으로 표현되는데 극단적으로 흐르면 현실 도피나 비현실적 꿈이 되어버립니다. 그러나 당신은 변함없이 솔직하고 자유에 대한 강한 욕구가 있습니다. 이런 욕구는 당신의 현실성과 맞물려 성공의 잠재력을 충분히 발휘하게 합니다.

13세 이후에는 당신의 태양이 쌍둥이자리에 들면서 자신의 아이디어를 표현하고자 하는 마음과 가까운 사람들과 소통하고자 하는 열망이 커집니다. 그래서 공부를 하거나 관심사가 다양해지는데 이런 성향은 당신의 태양이 게자리로 들어가게 되는 43세까지 이어집니다. 이때가 인생의 전환기로, 자기감정에 더 충실해지고, 가정과 가족의 소중함도 더욱 절실하게 느끼게 됩니다. 당신의 태양이 사자자리로 들어가는 73세부터 당신은 자신감이 더해지고 더 충실한 삶을 살게 됩니다.

숨어 있는 자아

이 생일이 부여하는 밝고 품위 있는 기질로 볼 때 당신의 다재다능함이 엿보입니다. 명확한 목표와 목적을 세우는 것이 무엇보다 중요합니다. 확실한 계획을 세우면 우유부단함이나 걱정으로 기우는 성향을 많이 다잡을 수 있습니다. 인생을 호사스럽게 살고 싶은 욕구는 돈에 대한 욕심을 앞서게 하여 이상주의적인 생각에서 멀어질 수 있습니다. 탁월한 재능을 발휘하고 책임감 있게 일하기 위해서는 당신이 있어야 할 곳이 어디인지 분명히 깨달아야 합니다. 다행스러운 것은 당신은 머리가 좋아 무엇이든 빨리 습득하므로 항상 경제적인 보호를 받게 될 것입니다.

교육과 글쓰기가 큰 몫을 하여 성공할 가능성이 높은데, 은퇴 후나 만년이 될 가능성이 높습니다. 어떤 식으로든 당신의 탁월한 소통 능력과 창의력을 표현하는 훌륭한 통로가 될 수 있을 것입니다.

일과 적성

돈을 버는 능력은 카리스마와 결합되어 당신이 선택한 분야에서 최고에 이를 가능성을 높여줍니다. 성공 가능성은 특히 영업이나 협상 부문, 또는 홍보 분야에서 두드러집니다. 마찬가지로 출판이나 광고, 미디어 분야로 진출할 가능성도 있으며 은행업이나 법조계, 정계와도 인연이 있습니다. 리더십과 야심찬 포부가 있으니 경영이나 관리직에 앉을 수도 있겠네요. 자기표현에 대한 열망으로 늘 독창성이 넘쳐, 작가나 시인, 배우들의 명단에 이름을 올릴 수도 있습니다. 그렇지 않으면 예술적 재능으로 음악이나 연예계, 미술계로 이끌릴 수도 있습니다. 부동산이나 건축, 농업과 같이 땅을 거래하거나 그와 관련된 직종에서도 성공을 거둘 수 있습니다.

수비학으로 본 당신의 운세

8이 암시하는 강력한 힘은 확고한 가치관과 건전한 판단력입니다. 8이라는 숫자에서는 당신이 엄청난 성취를 거두고 싶어 하고 가슴에 원대한 포부를 품고 있음이 엿보입니다. 권세와 안정, 물질적인 성공에 대한 열망은 이 탄생일이 보여주는 특성입니다. 8일에 태어난 당신은 사업 감각을 타고났으며 조직력과 경영 능력을 개발하면 엄청난 이득을 볼 수 있습니다. 당신에게 주어진 권한을 공명정대한 방법으로 어떻게 위임하고 운영할지가 중요합니다. 자리를 잡아 안정을 이루고자 하는 강한 열망이 있어 장기적인 계획과 투자를 하게 됩니다. 탄생월 5의 영향으로 당신은 의지가 강하고, 열정적이면서 안주하지 않는 성향입니다. 걱정 없이 느긋한 성격인 당신은 감정을 표현하고 그 감정을 정확하게 전달하는 법을 터득하면 많은 도움을 받을 수 있습니다. 자기 수양을 계속하고 세상을 긍정적으로 바라보면 공정하다는 인상을 주며 자제심도 생깁니다.

- 장점 : 리더십, 철저함, 근면함, 전통주의, 권위, 보호, 치유 능력, 훌륭한 가치 판단
- 단점 : 조급증, 낭비, 옹졸함, 자기 연민, 안절부절, 과로, 고압적, 쉽게 좌절함, 무계획, 사나운 입버릇, 군림하려는 자세

연애와 인간관계

당신의 연애에는 무엇보다 안정, 안도감이 중요합니다. 그리고 일정한 생활을 유지하는 데 필요한 자금을 종종 지원받겠네요. 이상주의자이면서도 현실적인 당신은 다정하고 사교적이면서 충실한 친구들이 있다는 안정감을 원합니다. 애정이 많고 다정다감해 사랑하는 사람과 낭만적인 분위기를 이끌어갈 수 있습니다. 그러나 행복해지기 위해서는 장기적인 경제적 안정이 뒷받침되어야 합니다. 시간을 두고 신중하게 연애 상대를 선택하세요. 상대가 당신의 높은 기대 수준에 미치지 못할 경우 환상이 깨지면서 환멸감에 시달릴 수 있습니다.

이날 태어난 유명인

해리 트루먼(전 미국 대통령), 토마스 핀천, 로맹 가리(작가), 앙리 뒤낭(국제적십자 창설자), 아르놀트 하우저(예술사회학자), 신성일, 김용건, 이덕화, 이상엽(배우), 샘킴(요리연구가)

| 태양 : 황소자리 |
| 지배 성좌 : 처녀자리/수성 |
| 위치 : 17° 30´ – 19° 황소자리 |
| 상태 : 고정궁 |
| 원소 : 흙 |
| 항성 : 없음 |

*5*월 *9*일
TAURUS

빠른 상황 판단으로 기회를 놓치지 않는 사람

이 생일로 볼 때 당신은 성공 지향적이고 야심차며 명민하고 대인관계도 뛰어납니다. 의욕이 넘치는 당신은 즉각적인 보상이 보장될 경우 새로운 계획이나 구상으로 넘쳐납니다. 사람이나 상황을 빠르고 기민하게 판단하는 당신은 지속적으로 기회를 보며, 대형 프로젝트를 좋아합니다.

지배 성좌 처녀자리에 든 태양의 영향을 받아 당신은 지극히 논리적이고 분석적이며 전문적입니다. 현실적인 처세술을 보면 타고난 사업 감각이 있으며 다른 사람에게 도움이 되는 일을 즐깁니다. 당신의 관능적 기질이 발산되면 애욕적인 것을 즐기게 될 수도 있으니 어떤 형태의 탐닉도 경계해야 합니다.

독립적이고 훌륭한 기획자이자 조직자인 당신은 어떤 종류의 프로젝트든 도맡아 할 수 있는 역량이 충분합니다. 관대함과 낙천주의로 사람들의 사랑을 한 몸에 받으며 행운도 따라줍니다. 그러나 때때로 고개를 쳐드는 과도한 외고집은 경계하세요. 성공에 필요한 모든 요소를 갖추고 있는 당신은 자기 수양만 확실하게 하면 이날에 부여된 놀라운 잠재력을 그대로 발현할 수 있습니다.

12세 이후에는 당신의 태양이 쌍둥이자리에 들면서 인생의 속도가 빨라집니다. 다른 사람들과의 관계도 중요시되고 전체적으로 배움과 교류의 중요성도 커집니다. 이런 추세는 42세까지 이어지는데 이때 당신의 태양이 게자리로 들어가면서 전환기를 맞게 됩니다. 그 이후의 세월은 정서적인 친밀감과 안정의 중요성이 더욱 강조되고 커집니다. 72세 이후부터 당신의 태양이 사자자리에 들면서 인생의 중요한 방향성이 가정에서 창의력과 자기표현 쪽으로 서서히 변하게 됩니다.

숨어 있는 자아

인생 초년기에 돈이 힘이라는 사실을 깨달았다 하더라도 물질적 성공이 항상 행복을 가져다주는 것은 아니라는 사실도 함께 깨닫게 될 것입니다. 돈 버는 재주를 타고난 당신은 결단력과 근면성이 바탕이 되면, 내면에 잠재되어 있는 이상주의 성향을 표출하면서 성취감과 만족감을 느낄 수 있습니다. 지적인 유연성과 독창적인 사고력을 갖춘 당신은 시대를 앞서가며 사회의 변화하는 사고방식에 관심이 많네요. 이는 당신의 인도주의적 성향이나 박애주의적 관심에서 명확하게 드러나는데, 리더의 자리에서 더욱 그 빛을 발할 것입니다. 타고난 중개자이기도 한 당신은 다양한 배경과 부류의 사람들을 잘 알고 그들에게 도움이 되고 희망을 주는 정보를 제공할 수 있습니다.

일과 적성

진취적이며 야심찬 당신은 많은 보상이 따르는 사업에 대한 감각을 천성적으로 타고났지만 자기 수양이 최우선입니다. 당신의 진정한 매력은 서비스 산업에서 그 탁월함을 드러내며 혼자 하는 일보다는 사람을 대하는 직업을 더 선호합니다. 낙천주의와 원대한 계획 덕분에 당신은 자신이 리드하는 자리에서는 언제나 새로운 프로젝트를 시작합니다. 명령받는 것을 싫어해서 자영업 쪽으로 진출해도 좋습니다. 많은 재능 중에서도 실천력과 조직 능력이 뛰어나 공무원이나 관리직, 판사, 또는 은행원으로 성공할 가능성이 높습니다. 명성을 원한다면 당신의 타고난 창의력을 배우나 정치가가 되는 것으로 발휘해볼 수도 있습니다.

수비학으로 본 당신의 운세

자비심과 온정, 풍부한 감성은 9와 모두 연관되어 있습니다. 당신은 지적이고 직관적이며 심령적인 능력도 겸비하고 있습니다. 냉소적이 되지 않기 위해서는 이해심과 관용, 인내심을 길러야 합니다. 세계 여행을 하면서 온갖 부류의 사람들과 교류하면서 큰 혜택을 받을 수 있습니다. 비현실적인 꿈을 꾸거나 현실 도피적 경향으로 흐르지 않도록 유의하세요. 탄생월 5의 영향으로 당신은 열정적이고 모험심이 강하며 바쁘게 일을 하고 활동적입니다. 다른 사람의 명령을 받는 것을 싫어하니 직접 사업을 할 수도 있습니다. 근면함과 자기 수양을 통해 당신은 더욱 창의적인 태도를 계발할 수 있습니다. 자유를 갈망하면서도 안정을 원하는데, 그런 일상 속에서 많은 혜택을 얻을 수 있지만 판에 박힌 일상에 안주하는 것은 경계하세요.

- ● 장점 : 이상주의, 인도주의, 창조성, 감성, 관대함, 매력, 시적 통찰력, 자비심, 베푸는 성향, 초연함, 행운, 인기
- ■ 단점 : 좌절, 신경과민, 우유부단, 이기주의, 무분별함, 신랄함, 쉽게 이끌리는 성향, 열등감 콤플렉스, 두려움

연애와 인간관계

강렬한 열망으로 충만해 있는 창의적인 당신은 강한 확신에 카리스마 넘치는 사람이군요. 충실한 친구로서 사랑하는 사람을 위해 마음껏 베푸는 마음씨를 가졌습니다. 사람과 어울리기 좋아하고 사교적인 당신은 끼가 넘쳐 연애 기회도 많고 더불어 사회생활에서 다양한 기회도 얻을 수 있습니다. 새로운 사람을 만나면 자극을 많이 받으며 드라마틱하고 열정적인 성향을 유감없이 발휘합니다. 그렇지만 상대의 감정을 잘 살피되, 군림하려는 태도는 피하세요. 반면에 일단 영감을 받으면, 이상주의적인 높은 비전에 전 인생을 쏟아부으면서 대의의 충실한 지지자가 될 수 있습니다.

황소자리

이날 태어난 유명인

빌리 조엘(가수), 제임스 배리(작가), 존 브라운(노예 해방론자), 앨버트 피니, 캔디스 버겐(배우), 사미자, 김혜옥, 추상미, 최정윤, 조현재(배우)

| 태양 : 황소자리 |
| 지배 성좌 : 처녀자리/수성 |
| 위치 : 18° 30′ - 20° 황소자리 |
| 상태 : 고정궁 |
| 원소 : 흙 |
| 항성 : 없음 |

5월 10일

TAURUS

활력이 넘치고 포부도 큰 모험가

현실적이며 독립적인 당신은 포부도 크고 아량이 넓은 훌륭한 정신의 소유자입니다. 바쁘게 사는 걸 좋아하고 활기가 넘치며 결정을 신속하게 내립니다. 실망을 하거나 낙담하는 성향은 당신의 확신을 슬슬 갉아먹게 될 수 있으니 명확한 목표와 가치 있는 대의가 필수적입니다.

지배 성좌 처녀자리에 든 태양의 영향을 받아 당신은 표현을 분명하게 하고 지략이 풍부하며 탁월한 지적 능력도 타고났습니다. 또한 비평하는 능력, 세세하고 전문적인 연구를 해내는 능력도 있습니다. 이런 능력이 현실성과 결합되면 자연히 뛰어난 사업 감각으로 이어져 금융상황을 분석하는 일로 연결됩니다.

당신은 결정을 스스로 할 수 있는 자유 재량권이 주어지는 것을 좋아하며 다른 사람의 명령을 받는 것을 싫어합니다. 멋진 계획과 열정으로 다른 사람들을 가슴 벅차게 만드는 능력이 있어서 새롭고 흥미진진한 모험을 계획하는 잠재력이 있습니다. 그러나 고집스럽고 완고해지면 당신에 대한 사람들의 존경심도 사그라지고 불안정해질 수 있습니다. 다행히 당신은 놀라운 유머 감각이 있는 덕분에 너무 자신에게 사로잡혀 강박증에 시달릴 일은 없겠어요.

11세 즈음에 당신의 태양이 쌍둥이자리에 들면서 당신은 약간의 변화를 겪으며 새로운 관심사를 찾게 됩니다. 그 이후 30년 동안 공부와 더불어 사람들과 관련된 일이 당신에게 더욱 중요해지게 됩니다. 41세경에 또 한 번의 전환기를 맞게 되는데, 이때 당신의 태양이 게자리로 들어가게 됩니다. 감성이 풍부해지면서 가족과 안정된 가정에 더 역점을 두게 됩니다. 당신의 태양이 사자자리로 들어서는 71세부터 당신은 더욱 강인해지고 자기 표현에 대한 자신감은 더욱 커집니다.

숨어 있는 자아

많은 어려움 중에서 금전적인 문제도 있겠네요. 상황을 평가하는 능력이 비범한 당신에겐 자연스럽게 권한이 주어지지만 극단적인 면도 있습니다. 한편으로는 이상주의적이고 관대하고 대담한데, 또 한편으로는 물질주의적이고 이기적이며 너무 안정만을 의식합니다. 이러한 극단적인 성향을 잘 통합해 균형을 찾는 것이 중요합니다. 현실적인 저축 계획을 세워 낭비하는 충동을 자제하세요.

당신은 혼자 있을 때 마음을 가다듬으면 폭넓은 통찰력으로 삶을 바라볼 수 있습니다. 다른 사람을 돕고 싶어 하기도 합니다. 당신의 객관적인 시각은 직관으로 통해 세속적인 문제에서뿐 아니라 깨달음을 구하는 데도 도움이 됩니다.

일과 적성

당신은 매우 독립적이어서 명령을 받기보다는 명령하는 것을 좋아합니다. 따라서 조직에서도 권한이 주어지는 자리, 많은 재량권이 주어지는 자리에 앉는 것이 좋습니다. 진취적인 아이디어와 관련되거나 이미지를 만드는 일에 관련된 프로젝트를 시작하는 것을 즐깁니다. 그러나 현실적이고 효율성을 중시하는 성향이 있어서 은행업이나 무역, 또는 증권 중개업 분야로 진출할 수도 있습니다. 그렇지 않으면 정신력과 심리적 능력이 탁월하니 교사나 과학, 또는 지역사회 사업에 끌릴 수도 있습니다. 이날 태어난 사람들은 선천적으로 치유 능력을 타고나서 의료계나 보건업종에서 두각을 드러내기도 합니다. 사람들을 다루는 소질도 있어서 당신이 선택하는 어떤 직업에서든 큰 역할을 맡게 될 것입니다.

수비학으로 본 당신의 운세

1일에 탄생한 사람들과 마찬가지로 당신은 야심차고 독립적입니다. 목표를 이루기까지 많은 어려움을 극복해야겠지만, 결단력으로 목표를 이뤄낼 수 있습니다. 개척 정신이 충만하여 멀리 여행을 하기도 하고 혼자 독립하기도 합니다. 10일에 태어난 사람은 세상이 자신을 중심으로 돌지 않는 사실을 깨달아야 하고 군림하는 자세는 경계하세요. 탄생월 5의 영향으로 당신은 열의가 넘치고 강력한 직관력을 갖추었습니다. 이상주의자인 당신은 자신의 아이디어와 계획으로 다른 사람들의 가슴을 뛰게 합니다. 그러나 제지를 받으면 반항적이고 파괴적이 될 수 있습니다. 훌륭한 전략가이기도 한 당신은 현실적인 능력을 어떻게 적용하고 상상력을 어떻게 활용할지 터득할 필요가 있습니다. 너무 급하게 결정하지 말고 적절한 행동 계획을 세운 후 나아가십시오. 삶의 조화를 찾고, 열망과 그것을 실현할 수 있는 역량 간에 균형을 찾으세요.

- 장점 : 리더십, 창조성, 진취적 성향, 진취성, 낙천주의, 강한 신념, 경쟁력, 독립성, 사교성
- 단점 : 고압적인 성격, 질투심, 자기중심적, 과도한 자부심, 적대감, 자제심 결여, 이기심, 불안정, 성급함

연애와 인간관계

감정을 잘 드러내지 않는 이면에 자상하고 다정다감한 모습이 감춰져 있습니다. 당신은 지적인 활동을 함께 할 수 사람들과 있을 때 행복감을 느낍니다. 때로 너무 진지해질 수 있어서 감정을 이입하지 않은 객관적인 자세가 필요합니다. 훌륭한 전달자인 당신은 대부분의 사람들과 아주 잘 지내며 다양한 집단과도 잘 어울립니다. 그러나 감춰진 불안감은 논쟁적이거나 탐닉하는 부정적인 모습으로 나타날 수도 있습니다. 공평하게 오고 가는 관계가 될 수 있다면 당신에겐 파트너십이 도움이 됩니다.

당신에게 특별한 사람

연인이나 친구 ♥

1월 6, 16, 20일 / 2월 4, 14일 / 3월 2, 12, 28, 30일 / 4월 10, 26, 28일 / 5월 8, 24, 26, 30일 / 6월 6, 22, 24, 28일 / 7월 4, 20, 22, 26, 31일 / 8월 2, 18, 20, 24, 29일 / 9월 4, 16, 18, 22, 27일 / 10월 14, 16, 20, 25일 / 11월 12, 14, 18, 23일 / 12월 10, 12, 16, 21일

힘이 되어주는 사람 ♣

1월 9, 14, 16일 / 2월 7, 12, 14일 / 3월 5, 10, 12일 / 4월 3, 8, 10일 / 5월 1, 6, 8일 / 6월 4, 6일 / 7월 2, 4일 / 8월 2일 / 9월 30일 / 10월 28일 / 11월 26, 30일 / 12월 24, 28, 29일

운명의 상대

1월 21일 / 2월 19일 / 3월 17일 / 4월 15일 / 5월 13일 / 6월 11일 / 7월 9일 / 8월 7일 / 9월 5일 / 10월 3일 / 11월 1, 11, 12, 13일

경쟁자

1월 4, 13, 28일 / 2월 2, 11, 26일 / 3월 9, 24일 / 4월 7, 22일 / 5월 5, 20일 / 6월 3, 18일 / 7월 1, 16일 / 8월 14일 / 9월 12일 / 10월 10, 31일 / 11월 8, 29일 / 12월 6, 27일

소울메이트

1월 15, 22일 / 2월 13, 20일 / 3월 11, 18일 / 4월 9, 16일 / 5월 7, 14일 / 6월 5, 12일 / 7월 3, 10일 / 8월 1, 8일 / 9월 6일 / 10월 4일 / 11월 2일

황소자리

이날 태어난 유명인

프레드 아스테어(무용가), 데이비드 셀즈닉(영화 제작자), 시드 비셔스, 보노(가수), 백건우(피아니스트), 김남주(배우), 이효리(가수)

태양 : 황소자리	
지배 성좌 : 염소자리/토성	
위치 : 19°30′ - 21° 황소자리	
상태 : 고정궁	
원소 : 흙	
항성 : 없음	

5월 11일

TAURUS

목표를 향해 힘차게 나아가는 도전 정신

야망과 결단력이 있는 당신은, 이 생일에 부여된 놀라운 가능성을 실현시킬 수 있는 의지와 능력이 있습니다. 실용적이며 적극적인 성격으로 자신의 지평을 넓히고 탄탄하고 안정된 미래를 만들 수 있습니다. 우수한 조직 능력과, 적절한 타이밍을 맞추는 탁월한 시간 감각, 그리고 사람을 다루는 기술은 사회적으로 큰 성공을 보장합니다. 때로는 우유부단하지만 일단 마음을 먹으면 단도직입적이고 솔직하게 목표에 접근하는 자세로 시간을 낭비하지 않겠네요.

지배 성좌 염소자리의 영향으로 당신은 근면하며 자신의 책임을 진지하게 받아들입니다. 돈을 다루는 능력을 타고나 필요할 때는 신중한 면을 보입니다. 그렇게 충실함과 신뢰성을 강조하기 때문에 당신은 사람들의 존경을 받게 됩니다. 이는 명예를 귀히 여기는 당신에게 특히 중요한 일입니다.

다소 보수적인 면이 있지만 놀랍도록 자유로운 발상을 하며 색다른 아이디어를 제시하기도 합니다. 전반적으로 확신에 차 있는 당신은 자신의 직관을 믿지만 조바심을 내거나 자기중심적으로 해결하려는 완고한 성향은 경계할 필요가 있습니다. 성공의 계단을 끈기 있게 오르고 있는 당신의 속도를 더디게 만들 수 있기 때문입니다.

10세 즈음해서 당신의 태양이 쌍둥이자리에 들면서 당신은 새로운 관심사를 찾게 되고 친구들도 늘어납니다. 그 이후 30년 동안 새로운 기술을 배우고 공부하는 것이 당신에게 매우 중요한 일이 됩니다. 40세 이후에는 당신의 태양이 게자리로 옮겨 가면서 전환기를 맞게 됩니다. 이런 영향으로 다른 사람들과의 관계가 중요해지고 가정과 가족의 중요성이 점점 커지게 됩니다. 70세 이후에는 당신의 태양이 사자자리에 들면서 더욱 강인해지고 자신감이 넘치고 사교적이 됩니다.

숨어 있는 자아

왕성한 도전 정신, 성실함이 타고난 사업 감각과 어우러지면서 높은 자리에 이르게 될 가능성이 높습니다. 지적인 것을 좋아하고 총명하기에 어떠한 어려운 상황도 잘 헤쳐나갑니다. 성공을 이루는 데 걸림돌이 있다면, 자신을 너무 혹사시키거나 지나치게 회의적이거나 의심하는 것입니다. 강한 성격의 소유자로 다른 사람의 감정이야 어떻든 자신의 의견을 표현하는 편이므로 격한 감정으로 사람들을 압도하지 않는 것이 중요합니다. 자신의 직관적 통찰력을 믿으면서, 이루어야 할 목표를 정하고 의지를 다지면 꿈을 실현시킬 수 있을 것입니다.

일과 적성

당신은 권한과 체계를 중시하고 효율성을 중시하면서도, 정서적인 직관력과 예민한 감성의 소유자입니다. 이 두 성향이 합쳐져 당신은 물질적 자산을 취급하는 일에서부터 창조적인 세계에 이르기까지 어떤 분야에서나 효율적으로 일할 수 있습니다. 다정다감한 매력은 사람들을 대하는 일에 큰 도움이 될 수 있으며 그런 직종에서 성공을 보장합니다. 당신은 명령을 받는 자리에는 만족할 수 없는 성향으로, 권한이 부여된 자리에 앉거나 스스로 창업을 하는 쪽을 선택할 것입니다. 그러나 사람들과의 협력에 대한 중요성은 인식하고 있기 때문에 팀워크를 이루어야 하는 상황에서는 독자적인 태도를 다소 누그러뜨려야 할 것입니다. 음악이나 연극 등 창조적인 일을 상업화하는 재능도 있습니다.

수비학으로 본 당신의 운세

마스터 숫자인 11의 특별한 울림은 당신이 이상을 추구하고 혁신적인 것을 무엇보다 중요하게 여긴다는 점을 알려줍니다. 겸손과 자신감이 조화를 이루어 물질적으로나 정신적으로 자제심을 키우기 위해 노력하게 됩니다. 당신에겐 직관력이 있지만 에너지를 분산시킬 수 있기에 목표를 찾아 집중해야 할 필요가 있습니다. 책임을 보다 더 진지하게 받아들이세요. 항상 열심히 일하고 활력이 넘치는 당신은 가끔 지나치게 걱정을 한다거나 비현실적이 될 수 있으므로 주의하세요. 탄생월 5의 영향으로 당신은 열의와 에너지가 넘치지만 생각과 아이디어를 발전시킬 시간이 필요합니다. 친구들이 안심하고 비밀을 털어놓는 진실한 당신은 좋은 상담자가 되어주기도 합니다. 자신의 소망과 다른 사람에 대한 의무 사이에서 균형을 잡는 것이 필요합니다. 통찰력이 있는 당신은 세세한 부분도 신경 쓰게 되지만 너무 비판적이고 불신하지 않도록 하세요.

- 장점 : 균형, 집중, 객관성, 열정, 영감, 영적, 이상주의, 직관, 지성, 외향성, 창의성, 예술적 능력, 봉사 지향적, 치유 능력, 인도주의, 믿음, 초자연적 능력
- 단점 : 우월감, 부정직, 목표 상실, 지나치게 감정적, 쉽게 상처 받는 성향, 극도로 신경질적임, 이기주의, 명료성 결여, 잔인함, 군림하는 행동, 비열함

연애와 인간관계

감성적이고 창의적인 당신은 감정이 풍부하고 매우 사교적입니다. 자신감에 차 있지만 정서적으로 사랑에 대해 우유부단하네요. 특히 삼각관계일 때 그런 경향이 두드러집니다. 그렇지만 평소에는 충실하고 다정다감한 사람이니 사랑의 힘을 과소평가해서는 안 됩니다. 엄청난 희생도 감수할 수 있지만 그럴 가치가 없는 상대를 위해 희생자가 되지는 마시고 질투나 소유욕은 경계해야 합니다. 예술을 사랑하고 미(美)와 음악에 대한 심미안이 뛰어난 당신은 감정적인 자기표현의 통로가 있어야 하며, 창조적인 기질이 있는 사람들과 어울리는 것을 즐깁니다.

당신에게 특별한 사람

연인이나 친구

1월 7, 17, 20, 21일 / 2월 5, 15, 18일 / 3월 3, 13, 16, 17, 29, 31일 / 4월 1, 11, 14, 27, 29일 / 5월 9, 12, 25, 27일 / 6월 7, 10, 23, 25일 / 7월 5, 8, 21, 23일 / 8월 3, 6, 19, 21일 / 9월 1, 4, 5, 17, 19일 / 10월 2, 15, 17일 / 11월 13, 15, 30일 / 12월 11, 13, 28일

힘이 되어주는 사람

1월 15, 17, 28일 / 2월 13, 15, 26일 / 3월 11, 13, 24일 / 4월 9, 11, 22일 / 5월 7, 9, 20일 / 6월 5, 7, 18일 / 7월 3, 5, 16일 / 8월 1, 3, 14일 / 9월 1, 12일 / 10월 10, 29일 / 11월 8, 27일 / 12월 6, 25일

운명의 상대

1월 5일 / 2월 3일 / 3월 1일 / 11월 12, 13, 14일

경쟁자

1월 4, 5, 14일 / 2월 2, 3, 12일 / 3월 1, 10일 / 4월 8, 30일 / 5월 6, 28일 / 6월 4, 26일 / 7월 2, 24일 / 8월 22일 / 9월 20일 / 10월 18일 / 11월 16일 / 12월 14일

소울메이트

1월 2일 / 3월 29일 / 4월 27일 / 5월 25일 / 6월 23일 / 7월 21일 / 8월 19일 / 9월 17일 / 10월 15일 / 11월 13일 / 12월 11일

이날 태어난 유명인

살바도르 달리(화가), 마사 그레이엄(무용가), 어빙 벌린(작사가), 에릭 버든(가수), 필 실버스(희극배우), 리처드 파인만(물리학자), 김기림(시인), 김도균, 임슬옹(가수)

태양 : 황소자리	
지배 성좌 : 염소자리/토성	
위치 : 20° - 21°30′ 황소자리	
상태 : 고정궁	
원소 : 흙	
항성 : 없음	

5월 12일
TAURUS

내면에 강한 의지를 품은 성실하고 쾌활한 성격

당신은 근면하고 매력적이며, 진실하고 사교적인 사람입니다. 당신은 따뜻하고 쾌활하지만 강인하고, 순종적인 일면도 있네요. 때로 자신의 소망과 일 사이에 갈등이 생길 수도 있습니다. 냉철하고 강인하면서 충실하고 믿음직한 친구이기도 하네요.

지배 성좌 염소자리의 영향으로 당신은 평소에 책임감이 강하고 명예와 지위를 중요시합니다. 물질적인 안정은 당신에게 매우 중요한데 일반적으로 장기적인 계획을 세우기를 좋아합니다. 이러한 현실적인 성향으로 집중력이 탁월하고 성취하고자 하는 목표에 집중하며 꼼꼼한 일처리가 장점입니다. 완벽주의자 성향이 있어서 일단 일을 맡으면 제대로 해내려 합니다. 의지가 강하고 부지런하며 자제력이 뛰어나지만 이러한 자제력이 고집스러움으로 변질되지 않도록 주의해야 합니다.

이 생일이 암시하는 사교성은 당신이 다른 사람과 공유하기를 즐기며 너그럽고 사람을 좋아하는 성향임을 보여줍니다. 당신은 굳건한 협력자이자 훌륭한 부모이자 가족의 강력한 수호자입니다. 아름다움, 화려함을 좋아하는 취향으로 당신의 가정은 따뜻하고 매력적일 것입니다.

9세 이후에 당신의 태양이 쌍둥이자리에 들면서 주변 사람들과 생각을 나누고 싶어 하는 마음이 커지기 시작하고, 그 이후 30년 동안 이런 영향은 어떤 방식으로든 구현되어 39세에 이를 때까지 계속됩니다. 이 나이가 되면 당신의 태양이 게자리로 들어가면서 전환기를 맞게 됩니다. 가정의 중요성이 커지면서 자신과 다른 사람들을 정서적으로 돌볼 필요성이 커지지요. 69세 이후에는 당신의 태양이 사자자리로 들어가면서 자신감이 커지고 자기표현을 더 잘하게 됩니다.

숨어 있는 자아

당신은 관대한 박애주의자입니다. 사람들을 조건 없이 받아들이고 사랑할 수 있으며 진정한 온정을 표현할 수 있습니다. 그러나 당신의 격렬한 감정은 실망이나 좌절, 또는 과거에 대한 집착 등 부정적으로 표현될 수도 있습니다. 그러나 경험을 통해서 당신은 사랑의 힘과 소중함을 잘 알지요.

다른 사람들이 당신에게 비밀을 털어놓는 경우가 많습니다. 조언자로서 당신은 사람들이 상황을 객관적으로 볼 수 있도록 도와줍니다. 그러나 때때로 너무 자기희생적이고 심지어 자기연민에 빠질 수도 있습니다. 그러나 다행스럽게도 당신은 멋지고 즐거우며 아이같이 순진한 성격의 소유자로, 뜻밖의 순간에 나타나 사람들을 깜짝 놀라게 하면서 기쁨을 줍니다.

일과 적성

책임감이 강해서 상사에게도 좋은 평가를 받습니다. 자영업자인 경우에는 일에 몰입하며 책임을 다하고 목표를 이룹니다. 사람들과 함께 일할 때 더욱 능력을 발휘하며 일을 즐기면서 합니다. 천성적으로 자상한 당신은 상담이나 교육 관련 직종이 잘 어울립니다. 경영자로서도 실력을 발휘하며 건강 치유 관련 업종에서도 두각을 나타낼 수 있습니다. 경제적인 보상도 받게 됩니다. 아름다움과 자연, 형태를 보는 심미안이 발달하여 예술가나 디자이너, 음악가, 또는 조경사 등 창조적인 직업에 이끌릴 수 있습니다. 이날 태어난 사람들은 자선사업에 몸담기도 합니다.

수비학으로 본 당신의 운세

일반적으로 당신은 직관적이고 다정하며 설득력이 탁월합니다. 진정한 자기 개성을 찾고 싶어 하는 것은 12일에 태어난 사람들의 공통된 특성입니다. 창의적이고 감성이 풍부한 당신은 목표를 이루기 위해 기지를 발휘하고 다른 사람들과 잘 협력하여 일을 진행합니다. 대범하고 매사에 적극적인 태도 때문에 남들에게는 자신감 넘치는 모습으로 비치긴 하지만, 스스로를 자신감이 없다고 느낀다면 당신의 느긋한 성격과 긍정적인 사고방식을 약화시킬 수 있습니다. 당신 스스로 자신감 있는 모습을 확고히 하는 일과 다른 사람을 대하는 태도에 균형을 잡을 수 있다면 당신은 정서적인 만족감과 성취감을 맛볼 수 있을 것입니다. 당신은 탄생월 5의 영향으로 현실적인 통찰력을 얻게 되는데 이를 통해 많은 것을 얻을 수 있습니다. 체계적이고 책임감이 강해 세세한 것에도 신경 씁니다. 야망이 있고 근면한 당신은 끊임없이 배우며 계속 성장해나갑니다. 인내심을 바탕으로 결단력을 키워가면서 성공에 이를 수 있을 것입니다. 그러나 혼자 사색하며 생각을 정리하고 에너지를 충전할 시간도 필요합니다.

- 장점 : 창의성, 매력적, 주도적, 규율을 강조하는 태도, 자신이나 사람들 홍보
- 단점 : 은둔적, 기이함, 비협조적 행동, 과민성, 자부심 결여

연애와 인간관계

이상주의적이고 로맨틱한 당신은 진지한 관계를 원합니다. 당신은 천성적으로 매력적이라 세심하고 매력적인 사람들에게 끌립니다. 당신은 종종 사랑을 위해 많은 것을 기꺼이 희생합니다. 그러나 상대의 진정한 가치를 파악하기 전까지는 구태여 희생하려 하지 마십시오. 자상하고 이해심이 깊은 당신에게 사람들은 조언을 듣고 마음의 평안을 얻고자 가까이 다가오지만, 어떤 일로 당신이 상처를 받으면 깊이 침잠하거나 마음을 닫아버릴 수도 있습니다. 이날 태어난 사람들은 나이 차이가 많은 사람과 친밀한 관계를 맺기도 합니다.

이날 태어난 유명인

캐서린 헵번(배우), 단테 가브리엘 로세티(화가), 요기 베라(야구 선수), 도널 글리슨(배우), 플로렌스 나이팅게일(간호사), 김태우(가수)

태양 : 황소자리	
지배 성좌 : 염소자리/토성	
위치 : 21° - 22° 30′ 황소자리	
상태 : 고정궁	
원소 : 흙	
항성 : 잔라크	

5월 13일
TAURUS

예의 바르고 겸손하며 주변에 매력을 발산하는 사람

사람을 대하는 탁월한 능력, 카리스마, 그리고 따스한 마음은 당신이 황소자리에서 태어났음을 보여줍니다. 느긋한 성격에 솔직담백한 당신은 예의 바르고 공손하면서도 유능하고 인내심 또한 대단하군요.

당신의 태양이 염소자리에 들어 있어 당신은 마이다스의 손을 가졌으면서도 근면 성실하게 일하기 때문에 재운도 따라줄 것입니다. 신중하고 판단력이 뛰어나서 장기 투자 계획도 현명하게 세울 줄 아네요. 명예 또한 당신에게 중요한 부분인지라 항상 품위를 유지합니다. 이렇게 표출되는 강한 책임감은 다른 사람의 문제를 스스로 끌어안지 않는 한, 전체적으로 당신에게 좋은 영향을 미칩니다.

실용적으로 보이지만 때로는 비이성적으로 생각하거나 직관적인 결정을 내릴 때도 있습니다. 자신의 요구는 적극적으로 주장하지 않으면서도, 가치 있는 대의를 위해서나 약자를 돕는 일에는 열의를 다해 투쟁합니다. 당신은 낙관적인 태도와 세심한 분별력으로 다른 사람들이 믿고 의지할 수 있는 단단한 바위가 되어줍니다. 그러나 때로 자신과 다른 사람에 대해 실망을 하게 되면 지나치게 비판적으로 흐를 수도 있겠네요. 너무 많은 사람들이 당신에게 의지하게 되면 신경이 예민해지고 고집스러워지면서 당신의 자상한 성향이 왜곡되게 표현될 수도 있겠어요. 하지만 다행스럽게도 당신의 멋지고 품위 있는 행동이 상황을 조화롭게 만들 것입니다. 그것이 당신이 원하는 것이지요.

8세 이후에는 당신의 태양이 쌍둥이자리에 들면서 그 이후 30년 동안 공부와 소통, 그리고 가까운 사람들과의 관계가 더욱 중요해집니다. 38세가 되면 당신의 태양이 게자리로 들어가게 되는데, 이때가 인생의 전환기로 자신의 감정과 가정, 가족의 중요성이 부각되는 시기입니다. 68세 이후부터는 사자자리에 들면서 당신은 더욱 강인하고 자신감이 넘치게 되네요.

숨어 있는 자아

미적 감각을 타고난 당신은 형태와 색상에 심미안이 있습니다. 당신의 고급스러운 감각은 집안 인테리어나 외모에 그대로 표현됩니다. 부드러운 매력의 소유자인 당신은 대인관계도 성공적으로 이끄는데 특히 자신의 능력을 신뢰할 때 그렇습니다. 그런데 이런 믿음은 좌절감을 느끼거나 곤경에 처했을 때 위협을 받을 수 있습니다. 낙담하고 실망하면서 자신을 가두어놓기보다는 앞길을 막는 상황은 과감하게 넘겨버리세요.

전체적으로 이날 태어난 사람들은 건강하고 평안하고 경제적으로 안정적입니다. 인생에서는 특히 가족과 친구들이 중요한 역할을 합니다. 가끔씩 기회는 생각지 못한 곳에서 찾아옵니다. 평범한 일상 속에 감춰져 있어 눈치 채지 못할 수도 있지요. 그렇다고 절대 가벼이 넘겨서는 안 됩니다. 나중에 아주 중요한 보상을 보장해주거든요.

일과 적성

당신이 어떤 직업을 선택하든, 똑똑하고 충직하고 신뢰할 수 있는 당신을 어느 직장 상사가 좋아하지 않을 수 있겠습니까. 단, 당신의 야심찬 포부는 함부로 드러내지 마세요. 사람들은 당신이 관대하고 매력적이며 예의 바르다고 생각하고 있으니 영업직과 같이 사람을 대하는 직업에서 탁월한 능력을 발휘할 수 있겠어요. 철학적인 기질을 타고나 교사나 법조계로 진출하는 것도 좋습니다. 선천적으로 미적 감각이 있으니 미술이나 연기, 음악, 특히 요리나 인테리어 디자인과 같은 생활 문화와 관련된 일에서 자신을 표현하는 데 성공할 수 있겠네요. 또한 땅과 관련된 일, 조경이나 건축 또는 부동산 투자에서도 성공을 거둘 수 있습니다.

수비학으로 본 당신의 운세

풍부한 감성과 영감은 13일에 태어난 사람들의 특징입니다. 숫자로 볼 때 당신은 근면하고 결단력이 있는 데다 천부적인 재능까지 갖추었으니 많은 성취를 이뤄내는 것은 당연하지요. 그러나 창의적인 재능을 현실적인 성과로 만들어내기 위해서는 자기 수양이 좀 필요하겠네요. 열심히 노력하면 성공합니다. 13일 생일로 볼 때 당신은 매력적이고 즐길 줄 알며 사교성이 있습니다. 같은 날 태어난 사람들과 마찬가지로 당신도 스스로 멋진 인생을 찾아 여행을 떠나거나 새로운 환경에 정착하기를 갈망하네요. 탄생월 5의 영향으로 직관적인 당신은 물질적 안정이 필요하다는 것을 잘 압니다. 마음만 먹으면 넘치는 의욕으로 열과 성을 다합니다. 또 설득력이 뛰어나고, 인도주의적인 대의를 위해서라면 도움을 마다하지 않습니다. 마음이 열려 있고 자유로운 모습을 보이니 많은 혜택도 받을 수 있겠어요.

- 장점 : 야망, 창조성, 자유에 대한 사랑, 자기표현, 진취성
- 단점 : 충동적, 우유부단함, 위세 부림, 냉정함, 반항적

연애와 인간관계

감성과 활력이 넘치는 당신은 인간관계에 거는 기대가 크군요. 상대의 마음을 움직이는 데 항상 행운이 함께하지만 그 사람에게 너무 많은 것을 요구하거나 지나치게 감성적으로 흐르지 않도록 하세요. 사랑하는 사람에게라면 뭐든 다 주고 싶은 당신, 그러니 더더욱 시간을 두고 신중하게 좋은 파트너를 선택해야 합니다. 카리스마가 있고 다양한 부류의 사람들에게 어필하는 매력이 있어서 사람에 대한 분별력이 있어야 합니다. 그래야 진정한 친구를 찾고, 필요할 때 도움을 받을 수 있어요.

황소자리

태양 : 황소자리
지배 성좌 : 염소자리/토성
위치 : 22° - 23°30′ 황소자리
상태 : 고정궁
원소 : 흙
항성 : 잔라크

5월 14일
TAURUS

무엇보다 자신의 신념을 지켜내는 사람

당신은 현실적인 생각을 하는 사람으로 상황을 빠르게 판단하는군요. 지루함을 참지 못하는 당신에겐 무엇보다 집중이 필요하겠어요. 한계를 뛰어넘기 위한 결단력과 자기 인식을 분명히 할 필요도 있겠네요. 당신에게 중요한 것은 좋은 이미지를 연출하는 것입니다. 지적인 사람과 함께하는 것도 좋지요.

염소자리에 위치한 태양의 영향을 받아 당신은 근면하고 뭔가 관심을 끄는 것이 있으면 의욕을 보입니다. 이날 보여주는 현실적인 영향은 집중력과 조직력입니다. 그런데 당신의 자제심이 완고함으로 변해가지 않도록 주의할 필요가 있습니다. 물질적인 안정과 지위와 명예가 특히 중요할 수도 있지만 당신은 싸워서라도 자신의 신념은 지켜내는 사람입니다.

정신적인 자극 또한 당신 인생에는 아주 중요한 요소이므로 시야를 넓히기 위해 멀리 여행을 떠날 수도 있습니다. 물론 외국에서 머무는 것도 해당됩니다. 그러나 한곳에 집중하지 못하고 여기저기 기웃거리면 인생의 목표 달성이 요원해질 수 있으니 유념하세요. 타고난 잠재력을 최대한 발휘하여 멋진 꿈을 이루기 위해서는 인내심은 필수 요소입니다.

7세 이후에는 당신의 태양이 쌍둥이자리에 들면서 이후 30년 넘게 인간관계와 소통, 공부 등에 집중하게 됩니다. 37세가 되면 당신의 태양이 게자리로 들어가게 되는데 이때가 인생의 전환기로 가정과 가족의 중요성이 커집니다. 67세 이후부터는 사자자리에 들면서 당신은 더욱 자신감이 넘치고 자기주장이 강해집니다.

숨어 있는 자아

확고한 신념과 범상치 않은 정신적 잠재력을 생각하면 이 생일이 보여주는 풍부한 감성과 배치되지요. 그래서 특히 금전 문제로 걱정이나 좌절감을 느낄 수 있습니다. 그러나 조금 거리를 두고 보면 이러한 불안정한 상태를 극복할 수 있습니다. 지식과 정보를 빠르게 습득하기 때문에 자신감이 생깁니다.

당신의 놀라운 상상력과 넘치는 아이디어는 당신이 창의적이고 재치 있는 사람임을 말해줍니다. 사교적이고 유머 감각이 뛰어난 당신은 사람들을 즐겁게 해주는 데도 탁월한 능력이 있어요. 그런데 낭비벽은 조심해야겠네요. 뭔가 확신이 없이 미적거리면, 에너지를 사소한 것에 이리저리 분산시킬 수 있습니다. 그렇지만 보상이 확실하다면 있는 힘을 다하여 열심히 일하고 그 책임도 그대로 받아들입니다.

일과 적성

유능하고 다재다능한 당신은 관심도 다양해서, 여러 길을 다 탐색해본 뒤에야 비로소 안착합니다. 많은 변화가 있는 것을 좋아하므로 판에 박힌 업무가 아닌 일을 선택하는 것이 중요합니다. 시각적 이미지를 인식하는 능력이 뛰어나 미디어나 그래픽, 또는 사진사 같은 직업이 적성에 맞습니다. 성실하고 대인 기술이 뛰어난 당신은 한편으로는 판매업이나 해외 거래처와 연결되는 직업이 특히 좋습니다. 사고력이 남달라 지적 능력을 활용할 수 있는 직업, 즉 연구나 철학, 교육 분야의 직업을 찾는 것도 좋습니다.

수비학으로 본 당신의 운세

지적인 잠재력과 현실적인 세계관, 그리고 강력한 결단력은 14일에 태어난 사람들의 공통된 특성입니다. 당신에게는 확고한 기반을 세우고 성공하고자 하는 강한 열망이 있네요. 이날 태어난 많은 사람들처럼 당신 또한 선택한 직업에서 최고의 자리에 오를 수 있습니다. 통찰력이 뛰어나 문제에 빠르게 대응하고 해결합니다. 위험을 감수하고 모험도 좋아하는데 뜻밖의 횡재를 얻을 만큼 운도 충분히 따라주네요. 탄생월 5의 영향으로 열정적인 당신은 가슴에 원대한 포부를 품고 있습니다. 독립적이고 사고가 유연해서 상황을 주도해 이끌어가고 싶어 합니다. 자신의 소망과 이타적인 연민 사이에서 균형감을 가질 필요가 있겠네요. 직관적 지혜를 활용하고 그것을 현실적인 프로젝트에 적용하면 다른 사람들에게도 참신한 자극을 줄 수 있습니다. 강한 매력으로 사람을 끌지만 내면의 힘 또한 중요하다는 것 잊지 마세요.

- 장점 : 결단력, 노력, 행운, 창의력, 실용주의, 상상력, 근면함
- 단점 : 지나치게 조심스럽거나 지나치게 충동적인 행동, 불안정함, 경솔함, 완고함

연애와 인간관계

당신은 타고난 유머 감각으로 사람들을 즐겁게 해줍니다. 친구들과도 서로 정신적인 자극을 주면서 좋은 시간을 보낼 것입니다. 연인은 취미가 같은 사람이 좋겠네요. 인간관계에서는 관심사를 공유하고 정신적으로 계속 자극을 주는 사람이 필요합니다. 걱정 없이 언제나 젊게 사는 당신은 책임감을 깨달으면 비로소 정착할 수 있습니다.

당신에게 특별한 사람

연인이나 친구

1월 6, 10, 20, 24, 29일 / 2월 4, 8, 18, 27일 / 3월 2, 6, 16, 20, 25, 28, 30일 / 4월 4, 14, 23, 26, 28, 30일 / 5월 2, 12, 21, 24, 26, 28, 30일 / 6월 10, 19, 22, 24, 26, 28일 / 7월 8, 17, 20, 22, 24, 26일 / 8월 6, 15, 18, 20, 22, 24일 / 9월 4, 8, 13, 16, 18, 20, 22일 / 10월 2, 11, 14, 16, 18, 20일 / 11월 9, 12, 14, 16, 18일 / 12월 7, 10, 12, 14, 16일

힘이 되어주는 사람

1월 7, 13, 18, 28일 / 2월 5, 11, 16, 26일 / 3월 3, 9, 14, 24일 / 4월 1, 7, 12, 22일 / 5월 5, 10, 20일 / 6월 3, 8, 18일 / 7월 1, 6, 16일 / 8월 4, 14일 / 9월 2, 12, 30일 / 10월 10, 28일 / 11월 8, 26, 30일 / 12월 6, 24, 28일

운명의 상대

1월 25일 / 2월 23일 / 3월 21일 / 4월 19일 / 5월 17일 / 6월 15일 / 7월 13일 / 8월 11일 / 9월 9일 / 10월 7일 / 11월 5, 15, 16, 17일 / 12월 3일

경쟁자

1월 3, 17일 / 2월 1, 15일 / 3월 13일 / 4월 11일 / 5월 9, 30일 / 6월 7, 28일 / 7월 5, 26, 29일 / 8월 3, 24, 27일 / 9월 1, 22, 25일 / 10월 20, 23일 / 11월 18, 21일 / 12월 16, 19일

소울메이트

1월 18일 / 2월 16일 / 3월 14일 / 4월 12일 / 5월 10, 29일 / 6월 8, 27일 / 7월 6, 25일 / 8월 4, 23일 / 9월 2, 21일 / 10월 19일 / 11월 17일 / 12월 15일

이날 태어난 유명인

조지 루커스, 로버트 저메키스, 소피아 코폴라(영화감독), 케이트 블란쳇(배우), 토머스 게인즈버러(화가), 존 필즈(수학자), 마크 저커버그(페이스북 창립자), 설경구(배우)

태양 : 황소자리	
지배 성좌 : 염소자리/토성	
위치 : 23° - 24° 30′ 황소자리	
상태 : 고정궁	
원소 : 흙	
항성 : 잔라크, 알골	

5월 15일
TAURUS

풍부한 상상력과 예리한 감성의 소유자

당신은 현실적이면서도 상상력이 풍부하며 감성적인 황소자리 태생입니다. 자상하고 따스하면서도 가치관이 확고해서 안정감이 있으면서도 놀랄 정도로 감성적이고 예민하네요. 안정을 원하는 당신, 일을 해서 경제적 기반을 닦는 것이 얼마나 중요한지 당신은 이미 깨닫고 있습니다. 충실하고 믿을 수 있는 당신은 일에 대한 자부심도 대단한데, 일이 창의적인 아이디어를 발산하고 책임을 다할 수 있는 통로라는 것을 알기 때문입니다.

염소자리에 든 태양의 영향을 받은 당신은 부지런하고 체계적이며 질서를 사랑하고 타고난 분별력이 있습니다. 그러나 근면함에서 얻을 수 있는 놀라운 혜택을 때로 고집스러운 성향이나 우유부단함 때문에 날려버릴 수도 있으니 주의하세요.

자상하고 다정해서 좋은 친구들이 많겠네요. 예민한 당신은 부조화된 환경에는 적응하기 어려우니 당신의 높은 이상과, 자연과 예술과 음악에 대한 사랑을 창조적으로 표현할 수 있는 출구가 필요합니다. 그러나 즐거움을 추구하는 과정에서 현실 도피를 한다거나 즐거움에 너무 탐닉하지는 마세요.

6세가 되었을 때 당신의 태양이 쌍둥이자리에 드는데, 학령기가 시작되는 나이이기도 합니다. 그 이후 30년 동안 교육과 소통에 집중하게 됩니다. 36세가 되면 당신의 태양이 게자리로 들어가게 되는데 이때가 인생의 전환기로, 정서적인 안정과 가정, 가족에 대한 중요성이 커지는 시기입니다. 66세 이후부터는 당신의 태양이 사자자리에 들면서 당신은 더욱 자신만만해지고 외향적인 성향이 됩니다.

숨어 있는 자아

운 좋게도 당신은 강력한 매력 덕분에 사람들을 끌어 모아 어려운 상황도 멋지게 헤치고 나옵니다. 사람들이 생각하는 것을 본능적으로 이해할 수 있는 당신은 감성적 능력 또한 갖추고 있는데, 이런 재능 덕분에 한계를 극복하고 성공할 수 있는 것입니다. 단, 당신의 첫 직감에 대한 믿음이 있어야 합니다.

당신은 가족을 위해 열심히 일은 하지만 속박당하거나 안주하고 싶어 하지는 않는 마음이 있을 수 있네요. 그러니 활기차게 살면서 내면적 역동성을 불어넣어 주어야 합니다. 그래야 인간관계나 환경에 대해 불만을 느끼거나 조급해지는 성향도 미연에 방지할 수 있습니다.

일과 적성

현실적이고 통찰력이 뛰어난 당신은 과학 연구에서 비즈니스까지 어떤 일을 하든 성공을 거둘 수 있습니다. 야망이 크지는 않지만 당신은 선천적인 사업 감각이 있고 질서를 추구하며 사교적 수완도 무척 좋습니다. 다른 사람의 돈을 관리하는 일, 즉 은행업이나 법률, 해외 거래 업무 등으로 진출할 수 있습니다. 또는 집에서 하는 일을 선택할 수도 있습니다. 명민한 당신은 이론보다는 경험을 통해 견문을 넓히고자 하네요. 기술이 있어서 손으로 직접 하는 일을 선택할 수도 있습니다. 멋진 일자리를 얻을 기회가 준비되어 있고 책임감 또한 강하지만 판에 박힌 일에 매이는 것은 되도록 피해야 좋습니다.

수비학으로 본 당신의 운세

명민하고 열정적인 당신은 카리스마까지 넘칩니다. 당신의 가장 큰 자산은 날카로운 직관, 이론과 실천을 통합시키는 능력이지요. 새로운 기술을 빨리 익혀서 그것을 돈 버는 수단으로 삼는 특기도 있습니다. 기회를 잘 잡아 돈을 끌어모으거나 다른 사람들의 지원을 얻어내는 재주가 탁월합니다. 화를 낸다거나 만족하지 못하는 성향만 극복한다면 맡은 일을 성공적으로 마무리하는 경우가 많습니다. 탄생월 5의 영향으로 분별력이 뛰어나 아이디어를 빠르게 실현시킵니다. 개성이 넘쳐서 때로 자기 마음대로 하려는 경향이 있지만, 팀에 소속되어 함께 일을 하는 것에서 더 많은 혜택을 얻을 수 있습니다. 상대방을 이해하고 공감하면 타고난 인내심을 발휘할 수 있을 것입니다. 천성적으로 모험심이 강하나 진정 자신의 것이라 할 만한 집이나 진정한 의미의 터전을 마련할 필요가 있습니다.

- ● 장점 : 자발적, 관대함, 책임감, 친절, 협조, 인정, 창조적인 아이디어
- ■ 단점 : 차분하지 못함, 무책임, 자기중심적 행동, 변화에 대한 두려움, 신뢰 상실, 걱정, 망설임, 물질만능주의, 권력 남용

연애와 인간관계

강렬한 감성과 관대함으로 당신은 다른 사람들에게 많은 것을 줍니다. 그러나 이러한 능력이 자기표현을 통해 적절하게 발현되지 못하면 우울해지거나 좌절을 겪을 수 있습니다. 인간관계에서 환멸감을 느낄 위험이 있기 때문에 감정적인 파워 게임이나 침울한 기분에 휘말리지 않도록 조심하세요. 그러나 카리스마 넘치는 개성과 매력으로 당신은 친구들도 많을 것입니다.

연인이나 친구
♥

1월 7, 11, 22, 25일 / 2월 5, 9, 20일 / 3월 3, 7, 18, 21, 31일 / 4월 1, 5, 16, 29일 / 5월 3, 14, 27, 29일 / 6월 1, 12, 25, 27일 / 7월 10, 23, 25일 / 8월 8, 21, 23, 31일 / 9월 6, 9, 19, 21, 29일 / 10월 4, 17, 19, 27, 30일 / 11월 2, 15, 17, 25, 28일 / 12월 13, 15, 23, 26일

힘이 되어주는 사람

1월 8, 14, 19일 / 2월 6, 12, 17일 / 3월 4, 10, 15일 / 4월 2, 8, 13일 / 5월 6, 11일 / 6월 4, 9일 / 7월 2, 7일 / 8월 5일 / 9월 3일 / 10월 1, 29일 / 11월 27일 / 12월 25, 29일

운명의 상대

11월 16, 17, 18일

경쟁자

1월 9, 18, 20일 / 2월 7, 16, 18일 / 3월 5, 14, 16일 / 4월 3, 12, 14일 / 5월 1, 10, 12일 / 6월 8, 10일 / 7월 6, 8, 29일 / 8월 4, 6, 27일 / 9월 2, 4, 25일 / 10월 2, 23일 / 11월 21일 / 12월 19일

소울메이트
★

1월 9일 / 2월 7일 / 3월 5일 / 4월 3일 / 5월 1일 / 10월 30일 / 11월 28일 / 12월 26일

이날 태어난 유명인

제임스 메이슨(배우), 마이크 올드필드(음악가), 피에르 퀴리(과학자), 클레멘스 폰 메테르니히(오스트리아 정치가), 폴 새뮤얼슨(경제학자)

| 태양 : 황소자리 |
| 지배 성좌 : 염소자리/토성 |
| 위치 : 24° - 25° 30′ 황소자리 |
| 상태 : 고정궁 |
| 원소 : 흙 |
| 항성 : 잔라크, 알골 |

5월 16일

TAURUS

야심차면서도 감성적인 성향의 공존

당신은 활기 넘치고 사교적이며 창의적입니다. 밝고 다정하며, 철학적인 과제를 탐구할 만큼 진지한 면모도 갖추고 있습니다.

항상 근면하고 지적 안목이 뛰어난 당신은 이성적이고 현실적이면서도 새롭고 혁신적인 아이디어에 관심이 많습니다. 이는 당신이 시대를 앞서가고 명민하고 쾌활한 성격임을 말해줍니다. 당신은 상대방의 위선이나, 마음속에 담아둔 것들을 꿰뚫는 능력이 있으며 그에 대한 대안도 제시합니다. 당신은 독립적이기에 자유롭게 행동하는 것도 중요하지만 너무 자기 뜻대로 하거나 고집을 부리면 매력을 잃을 수 있으니 조심하세요.

염소자리에 든 태양의 영향을 받은 당신은 집중력이 강하고 체계적이며 또한 일을 잘하고자 하는 열망이 크네요. 이것은 날카로운 비즈니스 감각과 강렬한 야망을 불어넣어 직장에서 최고의 자리에 오를 수 있게 합니다. 한편 이 별자리의 영향으로 실속을 챙기고 흥정에도 능력이 있음을 엿볼 수 있네요. 당신은 사람들에게 관심이 많고 인도주의적인 성향을 타고나 어떠한 사교 모임에서도 잘 어울립니다.

5세 때부터 당신의 태양이 쌍둥이자리에 들면서 당신은 새로운 것을 배우고 사람들과 소통하는 것에 집중하면서 30년을 지내게 됩니다. 35세가 되면 또 한 번의 전환기를 맞이하는데, 이때 당신의 태양이 게자리로 들어가게 되면서 더욱 감성적이고 가족과 가정에 집중하는 시기가 찾아옵니다. 65세부터는 사자자리에 들게 되면서 리더십과 공인으로서의 삶에 집중하고 생활을 즐기며 살게 됩니다.

숨어 있는 자아

완벽주의자인 당신은 자신의 목표를 이루기 위해서나 사랑하는 사람을 위해서라면 큰 희생도 마다하지 않습니다. 책임감도 강하고 일에 대한 의식도 남달라 좋은 결과를 만들어내는 능력이 탁월합니다. 이런 능력이, 기민하게 사람과 상황을 판단하는 능력과 결부되면서 당신은 자연스럽게 리더의 자리에 앉게 됩니다. 그러나 안정만을 중시하여 잠재력을 발휘하려 하지 않고 그냥 안주하려고만 해서는 안 됩니다.

종종 혼자만의 시간을 보내면서 더 깊고 사색적이면서도 신비주의로 흐르지 않는 내면과 만나게 됩니다. 화목한 가정을 이루는 것은 내적 평화를 얻기 위해서도 매우 중요하지요. 물질적인 문제에 대해 걱정하고 막연해하는 성향은 당신의 신념을 되새기고 창의적인 자기표현 방법을 찾아내는 것으로 극복할 수 있습니다. 행복하고 만족스러울 때 당신은 놀라운 내적 희열을 발산하여 다른 사람들에게도 좋은 영향을 미칩니다.

일과 적성

창의력, 날카로운 지적 능력, 그리고 근면함은 당신이 선택한 직업에서 최고의 자리에 오를 수 있는 능력이 있음을 보여줍니다. 그러나 에너지를 너무 분산시키지 않도록 하세요. 천성적으로 호기심이 많은 당신은 사소한 것 하나까지 이해하기를 원하고 지극히 분석적이고 구체적이지요. 당신은 매력 있고 소통능력이 뛰어나 사람들을 상대로 하는 어떤 일에서도 성공을 거둘 수 있습니다. 당신의 뛰어난 사업 감각으로 보면 협상이나 은행업, 자산 투자 등과 같은 업종에 진출할 가능성이 크네요. 철학적이거나 인도주의적인 성향 또한 성직자나 자선사업, 또는 인도주의 활동 등을 통해 만족을 얻을 수 있습니다. 자기표현 욕구, 미(美)와 조형에 대한 남다른 감각으로 보아 음악이나 글쓰기 또는 예술 분야에서 두각을 드러낼 수도 있습니다.

수비학으로 본 당신의 운세

생일 16이 의미하는 것은 당신에게는 야심차면서도 감성적인 성향이 공존한다는 것입니다. 대체로 외향적이고 사교적인 당신은 또한 자상하고 사색적이기도 합니다. 종종 인생을 당신이 느끼는 대로 판단하기도 하는데, 탁월한 통찰력과 자상한 성향을 타고났습니다. 16일에 태어난 당신은 세상일에 관심이 많아 국제기구에 가입을 할 수도 있겠군요. 내면에 넘치는 창의성은 글쓰기에 엄청난 영감을 불어넣어 줍니다. 16일이라는 생일은 당신에게, 지나치게 자신만만하다거나 회의적이거나 자신 없는 태도 사이에서 균형을 잘 잡아야 함을 일러줍니다. 탄생월 5의 영향으로 당신은 직관적이고 수용적입니다. 사교적이고 다재다능한 당신은 다양한 사람들과 교류하는데 관심사도 그만큼 다양합니다. 독창적인 아이디어를 실용화할 수 있으면 창의적 욕구도 실현될 수 있습니다. 당신은 좋은 인상을 주고 싶어 하며 자신의 외모에 신경을 씁니다. 자신의 감정을 소중히 하고 우유부단해지거나 너무 걱정하는 성향을 극복하세요.

● 장점 : 고등교육, 가정에 대한 책임감, 성실성, 직관력, 사교성, 협동심, 통찰력
■ 단점 : 걱정, 불만족, 무책임, 자기선전, 자기주장이 강함, 회의적, 이기심, 동정심 결여

연애와 인간관계

당신은 인간관계에서 지극히 이상주의적인 성향을 보이네요. 때로는 자신을 되돌아보는 시간이 필요합니다. 성실하고 관대하지만 스스로 희생을 감수하면서까지 극단적인 모습을 보이지 않도록 하세요. 확신과 믿음이 생기면 의심하고 질투하거나 자신의 생각에 너무 사로잡히는 성향은 충분히 극복할 수 있습니다.

당신에게 특별한 사람

연인이나 친구
♥

1월 8, 13, 22, 26일 / 2월 6, 20, 24일 / 3월 4, 18, 22일 / 4월 2, 16, 20, 30일 / 5월 5, 14, 18, 28, 30일 / 6월 12, 16, 26, 28일 / 7월 10, 14, 24, 26일 / 8월 8, 12, 22, 24일 / 9월 6, 10, 20, 22, 30일 / 10월 4, 8, 18, 20, 28일 / 11월 2, 6, 16, 18, 26일 / 12월 4, 14, 16, 24일

힘이 되어주는 사람

1월 9, 20일 / 2월 7, 18일 / 3월 5, 16, 29일 / 4월 3, 14, 27일 / 5월 1, 12, 25일 / 6월 10, 23일 / 7월 8, 21일 / 8월 6, 19일 / 9월 4, 17일 / 10월 2, 15, 30일 / 11월 13, 28일 / 12월 11, 26, 30일

운명의 상대

1월 27일 / 2월 25일 / 3월 23일 / 4월 21일 / 5월 19일 / 6월 17일 / 7월 15일 / 8월 13일 / 9월 11일 / 10월 9일 / 11월 7, 17, 18, 19일 / 12월 5일

경쟁자

1월 2, 10, 19일 / 2월 8, 17일 / 3월 6, 15일 / 4월 4, 13일 / 5월 2, 11일 / 6월 9일 / 7월 7, 30일 / 8월 5, 28일 / 9월 3, 26일 / 10월 1, 24일 / 11월 22일 / 12월 20, 30일

소울메이트
★

1월 15일 / 2월 13일 / 3월 11일 / 4월 9일 / 5월 7일 / 6월 5일 / 7월 3일 / 8월 1일 / 10월 29일 / 11월 27일 / 12월 25일

이날 태어난 유명인

자넷 잭슨(가수), 크리스티앙 라크루아(패션 디자이너), 토리 스펠링, 데브라 윙거, 피어스 브로스넌, 메간 폭스, 토머스 생스터(배우), 이계인, 주지훈(배우), 김완선, 장범준, 아이유(가수)

| 태양 : 황소자리 |
| 지배 성좌 : 염소자리/토성 |
| 위치 : 25° - 26° 30′ 황소자리 |
| 상태 : 고정궁 |
| 원소 : 흙 |
| 항성 : 알골 |

5월 17일

TAURUS

인정 욕구가 강하고 결단력 있는 행동주의자

이상주의적 성향이 강하고 결단력이 있으며 사람들과 어울리는 것을 좋아하는 당신은 어떤 일에서나 뛰어납니다. 확신이 서면 강렬한 카리스마를 발산하며, 자신의 생각에 대한 확신과 열정을 보입니다. 이 생일로 볼 때 당신은 천성적으로 사람들을 상대하는 데 뛰어나고 삶을 즐길 줄 압니다.

돈에 쪼들리는 상황은 그다지 일어나지 않겠지만 그런 경우를 상상하며 쓸데없는 걱정을 할 수도 있겠네요. 다행스럽게도 단호하고 집요한 끈기 덕분에 당신은 손 놓고 앉아 좋은 때가 오기만을 마냥 기다리는 사람은 아닙니다. 화려한 생활과 명예에 대한 강한 열망이 행동의 원동력이 됩니다.

염소자리에 든 태양의 영향을 받아 당신은 목표를 정하면 맡은 일에 더욱 집중하며 더 좋은 성과를 냅니다. 멋진 아이디어와 훌륭한 전략이 넘치며, 경제적인 독립도 이뤄 물질적으로 필요한 것은 스스로 마련합니다. 한번 정해진 계획에 따라 작업에 전념하게 되면 자신과 사람들에게 단호하게 밀어붙여 깊은 인상을 줍니다. 대비되는 두 성향, 예민함과 이상주의적인 면은 가족이나 친구에게, 또는 자선 활동에서 드러납니다.

4세 무렵에 30년의 순환기가 시작되는데, 이때 당신의 태양은 쌍둥이자리에 들게 됩니다. 소통과 배움에 전념하게 되는 때이기도 합니다. 이런 성향은 34세까지 계속되다가 당신의 태양이 게자리로 들어가면서 인생의 전환기를 맞게 되며, 이때 정서적인 친밀감과 안정감이 더 중요해집니다. 60대 후반이 되면 당신의 태양이 사자자리에 들면서 당신은 가족 중심적인 성향에서 외향적인 성향으로, 사교적이고 권위주의적인 성향으로 바뀌게 됩니다.

숨어 있는 자아

외부 생활에서는 계획을 세우고 실행하는 일로 바쁘지만 내면적으로는 평화와 조화를 희구합니다. 이런 마음 덕분에 음악, 예술 등 창의적인 작업을 하고 싶어 하는데 이런 열망은 주변 사람들에게도 치유의 힘을 전파합니다. 삶에서 무언가를 성취하기 위해 그만큼 노력을 하는 것은, 어느 것 하나 저절로 이뤄지는 것은 없다는 깨달음 덕분입니다. 인정받고자 하는 강렬한 욕구는 자부심과 함께 당신에게 강한 원동력이 되므로 너무 오랫동안 인정받지 못하는 상황이 계속되면 절대 용납하지 않으려 하겠네요.

그러나 당신은 계속 성장하면서 사회적 명성과 안정감을 얻고 금전적인 보상을 받을 수 있습니다. 당신은 이런 보상을 사랑하는 사람들과 기꺼이 나누려 하지만 생색을 낸다거나 시샘하는 태도로 변하지 않도록 조심하세요. 마음속 깊이 울리는 영적인 소망에 귀 기울이면 쾌락을 구하는 마음과 인생에서 의미를 찾고자 하는 성향 간에 균형을 이룰 수 있을 것입니다.

일과 적성

당신은 책임 있는 자리에 앉거나 자영업을 하고 싶어 하지만, 다른 사람들과 협업하는 것의 중요성도 알고 있네요. 그래서 파트너십이나 팀워크를 이루어 일을 하고 싶어 하죠. 당신은 또한 아이디어나 제품을 판매하거나 홍보하는 데 특히 재주가 있습니다. 사람을 대하고 인맥을 쌓는 능력이 탁월해 홍보나 에이전트 등 사람을 상대하는 직업이 이상적입니다. 상황 판단이 빠른 당신의 비즈니스 감각과 조직 능력은 금융 상담사나 협상가, 또는 은행업이나 자산과 관련된 직종에서 성공을 보장합니다. 그렇지 않으면 교육, 과학, 음악 분야도 특히 당신에게 의미 있는 일이 될 수 있습니다.

수비학으로 본 당신의 운세

17일에 태어난 당신은 속마음을 잘 드러내지 않는 편이며, 이성적인 판단력으로 상황을 빠르게 간파합니다. 당신은 특정 전문 분야를 탐구하고 전문 기술을 개발할 수 있어서, 전문가나 연구자로 성공하거나 중요한 지위에 오를 수 있습니다. 사생활을 중시하고 자기 성찰적이고 객관적인 자세를 유지하는 당신은 진지하고 사려 깊게 행동하며 서두르지 않고 느긋하게 일을 처리하는 것을 좋아합니다. 장시간 끈기 있게 집중할 수 있는 당신은 경험을 통해 최고의 교훈을 얻습니다. 의심하는 성향만 줄이면 더 빠르게 배울 수 있습니다. 탄생월 5의 영향으로 현실적이고 지적인 당신은 정확하고 자세한 정보를 선호합니다. 타고난 비즈니스 감각과 분석적인 접근법으로 자신의 분야에서 전문가가 될 수 있겠어요. 지식을 습득하고 시야를 넓히면 자신감이 커집니다. 그것이 다른 사람에 대한 책임감을 키우거나 공동체에 유용하게 쓰이게 하세요.

- ● 장점 : 사려 깊음, 전문적인 능력, 훌륭한 기획력, 뛰어난 비즈니스 감각, 돈 버는 능력, 개인적인 사상가, 열성적, 정확성, 연구 기술, 과학적 능력
- ■ 단점 : 무관심, 완고함, 부주의, 변덕스러움, 편협함, 비판, 걱정, 의심

연애와 인간관계

당신은 매우 사교적이며 인기가 많습니다. 당신에게 모든 인간관계가 중요하고 스스로 남들에게 충실한 친구가 되어주지만 당신은 확고한 견해가 있는 지적인 사람을 좋아합니다. 불필요한 스트레스와 근심을 불러올 수 있으니 파트너와 파워 게임에 빠지지 않도록 조심하세요. 인간관계에서 안정감이 있을 때는 사랑하는 사람에게 지원을 아끼지 않고 관대합니다. 가까운 관계에서 신뢰는 필수 전제 조건이며, 정신적인 자극은 때로 당신에게서 최선의 것을 이끌어낼 수 있습니다.

당신에게 특별한 사람

연인이나 친구 ♥

1월 3, 23, 27일 / 2월 11, 21일 / 3월 9, 19, 28, 31일 / 4월 7, 17, 21, 26, 29일 / 5월 5, 15, 24, 27, 29, 31일 / 6월 3, 13, 22, 25, 27, 29일 / 7월 1, 11, 20, 23, 25, 27, 29일 / 8월 9, 18, 21, 23, 25, 27일 / 9월 7, 11, 16, 19, 21, 23, 25일 / 10월 5, 14, 17, 19, 21, 23일 / 11월 3, 12, 15, 17, 19, 21일 / 12월 1, 10, 13, 15, 17, 19일

힘이 되어주는 사람 ♣

1월 3, 4, 10, 21일 / 2월 1, 2, 8, 19일 / 3월 6, 17, 30일 / 4월 4, 15, 28일 / 5월 2, 13, 26일 / 6월 11, 24일 / 7월 9, 22일 / 8월 7, 20일 / 9월 5, 18일 / 10월 3, 16, 31일 / 11월 1, 14, 29일 / 12월 12, 27일

운명의 상대

1월 22, 28일 / 2월 20, 26일 / 3월 18, 24일 / 4월 16, 22일 / 5월 14, 20일 / 6월 12, 18일 / 7월 10, 16일 / 8월 8, 14일 / 9월 6, 12일 / 10월 4, 10일 / 11월 2, 8, 18, 19, 20일 / 12월 6일

경쟁자

1월 11, 20일 / 2월 9, 18일 / 3월 7, 16일 / 4월 5, 14일 / 5월 3, 12, 30일 / 6월 1, 10, 28일 / 7월 8, 26, 31일 / 8월 6, 24, 29일 / 9월 4, 22, 27일 / 10월 2, 20, 25일 / 11월 18, 23일 / 12월 16, 21일

소울메이트 ★

1월 26일 / 2월 24일 / 3월 22, 30일 / 4월 20, 28일 / 5월 18, 26일 / 6월 16, 24일 / 7월 14, 22일 / 8월 12, 20일 / 9월 10, 18일 / 10월 8, 16일 / 11월 6, 14일 / 12월 4, 12일

이날 태어난 유명인

엔야(가수), 데니스 호퍼(배우), 에드워드 제너(우두법 발견자), 스티브 바라캇(피아니스트), 현숙(가수), 강유미(코미디언), 곽도원(배우)

황소자리

| 태양 : 황소자리 |
| 지배 성좌 : 염소자리/토성 |
| 위치 : 26° - 27° 30′ 황소자리 |
| 상태 : 고정궁 |
| 원소 : 흙 |
| 항성 : 알골 |

5월 18일

TAURUS

친화력 있는 리더십, 확고한 의지에서 나오는 결단력

친화력과 리더십, 그리고 확고한 의지에서 나오는 결단력은 성공하기 위해 태어난 사람처럼 두드러집니다. 실용적이고 가치 판단이 뛰어난 당신은 아름다움과 인생의 즐거움을 아는 사람입니다. 기회를 빠르게 포착하여 강력한 이상주의를 물질주의와 잘 조합시키겠네요.

염소자리에 든 태양의 기운을 받아 일상 업무에서 근면하고 강한 책임감을 보이며, 물질적인 것에 대한 관심과 지위가 당신에게 중요한 의미를 갖습니다. 프로젝트나 대의에 전념하게 되면 당신은 동료에게서 존중을 받고자 충실하고 지칠 줄 모르는 일꾼이 되어 자신의 모든 것을 쏟아붓습니다.

이상주의와 자기 인식에 대한 영적 능력은 강력한 인도주의적 성향으로 나타납니다. 사람들에 대한 관심으로 공감력이 커지고 다른 사람이 필요로 하는 것을 이해할 수 있게 됩니다. 감수성과 풍부한 상상력은 예술이나 음악, 연기 등을 통해 발현될 수 있습니다. 지식에 대한 열망이 강한 당신은 토론을 즐기며 훌륭한 조직자로서 어떤 상황이든 빠르게 파악하고 대처합니다. 그러나 그저 대적하기 위한 목적으로 사람들에게 막무가내로 맞서는 성향은 주의해야 합니다. 당신의 사심 없고 관대한 행동이 이를 상쇄하지만요.

3세 무렵부터 당신의 태양이 쌍둥이자리에서 30년을 지내게 되는데, 이때 형제자매의 중요성이 커지며, 새로운 기술을 배우고 공부합니다. 33세에 당신의 태양이 게자리로 들어가게 되는 이때가 인생의 전환기로, 가족의 중요성이 강조되는 시기입니다. 60세 초반 당신의 태양이 사자자리에 들면서부터는 창의적이고 더 큰 자기 표현을 원하는 쪽으로 기울게 되네요.

숨어 있는 자아

강한 의지로 독창적인 아이디어를 구체적인 현실로 변화시킬 수 있는 당신은 먼저 자신의 열망과 동기에 대해 명확하게 알아야 합니다. 극단적인 성향을 조화롭게 융합하여 마음속에 있는 사랑의 힘과 연결시킴으로써 당신은 다른 사람들을 도울 수 있는 강력한 힘이 생깁니다. 이런 성향은 지나치게 감성적이거나 지나치게 군림하려는 자세로 표현될 수도 있는데, 독립성을 유지하는 가운데 당신의 천성적인 협력 정신과 사교 능력으로 해결할 수 있습니다. 현실적인 예지력을 갖춘 당신은 지속적으로 미래를 내다보고 스스로 도전의식을 불러일으키면 큰 계획이 점차 구체적인 모습으로 나타납니다. 이를 통해 초조함이나 성급함도 극복할 수 있습니다.

일과 적성

원대한 포부와 이상을 품고 있는 당신은 목적을 이루기 위해 열과 성을 다합니다. 타고난 주도력과 결단력 덕분에 새로운 프로젝트를 시작하는 것을 즐기므로 치안 계통이나 공직으로 진출하면 좋겠네요. 특히 홍보하거나 아이디어를 파는 일에 탁월한 능력이 있어 마케팅이나 에이전트, 또는 협상 등의 분야에서 성공할 수 있습니다. 인내심과 집중력, 행정 능력을 갖춰 금융 상담가나 매니저, 증권 중개인, 기업가와 같이 상업 계통의 일을 할 수도 있습니다. 여행도 당신의 목표를 성취하는 데 도움이 됩니다. 뛰어난 심미안으로 명품이나 골동품 또는 디자인 제품을 다루는 직업에 이끌릴 수도 있습니다. 자선사업 분야 쪽에서 자금을 모으는 일이나 땅과 관련된 일을 할 수도 있고, 창작의 세계에서 강한 개성을 표현할 방법을 찾을 수도 있습니다.

수비학으로 본 당신의 운세

결단력과 자기주장이 강하고 야심찬 성향은 18일에 태어난 사람들의 특성입니다. 역동적이고 활동적인 당신은 스스로 큰 역량이 있기를 바라며 지속적으로 도전합니다. 때로 비판적이고 까다롭게 굴거나 논쟁적인 경향도 있습니다. 18일에 태어난 당신은 다른 사람들을 돕거나 현명한 조언을 하는 등으로 다른 사람의 문제 해결에 영향력을 행사할 수 있습니다. 아니면 강력한 비즈니스 감각과 조직 능력의 영향으로 비즈니스 세계에도 끌리겠네요. 탄생월 5의 영향으로 당신은 생기 넘치고 결단력과 현실 감각이 뛰어납니다. 성찰하고 분석하며 사소한 것까지 하나하나 신경을 써서 어떠한 문제도 말끔히 해결하지요. 프로젝트 진행을 너무 급히 서두르거나 미완성인 채로 두면 나중에 더욱 지체될 수 있습니다. 때로 너무 까다롭고 다른 사람에 대한 감정이 수시로 변하는 성향 때문에 속으로 불만이 생길 수 있습니다. 확신이 생기지 않으면 속마음을 드러내지 않거나 우울한 감정에 휩싸일 수 있으니 유념하세요.

- ● 장점 : 진보적인 태도, 주장, 직관력, 용기, 단호함, 치유 능력, 효율성, 조언 능력
- ■ 단점 : 통제되지 않는 감정, 나태함, 이기주의, 프로젝트를 완수하지 못함, 속임수

연애와 인간관계

많은 관심사가 당신의 마음을 사로잡겠지만 당신은 이상을 함께 나눌 수 있는 소울메이트를 찾아 헤맵니다. 안주하지 못하는 이런 성향은 당신이 때로는 의무감과 개인적인 소망 사이에서 갈등하고 있음을 보여줍니다. 원대한 포부를 가슴에 품고 안정의 중요성도 인식하고 있는 당신은 사랑 이외의 다른 이유로 결혼에 끌릴 수도 있습니다. 충직함과 신뢰를 중요하게 생각하는 당신은 의구심이 들면 불만을 느끼게 되고 감정의 기복이 심해집니다. 따스하고 너그럽다가도 또 한편으로는 냉정하고 지나치게 심각해집니다. 그러나 정직한 마음으로 인내와 끈기를 배우면 행복해지고 정서적인 균형으로 안정을 찾을 것입니다.

이날 태어난 유명인

마고 폰테인(발레리나), 요한 바오로 2세(교황), 주윤발(배우), 버트런드 러셀(철학자), 이육사, 서정주(시인), 서영은, 이문열(작가), 김세아(배우), 김민우, 태양(가수)

| 태양 : 황소자리 |
| 지배 성좌 : 염소자리/토성 |
| 위치 : 27° - 28°30' 황소자리 |
| 상태 : 고정궁 |
| 원소 : 흙 |
| 항성 : 알키오네, 알골 |

5월 19일
TAURUS

자제력 있으며 확신이 넘치는 남다른 리더십

당신의 남다른 리더십은 탁월한 정신력과 훌륭한 통찰력과 어울립니다. 신중하고 세심하면서도, 야성적이고 독립적인 성향의 소유자인 당신은 자신만만하고 자제력이 있으며 확신이 넘쳐 보입니다.

염소자리에 든 태양의 기운을 받은 당신은 한 프로젝트에 전념하기 시작하면 열과 성을 다하는데 목표가 뚜렷하면 더욱 탁월한 능력을 보여줍니다. 이러한 기운은 강한 야망과 의무감, 그리고 장기적인 계획을 실현하는 힘을 암시합니다. 고집스러운 면은 있지만 당신의 강인한 저력과 직관력은 성공을 향해 가는 데 도움을 줄 것입니다.

사람들에 대해 천성적으로 관심이 많은 당신은 자유와 사회 개혁의 필요성을 믿고 있는 인도주의자이기도 합니다. 독창적이고 창의적인 당신은 진보적인 인생철학으로 다른 사람들의 대변인 역할을 하기도 합니다. 그런데 이날 태어난 사람들은 남자나 여자나 고압적이 되지 않도록 조심해야 합니다. 그러나 토론이나 정감 있는 농담은 재미있는 소일거리도 되고 기분도 좋아지게 합니다. 자기중심적이거나 매정하게 보이지 않도록 주의해야 하고, 인생을 즐기는 데 탐닉하는 성향을 조심하세요. 그러나 지식의 깊이나 훌륭한 판단력으로 다른 사람들에게 좋은 영향을 줄 수 있습니다. 어떤 형태든 교육은 당신의 놀라운 잠재력의 최대치를 끌어내는 데 필수적입니다.

2세 무렵에 당신의 태양이 쌍둥이자리에 들면서 이후 30년 동안 배움과 쓰기, 언어 능력과 소통의 중요성이 강조됩니다. 이런 성향은 30대 초반까지 이어지는데, 이때 당신의 태양이 게자리로 들어가게 됩니다. 이때가 인생의 전환기로 정서적인 친밀감과 가족 그리고 안정이 중요해집니다. 62세 이후부터는 당신의 태양이 사자자리에 들면서 당신은 더욱 자신감이 커지고 외부 생활이나 자기표현에 더 많은 관심을 두게 됩니다.

숨어 있는 자아

타고난 리더인 당신은 팀워크나 집단의 노력의 중요성을 뼈저리게 인식하고 있습니다. 남에게 의존하는 상황이 되지 않도록 날카로운 직관으로 자신의 생각을 고집하는 것과 다른 사람의 의견에 귀 기울이는 것 사이에서 제대로 균형을 맞출 수 있어야 합니다. 다행스럽게도 매력적인 말솜씨를 갖춘 당신은 다른 사람들에게 당신의 이상적인 생각을 이해시켜 그들의 도움을 받을 수 있습니다.

정직하고 공정하고자 하는 노력은 어려운 상황에서 권력의 고삐를 쥐게 해줄 수 있습니다. 이런 상황에서 당신은 자칫 권위적인 모습으로 비칠 수 있습니다. 사실 당신은 문제를 미완의 상태로 두기보다는 깔끔하게 해결하고 싶은 욕구가 강하지요. 당신의 결단력과 힘, 그리고 인내심은 결국 당신의 성공을 보장할 것입니다. 이 모든 진지함의 이면에 감춰진 이상주의적인 성향은 다른 사람들이 최고의 자리에 오를 수 있도록 기꺼이 도와줄 것입니다.

일과 적성

열심히 일하는 당신의 능력과 통찰력 있는 리더십, 그리고 책임감이 겸비되어 확실한 성공 가능성을 보여줍니다. 당신의 독창적이고 범상치 않은 정신은 많은 획기적인 아이디어를 낳고, 이로 인해 당신은 특히 교육이나 철학, 또는 과학 연구 분야로 이끌리게 됩니다. 인도주의와 정신적인 포부는 당신을 사회 개혁이나 종교 분야로 이끌 수 있습니다. 그렇지 않으면, 예술 분야나 연예 분야에 관심이 쏠릴 수도 있고, 말솜씨가 좋아 강연이나 글쓰기, 또는 노래를 통해 자기를 표현할 수도 있습니다. 선천적인 치유 능력을 갖고 있는 당신은 의료나 대체의학 분야에서 직업을 선택할 수도 있습니다.

수비학으로 본 당신의 운세

19라는 숫자는 당신이 결단력 있고 지략이 풍부하며 깊이 있는 비전도 갖추었다는 것을 알려주는 한편 몽상가적인 성향이 있어 인정이 많고 쉽게 외부의 영향을 받는다는 것을 보여줍니다. 당신은 드라마틱한 성향을 발산시키고 주목받을 수 있도록 밀어주는 사람이 필요합니다. 사람들에게 자신감 있고 회복력이 있는 모습으로 비치지만 내면적으로는 긴장감으로 인해 정서적인 기복을 겪을 수 있습니다. 자부심이 대단하지만 세상은 당신을 중심으로 돌아가지 않는다는 것도 배울 필요가 있습니다. 탄생월 5의 영향으로 기민하며, 정신적으로 안주하지 않습니다. 조화와 평화를 원하지만 다른 사람의 감정과 욕구를 파악하는 법을 깨달아야 합니다. 창의적이고 상상력이 풍부한 당신은 예술적 재능을 개발하면 많은 혜택이 돌아옵니다. 긴장을 풀고 초연해지는 법을 터득하여 걱정 근심을 떨쳐버리세요. 다른 사람들에게 용기를 주고 인내하는 모습을 보여줌으로써 당신의 비판적인 성향을 극복할 수 있습니다. 자기중심적인 사고방식과 다른 사람을 위해 사심 없이 봉사하는 성향 사이에서 균형을 찾아야 합니다.

- ● 장점 : 역동성, 중심성, 창의력, 리더십, 행운, 진보적 태도, 낙관주의, 강한 신념, 경쟁력, 독립성, 사교성
- ■ 단점 : 자기중심적, 우울증, 걱정, 거부에 대한 두려움, 감정 기복이 심함, 물질 만능주의, 이기주의, 성급함

연애와 인간관계

개방적이고 솔직담백한 당신은 사랑하는 사람을 보호하는 데 경계를 게을리하지 않습니다. 조화와 평화로운 환경이 그 전제 조건이고, 당신의 느긋한 성품은 마음 고생하는 사람들을 도울 수 있습니다. 그렇지만 너무 자만하거나 마음이 들뜨지 않도록 조심하고 타성에 젖지 않도록 하세요. 매우 사교적이지만 가정과 집은 당신의 인생에서 아주 중요한 부분을 차지합니다.

태양 : 황소자리	
지배 성좌 : 염소자리/토성	
위치 : 28˚ - 29˚30′ 황소자리	
상태 : 고정궁	
원소 : 흙	
항성 : 알키오네	

5월 20일

TAURUS

자상하고 사교성이 뛰어나며 책임감 있는 사람

밝고 지성적인 매력은 이날 태어난 사람들에게서 느껴지는 특별함입니다. 타고난 리더로, 어디서나 빛을 발하는 능력을 갖춘 열정적인 당신은 사람들을 다루는 솜씨가 탁월하며 자상하며 사교성이 뛰어납니다. 천부적인 재능을 타고난 당신을 사람들은 분별력을 갖춘 매력적이고 자신만만한 사람으로 생각합니다.

황소자리의 십분각 지배 성좌 염소자리에 든 태양의 영향을 받은 당신에게 명예와 자존감은 아주 중요한 요소입니다. 열과 성을 다해 일하되 품위를 잃지 않는 당신은 어떤 책임도 진지하게 받아들입니다. 돈에 대한 감각을 타고난 당신은 예산을 세우고 가계부를 기록하고 그에 맞추어 사업 계획을 세우기를 좋아합니다. 그러나 화려한 삶에 대한 유혹은 거부하기 힘들죠. 명품에 돈을 쓰는 것도 그 때문입니다. 그러나 과도한 탐닉은 금물입니다.

드라마틱한 감각을 타고난 당신은 지적이고 말을 잘하는 사람들과 어울리기를 좋아합니다. 당신도 언변이 뛰어나 토론과 기지 넘치는 재담을 즐기네요. 개념을 빠르게 파악하고 솔직담백한 모습을 보이지만, 자기주장이 강하고 고집을 부리기 쉬운 성향은 경계하세요.

원대한 계획이 실패하면 풀이 죽어 자기연민에 빠질 수도 있습니다. 하지만 당신에겐 장애를 극복하는 힘과 성공을 향한 강한 집념이 있기 때문에 이런 성향은 오래가지 않을 것입니다.

2세쯤에 당신의 태양은 쌍둥이자리에 이르게 됩니다. 이때 당신은 어린아이임에도 글귀가 밝고 형제들과도 친밀하게 지내는 특징을 보입니다. 30세가 될 때까지, 당신은 새로운 것을 공부하고 배우는 것에 집중하게 됩니다. 31세가 되면 전환기가 찾아오는데 이때 당신의 태양이 게자리로 들어가게 되면서 성공의 바탕이 되는 가정의 중요성이 부각됩니다. 60대 초반부터 당신의 태양이 사자자리에 들면서 자신감은 더욱 커져 외향적이 되며 자기표현에 더욱 힘쓰게 됩니다.

숨어 있는 자아

당신에겐 대규모 프로젝트를 성취해낼 능력이 있지만 너무 물질주의로 흐르거나 자기 비판적이 되지 않도록 조심하세요. 당신의 창의적인 정신은, 마음을 쏟고 지평을 넓혀줄 새롭고 흥미진진한 것을 늘 갈구합니다. 가진 것에 만족하지 못하는 성향으로 갖가지 가능성을 탐색하며 실제로 또는 정신적으로 멀리 여행도 떠납니다.

겉으로 잘 드러나지 않지만 당신 마음속엔 강렬한 감성이 숨겨져 있습니다. 이런 감수성은 인생에서 느끼는 즐거움으로 표현되어야 합니다. 절대로 걱정 근심 속에 몰래 감춰두지 마세요. 행복할 때면 원하는 모든 목표를 다 이룰 것같이 느껴지지요. 군이 선택해야 한다면 자신에 대한 믿음을 선택하세요. 그래야 큰 꿈을 그대로 살릴 수 있습니다. 넘치는 영감과 결단력, 그리고 관대함이 결합되면 당신은 인생에서 놀라운 성공을 이룰 수 있을 것입니다.

일과 적성

지적인 당신은 다양한 최신 정보를 얻고 싶어 하기 때문에 계속 새로운 지식을 늘려가겠네요. 대형 프로젝트나 큰 조직에서 일하는 것을 좋아하고 다른 사람에게 종속되는 것은 좋아하지 않기에 자영업이나 권한이 부여되는 직종이 이상적입니다. 자기 수양만 바탕이 되어준다면 타고난 비즈니스 감각으로 성공은 보장되어 있습니다. 단, 끊임없이 도전 의식을 불러일으키고 다양성이 보장되어야 싫증을 내지 않을 수 있습니다. 직관적이고 지적 능력이 뛰어난 당신은 과학 연구나 교육, 형이상학 또는 철학에 이끌릴 수 있습니다. 팔방미인인 데다 미술과 음악, 연극 등에도 감식안이 있어 예술이나 대중매체, 또는 연예계로 이끌릴 수도 있습니다. 천성적으로 자상해서 상담업이나 사회사업 또는 다른 사람의 권리를 대변하는 일을 할 수도 있겠네요.

수비학으로 본 당신의 운세

20일에 태어난 당신은 직관적이고 적응력과 이해력이 풍부하며, 함께 소통하면서 경험을 공유하고 배울 수 있는 공동 작업을 즐깁니다. 매력적이고 우아한 당신은 사교 수완만 조금 나아진다면 힘들이지 않고 다양한 친목단체에 들어갈 수 있습니다. 그러나 다른 사람의 행동이나 비판에 쉽게 상처받는 성향은 극복해야 합니다. 인간관계에서 희생적인 행동을 도맡거나 남을 불신하거나 또는 지나치게 다른 사람에게 의존하는 성향도 극복해야 할 과제입니다. 탄생월 5의 영향으로 수용적이며 지적인 면모를 갖췄으며 창의적이고 자기표현에 대한 욕구도 많아요. 때로 수줍음을 타므로 자신의 의견을 표현하고 감정을 표출할 수 있게 노력하세요. 호의적인 성격으로 팀에 소속감도 느끼지만, 가끔은 조용한 곳에서 혼자 시간을 보내며 생각을 가다듬을 필요도 있습니다. 새로운 기능을 공부하고 연마할 시간을 만들어보세요. 인생을 변화시키는 데는 다른 사람의 도움도 필요합니다. 자신의 직관력을 믿고 수양을 게을리하지 마세요.

- ● 장점 : 좋은 파트너십, 온유함, 재치, 수용적, 직관, 배려, 조화, 쾌활함, 원만한 성격
- ■ 단점 : 의심, 자신감 결여, 소심함, 신경과민, 지나치게 감정적, 이기심, 기만

연애와 인간관계

예민하고 직관적이면서도 두뇌 회전이 빠른 당신은 다양한 인간관계와 정신적인 자극이 필요합니다. 다양한 사람들을 만나 어울리는 것을 즐기지만 지식과 아이디어가 풍부한 지적인 사람들을 좋아합니다. 스스로 많은 것을 성취할 수 있는 역량이 있어 인간관계에서 조연의 위치는 단호히 거부하지요. 다정다감하고 충실하며 이해심이 깊은 당신은 가장 가깝고 사랑하는 사람에게 마음을 씁니다. 사랑에 빠졌을 때 당신은 기꺼이 엄청난 희생을 감수합니다. 그러나 이날 태어난 사람들이 공통적으로 안주하지 못하는 성향을 보이는 것으로 보아 당신 또한 마음을 쉽게 바꾸거나 우유부단해질 수 있으니 유의하세요.

179

태양 : 황소자리/쌍둥이자리 경계	
지배 성좌 : 염소자리/토성	
위치 : 29° 황소자리 - 0°30′ 쌍둥이자리	
상태 : 고정궁	
원소 : 흙	
항성 : 알키오네	

5월 21일

TAURUS

기지가 넘치고 창의적이며 솔직 담백한 성격

기백이 넘치고 야심찬 당신은 활달함으로 사람들을 끌어들입니다. 별자리의 경계에서 태어난 당신은 황소자리의 관능미와 쌍둥이자리의 지적 능력을 갖추고 있어, 양쪽의 혜택을 모두 누리네요. 당신의 가장 큰 자산은 사람들을 다루는 재주와 드라마틱한 천성입니다. 아는 것이 많은 당신은 재미있는 방법으로 자신의 아이디어를 전달하는 데 탁월합니다. 다양한 부류의 사람들을 사귀는 능력이 출중한 당신은 개성 있고 독립심도 뛰어납니다.

두 별자리의 경계에서 태양의 기운을 받아 책임감이 강하고 충실하며 근면하고 의사전달 능력이 뛰어납니다. 사업적인 재능을 타고났으며 현실 감각이 뛰어나서 가정의 소중함과 안전의 중요성을 잘 알고 있지요. 진취적인 성향은 야망에 불을 붙여 행동하게 하고 원대한 계획을 반드시 성공시킵니다. 그러나 반항적이거나 고집스러운 성향은 다른 사람과의 소통을 약화시킬 수 있으니 경계하세요.

기지가 넘치고 창의적이며 솔직 담백한 당신은 설득력 있고 조직 능력을 갖추고 있습니다. 화려한 것과 쾌락을 즐기는 당신은 인생이 제공하는 갖가지 즐거움을 맛보고 싶어 하지만 너무 빠져들면 진정한 행복을 위협할 수 있다는 점, 꼭 명심하세요.

인생의 초반 30년 동안 당신의 태양은 쌍둥이자리를 통과하게 됩니다. 정신력과 소통 능력을 갈고 닦는 시기이지요. 30대 초반, 당신의 태양이 게자리로 들어가면서 정서적 욕구나 가정과 가족에 대한 관점이 바뀌게 됩니다. 60세부터 당신의 태양이 사자자리에 들면서 자신감과 자기표현은 더욱 많아지고 많은 사람들과 어울려 지내게 됩니다.

숨어 있는 자아

물질주의적인 성향이 강한 것으로 보아 인생에서 안정을 지나치게 중시하는 듯합니다. 하지만 다른 사람에게 인정이 많고 너그럽게 대하니 어느 정도 균형을 이루게 됩니다. 인생을 살아가면서 사랑의 힘은 당신에게 아주 중요한 역할을 하는데, 특히 자기표현을 위한 통로로서 그렇습니다. 타고난 재능을 개발하기 위해서 글쓰기나 연극, 미술이나 음악 분야를 개척할 수도 있습니다. 당신에게는 아이같이 순진한 장난기를 발동하여 사람들의 근심 걱정을 덜어주는 재주도 있습니다.

무엇에 관심을 갖게 되면 온 정성을 들이는 당신, 상대가 그만큼 보답하지 않더라도 섭섭해하지 마세요. 늘 베풀려는 마음이 있고 문제 해결력까지 뛰어난 당신은 다른 사람, 특히 가족을 위해 상황을 늘 말끔하게 정리해주네요. 쓸데없이 돈 걱정을 많이 하는데, 대부분은 근거 없는 걱정입니다. 혹 바닥이 나더라도 틀림없이 다시 채워집니다. 그것도 더 많이요.

일과 적성

타고난 재능이 넘치고 항상 근면한 당신은 사람을 끄는 매력이 있어 사람을 상대로 하는 모든 일에서 성공을 보장받을 수 있습니다. 두뇌 회전이 빨라 능수능란한 소통 능력도 갖추고 있으니 집필 분야나 언론계, 교육계, 정계 또는 법조계에서 실력을 발휘해보세요. 타고난 비즈니스 감각에다 설득력이 뛰어나 영업이나 마케팅, 또는 홍보 쪽에서도 큰 성공을 거둘 수 있습니다. 풍족한 생활에 대한 열망과 포부로 큰 계획을 잘 성사시키지만, 특히 교육은 당신의 뛰어난 잠재력을 최대한 발휘하는 데 더없이 중요합니다. 이날 태어난 사람들 중 대다수가 미술이나 음악, 또는 연예계로 진출합니다.

수비학으로 본 당신의 운세

역동적 추진력과 외향적 성향은 21일 태어난 사람들에게서 종종 나타납니다. 자상하고 사교적인 당신은 사회적 인맥이 넓으며 친구도 많습니다. 21일에 태어난 당신은 흥이 많고 사람을 끄는 매력이 있으며 창의적이네요. 혹은 수줍음을 타거나 내성적일 수도 있어서, 특히 가까운 관계에서는 자기주장을 좀 할 필요가 있습니다. 친구가 되거나 연인이 되거나 혹은 결혼을 했다고 해도 당신은 항상 자기 재능과 능력을 인정받고 싶어 합니다. 탄생월 5의 영향으로 당신은 다재다능하고 열정적임을 알 수 있습니다. 아이디어를 재빠르게 파악하는 능력이 있어서 새로운 기술을 습득하기가 쉽습니다. 비즈니스 감각을 개발하여 자신을 위한 튼튼한 기반을 닦을 필요가 있어요. 창의적이면서도 현실적인 당신은 아이디어를 개성 있는 방법으로 표현하고자 합니다. 당신은 엄청난 열정으로 프로젝트를 시작하지만 일단 시작한 것은 끝을 봐야 한다는 점, 명심하세요.

- 장점 : 영감, 창의력, 사랑 유대감, 오래 지속되는 관계
- 단점 : 의존성, 신경과민, 감정적 통제 상실, 비전 결여, 실망감, 변화에 대한 두려움

연애와 인간관계

낙천적이고 자발적이며 근면하고 통찰력이 있는 당신은 자유롭고 독립적이고 싶어 하는 마음과 파트너에게 헌신적인 사랑을 주고자 하는 마음 사이에서 갈등하는군요. 당신의 열정과 자상함을 볼 때 당신은 사람들과 어울리는 것을 좋아하고 사람들 사이에서 인기도 많겠네요. 내면의 큰 깨달음을 갈망하는 당신에게 감동을 주는 특별한 관계를 만날 수 있습니다. 하지만 다른 사람에게 지나친 기대를 하는 것은 금물입니다. 현실을 직시하세요. 믿음과 신뢰는 결국엔 보상받게 되니까요. 시간을 두고 친구와 연인을 선택하는 마음의 여유가 필요합니다.

이날 태어난 유명인

해럴드 로빈스(작가), 노터리어스 B.I.G.(음악인), 알브레히트 뒤러(화가), 로버트 몽고메리(배우), 드레이사하로프(핵물리학자), 조병옥(독립운동가), 진양혜(방송인)

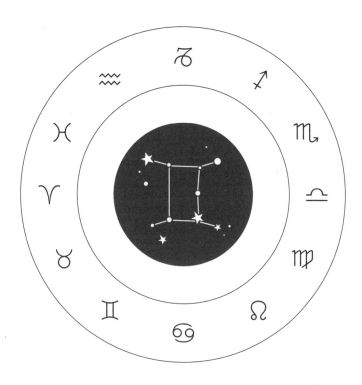

쌍둥이자리
GEMINI

5월 22일 ~ 6월 21일

태양 : 쌍둥이자리/황소자리 경계
지배 성좌 : 쌍둥이자리/수성
위치 : 0° - 1° 30′ 쌍둥이자리
상태 : 변통궁
원소 : 공기
항성 : 알키오네

5월 22일

GEMINI

명석한 지적 능력과 야망, 그리고 넘치는 카리스마

이날이 보여주는 엄청난 잠재력은 명석한 지적 능력과 야망, 그리고 사람들에게 보여주는 넘치는 카리스마로 집약됩니다. 전반적으로 솔직하고 개방적인 당신은 마음이 넓고 생각이 자유로우며 갈고 닦은 소양이 돋보입니다. 반항기와 쉽게 싫증을 내는 성향도 엿보이므로 출중한 재능을 흥미진진한 프로젝트로 전환시키는 것이 관건입니다.

일단 새로운 프로젝트에 몰입하면 샘솟는 열정으로 성공을 향해 나아갑니다. 그런데 자기감정을 속이지 못하는 당신은 행복하기 위해서라도 자신에게 어울리는 표현 방법을 찾아야 합니다.

황소자리와 쌍둥이자리 경계에서 태어난 당신은 두 개의 주요 지배 행성인 토성과 수성의 영향으로 지식욕이 있을 뿐만 아니라 현실적인 사고방식이 두드러집니다. 사람들의 행동 동기를 잘 아는 능력과 그것을 당신의 큰 계획이라는 실용적 논리에 접목할 수 있습니다.

사람들이 믿고 따르는 매력이 있는 당신은 사람들을 북돋워 앞을 향해 나아갈 수 있는 활력을 주면서 그들을 이끌 수 있습니다. 완고하고 조급한 성향, 말을 많이 하고 논쟁적인 성향은 자제할 필요가 있어요. 특히 당신의 놀라운 통찰력과 역량을 더욱 연마해야 한다는 사실을 받아들이지 않고 자신감이 자만심으로 변질될 때 이런 현상이 발생합니다.

초년에는 남성, 특히 아버지로부터 강한 영향을 받습니다. 당신의 태양이 게자리로 들어가게 되는 30세 이후부터는, 가정과 가족, 그리고 정서적인 열망이 당신 인생에서 더 중요한 부분을 차지하게 됩니다. 이런 영향은 60대 초반까지 계속되는데, 이때 당신의 태양은 사자자리로 옮겨져 권위와 자신감, 자기 확신의 시기로 들어서게 됩니다.

숨어 있는 자아

당신의 정신력은 실패를 모릅니다. 어떤 것이든 그냥 앉아서 당하지 않지요. 이러한 강인한 성격은 인생에서 성공 가능성을 높여줍니다. 결단력과 설득력, 그리고 탁월한 사교성이 결합되면, 무한한 기회가 열려 세상에서 못할 것이 없겠네요.

때로 당신 마음은 들떠 있기도 합니다. 현실적으로 당신이 이룰 수 있는 것, 그 이상의 성취를 바라고 있기 때문이죠. 좀 더 깊은 내면의 목소리, 그 지혜에 귀 기울일 때 당신은 첫 직감이 지적 미사여구보다 훨씬 더 정확하다는 것을 알게 될 것입니다. 자신의 성취에 자부심을 느끼고 싶은 당신, 지속적으로 지식과 능력을 쌓아 가장 강력한 자리에 오르게 되겠네요.

일과 적성

현실적이고 소통에 능한 당신은 영업이나 글쓰기, 또는 홍보 분야의 직종에서 성공할 가능성이 높습니다. 당신의 총명함과 리더십은 사업, 특히 분석가나 분쟁 중재자로 성공 가능성을 높여줍니다. 또는 학계로 진출해도 좋은데, 심리학 분야에서 맞는 자리를 찾을 수 있습니다. 지혜를 사랑하는 당신은 형이상학의 세계를 탐색할 수도 있습니다. 누군가에게 명령을 받는 것은 싫어하니 종속되는 자리는 피하세요. 타고난 창의력과 모험심이 있어 연예계에서도 좋은 역할을 할 수 있습니다. 손재주가 좋고 치유 능력을 타고나서 대체 의학 분야로 진출할 수도 있습니다.

수비학으로 본 당신의 운세

22는 22와 4 둘에 모두 영향을 미칩니다. 솔직 담백하고 근면하며 타고난 리더십의 소유자인 당신은 강한 카리스마가 있습니다. 또한 사람들을 잘 이해하고 그들에게 동기를 부여하는 법을 잘 압니다. 속마음을 잘 드러내지 않고 사람들의 행복을 지켜주고자 자상한 관심을 보이면서도 실용적이고 현실적인 태도를 결코 잃지 않습니다. 세상 경험이 많고 세련된 당신은 친구와 팬이 많네요. 승부욕이 강할수록 성공을 이루고 다른 사람들로부터 용기를 얻고 도움도 받을 수 있습니다. 이날 태어난 많은 사람들은 형제나 자매들과 유대가 끈끈해 그들을 보호하고 지원을 아끼지 않습니다. 탄생월 5의 영향으로 당신은 직관력이 뛰어나지만 신경이 예민하며, 창의력과 상상력이 출중합니다. 정도를 벗어나지 않은 수준에서 독특한 자신만의 개성을 연출해낼 줄도 압니다. 현실적인 당신은 요란하지 않게 문제를 조용히 해결할 수 있습니다. 사람들이나 상황에 대해 과잉 반응을 보이지는 마세요. 만년에는 더욱 큰 포부를 갖게 됩니다.

- 장점 : 보편적, 관리자, 뛰어난 직관, 실용적, 현실적, 뛰어난 손재주, 숙련된, 건축가, 훌륭한 기획자, 현실주의자, 문제 해결사, 크게 성공한 사람
- 단점 : 일확천금에 대한 꿈, 신경과민, 열등감, 위세 부림, 물질주의, 비전 결여, 나태함, 자기중심적

연애와 인간관계

독립적인 성향과 강력한 직관력이 있는 당신은 결단력 있고 자기 수양이 된 영향력 있는 사람들에게 끌립니다. 권위주의적인 어른이 당신의 생각과 믿음에 강력한 영향을 미칠 가능성이 크죠. 근면 성실하고 존경할 수 있는 파트너를 만날 필요가 있습니다. 역으로 당신은 친구나 파트너에게 이래라저래라 지시하면서 상대의 참을성을 테스트하는 태도를 취할 수 있는데, 이는 결국 당신이 얻고자 하는 것이 아닙니다. 지혜와 공감력을 발휘해 결국 당신은 원하는 것을 이룰 수 있습니다.

당신에게 특별한 사람

연인이나 친구

1월 1, 8, 14, 28, 31일 / 2월 12, 26, 29일 / 3월 10, 24, 27일 / 4월 8, 22, 25, 26일 / 5월 6, 20, 23일 / 6월 4, 18, 21일 / 7월 2, 16, 19, 30일 / 8월 14, 17, 28, 30일 / 9월 12, 15, 16, 26, 28, 30일 / 10월 10, 13, 24, 26, 28일 / 11월 8, 11, 22, 24, 26일 / 12월 6, 9, 20, 22, 24일

힘이 되어주는 사람

1월 26일 / 2월 24일 / 3월 22일 / 4월 20일 / 5월 18일 / 6월 16일 / 7월 14일 / 8월 12일 / 9월 10일 / 10월 8일 / 11월 6일 / 12월 4일

운명의 상대

11월 22, 23, 24일

경쟁자

1월 3, 25일 / 2월 1, 23일 / 3월 21일 / 4월 19일 / 5월 17일 / 6월 15일 / 7월 13일 / 8월 11일 / 9월 9일 / 10월 7일 / 11월 5일 / 12월 3일

소울메이트

1월 3, 10일 / 2월 1, 8일 / 3월 6일 / 4월 4일 / 5월 2일

이날 태어난 유명인

로런스 올리비에(배우), 리하르트 바그너(작곡가), 아서 코난 도일(작가), 나오미 캠벨(모델), 차범근(축구 선수), 김무열(배우)

태양 : 쌍둥이자리	
지배 성좌 : 쌍둥이자리/수성	
위치 : 1° - 2° 쌍둥이자리	
상태 : 변통궁	
원소 : 공기	
항성 : 없음	

5월 23일
GEMINI

총명하고 마음이 넓으며 친근한 사람

친절하고 지적인 당신은 생각을 나누고 지식을 공유하기를 원합니다. 언제나 마음이 젊은 당신은 명석한 두뇌로 생각을 매우 빠르게 간파합니다. 못하는 것이 없는 팔방미인이지만 인생에서 무언가를 빨리 이루려 하는 욕심에 조바심을 낼 수 있으니 조심하십시오.

쌍둥이자리의 첫 번째 십분각 지배 행성인 수성의 영향으로 당신은 세속적인 일에 관심이 많고 항상 분주함을 즐깁니다. 전반적으로 당신은 마음이 넓고 자상하며 상식적이고 진실합니다. 진실을 말하는 것을 중요하게 생각해서 당신은 다른 사람들에게도 솔직 담백합니다.

때때로 마음을 어지럽히는 걱정거리로 낙담하거나 우울해지기도 합니다. 이럴 때는 초연한 자세로 일상적으로 닥칠 수 있는 불운한 일들에 대해 지나치게 예민해지지 않도록 마음을 다독이는 것이 중요합니다. 늘 하던 대로 밝고 낙관적인 미래 계획에 집중하십시오. 이타적인 마음으로 자선을 베풀 줄 아는 당신은 힘없는 사람들을 돕거나 조언해줄 수 있는 위치에 있습니다. 근검절약이 몸에 배어 있지만 사랑하는 사람들에게는 지나치게 관대하네요.

태생적으로 가정의 화목함을 중시하는 당신은 마음의 안식처인 가정이 특히 중요합니다. 만사를 안전하게 지켜내기 위해 기꺼이 희생도 감수하네요. 그러나 영적인 탐험의 가능성도 열려 있어 무의식의 세계와 긴밀하게 접촉하면서 생생한 꿈을 꾸기도 합니다. 당신 자신이 다양한 분야에 관심이 많기 때문에 끊임없이 주변의 영리한 사람들로부터 정신적인 자극을 받습니다. 대화를 능수능란하게 이끌어가는 능력이 출중하며 좋아하는 관심 분야에 대해서는 대단한 열정을 보이지요. 특히 철학이나 종교, 문학, 여행 또는 법에 관해 관심이 아주 많네요.

27세 이후에는 당신의 태양이 게자리에 들면서 더욱 감성적이 되고 안정을 중시하며 가정생활에 집중하게 됩니다. 59세 이후부터는 당신의 태양이 사자자리에 들면서 자기표현과 주장이 더욱 강해져 더 많이 사람들과 어울리고 모험도 즐기게 됩니다.

숨어 있는 자아

내재된 드라마틱한 감각은 창의적인 아이디어를 표출하려는 욕구가 강하다는 걸 보여줍니다. 이러한 욕구가 충족되지 못하면 좌절하거나 실망하게 되지요. 인생에 확실한 철학이 있거나 믿음이 확고하면 방황하지 않고 한 곳에 집중할 수 있습니다. 자기 수양을 하고 역량을 강화하는 것이 선결 과제인데, 일반적인 방법이든 독학을 하든, 교육은 자신감을 주며 잠재력을 최대치로 끌어올리는 성공의 필수 요건입니다.

공정하며 책임 있는 행동을 하고, 빚지고는 못 사는 성격인 당신은 정의감이 투철하고 주변도 가능하면 조화롭기를 바라는군요. 평지풍파를 일으키기를 원치 않는 마음에 틀에 박힌 일에만 매달려 있을 수 있으니 주의하세요. 천만다행으로 당신에겐 스스로 계발하고자 하는 의지와 능력이 있네요.

일과 적성

타고난 사업 성향과 탁월한 조직 구성 능력은 어떤 직업을 선택하든 도움이 될 것입니다. 지식을 사랑하고 소통 능력이 탁월한 당신은 교사가 되거나, 언어학, 과학, 또는 신문방송 분야로 진출할 수 있습니다. 손재주가 좋아 특히 예술적이고 창의적인 진로를 선택할 수도 있습니다. 그렇지 않으면 해외 일과 관련된 직업이나 사람들과 섞여서 할 수 있는 직업이 다양성을 선호하는 당신의 성향과 맞습니다. 지루할 틈이 없어서 좋습니다. 법조계나 상담, 또는 심리학을 전공해도 조언과 지식을 제공하는 데 재주가 있는 당신에게 훌륭한 출구가 되어줄 수 있을 것입니다. 이날 태어난 사람들은 사업이나 음악 분야에서 성공할 가능성이 큽니다.

수비학으로 본 당신의 운세

직관력과 정서적 감수성, 그리고 창의력은 23일에 태어난 사람들의 공통된 특징입니다. 다재다능하고 열정적이며 두뇌 회전이 빠른 당신은 직업 정신이 투철하며 창의적인 아이디어가 넘쳐납니다. 23일의 영향으로 당신은 새로운 주제를 쉽게 습득하지만 이론보다는 실천을 선호하네요. 여행과 모험을 즐기며 새로운 사람들을 만나는 것을 좋아하는 당신은 23이라는 숫자의 영향을 받아 잠시도 가만있지 못하는 성향으로 다양한 경험을 많이 하게 되며 어떤 상황에서든 최선의 것을 이끌어냅니다. 전반적으로 친절하고 즐길 줄 알며 용기와 추진력을 갖추고 있습니다. 진정한 잠재력을 실현시키기 위해서는 활동적인 생활을 할 필요가 있습니다. 탄생월 5의 영향으로 당신은 재능이 많고 야망이 넘치고 안주하지 못하는 성향입니다. 특정한 목적에 집중하여 자기주장과 결단력을 고양할 필요가 있네요. 일이나 성취를 통해 당신의 개성을 발견하고, 창의적인 생각을 결단력 있게 실행해 꿈을 현실로 바꿔보세요. 당신은 인정받기를 원하고 노력의 진가를 알아주기를 바랍니다.

- ● 장점 : 충실, 책임감, 여행을 좋아함, 말을 잘함, 직관적, 창조적, 다재다능함, 신뢰할 만함, 명성
- ■ 단점 : 이기적, 불안정, 고집이 셈, 비타협적, 트집 잡기, 침잠, 편견

연애와 인간관계

당신의 가정생활, 그리고 연인이나 소울메이트를 찾는 것이 무엇보다 중요합니다. 그러나 그런 관계에 지나치게 의존하지는 마세요. 충실하고 애정이 많은 당신이지만 사랑으로 맺어진 관계는 당신 뜻대로 되지 않을 수도 있습니다. 변화하는 환경에 적응하는 법을 배워야 합니다. 인내와 자기 수양, 그리고 초연함 등을 터득하면 삶의 도전을 받아들일 수 있으며 너무 쉽게 포기하는 성향도 극복할 수 있습니다. 젊은 시절에 진정한 사랑을 찾으면 안정을 찾아 더 만족스러운 인생을 살 수 있습니다. 당신은 혼자 있는 것은 질색이거든요.

Ⅱ 쌍둥이자리

태양 : 쌍둥이자리	
지배 성좌 : 쌍둥이자리/수성	
위치 : 2°−3° 쌍둥이자리	
상태 : 변통궁	
원소 : 공기	
항성 : 프리마 히아둠	

5월 24일
GEMINI

예리한 감수성과 직관력이 빛나는 호기심 많은 사람

이날 태어난 사람들은 냉철한 지성과 풍부한 감성이 특징입니다. 다재다능한 당신은 호기심이 많고 지적 표현 능력이 뛰어납니다. 문제의 핵심을 빠르게 간파하는 능력도 출중합니다. 이는 당신이 싫증을 쉽게 낼 수 있다는 의미도 내포합니다. 그래서 인내심을 기를 필요가 있지요. 그러나 타고난 활력과 추진력, 그리고 날카로운 지성으로 계속해서 새로운 것을 파고드네요.

쌍둥이자리의 첫 번째 십분각 지배 행성인 수성의 영향이 배가되어 글쓰기나 묘사력의 재능과 감수성을 엿볼 수 있습니다. 유창한 화술과 남다른 상상력을 결합시키면 무엇이든 해낼 수 있는 잠재력이 있습니다. 실험 정신이 강한 당신은 진정한 직업을 찾는 과정에서 다양한 길을 탐색할 수 있겠네요. 무엇보다 가장 필요한 것은 자기 수양과 교육, 그리고 인내를 통해 잠자고 있는 천재성을 깨우는 것입니다.

지식이 힘이라는 것을 알고 있기에 배움에 대한 열망은 남다릅니다. 이날과 연관된 감수성은 지혜를 찾는 이를 암시합니다. 천성적으로 직관이 뛰어나 신비주의나 심령술에 관심을 가질 수 있으며 사람들을 대하는 능력이 가장 큰 자산입니다. 감수성을 교묘하게 기만적으로, 또는 괴상한 방법으로 사용해서는 안 되고, 현실도피주의로 흐르지 않도록 주의하세요.

28세까지는 쌍둥이자리의 영향이 강조되며, 그 이후 당신의 태양이 게자리로 들어가게 되는데 이때가 인생의 전환기로, 정서적인 문제, 특히 가정과 가족에 대한 문제가 부각되고, 직업적으로 자신의 기반을 만드는 것도 포함됩니다. 이러한 영향은 58세까지 계속되는데, 이때 당신의 태양이 사자자리에 들면서 권한과 힘, 자신감이 커지는 시기를 맞게 됩니다.

숨어 있는 자아

사람들의 행동 동기를 직감적으로 파악하는 당신은 불성실한 것을 빠르게 간파할 수 있습니다. 정신력이라는 최고의 선물을 받은 당신은 어떤 상황에서나 기회를 빠르게 포착하고 멋진 아이디어를 사업으로 전환시킬 수 있습니다. 명민하고 기지가 넘쳐 때로 타고난 운에 의지할 수도 있지만 그런 태도는 큰 사명을 이루는 데 필요한 책임감에 어울리지 않지요. 사회생활을 더 활발하게 하고 싶겠지만 역량을 분산시키지 않는 편이 좋겠습니다. 앞으로 성취를 해내는데 더 큰 장애가 될 수 있으니까요.

세상을 보는 눈이 트여 있군요. 그런데 이길 것이라는 확신으로 도박에 뛰어들 위험성이 있네요. 이러한 낙관주의를, 창의적인 무언가를 추구한다거나 이상을 향해 스스로 헌신하는 것을 통해 표현한다면 인생에 큰 도움이 될 수 있을 것입니다. 또한 주변 환경에 매우 민감하니 가정이나 직장은 정말 안정된 곳이어야겠군요. 그렇지 않으면 불만이 쌓여 다른 사람과 파워 게임에 휘말릴 수 있습니다.

일과 적성

조형 감각과 조직 운용 기술이 탁월해 선택한 분야에서 주도적인 위치에 있게 됩니다. 미래를 보는 눈이 있어서 영감을 받고 확신이 서면 미술이나 디자인, 사진, 영화감독 같은 일이 경력에 큰 보탬이 될 것입니다. 탁월한 소통 능력과 높은 사회 인식이 교육이나 법조계로 진출할 수 있는 요건이 되지만 사람을 대하는 직업에서도 좋은 결과를 낼 수 있습니다. 당신만의 방식으로 자유롭게 일을 할 수 있으면 더할 나위 없이 좋겠고, 타고난 사업 감각으로 비즈니스 영역에서 성공을 거둘 수도 있습니다. 감성이 예민하고 심리학적인 통찰력을 갖추고 있으니 타고난 치유력을 바탕으로 의료 분야나 대체 의학 분야에 끌릴 수도 있습니다. 기력과 아이디어가 넘쳐 연기나 연출, 글쓰기, 노래 또는 작곡 등의 창의적인 분야에서 당신의 영감을 다른 사람에게 전할 수도 있습니다.

수비학으로 본 당신의 운세

24일에 태어난 당신은 아마도 판에 박힌 일을 싫어할 것입니다. 그러나 근면하고 실무 능력이 있으며 건전한 판단력의 소유자입니다. 24일생들의 정서적인 감수성은 안정과 질서를 필요로 합니다. 때로 속마음을 표현하지 않지만 충실하고 공정하여 행동이 말보다 중요하다고 여깁니다. 이렇게 실용적인 접근법으로 훌륭한 비즈니스 감각을 발휘해서 장애를 극복하고 성공할 수 있습니다. 24일에 태어난 당신은 완고해지거나 생각이 고착되지 않도록 주의해야 합니다. 당신은 탄생월 5의 영향으로 수용적이고 이해심이 많으며 영적 통찰력이 뛰어납니다. 진실을 갈구하며, 이상주의적이고 예지력이 있지만 회의적이기도 하고 쉽게 만족하지 않는 성향도 있네요. 영감을 받으면 믿음과 정성을 다해 진실만을 이야기하지요. 다른 사람 걱정도 많이 하는 매력 넘치는 당신은 큰 조직의 구성원이 되는 것도 좋아합니다. 혼자 있는 것을 싫어하기 때문에 사람들과 어울리는 시간이 상당히 많습니다. 자신의 직관을 믿고 목표에 전념하세요.

- 장점 : 이상주의, 실용적, 강한 결단력, 정직함, 관대함, 가정에 대한 사랑, 활동적
- 단점 : 매몰참, 물질만능주의, 인색함, 불안정, 나태함, 불성실, 완고함, 복수심

연애와 인간관계

생각이 비슷한 사람을 찾아 같은 가치관과 이해를 공유하는 것이 인간관계의 선결 조건입니다. 일과 가정은 당신에게 매우 중요하며, 안정된 환경은 지속될 가능성이 더 크죠. 가장 성공적인 사회적·정서적 관계는 당신에게 지적인 영향을 주는 사람들과의 관계일 것입니다. 사람들에게 의욕을 북돋워주려다 자칫 도발적이고 논쟁적이 되기 쉽습니다. 특히 정치나 철학, 또는 영적인 분야에서 그럴 수 있습니다. 그렇지만 당신은 이성과 따스하고 애정 어린 관계를 유지할 수 있을 것입니다.

당신에게 특별한 사람

연인이나 친구

1월 3, 10, 13, 20, 25, 30일 / 2월 8, 11, 18, 28일 / 3월 6, 9, 16, 26일 / 4월 4, 7, 14, 24, 28일 / 5월 2, 5, 12, 22일 / 6월 3, 10, 20일 / 7월 1, 8, 18일 / 8월 6, 16, 30일 / 9월 4, 14, 18, 28, 30일 / 10월 2, 12, 26, 28, 30일 / 11월 10, 24, 26, 28일 / 12월 8, 22, 24, 26일

힘이 되어주는 사람

1월 12, 16, 17, 28일 / 2월 10, 14, 15, 26일 / 3월 8, 12, 13, 24일 / 4월 6, 10, 11, 22일 / 5월 4, 8, 9, 20, 29일 / 6월 2, 6, 7, 18, 27일 / 7월 4, 5, 16, 25일 / 8월 2, 3, 14, 23일 / 9월 1, 12, 21일 / 10월 10, 19일 / 11월 8, 17일 / 12월 6, 14일

운명의 상대

3월 31일 / 4월 29일 / 5월 27일 / 6월 25일 / 7월 23일 / 8월 21일 / 9월 19일 / 10월 17일 / 11월 15, 25, 26, 27일 / 12월 17일

경쟁자

1월 6, 18, 22, 27일 / 2월 4, 16, 20, 25일 / 3월 2, 14, 18, 23일 / 4월 12, 16, 21일 / 5월 10, 14, 19일 / 6월 8, 12, 17일 / 7월 6, 10, 15일 / 8월 4, 8, 13일 / 9월 2, 6, 11일 / 10월 4, 9일 / 11월 2, 7일 / 12월 5일

소울메이트

3월 28일 / 4월 26일 / 5월 24일 / 6월 22일 / 7월 20일 / 8월 18일 / 9월 16일 / 10월 14일 / 11월 12일 / 12월 10일

이날 태어난 유명인

밥 딜런, 패티 라벨, 토미 페이지(가수), 다니엘 가브리엘 파렌하이트(물리학자), 장백지(배우), 폰토르모(화가), 최동원(야구 선수), 김영호, 우희진(배우)

| 태양 : 쌍둥이자리 |
| 지배 성좌 : 쌍둥이자리/수성 |
| 위치 : 3° - 4° 쌍둥이자리 |
| 상태 : 변통궁 |
| 원소 : 공기 |
| 항성 : 프리마 히아둠 |

5월 25일

GEMINI

탁월한 잠재력을 지닌 혁신적이고 독립적인 사람

이날 태어난 사람의 탁월한 정신적 잠재력은 성공에 핵심적인 역할을 합니다. 명석하고 상황 판단이 빨라 새로운 아이디어를 신속하게 자기 것으로 만드는 혁신적인 사람입니다. 매우 독립적이어서 의지와 결단으로 각상황에 곧바로 대처할 수 있습니다. 그러나 잘 나가다가도 신념을 잃으면 갑자기 제동이 걸리고 좋은 기회를 놓칠 수 있으니 조심하세요.

지배 성좌인 쌍둥이자리의 기운이 배가되어 당신은 지속적으로 지식을 습득하며 다양한 지적 여행을 즐깁니다. 글쓰기나 토론에도 재능이 있으며, 마음을 계속 갈고 닦아야 할 필요가 있습니다. 당신은 낙관적일 때는 재치가 넘치며 지적인 도전에도 대응을 잘 합니다. 이런 능력은 번뜩이는 영감과 흥미를 주기 때문에 특히 중요하며, 인생에서 앞으로 나아갈 힘을 줍니다. 한편 당신은 짜증을 낸다거나 고집을 부리게 될 수도 있고 신경이 예민해져 고통받을 수 있으니 이를 경계해야 합니다. 다행스럽게도 당신은 스스로 엄청난 에너지가 분출됨을 느낄 수 있는데 이런 느낌은 목표를 달성하고 다른 사람들에게 긍정적인 영향을 미칩니다.

당신은 당신을 의욕에 불타게 만들 새롭고 흥미로운 일을 만나게 될 것이고, 그 의욕에 걸맞은 혁신적이고 분석적인 잠재력이 있습니다. 당신은 일을 매우 생산적으로 해내는데 이것을 당신의 인도주의적 이상과 결합시킬 수 있으면 훨씬 더 좋겠네요.

27세 이후에는 당신의 태양이 게자리에 들면서, 개인의 정서적인 삶, 그리고 가족들에게 더욱 집중하게 됩니다. 삶의 기반이나 바탕을 세우는 것이 중요하다는 사실도 절실하게 깨닫게 되는데, 그것이 바로 가정입니다. 57세쯤 당신의 태양이 사자자리에 들면서 자기표현이나 주장에 대한 필요성을 더욱 강하게 느끼는데, 이에 자극을 받아 더욱 대담해지고 사교적이 됩니다.

숨어 있는 자아

당신은 부를 쌓는 데 큰 성공을 거둘 수 있습니다. 그러나 돈만으로는 결코 당신을 만족시킬 수 없지요. 당신은 지혜를 탐구하며 통찰력을 발휘하고 표현할 수 있는 길을 찾을 필요가 있습니다. 정기적으로 일정 기간 동안 자신을 위한 공간과 시간을 마련하면 통찰력은 더욱 깊어질 것입니다. 가치 있는 것을 알아보는 당신은 불굴의 강인함, 결단력과 더불어 내면적인 힘이 있는데 이는 당신의 성공에 드라마틱한 영향을 미칩니다.

너무 심각해지는 성향을 극복하기 위해서는 장난기 많고 모험적인 정신적 출구가 필요합니다. 갑자기 화를 낸다거나 반항적이 되지 않기 위해서는 천천히 반추해보거나 긴장을 풀 수 있는 시간이 필요합니다. 일이 당신의 창의적인 성향을 발현시킨다는 사실을 확신할 필요도 있습니다. 프로젝트가 좋다고 생각하면 그것을 실현하기 위해 정말 열심히 일하게 됩니다.

일과 적성

지적이고 말재주가 뛰어나며 훌륭한 토론을 즐기는 당신은 유창한 화술을 발휘할 수 있는 영업직이나 변호사 또는 에이전트와 같은 직업을 선호합니다. 당신은 분석적이고 전문적인 기술을 보유할 가능성이 있는데, 그러면 컴퓨터나 금속, 기계 또는 다양한 종류의 공학 기술이 필요한 일을 하게 될 것입니다. 인도주의적 성향도 있어서 사회사업이나 심리학, 또는 사람을 치유해주는 직업을 갖게 될 수도 있겠네요. 교육을 통해 당신은 더 깊은 수준으로 공부할 수 있는 냉철한 지성을 갖추게 될 것이며, 철학이나 형이상학, 또는 보다 심오한 학문을 연구할 수도 있을 것입니다. 이날 태어난 사람들은 특히 글쓰기나 음악에 잠재력이 있습니다.

수비학으로 본 당신의 운세

25일에 태어나 기민하고 활기가 넘치며 직관이고 사려 깊은 특성을 지닌 당신은 다양한 경험을 통해 자신을 표현할 필요가 있습니다. 여기에는 새롭고 흥미로운 아이디어나 사람 또는 장소가 포함될 수 있습니다. 완벽하게 해내고자 일을 열심히 하여 결실을 이뤄냅니다. 그러나 일이 계획대로 되지 않더라도 성급함이나 비판적인 성향은 좀 자제하는 것이 좋겠네요. 25일에 태어난 당신은 정신력이 강해서 집중하면 모든 사실들을 한눈에 살필 수 있고, 다른 사람들보다 빨리 결론에 도달합니다. 자신의 직관을 믿고 인내심을 키울 때 성공과 행복을 얻을 수 있지요. 탄생월 5의 영향으로 당신은 포부가 원대하고 분별력과 자신감이 있습니다. 그러나 신경이 너무 예민해지거나 마음이 들떠 있는 경우도 있어서 불만족스럽거나 안주하지 않으려는 모습이 엿보입니다. 열정적이지만 지나치게 자신만만하거나 걱정을 많이 하면 실수할 수 있습니다. 창의력을 발휘하고 적응해나가면서 걱정은 털어버리세요. 감성이 풍부한 당신은 자유롭게 자신을 표현할 방법을 찾을 필요가 있습니다.

- 장점 : 매우 직관적, 완벽주의자, 통찰력, 창의력, 사람들을 대하는 능력
- 단점 : 충동적, 성급함, 무책임, 지나치게 감성적, 질투심, 비밀스러움, 비판적, 침울함, 신경과민

연애와 인간관계

통찰력 있고 상황 판단이 빠르면서도 감정 표현을 잘 안 하고 비밀스러운 당신은, 다른 이야기는 잘 하면서도 자신의 감정에 대해서는 절대 말하지 않는군요. 회의적인 성향 탓에 오랜 기간 지속되는 신뢰 관계가 필수적입니다. 그렇지만 당신은 열정적이고 사랑스러우면서도 침착해서 이성을 매료시킵니다. 근면한 사람에게 끌릴 가능성이 더 큰데, 특히 결단력 있고 빈틈없으며 창의력이 넘치는 사람에게 끌립니다. 믿음과 영감을 주는 사람을 찾는다면 당신 또한 충실하고 신뢰할 수 있는 파트너가 될 수 있습니다.

당신에게 특별한 사람

연인이나 친구

1월 2, 21, 28, 31일 / 2월 19, 26, 29일 / 3월 17, 24, 27일 / 4월 15, 22, 25, 29일 / 5월 13, 20, 23, 27일 / 6월 11, 18, 21일 / 7월 9, 16, 19일 / 8월 7, 14, 17, 31일 / 9월 5, 12, 15, 19, 29일 / 10월 3, 10, 13, 27, 29, 31일 / 11월 1, 8, 11, 25, 27, 29일 / 12월 6, 9, 23, 25, 27일

힘이 되어주는 사람

1월 9, 12, 18, 24, 29일 / 2월 7, 10, 16, 22, 27일 / 3월 5, 8, 14, 20, 25일 / 4월 3, 6, 12, 18, 23일 / 5월 1, 10, 16, 21, 31일 / 6월 2, 8, 14, 19, 29일 / 7월 6, 12, 17, 27일 / 8월 4, 10, 15, 25일 / 9월 2, 8, 13, 23일 / 10월 6, 11, 21일 / 11월 4, 9, 19일 / 12월 2, 7, 17일

운명의 상대

1월 3일 / 2월 1일 / 11월 26, 27, 28일

경쟁자

1월 7, 8, 19, 28일 / 2월 5, 6, 17, 26일 / 3월 3, 4, 15, 24일 / 4월 1, 2, 13, 22일 / 5월 11, 20일 / 6월 9, 18일 / 7월 7, 16일 / 8월 5, 14일 / 9월 3, 12일 / 10월 1, 10일 / 11월 8일 / 12월 6일

소울메이트

1월 3, 19일 / 2월 1, 17일 / 3월 15일 / 4월 13일 / 5월 11일 / 6월 9일 / 7월 7일 / 8월 5일 / 9월 3일 / 10월 1일

이날 태어난 유명인

랠프 에머슨(시인), 우에노 주리(배우), 여운형(독립운동가), 서준식(인권운동가), 이보희, 이정진(배우)

태양 : 쌍둥이자리
지배 성좌 : 쌍둥이자리/수성
위치 : 3°30′ – 5° 쌍둥이자리
상태 : 변통궁
원소 : 공기
항성 : 프리마 히아둠

5월 26일
GEMINI

날카로운 직감과 강한 책임감을 갖춘 팔방미인

팔방미인인 당신은 통찰력이 있는 데다 매력이 더해져 그 빛을 발하는군요. 당신은 상황 파악을 한 후에야 비로소 약속을 할 수 있고 일단 약속을 하면 책임을 진지하게 받아들입니다. 목표를 정한 후엔 성공을 향해 나아가는 길목에서 당신에게 도움과 용기를 줄 수 있는 사람들을 찾는 것이 중요합니다.

쌍둥이자리의 첫 번째 십분각 지배 행성인 수성의 영향을 받아, 당신은 다른 사람들과 아이디어와 독특한 비전을 나누는 것을 즐기며 다양한 주제에 호기심이 많습니다. 당신은 주제의 핵심에 바로 다가가고, 의사소통을 즐기기 때문에, 음악적 재능이나 예술적 재능뿐만 아니라 글쓰기와 같은 타고난 재능을 키울 수 있는 잠재력이 있습니다. 인생에 대한 상상력과 현실적인 접근법을 통합하면 꿈을 현실로 바꾸는 것은 시간문제입니다.

당신에게 가정은 삶의 안정에 중요한 역할을 하는데, 당신은 사랑하는 사람을 위해 큰 희생을 감수할 수 있습니다. 너무 안락함만 좇다가 중심을 잃고 포기해버리지 않도록 조심하세요. 그 반대편에는, 자기 수양을 바탕으로 마음만 먹으면 매우 단호해지고 집요해져 온 에너지를 다 쏟아붓는 성향이 자리하고 있습니다. 타성에 젖거나 화가 쌓이게 두지 않으려면 규칙적인 운동을 시작할 것을 권합니다.

26세 이후부터는 확고한 지지 기반이 되는 가정을 갖는 것이 삶에서 더욱 중요하게 부각되는데, 이때 당신의 태양은 게자리에 들게 됩니다. 이 시기는 또한 정서적 욕구가 부각되는데, 이런 성향은 당신의 태양이 사자자리로 진행하는 56세 전후까지 계속됩니다. 이때부터 자신감과 힘이 커지고 공직에서 더욱 영향력을 발휘하게 됩니다.

숨어 있는 자아

인정받고 싶어 하는 욕구는 당신에게 교육을 통해 재능을 개발하도록 자극을 줍니다. 이는 자신감을 키울 뿐만 아니라 더 큰 꿈을 꿀 수 있는 기반을 마련하는 데 더없이 훌륭합니다. 당신이 가진 재주와 능력을 실제로 상품화하기 위해서는 상세한 사업 계획을 세우는 것이 무엇보다 중요합니다. 특히 파트너십과 공동의 노력을 통해 많은 혜택을 얻을 수 있습니다. 돈 걱정 때문에 평상시의 결단력이 약화되지 않도록 하십시오. 좌절감이 든다고 해도 일을 나중으로 미루지 마세요. 좋은 기회를 놓칠 수 있으니까요.

자신을 드러내 보이는 연출법을 잘 알고 상황을 지배하려는 성향으로 보면 당신이 권력이나 영향력 행사하기를 좋아한다는 것을 알 수 있습니다. 권한이 부여된 자리에 앉으면, 편파적으로 흐르지 않도록 공정한 태도를 보이세요. 부당하고 조종하는 듯한 행동은 피하세요. 다른 사람들을 도와줄 때는 당신의 타고난 치유 능력, 특히 정신적 스트레스나 정서 불안에서 벗어나게 해주는 능력을 이용하세요.

일과 적성

야망이 크지는 않지만, 빠른 두뇌 회전으로 상황을 쉽게 파악하니 어떤 직업을 선택하든 도움이 됩니다. 당신의 에너지를 분산시키지 않도록 단련할 필요도 있겠네요. 집중해서 교육이나 글쓰기와 같이 정신적인 잠재력을 최대한 활용할 수 있는 직업에서 성공할 수 있습니다. 뛰어난 화술은 영업이나 고객 서비스 업계에서 도움이 될 수 있습니다. 또는 미술이나 연극, 또는 음악 분야의 직업을 원할 수도 있습니다. 손재주가 좋아서 그것을 예술이나 실생활에 활용할 수도 있습니다. 천성적으로 인간을 깊이 이해하는 마음과 정이 많아서 상담사나 조언자 같은 직업에 끌릴 수도 있으며, 가치 있는 대의를 위해 기금을 마련하는 데 도움을 주기도 합니다.

수비학으로 본 당신의 운세

26일에 태어난 당신은 삶에 실용적으로 접근하며, 실행력과 탁월한 사업 감각을 갖추고 있습니다. 책임감이 강하고 예술적인 감각을 타고났으며 가정에 대한 애정이 각별한 당신은 탄탄한 기반을 마련해서 진정한 안정감을 찾아야 할 필요가 있습니다. 다른 사람들의 의지처가 되어주는 당신은, 친구나 가족, 친지들이 힘들 때 기꺼이 힘이 되어줍니다. 그렇지만 물질주의적인 성향이나, 상황이나 사람을 좌지우지하려는 성향은 경계해야 합니다. 탄생월 5의 영향으로 안정이 필요하겠네요. 자신의 생각과 창의적인 아이디어를 자신만의 방법으로 표현하는 것이 중요합니다. 자신의 기준을 세우고 책임감 있게 융통성 있는 태도를 취하면 어떤 장애나 걱정도 극복할 수 있습니다. 인기를 얻고 싶어 해서 친구도 많습니다.

- ● 장점 : 창의적, 실용적, 자상함, 책임감, 가족에 대한 자부심, 열정, 용기
- ■ 단점 : 고집스러움, 반항적, 불안정한 관계, 냉담함, 지속성 결여, 불안정

연애와 인간관계

이상주의적이며 예민하고 드라마틱한 감성도 있는 당신은 강렬한 감정으로 낭만적인 성향을 보이네요. 당신에게는 사랑과 애정이 필요한데, 안정감은 당신이 포기할 수 없는 그 선결 조건입니다. 자상하고 매력적인 당신은 사람들과 어울리는 것을 좋아하고 상상력에 불을 지피는 창조적인 활동을 좋아합니다. 그러나 당신이 인정하지 못하는 어떤 사안에 대해서는 지나치게 감정적이고 요구가 많아지니 유념하세요. 당신이 타고난 구조 감각을 발휘해 목표를 이룰 수 있도록 자극을 주는 지적인 사람에게 끌립니다. 창조적인 출구는 긴장감도 해소해주고 마음이 맞는 사람들과도 어울릴 수 있도록 해줍니다.

Ⅱ
쌍둥이자리

이날 태어난 유명인

마일스 데이비스(트럼펫 연주자), 스티비 닉스, 페기 리, 행크 윌리엄스 주니어(가수), 존 웨인, 제임스 아네스(배우), 에드몽 드 공쿠르(비평가)

| 태양 : 쌍둥이자리 |
| 지배 성좌 : 쌍둥이자리/수성 |
| 위치 : 4° 30′ - 6° 쌍둥이자리 |
| 상태 : 변통궁 |
| 원소 : 공기 |
| 항성 : 프리마 히아둠, 아인 |

5월 27일
GEMINI

새롭고 흥미로운 것을 적극적으로 찾아 나서는 모험가

이날 태어난 사람은 밝고 매력적이며, 지속적이고 적극적으로 새롭고 흥미로운 일들을 찾아 나섭니다. 사람을 좋아하고 변화를 추구해서 항상 새로운 도전을 탐색하러 나서기도 합니다. 그래서 세계 여행을 떠나기도 합니다.

당신은 쌍둥이자리의 첫 번째 십분각에 위치한 소통의 행성인 수성의 영향을 두 배로 받습니다. 그래서 개념을 아주 빠르게 파악하는 능력이 있으며 그에 따라 행동합니다. 순발력 있는 반면 조급함도 엿보이네요. 화술이 유창한 당신은 말하기보다는 먼저 주의 깊게 듣는 데에도 집중할 필요가 있습니다. 다재다능하고 뛰어난 잠재력이 있으므로 그것을 집중적으로 철저하게 계발하도록 하세요. 당신은 뭔가 신경이 쓰이는 문제에 대해서도 진지하게 현실적 접근법으로 문제를 해결할 수 있습니다. 생각에 깊이는 있지만, 때로 고집이 세고 냉소적으로 흘러 말수가 줄 때가 있는데 이때 융통성을 발휘하는 것도 좋겠습니다. 당신은 자기주장을 하는 경우에 단도직입적인 표현으로 문제의 핵심을 간파하기도 합니다.

25세 이후에 당신의 태양이 게자리에 들면서 정신적인 안정과 가정, 그리고 가정을 둘러싼 문제가 인생에서 더욱더 중요하게 다가옵니다. 이러한 영향은 55세까지 계속되는데, 당신의 태양이 사자자리로 들면서 권한과 힘, 그리고 사교성이 증가되는 시기로 들어가게 됩니다.

숨어 있는 자아

침착하지 않은 면이 있기 때문에 당신의 중요한 기질인 역동적인 사랑을 상대방에게 표현하지 못할 수 있습니다. 쉽게 싫증내는 성향을 자기를 표현하는 성향으로 돌려놓는 것이 중요합니다. 그래야 사는 것이 재미있고 속도감이 생기며, 당신의 엄청난 잠재력을 쓸데없이 사소한 일에 낭비하지 않을 수 있습니다. 직관적인 면이 있어 사람들을 잘 이해하는데, 이것이 당신의 진취성과 결합되어 성공을 보장합니다.

쾌활해 보이는 겉모습 뒤에는 드러나지 않는 내면적인 감수성과 함께 실용적인 관점도 존재합니다. 신비로운 것을 좋아해서 형이상학에 이끌리며 미지의 세계를 탐험하는 것에도 관심을 갖습니다. 지식을 쌓고 자신만의 철학이나 신념 체계를 지니게 되면 마음의 안정을 찾을 수 있습니다. 집중하는 법을 배우면 에너지 분산도 막을 수 있습니다.

일과 적성

판에 박힌 일은 쉽게 싫증을 낼 수 있으니 어떤 직업을 선택하든 많은 변화가 있는 일이냐가 가장 중요합니다. 두뇌가 명석해 무엇이든 빠르게 배우기 때문에 정신적으로 자극을 주는 일이 필요합니다. 안주하지 못하는 기질과 인생을 탐구하고 싶어 하는 욕구가 맞물려 직업을 몇 번 바꿔보고 나서야 결국 당신이 좋아하는 일을 하게 되겠네요. 이것은 만년에 또 다른 직업을 선택할 기회가 있을지도 모른다는 사실을 암시하기도 하는데, 그게 아니라면 새로운 지식과 기회를 찾아 여행을 떠나게 될 수도 있습니다. 말재주와 사람에 대한 날카로운 관찰력은 영업이나 글쓰기, 홍보나 공연, 또는 정치 분야에서 직업을 찾는 데 도움이 됩니다. 물질적인 면에 대해 상황 판단이 빠른 당신은 비즈니스로 성공할 가능성이 큽니다.

수비학으로 본 당신의 운세

27이라는 생일로 볼 때 당신은 이상주의적이고 감성이 풍부합니다. 직관적이고 분석적이며 상상력이 풍부해 독창적인 생각으로 사람들에게 감동을 주기도 합니다. 때로 당신은 비밀스럽고 이성적이며 초연하지만 사실 내면에는 긴장감이 감춰져 있을 수 있습니다. 거기엔 충동적이고 우유부단하며 앞으로 일어날 변화에 대해 회의적인 성향도 포함됩니다. 좀 더 잘 소통하기 위해 노력한다면 내면의 깊은 감정을 드러내고 싶어 하지 않는 마음에서 벗어날 수 있습니다. 27일에 태어난 사람들에게 교육은 필수적이며, 생각의 깊이를 더해간다면 더욱 인내할 수 있고 자기 수양이 될 것입니다. 탄생월 5의 영향으로 당신은 다재다능하고 상상력이 풍부하며 강력한 직관과 영적인 능력을 타고났습니다. 세부적인 것에도 관심을 기울인다면 경솔한 면도 극복할 수 있습니다. 생각을 가다듬고, 말하기 전에 먼저 생각하십시오.

- 장점 : 다재다능함, 풍부한 상상력, 창의적, 단호함, 용기, 이해심이 많음, 지적 능력이 뛰어남, 영적, 창의적, 정신력
- 단점 : 무뚝뚝함, 다투기 좋아함, 쉽게 화를 냄, 논쟁적, 침착하지 못함, 신경질적, 지나치게 감정적, 극도로 예민함, 긴장감

연애와 인간관계

당신은 의견을 확실하게 잘 표현하고 솔직하지만, 섬세하고 비밀스러운 면도 있어서 개인적인 관계에서는 관찰만 할 뿐 말을 많이 하지 않습니다. 소통의 부재는 인간관계에서 당신을 긴장하게 하고 걱정을 키울 뿐입니다. 서두르지 않고 인내하면 여러 관계들 속에서 많은 경험을 쌓을 수 있고, 당신이 사랑하고 신뢰를 키워갈 사람을 발견할 수 있게 됩니다. 새로운 시작은 당신의 생활에서 중요한 역할을 하고, 새로운 기회와 경험은 과거에서 벗어나면서 교훈을 얻게 합니다.

쌍둥이자리

이날 태어난 유명인

이사도라 던컨(무용가), 크리스토퍼 리, 빈센트 프라이스(배우), 헨리 키신저(미국 외교관), 레이첼 카슨(작가), 이대원(화가)

| 태양 : 쌍둥이자리 |
| 지배 성좌 : 쌍둥이자리/수성 |
| 위치 : 5°30′ - 7°30′ 쌍둥이자리 |
| 상태 : 변통궁 |
| 원소 : 공기 |
| 항성 : 알데바란, 프리마 히아둠, 아인 |

5월 28일
GEMINI

기존 관습에 얽매이지 않는 독립심 강한 자유인

날카로운 지성과 이상주의, 그리고 독립심이 강한 당신은 생산적으로 바쁘면서 지식을 확장시킬 때 가장 행복감을 느낍니다. 전반적으로 솔직하고 직선적인 당신은 상황 판단이 빠르며 실용적인 성향으로, 다른 사람의 행동 동기뿐 아니라 상황을 지극히 직관적으로 판단합니다. 이러한 통찰력을 고양시켜 세련된 분별력과 결합시키면 다른 사람에게 훌륭한 조언자 역할을 할 수 있겠네요.

교육은 정규 코스든 독학이든 당신에게 매우 중요한 역할을 하며, 나이가 들어서도 계속 교육은 필요합니다. 당신의 태양궁과 십분각의 지배자인 수성의 영향으로 항상 발랄하고 적극적인 성향을 보일 수도 있습니다. 자신의 생각을 잘 표현하고 설득력이 있는 당신은 이해력이 빨라 글쓰기 등을 통한 소통이 당신의 성공에 큰 역할을 할 것입니다. 지략이 풍부한 전략가이기도 해서 때로는 자신의 이익을 너무 따지기도 하네요.

다양한 생각에서 영감을 얻는 당신은 낙관적인 생각과 에너지가 봇물처럼 터져 꿈을 이루고, 진취적인 벤처 사업을 할 수 있는 행운도 따릅니다. 이상주의자이기도 해서 인내심과 아량을 키울 필요가 있는데, 특히 당신보다 못한 사람들을 상대할 때 이런 능력이 필요합니다. 기존 관습에 얽매이지 않는 당신은 비범하거나 대담한 프로젝트를 목표로 하는데 더 큰 계획을 보는 능력이 있으니 타고난 리더입니다. 여행은 모험심을 불태우고 당신에게 영감을 주는 데 중요한 구실을 합니다.

성장의 기반이 되는 튼튼한 토대나 가정이 있다는 것은, 당신의 태양이 게자리로 들어가는 24세 이후에는 더더욱 중요해집니다. 정서적인 욕구도 더 커지는데 이러한 성향은 54세까지 계속되며, 이때 당신의 태양은 사자자리에 들어가게 됩니다. 자신감과 창의력이 고양되면서 공적인 상황에서 당신의 영향력은 더욱 커집니다.

숨어 있는 자아

활기차고, 아는 것이 많은 당신, 하지만 진정으로 당신이 원하는 것은 마음의 깊은 평화입니다. 내적인 평정심을 구하는 과정에서 많은 삶의 지혜를 얻게 될 것입니다. 그러나 가장 큰 성공은 마음을 가라앉히고 인생을 단순화시키는 것을 배우는 데서 옵니다. 충분히 생각하면서 집중하는 법을 터득하면 침착함을 유지하면서 내면의 불안감을 다스릴 수 있습니다. 당신은 지극히 예민하고 쉽게 마음의 상처를 입으면서도 겉으로는 자신만만하고 유능해 보입니다. 양면적인 성향을 통합시키면서 균형 잡힌 삶을 사는 것이 당신 인생에서 가장 중요합니다.

파트너십으로 일을 하는 것은 당신의 삶에 중요한 역할을 합니다. 당신은 사람을 제대로 보는 능력이 탁월합니다. 당신이 귀중하게 생각하는 사람은, 물질적인 성공과 관계있는 사람보다는 지성과 관계있는 사람임을 점차 깨닫게 되겠네요. 책임감이 투철한 당신이지만 이타적인 마음의 중요성도 더 많이 인식하게 됩니다.

일과 적성

두뇌가 명석해 상황 판단이 빠른 당신은 돈을 벌 수 있는 아이디어가 넘칩니다. 매우 독립적이지만 그래도 다른 사람들과 협동하여 일하는 이점을 간과하고 있습니다. 그래서 당신에게도 이익을 주는 파트너십이나 팀의 노력을 이끌어냅니다. 능수능란한 기획자이자 조직가로서 영업이나 상업, 에이전시, 홍보 분야에 잠재력이 있습니다. 또는 다른 사람을 위해 봉사하는 일이나 법조계, 교육계에서 직업을 선택할 수 있습니다. 한편으로 당신은 개인이나 일에 대한 조언 전문가가 될 수도 있습니다. 생각을 표현하고 지식이나 지혜에 대한 사랑을 표현하는 능력이 있으니 글쓰기나 광고, 출판업으로 진출할 수도 있습니다. 철학이나 심리학, 종교 사상 연구에 관심을 보일 수도 있습니다. 대체로 당신은 냉철한 지성이 바탕이 되어야 하는 직업에서 더 큰 만족감을 느낄 수 있습니다. 일을 미루거나 어떤 관심사를 깊이 있게 파고들지 못하는 성향은 극복해야 합니다.

수비학으로 본 당신의 운세

당신은 독립적이고 이상주의적이며 결단력이 있습니다. 실용주의적인 접근법을 활용할 줄 알아 자기 자신이 곧 법이고 기준입니다. 게다가 야심차고 직설적이며 진취적이네요. 독립적이고자 하는 마음과 팀에 소속되고자 하는 마음 사이의 갈등이 엿보입니다. 항상 움직이며 새로운 일을 벌일 준비가 되어 있어 용감하게 인생의 도전을 받아들이며, 그 열정은 사람들의 동기를 유발시켜 그들이 당신에게 직접 합류하지는 않더라도 옆에서 당신을 돕게 만드는 재주가 있습니다. 28일에 태어난 당신은 리더십이 있으며 자신의 분별력과 논리, 그리고 명쾌한 사고력에 의지합니다. 책임감이 강하지만 지나치게 열정적이거나 성급하거나 편협하지 않도록 주의하세요. 탄생월 5의 영향으로 상황 판단이 빠르고 직관력이 강합니다. 다른 사람에게 힘을 주거나 원하는 것을 알아차리면 당신에게도 그 혜택이 돌아옵니다. 스스로를 고립시키지 말고, 집단에 속하거나 사회적 공익을 위해서 공동으로 일하면서 지식과 전문성을 공유하세요.

- 장점 : 공감력, 대담함, 창의적, 이상주의적, 근면함, 강한 의지
- 단점 : 좌절감, 비현실적, 판단력 부족, 공격적, 자신감 결여, 의존적, 교만

연애와 인간관계

당신은 인간관계에서 자신이 원하는 것을 명확히 알고 있습니다. 그러나 초조함과 성급함, 또는 열정이 넘쳐 사람들을 서둘러 끌고 가려다가 문제를 일으키기도 합니다. 일반적이지 않은 관계에 이끌릴 수도 있어 외국 사람과 사귈 수도 있겠네요. 당신은 어울리지 않는 관계는 재빨리 정리하는 편입니다. 현실적인 감각을 발동하기 때문에, 진정으로 마음을 빼앗기는 일은 드뭅니다. 당신은 감정 표현보다는 의사 표현이 더 자연스러운데, 마음에 활기를 불어넣어 주는 사람을 찾으면 당신은 아주 사랑스럽고 충실하며 힘을 주는 사람이 될 수 있습니다.

연인이나 친구

1월 3, 4, 6, 8, 14, 20, 24일 / 2월 1, 2, 12, 18, 22일 / 3월 10, 16, 20, 29, 30일 / 4월 8, 14, 18, 27, 28일 / 5월 6, 12, 16, 25, 26, 31일 / 6월 4, 10, 14, 23, 24, 29일 / 7월 2, 8, 12, 21, 22, 27일 / 8월 6, 10, 19, 20, 25일 / 9월 4, 8, 17, 18, 23일 / 10월 2, 6, 15, 16, 21, 30일 / 11월 4, 13, 14, 19, 28, 30일 / 12월 2, 11, 12, 17, 26, 28, 30일

힘이 되어주는 사람

1월 4, 8, 21일 / 2월 1, 2, 6, 19일 / 3월 4, 17, 28일 / 4월 2, 15, 16일 / 5월 13, 24일 / 6월 11, 22일 / 7월 9, 20일 / 8월 7, 18, 31일 / 9월 5, 16, 29일 / 10월 3, 14, 27일 / 11월 1, 12, 25일 / 12월 10, 23일

운명의 상대

1월 3일 / 2월 1일 / 5월 31일 / 6월 29일 / 7월 27일 / 8월 25일 / 9월 23일 / 10월 21일 / 11월 19, 28, 29, 30일 / 12월 1, 11, 17일

경쟁자

1월 7, 10, 15, 31일 / 2월 5, 8, 13, 29일 / 3월 3, 6, 11, 27일 / 4월 1, 4, 9, 25일 / 5월 2, 7, 23일 / 6월 5, 21일 / 7월 3, 19일 / 8월 1, 17일 / 9월 15일 / 10월 13일 / 11월 11일 / 12월 9일

소울메이트

3월 31일 / 4월 29일 / 5월 27일 / 6월 25일 / 7월 23일 / 8월 21일 / 9월 19일 / 10월 17, 29일 / 11월 15, 27일 / 12월 13, 25일

Ⅱ
쌍둥이자리

이날 태어난 유명인

이언 플레밍(작가), 글래디스 나이트, 카일리 미노그, 존 포거티(가수), 문성근, 오미희(배우), 손연재(리듬체조 선수), 조성진(피아니스트)

태양 : 쌍둥이자리	
지배 성좌 : 쌍둥이자리/수성	
위치 : 6° 30′ - 8° 쌍둥이자리	
상태 : 변통궁	
원소 : 공기	
항성 : 알데바란, 아인	

5월 29일
GEMINI

다재다능하며 자상한 팔방미인

자상하고 느긋하며 사람을 끄는 매력은 당신의 가장 큰 자산입니다. 이날 태어난 당신은 사람들을 잘 다루고 인기가 많으며 기지가 넘치고 빈틈이 없습니다. 그렇지만 의심하는 마음이나 우유부단함은 겉으로 드러나지 않아서 사람들은 당신이 상처를 잘 입는 예민한 사람이라는 것을 눈치 채지 못할 수 있습니다.

당신의 태양궁과 십분각의 지배자인 수성의 영향이 배가되어 당신은 화술이 유창하고 다재다능하며 표현력이 풍부합니다. 팔방미인으로 다방면에 관심이 많지만 그것을 지나치게 여러 방향으로 분산시키지 마세요. 전략적인 기술과 모험심을 발휘할 수 있는 명확한 목표가 있을 때 결정하고 집중할 수 있습니다. 목표가 정해지면 결의는 단단해지고 당신의 멋진 잠재력을 발현하기 위해 힘을 쏟게 됩니다. 그러나 거부할 수 없는 유혹이 방해해 산만해질 수 있으니 조심하세요. 또한 쓸데없는 걱정으로 역량을 분산시키지 않게 유의하세요.

당신은 인생의 즐거움을 예술, 특히 글쓰기로 표현하고 싶어 할 것입니다. 연극에 대한 당신의 타고난 재능은 인생을 다양한 인물을 연기해내는 무대로 여기게 해줄 것입니다.

23세 이후에는 당신의 태양이 게자리에 들면서 감성이 더욱 풍부해지고, 안정을 바라고 가정생활에 집중하게 됩니다. 53세쯤 당신의 태양이 사자자리에 들 때쯤에는 자기표현과 자기 확신에 대한 강한 욕구가 생기는데, 이는 사교성과 리더십 능력을 더욱 북돋워주게 됩니다.

숨어 있는 자아

당신은 내적인 고결함과 자부심이 있으며 타고난 비즈니스 감각의 소유자입니다. 돈은 당신의 인생에 불확실성을 가져올 수 있는 것으로, 특히 취업이나 자금과 관련하여 심한 변동을 겪을 수 있습니다. 당신은 큰 성공을 거둘 수 있지만 낭비벽이 있어서 예산을 짜거나 장기 투자 계획 등을 세울 때 조심하십시오.

만약 당신이 한계를 느낀다면 모험을 시도해보거나 멀리 여행을 떠나면 더 좋은 기회를 찾을 수 있습니다. 다양성과 변화를 겪으면 당신의 성취 욕구는 더욱 커지기 때문입니다. 스스로를 믿고 자신의 지략에 따르면 반복적으로 생기는 의구심을 떨쳐버릴 수 있습니다. 당신의 강력한 직관을 신뢰하면 행운이 찾아올 수도 있습니다. 이는 인생이라는 도박에서 이길 수 있게 해줄 것입니다.

일과 적성

당신의 다재다능함, 변화나 정신적 자극에 대한 열망으로 볼 때 틀에 박힌 일을 하는 직업은 피해야 합니다. 매력 있고 사회적 인식도 높은 당신은 사람을 대하는 직업에서 성공할 수 있습니다. 말재주가 좋아 작가나 강연자가 되거나 영업에서 뛰어난 능력 보일 수 있습니다. 사업에서는 창의적인 접근법을 활용하여 에이전트나 여행업, 관광업에서 성공할 수 있습니다. 드라마틱한 성향은 공연이나 정치를 통해 발현될 수 있고, 가치 있는 대의를 위해 열과 성을 다합니다. 또한 당신의 독창성은 미술이나 음악에서 성공적으로 표현될 수 있습니다.

수비학으로 본 당신의 운세

29일생인 당신은 강한 개성과 비범한 잠재력을 타고났습니다. 당신은 지극히 직관적이고 예민하며 감성이 풍부합니다. 영감은 당신의 성공 스토리에 핵심이 되며, 그것이 없으면 목적의식이 없어지는 것 같은 느낌을 들 것입니다. 진정한 몽상가인 당신은 천성이 극단적인 면이 있어서 기분이 심하게 오락가락하는 것을 경계해야 합니다. 자신의 가장 깊은 내면의 감정을 믿고 다른 사람들에게 마음을 터놓으면 걱정하는 성향이나 마음의 장벽을 치는 성향을 극복할 수 있습니다. 창의적인 발상을 활용하여 사람들의 동기를 유발하고 그들에게 도움을 줄 수 있는 특별하고 독특한 능력이 있네요. 탄생월 5의 영향으로 당신은 독자적인 생각에서 큰 혜택을 입을 수 있습니다. 지식은 자신감과 설득력을 키웁니다. 세부적인 것을 놓치지 않는 당신은 생각을 마음속에 담아두는 관찰자의 역할을 좋아하는군요.

- 장점 : 영감, 균형, 내면의 평화, 관대함, 성공적, 창조적, 직관적, 신비함, 강력한 꿈, 세상 경험이 많음, 신뢰
- 단점 : 집중을 못 함, 불안, 신경과민, 침울함, 까다로움, 극단주의자, 경솔함, 지나치게 예민함.

연애와 인간관계

예민하고 이상주의적인 당신은 시심(詩心)이 가득한, 매력적이며 낭만적인 사람입니다. 자상한 성격과 창의적인 재능으로 친구를 쉽게 사귀며 사람들의 마음을 사로잡습니다. 그러나 차분하지 못하고 초조해하는 성향이 있어 인간관계에서 느끼는 감정에 대해 우유부단하게 대처할 수 있습니다. 쉽게 싫증을 내기 때문에 동시에 여러 사람에게 관심을 보일 수도 있겠네요. 연애에서는 큰 희생을 감수하기도 하지만 냉담해지거나 지나치게 심각해질 수도 있습니다. 그렇지만 당신은 사랑하는 사람에게 매우 관대하며, 확신이 서면 아주 재미있는 사람이 됩니다. 섬세하고 이해심이 많으며 당신의 능력을 믿는 파트너를 찾게 됩니다.

당신에게 특별한 사람

연인이나 친구

1월 21, 25, 30일 / 2월 19, 23일 / 3월 17, 21, 30일 / 4월 15, 19, 28, 29일 / 5월 13, 17, 26, 27, 31일 / 6월 11, 15, 24, 25, 30일 / 7월 9, 13, 22, 23, 28일 / 8월 7, 11, 20, 21, 26, 30일 / 9월 5, 9, 18, 19, 23, 24, 28일 / 10월 3, 7, 16, 17, 22, 26, 29일 / 11월 1, 5, 14, 15, 20, 24, 27일 / 12월 3, 12, 13, 18, 22, 25, 27, 29일

힘이 되어주는 사람

1월 5, 13, 16, 22, 28일 / 2월 3, 11, 14, 20, 26일 / 3월 1, 9, 12, 18, 24, 29일 / 4월 7, 10, 16, 22, 27일 / 5월 5, 8, 14, 20, 25일 / 6월 3, 6, 12, 18, 23일 / 7월 1, 4, 10, 16, 21일 / 8월 2, 8, 14, 19일 / 9월 6, 12, 17일 / 10월 4, 10, 15일 / 11월 2, 8, 13일 / 12월 6, 11일

운명의 상대

6월 30일 / 7월 28일 / 8월 26일 / 9월 24일 / 10월 22일 / 11월 20, 28, 29, 30일 / 12월 1, 18일

경쟁자

1월 2, 23, 30일 / 2월 21, 28일 / 3월 19, 26, 28일 / 4월 17, 24, 26일 / 5월 15, 22, 24일 / 6월 13, 20, 22일 / 7월 11, 18, 20일 / 8월 16, 18, 19일 / 9월 7, 14, 16일 / 10월 5, 12, 14일 / 11월 3, 10, 12일 / 12월 1, 8, 10일

소울메이트

1월 14, 22일 / 2월 12, 20일 / 3월 10, 18일 / 4월 8, 16일 / 5월 6, 14일 / 6월 4, 12일 / 7월 2, 10일 / 8월 8일 / 9월 6일 / 10월 4일 / 11월 2일

이날 태어난 유명인

존 F. 케네디(전 미국 대통령), 라토야 잭슨, 노엘 갤러거(가수), 아네트 베닝(배우), 대니 엘프먼(작곡가), 김태균(야구 선수)

태양 : 쌍둥이자리
지배 성좌 : 쌍둥이자리/수성
위치 : 7° 30′ - 9° 쌍둥이자리
상태 : 변통궁
원소 : 공기
항성 : 알데바란

5월 30일
GEMINI

지식욕이 왕성한 타고난 심리학자

쌍둥이자리에서 태어난 당신은 다재다능하며, 말하기를 좋아하고 사교적인 사람으로 유머 감각을 타고났네요. 표현력이 탁월하고 머리가 좋아 사회생활에서 빛을 발하며, 개인적인 접촉에 특히 두각을 드러냅니다. 당신의 태양궁과 십분각의 지배 행성인 수성은 당신에게 기회를 이용할 수 있는 영리함과 기민한 정신력, 그리고 통찰력을 부여했습니다. 당신의 지식에 대한 갈증과 날카로운 지성은 다양한 활동에 관여할 수 있겠네요. 그러나 신경계가 아주 예민하게 반응하기 때문에 여기저기 관심을 보이며 에너지를 분산시키는 것은 마음만 들뜨게 할 뿐이니 경계하십시오.

당신의 기지는 모든 상황에 대처할 수 있는 힘을 줍니다. 인내를 키우면 성공할 수 있는 결단력이 생깁니다. 끈기로 어려움을 극복하고 강해질 수 있습니다. 사람들에게 동기를 유발할 수 있는 육감이 발달해 있는 당신은 친근하게 즐기기도 하고 논쟁도 붙이는 타고난 심리학자입니다. 당신은 분명하게 표현할 줄 알기에 훌륭한 토론을 즐기지만 너무 도발적이거나 논쟁적이 되지 않게 주의하세요. 혹시 당신이 사람이나 상황을 지나치게 몰아붙이는 경우라 해도 사교 수완과 통찰력이 있어서 스스로 깨닫고 관대함으로 상쇄시킵니다.

인생 초반에 강력한 남성이 상당한 영향을 미치는데, 아버지나 삼촌일 가능성이 큽니다. 22세쯤엔 당신의 태양이 게자리에 들면서 가정생활과 안정된 가정 기반을 마련하는 것에 관심이 많아집니다. 이 전환기에는 사랑과 이해, 정서적인 안정감에 대한 욕구가 두드러집니다. 52세쯤부터 자신감이 강해지고 자신의 능력을 확실하게 실현시킬 가능성이 커집니다.

숨어 있는 자아

당신의 고결함과 드라마틱한 감각은 마음이 따스하고 자상하며 사랑과 애정에 잘 반응한다는 증표입니다. 당신은 자부심이 매우 강한데, 이는 사람들에게 좋은 인상을 주는 데 중요합니다. 사랑하는 사람에게 관대하지만 적대감을 느끼면 화가 나거나 우울해질 수 있습니다. 빠르게 생각하고 반응하여 극단적인 감성을 보호하기도 합니다.

보다 심오하고 본질적인 것에 대한 갈망이 있는데, 그것은 당신의 진지하고 사색적인 면을 말해줍니다. 당신은 지극히 직관적이므로 타고난 소질을 믿고 내적 지혜가 담겨 있는 커다란 보물 창고로 통하는 길로 가는 법을 터득하십시오. 자신을 표현하고 싶은 열망이 강해 강렬한 감정과 멋진 창의력을 경험하게 되겠네요. 이런 능력이 꽃을 피우면 당신은 정서적인 좌절감에서 벗어날 수 있을 뿐만 아니라 창작력은 최고조에 이를 수 있습니다.

Ⅱ

5월

일과 적성

뛰어난 화술과 빠른 상황 판단과 지적 능력으로 당신은 작가나 교사, 강사, 홍보 전문가 또는 협상가가 될 가능성이 아주 큽니다. 사람을 다루는 재주도 뛰어나 에이전트나 영업직, 또는 홍보 분야에서 두각을 드러냅니다. 타고난 심리학자인 당신은 상담이나 치료, 또는 건강관리 등과 같이 개인적인 접촉이 필요한 직업이나 특히 보람을 느낄 수 있는 직업을 갖게 될 가능성이 큽니다. 창의적인 자기표현 감각이 뛰어나고 드라마틱한 것을 좋아해 연예계나 예술계에 끌릴 수 있습니다. 혹은 탁월한 리더십, 조직력, 전략적인 기획 능력 등으로 비즈니스계로 진출할 수도 있습니다. 대형 프로젝트에 참여해 사람들과 지식을 공유함으로써 자신에게 스스로 도전 의식을 불어넣을 수 있습니다.

수비학으로 본 당신의 운세

창의력과 친근함, 그리고 사교성은 30일에 태어난 사람들의 특성입니다. 창의력이 있고 포부가 큰 당신은 아이디어를 받아들여 그것을 자신의 스타일로 확장시킵니다. 또한 풍족한 생활을 즐기고 카리스마가 남다르며 외향적입니다. 열정이 가득하기 때문에 사랑하는 상태이거나 만족스러운 상태여야 하는 건 필수 요건입니다. 행복을 추구하는 과정에서 나태해지거나 과도하게 탐닉하지 않도록 경계하고, 성급해지거나 질투하는 성향도 자제하지 않으면 자칫 정서적 불안감을 키울 수 있습니다. 30일에 태어난 사람들 중에 많은 사람들은 특히 음악가나 예술가, 또는 연예인으로서 인정받고 명성을 얻을 것입니다. 탄생월 5의 영향을 받으니 좀 더 현실적인 관점이 필요하겠네요. 지적 능력과 예지력, 창의력을 건설적으로 사용하여 탄탄한 기반을 쌓으십시오. 과업을 완성하되 중도에 포기하지 마세요. 열심히 일하고 협력하면 엄청난 보상이 따라옵니다. 당신 만의 길을 얻고 싶다면 재치와 사교 수완을 발휘하세요.

- 장점 : 흥이 많음, 충성스러움, 친절, 훌륭한 통합자, 화술, 창의적, 운이 좋음
- 단점 : 나태함, 고집이 셈, 불규칙, 성급함, 불안정, 무관심, 역량의 분산

연애와 인간관계

젊음이 넘치고 활달한 당신은 잠시도 가만있지 못해 새로운 사람들과 장소에 관심을 기울입니다. 선천적으로 사교적이고 안목이 있는 당신에게는 쉽게 친구와 추종자가 생깁니다. 늘 재미있는 것을 좋아하고 인정받고 싶어 하는 당신은 사람들과 잘 어울리지요. 연애에 충동적인 면이 있어 강하게 끌리는 사람을 만날 수 있습니다. 그러나 감정의 기복이 심해서 좀 더 성숙해져야 하고 그것을 바탕으로 인간관계의 어려움을 극복할 필요가 있습니다. 당신의 창의력과 내면적 비전에 자극을 주는 사람에게 끌릴 수 있습니다.

연인이나 친구

1월 6, 7, 16, 18, 22, 26일 / 2월 4, 14, 20, 24일 / 3월 2, 12, 18, 22일 / 4월 10, 16, 20, 30일 / 5월 8, 14, 18, 28일 / 6월 6, 12, 16, 26일 / 7월 4, 10, 14, 24, 31일 / 8월 2, 4, 8, 12, 22, 29일 / 9월 6, 10, 20, 27일 / 10월 4, 8, 18, 25일 / 11월 2, 6, 16, 23, 30일 / 12월 4, 14, 18, 21, 28, 30일

힘이 되어주는 사람

1월 6, 17, 23, 31일 / 2월 4, 15, 21, 29일 / 3월 2, 13, 19, 27, 30일 / 4월 11, 17, 25, 28일 / 5월 9, 15, 23, 26일 / 6월 7, 13, 21, 24일 / 7월 5, 11, 19, 22일 / 8월 3, 9, 17, 20일 / 9월 1, 7, 15, 18, 30일 / 10월 5, 13, 16, 28일 / 11월 3, 11, 14, 26일 / 12월 1, 9, 12, 24일

운명의 상대

11월 29, 30일 / 12월 1, 2일

경쟁자

1월 24일 / 2월 22일 / 3월 20, 29일 / 4월 18, 27, 29일 / 5월 6, 16, 25, 27, 30일 / 6월 14, 22, 25, 28일 / 7월 12, 21, 23, 26일 / 8월 10, 19, 21, 24일 / 9월 8, 17, 19, 22일 / 10월 6, 15, 17, 20일 / 11월 4, 13, 15, 18일 / 12월 2, 11, 13, 16일

소울메이트

1월 13일 / 2월 11일 / 3월 9일 / 4월 7일 / 5월 5일 / 6월 3, 30일 / 7월 1, 28일 / 8월 26일 / 9월 24일 / 10월 22일 / 11월 20일 / 12월 18일

이날 태어난 유명인

위노나 저드(가수), 하워드 호크스(영화감독), 이디나 멘젤(배우), 스티븐 제라드(축구 선수), 최민식, 신하균(배우), 김형곤(코미디언), 임백천(방송인), 에일리(가수)

쌍둥이자리

태양 : 쌍둥이자리	
지배 성좌 : 쌍둥이자리/수성	
위치 : 8°30′ - 10° 쌍둥이자리	
상태 : 변통궁	
원소 : 공기	
항성 : 알데바란	

5월 31일
GEMINI

아이디어와 비전을 현실로 실현시키는 축복받은 행운아

의지가 강하고 매력적이며 지적인 캐릭터는 쌍둥이자리에서 태어난 사람들의 특징입니다. 이상주의적이면서도 현실적인 당신은 많은 아이디어와 비전을 현실로 실현시킵니다. 다른 사람들과 잘 어울릴 수 있는 축복받은 행운아인 당신은 아이디어를 주도하고 리드합니다. 당신의 태양궁과 십분각의 지배자인 수성의 영향을 받아 두뇌가 명석하고, 그 정신적 능력을 개발하기 위해서는 정규 교육이든 독학이든 교육이 중요합니다. 타고난 교사인 당신은 현실적인 문제든 지적인 문제든 아는 것이 많고, 그것으로 다른 사람들을 깨우칠 수 있습니다. 그 밖에도 당신은 창의적인 사색가여서 글쓰기 능력과 사교 수완이나 언어, 문학에 대한 관심이 많습니다.

당신은 이상주의적이면서도 돈을 의식하고 미(美)와 화려함을 즐깁니다. 그러나 지나친 허영이나 사치는 경계할 필요가 있겠네요. 훌륭한 지적 감각을 활용하는 것은 당신이 성공하는 데 중요한 부분이므로 정신적인 도전의식을 불러일으키는 일이나 관심사가 필요합니다. 근면하고 매력적이며 지적인 당신은 자기 수양을 통해 놀라운 잠재력을 최대한 개발할 필요가 있습니다.

21세 이후에는 당신의 태양이 게자리에 들면서 가정과 가족, 그리고 튼튼한 기반을 닦는 것에 깊은 관심을 보이게 됩니다. 개인적인 친밀감과 정서적 안정감이 커지기도 하네요. 이러한 영향은 51세까지 계속되는데, 이때 당신의 태양이 사자자리에 들면서 창의력과 자신감, 권위와 힘이 부각되는 시기가 시작됩니다.

숨어 있는 자아

독립적으로 보이지만 친밀한 관계를 원하는 당신은 훌륭한 파트너십이 없으면 불완전하게 느껴질 정도입니다. 사람들에게 좋은 친구인 당신은 그들을 위해 기꺼이 희생할 사람입니다. 당신은 헌신하면서 시간과 사랑을 나눠주지만 서로 비슷한 수준으로 주고받는 것을 생각해보는 것이 좋을 것 같습니다. 마음 편하자고 스스로 너무 많이 타협하면 걱정이 많아지거나 의존적인 위치에 놓일 위험이 있습니다.

당신의 감수성과 높은 이상은 평화로운 상황에서 영감을 받을 수 있는데, 가끔은 불화나 긴장 속에서 사는 것이 힘들게 느껴질 수 있습니다. 사랑에 대한 갈구는 이상이나 예술 또는 음악에 전념함으로써 표현될 수 있고, 또는 신비로운 체험에 이끌릴 수도 있겠네요. 당신의 역량과 이해심 덕분에 사람들은 자연스럽게 당신에게 도움을 청하게 됩니다.

일과 적성

마음이 젊고 두뇌 회전이 빠른 당신은 암기력이 뛰어나 어떤 직업에서든 가치 있는 기여를 할 수 있습니다. 정확한 것을 좋아하고 말재간이 뛰어나 글쓰기나 도서관 업무, 또는 통계 분야로 진출할 수도 있습니다. 주도하는 능력과 지식에 대한 애정으로, 교실에서 가르치거나 업계의 트레이너로 일할 수도 있겠네요. 사람을 상대하는 직업에 끌리고 홍보 분야도 좋겠습니다. 창의적인 면모가 돋보이는 당신은 예술 분야나 미용 산업, 뮤지컬과 예능 분야의 에이전트로서도 성공 가능성이 있습니다.

수비학으로 본 당신의 운세

강한 의지와 결단력, 그리고 자기표현에 집중하는 면모는 31일에 태어난 사람들의 특징입니다. 당신은 직관력과 현실적인 역량을 바탕으로 옳은 판단을 합니다. 아이디어가 독창적이고 조형 감각이 뛰어나서, 시간을 두고 현실적인 계획을 세운다면 일에서 성공할 가능성이 높습니다. 이날 태어난 사람들에게는 좋은 기회와 행운이 부여되는데, 여가 시간을 수익성 높은 모험적인 일에 투여하면 성공할 수 있습니다. 근면한 당신에게는 사랑하고 즐길 수 있는 시간도 절대적으로 필요합니다. 탄생월 5월의 영향으로 당신은 이상주의적이며 용감한 면모가 엿보입니다. 느긋한 성격이지만 강한 신념의 소유자이기도 하지요. 냉정하고 초연하게 보일 때도 있지만 섬세하고 신경이 예민합니다. 항상 인내심을 가지고 집중하면 에너지를 분산시키지 않을 수 있습니다. 일단 프로젝트나 공부를 시작했으면 중도에 포기하지 마시길.

- 장점 : 운이 좋음, 창의적, 독창적, 건설적, 포기하지 않음, 현실적, 뛰어난 화술, 책임감이 강함
- 단점 : 불안함, 성급함, 의심이 많음, 쉽게 좌절함, 야심이 없음, 이기적, 완고함

연애와 인간관계

외향적이고 현실적이면서도 단호한 면이 있는 당신은 리드하는 입장에서도 매력을 발산합니다. 사교적이어서 관계를 조화롭게 이끌어가네요. 노력의 결과로서 성공을 맛볼 수 있으며, 근면 성실하고 성공한 사람들을 좋아합니다. 소울메이트를 찾는 당신은 연대감을 믿으며 안주할 수 있는 파트너에게 충실할 수 있습니다. 가끔씩 필요한 관심이나 애정을 받지 못하면, 신경질적이 되거나 질투하는 성향이 생기니 조심하십시오.

Ⅱ
쌍둥이자리

이날 태어난 유명인

클린트 이스트우드, 브룩 실즈, 리 톰프슨, 콜린 패럴(배우), 월트 휘트먼(시인), 황병기(가야금 연주자), 이수혁, 심은경(배우)

| 태양 : 쌍둥이자리 |
| 지배 성좌 : 천칭자리/금성 |
| 위치 : 9°30′–11° 쌍둥이자리 |
| 상태 : 변통궁 |
| 원소 : 공기 |
| 항성 : 알데바란 |

6월 1일
GEMINI

사람을 끄는 매력과 넘치는 젊음

쌍둥이자리에서 태어난 당신은 두뇌 회전이 빠르고 직관적이며, 다재다능하고, 마음은 늘 청춘입니다. 신의 전령인 지배 행성 수성이 당신에게 훌륭한 소통 능력과 섬세함을 선물했습니다. 십분각 천칭자리의 영향을 받아 매력적인 당신은 카리스마와 설득력이 있습니다. 이런 능력으로 사회적, 예술적 능력도 향상되어 당신은 매력을 발산하며 화려함을 즐깁니다.

사람 끄는 매력을 지닌 데다 늘 변화를 꿈꾸고 있어 새로운 사람들을 만나 새로운 경험을 많이 합니다. 외국 친구들도 많이 사귈 수 있겠네요. 관심 분야가 다양하고 재능도 넘치지만, 때로 지나치게 한곳에 집중하여 외골수가 될 수도 있습니다. 노력의 결과에 대한 확신과 근면함이 어우러져 결국 성공으로 이어지게 됩니다. 일정 거리를 유지하며 건설적인 비판 정신으로 일하면, 지나치게 예민해지거나 자기주장만 내세우는 경향은 극복할 수 있습니다. 특히 행동 계획을 미리 짜면, 일을 하다 마는 일 없이 끝까지 깔끔하게 완성시킬 수 있습니다. 당신이 벌이는 일이나 사업에 여성들이 상당히 큰 도움을 줄 것입니다.

통찰력과 감수성을 타고난 당신은 상상력으로 미술과 음악을 창작하거나 이상을 실현하기도 합니다. 혹은 영적 능력을 개발해 심령적인 문제에 관심을 가질 수도 있겠네요.

두뇌 회전이 빠르고 수용적이어서 지식과 아이디어를 빨아들이지만, 20세 이후에는 당신의 태양이 게자리로 들면서 정서적 안정감과 더불어 가정과 가족에 더 집중하게 됩니다. 기반을 닦은 후에 다른 분야로 진출하기를 원하는군요. 50세 즈음 당신의 태양이 사자자리로 들어가면서 전환기가 찾아옵니다. 이때 당신은 더욱 자신감이 넘치고 강해집니다.

숨어 있는 자아

당신은 내면의 조화를 원하면서도 자신이 돈이나 물질적인 측면으로 흐르는 것을 우려하는 태도를 보입니다. 자기 불신과 큰 위험을 감수하는 것 사이에서 마음이 오락가락하지요. 두려움에 당당히 맞서면, 진정한 신뢰를 찾아 삶이 부여해주는 것을 즐길 수 있습니다. 걱정이 없이 모험적인 성격이지만 책임감이 따라주어야 비로소 원숙해집니다. 자기 행동에 책임지는 자세를 갖고 문제를 공정하게 해결하면, 인생은 당신에게 더 많은 것을 보상해줄 것입니다.

항상 넘치는 젊음은 창의력과 장난기를 통해 발산됩니다. 다른 사람들의 기대에 못 미쳐 좌절할 때도 있겠지만 그것을 보상하기 위해 극단으로 치닫지 않도록 조심하십시오. 정신적인 성장은, 거리 두기의 교훈을 배우고 봉사 정신과 협동심으로 다른 사람들과 함께 나누며 일할 때 이루어집니다.

일과 적성

탁월한 자기표현과 빠른 두뇌 회전은 당신의 직업에 기반이 됩니다. 소통 능력을 타고난 당신은 말주변이 좋은 영업 사원이나 기획자가 될 수 있겠네요. 마찬가지로 신문방송계나 강연, 글쓰기, 음악, 연극 등의 분야로 진출할 수도 있습니다. 생일의 영향으로 해외와 관련된 일이나 분야에도 관심을 보이겠네요. 당신 세대의 집단적 무의식과 조화를 이루기 때문에 어떤 방법이든 예술계를 통해 이를 실현하고 싶어질 수도 있습니다. 그러나 근무 환경에 심한 변화가 나타나는 것은 직업의 변화를 의미합니다.

수비학으로 풀어본 당신의 운세

1일생인 당신은 개성적이고 혁신적이며 용감하고 에너지가 넘칩니다. 강력한 정체성을 확립하고 자기주장을 펼칠 필요가 있습니다. 개척 정신이 넘쳐 홀로서고자 하며, 자수성가할 수 있는 이런 힘은 경영 능력이나 리더십 능력도 계발하도록 자극합니다. 열정과 독특한 아이디어가 넘쳐 다른 사람들에게 성공의 길을 보여줍니다. 1일에 태어난 당신은 세상이 자신을 중심으로 돌지 않는다는 것을 배울 필요가 있고, 자기중심적이거나 군림하려는 태도는 피해야 합니다. 탄생월 6은 당신이 융통성을 키우고 다른 사람들의 요구도 받아들여야 함을 나타냅니다. 자립적인 당신, 가족에 대한 책임을 간과하지 마십시오. 인내심과 결단력이 있으니 참을성과 아량을 키워나갈 수 있습니다. 의지가 강하고 자제력이 뛰어난 당신은 정직하고, 사람들과 자신에게 충실합니다. 공부와 교육을 통해 지혜와 지식 속에서 안정을 찾으십시오.

- ● 장점 : 리더십, 창의성, 진보적, 단호함, 낙천적, 강한 신념, 승부욕, 독립적, 사교적
- ■ 단점 : 고압적, 자기중심적, 지나친 자부심, 적대적, 자제심 결여, 이기적, 허약함, 우유부단함, 성급함

연애와 인간관계

당신은 온갖 부류의 사람들에게 매력을 발산하지만 친구를 사귈 때는 식별력이 있어야겠네요. 자신의 생각과 감정을 자유롭게 표출하는 상태와 감정적으로 냉담해지고 고립되는 상태가 교차하는군요. 매력은 당신의 가장 소중한 자산이어서, 넘치는 카리스마로 친구들과 연인의 마음도 살 수 있습니다. 자신이 진정 원하는 것이 무엇인지 잘 모를 수도 있고, 조화로우면서도 독립적인 관계를 유지하는 것이 가장 어려운 과제가 될 수도 있습니다. 지적인 사람에게 끌리므로 친구들과 공통의 관심사와 정보를 나누는 것은 좋은 일입니다.

당신에게 특별한 사람

연인이나 친구

1월 9, 13, 23, 25, 27일 / 2월 7, 21, 23, 25일 / 3월 5, 19, 21, 23, 29일 / 4월 3, 17, 19, 21, 27, 30일 / 5월 1, 15, 17, 19, 25, 28일 / 6월 13, 15, 17, 23, 26일 / 7월 11, 13, 15, 21, 24일 / 8월 9, 11, 13, 19, 22일 / 9월 7, 9, 11, 17, 20일 / 10월 5, 7, 9, 15, 18일 / 11월 3, 5, 7, 13, 16일 / 12월 1, 3, 5, 11, 14일

힘이 되어주는 사람

1월 2, 4, 7일 / 2월 2, 5일 / 3월 3일 / 4월 1일 / 5월 31일 / 6월 29일 / 7월 27, 31일 / 8월 25, 29일 / 9월 23, 27일 / 10월 21, 25일 / 11월 19, 23일 / 12월 17, 21일

운명의 상대

1월 8, 14일 / 2월 6, 12일 / 3월 4, 10일 / 4월 2, 8일 / 5월 6일 / 6월 4일 / 7월 2일 / 12월 2, 3, 4일

경쟁자

1월 6, 19, 29일 / 2월 4, 17, 27일 / 3월 2, 15, 25일 / 4월 13, 23일 / 5월 11, 21일 / 6월 9, 19일 / 7월 7, 17일 / 8월 5, 15일 / 9월 3, 13, 30일 / 10월 1, 11, 28일 / 11월 9, 26일 / 12월 7, 24, 29일

소울메이트

1월 16, 21일 / 2월 14, 19일 / 3월 12, 17일 / 4월 10, 15일 / 5월 8, 13일 / 6월 6, 11일 / 7월 4, 9일 / 8월 2, 7일 / 9월 5일 / 10월 3일 / 11월 1일

이날 태어난 유명인

마릴린 먼로, 톰 홀랜드(배우), 존 메이스필드(시인), 앨라니스 모리셋(가수), 김청, 김상경, 양동근(배우)

태양 : 쌍둥이자리
지배 성좌 : 천칭자리/금성
위치 : 10° 30′ – 12° 쌍둥이자리
상태 : 변통궁
원소 : 공기
항성 : 알데바란

6월 2일

GEMINI

협업에 뛰어난 탁월한 조직 능력과 이지적인 힘

당신은 근면하고 쾌활하며 인기가 많아 성공할 가능성이 높습니다. 독립적이지만 매력이 넘치고 통찰력이 있어 개인적으로 사람들과 잘 지내며 협업에서도 뛰어납니다. 탁월한 조직 능력은 특히 일을 놀이와 결합하는 데 많은 도움이 됩니다.

십분각 지배 성좌인 천칭자리의 영향을 받아 예술적 재능을 타고난 당신은 아름다움과 화려함을 사랑합니다. 또한 사교 수완은 인간관계에 도움을 주고 똑 부러지는 협상가가 될 수 있도록 해주겠네요. 그러나 화가 나거나 완고하고 고집스러워질 때는 당신의 말재주를 상대에게 비수를 날리는 데 쓰지 않도록 조심하십시오. 고집 세고 반항적인 성향이 있는 반면에 의외로 섬세하고 동정심이 많네요. 주변을 좌지우지하려 할 때는 사람들에게 이런 면을 거의 보이지 않습니다.

분별력과 선견지명이 있어 꿈을 현실로 이룰 수 있지만, 이상적인 목표를 흐트러뜨리는 활동이나 놀이는 주의하세요. 나태함이나 지나친 사교성 때문에 잠재력이 약화될 수도 있습니다. 그러나 한번 빠지면 기꺼이 일에 몰입하는 당신은 끝내 목적을 달성할 수 있는 재능과 결단력을 갖고 있습니다.

19세 이후 당신의 태양이 게자리에 들면서 안정이나 가정 또는 가족과 관련된 문제들이 두각을 드러내며 정서적으로 더 많이 의식하게 됩니다. 이런 경향은 49세가 될 때까지 계속되는데, 이때 당신의 태양이 사자자리에 들면서 활기와 자신감이 넘치고 개인적인 자기표현에 관심이 더 많아지는 시기를 맞게 됩니다.

숨어 있는 자아

상황과 사람을 빠르게 판단하는 이지적인 당신은 지식의 힘을 알고 있습니다. 권한 위임 능력과 내적인 고결함은 당신에게 리더십과 자신감을 심어줍니다. 지극히 유능한 당신은 자기 불신이나 열등감을 느끼게 되면 당혹스러워할 수 있습니다. 다행스럽게도 당신에겐 직관력이 있어서 자신의 결점을 깊이 파악해 자기 계발에 공을 들입니다. 교육은 어떤 형태든 당신에게 도움이 되며, 목표 그 이상을 이루는 데 도움이 됩니다.

당신의 책임감은 특히 가정과 가족으로까지 확대될 수 있는데, 이는 당신 인생에서 아주 중요한 부분을 차지합니다. 틀에 박힌 일이나 늘 하던 똑같은 일은 피하십시오. 대신에 인생의 다양한 분야로 팔을 뻗쳐보십시오. 때로 당신은 자기주장이 강하거나 위세를 부리는 듯 보이지만, 인도주의적인 성향이 있어서 자신의 재능과 전문성을 발휘해 자발적으로 다른 사람들을 돕고 나섭니다.

일과 적성

사람을 빠르게 파악하는 능력과 너그러운 매력이 있어 영업이나 홍보 분야에서 성공할 수 있습니다. 상업계로 진출한다면 다른 사람의 돈을 다루는 일에 어울리고, 마찬가지로 탁월한 바이어나 에이전트 또는 협상가가 될 수 있습니다. 인도주의적인 성향이 있으니 상담이나 사회적으로 책임을 지는 직업으로 진출할 수도 있습니다. 창의적이고 혁신적인 정신으로 과학이나 기술 분야로 나갈 수도 있겠네요. 혹은 타고난 상상력과 시각적 재능을 사진이나 연극, 음악을 통해 표현할 수 있습니다. 파트너십이나 그룹으로 일을 하는 것이 특히 당신에게 유리합니다.

수비학으로 풀어본 당신의 운세

풍부한 감성과 그룹의 일원이 되고자 하는 강한 열망은 2일에 태어난 사람들의 공통된 특성입니다. 적응력이 뛰어나고 이해심이 많은 당신은 다른 사람들과 상호작용하는 협동적인 활동을 즐깁니다. 좋아하는 사람들을 기쁘게 해주고 싶은 나머지 지나치게 의존적이 될 수 있는 위험성이 있네요. 그렇지만 자신감을 키우면 사람들의 행동이나 비판에 쉽게 상처받는 성향을 극복할 수 있습니다. 탄생월 6의 영향을 받으니 자기 행동에 더욱 책임감을 가져야겠네요. 자기 수양과 근면함을 몸에 익히면 삶을 통제할 수 있게 됩니다. 절약하면서 돈을 관리하고 예산 세우는 법을 배우면 탄탄한 기반을 닦을 수 있고, 더불어 안정감도 느낄 수 있습니다. 다른 사람의 단점이나 결점을 이해하고 배려하면 다른 사람들을 치유할 수 있는 능력이 생깁니다. 어려움에도 불구하고 인내심을 가지면 성공을 얻을 수 있습니다.

- 장점 : 좋은 파트너십, 부드러움, 재치, 수용력, 직관적, 민첩함, 사려 깊음, 조화로움, 쾌활함, 선의
- 단점 : 의심 많음, 자신감 결여, 소심함, 과민증, 감성적, 이기적, 쉽게 상처받음, 사기성

연애와 인간관계

가정은 당신 인생에 중요한 부분이지만 인간관계가 예상 가능한 범위의 빤한 틀에 매이지 않도록 조심하세요. 직관력이 뛰어나 다른 사람의 기분에 민감하며, 그래서 조화로운 환경을 원하지요. 혹은 과민해지거나 침울해지지 않도록 하십시오. 이해심과 인정이 많아 사랑하는 사람들을 지원하고 용기를 줄 수 있지만, 평화로운 관계를 유지하기 위해 기꺼이 타협도 합니다. 연인과 함께 창조적인 활동을 하면 더욱 친밀해질 수 있습니다. 친구들을 사귀고 즐겁게 해주면 당신 기분도 좋아집니다.

이날 태어난 유명인

토머스 하디(작가), 찰리 와츠(드럼 연주자), 에드워드 엘가, 마빈 햄리시(작곡가), 조니 와이즈뮬러, 스테이시 키치, 샐리 캘러만, 앤트워스 밀러(배우), 이소연(우주인)

태양 : 쌍둥이자리	
지배 성좌 : 천칭자리/금성	
위치 : 11°30′ – 13° 쌍둥이자리	
상태 : 변통궁	
원소 : 공기	
항성 : 리겔	

6월 3일

GEMINI

자기표현 욕구가 강한 매력적인 이상주의자

이날 태어난 사람들은 예리한 정신과 결단력이 있고 사교적이며 밝은 천성으로 자기표현 욕구를 강렬하게 느낍니다. 남의 기분을 헤아리는 세심함과 깊은 감정으로 이상주의자 성향이 드러나지요. 특히 새로운 프로젝트를 주도하기를 좋아해서 창조적인 일이나 넘치는 잠재력을 충족시킬 수 있는 일을 계속하는 것이 중요합니다.

쌍둥이자리의 두 번째 십분각 지배 행성인 금성의 영향을 크게 받아 사람들을 대하는 것의 중요성이 더 커집니다. 창조적인 당신은 재미있는 친구들이 많으며 아름다움이나 색상, 형태에 대한 통찰력이 매우 뛰어납니다. 쾌활하며 기지가 넘치는 면모는 당신이 열정적으로 오락거리를 찾고 있음을 보여줍니다. 금성의 영향은 또한 허영이나 우유부단함, 방종의 위험이 있음을 알려주네요. 그러나 사교적이고 창조적인 능력을 독창적이고 근면하며 인내할 수 있는 능력과 잘 결합하면 최고의 효과를 내 성공할 수 있습니다.

소통 능력이 탁월한 당신은 자신을 깊게 이해하고 싶은 욕구가 강합니다. 이러한 지혜 탐구는 삶의 심오한 문제에 대한 답을 구하고 있는 것이지요. 결국 이런 성향 덕분에 정신적이고 신비한 분야를 탐색하는 길로 나가게 될 수도 있습니다. 이러한 욕구가 무시되면 자기 몰입에 빠져들어 지나치게 심각해지고 화가 많아지며 심지어 우울해질 수 있습니다. 그에 반해서 당신은 상상력과 영감이 풍부한 사람으로 지극히 매력적이고 이상주의적입니다.

18세 이후에 당신의 태양이 30년 동안 게자리로 들게 되면서 당신은 더욱 세심해지고 안정을 중시하며 가정생활과 가족에 집중하게 됩니다. 48세가 되면 당신의 태양이 천칭자리로 옮기면서 자기표현과 자기주장에 대한 욕구가 강해지는데, 이로 인해 사람들과 더 많이 어울리고 모험적이 됩니다.

숨어 있는 자아

당신은 내면에 깊은 변화를 가져올 수 있는 도전적인 과제를 찾고 있습니다. 이는 장애를 극복할 수 있는 힘을 키워주고 당신에게 내적인 힘을 부여합니다. 당신의 확실한 직관력과 분석력은 이러한 과제를 해결하는 데 도움을 주지만 질투심이나 버림받을지 모른다는 두려움을 갖지 않도록 조심하십시오. 다행스럽게도 당신의 뛰어난 블랙 유머 감각은 살아가면서 지나치게 어려운 상황을 완화하는 역할을 해줍니다.

책임감이 강하고 헌신적인 당신은 어떤 프로젝트나 아이디어가 마음에 들면 지나칠 정도로 열심히 일합니다. 인간 본성에 대해 깊이 꿰뚫고 있어 이해심이 많고 사려도 깊네요. 그렇지만 외로움을 느끼지 않고 자신만의 공간과 시간을 가질 필요가 있습니다. 그러나 너무 고립되는 느낌은 은둔이나 우울함으로 흐를 수 있습니다. 믿음을 키우고 자신의 직관을 믿으면 문제를 바로바로 해결할 수 있습니다. 그렇게 되면 경쟁력이 높아져 전체적인 계획을 실현하는 데 도움이 됩니다.

일과 적성

당신은 배우고자 하는 열망과 틀에 박힌 일을 싫어하는 성향이어서 정신적으로 도전의식을 불러일으키는 직업을 찾아 많은 길을 탐색합니다. 언변이 좋아 통신이나 영업, 글쓰기, 출판 분야에서 성공할 확률이 높습니다. 사람들은 새롭고 독특한 아이디어에 대한 당신의 접근 방법을 높이 사고, 위기 상황에서도 침착함을 잃지 않는 태도와 열심히 일하는 능력에 찬사를 보냅니다. 독립적인 자세와 주도하는 능력으로 당신은 상업이나 산업 분야에서 두각을 드러냅니다. 창조성과 예술성의 출구로서, 무대에 직접 서든 아니면 음악활동을 하든 연예계도 고려해보십시오.

수비학으로 풀어본 당신의 운세

3일에 태어난 당신은 감성이 풍부해서 창의력과 정서적인 표현에 대한 열망이 있습니다. 흥이 많고 좋은 친구로서 친목을 위한 사회활동과 다양한 관심사를 즐깁니다. 다재다능하고 표현력이 풍부하고 다양하고 흥미진진한 경험을 하고 싶은 마음이 강해 쉽게 싫증 낼 수 있겠네요. 그러다 보면 우유부단해지거나 한꺼번에 너무 많은 일을 벌여놓게 됩니다. 3일생이지만 당신은 예술적이고 매력적이며 유머 감각이 풍부합니다. 자존감을 키우고, 근심하거나 정서적으로 불안정한 감각을 경계하십시오. 탄생월 6의 영향으로 당신은 이상주의적이고 예지력이 뛰어납니다. 인생을 폭넓게 바라보는 것의 의미를 찾으려는 열망과 호기심으로 정신적인 면을 계발하고 싶은 욕구가 있습니다. 동정심과 이해심을 보여주면서 당신은 자신의 이상에 따라 사는 법을 터득합니다. 생각을 잘 전달하면 걱정과 근심, 의심에서 벗어날 수 있습니다.

- 장점 : 유머, 행복, 친근함, 생산적, 창조적, 예술적, 열망, 자유로움, 말재주
- 단점 : 쉽게 싫증 냄, 자만심, 과장하는 경향, 사랑 결핍, 거만함, 사치, 방종, 나태, 위선적, 낭비

연애와 인간관계

매우 사교적인 당신은 친구나 지인들과 어울리는 것을 즐기며, 충실하고 인정이 많을 뿐만 아니라 재치 넘치고 재미있습니다. 당신은 지극히 따뜻하고 다정한 사람이지만 때로 사랑과 일 사이에서 갈등이 생길 수 있겠네요. 당신의 높은 이상과 포부를 이해해주는 상대를 만나면 이런 갈등은 극복될 수 있습니다. 당신은 깊은 친밀감을 원하지만 관계에 확신이 없거나 어색한 느낌이 들면 의심이 많아지거나 질투하거나 자신의 관심사에만 사로잡힐 수 있습니다.

쌍둥이자리

이날 태어난 유명인

토니 커티스(배우), 커티스 메이필드, 조세핀 베이커(가수), 앨런 긴즈버그(시인), 라파엘 나달(테니스 선수), 서장훈(농구 선수), 신사동호랭이(작곡가)

태양 : 쌍둥이자리	
지배 성좌 : 천칭자리/금성	
위치 : 12°30′ – 14° 쌍둥이자리	
상태 : 변통궁	
원소 : 공기	
항성 : 리겔	

6월 4일

GEMINI

세련된 사교술을 갖춘 명석한 화술가

세련된 사교술을 갖춘 명석한 화술가인 당신은 인간의 본성을 깨달아 어떤 부류의 사람들과도 어울릴 수 있습니다. 다재다능하여 인생의 다양한 분야에서 주도해나갈 능력을 갖추고 있습니다. 하지만 너무 많은 일들을 한꺼번에 벌여놓고 여러 방향으로 주의를 분산하면, 이런 훌륭한 특성도 방해가 될 수 있습니다. 여러 가치를 잘 이해하고 있는 당신은 물질적이든 정신적이든 사람들에게 그들 상황을 심도 있게 설명해주는 방법으로 조언합니다.

쌍둥이자리 두 번째 십분각의 지배 행성인 금성의 영향을 받아 당신은 따뜻하고 친절하며 아름다움과 창조적인 예술에 이끌립니다. 단순명쾌하면서도 너그럽고, 좋은 사교적 수완도 갖추게 됩니다. 금성으로 인해 당신은 인기를 얻고 싶은 마음이 강하며, 이성에게 매력적으로 보입니다.

독창적인 생각과 강력한 개성의 소유자인 당신은 뭔가 색다르고 독창적인 것을 하고 싶은 욕망을 충족할 때 인생에 만족할 수 있음을 알게 됩니다. 성급함과 방종이 성공에 걸림돌이 될 수 있는데, 지나치면 신경과민증과 긴장을 불러오기도 합니다. 당신은 지식을 소중히 여기며 습득력이 빨라 이것을 현실적인 방법으로 영리화할 수도 있습니다. 관대하며 자유를 대변하여 사회문제와 인권에 관심을 보일 수 있습니다.

17세에 당신의 태양이 게자리로 들어가면서 조화로운 환경과, 안정되고 편안한 가정적 기반을 갖는 것에 집중하게 됩니다. 이는 당신 개인의 정서적 욕구를 부각시키는데, 이런 경향은 당신의 태양이 사자자리에 드는 47세까지 계속됩니다. 이때부터는 힘이 강해지고 공적인 상황에서 당신은 더 큰 영향력을 발휘하게 됩니다.

숨어 있는 자아

창조적이라 잠시도 가만있지 못하는 당신은 관심사가 다양하여 호기심이 많고 새로운 아이디어 시험하기를 좋아합니다. 그러나 에너지를 집중시키고 몇 가지 프로젝트로 제한하여 진정한 잠재력을 이끌어내는 법을 배워야 합니다. 걱정과 우유부단함은 비생산적이고 에너지만 고갈시킬 뿐입니다. 자신감이 넘쳐 보이지만 인기에 대한 욕구는 다른 사람의 인정을 받고 싶어 한다는 것을 보여줍니다. 한편으로는 스스로 훈련을 통해 자신의 창조적인 생각을 계발하면 어느 정도 성공을 거둘 수 있습니다.

드러나지 않는 감성 외에 당신은 철학이나 영적인 영역에 대한 잠재력이 있는데, 이를 잘 계발하면 자신의 능력에 대해, 전체적으로는 삶에 대해 믿음을 가질 수 있습니다. 이날 태어난 많은 사람들이 다른 사람 밑에서 재능과 능력을 발휘하지 못하는 것으로 나타나는데, 목표를 이룰 수 있다는 믿음을 갖는 것이 중요합니다. 혼자서 곰곰이 생각해보고 사색이나 명상의 시간을 갖는 것은 특히 내적인 안정을 견고히 다지는 데 좋습니다. 사랑의 힘을 과소평가하지 마세요.

일과 적성

야망과 결단력이 있는 당신은 상업 분야에서 뛰어난 사업 감각을 발휘할 수 있습니다. 타고난 심리 기술은 영업이나 광고, 또는 모든 치료 분야에서 도움이 됩니다. 사람을 상대하는 직업에서 만족을 느끼며 가르치는 일이나 지식을 사람들과 나누는 일에서도 특별한 보람을 느끼지요. 팀을 이룬 상황에서 서로 협조하며 일을 잘할 수 있습니다. 그러나 다른 사람에게 명령받는 것은 좋아하지 않기 때문에 자영업을 선호합니다. 글쓰기나 신문방송업계의 일은 타고난 창의력에 긍정적인 분출구가 되어주겠네요. 아니면 타고난 드라마틱한 감각을 음악이나 미술, 춤, 연극 등을 통해 표출할 수 있습니다.

수비학으로 풀어본 당신의 운세

생일 4가 암시하는 정돈 능력과 견고한 구조는 안정을 원하고 질서를 확립하고자 하는 성향을 보여줍니다. 넘치는 에너지와 현실 감각, 강력한 결단력을 부여받은 당신은 근면함으로 성공할 수 있습니다. 안정을 중시하여 자신과 가족을 위해 탄탄한 기반을 닦고자 합니다. 인생에 실용적으로 접근하므로 사업 감각이 뛰어나고 물질적인 성공을 거둘 수 있는 능력이 있습니다. 4일에 태어난 당신은 정직하고 솔직하며 공정합니다. 이날 태어난 사람들은 불안정하고 재정적으로 어려운 시기를 극복해야 한다는 과제가 있습니다. 탄생월 6의 영향으로 당신은 사람들을 보호하고 배려합니다. 독창적으로 자신의 아이디어를 발산하여 스스로 결정하는 것이 중요하지만, 단호하게 밀어붙이거나 군림하기보다는 설득하는 것이 좋은 결과를 가져온다는 사실을 깨달을 필요가 있습니다. 자유를 사랑하는 당신, 다른 사람에게도 너무 비판적으로 굴거나 옳으니 그르니 판단하지 마세요. 당신이 통제하는 것을 불쾌하게 여길 수 있습니다.

- 장점 : 체계적, 자기 수양, 꾸준함, 근면, 좋은 솜씨, 손재주, 실용주의, 믿음, 정확함
- 단점 : 파괴적 행동, 말이 없음, 억압됨, 엄함, 나태함, 냉정함, 지체, 지나친 절약, 지배적, 감춰진 애정, 분한 마음

연애와 인간관계

평화와 화합에 대한 욕구가 있어서, 긍정적인 사고를 하고 당신에게 정신적 자극을 줄 수 있는 지적인 사람들에게 끌립니다. 지식을 사랑하여 새로운 정보와 기술을 배울 수 있는 그룹과 어울리길 좋아합니다. 인간관계에서 당신은 솔직한 사람에게 끌리고, 사교 수완을 발휘하여 관계를 잘 유지합니다. 자기 계발에도 관심이 많기 때문에 스스로 능력을 키우는 야망이 큰 사람들과 관계를 맺게 됩니다. 그렇지만 성공으로 가는 길목에서 배우자나 지인들에게 지나치게 비판적으로 굴거나 군림하지 않도록 하세요.

쌍둥이자리

이날 태어난 유명인

데니스 위버, 브루스 던, 로절린드 러셀, 앤젤리나 졸리(배우), 미셸 필립스(가수), 정윤희(배우), 유남규(탁구 선수)

태양 : 쌍둥이자리	
지배 성좌 : 천칭자리/금성	
위치 : 13° 30′ – 15° 쌍둥이자리	
상태 : 변통궁	
원소 : 공기	
항성 : 리겔	

6월 5일

GEMINI

드라마틱하면서도 현실적이고 실용주의적인 면모

강하고 결단력 있는 성격에 고집이 센 당신은 독립적이고 자립심이 강합니다. 드라마틱하면서도 현실적이고 실용주의적인 면모가 있어 일과 오락을 이상적으로 조화시킬 줄 알지요. 당신은 또한 인내심이 강하고 부지런해서 지나치게 물질주의적으로만 흐르지 않으면 성공이 보장됩니다.

십분각 지배 성좌인 천칭자리에서 태어난 당신은 세련되고 사교적이며 아름다움과 화려함을 사랑하는 사람입니다. 이런 성향은 창의력을 키워주며, 음악과 미술, 연극 등에 관심을 갖게 합니다. 그러나 일이 전체적으로 돌아가는 상황에서 돈의 중요성을 알고 탁월한 흥정이나 협상 기술이 드러납니다. 단도직입적이고 솔직담백한 관계를 좋아하지만 군림하려 들거나 비수를 날리는 말은 삼가세요.

때로 놀라운 에너지가 분출하여 상황에 재빠르게 반응하고 기회를 잡을 수 있습니다. 심오한 사고가 가능한 정교한 두뇌를 타고났으며, 기술적이고 분석적인 성향이 있습니다. 독립심이 있어서 독창적인 접근법을 발휘하고 개인적으로는 자유를 누릴 수 있습니다. 그러나 갑자기 자기 마음대로 하거나, 열을 내거나, 고집스러워지거나, 부정적이 되거나, 말을 잘 안 하는 성향으로 변하지 않도록 주의하세요. 다행스럽게도 당신은 자신의 문제든 외부의 문제든 어떤 장애라도 극복하기 위해서 열과 성을 다하지요.

16세쯤 당신의 태양이 게자리로 들어가면서 가정과 안정에 관한 문제가 인생에서 더 중요하게 다가옵니다. 개인적인 감정과 안정감, 그리고 가족에 대한 관심이 더욱 두드러지지요. 이런 경향은 46세까지 이어지는데, 이때 당신의 태양이 사자자리에 들면서 자신감과 힘이 넘치고, 외부 생활을 많이 하면서 더욱 너그러워집니다.

숨어 있는 자아

시련은 돈에 대한 걱정이나 우유부단함의 형태로 오며, 물질적 안정에 대한 욕구가 다른 중요한 요소들을 압도하지 않도록 조심하세요. 좌절감이나 환멸을 느끼게 되면, 그에 대한 보상심리로 낭비벽을 보일 수 있습니다. 그러나 진정한 만족감은 아량을 베푸는 가볍고 사심 없는 마음에서 오는 것입니다.

당신에게는 외모도 중요한데, 인생에서 확실한 성공을 이뤄나갈 때 당신이 의미 있는 역할을 수행할 수 있는 공적인 행사나 모임에서 특히 훌륭한 성과를 내지요. 이 생일에는 지혜가 내재되어 있어, 잠시도 가만있지 못하는 마음을 기민하고 진취적인 모험심으로 돌린다면 영화는 자연히 따라옵니다.

일과 적성

당신은 일을 잘해서 자부심을 느끼고 싶어 하니, 선택한 기술을 갈고닦는 것이 무엇보다 중요합니다. 리더 기질을 타고난 데다 관리 능력도 뛰어나 재계나 광고업, 상품 홍보업에서 성공을 거둘 수 있습니다. 마찬가지로 유창한 화술로 법조계나 통신업계에서도 성공을 보장받을 수 있습니다. 개혁을 추진하는 능력이 있어 노동조합이나 자선단체에서 지도적 역할을 하거나 자유 투쟁가로 나서게 됩니다. 아니면 사업 감각과 예술적 재능을 바탕으로 큐레이터나 예술 관리자 같은 직업과 연관될 수도 있습니다. 타고난 창의력과 드라마틱한 소질을 표출하기 위해서는 연극이나 음악도 긍정적인 출구가 될 수 있을 것입니다. 건강 관리업계에서도 성공할 수 있겠네요. 어떤 직업을 선택하든 계속 자극받으며 관심을 놓지 않기 위해 근무 환경에서 다양성과 변화를 꾀해보세요.

수비학으로 풀어본 당신의 운세

강력한 직관과 모험심 자유에 대한 갈망은 5일에 태어난 사람들의 공통된 특징입니다. 탐험하거나 새로운 것에 대한 시도를 좋아하는 성향이 열정과 만나 인생에서 얻을 것이 많아지게 됩니다. 기대 밖의 변화를 주기 위한 여행과 다양한 경험은 기존의 관점과 믿음에 진정 큰 변화를 가져올 것입니다. 5일에 태어난 당신은 인생의 재미를 느낄 필요가 있지만, 책임 있는 태도를 키워야 하고 예측 불가능하거나 과도하거나 심한 마음의 동요를 느끼는 성향은 피해야 합니다. 5일생들은 선천적으로 어떻게 흐름을 타는지, 그리고 어떻게 거리를 두는지 잘 알고 있습니다. 탄생월 6의 영향으로 이상주의적이고 자극을 잘 받기 때문에, 당신은 하나에만 집중할 필요가 있습니다. 자신의 직관을 믿고 인생에 대한 철학적 태도를 키우세요. 당신은 자신의 생각을 다른 사람과 나눌 준비가 되어 있어 진지하게 확신을 가지고 진심이 담긴 이야기를 합니다. 독립성과 융통성을 갖되 이기적인 동기로 성급한 행동을 하는 것은 금물입니다.

- 장점 : 다재다능, 진취적, 행운, 대담함, 기민하고 재치 있음, 신비로움, 사교적
- 단점 : 변덕스러움, 미루는 버릇, 미덥지 못함, 관능적, 과도한 자신감, 고집불통

연애와 인간관계

다양한 취미와 관심사를 가진, 다정하고 사교적인 당신은 늘 사람들과 어울립니다. 다정하고 베풀 줄도 알지만 가까운 관계에서 불확실성이나 우유부단함은 걱정과 실망을 낳기도 합니다. 때로 사랑하는 사람에게 지나치게 너그럽거나 희생적일 수 있습니다. 사람에게 지나치게 열정적이었다가 관심이 식고 나면 자신의 감정에 대해서도 반신반의하는 태도는 주의하세요. 인간관계에서 상대가 무안해하지 않은 선에서 당신의 감정을 솔직하게 말해 자신의 처지를 분명히 알려줌으로써 관계를 오래도록 유지할 수 있습니다. 사교 모임에서도 재치가 넘치고 다른 사람들을 즐겁게 하는 재주가 있네요.

당신에게 특별한 사람

연인이나 친구

1월 13, 22, 29 / 2월 11, 20, 27, 29일 / 3월 9, 25, 27일 / 4월 7, 23, 25일 / 5월 5, 21, 23, 29일 / 6월 3, 19, 21, 27, 30일 / 7월 1, 17, 19, 25, 28일 / 8월 15, 17, 23, 26일 / 9월 13, 15, 21, 24일 / 10월 11, 13, 19, 22, 29일 / 11월 9, 11, 17, 20, 27일 / 12월 7, 9, 15, 18, 25일

힘이 되어주는 사람

1월 11일 / 2월 9일 / 3월 7, 31일 / 4월 5, 29일 / 5월 3, 27, 31일 / 6월 1, 25, 29일 / 7월 23, 27, 31일 / 8월 21, 25, 29, 30일 / 9월 19, 23, 27, 28일 / 10월 4, 17, 21, 25, 26일 / 11월 15, 19, 23, 24, 30일 / 12월 13, 17, 21, 22, 28일

운명의 상대

1월 12일 / 2월 10일 / 3월 8일 / 4월 6일 / 5월 4일 / 6월 2일 / 12월 5, 6, 7, 8일

경쟁자

1월 10일 / 2월 8일 / 3월 6, 29일 / 4월 4, 27일 / 5월 2, 25일 / 6월 23일 / 7월 21일 / 8월 19일 / 9월 17일 / 10월 15, 31일 / 11월 13, 29, 30일 / 12월 11, 27, 28일

소울메이트

1월 18, 24일 / 2월 16, 22일 / 3월 14, 20일 / 4월 12, 18일 / 5월 10, 16일 / 6월 8, 14일 / 7월 6, 12일 / 8월 4, 10일 / 9월 2, 8일 / 10월 6일 / 11월 4일 / 12월 2일

이날 태어난 유명인

로리 앤더슨(바이올리니스트), 리처드 스캐리(그림책 작가), 마크 월버그(배우), 마르타 아르헤리치(피아니스트), 케니 지(색소폰 연주자), 자크 드미(영화감독), 유인나(배우), 배명훈(작가)

태양 : 쌍둥이자리	
지배 성좌 : 천칭자리/금성	
위치 : 14° - 15°30′ 쌍둥이자리	
상태 : 변통궁	
원소 : 공기	
항성 : 리겔	

6월 6일

GEMINI

카리스마와 따스한 인간적 매력의 공존

사람들을 즐겁게 해주면서도 카리스마가 넘치는 당신은 따스하고 낙관적이며 다정합니다. 이 생일의 특성으로 볼 때 당신에게는 사람들이 필요하고 또한 풍부한 영감과 아이디어도 필요합니다. 자연스러운 우아함을 풍기는 당신은 풍부한 표현력으로 의견을 잘 전달하며 자신의 개성을 중요하게 생각하지요. 좋은 인상을 주는 것도 좋지만 진실성을 중요하게 생각해서 당신 스스로 사람들을 솔직하고 직설적으로 대합니다.

인간적인 매력이 있고 십분각 지배 성좌인 천칭자리의 영향을 받아 인간관계에 관심이 많으며 사교술도 능수능란합니다. 대화의 기술을 완전히 터득하고 있으며, 평화를 진심으로 갈망합니다. 또한 사람을 매혹시키는 재주가 있어 이를 자신에게 유리하게 사용할 줄도 압니다.

세속적인 것을 초월하고 싶은 열망을 품은 이상주의자인 당신은 빛과 색상, 형태, 소리를 한 차원 높게 감지할 수 있으며, 모든 세대의 꿈과 희망을 이해하는 능력을 타고났습니다. 당신은 이런 천부적인 능력을 예술적이거나 문학적인 창작, 신비롭거나 영적인 성향, 또는 다른 사람들의 이익을 위해 발휘하려고 할 수도 있겠네요. 그러나 이런 능력을 계발하지 않으면, 현실도피나 불가능한 꿈, 또는 화려함만 탐하며 에너지를 낭비할 수 있습니다.

어린 시절 당신은 행복한 경험을 많이 합니다. 15세 이후에는 당신의 태양이 게자리로 들면서 더욱 섬세해지고 안정을 중요시하게 됩니다. 그러면서 가족과 가정, 친밀한 사생활이 부각됩니다. 45세 즈음해서 당신의 태양이 사자자리로 들어가게 되고, 이때부터 자기표현과 리더십에 대한 갈망이 커지게 됩니다. 자기주장이 강해지고 자신감이 넘치며 공적 역할의 비중이 더욱 커집니다. 75세에 이르면 당신의 태양이 처녀자리로 들면서 사색을 통해 분석적인 접근방법을 키우기 시작합니다.

숨어 있는 자아

당신은 밝고 표현이 풍부한 성향이지만 선택이나 결정을 할 때 어려움을 느낄 수 있습니다. 관심이 다양해서 여러 방향으로 이끌릴 수 있기 때문에 목적의식을 갖는 것은 정말 중요하죠. 그러지 않으면 이상과 물질적인 만족에 대한 갈망 사이에서 휘둘릴 수 있습니다. 한편으로는 돈과 화려함, 안일한 생활 방식에 이끌릴 수 있는 반면, 자극을 원하는 마음이 있으니 자신의 이상을 충족시키기 위해 열심히 일할 수도 있습니다. 어떤 선택을 하든 당신은 많은 기회를 얻게 되고, 설득을 하거나 마음을 사로잡아 매우 어려운 상황을 해결할 수 있는 능력이 있습니다. 나이가 들어서도 젊음과 장난기를 그대로 유지해서 사람들을 즐겁게 합니다. 책임감과 자기 절제가 바탕이 된다면, 당신은 확실히 놀라운 잠재력을 최대한 발휘할 수 있습니다.

일과 적성

사람을 강하게 끄는 매력과 카리스마는 당신 자신이나 상품, 대의를 선전하는 데 귀중한 자산이 됩니다. 사교성과 소통 기술이 뛰어나 교육, 신문방송, 광고, 영업 분야뿐 아니라 개인적인 접촉이 필요한 모든 직업에서 성공할 수 있습니다. 가치관이 뚜렷해서 법조계나 정계로 진출하면 유리하겠네요. 창의성을 타고난 당신은 연극이나 예술을 통해 감정을 표출할 수 있습니다. 어떤 직업을 선택하든 당신은 사람을 대하는 모든 직업에서 특별한 만족감을 얻을 수 있습니다.

수비학으로 풀어본 당신의 운세

동정심과 이상주의, 배려하는 천성은 6일에 태어난 사람들의 공통된 특성입니다. 6이라는 숫자는 완벽주의자나 만인의 친구를 가리키고, 책임감이 강하고 다정하며 힘을 줄 수 있는 휴머니스트임을 알려줍니다. 6으로 볼 때 당신은 가정적이고 희생적인 부모입니다. 감성이 풍부해서 창의적인 표현을 할 필요가 있으며 연예계나 예술·디자인 계통으로 진출할 수 있습니다. 자신감을 키우면 쓸데없는 간섭이나 걱정으로 동정심을 잘못 사용하는 성향을 극복할 수 있습니다. 탄생월 6의 영향으로 당신은 친구나 이웃들에게 책임감 있게 대하며 공감 능력도 갖고 있네요. 반대에 부딪칠 때는 자기주장이나 자존감을 키울 필요가 있습니다. 인기가 많고 자상한 당신은 다른 사람들의 인정을 받고 싶어 합니다. 그러나 관심사를 집중시킬 필요가 있고, 다른 사람들의 말이나 행동에 속을 끓이지 마십시오. 상대방 기분을 상하게 할까 두려워 말고 "안 돼"라고 말하며 거절할 줄도 알아야 합니다.

- 장점 : 세상 물정에 밝음, 자상함, 동정심, 신뢰할 수 있음, 이해심, 공감력, 이상주의적, 가정적, 인도주의적, 침착함, 예술적, 균형감
- 단점 : 불만, 불안, 수줍음, 고집, 노골적, 완벽주의자, 군림, 책임감 결여, 이기적, 의심 많음, 냉소적, 자기중심적

연애와 인간관계

열정적이고 쾌활한 당신은 사교적이라 사람들과 어울리는 걸 좋아해서 친구를 쉽게 사귑니다. 그러나 당신은 근면하고 믿을 수 있는 사람이나 당신에게 안정감을 줄 수 있는 사람에게 끌립니다. 매력적인 당신에게 사람들은 도움과 지원을 아끼지 않습니다. 경제적으로 안정되거나 일과 놀이가 결합될 때 더 행복감을 느끼며, 친구들이나 동료들을 즐겁게 해주기를 좋아합니다. 훌륭한 결혼 생활을 유지할 것이며 친밀한 파트너십에서 많은 것을 얻을 수 있습니다.

연인이나 친구

1월 6, 8, 14, 23, 26, 28일 / 2월 4, 10, 12, 21, 24, 26일 / 3월 2, 10, 12, 19, 22, 24일 / 4월 8, 14, 17, 20, 22일 / 5월 6, 15, 16, 18, 20일 / 6월 4, 13, 16, 18일 / 7월 2, 11, 14, 16, 20일 / 8월 9, 12, 14, 22일 / 9월 7, 10, 12, 24일 / 10월 5, 8, 10, 26일 / 11월 3, 6, 8, 28일 / 12월 1, 4, 6, 30일

힘이 되어주는 사람

1월 9, 12일 / 2월 7, 10일 / 3월 5, 8일 / 4월 3, 6일 / 5월 1, 4일 / 6월 2, 30일 / 7월 28일 / 8월 26, 30, 31일 / 9월 24, 28, 29일 / 10월 22, 26, 27일 / 11월 20, 24, 25일 / 12월 18, 22, 23, 29일

운명의 상대

12월 6, 7, 8, 9일

경쟁자

1월 11, 13, 29일 / 2월 9, 11일 / 3월 7, 9, 30일 / 4월 5, 7, 28일 / 5월 3, 5, 26, 31일 / 6월 1, 3, 24, 29일 / 7월 1, 22, 27일 / 8월 20, 25일 / 9월 18, 23, 30일 / 10월 16, 21, 28일 / 11월 14, 19, 26일 / 12월 12, 17, 24일

소울메이트

1월 12, 29일 / 2월 10, 27일 / 3월 8, 25일 / 4월 6, 23일 / 5월 4, 21일 / 6월 2, 19일 / 7월 17일 / 8월 15일 / 9월 13일 / 10월 11일 / 11월 9일 / 12월 7일

쌍둥이자리

이날 태어난 유명인

비외른 보리(테니스 선수), 알렉산드르 푸시킨, 토마스 만(작가), 빌리 화이트로(배우), 디에고 벨라스케스(화가), 카를 페르디난트 브라운(물리학자), 이난영, 유재하, 장재인(가수)

| 태양 : 쌍둥이자리 |
| 지배 성좌 : 천칭자리/금성 |
| 위치 : 15° - 16° 30′ 쌍둥이자리 |
| 상태 : 변통궁 |
| 원소 : 공기 |
| 항성 : 리겔 |

6월 7일
GEMINI

꿈을 실현하는 능력이 탁월한 팔방미인

당신은 팔방미인으로 야망이 있고 성공 지향적인 쌍둥이자리 태생입니다. 사람과 상황에 대한 판단이 빠르고 기회를 포착하는 눈도 있어 꿈을 실현하는 능력이 탁월합니다. 큰 프로젝트에 참여하여 많은 보상이 당신을 기다리고 있다는 생각에 고무되면 최고의 능력을 발휘할 수 있으며 소박한 일은 좋아하지 않습니다. 그래서 대범함은 당신이 가진 최고의 특성입니다.

카리스마 넘치는 소통가인 당신은 어떤 유형의 사람과도 잘 지내며 훌륭한 아이디어로 타인들에게 좋은 영향을 줍니다. 시대를 앞서가기 때문에 남들보다 먼저 사회의 사고방식의 변화를 인지합니다. 재치가 많고 지략이 넘치는 당신은 이런 장점을 자신에게 도움이 되도록 사용할 수 있습니다. 돈을 벌어야 한다는 생각에 사로잡혀 있을지라도, 돈이 항상 행복을 가져다주는 것은 아님을 깨닫게 되고, 또한 성공을 추구하는 길에서 무엇을 타협해야 하는지를 알게 될 것입니다. 숲을 볼 줄 아는 능력을 지닌 당신은 사람들에게 일을 할당하는 데 탁월한 조직가입니다. 그러나 주의를 분산해 일을 미완성으로 두지 않도록 조심하세요.

쌍둥이자리의 두 번째 십분각 지배 행성인 금성의 영향을 받아, 당신은 사교 수완이 뛰어나고 창의적인 면모도 보입니다. 타고난 교양미와 예술적 심미안을 지녀 직업이 아니라면 여가를 위한 취미생활로라도 자신의 재능을 계발하고 싶은 마음이 생깁니다. 이로 인해 화려함과 풍족한 생활을 꿈꾸게 되며, 이는 특히 행동으로 옮기도록 당신을 자극할 수 있습니다.

14세에 당신의 태양이 게자리에 들어가면서 당신은 자신의 정서 생활과 그 생활에 가장 많은 영향을 미치는 사람들, 즉 가족에게 집중하게 됩니다. 그리고 안정과 탄탄한 기반의 필요성을 더 많이 느끼게 됩니다. 44세쯤에는 당신의 태양이 사자자리에 들면서 자기표현과 자기주장을 더욱 강조하는 방향으로 변하고, 공적인 생활에서 더욱 두각을 드러냅니다. 74세가 되면 당신의 태양이 처녀자리로 들어가 사색적이면서도 실용적인 면을 보이며 더욱 분석적인 접근법을 키우기 시작합니다.

숨어 있는 자아

당신은 타고난 배우이기 때문에 자신감을 표출하는 데는 문제가 없습니다. 대체로 육감이 뛰어나며, 빈틈없고 지적인 당신은 사람들과 상황을 빠르게 판단합니다. 그 덕분에 육체노동으로 몸을 혹사하기보다는 지시하는 자리에서 일을 더 잘합니다. 또 자기 성찰적이거나 보다 진지한 면이 있기 때문에 물질적으로 그럭저럭 살 가능성보다는 지혜를 선택하여 결국 더 큰 보답을 받게 됩니다.

시간과 돈에 너그러운 당신이지만 너무 방임하거나 지나치게 탐닉할 수 있습니다. 다행스럽게도 비판에 개방적이어서 자기분석을 통해 자신을 계발할 줄 압니다. 고집이 센 당신은 설득력이 있어 사람들에게 영향을 미치곤 합니다. 당신의 성공에 여성들이 중요한 역할을 하겠네요.

일과 적성

야망이 크고 자상하면서도 독립적인 당신은, 큰 조직체에 소속되든 자영업을 하든 혼자 일하는 편을 선호합니다. 가르치는 일이나 강의, 글쓰기 같은 직업을 고르면 스스로 운영할 수 있는 충분한 공간을 확보할 수 있겠네요. 훌륭한 기획자로서, 그리고 유능한 대리인으로서, 당신은 상업이나 법조계에서 두각을 드러낼 수 있습니다. 다재다능한 당신에겐 폭넓은 선택의 기회가 열려 있어 한 분야에만 집중해서 전문가가 되는 것이 어렵다고 느껴질 수도 있습니다. 직업에 관한 한, 많은 사람들을 대하는 일에 어려움이 없고 소통 기술이 탁월해서 영업이나 마케팅 또는 출판에서 성공할 수 있습니다. 타고난 창의력 덕분에 미술이나 연극, 음악 연주 분야로 진출할 수도 있습니다. 당신은 선천적으로 사업 감각이 뛰어나 모든 재능을 상업화할 수 있으며 예리한 지성을 활용하면 많은 능력을 발휘할 수 있습니다.

수비학으로 풀어본 당신의 운세

분석적이고 사려 깊은 7일생들은 비판적이고 자신에게만 몰두합니다. 보다 큰 자기 인식 욕구가 지속되니 지식 습득을 즐기고 독서와 글쓰기, 또는 정신세계에 관심이 많습니다. 상황 판단이 빠르지만 지나친 합리화나 세세한 것에 연연하다가 목표를 잃어버릴 수도 있습니다. 수수께끼 같거나 속을 숨기는 경향으로 때로는 오해받고 있다고 느낄 수도 있습니다. 탄생월 6의 영향으로 당신은 질서와 안정을 원합니다. 먼저 자신의 인생을 돌보며 확실한 기반을 닦으세요. 당신은 삶의 가장 좋은 것을 향유할 수 있습니다. 과도하게 탐닉하지 않게만 조심하면 됩니다. 자신의 행동에 책임을 지고, 말하기 전에 먼저 생각하세요. 실수를 통해 배움으로써 보다 현실적인 태도를 갖게 됩니다. 성공은 열심히 일하려는 의지와 갖고 있는 기술과 지식을 계발하는 데서 옵니다. 생각과 아이디어를 글로 옮기면 세부적인 사항들도 기억에 남고, 현실적이고 창조적이며 조직적인 능력도 배양됩니다.

- 장점 : 교양 있음, 신뢰할 수 있음, 세심함, 이상주의적, 정직함, 조용한 사색가, 심령적, 과학적, 합리적, 사색적
- 단점 : 숨김, 기만적, 불친절함, 은밀함, 회의적, 당혹감, 냉정함

연애와 인간관계

감성적인 충만감과 흥미진진함을 끊임없이 좇는 당신은 열정적인 성향과 강렬한 열망이 있습니다. 카리스마와 매력이 넘쳐 친구들과 팬을 쉽게 끌어모읍니다. 당신은 새로운 아이디어와 기회로 영감을 주는 낙천적인 사람에게 끌립니다. 자유를 사랑하기에, 당신이 독립적이라고 느낄 수 있는 충분한 공간을 부여하는 관계를 선호합니다. 사랑에 관한 한 시간을 갖고 서두르지 말고 충동적인 약속을 하지 마십시오.

연인이나 친구

1월 6, 15, 29, 31일 / 2월 4, 13, 27, 29일 / 3월 2, 11, 25, 27일 / 4월 9, 23, 25일 / 5월 7, 21, 23일 / 6월 5, 19, 21일 / 7월 3, 17, 19, 30일 / 8월 1, 15, 17, 28일 / 9월 13, 15, 26일 / 10월 11, 13, 24일 / 11월 9, 11, 22일 / 12월 7, 9, 20일

힘이 되어주는 사람

1월 13, 15, 19일 / 2월 11, 13, 17일 / 3월 9, 11, 15일 / 4월 7, 9, 13일 / 5월 5, 7, 11일 / 6월 3, 5, 9일 / 7월 1, 3, 7, 29일 / 8월 1, 5, 27, 31일 / 9월 3, 25, 29일 / 10월 1, 23, 27일 / 11월 21, 25일 / 12월 19, 23일

운명의 상대

5월 30일 / 6월 28일 / 7월 26일 / 8월 24일 / 9월 22일 / 10월 20일 / 11월 18일 / 12월 7, 8, 9, 10, 16일

경쟁자

1월 12일 / 2월 10일 / 3월 8일 / 4월 6일 / 5월 4일 / 6월 2일 / 8월 31일 / 9월 29일 / 10월 27, 29, 30일 / 11월 25, 27, 28일 / 12월 23, 25, 26, 30일

소울메이트

1월 2, 28일 / 2월 26일 / 3월 24일 / 4월 22일 / 5월 20일 / 6월 18일 / 7월 16일 / 8월 14일 / 9월 12일 / 10월 10일 / 11월 8일 / 12월 6일

Ⅱ
쌍둥이자리

이날 태어난 유명인

폴 고갱(화가), 프린스, 톰 존스(가수), 리암 니슨(배우), 오르한 파묵(작가), 이해인(시인), 차승원, 송윤아(배우), 김경호, 토니안(가수)

태양 : 쌍둥이자리

지배 성좌 : 천칭자리/금성

위치 : 16° – 17° 30′ 쌍둥이자리

상태 : 변통궁

원소 : 공기

항성 : 리겔

6월 8일

GEMINI

뛰어난 소통 능력과 풍부한 지략

생일로 볼 때, 당신은 지적이고 관대하고 편협하지 않으며 소통 능력이 좋습니다. 독립적이고 지략이 풍부하며 바쁘게 지내는 걸 좋아합니다. 때때로 당신은 감정이 한껏 고조거나 신경이 날카로워지는데, 가능한 한 거리를 두면 침착함을 유지할 수 있습니다. 다행스럽게도 당신은 좌절하거나 실망하더라도 오랫동안 슬럼프에 빠져 있지 않고 곧 활동을 재개합니다.

십분각 지배 성좌인 천칭자리의 영향으로 당신은 예술적이고 창조적이며 사람을 상대할 때 놀라운 매력을 발산합니다. 성격이 밝고 유쾌해 사람들에게 즐거움을 주며 재치 있는 농담으로 주변 분위기를 밝게 만듭니다. 당신에겐 사교 수완과 뛰어난 언변이 있지요. 타고난 예지력을 창조적이고 분석적인 정신과 결합시키면 독창적인 결과물들을 만들어낼 수 있습니다.

때로 당신에겐 상반되는 성향이 묘하고 불가사의하게 혼합되어 있습니다. 섬세하면서 이상주의적이고, 그러면서도 실용적입니다. 타고난 유머 감각으로 균형 잡힌 시각을 유지하여 사람들이나 상황에 대해 너무 큰 기대를 하지 않습니다. 스스로에게 집중하는 성향은 긍정적인 자기 확신과 발전을 가져다주지요.

13세에 당신의 태양이 게자리로 들기 때문에 이후 30년 동안 당신은 가정이나 정서적인 생활과 관련된 문제를 중시합니다. 43세 무렵에 당신의 태양은 사자자리로 옮겨 들어가는데, 이때 자기표현과 자기주장을 하고자 하는 욕구가 강하게 나타나 당신은 더욱 대담하고 자신만만하며 사교적이 됩니다. 73세에 이르면 당신의 태양은 처녀자리로 옮겨가 당신은 더욱 분석적이고 현실적이며 봉사하는 삶을 살게 됩니다.

숨어 있는 자아

탁월한 평가 능력의 소유자인 당신은 돈이나 물질적인 문제에 대해 타고난 소질이 있습니다. 때때로 뜻밖의 정보를 직감과 결합해 행운을 잡을 수도 있습니다. 경제적 기복을 겪을 수 있기 때문에 사치 부리지 않고 잘살 수 있는 방법으로 잘 풀어나가야 합니다. 타고난 권위가 뿜어져 나오니 책임 있는 자리에 앉아 통솔력을 발휘할 수 있습니다. 이것이 창조적인 활동과 관련이 된다면 훨씬 더 좋습니다.

그러나 이 기운이 부정적으로 흐르면 지나치게 군림하려 들고 균형 잡힌 관계를 망쳐버리게 됩니다. 잠시도 가만있지 못하는 당신은 모험심을 잃어버리지 않기 위해 모든 일에서 다양성을 원합니다. 여행은 다양한 병을 낫게 할 수 있는 훌륭한 만병통치약입니다.

일과 적성

당신의 날카로운 지성은 항상 새로운 지식을 갈구하여 물질적으로든 개인적으로든 좋지 않은 상황이라도 자신에게 유리하게 반전시킬 수 있지요. 과학자나 변호사, 교사, 작가 등 지적인 능력과 탁월한 소통 능력이 필요한 직업을 택하면 성공을 보장받을 수 있습니다. 혹은 타고난 비즈니스 감각으로 은행이나 재무, 증권 거래, 회계 관련 직종으로 진출할 수 있습니다. 인도주의적 면모는 치유 관련 직업이나 사회사업을 통해 표현할 수 있습니다. 구조에 대한 훌륭한 감각은 건축이나 건설을 통해 발현시킬 수도 있습니다. 이날 태어난 사람들은 쇼 비즈니스나 미술, 음악 분야에서 성공을 거둘 수 있는 잠재력이 보입니다.

수비학으로 풀어본 당신의 운세

8이라는 숫자는 강력한 가치관과 건전한 판단력을 갖춘 성격을 보여줍니다. 8일생인 당신은 천성적으로 야심이 크고 위대한 성취를 갈망합니다. 지배와 안정과 물질적인 성공에 대한 열망이 이 생일에 나타납니다. 8일생들은 타고난 사업 감각이 있어 조직과 경영 기술을 키우면 많은 이익을 볼 수 있습니다. 당신은 확실히 자리 잡았다는 안정감을 갖고 싶어 장기 계획을 세우거나 투자를 하지요. 탄생월 6의 영향으로 남을 배려하며 충실하게 대하지만, 때로 무심하고 냉정하게 행동하기도 합니다. 안주하는 것을 싫어하고 상상력이 풍부해 보다 융통성 있게 행동하면 고집스러워지는 것을 피할 수 있습니다. 이해심이 많고 마음에서 우러나온 너그러움을 보이는 당신은 돈에 지나치게 집착하거나 경솔해지기 쉽습니다. 진보적 성향으로 감정을 자유롭게 표현하기를 원하기에, 단조로운 환경이나 엄격한 생활 태도는 피하세요. 당신은 사람들과 협력하는 과정에서 안정감과 평안함을 느낄 수 있습니다.

- ● 장점 : 리더십, 철저함, 근면함, 전통적, 권위, 보호, 치유력, 훌륭한 가치 판단
- ■ 단점 : 성급함, 편협함, 인색함, 불안, 과로, 군림, 쉽게 낙담함, 무계획, 폭력적, 좌지우지됨

연애와 인간관계

진정한 소통자인 당신은 사람들과 만남을 원하고 개별적인 접촉을 즐깁니다. 감정을 드러내지 않아 냉정하게 보일 수 있지만 그 내면에는 배려하고 공감하는 마음이 있습니다. 지적인 활동을 나눌 수 있는 사람들과 함께 어울릴 때 가장 큰 행복을 느끼지요. 때로 당신은 지나치게 진지해져 거리를 두는 태도가 필요할 수 있습니다. 감춰진 불안감으로 인해 겉으로는 사교적으로 보여도 때로 논쟁을 하고 시비가 일어 긴장감과 불안감을 조성할 수 있습니다. 그렇지만 당신은 충실하고 다정하며 힘을 실어주는 친구이자 반려자입니다.

이날 태어난 유명인

조앤 리버스(코미디언), 보즈 스캑스, 카니예 웨스트(가수), 존 에버렛 밀레이(화가), 프랭크 로이드 라이트(건축가), 로베르트 슈만(작곡가), 변희봉(배우), 은지원(가수)

태양 : 쌍둥이자리

지배 성좌 : 천칭자리/금성

위치 : 17° - 18° 30' 쌍둥이자리

상태 : 변통궁

원소 : 공기

항성 : 리겔, 벨라트릭스, 카펠라

6월 9일

GEMINI

강인한 의지력과 결단력을 지닌 야심가

이 생일이 부여하는 의지력과 결단력으로 볼 때 당신에겐 대단한 장래성이 있습니다. 물질적으로나 사회적으로 성공의 사다리를 오르고 싶은 욕구로 당신은 야심 차고 강인합니다. 그러나 성취 과정에 차질이 생기면 완고하고 반항적인 태도를 보일 수 있습니다. 권한과 권위를 좋아하기 때문에 때로 책임을 떠맡아 상황을 좌지우지할 수 있습니다. 그러나 너무 오만한 인상을 주지 않으려면 인내심을 길러야 합니다.

십분각 지배 성좌인 천칭자리의 영향으로 매우 사교적이고 유쾌하며 여성 지인으로부터 필요한 것을 얻을 수 있습니다. 또한 탁월한 예술적, 창조적 심미안과 음악과 춤에 대한 사랑이 있습니다. 금성은 돈 이외에도 인간관계에 대한 관심을 가져와 사람들을 위해 더욱 좋은 환경을 조성하는 쪽으로 기울게 됩니다.

자기 수양을 통해 자신 안에서 최선의 것을 끌어낼 수 있는데, 신기록을 수립하는 능력과 장애를 극복하는 능력 등이 여기에 포함됩니다. 자유에 대한 엄청나게 강렬한 충동으로 집요해질 수 있지만, 감히 한계에 도전하거나 막강한 실력자와 문제가 생기는 것은 피하세요.

12세에 당신의 태양이 게자리로 들면서 가정과 가족, 안정감에 관한 문제가 인생에서 두드러지기 시작합니다. 이러한 영향은 42세 즈음까지 계속되는데, 이때 당신의 태양이 사자자리로 들어가면서 에너지와 권력, 확신의 시기로 들어서게 됩니다. 72세에 이르면 당신의 태양이 처녀자리로 옮겨가면서 더욱 분석적이고 현실적이며 사색적이 되고 싶어 합니다.

숨어 있는 자아

내적 신뢰는 자신감에 중요한 요소로, 그것이 없으면 당신은 침체되고 불안정해지며 자존감이 떨어지는 시기를 맞게 됩니다. 상황 판단이 빠르고 두뇌 회전이 기민한 당신은 신속하게 정보를 습득하여 자신에게 유리하게 사용합니다. 때로 물질적 문제로 걱정할 수도 있지만, 당신의 내적 지혜나 정신적인 통찰력을 통해서 냉담하고 회의적인 인생관을 극복할 수 있습니다. 내키는 대로 살아도 보고 또 공정하게 경쟁력을 키우면서도 살아보는 당신은 자신과 다른 사람들에게 강력하게 살아 있음을 느끼도록 도전의식을 자극합니다.

일을 성사시키고 싶을 때는 천부적인 통제력으로 집중력과 인내심을 발휘합니다. 그럴 때 당신은 일을 지나치게 열심히 하면서 강력하고 야심 찬 사람들에게 이끌릴 수 있습니다. 사람들은 당신의 능력을 알아보고 계획대로 일을 진행하도록 기꺼이 당신을 도와줍니다.

일과 적성

사람과 관련된 활동은 보람 있는 일이 될 수 있으며, 자기표현에 대한 열망과 극적인 것을 좋아하는 마음은 예술과 연예계로 당신을 이끕니다. 인도주의적이거나 박애주의적인 면은 상담, 또는 사회적 대의를 지원하는 방법으로 출구를 찾을 수 있습니다. 당신의 조직력과 경영이나 관리 부문에서의 잠재력은 상업이나 은행업, 산업계에서 두각을 드러내겠네요. 의지와 결단력이 있어 권한 있는 자리에도 앉을 수 있습니다. 완벽하게 자율적으로 행동하는 것을 좋아하므로 자영업은 당신에게 매력적인 선택지가 됩니다. 혹은 법조계와 세인의 이목을 받는 공직을 택하면 성공할 가능성이 높습니다. 다양성을 좋아하고 소통 기술이 뛰어난 당신은 신문방송이나 정치계와도 잘 맞습니다.

수비학으로 풀어본 당신의 운세

자비심과 사려 깊음, 그리고 풍부한 감성은 모두 생일 9와 연관되어 있습니다. 아량이 넓고 친절한 당신은 관대하고 진보적입니다. 직관적이며 영적인 능력은 보편적인 감수성을 보여, 긍정적인 방향으로 쏠리면 정신적인 길을 추구할 수 있습니다. 이날 태어난 사람들은 난관이나 감정 기복이 심해 지나치게 예민해지는 성향을 극복해야 합니다. 세계 여행이나 다양한 부류의 사람들과의 상호작용을 통해 많은 것을 얻지만 비현실적인 꿈이나 현실 도피적 성향은 피해야 합니다. 탄생월 6의 영향으로 당신은 책임감이 있고, 훌륭한 판단력과 정의, 공정성을 통해 균형과 조화를 만들어낼 수 있습니다. 관대하고 협조적이며 배려하는 모습은 당신 내면의 인도주의 성향의 발현입니다. 분열되거나 복수심을 보이는 것은 금물입니다. 다른 사람의 요구에 귀 기울이고 자기중심적이 되거나 비판적이 되지 않도록 주의하십시오. 자신의 관점으로 사람들을 좌우하지 마십시오. 사람들에 대한 동정심과 사랑은 최고의 보상을 받게 합니다.

- 장점 : 이상주의적, 인도주의적, 창의적, 섬세함, 관대함, 매력적, 시적, 넘치는 카리스마, 베푸는 성향, 운이 좋음, 인기가 많음
- 단점 : 좌절감, 신경질적, 분열적, 확신 없음, 이기적, 비현실적, 쉽게 이끌림, 열등감, 두려움, 걱정

연애와 인간관계

영향력 있고 창의적인 사람에게 매력을 느끼는 당신은, 강하고 자기 확신에 찬 외양과는 반대로 이해와 사랑을 받고 싶어 합니다. 근면하면서도 친구나 가족들과 재미있게 보내고 어울리는 것을 좋아합니다. 당신 뜻대로 하기를 좋아하지만 충실하고 배려심이 많습니다. 그러나 스스로를 괴롭히거나 신경질적이 되지 않도록 하십시오. 더 많은 자극을 받을수록 미술과 음악, 시를 통해 자기표현을 하게 됩니다.

연인이나 친구

1월 7, 17, 20일 / 2월 5, 15, 18일 / 3월 3, 13, 16, 29, 31일 / 4월 1, 11, 14, 27, 29일 / 5월 9, 12, 25, 27일 / 6월 7, 10, 23, 25일 / 7월 5, 8, 21, 23일 / 8월 3, 6, 19, 21일 / 9월 1, 4, 17, 19일 / 10월 2, 15, 17일 / 11월 13, 15, 30일 / 12월 11, 13, 28일

힘이 되어주는 사람

1월 15, 17, 28일 / 2월 13, 15, 26일 / 3월 11, 13, 24일 / 4월 9, 11, 22일 / 5월 7, 9, 20일 / 6월 5, 7, 18일 / 7월 3, 5, 16일 / 8월 1, 3, 14일 / 9월 1, 12일 / 10월 10, 29일 / 11월 8, 27일 / 12월 6, 25일

운명의 상대

1월 5일 / 2월 3일 / 3월 1일 / 12월 9, 10, 11, 12일

경쟁자

1월 4, 5, 14일 / 2월 2, 3, 12일 / 3월 1, 10일 / 4월 8, 30일 / 5월 6, 28일 / 6월 4, 26일 / 7월 2, 24일 / 8월 22일 / 9월 20일 / 10월 18일 / 11월 16일 / 12월 14일

소울메이트

1월 2일 / 3월 29일 / 4월 27일 / 5월 25일 / 6월 23일 / 7월 21일 / 8월 19일 / 9월 17일 / 10월 15일 / 11월 13일 / 12월 11일

Ⅱ

쌍둥이자리

이날 태어난 유명인

조니 뎁, 마이클 J. 폭스(배우), 콜 포터(작곡가), 엘리자베스 개릿 앤더슨(선구적인 의사), 에릭 홉스봄(역사학자), 김원희(배우)

| 태양 : 쌍둥이자리 |
| 지배 성좌 : 천칭자리/금성 |
| 위치 : 18°- 19°30′ 쌍둥이자리 |
| 상태 : 변통궁 |
| 원소 : 공기 |
| 항성 : 벨라트릭스, 카펠라 |

6월 10일
GEMINI

강력한 잠재력을 지닌 탁월한 지성의 소유자

생일로 볼 때, 당신은 탁월한 지성의 소유자로 물질적 성공과 성취를 할 수 있는 강력한 잠재력이 있습니다. 언변이 좋고 사람들에게 관심이 많으며 꼼꼼하고 정확하게 일하는 능력 또한 지니고 있지요. 독립에 대한 열망이 커서 경험에서 배우고 한 가지 전문 분야를 터득합니다.

쌍둥이자리의 두 번째 십분각의 지배 행성인 금성의 영향을 받는 당신은 설득적인 방법으로 카리스마를 발휘하는 사람입니다. 긍정적인 힘을 받으면 창의적인 아이디어가 넘쳐나고 대화에 아주 능합니다. 일반적으로 사회성이 좋은 당신은 미와 예술에 대한 감각을 타고났지요. 덕분에 화려한 것을 좋아하고 다른 사람과 협업을 하는 데 재주가 있습니다. 금성은 또한 인생에서 돈의 중요성을 강조하는데 당신은 그것을 얻기 위해 기꺼이 열심히 일합니다. 일하며 강해지고 체계화하고 의무를 다하고 싶은 열망과, 즐거움과 사랑과 자발적인 것에 대한 열망 사이에서 균형을 찾는 것이 당신의 도전 과제일 것입니다.

당신의 엄청난 잠재력을 계발하고 조급증을 창의적인 시도로 바꾸면, 당신은 인생의 어려운 문제들과의 싸움에서 결국엔 성과를 내게 됩니다. 긍정적 태도를 유지하고 누리고 있는 것들에 감사하면, 그로 인해 당신의 앞길이 열리고 당신의 에너지가 더욱 자유롭게 흐르게 됩니다.

11세에 당신의 태양이 게자리로 들어가면서 정서적 안정이나 가정, 가족에 관한 문제가 인생에서 중요하게 자리 잡습니다. 이런 영향은 41세까지 계속되는데, 이때 당신의 태양이 사자자리로 들면 이후 30년간 계속해서 자신감과 권한, 힘이 커지고 자기표현도 넘쳐나게 됩니다. 71세쯤 당신의 태양이 처녀자리로 들어가면 당신은 삶에서 더욱 분석적이고 완벽하며 실용적인 태도를 보이게 됩니다.

숨어 있는 자아

당신의 겉모습에서는 내면의 섬세함이 드러나지 않습니다. 풍부한 감성으로 무조건적인 사랑과 애정에 대한 강한 열망이 있습니다. 헌신적인 사랑을 받을 수 있을 때 비로소 당신은 인생이 당신을 지켜줄 것이라는 믿음을 갖게 됩니다. 정서적 안정감에 대한 욕구가 강해 버려지거나 사랑받지 못하면 두려움과 걱정이 생길 수 있지만 믿음을 가지면 행복해질 것입니다. 두려움이나 좌절감에 매달려 있으면 정말 필요한 것을 못 볼 수 있습니다.

애정을 표현하는 일은 당신에게 매우 중요합니다. 때로 모 아니면 도를 선택할 수 있고, 너그럽고 다정하긴 하지만, 한번 결정하면 결코 되돌리는 법이 없습니다. 사람들이 당신에게 기대하는 모습에 현혹되지 말고 자신의 본모습으로 사세요. 마음을 완전히 열었을 때 당신은 결과에 대해 마음을 쓰지 않고 충분히 거리를 유지하면서 지극히 관대해지며, 당신이 필요로 하고 원하는 모든 것을 끌어당길 수 있습니다.

일과 적성

야심과 훌륭한 사업 감각, 그리고 주도하는 능력은 성공으로 오르는 길에 도움이 됩니다. 일을 놀이와 결합시킬 수 있으며 화술이 뛰어난 당신은 사교가로서 또는 홍보 관련 일에서 두각을 나타낼 수 있지요. 마찬가지로 영업이나 상업, 또는 소통 분야는 당신의 재능을 발휘할 수 있는 훌륭한 출구입니다. 대체로 당신은 틀에 박힌 일은 싫어하고 싫증을 내므로, 다양하고 변화가 많은 직업에서 뛰어난 능력을 발휘할 수 있습니다. 교육이나 신문방송, 또는 서비스 산업은 특히 당신이 보람을 많이 느낄 수 있는 직종입니다. 또한 타고난 극적인 재간은 연예계에서도 표출될 수 있습니다. 사람을 대하는 재능은 최고의 자산입니다.

수비학으로 풀어본 당신의 운세

1일에 태어난 사람들과 마찬가지로 당신은 성취와 성공을 위해 엄청난 노력을 기울입니다. 그렇지만 목표에 도달하려면 몇 가지 장애물을 극복해야 합니다. 에너지가 넘치고 독창적인 당신은 자신의 믿음이 다른 사람과 다르다 하더라도 그 기준에 따라 행동합니다. 선구자 정신으로 솔선하는 당신의 능력은 멀리 여행하거나 독립하도록 용기를 줍니다. 당신은 세상이 나를 중심으로 돌지 않는다는 것을 깨닫고 이기주의나 군림하는 태도를 경계해야 합니다. 성공과 성취는 10일 태생들에게 아주 중요한 요소이며, 종종 자기 직업에서 최고의 자리로 가는 길을 찾습니다. 탄생월 6의 영향으로 당신은 강한 확신의 소유자이기도 합니다. 관찰력이 있고 세부적인 것을 보는 눈을 가져 유용한 정보를 모아 그것을 현실적인 방법으로 활용하기를 좋아합니다. 정신적으로 무엇인가에 몰두해 있으면 당신은 멍하거나 불안해 보입니다. 이미 알고 있는 것에 만족하지 마세요. 형이상학이나 영적 세계, 또는 철학을 공부하면 많은 것을 얻을 수 있습니다. 융통성을 발휘하여 적응력을 높이면 어떠한 오해도 깔끔하게 풀 수 있습니다.

- 장점 : 리더십, 창조적, 진보적, 단호함, 낙천적, 강한 신념, 경쟁력 있음, 독립적, 사교적
- 단점 : 고압적, 질투심, 자기중심적, 자만심, 적대적, 이기적, 허약함, 우유부단함, 성급함

연애와 인간관계

매력적이고 감성적이며 아름다움과 예술에 대한 심미안을 갖춘 당신은 화려한 인생을 사랑합니다. 카리스마가 뿜어져 나오는 화려한 사람들에게 끌리며, 낙천주의와 관대함으로 사람들을 매료시킵니다. 사랑을 위해서는 희생도 마다하지 않을지라도 희생자가 되지 않도록 주의하십시오. 항상 진지한 연애를 하고 싶어 하지만 사랑에 대해 보다 현실적인 태도를 키우면 실망을 최소화할 수 있습니다. 관계를 안정시키기 위해 열심히 노력하는 당신, 하지만 창의적인 자기표현을 하고자 하는 강한 열망을 무시하지는 마세요. 여기에는 음악과 연극 등 예술적 활동을 즐기는 것도 포함됩니다.

당신에게 특별한 사람

연인이나 친구

1월 4, 8, 18, 19, 23일 / 2월 2, 6, 16, 17, 21일 / 3월 4, 14, 15, 19, 28, 30일 / 4월 2, 12, 13, 17, 26, 28, 30일 / 5월 10, 11, 15, 24, 26, 28일 / 6월 8, 9, 13, 22, 24, 26일 / 7월 6, 7, 11, 20, 22, 24, 30일 / 8월 4, 5, 9, 18, 20, 22, 28일 / 9월 2, 3, 7, 16, 18, 20, 26일 / 10월 1, 5, 14, 16, 18, 24일 / 11월 3, 12, 14, 16, 22일 / 12월 1, 10, 12, 14, 20일

힘이 되어주는 사람

1월 5, 16, 27일 / 2월 3, 14, 25일 / 3월 1, 12, 23일 / 4월 10, 21일 / 5월 8, 19일 / 6월 6, 17일 / 7월 4, 15일 / 8월 2, 13일 / 9월 11일 / 10월 9, 30일 / 11월 7, 28일 / 12월 5, 26, 30일

운명의 상대

1월 17일 / 2월 15일 / 3월 13일 / 4월 11일 / 5월 9일 / 6월 7일 / 7월 5일 / 8월 3일 / 9월 1일 / 12월 10, 11, 12, 13일

경쟁자

1월 1, 10, 15일 / 2월 8, 13일 / 3월 6, 11일 / 4월 4, 9일 / 5월 2, 7일 / 6월 5일 / 7월 3, 29일 / 8월 1, 27일 / 9월 25일 / 10월 23일 / 11월 21일 / 12월 19, 29일

소울메이트

8월 30일 / 9월 28일 / 10월 26일 / 11월 24일 / 12월 22일

이날 태어난 유명인

주디 갈런드(배우), 로버트 맥스웰(언론사주), 하울링 울프(가수), 귀스타브 쿠르베(화가), 백일섭(배우)

쌍둥이자리

태양 : 쌍둥이자리	
지배 성좌 : 물병자리/천왕성	
위치 : 19° - 21° 30′ 쌍둥이자리	
상태 : 변통궁	
원소 : 공기	
항성 : 카펠라, 벨라트릭스, 팍트, 엘 나트	

6월 11일

GEMINI

섬세하면서도 솔직한 면모와 안목 있는 분별력

당신의 생일에서 알 수 있는 것은 이상주의와 현실성이 당신의 인생에서 같은 비중으로 작용한다는 것입니다. 판단력과 추리력이 뛰어난 당신은 빈틈이 없으면서도 섬세한 면모를 보입니다. 솔직함에 대한 강한 열망으로 당신은 섬세하면서도 솔직하며 안목 있는 분별력의 소유자입니다.

십분각 지배 성좌인 물병자리의 영향으로 독립성과 다재다능함이 돋보입니다. 또한 당신은 자상하고 외향적이며 사람 중심의 사고를 갖고 있네요. 그렇지만 당신은 더욱 특별하고 별난 면을 타고났습니다. 다양한 분야에 관심을 갖는 당신의 탁월한 정신은 독창적이고 영감으로 충만합니다. 신속하게 문제의 핵심을 간파하며, 배우는 것을 즐기고 미래를 내다볼 줄 압니다. 짜증을 잘 내는 성향을 극복하십시오. 그러지 않으면 당신의 매력이 훼손돼 다른 사람과 소원해지기 쉽습니다.

다양한 유형의 사람들에게 카리스마와 매력 넘치는 모습으로 비치지만, 이리저리 기웃거리다 다른 사람의 인생 이야기에 휘말리지 않도록 조심하십시오. 많은 아이디어에서 동기를 얻고 확실한 목표를 정하면, 강력한 목적의식이 생겨 결단력 있고 조직화된 모습을 보여줍니다. 사람과 상황에 대한 직감이 발달했기 때문에 살아가는 데 많은 도움이 되겠네요.

10세 이후 당신의 태양이 게자리로 들어가 정서적 안정감이나 집과 가족에 관한 문제들이 인생에서 중요한 역할을 합니다. 이러한 영향은 당신의 태양이 사자자리로 들어가는 40세까지 계속됩니다. 그 이후 30년 동안 당신은 자신감이 커지고 자기표현과 사교성이 많아집니다. 70세에 이르면 태양이 처녀자리로 들어가면서 더욱 분석적이고 현실적이며 사색적으로 변합니다.

숨어 있는 자아

섬세하고 창의적인 당신은 아이디어가 풍부하지만 걱정하는 성향은 피해야 합니다. 자신감을 키우는 것이 중요한데, 자신감은 인생의 모든 분야에서, 특히 음악이나 미술 또는 문필업에서 자신을 표현할 때 더욱 강화됩니다. 가정은 안정된 보금자리가 되어, 당신에게 평화와 안정을 줍니다. 조화를 원하지만 그 과정에서 너무 많은 부분을 양보하지 마십시오.

자신의 상황이나 다른 사람에 대한 실망이나 좌절에서 비롯되는 무의식적인 불만족으로 정신적인 어려움을 겪네요. 이런 불확실함을 직시해 그 문제를 잘 해결함으로써, 공평하고 긍정적인 결정을 내릴 수 있습니다. 지나친 걱정에서 벗어나면 자유롭게 창의력이 발휘되며 인생의 즐거움을 느낄 수 있습니다.

일과 적성

밝고 다재다능하며 탁월한 소통 능력을 지닌 당신은 어떤 직업에도 적응할 수 있습니다. 팔방미인이라 능력을 분산시키지 않는 게 필수입니다. 그러나 하나의 프로젝트나 가치 있는 대의에 관심을 두면 지나칠 정도로 열과 성을 다합니다. 이런 성향은 비즈니스 세계나 사회사업 또는 정치에서 당신에게 도움이 됩니다. 또한 당신은 과학이나 법, 행정, 종교 분야로도 진출할 수 있습니다. 사람들을 대하는 천부적인 능력은 영업이나 서비스 산업에서 도움이 되겠네요. 손재주가 좋아서 이를 창의적이고 현실적으로 사용할 수도 있습니다. 타고난 예술적 재능을 계발하고 영감을 표현하는 수단으로 영화나 그림, 음악 등의 분야에 끌릴 수도 있습니다.

수비학으로 풀어본 당신의 운세

생일 마스터 번호 11의 특별한 울림은 이상주의와 영감, 혁신이 당신에게 아주 중요하다는 것을 보여줍니다. 겸손함과 자신감이 어우러져 물질적으로나 정신적으로 극기심을 키우는 모습을 보이게 됩니다. 경험을 통해 당신은 내면에 공존하는 극단적인 양면성을 어떻게 다룰지를 터득하고, 자신의 감정을 신뢰하여 덜 극단적인 태도를 취할 수 있습니다. 보통 당신은 한껏 충전되어 활력을 즐기지만 지나치게 불안해하거나 비현실적이 되지 않게 하세요. 탄생월 6의 영향으로 당신은 매우 직관적이지만 목표에 집중할 필요가 있습니다. 야망이 크므로 꿈을 실현하기 위해 보다 현실적인 통찰력을 계발해야 하지요. 시간을 갖고 탄탄한 기반을 닦으십시오. 당신은 사려 깊고 이해심이 많아 다른 사람들에게 영감을 줄 수 있지만 너무 우울해지거나 지나치게 예민해지거나 화가 나지 않도록 주의하세요. 당신의 이상을 눈에 보이는 현실로 바꾸기 위해서는, 먼저 확실히 검증된 방법을 써보면 더 좋을 것입니다.

- ● 장점 : 균형감, 집중력, 객관적, 열정적, 영감 충만, 정신적, 이상주의적, 직관적, 지적, 외향적, 창의적, 예술적, 봉사 정신, 치유 능력, 박애주의자, 심령적
- ■ 단점 : 우월감 콤플렉스, 부정직함, 목적 상실, 지나치게 감정적, 쉽게 상처받음, 극도로 예민함, 이기적, 명확성 결여, 지배적

연애와 인간관계

카리스마와 매력이 넘치는 당신은 다양한 사람들을 매료시킵니다. 이런 능력으로 심미안을 발휘해야 하는 상황이 벌어질 수 있는데, 당신에게 기대려 하는 사람이나 당신을 목표에서 멀어지게 만드는 사람도 끌어들이기 때문입니다. 인간관계에 갖는 기대가 높으며, 이것이 충족되지 않으면 불안해하고 스스로에게나 사람들에게 불만을 갖게 됩니다. 당신은 사랑하는 사람들을 위해 희생도 마다하지 않지만, 인정받고 싶은 욕구가 있어서 노력에 대한 인정과 그만큼의 사랑을 받길 원합니다. 사람들을 상대하는 데 대체로 행운이 많이 따릅니다.

연인이나 친구

1월 5, 9, 18, 19일 / 2월 3, 7, 16, 17일 / 3월 1, 5, 14, 15, 31일 / 4월 3, 12, 13, 29일 / 5월 1, 10, 11, 27, 29일 / 6월 8, 9, 25, 27일 / 7월 6, 7, 23, 25, 31일 / 8월 4, 5, 21, 23, 29일 / 9월 2, 3, 19, 21, 27, 30일 / 10월 1, 17, 19, 25, 28일 / 12월 13, 15, 21, 24일

힘이 되어주는 사람

1월 1, 6, 17일 / 2월 4, 15일 / 3월 2, 13일 / 4월 11일 / 5월 9일 / 6월 7일 / 7월 5일 / 8월 3일 / 9월 1일 / 10월 31일 / 11월 29일 / 12월 27일

운명의 상대

12월 11, 12, 13, 14일

경쟁자

1월 2, 16일 / 2월 14일 / 3월 12일 / 4월 10일 / 5월 8일 / 6월 6일 / 7월 4일 / 8월 2일 / 12월 30일

소울메이트

1월 11, 31일 / 2월 9, 29일 / 3월 7, 27일 / 4월 5, 25일 / 5월 3, 23일 / 6월 1, 21일 / 7월 19일 / 8월 17일 / 9월 15일 / 10월 13일 / 11월 11일 / 12월 9일

이날 태어난 유명인

진 와일더, 휴 로리(배우), 자크 쿠스토(해양 탐험가), 리하르트 슈트라우스(작곡가), 벤 존슨(시인), 존 컨스터블(화가), 강호동(코미디언), 최지우, 김희선, 고경표(배우), 요조(가수)

225

태양 : 쌍둥이자리	
지배 성좌 : 물병자리/천왕성	
위치 : 20° - 21° 30′ 쌍둥이자리	
상태 : 변통궁	
원소 : 공기	
항성 : 카펠라, 벨라트릭스, 팍트, 민타카,	
엘 나트, 알닐람	

6월 12일
GEMINI

직감과 예지력이 뛰어난 역동적인 탐험가

머리 회전이 빠르고 직감이 뛰어난 것은 이날 태어난 사람들의 공통된 특성으로, 당신의 예지력이나 다재다능한 성향과 잘 어울립니다. 끊임없이 움직이는 것을 좋아하는데, 내적인 불안감이 새롭고 흥미진진한 탐험의 길을 찾아냅니다. 상황 파악이 지나칠 정도로 빠른 당신은 쉽게 지루해하고 틀에 박힌 일을 싫어합니다. 당신에게 정신적인 자극을 주는 날카로운 지성의 소유자들에게 끌리지요. 자상하고 사교적인 성향으로, 대중에게 비치는 모습을 인식하며 인기를 얻고 싶어 합니다.

섬세하며 풍부한 상상력의 소유자인 당신은 확실한 목표를 갖고 집중할 필요가 있습니다. 마음이 조급해지면 쉽게 포기하는 경향이 있어서 엄청난 잠재력을 발휘하기 위해서는 인내심을 키워야겠네요.

십분각 지배 성좌인 물병자리의 영향으로 당신은 토론을 즐기고 다소 특이한 것에 관심을 갖는 성향이 있습니다. 상황 판단이 빠르고 지략이 풍부하지만, 이상주의와 일상 간에 갈등이 생길 수 있습니다. 이 생일에서 알 수 있는 것은 여행이 당신의 인생에 엄청난 영향을 미치고 외국에서 일하거나 거주할 가능성이 많다는 것입니다.

9세에 당신의 태양이 게자리로 들면서 당신은 집과 가정의 문제를 중시합니다. 그러면서 사랑과 이해, 정서적인 안정감에 대한 욕구가 커집니다. 당신의 태양이 사자자리로 드는 39세부터 당신은 자신감이 커지고 개인적인 능력에 대해 더 많이 인식하게 됩니다. 69세에 이르러 태양이 처녀자리로 접어들면 삶을 품위 있게 만들고 싶어지고 더욱 분석적이고 현실적이며 사색적이 됩니다.

숨어 있는 자아

자금에 대한 불확실성은 불필요한 걱정이나 좌절감을 느끼게 합니다. 천성적인 조급함 때문에 돈 문제에 조심할 필요가 있는데, 편의를 좇아 나서지 말고 미래를 위해 천천히 쌓아가는 길을 택하십시오. 낭비벽도 엿보이는데, 목표를 이루는 데 도움이 되지 않습니다. 그러나 일단 꿈을 현실로 만들기로 결심했다면 한 치의 흔들림 없이 결단력 있게 밀고 나갈 수 있습니다.

당신의 역동적인 성향을 보면 당신은 뚜렷한 목적의식을 갖고 집중할 필요가 있습니다. 그러면 자신감이나 자존감에 대한 근심이나 의구심은 사라질 것입니다. 당신은 인생에 대해 지극히 창조적인 태도를 보이는데, 현재의 난관에 굴하지 않고 더 크고 더 폭넓은 시야를 택하게 됩니다. 다른 사람들을 위해 희생을 감수하더라도 길게 보면, 이는 동정심과 인도주의라는 더 훌륭한 당신의 잠재력을 키우는 데 도움이 될 것입니다.

일과 적성

빠른 두뇌 회전과 뛰어난 소통력은 특히 언론이나 고객 서비스, 또는 영업 직종에서 발휘될 수 있습니다. 근면하고 야심이 크지만 다양성을 좋아해서 빠르게 변화하고 판에 박히지 않은 일을 하는 직업을 선택하는 것이 좋습니다. 여행이나 관광업이 당신의 모험심에 잘 맞겠네요. 움직이는 것을 좋아하니 스포츠나 레저가 있는 직업도 에너지와 추진력을 발휘하는 훌륭한 출구가 될 것입니다. 강한 예지력과 뛰어난 구조 감각은 당신이 비즈니스 세계에서 현실적인 지도자가 되는 데 도움을 주며, 사진이나 그래픽, 수학 분야로 진출할 수도 있습니다. 창의성은 연극이나 음악을 통해 드러내 보일 수 있으며, 치유의 세계에서라면 풍부한 감성을 직관적으로 작용시켜 발휘할 수 있습니다.

수비학으로 풀어본 당신의 운세

12일에 태어난 당신은 직관력이 뛰어나고 자상합니다. 진정한 개성을 갖추고 싶어 하며 훌륭한 이성과 놀라운 혁신력을 보여줍니다. 타고난 이해심과 감성을 지녔기 때문에 기지와 협동적인 방법을 어떻게 활용하여 목표와 목적을 이루는지 잘 알고 있습니다. 자기표현에 대한 필요성과 다른 사람들을 돕고자 하는 천성이 균형을 이루면 당신은 정서적인 만족감과 개인적인 충족감을 얻겠네요. 그렇지만 스스로 자립할 용기를 찾아 자신감을 키우거나 다른 사람들에 의해 쉽게 낙담하지 않는 법을 터득해야 합니다. 탄생월 6의 영향으로 당신은 자신의 감정을 명확하게 표현할 필요가 있습니다. 오해를 피하기 위해서 다른 사람들이 당신의 감정과 생각을 알도록 하세요. 마음을 열고 더 큰 그림을 그리면 낙천적이고 거리를 둘 수 있는 여유가 생길 것입니다. 인도주의적 태도와 다른 사람에 대한 관심을 가지면 진정한 공감대를 형성할 수 있습니다. 다른 사람들이 말하는 것에 귀 기울이되 자신의 믿음을 굽히지 않는 방법으로 걱정과 우유부단함을 피해보십시오.

- 장점 : 창의적, 매력적, 주도적, 규율에 엄격함, 자신이나 사람들을 홍보
- 단점 : 괴짜, 비협조적, 지나치게 예민함, 자존감 결여

연애와 인간관계

잠시도 가만있지 못하며 지적인 당신은 독창적이고 영리한 사람들에게 끌립니다. 당신에게 우정은 아주 중요한 요소로, 여러 부류의 사람들과 사귀며 어울리는 것에서 당신이 진보적이며 마음이 젊은 사람임을 엿볼 수 있습니다. 연예인 기질을 타고나 사랑하는 사람과 함께 있으면 돋보입니다. 교육과 학습을 통해 공통 관심사를 나눌 수 있는 사람을 만날 수 있겠네요. 쾌락을 즐기며 즐겁게 보낼 수도 있지만 성숙한 태도를 취할 때 관계에 평화와 안정이 유지됩니다.

당신에게 특별한 사람

연인이나 친구

1월 6, 10, 20, 29일 / 2월 4, 8, 18, 27일 / 3월 2, 6, 16, 25, 28, 30일 / 4월 4, 14, 23, 26, 28, 30일 / 5월 2, 12, 21, 24, 26, 28, 30일 / 6월 10, 19, 22, 24, 26, 28일 / 7월 8, 17, 20, 22, 24, 26일 / 8월 6, 15, 18, 20, 22, 24일 / 9월 4, 13, 16, 18, 20, 22일 / 10월 2, 11, 14, 16, 18, 20일 / 11월 9, 12, 14, 16, 18일 / 12월 7, 10, 12, 14, 16일

힘이 되어주는 사람

1월 7, 13, 18, 28일 / 2월 5, 11, 16, 26일 / 3월 3, 9, 14, 24일 / 4월 1, 7, 12, 22일 / 5월 5, 10, 20일 / 6월 3, 8, 18일 / 7월 1, 6, 16일 / 8월 4, 14일 / 9월 2, 12, 30일 / 10월 10, 28일 / 11월 8, 26, 30일 / 12월 6, 24, 28일

운명의 상대

1월 25일 / 2월 23일 / 3월 21일 / 4월 19일 / 5월 17일 / 6월 15일 / 7월 13일 / 8월 11일 / 9월 9일 / 10월 7일 / 11월 5일 / 12월 3, 11, 12, 13, 14일

경쟁자

1월 3, 17일 / 2월 1, 15일 / 3월 13일 / 4월 11일 / 5월 9, 30일 / 6월 7, 28일 / 7월 5, 26, 29일 / 8월 3, 24, 27일 / 9월 1, 22, 25일 / 10월 20, 23일 / 11월 18, 21일 / 12월 16, 19일

소울메이트

1월 18일 / 2월 16일 / 3월 14일 / 4월 12일 / 5월 10, 29일 / 6월 8, 27일 / 7월 6, 25일 / 8월 4, 23일 / 9월 2, 21일 / 10월 19일 / 11월 17일 / 12월 15일

이날 태어난 유명인

데이비드 록펠러(은행가), 안네 프랑크(작가), 조지 H. W. 부시(전 미국 대통령), 에곤 실레(화가), 유상무(코미디언), 류덕환(배우)

태양 : 쌍둥이자리
지배 성좌 : 물병자리/천왕성
위치 : 21° - 22° 30′ 쌍둥이자리
상태 : 변통궁
원소 : 공기
항성 : 벨라트릭스, 팍트, 민타카, 엘 나트, 엔시스, 알닐람

6월 13일
GEMINI

근면하고 인정 많은 실용주의자

이날 태어난 사람들에게서 보이는 밝고 현실적인 자각에서 당신이 사교적인 이상주의자로 가치관이 확실하다는 것을 알 수 있습니다. 합리적인 사람이라 스스로 바쁘게 움직이며 탄탄한 기반을 만듭니다. 인생에서 일을 중요하게 여기므로 근면하게 노력하면 지속적인 번창과 안정을 누리게 될 것입니다.

십분각 지배 성좌인 물병자리의 기운으로 당신에겐 매우 놀라운 독창성이 있어 사람들의 성격을 빠르게 판단할 수 있습니다. 표현이 분명하여 탁월한 소통 기술을 발휘할 분출구가 필요합니다. 다만 너무 완고하거나 고집스러워지지 않도록 주의하세요.

당신은 맡은 일을 아주 잘하고 싶어 하고 그 일에 자부심도 갖고 싶어 합니다. 전체적으로 매우 충실한 성격이어서 책임을 진지하게 받아들이지만, 냉철함이 자상함과 다정함으로 변할 수도 있습니다. 이상주의자인 당신은 자신의 감수성이 다른 사람들에게 도움을 줄 수 있다면 헛된 것이 아니라고 느낍니다. 아주 사무적인 태도도 몸에 배어 있어 이런 성향들이 강력하게 결합되면 당신은 인정 많은 실용주의자가 될 수 있습니다.

8세 때 당신의 태양이 게자리로 들어, 당신은 섬세하고 안정을 의식하며 가정생활에 집중하는 성향이 됩니다. 38세쯤 되었을 때 당신의 태양은 사자자리로 들어가면서, 자기표현과 주장에 대한 강한 욕구가 생겨 더욱 사교적이고 대담하며 권위주의적인 모습을 보이게 됩니다. 또 한 번의 전환기는 68세에 맞게 되는데, 이때 당신의 태양이 처녀자리에 들면서 당신은 더욱 분석적인 완벽주의자의 면모를 보이고 삶에 실용적인 태도를 갖게 됩니다.

숨어 있는 자아

다양성과 변화에 대한 내적 욕구는 외부에서는 그리 분명하게 보이지 않습니다. 이런 모험적인 면 때문에 새롭고 흥미진진한 것들을 탐험할 출구가 필요할 수 있습니다. 때로 감정을 너무 억누르기 때문에 이런 열망이 불안감이나 조급증으로 변할 수 있고 자신감이 마모될 수도 있습니다. 그 보상심리로 당신은 스스로 자신의 운명을 못마땅해하며 술이나 약물, TV 또는 환상의 세계에 빠져 지내게 될 수 있습니다.

공감력과 이해심이 많은 당신은 다른 사람들의 기분을 감지할 수 있습니다. 높은 이상은 사랑과 애정에 대한 열망으로 이어지는데, 이는 예술이나 영적 세계, 또는 치유 분야에서 창조적으로 분출될 수 있습니다. 더욱 섬세한 인식을 일상생활에 적용함으로써 당신은 긍정적인 사고에서 영감을 느낄 수 있다는 것을 알게 됩니다. 그러나 침착함을 유지하고 외부 영향에 압도당하지 않도록 하면서 섬세한 신경을 스스로 보호해야 합니다.

일과 적성

현실적이면서도 친절한 당신은 행운이 따르는 일할 기회를 포착합니다. 소통 능력이 뛰어나 법조계나 교육 같은 직업을 가질 수 있겠네요. 예리한 지능을 활용할 수 있는 상업이나 제조업에 이끌리는데, 여기에서 탁월한 조직 능력을 발휘하게 됩니다. 고용주는 당신이 근면하고 책임감 있으며 신뢰할 수 있는 사람임을 간파합니다. 이날 태어난 사람들은 손재주가 좋아 그 재주를 창의적이며 실리적으로 사용할 수 있습니다. 또 인간본성에 대한 예리한 통찰력이 창조적인 재능과 맞물려 문필업이나 미디어, 또는 연기 계통에서 기회를 찾을 수 있습니다.

수비학으로 풀어본 당신의 운세

풍부한 감성과 열정, 영감은 13일에 태어난 사람들을 알아볼 수 있는 특성입니다. 수비학적인 측면에서 당신은 야망과 근면성과 연관 깊으며, 창조적인 자기표현을 통해 더 많이 성취할 수 있습니다. 실용적인 인생관을 함양하면 창조적인 재능을 눈에 보이는 상품으로 전환할 수 있습니다. 독창적이고 획기적인 태도는 새롭고 흥미진진한 아이디어를 분출시켜 때로 사람들에게 감동을 주는 결과를 가져옵니다. 13일에 태어난 당신은 성실하고 로맨틱하며 매력적이고 흥이 많아, 일로매진하면 성공을 이룰 수 있습니다. 탄생월 6의 영향으로 당신은 야심 차고 회복력이 있고 지략이 풍부하며 훌륭한 추리력을 타고났습니다. 사람들과 협업하거나 그룹 단위로 일하면 성공에 도움이 되겠네요. 자신감이 부족하면 다른 사람들에게 의존할 수 있지만, 결단력이 뛰어난 당신은 스스로 문제를 해결하고 싶어 하네요. 당신이 잠시도 가만있지 못하고 현실에 만족하지 못하기도 하지만, 이는 더욱 앞으로 나아가는 원동력이 되기도 합니다.

- 장점 : 야심 있음, 창조적, 자유분방함, 개성 표현, 주도적
- 단점 : 충동적, 우유부단함, 위세를 부림, 감정을 드러내지 않음, 반항적, 자기중심적

연애와 인간관계

강렬한 정서로 이상주의적 성향을 지닌 당신은 관대하고 인정이 많습니다. 인간관계에서 당신은 우울해지기 쉽고 불만스럽거나 불안해하기 쉽습니다. 다른 한편으로는 매력적이고 남과 어울리기 좋아하며 사교적인 것을 좋아해서 친구와 팬이 많습니다. 그렇지만 다른 사람들에게 이용당하거나 사기당하지 않도록 조심하세요. 큰 그림을 잘 그리고 야망이 큰 영향력 있는 사람들에게 끌리는 당신은 그런 사람들의 여러모로 도움을 받을 수 있습니다.

당신에게 특별한 사람

연인이나 친구 ♥

1월 7, 11, 22일 / 2월 5, 9, 20일 / 3월 3, 7, 18, 31일 / 4월 1, 5, 16, 29일 / 5월 3, 14, 27, 29일 / 6월 1, 12, 25, 27일 / 7월 10, 23, 25일 / 8월 8, 21, 23, 31일 / 9월 6, 19, 21, 29일 / 10월 4, 17, 19, 27, 30일 / 11월 2, 15, 17, 25, 28일 / 12월 13, 15, 23, 26일

힘이 되어주는 사람 ♣

1월 8, 14, 19일 / 2월 6, 12, 17일 / 3월 4, 10, 15일 / 4월 2, 8, 13일 / 5월 6, 11일 / 6월 4, 9일 / 7월 2, 7일 / 8월 5일 / 9월 3일 / 10월 1, 29일 / 11월 27일 / 12월 25, 29일

운명의 상대

12월 13, 14, 15일

경쟁자

1월 9, 18, 20일 / 2월 7, 16, 18일 / 3월 5, 14, 16일 / 4월 3, 12, 14일 / 5월 1, 10, 12일 / 6월 8, 10일 / 7월 6, 8, 29일 / 8월 4, 6, 27일 / 9월 2, 4, 25일 / 10월 2, 23일 / 11월 21일 / 12월 19일

소울메이트 ★

1월 9일 / 2월 7일 / 3월 5일 / 4월 3일 / 5월 1일 / 10월 30일 / 11월 28일 / 12월 26일

쌍둥이자리

이날 태어난 유명인

윌리엄 버틀러 예이츠(시인), 맬컴 맥도웰, 크리스 에번스, 올슨 자매(배우), 존 포브스 내시(수학자), 서영희(배우)

태양 : 쌍둥이자리
지배 성좌 : 물병자리/천왕성
위치 : 22° – 23°30′ 쌍둥이자리
상태 : 변통궁
원소 : 공기
항성 : 카펠라, 팍트, 민타카, 엘 나트, 알닐람, 알 헤카

6월 14일
GEMINI

천재의 번뜩임과 반항이 교차하는 예리한 비판 능력의 소유자

인생을 독창적인 태도로 대하는, 마음이 잘 통하는 똑똑한 소통자입니다. 겉모습은 밝고 자상하지만 진지한 면모를 갖추고 있어 문제 해결에 긍정적으로 활용됩니다. 자기표현에 대한 강렬한 열망은 사회적으로 표현될 수도 있고, 글쓰기나 예술을 통해 표현될 수도 있습니다.

쌍둥이자리의 세 번째 십분각의 영향을 받아 객관적이고 창의적입니다. 천재의 번뜩임과 반항적인 순간이 교차합니다. 운 좋게도 당신의 생각은 시대를 앞서갈 수 있지만, 그로 인해 사회와 마찰을 겪을 수도 있습니다. 넘치는 기지와 창의적인 번뜩임이 사람들에게 매력적으로 다가가지만, 걱정하는 성향과 기본적으로 갖고 있는 우유부단한 성격이 삶의 환희를 억누를 수 있으니 조심하십시오.

다방면에 관심이 많고 심지어 특이한 분야에 관심이 많기 때문에 에너지를 분산하지 않는 것이 중요합니다. 당신은 일반적으로 자신의 의견을 솔직하게 표현하지만, 때로는 회의에 빠지거나 말이 없어지는 현상을 주의하시기 바랍니다. 어느 시점에서 철학적이고 심령적인 주제에 관심을 보일 수 있는데, 예리한 비판 능력의 소유자로서 이러한 성향을 다른 사람들을 좌지우지하거나 사기를 꺾는 대신 도움을 주는 방향으로 돌릴 수 있습니다. 당신의 다재다능한 성향은 창의적인 번뜩임과 맞물려 다른 사람들에게 엄청난 영감을 주며 지속적이고 보람 있는 성취를 이룰 수 있습니다.

7세쯤 되었을 때 당신의 태양이 게자리로 들어가면서 안정과 가정 문제가 인생에서 더 큰 중요성을 갖게 됩니다. 또한 이는 정서적인 욕구와 안정을 강조하게 되며 이것에 영향을 가장 많이 받는 사람들에 대해 더 큰 관심을 두게 됩니다. 이런 경향은 37세까지 계속되며, 이때 당신의 태양은 사자자리로 들게 되면서 힘과 자신감이 커지고 재능이 계발됩니다. 67세쯤, 당신의 태양이 처녀자리로 들면서 보다 분석적인 완벽주의자 성향이 커지고 아울러 인생에 대해 실용적인 면이 부각됩니다.

숨어 있는 자아

믿을 만하고 성실해서 다른 사람들에게 전문지식과 노하우를 알려주며 항상 도와주고 조언해줄 준비가 되어 있습니다. 근면함이 몸에 배어 있고, 마음에 와닿는 가치 있는 대의나 사람을 위해 적잖은 희생을 합니다. 이런 희생이 너무 심해져 참기 힘들 정도가 되면 우울해질 수 있으니 조심하세요. 날카로운 직관력을 키우고 당신의 첫 직감을 신뢰하는 법을 터득하는 것이 중요합니다.

한편 당신의 실천적인 면은 당신이 훌륭한 전략가임을 보여줍니다. 명민하고 표현이 분명하고 성실하게 공감하며 아이디어를 전달합니다. 잘 전달된 아이디어는 당신을 행동하게 하여 현재의 능력 이상으로 성장할 수 있게 해줍니다. 우유부단함이 생기면 이미 성취한 것에 안주하며 편안한 길을 따라갈 수도 있지만, 당신은 인생을 어떻게 즐기며 또 스스로 새로운 대상을 찾아 어떻게 지속적으로 기쁨을 발견할 수 있는지 잘 알고 있습니다. 가정과 안정된 기반은 특히 당신에게 중요한데, 당신은 내적 평화와 조화를 원하고 있기 때문입니다.

일과 적성

지적이고 생각이 명료해서 지속적으로 자극을 주는 변화와 다양성을 원할 수 있습니다. 같은 직업 안에서도 운영 방법을 변화시키고 개선시킵니다. 독창적인 아이디어와 인생에 대한 개성 넘치는 태도로 볼 때, 글쓰기나 소통과 관련된 직업에 매력을 느낄 것입니다. 상황을 빠르게 판단하는 비즈니스 감각을 갖춰 상업에서 성공할 수 있으며, 예리한 두뇌를 연구나 문제 해결에 이용할 수도 있습니다. 승부욕이 강해 스포츠 세계로 진출할 수 있고, 자기표현에 대한 강한 열망이 있어서 예술이나 연극 분야에서 성공을 거둘 수 있습니다. 영업이나 사람과 관련된 다른 직업에도 끌릴 수 있지만, 심오하고 체계적인 사고를 할 수 있어서 철학에도 관심을 보일 수 있습니다.

수비학으로 풀어본 당신의 운세

지적인 잠재력, 실용주의, 결단력은 14일에 태어난 사람들의 특성입니다. 사실 14일에 태어난 당신은 일을 우선시하고 자신과 다른 사람들을 직업의 성취 여부를 기준으로 판단합니다. 안정이 필요하지만 14일이 의미하는 마음의 동요로 앞으로 나아가면서 운을 지속적으로 개선하게 되고 새로운 도전을 받아들이게 됩니다. 이러한 타고난 마음의 동요와 만족감의 결여는 인생에서 수많은 변화를 겪도록 자극제 역할을 하는데, 특히 근무 조건이나 경제 상황이 만족스럽지 않을 경우 더욱 그렇습니다. 통찰력이 있어서 문제에 신속하게 반응하고 그것을 해결하는 것을 즐깁니다. 탄생월 6의 영향으로 자신의 직관력을 믿고 삶에 대한 철학적 태도를 발현함으로써 많은 도움을 받을 수 있습니다. 다재다능함과 강력한 직관으로 고집스러운 성향을 누를 수 있지만, 사교 수완을 발휘해서 불안해지거나 자신감을 잃지 않도록 하십시오. 자신이 기여하거나 노력한 부분에 대해 인정을 받고자 하는 성향으로 당신이 정당하게 자기 것을 주장하는 데 주저함이 없다는 것을 알 수 있습니다.

- 장점 : 결단력 있는 행동, 근면, 운이 좋음, 창조적, 실용적, 풍부한 상상력, 근면함
- 단점 : 지나치게 조심스럽거나 지나치게 충동적, 불안정, 무분별, 완고함

연애와 인간관계

다정하고 자발적인 당신은 사랑하는 사람을 위해서 최선을 다합니다. 그러나 무심하거나 차가운 인상을 주는 면도 있네요. 보기보다 예민해서 힘을 비축할 수 있도록 자신만의 공간을 갖는 것이 필수적입니다. 이상적인 사랑을 생각하고 있는 높은 기대치에 맞추는 것은 누구에게나 어려울 것입니다. 그러나 충실하고 상대를 배려하기에 안정을 위해 선택한 상대방에게 계속 헌신할 것입니다.

이날 태어난 유명인

체 게바라(혁명가), 해리엇 비처 스토, 가와바타 야스나리(작가), 루이 가렐(배우), 보이 조지(가수), 도널드 트럼프(미국 대통령), 김용옥(철학자), 김현철(가수)

| 태양 : 쌍둥이자리 |
| 지배 성좌 : 물병자리/천왕성 |
| 위치 : 23° - 24°30′ 쌍둥이자리 |
| 상태 : 변통궁 |
| 원소 : 공기 |
| 항성 : 민타카, 엘 나트, 알닐람, 알 헤카 |

6월 15일

GEMINI

명석한 두뇌와 깊은 통찰력을 지닌 행동파

명석한 두뇌와 깊은 통찰력을 지닌 친절하고 활동적인 쌍둥이자리 태생입니다. 독립적임에도 불구하고 당신의 삶은 사회적 상호작용을 지향하며, 사람을 다루는 경험을 통해 소통 기술을 개발합니다. 독창적이고 비범한 사람들에게 매력을 느끼지만, 사회 각계각층의 사람들과 어울려 사는 방법을 터득합니다. 매우 단호한 면도 있어서 어떤 목표를 향해 나아가게 되면 강력한 힘을 보여줄 수 있습니다.

쌍둥이자리 세 번째 십분각의 지배 행성 천왕성의 영향으로 아이디어는 매우 독창적이며, 사람을 평가하는 능력이 뛰어납니다. 또한 상황 판단이 빠르고 창의적인 사고방식이 있는데, 이러한 특성은 미술이나 음악, 또는 연극을 통해 나타날 수 있지만 논쟁이 많은 주제에 대해 토론하거나 글쓰기에 끌릴 수도 있습니다. 한편으론 거칠고 적극적이며 거의 주도적이지만, 또 한편에서는 감각적이고 상상력이 풍부하며 너그럽습니다. 이 두 가지 성향 사이에서 균형을 유지하는 것이 중요합니다. 솔직하고 단순 명쾌한 것을 원하기 때문에, 당신이 꿈꾸는 완벽한 세상에 대한 모델이 금전적인 문제와 충돌하면 행복하지 않습니다. 사랑하는 사람들에게 무척 관대할 수 있는 반면, 충분한 재력을 갖지 못할 것 같은 근거 없는 두려움이 있을 수도 있습니다. 그렇지만 천부적인 전략적 능력에 의해 늘 물질적인 보호를 받고 삽니다.

6세 이후 당신의 태양이 게자리로 들어가면서, 감정적 관계, 특히 가족과의 관계를 더 의식하게 됩니다. 안정감과 가족 유대감이 더욱 필요하며, 이는 당신의 태양이 사자자리로 들어가는 36세 무렵까지 계속됩니다. 이때가 전환기로 개인적인 자기표현과 자신감에 더 집중하게 되면서 리더십을 더욱 적극적으로 또는 강력한 방식으로 사용하게 됩니다. 66세가 되면 당신의 태양은 처녀자리로 들어가며 보다 분석적이고 실용적이며 사려 깊은 사람이 됩니다.

숨어 있는 자아

물질적 안정, 권력 및 명성에 대한 강력한 내적 욕구는 특히 높은 이상주의와 잘 어울립니다. 평화와 만족에 대한 야망과 욕구가 잘 결합하여 성공을 이룬 뒤에는, 진심으로 우러나서 타인에게 베푸는 경우가 많습니다. 보편적 이해에 대한 열망도 있을 수 있습니다. 평화를 유지하려는 바람이 타성이나 불안이라는 이상한 형태로 나타날 수도 있으니 경계해야 합니다.

자신이 알고 있는 것은 늘 다른 사람들과 나누고자 하여 동업자 관계나 집단에 큰 공헌을 할 수 있습니다. 타인에게 영향을 줄 수 있는 강력하고 건설적인 내적 능력이 있기 때문에, 단순히 물질적 성공이 아닌 진정한 성취의 의미를 깨닫는 것이 중요합니다. 어떤 일에 대의명분이 있다고 믿으면 혼신을 다해 그 일을 지지하며, 다른 사람들을 납득시키기 위해 온갖 방법으로 설득할 것입니다.

일과 적성

명석한 두뇌와 소통 능력이 있어 대개 사람을 상대하는 직업에서 성공합니다. 개인적 차원에서 사람들을 다루는 재능이 뛰어나 특히 홍보나 에이전트 역할과 같은 직업에 끌릴 수 있습니다. 아이디어든 상품이든, 어떤 것이든 그 가치에 대한 진정한 믿음만 있으면 팔 수 있는 능력과 열정이 있기 때문에 영업이나 홍보, 협상에서 큰 역할을 할 수 있습니다. 설득력 있고 표현이 분명한 언변으로 법조계나 강연 등의 분야에 흥미를 가질 수도 있습니다. 이날 태어난 사람은 비즈니스든 상담 분야든 자문가가 되는 경우가 많습니다. 혹은 인정받고 싶은 욕구가 연극이나 미술, 음악 등을 통해 표출될 수도 있습니다. 꿋꿋하게 밀고 나가는 힘으로 결국 원하는 분야에서 성공하게 됩니다.

수비학으로 풀어본 당신의 운세

다재다능함과 열정, 그리고 잠시도 가만있지 못하는 성격은 15일에 태어난 사람들이 보이는 공통된 특성입니다. 가장 큰 자산은 강력한 직관, 그리고 이론과 실제를 결합하여 빠르게 습득하는 능력입니다. 기회가 생겼을 때 직관력을 발휘하여 재빠르게 포착하는 경우가 많습니다. 15일에 태어난 사람들은 돈을 끌어들이거나 다른 사람들의 도움 및 지원을 받아내는 데 특별한 재능이 있습니다. 태평한 성격이면서도 단호해서 예상치 못한 일을 즐겁게 받아들이며, 도박을 좋아합니다. 탄생월 6의 영향으로 자신의 욕구와 타인에 대한 의무 간에 균형을 이룰 필요가 있습니다. 실천력과 능력을 겸비하여, 지나친 열정을 나타내지 않고도 당신의 관심을 보여줄 수 있습니다. 그렇지만 재능이나 노력에 대해 인정받고 싶어서 야심 차고 근면한 성향을 보일 수 있습니다. 창조성이나 느낌을 더 자유롭게 표현하는 방법을 발견하면 한계를 극복할 수 있습니다. 타고난 모험가이긴 하지만 진정 당신 것이라 할 수 있는 현실적 기반이나 가정을 필요로 합니다.

- 장점 : 자발성, 관대함, 책임감, 자상함, 협동심, 감사함, 창조적인 아이디어
- 단점 : 안절부절, 무책임, 자기중심적, 변화에 대한 두려움, 신뢰 결여, 걱정, 망설임, 물질만능주의

연애와 인간관계

외향적이고 사교적이지만, 적극적이고 거침없이 할 말을 하는 성향으로, 대개 활발한 사회생활을 합니다. 사상이 다른 학파의 사람들을 만나고 대화하고 토론하는 것을 즐깁니다. 인간관계는 매우 중요한데, 그들과 견주어 당신의 기지를 시험하면서 확고한 의견을 가질 수 있기 때문입니다. 성실하고 배려심이 있어서 약속을 지키고자 노력합니다. 강한 정신력의 소유자에게 끌려 건전한 토론을 즐깁니다. 그러나 동업자들과의 언쟁이나 파워 게임에 빠지지 않도록 조심하세요. 어쨌거나 사랑하고 충성하며 신뢰할 만한 친구에게는 매우 관대하네요.

연인이나 친구
♥

1월 3, 19, 23일 / 2월 11, 21일 / 3월 9, 19, 28, 31일 / 4월 7, 17, 26, 29일 / 5월 5, 15, 24, 27, 29, 31일 / 6월 3, 13, 22, 25, 27, 29일 / 7월 1, 11, 20, 23, 25, 27, 29일 / 8월 9, 18, 21, 23, 25, 27일 / 9월 7, 16, 19, 21, 23, 25일 / 10월 1, 5, 14, 17, 19, 21, 23일 / 11월 3, 12, 15, 17, 19, 21일 / 12월 1, 10, 13, 15, 17, 19일

힘이 되어주는 사람

1월 3, 4, 10, 21일 / 2월 1, 2, 8, 19일 / 3월 6, 17, 30일 / 4월 4, 15, 28일 / 5월 2, 13, 26일 / 6월 11, 24일 / 7월 9, 22일 / 8월 7, 20일 / 9월 5, 18일 / 10월 3, 16, 31일 / 11월 1, 14, 29일 / 12월 12, 27일

운명의 상대

1월 22, 28일 / 2월 20, 26일 / 3월 18, 24일 / 4월 16, 22일 / 5월 14, 20일 / 6월 12, 18일 / 7월 10, 16일 / 8월 8, 14일 / 9월 6, 12일 / 10월 4, 10일 / 11월 2, 8일 / 12월 6, 14, 15, 16, 17일

경쟁자

1월 11, 20일 / 2월 9, 18일 / 3월 7, 16일 / 4월 5, 14일 / 5월 3, 12, 30일 / 6월 1, 10, 28일 / 7월 8, 26, 31일 / 8월 6, 24, 29일 / 9월 4, 22, 27일 / 10월 2, 20, 25일 / 11월 18, 23일 / 12월 16, 21일

소울메이트
★

1월 26일 / 2월 24일 / 3월 22, 30일 / 4월 20, 28일 / 5월 18, 26일 / 6월 16, 24일 / 7월 14, 22일 / 8월 12, 20일 / 9월 10, 18일 / 10월 8, 16일 / 11월 6, 14일 / 12월 4, 12일

이날 태어난 유명인

에드바르 그리그(작곡가), 짐 벨루시, 헬렌 헌트, 커트니 콕스(배우), 니콜라 푸생(화가), 시진핑(중국 주석), 최불암, 오달수(배우)

태양 : 쌍둥이자리	
지배 성좌 : 물병자리/천왕성	
위치 : 24° – 25° 쌍둥이자리	
상태 : 변통궁	
원소 : 공기	
항성 : 엘 나트, 알닐람, 알 헤카	

6월 16일
GEMINI

감성적인 높은 이상과 현실적 욕구의 결합

두뇌가 명석하고 현실적입니다. 쌍둥이자리 태생들이 그렇듯이, 상황 판단이 빠르고 독립적이며 개성이 강합니다. 감성적으로 높은 이상이 돈과 화려함에 대한 현실적인 욕구와 묘하게 결합되어 두 극단 사이에서 우유부단한 모습을 보일 수 있습니다. 한편으로는 값비싸고 우아한 집과 고급스러운 라이프스타일을 원하면서도, 또 한편으로는 자신의 이상을 위해 기꺼이 희생하고자 합니다. 당신에게 금전적인 보상을 해주는 확실한 대의를 발견하는 것, 그것이 해결책입니다.

십분각의 지배 성좌인 물병자리의 영향을 받아서 독창적이고 마음이 넓으며 자유를 원합니다. 두뇌가 명석하고 새로운 아이디어를 잘 받아들이기 때문에, 눈 깜짝할 사이에 결정을 잘하고 사회 개혁에도 관심이 많습니다. 진보적인 인생관을 갖고 있고 지식을 가치 있게 생각합니다. 여행은 당신이 가장 좋아하는 취미 생활이 되겠네요.

사랑하는 사람에게 지나치게 관대하고 상냥하다가도, 어떤 때는 고압적인 자세를 취하며 군림하려 합니다. 성급하고 불안해하는 경향은 피해야 합니다. 반대에 부딪히면, 진정한 확신에서 비롯된 것이 아니라 본능적인 반항심으로 자신의 원칙을 완강하게 고수하려 합니다.

이론상 크게 생각하는 능력과 용기 때문에 주도자로서 최전선에 나설 위치에 있어야 합니다. 천성이 사교적이어서 사람들을 잘 사귀고 기회를 포착하는 능력이 탁월합니다. 스스로에 대한 믿음만 지킨다면, 허튼짓하지 않는 태도와 독창적인 아이디어, 그리고 직관은 성공을 보장합니다.

5세 이후 당신의 태양이 게자리로 들어서면서 당신의 인생에서 가족과 안정은 더욱 중요해집니다. 당신의 정서적인 욕구가 강조되는 시기이기도 합니다. 이런 경향은 35세까지 계속되는데, 이때 당신의 태양은 사자자리에 들게 됩니다. 자신감과 기운이 넘치고 자기주장과 자기표현이 더욱 많아집니다. 65세에 이르면 당신의 태양이 처녀자리에 들면서, 사색적인 태도로 보다 분석적인 접근법을 키우게 됩니다.

숨어 있는 자아

강렬한 감정은 다양한 활동이나 분야에 참여하거나 주도할 수 있는 자극제가 됩니다. 때로는 물불 가리지 않고 행동해서 나중에 그 뒤처리를 해야 하는 상황에 이르게 되지요. 어떤 상황에서 얻을 수 있는 이익과 자기 가치를 지속적으로 따져보기 때문에, 협상하거나 일을 벌이지 않을 수 있습니다. 당신의 열정과 의지와 결단력으로 아이디어를 현실로 만드는 힘이 있습니다. 이런 이유로 진정으로 원하는 것이 무엇인지 정확히 인지하는 것이 중요합니다.

이타적인 사랑으로 사람들을 돕게 되면, 강한 열망은 선을 위한 뛰어난 능력이 됩니다. 이런 탁월한 능력 덕분에 자기 뜻대로 사람들을 지배하는 성향을 피할 수 있고 돈 문제로 걱정하더라도 잘 해결할 수 있습니다.

일과 적성

관계를 풀어나가는 능력과 결단력이 잘 결합되어 사람들과 역동적이고 긍정적인 방법으로 협조해나갈 수 있습니다. 타고난 수완가이자 해결사로서 새로운 시작과 도전을 잘 해내고, 일에서는 기회를 포착하는 재능이 있습니다. 당신은 설득의 기술을 터득할 수 있기 때문에, 열정적으로 아이디어와 상품 또는 다른 사람들을 홍보하게 됩니다. 용기가 있고 책임감이 강하며 실행력을 갖춰서 협상가나 재무 상담가로 상업 분야에 진출하게 됩니다. 천부적으로 소통 능력이 있으니 교사나 강사 직업을 고려해볼 수도 있습니다. 마찬가지로 세계 문제에도 관심이 많고 국제적 법인체나 미디어에 합류할 수도 있습니다. 혹은 자선단체에 관여할 수도 있고 가치 있는 대의를 위해 일할 수도 있습니다. 창작 세계에서 독특한 개성을 표현할 수도 있고, 독창적이고 창조적인 예술가나 작가가 될 가능성도 보입니다.

수비학으로 풀어본 당신의 운세

16이라는 숫자는 당신이 사려 깊고, 예민하고, 자상한 사람이라는 걸 나타냅니다. 분석적인 면이 있지만 인생과 사람을 자신의 감정에 따라 판단합니다. 그러나 16일에 태어난 당신은 자기표현의 욕구와 다른 사람에 대한 책임감 사이에서 갈등에 직면했을 때 내적 스트레스를 경험할 수 있습니다. 세계 문제에 관심이 많고 국제적 법인체나 미디어 세계에 합류할 수도 있습니다. 당신의 창조성은 순간적인 영감이 번뜩하는 글쓰기의 재능으로 나타납니다. 지나치게 자신감이 넘치는 모습과, 의심하거나 자신 없어 하는 모습 사이에서 균형을 찾는 법을 터득할 필요가 있습니다. 탄생월 6의 영향으로 안정된 가정생활과 자신에게 맞는 환경이 필요하다는 것을 알 수 있습니다. 자부심과 인기를 얻고 싶은 마음에서 다른 사람들이 생각하고 행동하는 것에 대해 신경을 쓰고 있음을 엿볼 수 있습니다. 여행하고 탐험할 수 있는 기회는 당신의 시야를 넓혀줄 것입니다.

- 장점 : 고등 교육, 가정과 가족에 대한 책임감, 성실성, 직관, 사교적, 협력적, 통찰력
- 단점 : 걱정, 절대 만족하지 못함, 무책임, 자기 홍보, 독선적, 회의적, 안달복달, 짜증을 잘 냄, 이기적, 동정심 결여

연애와 인간관계

지적이고 마음의 동요가 심해서 지속적인 감정 자극과 새롭고 흥미진진한 경험이 필요합니다. 강렬한 감정으로 인해 이상적인 사랑을 계속 기다리다가 혹 실패하더라도 오랫동안 단념하지 못할 것입니다. 이상주의적이고 쉽게 사랑에 빠질 수 있지만, 현실적인 당신은 현실과 환상 사이에 얼마나 큰 차이가 있는지 알게 됩니다. 아주 가까운 관계에서도 상대방과 동등하고 독립적인 관계를 유지해야 한다는 것을 알아야 합니다.

당신에게 특별한 사람

연인이나 친구

1월 3, 5, 14, 24, 31일 / 2월 12, 22, 29일 / 3월 10, 20, 27일 / 4월 8, 18, 25일 / 5월 6, 16, 23, 30일 / 6월 4, 14, 16, 21, 28, 30일 / 7월 2, 12, 19, 26, 28, 30일 / 8월 10, 17, 24, 26, 28일 / 9월 8, 15, 22, 24, 26일 / 10월 6, 13, 20, 22, 24, 30일 / 11월 4, 11, 18, 20, 22, 28일 / 12월 2, 9, 16, 18, 20, 26, 29일

힘이 되어주는 사람

1월 5, 22, 30일 / 2월 3, 20, 28일 / 3월 1, 18, 26일 / 4월 16, 24일 / 5월 14, 22일 / 6월 12, 20일 / 7월 10, 18, 29일 / 8월 8, 16, 27, 31일 / 9월 6, 14, 25, 29일 / 10월 4, 12, 23, 27일 / 11월 2, 10, 21, 25일 / 12월 9, 19, 23일

운명의 상대

1월 12일 / 2월 10일 / 3월 8일 / 4월 6일 / 5월 4일 / 6월 2일 / 12월 16, 17, 18일

경쟁자

1월 16, 21일 / 2월 14, 19일 / 3월 12, 17, 30일 / 4월 10, 15, 28일 / 5월 8, 13, 26일 / 6월 6, 11, 24일 / 7월 4, 9, 22일 / 8월 2, 7, 20일 / 9월 5, 18일 / 10월 3, 16일 / 11월 1, 14일 / 12월 12일

소울메이트

1월 25일 / 2월 23일 / 3월 21일 / 4월 19일 / 5월 17일 / 6월 15일 / 7월 13일 / 8월 11일 / 9월 9일 / 10월 7일 / 11월 5일 / 12월 3, 30일

이날 태어난 유명인

에릭 시걸, 앤디 위어(작가), 애덤 스미스(경제학자), 존 조, 다니엘 브륄(배우), 투팍(가수), 김영희(PD), 박보검(배우)

태양 : 쌍둥이자리	
지배 성좌 : 물병자리/천왕성	
위치 : 25°-26° 쌍둥이자리	
상태 : 변통궁	
원소 : 공기	
항성 : 알닐람, 알 헤카, 폴라리스	

6월 17일
GEMINI

독립적인 정신과 뛰어난 통찰력의 소유자

지적이고 역동적인 사람으로 지식의 힘을 깨닫고 그것을 유리하게 활용합니다. 독립적인 정신과 강한 성격의 소유자로서 상황을 통제하기를 좋아합니다. 뛰어난 통찰력으로 사람과 상황을 빠르게 평가합니다.

십분각 지배 성좌 물병자리의 영향으로 인생에 대해 독창적으로 접근하고 자신의 의견에도 객관성을 보입니다. 때로 너무 거리를 두어 냉정하게 보이지 않도록 조심하면 됩니다. 대응이 빨라 자신을 잘 지킬 수 있으며, 어느 정도 친목을 목적으로 하는 경쟁이나 토론을 즐길 수도 있습니다. 책임감이 강하고 조직력이 뛰어나 다른 사람들을 책임지기도 합니다. 이날에 태어난 사람은 남자든 여자든 너무 군림하려는 태도는 삼가세요.

이날 태어난 사람들에게 보이는 좋은 운은, 다른 사람들이 타고난 자신감으로 보는 솔직담백한 특성을 더욱 향상시킵니다. 질서와 안정에 대한 욕구에서는 바쁘게 돌아가는 바깥세상에서 벗어나 현실적이고 경제적인 바탕이 되는 터전이나 가정을 꾸리고 싶어 한다는 것을 엿볼 수 있습니다. 때로 아주 보수적으로 보이기도 하고, 또 어떤 때는 이상하게 파격적으로 보이기도 합니다. 장기간 투자를 고려하는 인내와 전략을 구상할 수 있는 잠재력이 있으며, 근면함과 훈련으로 예외적으로 높은 성취를 이룰 수 있는 능력을 발휘합니다.

4세부터 당신의 태양이 게자리로 움직이면서 당신의 정서적인 관계나 안정, 가정, 그리고 가족에 관한 문제가 인생에서 부각됩니다. 이러한 영향은 34세까지 계속되는데, 이때 당신의 태양이 사자자리로 들어가면서 당신은 강한 힘과 권한, 자신감을 얻는 시기를 맞게 됩니다. 또 한 번의 전환기는 60대 중반쯤에 찾아오는데, 이때 당신의 태양이 처녀자리에 들게 되면서 분석적인 완벽주의자로 인생에 대해 실용적으로 접근합니다.

숨어 있는 자아

장애를 극복할 수 있는 능력을 지닌 노력가입니다. 지식을 나누어줘야 하고, 사람들과 교류하면서 자신의 영향력을 평가하는 법을 터득하게 됩니다. 이는 다른 사람들이 하고 싶은 대로 하는 것을 저지하지 않는 형태로도 나타나고, 당신의 방법을 강요하는 형태로도 나타납니다. 그러나 자신의 권한을 공명정대하게 사용하는 법을 알아야 합니다. 궁극적으로 진정한 힘은 당신이 가진 지식의 깊이라는 것을 깨닫게 될 것입니다. 내적 직관력이 강한 결단력과 맞물리면, 엄청난 것을 성취할 수 있습니다.

활동하는 모습은 사람들에게 깊은 인상을 남기지만, 당신은 여전히 다른 사람이 필요합니다. 보이는 모습보다 당신은 훨씬 더 예민할 수 있습니다. 자기 의견이 확고해 이상주의자의 면모를 보이지만, 진정 가치 있는 것이라 생각하는 것을 위해 싸웁니다. 유머 감각을 잃지 않고 거리를 두며 침착함을 유지하면 잘 해낼 수 있습니다.

일과 적성

두뇌 회전이 빠르고 리더십이 있는 당신에게 일자리 기회는 많습니다. 독립적이지만 근면하고 책임감 있는 능력을 인정받아 높은 자리까지 올라가게 됩니다. 혹은 독립적이라 자영업을 하게 될 수도 있습니다. 특히 법이나 통역, 교직, 과학, 연구, 또는 글쓰기와 같은 지적인 직업에 어울립니다. 당신의 조직 기술과 타고난 소통 능력은 비즈니스 세계에서 당신에게 중요한 자산이 됩니다. 인도주의적 성향을 타고난 당신은 사회에서든 종교계에서든 개혁가가 될 소지가 많고, 건강 분야에서 일할 수도 있습니다. 창의력과 자신의 개성을 표현하고픈 열망으로 예술이나 연기, 특히 음악계로 진출할 수 있습니다.

수비학으로 풀어본 당신의 운세

17일생인 당신은 상황 판단이 빠르고 속마음을 잘 드러내지 않는 성향으로 분석력이 뛰어납니다. 독자적인 사고를 하며 교양이 있고 기술이 좋아 많은 혜택을 받을 수 있습니다. 자신의 전문 지식을 개발하기 위해 특별한 방법으로 지식을 활용하여, 전문가나 연구자로서 물질적인 성공을 거두거나 중요한 자리에 오를 수 있습니다. 혼자 있는 걸 좋아하고 자기 성찰적이며 객관적입니다. 정확하고 자세한 정보에 관심이 많아 진지하고 사려 깊은 행동을 보이며 여유 갖기를 좋아합니다. 소통 기술을 개발하여 다른 사람에게서 자신에 대한 훨씬 더 많은 것을 발견할 수 있습니다. 탄생월 6의 영향으로 당신은 독립적인 모습과 의존적인 모습 사이에 균형을 키울 필요가 있습니다. 다른 사람의 욕구를 인식하고 자신의 말과 행동에 대해 책임을 지는 것에서 혜택을 받을 수 있습니다.

- 장점 : 사려 깊음, 전문가, 우수한 기획자, 훌륭한 사업 감각, 돈이 모임, 독자적인 사상가, 근면, 정확, 숙련된 과학자, 과학적
- 단점 : 거리 두기, 외로움, 고집이 셈, 부주의, 침울, 예민함, 편협함, 섬세함, 비판적, 걱정

연애와 인간관계

진실하고 로맨틱하며 충실하고 믿을 수 있는 상대로서, 사랑하는 사람을 잘 보호해줍니다. 안정적인 관계에 대한 욕구가 강해 정서적으로 정직하고 솔직한 성향의 충실한 사람에게 끌립니다. 그렇지만 인내를 가지고 다른 사람들의 의견도 존중하는 법을 배워 너무 오만하게 보이거나 파트너를 쥐락펴락하지 않도록 하세요. 당신의 직관적인 이해심과 지식, 섬세함으로 특히 현실적인 도움을 줄 때 큰 힘이 되어줄 수 있습니다.

연인이나 친구

1월 11, 13, 15, 17, 22, 25일 / 2월 9, 11, 13, 15, 23일 / 3월 7, 9, 11, 13, 21일 / 4월 5, 7, 9, 11, 19일 / 5월 3, 5, 7, 9, 17, 31일 / 6월 1, 3, 5, 7, 15, 29일 / 7월 1, 3, 5, 27, 29, 31일 / 8월 1, 3, 11, 25, 27, 29일 / 9월 1, 9, 23, 25, 27일 / 10월 4, 7, 21, 23, 25일 / 11월 5, 19, 21, 23일 / 12월 3, 17, 19, 21, 30일

힘이 되어주는 사람

1월 1, 5, 20일 / 2월 3, 18일 / 3월 1, 16일 / 4월 14일 / 5월 12일 / 6월 10일 / 7월 8일 / 8월 6일 / 9월 4일 / 10월 2일

운명의 상대

12월 17, 18, 19일

경쟁자

1월 6, 22, 24일 / 2월 4, 20, 22일 / 3월 2, 18, 20일 / 4월 16, 18일 / 5월 14, 16일 / 6월 12, 14일 / 7월 10, 12일 / 8월 8, 10, 31일 / 9월 6, 8, 29일 / 10월 4, 6, 27일 / 11월 2, 4, 25, 30일 / 12월 2, 23, 28일

소울메이트

1월 6, 12일 / 2월 4, 10일 / 3월 2, 8일 / 4월 6일 / 5월 4일 / 6월 2일

쌍둥이자리

이날 태어난 유명인

이고르 스트라빈스키(작곡가), 베리 매닐로(가수), 모리츠 코르넬리스 에셔(판화가), 현철(가수), 이한위, 조한선(배우)

태양 : 쌍둥이자리

지배 성좌 : 물병자리/천왕성

위치 : 26°–27° 쌍둥이자리

상태 : 변통궁

원소 : 공기

항성 : 베텔게우스, 폴라리스

6월 18일

GEMINI

똑똑하고 사교적이며 포용력 있는 낙천주의자

이 생일의 좋은 영향으로 몹시 똑똑하고 사교적이며 자신감이 있습니다. 천부적인 재능을 부여받아 정신적으로 수용력이 뛰어나고 관대하며 낙천적입니다. 당신에겐 큰 꿈이 있기에 자기 수양만 하면 꿈을 실현시킬 수 있습니다. 두뇌 회전이 빨라 기지가 넘치고 확신에 차 있으며 솔직담백한 것을 좋아합니다.

십분각 지배 성좌인 물병자리의 영향을 받아 고집이 세고 독립적입니다. 독창적인 아이디어는 종종 시대를 앞서갑니다. 글재주가 좋아 훌륭한 작가가 되고 싶어 합니다. 대단한 천재의 모습을 보이고 성급하고 고집스러우며 신경질적이 될 수 있습니다. 그러나 한 가지는 확실합니다. 지속적으로 배우고 싶은 열망을 항상 갖고 있다는 점입니다.

카리스마가 있고 드라마틱한 감각도 있습니다. 자기표현이 필요하고 인생을 재미있다고 느낍니다. 또한 철학적인 성향이 강해, 전체를 볼 줄 아는 능력을 갖게 되거나 인도주의적 성격이 있는 것들에 끌릴 수 있습니다. 직관을 계발하면 할수록 인생의 중요한 결정이 더욱 쉬워집니다. 다른 사람들이 방해하는 것을 용납하지 않지만, 목표와 비전에 확신이 생기면 기적을 일으킬 수 있는 잠재력이 있습니다.

32세까지 가정생활에 집중하면서 정서적인 욕구나 안정, 가정에 대한 문제에 사로잡혀 있게 됩니다. 33세쯤에 당신의 태양이 사자자리로 들어가면서 전환기를 맞게 되는데, 자기표현과 자기주장에 대한 강력한 욕구로 더욱 자신감을 얻고 용감해지고 모험적이 됩니다. 당신의 태양이 처녀자리로 들어가는 63세부터 당신은 더욱 현실적이고 분석적이며 완벽주의자적인 면모를 보입니다.

숨어 있는 자아

내면의 밝고 창조적인 힘은 항상 사람들을 기쁘게 해주고 다른 사람들의 인생에 행복을 가져다줄 수 있는 무언가를 찾을 수 있다는 것을 의미합니다. 스스로에 대한 확신을 잃고 우유부단해지면 이러한 감수성과 영감을 잃어버릴 수 있으며, 특히 연애 문제나 물질적인 성공과 관련해서 그럴 수 있습니다.

탁월한 정신력을 발휘하면 구체적으로 놀라운 결과를 얻어낼 잠재력이 있지만, 경제적인 이득이 반드시 행복을 가져오는 것은 아닐 수도 있습니다. 이것을 피하기 위해서는 지평을 확대하여 더 많은 것을 배울 수 있는 프로젝트에 관여해야 합니다. 다행스럽게도 목적의식이 뚜렷하고 크게 생각할 수 있는 능력과 스스로에 대한 높은 기준을 가지고 있어서, 살면서 어려움에 부딪쳤을 때 오랫동안 낙담하지 않습니다.

일과 적성

직관적이고 창조적이어서 지식을 확장시킬 수 있는 직업이 필요합니다. 빠른 두뇌 회전, 번뜩이는 재치, 탁월한 말재주는 글쓰기와 문학, 법, 교육, 또는 미디어에 뛰어나다는 것을 보여줍니다. 혹은 대기업이나 정부에서 조직 기술을 발휘할 수도 있고, 비즈니스나 제조업에서 성공할 수도 있습니다. 개혁에 관심이 있다면 다른 사람들을 대변할 수 있는 직종, 노조 지도부나 정계로 진출할 수 있습니다. 마찬가지로 인도주의적 성향이 있어서 상담이나 사회사업 쪽으로 나갈 수도 있습니다. 아주 창조적인 것을 선호할 수 있지만 현실적이라, 과학이나 경공학 분야를 통해 당신의 직관적인 사고를 표현할 수 있습니다. 예술적 표현에 대한 욕구는 음악이나 연극을 통해 가장 만족스럽게 표출될 수 있습니다.

수비학으로 풀어본 당신의 운세

결단력과 자기주장, 그리고 야심은 18일에 태어난 사람들의 특성입니다. 활달하고 도전 정신이 있고 늘 바쁘게 살며 대규모 기획에 종종 참여할 수도 있습니다. 유능하고 근면하며 책임감이 있어 권한 있는 자리까지 올라갑니다. 혹은 강력한 비즈니스 감각과 조직 기술로 상업 세계에 들어서게 될 수도 있습니다. 과로로 힘들 수도 있으니 때로 휴식도 취하고 느긋해질 줄도 알아야 합니다. 18일에 태어난 당신은 다른 사람들을 치유하고, 훌륭한 조언을 하거나, 다른 사람들의 문제를 푸는 능력을 발휘할 수 있습니다. 탄생월 6의 영향으로 좀 덜 까다로워져야 하고, 배려심과 동정심을 키울 필요가 있습니다. 감정을 숨기지 않고 애정을 표현하며, 스스로에게 덜 집착하면 이득을 얻을 수 있습니다. 혼자 있는 시간을 이용해서 공부를 하거나 능력을 개발할 수 있습니다. 물질적인 문제가 인생의 다른 문제에 우선하지 않도록 하세요.

- 장점 : 진보적, 적극적, 직관적, 용기, 단호함, 치유 능력, 유능함, 자문 능력
- 단점 : 통제되지 않는 감정, 나태함, 질서 결여, 이기주의, 냉담함, 프로젝트 미완성, 사기성

연애와 인간관계

똑똑하고 재치가 넘치며 자상하고 쾌활한 성격의 소유자입니다. 다양성을 좋아해서 다양한 관심사를 보이는 다양한 부류의 사람들과 어울리는 것을 즐기네요. 한시도 가만있지 못하는 성향이라 쉽게 싫증 내고 즐거움을 줄 수 있는 사람들을 찾습니다. 여행과 새로운 학습 경험은 좋아하는 여가시간 활용법이 될 수 있습니다. 그렇지 않으면 새로운 기능을 배울 수 있는 학습 과정을 밟거나 관심사를 공유할 수 있는 사람들을 만나는 것도 좋지요. 즐거운 시간을 보내면서 재미를 찾는 가장 좋은 방법은 정신적으로 탐험할 수 있는 관심사를 공유하는 것입니다.

당신에게 특별한 사람

연인이나 친구

1월 9, 12, 16, 25일 / 2월 10, 14, 23, 24일 / 3월 5, 8, 12, 22, 31일 / 4월 3, 6, 10, 20, 29일 / 5월 4, 8, 18, 27일 / 6월 2, 6, 16, 25, 30일 / 7월 4, 14, 23, 28일 / 8월 2, 12, 21, 26, 30일 / 9월 10, 19, 24, 28일 / 10월 8, 17, 22, 26일 / 11월 6, 15, 20, 24, 30일 / 12월 4, 13, 18, 22, 28일

힘이 되어주는 사람

1월 2, 13, 22, 24일 / 2월 11, 17, 20, 22일 / 3월 9, 15, 18, 20, 28일 / 4월 7, 13, 16, 18, 26일 / 5월 5, 11, 16, 18, 26일 / 6월 3, 9, 12, 14, 22일 / 7월 1, 7, 10, 12, 20일 / 8월 5, 8, 10, 18일 / 9월 3, 6, 8, 16일 / 10월 1, 4, 6, 14일 / 11월 2, 4, 12일 / 12월 2, 10일

운명의 상대

1월 25일 / 2월 23일 / 3월 21일 / 4월 19일 / 5월 17일 / 6월 15일 / 7월 13일 / 8월 11일 / 9월 9일 / 10월 7일 / 11월 5일 / 12월 3, 18, 19, 20일

경쟁자

1월 7, 23일 / 2월 5, 21일 / 3월 3, 19, 29일 / 4월 1, 17, 27일 / 5월 15, 25일 / 6월 13, 23일 / 7월 11, 21, 31일 / 8월 9, 19, 29일 / 9월 7, 17, 27, 30일 / 11월 3, 13, 23, 26일 / 12월 1, 11, 21, 24일

소울메이트

1월 17일 / 2월 15일 / 3월 13일 / 4월 11일 / 5월 9일 / 6월 7일 / 7월 5일 / 8월 3일 / 11월 30일 / 12월 28일

이날 태어난 유명인

폴 매카트니, 앨리슨 모예(가수), 이사벨라 로셀리니(배우), 위르겐 하버마스(철학자), 로저 이버트(영화평론가), 이수만(연예 기획자), 유동근(배우)

| 태양 : 쌍둥이자리 |
| 지배 성좌 : 물병자리/천왕성 |
| 위치 : 27° - 28° 쌍둥이자리 |
| 상태 : 변통궁 |
| 원소 : 공기 |
| 항성 : 베텔게우스, 폴라리스, 멘카리난 |

6월 19일
GEMINI

풍부한 지식을 전달하는 능력이 탁월한 소통 전문가

이 생일의 영향으로 느긋한 성격이 매력적인 인기 많은 쌍둥이자리 태생임을 엿볼 수 있습니다. 지식이 풍부하고 이런 지식을 다른 사람들에게 전달하는 능력이 뛰어납니다. 말로든 글로든 소통의 전문가로 타고난 열의와 흥을 가지고 아이디어를 전하려 노력합니다.

항상 활동적이고 행동을 좋아해서 당신이 처리할 수 있는 것 이상으로 일을 맡습니다. 자유롭고 진취적이어서 크게 생각하며 신념을 위해 싸우거나 운동을 벌입니다. 활력과 모험심이 넘치고 문제가 생겨도 툭 터놓고 말하는 스타일이지만, 듣는 법도 키울 필요가 있습니다.

십분각 지배 성좌인 물병자리의 영향으로 독창적이고 창의적이며 판단력과 설득력이 뛰어납니다. 때로는 마음이 붕 떠 있어 성급한 결정을 내릴 수도 있기 때문에, 수양하는 법을 터득하고 기술을 개발하는 것이 중요합니다. 당신의 설득력과 조직 능력은 성공으로 오르는 길에 확실하게 도움이 됩니다. 원대한 포부를 품고 인생을 창조적인 눈으로 바라보는 당신에겐, 단순히 물질적인 보상 차원보다는 정서적, 정신적인 충만함을 찾을 수 있는 프로젝트나 가치 있는 대의가 절실히 필요합니다. 일단 한 가지 목표를 정하면, 엄청난 노력을 기울여 얼마나 재능이 뛰어나고 결단력이 있는지를 보여줍니다.

31세까지 당신의 태양이 게자리 궁을 통해 움직이면서 정서적인 안정과 가정, 그리고 가족과 관련된 문제가 인생에서 중요한 역할을 합니다. 32세가 되면 당신의 태양이 사자자리로 움직이고, 자기표현과 창의력이 커지는 시기에 접어들게 되면서 확신과 대담함이 강해집니다. 62세에는 태양이 처녀자리로 들면서 또 한 번의 전환기를 맞게 됩니다. 이때 더욱 체계적이고 질서 정연한 생활에 대한 욕구가 강해지고 다른 사람들에게도 현실적인 도움을 많이 주게 됩니다.

숨어 있는 자아

넘치는 젊음과 장난기가 강렬한 감정과 맞물려 동정심과 열정, 그리고 엉뚱한 유머로 사람들에게 행복감을 선사합니다. 즐겁고 재치 넘치는 대화를 이끌며 어릿광대 역을 자처할 수 있습니다. 인도주의적인 성향 때문에 조언을 하고 문제를 해결해주며 다른 사람들을 돕습니다.

특히 너무 오랫동안 생각과 감정에만 매달리다 보면 돈이나 물질적인 상황에 대한 좌절감이 올 수 있습니다. 물질적인 안정을 얻으려는 욕구가 강하지만 항상 보살핌을 받을 수 있고 충분히 가졌다는 믿음으로 균형을 이루어야 합니다.

일과 적성

창의적이고 지적이며 다재다능하고 직업 선택의 폭이 넓습니다. 상업계로 진출할 수도 있고, 영업이나 홍보, 협상 분야에서 뛰어난 설득력을 발휘할 수도 있습니다. 긍정적인 태도와 느긋한 성품의 소유자로서 대기업에서 성공하여 책임 있는 자리에 앉게 될 것입니다. 혹은 자기표현에 대한 욕구가 커서 예술적인 재능을 예술계나 디자인 또는 광고나 미디어 계통에서 발휘할 가능성도 있습니다. 자신의 생각을 전달하는 능력이 있어서 사람들을 교육시키거나 훈련시키는 일에도 관심을 보일 수 있습니다. 마찬가지로 글쓰기, 법조계, 학계나 정치계에 끌릴 수도 있습니다. 가치 있는 대의를 위해 싸우며 흥미로운 방법으로 생각을 전달할 수 있는데, 이는 연예계에서 유용하게 사용할 수 있습니다.

수비학으로 풀어본 당신의 운세

쾌활하고 야심 차며 인도주의적인 성향은 19일 태생들의 특성입니다. 결단력이 있고 지략이 풍부하며 심도 있는 비전을 가지고 있지만, 타고난 몽상가적 기질은 동정심이 많고 이상주의적이며 창조적입니다. 예민한 사람이지만, 중요한 사람이 되고자 하는 욕구가 당신을 드라마틱하게 만들어 무대 중앙에 서게할 수도 있습니다. 개인의 정체성을 확립하고 싶은 강한 열망이 있습니다. 그렇게 하기 위해서는 먼저 또래 집단의 압박을 극복해야 합니다. 다른 사람들에게는 자신만만하고 회복력이 있으며 지략이 풍부해 보이지만, 내적 긴장감으로 인해 정서적으로 기복을 겪을 수 있습니다. 탄생월 6의 영향으로 창의력과 영감을 통해 풍부한 상상력과 적극적인 생각을 훈련할 필요가 있습니다. 믿음과 인내를 가지고 새로운 능력을 배우고 익히거나, 자신의 생각과 꿈을 글로 적어보십시오. 다른 사람의 오해를 살 일은 피하고, 마음을 열고 감정을 솔직하게 나눠보십시오. 인생을 철학적인 관점에서 바라보면 물질적 세계에 집착하지 않게 됩니다.

- ● 장점 : 역동적, 중심적, 창조적, 리더, 행운, 진보적, 낙천적, 강한 신념, 승부욕, 독립적, 사교적
- ■ 단점 : 자기중심적, 우울함, 걱정, 거부의 두려움, 심한 기복, 물질만능주의, 성급함

연애와 인간관계

마음이 젊고 낙천적이며 사교적이라 인기가 많습니다. 개인적인 관계에서 직관적이고 섬세하면서도 진지하고 고집이 셉니다. 자발적인 면이 있지만, 감정이 변할 수도 있고 또 때로 무관심하게 보일 수도 있습니다. 이상적인 사랑을 찾는데, 기대가 너무 높으면 실망이 클 수 있습니다. 사람들에게 매력이 넘치는 당신, 이상적인 사랑을 찾으면 충실한 친구이자 다정한 상대가 될 수 있습니다.

당신에게 특별한 사람

연인이나 친구

1월 7, 9, 10, 17, 27일 / 2월 5, 8, 15, 25일 / 3월 3, 6, 13, 23일 / 4월 1, 4, 11, 21일 / 5월 2, 9, 19일 / 6월 7, 17일 / 7월 5, 15, 29, 31일 / 8월 3, 13, 27, 29, 31일 / 9월 1, 11, 25, 27, 29일 / 10월 9, 23, 25, 27일 / 11월 7, 21, 23, 25일 / 12월 5, 19, 21, 23일

힘이 되어주는 사람

1월 3, 5, 20, 25, 27일 / 2월 1, 3, 18, 23, 25일 / 3월 1, 16, 21, 23일 / 4월 14, 19, 21일 / 5월 12, 17, 19일 / 6월 10, 15, 17일 / 7월 8, 13, 15일 / 8월 6, 11, 13일 / 9월 4, 9, 11일 / 10월 2, 7, 9일 / 11월 5, 7일 / 12월 3, 5일

운명의 상대

1월 13일 / 2월 11일 / 3월 9일 / 4월 7일 / 5월 5일 / 6월 3일 / 7월 1일 / 12월 18, 19, 20, 21일

경쟁자

1월 16, 24일 / 2월 14, 22일 / 3월 12, 20일 / 4월 10, 18일 / 5월 8, 16, 31일 / 6월 6, 14, 29일 / 7월 4, 12, 27일 / 8월 2, 10, 25일 / 9월 8, 23일 / 10월 6, 21일 / 11월 4, 19일 / 12월 2, 17일

소울메이트

1월 16일 / 2월 14일 / 3월 12일 / 4월 10일 / 5월 8일 / 6월 6일 / 7월 4, 31일 / 8월 2, 29일 / 9월 27일 / 10월 25일 / 11월 23일 / 12월 21일

이날 태어난 유명인

캐슬린 터너, 휴 댄시(배우), 폴라 압둘(가수), 살만 루슈디(작가), 블레즈 파스칼(철학자), 루 게릭(야구 선수), 아웅산 수 치(미얀마 정치인), 윤여정(배우), 기욤 패트리(프로 게이머)

241

| 태양 : 쌍둥이자리 |
| 지배 성좌 : 물병자리/천왕성 |
| 위치 : 28° - 29° 쌍둥이자리 |
| 상태 : 변통궁 |
| 원소 : 공기 |
| 항성 : 베텔게우스, 폴라리스, 멘카리난 |

6월 20일
GEMINI

뛰어난 직관력과 빠른 상황 판단, 넘치는 매력과 카리스마

이날 태어난 사람들은 직관력이 뛰어나고 독창적인 아이디어가 넘칩니다. 카리스마와 매력이 넘치며, 성공에서 가장 중요한 요소는 개인 차원에서 사람들을 대하는 능력입니다. 마음이 따뜻하고 자상하며 사교적입니다. 인기가 많고 스스로 즐겁게 보내는 법과 사람들을 즐겁게 하는 법을 알고 있습니다. 이는 주도적인 위치에서 세상의 주목을 받고 싶은 당신의 갈망을 도와줄 것입니다. 그러나 자기관리를 게을리하고 에너지를 너무 많은 방향으로 분산시켜 능력 이하의 성과를 보일 수도 있으니 조심하세요.

십분각 지배 성좌인 물병자리의 영향을 받아 새롭고 혁신적인 개념을 탐구하기를 좋아합니다. 상황 판단이 빠르면서도 한시도 가만있지 못하는 성향이라 신속하게 대응하고, 사람들과 상황을 쉽게 판단할 수 있습니다. 성급하거나 고집스러워지는 경향을 자제하세요. 당신의 놀라운 장래성을 이루는 데 필요한 책임감을 이행하지 않으려는 경향이 보입니다.

야심이 커서 계속해서 돈을 벌고 성공을 거둘 궁리를 합니다. 창의력에 대한 열망은 표현의 자유를 얻고 싶은 강한 욕구를 표현합니다. 타고난 열정은 당신이 가진 최고의 자산이므로, 하나의 프로젝트에 몰입하여 결과를 얻기 위해서는 진심으로 아이디어의 가치를 인정해야 합니다.

30세까지는 당신의 태양이 게자리 궁에 들어 있어 특히 정서적인 안정과 가정, 가족에 관한 문제에 중점을 두게 됩니다. 31세가 되어 당신의 태양이 사자자리로 움직이게 되면 당신은 더욱 창의적이고 자신만만하게 됩니다. 이 기운을 받아 자기주장이 확실해지고 더욱 모험적인 성향으로 변하면서 사교성도 커지게 됩니다. 60세 이후에는 당신의 태양이 처녀자리에 들면서 더욱 현실적이 되고, 분별력도 생기며, 정돈된 삶을 살게 됩니다.

숨어 있는 자아

사람들을 이해하고 그들에게 의욕을 주는 원동력을 이해하고자 하는 열망이 있는 것으로 볼 때, 당신은 다른 사람과의 관계를 통해 스스로를 판단하는군요. 조화로운 관계를 위해서 넘치는 온정과 냉정한 거리 두기 사이에서 균형을 유지할 필요가 있습니다. 다행스럽게도 당신에겐 관대함과, 솔직함에 대한 내적인 열망이 있습니다. 이것을 활용하여 자신의 결점을 알게 되면, 모든 상황에서 배우며 나아갈 수 있습니다.

권한을 좋아하는데, 권한은 건설적으로 물길만 잘 바꿔놓으면 중요한 성취 요소가 될 수 있습니다. 그러나 이러한 권한을 잘못 사용하면 교묘한 술책으로 변질될 수 있습니다. 그 외에 하나의 프로젝트에 관심이 있을 때, 근면성은 결단력 있고 전념하는 모습으로 보일 수 있습니다. 타고난 현실성과 조직 능력이 대인 기술과 결부되면 계획을 이행할 때 다른 사람들의 도움을 받을 수 있게 됩니다.

일과 적성

느긋한 매력과 조직 기술은, 비즈니스 세계에서든 공적인 분야에서든, 사람과 관련된 활동에서 성공을 거둘 수 있는 잠재력이 있음을 보여줍니다. 소통과 관련된 분야에 끌릴 수 있어서 교육이나 인적 자원, 홍보, 그리고 정계로 진출할 수 있습니다. 출판업, 문필업, 신문방송업이나 연구직 또한 냉철한 지성을 표출할 수 있는 훌륭한 통로가 될 수 있습니다. 당신의 창조성은 연극이나 음악을 통해 또는 작곡가로서 분출될 수 있습니다. 재능이 있으면, 사람들은 당신의 독특한 능력을 알아보고 주목을 받을 수 있도록 도와줄 것입니다.

수비학으로 풀어본 당신의 운세

20일에 태어난 당신은 직관적이고, 섬세하며, 적응력이 뛰어나고, 이해심 많고, 자신을 큰 조직의 일부로 봅니다. 사람들과 교류하며 함께하는 활동을 좋아하고, 경험을 나누거나 사람들에게 배우는 것을 좋아합니다. 매력적이고 사교적이며 사교 수완이 좋아서 다양한 사교 모임에서 활발히 활동합니다. 그러나 다른 사람들의 말이나 행동에 쉽게 상처받고 지나치게 의존하는 성향을 극복하려면 자신감을 키워야 합니다. 마음이 잘 통하고 조화로운 분위기를 조성하는 데는 대가입니다. 탄생월 6의 영향으로 현실적인 능력을 습득하여 이상주의와 물질적 성공에 대한 욕구 사이에서 균형을 유지할 필요가 있습니다. 자신에게, 그리고 다른 사람에게 너무 비판적인 잣대를 들이대거나 불합리한 요구를 하지 마세요. 결단력과 강한 의지는 성공에 없어서는 안 되는 열쇠입니다. 완벽주의자인 당신, 실패와 성공 간에 균형을 잡아주세요. 행동 계획과 더불어 어려움에도 굴하지 않는 인내심이 필요합니다.

- 장점 : 훌륭한 파트너십, 온화함, 재치 있음, 수용적, 직관적, 사려 깊음, 조화로움, 쾌활함
- 단점 : 의심, 자신감 결여, 소심함, 과민증, 감성적, 이기적, 쉽게 상처받음, 교활함

연애와 인간관계

남과 나누고 소통하는 것은 당신에게 중요한 요소입니다. 권한이나 능력이 있는 사람들과 함께하고 싶은 열망은, 어릴 때 아버지나 다른 어른으로부터 받은 큰 영향이 당신 인생관이나 믿음에 커다란 족적을 남겼다는 것을 보여줍니다. 극기심과 자제심에 대해 배우고 이해하고 싶은 열망에서는 평범하지 않은 모습으로 살아가는 사람들에 대한 존경이 엿보입니다. 독자적인 삶을 살고 싶어 하지만 비범한 사람과 마주하면 그들을 추종하게 될 수 있습니다. 당신의 매력과 타고난 권위주의적인 태도로 당신을 믿는 사람들의 마음을 끌어당깁니다. 가까운 관계에서 밝고 긍정적인 태도를 유지할 필요가 있으며, 지나치게 심각하거나 군림하거나 비판적인 태도는 금물입니다. 지식이나 지혜에 대한 사랑을 통해 이상적인 상대와 더욱 가까워질 수 있습니다.

당신에게 특별한 사람

연인이나 친구

1월 1, 9, 14, 28, 31일 / 2월 7, 12, 26, 29일 / 3월 10, 24, 27일 / 4월 8, 22, 25일 / 5월 6, 20, 23일 / 6월 4, 18, 21일 / 7월 2, 16, 19, 30일 / 8월 14, 17, 28, 30일 / 9월 12, 15, 26, 28, 30일 / 10월 10, 13, 24, 26, 28일 / 11월 8, 11, 22, 24, 26일 / 12월 6, 9, 20, 22, 24일

힘이 되어주는 사람

1월 26일 / 2월 24일 / 3월 22일 / 4월 20일 / 5월 18일 / 6월 16일 / 7월 14일 / 8월 12일 / 9월 10일 / 10월 8일 / 11월 6일 / 12월 4일

운명의 상대

12월 19, 20, 21, 22일

경쟁자

1월 3, 25일 / 2월 1, 23일 / 3월 21일 / 4월 19일 / 5월 17일 / 6월 15일 / 7월 13일 / 8월 11일 / 9월 9일 / 10월 7일 / 11월 5일 / 12월 3일

소울메이트

1월 3, 10일 / 2월 1, 8일 / 3월 6일 / 4월 4일 / 5월 2일

이날 태어난 유명인

니콜 키드먼, 에롤 플린(배우), 라이오넬 리치, 브라이언 윌슨(가수), 릴리언 헬먼(작가), 프랭크 램파드(축구 선수), 정지용(시인)

243

태양 : 쌍둥이자리/게자리 경계	
지배 성좌 : 물병자리/천왕성, 게자리/달	
위치 : 28°30′ 쌍둥이자리 – 0° 게자리	
상태 : 변통궁	
원소 : 공기	
항성 : 베텔게우스, 폴라리스, 멘카리난	

6월 21일

GEMINI

사람들을 솔직 담백하게 대하는 자상하고 너그러운 마음

이 생일로 볼 때 두뇌가 명석하고, 자상하며, 넓은 마음을 가진 사람임을 알 수 있습니다. 창조적인 정신으로 지식을 사랑하고 다양한 분야에 관심이 많지만 특히 세계 문제에 특별한 관심을 기울입니다. 당신의 이미지는 특히 중요해서, 사람들에게 깊은 인상을 심어주고 싶은 마음에 최고가 되기를 원합니다. 사람들을 솔직 담백하게 대하며 자상하고 너그럽습니다.

쌍둥이자리와 게자리의 경계에 든 태양의 영향을 받으며, 십분각 지배 성좌가 물병자리와 게자리 두 궁이어서 뛰어난 감수성과 직관력이 돋보입니다. 이러한 영향은 독창성과 비상한 재주, 그리고 상상력을 부여합니다. 새로운 아이디어와 이론 탐색에 적극적이고, 시대를 앞서갈 수 있으며, 자유와 독립을 갈구합니다. 이러한 열망은 가정과 가족에 대한 욕구와도 비견될 수 있습니다. 그러나 화목과 평온함, 안정을 원하는 마음에 예상 가능한 일상에 갇혀버리지 않도록 주의하십시오.

사람들을 즐겁게 해주고 싶어 '안 돼'라고 거절을 못하는 성격이네요. 너무 많은 일을 맡게 되면 역량이 분산될 수 있으니 조심하세요. 책임감이 강해서 빚지고는 못 사는 성격이지만, 이 생일에 부여된 모든 뛰어난 재능을 갈고닦는 자기 수양도 할 수 있습니다. 자신의 큰 계획을 말하고 수박 겉 핥기 식으로 알기보다는, 스스로 자제심을 발휘하여 행동에 확실하게 책임을 지고 자기 계발에 힘쓰도록 하십시오.

30세가 되기 전에 정서적인 욕구, 가정, 가족 등에 관한 문제에 신경 쓰게 됩니다. 30세쯤 되면 당신의 태양이 사자자리로 옮겨 가면서 주장이 강해지고 자신만만해지기 시작하며, 독립심도 더욱 강해집니다. 60세 즈음해서는 당신의 태양이 처녀자리로 들어가면서 전환기를 맞게 됩니다. 더욱 실용적이고 체계적이며 봉사 지향적인 태도를 보이게 됩니다.

숨어 있는 자아

지극히 낙천적이어서 자신감이 부족하거나 만족하지 못하면 신경질적인 기질이 우울증으로 변할 수 있습니다. 낙관적인 인생관을 키우거나 믿을 만한 것을 갖게 되면 강렬한 정서적 반응의 물길을 돌려놓을 수 있습니다. 이런 정서적인 영향력은 물리적이든 정신적이든 창의성을 통해 표현될 수 있습니다.

매우 자상하고 사람들을 도와주는 것을 즐기지만, 지나친 간섭은 주의해야 합니다. 또한 다른 사람들 이야기를 오해하지 않도록 경청하는 자세가 필요할 수도 있습니다. 훌륭한 정신을 훈련시키는 것은 필수적입니다. 그래서 교육은 정규적이든 비정규적이든 성공으로 가는 핵심 요소입니다. 교육을 통해 잠재력을 최대한 개발할 수 있으며 확실한 목표에 집중하면서 좌절하거나 실망하는 것을 줄일 수 있습니다. 인내심과 아량을 키우면, 무심하면서도 화통한 사람으로 보일 수 있으며 사람들은 당신의 조언 능력에 끌리게 됩니다.

일과 적성

어떤 직업을 선택하든, 자신의 아이디어나 창조적인 상상력을 표현하려는 강한 욕구가 있습니다. 인도주의적이고 사람들을 이해하는 능력을 타고나 교육이나 상담, 또는 사회사업에 끌릴 수 있습니다. 혹은 당신의 조직 능력과 경영 능력 덕분에 상업 세계로 진출할 수도 있습니다. 지식을 사랑하는 마음이 있으니 철학이나 법조계, 종교계, 또는 정계로 진출할 수도 있습니다. 창의적이고 예술적이며 손재주가 좋아 디자인이나 특히 가정용품과 관련된 분야에서 두각을 드러낼 수 있습니다. 소통 능력 또한 독보적이니 글이나 문학, 또는 신문방송을 통해 자신을 표현할 수도 있습니다.

수비학으로 풀어본 당신의 운세

역동적인 추진력과 외향적인 성향은 21일에 태어난 사람들의 공통된 특성입니다. 사교성이 강해 관심사와 만나는 사람들이 다양하고 전반적으로 행운이 따릅니다. 사람들에게 자상하고 사교적인 성향을 자주 보입니다. 자주성이 있고 직관이 뛰어나며 독창적이고 기발하네요. 21일에 태어난 당신은 흥이 많아 사람을 끄는 힘이 강하며 사교적인 매력을 풍깁니다. 그렇지 않으면 수줍음이 많거나 내성적인 성향을 보일 수 있는데, 특히 가까운 관계에서 자기주장을 할 필요가 있습니다. 협력적인 관계나 결혼을 원하기도 하지만, 자신의 재능과 능력을 인정받고자 하는 욕구가 누구보다 강합니다. 탄생월 6의 영향으로 통찰력이 있고 창조적입니다. 종종 다른 사람의 의견을 구하지만 스스로 결정을 내릴 수 있어야 합니다. 천성적으로 인정이 많은 사람으로 보이지만 다른 사람들에게 무슨 생각을 하는지 어떤 감정을 느끼는지를 설명하며, 자신의 개성과 감정을 표출할 필요도 있습니다. 시야를 넓히면 더 큰 지평이 보입니다.

- 장점 : 영감, 창의력, 사랑으로 맺어짐, 오래 지속되는 관계
- 단점 : 의존성, 감정 통제력 상실, 비전 결여, 변화에 대한 두려움, 긴장감

연애와 인간관계

사교적인 매력을 풍기며 사람을 강하게 끌어당기고 협조적이며, 재미를 즐기고, 창의적입니다. 소울메이트가 필요하기 때문에 가까운 인간관계는 매우 소중합니다. 사실 가까운 관계에서는 지나치게 의존적인 성향을 경계해야 하는 것이 절대적으로 중요합니다. 사랑과 행복 대신 안정을 택하고 그 차선책에 만족하는 행동은 피하세요. 자상하고 너그러운 모습으로 진정한 감정을 표현하지만, 거리를 두는 것도 사랑과 연예 관계에서 균형감 있는 시각을 유지하는 데 도움이 됩니다. 재치와 사교술이 뛰어나 다양한 사람을 사귈 수 있지만 관계에서 일찌감치 확신에 찬 태도를 보일 필요가 있습니다.

연인이나 친구
♥
1월 1, 15, 24, 26, 29, 30일 / 2월 13, 24, 27, 28일 / 3월 11, 22, 25, 26일 / 4월 9, 20, 23, 24일 / 5월 7, 18, 21, 22일 / 6월 5, 16, 19, 20일 / 7월 3, 14, 17, 18, 31일 / 8월 1, 12, 15, 16, 29, 31일 / 9월 10, 13, 14, 27, 29일 / 10월 8, 11, 12, 25, 26, 27일 / 11월 6, 9, 10, 23, 25일 / 12월 4, 7, 8, 21, 23, 29일

힘이 되어주는 사람
♣
1월 1, 2, 10, 27일 / 2월 8, 25일 / 3월 6, 23일 / 4월 4, 21일 / 5월 2, 19, 30일 / 6월 17, 28일 / 7월 15, 26일 / 8월 13, 24일 / 9월 11, 22일 / 10월 9, 20일 / 11월 7, 18일 / 12월 5, 16일

운명의 상대

12월 21, 22, 23일

경쟁자

1월 17, 26일 / 2월 15, 24일 / 3월 13, 22일 / 4월 11, 20일 / 5월 9, 18일 / 6월 7, 16일 / 7월 5, 14일 / 8월 3, 12, 30일 / 9월 1, 10, 28일 / 10월 8, 26, 29일 / 11월 6, 24, 27일 / 12월 4, 22, 25일

소울메이트
★
1월 21일 / 2월 19일 / 3월 17일 / 4월 15일 / 5월 13일 / 6월 11일 / 7월 9, 29일 / 8월 7, 27일 / 9월 5, 25일 / 10월 3, 23일 / 11월 1, 21일 / 12월 19일

이날 태어난 유명인

장 폴 사르트르(철학자), 록웰 켄트(화가), 모리스 사치(광고 기업가), 닐스 로프그렌(기타리스트), 제인 러셀, 줄리엣 루이스(배우), 빅토르 초이(가수), 프랑수아즈 사강(작가), 윤봉길(독립운동가), 이대호(야구 선수)

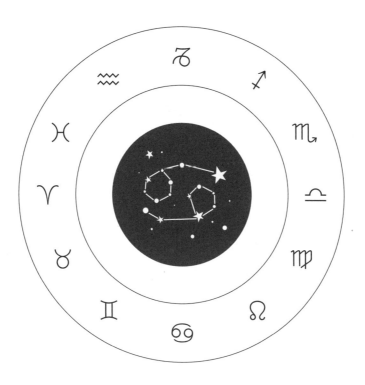

게자리
CANCER

6월 22일 ~ 7월 22일

태양 : 게자리/쌍둥이자리 경계	
지배 성좌 : 게자리/달	
위치 : 29°30′ 쌍둥이자리 - 1° 게자리	
상태 : 활동궁	
원소 : 물	
항성 : 베텔게우스, 폴라리스, 멘카리난	

6월 22일

CANCER

무엇이든 빨리 배울 수 있는 타고난 수용력

게자리와 쌍둥이자리 사이에서 태어나 두 별자리의 영향을 다 받습니다. 정신력과 직관력은 그 누구에게도 뒤지지 않네요. 또 수용력을 타고나서 어떤 분야를 선택하건 뛰어난 잠재력을 발휘하여 빨리 배우죠.

첫 번째 십분각 게자리에서 태어나 달의 영향까지 받기 때문에 섬세한 상상력의 소유자이며 감정이 풍부합니다. 다방면에 관심이 있고 다재다능해서, 지식을 얻고 정신적 자극을 받길 원하죠. 당신의 별자리가 가리키는 과제들을 받아들인다면 어떤 분야를 공부하건 성공을 거둘 수 있어요. 아니면 다른 사람들을 위해 상황을 개혁하고 개선하는 데 자신의 재기와 실용적 기술들을 활용할 수도 있겠네요.

똑똑하고 배려심이 많으며, 공감 능력이 좋고 명민합니다. 지적이고 상상력이 풍부하지만 체계나 목적이 없으면 쉽게 짜증을 내거나 고집을 부리죠. 혹은 정신적 긴장을 불러일으키는 파워 게임에 말려들기 쉬워요. 그럴 경우 자주 침울해지거나 스스로에 대한 회의감에 시달릴 수 있어요. 특히 다른 사람들 때문에 자신감이 떨어질 때 더 그런 기분이 듭니다.

영감이 더 풍부한 사람들은 자기표현이나 예술 분야, 특히 음악과 드라마 쪽에 끌릴 거예요. 다른 사람들이 무엇을 원하거나 기대하는지 잘 아는 편이기 때문에, 통찰력과 친화적인 성격을 발휘해 어떤 유형의 사회적 모임에서도 무리 없이 활약하죠.

당신의 태양이 사자자리로 들어가는 30세 이후에는 지금까지보다 안정에 덜 신경 쓰게 됩니다. 이런 변화는 자신감을 얻고 자신이 선택한 분야에서 능숙하게 성과를 올리는 데 도움이 되죠. 타고난 강력한 에너지를 중년까지 쓰지 않았다면 성공을 얻을 또 다른 기회가 주어질 겁니다. 당신의 태양이 처녀자리로 들어가는 60세부터는 더 실용적인 태도를 취하게 되고 다른 사람에 대한 봉사에 더 중점을 두게 되겠네요.

숨어 있는 자아

자신이 믿는 것에 대한 확신이 때로는 사람들 때문에 흔들릴 수 있습니다. 겉으로는 자신감 있는 모습을 보이지만 자신이 알고 있는 것이 옳은지 종종 의심하죠. 솔직하고 시원시원하기 때문에 다른 사람들도 그렇게 해주길 기대합니다. 하지만 강한 확신으로 완고하고 집요하게 굴 수도 있어요. 그러니 과단성과 융통성 없는 것을 구별할 줄 알아야 됩니다. 감정적 불안을 극복하고 싶다면 객관성을 가지고 합리적 사고를 하도록 노력하는 것도 한 가지 방법입니다.

기회나 모험적인 요소를 즐기며, 높은 목표를 달성하고자 투기 유혹에 빠지기도 합니다. 크게 생각하는 건 좋지만, 자신을 창조적으로 표현하거나 자신의 아이디어들에 몰두할 필요도 있네요. 하지만 현실 도피적 성향 때문에 비범한 머리를 생산적으로 유지하고 잠재력을 발휘하지 못할 수도 있습니다.

일과 적성

야망이 있어 사업을 할 수 있으며 그럴 경우 조직과 경영에 대한 재능으로 뛰어난 성과를 냅니다. 또한 제조업이나 은행, 판매, 부동산 분야에서 성공을 거둘 수도 있습니다. 아니면 감각이 탁월하고 상상력이 왕성하니 연기, 미술, 사진, 음악, 영화제작, 인테리어 디자인 같은 분야에서 일할 수도 있겠네요. 사람을 다루는 능력을 타고나서 통신, 교육, 의료, 사회사업 혹은 법률 등 대중을 상대로 하는 직업들을 택할 수 있습니다. 혹은 특유의 통찰력과 동정심으로 의료나 대체 의료 분야에서 카운슬링을 하거나 치유 관련 일을 할 수도 있습니다.

수비학으로 풀어본 당신의 운세

22일에 태어난 사람은 자부심이 강하고 현실적이며 직관력이 뛰어납니다. 탄생일 22는 마스터 숫자이기 때문에 숫자 22와 4로 울림을 줄 수 있습니다. 당신은 정직하고 근면하며 리더십을 타고났네요. 카리스마 있는 성격이고 사람들을 깊이 이해합니다. 감정을 잘 드러내지 않는 편이지만 다른 사람들의 행복을 돌보고 보호하는 데 관심을 기울입니다. 이날 태어난 사람들은 대체로 형제자매와 유대가 끈끈해서 그들을 보호하고 도와줍니다. 탄생월 6의 영향으로 안정을 중시하고 조화를 이루고 싶어 하죠. 신뢰할 만하고 책임감도 강해서 다른 사람들에게 힘이 되며, 마음을 잘 헤아려주는 친구이기도 합니다. 타고난 상상력과 창의력으로 종종 이상적인 생각들을 품기도 하지만, 실용적인 성격 때문에 항상 현실에 굳건히 발을 딛고 있네요. 승리를 중요하게 생각하지만, 다른 사람들에게 도움이 될 수 있는 독창적인 아이디어들을 추진할 때 성공 가능성이 많습니다.

- ● 장점 : 보편적, 관리자, 높은 직관력, 실용적, 현실적, 손재주, 솜씨, 개발자, 뛰어난 조직자, 현실주의자, 문제 해결자, 성취자
- ■ 단점 : 일확천금에 대한 꿈, 신경과민, 권위적, 물질주의적, 비전 결여, 나태, 이기적, 자기 홍보

연애와 인간관계

감정이 풍부하고 직감이 강하기 때문에 당신의 예민함을 이해하고 가치와 아이디어들을 공유할 수 있는 상대가 필요합니다. 사랑하는 이들에게 힘이 되어주는 사람이지만 기분 변화가 심하네요. 철학적 시각을 키우고 걱정 많은 성향을 극복하면 정서적 안정을 얻는 데 도움이 될 겁니다. 다양한 관심사를 공유하거나 지적인 자극을 줄 수 있는 사람들과 어울리거나 연인이 되면 가장 좋습니다.

연인이나 친구
♥

1월 10, 13, 20, 30일 / 2월 8, 11, 18, 28일 / 3월 6, 9, 16, 26일 / 4월 4, 7, 14, 24일 / 5월 2, 5, 12, 22일 / 6월 3, 10, 20일 / 7월 1, 8, 18일 / 8월 6, 16, 30일 / 9월 4, 14, 28, 30일 / 10월 2, 12, 26, 28, 30일 / 11월 10, 24, 26, 28일 / 12월 8, 22, 24, 26일

힘이 되어주는 사람
♣

1월 12, 16, 17, 28일 / 2월 10, 14, 15, 26일 / 3월 8, 12, 13, 24일 / 4월 6, 10, 11, 22일 / 5월 4, 8, 9, 20, 29일 / 6월 2, 6, 7, 18, 27일 / 7월 4, 5, 16, 25일 / 8월 2, 3, 14, 23일 / 9월 1, 12, 21일 / 10월 10, 19일 / 11월 8, 17일 / 12월 6, 15일

운명의 상대
♦

3월 31일 / 4월 29일 / 5월 27일 / 6월 25일 / 7월 23일 / 8월 21일 / 9월 19일 / 10월 17일 / 11월 15일 / 12월 17, 21, 22, 23, 24일

경쟁자

1월 6, 18, 22, 27일 / 2월 4, 16, 20, 25일 / 3월 2, 14, 18, 23일 / 4월 12, 16, 21일 / 5월 10, 14, 19일 / 6월 8, 12, 17일 / 7월 6, 10, 15일 / 8월 4, 8, 13일 / 9월 2, 6, 11일 / 10월 4, 9일 / 11월 2, 7일 / 12월 5일

소울메이트
★

3월 28일 / 4월 26일 / 5월 24일 / 6월 22일 / 7월 20일 / 8월 18일 / 9월 16일 / 10월 14일 / 11월 12일 / 12월 10일

이날 태어난 유명인

크리스 크리스토퍼슨(가수), 메릴 스트립, 린지 와그너(배우), 빌리 와일더(영화감독), 에리히 레마르크, 댄 브라운(작가), 이홍렬(코미디언), 정용화(가수)

제자리

| 태양 : 게자리 |
| 지배 성좌 : 게자리/달 |
| 위치 : 0° 30′ - 2° 게자리 |
| 상태 : 활동궁 |
| 원소 : 물 |
| 항성 : 베텔게우스, 멘카리난, 테자트 |

6월 23일

CANCER

높은 목표를 달성하는 강한 정신적 잠재력

직관력과 수용력을 겸비하고 이해가 빠르며, 똑똑하고 야무진 사람입니다. 게자리에서 태어나 섬세하고 수줍음이 많죠. 하지만 정신적 잠재력이 강해서 높은 목표를 세우고 성공을 이룹니다. 배려심과 정이 많아 주위 사람들에게 힘이 되어주며, 보통 자신의 안정감과 행복에서 가족이 가장 중요한 요소라고 생각합니다.

정신적으로 깨어 있기 때문에 바쁜 것을 좋아하고 무언가에 대해 잘 아는 것을 즐깁니다. 대개는 자신의 느낌을 믿는 편이지만, 회의적인 성향이 있으니 내면의 목소리가 주는 지혜가 가장 큰 자산이라는 것을 깨달을 필요가 있겠습니다.

지배 성좌인 게자리의 영향이 배가되어 정신적 힘을 키우면 도움이 되겠습니다. 강렬한 감정들을 긍정적 목표에 쏟는 법을 배우면 한바탕씩 찾아오는 좌절감과 불안을 극복할 수 있습니다.

확신이 있을 때는 의지력과 결단력을 가지고 스스로 나서서 상황에 대응할 수 있고, 다른 사람들에게 당신의 생각을 따라오라고 부추깁니다. 그러나 믿음을 잃어버리는 성향 때문에 내향적이고 침울해져서 완전히 손을 놓아버리고 자신의 모든 멋진 가능성들을 부정해버릴 수도 있습니다.

29세까지는 자신의 감수성과 집, 가족에 관심이 많을 겁니다. 그 시점을 지나 당신의 태양이 사자자리로 들어가면 강인함과 자신감이 요구되는 공적인 상황들에 더 많은 관심이 갑니다. 이런 성향이 59세까지 이어지다 당신의 태양이 처녀자리로 들어가면 인생의 주안점에 또 다른 변화가 생기겠군요. 현실적인 문제들이 인생에서 더 중요해져서 더 꼼꼼하고 사무적인 사람이 될 것으로 보입니다.

숨어 있는 자아

사물의 가치를 이해하거나 돈을 버는 데 천부적인 재능이 있습니다. 끈기와 결단력은 물론 전체적인 성공에 활발한 영향을 미치는 내면의 힘까지 가지고 있습니다. 그래서 아무리 어려워 보이는 장애물이라도 극복할 수 있는 힘이 생기죠. 때로는 일을 시작할 엄두가 안 나 질질 끌기도 하지만, 일단 프로젝트에 대한 믿음이 생기면 이를 현실로 만들기 위해 극도로 열심히 일합니다.

내면 깊은 곳에는 장난기 많은 성격이 있어서, 이런 면이 긍정적으로 표현되면 인생에 매우 창조적인 영향을 미치고 지나치게 진지해지는 성향을 막아줍니다. 하지만 성격의 예리한 부분을 조율하고 더 깊은 통찰력을 발달시키려면 정기적으로 자신을 위한 시간과 여유를 가질 필요가 있겠네요.

일과 적성

섬세하고 천성적으로 배려심이 많아 불우한 사람들을 대상으로 하는 일이나 치유 혹은 사회 개혁 관련 직업들에 끌릴 수 있습니다. 머리가 좋아서 교육 분야에 종사하거나 소통하는 재능을 이용해 글을 쓸 수도 있겠네요. 합리적인 성격이라서 연구, 토론 혹은 법률처럼 지식을 다른 사람들과 나눌 수 있는 분야들에 매력을 느낄 수도 있습니다. 기술 쪽에 강점이 있으면 컴퓨터나 엔지니어링 쪽에 종사할 수도 있고, 반대로 종교나 형이상학에 관심이 갈 수도 있어요. 또한 공직이나 음식조달업, 가정용품들의 상품화에서 성공을 거둘 가능성이 있습니다.

수비학으로 풀어본 당신의 운세

23일에 태어난 사람들은 직관적이고 감정적으로 섬세하며 창조적이라는 말을 흔히 듣습니다. 다재다능하고 열정적이며 머리 회전이 빠르고 전문적인 태도를 갖추고 있습니다. 머릿속이 창조적인 아이디어들로 가득 차 있어 다방면에 재능이 많죠. 여행과 모험, 새로운 사람 만나는 것을 좋아하고, 23이라는 숫자가 나타내는 잠시도 가만있지 못하는 성향에다 적응력도 뛰어나 여러 다른 경험들을 시도합니다. 친화적이고 재미있는 것을 좋아할 뿐 아니라 용기와 투지를 갖추어서 진정한 잠재력을 실현하려면 활동적인 생활이 필요합니다. 탄생월 6의 영향으로 정서적이고 섬세하며 이상주의적이고 배려하는 성격이네요. 직관과 영적 능력이 강해서 다른 사람들의 감정과 생각을 느낄 수 있습니다. 안정성과 안전을 원하기 때문에 흔히 가정적이고 매우 헌신적인 부모가 됩니다. 당신에게 주어진 과제는 더욱 자신감을 기르고 너무 의존적이 되지 않도록 하는 것입니다.

- ● 장점 : 성실, 책임감, 여행, 소통 능력, 직관, 창의적, 다재다능함, 신뢰성, 명성
- ■ 단점 : 이기심, 불안정, 고집 셈, 비타협적, 트집 잡기, 따분함, 내향적, 편견

연애와 인간관계

예민하고 정신적으로 잠시도 가만있지 못하는 성향이지만 매우 직관적이고 정서적 안정을 느끼고 싶어 하며, 종종 다른 사람들에게 힘이 되고 용기를 줍니다. 야망이 있고 의지가 강하며 열심히 일하는 사람들에게 매력을 느끼죠. 그래서 자제력과 창의성을 갖춘 지적인 사람들과 함께 있고 싶어 합니다. 장기적인 관계가 될 때까지 시간이 좀 걸리지만 일단 관계가 정착되면 강한 확신을 가지고 매우 성실한 모습을 보입니다.

이날 태어난 유명인

알프레드 킨제이(동물학자), 제이슨 므라즈(가수), 지네딘 지단(축구 선수), 앨런 튜링(수학자), 오태호(가수), 김영철(코미디언)

태양 : 게자리	
지배 성좌 : 게자리/달	
위치 : 1˚30′ - 3˚ 게자리	
상태 : 활동궁	
원소 : 물	
항성 : 테자트	

6월 24일
CANCER

사교적 수완이 좋은 중재자이자 훌륭한 전략가

친절하지만 내성적인 성격에 느긋한 사람입니다. 보수적인 접근방식을 취하기 때문에 좋은 중재자가 될 수 있습니다. 사람을 대하는 능력을 타고나서 직접적인 대립보다는 사교적 수완을 발휘하는 쪽을 좋아하죠.

달의 영향이 배가되어 집이나 가족과 관련된 일에 많은 시간을 씁니다. 하지만 가정의 평안만 좇는다면 자신의 진정한 잠재력을 실현하지 못할 거예요.

당신의 생일이 나타내는 조화와 평온의 필요성은 나약하다는 표시가 아니라 마음이 정교하게 조율되어 있다는 의미로 받아들여야 합니다. 비전이 명확하고 실용적인 접근방식을 타고난 훌륭한 전략가입니다. 어렵고 힘든 일에 도전하려는 의지와 집중력을 갖추고 있어 근면하고 헌신적입니다. 책임감과 강한 의무감이 가장 큰 장점들 중 하나이며, 노력과 불굴의 의지로 삶을 개선시킵니다. 영감을 받으면 즉각적인 보상을 받지 못해도 기꺼이 오랜 시간 일합니다.

지각력이 출중하지만 야망과 무력감 사이를 오락가락하다 큰 잠재력을 해칠 수 있습니다. 이런 두 가지 성향을 잘 조합해야 균형과 마음의 평정을 얻을 수 있습니다.

28세가 될 때까지는 집이나 안정, 가족과 관련된 문제들이 삶에서 큰 부분을 차지할 것 같군요. 하지만 당신의 태양이 사자자리로 들어간 뒤부터는 힘, 창의력, 자신감이 커져 더 대담해집니다. 당신의 태양이 처녀자리로 들어가는 58세에는 안목이 높아지고 더욱 효율적이 되며 건강문제나 타인에 대한 봉사에 더 관심을 쏟게 되겠네요.

숨어 있는 자아

가정과 가족을 중요하게 생각하지만, 권력을 좋아하고 매우 사무적이며 결단력이 강합니다. 혼자서는 잘할 수 없다는 것을 깨닫고 다른 사람들과 힘을 합쳐 노력하는 것을 인생의 중요한 부분으로 만듭니다. 때로는 틀에 박힌 안락함에서 벗어나기 힘들 수 있지만 일단 결심이 서고 목표 지향적이 되면 극도로 열심히 일하며, 자신의 재능을 상품화하는 데 능숙해집니다.

불안, 특히 돈에 대한 걱정 때문에 어려움을 극복하는 능력을 약화시키지 마세요. 대개는 쓸데없는 걱정이니까요. 일단 걱정에 빠지면 적시에 일을 처리하기보다 현실을 외면하려 할 수 있어요. 그러니 빨리 일을 시작해 당신이 원하는 인정을 받을 수 있도록 도울 행동계획을 세우는 것이 중요합니다. 당신은 인정받을 만한 자격이 있는 사람이에요.

일과 적성

전문적인 상담을 하거나 좋은 일을 위해 돈을 모금하는 등의 직업을 통해 배려심 많은 본성을 표현할 수 있습니다. 지적인 일에 관심이 많아 교사, 강연, 연구 혹은 글쓰기 쪽으로 진출할 수도 있겠네요. 편안한 매력을 지닌 데다 형태와 색에 대한 재능을 타고났으니 연극, 음악, 미술 쪽에 끌릴 수도 있습니다. 혹은 사람에 대한 타고난 이해력으로 테라피스트나 인사 담당자 등 사람을 직접 접하거나 조언해주는 직업에 관심이 갈 수도 있습니다. 영업, 특히 판매, 판촉, 홍보 쪽에서도 마찬가지로 뛰어난 역량을 발휘할 수 있어요. 또한 이 생일은 훌륭한 관리자와 경영인을 배출할 뿐 아니라 가정과 관련된 모든 직업에서 돈을 벌 기회를 줍니다.

수비학으로 풀어본 당신의 운세

생일 24는 감정적 섬세함과 관련이 있기 때문에 조화와 질서가 필요합니다. 정직하고 신뢰할 수 있으며 안정을 중시해서 상대의 사랑과 지원이 필요하며, 자신과 가족을 위해 탄탄한 기반을 구축하는 것을 즐깁니다. 삶에 대한 실용적인 접근방식으로 사업 감각이 뛰어나고 물질적 성공을 거둘 능력이 있네요. 24일에 태어난 사람은 불안정한 시기들을 잘 이겨내야 하고, 완고하거나 자신의 생각에 갇히는 성향을 극복해야 합니다. 탄생월 6의 영향으로 양심적이고 책임감이 있습니다. 종종 출세 지향적이지만 가정을 잘 돌보고 헌신적인 부모도 될 수 있습니다. 친절하고 이상주의적이며, 배려하는 성격으로 단호하지만 힘이 되어주는 사람이네요. 판에 박힌 생활을 싫어하지만 안정과 편한 마음을 추구하죠. 걱정과 잘못된 동정심으로 마음이 불편해지는 성향은 극복할 필요가 있습니다.

- 장점 : 에너지, 이상주의자, 실용적 기술, 강한 결단력, 정직, 관대, 가정에 대한 사랑, 활동적
- 단점 : 물질주의자, 너무 감정적임, 판에 박힌 일상을 싫어함, 게으름, 지배하려 드는 성향, 고집 셈, 화를 잘 냄

연애와 인간관계

강한 본능과 열정적인 천성이 종종 극적인 성격을 드러냅니다. 생일과 관련된 부모의 역할을 보자면 당신은 헌신적인 부모이자 다정한 배우자입니다. 그러나 지나치게 예민하거나 감정적이 되지 않도록 주의하세요. 하지만 친절하고 매력적이며 친화적인 사람이고 가정과 가족들과의 유대가 끈끈합니다. 자신을 표현하려는 욕구가 있어 창조적인 사람이나 연극과 관련된 사람에게 잘 끌립니다. 가치 있는 대의를 위해 기금을 모금할 수 있습니다.

연인이나 친구 ♥

1월 18, 22, 28일 / 2월 16, 20, 26일 / 3월 14, 18, 28일 / 4월 12, 16, 26일 / 5월 10, 14, 24일 / 6월 8, 12, 22일 / 7월 6, 10, 20, 29일 / 8월 4, 8, 18, 27, 30일 / 9월 2, 6, 16, 25, 28일 / 10월 4, 14, 23, 26, 30일 / 11월 2, 12, 21, 24, 28일 / 12월 10, 19, 22, 26, 28일

힘이 되어주는 사람

1월 6, 10, 25, 30일 / 2월 4, 8, 23, 28일 / 3월 2, 6, 21, 26일 / 4월 4, 19, 24일 / 5월 2, 17, 22일 / 6월 15, 20, 30일 / 7월 13, 18, 28일 / 8월 11, 16, 26일 / 9월 9, 14, 24일 / 10월 7, 12, 22일 / 11월 5, 10, 20일 / 12월 3, 8, 18일

운명의 상대

5월 29일 / 6월 27일 / 7월 25일 / 8월 23일 / 9월 21일 / 10월 19일 / 11월 17일 / 12월 14, 23, 24, 25일

경쟁자

1월 13, 29, 31일 / 2월 11, 27, 29일 / 3월 9, 25, 27일 / 4월 7, 23, 25일 / 5월 5, 21, 23일 / 6월 3, 19, 21일 / 7월 1, 17, 19일 / 8월 15, 17일 / 9월 13, 15일 / 10월 11, 13일 / 11월 9, 11일 / 12월 7, 9일

소울메이트 ★

1월 6, 25일 / 2월 4, 23일 / 3월 2, 21일 / 4월 19일 / 5월 17일 / 6월 15일 / 7월 13일 / 8월 11일 / 9월 9일 / 11월 7일 / 12월 5일

이날 태어난 유명인

잭 뎀프시(권투 선수), 리오넬 메시(축구 선수), 지진희, 김여진(배우), 김대희(코미디언), 김기현(성우), 이상민(가수)

게자리

253

태양 : 게자리	
지배 성좌 : 게자리/달	
위치 : 2° 30´ – 4° 게자리	
상태 : 활동궁	
원소 : 물	
항성 : 테자트, 디라	

6월 25일

CANCER

섬세하고 직관력이 뛰어난 모험가

이날 태어난 사람은 직감이 뛰어나고 머리가 좋으며 다양성을 원합니다. 게자리 태생인 당신은 섬세하고 상상력이 풍부하며 남을 잘 배려하네요. 하지만 정신이 깨어 있고 직관력이 강해서 모험을 좋아합니다. 호기심이 왕성하고 두뇌 회전이 빨라 함께 있기 좋은 사람이죠. 특히 독특한 유머 감각으로 사람들을 즐겁게 합니다. 하지만 지적이기 때문에 어리석은 짓을 용납하지 않으며 때로는 참을성이 없어지는군요.

달의 영향이 배가되어 직관력이 뛰어나고 섬세합니다. 새로운 경험과 일들에 대한 열망이 강해서 다른 나라의 장소들이나 사람들에게 관심을 느낍니다. 그러나 달은 달갑지 않은 영향도 미치는데, 바로 쉽게 초조해질 수 있다는 점입니다. 그러니 자기 수양을 쌓아야 합니다.

성공하려면 상상력을 제대로 포착할 수 있는 주제를 발견해야 합니다. 관심을 계속 유지할 수 있고 전문가가 되도록 도와줄 주제를 말합니다. 정신적 도전을 계속하는데, 실패하면 에너지가 분산되거나 만족감을 느끼지 못할 위험이 있습니다. 반대로 인내심과 책임감 있는 태도를 기르고 해야 할 일들에 덤벼들면, 당신에게 직관력뿐 아니라 깊이 있는 생각과 뛰어난 사고력, 그리고 과학 분야나 연구에 적합한 좋은 머리까지 있다는 걸 곧 알게 될 거예요.

당신의 태양이 사자자리로 들어가는 27세가 지난 후에는 예민한 기질이 크게 문제가 되지 않아 삶의 모든 분야에서 더 대담해지고 자신감이 생깁니다. 당신의 태양이 처녀자리로 들어가는 57세 이후에는 인내심과 정확성이 더해져 인생에 대해 더욱 실용적인 접근방식을 취할 것으로 보입니다.

숨어 있는 자아

현실적이고 열정적이며, 자신의 아이디어들로 다른 사람들에게 영감을 줄 수 있습니다. 하지만 감정적으로 만족하지 못하고 쉽게 따분해지는 성향이 있어서 엄청나게 다채로운 삶을 원하죠. 여기에는 많은 사람들과 함께하고 다양한 우정이나 관계를 경험하는 것도 포함됩니다. 대체로 사람들에게 친절하지만, 때로는 자신이 감정적으로 원하는 것이나 몰두하는 것을 숨깁니다.

삶에 대한 자신만의 철학이 있어 어려움이 닥쳐도 긍정적인 태도를 유지합니다. 타고난 판단력과 단도직입적인 접근방식으로 문제를 단순화하고 직관적으로 해결하는 한편, 뻔한 것인데도 다른 사람들이 보지 못하는 것들을 짚어냅니다. 낙천적일 때는 크게 생각하는 편이며, 위험을 감수하는 쪽으로 마음이 끌릴 수 있어요. 그러나 신중한 면도 있어 너무 성급하게 행동하는 게 아니라 위험을 계산합니다.

일과 적성

두뇌 회전이 빠르고 정신적 자극을 원합니다. 생활에서 다양성을 필요로 하며 어떤 상황에서라도 실체를 신속하게 파악합니다. 자신의 개성과 감수성, 뛰어난 상상력을 표현하려는 욕구가 있어 작가나 언론, 건축, 예술, 음악 분야에서 성공을 거둘 수 있습니다. 강한 직관력과 탐구욕 덕분에 종교나 신비적인 분야에 종사할 수도 있겠네요. 선택한 직업에 싫증을 내지 않도록 조심해야 하므로 여행업이나 식당, 대중들을 상대로 하는 일 등 지속적인 활동이 필요한 직업을 선택하는 게 중요합니다.

수비학으로 풀어본 당신의 운세

직관적이고 기민하며 판단력이 좋고 디테일을 볼 줄 아는 사람입니다. 단순한 이론보다는 현실에 적용해봄으로써 더 많은 지식을 얻는 편이죠. 하지만 일이 계획대로 되지 않을 때 너무 조급해하거나 불만을 갖지 않아야 합니다. 정서적 감수성과 예술적 재능은 숨겨진 여러 자질들 중 일부일 뿐입니다. 정신적 에너지가 강해서 이 에너지에 집중하면 다른 누구보다 빨리 모든 사실들을 파악하고 결론을 내릴 수 있어요. 탄생월 6의 영향으로 책임감이 있고 진취적이며 현실적 능력들과 건전한 판단력을 갖추었네요. 자기 계발에 관심이 있는데, 발전의 비결은 자기분석입니다. 감정을 좀 더 터놓고 표현하는 기술과 부끄러워하지 않고 자신감 있고 분명하게 생각을 전달하는 방법을 배울 필요가 있습니다.

- ● 장점 : 뛰어난 직관력, 완벽주의자, 지각력, 창의적 정신, 사람을 다루는 데 능숙함
- ■ 단점 : 충동적, 참을성 없음, 무책임함, 지나치게 감정적임, 질투, 숨기는 성향, 비판적, 침울, 신경과민

연애와 인간관계

사교적이고 매력적이어서 대개 친구가 많습니다. 감정적 깊이가 대단하지만 자신의 기분을 드러내는 걸 꺼려해 냉담한 사람이 될 수 있어요. 보통 매우 이상주의적이지만, 때로는 깊은 감정적 관계보다 플라토닉한 우정을 선호합니다. 때때로 한 사람 이상을 사귀기도 하고 두 명의 연인들 중에서 선택을 못 할 수도 있어요. 그러나 딱 맞는 사람을 만나면 충실하게 대하고 힘이 되어줄 거예요.

당신에게 특별한 사람

연인이나 친구

1월 13, 19, 23일 / 2월 11, 17, 21일 / 3월 9, 15, 19, 28, 29, 30일 / 4월 7, 13, 17, 26, 27일 / 5월 5, 11, 15, 24, 25, 26일 / 6월 3, 9, 13, 22, 23, 24일 / 7월 1, 7, 11, 20, 21, 22일 / 8월 5, 9, 18, 19, 20일 / 9월 3, 7, 16, 17, 18일 / 10월 1, 5, 14, 15, 16, 29, 31일 / 11월 3, 12, 13, 14, 27, 29일 / 12월 1, 10, 11, 12, 25, 27, 29일

힘이 되어주는 사람

1월 7, 15, 20, 31일 / 2월 5, 13, 18, 29일 / 3월 3, 11, 16, 27일 / 4월 1, 9, 14, 25일 / 5월 7, 12, 23일 / 6월 5, 10, 21일 / 7월 3, 8, 19일 / 8월 1, 6, 17, 30일 / 9월 4, 15, 28일 / 10월 2, 13, 26일 / 11월 11, 24일 / 12월 9, 22일

운명의 상대

12월 23, 24, 25, 26일

경쟁자

1월 6, 14, 30일 / 2월 4, 12, 28일 / 3월 2, 10, 26일 / 4월 8, 24일 / 5월 6, 22일 / 6월 4, 20일 / 7월 2, 18일 / 8월 16일 / 9월 14일 / 10월 12일 / 11월 10일 / 12월 8일

소울메이트

4월 30일 / 5월 28일 / 6월 26일 / 7월 24일 / 8월 22일 / 9월 20일 / 10월 18, 30일 / 11월 16, 28일 / 12월 14, 26일

69

제자리

이날 태어난 유명인

조지 오웰(작가), 안토니 가우디(건축가), 칼리 사이먼, 조지 마이클(가수), 피터 블레이크(화가), 채시라(배우), 비(가수)

| 태양 : 게자리 |
| 지배 성좌 : 게자리/달 |
| 위치 : 3° 30′ – 5° 게자리 |
| 상태 : 활동궁 |
| 원소 : 물 |
| 항성 : 테자트, 디라 |

6월 26일

CANCER

긍정적인 사고와 뛰어난 조직력

직관력이 있고 삶에 실용적으로 접근하는 것으로 보아 섬세하고 배려가 많은 사람이지만 삶에서 더 많은 것을 원합니다. 지배 성좌인 달의 영향이 배가되어 안정성을 특히 중요하게 생각합니다. 긍정적으로 사고하고 조직력이 뛰어나며 자신이 아는 것들을 건설적인 방식으로 활용하길 좋아합니다.

게자리에 태어난 사람들에게는 보통 가정생활이 중요한데, 좋은 부모와 책임감 있는 가족의 일원이 될 자질을 갖추고 있네요. 이해력과 상식이 풍부해 주변 사람들에게 자주 조언을 해줍니다. 지식을 사랑하며, 좋은 교육이 매우 중요하고 어떤 직업을 위해서건 탄탄한 토대를 쌓는 데 도움이 됩니다. 일반적인 학업 코스를 밟지 못할 경우 나중에 독학을 할 수도 있어요.

자신의 생각과 인생철학을 알리고 싶은 마음이 있어 관심 가는 주제들에 대한 토론에 종종 참여합니다. 매매나 거래 협상에 관해 훤히 알고 있으며, 관심사인 경우 인맥과 사교술을 활용할 줄 압니다. 정신적으로 바쁠 때 행복감을 느끼는 당신은 사소한 즐거움을 좇는 데 에너지를 소모하기보다 여행을 즐기고 다른 문화와 취미를 배우는 것을 좋아합니다.

20대 중반까지는 감정, 예민함, 가족과 관련된 문제들에 사로잡혀 있습니다. 당신의 태양이 사자자리로 들어가는 26세 이후로는 자신의 재능과 솜씨를 긍정적이고 자신감 있게 보여줄 수 있을 정도로 용감해질 거예요. 당신의 태양이 처녀자리로 들어가는 56세 이후에는 실용적인 면을 고려하는 것이 더 중요해지고 효율성과 역량, 조직력이 향상될 것으로 보입니다.

숨어 있는 자아

겉으로는 자신감 있고 유능해 보이지만, 내면은 예민하고 안정을 중요하게 생각합니다. 내적 불안감 때문에 항상 바쁘길 원하죠. 하지만 멈춰 서서 자신을 돌아보거나 깊이 생각할 수 있는 법을 배울 때까지는 원하는 행복을 찾지 못할 겁니다. 이런 차분한 면이 활동과 변화를 좋아하는 면과 결합될 때 가장 인상적인 활동을 펼칠 수 있습니다.

매우 이상주의적이고 조화를 갈망하며 음악이나 예술 혹은 다른 형태의 창의적인 일에 끌릴 수 있습니다. 평화를 원해서 소중하게 생각하는 대의를 위해 싸울 수도 있습니다. 혹은 집을 세상으로부터의 안식처로 중요하게 생각하는 데서 이런 소망이 나타기도 합니다. 하지만 항상 자신의 지평을 넓히길 원하기 때문에 여행이나 모험에 대해 자주 생각합니다.

일과 적성

상상력이 풍부하고 두뇌 회전이 빠르며 경제적으로 이익이 되는 아이디어들을 잔뜩 가지고 있습니다. 음식에 관심이 있으면 식당 일처럼 요리와 관련된 직업도 괜찮아요. 훌륭한 기획자이자 조직자라서 영업이나 장사, 홍보, 광고, 스포츠, 정치에서 성공을 거둘 수 있습니다. 철학이나 심리학, 종교 사상 연구에 특히 관심을 느낄 것으로 보이며, 교사, 강연, 정치, 경제 분야의 직업들이 뛰어난 두뇌를 활용하기에 적합할 수 있습니다. 사업을 한다면 독립적으로 작업할 수 있는 넓은 공간이 주어져야 하며, 아마 자영업을 하면 더 만족할 거예요. 계획을 세우고 가치 있는 많은 계획들을 실행에 옮기는 능력이 있어 어떤 프로젝트에서건 귀중한 멤버가 될 겁니다.

수비학으로 풀어본 당신의 운세

생일 26이 암시하는 강함 혹은 힘은 강한 가치관과 건전한 판단력을 갖춘 조심스러운 성격임을 보여줍니다. 삶에 실용적으로 접근하고 실무 능력이 있으며 사업 감각이 뛰어나네요. 26일에 태어난 사람은 대개 책임감이 강하고 미적 감각을 타고났습니다. 하지만 완고하거나 자신감이 부족해서 때로는 포기가 너무 빠를 수도 있어요. 탄생월 6의 영향으로 배려심이 많고 책임감이 있지만 때로는 까다롭게 굴거나 지나치게 걱정을 많이 할 수도 있습니다. 친구들과 가족들, 친척들에게 든든한 힘이 되어주고 어려울 때 자신에게 의지하는 사람들을 기꺼이 도와줍니다. 인기를 원하기 때문에 모든 사람이 행복해질 수 있도록 최선을 다하죠. 하지만 너무 무리하는 바람에 결국 아무도 만족하지 못하는 사태가 벌어지지 않도록 조심해야 합니다.

● 장점 : 창의적, 현실적, 배려심, 책임감, 가족에 대한 긍지, 열정적, 용기
■ 단점 : 고집 셈, 반항적, 자신 없음, 냉담함, 끈기 부족, 불안정

연애와 인간관계

다정하고 붙임성이 있어 친구가 많으며 대개 가족들과 매우 친밀하게 지냅니다. 살면서 한때 매우 특이한 관계에 이끌리기도 하지만, 분별력이 있어 진정으로 사랑에 빠지는 일은 좀처럼 드뭅니다. 그러나 당신을 긍정적으로 자극할 수 있는 누군가를 만나면 그 사람에게 매우 충실하고 보호하려고 합니다. 상대에게 솔직하게 대하길 좋아하고 실질적이고 현실적인 도움과 지원을 줍니다.

연인이나 친구

1월 3, 4, 14, 20, 24일 / 2월 2, 12, 18, 22일 / 3월 10, 16, 20, 29, 30일 / 4월 8, 14, 18, 27, 28일 / 5월 6, 12, 16, 25, 26, 31일 / 6월 4, 10, 14, 23, 24, 29일 / 7월 2, 8, 12, 21, 22, 27일 / 8월 6, 10, 19, 20, 25일 / 9월 4, 8, 17, 18, 23일 / 10월 2, 6, 15, 16, 21, 30일 / 11월 4, 13, 14, 19, 28, 30일 / 12월 2, 11, 12, 17, 26, 28, 30일

힘이 되어주는 사람

1월 4, 8, 21일 / 2월 2, 6, 19일 / 3월 4, 17, 28일 / 4월 2, 15, 16일 / 5월 13, 24일 / 6월 11, 22일 / 7월 9, 20일 / 8월 7, 18 31일 / 9월 5, 16, 29일 / 10월 3, 14, 27일 / 11월 1, 12, 25일 / 12월 10, 23일

운명의 상대

1월 3일 / 2월 1일 / 5월 31일 / 6월 29일 / 7월 27일 / 8월 25일 / 9월 23일 / 10월 21일 / 11월 19일 / 12월 17, 25, 26, 27, 28일

경쟁자

1월 7, 10, 15, 31일 / 2월 5, 8, 13, 29일 / 3월 3, 6, 11, 27일 / 4월 1, 4, 9, 25일 / 5월 2, 7, 23일 / 6월 5, 21일 / 7월 3, 19일 / 8월 1, 17일 / 9월 15일 / 10월 13일 / 11월 11일 / 12월 9일

소울메이트

3월 31일 / 4월 29일 / 5월 27일 / 6월 25일 / 7월 23일 / 8월 21일 / 9월 19일 / 10월 17, 29일 / 11월 15, 27일 / 12월 13, 25일

이날 태어난 유명인

펄 벅, 콜린 윌슨(작가), 크리스 오도넬(배우), 아리아나 그란데(가수), 클라우디오 아바도(지휘자), 김범룡(가수)

| 태양 : 게자리 |
| 지배 성좌 : 게자리/달 |
| 위치 : 4°30′ – 6° 게자리 |
| 상태 : 활동궁 |
| 원소 : 물 |
| 항성 : 디라 |

6월 27일

CANCER

풍부한 상상력과 창조적인 재능

상상력이 풍부하고 섬세하며 직관력이 강한 사람입니다. 영리하고 친절하며 다재다능하고 창조적인 재능까지 갖추고 있네요. 하지만 감정적으로 변덕스러운 성향이 엄청난 잠재력을 떨어뜨릴 수도 있습니다.

배려심과 이해심이 많아서 사랑하는 사람들에게 따뜻한 정을 베풉니다. 지배 성좌인 게자리의 영향을 받아 정신적 능력이 두 배로 강화됩니다. 하지만 걱정하거나 스트레스를 받고 우유부단해지는 성향은 조심해야겠네요.

정서적으로 불안을 느낄 때면 신경질적이거나 수다스럽거나 산만해 보일 수 있지만, 그것 말고는 매우 긍정적이고 재미있으며 유머 감각도 뛰어나 함께 있기 좋은 사람입니다.

다재다능하고 사람들과 어울리기 좋아하는 당신에게는 많은 분야를 탐구할 수 있는 지적 능력이 있습니다. 하지만 너무 많은 일들을 시도하다가 혼란이 올 수도 있겠네요. 창조적 재능이 있고 아이디어가 풍부하지만, 한 가지 목표에 집중하는 법을 배우면 좋겠습니다. 반면 이미 현실적이고 결단력을 갖춘 사람이라면 성공은 바로 당신의 것입니다.

글쓰기를 통해서건 연기나 디자인, 실내장식을 하건 자신을 감정적, 정신적으로 표현하는 법을 배우면 좋습니다. 사교적이고 친화적인 당신은 흥이 많으며 인생의 즐거움을 포착하길 원합니다.

겉으로는 자신감이 강해 보이지만 당신의 태양이 사자자리로 들어가는 25세가 될 때까지는 원하는 만큼의 단단한 자신감이 생기지 않을 거예요. 하지만 그 이후로는 더 강해지고 창조성이 높아지며 더 많은 사회적 기술들을 발휘할 수 있게 되겠네요. 당신의 태양이 처녀자리로 들어가는 55세 이후에는 더 현실적이고 분석적으로 될 뿐 아니라 안목도 높아집니다.

숨어 있는 자아

자극을 주는 도전적인 경험을 원하기 때문에 여행이나 변화가 삶에서 중요한 역할을 할 것으로 보입니다. 전도유망한 일이 있으면 두려워 말고 모험을 해서 더 멀리 나아가세요. 당신에게 좋은 기회가 될 수 있으니까요. 때로는 눈부신 성공을 거둘 수 있지만, 경제적 상황이 바뀔 수 있음을 염두에 두어야 합니다. 후한 성격이지만 낭비하는 면이 있으니 방종은 피해야 해요.

자부심이 강하고 당당하며, 반복되는 걱정에서 벗어나 자신감을 쌓기 위한 믿음이 필요합니다. 심리 파악과 사람 보는 눈이 뛰어나 타인의 강점과 약점을 빨리 알아차립니다. 매력적이고 위트가 넘치는 당신은 이상주의와 상상력으로 다른 사람들을 매료시킵니다.

일과 적성

생일로 볼 때 좋은 부모가 될 수 있고, 가정을 잘 돌보며, 무슨 일을 하건 창의적으로 접근하길 좋아합니다. 사람을 다루는 기술이 뛰어나 교육이나 카운슬링, 영업, 사업 등의 분야에서 성공이 보장됩니다. 변화가 많고 자극을 주는 직업을 원하기 때문에 단조로운 일자리는 피해야 합니다. 사업을 한다면 적극적인 접근방식으로 임하고 중개인이나 부동산 분야에서 성공을 거둘 수 있습니다. 이 생일에 부여된 창조성 덕분에 음악이나 연기, 저술에서 자신을 성공적으로 표현할 수도 있지만, 연극적인 일면 때문에 정계에 입문할 수도 있겠네요.

수비학으로 풀어본 당신의 운세

직관적이지만 분석적인 사람입니다. 그리고 27이라는 생일로 보건대 인내심과 자제력을 키우면 사고가 크게 깊어질 수 있습니다. 단호하고 관찰력이 있어서 디테일에까지 많은 신경을 쓰네요. 때로는 속을 잘 드러내지 않거나 이성적이거나 거리를 두는 듯 보이지만, 사실은 내면의 긴장을 숨기고 있습니다. 소통 기술을 기르면 속마음을 드러내지 않으려는 성향을 극복할 수 있습니다. 탄생월 6의 영향으로 항상 균형과 조화를 추구합니다. 때때로 강한 직감과 감정이 자신의 생각이나 믿음과 충돌하기 때문에 불안을 느낄 수 있겠군요. 다정하고 사려 깊지만 때로는 지나치게 예민하고 다가서기 어려운 사람처럼 보이기도 합니다. 좀 더 초연한 관점을 갖게 되면 다른 사람들의 말에 귀를 기울일 수 있고 타인의 비판이나 생각들을 충분히 받아들이게 될 겁니다.

- ● 장점 : 다재다능함, 상상력, 창의적, 단호함, 용기, 능력, 정신적, 독창적, 정신력
- ■ 단점 : 무뚝뚝함, 다투기 좋아함, 쉽게 기분이 상함, 따지기 좋아함, 불신, 쉽게 흥분함, 신경이 날카로움

연애와 인간관계

매력적이고 친절하며 따뜻하고 배려하는 성격입니다. 헌신하는 상대이자 애정이 넘치는 부모입니다. 가족과 가정생활이 매우 중요한 의미입니다. 사랑하는 사람들을 위해 기꺼이 희생을 감내하려는 모습은 다른 사람들을 보호하려는 마음이 강하다는 것을 보여줍니다. 관대한 본성과 창조적 재능이 있으니 자신의 다재다능함을 표현할 방법을 찾아야 합니다. 그렇지 않으면 좌절하거나 실망을 느낄 수 있거든요. 쉽게 친구를 사귀고 사람들을 매료시키지만, 기분 변화가 심하니 주의를 기울이지 않으면 관계에 영향을 미칠 수 있습니다.

게자리

69

이날 태어난 유명인

헬렌 켈러(시각장애인 교육자), 이자벨 아자니, 토비 맥과이어, 양조위(배우), 박준규, 김보성, 김규리, 손호준(배우), 노우진(코미디언)

259

태양 : 게자리
지배 성좌 : 게자리/달
위치 : 5°30′ – 6°30′ 게자리
상태 : 활동궁
원소 : 물
항성 : 알헤나, 디라

6월 28일

CANCER

언어 소통에 타고난 재능이 있는 사려 깊은 사람

이날 태어난 사람들은 이상주의적이지만 실용적이고 영민하고 직관력이 강합니다. 두뇌가 명석하고 유머 감각을 타고났죠. 예리한 추리력과, 아이디어들을 재빨리 이해하고 분명하게 표현하는 재능이 있습니다.. 게자리에 태어난 당신은 애정이 많으면서 외부의 영향을 받기 쉬운 타입이어서 가족과의 끈끈한 유대와 가정의 평온이 필요합니다. 자부심이 강하고 자신감 있으며 확신에 찬 겉모습이 예민한 영혼을 감추는 경우가 많습니다. 또한 모성애나 부성애가 강하고 배려심 많은 성격이지만 달의 영향으로 기분 변화가 심할 수 있네요. 항상 바쁘게 움직이려는 모습은 당신이 쉽게 지루함을 느낀다는 증거입니다. 하지만 강한 확신과 사람이나 상황을 빠르게 파악하는 천부적인 능력이 진취적인 정신과 결합되면 성공이 보장됩니다.

사교를 중요하게 생각하고 다양한 방면의 사람들과 어울리고 잘 지냅니다. 하지만 사람들을 너무 도발하거나 조종하려 들지 않도록 조심하세요. 자칫 사람들과의 협력에서 오는 많은 이점들을 잃을 수 있습니다. 독립적, 자립적이고 싶은 욕구와 협력 사이에서 균형을 잡는 법을 배우면 개인적 만족감과 행복감이 커질 거예요.

어린 시절과 젊을 때는 게자리의 첫 번째 십분각에 있는 달의 강한 영향을 두 배로 받겠네요. 이 영향으로 초년에는 수줍음이 많고 예민하지만 그래도 일의 중심에 있고 싶은 마음이 강합니다. 태양이 사자자리로 들어가는 24세 이후로는 꼭 필요한 창조력, 힘, 자신감이 증가할 거예요. 54세 때 태양이 처녀자리로 들어가면서부터 군림하려는 태도가 약해지고 더 사려 깊고 분석적이 됩니다. 그래서 질서 있는 삶을 살고 싶은 바람이 커집니다.

숨어 있는 자아

결단력이 강하고 새로운 프로젝트를 능숙하게 시작하며 자부심 있고 활동적인 성격입니다. 직접적인 접근 방식을 좋아해서 생각을 숨김없이 말하는 편이죠. 하지만 침묵을 지켜야 할 때를 아는 것이 좋습니다. 한창 때는 다른 사람들의 존경과 존중을 받는 조언자이자 실세 역할을 합니다.

한편으로는 깊이 있는 이해를 추구하여 진지하고 안정을 중시하며 사색적이고 사려 깊은 성격입니다. 그러나 다른 한편으로는 풍자적인 위트를 구사하고 자발적으로 나서는 성격에 톡톡 튀는 말재주로 연극적인 성격을 표현할 줄 알아 파티의 중심인물이 되곤 하죠. 지식을 갈망하고 예리한 지성을 갖추어 유익한 토론을 즐기지만, 너무 따지고 들거나 냉소적이 되지 않도록 조심하세요.

때로는 내면 깊숙이 침잠하기도 하지만 다시 올라가는 법을 익히고 모든 장애물을 극복합니다. 강단 있는 성격이 자기 인식에 대한 강한 욕구와 결합되어 때로는 완전한 변화를 꿈꾸기도 합니다.

일과 적성

타고난 심리학자로 카운슬링, 인력관리, 판촉이나 홍보처럼 사람들을 상대하는 직업들에 끌릴 겁니다. 머리가 좋아서 교사나 강의, 언론, 의료, 커뮤니케이션 같은 직업들에 마음이 갈 수도 있습니다. 자신을 표현하고 싶어 하고 연극적인 것을 좋아하니 예술계와 연예계 쪽으로 진출할 수도 있겠네요. 아니면 집과 관련해 창의력을 발휘하고 싶은 욕구가 있어 인테리어 디자인이나 고급 요리 같은 직업을 선택할 수도 있습니다. 혹은 리더십과 조직력, 전략 기획 능력을 활용해 상업계로 진출할 수도 있고, 이 경우 대형 프로젝트들에 도전하는 걸 즐길 겁니다.

수비학으로 풀어본 당신의 운세

독립적이고 이상주의적이며 관습에 얽매이지 않지만, 실용적이고 결단력 있어서 종종 관례를 무시하고 자기 뜻대로 행동합니다. 독립적이고 싶은 마음과 팀의 일원이 되고 싶은 마음이 내면에서 충돌하기도 합니다. 1일에 태어난 사람들과 마찬가지로 당신은 야망이 강하고 단도직입적이며 진취적입니다. 재치가 있고 판단력이 뛰어나며 지식을 축적하고 활용하여 문제를 개선하거나 해결하는 능력도 좋습니다. 28일에 태어난 사람들은 대개 상식적이고 생각이 명확합니다. 성공 지향적이고 야망이 있지만 가족과 가정생활 역시 중요하게 생각합니다. 탄생월 6의 영향으로 매력적이고 확신이 강합니다. 강한 목적의식과 함께 결단력도 갖추었지만 회의적이고 의심하는 성격도 있네요. 꿈을 구체적인 현실로 만드는 열쇠는 당신의 넓은 도량과, 놀이와 일을 결합하는 재능입니다. 뛰어난 지략이 관리 능력과 결합되면 권한 있는 자리까지 올라갈 겁니다.

- 장점 : 인정이 많음, 진취적, 대담성, 예술적, 창의적, 이상주의적, 야망, 근면, 자립적, 강한 의지
- 단점 : 몽상가, 의욕이 없음, 동정심 부족, 비현실적, 거만, 성급한 판단, 공격적, 자신감 부족, 너무 의존적임, 자만심

연애와 인간관계

다정하고 재치 있고 매력적이며 어렵지 않게 숭배자들을 만듭니다. 재미있는 일을 원하고 인정받길 바라기 때문에 자연히 사람들과 어울리길 좋아하지만 지나치게 예민해지거나 지난 일을 곱씹는 성향이 새로운 관계를 맺는 데 방해가 될 수 있겠네요. 자극을 주는 지적인 관심사를 공유할 수 있는 사람을 만나면 이상적인 관계를 맺을 수 있습니다.

당신에게 특별한 사람

연인이나 친구

1월 6, 16, 22, 26일 / 2월 4, 14, 20, 24일 / 3월 2, 12, 18, 22일 / 4월 10, 16, 20, 30일 / 5월 8, 14, 18, 28일 / 6월 6, 12, 16, 26일 / 7월 4, 10, 14, 24, 31일 / 8월 2, 8, 12, 22, 29일 / 9월 6, 10, 20, 27일 / 10월 4, 8, 18, 25일 / 11월 2, 6, 16, 23, 30일 / 12월 4, 14, 21, 28, 30일

힘이 되어주는 사람

1월 6, 17, 23, 31일 / 2월 4, 15, 21, 29일 / 3월 2, 13, 19, 27, 30일 / 4월 11, 17, 25, 28일 / 5월 9, 15, 23, 26일 / 6월 7, 13, 21, 24일 / 7월 5, 11, 19, 22일 / 8월 3, 9, 17, 20일 / 9월 1, 7, 15, 18, 30일 / 10월 5, 13, 16, 28일 / 11월 3, 11, 14, 26일 / 12월 1, 9, 12, 24일

운명의 상대

12월 26, 27, 28일

경쟁자

1월 24일 / 2월 22일 / 3월 20, 29일 / 4월 18, 27, 29일 / 5월 6, 16, 25, 27, 30일 / 6월 14, 22, 25, 28일 / 7월 12, 21, 23, 26일 / 8월 10, 19, 21, 24일 / 9월 8, 17, 19, 22일 / 10월 6, 15, 17, 20일 / 11월 4, 13, 15, 18일 / 12월 2, 11, 13, 16일

소울메이트

1월 13일 / 2월 11일 / 3월 9일 / 4월 7일 / 5월 5일 / 6월 3, 30일 / 7월 1, 28일 / 8월 26일 / 9월 24일 / 10월 22일 / 11월 20일 / 12월 18일

이날 태어난 유명인

장 자크 루소(철학자), 멜 브룩스(영화감독), 캐시 베이츠, 존 쿠삭(배우), 페테르 파울 루벤스(화가), 일론 머스크(기업인), 함세웅(신부), 하춘화, 하지원(배우)

태양 : 게자리	
지배 성좌 : 게자리/달	
위치 : 6°- 7° 30´ 게자리	
상태 : 활동궁	
원소 : 물	
항성 : 알헤나	

6월 29일

CANCER

섬세한 감정과 지식에 대한 사랑

영감과 섬세한 감정, 지식에 대한 사랑이 당신이 가진 매력들 중 일부입니다. 게자리에 태어나 이상주의적이고 감성적이지만 활동적입니다. 호기심이 많아서 대담하고 실험적이 되며, 이해가 빠르기 때문에 좋은 아이디어를 보면 금방 알아차립니다. 진보적이고 혁신적인 성향이어서 사회 및 교육 개혁에 관심을 보이거나 새롭고 흥미로운 아이디어들을 끊임없이 찾는군요.

예술적 재능을 갖추고 매력적이며 천성이 고상하고 쾌활한 성격입니다. 하지만 정신적 자극이 부족하면 사소한 것에 매달려 에너지를 분산시키기 쉽습니다. 이상주의자이지만 인생의 좋은 것들을 위해 돈을 중요하게 생각하고 돈이 부족한 걸 싫어합니다. 하지만 능력자에다 정보통이기 때문에 소득을 보완할 방법을 찾아내곤 합니다.

예술적 재능과 지식에 대한 욕구가 있어 정보를 자주 수집하고 뛰어난 소통 기술을 발달시킵니다. 글쓰기에도 타고난 재능을 보이죠. 상냥하고 사교 수완이 좋아서 함께 있는 사람들에게 친절하고 자극을 주지만 기분이 가라앉을 때는 차가워 보이거나 흥미를 잃을 수도 있습니다.

예민한 성격 탓에 초년에는 속마음을 드러내지 않는 편이지만 당신의 태양이 사자자리로 들어가는 23세 이후에는 힘과 창의력, 자신감이 커질 겁니다. 당신의 태양이 처녀자리로 들어가는 53세가 되면 자신의 권위를 이용해 다른 사람들에게 현실적인 도움을 주는 편입니다.

숨어 있는 자아

겉으로는 영리하고 독립적으로 보이지만, 내면 깊은 곳에서는 사랑하는 사람들과의 관계를 매우 중요하게 생각합니다. 이상주의적인 비전과 사랑에 대한 열망이 있어 완벽한 관계를 추구하네요. 혹은 그런 비전과 열망이 예술이나 음악, 신비적인 경험으로 표현될 수도 있습니다. 인생에서 꼭 명심해야 할 점 하나는, 균형이 잘 잡힌 사람이 되려면 정을 베푸는 법을 배우면서 받는 법도 배우라는 겁니다.

역동적이고 드라마틱한 면이 있으며, 지성과 이해심을 갖추어 사람들이 당신에게 자연스레 끌립니다. 그래서 현실적 조언을 해주거나 다른 사람들의 입장에서 생각하는 재능을 발휘하죠. 좋아하는 사람들을 보호하려는 마음이 강해서 종종 대담하게 다른 사람들을 지키네요. 독립적으로 보이지만 현명해서 혼자 힘으로 할 수 없다는 것을 잘 압니다.

일과 적성

예리한 지성과 뛰어난 기억력, 리더십이 결합되어 많은 분야에서 가치 있는 기여를 합니다. 사람과 관련된 직업과 활동에 매력을 느껴 교사, 트레이너, 선전가나 에이전트 혹은 홍보 같은 분야에서 두각을 드러낼 수 있습니다. 또한 판촉이나 대의를 위한 활동들에서 타고난 재능을 발견할 수도 있겠네요. 상상력이 풍부하고 두뇌 회전이 빨라 과학이나 의료, 대체 치료나 사업 쪽으로 진출할 수 있습니다. 아니면 뷰티 산업이나 가정, 가족과 관련된 직업들에서 성공을 거둘 가능성이 있습니다. 창의적인 표현에 대한 욕구가 있어 글쓰기나 음악, 예술 쪽에 끌릴 수도 있습니다.

수비학으로 풀어본 당신의 운세

29일에 태어난 사람들은 활동적이고 힘이 넘치는 이상주의적 공상가들로, 성격이 강하고 잠재력이 엄청납니다. 성공의 열쇠는 영감이며, 영감을 받지 못하면 목적의식이 약해질 수 있습니다. 진정한 공상가이지만, 성격에 극단적인 면이 있어 굉장히 친절하고 따뜻하다가도 차갑고 냉담하게 변하거나, 낙관적이다가 비관적으로 바뀌는 등 기분이 오락가락하는 것을 조심해야 합니다. 빈틈없는 성격이지만 너무 비관적이거나 의심하지 않고 주위 사람들에게 더 사려 깊게 대하는 법을 배워야 합니다. 탄생월 6의 영향으로 책임감이 있고 매우 직관적이고 수용적인 성격입니다. 추리력이 좋지만 보통 자신이 느낀 대로 상황을 판단하기 때문에 내면 깊은 곳의 감정을 들여다봐야 합니다. 일단 올바른 가치관을 발달시키고 스스로 생각하는 법을 배우면 다른 사람들에게 덜 의존하게 됩니다.

- ● 장점 : 고무적임, 균형, 내면의 평화, 관대함, 성공, 창의적, 직관력, 신비적, 세상일에 밝음
- ■ 단점 : 산만함, 불안정, 신경과민, 침울함, 극단주의자, 사려 깊지 못함

연애와 인간관계

위트와 사교술이 있어 쉽게 사람들의 마음을 끌고, 보통 상대를 자신과 묶어 생각합니다. 변덕이 심하고 질투하는 성향이 있으니 좀 더 균형 잡히고 현실적인 시각으로 인간관계를 볼 필요가 있네요. 이상적인 연인을 발견하면 기꺼이 많은 희생을 하고 상대가 하고 싶어 하는 일이라면 무엇이든 지지합니다. 사교적 수완이 있어 상황을 조화롭게 만드는 방법을 알고 있고, 사람들에게 친절하고 관대합니다. 근면하고 성공한 사람을 좋아합니다.

연인이나 친구 ♥

1월 1, 4, 27, 29일 / 2월 2, 25, 27일 / 3월 23, 25일 / 4월 21, 23일 / 5월 19, 21, 29일 / 6월 17, 19, 27일 / 7월 15, 17, 25일 / 8월 13, 15, 23일 / 9월 11, 13, 21일 / 10월 9, 11, 19일 / 11월 7, 9, 17일 / 12월 5, 7, 15일

힘이 되어주는 사람 ♣

1월 3, 10, 15, 18일 / 2월 1, 8, 13, 16일 / 3월 6, 11, 14, 29, 31일 / 4월 4, 9, 12, 27, 29일 / 5월 2, 7, 10, 25, 27일 / 6월 5, 8, 23, 25일 / 7월 3, 6, 21, 23일 / 8월 1, 4, 19, 21일 / 9월 2, 17, 19일 / 10월 15, 17일 / 11월 13, 15일 / 12월 11, 13일

운명의 상대

4월 30일 / 5월 28일 / 6월 26일 / 7월 24일 / 8월 22일 / 9월 20일 / 10월 18일 / 11월 16일 / 12월 14, 28, 29, 30, 31일

경쟁자

1월 9, 14, 16, 25일 / 2월 7, 12, 14, 23일 / 3월 5, 10, 12, 21, 28, 30일 / 4월 3, 8, 10, 19, 26, 28일 / 5월 1, 6, 8, 17, 24, 26일 / 6월 4, 6, 15, 22, 24일 / 7월 2, 4, 13, 20, 22일 / 8월 2, 11, 18, 20일 / 9월 9, 16, 18일 / 10월 7, 14, 16일 / 11월 5, 12, 14일 / 12월 3, 10, 12일

소울메이트 ★

12월 29일

이날 태어난 유명인

앙투안 드 생텍쥐페리(작가), 윌리엄 제임스 메이요(외과의사), 클로드 몬타나(패션 디자이너), 이희준, 한지혜(배우)

태양 : 게자리
지배 성좌 : 게자리/달
위치 : 7° 30′ – 8° 30′ 게자리
상태 : 활동궁
원소 : 물
항성 : 알헤나

6월 30일

CANCER

열정적이며 자부심 있고 당당한 성품

정서적 강인함이 이날 태어난 사람들의 가장 큰 강점입니다. 이 역동적인 기백은 당연히 자기표현을 하려고 합니다. 게자리에 태어나 상상력이 풍부하고 직관적이며 관대합니다. 사랑하는 사람들을 위해 무슨 일이든 기꺼이 하려는 부모나 교사나 친구 같은 존재죠. 하지만 자제력을 키워야 하고 감정적으로 지배하려 하거나 침울해지거나 좌절하는 성향은 조심해야 합니다.

사랑과 인정을 받고 싶은 욕구가 있어 종종 공직에 진출하게 되는데, 창조적 재능과 드라마틱한 감각 덕분에 사람들 사이에서 곧 두각을 드러낼 겁니다. 이날 태어난 사람들 중에는 권한 있는 자리를 추구하는 이들이 많습니다. 그 사람들처럼 아마 자부심이 있고 당당한 성품일 겁니다.

용기 있고 솔직하며 분명하고 정확한 것을 좋아합니다. 열정적이고 헌신적이어서 일단 사람이나 뭔가를 믿으면 기꺼이 희생을 하고 매우 열심히 일하죠. 하지만 당신의 감정적 투자가 가치가 있는 것인지 확인하기 바랍니다.

태양이 사자자리로 들어가는 22세 이후에는 성격의 연극적인 면을 활용할 기회가 더 많이 찾아옵니다. 일에서건 사회적으로건 더 준비가 되고 자신감이 생기죠. 태양이 처녀자리로 들어가는 50대 초반부터는 현실적인 동기부여를 받는 경향이 많아지고 더욱 분별력 있고 정돈된 생활을 합니다.

숨어 있는 자아

꿈과 포부가 크기 때문에 인내심과 끈기도 배워야 합니다. 열심히 일하는데 발전이 더디면 활달한 성품이라 몹시 힘들어할 수 있어요. 다행히 설득력과 뛰어난 유머 감각으로 대개는 어려운 상황에서 벗어날 수 있습니다. 마음의 지배를 많이 받는 당신은 열정적이고 애정이 많을 뿐 아니라 사랑하는 사람들을 보호하려는 마음이 강하네요.

친밀감을 원하고 매력적이며 자발적으로 관대함을 보이며 자신을 표현합니다. 하지만 감정 폭발로 기분을 드러내거나 너무 이기적이 되지 않도록 조심하세요. 사람들의 마음을 잘 읽기 때문에 필요한 경우 사교술을 발휘하고 객관적이 될 수 있으며 자신의 통찰력을 친절하고 이타적인 방식으로 이용합니다.

일과 적성

열정과 드라마틱한 감각으로 어떤 프로젝트나 맡은 일에서 주도적인 인물이 될 수 있습니다. 매력과 리더십, 소통 기술을 타고나서 교사나 강사, 작가 같은 직업에 끌릴 수 있습니다. 아니면 타고난 인도주의, 동정심, 직관력으로 카운슬링이나 지역사회 사업, 자선사업 쪽으로 진출할 수도 있겠네요. 고도로 발달한 감각을 전문지식으로 보완하면 사업이나 과학계, 연예계 쪽 일을 선택할 수도 있습니다.

수비학으로 풀어본 당신의 운세

친화적이고 따뜻한 마음을 가진 당신은 사람들과 어울리는 것을 즐깁니다. 카리스마가 넘치며 성실하지요. 30일에 태어난 사람은 강렬한 감정의 소유자이며, 이 감정이 창조적으로 표현되어야 합니다. 하지만 사랑에 빠지거나 감정적 만족을 얻는 것이 꼭 필요합니다. 행복을 추구할 때 지나치게 탐닉하거나 성급하지 않도록 조심하세요. 자긍심과 야망이 좋은 기회와 결합되면 자신이 하는 일에서 최고 자리까지 올라갈 수 있습니다. 취향이 세련되고 스타일과 형태를 보는 감각이 좋아서 예술, 디자인, 음악과 관련된 어떤 일에서건 성공을 거둘 수 있겠네요. 30일에 태어난 사람들 중에는 인정받거나 명성을 얻은 사람이 많은데, 특히 뮤지션이나 배우, 연예인 쪽에서 그렇습니다. 탄생월 6의 영향으로 이상주의적이고 섬세하며 종종 자신의 느낌에 따라 인생을 판단합니다. 아이디어들을 받아들여 자신만의 드라마틱한 방식으로 확장하는 데도 능합니다. 그러나 때때로 낙담할 수 있으니 결단력을 키우고 이미 성취한 것들에 감사함으로써 불만을 떨치기 바랍니다.

- 장점 : 흥이 넘침, 충실성, 친화적, 말재주, 창의적, 관대함
- 단점 : 나태, 고집 셈, 변덕, 성급함, 불안정, 무심함, 에너지 분산

연애와 인간관계

사랑의 힘이 가장 큰 자산입니다. 낭만적 성격, 열정적 기질, 관대함을 갖춘 카리스마와 매력이 사람들을 끌어당기죠. 사랑하는 사람들을 위해 기꺼이 많은 희생을 하지만 감정이 머리를 지배하는 경향은 극복해야 합니다. 아무런 보상을 기대하지 않고 주는 법을 배우면 자제력을 얻게 될 거예요.

6월

제2부

당신에게 특별한 사람

연인이나 친구

1월 2, 28일 / 2월 26일 / 3월 24일 / 4월 22일 / 5월 20, 29, 30일 / 6월 18, 27, 28일 / 7월 16, 25, 26일 / 8월 14, 23, 24일 / 9월 12, 21, 22일 / 10월 10, 19, 20, 29, 31일 / 11월 8, 17, 18, 27, 29일 / 12월 6, 15, 16, 25, 27일

힘이 되어주는 사람

1월 2, 10, 13, 16일 / 2월 8, 11, 14일 / 3월 6, 9, 12일 / 4월 4, 7, 10일 / 5월 2, 5, 8일 / 6월 3, 6일 / 7월 1, 4, 30일 / 8월 2, 28, 30일 / 9월 26, 28일 / 10월 24, 26일 / 11월 22, 24일 / 12월 20, 22, 30일

운명의 상대

10월 31일 / 11월 29일 / 12월 27, 29, 30, 31일

경쟁자

1월 3, 9, 10일 / 2월 1, 7, 8일 / 3월 5, 6, 31일 / 4월 3, 4, 29일 / 5월 1, 2, 27일 / 6월 25일 / 7월 23일 / 8월 2, 21, 31일 / 9월 19, 29일 / 10월 17, 27일 / 11월 15, 25일 / 12월 13, 23일

소울메이트

1월 5일 / 2월 3일 / 3월 1일 / 5월 30일 / 6월 28일 / 7월 26일 / 8월 24일 / 9월 22일 / 10월 20일 / 11월 18일 / 12월 16일

이날 태어난 유명인

수전 헤이워드(배우), 레나 혼(가수), 마이크 타이슨(권투 선수), 조르주 뒤아멜(작가), 마이클 펠프스(수영 선수), 조재현, 홍수아(배우)

태양 : 게자리
지배 성좌 : 게자리/달
위치 : 9° - 10° 게자리
상태 : 활동궁
원소 : 물
항성 : 알헤나

7월 1일

CANCER

부드러운 미소 뒤에 숨겨져 있는 강건한 기질

수줍음이 많고 내성적이지만 강한 결단력과 감수성, 통찰력이 있어 부드러운 미소 뒤에 강건한 기질이 숨겨져 있습니다. 게자리에 태어나 감수성이 예민하고 직관적이지만 근면한 사람입니다. 배려심이 많고 다른 사람을 보살피는 성품이라서 헌신적인 부모이자 충실한 친구가 됩니다. 하지만 때때로 침울해지거나 명령조가 되니 우울해지거나 자학하는 성향을 조심해야 합니다. 그러나 차분하고 흔들리지 않는 성격이 큰 어려움도 극복할 수 있는 힘을 줍니다. 새로운 프로젝트나 아이디어에 착수함으로써 새롭게 시작할 수 있는 이 힘이 가장 큰 자산들 중 하나입니다.

지배 성좌인 게자리의 영향으로 야망이 크고 독립적이지만 프라이버시를 지키고 싶어 하고 평화로운 삶을 갈구합니다. 사교적이지만 자신의 활동 중 일부를 숨기려 하고 다른 사람들의 방해를 싫어하네요.

리더십이 있고 활동적이길 원해서 오랜 시간 질질 끄는 법이 없습니다. 타고난 통찰력을 발달시키면 삶의 경험에서 얻는 지혜의 가치를 알게 될 것입니다. 제약이 가해져도 반항적인 면모를 보이며 자기주장을 고수합니다. 이상주의자로서 일단 영감을 받으면 무시할 수 없는 실력자가 될 수 있습니다.

당신의 태양이 사자자리로 들어가는 21세 이후에는 힘과 창의력, 자기 표현력을 발달시킬 수 있는 기회가 많이 주어질 겁니다. 51세 정도까지 자신감을 키우는 것에 계속 중점을 두며, 이때 당신의 태양이 처녀자리로 들어가면 남에게 봉사하려는 좀 더 현실적이고 합리적인 소망으로 포커스가 바뀝니다.

숨어 있는 자아

인간적이거나 친밀한 관계에 대한 욕구가 당신의 행복을 위한 중요한 열쇠입니다. 소통 기술이 좋으니 의심과 시샘을 버리면 많은 친구를 만들 수 있습니다. 남에게 의존하지 않고 자기 힘으로 서는 법을 배우면 자신감이 크게 신장되며 혼자 남거나 버려지는 데 대한 두려움을 극복할 수 있습니다.

리더십과 근면함을 갖추어서 노력을 기울이는 어떤 분야에서도 발전을 이루어 두각을 드러냅니다. 매우 이상주의적이고 낭만적인 생각을 가진 완벽주의자로서 사랑과 애정을 받고 싶은 욕구가 강하네요. 자신과 다른 사람들에 대한 기준이 높기 때문에 때로는 이런 높은 기대를 충족시키기 어렵습니다. 지지할 만한 의미 있는 대의를 가지면 높은 이상과 기민한 통찰력, 동정심을 다른 사람들을 돕는 쪽으로 돌릴 수 있습니다.

일과 적성

대중에 대한 이해력을 타고나서 사람과 관련된 직업에서 성공을 거둘 수 있습니다. 다른 사람에게 종속되기보다 자신이 관리하는 것을 좋아하기 때문에 종종 관리직이나 경영에서 뛰어난 활약을 보입니다. 혹은 자영업을 선호할 수도 있습니다. 동정심이 많고 직관적이지만 필요할 때는 강하고 권위적이 되는데, 정치 쪽 일에 아주 잘 맞는 성격의 조합이네요. 다른 사람들은 분명 당신의 관리 능력과 새롭고 독창적인 아이디어들에 대한 접근방식을 높이 평가할 겁니다. 연극이나 영화 쪽에 끌린다면 좋은 배우나 감독이 될 수 있습니다. 개성이 강하고 상상력이 풍부하니 예술이나 음악, 춤으로 자신을 표현하려고 할 수도 있습니다. 아니면 인도주의적 성향 때문에 다른 사람을 돌보는 직업이나 아이들을 위해 일하는 쪽에 끌릴 수도 있습니다.

수비학으로 풀어본 당신의 운세

1일에 태어난 당신은 개성이 강하고 혁신적이며 용기 있고 에너지가 넘칩니다. 확고한 정체성을 확립하고 자신감이나 적극성을 키워야 할 필요가 있네요. 생일에 부여된 개척자 정신이 스스로 결정을 내리거나 독립하라며 용기를 줍니다. 열정과 독창적인 아이디어들로 넘쳐서 종종 다른 사람들에게 앞으로 나아가는 법을 알려줍니다. 그러나 세상이 자기중심으로 돌지 않는다는 것은 알아야 합니다. 자기중심적으로 행동하거나 독재적이 되는 성향을 조심하세요. 승리를 중요하게 생각하며, 독창적인 아이디어들에 착수할 때 성공이 찾아올 수 있습니다. 탄생월 7의 영향으로 매우 섬세하며 직관과 내면의 지혜를 갖추었습니다. 자신의 직관을 믿고 신념과 이해심을 키우는 법을 배우기 바랍니다. 확고한 가치관과 건전한 판단력을 갖추었고 성취욕이 큽니다. 야망과 다른 사람을 치유하는 능력으로 볼 때 인류의 개선을 위해 일할 수도 있겠습니다.

- ● 장점 : 리더십, 창의적, 진보적, 힘이 넘침, 낙천적, 강한 확신, 경쟁력, 독립적, 사교적
- ■ 단점 : 고압적, 시기심, 자기중심적, 오만, 이기적, 나약함, 우유부단함, 성급함

연애와 인간관계

안전과 경제적 안정이 종종 배우자 선택에 큰 부분을 차지합니다. 동정심이 많고 자신이 좋아하는 사람들에게 힘이 되어주지만, 종종 독단으로 결정을 내려 주도권을 잡길 좋아합니다. 많은 지인을 두기보다 친한 친구 몇 명을 사귀는 편을 좋아하며, 가까운 친구 사이에서 신뢰가 중요한 역할을 합니다. 가정생활과 부양 의무가 자유와 독립을 원하는 마음과 때때로 충돌하기도 합니다.

연인이나 친구

1월 11, 20, 25, 27, 29일 / 2월 9, 18, 23, 25, 27일 / 3월 7, 16, 21, 23, 25일 / 4월 5, 14, 19, 21, 23일 / 5월 3, 12, 17, 19, 21일 / 6월 1, 10, 15, 17, 19일 / 7월 8, 13, 15, 17일 / 8월 6, 11, 13, 15일 / 9월 4, 9, 11, 13일 / 10월 2, 7, 9, 11일 / 11월 5, 7, 9일 / 12월 3, 5, 7일

힘이 되어주는 사람

1월 9, 26일 / 2월 7, 24일 / 3월 5, 22일 / 4월 3, 20일 / 5월 1, 18, 29일 / 6월 16, 27일 / 7월 14, 25, 29, 30일 / 8월 12, 23, 27, 28, 31일 / 9월 10, 21, 25, 26, 29일 / 10월 8, 19, 23, 24, 27일 / 11월 6, 17, 21, 22, 25일 / 12월 4, 15, 19, 20, 23일

운명의 상대

1월 1, 2, 16일 / 2월 14일 / 3월 12일 / 4월 10일 / 5월 8일 / 6월 6일 / 7월 4일 / 8월 2일 / 12월 30, 31일

경쟁자

1월 8, 29, 31일 / 2월 6, 27, 29일 / 3월 4, 25, 27, 28일 / 4월 2, 23, 25, 26일 / 5월 21, 23, 24일 / 6월 19, 21일 / 7월 17, 19, 20일 / 8월 15, 17, 18일 / 9월 13, 15, 16일 / 10월 11, 13, 14, 30일 / 11월 9, 11, 12, 28일 / 12월 7, 9, 10, 26일

소울메이트

5월 30일 / 6월 28일 / 7월 26일 / 8월 24일 / 9월 22, 30일 / 10월 20, 28일 / 11월 18, 26일 / 12월 16, 24일

69

게자리

이날 태어난 유명인

칼 루이스(육상 선수), 댄 애크로이드, 파멜라 앤더슨, 리브 타일러(배우), 데비 해리(가수), 트와일라 타프(안무가), 에스티 로더(기업인), 조르주 상드(작가), 백석(시인), 이대근, 안재현(배우)

태양 : 게자리	
지배 성좌 : 전갈자리/명왕성	
위치 : 9°45′ - 11° 게자리	
상태 : 활동궁	
원소 : 물	
항성 : 알헤나	

7월 2일

CANCER

사람들의 마음을 잘 아는 타고난 심리학자

활동적이고 당당한 성격이지만, 이상주의적이고 배려가 많으며 내성적이기도 합니다. 지배 성좌인 전갈자리의 영향으로 천성이 적극적이며 감정이 강하고 격렬합니다. 예술적 재능과 영적 능력을 가진 경우가 많아 자기 자신과 독창성을 표현할 방법을 찾아야 합니다.

친화적이고 겸손해 보이면서 카리스마도 있어서 다른 사람들의 마음을 끌고 유대와 협력에서 득을 봅니다. 타고난 심리학자라 무엇이 다른 사람들을 자극하는지 정확히 알고 있으며, 솔직하고 단도직입적인 접근방식을 취하고 느긋한 편입니다. 성실하고 좋은 친구이며, 사교 모임을 즐기지만 따뜻한 미소 뒤에는 물질에 대한 강한 관심과 타고난 사업 감각이 숨겨져 있네요.

삶의 좋은 것들을 즐기고 싶은 강한 욕구가 당신에게 동기부여를 하거나 영감을 줄 수 있습니다. 하지만 내재된 불만과 몽상적이거나 쉽게 지루함을 느끼는 성향이 잠재력을 약화시킬 수 있습니다. 한 가지 관심사에서 다른 관심사로 끊임없이 옮겨 가거나 다른 사람의 꿈을 통해 자기가 갈 길을 찾으려 하지 않도록 유의하세요. 사랑의 힘이 돈의 힘보다 크다는 것을 알게 되면, 영감을 얻고 마음이 풍요로워질 거예요.

당신의 태양이 사자자리로 들어가는 20세 이후에는 더 활동적이고 긍정적이 되며 자신감이 높아집니다. 그 영향이 이후 30년 동안 이어져 권한 있는 자리로 올라가도록 돕습니다. 당신의 태양이 처녀자리로 들어가는 50세부터는 분별력이 더 커지고, 봉사 위주로 현실적으로 쓸모 있는 사람이 되길 바라게 됩니다.

숨어 있는 자아

통찰력이 있고 두뇌 회전이 빠르며 재치가 넘쳐서 대인관계 기술과 인맥을 쌓는 능력이 뛰어납니다. 하지만 다재다능하기 때문에 결정을 잘 내리는 것이 중요합니다. 지적으로 똑똑하지만 자립하려는 자신감이 부족하면, 자신의 모든 역량과 재능에 못 미치는 상황에서 일하게 될 수 있습니다. 몇 가지 목표에만 집중하는 법을 배우면 걱정과 우유부단함을 떨치고 더 큰 성공을 거둘 수 있습니다.

어떤 일, 어떤 사람에게도 관심이 있는 것으로 보아 인기가 좋고 융통성이 있으며 사회적인 성향의 사람입니다. 사람들과 즐거운 기분을 나누고 싶은 마음은 당신이 너그럽고, 좋아하는 사람들에게는 거절을 잘 못하는 성격임을 암시합니다. 종종 사교술과 매력을 발휘하여 평화를 유지하려고 합니다.

일과 적성

직업적인 면에서는, 사람을 대하는 기술, 리더십, 가치를 파악하는 능력을 갖춘 덕분에 권한 있는 자리로 올라갈 수 있습니다. 명령받는 것을 좋아하지 않기 때문에 관리직이나 경영 혹은 자영업에 특히 적합할 수 있습니다. 사업에도 재능이 있어 부동산이나 언론이나 광고 등의 분야에서 실력을 발휘합니다. 사람들의 마음을 잘 읽고 공감 능력을 타고났으니 테라피나 카운슬링, 치유 관련된 일에 끌릴 수도 있습니다. 능숙한 조직자이자 크게 생각하는 성향이어서 무슨 일을 선택하건 도움이 될 겁니다. 아니면 예리한 두뇌와 드라마틱한 감각으로 글이나 예술, 드라마 혹은 음악을 통한 표현에 마음이 끌릴 수도 있겠네요.

수비학으로 풀어본 당신의 운세

생일 2는 감수성과 집단의 일원이 되고 싶은 강한 욕구를 암시합니다. 융통성 있고 이해심이 많아 다른 사람과 상호작용할 수 있는 협력 활동을 즐깁니다. 수용적이고 주위 환경에 민감하며, 우호적이고 따뜻한 성격에 사교술이 좋고 재치 있는 접근방식을 취합니다. 그러나 다른 사람들을 즐겁게 해주려다 지나치게 의존적이 될 위험이 있네요. 자신감을 기르면 다른 사람들의 행동에 쉽게 상처받는 성향을 극복할 수 있습니다. 탄생월 7의 영향으로 지각력이 있고 사색적입니다. 종종 완벽주의자이기도 해서 비판적이고 자기 생각에 몰두합니다. 하지만 지나치게 합리화를 시키거나 세부적인 것 때문에 헤맬 때도 있네요. 자신의 본능을 믿고 신뢰를 키우면 다른 사람들의 비판이나 오해에 예민해지는 성향을 극복할 수 있습니다.

- 장점 : 훌륭한 파트너십, 온화함, 재치, 수용적, 직관, 사려 깊음, 조화로운, 상냥함, 친선대사
- 단점 : 의심, 자신감 부족, 소심함, 과민, 감정적, 쉽게 상처받음

연애와 인간관계

당신은 지적이고 정신적인 자극을 주는 충실한 배우자와 소박한 생활을 꾸리길 꿈꿉니다. 자기 계발에 관심이 있기 때문에 똑똑하고 자신을 잘 아는 사람들에게 끌리죠. 일과 즐거움을 결합시키는 재능이 있어 사람들과 어울리면서 기회를 가져다줄 연줄을 만들 수 있습니다. 사람들에게 후하기 때문에 당신이 필요할 때 친구들이 도와줍니다.

연인이나 친구

1월 4, 11, 12, 26, 28, 30일 / 2월 2, 9, 10, 24, 26, 28일 / 3월 7, 8, 22, 24, 26일 / 4월 5, 6, 20, 22, 24, 30일 / 5월 3, 4, 18, 20, 22, 28, 31일 / 6월 1, 2, 16, 18, 20, 26, 29일 / 7월 14, 16, 18, 24, 27일 / 8월 12, 14, 16, 22, 25일 / 9월 10, 12, 14, 20, 23일 / 10월 8, 10, 12, 18, 21일 / 11월 6, 8, 10, 16, 19일 / 12월 4, 6, 8, 14, 17일

힘이 되어주는 사람

1월 3, 10, 29일 / 2월 1, 8, 27일 / 3월 6, 25일 / 4월 4, 23일 / 5월 2, 21일 / 6월 19일 / 7월 17, 30일 / 8월 15, 28일 / 9월 13, 26일 / 10월 11, 24일 / 11월 9, 22일 / 12월 7, 20일

운명의 상대

1월 1, 2, 3, 11일 / 2월 9일 / 3월 7일 / 4월 5일 / 5월 3일 / 6월 1일 / 12월 31일

경쟁자

1월 9일 / 2월 7일 / 3월 5, 28일 / 4월 3, 26일 / 5월 1, 24일 / 6월 22일 / 7월 20일 / 8월 18일 / 9월 16일 / 10월 14, 30, 31일 / 11월 12, 28, 29일 / 12월 10, 26, 27일

소울메이트

1월 7일 / 2월 5일 / 3월 3일 / 4월 1일 / 5월 29일 / 6월 4, 27일 / 7월 25일 / 8월 23일 / 9월 21일 / 10월 19일 / 11월 17일 / 12월 15일

이날 태어난 유명인

헤르만 헤세(작가), 마고 로비(배우), 당타이선(피아니스트), 김수환(추기경), 유현목(영화감독), 문소리, 김고은(배우), 이청용(축구 선수)

태양 : 게자리	
지배 성좌 : 전갈자리/명왕성	
위치 : 10°45′ - 12° 게자리	
상태 : 활동궁	
원소 : 물	
항성 : 시리우스	

7월 3일

CANCER

상상력과 감정이 풍부한 인도주의자

상상력이 풍부하고 창의적이며 실용적인 기술들을 갖춘 격렬한 감정의 소유자로 안전을 중요하게 생각하는 게자리 태생입니다. 지배 성좌인 전갈자리의 영향으로 감정이 풍부한 인도주의자이기 때문에 이상주의와 비전이 삶에서 중요한 역할을 할 수 있습니다. 하지만 물질에 대한 관심이 커서 현실에 굳건히 발을 디디고 있습니다.

관찰력과 지각력을 갖춘 데다 형태와 스타일에 대한 감각이 뛰어나 관심사와 창의적 재능들을 성공적인 영리사업으로 신속하게 구체화할 수 있습니다. 조직력, 직관력과 함께 판단력도 좋고 물질적 가치관이 확고합니다. 하지만 행복한 삶을 바란다면 탐닉이나 낭비는 피해야 합니다.

사람들은 당신이 관대하고 자부심이 있으며 섬세하지만 비판적이고 모르는 게 없다고 말합니다. 이런 평가는 당신이 감정을 억제하여 때때로 진짜 감정과 불안을 숨긴다는 것을 알려줍니다. 하지만 당신은 활발하고 친화적인 성격에 말재주가 있어 설득력이 뛰어난 사람입니다.

태양이 사자자리로 들어가는 19세 이후에는 수줍음을 덜 타고 안전을 중시하게 됩니다. 사자자리의 영향으로 자신감을 얻고 당신이 선택한 분야에서 성과를 올리는 능력이 강화됩니다. 태양이 처녀자리로 들어가는 49세부터는 더 실용적이고 분별력 있는 태도를 갖게 될 것이고, 타인에 대한 봉사가 인생에서 중요한 부분이 됩니다.

숨어 있는 자아

표현력이 좋고 창의적이지만 너무 많은 관심사들에 에너지를 분산시키는 성향이 가장 큰 문제입니다. 우유부단함과 걱정, 특히 돈 문제에 대한 염려가 당신의 커다란 잠재력을 약화시킬 수 있어요. 행운이 잇따르지만, 투기사업이나 일확천금을 노리는 계획은 피해야 합니다. 결단력과 끈기로도 성공을 거둘 수 있으니까요. 대체로 자선적이며, 시간과 에너지를 쓰는 데 후한 사람입니다.

크게 될 수 있는 당신의 잠재력은 뛰어난 지력과 아이디어들을 넓게 볼 수 있는 능력에서 나옵니다. 영감을 받으면 대형 이벤트를 주최할 만한 역량이 있고, 가치 있는 대의를 위해 열심히 일합니다. 그리하여 결국 마땅히 받아야 할 인정을 받게 될 겁니다.

일과 적성

권한이 있는 자리에 있을 때 빛이 나며, 공정하고 올바르기 때문에 훌륭한 경영자나 관리자가 될 수 있습니다. 이타심과 개혁을 추진하는 능력이 있어 노조나 학부모 단체, 자선사업 활동을 하는 조직에서 지도자가 될 수 있습니다. 자유의 투사가 아니라면 교육이나 다른 형태의 공적 혹은 사회적 문제에 관심이 갈 수 있습니다. 돈과 가치에 대한 이해력을 타고나 사업을 할 수도 있는데, 골동품상, 요리사, 식당, 딜러 혹은 행정관처럼 창의적 기술을 사용할 때 특히 성공을 거둘 수 있습니다. 자신의 개성과 창의성을 표현하고 싶은 욕구가 있어 예술계나 연예계에 진출할 수도 있겠네요.

수비학으로 풀어본 당신의 운세

생일 3이라는 숫자는 사랑에 대한 욕구, 창조성, 섬세함을 나타냅니다. 느긋한 성격에 좋은 친구로 친화적인 사회활동들과 여러 관심사들을 즐깁니다. 다재다능하고 자신을 표현하고 싶어 해서 다양한 경험을 원하네요. 하지만 쉽게 싫증을 내는 성향 탓에 우유부단해질 수 있고, 한꺼번에 너무 많은 일을 벌이는 바람에 하나도 제대로 못하게 될 수도 있습니다. 3의 영향으로 열정적이고 매력적이며 유머 감각이 뛰어나지만 걱정에 빠지거나 그 외의 감정적 불안을 막기 위해 자존감을 키워야 할 필요가 있습니다. 친밀한 관계와 다정한 분위기가 가장 중요합니다. 희망과 영감을 주니까요. 탄생월 7의 영향으로 분석적이고 직관적이지만 때때로 회의적이 되기도 합니다. 말솜씨가 좋고 다른 사람들에게 본심을 들키지 않은 채 민감한 질문을 던지는 기술이 있습니다.

- ● 장점 : 유머 감각, 행복감, 친화적, 생산적, 예술적, 소망을 이루는 힘, 자유에 대한 사랑, 말재주
- ■ 단점 : 쉽게 싫증 냄, 허영, 지나친 상상, 과장, 애정이 없음, 자랑하기 좋아함, 방종, 게으름, 위선

연애와 인간관계

창조적이고 마음을 터놓는 사람들에게 끌리며 함께 있으면 편안한 사람과 친구나 연인이 됩니다. 너그럽고 자부심이 있으며, 자신감 있고 똑똑한 모습을 보이고 싶어 합니다. 관심사가 많아서 다양한 관계를 맺죠. 상황이 안정적이지 않을 때는 경제적인 걱정과 우유부단함이 관계에 스트레스를 불러올 수 있습니다. 때로는 잠시도 가만있지 못하고 정착하지 못하는 성격 때문에 변심할 수도 있지만, 일단 정착하면 충실하고 배려하는 사람이 됩니다.

연인이나 친구

1월 13, 29일 / 2월 11, 27, 29일 / 3월 9, 25, 27일 / 4월 7, 23, 25일 / 5월 5, 21, 23, 29일 / 6월 3, 19, 21, 27, 30일 / 7월 1, 17, 19, 25, 28일 / 8월 15, 17, 23, 26일 / 9월 13, 15, 21, 24일 / 10월 11, 13, 19, 22, 29일 / 11월 9, 11, 17, 20, 27일 / 12월 7, 9, 15, 18, 25일

힘이 되어주는 사람

1월 11일 / 2월 9일 / 3월 7, 31일 / 4월 5, 29일 / 5월 3, 27, 31일 / 6월 1, 25, 29일 / 7월 23, 27, 31일 / 8월 21, 25, 29, 30일 / 9월 19, 23, 27, 28일 / 10월 17, 21, 25, 26일 / 11월 15, 19, 23, 24, 30일 / 12월 13, 17, 21, 22, 28일

운명의 상대

1월 1, 2, 3, 4, 12일 / 2월 10일 / 3월 8일 / 4월 6일 / 5월 4일 / 6월 2일 / 12월 31일

경쟁자

1월 10일 / 2월 8일 / 3월 6, 29일 / 4월 4, 27일 / 5월 2, 25일 / 6월 23일 / 7월 21일 / 8월 19일 / 9월 17일 / 10월 15, 31일 / 11월 13, 29, 30일 / 12월 11, 27, 28일

소울메이트

1월 18, 24일 / 2월 16, 22일 / 3월 14, 20일 / 4월 12, 18일 / 5월 10, 16일 / 6월 8, 14일 / 7월 6, 12일 / 8월 4, 10일 / 9월 2, 8일 / 10월 6일 / 11월 4일 / 12월 2일

이날 태어난 유명인

프란츠 카프카, 톰 스토파드(작가), 톰 크루즈(배우), 제시 더글러스(수학자), 홍요섭(배우), 로이 킴(가수)

태양 : 게자리
지배 성좌 : 명왕성
위치 : 11°45′ - 13° 게자리
상태 : 활동궁
원소 : 물
항성 : 시리우스, 카노푸스

7월 4일
CANCER

활기 넘치고 진취적인 야심가

당신의 생일은 성공과 결단력에 연결되어 있습니다. 다른 게자리 태생들과 마찬가지로 내성적이고 예민하지만 오기와 야망도 있네요. 진정한 영감을 발견하면 열심히 노력해서 번영과 명성을 얻을 수 있습니다.

카리스마와 매력이 있으며 젊은이다운 생기나 아이 같은 순수함을 타고났습니다. 활기 넘치고 재치 있으며 진취적이지만, 진지한 성격도 있어 성취를 이루고 야망을 가지라고 다그칩니다. 물질주의와 이상주의가 이렇게 독특하게 뒤섞여 있어서 생산적이 되기 위해서는 목적이 있어야 합니다. 특별한 무언가를 발견하면 곧 책임감 있고 성숙한 사람으로 바뀝니다.

천성적으로 즉흥적이며 자유를 사랑하고 열정적입니다. 융통성 있고 사교적이며 자신의 이미지를 잘 알고 있습니다. 만족감을 느끼고 말쑥하게 보이고 싶어서 종종 옷과 사치품에 돈을 씁니다. 자극과 다양성, 스타일을 원하기 때문에 만족스럽게 생활하기 위해서는 돈이 필요하네요. 독립적이길 원하지만 다른 사람들과의 공동노력과 협력이 수익과 성공을 불러올 수 있습니다. 맡은 분야에 책임감 있는 태도로 임해 팀에 많은 기여를 합니다.

19세까지는 가족, 가정, 가족에 관심을 기울일 것으로 보입니다. 그 시점을 지나 당신의 태양이 사자자리로 들어가면서, 자신감이 필요한 공적인 상황들에 관심이 갈 겁니다. 48세까지 이런 성향이 이어지다 당신의 태양이 처녀자리로 들어가면서 삶의 주안점에 또 다른 중요한 변화가 생깁니다. 현실적인 문제들이 삶에서 더 중요해져서 더 분석적이고 빈틈없으며 정돈된 사람이 될 거예요.

숨어 있는 자아

영감을 주는 일과 돈을 벌 수 있는 일 사이에서 고전하는데, 그 때문에 종종 내면적 갈등을 겪습니다. 창의적이고 능숙하지만 노력과 결단력이 없으면 재능이 실현되지 않을 겁니다. 적절한 선택을 하고 결정을 내리는 법을 배우는 것이 당신에게 주어진 주된 과제입니다. 직관과 통찰력을 타고났기 때문에 내면의 목소리에 귀를 기울이면 많은 것을 얻을 수 있습니다.

정신적 도전의 필요성을 깨달으면 성공하기 위해 지식과 교육이 중요함을 알게 될 것입니다. 관심사가 다양하고 여러 가지 활동을 하기 때문에 분별력을 키우고 한 가지 특별한 주제에 집중하는 법을 배워야 합니다.

일과 적성

사람들과 관련된 직업 활동에서 가장 큰 성취를 이룰 겁니다. 카리스마와 리더십, 조직력을 갖추어서 선택한 분야에서 최고가 될 수 있는 잠재력이 있습니다. 영업이나 협상, 홍보에서 특히 성공의 가능성이 높네요. 주식, 출판, 법률, 은행이나 정치 쪽 직업도 어울립니다. 가정이나 식품, 복지와 관련된 품목을 다루는 직업 역시 가능성이 있습니다. 자신을 표현하고 싶어 하고 드라마틱한 것을 좋아해서 예술계와 연예계로 진출할 수도 있겠네요. 혹은 독립심과 야망이 커서 자영업을 선택하기도 합니다.

수비학으로 풀어본 당신의 운세

에너지와 실용적 기술들, 강한 결단력을 타고났기 때문에 열심히 노력하면 성공을 거둘 수 있습니다. 4일에 태어난 사람은 형태와 구성에 대한 감각이 있어서 실용적 시스템을 만들 수 있습니다. 안정을 중시하기 때문에 자신과 가족을 위한 탄탄한 토대를 쌓고 싶어 합니다. 인생에 현실적으로 접근해서 사업 감각이 좋으며 추진력과 물질적 성공을 거둘 수 있는 능력이 있습니다. 4일에 태어난 사람들은 보통 정직하고 솔직하며 공정합니다. 하지만 좀 더 사교적 수완을 발휘하는 법을 배워야 하고, 고집을 부리거나 눈치 없이 구는 성향을 조심해야 합니다. 탄생월 7의 영향으로 이상주의적이고 직관적인 사람이며 탁월하고 독창적인 아이디어들이 있습니다. 좀 더 균형 잡힌 시선을 갖추고 다른 사람의 비판에 쉽게 상처받는 성향을 극복하려면, 겸손과 자신감을 적절히 조화시키는 것이 과제입니다. 이러한 균형을 추구하려면 자신이 어떻게 느끼고 생각하는지 깊이 생각해보아야 합니다.

- ● 장점 : 자제력, 착실함, 근면함, 체계적, 솜씨, 손재주, 실용적, 사람을 믿음, 정확함
- ■ 단점 : 불안정, 파괴적 행동, 말수가 적음, 억압, 융통성 없음, 나태, 무정함, 너무 감정적임, 권위적, 화를 잘 냄

연애와 인간관계

항상 마음이 청춘입니다. 다정하고 사교적이며 관심 분야가 많습니다. 아는 사람이 많고 친구를 쉽게 사귀지만, 성공하려는 의지가 확고한 진취적인 사람들에게 더 끌리네요. 친구와 지인들을 통해 절호의 기회들을 얻게 되며, 많은 취미들 중 하나로 여행을 즐깁니다. 결혼과 협력은 많은 혜택을 주는데, 금전적 여유가 있으면 매우 만족하고 행복한 생활을 합니다. 하지만 시간을 들여 신중하게 관계를 선택하세요. 그렇지 않으면 관계가 단기간에 끝나버릴 거예요.

당신에게 특별한 사람

연인이나 친구

1월 6, 8, 14, 23, 26, 28일 / 2월 4, 10, 12, 21, 24, 26일 / 3월 2, 10, 12, 19, 22, 24일 / 4월 8, 14, 17, 20, 22일 / 5월 6, 15, 16, 18, 20일 / 6월 4, 13, 16, 18일 / 7월 2, 11, 14, 16, 20일 / 8월 9, 12, 14, 22일 / 9월 7, 10, 12, 24일 / 10월 5, 8, 10, 26일 / 11월 3, 6, 8, 28일 / 12월 1, 4, 6, 30일

힘이 되어주는 사람

1월 9, 12일 / 2월 7, 10일 / 3월 5, 8일 / 4월 3, 6일 / 5월 1, 4일 / 6월 2, 30일 / 7월 28일 / 8월 26, 30, 31일 / 9월 24, 28, 29일 / 10월 22, 26, 27일 / 11월 20, 24, 25일 / 12월 18, 22, 23, 29일

운명의 상대

1월 1, 2, 3, 4, 5일

경쟁자

1월 11, 13, 29일 / 2월 9, 11일 / 3월 7, 9, 30일 / 4월 5, 7, 28일 / 5월 3, 5, 26, 31일 / 6월 1, 3, 24, 29일 / 7월 1, 22, 27일 / 8월 20, 25일 / 9월 18, 23, 30일 / 10월 16, 21, 28일 / 11월 14, 19, 26일 / 12월 12, 17, 24일

소울메이트

1월 12, 29일 / 2월 10, 27일 / 3월 8, 25일 / 4월 6, 23일 / 5월 4, 21일 / 6월 2, 19일 / 7월 17일 / 8월 15일 / 9월 13일 / 10월 11일 / 11월 9일 / 12월 7일

이날 태어난 유명인

스티븐 포스터(작곡가), 주세페 가리발디(이탈리아 군인), 지나 롤로브리지다(배우), 너새니얼 호손(작가), 이제훈(배우)

태양 : 게자리	
지배 성좌 : 게자리/전갈자리, 달/화성	
위치 : 12°45′ - 14° 게자리	
상태 : 활동궁	
원소 : 물	
항성 : 시리우스, 카노푸스	

7월 5일

CANCER

낙천적이고 모험심 있는 팔방미인

낙천적이고 모험심이 있으며 다재다능합니다. 성취욕이 강하고 직관적인 게자리 태생입니다. 상상력이 풍부하고 실용적인 기술을 갖추었지만 인내심과 끈기가 없으면 많은 아이디어들이 구상으로만 끝날 겁니다.

사업 감각이 뛰어나 큰 사업과 투기에 관여하는 영리한 투자자가 될 수 있습니다. 지배 성좌인 게자리의 영향으로 삶을 변화시킬 방법들을 찾지만 상황을 부당하게 이용하려는 성향은 극복해야 합니다. 돈이 힘이라고 믿으며, 실제로 많은 경우 그 생각이 들어맞습니다. 하지만 물질적 이익만 좇는다면 삶의 진정한 가치를 알아보는 혜안을 놓칠 수 있습니다.

자제력이 강하고 근면하지만 종종 사치스러운 취향이 있고, 원하는 물건을 손에 넣는 것이 자존감에 중요한 역할을 합니다. 리더십을 갖춘 현실적인 이상주의자이며 선견지명과 비전이 있습니다. 그리고 이런 기술들을 발휘하여 자기 홍보를 통해 재능을 상업화할 수 있습니다. 당신은 큰 꿈을 품고 있고 인생에서 무슨 일을 하건 크게 벌이고 싶어 합니다. 그러나 이러한 확장욕은 내면이 불안하고 자신의 현재 상황이 불만족스러워서 더 밀어붙이라고 스스로를 독려하는 것일 수도 있습니다.

태양이 사자자리로 들어가는 17세 이후부터 힘과 창의력, 자신감이 높아지고 더 대담해지겠네요. 태양이 처녀자리로 들어가는 47세부터는 더 분별력 있고 효율적인 사람이 됩니다. 또한 건강 문제나 타인에 대한 봉사에 관심이 높아질 것으로 보입니다.

숨어 있는 자아

활발하지만 섬세하며, 상황을 빠르게 판단하는 통찰력과 지식이 있습니다. 내면의 고귀함과 자존감 혹은 자부심으로 보건대, 정신적 도전이 필요 없는 시시한 일은 좋아하지 않네요. 실제로 당신은 대개 정신적 능력 덕분에 인정받고 성공을 거둡니다.

자신감 있고 확신이 강한 듯 보이지만, 교육과 학습을 통해서 자신의 진정한 잠재력을 실현할 수 있게 됩니다. 너그럽고 친절하며, 종종 사람들에게 힘이 되어주고 배려합니다. 지혜의 가치를 알기 때문에 인도주의적 프로젝트에 자신의 기술을 활용할 수도 있습니다. 조직력이 뛰어나고 늘 바쁘게 지내고 싶어 해서 삶은 풍요롭고 충만합니다.

일과 적성

타고난 사업수완, 뛰어난 금전적 감각, 필요할 때 매력을 발휘할 줄 아는 능력은 많은 재물을 안겨줍니다. 사람이 중심이 되는 직업들을 선호하는 성향입니다. 명령받는 것을 좋아하지 않기 때문에 종종 권한 있는 자리까지 올라갑니다. 다재다능하고 융통성이 있어서 영업사원, 프로모터, 식당 운영 같은 직업에서 두각을 드러냅니다. 기업가, 행정관, 회계사나 은행가로 성공을 거둘 수도 있겠네요. 혹은 철학을 공부해 성직자나 형이상학에 끌릴 수도 있습니다. 일을 위임하는 데 능하고 이타적인 면이 있기 때문에 교사나 카운슬링, 혹은 다른 사람들에게 도움이 되는 일을 할 수도 있습니다. 창조적 재능이 있는 경우 작가나 배우, 영화제작자, 뮤지션이 될 수도 있습니다.

수비학으로 풀어본 당신의 운세

새로운 것을 탐구하거나 시도하고 싶은 마음이 열정과 결합되어 많은 것을 안겨줄 것입니다. 여행과 예상하지 못한 수많은 변화의 기회를 통해 관점과 신념에 실질적인 변화를 겪게 됩니다. 생일이 5일인 사람은 인생이 신나야 한다고 느낍니다. 하지만 책임감 있는 태도를 키워야 하고, 돌발적인 행동과 안달하는 성향은 조심해야 합니다. 5일에 태어난 사람들이 타고난 장점은 순리를 따를 줄 알고 객관성을 유지한다는 것입니다. 탄생월 7의 영향으로 탐구심이 강하고 두뇌 회전이 빠르며 실용적입니다. 보통 자신의 직관에 의지하고 스스로 결정을 내리길 좋아하죠. 의지가 강하고 자신감이 있으며 재정적으로 안정되어야 한다고 느낍니다. 그리고 실용적으로 활용할 수 있는 유용한 정보를 모으는 걸 좋아합니다.

- 장점 : 다재다능함, 융통성, 진취적, 직감이 뛰어남, 사람을 끄는 매력, 운이 좋음, 대담함, 자유에 대한 사랑, 순발력과 재치, 호기심, 신비적, 사교적
- 단점 : 미덥지 않음, 변덕, 일관성이 없음, 의지할 수 없음, 과한 자신감, 고집불통

연애와 인간관계

섬세하고 직관적이며 자신의 감정을 드라마틱하게 표현하고 싶은 욕구가 강한 열정적인 사람입니다. 친화적이고 사교적이며 인기를 중요하게 생각하죠. 일반적으로 자신이 사랑하는 사람들에게 충실하고 관대합니다. 그러나 인생에서 최고를 원해서 방종할 수도 있는데, 특히 감정적 불만족을 보상하려고 그럴 수 있습니다. 카리스마와 영향력이 있는 성공한 유력자들이나 당신의 성공을 도울 수 있는 사람들과 어울리는 편을 선호합니다.

게자리

이날 태어난 유명인

장 콕토(영화감독), 로비 로버트슨, 휴이 루이스(가수), 조르주 퐁피두(전 프랑스 대통령), 호란(가수), 김성균, 연우진, 지창욱(배우)

태양 : 게자리
지배 성좌 : 게자리/전갈자리, 달/화성
위치 : 13°30′ – 15°30′ 게자리
상태 : 활동궁
원소 : 물
항성 : 시리우스, 카노푸스

7월 6일

CANCER

넓은 마음을 지닌 섬세하고 지적인 이상주의자

관대함, 인도주의, 넓은 마음이 이날 태어난 사람들의 특성입니다. 행복하고 자유로우며, 사람들의 관심을 끌고 인기가 있습니다. 하지만 성공은 자산을 얼마나 잘 관리하느냐에 크게 좌우됩니다. 게자리에 태어나서 섬세하고 이상주의적이며 직관력도 높습니다. 유머 감각과 풍자도 넘치네요. 하지만 지나치게 진지해지거나 마음이 불안해질 때도 있으므로 객관성을 유지하는 법을 배워야 합니다.

지배 성좌인 게자리의 영향으로 당신은 극단적인 사람이 될 수도 있습니다. 성급하거나 낭비하는 성향을 극복하려고 애쓰면 좌절감이나 불안감을 최소화할 수 있습니다. 삶에 대한 균형 잡히고 조화로운 태도를 발달시킴으로써 많은 장애물들과 실망스러운 일들을 피할 수 있겠네요.

책임감 있는 태도를 취하고 자신에게 찾아온 행운을 당연한 것으로 여기지 않으면, 진정한 잠재력을 개발해 나갈 수 있습니다. 큰 그림을 다루길 좋아하고 열정이 넘쳐서 작지만 중요한 디테일을 놓칠 수 있습니다. 따라서 철저하고 체계적으로 일에 임하면 성공 가능성이 높아집니다.

태양이 사자자리로 들어가는 16세 이후에는 당신의 예민한 기질이 크게 문제 되지 않아 인생의 모든 분야에서 더 대담해지고 자신감이 높아집니다. 태양이 처녀자리로 들어가는 46세 이후에는 건강을 중시하게 되며 정확하고 분별력이 높은 사람이 될 것으로 보입니다.

숨어 있는 자아

건전한 가치관의 소유자이지만 순간을 위해 사는 태도나 물질적 제약에 대한 불만으로 초조해질 수 있습니다. 처한 상황이 발전의 기회를 제공하지 못할 경우, 여행을 하고 새로운 기회를 탐사하고 싶어 하네요.

자부심이 있고 드라마틱한 성격입니다. 자신이 어떤 모습으로 비치는지 알고 있고 호의적인 이미지를 보여주고 싶어 합니다. 돈을 버는 재주가 있지만 후하고 동정심이 많아 버는 속도보다 빨리 써버릴 수 있습니다. 재정 상태의 변동으로 당신의 포부가 제약을 받을 수도 있겠네요. 따라서 성공하려면 제일 먼저 예산 세우는 법을 배워야 합니다. 하지만 좋은 기업가나 대의를 위해 싸우는 투사가 되면 놀라운 기회가 찾아올 수 있습니다. 사람의 일은 변화무쌍하여 아무도 알 수 없는 법이니까요.

일과 적성

감정적 섬세함과 지적인 통찰력이 흥미롭게 어우러져 있어서 절제력과 결단력을 발휘하면 선택하는 어떤 직업에서도 성공을 거둘 수 있습니다. 리더십이 있어 권한이 있는 자리까지 올라가고 싶어 하거나 교사, 강연, 자영업처럼 최소한 자신의 방식대로 일할 수 있는 자유가 주어지길 원합니다. 좋은 평가자로 실용적인 면을 타고나 부동산, 은행, 사업이나 주식시장 쪽에 끌릴 수 있습니다. 이날 태어난 사람들은 또한 쇼 비즈니스와 예술 분야에서도 성공을 거둘 수 있군요. 아니면 인도주의적 면모 때문에 자선사업이나 이미지메이킹, 힐링 관련 직업을 가지거나 공동체를 돕는 일을 할 수도 있습니다.

수비학으로 풀어본 당신의 운세

동정심, 이상주의, 배려하는 성품이 6일에 태어난 사람들의 특성입니다. 흔히 공상가나 인도주의자이며, 책임감이 있고 다정하며 사람들을 도와줍니다. 세상일에 밝고 출세 지향적이지만, 6일에 태어난 사람은 가정을 잘 보살피고 헌신적인 부모가 될 수 있습니다. 좀 더 섬세한 사람들은 창조적 표현 형태를 찾고 싶어 해서 종종 연예계나 예술, 디자인 쪽에 끌리죠. 일부 사람들은 자신감을 키우거나 좀 더 당당해지도록 노력해야 합니다. 탄생월 7의 영향으로 당신은 자신만의 스타일을 확립하거나 독립적이고 독창적이고 싶어 합니다. 대개는 완벽주의자이기 때문에 비판적일 수도 있습니다. 하지만 지나치게 자기 의견을 고집하거나 소통을 피하지 않도록 하세요. 비판에 너무 민감하면 자신이 오해받는다고 느낄 수도 있어요.

- 장점 : 세상일에 밝음, 보편적 인류애, 친화적, 인정이 많음, 신뢰할 수 있음, 이해심, 동정심, 이상주의, 가정적, 인도주의, 침착함, 예술적, 균형감
- 단점 : 불평, 근심, 수줍음, 고집, 노골적임, 화합하지 않음, 책임감 부족, 의심, 냉소적, 자기중심적

연애와 인간관계

정신적인 자극을 주는 사람에게 끌리며 일정 유형의 지적인 활동을 추구합니다. 재치와 유머 감각이 있는 타고난 엔터테이너로, 함께 있으면 즐거운 사람입니다. 친화적이고 사교적이지만 불만이 표출되면 때때로 논쟁을 벌이고 시비조가 됩니다. 그 바람에 가까운 관계에 문제가 생기기도 하죠. 하지만 소통 기술들을 발휘해 상황을 진정시킬 수 있습니다.

이날 태어난 유명인

달라이 라마(티베트 지도자), 프리다 칼로(화가), 실베스터 스탤론, 재닛 리, 에바 그린(배우), 빌 헤일리, 50센트(가수), 김숙(코미디언)

태양 : 게자리	
지배 성좌 : 전갈자리/명왕성	
위치 : 14°30′ - 16°30′ 게자리	
상태 : 활동궁	
원소 : 물	
항성 : 시리우스, 카노푸스	

7월 7일

CANCER

훌륭한 조직력과 뛰어난 사업 감각을 갖춘 리더

강한 의지력, 결단력, 생산성이 이날 태어난 사람들의 특성입니다. 게자리에 태어나서 직관적이고 상상력이 풍부합니다. 하지만 가치관과 물질주의적 성향으로 보건대 재정적 안정이 당신의 전체적인 계획에서 중요한 부분을 차지합니다.

지배 성좌인 전갈자리의 영향으로 유력한 자리에 올라가고 싶어 하고 권력이나 지배자적 위치를 즐깁니다. 하지만 너무 군림하려 드는 경향을 경계하세요. 근면하고 단호한 데다 훌륭한 조직력을 갖춰서 사업 감각이 뛰어난 편이고 실용적인 접근방식을 취합니다. 보수적 관점과 훌륭한 도덕성의 소유자이지만 물질적, 사회적으로 성공하고 싶어 합니다.

자신의 개성을 표현하고 싶어 하기 때문에 다른 사람들에게서 명령 받는 걸 좋아하지 않아요. 종종 자신의 도의와 윤리적 행동강령을 세우지만 너무 자기주장만 고집하지 않도록 주의하세요. 다른 사람과 협력하는 법을 배우면 보답을 받게 되며, 사교적 수완을 발달시키면 종종 설득력이 높아집니다.

당신의 태양이 30년 동안 사자자리로 들어가는 15세 이후부터 삶의 모든 분야에서 자신감이 높아집니다. 그리고 당신의 태양이 처녀자리로 들어가는 45세에 인생의 주안점에 또 다른 변화가 찾아와 더욱 분석적이 되고 분별력이 높아집니다. 태양이 천칭자리에 들어가는 75세가 되면 자신의 주위에 더 많은 조화와 아름다움을 원하게 됩니다.

숨어 있는 자아

예리한 관찰자로, 이해가 빠르고 세부적인 것에까지 주의를 기울입니다. 이런 특성은 자신의 재능을 밑천으로 삼아 현명한 투자를 하는 데 도움이 됩니다. 통찰력과 지혜, 지식을 타고났지만 뛰어난 잠재력을 실현하려면 자제력을 익혀야 합니다. 직관력이 높지만 때로는 불신하거나 자기 회의에 시달릴 수 있네요. 하지만 다른 사람들과 재치 겨루는 걸 즐기고 자신의 명민함을 늘 정교하게 조율할 수 있습니다.

자부심과 내면의 고결함이 있어 실패하는 모습을 보여주지 않으려다 보니 때로는 너무 고집불통이 될 수 있습니다. 인내심을 기르고 다른 사람들의 조언에 귀 기울여야 할 필요가 있습니다. 타고난 즉흥성이 경쟁심을 부추기며 창의적 시도가 성공하도록 도울 수 있습니다.

일과 적성

직관적이고 명석하며 근면해서 자신이 선택한 분야의 최고 자리까지 올라갈 잠재력이 있습니다. 직설적이고 사무적인 스타일이라 시간을 낭비하지 않고 목표를 향해 매진하죠. 힘, 조직, 효율성을 즐기기 때문에 특히 기획자나 경영자, 감독자로 기업에서 성공을 거둘 수 있습니다. 영업, 협상이나 출판 분야에서도 성공 가능성이 있습니다. 마찬가지로 광고, 법 혹은 은행업에서도 탁월한 능력을 발휘할 수 있겠네요. 아니면 자기표현의 욕구가 있고 드라마틱한 것을 좋아하니 예술이나 연예계로 진출할 수도 있습니다. 명령받는 것을 좋아하지 않고 굉장히 독립적이기 때문에 자기 사업을 하거나 다른 사람들에게 일을 위임하는 쪽을 선호합니다.

수비학으로 풀어본 당신의 운세

7일에 태어난 당신은 분석적이고 생각이 깊습니다. 스스로 결정 내리는 것을 좋아하고 종종 개인적 경험을 통해 최상의 교훈을 얻죠. 끊임없이 자신을 더 잘 이해하고 싶어서, 정보 수집을 즐기고 독서나 글쓰기나 정신적 영역에 관심이 있습니다. 때로는 다른 사람의 비판에 지나치게 예민해지고 이해받지 못한다고 느끼는군요. 알쏭달쏭한 태도를 취하거나 숨기려는 성향이 있어, 본심을 들키지 않고 민감한 질문을 던지는 기술이 발달합니다. 탄생월 7의 영향으로 다분히 개인주의적이고 자부심이 강하네요. 현실적이고 근면하며 독립적이지만 때때로 성급해 보이거나 쉽게 싫증을 느낄 수 있습니다. 한편으로는 잘못된 길로 이끌리고 쉽게 외부의 영향을 받다가, 다른 한편으로는 독립적으로 생각하고 회의에 빠지기도 하네요. 성공과 돈에 대한 욕구가 있어 새로운 기술을 배우게 됩니다. 다른 사람들과의 소통 방법을 발전시키면 자신의 생각을 명확하고 정확하게 표현할 수 있습니다.

- 장점 : 신뢰, 꼼꼼함, 이상주의, 정직, 영적 능력, 과학적, 합리성, 사색적
- 단점 : 감추는 성향, 부정직함, 불친절, 속을 터놓지 않음, 회의적, 혼란, 무심함

연애와 인간관계

친화적이고 사교적이지만 관계에 대해 우유부단할 수 있어요. 이성의 마음을 쉽게 끌기 때문에, 연애할 때 너무 까다롭게 굴거나 지나치게 감정에 사로잡히지 않도록 조심하세요. 사랑하는 사람에게 모든 것을 주는 스타일이니 시간을 들여 딱 맞는 상대를 선택하기 바랍니다. 불안을 느낄 때면 음악이 좋은 치유제가 됩니다.

69

게자리

이날 태어난 유명인

피에르 가르뎅(디자이너), 링고 스타(가수), 셜리 듀발(배우), 마르크 샤갈(화가), 구스타프 말러(작곡가), 로버트 하인라인, 시오노 나나미(작가), 서우, 김범(배우)

태양 : 게자리	
지배 성좌 : 전갈자리/명왕성	
위치 : 15° 30′ – 17° 게자리	
상태 : 활동궁	
원소 : 물	
항성 : 시리우스, 카노푸스	

7월 8일

CANCER

단호하며 끈기 있는 강인한 내면의 소유자

이상주의적이고 매력적이면서도 현실적이고 능숙한 사람입니다. 이날 태어난 사람은 수용력이 좋고 근면합니다. 부드럽고 방어적인 기질이 종종 정신적 동요와 야망을 감춰줍니다. 게자리에 태어나 섬세하고 공감을 잘해서 다른 사람의 문제를 자신의 것처럼 느낍니다. 좋아하는 사람들을 보호하고 싶어 하지만 다른 사람을 위해 자신을 희생하는 것은 피해야 합니다.

지배 성좌인 전갈자리의 영향으로 내면의 힘이 강하고 끈기가 있어서 위기에도 동요하지 않습니다. 끈기 있고 단호하며 조직력까지 갖춘 당신은 사업 감각이 뛰어나고 실용적인 접근법을 취합니다. 권력이나 지배자적 위치를 즐기지만, 친절하고 책임감 있는 면모는 배려심 많은 사람임을 보여줍니다.

생일에 물질주의적 요소가 부여되어 있어 재정적 안정이 의사결정에 중요한 요인이 됩니다. 보수적 관점과 훌륭한 도덕성의 소유자지만 물질적, 사회적인 성공을 원하죠. 하지만 마음이 따뜻하고 감정을 표현하고 싶은 욕구 때문에 창조적인 재능들을 추구할 수도 있습니다.

당신의 태양이 사자자리로 들어가는 14세 때까지는 예민함과 안정에 관련된 문제들이 당신에게 강한 영향을 미칩니다. 그래서 자신의 재능과 기술을 좀 더 자신감 있게 보여주는 힘이 생깁니다. 당신의 태양이 처녀자리로 들어가는 44세 이후에는 현실적인 고려가 더 중요해지고 효율성, 역량, 조직력이 향상될 것으로 보입니다. 당신의 태양이 천칭자리로 들어가는 74세에는 인생의 또 다른 변화가 찾아오고 조화, 균형, 관계와 관련된 문제가 중요해집니다.

숨어 있는 자아

자신의 감정이 소중하고 다른 사람들의 욕구만큼이나 중요하다는 것을 깨닫게 되면서 자신감이 높아집니다. 따라서 현명하게 객관성을 유지하고 타인의 예측이나 기대를 떠안지 않아, 사람이나 상황 때문에 실망하거나 좌절하지 않게 됩니다.

사교적이고 자발적이며 이상과 도덕심이 높지만 극단적인 사람이 될 수도 있습니다. 쾌활하고 관대하고 즉흥적이다가 어느 순간 비판적이고 진지해지기 쉽죠. 물질적인 것과 정신적인 것 사이의 건전한 균형을 찾고 더 이상 사람들의 인정을 받는 것에 연연하지 않게 되면, 모든 장애물을 극복하도록 도와줄 내면의 많은 사랑을 발견할 수 있을 겁니다.

일과 적성

타고난 사교성이 사람과 관련된 모든 직업에서 성공을 거두는 데 도움이 됩니다. 특히 일과 즐거움을 결합시키는 능력이 뛰어나네요. 드라마틱한 감각과 자기표현 욕구로 예술이나 드라마, 음악 분야의 직업에 끌릴 수 있습니다. 사업 감각이 뛰어나서 자신의 방식대로 자유롭게 일하고 싶어 하죠. 근면해서 권한 있는 자리로 올라가길 원하거나 자영업을 선호합니다. 천성적으로 배려심이 많고 인도주의적 면모 덕분에 교사, 카운슬링, 혹은 아이들과 일하는 직업에서 두각을 드러냅니다. 아니면 공동체에 이익이 되는 일을 하게 될 수도 있습니다.

수비학으로 풀어본 당신의 운세

8이라는 숫자로 볼 때 당신은 성취욕이 크고 야심가적 기질이 있습니다. 8이라는 생일은 또한 지배, 안정, 물질적 성공에 대한 욕구를 나타냅니다. 8일에 태어난 당신은 천부적인 사업 감각이 있어서 조직력과 경영 기술을 갈고닦으면 큰 도움이 될 것입니다. 기꺼이 일에 매진하면 종종 큰 책임이 주어집니다. 하지만 권한을 공정하게 행사하거나 위임하는 법을 배워야 합니다. 안정감을 얻고 싶은 욕구나 기반을 잡고 싶은 열망이 강해서 장기적인 계획을 세우고 투자를 합니다. 탄생월 7의 영향으로 민첩하고 열정적이며 카리스마가 있죠. 가장 큰 자산은 강력한 직감과 이론과 실제를 결합시켜 신속하게 배우는 능력입니다. 야망이 강하지만 감정이 불안하고 직관적이어서 기회가 찾아오면 알아보지만, 계획 없이 덤빌 경우 흥미를 잃어버려 포기할 수 있습니다.

- 장점 : 리더십, 철저함, 근면, 전통적, 보호, 치유력, 가치 판단이 뛰어남
- 단점 : 조급함, 낭비, 참을성 부족, 과로, 군림하려는 성향, 쉽게 낙담함, 계획성 부족, 통제하려는 태도

연애와 인간관계

배려심이 많고 이타적이며 자신이 사랑하고 존중하는 사람들에게 헌신적인 상대이자 친구입니다. 안정을 원하기 때문에 사랑을 위해 기꺼이 많은 희생을 하죠. 흔히 나이 차가 나거나 배경이 다른 사람과 사귀게 되는군요. 인기를 얻고 싶은 마음이 있어 폭넓은 교제를 하고 가족들과 유대감이 깊습니다.

연인이나 친구

1월 4, 8, 18, 19, 23일 / 2월 2, 6, 16, 17, 21일 / 3월 4, 14, 15, 19, 28, 30일 / 4월 2, 12, 13, 17, 26, 28, 30일 / 5월 10, 11, 15, 24, 26, 28일 / 6월 8, 9, 13, 22, 24, 26일 / 7월 6, 7, 11, 20, 22, 24, 30일 / 8월 4, 5, 9, 18, 20, 22, 28일 / 9월 2, 3, 7, 16, 18, 20, 26일 / 10월 1, 5, 14, 16, 18, 24일 / 11월 3, 12, 14, 16, 22일 / 12월 1, 10, 12, 14, 20일

힘이 되어주는 사람

1월 5, 16, 27일 / 2월 3, 14, 25일 / 3월 1, 12, 23일 / 4월 10, 21일 / 5월 8, 19일 / 6월 6, 17일 / 7월 4, 15일 / 8월 2, 13일 / 9월 11일 / 10월 9, 30일 / 11월 7, 28일 / 12월 5, 26, 30일

운명의 상대

1월 5, 6, 7, 8, 9, 17일 / 2월 15일 / 3월 13일 / 4월 11일 / 5월 9일 / 6월 7일 / 7월 5일 / 8월 3일 / 9월 1일

경쟁자

1월 1, 10, 15일 / 2월 8, 13일 / 3월 6, 11일 / 4월 4, 9일 / 5월 2, 7일 / 6월 5일 / 7월 3, 29일 / 8월 1, 27일 / 9월 25일 / 10월 23일 / 11월 21일 / 12월 19, 29일

소울메이트

8월 30일 / 9월 28일 / 10월 26일 / 11월 24일 / 12월 22일

69

게자리

이날 태어난 유명인

안젤리카 휴스턴, 케빈 베이컨(배우), 존 D. 록펠러(기업가), 마리안 윌리엄슨, 장 드 라퐁텐(작가), 케테 콜비츠(화가), 아서 에번스(고고학자), 손흥민(축구 선수)

태양 : 게자리	
지배 성좌 : 전갈자리/명왕성	
위치 : 16° 30′ - 17° 30′ 게자리	
상태 : 활동궁	
원소 : 물	
항성 : 카노푸스, 알 와사트	

7월 9일
CANCER

감정이 풍부하여 공감을 잘하는 성격

카리스마가 있고 사교적입니다. 사람 보는 안목이 있고 친구를 쉽게 사귑니다. 대개는 외향적이지만 생일로 보건대 섬세한 영혼에 감정이 풍부한 사람입니다. 통찰력, 직관적인 지력, 강한 정의감을 갖춘 당신은 심중을 터놓고 말하길 좋아하고 확신이 강합니다. 자신의 이상을 옹호하고 다른 사람들을 위해 싸울 때 동정심 많고 공감을 잘하는 성격이 드러납니다.

의식이 예민하고 조화로운 환경을 몹시 원하기 때문에 평지풍파를 일으키는 것을 좋아하지 않습니다. 집에서든 친구 사이에서든 때때로 다른 사람들을 기쁘게 하기 위해 중요한 희생을 해달라는 청을 받을 수 있습니다.

그래도 분노를 품지 않으면 착한 행동으로 몇 번이고 보상을 받을 것입니다. 하지만 벙어리 냉가슴 앓는 성향은 조심하세요. 그러다가 감정이 폭발할 수 있습니다. 자신이 어느 쪽에 재능이 있는지 알기도 전에 얼른 돈벌이를 시작하고 싶어도, 삶의 탄탄한 토대를 쌓고 꾸준히 나아가는 것이 중요합니다.

풍부한 상상력을 타고나서 자신의 생각들을 건설적인 활동에 쏟으면 득을 봅니다. 그 생각들이 불안이나 걱정으로 바뀌게 하지 마세요. 한창때는 흥이 많고 관대하며 사람들과 어울리기 좋아하고 유머 감각이 뛰어납니다.

당신의 태양이 사자자리로 들어가는 13세 이후에는 자기주장을 하기 시작하고 재능과 기술을 보여줄 수 있는 자신감이 좀 더 향상됩니다. 당신의 태양이 처녀자리로 들어가는 43세에는 인생의 변화가 찾아오며 더 분별력 있고 현실적인 완벽주의자가 될 것입니다. 그리고 당신의 태양이 천칭자리로 들어가는 73세에는 우정과 전반적인 인간관계가 인생에서 더 중요한 자리를 차지하기 시작합니다.

숨어 있는 자아

의심과 좌절이 긍정적인 목표에 집중하지 못하도록 방해할 수 있지만, 인내함으로써 의지력을 강화할 수 있습니다. 그러면 주위 환경에 좌지우지되지 않고 자신이 환경을 지배하게 될 것입니다. 뛰어난 사람이 되는 데 도전해보세요. 자신이 무엇을 해낼 수 있는지에 스스로 놀라게 될 겁니다.

섬세한 성격으로 다른 사람의 입장이 되어보는 상상력이 풍부하고, 인간을 이해하는 특별한 재능이 있습니다. 하지만 필요한 힘과 목적을 스스로에게 부여하기 위해서는 자기만의 표현 형태로 이 재능을 보완해야 합니다. 굉장히 창조적이고 직관적이기 때문에 자신의 재능을 발휘할 많은 방법들을 찾을 수 있을 겁니다.

일과 적성

사람들을 대하는 재능과 공감력을 타고나서 대중을 상대하는 일을 하기에 이상적입니다. 인간, 공동체, 사회 환경에 관심이 있어서 치유 관련 직업, 법률, 사회복지, 카운슬링 쪽으로 진출할 수 있습니다. 이날 태어난 사람들은 영업과 판촉에서도 성공을 거둘 수 있습니다. 생각을 거리낌 없이 말하는 능력 덕에 연설가가 될 수도 있겠고, 글재주가 좋아 작가를 꿈꿀 수도 있겠습니다. 아니면 사업이나 연극, 미술, 디자인 같은 예술 분야나 출판 쪽에서 상상력을 발산할 수도 있겠네요. 창조적인 면이 있어 인테리어 디자인처럼 가정과 관련된 일을 즐길 수도 있습니다.

수비학으로 풀어본 당신의 운세

자비심과 사려 깊음, 감상적인 예민함은 모두 생일 9와 관련된 특성입니다. 직관적, 정신적 능력은 보편적 수용성을 나타내고, 긍정적으로 작용하면 영적인 길을 추구하게 될 수 있습니다. 9일에 태어난 사람들은 자신의 인생이 미리 계획되어 있고 자신이 조정할 여지가 많지 않다고 느낍니다. 이해심과 관용, 인내심을 키워야 할 뿐 아니라 개인감정을 갖지 않는 법도 배워야 합니다. 자신의 직관을 믿는 법을 터득하고 운명에 불평하지 않도록 하세요. 성공은 종종 인내심과 긍정적인 시각에서 찾아오니까요. 탄생월 7의 영향으로 내성적이고 생각이 깊으며 섬세하고 자기실현 욕구가 강합니다. 인도주의자인 당신은 자기표현의 욕구와 다른 사람에 대한 책임감 사이에 갈등이 생기면 때때로 내면의 긴장을 겪을 수 있습니다. 지나친 자신감과 의심하고 불안해하는 성향 사이에서 균형을 잡는 법을 배워야 합니다.

- ● 장점 : 이상적, 창조적, 섬세함, 관대함, 사람을 끄는 매력, 시적인 감성, 자비심, 베푸는 성향, 객관적, 운이 좋음, 인기
- ■ 단점 : 좌절, 신경과민, 분열, 확신이 없음, 이기심, 비현실적, 쉽게 휘둘림, 걱정, 고립감

연애와 인간관계

충실하고 믿을 만한 친구이며, 타고난 매력으로 다양한 지인들에게 인기가 있습니다. 관계에 큰 기대를 걸기 때문에 사랑하는 사람들에게 많은 것을 주지만 자신도 사랑과 인정을 받아야 하네요. 각계각층의 사람들의 마음을 끄는 힘이 있지만 어느 정도의 분별력을 행사할 필요가 있습니다. 인간관계와 결혼을 중요하게 생각하지만, 물질적 안정이 필수조건이겠네요.

69

게자리

태양 : 게자리	
지배 성좌 : 전갈자리/명왕성	
위치 : 17°30' – 18°30' 게자리	
상태 : 활동궁	
원소 : 물	
항성 : 카노푸스, 알 와사트, 프로푸스,	
카스토르	

7월 10일

CANCER

결단력과 추진력 있는 창조적 정신의 소유자

야망이 강하고 잠시도 가만있지 못하지만 사색적이고 내성적이며 활동적인 성격을 가진 게자리 태생입니다. 정착하기 전에 다양한 경험을 하고 싶어 하는 당신을 위해 인생에는 많은 것이 준비되어 있습니다.

성공에 꼭 필요한 열쇠는 동기부여와 끈기입니다. 지배 성좌인 전갈자리의 영향을 받아 결단력과 추진력이 강합니다. 더 나은 전망을 찾아 과거를 뒤로 하고 새로운 출발을 위해 나아갈 가능성이 있네요. 이렇게 선천적으로 가만히 있지 못하는 성향으로 보건대, 활동적으로 지내거나 다양성을 추구하여 단조로운 생활을 피해야 합니다. 하지만 안정을 위해서는 장기적인 계획을 세우고 투자를 해야 마음의 평화를 얻을 겁니다.

개성이 강하고 똑똑하며 직접적인 경험을 통해 빨리 배우는 편입니다. 다재다능하고 마음이 섬세하며, 신기할 정도로 딱 들어맞는 직감이 새로운 가능성을 평가하는 데 종종 도움이 됩니다. 자신감과 자유에 대한 사랑이 여행이나 외국에서 일할 기회로 이어지기도 합니다. 항상 마음을 열고 낙관적인 자세를 유지하면, 처음에는 성공하지 못해도 다른 곳에서 항상 다시 시도할 수 있다는 것을 알게 될 겁니다.

12세 때 당신의 태양이 사자자리로 들어가면서 힘과 창조성이 강해져 사람들을 대할 때 자신감을 더 많이 보일 수 있습니다. 당신의 태양이 처녀자리로 들어가는 42세 때는 더 현실적이고 분석적이 되기 시작할 뿐 아니라 모든 관계에서 질서가 잡히고 분별력이 커집니다. 당신의 태양이 천칭자리로 들어가는 72세에는 시각에 변화가 생기고 모든 관계에 더 많은 관심을 기울이기 시작합니다. 더욱 조화로운 삶을 추구하거나 잠재해 있던 예술적 혹은 문학적 관심을 발전시키기도 합니다.

숨어 있는 자아

다재다능하고 융통성 있는 당신은 뭐든 매우 빨리 배우지만 때로는 자신감이 떨어지거나 성공할 수 있을지 확신이 서지 않아 힘들어합니다. 하지만 매우 창조적인 정신의 소유자로 인생을 넓고 객관적인 시선으로 볼 수 있는 사람이어서 이런 의심은 늘 근거 없는 것입니다. 인도주의적 성격으로 현재의 문제들을 더욱 보편적인 시각에서 볼 수 있습니다.

책임감 있게 일하면 알찬 보상을 받을 수 있다는 것을 깨달아야 하므로, 정말로 관심이 가는 프로젝트나 일을 발견해야 합니다. 재정적으로 불안정하면 쓸데없는 걱정을 하거나 좌절할 수 있는데, 대부분 타고난 성급함 때문입니다. 즉각적인 보상을 좇지 않는다면 안정되고 걱정 없는 미래를 서서히 쌓아갈 것입니다.

일과 적성

사람을 다루는 타고난 능력은 일에서 성공을 거두는 데 가장 도움이 되는 자질입니다. 집과 가정의 평안을 매우 중요하게 생각하지만 다양성에 대한 욕구가 있어 판에 박히지 않은 일을 하게 됩니다. 이상적으로 말하면, 배우나 사진작가, 화가, 뮤지션처럼 현실적 감각과 상상력을 모두 활용하는 일을 하면 훨씬 더 좋습니다. 적절한 재정적 보상이 즉시 주어지지 않는 일은 계속하지 않으며, 여행과 관련된 일에 특히 매력을 느낄 수 있습니다. 아니면 카운슬링이나 치유 관련 일에 끌릴 수도 있는데, 이 분야들에서 일할 경우 직관력을 십분 발휘할 것입니다. 활동적인 것에 대한 욕구가 있어 스포츠계로 갈 수도 있겠네요.

수비학으로 풀어본 당신의 운세

10일에 태어난 사람은 정체성을 확립하고 성취하고자 하는 욕구가 강합니다. 혁신적이고 자신감 있으며 야망이 크죠. 에너지가 넘치고 독창적이어서 다른 사람들과 생각이 다를 때도 자신의 믿음을 고수합니다. 개척 정신 덕분에 아주 멀리까지 여행을 가거나 독립하기도 합니다. 10일에 태어난 사람은 세상이 당신을 중심으로 돌지 않는다는 것을 알아야 하며, 이기적이고 독재적으로 되지 않도록 경계해야 합니다. 성공과 성취를 중요시해서 자신의 일에서 최고가 되는 길을 발견할 수 있습니다. 하지만 더 중요한 문제에 매달리다 보면 가정적이지 않을 수 있겠네요. 탄생월 7의 영향으로 호기심이 많고 사려 깊습니다. 스스로 결정을 내리길 좋아하기 때문에 간섭받는 것을 싫어합니다. 직접적 경험을 통해 최상의 것을 배우면서, 성공의 열쇠가 책임감 있고 성숙한 시각임을 알게 될 것입니다.

- 장점 : 리더십, 창조적, 진보적, 강력함, 낙관적, 강한 확신, 승부욕, 독립적, 사교적
- 단점 : 고압적, 질투심, 자기중심적, 자만심, 적대감, 절제 부족, 이기심, 나약함, 우유부단, 성급함

연애와 인간관계

섬세하고 친화적이며 지적이어서 정신적 자극을 주는 사람과 함께 있고 싶어 합니다. 주관이 뚜렷하거나 독립적이고 야망이 있는 강한 사람들에게 끌리곤 하죠. 당신은 때로는 속마음을 드러내지 않으며 멋진 모습을 보이고 싶어 합니다. 관찰력이 있고 소식통이지만, 관계를 지속하려면 비판하거나 남을 재단하지 않아야 합니다.

연인이나 친구
♥

1월 6, 10, 20, 29일 / 2월 4, 8, 18, 27일 / 3월 2, 6, 16, 25, 28, 30일 / 4월 4, 14, 23, 26, 28, 30일 / 5월 2, 12, 21, 24, 26, 28, 30일 / 6월 10, 19, 22, 24, 26, 28일 / 7월 8, 17, 20, 22, 24, 26일 / 8월 6, 15, 18, 20, 22, 24일 / 9월 4, 13, 16, 18, 20, 22일 / 10월 2, 11, 14, 16, 18, 20일 / 11월 9, 12, 14, 16, 18일 / 12월 7, 10, 12, 14, 16일

힘이 되어주는 사람

1월 7, 13, 18, 28일 / 2월 5, 11, 16, 26일 / 3월 3, 9, 14, 24일 / 4월 1, 7, 12, 22일 / 5월 5, 10, 20일 / 6월 3, 8, 18일 / 7월 1, 6, 16일 / 8월 4, 14일 / 9월 2, 12, 30일 / 10월 10, 28일 / 11월 8, 26, 30일 / 12월 6, 24, 28일

운명의 상대

1월 7, 8, 9, 10, 25일 / 2월 23일 / 3월 21일 / 4월 19일 / 5월 17일 / 6월 15일 / 7월 13일 / 8월 11일 / 9월 9일 / 10월 7일 / 11월 5일 / 12월 3일

경쟁자

1월 3, 17일 / 2월 1, 15일 / 3월 13일 / 4월 11일 / 5월 9, 30일 / 6월 7, 28일 / 7월 5, 26, 29일 / 8월 3, 24, 27일 / 9월 1, 22, 25일 / 10월 20, 23일 / 11월 18, 21일 / 12월 16, 19일

소울메이트
★

1월 18일 / 2월 16일 / 3월 14일 / 4월 12일 / 5월 10, 29일 / 6월 8, 27일 / 7월 6, 25일 / 8월 4, 23일 / 9월 2, 21일 / 10월 19일 / 11월 17일 / 12월 15일

69

게자리

이날 태어난 유명인

마르셀 프루스트(작가), 제임스 애벗 맥닐 휘슬러, 카미유 피사로, 조르조 데 키리코(화가), 장 칼뱅(신학자), 니콜라 테슬라(발명가), 양준혁(야구 선수), 공유(배우)

태양 : 게자리	
지배 성좌 : 전갈자리/명왕성	
위치 : 18°30′ – 19°30′ 게자리	
상태 : 활동궁	
원소 : 물	
항성 : 카스토르, 알 와사트, 프로푸스	

7월 11일
CANCER

실용적 기술과 예술적 재능을 결합하는 완벽주의자

이날 태어난 사람들은 대개 실용적인 기술들을 갖추고 생산성이 높으며 안정에 대한 욕구가 있습니다. 게자리에 태어난 당신은 섬세하고 상상력이 풍부하며 단호하고 결단력 있는 성격입니다. 감수성이 풍부하고 형태와 구조를 잘 알아서 실용적 기술들을 예술적 재능과 결합시킬 수 있습니다. 실행할 수 있는 시스템을 구축하는 능력이 있어 당신의 타고난 기술적, 조직적, 사업적 기술들을 발전시킵니다.

지배 성좌인 전갈자리의 영향으로 당신은 합리적이고 현실적인 사람이지만, 자신의 강한 직관이나 첫인상을 신뢰해야 하고 자신의 내면에 강한 힘이 있다는 것을 깨달아야 합니다. 또한 당신은 효율적이고 현실적인 접근법을 취하는 시원시원하고 직설적인 성격이기도 합니다. 하지만 성급해하거나 고집을 부리는 성향은 경계해야 합니다.

재복이 있지만 돈이 좀 부족할 때가 있는데, 대개는 어려움이 오래가지 않습니다. 경제적 전망이 밝으며, 일을 중시하는 성향이라 끈기를 가지고 집중적으로 노력하면 당신에게 찾아오는 많은 기회들을 이용할 수 있습니다.

당신은 일을 잘하고 자신의 일에 긍지를 갖고 있습니다. 완벽주의자라서 절약하고 알뜰한 성향이 있으며 의무감이 강하네요. 하지만 자제력을 얼마나 발휘하느냐에 많은 것이 달려 있습니다. 이는 때때로 의무감이 마음을 좌지우지한다는 뜻이기도 합니다.

11세 때 당신의 태양이 30년 동안 사자자리로 들어가는데, 그 영향으로 자심감과 창조성이 서서히 증가합니다. 당신의 태양이 처녀자리로 들어가는 41세 이후에는 인내심이 커지고 더 분석적이 됩니다. 그리고 다른 사람들에게도 현실적인 도움을 주게 되죠. 태양이 천칭자리로 들어가는 71세에 또 다른 전환기가 찾아옵니다. 그 영향으로 모든 관계를 더 중시하게 되고 조화와 아름다움에 대한 관심이 높아집니다.

숨어 있는 자아

안정성은 당신 인생의 최고 목표 중 하나이지만, 내적 감정의 동요 때문에 새로운 전망과 기회를 찾습니다. 자신의 운명에 대한 불만은 참을성을 기르고 내면의 조화를 추구함으로써 극복할 수 있습니다. 활동과 모험에 대한 이러한 욕구를 깨닫지 못하면 보상심리로 현실도피를 할 수 있습니다.

일자리 기회가 갑자기 생겨 주거를 옮기거나 새로운 지역으로 가야 할 수도 있겠네요. 완벽주의자에다 다재다능하기 때문에 무슨 일을 하건 자신의 기술들을 이용해 뛰어난 성과를 낼 수 있습니다. 직관력이 강해 종종 직감에 따라 판단을 내리고 일상생활에서도 직감을 성공적으로 활용합니다.

일과 적성

상상력이 풍부하고 현실적이기 때문에 당신에게 필요한 것은 꿈을 구체화시킬 계획입니다. 은행, 법률, 해외거래 업무 등 다른 사람의 돈을 다루는 일에 딱 어울립니다. 영업을 해도 마찬가지로 성공을 거둘 수 있는데, 특히 가정과 관련된 품목을 다루면 좋겠네요. 사람에게 관심이 많아서 판촉과 홍보 쪽에서 두각을 나타낼 수도 있고, 좋은 손재주가 공예나 목공, 요리 쪽에서 요긴하게 쓰일 수 있습니다. 이미지에 특별한 관심이 있고 섬세하며 창조적이어서 미술과 디자인, 음악, 드라마 쪽의 직업을 선호할 수도 있습니다. 이 생일은 보통 금융 쪽 일에서 좋은 기회를 잡을 수 있겠네요.

수비학으로 풀어본 당신의 운세

마스터 넘버인 11의 특별한 영향으로 당신에게는 이상주의, 영감, 혁신이 매우 중요합니다. 직관력이 있지만 에너지가 분산될 수 있으니 집중할 수 있는 목표를 찾아야 합니다. 기운이 넘치고 활력을 즐기지만 지나치게 걱정하거나 비현실적이 되지 않도록 조심하세요. 겸손과 자신감을 적절히 조화시키고 물질적, 정신적 균형을 잡는 것이 당신의 과제입니다. 탄생월 7의 영향으로 내성적이지만 결단력과 야망이 있으며, 적극적입니다. 이해심과 관용, 인내심을 키워야 할 뿐 아니라 개인감정을 갖지 않는 법도 배워야 합니다. 권력과 인정을 원하지만, 분석적 기술을 키워야 할 필요가 있네요.

- ● 장점 : 균형감, 집중력, 객관적, 열정적, 영감을 불러일으킴, 정신적, 이상주의적, 지적, 외향적, 창의적, 예술적, 인도주의적, 영적 능력
- ■ 단점 : 우월 콤플렉스, 목적 상실, 지나치게 감정적, 쉽게 상처받음, 쉽게 흥분함, 이기적, 투명성 부족, 군림하려는 태도

연애와 인간관계

낭만적이고 섬세한 당신은 사랑을 있는 대로 퍼줄 사람입니다. 그러나 강렬한 감정을 긍정적으로 표현할 방법을 찾지 못하면 기분 변화가 심해질 수 있습니다. 이상주의적이고 상상력이 풍부한 당신은 헌신적인 파트너를 찾으며, 사랑에 대한 기대가 높네요. 제약을 너무 받으면 당신의 생일이 나타내는 초조함이 드러날 수 있으니, 행복과 감정적 만족을 얻으려면 활동성을 유지하는 것이 필수적입니다.

연인이나 친구

1월 7, 11, 22일 / 2월 5, 9, 20일 / 3월 3, 7, 18, 31일 / 4월 1, 5, 16, 29일 / 5월 3, 14, 27, 29일 / 6월 1, 12, 25, 27일 / 7월 10, 23, 25일 / 8월 8, 21, 23, 31일 / 9월 6, 19, 21, 29일 / 10월 4, 17, 19, 27, 30일 / 11월 2, 15, 17, 25, 28일 / 12월 13, 15, 23, 26일

힘이 되어주는 사람

1월 8, 14, 19일 / 2월 6, 12, 17일 / 3월 4, 10, 15일 / 4월 2, 8, 13일 / 5월 6, 11일 / 6월 4, 9일 / 7월 2, 7일 / 8월 5일 / 9월 3일 / 10월 1, 29일 / 11월 27일 / 12월 25, 29일

운명의 상대

1월 8, 9, 10, 11일

경쟁자

1월 9, 18, 20일 / 2월 7, 16, 18일 / 3월 5, 14, 16일 / 4월 3, 12, 14일 / 5월 1, 10, 12일 / 6월 8, 10일 / 7월 6, 8, 29일 / 8월 4, 6, 27일 / 9월 2, 4, 25일 / 10월 2, 23일 / 11월 21일 / 12월 19일

소울메이트

1월 9일 / 2월 7일 / 3월 5일 / 4월 3일 / 5월 1일 / 10월 30일 / 11월 28일 / 12월 26일

게자리

이날 태어난 유명인

율 브리너, 셀라 워드(배우), 존 퀸시 애덤스(전 미국 대통령), 조르조 아르마니(패션 디자이너), 박혁권, 김강우, 임수정(배우), 박경완(야구 선수)

태양 : 게자리	
지배 성좌 : 물고기자리/해왕성	
위치 : 19° 30' – 20° 30' 게자리	
상태 : 활동궁	
원소 : 물	
항성 : 카스토르, 알 와사트, 프로푸스	

7월 12일

CANCER

빈틈없고 소통 잘하는 열정적 완벽주의자

창조성, 진취성, 실용적 기술, 직관적 통찰력은 이날 태어난 사람들의 공통된 특성입니다. 게자리 태생이어서 상상력이 풍부하고 이상주의적이지만, 타고난 사업 감각과 독특하고 독창적인 시각으로 볼 때 객관적인 사고를 하는 사람입니다. 하지만 우유부단하거나 돌발적인 행동을 하는 성향 때문에 이러한 객관성이 시험대에 오를 수 있습니다.

지배 성좌인 물고기자리의 영향을 받아 수용적인 당신은 주변의 분위기를 쉽게 받아들입니다. 기분파이기 때문에 조화로운 주위 환경이 필요합니다.

주로 돈 문제로 걱정과 불안을 느끼는데, 이런 걱정이 문제를 해결하고 간단한 답을 찾는 데 방해가 될 수 있습니다. 하지만 영감이 넘치는 아이디어와 똑똑한 시각으로 독창성이 요구되는 일에서 우위를 얻습니다.

완벽주의자인 당신은 빈틈없고 집중력이 높아서 아이디어와 방법들을 빨리 이해하고 소통 기술이 좋아 명랑하고 마음이 잘 통합니다.

당신의 행복에는 긍정적인 사고방식이 필수적입니다. 비관적인 생각을 떨치면 초조하게 서두르면서 에너지를 분산시키지 않고 당면 문제에 집중할 수 있습니다.

당신의 태양이 사자자리로 들어가는 10세 이후에 힘과 창조성, 자기 표현력을 발달시킬 기회가 늘어납니다. 당신의 태양이 처녀자리로 들어가는 40세가 시작될 때까지 자신감이 계속 증가하다가 이때부터 관심의 초점이 바뀌어 더 실용적이 되고 안목이 높아집니다. 당신의 태양이 천칭자리로 들어가는 70세가 되면 또 다른 전환점을 맞아 관계와 조화, 균형에 더 많은 관심을 돌리게 됩니다.

숨어 있는 자아

당신의 많은 활동들은 가정과 가정에 대한 책임감이 중심이 됩니다. 가족에 대한 이런 생각이 전 세계 사람들에게 뻗어나가 진정한 인도주의자가 될 수 있습니다. 당신은 상황을 빈틈없이 열심히 살펴 종종 혼란으로부터 조화를 가져오는 아이디어들을 생각해냅니다. 때때로 목표를 이루기가 너무 힘들다고 느끼지만 당신에게는 뛰어난 성취를 이룰 열정과 능력이 있습니다.

내면은 극히 예민하고 상처받기 쉽지만 겉으로는 자신감 있고 유능해 보입니다. 마음의 평화를 갈구하기 때문에 내면의 평온을 얻기 위한 방법으로 형이상학이나 정신적인 영역을 공부할 수도 있겠네요. 그렇지 않으면 매우 창조적이고 자기표현에 대한 욕구가 있을 수 있습니다. 도덕심이 높아서 다른 사람들을 잘 돕고 종종 자신이 믿는 대의를 위해 싸우기도 합니다.

일과 적성

삶에 대한 창조적인 접근방식이 글쓰기나 예술로 발현될 수도 있지만, 사교성을 타고났기 때문에 사업에서 나타날 수도 있습니다. 경제적 감각이 예리해서 은행이나 부동산 쪽 직업이 맞을 수 있습니다. 머리가 뛰어나고 소통 기술이 좋아 잠재력이 대단합니다. 하지만 에너지를 분산하지 않도록 조심하고 의심하는 성향을 극복해야 합니다. 철학적 혹은 인도주의적 성향이 성직자나 자선사업 같은 직업으로 충족되거나 독지가가 될 수도 있겠군요. 같은 직업에 계속 종사할 경우 일하는 방식을 바꾸거나 개선시킬 방법을 끊임없이 찾을 겁니다.

수비학으로 풀어본 당신의 운세

12일이라는 생일은 진정한 개성을 확립하고 싶은 욕구를 나타냅니다. 보통 직관적이며 사람들을 잘 돕고 친화력이 있으며, 추리력이 뛰어납니다. 혁신적이고 이해력이 좋으며 섬세한 당신은 목적과 목표를 이루기 위해 요령을 부리거나 협력하는 방법을 이용할 줄도 압니다. 남들에게는 자신감 있어 보이지만 자기 회의와 의심이 느긋한 성격과 긍정적인 시각을 해칠 수 있습니다. 자기표현에 대한 욕구와 다른 사람들을 돕고 싶은 타고난 성향 간의 균형을 맞추면 감정적 만족과 개인적 성취감을 얻을 수 있습니다. 탄생월 7의 영향으로 당신은 지적이고 창의적인 사고를 합니다. 스스로 결정을 내리길 좋아하지만 때로는 우유부단해지고 동요될 수 있습니다. 열정과 독창적인 아이디어들이 가득하기 때문에 경영 능력을 키우고 다른 사람들을 새로운 방향으로 이끌 용기를 가지는 게 좋습니다.

- 장점 : 창조적, 매력, 추진력, 단련주의자, 자신이나 다른 사람들을 홍보
- 단점 : 내성적, 이기적, 괴짜, 비협조적, 지나치게 예민함, 수줍음, 자긍심 부족

연애와 인간관계

이상주의적이고 섬세한 당신은 때때로 매우 정확한 직관력을 가지고 있지만, 안정과 사랑에 대한 욕구 때문에 직관을 무시하고 그로 인해 어떤 대가를 치르더라도 특정 관계에 몰두하기도 합니다. 부적합한 사람들과 어울리고 있다면, 당신의 멋진 잠재력을 알아보지 못하는 사람들을 위해 자신을 희생하지 않도록 조심하세요. 자발성과 독립성을 유지하면 내면의 힘을 키울 수 있고 사랑하는 관계를 즐길 수 있습니다.

게자리

이날 태어난 유명인

빌 코스비(코미디언), 아메데오 모딜리아니(화가), 버크민스터 풀러(건축가), 파블로 네루다(시인), 박인비(골프 선수), 박동진(판소리 명창)

태양 : 게자리
지배 성좌 : 물고기자리/해왕성
위치 : 20° 30′ - 21° 30′ 게자리
상태 : 활동궁
원소 : 물
항성 : 폴룩스, 알 와사트, 프로푸스, 카스토르

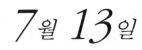

7월 13일

CANCER

사회적 성향이 강한 이상주의적이고 친화적인 성격

수용적이고 직관적이며 확신이 강하고 다른 사람들의 성격을 잘 파악합니다. 게자리 태생인 당신은 사회적 성향이 강하고 뛰어난 아이디어들을 가지고 있죠. 감정이 강렬하여 표현할 방법이 필요합니다. 금융 사업에 끌리는 성향으로 보건대 협력과 제휴에서 득을 보고 성공을 얻을 수 있습니다.

지배 성좌인 물고기자리의 영향으로 섬세함에 강함이 더해지고 상상력이 풍부하며 이상주의적입니다. 주변 분위기에 쉽게 빠져들지만, 행복해졌다 우울해졌다 하면서 기분이 잘 바뀌면 내면의 평정에 영향을 미칠 수 있습니다. 따라서 균형과 안정이 필요합니다.

사랑하고 존중하는 사람들에게는 엄청나게 관대합니다. 돈에 대해 걱정하는 경향이 있어서 때로는 물질주의적이거나 이기적으로 보일 수도 있죠. 하지만 사람들과의 교제를 원하는 것으로 볼 때, 나누고 소통하는 법을 배우면 이상주의적이고 친화적인 성격으로 다른 사람들에게 감화를 줄 수 있습니다.

두뇌 회전이 빠르고 사람과 관련된 활동들에 타고난 재능이 있어 정신적 과제를 좋아하고 새로운 기회와 교제를 즐깁니다. 영업 수완도 뛰어나네요. 하지만 자신의 생각대로 하지 못할 때 너무 따지고 들거나 싸우려 하는 성향은 조심하세요.

당신의 태양이 사자자리로 들어가는 9세 이후로는 더 활동적이고 긍정적이 되며 자신감이 커집니다. 그래서 일찍부터 사회적 기술들을 발달시키는 데 유리합니다. 당신의 태양이 30년 동안 처녀자리로 들어가는 39세에는 더 정돈되고 분별력이 높아지며 타인에게 봉사하고 싶은 바람이 생깁니다. 당신의 태양이 천칭자리로 들어가는 69세에는 또 다른 변화가 생겨 관계가 인생에서 더 중요한 역할을 하고, 예술과 아름다움에 대한 욕구가 커질 것입니다.

숨어 있는 자아

내면에 있는 강한 힘이 프로젝트를 시작하거나 성공을 위한 새로운 기회를 만드는 데 원동력이 됩니다. 무언가를 성취할 수 있는 이 힘이 당신의 고귀한 목표를 나타내는 이상주의와 결합되면 인생에 대해 더 낙관적이 됩니다. 그 덕분에 종종 지도자의 위치에 오르지만, 야심과 추진력을 사교적 수완과 협력적 노력과 결합시키면 정말로 성공을 거둘 수 있습니다.

조화를 이루고 싶은 내적 욕구가 있어 안정된 가정을 특별히 중요하게 생각합니다. 당신에게 가정은 외부세계로부터 오아시스 역할을 하죠. 아니면 이러한 욕구가 음악적 혹은 창조적 재능을 갈고닦는 것으로 표현될 수도 있습니다. 다만 평화를 유지하고 싶어 걱정에 빠지거나 타성에 젖지 않도록 하세요. 긍정적일 때는 생기가 넘치고 활발한 성격이라 사람들에게 장난기를 발휘합니다.

일과 적성

인간관계를 다루는 기술과 인맥을 쌓는 능력이 있어 사람과 관련된 직업들이 가장 좋습니다. 여기에는 홍보나 영업 같은 분야나 조언자, 중개인, 대리인 같은 직업들이 포함됩니다. 사업 감각과 당신이 좋다고 믿는 아이디어나 상품을 판매하는 능력이 결합되면, 성공을 위한 당신의 강력한 잠재력을 자극할 수 있습니다. 혹은 요리, 가정용품, 조경, 부동산 관련 협상 분야에 관심을 느낄 수도 있겠네요. 우두머리나 자영업자가 되고 싶어 하지만 다른 사람과 힘을 합쳐 일하는 것의 중요성도 알고 있습니다. 이상주의적 성향이 강해 교육이나 종교, 공동체를 발전시키는 일에 끌릴 수도 있습니다.

수비학으로 풀어본 당신의 운세

수비학적으로 당신은 야망이 있고 근면하며 창조적인 자기표현을 통해 많은 것을 성취할 수 있습니다. 독창적이고 혁신적인 접근방식이 새롭고 흥미로운 아이디어들을 불러일으켜 사람들에게 깊은 인상을 주는 결과를 가져오겠네요. 13일에 태어난 사람은 성실하고 낭만적이며 매력적이고 흥이 넘칩니다. 맡은 일에 전념한다면 번영을 누릴 수 있습니다. 수용적이고 주변 환경의 영향을 많이 받는 당신은 혼자보다 다른 사람과 함께할 때 일을 더 잘하는 성향입니다. 친화적이고 협력적이지만 신뢰와 성실과 관련된 문제들에 더 노력할 필요가 있습니다. 탄생월 7의 영향으로 합리적이고 사색적이며 자신에게 몰두합니다. 하지만 때때로 다른 사람들의 비판에 지나치게 민감하여 이해받지 못한다고 느끼기도 합니다. 직관력이 높으니 시간을 들여 깊이 생각하고 스스로 판단을 내릴 필요가 있습니다. 안정에 관심이 많은데, 경험을 통해 안정은 내면에서 나온다는 것을 배워야 합니다.

- 장점 : 야망, 창조적, 자유에 대한 사랑, 자기 표현력, 추진력
- 단점 : 충동적, 우유부단함, 우두머리 노릇을 하려는 성향, 감정을 드러내지 않음, 반항심

연애와 인간관계

강한 확신과 고집스러운 면으로 볼 때 당신은 결단력 있고 적극적이며 스스로 판단하는 사람입니다. 하지만 당신에게는 친밀함과 이해심도 필요하고, 당신을 정신적으로 자극할 수 있는 사람이 필요합니다. 관찰력이 뛰어나서 놓치는 게 거의 없네요. 일이 똑바로 되지 않는다고 느끼면 상황에 맞서서 개선하길 원합니다. 확고한 원칙을 갖고 있어서 자기주장을 고수하며, 강하고 독립적인 사람을 좋아합니다.

연인이나 친구

1월 3, 23일 / 2월 11, 21일 / 3월 9, 19, 28, 31일 / 4월 7, 17, 26, 29일 / 5월 5, 15, 24, 27, 29, 31일 / 6월 3, 13, 22, 25, 27, 29일 / 7월 1, 11, 20, 23, 25, 27, 29일 / 8월 9, 18, 21, 23, 25, 27일 / 9월 7, 16, 19, 21, 23, 25일 / 10월 5, 14, 17, 19, 21, 23일 / 11월 3, 12, 15, 17, 19, 21일 / 12월 1, 10, 13, 15, 17, 19일

힘이 되어주는 사람

1월 3, 4, 10, 21일 / 2월 1, 2, 8, 19일 / 3월 6, 17, 30일 / 4월 4, 15, 28일 / 5월 2, 13, 26일 / 6월 11, 24일 / 7월 9, 22일 / 8월 7, 20일 / 9월 5, 18일 / 10월 3, 16, 31일 / 11월 1, 14, 29일 / 12월 12, 27일

운명의 상대

1월 10, 11, 12, 13, 22, 28일 / 2월 20, 26일 / 3월 18, 24일 / 4월 16, 22일 / 5월 14, 20일 / 6월 12, 18일 / 7월 10, 16일 / 8월 8, 14일 / 9월 6, 12일 / 10월 4, 10일 / 11월 2, 8일 / 12월 6일

경쟁자

1월 11, 20일 / 2월 9, 18일 / 3월 7, 16일 / 4월 5, 14일 / 5월 3, 12, 30일 / 6월 1, 10, 28일 / 7월 8, 26, 31일 / 8월 6, 24, 29일 / 9월 4, 22, 27일 / 10월 2, 20, 25일 / 11월 18, 23일 / 12월 16, 21일

소울메이트

1월 16일 / 2월 24일 / 3월 22, 30일 / 4월 20, 28일 / 5월 18, 26일 / 6월 16, 24일 / 7월 14, 22일 / 8월 12, 20일 / 9월 10, 18일 / 10월 8, 16일 / 11월 6, 14일 / 12월 4, 12일

69

계자리

이날 태어난 유명인

케네스 클라크(역사학자), 해리슨 포드, 패트릭 스튜어트(배우), 치치 매린(코미디언), 오토 바그너(건축가), 추신수(야구 선수)

| 태양 : 게자리 |
| 지배 성좌 : 물고기자리 |
| 위치 : 21° - 22° 게자리 |
| 상태 : 활동궁 |
| 원소 : 물 |
| 항성 : 폴룩스, 카스토르 |

7월 14일
CANCER

강한 정신과 부드러운 마음씨를 지닌 타고난 리더

이날 태어난 사람은 의지가 확고하고 강한 정신과 부드러운 마음씨를 겸비했습니다. 예리한 지성과 사람을 다루는 탁월한 능력으로 타고난 리더십을 발휘하며 자신감 있는 모습을 보여줍니다. 그러나 보기보다 예민하며, 실용주의와 이상주의가 흥미롭게 섞여 있어 눈부신 성취를 이루어낼 잠재력이 있습니다.

지배 성좌인 물고기자리의 영향으로 상상력이 풍부하고 사람들이 원하는 것을 본능적으로 잘 알아차립니다. 돈에 대한 예리한 감각과 상황을 신속하게 파악하는 능력으로 당신은 발전할 수 있는 기회를 포착할 수 있습니다. 물질적인 것보다 정신적 행복을 더 추구하면 안정감과 성취감을 느낄 겁니다.

멋지고 호화스러운 집이 당신의 우선순위 목록의 위쪽에 있으며, 돈을 들인 만큼의 가치를 원합니다. 선견지명과 조직력을 갖춘 당신은 큰 계획을 추진해나갈 잠재력이 있습니다. 그러려면 다른 사람의 도움이 필요하기 때문에 남들에게 막무가내로 반대를 위한 반대를 하는 성향은 조심해야 합니다.

당신의 태양이 사자자리로 들어가는 8세 이후에는 좀 더 숫기가 생기고 안정을 중시하게 됩니다. 사자자리가 다음 30년 동안 영향을 미쳐 자신감을 쌓고 당신이 선택한 분야에서 두각을 드러내도록 돕죠. 당신의 태양이 처녀자리로 들어가는 38세부터는 더 꼼꼼하고 분별력 있는 태도를 발전시키게 되며 남을 위해 봉사하고 싶은 바람이 생길 수 있겠네요. 당신의 태양이 천칭자리로 들어가는 68세에 전환기가 찾아와 관계에 중점을 두게 되고 조화와 균형의 필요성을 더 인식하게 됩니다.

숨어 있는 자아

매력적인 사람이지만 강렬한 감정과 욕구가 있으며, 이는 새로운 일을 시작하는 주된 원동력이 됩니다. 성공하려면 끈기를 키우고 직관을 따르세요. 활동적이고 에너지가 넘치는 당신에게는 일을 실현하는 추진력과 열정이 있습니다. 요구를 하며 상황을 지배하기보다는 사교적 수완과 협력 기술을 활용하는 것이 중요합니다.

다행히 당신은 일대일로 관계를 맺는 재능을 타고났고 일과 즐거움을 조화시키는 능력이 있습니다. 싸고 좋은 물건이나 기회를 알아보는 안목이 있기 때문에 거의 무엇이든 사업적 시각으로 살펴봅니다. 아니면 당신은 다른 사람들에게 현실적인 도움을 줄 수 있고 시간과 에너지, 사랑을 너그럽고 아낌없이 줄 수 있습니다. 목표 성취를 위해 긍정적이고 활발한 의지력을 이용한다면 당신은 무시할 수 없는 존재가 될 겁니다.

일과 적성

사업 감각이 뛰어나 협상가나 에이전트, 재정 자문 등 상업계의 직업을 택할 수 있습니다. 일단 결정을 내리면 성공할 수 있는 결단력과 의지, 리더십을 갖추었고, 특히 관리자, 경영자, 감독자 혹은 기업가로 역량을 발휘합니다. 이상주의와 실용주의가 단단하게 결합되어 정치나 대의를 위해 싸우는 데 천부적 능력이 있습니다. 아니면 드라마틱한 감각과 창조적 능력이 있어 예술, 연예, 혹은 젊은이와 일하는 직업에 끌릴 수 있습니다. 혹은 인도주의적 면모 때문에 교육과 사회적 가치를 성취하는 일에 특별히 관심이 갈 수도 있겠네요.

수비학으로 풀어본 당신의 운세

지적인 잠재력, 실용적 시각, 강한 결단력은 14일에 태어난 사람들의 특성입니다. 탄탄한 토대를 쌓고 싶은 열망이 강하며 열심히 노력하여 성공을 거둡니다. 실제로 14일이 생일인 사람들은 일을 최우선으로 생각하고 자기 자신과 다른 사람들을 직업적 성취를 바탕으로 판단합니다. 안정을 원하지만 숫자 14가 나타내는 잠시도 가만있지 못하는 성향은 운명을 개선하기 위해 끊임없이 시도하며 빠르게 앞으로 나아가고 새로운 도전을 하라고 다그칩니다. 탄생월 7의 영향으로 지각력을 갖추었고 창조적이며 야망이 있습니다. 대개 독립적이고 자신에게 몰두하는 당신은 개인적 판단에 의지하거나 스스로 결정을 내리는 것을 좋아합니다. 신뢰와 넓은 마음을 가지면 더 많은 자기 인식의 필요성을 알게 될 것입니다.

- 장점 : 결단력, 근면, 행운, 창조적, 실용적, 상상력, 부지런함
- 단점 : 과도하게 신중하거나 충동적임, 불안정, 경솔함, 고집

연애와 인간관계

당신은 성급하게 사람을 사귀는 성향이 있는데, 이는 당신이 변심할 수 있고 장기적인 관계에 확신이 없음을 의미합니다. 그러나 섬세하고 배려심이 많아 자신이 사랑하고 존중하는 사람들에게 기꺼이 힘이 되어줍니다. 당신은 새로운 사람들을 만나고 다양한 관계를 경험하며 활동적인 생활을 한 뒤에야 최종적으로 정착합니다. 이상적인 파트너는 당신의 관심을 계속 붙들어놓을 수 있는 다정하고 활동적인 사람입니다.

당신에게 특별한 사람

연인이나 친구

1월 14, 24, 31일 / 2월 12, 22, 29일 / 3월 10, 20, 27일 / 4월 8, 18, 25일 / 5월 6, 16, 23, 30일 / 6월 4, 14, 21, 28, 30일 / 7월 2, 12, 19, 26, 28, 30일 / 8월 10, 17, 24, 26, 28일 / 9월 8, 15, 22, 24, 26일 / 10월 6, 13, 20, 22, 24, 30일 / 11월 4, 11, 18, 20, 22, 28일 / 12월 2, 9, 16, 18, 20, 26, 29일

힘이 되어주는 사람

1월 5, 22, 30일 / 2월 3, 20, 28일 / 3월 1, 18, 26일 / 4월 16, 24일 / 5월 14, 22일 / 6월 12, 20일 / 7월 10, 18, 29일 / 8월 8, 16, 27, 31일 / 9월 6, 14, 25, 29일 / 10월 4, 12, 23, 27일 / 11월 2, 10, 21, 25일 / 12월 9, 19, 23일

운명의 상대

1월 11, 12, 13, 14일 / 2월 10일 / 3월 8일 / 4월 6일 / 5월 4일 / 6월 2일

경쟁자

1월 16, 21일 / 2월 14, 19일 / 3월 12, 17, 30일 / 4월 10, 15, 28일 / 5월 8, 13, 26일 / 6월 6, 11, 24일 / 7월 4, 9, 22일 / 8월 2, 7, 20일 / 9월 5, 18일 / 10월 3, 16일 / 11월 1, 14일 / 12월 12일

소울메이트

1월 25일 / 2월 23일 / 3월 21일 / 4월 19일 / 5월 17일 / 6월 15일 / 7월 13일 / 8월 11일 / 9월 9일 / 10월 7일 / 11월 5일 / 12월 3, 30일

이날 태어난 유명인

잉마르 베리만(영화감독), 우디 거스리(작곡가), 구스타프 클림트(화가), 어빙 스톤(작가), 제럴드 포드(전 미국 대통령), 유치환(시인), 황선홍(축구 선수), 이광수(배우)

| 태양 : 게자리 |
| 지배 성좌 : 물고기자리/해왕성 |
| 위치 : 22° - 23° 게자리 |
| 상태 : 활동궁 |
| 원소 : 물 |
| 항성 : 폴룩스, 카스토르 |

7월 15일

CANCER

직관력이 강한 실용주의자로 아는 것 많은 정보통

뛰어난 추리력, 강한 직관, 당당한 기질이 이날 태어난 사람들의 특성입니다. 게자리에 태어나 직관적이고 섬세하며 지각력이 뛰어나지만 종종 마음보다 머리의 지배를 받습니다. 지적 능력이 당신의 가장 큰 자산이니 자신의 잠재력을 십분 활용하려면 지식의 힘을 깨달아야 합니다.

지배 성좌인 물고기자리가 상상력과 정신적 능력을 부여하네요. 자율적이고 목표 지향적인 당신은 논리적으로 깊게 생각하며 열심히 일하려는 의지도 있습니다.

이 생일에는 보수주의와 이상주의가 흥미롭게 섞여 있어 지나친 자신감 또는 불안과 자기 회의 사이에서 오락가락합니다. 천성적인 실용주의자로 때로는 급진적이 되기도 하고 틀에 얽매이지 않지만, 반대를 위해 반대하는 성향은 조심하세요. 하지만 당신은 인내심과 끈기를 발휘해 큰 과제들을 견뎌낼 수 있는 사람이며 열심히 노력하면 대개 성공을 손에 쥡니다.

아는 것이 많고 정보통인 당신은 스스로 결정을 내리고 관리하는 것을 좋아합니다. 이날 태어난 여성들은 이성보다 감정을 앞세우지 않으려는 경향이 강하네요. 다른 사람들로부터 강점을 금방 인정받기 때문에 당신은 보통 권한과 권력이 있는 자리로 올라갑니다.

당신의 태양이 30년 동안 사자자리로 들어가는 7세 이후부터 자신감이 높아져 자기표현을 잘하게 됩니다. 당신의 태양이 처녀자리로 들어가는 37세에 또 다른 전환기가 찾아오는데, 이때부터 더 실용적이고 현실적인 목표를 추구하고 인내심과 효율성이 커집니다. 당신의 태양이 천칭자리로 들어가는 67세부터는 관계를 중시하고 교제 범위를 넓히고 싶어 합니다.

숨어 있는 자아

강력한 성취를 이루고 싶은 내면의 포부 혹은 욕망이 인생의 모든 부분으로 확장됩니다. 열정이 있어야 동기 부여가 되는데, 일단 영감을 받으면 거침없고 단호한 결단력을 발휘하네요. 열심히 일하겠다는 의지가 원하는 바를 실현하는 데 도움이 됩니다. 기꺼이 책임을 지고 도움을 주지만 남들이 이런 도움을 당연한 것으로 받아들이게 놔두지는 않습니다. 또한 다른 사람들이 지나치게 선을 넘는 것 같으면 대립하고 이의를 제기하죠.

사교적 수완과 협상 기술을 갖추고 있지만, 신뢰하는 법을 익히고 인간관계의 균형을 맞추려고 노력해야 합니다. 타인과의 협력의 중요성을 이해하면 당신의 지식을 나누는 것을 즐기게 될 겁니다. 일뿐 아니라 그 외의 상황에서도 공동의 노력에 당신의 통찰력과 권한을 활용할 수 있습니다.

일과 적성

세심한 리더십과 책임지고 일할 수 있는 능력을 갖추어 눈부신 성공을 거둘 잠재력이 있습니다. 머리가 뛰어나니 교사, 강연, 언론, 의료 같은 직업에 끌릴 수 있고, 아니면 타고난 드라마틱한 감각에 힘입어 예술이나 연예계로 진출할 수도 있겠네요. 풍부한 상상력을 말하기나 글쓰기, 노래나 연기로 표현할 가능성도 있습니다. 어떤 직업을 선택하건 일정 형태의 교육이 당신의 남다른 잠재력을 실현하는 데 중요합니다. 이해심이 많고 공감을 잘하는 성격이라 카운슬링이나 복지 관련 직업을 선택할 수도 있겠습니다.

수비학으로 풀어본 당신의 운세

다재다능, 관대함, 잠시도 가만있지 못하는 성향은 생일 15가 나타내는 특징입니다. 당신은 민첩하고 열정적이며 카리스마가 넘치는 성격입니다. 강한 직관, 그리고 이론과 현실을 결합해 빨리 배우는 능력이 당신의 최대 자산이네요. 많은 경우 새로운 기술을 배우면서 돈을 벌죠. 직관력을 종종 활용하고 기회가 찾아오면 금방 알아보죠. 15일에 태어난 사람은 돈을 끌어모으고 다른 사람들에게 도움과 지원을 받는 데 소질이 있습니다. 정신적으로 모험심이 강하지만, 자기 것이라 부를 수 있는 현실적 기반이나 집을 마련하고 싶어 하네요. 탄생월 7의 영향으로 합리적이고 호기심이 강하며 실용적인 접근방식을 취합니다. 사람과 상황을 신속하게 파악하지만, 종종 회의적이 되기 때문에 자신감 넘치고 적극적이다가 자기 회의에 빠져 불안을 느끼는 상태를 오갈 수 있습니다. 직관력이 매우 강하니 내면의 목소리에 귀를 기울이기 바랍니다.

● 장점 : 의지력, 관대함, 책임감, 친절, 협력적, 안목, 창조적 아이디어
■ 단점 : 안절부절못함, 무책임함, 자기중심적, 변화에 대한 두려움, 신뢰 상실, 걱정, 우유부단함, 물질주의적

연애와 인간관계

이해심이 많고 직관력이 강한 당신은 감정에 솔직하고 딱 부러지는 성격입니다. 강한 성격으로 보건대 가족이나 좋아하는 사람들을 잘 보호하려고 하겠네요. 누군가를 믿으면 그들을 돕고 격려하기 위해 무슨 일이든 하죠. 그러나 상황을 책임지려는 성향 때문에 오만하거나 고압적이 될 수도 있습니다. 타인에게 조언을 해주되 그다음에는 뒤로 물러나 그들이 스스로 결정을 내리도록 놔두는 것이 좋습니다.

연인이나 친구

1월 11, 13, 15, 17, 25일 / 2월 9, 11, 13, 15, 23일 / 3월 7, 9, 11, 13, 21일 / 4월 5, 7, 9, 11, 19일 / 5월 3, 5, 7, 9, 17, 31일 / 6월 1, 3, 5, 7, 15, 29일 / 7월 1, 3, 5, 27, 29, 31일 / 8월 1, 3, 11, 25, 27, 29일 / 9월 1, 9, 23, 25, 27일 / 10월 7, 21, 23, 25일 / 11월 5, 19, 21, 23일 / 12월 3, 17, 19, 21, 30일

힘이 되어주는 사람

1월 1, 5, 20일 / 2월 3, 18일 / 3월 1, 16일 / 4월 14일 / 5월 12일 / 6월 10일 / 7월 8일 / 8월 6일 / 9월 4일 / 10월 2일

운명의 상대

1월 12, 13, 14, 15일

경쟁자

1월 6, 22, 24일 / 2월 4, 20, 22일 / 3월 2, 18, 20일 / 4월 16, 18일 / 5월 14, 16일 / 6월 12, 14일 / 7월 10, 12일 / 8월 8, 10, 31일 / 9월 6, 8, 29일 / 10월 4, 6, 27일 / 11월 2, 4, 25, 30일 / 12월 2, 23, 28일

소울메이트

1월 6, 12일 / 2월 4, 10일 / 3월 2, 8일 / 4월 6일 / 5월 4일 / 6월 2일

69

제 7 장리

이날 태어난 유명인

린다 론스태트(가수), 렘브란트(화가), 아이리스 머독(작가), 에멀린 팽크허스트(여성 참정권 운동가), 발터 베냐민(문화 비평가), 김지미(배우), 김세환(가수)

태양 : 게자리	
지배 성좌 : 물고기자리/해왕성	
위치 : 23° - 24° 게자리	
상태 : 활동궁	
원소 : 물	
항성 : 폴룩스, 프로키온	

7월 16일
CANCER

창조성에 대한 욕구와 물질적 성공에 대한 욕구의 공존

수용적이고 지적이며 분별력과 직관력을 갖춘 당신은 자신감 있는 게자리 태생입니다. 새로운 기술을 빨리 배우기 때문에 현실적이고 결단력이 있으며 내면의 지혜와 훌륭한 판단력을 결합시킬 줄 압니다. 자신이 충분히 알고 있다는 자신감이 생기면 리더십을 발휘해 권한 있는 자리로 올라가거나 주도적인 입장이 되는 걸 즐기는데, 특히 가족 문제에서 더 그러합니다.

지배 성좌인 물고기자리의 영향으로 직감이 강하네요. 감수성이 풍부하고 소리와 진동에 민감하기 때문에 음악이 마음을 진정시키는 데 도움이 될 겁니다. 타고난 재능이 많으니 원하는 직업을 선택할 수 있겠습니다.

친화적이고 배려심이 많아 사람들과 어울리고 즐겁게 해주는 것을 좋아합니다. 심성은 따뜻하지만 방해받는 건 싫어하죠. 고집스러운 면도 있어 성급하게 행동하면 옹졸하다는 인상을 줄 수도 있습니다.

확장욕과 전체를 살필 수 있는 능력으로 볼 때, 당신은 자신에 대한 기준이 매우 높네요. 성공은 높은 수준의 교육이나 사회적, 윤리적 혹은 종교적 포부를 통해 찾아올 수 있습니다. 자제력을 익히고 감정적 불안을 극복하면 못할 게 없겠습니다.

당신의 태양이 사자자리로 들어가는 6세 이후에는 좀 더 외향적이 되고 안정을 중시하게 됩니다. 사자자리의 영향은 다음 30년 동안 자신감과 당신이 선택한 분야에서의 성취 능력을 얻는 데 도움이 됩니다. 당신의 태양이 처녀자리로 들어가는 36세부터는 더 현실적이고 분별력 있는 태도를 취하게 되고, 남을 위한 봉사가 인생에서 더 중요한 부분을 차지합니다. 66세에 당신의 태양이 천칭자리로 들어가면서 또 다른 전환기가 찾아와 조화와 관계를 중시하고 교제 범위를 넓히고 싶어 합니다.

숨어 있는 자아

당신의 섬세한 내면에는 창조성에 대한 욕구와 물질적 성공에 대한 강한 욕구가 공존하고 있네요. 때때로 지나칠 정도로 관대하기 때문에 이러한 금전욕에는 자신과 사랑하는 사람들을 보호하려는 마음뿐 아니라 다른 사람들에게 베풀고 싶은 마음도 들어 있습니다. 감정적 고민에 빠지거나 망설이느라 에너지를 잃지 않도록 해야 하는데, 가까운 관계에서 특히 유의하세요.

사교술이 뛰어나고 타인에게 봉사하고 싶은 마음이 있으니, 물질적 성공에 대한 욕구를 자신의 엄청난 잠재력을 이용할 수 있는 분야로 돌리면 가장 좋습니다. 당신이 가진 풍부한 정보를 활용할 긍정적인 기회를 만드는 것도 여기에 해당됩니다. 정신적, 창조적으로 계속 바쁘게 지내면 지난 일들을 불필요하게 곱씹고 걱정할 틈이 없을 겁니다.

일과 적성

강한 리더십이 있어서 당신이 선택한 직업의 선두에 서는 큰 성취를 이룰 가능성이 있습니다. 배려심이 많고 인도주의적인 성격이라 교사나 카운슬러, 사회복지사, 혹은 사람들을 변호해야 하는 직업에서 두각을 드러낼 수 있습니다. 여기에는 노조나 정치도 포함될 수 있으며 그 외에 법률이나 철학 혹은 종교와 관련된 직업도 해당됩니다. 하지만 현실적인 면모 때문에 사업이나 금융 쪽에 끌릴 수도 있겠네요. 아니면 창조성과 글솜씨가 있으니 저술이나 음악, 드라마 쪽에서 일할 수도 있습니다.

수비학으로 풀어본 당신의 운세

16일에 태어난 사람은 포부가 크고 정이 많으며 배려가 깊고 친화적입니다. 종종 자신의 느낌에 따라 인생을 판단하며 사람에 대한 통찰력이 있죠. 자기표현에 대한 욕구와 다른 사람들에 대한 책임감이 충돌할 때 내면의 갈등을 겪을 수 있습니다. 창의적인 사람들은 번뜩이는 영감으로 글쓰기에 재능을 발휘합니다. 단란한 가정에서 자란 사람이 많지만 종종 혼자 사는 걸 선택하거나 많은 곳을 여행합니다. 탄생월 7의 영향으로 합리적이고 두뇌 회전이 빠르네요. 직관이 강하기 때문에 사람들의 말이나 행동을 예측해 자신에게 유리하게 이용합니다. 새로운 기술을 배우는 것을 즐기고 견문이 넓은 것을 좋아합니다. 천부적으로 기억력이 뛰어나며, 똑똑하고 빠릿빠릿하지만 때때로 자신이 이해받지 못한다고 느끼거나 감정 표현에 어려움을 겪기도 합니다.

- ● 장점 : 고등교육, 집과 가족에 대한 책임감, 진실성, 직관적, 사교적, 협력적, 통찰력
- ■ 단점 : 걱정, 만족하지 못함, 무책임, 독단적, 회의적, 이기적, 짜증을 잘 냄, 까다로움

연애와 인간관계

예민하고 직관력이 높으며 지적인 당신은 다채로운 경험과 즐거움을 줄 수 있는 똑똑하고 흥미로운 사람과 함께 있고 싶어 합니다. 배려가 많고 공감을 잘 하는 성격이라 어려움에 처한 사람들이 조언을 구하거나 도움을 청하네요. 개혁과 사회적 문제에 관심이 많아 공동체에서 중요한 역할을 하고 대중 앞에 나서서 활동할 수도 있습니다. 그러나 쉽게 싫증을 내고 가만있지 못하는 성향이기 때문에, 공동의 관심사를 나눌 수 있을 뿐 아니라 마음이 편하고 애정이 가득한 관계가 필요합니다.

연인이나 친구
❤

1월 12, 16, 25일 / 2월 10, 14, 23, 24일 / 3월 8, 12, 22, 31일 / 4월 6, 10, 20, 29일 / 5월 4, 8, 18, 27일 / 6월 2, 6, 16, 25, 30일 / 7월 4, 14, 23, 28일 / 8월 2, 12, 21, 26, 30일 / 9월 10, 19, 24, 28일 / 10월 8, 17, 22, 26일 / 11월 6, 15, 20, 24, 30일 / 12월 4, 13, 18, 22, 28일

힘이 되어주는 사람
♣

1월 2, 13, 22, 24일 / 2월 11, 17, 20, 22일 / 3월 9, 15, 18, 20, 28일 / 4월 7, 13, 16, 18, 26일 / 5월 5, 11, 16, 18, 26일 / 6월 3, 9, 12, 14, 22일 / 7월 1, 7, 10, 12, 20일 / 8월 5, 8, 10, 18 / 9월 3, 6, 8, 16일 / 10월 1, 4, 6, 14 / 11월 2, 4, 12일 / 12월 2, 10일

운명의 상대

1월 13, 14, 15, 16, 25일 / 2월 23일 / 3월 21일 / 4월 19일 / 5월 17일 / 6월 15일 / 7월 13일 / 8월 11일 / 9월 9일 / 10월 7일 / 11월 5일 / 12월 3일

경쟁자

1월 7, 23일 / 2월 5, 21일 / 3월 3, 19, 29일 / 4월 1, 17, 27일 / 5월 15, 25일 / 6월 13, 23일 / 7월 11, 21, 31일 / 8월 9, 19, 29일 / 9월 7, 17, 27, 30일 / 11월 3, 13, 23, 26일 / 12월 1, 11, 21, 24일

소울메이트
★

1월 17일 / 2월 15일 / 3월 13일 / 4월 11일 / 5월 9일 / 6월 7일 / 7월 5일 / 8월 3일 / 9월 1일 / 11월 30일 / 12월 28일

69

제자리

이날 태어난 유명인

진저 로저스, 바버라 스탠윅(배우), 메리 베이커 에디(크리스천 사이언스 설립자), 로알 아문센(탐험가), 김정난, 김우빈(배우)

태양 : 게자리	
지배 성좌 : 물고기자리/해왕성	
위치 : 24°–25° 게자리	
상태 : 활동궁	
원소 : 물	
항성 : 폴룩스, 프로키온	

7월 17일
CANCER

품위 있고 개성이 강하며 지적인 카리스마

이상주의적이고 열정적이며 낙관적인 당신은 똑똑하고 명석하며 지식에 대한 갈망이 있습니다. 게자리에 태어나 섬세하고 수줍음이 많지만, 독립적이며 성공과 성취에 대한 욕구가 강합니다. 타고난 매력과 마음에서 우러나온 열정으로 보건대, 당신은 품위 있고 개성이 강할 뿐 아니라 활기찬 기질을 가진 사람입니다.

지배 성좌인 물고기자리의 영향으로 감수성이 예민하고 상상력이 풍부하며 직관이 뛰어나네요. 이상주의적이고 수용적이어서 다른 사람의 입장에서 생각할 줄 알죠. 정보통에다 재능이 많아 어떤 일에 긍정적이고 확신이 드는 경우 설득력이 강합니다.

똑똑하고 자신감이 있어서 결정이 빠르네요. 때로는 자신감이 지나치거나 고집불통이 되기 때문에 충동적으로 행동하거나 무책임해 보일 수 있습니다. 감정적으로 잘 흥분하는 성향을 조심하세요. 개성이 아니라 별난 사람처럼 보이니까요.

활동적인 삶을 살고 싶은 욕구와 진취적 기상이 결합되어 있으니, 끈기와 인내심을 발휘하면 꿈을 이룰 수 있겠습니다. 좀 더 성숙한 태도를 기를 필요가 있는데, 성공하려면 교육이 필수적이겠네요.

당신의 태양이 사자자리로 들어가는 5세부터 34세까지 자신감과 사교술이 서서히 향상됩니다. 당신의 태양이 처녀자리로 들어가는 35세에 인생의 전환기가 찾아오는데, 현실적인 문제들이 중요해지고 더 꼼꼼하고 체계적인 사람이 됩니다. 당신의 태양이 천칭자리로 들어가는 65세부터는 사교나 인간관계, 혹은 예술과 아름다움에 대한 안목을 키우는 데 중점을 둡니다.

숨어 있는 자아

매우 지적이고 의견이 확고하기 때문에 자신의 생각을 알릴 기회를 찾는 것이 특히 중요합니다. 이 생각들이 이상주의적 대의와 연결되면, 목적의식이 투지를 일깨우죠. 동정심이 많고 마음이 넓지만, 이런 성품과 자기표현 및 행복에 대한 욕구 사이에 균형을 맞추어야 합니다.

카리스마가 강한 당신에게는 사람들을 끄는 매력이 있습니다. 중성적인 면이 있어 굉장히 독립적이면서도 섬세하죠. 물질주의적 성향은 당신의 인생에서 안정이 중요함을 나타내는데, 다만 경제적인 문제를 염려해 자신의 이상과 타협하지 않도록 조심하세요.

298

일과 적성

당신은 다방면에 재능이 많아 자신의 아이디어들을 창의적이고 재미있게 전달할 수 있습니다. 지식 습득력이 뛰어나 학자가 될 수도 있고, 법률이나 경영 분야도 알맞습니다. 아니면 말이나 글에 대한 타고난 재능이 트레이닝이나 교직 혹은 글쓰기에서 발현될 수도 있겠네요. 영업이나 강연, 판촉에서도 기량을 발휘합니다. 확고한 원칙과 리더십 기술로 뛰어난 대변인이나 정치인, 대의를 위한 투사가 될 수도 있습니다. 그렇지 않으면 드라마틱한 재능을 활용해 예술이나 음악, 드라마 쪽 일을 할 가능성도 있습니다. 머리가 좋은 데다 목표를 향해 열심히 노력하는 잠재력까지 갖춘 당신은 큰 성취를 이룰 능력이 있습니다.

수비학으로 풀어본 당신의 운세

17일에 태어난 사람은 상황 판단이 빠르고 내성적인 성격이며 분석력이 뛰어납니다. 남에게 자기 얘기를 잘 안 하고 자기 성찰적이며 독립적이어서 개인적인 경험에 의존하죠. 사실과 수치에 관심이 많은 당신은 진지하고 사려 깊으며 서두르지 않고 여유 있게 일하는 걸 좋아합니다. 집중력과 참을성이 강해 경험으로부터 최고의 것들을 배우죠. 하지만 의심하는 성향만 줄이면 더 빨리 배우겠네요. 탄생월 7의 영향으로 자기 의견을 고수하면서도 다른 사람들의 생각도 알고 싶어 합니다. 지식을 구체적으로 활용할 줄 알아서 전문 지식을 쌓아 성공을 거둡니다. 자신의 행동에 책임지는 자세를 취하면 걱정과 불만족을 최소화할 수 있을 겁니다. 당신은 스스로 인정하는 것보다 더 예민하며 때로는 감정 표현에 어려움을 겪습니다. 조언을 받아들이는 것과 다른 사람들이 그저 방해하거나 비판하고 있다고 생각하는 것을 구분할 줄 알아야 합니다.

- ● 장점 : 사려 깊음, 전문가, 좋은 기획자, 사업 감각, 독립적 사고, 각고의 노력, 정확성, 숙련된 연구자, 과학적
- ■ 단점 : 고집, 부주의함, 침울함, 독단적, 비판적, 걱정, 의심

연애와 인간관계

세심하고 사려 깊은 당신은 독립적인 사고를 하며 다른 사람의 도움 없이 자신의 문제를 해결하는 쪽을 선호합니다. 한편으로는 따뜻하고 열정적이지만, 다른 한편으로는 냉담합니다. 사랑과 헌신에 대한 이상이 높아서 파트너와의 매우 특별한 유대를 원합니다. 친화적이고 사교적이지만, 불안이 느껴질 경우 혼자가 되거나 버림받게 되지 않을까 두려워하는 마음을 극복해야 합니다. 오랜 관계를 유지할 수 있는 파트너를 만나면 충실하고 배려하며 보호해주려고 합니다.

69

게자리

당신에게 특별한 사람

연인이나 친구
♥

1월 7, 10, 17, 27일 / 2월 5, 8, 12, 25일 / 3월 3, 6, 13, 23일 / 4월 1, 4, 11, 21일 / 5월 2, 9, 19일 / 6월 7, 17일 / 7월 5, 15, 29, 31일 / 8월 3, 13, 27, 29, 31일 / 9월 1, 11, 25, 27, 29일 / 10월 9, 23, 25, 27일 / 11월 7, 21, 23, 25일 / 12월 5, 19, 21, 23일

힘이 되어주는 사람

1월 3, 5, 20, 25, 27일 / 2월 1, 3, 18, 23, 25일 / 3월 1, 16, 21, 23일 / 4월 14, 19, 21일 / 5월 12, 17, 19일 / 6월 10, 15, 17일 / 7월 8, 13, 15일 / 8월 6, 11, 13일 / 9월 4, 9, 11일 / 10월 2, 7, 9일 / 11월 5, 7일 / 12월 3, 5일

운명의 상대

1월 14, 15, 16, 17일 / 2월 11일 / 3월 9일 / 4월 7일 / 5월 5일 / 6월 3일 / 7월 1일

경쟁자

1월 16, 24일 / 2월 14, 22일 / 3월 12, 20일 / 4월 10, 18일 / 5월 8, 16, 31일 / 6월 6, 14, 29일 / 7월 4, 12, 27일 / 8월 2, 10, 25일 / 9월 8, 23일 / 10월 6, 21일 / 11월 4, 19일 / 12월 2, 17일

소울메이트
★

1월 16일 / 2월 14일 / 3월 12일 / 4월 10일 / 5월 8일 / 6월 6일 / 7월 4, 31일 / 8월 2, 29일 / 9월 27일 / 10월 25일 / 11월 23일 / 12월 21일

이날 태어난 유명인

데이비드 해셀호프, 제임스 캐그니, 도널드 서덜랜드(배우), 피비 스노(가수), 장바티스트카미유 코로(화가), 앙겔라 메르켈(독일 총리), 왕가위(영화감독), 장현성(배우), 김원효(코미디언)

태양 : 게자리	
지배 성좌 : 물고기자리/해왕성	
위치 : 25° - 26° 게자리	
상태 : 활동궁	
원소 : 물	
항성 : 프로키온	

7월 18일

CANCER

다재다능하고 열정적이며 직관력이 강한 야심가

이날 태어난 사람은 사려 깊고 지적이며 지식을 추구합니다. 확신이 강한 야심가이며, 역동적인 추진력과 설득력 있는 태도를 갖추고 있습니다. 적극적이고 사람을 끄는 매력에 직관력이 강한 당신은 독립적인 견해를 가지고 있고 추리력도 좋습니다.

지배 성좌인 물고기자리의 영향으로 가치관이 확고하며 꿈을 이루기 위해 노력할 준비가 되어 있습니다. 상상력이 풍부하면서도 현실적인 당신은 정신적 도전을 즐기지만, 자신의 재치와 지적 능력을 테스트하려다 논쟁적이 되거나 완고해지거나 무모해질 수 있습니다.

두뇌 회전이 빠르고 관심사가 다양한 당신은 다재다능하고 열정적입니다. 큰 그림을 볼 줄 알고 열심히 노력하려는 의지로 볼 때, 자리를 확고하게 잡고 큰 프로젝트를 성공적으로 맡을 수 있습니다. 성공 기회를 높이기 위해서는 교육이 탄탄한 토대를 쌓는 주춧돌이 됩니다.

자제력과 교양을 갖춘 사람이지만, 정서적 만족과 성취를 이루는 것에서 진정한 자극을 받습니다. 머리를 써서 사람들을 압도해봤자 당신이 실제로 얻는 건 없습니다. 넓은 마음으로 예의를 지키고 인정을 베풀면 사람들의 사랑과 애정을 얻습니다.

아주 이른 나이인 4세 때 당신의 태양이 사자자리로 들어가네요. 그래서 힘과 창의성, 자신감이 높아지면서 대담성을 키울 기회가 늘어납니다. 34세에 당신의 태양이 처녀자리로 들어가면 더 분별력 있고 효율적이 됩니다. 그러다 당신의 태양이 천칭자리로 들어가는 64세에 또 다른 전환기가 찾아와 관계, 사랑, 아름다움, 조화와 관련된 문제들에 중점을 두게 됩니다.

숨어 있는 자아

천부적으로 직관력이 발달해 사람에 대한 직감이 뛰어나니, 어떤 상황에서든 처음 느낀 직감을 믿으면 보답을 받습니다. 때로는 매우 교묘하고 영리하게도 상황을 자신에게 유리하도록 만들 수 있습니다. 그렇지 않으면 너그럽고 인정 많은 성격을 발휘해 자선가가 되거나 어려움에 처한 사람들을 도울 수도 있습니다.

돈 관리 능력을 거의 타고났고, 대개 건강을 누립니다. 이런 좋은 운이 성취감을 느끼는 일을 할 수 있는 기회로까지 확장됩니다. 당신은 성취감을 느끼지 못하면 열정을 쏟지 못하는 사람이거든요. 경제적인 문제는 거의 없어 대체로 정신적 추구와 관련된 것들이 당신의 과제가 되겠네요.

일과 적성

타고난 리더십, 예리한 지적 능력, 뛰어난 사회적 기술 덕분에 어떤 직업을 선택하더라도 성공을 거둘 수 있습니다. 교육, 연구, 과학, 홍보, 철학, 정치 분야에서 뛰어난 역량을 발휘하겠네요. 지시받는 것을 좋아하지 않으니 종속적인 위치가 되지 않아야 합니다. 조직력이 뛰어나고 크게 생각하기 때문에, 사업을 할 경우 훌륭한 문제 해결자가 됩니다. 자기표현에 대한 욕구가 있고 드라마틱한 것을 좋아해서 글쓰기나 예술계, 연예계에 종사할 수도 있습니다. 어떤 직업을 선택하건 다채로운 경험을 좋아하며 흥미와 의욕을 가지고 프로젝트를 시작합니다. 인생의 후반기에는 어떤 식으로든 공동체를 돕고 싶은 마음이 커집니다.

수비학으로 풀어본 당신의 운세

결단력과 적극성이 18일에 태어난 사람들의 특징입니다. 당신은 유능하고 근면한 데다 책임감도 강해서 권한 있는 자리까지 올라갈 수 있습니다. 사업 감각과 조직력이 뛰어나 상업 쪽으로 진출할 수 있겠네요. 18일에 태어난 당신은 자신의 힘을 이용해 사람들의 마음을 치유하거나, 유익한 조언을 해주거나, 문제를 해결해줄 수 있습니다. 하지만 타인과 함께 살아나가는 법을 익혀 자신의 힘을 유용하게 사용하는 것과 오용하는 것을 구분할 줄 알아야 합니다. 열정적이고 카리스마가 넘치는 당신은 포부가 크지만 정서적 불안을 겪을 수 있습니다. 당신의 가장 큰 자산은 강한 직관과 자신의 실용적 기술들을 독창적 사고와 결합하는 능력입니다. 상황의 가능성과 잠재력을 빠르게 알아보기 때문에 기회를 활용할 줄 아는 재능이 있습니다.

- 장점 : 진보적, 적극적, 직관적, 용기, 단호함, 치유력, 효율적, 조언 기술
- 단점 : 통제되지 않는 감정, 게으름, 무질서, 이기심, 일을 끝맺지 못하는 성향, 부정직함

연애와 인간관계

가족 간의 끈끈한 유대와 어릴 때 자신보다 나이가 많은 사람에게서 받은 영향으로 독립에 대한 열망이 강합니다. 당신은 근면하고 현명하며 드라마틱한 감각이 있는 파트너를 찾아야 합니다. 직관적이지만 의심이 많아서 지나치게 사람을 의심할 수 있으니 신뢰와 존중을 배울 필요가 있습니다. 그렇지 않으면 자신의 뜻과는 달리 파트너를 쥐고 흔들게 됩니다. 당신은 타고난 매력으로 다른 사람들의 마음을 끌어 성공적인 사회생활을 합니다.

연인이나 친구

1월 1, 14, 28, 31일 / 2월 12, 26, 29일 / 3월 10, 24, 27일 / 4월 8, 22, 25일 / 5월 6, 20, 23일 / 6월 4, 18, 21일 / 7월 2, 16, 19, 30일 / 8월 14, 17, 28, 30일 / 9월 12, 15, 26, 28, 30일 / 10월 10, 13, 24, 26, 28일 / 11월 8, 11, 22, 24, 26일 / 12월 6, 9, 20, 22, 24일

힘이 되어주는 사람

1월 26일 / 2월 24일 / 3월 22일 / 4월 20일 / 5월 18일 / 6월 16일 / 7월 14일 / 8월 12일 / 9월 10일 / 10월 8일 / 11월 6일 / 12월 4일

운명의 상대

1월 15, 16, 17, 18일

경쟁자

1월 3, 25일 / 2월 1, 23일 / 3월 21일 / 4월 19일 / 5월 17일 / 6월 15일 / 7월 13일 / 8월 11일 / 9월 9일 / 10월 7일 / 11월 5일 / 12월 3일

소울메이트

1월 3, 10일 / 2월 1, 8일 / 3월 6일 / 4월 4일 / 5월 2일

게자리

이날 태어난 유명인

넬슨 만델라(전 남아프리카공화국 대통령), 존 글렌(우주비행사), 리처드 브랜슨(기업인), 주상욱(배우), 권진아(가수)

태양 : 게자리	
지배 성좌 : 물고기자리/해왕성	
위치 : 26° - 27° 게자리	
상태 : 활동궁	
원소 : 물	
항성 : 프로키온	

7월 19일

CANCER

섬세하고 부드러운 마음을 가진 인도주의자

이 생일은 이상주의, 관대함과 연결되며 동정심과 부드러운 마음씨를 부여합니다. 당신은 게자리에 태어나 섬세하고 직관력이 높네요. 멋진 아이디어들이 넘치지만 걱정하는 성향 때문에 결단력과 자긍심이 약해질 수 있습니다. 긍정적 사고와 상상력을 결합하는 것이 균형과 내면의 평화를 얻는 열쇠입니다.

지배 성좌인 물고기자리의 영향으로 감수성이 예민하고 직감이 발달했습니다. 색과 소리에 민감해서 예술 적 성향이 있으며 음악이 마음을 진정시키는 데 도움이 됩니다.

모든 것을 배움의 기회라고 생각하세요. 그러면 좌절감에 빠져 안달하는 성향을 극복할 수 있습니다. 마음을 넓게 먹고 참을성을 발휘하면 당신에게 주어진 무한한 가능성들을 실현할 수 있습니다.

매력적이고 친화적이며 모험심이 강하고 친밀한 관계를 원해서 대개 활발한 사교 활동을 즐깁니다. 당신의 진정한 정신적 잠재력을 탐구하기 위한 정신적 자극이 필요하니 교육을 받거나 자기 이해를 위한 노력을 해보 길 권합니다. 당신은 풍부한 감정과 정신적 창조성을 발산하거나 자신을 표현할 방법을 찾아야 합니다.

당신의 태양이 사자자리로 들어가는 3세 이전에는 부끄러움을 많이 타고 예민합니다. 그 이후 30년 동안 사 자자리의 영향이 강해지면서 힘과 자신감이 증가하죠. 당신의 태양이 처녀자리로 들어가는 33세부터는 인내 심이 커지고 자신의 재능과 기술에 대한 완벽주의가 생깁니다. 63세에 당신의 태양이 천칭자리로 들어가면서 전환점이 찾아와 사회적 관계와 인간관계의 중요성이 커지고 아름다움과 조화에 대한 안목이 높아집니다.

숨어 있는 자아

당신은 애정과 격려를 먹고 삽니다. 인정을 받으면 더 열심히 노력하겠다는 각오를 다지죠. 공정하고 책임감 이 있어 신세 진 것은 갚으려는 성격입니다. 뿌린 대로 거둔다는 것을 알고 있거든요. 정신을 수양하고 재능을 훈련하면, 집중력이 높아져 당신의 멋진 잠재력을 최대한 활용할 수 있습니다.

강렬한 감정들을 발산할 통로가 없으면 낙담하거나 우울해질 수 있습니다. 객관적인 시선을 유지하세요. 그 러면 집착을 버리고 인생의 새로운 기회들을 맞이할 수 있습니다. 당신은 타고난 훌륭한 조언자이지만 간섭하 는 정도까지는 되지 않도록 주의하세요. 다른 사람들이 실수를 하도록 놔두는 것도 필요합니다. 하지만 당신은 충실하고 다정한 성격이라 마음이 쓰이는 사람들을 굉장히 보호하려 합니다. 또한 드라마틱하고 창조적이어서 이상주의와 열정적인 태도가 다른 사람들에게 정신적 자극을 줄 수 있습니다.

일과 적성

사람들을 대하는 것을 즐기고 지식을 좋아하기 때문에 교사, 상담사, 사회복지사, 복지 관련 일을 할 가능성이 있습니다. 자신의 아이디어들을 표현하고 싶은 욕구가 있어 디자인, 글쓰기, 음악, 예술, 시, 스토리텔링, 드라마 쪽의 직업에 끌릴 수도 있겠네요. 말솜씨가 좋아 자기주장을 펼칠 줄 아니 변호사나 개혁가, 정치인 같은 직업도 알맞습니다. 또한 조직력과 관리 기술이 좋아 사업에서도 두각을 드러낼 수 있습니다. 타고난 인도주의적, 철학적 성향으로 종교 쪽에 끌릴 수도 있고 훌륭한 대의를 위해 기금을 모금하는 일을 할 수도 있습니다.

수비학으로 풀어본 당신의 운세

창의적이고 명랑하며 활동적이면서도 인도주의적이고 섬세한 성격이 19일에 태어난 사람들의 특성입니다. 결단력이 있고 지략이 풍부한 당신은 통찰력이 깊지만, 몽상가적인 면도 있어 인정이 많고 이상주의적이며 섬세합니다. 당신이 과장되게 행동하고 중심 자리를 요구하는 것은 중요한 사람이 되고 싶은 마음 때문입니다. 자신의 정체성을 확립하고 싶은 강한 욕구를 느끼는데, 그러려면 먼저 또래집단이 주는 압박감을 극복해야 합니다. 수많은 경험을 거쳐야만 자신감과 리더십이 향상됩니다. 다른 사람들에게는 자신만만하고 회복력이 뛰어나며 지략이 풍부해 보이지만, 실제로는 내면의 긴장 때문에 감정의 기복을 겪습니다. 탄생월 7의 영향으로 분석적이고 사려 깊으며 직관력이 강합니다. 비즈니스 감각을 타고나긴 했지만 조직력과 경영 기술을 발달시키면 큰 도움이 될 겁니다.

- ● 장점 : 역동적, 집중성, 창의적, 리더십, 운이 좋음, 진취적, 낙관주의, 강한 확신, 경쟁적, 독립심, 사람들과 어울리기 좋아함
- ■ 단점 : 자기중심적, 우울함, 걱정, 거절에 대한 두려움, 감정기복, 물질주의, 이기주의, 성급함

연애와 인간관계

정서적 안정에 대한 욕구가 강해 의지할 수 있는 사람과 친밀한 관계를 맺고 싶어 합니다. 관계를 굉장히 중요하게 생각하지만 상대나 연인에게 너무 의존하는 성향은 조심해야 합니다. 사교적이고 인기가 많아서 사람들과 어울리는 걸 즐기고 혼자 있는 걸 좋아하지 않습니다. 배려심이 많고 관대해서 종종 사랑하는 사람들을 위해 희생하려고 합니다.

연인이나 친구

1월 1, 15, 26, 29, 30일 / 2월 13, 24, 27, 28일 / 3월 11, 22, 25, 26일 / 4월 9, 20, 23, 24일 / 5월 7, 18, 21, 22일 / 6월 5, 16, 19, 20일 / 7월 3, 14, 17, 18, 31일 / 8월 1, 12, 15, 16, 29, 31일 / 9월 10, 13, 14, 27, 29일 / 10월 8, 11, 12, 25, 27일 / 11월 6, 9, 10, 23, 25일 / 12월 4, 7, 8, 21, 23, 29일

힘이 되어주는 사람

1월 1, 2, 10, 27일 / 2월 8, 25일 / 3월 6, 23일 / 4월 4, 21일 / 5월 2, 19, 30일 / 6월 17, 28일 / 7월 15, 26일 / 8월 13, 24일 / 9월 11, 22일 / 10월 9, 20일 / 11월 7, 18일 / 12월 5, 16일

운명의 상대

1월 16, 17, 18, 19일

경쟁자

1월 17, 26일 / 2월 15, 24일 / 3월 13, 22일 / 4월 11, 20일 / 5월 9, 18일 / 6월 7, 16일 / 7월 5, 14일 / 8월 3, 12, 30일 / 9월 1, 10, 28일 / 10월 8, 26, 29일 / 11월 6, 24, 27일 / 12월 4, 22, 25일

소울메이트

1월 21일 / 2월 19일 / 3월 17일 / 4월 15일 / 5월 13일 / 6월 11일 / 7월 9, 29일 / 8월 7, 27일 / 9월 5, 25일 / 10월 3, 23일 / 11월 1, 21일 / 12월 19일

이날 태어난 유명인

에드가 드가(화가), 새뮤얼 콜트(권총 발명가), 일리에 너스타세(테니스 선수), 앤서니 에드워즈, 베네딕트 컴버배치(배우)

제자리

69

303

태양 : 게자리
지배 성좌 : 물고기자리/해왕성
위치 : 27°-28° 게자리
상태 : 활동궁
원소 : 물
항성 : 프로키온

7월 20일

CANCER

날카로운 직관력과 강한 결단력의 소유자

이 생일이 나타내는 활력과 추진력은 당신의 다정한 미소와 매력적인 성격으로 완화됩니다. 게자리에 태어난 당신은 이상주의적이고 직관적이며 강한 결단력과 정신을 갖추었습니다.

지배 성좌인 물고기자리의 영향으로 상상력이 풍부하고 건전한 가치관과 꿈을 이루겠다는 야망이 있습니다. 직관적이고 현실적인 당신은 정신적 도전을 즐기지만 자신의 재치와 지적 능력을 테스트하려다 기분이 나빠지거나 고집을 부릴 수도 있습니다.

당신의 성공 가능성은 힘과 지식에 달려 있으며, 더 많이 알수록 더 집중하게 될 겁니다. 가치관과 믿음을 정립하여 마음의 평온을 얻고 탄탄한 토대를 세울 필요가 있습니다. 자신이 믿고 소중히 여기는 것이 무엇인지 확실히 알아야 성취를 이룰 수 있습니다. 당신은 천성적으로 조화로운 사람이지만, 예민한 성격으로 보아 주위 환경의 영향을 많이 받기 때문에 성공하려면 긍정적인 주변 분위기가 필요합니다. 반대로, 불화가 생기면 종종 최악의 모습을 보이며, 대립하는 상황에 처했을 때 파워 게임이나 논쟁에 휘말릴 수 있습니다. 사교적 수완을 기르면 도움이 되며 설득력 있는 사고와 말로 사람들의 마음을 돌릴 수 있습니다.

당신의 태양이 사자자리에 들어가 있는 2세부터 32세까지 사교적인 성격과 드라마틱한 면을 활용할 기회가 많이 주어집니다. 일에서건 사회적으로건 더 준비가 되고 자신감이 생기죠. 당신의 태양이 처녀자리로 들어가는 32세 이후에는 주안점에 변화가 생겨 더 질서 있는 생활을 하고 현실적인 동기부여를 받으며 효율적으로 행동합니다. 당신의 태양이 천칭자리로 들어가는 52세에 또 다른 전환점이 찾아와 사교생활과 관계, 잠재해 있던 예술적 혹은 문학적 관심을 발전시킬 기회들을 중시하게 됩니다.

숨어 있는 자아

권한을 얻고 자신의 지식을 전하고 싶은 강한 열망이 있지만, 당신의 거대한 잠재력을 실현하려면 각고의 노력이 필요합니다. 리더십이 있고 어떤 상황에서든 기회를 읽을 수 있는 당신은 크게 생각할 줄 압니다. 낙관적인 인생관을 가지고 있으며 창의적인 상상력이 풍부하죠. 꿈을 실현하는 데 비범한 재능들을 집중한다면 특별한 무언가를 성취할 수 있을 겁니다.

당신은 자극을 주고 지식에 대한 끝없는 탐구심을 공유할 수 있는 뛰어난 지적 능력의 소유자에게 끌립니다. 깨우침의 과정에 무의식적으로 끌리기 때문에 높은 수준의 교육을 받고 싶어 하거나 신비적인 주제들에 끌릴 수 있습니다. 그렇다고 해도 당신의 많은 재능들을 상업화할 수 있는 현실적인 비즈니스 감각이 손상되지는 않습니다.

일과 적성

뛰어난 지적 능력과 섬세함이 결합되어 사람과 관련된 직업에서 성공이 보장됩니다. 카운슬링, 교육, 법률, 사회 개혁 같은 직업들이 여기에 해당됩니다. 결단력, 야망, 훌륭한 조직력은 사업에서 큰 성공을 거두는 데도 도움이 됩니다. 당신은 아이들을 상대하는 일이나 식품, 가정과 관련된 품목들을 다루는 데 특히 관심이 갈 수 있습니다. 아니면 통찰력과, 구조에 대한 감각이 뛰어나 사진이나 영화 제작 쪽의 일을 할 수도 있겠네요. 창조적인 자아를 표현하고 싶은 욕구가 있어 미술, 음악, 드라마, 연예계 쪽에 진출할 수도 있겠습니다. 직관력이 매우 높고 종종 치유 능력을 타고나서 의료나 대체 치료와 관련된 직업을 선택할 수도 있습니다.

수비학으로 풀어본 당신의 운세

20일에 태어난 사람은 직관적이고 섬세하며 융통성이 있고, 종종 자신을 큰 집단의 일원으로 생각합니다. 다른 사람들과 상호작용하거나 경험을 나누고 배울 수 있는 협력적인 활동을 즐기죠. 매력적이고 사람들과 어울리기 좋아하는 당신은 사교적 수완과 사회적 기술들을 발달시켜 다양한 사회집단 안에서 활약합니다. 하지만 자신감을 키워 다른 사람들의 행동과 비판에 쉽게 상처받는 경향을 극복해야 합니다. 인간관계와 그 밖의 공동 단체에서 희생을 자처하는 성향을 경계하세요. 탄생월 7의 영향으로 지적이고 지각력이 있으며 사색적입니다. 다재다능하고 상상력을 타고난 데다 강한 직관과 정신적 능력이 있어 창조적이고 아이디어가 넘쳐흐르죠. 이상주의적이어서 균형과 조화를 추구하고, 아이디어와 사람에게서 영감을 얻습니다. 때로는 우유부단해질 수 있으니 사람들에게서 벗어나 혼자 생각하고 돌아보는 시간이 필요합니다.

- ● 장점 : 훌륭한 파트너십, 온화함, 재치, 수용적, 직관, 사려 깊음, 조화로움, 상냥함, 원만함, 친선대사
- ■ 단점 : 의심이 많음, 자신감 부족, 소심함, 지나치게 예민함, 이기적, 쉽게 상처받음, 술수가 뛰어남

연애와 인간관계

당신은 안정적이고 안전한 가정이 좋은 애정 생활의 필수 요소라고 생각합니다. 보통 자신과 생각이나 원칙이 같은 사람들에게 끌리죠. 중요한 관계를 맺을 때는 같은 수준의 이해를 나눌 수 있는, 생각이 비슷한 사람을 찾는 것이 좋습니다. 똑똑하고 솔직한 사람들에게 매력을 느끼는 당신은 정신적 자극을 원해서 종종 타인에게서 많은 것을 배웁니다.

연인이나 친구

1월 10, 13, 20, 30일 / 2월 8, 11, 18, 28일 / 3월 6, 9, 16, 26일 / 4월 4, 7, 14, 24일 / 5월 2, 5, 12, 22일 / 6월 3, 10, 20일 / 7월 1, 8, 18일 / 8월 6, 16, 30일 / 9월 4, 14, 28, 30일 / 10월 2, 12, 26, 28, 30일 / 11월 10, 24, 26, 28일 / 12월 8, 22, 24, 26일

힘이 되어주는 사람

1월 12, 16, 17, 28일 / 2월 10, 14, 15, 26일 / 3월 8, 12, 13, 24일 / 4월 6, 10, 11, 22일 / 5월 4, 8, 9, 20, 29일 / 6월 2, 6, 7, 18, 27일 / 7월 4, 5, 16, 25일 / 8월 2, 3, 14, 23일 / 9월 1, 12, 21일 / 10월 10, 19일 / 11월 8, 17일 / 12월 6, 14일

운명의 상대

1월 17, 18, 19, 20일 / 3월 31일 / 4월 29일 / 5월 27일 / 6월 25일 / 7월 23일 / 8월 21일 / 9월 19일 / 10월 17일 / 11월 15일 / 12월 17일

경쟁자

1월 6, 18, 22, 27일 / 2월 4, 16, 20, 25일 / 3월 2, 14, 18, 23일 / 4월 12, 16, 21일 / 5월 10, 14, 19일 / 6월 8, 12, 17일 / 7월 6, 10, 15일 / 8월 4, 8, 13일 / 9월 2, 6, 11일 / 10월 4, 9일 / 11월 2, 7일 / 12월 5일

소울메이트

3월 28일 / 4월 26일 / 5월 24일 / 6월 22일 / 7월 20일 / 8월 18일 / 9월 16일 / 10월 14일 / 11월 12일 / 12월 10일

이날 태어난 유명인

카를로스 산타나(뮤지션), 에드먼드 힐러리(탐험가), 다이애나 리그, 내털리 우드(배우), 그레고어 멘델(식물학자), 백남준(예술가), 박준형(가수)

태양 : 게자리	
지배 성좌 : 물고기자리/해왕성	
위치 : 28° - 29° 게자리	
상태 : 활동궁	
원소 : 물	
항성 : 프로키온, 알타르프	

7월 21일
CANCER

호기심 강하고 훌륭한 잠재력을 갖춘 야심가

수용적이고 직관적이며 야심가에 지략이 풍부한 당신은 창조적이며 빈틈없는 성격입니다. 호기심이 강하고 다른 사람들에게 힘이 되는 것이 무엇인지 잘 알고 있는 것으로 보아, 당신은 사람과 상황을 빠르게 판단합니다. 게자리에 태어나 섬세하고, 명민함과 훌륭한 정신적 잠재력을 갖추고 있네요. 하지만 때로는 걱정이 많고 회의적이 되므로 자신이 처음 느낀 직감을 믿을 필요가 있습니다. 정신적으로 바쁘고 박식해지고 싶어 하기 때문에, 교육을 받거나 자기주도 학습을 하면 자신감을 키울 뿐 아니라 좋은 머리를 발달시키는 데 도움이 됩니다.

지배 성좌인 물고기자리가 상상력과 정신적 능력을 부여합니다. 자율적이고 성취욕이 있어서 생각이 깊고 분석 기술을 발달시킬 수 있습니다. 영감을 받으면 적응력이 좋아 어떤 상황에든 잘 대처하죠. 책임감 있는 태도를 키우고 단호한 태도를 유지하면 자신이 운명의 희생자처럼 느껴지는 일은 없을 겁니다.

관습적인 욕구와 전위적인 욕구 사이를 오락가락하는 것으로 보아, 당신의 개성과 창조성을 표현할 방법을 찾을 필요가 있습니다. 그러나 정신적 자극이 부족하면 신경질적이 되고 싸우려 들거나 완고한 성향이 됩니다.

태어난 해에 당신의 태양이 사자자리로 들어가기 때문에 어린 시절에 힘, 창조성, 자기표현력을 발달시킬 기회가 일찍 찾아옵니다. 30세까지 자신감이 계속 증가하다가 이때부터 질서 있는 생활에 대한 소망이 커지면서 좀 더 실용적이고 합리적인 태도에 중점을 두게 됩니다. 60세에 당신의 태양이 천칭자리로 들어가면서 또 다른 전환기가 찾아오는데, 관계와 사회적 교제의 중요성이 커지고 아름다움과 조화에 대한 안목이 높아집니다.

숨어 있는 자아

때때로 당신은 경쟁이나 창의적 과제를 즐기는 활기차고 아이 같은 면이 있습니다. 우호적인 두뇌 싸움을 즐기고 미묘하게 도발적인 질문을 던지길 좋아하죠. 노는 걸 좋아하는데, 책임을 회피하고 싶어서일 수도 있습니다. 하지만 프로젝트에 대해 믿음이 생기면 열정적이 되어 자신의 이상을 실현하기 위해 열심히 노력하네요. 사교적이지만 에너지를 충전하기 위해 혼자 있는 시간이 필요하니 자신에게 생각할 시간을 주기 바랍니다.

결단력과 일의 가치를 이해하는 타고난 재능이 부를 얻는 데 도움이 되지만, 완전한 만족감을 얻으려면 이 능력들과 깊은 통찰력 사이에 균형을 맞추어야 합니다. 이성적인 머리보다 직관의 조용한 목소리에 귀를 기울이고 믿으면 성공을 거둘 가능성이 더 많습니다. 다행히 당신에게는 어려움에 처할 때면 언제나 당신을 돕는 강한 내면의 힘이 있습니다.

일과 적성

상상력과 예리한 지적 능력을 갖추고 있어 교사, 과학, 사회복지 혹은 복지 관련 직업에 끌릴 것으로 보입니다. 지식을 좋아하고 자신의 독특한 개성을 표현하고 싶은 욕구로 글쓰기나 디자인, 음악, 예술, 드라마 쪽 직업에 특히 마음이 갈 수도 있습니다. 분석력과 기술력이 당신이 선택한 직업에서 도움이 되겠네요. 유익한 토론을 즐기기 때문에 정치, 홍보, 영업, 사업 쪽에서 당신의 투지와 소통 기술이 도움이 될 수 있습니다. 대의를 위해 기금을 모으는 능력이 있어서 자선사업 역시 당신의 조직력과 관리 기술을 발휘하기에 적절합니다.

수비학으로 풀어본 당신의 운세

역동적인 추진력과 외향적인 성격이 21일에 태어난 사람들에게서 볼 수 있는 특징입니다. 사교적인 성향이라 관심사와 인맥이 넓고, 전반적으로 행운이 따라다닙니다. 친화적이고 남과 어울리기 좋아하는 성격이며, 굉장히 독창적이고 직관적이며 독립심이 있습니다. 21일에 태어난 사람은 흥이 많고 사람을 끌어당기며 창의적이고 사교적 매력이 있습니다. 반대로 수줍음을 타고 속마음을 잘 드러내지 않을 수도 있는데, 특히 가까운 사이에서는 자기주장을 할 필요가 있습니다. 탄생월 7의 영향으로 지적이면서 현실적이고 직감이 발달했습니다. 그러나 때로는 다른 사람을 신뢰할 줄 알아야 하고 너무 회의적이거나 의심이 많은 성향을 극복해야 합니다. 외향적인 성격이라 타인과 상호작용하되 자신의 독창성과 독립성은 유지해야 합니다. 당신은 세심한 성격이지만 에너지가 넘치는 혁신적이고 용기 있는 사람이기도 합니다.

- ● 장점 : 영감, 창의력, 사랑으로 맺은 관계, 오래 지속되는 관계, 말재주
- ■ 단점 : 의존성, 신경과민, 감정 조절 상실, 비전 결여, 실망감, 변화에 대한 두려움

연애와 인간관계

다정하지만 내성적인 당신은 자기 주관이 뚜렷한 창조적이고 독립적이며 근면한 사람들에게 마음이 끌립니다. 가까운 관계에서는 처음부터 자기주장을 할 필요가 있습니다. 하지만 쓸데없는 걱정을 하는 성향은 극복해야겠네요. 상황 판단이 빠르고 자립심이 강한 당신은 다른 사람들을 자극하는 것이 무엇인지 알고 싶어 합니다. 마음을 열고 내면의 감정을 표현하면 관계에 많은 도움이 될 수 있습니다. 보통 당신을 돕거나 인생에 이로운 영향을 미치는 사람은 여성입니다.

태양 : 게자리

지배 성좌 : 물고기자리

위치 : 29° 게자리 – 0° 사자리

상태 : 활동궁

원소 : 물

항성 : 알타르프

7월 22일

CANCER

똑똑하고 사려 깊은 타고난 전략가

게자리와 사자리 사이에 태어나 섬세하지만 적극적이며 야심가적 기질이 있습니다. 사교적인 편이며 붙임성 있는 성격이 사람들의 마음을 끌어 친구들을 얻고 타인에게 영향력을 발휘합니다. 매우 단호하고 딱 부러지는 성격으로, 끈기를 발휘하면 발전해나갈 수 있습니다.

똑똑하고 사려 깊은 당신은 타고난 전략가라서 뛰어난 지각력을 현실적 능력과 결합시켜 꿈을 실현할 수 있습니다. 상상력을 사로잡는 흥미로운 일을 발견하면, 불안과 걱정으로 당신의 커다란 잠재력을 손상시키지 말고 마음이 가는 대로 따라가길 바랍니다.

상상력이 풍부하고 경쟁력이 있는 당신은 돈을 벌 수 있는 아이디어들을 가지고 있습니다. 다재다능한 데다 관심사가 많으니 자신의 능력을 최대한 활용하기 위해서는 체계를 갖출 필요가 있습니다. 정보에 대한 욕구가 강해 당신이 선택한 분야에 대해 해박하며, 또한 말로 설득하는 기술이 뛰어나 어느 정도 이름을 얻겠습니다. 야망을 쫓으면서 너무 진지해지면 불필요한 스트레스를 받게 되니 조심하세요.

29세까지는 당신의 태양이 사자리에 있어서 창조성과 사교성이 강조됩니다. 그러다 당신의 태양이 처녀자리로 들어가는 30세 이후에는 더 분석적이고 꼼꼼하고 질서가 잡힌 사람이 됩니다. 당신의 태양이 천칭자리로 들어가는 60세가 되면 이런 현실적인 완벽주의가 변화하여 인간관계와 조화에 대한 인식이 높아집니다.

숨어 있는 자아

목적의식이나 미래에 대한 계획이 있을 때 안정이 찾아옵니다. 그러니 야망이나 성취욕과 타성에 젖는 성향 사이에서 균형을 맞출 필요가 있습니다. 사업 감각과 돈을 버는 재능이 있으니 자금 부족에 대한 근거 없는 불안은 떨쳐버리세요. 굉장히 독립적인 성격이지만 다른 사람들과의 협업에서 좋은 성과를 내어 협력이나 팀워크의 가치를 깨닫게 됩니다. 인맥을 쌓고 자신의 재능을 상업화할 수 있는 운이 따르니 당신은 늘 경제적으로 보호받을 겁니다.

단호하고 결단력이 있는 당신은 순전히 의지력만으로 나쁜 마음이나 태도를 바로잡을 수 있습니다. 이런 힘이 긍정적으로 사용되면 선한 치유력이 되지만 매사에 공명정대해야 한다는 뜻이기도 합니다. 당신은 인정받길 원하고 자신의 노력에 자부심이 있습니다. 타고난 완벽주의자라서 목적을 이루기 위해 기꺼이 열심히 노력합니다.

일과 적성

말주변이 좋아 영업사원이나 외교관, 정치인, 에이전트로 성공을 거둘 수 있습니다. 지식을 좋아하니 교육계로 진출해 교사나 강사로 일할 수도 있고, 아니면 예술적 안목 덕분에 연극이나 영화, 저술, 패션, 인테리어 디자인, 음악 쪽으로 나갈 수도 있겠네요. 요리 솜씨가 있어서 창의성과 음식에 대한 사랑을 결합시키는 일을 할 수도 있습니다. 혹은 실용적 기술들로 엔지니어나 기술자가 될 수도 있습니다. 천성적으로 배려가 많고 공감 능력이 좋아서 상담사, 혹은 보육 관련 직업에 끌리거나 대의를 위해 기금을 모금하는 일을 할 수도 있겠습니다.

수비학으로 풀어본 당신의 운세

22일에 태어난 사람은 자부심이 있고, 현실적이며, 자제력이 있고, 직관력이 뛰어납니다. 22는 마스터 수로 22라는 수와 4라는 수 모두가 영향을 줄 수 있습니다. 정직하고 근면하며 리더십을 타고난 당신은 카리스마가 넘치는 성격이며 사람들에 대한 이해가 깊습니다. 감정을 잘 드러내지 않는 편이지만 다른 사람들의 행복을 돌보고 보호하는 데 관심을 기울입니다. 하지만 자신의 현실적 입장을 망각해서는 안 됩니다. 탄생월 7의 영향으로 당신은 예민하고 지적이며 지식을 좋아하고 직감이 발달했습니다. 외부 환경의 영향을 쉽게 받으니 창의적이 되고 감정을 표현할 방법을 찾아야 합니다. 느긋한 편인 당신은 사교 활동과 많은 관심사들을 즐기는데, 한 가지 특별한 목적에 집중하면 도움이 될 겁니다. 겸손과 자신감이 섞여 있어 야망과 열심히 일하려는 의지 사이에 균형을 잡기 어려워지기도 하고 쉬운 길을 선택해 에너지를 분산하기도 합니다.

- 장점 : 보편성, 책임자, 직관력, 실용적, 현실적, 손재주, 능숙함, 개발자, 조직력, 현실주의자, 문제 해결자, 성취자
- 단점 : 일확천금을 노림, 신경과민, 위세 부림, 물질주의, 비전 결여, 나태함, 이기주의

연애와 인간관계

친구와 연인을 사귈 때 당신의 최대 자산 중 하나가 매력입니다. 드라마틱한 것을 좋아해서 애정 생활이 지루할 틈이 없겠네요. 감정적 힘이 당신의 강점 중 하나이기 때문에 열정을 표현할 방법이 있어야 합니다. 하지만 장기적인 관계를 유지하려면 너무 감정적이 되거나 상대를 마음대로 조정하려 해서는 안 됩니다. 일단 관계가 정착되면 충실하고 배려 많은 친구이자 파트너가 됩니다. 그러나 일과 인간관계 사이에서 갈등이 생기지 않도록 균형을 잡을 필요가 있습니다.

이날 태어난 유명인

테렌스 스탬프, 대니 글러버, 윌럼 데포(배우), 에드워드 호퍼(화가), 구스타프 헤르츠(물리학자), 김연우(가수), 이동휘(배우)

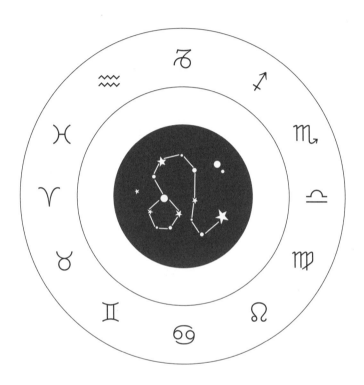

사자자리
LEO

7월 23일 ~ 8월 22일

태양 : 사자자리/게자리 경계	
지배 성좌 : 사자자리/태양	
위치 : 29°30′ 게자리 – 1° 사자자리	
상태 : 고정궁	
원소 : 불	
항성 : 없음	

7월 23일
LEO

끊임없이 새로운 관심사와 경험을 찾는 모험가

진취적 기상, 지적 능력, 섬세함, 가만있지 못하는 성향이 이날 태어난 사람들의 특징입니다. 사자자리와 게자리의 경계에서 태어나 태양과 달의 영향력을 모두 받네요. 하지만 사자자리의 태양이 지배적이어서 그 영향으로 품위, 자부심, 창조성, 자기표현에 대한 욕구가 성격의 중요한 부분을 이룹니다. 어릴 때부터 적극적이어서 끊임없이 새로운 관심사와 경험을 찾는군요. 모험심이 강해 어디든 가고 싶어 하고 앞장서는 걸 좋아합니다.

빠르고 예리한 두뇌 회전이 가장 큰 자산이지만 때때로 너무 서두릅니다. 그러나 창조적인 잠재력이 있어 새로운 기술을 배우고 기존 시스템을 개선하는 데 뛰어납니다. 무슨 일을 하건 당신의 창의적인 생각과 독창성이 차이를 만들어냅니다. 직관이 강하고 유머 감각이 뛰어나 위트가 있고 사람들에게 즐거움을 줍니다.

당신의 가장 큰 과제들 중 하나가 성급함입니다. 그러니 좀 더 참을성 있는 태도를 기르면 너무 충동적으로 행동하는 성향을 극복할 수 있습니다. 관심을 끄는 가치 있는 일을 발견하면 빠른 두뇌와 다재다능함이 그 일을 발전시키는 데 도움이 됩니다. 집중력과 정신적 인내력을 키우면 더욱 현실적인 관점으로 바라보게 되고 생각이 깊어집니다.

당신의 생일이 나타내는 커다란 잠재력을 활용하려면 과학적이고 논리적인 접근법을 취해야 합니다. 그러면 더 근면하고 꼼꼼해져서 세세한 부분까지 철두철미하게 신경을 쓸 것입니다. 당신의 많은 재능 중에서도 특히 일의 핵심을 파고들어 문제를 빠르고 효율적으로 해결하는 능력이 돋보입니다.

30세에 당신의 태양이 처녀자리로 들어가 이후 30년 동안 실용성, 분별력, 비판, 완벽주의를 나타내는 이 별자리의 영향을 받습니다. 60세 때 당신의 태양이 천칭자리로 들어가면서 또 다른 전환기가 찾아와서 관계와 창조성, 조화의 중요성이 커집니다.

숨어 있는 자아

이상주의적이고 낙관적이며 삶에 대한 열정이 대단한 당신은 큰 성공을 위해 도박을 하길 좋아합니다. 내면에 현실적 감각이 있지만 인내심과 적절한 계획, 선견지명이 없다면 당신의 꿈은 모래성이 되고 말 겁니다. 하지만 당신에겐 운이 따라주니 환경을 바꿔보면 전화위복이 될 수 있습니다.

사랑과 우정을 매우 중요시해서 사랑하는 사람들과 관련해 많은 것을 배웁니다. 잠시도 가만있지 못하는 성격으로 보아 당신은 내면적으로 매우 섬세하고 감성적이지만 때때로 자신의 느낌에 확신이 없네요. 그래서 쉽게 지루해지거나 에너지가 분산될 수 있습니다. 기꺼이 다른 사람들을 도우려는 인정 많은 사람이지만, 이 탄생일과 연관된 자부심으로 볼 때 당신은 아부에 약합니다.

일과 적성

습득력이 매우 빨라서 다양한 직업에서 성취를 이룰 역량이 있습니다. 어떤 직업을 선택하건 야심이 있고 인정받길 원해서 종종 가장 높은 자리까지 올라갑니다. 다재다능하기 때문에 여행을 할 수 있거나 다채로운 경험을 할 수 있는 일을 좋아합니다. 잠시도 가만있지 못하는 성미라 모험심 많은 성격에 딱 맞는 일을 찾기 위해 여러 종류의 경험이나 직업을 시도해볼 수도 있습니다. 사업이나 어떤 형태든 관리직에서 특히 성공을 거둘 것으로 보이네요. 자유를 좋아하고 진취적이어서 독립적이길 원해 자영업에 끌릴 수도 있습니다.

수비학으로 풀어본 당신의 운세

정서적 감수성과 창의력은 23일에 태어난 사람들의 특성입니다. 당신은 다재다능하고 두뇌 회전이 빨라 프로다운 면모를 보이고 독창적인 아이디어가 넘쳐납니다. 23이라는 생일의 영향으로 새로운 과제를 쉽게 배우지만 이론보다는 실천을 더 선호합니다. 여행과 모험, 새로운 사람들을 만나는 것을 즐기는 당신은 가만있지 못하는 성미로 다양한 경험을 많이 하게 되고 상황을 최대한 활용합니다. 탄생월 7의 영향으로, 때로는 자기 회의에 빠지기도 하지만 스스로 결정하는 쪽을 선호합니다. 재능이 많고 지적이어서 정신적 추구를 통해 자신을 표현할 필요가 있습니다. 상세한 연구나 독자적인 노력을 요하는 일에 많은 시간을 쏟을 수도 있겠네요. 사려 깊고 신중해 보이지만 상상력이 풍부하고 매우 섬세하며 반응이 빠릅니다.

- 장점 : 충성심, 책임감, 여행, 소통, 직관, 창의력, 다재다능함, 신뢰할 수 있음, 명성
- 단점 : 이기주의, 불안정, 완고함, 비타협적, 트집 잡기, 내성적, 편견

연애와 인간관계

사람들과 어울리기 좋아하고 열정적인 당신은, 지혜와 지식으로 영감과 용기를 줄 수 있는 상상력이 풍부한 사람들에게 끌립니다. 섬세하고 직관력이 강해서 사람들의 성격을 잘 판단하여 애정을 주고 힘이 되어줄 수 있습니다. 재치가 있고 자부심이 강해 자신이 속한 집단에서 중요한 역할을 하고 싶어 하지만 프라이버시도 원해서 누군가가 사생활을 침범하면 불안을 느낍니다. 불만을 느끼면 새롭고 흥미로운 경험을 찾는데, 여기에는 단기간의 관계나 비밀스러운 정서적 유대도 포함됩니다.

사자자리

태양 : 사자자리

지배 성좌 : 사자자리/태양

위치 : 1° - 2° 사자자리

상태 : 고정궁

원소 : 불

항성 : 없음

7월 24일

LEO

상상력이 풍부하고 분별력과 직관력이 있는 조언자

야심가이고 현실적이며 책임감이 강한 당신은 공감 능력과 용기를 갖춘 이상주의적인 사자자리 태생입니다. 조직력과 기획력이 뛰어나고 긍정적 사고를 하는 당신은 자신의 방대한 지식을 잘 활용합니다. 안정을 중시해서 탄탄한 기반을 쌓고 이를 토대로 발전하길 원합니다. 덧없는 즐거움을 좇으며 에너지를 낭비하는 것보다 활동이나 일을 하면서 더 행복을 느낍니다.

현명하거나 재미있는 사람에게 특히 끌리기 때문에, 관심사가 같은지에 따라 혹은 지혜나 지식을 얻을 수 있는지에 따라 사람을 사귀는 편입니다. 인생 초반이건 후반이건 교육이 당신의 발전에 중요한 역할을 하네요. 여기에는 정신적 자극을 주는 특정 주제에 대한 독학도 포함됩니다. 당신은 분별력을 발휘하고 타고난 직관을 발전시켜 종종 주변 사람들에게 조언자 역할을 합니다.

상상력이 풍부하고 돈을 버는 아이디어가 많은 당신은 요즘 트렌드를 잘 읽으며, 창의력을 발휘하면서 돈 버는 걸 즐깁니다. 그러나 성공하고 싶은 열망에 너무 비판적이 되거나 고집을 부리거나 공격적이 되지 않도록 조심하세요. 타협하는 법을 배우고, 미묘한 협상 기술을 습득하면 도움이 됩니다.

당신의 태양이 처녀자리로 들어가는 29세부터 30년 동안 일, 현실적 효율성, 생산성을 점점 중시하게 됩니다. 봉사를 하거나 자신의 일을 잘하는 데서 더 많은 즐거움을 느끼기 시작하죠. 또 다른 전환기는 당신의 태양이 천칭자리로 들어가는 59세에 찾아오는데, 이때부터 사교적 수완이 더욱 발달하고 관계와 균형, 조화로운 환경에 더 중점을 두게 됩니다.

숨어 있는 자아

다재다능하기 때문에 많은 주제에 관심이 있고 새로운 아이디어들을 탐구하여 항상 정보에 정통한 사람이 되고 싶어 합니다. 이런 성향 덕분에 지루하거나 불안해지지 않죠. 이상주의자인 당신은 자신의 믿음을 위해 싸우는 것과 운명을 받아들이는 것 사이의 균형을 맞추어야 합니다. 인생철학을 확립하면 자신의 한계들을 받아들일 수 있을 거예요.

항상 움직이고 발전해나가길 원하지만, 가만히 자신을 돌아보고 깊이 생각하는 법을 배우기 전까지는 내면의 평화를 얻기 힘들 겁니다. 자기성찰은 완전체가 되고 싶어 하는 당신에게 특히 유용한 도구가 되겠네요. 당신의 가정 역시 안정을 찾고 예민한 감정을 보호하는 데 중요한 역할을 할 수 있습니다. 당신은 보통 정신적 사랑이나 평온을 안겨줄 내면의 지식과 지혜를 찾습니다. 지혜에 대한 이러한 추구는 삶이 끝날 때까지 계속될 것이며 형이상학이나 영적인 세계를 공부해 발전할 수 있습니다.

일과 적성

자부심과 강한 책임감이 있어 자신의 일을 잘 해내고 싶어 합니다. 뛰어난 관리자나 경영자 혹은 리더가 될 수 있으며, 지략이 풍부합니다. 훌륭한 조직자이자 전략가이기 때문에 상업에서, 특히 파트너십이나 협력 작업에서 일할 때 두각을 드러낼 수 있습니다. 판촉과 홍보에서도 마찬가지로 능력을 발휘할 수 있고, 머리가 좋아 교육, 철학, 종교, 심리학 쪽에 끌릴 수도 있겠네요. 드라마틱한 감각이 뛰어나 배우나 작가, 정치인 같은 직업이 당신의 확고한 견해를 펼칠 장이 될 수도 있겠습니다.

수비학으로 풀어본 당신의 운세

24일에 태어난 사람들은 판에 박힌 일상을 싫어하지만 현실적 능력과 건전한 판단력으로 근면한 모습을 보입니다. 생일 24에 부여된 정서적 감수성으로 볼 때 당신에게는 안정과 질서가 필요합니다. 때로는 감정을 잘 드러내지 않지만 충실하고 공정한 당신은 말보다 행동이 중요하다고 믿는 편입니다. 인생을 이렇게 실용적인 시각으로 바라보기 때문에 사업 감각이 뛰어나며 장애물을 극복하고 성공을 거둘 수 있습니다. 24일에 태어난 당신은 완고한 성향이나 고정관념은 극복해야 합니다. 탄생월 7의 영향으로 당신은 상황을 주의 깊게 관찰한 뒤에 결정을 내립니다. 구조에 대한 감각이 있어서 효율적인 시스템을 쉽게 구축할 수 있기 때문에 당신의 창의성과 실용적 기술들이 도움이 됩니다.

- 장점 : 에너지, 이상주의자, 현실적 능력, 결단력, 솔직함, 공정함, 너그러움, 가정적, 활동적, 활기참
- 단점 : 물질주의, 돈에 인색함, 불안정, 무정함, 판에 박힌 일상을 싫어함, 게으름, 불성실, 불안정, 완고함

연애와 인간관계

직관적이고 상황 판단이 빠른 당신은 평범하지 않은 관계나 더 광범위한 지식을 얻도록 자극을 주는 사람들에게 끌립니다. 집과 가족을 중요하게 생각하지만 자유와 독립에 대한 욕구가 있어, 잠시도 가만있지 못하는 성미와 성취욕이 한곳에 오래 머무는 성향과 충돌할 수 있습니다. 당신은 주로 자신보다 아는 게 많은 사람에게 매력을 느낍니다. 드라마틱하게 자신을 표현할 줄 알아 항상 생기 넘치고 재미있는 성격이죠.

당신에게 특별한 사람

연인이나 친구
♥
1월 3, 4, 14, 20, 24일 / 2월 2, 12, 18, 22일 / 3월 10, 16, 20, 29, 30일 / 4월 8, 14, 18, 27, 28일 / 5월 6, 12, 16, 25, 26, 31일 / 6월 4, 10, 14, 23, 24, 29일 / 7월 2, 8, 12, 21, 22, 27일 / 8월 6, 10, 19, 20, 25일 / 9월 4, 8, 17, 18, 23일 / 10월 2, 6, 15, 16, 21, 30일 / 11월 4, 13, 14, 19, 28, 30일 / 12월 2, 11, 12, 17, 26, 28, 30일

힘이 되어주는 사람
1월 4, 8, 21일 / 2월 2, 6, 19일 / 3월 4, 17, 28일 / 4월 2, 15, 16일 / 5월 13, 24일 / 6월 11, 22일 / 7월 9, 20일 / 8월 7, 18, 31일 / 9월 5, 16, 29일 / 10월 3, 14, 27일 / 11월 1, 12, 25일 / 12월 10, 23일

운명의 상대
1월 3, 21, 22, 23일 / 2월 1일 / 5월 31일 / 6월 29일 / 7월 27일 / 8월 25일 / 9월 23일 / 10월 21일 / 11월 19일 / 12월 17일

경쟁자
1월 7, 10, 15, 31일 / 2월 5, 8, 13, 29일 / 3월 6, 11, 27일 / 4월 1, 4, 9, 25일 / 5월 2, 7, 23일 / 6월 5, 21일 / 7월 3, 19일 / 8월 1, 17일 / 9월 15일 / 10월 13일 / 11월 11일 / 12월 9일

소울메이트
★
3월 31일 / 4월 29일 / 5월 27일 / 6월 25일 / 7월 23일 / 8월 21일 / 9월 19일 / 10월 17, 29일 / 11월 15, 27일 / 12월 13, 25일

이날 태어난 유명인

알렉상드르 뒤마, 젤다 피츠제럴드 (작가), 린다 카터, 제니퍼 로페즈(배우), 알폰스 무하(화가), 안지환(성우)

사자자리

태양 : 사자리

지배 성좌 : 사자리/태양

위치 : 1° 45′ - 3° 사자리

상태 : 고정궁

원소 : 불

항성 : 없음

7월 25일
LEO

창의적이고 매력과 열정이 넘치는 완벽주의자

창의적이고 흥이 많으며 재미있는 성격에 자신의 재능을 상업화하는 능력까지 갖춘 당신은 매력과 추진력, 열정으로 똘똘 뭉친 쾌활한 사자자리 태생입니다. 이 생일은 정신적 활력과 근심 걱정 없는 태도를 암시하지만, 더 깊고 자기성찰적인 성격도 있으니 이런 면을 발달시켜야 합니다.

지배성인 태양의 영향으로 당당한 성품이며 삶의 즐거움을 표현할 줄 압니다. 다재다능하고 관대하며 호기심이 강해서 관심사나 취미가 많네요. 사교적이고 남과 어울리기 좋아해서 때로는 너무 많은 것을 시도하는 바람에 에너지를 분산할 위험도 있습니다. 하지만 솜씨와 예술적 감각이 있어서 창조적인 일을 하면 성공을 거둘 잠재력이 있습니다. 총명하지만 자신이 정말로 하고 싶은 일이 무엇인지에 대한 확신이 없어서 고민하고 주저하게 되며, 다른 대안을 찾아 나서기도 합니다. 그러나 정신적 자극을 받으면 도전에 필요한 인내심과 끈기를 길러 불가능한 꿈을 현실로 만듭니다.

개척 정신과 진취적인 기상, 그리고 강한 생존본능을 갖춘 당신은 전략을 세우는 데 뛰어납니다. 즉각적인 보상이 없어도 장기적인 성과를 위해 일하려는 의지를 키운다면 일에 전념할 수 있습니다. 자신의 직관을 자연스럽게 신뢰하는 법을 익혀 감정적으로 불안해지거나 질투하는 성향을 극복하세요.

당신의 태양이 처녀자리로 들어가는 28세 때부터 30년 동안 분석력이 발달하며, 이 별자리가 나타내는 실용성과 효율성의 영향을 받습니다. 당신의 태양이 천칭자리로 드는 58세 때 또 다른 전환점이 찾아와 사람들과 더 협력하고 사교적이 되며, 파트너십과 조화에 더욱 중점을 두게 됩니다.

숨어 있는 자아

신뢰를 키우면 당신 내면의 역량에 의지할 수 있고 의심이 줄어듭니다. 당신은 똑똑하고 예리해서 사람과 사건을 신속하게 판단할 수 있습니다. 이런 심리적 기술을 이용해 물질적 목표를 성취하거나 당신의 지혜와 경험을 다른 사람들에게 전할 수 있습니다. 당신은 앞으로 나아가도록 도와줄 수 있는 도전적이고 자극을 주는 경험을 원하지만 뜻하지 않게 다른 사람들을 도울 수도 있습니다.

잠시도 가만있지 못하고 성급하기 때문에 운동이나 여행, 흥미진진한 탐사를 통해 에너지를 긍정적으로 발산함으로써 힘을 집중하는 법을 익혀야 합니다. 대담성을 가지면 더 많은 사업 기회를 발견할 수 있지만, 돈이 들어오는 족족 빠져나가지 않도록 조심하세요.

일과 적성

천성적으로 드라마틱하고 창의성이 뛰어나니 이런 재능들을 연예계뿐 아니라 어떤 직업에서도 활용할 수 있습니다. 겉으로는 자신감 있어 보이지만, 자신의 능력에 대한 믿음을 키워 당신이 선택하는 어떤 직업에서건 자기 회의에 빠지는 일이 없도록 해야겠네요. 타고난 매력과 사회적 의식이 있어서 사람과 관련된 직업뿐 아니라 정치나 공동체의 일에서도 성공이 보장됩니다. 특히 말재간이 좋아 작가나 강연가로, 혹은 영업에서 두각을 드러냅니다. 변화가 많고 다채로운 경험을 할 수 있는 직업을 원하는 것으로 보아 단조로운 일자리는 반드시 피해야겠네요. 사업을 하면 창조적으로 접근하며 관심을 끄는 대의를 지지하기 위해 열심히 노력합니다. 혹은 당신의 독창성이 미술이나 음악을 통해 성공적으로 표현될 수도 있습니다.

수비학으로 풀어본 당신의 운세

똑똑하고 에너지가 넘치지만 직관적이고 사려 깊은 당신은 다양한 경험을 통해 자신을 표현할 필요가 있습니다. 여기에는 새롭고 흥미로운 아이디어나 사람, 장소가 모두 포함됩니다. 완벽주의라서 열심히 일하고 생산성이 높죠. 하지만 상황이 계획대로 흘러가지 않더라도 너무 안달하거나 비판적이 되지 말아야 합니다. 25일에 태어난 당신은 정신적 에너지가 강해서 집중하면 다른 누구보다 빨리 모든 사실들을 파악해 결론을 내릴 수 있습니다. 자신의 직관을 믿고 끈기와 인내심을 기르면 성공과 행복이 따라옵니다. 탄생월 7의 영향으로 때로는 말을 잘 하지 않고 솔직한 감정을 드러내는 걸 두려워하지만 자신을 표현할 수 있는 방법을 찾으려 합니다. 직관력이 강하고 기민해서 이론과 실제 모두에서 기술과 지식을 습득할 수 있습니다.

- ●장점 : 강한 직관, 완벽성, 통찰력, 창의력, 대인관계에 뛰어남
- ■단점 : 충동적, 조급함, 무책임, 과도하게 감정적, 질투, 비밀스러움, 불안정한 주위 환경, 비판적, 침울함

연애와 인간관계

매력적이고 드라마틱한 면이 있으며 창의적인 데다 섬세한 구석도 있는 당신은 쉽게 사람들을 사귀고 영향을 줍니다. 이상주의적이고 자신감이 있어서 사람들에게 베풀 줄 알고 다정하죠. 사랑하는 사람들을 위해 기꺼이 큰 희생을 감수하려 하지만 때로는 이기적이거나 자기 안으로 침잠할 수도 있습니다. 사랑하는 사람을 선택할 때는 매우 신중해야겠네요. 하지만 일단 이상적인 상대를 만나면 충실하고 배려 깊으며 헌신적인 파트너가 됩니다.

당신에게 특별한 사람

연인이나 친구

1월 21, 25일 / 2월 19, 23일 / 3월 17, 21, 30일 / 4월 15, 19, 28, 29일 / 5월 13, 17, 26, 27일 / 6월 11, 15, 24, 25, 30일 / 7월 9, 13, 22, 23, 28일 / 8월 7, 11, 20, 21, 26, 30일 / 9월 5, 9, 18, 19, 24, 28일 / 10월 3, 7, 16, 27, 22, 26, 29일 / 11월 1, 5, 14, 15, 20, 24, 27일 / 12월 3, 12, 13, 18, 22, 25, 27, 29일

힘이 되어주는 사람

1월 5, 13, 16, 22, 28일 / 2월 3, 11, 14, 20, 26일 / 3월 1, 9, 12, 18, 24, 29일 / 4월 7, 10, 16, 22, 27일 / 5월 5, 8, 14, 20, 25일 / 6월 3, 6, 12, 18, 23일 / 7월 1, 4, 10, 16, 21일 / 8월 2, 8, 14, 19일 / 9월 6, 12, 17일 / 10월 4, 10, 15일 / 11월 2, 8, 13일 / 12월 6, 11일

운명의 상대

1월 21, 22, 23, 24, 25일 / 6월 30일 / 7월 28일 / 8월 26일 / 9월 24일 / 10월 22일 / 11월 20일 / 12월 18일

경쟁자

1월 2, 23, 30일 / 2월 21, 28일 / 3월 19, 26, 28일 / 4월 17, 24, 26일 / 5월 15, 22, 24일 / 6월 13, 20, 22일 / 7월 11, 18, 20일 / 8월 16, 18, 19일 / 9월 7, 14, 16일 / 10월 5, 12, 14일 / 11월 3, 10, 12일 / 12월 1, 8, 10일

소울메이트

1월 14, 22일 / 2월 12, 20일 / 3월 10, 18일 / 4월 8, 16일 / 5월 6, 14일 / 6월 4, 12일 / 7월 2, 10일 / 8월 8일 / 9월 6일 / 10월 4일 / 11월 2일

이날 태어난 유명인

브래드 렌프로, 맷 르블랑(배우), 토머스 에이킨스(화가), 양미경, 김승수(배우), 차두리(축구 선수), 임동혁(피아니스트)

태양 : 사자자리	
지배 성좌 : 사자자리/태양	
위치 : 2°45´ - 3°30´ 사자자리	
상태 : 고정궁	
원소 : 불	
항성 : 없음	

7월 26일
LEO

사람들에게 정신적 자극을 주는 훌륭한 심리학자

사려 깊고 쾌활하며 야심가인 당신은 자신감을 내뿜는 매력적이고 너그러운 사람입니다. 사자자리에 태어나 당당하고 올바르며 예리한 지성을 갖추었네요. 당신은 사람을 이해하고 정신적 자극을 주는 훌륭한 심리학자로, 사람들이 자신을 특별하고 중요하게 느끼도록 만드는 재능이 있습니다.

지배성인 태양의 영향이 배가되어 자부심이 강하지만 당당함과 오만은 구별할 줄 알아야겠네요. 좋은 대우를 받고 칭찬 듣는 것을 좋아하기 때문에 비판은 받아들이기 힘들어합니다. 관계에서 조화와 균형을 이루게 되면 자신의 생각과 아이디어들을 좀 더 쉽게 전할 수 있습니다.

어려움을 헤쳐 나가고 인내하는 힘과 함께 집요함과 끈기를 갖추었지만, 너무 엄격한 시각으로 바라보거나 고집을 부리고 성급해지는 성향은 극복해야 합니다. 침착한 당신은 새로운 아이디어들을 흥미롭고 논리적으로 전달하여 사람들이 당신의 관점에서 상황을 보도록 설득할 수 있습니다. 그러면 주도권을 쥐고 자신의 아이디어들을 건설적으로 활용하는 데 도움이 됩니다.

예리하고 신속한 사고로 자신 있게 소통하는 타입이며 단도직입적이고 명확하게 말하는 것을 좋아합니다. 정확한 판단을 하는 편이지만, 자신의 불만을 털어놓아야 할 때 빈정대는 버릇은 조심해야 합니다.

타고난 활력과 돋보이고 싶은 열망 때문에 스포츠, 게임, 사회 활동에 끌릴 수 있습니다. 당신의 태양이 처녀자리로 들어가는 27세부터 인생에서 현실적 질서, 분석력, 효율성을 바라는 마음이 커집니다. 당신의 태양이 천칭자리로 들어가는 57세 때 전환기가 찾아오는데, 이때부터는 가까운 관계들에 더 관여하고 싶어지고 지금까지는 현실적인 고려를 했지만 이제 좀 더 미적인 부분을 신경 쓰게 됩니다.

숨어 있는 자아

당신은 목표를 이루기 위해서 기꺼이 열심히 일하려 하고 활동의 선두에 서길 원합니다. 하지만 자기 생각대로 하려다 보니 고집불통이 되어 때때로 마음 깊은 곳의 직감을 무시합니다. 때로는 믿을 수 없을 정도의 통찰력을 번개 같은 속도로 보여주는 순간도 있습니다. 유머 넘치는 시선에서도 이런 면이 나타나는데, 재담꾼의 외관 뒤에 깊은 지혜가 숨어 있네요.

당신은 끊임없이 새로운 프로젝트를 시작해야 하는 편이며, 특히 사람과 관련된 일을 좋아합니다. 사교성이 뛰어나고, 긴장을 늦추지 않기 위해 활발한 토론으로 자극을 받길 원하죠. 때로는 다른 사람들의 일에 따뜻한 관심을 기울이고 다정하며 사려 깊고 인정이 많습니다. 하지만 너무 진지해지면 완고해져서 문제를 일으킬 수 있습니다.

일과 적성

타고난 자신감 있는 태도와 열정이 사람들에게 영향을 주는 강한 힘과 결합되어 이상적인 리더가 될 수 있습니다. 말솜씨에 예리한 지성이 더해져 프로모터, 협상가, 에이전트 혹은 영업사원 같은 직업에 매우 적합합니다. 마찬가지로, 작가나 강사로도 성공할 수 있겠네요. 타고난 훌륭한 심리학자이니 상담이나 홍보 같은 직업에 끌릴 수도 있겠습니다. 사업을 한다면 조직력과 전략적 기술들 덕분에 종종 대규모 프로젝트를 맡습니다. 아니면 연예계나 예술계의 책임자 자리에 마음이 끌릴 수도 있습니다. 독립적인 성격이지만 다른 사람들과 협력해서 일하면 많은 이득을 볼 수 있습니다.

수비학으로 풀어본 당신의 운세

26일에 태어난 당신은 인생을 실용적인 태도로 대하며 실무 능력과 사업 감각이 뛰어납니다. 미적 감각을 타고났고, 가정적이며 책임감이 강해서 탄탄한 토대를 마련하거나 현실적인 안정을 찾을 필요가 있습니다. 어려울 때 당신에게 의지하는 친구와 가족, 친척들을 기꺼이 돕고 종종 비빌 언덕이 되어줍니다. 하지만 물질주의적 성향과 상황이나 사람을 지배하려는 마음은 경계해야 합니다. 탄생월 7의 영향으로 보아 자신의 욕구와 타인에 대한 의무 사이에 균형을 맞추어야 합니다. 당신은 완벽주의자라서 작은 디테일까지 신경을 써서 아름다움과 조화를 만들어냅니다. 생일이 암시하는 이상주의와 힘은 당신이 확고한 가치관과 바른 판단력을 갖춘 신중한 성격임을 말해줍니다.

- ●장점 : 창의적, 현실적, 배려심, 책임감, 가족에 대한 자부심, 열정적, 용기
- ■단점 : 완고함, 반항적, 불안정한 관계, 열정 결핍, 인내심 부족

연애와 인간관계

인간관계에서 보여주는 생기 넘치고 장난기 많은 모습이 굉장히 매력적이지만 무책임할 수도 있습니다. 사교적이고 사람들을 즐겁게 하는 재주가 있어 친구를 쉽게 사귀며 관계를 잘 이끌어갑니다. 당신은 사랑하는 이들과의 나눔을 즐기는 따뜻하고 매력적인 사람입니다. 많은 이성과 사귀는 것에 끌리기도 하지만, 당신의 욕구와 소망을 이해하는 누군가와 장기적인 관계를 쌓는 편을 선호합니다.

당신에게 특별한 사람

연인이나 친구

1월 6, 16, 22, 26일 / 2월 4, 14, 20, 24일 / 3월 2, 12, 18, 22일 / 4월 10, 16, 20, 30일 / 5월 8, 14, 18, 28일 / 6월 6, 12, 16, 26일 / 7월 4, 10, 14, 24, 31일 / 8월 2, 8, 12, 22, 29일 / 9월 6, 10, 20, 27일 / 10월 4, 8, 18, 25일 / 11월 2, 6, 16, 23, 30일 / 12월 4, 14, 21, 28, 30일

힘이 되어주는 사람

1월 6, 17, 23, 31일 / 2월 4, 15, 21, 29일 / 3월 2, 13, 19, 27, 30일 / 4월 11, 17, 25, 28일 / 5월 9, 15, 23, 26일 / 6월 7, 13, 21, 24일 / 7월 5, 11, 19, 22일 / 8월 3, 9, 17, 20일 / 9월 1, 7, 15, 18, 30일 / 10월 5, 13, 16, 28일 / 11월 3, 11, 14, 26일 / 12월 1, 9, 12, 24일

운명의 상대

1월 22, 23, 24, 25, 26일

경쟁자

1월 24일 / 2월 22일 / 3월 20, 29일 / 4월 18, 27, 29일 / 5월 6, 16, 25, 27, 30일 / 6월 14, 22, 25, 28일 / 7월 12, 21, 23, 26일 / 8월 10, 19, 21, 24일 / 9월 8, 17, 19, 22일 / 10월 6, 15, 17, 20일 / 11월 4, 13, 15, 18일 / 12월 2, 11, 13, 16일

소울메이트

1월 13일 / 2월 11일 / 3월 9일 / 4월 7일 / 5월 5일 / 6월 3, 30일 / 7월 1, 28일 / 8월 26일 / 9월 24일 / 10월 22일 / 11월 20일 / 12월 18일

사자자리

이날 태어난 유명인

카를 구스타프 융(정신분석학자), 조지 버나드 쇼(작가), 믹 재거, 로저 테일러(가수), 샌드라 불럭(배우), 올더스 헉슬리(소설가), 스탠리 큐브릭(영화감독), 명계남, 이동건(배우), 신성우(가수)

태양 : 사자자리	
지배 성좌 : 사자자리/태양	
위치 : 3°45′ – 5° 사자자리	
상태 : 고정궁	
원소 : 불	
항성 : 없음	

7월 27일

LEO

지식욕과 탐구욕이 강한 창조적인 사람

친화적이고 이해심이 많으며 직감이 발달한 당신은 강한 성격에 수용력이 좋은 사자자리 태생입니다. 지식욕과 탐구욕이 강한 창조적인 사람으로, 타고나길 상상력이 풍부하고 호기심이 강하네요. 당신은 생각이나 말로 자신을 표현하거나 새로운 아이디어들에 착수하고 싶은 욕구가 있습니다.

결단력이 강하고 진보적인 사상가라서 정신적 자극을 원하고 좋은 아이디어가 떠오르면 금방 알아봅니다. 이해가 빨라서 최신 정보를 잘 따라가고 책이나 잡지, 컴퓨터 기술을 수집하죠.

당신은 지배 성좌인 사자자리의 영향을 받아 매력과 멋진 외모를 갖춘 활기찬 성격이네요. 친화적이어서 친밀한 대화와 개인적 교류를 즐기지만 종종 타고난 극단적인 면을 드러냅니다. 따라서 관대한 면과 지나치게 예민하거나 불안을 느끼거나 완고해지는 성향 사이에 균형을 잡을 줄 알아야 합니다.

강한 언변에 사교적이고 남과 어울리는 걸 좋아해서 대규모 대중을 상대하는 것을 즐깁니다. 사교적 수완이 좋고 홍보에 능하죠. 무슨 일이건 정신적 자극을 받으면 열정적으로 덤벼들지만 항상 충분한 준비가 되어 있지는 않습니다. 그래서 쉽게 싫증을 내거나 낙담할 수 있으니 너무 관심사가 많으면 집중력이 흐트러질 수 있음에 유의하세요.

직관력이 강하고 현실적인 당신은 생산적인 이상주의자이며 열정적인 성격과 박식함, 풍부한 상상력으로 인상적이고 독창적인 생각들을 합니다. 하지만 멋진 아이디어들을 구체적인 개념으로 바꿀 수 있는 법을 배워야 합니다.

당신의 태양이 처녀자리로 들어가는 26세부터는 더 분석적, 현실적, 사색적이 되면서 지배적인 성향이 약해집니다. 맡은 일이 많아지면서 더 완벽하고 효율적으로 일하기를 원하게 됩니다. 당신의 태양이 천칭자리로 들어가는 56세부터는 더 느긋해지고 융통성이 많아지며 사교 수완이 좋아집니다.

숨어 있는 자아

개인적 포부가 강하지만 다른 사람들과의 나눔에서 가장 큰 즐거움을 얻습니다. 독립적이면서도 상호의존적이어서 친밀하고 깊은 관계를 맺기 위해서는 감정적으로 극단적인 면들의 균형을 맞추어야 합니다. 모든 관계가 동등한 기브 앤드 테이크를 기반으로 이루어지도록 특별히 신경을 써야겠네요.

당신은 따뜻하고 다정하며 매우 이상주의적인 사람입니다. 그래서 예술이건 음악이나 영적 세계를 통해서건 정서적 영감의 정점에 도달할 수 있습니다. 현실세계와 사람들의 평범한 성격이 이러한 높은 경지와 대비되면서 때때로 내적인 긴장을 불러일으킬 수도 있습니다. 사람들이 당신의 방식대로 해주길 기대하지 말고 자발적으로 베풀면 실망하는 일도 없을 거예요.

일과 적성

빠른 두뇌 회전과 뛰어난 기억력, 리더십까지 갖춘 당신은 어떤 직업에서도 가치 있는 기여를 할 수 있습니다. 사람과 관련된 직업과 활동에 끌리는 점으로 볼 때 영업사원, 트레이너, 선전가, 에이전트 혹은 홍보 쪽에서 뛰어난 역량을 발휘할 수 있습니다. 마찬가지로 작가나 교사, 행정관으로도 두각을 드러낼 수 있겠네요. 사업을 한다면 일을 지휘하길 원하니 자영업을 하거나 관리직이 좋겠습니다. 변호사나 상담사가 되어 전문지식을 공유하거나 대의를 위해 일할 수도 있습니다. 아니면 색채, 아름다움과 형태, 혹은 음악에 대한 이해와 관련된 직업에 끌릴 수도 있겠네요.

수비학으로 풀어본 당신의 운세

27일에 태어난 사람은 이상주의적이고 섬세합니다. 직관력과 분석력이 뛰어나고 창의성이 풍부해서 독창적인 생각들로 사람들에게 깊은 인상을 줄 수 있습니다. 때로는 비밀스럽고, 지나치게 이성적이거나 객관적으로 보이지만 사실은 내면에 긴장을 감추고 있을 수 있습니다. 소통 기술을 발달시키면 깊은 감정을 표현하길 꺼리는 성향을 극복할 수 있습니다. 27일 태생에게는 교육이 중요하며, 생각의 깊이를 키우면 더 끈기 있고 자제력이 강한 사람이 됩니다. 탄생월 7의 영향으로 카리스마가 있으며 상상력이 풍부하고 직관이 강합니다. 의견이 확실하고 결단력과 관찰력이 있으며 세세한 부분까지 많은 신경을 씁니다. 긍정적인 태도를 키우고 다른 사람들의 말에 귀를 기울이면 회의적이고 의심 많은 성향을 극복할 수 있습니다. 삶의 지혜를 더 깊이 이해하기 위해서는 타인의 충고를 따르기보다 직접적 경험을 통해 배우는 쪽을 선택할 수도 있습니다.

- ● 장점 : 다재다능, 상상력, 창의력, 단호함, 용감무쌍함, 이해심, 정신적 역량, 영적, 독창성, 정신력
- ■ 단점 : 무례함, 싸우려 드는 성향, 쉽게 상처받음, 따지기 좋아함, 불안감, 신경과민, 불신, 지나치게 감정적

연애와 인간관계

활동적이고 단호하지만 대개 상대를 함께 생각합니다. 다정하고 사교적인 당신은 쾌활한 성격으로 사람들의 마음을 끌지만 가까운 친구 몇 명과 친하게 지내는 편을 좋아합니다. 포부가 있고 스스로에게 동기부여를 하는 성향이라 대개 자수성가한 근면한 사람들에게 끌리네요. 오래 지속되는 행복한 관계를 위해서는 지나치게 소유하려 들거나 신경질적인 성향을 극복해야 합니다. 하지만 인간관계에서 당신은 매력적이고 충실하며 힘이 되어주는 사람입니다.

Ω

사자자리

이날 태어난 유명인

바비 젠트리, 모린 맥거번(가수), 힐레어 벨록(시인), 손석희(방송인), 현주엽(농구 선수), 최여진(배우)

태양 : 사자자리	
지배 성좌 : 사자자리/태양	
위치 : 4° 45′ - 5° 30′ 사자자리	
상태 : 고정궁	
원소 : 불	
항성 : 없음	

7월 28일

LEO

카리스마 넘치고 인정이 많은 관대한 리더

이 생일이 암시하는 감정적 힘은 활동적인 성격을 부여하며, 당신이 카리스마 넘치고 인정이 많으며 관대하고 리더십을 타고난 사람이라고 말해줍니다. 야망이 크고 용기와 섬세함, 빠른 대응력을 갖춘 당신은 뛰어난 성취를 이룰 잠재력이 있습니다.

지배 성좌인 사자자리의 영향으로 사람들은 당신의 자신 있고 확신에 찬 이미지에 끌립니다. 근면하지만 당신의 우선순위 목록에서 바쁜 사교생활도 윗자리를 차지하네요. 다만 당신의 멋진 수많은 재능들을 최대한 활용하는 데 자제심보다 사교생활을 우선해서는 안 됩니다.

세상사에 밝고 세련된 당신은 고급스러운 것과 사치품에 둘러싸여 있는 걸 좋아하며 미적 안목이 있습니다. 영감을 받으면 자신을 창조적으로 표현해야 하고 연극, 예술, 음악, 연예계에서 인정받으려 하겠네요. 남과 어울리기 좋아하고 흥이 많으며, 관심 분야에서는 사교술을 발휘합니다.

평소에는 강하고 자부심이 있으며 당당한 사람이지만 때때로 놀랄 정도로 겸손합니다. 하지만 고착되고 억제된 감정에서 오는 성급하거나 고압적인 성향은 극복해야 합니다. 크게 생각하길 좋아하고 도가 넘칠 수도 있기 때문에 일할 때건, 놀 때건 무리하지 않도록 조심하세요. 결국 건강에 부담을 줄 수 있으니까요. 근면함, 효과적인 전략과 계획이 당신의 성공 비결입니다.

어릴 때부터 사회활동에 관심이 있고 일의 중심에 서곤 하여 리더십이 발달됩니다. 당신의 태양이 처녀자리로 들어가는 25세부터 더 분별력 있고 현실적이 되며 시간과 에너지를 신중하게 사용합니다. 특히 당신의 근무 환경에서 좀 더 효율적으로 일하는 방법들을 찾지요. 55세 때 당신의 태양이 30년간 천칭자리로 들어갑니다. 이때부터 관계를 중시하게 되며 인생에 더 많은 조화와 균형을 얻습니다. 또한 글쓰기나 예술, 음악, 치유에 대한 관심이 두드러질 수 있습니다.

숨어 있는 자아

매력과 기지, 창의성을 발산하고 다른 사람들을 즐겁게 해주는 능력이 있지만 당신의 노력이 인정받지 못한다고 느끼면 지나치게 진지해지거나 이기적이 됩니다. 이럴 때면 시비조가 되거나 제멋대로 굴기 쉽습니다. 당신의 인도주의적이고 인정 많은 성격을 발휘하려면 이런 불만을 떨치고 관대하고 객관적이 되어보세요. 그러면 인기를 얻고 원하는 인정을 받을 거예요.

직관력이 뛰어나고 유머 감각이 좋은 당신은 사랑하는 사람들로부터 인정받고 싶어 합니다. 혼자 있는 걸 좋아하지 않아서 평화, 집, 가족을 위해 타협하지요. 관능과 안락을 좇느라 당신의 큰 잠재력을 표현하지 못하는 일이 없도록 조심하세요.

일과 적성

타고난 드라마틱한 감각과 리더십을 발휘해 배우나 감독으로 연극에서 두각을 나타낼 수 있습니다. 독립적이고 리더십이 있으니 자연히 권력이 있는 자리에 올라갈 것이며, 아니면 자영업을 선호할 수도 있습니다. 다재다능한 당신은 자신의 어떤 재능이든 상업화할 줄 알고, 유용한 인맥을 만드는 능력도 있습니다. 매력과 뛰어난 사교술을 겸비해 사람과 관련된 활동에서 성공을 거둘 수 있겠군요. 뛰어난 소통 기술이 글쓰기나 강연, 출판 혹은 영업에서 이용될 수도 있겠습니다. 자신감 있는 모습과 경쟁심 강한 성격이 결합되어 있어 자제심을 갖춘다면 사업에서도 성공을 거둘 수 있습니다. 인도주의적 성향이 있어 사회 개혁, 의료, 자선사업 쪽 일을 할 수도 있겠네요. 또한 이 생일은 음악적 재능도 나타냅니다.

수비학으로 풀어본 당신의 운세

독립적이고 이상주의적이며 결단력과 실용적 태도를 갖춘 당신은 자기 마음대로 행동하는 스타일입니다. 1일에 태어난 사람들과 마찬가지로 야망이 있고 단도직입적이며 진취적이죠. 독립적이고 싶은 마음과 팀의 일원이 되고 싶은 마음 사이에 갈등도 보이네요. 늘 새로운 일에 뛰어들 준비가 되어 있는 당신은 인생의 도전을 용기 있게 받아들이며, 그러한 열정이 사람들에게 정신적 자극을 주어 함께 일하지 않더라도 당신이 최근에 하는 일에서 적어도 조력자 역할이라도 하게 됩니다. 28일에 태어난 사람은 리더십이 있고 자신의 분별력과 논리, 명확한 사고에 의지합니다. 종종 책임을 떠맡지만 지나치게 열정적이거나 성급하거나 편협해질 수도 있습니다. 탄생월 7의 영향으로 볼 때, 권력과 물질 세계와 관련된 문제를 극복하기 위해서는 자신이 마음속으로 느끼는 것을 믿어야 합니다. 의심하고 불신한다면 당신의 창조적 재능을 다른 이들과 나눌 기회를 놓치게 될 거예요.

- 장점 : 인정이 많음, 진보적, 대담함, 예술적, 창의력, 이상주의, 포부, 근면, 안정적인 가정생활, 강한 의지
- 단점 : 몽상가, 동기부여 결여, 동정심 부족, 비현실적, 위세, 판단력 부족, 공격적, 자신감 부족, 타인에 대한 지나친 의존, 자만심

연애와 인간관계

낭만적이고 관대하기 때문에 사람들은 카리스마 넘치는 당신의 성격에 쉽게 끌립니다. 사랑하는 사람들에게는 아낌없이 잘해주지만, 너무 지배하려 들거나 고압적이 되지 않도록 조심하세요. 열정적인 성격이라 누군가에게 강하게 끌리고 심지어 첫눈에 사랑에 빠지기도 합니다. 하지만 원하는 목표를 성취하려면 독립적이고 싶은 마음과 사랑과 일에서 협력해야 할 필요성 사이에 균형을 맞추어야 합니다.

♌

사자자리

이날 태어난 유명인

베아트릭스 포터(아동작가), 마르셀 뒤샹(예술가), 우고 차베스(전 베네수엘라 대통령), 박찬호(야구 선수), 박기영, 조인성(배우)

태양 : 사자자리	
지배 성좌 : 사자자리/태양	
위치 : 5° 30′ – 6° 30′ 사자자리	
상태 : 고정궁	
원소 : 불	
항성 : 프레세페	

7월 29일
LEO

풍부한 감수성을 바탕으로 성공을 이끌어내는 강한 결단력

이 생일은 풍부한 감정과 감수성, 상상력과 관련이 있습니다. 드라마틱한 면이 있고 재능이 있으며 매력적인 성격의 당신은, 정신적 자극과 격려를 받으면 큰 성공을 거둘 수 있는 결단력 강한 사자자리 태생입니다.

지배 성좌인 사자자리의 영향으로 자부심이 있고 인정을 원하는 당신은 자신감 있고 확신에 찬 이미지를 보여줍니다. 자신의 느낌대로 만사를 판단하기 때문에 자신을 표현할 방법이나 예술적 혹은 창조적 재능의 배출구를 찾을 필요가 있네요. 당신은 감정의 폭이 엄청나게 넓고, 사려 깊고 따뜻해서 다른 사람들의 존경을 받습니다. 반면 자기 뜻대로 하지 못하면 감정을 분출하고 싶어 지배적이 되거나 과장된 행동을 할 수도 있습니다.

매우 섬세하긴 하지만, 사업적 감각이 뛰어나고 물질적인 부분을 고려하는 것도 사실입니다. 이런 부분 때문에 단호하고 융통성이 부족할 수 있으며, 의무감이 강합니다. 무언가에 특히 흥미를 느끼면 매우 단호해지죠. 당신의 확고한 가치관과 열정이 결합되면 다른 사람들에게 영감을 줄 수 있습니다. 하지만 겸손과 균형을 유지하여 현실에 단단히 발을 딛고 있어야 합니다.

당신의 태양이 처녀자리로 들어가는 24세 이후로는 더 분석적, 현실적, 사색적인 면에 중점을 두게 되면서 지배적인 성향이 약해집니다. 맡은 일들이 많아지면서 좀 더 완벽하고 효율적으로 일하고 싶어 합니다. 그러다 당신의 태양이 천칭자리로 들어가는 44세부터 당신의 인생에서, 관계가 더 중요한 역할을 하게 되면서 더욱 여유 있고 사교적이며 창조적이 됩니다.

숨어 있는 자아

성취를 향해 달려가는 당신, 당신에겐 강력한 목표와 목적이 있어야 합니다. 원대한 꿈이 있으니 이를 실현하기 위해서는 강한 절제력을 발휘하고 집중해야 합니다. 당신의 주요 문제는 부정적인 생각이나 타인에게 너무 많은 기대를 하는 데서 생깁니다. 그래서 좌절하거나 실망해서 감정적 불만을 느끼게 되죠. 그러나 깊은 침체에서 벗어나 인도주의의 정점으로 올라갈 수 있는 잠재력이 있으니, 섬세한 상상력과 창조적 정신을 긍정적으로 배출할 수 있는 방법을 반드시 찾아야 합니다. 당신의 모든 활기찬 감정들을 목적의식이 있는 일에 활용하면 사회에서 당신만의 중요한 역할을 더 인정받을 것으로 보입니다.

일과 적성

타고난 권위위식 때문에 종속적인 위치에 있는 걸 좋아하지 않아, 대의나 이상을 위해 사심 없이 일할 때 기량을 가장 잘 발휘합니다. 그래서 정치나 자선사업 혹은 사회 개혁 쪽으로 진출할 수 있습니다. 드라마틱한 감각이 뛰어나 연기나 연예계에서 성공을 거둘 수 있으며, 가르치는 일이나 글 쓰는 직업으로 지식을 남과 공유할 수도 있습니다. 섬세함과 시각적 감각이 영화감독이나 사진작가로 성공을 거두는 데 도움이 될 수도 있겠네요. 당신은 예술이나 아름다운 것들을 상업화하는 능력이 있고 사교술을 이용해 일과 즐거움을 결합시킬 수 있습니다.

수비학으로 풀어본 당신의 운세

29일에 태어난 당신은 강한 성격이며 잠재력이 뛰어납니다. 직관이 강하고 예민하며 정서적이죠. 당신의 성공에는 정신적 자극이 중요한데, 이러한 자극을 받지 못하면 목적을 상실할 수 있습니다. 진정한 몽상가이지만 성격에 극단적인 면이 있으니 감정 기복을 조심하세요. 내면 가장 깊은 곳의 감정을 믿고 다른 사람들에게 마음을 열면, 노심초사하는 성향을 극복하고 마음에 갑옷을 입지 않아도 됩니다. 당신의 창의적인 생각들을 다른 사람들에게 동기를 부여하거나 도움이 될 수 있는 특별하고 독특한 무언가를 성취하는 데 사용하세요. 탄생월 7의 영향으로 볼 때 정직과 공감 능력이 당신의 진정한 힘이며, 이 힘들을 이용해 사랑과 조화를 이루어낼 수 있습니다. 카리스마 넘치고 단호하지만, 권한 있는 자리에 오르고 싶다면 책임감 있는 태도와 공정성, 진실성이 있어야 당신이 타인들에게서 원하는 존중과 신의를 얻을 수 있을 거예요.

- ● 장점 : 영감을 줌, 균형감, 내적 평화, 관대함, 성공, 창의력, 직관, 신비적, 원대한 꿈, 현실적, 신념
- ■ 단점 : 산만함, 불안정, 신경과민, 우울증, 허영심, 침울함, 까다로운 성격, 극단주의, 경솔함, 지나치게 예민함

연애와 인간관계

권력과 영향력이 있는 사람에게 끌리는 당신은 낭만적이고 드라마틱한 면이 있습니다. 하지만 때때로 변덕스러운 기분으로 인간관계에 어려움이 생기네요. 당신은 감정이 격렬하며 섬세하고 배려가 많은 사람입니다. 인정이 많고 표현을 잘하는 성격이죠. 신의와 헌신을 매우 중요하게 생각하지만 위세를 부리고 요구가 많은 성향은 조심하세요. 책임감을 가지고 남에게 베풀면 사람들의 존중과 존경을 받습니다.

연인이나 친구

1월 3, 22, 25, 29, 30일 / 2월 1, 20, 23, 27, 28일 / 3월 18, 21, 25, 26일 / 4월 16, 19, 23, 24, 28일 / 5월 14, 17, 21, 22, 26, 31일 / 6월 12, 15, 19, 20, 24, 29일 / 7월 10, 13, 18, 22일 / 8월 8, 11, 15, 16, 20, 27, 29, 30일 / 9월 6, 9, 13, 14, 18, 23, 27, 28일 / 10월 4, 7, 11, 12, 16, 21, 25, 26일 / 11월 2, 5, 9, 10, 14, 19, 23, 24일 / 12월 3, 7, 8, 12, 17, 21, 22일

힘이 되어주는 사람

1월 17일 / 2월 15일 / 3월 13일 / 4월 11일 / 5월 9, 29일 / 6월 7, 27일 / 7월 5, 25일 / 8월 3, 23일 / 9월 1, 21일 / 10월 19, 29일 / 11월 17, 27, 30일 / 12월 15, 25, 28일

운명의 상대

1월 25, 26, 27, 28, 29일 / 5월 31일 / 6월 29일 / 7월 27일 / 8월 25, 30일 / 9월 23, 28일 / 10월 21, 26일 / 11월 19, 24일 / 12월 17, 22일

경쟁자

1월 20, 23일 / 2월 18, 21일 / 3월 16, 19일 / 4월 14, 17일 / 5월 12, 15일 / 6월 10, 13일 / 7월 8, 11일 / 8월 6, 9일 / 9월 4, 7일 / 10월 2, 5일 / 11월 2일 / 12월 1일

소울메이트

1월 4, 31일 / 2월 2, 29일 / 3월 27일 / 4월 25일 / 5월 23일 / 6월 21일 / 7월 19일 / 8월 17일 / 9월 15일 / 10월 13일 / 11월 11일 / 12월 9일

다그 함마르셸드(스웨덴 정치인), 베니토 무솔리니(이탈리아 정치인), 클라라 바우(배우), 빌 포사이스(영화감독), 김주하(방송인), 추성훈(이종격투기 선수), 이창호(바둑 기사), 신세경(배우), 타이거 JK(가수), 김병만(코미디언)

| 태양 : 사자자리 |
| 지배 성좌 : 사자자리/태양 |
| 위치 : 6° 30′ – 8° 사자자리 |
| 상태 : 고정궁 |
| 원소 : 불 |
| 항성 : 노스 아셀루스, 사우스 아셀루스, 프레세페 |

7월 30일

LEO

생기가 넘치고 사교적인 공감 능력자

이날 태어난 사람은 창의적이고 야망이 있으며 활기찬 정서적 힘과 매력적인 성격의 소유자입니다. 생기가 넘치고 사교적인 당신은 혼자 있는 것보다는 사람들과 함께하는 걸 좋아합니다. 이상주의적이지만 물질적인 부분을 크게 염두에 두고 있으며 사업 감각이 좋습니다.

지배 성좌인 사자자리의 영양이 더해져 당신은 다른 사람들을 즐겁게 해주는 것을 즐기고 위엄 있는 것을 좋아합니다. 자부심이 강하고 드라마틱한 면이 있어서 자신감을 내뿜고 위풍당당한 분위기가 있습니다. 많은 사람들 사이에서 돋보이는 당신은 따뜻한 마음에 다정한 성격입니다. 하지만 강한 자아로 인해 오만하거나 신경질적이 되지 않도록 조심하세요.

당신은 글쓰기나 드라마, 예술, 음악 등 창의적인 일에 자기표현 욕구를 발산하게 되겠네요. 자신감과 용기가 있어 기꺼이 위험을 무릅쓰고 관대한 모습을 보일 줄 압니다. 사치품에 대한 욕구가 있는데, 지나치게 탐닉하거나 낭비하지 않도록 경계하세요. 하지만 자신감이 넘치고 당당한 당신은 아주 재미있고 좋은 친구가 될 수 있습니다.

당신의 태양이 40년 동안 처녀자리로 들어가는 23세 이후로 일상생활에서 현실적 질서에 대한 욕구가 커집니다. 전반적으로 더 건강하고 효율적인 삶이 되도록 상황을 분석하여 인생을 재구성할 방법을 찾고 싶은 마음이 커지죠. 이런 경향이 53세까지 계속되다가 당신의 태양이 천칭자리로 들어가면 전환점이 찾아옵니다. 타인들과 상호작용에 대한 관심이 높아지고 친밀한 관계, 창조성, 조화의 중요성이 커집니다.

숨어 있는 자아

매우 섬세한 성격의 당신은 마음이 넓고, 다른 사람들의 문제에 공감을 잘합니다. 그래서 이야기를 잘 들어주거나 조언을 해주면서 사람들을 도울 수 있죠. 창조적이고 재미있는 당신에게는 사람들의 사기를 높여주는 재능이 있습니다. 내면의 고귀함으로 타고난 기품이 있으며 생각이 편협하지 않네요.

그러나 고양된 의식 때문에 극단으로 흐를 수도 있습니다. 때로는 과도한 감정들에 압도당하거나 짓눌려 자기연민에 빠지거나 도피해버리기도 하네요. 자아의 욕구에만 집중하다가 자만하거나 너무 자기 자신에게만 몰두해 당신의 고귀한 소명을 잊어버릴 수 있습니다. 하지만 당신의 스타성을 표현할 때는 걱정이나 불행을 딛고 일어나 많은 추종자들에게 사랑과 따뜻함을 내뿜습니다.

일과 적성

타고난 위엄과 사람을 다루는 능력이 있어 지도적인 위치에 있거나 자기 방식대로 일할 수 있는 재량권이 많은 직업이 이상적입니다. 타고난 사교적 수완 덕분에 홍보나 고객 서비스 같은 직업에 종사할 수도 있고, 대인관계 기술이 홍보나 출판 분야에서 성공하는 데 도움이 될 수도 있겠습니다. 클럽이나 식당 등 사교와 관련된 사업에 특히 강하며, 남을 즐겁게 하는 걸 좋아해서 쇼 비즈니스나 음악 산업 쪽에 끌릴 수도 있습니다. 이날 태어난 사람들은 또한 대규모 제조업에 매력을 느끼기도 합니다.

수비학으로 풀어본 당신의 운세

창의성, 다정함, 사교성이 생일 30과 관련된 특성입니다. 창의적 잠재력과 함께 야망이 큰 당신은 아이디어들을 받아들여 자신의 방식대로 확장할 줄 압니다. 30일에 태어난 사람들은 행복한 생활을 즐기고 대단히 카리스마가 넘치며 외향적입니다. 격렬한 감정의 소유자라서 사랑에 빠지거나 만족감을 느끼는 것이 필수입니다. 행복을 추구하면서 게으르거나 제멋대로 행동하거나 조급해하고 질투를 느끼면 정서적 불안을 겪을 수 있기 때문에 조심해야 합니다. 30일에 태어난 사람들 중에는 인정받거나 명성을 얻은 사람이 많은데, 특히 성공한 뮤지션이나 배우, 연예인이 많습니다. 탄생월 7의 영향으로 겉으로는 자신감 있어 보이지만 수줍음을 타거나 비밀스러워서 자신의 생각을 숨길 수 있습니다. 독창적이고 직관적인 당신은 다재다능함에서 많은 득을 봅니다. 걱정과 의심을 떨치면 마음 깊은 곳의 감정들을 놓아줄 수 있습니다. 의심하고 불신하면 당신의 창조적 재능을 다른 사람들과 나눌 기회를 놓치게 될 거예요.

- 장점 : 흥이 넘침, 충실함, 다정다감, 통합력, 말재주, 창의력, 행운
- 단점 : 나태함, 고집, 변덕, 성급함, 불안정, 무심함, 에너지 분산

연애와 인간관계

마음이 따뜻하고 남을 즐겁게 해주는 능력이 있는 당신은 당연히 활발한 사회생활을 즐기겠네요. 사랑에 대한 욕구가 강해 갖가지 로맨틱한 관계를 경험하는데, 그중 일부는 가치가 있기보다는 문제가 더 많습니다. 애정문제에 있어 매우 이상주의적이기 때문에 객관성을 가져야 합니다. 편한 마음을 유지하면 사랑하는 사람들이 당신의 기대에 미치지 못하더라도 지나치게 진지해지거나 실망하지 않을 겁니다. 하지만 당신은 사랑에 있어 매우 보편적이며 소중한 사람들에게 극도로 너그럽습니다.

당신에게 특별한 사람

연인이나 친구

1월 5, 10, 18, 19, 26, 30일 / 2월 3, 8, 16, 17, 24, 28일 / 3월 1, 6, 14, 15, 22, 26일 / 4월 4, 12, 13, 20, 24일 / 5월 2, 10, 11, 18, 22일 / 6월 8, 9, 16, 20, 30일 / 7월 6, 7, 14, 18, 28일 / 8월 4, 5, 12, 16, 26, 30일 / 9월 2, 3, 10, 14, 28일 / 10월 1, 8, 12, 22, 26일 / 11월 6, 10, 20, 24일 / 12월 4, 8, 18, 22, 30일

힘이 되어주는 사람

1월 13일 / 2월 11일 / 3월 9일 / 4월 7일 / 5월 5일 / 6월 3, 30일 / 7월 1, 28일 / 8월 26일 / 9월 24일 / 10월 22일 / 11월 20일 / 12월 18일

운명의 상대

1월 26, 27, 28, 29

경쟁자

1월 14, 24일 / 2월 12, 22일 / 3월 10, 20일 / 4월 8, 18일 / 5월 6, 16일 / 6월 4, 14일 / 7월 2, 12일 / 8월 10일 / 9월 8일 / 10월 6일 / 11월 4일 / 12월 2일

소울메이트

7월 30일 / 8월 28일 / 9월 26일 / 10월 24일 / 11월 22일 / 12월 20일

이날 태어난 유명인

케이트 부시(가수), 헨리 포드(자동차 제조업자), 아널드 슈워제네거, 장 르노(배우), 에밀리 브론테(소설가), 헨리 무어(조각가), 피터 보그다노비치(감독), 윤정희, 한인수, 김민정(배우), 변진섭, 이재훈(가수)

| 태양 : 사자자리 |
| 지배 성좌 : 사자자리/태양 |
| 위치 : 7° 30′ – 8° 30′ 사자자리 |
| 상태 : 고정궁 |
| 원소 : 불 |
| 항성 : 노스 아셀루스, 사우스 아셀루스, |
| 프레세페 |

7월 31일

LEO

따뜻한 마음과 예리한 지성을 지닌 몽상가

이 생일의 특성인 따뜻한 마음과 다정함이 카리스마 넘치고 생기 있는 성격 덕에 더 빛을 발합니다. 독립적이고 야망이 있으며 대규모 계획을 세울 수 있는 능력까지 갖춘 당신은 예리한 지성의 소유자이며 목표를 성취하기 위해 열심히 일하려는 의지가 있습니다. 때때로 예민함과 직감이 더 강해져 매우 날카로운 직관력을 발휘합니다. 후하고 통이 커서 돈이 들어오는 족족 빠져나가네요. 사교적이고 애정을 표현하기 때문에 사람들에게 인기가 높습니다.

지배 성좌인 사자자리의 영향이 더해져 당신은 타고난 권위와 능력으로 사람들에게 정신적 자극을 줍니다. 인맥이 넓어서 사람과 관련된 일이나 사회단체를 이끌 경우 특히 성공을 거둡니다. 부유함과 사치에 끌리지만 다행히 원대한 꿈을 실현할 수 있는 진취적 기상이 있습니다. 하지만 자아가 강하니 독단적이 되거나 허영심에 빠지지 않도록 조심하세요.

자부심이 있고 드라마틱한 면이 있으며 이상주의적이지만 동시에 매우 현실적이기도 합니다. 몽상가라서 정말로 흥미를 느끼는 프로젝트나 생각을 개척하길 좋아합니다. 때로는 지나치게 예민하고 상처받기 쉬우니 극단으로 흐르지 않도록 조심하세요. 다행히 당신은 배려심과 이해심이 많고 투지가 있습니다.

당신의 태양이 처녀자리로 들어가는 22세부터 30년 동안 질서와 현실적 문제 해결에 중점을 두고 시간과 에너지를 더욱 분별력 있게 쓰게 됩니다. 그러다 52세에 당신의 태양이 천칭자리로 들어가면서 교제 범위가 넓어지고 관계와 창조적 예술에 더 많은 역점을 두는 또 다른 전환점이 찾아옵니다.

숨어 있는 자아

지적인 것에서 영감을 얻는 당신은 지식과 통찰력을 갖춘 사람들을 존경합니다. 당신 자신도 탐구자라서 폭넓게 지혜를 추구하죠. 여기에는 당신의 지평과 사교생활의 확장에 중요한 여행도 포함됩니다. 솔직한 당신은 생각을 숨김없이 말하는 편이지만 말보다는 행동을 좋아합니다. 불안하거나 초조해지면 앞일을 생각하지 않고 서두르거나 충동적인 행동을 할 수도 있습니다.

극도로 섬세하고 사랑에 대한 욕구가 있어 고귀한 이상을 위해 노력하거나 인도주의적 프로젝트 혹은 인간의 보편적 본성과 관련된 일을 할 때 정서적 충만감을 느낍니다. 때때로 아이처럼 천진난만한 성격이지만, 이는 미성숙한 성향을 암시할 수도 있습니다. 하지만 당신은 자신의 재능으로 다른 사람들을 즐겁고 행복하게 하는 데서 기쁨을 찾습니다.

일과 적성

어떤 직업을 선택하건 사람들을 잘 다룹니다. 조직력과 리더십을 갖춘 데다 야심이 큰 당신은 경영자나 관리자로, 혹은 최대한의 재량권이 주어지는 어떤 일에서건 성공을 거둘 수 있습니다. 법률이나 교육, 공동체를 위한 단체에서 일할 때 특히 좋은 성과를 낼 것으로 보이네요. 드라마틱한 감각이 있어 공연자가 되거나 정치계로 진출했을 때 두각을 드러냅니다. 타고난 인도주의자로 복지 관련 직업이나 의사 혹은 자선사업에서 다른 사람들을 도울 수도 있습니다. 사업을 한다면 대규모의 일에 끌립니다. 이날 태어난 사람들은 작가나 형이상학자, 예술가가 되어도 좋습니다.

수비학으로 풀어본 당신의 운세

강한 의지와 결단력, 자기표현을 중시하는 성향이 31일에 태어난 사람들의 특징입니다. 직관력과 현실적 기술을 결합해 올바른 결정을 내리죠. 31일이 생일인 사람들은 독창적인 아이디어가 넘치고 형태에 대한 감각이 좋아, 시간을 들여 현실적인 계획을 세워 실천하면 사업에서 성공을 거둘 수 있습니다. 이 탄생일은 또한 행운과 기회도 암시하기 때문에 여가활동을 수익이 나는 사업으로 전환하면 성공을 거둘 수 있습니다. 당신은 근면하기 때문에 사랑과 즐거움을 누릴 시간을 가지는 것이 매우 중요합니다. 탄생월 7의 영향으로 섬세하고 사려 깊습니다. 관계를 굉장히 중요하게 생각하고 사람들과 어울리는 걸 즐기죠. 균형을 유지하고 기분이 오락가락하는 성향을 극복하면 지나치게 감정적이 되거나 쉽게 상처받는 일이 없을 거예요.

● 장점 : 행운, 창의력, 독창성, 개발자, 건설적, 포기하지 않음, 현실적, 재담가, 책임감
■ 단점 : 불안정, 성급함, 의심이 많음, 쉽게 낙담함, 야심이 없음, 이기적, 완고함

연애와 인간관계

매력 있고 온정을 발산하는 당신은 많은 사람들 사이에서건, 일대일 관계에서건 사람의 마음을 사로잡습니다. 굉장히 사교적이어서 훌륭한 주최자 노릇을 하고 남의 문제를 내 일처럼 안타까워하죠. 강하고 결단력 있는 사람에게 끌리지만 파트너와 파워 게임에 휘말리지 않게 조심하세요. 특히 이날 태어난 여성들은 조화로운 관계를 유지하기 위해 열심히 노력할 의지가 있지만, 남성과 여성 모두 불안을 겪을 수 있습니다.

사자자리

이날 태어난 유명인

제럴딘 채플린, 웨슬리 스나입스(배우), 조앤 롤링(작가), 김수정(만화가), 이종혁, 김새론(배우)

태양 : 사자자리	
지배 성좌 : 사자자리/태양	
위치 : 8°30′ – 9°30′ 사자자리	
상태 : 고정궁	
원소 : 불	
항성 : 사우스 아셀루스, 노스 아셀루스, 프레세페	

8월 1일

LEO

인도주의적 성향의 마음 따뜻한 사람

이 생일은 리더십, 야망, 드라마틱한 성격을 나타냅니다. 사자자리에 태어난 당신은 직관력이 강하고 단호하며 창의적입니다. 모험을 좋아하는 천성 때문에 자기표현을 원하지만, 강한 실용적 시각과 안정에 대한 관심은 물질주의적 성향이 있음을 암시합니다. 따라서 이상주의와 비전이 당신의 인생에 중요한 역할을 하지만, 돈과 물질적 어려움에 대해 많이 걱정하기 때문에 현실에 단단히 발을 디디고 있습니다. 하지만 격렬한 감정, 인도주의적 성향, 리더십을 갖춘 당신은 마음이 따뜻한 사람입니다.

지배 성좌인 사자자리의 영향이 더해져 당신은 자부심이 강하고 당당하며 타고난 실무 능력으로 사람들에게 정신적 자극을 줍니다. 관찰력과 지각력이 뛰어나고 훌륭한 가치관과 풍부한 지략을 가지고 있네요. 빨리 배우기 때문에 관심사와 창의적 노력을 상업적 사업의 성공으로 신속하게 돌릴 수 있습니다. 당신은 자신의 재능을 마케팅하면서 결단력과 조직력으로 사람들에게 깊은 인상을 남깁니다.

너그럽고 예의 바르며 자신감 있지만 요구가 많고 신경이 날카로운 사람, 다른 사람들이 보는 당신의 모습입니다. 이런 평은 당신이 정서적 불안 때문에 때때로 자신의 진짜 감정들을 숨긴다는 것을 암시합니다. 당신은 성실하고 근면하며 의지할 수 있는 사람이고 자신의 일에 자부심이 있습니다. 강한 언변을 장점으로 활용할 수 있지만, 독설과 지나치게 지배적이 되는 성향이 당신의 많은 노력을 수포로 만들 수 있습니다.

당신의 태양이 처녀자리로 들어가는 21세 무렵이 되면 질서, 효율성, 건강에 더 중점을 두게 됩니다. 또한 현실적인 문제 해결에 대한 인식이 높아지겠습니다. 당신의 태양이 천칭자리로 들어가는 51세에 또 다른 전환점이 찾아와서 사교적 수완이 발달하면 타인과 더 협력하고 창조성과 파트너십을 더욱 중시하게 됩니다.

숨어 있는 자아

시간과 에너지를 아끼지 않는 당신은 좌절감과 낭비벽 폭발 사이를 오가는 성향을 조심해야 합니다. 이런 성향은 당신을 불필요하게 물질적 상황에 대해 걱정하거나 우유부단하게 만들 수 있습니다. 거리를 두고 객관적으로 자신의 상황을 볼 수 있으면, 어떤 상황이든 충분히 처리할 수 있을 거예요.

용기 있고 독립적이며 독창적인 데다 빠른 대응력까지 갖추어서, 자신이건 타인을 위해서건 훌륭한 자유의 투사가 될 수 있습니다. 머리가 좋고 단도직입적이며 거침없이 말하는 편이죠. 모험심이 강해 독특하고 흥미로운 경험을 추구합니다. 확고한 개인주의자인 당신은 정신적 자극을 주어 행동으로 옮기게 하는 창의적인 아이디어들이 넘칩니다.

일과 적성

결단력과 의지가 강한 당신은 자신의 뛰어난 잠재력에 미치지 못하는 상황에 안주하지만 않는다면, 일에 매우 독창적으로 접근합니다. 타고난 실무 능력과 리더십을 갖추었으니 관리직이나 어느 정도의 독립성이 보장되어 자유롭게 일할 수 있는 자리가 좋습니다. 머리가 좋고 기술적, 분석적 재능이 있어 과학부터 글쓰기, 연기까지 어느 분야에서든 두각을 드러내겠네요. 창의성이 뛰어나 예술계나 음악계를 파고들 수도 있는데, 상황을 예리하게 판단하는 힘이 당신의 재능을 상용화하는 데 도움이 될 것입니다. 개혁을 추진하는 능력이 있어 사회의식을 지닌 조직에 끌릴 수도 있겠습니다.

수비학으로 풀어본 당신의 운세

이 생일은 최고가 되고 싶고 독립적이고 싶은 열망을 암시합니다. 1일에 태어난 사람은 개인주의적이고 혁신적이며 용기 있고 에너지가 넘칩니다. 종종 강한 정체성을 확립하고 적극성을 계발할 필요가 있습니다. 이 생일에 부여된 개척자 정신이 독립을 부추기겠네요. 이렇게 스스로 시작하는 힘이 자극제가 되어, 실행력과 리더십도 발달합니다. 열정과 독창적인 아이디어가 넘치는 당신은 다른 사람들에게 성공으로 가는 길을 보여줄 수 있습니다. 그러나 1일에 태어난 당신은 세상이 자신을 중심으로 돌지 않는다는 사실을 자각할 필요가 있습니다. 자기중심적이며 독선적이 되지 않도록 하세요. 탄생월 8의 영향으로 영향력 있는 자리에 있는 것을 즐기고 권력과 물질적 성공에 대한 열망이 강합니다. 너그럽고 공정하고 바른 태도를 취하면 다른 사람들의 존경을 얻을 수 있습니다. 목표와 목적을 성취하려면 당신의 섬세함, 진실성, 카리스마 있는 성격을 이용하여 인정 많은 성격을 더 성장시키기 바랍니다.

- 장점 : 리더십, 창의력, 진보적, 단호함, 낙천적, 강한 확신, 승부욕, 독립적, 사교적
- 단점 : 고압적 행동, 질투심, 자기중심적, 자만심, 적대감, 이기심, 우유부단함, 성급함

연애와 인간관계

개성 있고 활동적인 당신은 각계각층 사람들과의 만남을 즐깁니다. 사교적이어서 사람과 함께 있는 걸 즐기고, 특히 당신을 표현하도록 자극을 주는 창의적인 아이디어를 가진 사람들을 좋아합니다. 사랑하는 사람들에게 매우 충실하고 힘이 되어주려 하지만, 인간관계에서 의심이나 우유부단함 때문에 힘들어질 수 있습니다. 실망하지 않으려면 애정사를 가볍게 받아들이는 태도가 필요합니다. 당신의 행복이 우선임을 명심하세요.

사자자리

이날 태어난 유명인

제리 가르시아(가수), 이브 생로랑(패션 디자이너), 돔 드루이즈(배우), 허먼 멜빌(작가), 반야월(가수), 고은(시인)

| 태양 : 사자자리 |
| 지배 성좌 : 사자자리/태양 |
| 위치 : 9° - 10° 30′ 사자자리 |
| 상태 : 고정궁 |
| 원소 : 불 |
| 항성 : 없음 |

8월 2일

LEO

물질주의와 낙관주의가 결합된 활기찬 이상주의자

성공에 대한 욕구나 강한 물질적 성취욕이 당신의 카리스마 넘치는 성격과 매력, 흥이 많은 성향을 상쇄시키네요. 당신은 사자자리에 태어나 자부심이 강하고 외향적입니다. 활기차고 아이 같은 순수한 면이 있으며 쾌활하죠. 결단력이 강하고 유능하지만 다소 느긋한 성미가 성공을 이루는 데 걸림돌이 될 수 있겠네요.

지배 성좌인 사자자리의 영향이 더해져 당신은 다른 사람들에게 재미를 주는 것을 즐기는 한편 위엄 있는 것을 좋아합니다. 드라마틱한 면이 있어서 자신감을 내뿜고 위풍당당한 분위기가 있죠. 명랑하고 즉흥적인 당신은 품위 있고 창의적입니다. 칭찬을 좋아해 사람들에게 인정받고 존경받길 원하죠. 당신이 듣고 싶어 하는 말만 하고 당신의 상황이 좋을 때만 친구가 되는 사람은 경계하세요. 활기차고 이상주의적이지만 야망이 크고 현실적인 당신은 물질주의와 낙관주의가 흥미롭게 결합되어 있습니다.

자발성을 타고났지만 자유를 사랑해서 개인주의적인 성향이 있습니다. 타인과의 공동 노력과 협력이 이익과 성공을 불러오며, 당신이 맡은 부분에 책임감 있는 태도를 취하면 인정을 받을 겁니다. 꿈을 추구하는 과정에서 사람을 끄는 매력과 다재다능함, 인기가 중요한 역할을 하니, 융통성과 위트가 있고 재미있는 사람이 되면 많은 이들의 마음을 얻을 것입니다.

당신의 태양이 처녀자리로 들어가는 20세부터 인생에서 현실적 질서, 분석, 효율성을 얻고 싶은 마음이 커집니다. 이후 30년 동안 건강에 더 신경 쓰고 자기성찰을 할 필요성을 느끼게 됩니다. 당신의 태양이 천칭자리로 들어가는 50대 초반에 또 다른 전환점이 찾아오는데, 이때부터 가까운 관계들에 더 관여하고 싶어지고 현실적인 고려보다는 좀 더 창조적인 부분들에 신경을 쓰게 됩니다.

숨어 있는 자아

강한 성격, 뛰어난 지성, 무엇이든 빨리 배우는 능력을 타고났습니다. 그러나 때때로 걱정이나 혼란에 빠져 신경질적으로 행동하거나 현실도피를 하기 쉽습니다. 하지만 똑똑하고 매력적이며 표현을 잘하는 성격과 많은 관심사들이 창의성과 새로운 기회에 대한 욕구들을 자극하기 때문에 이런 시기가 오래가지 않습니다.

인생에 대해 자기만의 독특한 접근법을 취하는 당신은 특별해지고 싶어 하고 시대를 앞서갑니다. 누구와도 쉽게 친구가 되고 각계각층의 사람들과 잘 어울리죠. 자유와 독립성이 당신의 우선순위 목록의 위쪽에 있으며, 자신의 감정에 솔직합니다. 자신의 이미지를 잘 알고 있어 이를 자기 홍보에 건설적으로 이용합니다. 수용적이고 주위 환경의 영향을 잘 받는 당신은 친화력이 있고 따스한 성품이며, 사교술이 좋고 재치 있는 접근법을 취합니다.

일과 적성

인생에 창의적으로 접근하는 당신은 예술이나 연극에서, 특히 배우나 극작가로 감정을 표현할 출구를 찾을 수 있습니다. 선천적인 매력과 카리스마가 홍보, 영업 혹은 협상에서 유용하게 쓰일 수 있습니다. 사교술과 소통 기술이 뛰어나니 작가 혹은 교육이나 광고, 출판에서 성공을 거둘 수도 있겠네요. 홍보, 미디어, 상담처럼 사람을 상대하는 모든 직업 역시 당신의 재능을 발산하기에 좋습니다. 독립심이 강해서 자기 방식대로 일할 수 있는 재량권을 원하거나 자영업을 하고 싶을 수도 있습니다. 아니면 사업, 금융 혹은 법조계에서 성공할 수도 있습니다.

수비학으로 풀어본 당신의 운세

2는 감수성과 집단의 일원이 되고 싶은 강한 욕구를 암시합니다. 융통성 있고 이해심 많은 당신은 다른 사람과 상호작용할 수 있는 협력 활동을 즐깁니다. 그러나 좋아하는 사람들을 즐겁게 해주려다 지나치게 의존적이 될 위험이 있네요. 자신감을 기르면 다른 사람들의 행동에 쉽게 상처받는 성향을 극복할 수 있습니다. 탄생월 8의 영향을 받아 당신은 야망이 크고, 단호하며 현실적 기술과 실행력을 보유했습니다. 비판적이거나 완벽을 요구하는 성향을 극복해서 권력과 지배욕에 사로잡히지 않도록 하세요. 과하게 도움을 주다가 갑자기 도움을 끊어버리기보다 그 중간의 균형을 찾아야 합니다. 불안을 느끼면 자신의 계획을 실행하기 어려워집니다. 반대로 예술적 또는 창의적 표현의 원형을 찾으면 꿈을 현실로 만들 수 있습니다.

- 장점 : 훌륭한 파트너십, 온화함, 재치, 수용적, 직관, 사려 깊음, 조화, 상냥함, 친선대사
- 단점 : 의심, 자신감 부족, 굴종, 과민, 감정적, 이기심, 쉽게 상처받음, 부정직함

연애와 인간관계

흥이 많고 사교적인 당신은 좋은 친구이자 동반자입니다. 다정하고 애정이 넘치지만 관계를 오래 지속하려면 상대를 신중하게 선택해야 합니다. 사랑하는 사람에게 낭만적이고 솔직한 감정을 보여주지만, 행복해지려면 경제적 안정이 필요합니다. 당신은 이성에게 매우 매력적이며 연애를 원하지만, 자유를 바라는 마음도 똑같이 강할 수 있습니다.

이날 태어난 유명인

피터 오툴, 에드워드 펄롱(배우), 제임스 볼드윈(소설가), 일라이셔 그레이(발명가), 시몬 페레스(이스라엘 정치인), 구대성(야구 선수), 최정원(배우), 리아(가수)

사자자리

태양 : 사자자리	
지배 성좌 : 궁수자리/목성	
위치 : 10° - 11°30′ 사자자리	
상태 : 고정궁	
원소 : 불	
항성 : 없음	

8월 3일

LEO

뛰어난 사업 감각을 갖춘 현실적인 이상주의자

성공 지향적이고 야망이 크며 용기 있는 당신은 낙관적이고 운이 따르는 사람으로, 사업 감각이 좋고 지략이 풍부합니다. 이 생일로 보건대 당신은 성취욕이 있고 모험심이 강하며 다재다능한 사자자리 태생입니다. 하지만 정신적 자극과 창조적인 자기표현, 인내심이 부족하다면 당신의 무수한 아이디어와 꿈이 실현되지 못할 것입니다.

사업 감각이 뛰어나 기민한 투자가가 되거나 투기에도 성공을 거두지만, 지배 성좌인 궁수자리의 영향을 볼 때 지나치게 낙관적이거나 비현실적인 성향은 극복해야 합니다. 대체로 당신은 경제적 안정이 모든 답을 줄 수 있다고 믿는 경향이 있네요. 하지만 물질적 이익만 본다면 삶에서 정말로 가치 있는 것에 대한 통찰을 놓칠 수 있습니다.

현실적인 이상주의자인 당신은 비전과 리더십이 있고 종종 자기 홍보를 통해 자신의 능력을 상업화할 수 있습니다. 인생에서 무슨 일을 하건 원대한 꿈을 품는 편이죠. 이러한 확장욕은 내면이 불안하고 현재 상황이 불만족스러워서 끊임없이 더 앞으로 나아가라고 스스로를 부추기는 것일 수 있습니다.

부를 추구하는 과정에서 성공으로 가는 길에 당신에게 가장 큰 도움을 주는 사람은 흔히 여성입니다. 당신은 자제력이 강하고 근면하지만, 종종 사치스러운 취향이 있어 원하는 물건을 손에 넣는 것이 행복감에 중요한 역할을 합니다.

당신의 태양이 사자자리로 들어가는 19세 이후로 지배적인 성향이 약해지고 더욱 분석적, 현실적, 사색적이 됩니다. 맡은 일이 더 많아지기 시작하고 좀 더 완벽하고 효율적으로 일하길 원합니다. 당신의 태양이 천칭자리로 들어가는 49세부터 인생의 주안점에 변화가 생기는데, 교제 범위를 넓힐 뿐 아니라 더 깊은 관계를 맺게 됩니다. 또한 잠재해 있던 예술적 혹은 문학적 재능을 계발할 가능성도 있습니다.

숨어 있는 자아

뛰어난 지적 능력과 창의적인 사고를 갖춘 당신은 종종 시대를 앞서갑니다. 독창적인 아이디어들과 고결함은 당신이 지도적인 위치에 있을 때 빛을 발하게 되네요. 예리한 판단자인 당신은 사람과 상황을 신속하게 평가합니다. 또한 조직력이 뛰어나 다른 사람들을 당신의 계획에 끌어들일 수 있습니다. 번뜩이는 통찰력과 설득력이 사람들에게 깊은 인상을 주어 당신의 생각을 따르도록 만들죠. 시간과 돈에 인색하지 않으며, 다른 사람들을 돕는 일을 특히 잘합니다.

당신에게 엿보이는 반항적인 구석은 자유에 대한 욕구를 강조하는 것일 수 있습니다. 재치와 지적 능력을 갖추어 많은 노력을 들이지 않고도 그럭저럭 살아갈 수 있지만 쉬운 길을 택할 위험이 있습니다. 당신의 진짜 재능들을 실현하려면 자신의 진정한 잠재력을 펼치는 데 필요한 도전들에 맞서 능력을 발휘해야 합니다.

일과 적성

야망이 있고 매력적인 성격의 당신은 어떤 직업에서건 최고 자리까지 올라갈 수 있습니다. 금융 쪽이든 예술 쪽이든 일할 때 명령받기를 싫어해서 관리직이나 경영자가 적합할 수 있습니다. 당신은 배우나 감독, 극작가로 연극계에서 특히 성공을 거둘 수 있습니다. 아니면 비즈니스에서 당신의 대인관계 기술을 사용할 수 있는데 이 경우 영업, 판촉 혹은 협상에서 뛰어난 성과를 발휘합니다. 낙관적이고 큰 그림을 그릴 수 있어 당신이 주도적인 역할을 하는 새로운 프로젝트를 시작하는 것을 좋아합니다. 일을 위임하는 데 능숙해 뛰어난 관리자가 될 수도 있고 자영업 쪽에 끌릴 수도 있겠습니다.

수비학으로 풀어본 당신의 운세

3일에 태어난 당신은 창의력과 감정을 표현하고 싶은 욕구가 있는 섬세한 사람입니다. 흥이 넘쳐 함께하기 좋은 친구이며 친목을 위한 사교활동과 다양한 관심사를 즐기는 편입니다. 다양하고 흥미로운 경험을 원하는 당신은 다재다능하고 표현력이 풍부하지만, 쉽게 싫증을 내는 성향이 있어 우유부단해지거나 한꺼번에 너무 많은 일을 벌여 하나도 제대로 못 하게 될 수도 있습니다. 생일 3의 영향으로 예술적이고 매력적이며 유머 감각이 뛰어나지만 자존감을 키울 필요가 있고, 걱정이나 정서적인 불안에 빠지는 성향은 경계해야 합니다. 탄생월 8의 영향으로 당신은 창의성과 상상력을 현실적으로 활용합니다. 다방면에 재능이 있고 기회를 잘 잡지만 불안을 느껴 한꺼번에 너무 많은 일을 하려는 유혹을 받을 수 있겠네요. 몇 가지 일에 집중하면 자제력을 익혀 성공을 거둘 수 있습니다.

● 장점 : 유머, 행복감, 친화적, 생산적, 창의적, 예술적 성향, 기원, 자유에 대한 사랑, 말재주
■ 단점 : 쉽게 싫증을 냄, 허영심, 지나친 상상력, 과장함, 자기 자랑, 사치, 방종, 게으름, 위선적, 낭비

연애와 인간관계

열정적이고 욕구가 강해 애정생활이 당신에게 중요한 부분을 차지합니다. 너그러운 친구이자 연인이어서 인기가 높지만, 때때로 지나치게 지배하려 들 수 있습니다. 카리스마 넘치는 매력 덕분에 사교적, 낭만적 기회가 많이 생기겠네요. 대개는 파트너에게 충실하지만 사랑에 대한 갈망과 물질적 안정을 바라는 마음 사이에 갈팡질팡할 수 있습니다. 자유에 대한 욕구로 볼 때 당신은 독립적이라고 느낄 충분한 여지를 주는 관계를 선호합니다.

연인이나 친구

1월 6, 10, 15, 29, 31일 / 2월 4, 8, 13, 27, 29일 / 3월 2, 11, 25, 27일 / 4월 4, 9, 23, 25일 / 5월 7, 21, 23일 / 6월 5, 19, 21일 / 7월 3, 17, 19, 30일 / 8월 1, 15, 17, 28일 / 9월 13, 15, 26일 / 10월 11, 13, 24일 / 11월 9, 11, 22일 / 12월 7, 9, 20일

힘이 되어주는 사람

1월 13, 15, 19일 / 2월 11, 13, 17일 / 3월 9, 11, 15일 / 4월 7, 9, 13일 / 5월 5, 7, 11일 / 6월 3, 5, 9일 / 7월 1, 3, 7, 29일 / 8월 1, 5, 27, 31일 / 9월 3, 25, 29일 / 10월 1, 23, 27일 / 11월 21, 25일 / 12월 19, 23일

운명의 상대

1월 31일 / 2월 1, 2일 / 5월 30일 / 6월 28일 / 7월 26일 / 8월 24일 / 9월 22일 / 10월 20일 / 11월 18일 / 12월 16일

경쟁자

1월 12일 / 2월 10일 / 3월 8일 / 4월 6일 / 5월 4일 / 6월 2일 / 8월 31일 / 9월 29일 / 10월 27, 29, 30일 / 11월 25, 27, 28일 / 12월 23, 25, 26, 30일

소울메이트

1월 2, 28일 / 2월 26일 / 3월 24일 / 4월 22일 / 5월 20일 / 6월 18일 / 7월 16일 / 8월 14일 / 9월 12일 / 10월 10일 / 11월 8일 / 12월 6일

이날 태어난 유명인

마틴 쉰, 스티븐 그레이엄(배우), 토니 베넷(가수), 존 랜디스(영화감독), 앤 클라인(패션 디자이너), 윤기원(배우), 강민경(가수)

사자자리

335

태양 : 사자자리
지배 성좌 : 궁수자리/목성
위치 : 11°‒12°30′ 사자자리
상태 : 고정궁
원소 : 불
항성 : 코카브

8월 4일

LEO

마음이 넓고 친화적이며 쾌활한 성격

관대하고 마음이 넓은 당신은 보편적인 시각을 가지고 있지만, 종종 물질에 대한 집착이 인도주의적 성향에 제약을 가할 수 있습니다. 사자자리에 태어나 창의적이고 도량이 넓으며 실용적인 기술들과 성취 능력을 가지고 있습니다. 친화적이고 쾌활해서 사람들을 끌어당기며 인기가 좋죠. 이런 점으로 볼 때 당신은 강한 리더십을 발휘할 잠재력이 있어서 종속적인 위치에 있는 걸 좋아하지 않습니다.

지배 성좌인 궁수자리의 영향이 성장을 독려하며 낙관적인 시각과 결합되어 용기 있게 모험을 하라고 자극합니다. 당신이 미지의 세계를 두려워하면, 이 영향이 불리하게 작용해 기록적인 성취를 이룰 수 있는 역량을 약화시킬 수 있습니다. 성급하고 권위적인 성향을 이기려고 노력하면 인내심을 기를 수 있습니다. 객관성과 삶에 대한 균형 잡힌 태도를 가지면 많은 좌절감과 실망감을 떨칠 수 있을 거예요.

책임감 있는 태도를 취하면 자신의 진정한 잠재력을 탐사하여 당신이 선택한 분야에서 주도적인 전문가가 될 수 있습니다. 당신은 큰 그림을 다루는 쪽을 선호하지만, 열정이 넘쳐 작아도 꼭 필요한 디테일을 놓칠 수도 있겠네요. 철두철미하고 꼼꼼하게 일하는 법을 익히면 성공 가능성이 높아집니다.

어릴 때부터 사회활동에 관심이 있고 일의 중심에 서곤 합니다. 당신의 태양이 30년 동안 처녀자리로 들어가는 18세부터 서서히 더 양심적이고 사려 깊으며 내성적인 사람이 되고 분별력이 높아집니다. 좀 더 효율적으로 일할 수 있는 근무 환경을 만드는 데 관심을 기울이겠네요. 그러다 55세 때 당신의 태양이 천칭자리로 들어가면서 전환점이 찾아와 사회적 관계와 파트너십에 큰 중점을 두게 됩니다. 또한 창의적 능력이 향상되어 잠재해 있던 음악이나 예술, 문학에 대한 관심을 발달시키고 싶어 합니다.

숨어 있는 자아

생기 넘치는 성격이며, 행복하고 느긋할 때면 독창적인 유머 감각이 발휘됩니다. 당신이 구사하는 영리하고 풍자적인 위트는 타고난 심리학적 기술과 사람들을 신속하게 판단하는 능력에서 나옵니다. 어떤 대가를 치르더라도 물질적 안정을 원하는 마음이 이상과 소망, 그리고 현실적 제약 사이에 갈등을 불러일으키기도 합니다. 모험과 다채로운 경험, 여행을 당신의 인생에 포함시키면 내면의 불안을 잠재우고 새로운 목표를 성취할 수 있습니다.

자산과 예산을 관리하는 법을 배우면, 인심이 좋고 낭비하는 넉넉한 시기와 돈이 부족해 불안정한 시기 사이를 오가는 것을 피할 수 있습니다. 그러면 경제적 불안정에 대한 두려움을 극복하는 데도 도움이 될 거예요.

일과 적성

매우 독립적이고 명령을 받기보다 하는 쪽을 좋아하기 때문에 권위 있는 자리에 있을 때, 혹은 집단 내에서 일할 경우에는 자신의 방식대로 작업할 수 있는 재량권이 있을 때 더 능력을 발휘합니다. 당신은 교직, 강연, 연극계에서 성공할 수 있습니다. 평가에 능하고 실용적인 면이 있어서 부동산, 금융, 주식에 끌릴 수도 있겠네요. 아니면 인도주의적 면모가 치유 관련 직업이나 사회사업 혹은 지역사회 활동을 통해 표현될 수도 있겠습니다.

수비학으로 풀어본 당신의 운세

4가 나타내는 탄탄한 구조와 정돈된 힘으로 볼 때 당신은 안정을 원하고 질서를 세우고자 합니다. 에너지와 실용적 기술들, 강한 결단력을 타고났기 때문에 열심히 노력하면 성공을 거둘 수 있습니다. 안정을 중시하여 자신과 가족을 위한 탄탄한 토대를 쌓고 싶어 합니다. 인생에 실용적으로 접근해서 탁월한 사업 감각과 물질적 성공을 거두는 능력을 갖추게 됩니다. 4일에 태어난 당신은 정직하고 공정한 편입니다. 4일에 태어난 사람에게 주어진 과제는 불안정한 시기나 금전 문제를 걱정하는 시기를 극복해야 한다는 것입니다. 탄생월 8의 영향으로 당신이 재정을 어떻게 관리하느냐에 따라 인생에 큰 변화를 가져올 수 있으니, 현실적이고 경제적이 되어야 합니다. 당신은 창조적으로 생각하는 것을 좋아해 종종 다른 사람들을 이끌고 영감을 줍니다. 추론 능력이 뛰어나 기획이나 설계에 능하네요.

- 장점 : 조직력, 절제력, 꾸준함, 근면함, 조직적, 솜씨, 손재주, 실용적, 신뢰, 정밀성
- 단점 : 소통 부족, 엄격함, 나태, 무정함, 미루는 버릇, 위세 부림, 감춰진 애정, 화를 잘 냄, 엄격함

연애와 인간관계

따뜻하고 상냥하지만 때때로 감정을 억제하여 차가워 보이고 거리감이 느껴집니다. 파트너십이 당신의 인생에서 매우 중요하지만 항상 감정을 잘 표현하지는 않습니다. 보통 정신적 자극을 주거나 당신과 함께 지적 활동을 할 수 있는 사람에게 끌립니다. 당신은 훌륭한 파트너이지만, 완고한 면을 보이면 관계에 불화를 불러일으킬 수 있습니다. 다행히 당신은 이해심과 배려가 많아 좋은 친구이자 주최자, 보호 성향이 강한 가족이기 때문에 이런 불화가 오래가지는 않습니다.

이날 태어난 유명인

퍼시 비시 셸리(시인), 로저 클레멘스(야구 선수), 크누트 함순(작가), 루이 암스트롱(가수), 야세트 아라파트(팔레스타인 정치인), 버락 오바마(전 미국 대통령), 임선동(야구 선수)

태양 : 사자자리
지배 성좌 : 궁수자리/목성
위치 : 12° - 13°30′ 사자자리
상태 : 고정궁
원소 : 불
항성 : 코카브, 아쿠벤스

8월 5일
LEO

현실적인 사업 감각과 뛰어난 조직력

다재자능함, 창의성, 의지력, 결단력이 이날 태어난 사람들의 특성입니다. 사자자리에 태어난 당신은 대담하고 야망이 크며 당당합니다. 하지만 강한 자존심과 물질주의적 성향 때문에 경제적 안정이 당신의 전체적인 계획에 중요한 요소가 됩니다.

지배 성좌인 궁수자리의 영향으로 생산적으로 사는 것을 즐기며 도덕관이 훌륭하네요. 하지만 너무 성급하거나 고집을 부리는 성향은 경계해야 합니다. 당신은 근면한 데다 현실적인 사업 감각과 뛰어난 조직력까지 갖추고 있습니다. 단호한 성격이니 너무 완고하거나 위압적이 되지 않도록 조심하세요.

보수적인 견해와 물질적, 사회적으로 성공의 사다리를 올라가고 싶은 열망이 있지만 자신의 개성도 표현하고 싶어 합니다. 다른 사람에게서 명령을 받는 걸 좋아하지 않아 종종 자신만의 규범과 수칙을 만들어내지만, 지나치게 자기 의견만 고집하는 건 금물입니다. 여성들이 특히 많은 도움을 주겠네요. 타인과 협력하는 방법을 배우면 보답이 돌아옵니다.

당신의 태양이 처녀자리로 들어가는 17세 이후로 일상생활에 현실적 질서를 원하는 마음이 커집니다. 상황을 현실적으로 분석하고 전반적으로 더 나은 삶이 되도록 인생을 재구성할 방법들을 찾으려 하죠. 이런 경향이 계속되다가 당신의 태양이 천칭자리로 들어가는 47세에 전환점이 찾아와 관계와 창의성의 조화가 점점 더 중요해집니다.

숨어 있는 자아

현실적 결단력, 지식에 대한 사랑, 예리한 두뇌로 어떤 상황이든 잘 처리할 수 있습니다. 당신의 성공에 걸림돌이 될 수 있는 것은 의심하거나 회의적인 성향입니다. 자기 자신이나 스스로의 성취 능력에 대한 믿음을 잃으면, 냉담해지거나 사람들과 거리를 두고 고립될 위험이 있습니다. 매사에 대담하고 자발적으로 임해 더 활동적이고 강한 사람이 되도록 도전해보세요.

때때로 물질적 문제에 관심이 많지만, 당신 삶의 어려움들을 극복할 수 있도록 돕는 것은 내면의 지혜나 정신적 통찰력입니다. 성격이 강해서 자신의 의견을 내거나 저항하지만, 당신의 뜻을 이루려면 효과적인 전술을 이용해 맞서야 합니다. 당신의 직관을 믿으면 자신감과 신뢰가 높아져 꿈을 이룰 수 있습니다.

일과 적성

야망, 뛰어난 사업 감각, 일을 주도할 수 있는 능력이 성공으로 가는 데 도움이 됩니다. 당신은 권력, 구조, 효율성을 즐기지만 정서적 예민함과 섬세함도 가지고 있습니다. 이런 특성들의 조합이 물질적 자산을 다루는 일에서부터 창조적인 세계에 이르기까지 어떤 분야에서든 효과를 발휘하죠. 항상 이미지에 신경을 쓰기 때문에 연극이나 연예계에 강한 매력을 느낄 수도 있습니다. 종속적인 위치에 만족하지 않아 권력이 있는 자리나 자영업을 선호할 수도 있겠네요. 당신은 힘과 결단력을 발휘해 사업, 특히 영업에서 두각을 드러냅니다. 아니면 훌륭한 법률가가 될 수도 있겠습니다.

수비학으로 풀어본 당신의 운세

강한 직관력, 넘치는 모험심, 그리고 자유에 대한 열망이 5일에 태어난 사람들의 공통점입니다. 새로운 무언가를 탐구하거나 시도하고 싶어 하고 열정적인 당신에게 삶은 많은 것을 안겨줄 것입니다. 여행과 예상하지 못한 수많은 변화의 기회를 통해 세계관과 믿음이 달라질 수 있겠네요. 생일 5의 영향으로 인생은 흥미진진해야 한다고 느끼지만, 책임감 있는 태도를 키워야 하고, 돌발적인 행동과 조바심 내는 성향은 조심해야 합니다. 성급한 행동이나 투기적 행위는 피하고 인내심을 배우면 성공할 수 있습니다. 5일에 태어난 사람들의 타고난 장점은 순리를 따를 줄 알고 객관성을 유지한다는 것입니다. 탄생월 8의 영향으로 두뇌 회전이 빠르고 예리하며 야망이 큽니다. 성취와 성과를 중요시하며, 근면한 데다 관리 기술도 뛰어나 권한과 영향력이 있는 자리로 올라갑니다.

- 장점 : 다재다능함, 융통성, 진보적, 강한 직관력, 매력, 행운, 대담성, 자유에 대한 사랑, 재치, 순발력, 호기심, 신비적, 사교성
- 단점 : 불신, 변덕, 미루는 버릇, 일관성이 없음, 지나친 자신감, 고집불통

연애와 인간관계

당신은 여행과 새로운 사람을 만나는 걸 즐깁니다. 마음이 따뜻하고 사교적이지만 가까운 관계에 불안을 느껴 우유부단해질 수 있습니다. 항상 바쁘고 창조적인 생활을 유지함으로써 의심하거나 걱정할 틈을 두지 않으면 이런 성향을 극복할 수 있습니다. 음악이나 창조적 예술이 특히 당신의 정신을 고양시킵니다. 낙천주의와 관대함으로 다른 사람들을 매료시키지만, 사랑하는 사람들을 쥐고 흔들지 않도록 조심하세요.

이날 태어난 유명인

닐 암스트롱(우주비행사), 존 휴스턴(영화감독), 로니 앤더슨(배우), 기 드 모파상(작가), 정동환, 권상우, 윤진서(배우), 엄기영, 백지연(방송인), 유승민(탁구 선수)

사자자리

태양 : 사자자리
지배 성좌 : 궁수자리/목성
위치 : 13° - 14° 30′ 사자자리
상태 : 고정궁
원소 : 불
항성 : 코카브, 아쿠벤스

8월 6일

LEO

엄격한 규율주의자이자 인정 많은 인도주의자

당신의 생일로 보아 당신의 사교적이고 이상주의적인 태도 이면에는 자신의 재능을 상업화하려는 현실적 성격이 숨어 있습니다. 사자자리에 태어나 매력적, 낭만적, 자발적이며 창의적 재능과 색채, 스타일에 대한 안목이 있네요. 당신은 성격상 극단적인 면이 있어서 한편으로는 엄격한 규율주의자입니다. 특히 돈이 관련된 문제일 때 더 그러하죠. 하지만 다른 한편으로는 배려 있고 인정 많은 인도주의자입니다.

목성의 영향으로 야망이 있고 활력이 넘칠 뿐 아니라 단도직입적이고 거침없이 말하는 편입니다. 비판적인 성향이 있으니 불안이나 걱정에 빠지지 않도록 조심해야 하지만, 당신에게는 정신적 자극이 동기부여와 성공의 열쇠이며 자극을 받으면 필요한 노력을 기꺼이 쏟아붓습니다. 하지만 융통성 없이 전적으로 의무감에서 마지못해 일하는 일이 없어야 합니다. 그러면 거부감이 들거나 자신감이 떨어지고 자신이 제대로 인정받지 못한다고 느낄 수 있습니다

당신은 매력적인 성격, 삶에 대한 열정, 긍정적인 사고방식으로 큰 성공을 거둘 수 있습니다. 때때로 큰 행운이 찾아오지만, 이를 당연하게 여기거나 모든 것을 운에 맡기는 건 금물입니다.

당신의 태양이 처녀자리로 들어가는 16세쯤부터 30년 동안 질서, 현실적 문제 해결, 시간과 에너지를 좀 더 분별 있게 사용하는 데 중점을 둡니다. 그러다 당신의 태양이 천칭자리로 들어가는 46세에 또 다른 전환점이 찾아와 교제 범위를 넓히고 관계에 역점을 두게 됩니다. 잠재해 있던 음악적, 예술적, 혹은 문학적 재능을 계발할 수도 있겠네요. 76세 때 당신의 태양이 전갈자리로 들어가는데, 이때부터는 자신의 더 깊은 감정들과 교감하고 싶어집니다.

숨어 있는 자아

겉으로는 강해 보이지만 내적 정서가 예민해서 극단적인 성격이 나타날 수 있습니다. 부정적이거나 자기 생각밖에 못할 때는 격렬한 감정이 실망이나 외로움으로 표출될 수 있지만, 긍정적일 때는 모두에 대해 보편적 사랑을 느낍니다. 이타적인 면이 있어 많은 보답을 기대하지 않고 기꺼이 타인에게 도움을 주려 합니다. 하지만 조화를 위한 타협과 쉽게 만족하지 않는 성향 사이에 적절한 균형을 잡는 것이 중요합니다. 이러한 균형은 당신이 스스로를 어떻게 평가하는지와 남들이 당신을 어떻게 대하는지에 영향을 미칩니다. 사랑하고 사랑받으려는 마음이 강해서 다른 사람의 반응에 민감합니다. 아름다움과 사치를 좋아하며 나눔을 즐깁니다.

일과 적성

매력과 훌륭한 가치관을 갖춘 당신은 일과 놀이를 결합시키는 데 능합니다. 사람들로부터 책임감과 근면함을 인정받죠. 인맥이 넓으며, 당신의 최대 자산 중 하나가 사람을 대하는 능력입니다. 대규모 사업, 머천다이징, 제조, 금융 쪽에서 뛰어난 역량을 발휘하거나 아니면 자영업을 선호할 수도 있습니다. 재능을 타고나 연극이나 연예계에 끌리기도 합니다. 인정 많은 성격을 활용한다면 보육, 상담, 치유 관련 직업, 공동체를 위한 박애 사업에 종사할 수도 있겠습니다. 혹은 아름다움, 자연, 형태에 대한 안목이 높아 예술가나 디자이너 같은 창조적인 직업에 끌릴 수도 있습니다.

수비학으로 풀어본 당신의 운세

온정, 이상주의, 배려심 있는 성격이 6일에 태어난 사람들의 특성입니다. 6은 완벽주의자 혹은 누구와도 친구가 되는 사람을 나타내는 숫자로, 당신이 책임감이 강하고 다정하며 힘을 주는 인도주의자임을 말해줍니다. 생일 6의 영향으로 당신은 가정적인 사람이며 헌신적인 부모입니다. 좀 더 감성적인 사람들은 창조적 표현 형태를 찾아야 해서 연예계나 예술, 디자인 계통에 끌릴 수 있습니다. 자신감을 더 키우고, 간섭, 걱정, 부적절한 동정 등의 성향을 극복해야 합니다. 탄생월 8의 영향으로 변화를 빨리 감지하기 때문에 신중하고 가치 판단을 잘합니다. 현실적이고 경제적이지만 이상주의적이고 느긋한 성향도 있네요. 직관을 신뢰하고 스스로에 대해 알게 되면 다른 사람들과의 상호작용을 즐길 수 있습니다.

- 장점 : 세상일에 밝음, 보편적인 인류애, 친화적, 인정이 많음, 신뢰할 수 있음, 이해심, 공감 능력, 이상주의, 가정적, 휴머니즘, 침착함, 예술성, 균형감
- 단점 : 불만, 근심, 수줍음, 비합리적, 고집스러움, 부조화, 군림하려는 태도, 이기적, 냉소적, 의심이 많음, 자기중심적

연애와 인간관계

흥이 넘치고 배려심 많은 당신은 믿을 수 있고 다정한 사람입니다. 때때로 어린애 같은 장난기가 있으며 항상 일정한 젊음을 유지합니다. 매력과 사교성을 타고나 친구들과 추종자들의 마음을 끌 수 있습니다. 진지한 관계에서는 낭만적이고 이상주의적이며 충실하지만, 희생을 자처하거나 지나친 소유욕을 발동해서는 안 됩니다. 당신은 따뜻하며 배려심 많고 다정한 파트너입니다.

사자자리

이날 태어난 유명인

앨프리드 테니슨(시인), 루실 볼, 로버트 미첨(배우), 앤디 워홀(예술가), 알렉산더 플레밍(과학자), 엘리엇 스미스(가수), 김상중(배우)

태양 : 사자자리	
지배 성좌 : 궁수자리/목성	
위치 : 14° - 15°30′ 사자자리	
상태 : 고정궁	
원소 : 불	
항성 : 코카브, 아쿠벤스	

8월 7일
LEO

인정 많고 내성적이지만 강한 카리스마를 지닌 사람

이상주의적이고 근면하며 매력 있는 당신은 내성적이지만 카리스마가 강하며 건전한 분별력을 갖추었습니다. 이날 태어난 사람은 예술적이거나 창조적인 사자자리 태생으로 다정하고 책임감이 강합니다.

당신의 지배 성좌인 궁수자리의 영향으로 솔직하고 정직하며 불우한 사람들을 돕지만 타인과의 관계에서 독선적이거나 거만한 태도를 취할 위험이 있습니다.

낙천주의와 원대한 꿈이 당신에게 동기를 부여하는 힘이며 당신의 활동적이고 건설적인 정신과 연결됩니다. 하지만 좀 더 현실적인 접근법을 개발할 필요가 있고, 지나치게 낙천적이 되거나 자기 파괴적인 생각을 품는 성향은 극복해야 합니다. 당신은 넓게 생각하고 설득력이 매우 강한 장점이 있습니다.

당신은 의욕과 타성 간의 균형을 맞추면서 성공과 번영을 원하지만, 적절한 지원을 받지 못하면 쉽게 낙담하거나 어떤 일이나 누군가가 당신의 상상력에 불을 붙여줄 때까지 목적 없이 떠돌 수 있습니다. 인내심과 끈기를 키우고 긍정적인 정신을 유지하면 목표를 달성하거나 그러한 노력에 합당한 성공이 보장됩니다.

당신의 태양이 처녀자리로 들어가는 15세 이후에는 일상생활에서 현실적인 질서를 원하는 마음이 커집니다. 상황을 분석하여 자신의 인생을 재구성하고 향상시킬 방법들을 찾고 싶어지죠. 이런 성향이 45세까지 계속되다가 당신의 태양이 천칭자리로 들어가면서 전환점이 찾아와 관계, 창의성, 조화를 점점 더 중시하게 됩니다. 75세에 당신의 태양이 전갈자리로 들어가면 개인적 힘과 변화의 중요성이 강조됩니다.

숨어 있는 자아

자신감 있고 인정이 많아서 사람들이 도움과 격려를 얻으려고 당신에게 의지합니다. 사람들에게 유익한 조언을 해주지만, 때로는 자신의 말을 실천하는 데 어려움을 겪습니다. 창조적이고 직관적인 당신은 자기표현 욕구가 강합니다. 이런 자기표현은 믿음과 자신감을 키우는 데 도움이 되고, 당신 자신이나 타인에게서 느낄 수 있는 좌절감이나 실망의 배출구가 됩니다. 관대하고 마음이 따뜻해서 다른 사람들에게 진심으로 마음을 씁니다. 또한 일단 목표를 정하면 매우 결단력이 있습니다.

하지만 무기력하거나 지나치게 고착된 태도는 경계하세요. 이런 태도를 버리지 않으면 편안하고 수월한 일상에 안주할 수는 있지만 당신의 잠재력을 발휘하기 위한 도전은 하지 않게 됩니다. 인도주의와 사치스러운 생활에 대한 열망이 흥미롭게 뒤섞여 당신의 원대한 꿈을 실현하게 해줄 자극제가 됩니다.

일과 적성

다정하고 매력적이며 자신의 생각을 거침없이 표현하기 때문에 영업이나 대행사, 판촉처럼 대인관계 기술을 사용하는 직업에서 뛰어난 성과를 낼 수 있습니다. 머리가 뛰어나고 조직력이 좋아서 사업 쪽으로 갈 수도 있는데, 이 경우 대규모의 일에 끌립니다. 연극계나 연예계도 타고난 연기 재능을 최대한 활용해 성공을 거둘 수 있는 분야입니다. 아니면 진실에 대한 열망이 있고 인생을 철학적인 태도로 대하기 때문에 법률, 성직자, 혹은 형이상학에 끌릴 수도 있겠네요. 사람을 대하는 재능과 약자를 도우려는 마음이 결합되어 훌륭한 대의를 위해 싸우고 싶을 수도 있습니다.

수비학으로 풀어본 당신의 운세

7일에 태어난 사람들은 분석적이고 사려 깊으며, 종종 비판적인 성향을 띠고 자신에게 몰두합니다. 끊임없이 자신을 더 잘 이해하고 싶어 정보 수집을 즐기고 독서, 글쓰기나 정신적 영역에 관심이 있습니다. 상황 판단이 빠르지만 지나치게 합리화하거나 디테일에만 빠져 있기도 합니다. 알쏭달쏭한 태도를 취하거나 숨기려는 성향이 있어 때로는 자신이 이해받지 못한다고 느낍니다. 탄생월 8의 영향으로 야망이 있고 사업 감각이 뛰어납니다. 빚을 지는 걸 좋아하지 않지만 재무를 관리하는 법은 배워야 합니다. 멋진 삶을 즐기고 싶은 마음은, 당신에게 동기를 부여하고 정신적 자극을 줄 무엇인가가 필요하다는 뜻입니다. 그렇지 않으면 방향을 잃고 헤매거나 판에 박힌 생활에 갇힐 위험이 있습니다. 성공을 위해 열심히 노력할 의지가 있는 당신은 종종 기회를 얻어내며, 외국으로 여행을 하면 행운이 찾아올 수 있습니다.

- 장점 : 교양, 신뢰, 세심함, 이상주의, 정직, 심령적 능력, 과학적, 합리적, 사색적
- 단점 : 감추는 성향, 부정직함, 불친절, 속을 터놓지 않음, 회의적, 잔소리, 거리감, 무정함, 비판에 민감함

연애와 인간관계

직관적이고 사색적이며 사랑과 따뜻한 마음을 베풀어 인기가 좋습니다. 이해심을 타고나서 당신의 에너지에 끌리는 사람들을 매료시키죠. 관계를 선택할 때는 신중해야 할 필요가 있습니다. 이상이 높아서 많이 베풀지만, 다른 사람들이 당신만큼 너그럽지 않고 베풀지 않으면 실망할 수 있습니다.

사자자리

이날 태어난 유명인

마타 하리(스파이), 니컬러스 레이(영화감독), 루이스 리키(고생물학자), 지미 웨일스(위키백과 설립자)

| 태양 : 사자자리 |
| 지배 성좌 : 궁수자리/목성 |
| 위치 : 15° - 16° 사자자리 |
| 상태 : 고정궁 |
| 원소 : 불 |
| 항성 : 두베, 아쿠벤스 |

8월 8일
LEO

직관적이고 신속한 사고를 하는 실용주의자

활동적인 힘과 잠시도 가만있지 못하는 성향을 가진 당신에게 인생은 많은 것을 준비해두고 있습니다. 사자자리에 태어나 창의적이면서도 야망이 있으며 성공과 인정을 받고 싶은 열망이 강하네요.

지배 성좌인 궁수자리의 영향을 볼 때 낙천주의와 열정, 끈질긴 노력으로 당신의 환경과 라이프스타일을 크게 변화시킬 수 있습니다. 근면하고 현실적인 당신은 직관적이고 신속한 사고를 하는 실용주의자입니다. 이 탄생일은 높은 생산성과도 연관되어 있지만, 지나치게 질투를 하거나 성급해지지 않도록 경계하세요.

다채로운 경험이 인생에 향신료 역할을 해주네요. 무슨 일을 하건 판에 박힌 단조로운 생활은 당신에게 맞지 않습니다. 새로운 사람과의 만남, 여행, 다재다능함이 당신에게 동기를 부여하고 더 많은 모험을 통해 인생에 도전하도록 자극하네요. 하지만 인생의 후반기에는 안정을 느끼고 확고하게 자리를 잡고 싶은 마음이 강해지니 책임지는 법을 익히고 장기적인 투자를 하면 더 큰 안정감을 느낄 수 있습니다. 이상주의적 성향과 물질주의적 성향 사이에 충돌이 나타나는 것으로 보아 확신을 갖고 집중하는 것이 당신의 최대 과제네요. 신중하게 계획을 세우면 스트레스를 받을 때 너무 빨리 포기해버리는 성향을 극복할 수 있습니다.

당신의 태양이 처녀자리로 들어가는 14세 때부터 30년 동안 질서, 현실적 문제 해결, 시간과 에너지를 더 신중하게 사용하는 데 중점을 둡니다. 그러다 44세 때 당신의 태양이 천칭자리로 들어가면서 또 다른 전환점이 찾아와 균형과 조화를 원하게 되고 파트너십과 전반적인 인간관계를 더욱 인식합니다. 74세 때 당신의 태양이 전갈자리로 들어가면 개인적 힘을 중시하고 인생의 더 깊은 감정들을 느끼고 싶어 합니다.

숨어 있는 자아

빠르고 단호하게 앞으로 나아가며 발전하는 시기와 무기력한 시기가 번갈아 나타납니다. 그래서 좌절을 느끼고 자존감을 잃을 수 있죠. 제자리걸음을 하고 있다는 느낌을 떨쳐버리려면 객관성을 키워야 합니다. 계속 실망감에 젖어 있어서도 안 되죠. 이런 시기가 일시적일 뿐 언젠가 지나간다는 것을 깨달으면 멀리 내다볼 수 있게 되어 지나치게 진지해지지 않습니다.

당신은 창조적인 아이디어가 넘쳐나 상상력이 풍부하고 기발합니다. 진취성을 발휘하여 독창적인 무언가를 만들어내죠. 이런 창조적인 기폭제를 발견하면 인생을 즐기고 더 많은 재미를 누리며 걱정과 우유부단함을 떨치는 데 도움이 됩니다.

일과 적성

당신은 근면한 사람이지만 변화를 좋아해서 판에 박히지 않은 활동과 직업에서 더 큰 만족감을 느낍니다. 연극이나 연예계 쪽에 관심을 느낄 수도 있지만, 충분한 경제적 보상을 받지 못할 듯 보이면 계속하지 못할 가능성이 있습니다. 종속적인 위치를 좋아하지 않아서 자영업이나 관리직을 선호하는군요. 상상력과 뛰어난 시각적 감각을 갖추었으니 이미지 메이킹과 관련된 직업이라면 큰 성공을 거둘 수 있겠습니다. 여행과 관련된 일 역시 당신의 모험심과 잘 어울립니다.

수비학으로 풀어본 당신의 운세

생일 8이 암시하는 힘은 뚜렷한 가치관과 냉철한 판단력입니다. 8이라는 숫자로 볼 때 당신은 성취욕이 크고 야심가적 기질을 갖고 있습니다. 이 생일은 또한 지배욕, 안정과 물질적 성공에 대한 열망도 나타냅니다. 이날 태어난 사람들은 천부적인 사업 감각이 있어 조직력과 실행력을 갈고닦으면 큰 도움이 될 것입니다. 또한 안정감과 정착에 대한 욕구가 강해서 장기적인 계획을 세우고 투자를 합니다. 여기에 탄생월 8의 영향이 더해서, 예리하고 빠른 지각력으로 사람과 상황을 정확하게 판단합니다. 자신의 일에 매우 능숙하며 기꺼이 열심히 일하고 책임을 지려 하죠. 하지만 권한을 공정하게 행사하거나 위임하는 법은 터득해야 합니다. 자만하다가는 낭패를 볼 수 있으니 지나친 자신감이나 허영심은 금물입니다.

- 장점 : 리더십, 철저함, 근면함, 권위, 보호, 치유력, 훌륭한 가치 판단
- 단점 : 성급함, 낭비, 편협함, 과로, 고압적, 쉽게 낙담함, 계획 부족

연애와 인간관계

강한 성격에 끌리는 당신은 확신과 목표를 가진 사람들을 좋아합니다. 정신적 자극을 줄 뿐 아니라 즐거운 시간을 가질 수 있는 사람들과 어울리길 좋아해서 우정을 중요하게 생각하죠. 당신 안에는 타고난 엔터테이너 기질이 있으며, 좋아하는 사람들과 함께 있을 때 그런 모습이 나옵니다. 조화로운 관계를 위해 노력하지만 불안을 느끼면 시비조가 되네요. 다른 사람들에게 참을성 있게 굴면 어려운 상황을 원활하게 풀어나가는 데 도움이 됩니다.

당신에게 특별한 사람

연인이나 친구

1월 6, 10, 20, 21, 29일 / 2월 4, 8, 18, 19, 27일 / 3월 2, 6, 16, 25, 28, 30일 / 4월 4, 14, 23, 26, 28, 30일 / 5월 2, 12, 21, 24, 26, 28, 30일 / 6월 10, 19, 22, 24, 26, 28일 / 7월 8, 17, 20, 22, 24, 26일 / 8월 6, 15, 18, 20, 22, 24일 / 9월 4, 13, 16, 18, 20, 22일 / 10월 2, 11, 14, 16, 18, 20일 / 11월 9, 12, 14, 16, 18일 / 12월 7, 10, 12, 14, 16일

힘이 되어주는 사람

1월 7, 13, 18, 28일 / 2월 5, 11, 16, 26일 / 3월 3, 9, 14, 24일 / 4월 1, 7, 12, 22일 / 5월 5, 10, 20일 / 6월 3, 8, 18일 / 7월 1, 6, 16일 / 8월 4, 14일 / 9월 2, 12, 30일 / 10월 10, 28일 / 11월 8, 26, 30일 / 12월 6, 24, 28일

운명의 상대

1월 25일 / 2월 4, 5, 6, 23일 / 3월 21일 / 4월 19일 / 5월 17일 / 6월 15일 / 7월 13일 / 8월 11일 / 9월 9일 / 10월 7일 / 11월 5일 / 12월 3일

경쟁자

1월 3, 17일 / 2월 1, 15일 / 3월 13일 / 4월 11일 / 5월 9, 30일 / 6월 7, 28일 / 7월 5, 26, 29일 / 8월 3, 24, 27일 / 9월 1, 22, 25일 / 10월 20, 23일 / 11월 18, 21일 / 12월 16, 19일

소울메이트

1월 18일 / 2월 16일 / 3월 14일 / 4월 12일 / 5월 10, 29일 / 6월 8, 27일 / 7월 6, 25일 / 8월 4, 23일 / 9월 2, 21일 / 10월 19일 / 11월 17일 / 12월 15일

이날 태어난 유명인

더스틴 호프먼, 키스 캐러딘, 에스더 윌리엄스(배우), 코니 스티븐스(가수), 로저 페더러(테니스 선수), 전원주(배우), 엄용수(코미디언)

태양 : 사자자리
지배 성좌 : 궁수자리/목성
위치 : 16° - 17° 사자자리
상태 : 고정궁
원소 : 불
항성 : 두베

8월 9일
LEO

일에 집중하면서도 관심사가 많고 창의적인 완벽주의자

직관, 상상력, 실용주의는 이 생일과 연관된 특성입니다. 사자자리에 태어난 당신은 자신감이 넘치고 매력적인 데다 관대하지만 예민한 면도 있습니다.

지배 성좌인 궁수자리의 영향으로 볼 때, 당신의 영감과 열정에 근면함을 결합하면 금전적 안정을 가져다주는 좋은 기회들을 이용할 수 있습니다. 돈 문제로 어려움을 겪는 일은 없겠지만, 이 별자리가 베푸는 은혜를 십분 받으려면 가치를 중시하고 책임감 있는 태도를 키워야 합니다.

당신은 사회 지향적이고 친화적이며 남과 어울리기 좋아하는 데다 타인의 행복에 관심이 많아서 많은 지인들에게 힘과 용기를 줍니다. 특히 더 큰 영감을 받은 사람들은 대의와 자선단체에 시간과 노력을 쏟는 훌륭한 인도주의자가 될 수 있습니다.

당신은 당장 해야 하는 일에 투지를 가지고 집중하지만 관심사가 많고 창의적입니다. 자신의 일에 자부심이 큰데, 이 말은 당신이 완벽주의자라는 뜻이기도 합니다. 이런 의무감과 자제력 때문에 경제적인 문제에 지나치게 신경 쓰지 않도록 조심하세요.

당신은 어릴 때부터 사회적 활동에 관심이 많고 일의 중심에 서서 리더십을 발달시킵니다. 당신의 태양이 처녀자리로 들어가는 13세부터 30년 동안 점차 더 성실해지고 분별력이 높아지며 근무 환경에 더욱 효율적으로 대처합니다. 당신의 태양이 천칭자리로 들어가는 43세에 전환점이 찾아오는데, 이때부터 사회적 관계와 파트너십에 큰 중점을 두게 됩니다. 또한 창조적 능력이 향상되어 음악이나 예술 혹은 문학적 관심사를 계발하고 싶어지죠. 그러다 당신의 태양이 전갈자리로 들어가는 73세 때부터는 깊은 정서적 변화와 전환에 관련된 문제들을 중시합니다.

숨어 있는 자아

당신이 처음 느낀 직감을 믿으세요. 당신에게는 다른 사람들의 의도를 직관적으로 이해할 수 있는 정서적 힘이 있습니다. 또한 내면의 목소리에 귀를 기울이면 당신을 긍정적으로 이끌어줄 수 있는 섬세함과 미묘한 직관적 통찰력도 갖추고 있습니다.

당신은 물질적 안정을 원하지만, 흥분되는 일과 행동, 새로운 경험에 대한 욕구에 제약을 받으면 불안해지거나 성급해집니다. 이런 불만족이 일정 형태의 현실도피로 이어질 수 있는데, 그러면 문제가 악화될 뿐입니다. 엄격한 제약에서 벗어나 무언가를 배우고 정신적 자극을 얻기 위해서는 끊임없는 탐구가 필요합니다. 당신에게는 자신의 역량을 충분히 발휘하고 있고 미래를 위한 긍정적인 무언가를 구축하고 있다는 느낌을 갖게 해주는 데 일이 핵심적인 역할을 합니다.

일과 적성

야심이 크고 현실적이며 사교적인 당신에게는 일과 관련해서 좋은 기회들이 찾아옵니다. 당신은 무슨 일을 하건 잘 해내고 싶어 하며 조직력과 방법, 체계를 갖추고 있습니다. 협상 기술을 발휘하여 유리한 거래를 하여 금액에 걸맞은 가치를 얻어내죠. 사업에서는 특히 머천다이징, 제조, 그리고 대중을 상대로 하는 어떤 일에서건 역량을 발휘합니다. 아니면 연예계로 진출할 수도 있는데 상상력과 재능이 성공에 도움이 될 거예요. 혹은 잠재해 있는 인도주의적, 혹은 종교적 면모가 계발되어 공공의 행복과 관련된 일들에 이끌릴 수도 있습니다.

수비학으로 풀어본 당신의 운세

어진 마음과 사려 깊음, 정서적 감수성은 생일 9와 관련된 특성입니다. 관대하고 다정한 당신은 너그럽고 자유로운 사람입니다. 직관적, 정신적 능력은 보편적 수용성을 나타내는데, 긍정적으로 작용하면 영적인 길을 추구하게 될 수 있습니다. 그러나 힘든 도전 과제들과 지나치게 예민해져서 감정 기복을 겪는 성향은 극복할 필요가 있겠네요. 세계 여행을 하면서 다양한 부류의 사람들과 교류하며 많이 성장하지만 비현실적인 꿈을 꾸거나 현실도피로 흐르지 않도록 하세요. 탄생월 8의 영향으로 의지가 강하고 권력과 영향력에 대한 소망이 있습니다. 마음이 넓은 이상주의자가 될 수도 있지만 물질주의적 성향도 있습니다. 부와 성공을 거머쥐고 싶은 욕구로 열심히 일하고 많은 행운의 기회를 얻습니다.

- 장점 : 이상주의, 인도주의, 창조력, 세심함, 관대함, 매력적, 시적 성향, 자비심, 베푸는 성향, 객관성, 행운, 인기
- 단점 : 좌절감, 분열, 확신이 없음, 이기심, 비현실적, 걱정

연애와 인간관계

사교적이고 카리스마 있으며 매력이 넘치는 당신에게는 많은 친구와 추종자들이 따릅니다. 당신은 자신의 강렬한 감정들을 드러내면서 큰 사랑과 애정을 표현할 수 있는 사람이지만, 감정이 억눌리면 침울해지거나 파워 게임에 말려들 위험이 있습니다. 하지만 당신은 평화로운 관계를 유지하기 위해 노력할 의지가 있고 쉽게 포기하지 않습니다.

이날 태어난 유명인

휘트니 휴스턴(가수), 존 드라이든(시인), 멜라니 그리피스, 오드리 토투(배우), 장 피아제(교육학자), 현진건, 이청준(작가), 방시혁(작곡가), 전혜진, 류승범(배우), 조세호(코미디언)

태양 : 사자자리

지배 성좌 : 궁수자리/목성

위치 : 17° - 18° 사자자리

상태 : 고정궁

원소 : 불

항성 : 두베, 메라크

8월 10일

LEO

통찰력과 강한 직관을 갖춘 타고난 전략가

이날 태어난 사람들은 강한 잠재력과 리더십을 갖추었고 직관적, 창의적, 독창적이며 야망이 큽니다. 사자자리에 태어나 창의적이고 재능이 있죠. 또한 독립적이고 독특한 접근법을 취하며 자기표현 욕구가 강합니다.

지배 성좌인 궁수자리의 영향으로 여행을 하며 다양한 경험을 합니다. 다재다능하고 관심사가 많으니 에너지가 분산되지 않도록 조심하세요. 집중하여 시간을 낭비하지 않는 법을 터득하면 진심으로 바라는 소원을 이룰 수 있습니다.

당신의 쇼맨십은 당신이 기록적인 성취를 이룰 수 있는 잠재력 혹은 정신적 능력이 있음을 암시합니다. 영감을 주는 아이디어들과 객관적인 사고가 실망에 빠지거나 우유부단해지거나 걱정하는 성향을 극복하는 데 도움이 될 것입니다. 그러나 인생의 과제들에 열정적으로 덤벼들 때, 새로 시작하면 과거의 모든 문제가 해결되리라는 믿음으로 무모한 모험을 하지 않도록 주의하세요.

당신은 자신의 분별력에 의지하지만, 어떤 상황에서든 여러 측면들을 볼 수 있어서 때로는 의심과 혼란도 느낍니다. 하지만 통찰력과 강한 직관을 갖춘 타고난 전략가라서 문제에 직면하면 독창적인 해결책을 신속하게 찾아냅니다. 근면하고 체계적인 당신은 실용적인 접근법을 취하고 개방적인 것으로 보아 솔직하고 요령 있는 사람입니다.

당신의 태양이 처녀자리로 들어가는 12세 무렵부터 30년 동안 질서, 일, 효율성뿐 아니라 실용적 문제 해결에 대한 인식이 점점 더 강조됩니다. 그러다 당신의 태양이 천칭자리로 들어가는 42세에 전환점이 찾아와 타인과 더 협력하고 사교적이 되며 관계에 더욱 중점을 두게 되죠. 당신의 태양이 전갈자리로 들어가는 72세 때부터는 개인적 힘과 변화에 관련된 문제들을 중시합니다.

숨어 있는 자아

물질적 안정 대신 창의적 정신을 추구하면 진정한 의미의 성취를 이룰 수 있습니다. 하지만 때로는 이미 성취한 것을 잃을지 모른다는 두려움으로 흥미는 덜하지만 좀 더 안전한 선택을 할 수도 있습니다. 그러면 위험부담이 따르는, 극적인 변화를 이룰 기회를 거부하게 됩니다. 당신을 진정으로 행복하게 해주는 일을 해야 성취를 이룰 수 있음을 알면 이런 불안을 극복할 수 있습니다.

당신에게는 평화와 조화에 대한 강한 내적 욕구가 있으며, 이런 욕구는 예술을 통해서 표현되거나 집과 가족에 대한 사랑에서 나타납니다. 책임감이 강한 사람이지만 자신을 표현해야 할 필요도 있습니다. 이상주의적이어서 특히 중요하게 생각하는 대의를 지지할 때는 매우 헌신적이죠. 사랑을 베풀 수 있는 능력이 예술, 드라마 혹은 음악으로 확장될 수 있습니다.

일과 적성

창의성, 예리한 지성, 열심히 일할 수 있는 능력은 당신이 선택한 직업에서 최고 자리까지 올라갈 수 있는 잠재력을 보여줍니다. 드라마틱한 재능이 연극이나 글쓰기, 정치에 활용될 수도 있겠네요. 하지만 당신은 타고난 사업 감각과 함께 머천다이징과 생산에도 재능이 있습니다. 자영업을 하면 일을 가장 잘하겠지만, 무슨 직업을 선택해도 늘 업무 방식을 개선할 방법을 찾는 스타일이네요. 아니면 성직자가 되거나 자선사업을 통해 철학적 혹은 인도주의적 성향을 충족시킬 수도 있습니다.

수비학으로 풀어본 당신의 운세

1일에 태어난 사람들과 마찬가지로 당신은 각고의 노력을 기울여 원하는 것을 성취하고자 노력합니다. 그렇지만 많은 장애물들을 극복해야 목표를 이룰 수 있습니다. 에너지가 넘치고 독창적인 당신은 다른 사람들과 생각이 다를 때도 자신의 믿음을 고수합니다. 개척자 정신을 발휘해 자발적으로 행동하기 때문에 먼 곳으로 여행을 하거나 독립적인 생활을 영위합니다. 하지만 세상이 자신을 중심으로 돌지 않는다는 것을 깨달아, 이기적이거나 독재적이 되지 않도록 경계해야 합니다. 이날 태어난 사람들에게는 성공과 성취가 중요한 의미를 지니기 때문에 자신의 직업에서 최고가 되고자 합니다. 탄생월 8의 영향으로 당신은 확고한 신념과 독립적인 정신을 지닌 강한 성격입니다. 혁신적이고 자신감이 있으며 야망이 크지만, 다재다능하여 너무 많은 것을 시도하다가는 자칫 에너지가 여러 방향으로 분산될 수도 있습니다.

- 장점 : 리더십, 창의적, 진취적, 단호함, 낙관적, 강한 확신, 경쟁력, 독립심, 사교적
- 단점 : 고압적 성향, 질투심, 자기중심적, 우월감, 적대감, 자제심 부족, 이기심, 불안정, 조바심

연애와 인간관계

당신은 많은 것을 성취할 수 있는 사람을 존중합니다. 대단히 고귀하고 이상주의적인 사랑을 찾는데, 때로는 그런 커다란 희망에 부합하는 사람을 찾기 어려울 수 있겠네요. 애정이 넘치고 자발적이며 다정하다가도 냉담하거나 내향적이 되어버리기 때문에 스스로에게 감수성의 균형을 맞출 여지를 주어야 합니다. 하지만 친화적인 성품을 타고나 친구가 많으며 사람들을 환대하기 때문에 좋은 주인장 노릇을 할 수 있습니다.

태양 : 사자자리	
지배 성좌 : 궁수자리/목성	
위치 : 18°–19° 사자자리	
상태 : 고정궁	
원소 : 불	
항성 : 메라크	

8월 11일

LEO

매력과 활력 넘치는 낙천적이고 외향적인 사람

행동, 영감, 창의성이 이 생일과 연결된 특성입니다. 개척 정신이 뛰어난 당신은 이상주의와, 돈과 지위에 대한 욕구가 흥미롭게 섞여 있습니다. 사자자리에 태어나 매력과 활력이 있으며, 친화적이고 남과 어울리기 좋아해서 낙천적이고 외향적인 사람이라는 말을 듣습니다.

지배 성좌인 궁수자리의 영향을 받아 이상적이면서도 현실적인 당신은 꿈을 현실로 옮길 수 있는 비전과 독창성이 있습니다. 궁수자리의 영향은 또한 장애물과 역경을 극복하는 데 결단력 있는 태도가 중요한 요인임을 암시합니다. 목성의 영향 역시 당신에게 금전적 보상을 안겨줄 대단히 좋은 아이디어들이 있다고 말해줍니다.

이 생일이 강조하는 관계와 파트너십을 볼 때 당신은 정신적으로 단호하고 대쪽 같은 성미지만, 다른 사람들이 제공하는 것에서 득을 보기 위해서는 타협하는 기술을 배울 필요가 있습니다. 친화적이고 진취적이며 물질적 안락을 원하는 당신은 이익이 되고 발전에 도움을 줄 수 있는 사람들과 사귀려고 합니다. 돈이 부족할까 봐 걱정하다가 당신의 밝은 전망에 해를 끼칠 수 있으니, 물질주의적이거나 인정머리 없는 사람이 되지 말아야 합니다.

당신의 태양이 30년간 처녀자리로 들어가는 11세부터 인생에 대해 현실적인 태도를 취하고 싶은 마음이 커집니다. 시간과 에너지를 더 효율적이고 분별력 있게 쓰고 싶어지죠. 41세에 당신의 태양이 천칭자리로 들어가면서 전환점이 찾아오는데, 이때부터는 가까운 인간관계에 더 관여하고 싶어지고 관심사가 현실적인 고려에서 좀 더 미적인 부분으로 바뀝니다. 태양이 전갈자리로 들어가는 71세 때는 새로운 감정적 변화 및 전환의 시기를 겪게 됩니다.

숨어 있는 자아

당신은 인정받고 싶은 욕구가 강해 물질적으로나 정서적으로나 남보다 앞서길 원합니다. 대대적인 성취를 이룰 수 있는 힘이 있기 때문에, 이 힘을 단지 물질적 성공뿐 아니라 정서적 만족감을 얻는 데 사용하는 것이 중요합니다. 당신은 다른 사람들의 이익을 위해 무언가를 하고 싶은 욕구가 충족될 때 가장 큰 성취감을 느낍니다.

내적 조화를 추구하는 당신은 평화롭고 만족스러운 생활을 원하고 집이 세상으로부터 안전한 안식처가 되길 바랍니다. 또한 이런 조화를 이루면 잠재된 음악적, 예술적, 창조적 재능을 자극할 수 있습니다. 재미있고 사교적인 당신은 긴장을 풀고 즐길 줄 아는 사람입니다. 다만 평온을 유지하기 위해 너무 타협하거나 불안감에 서서히 잠식돼 즐거움을 망치지 않도록 조심하세요. 내면의 직감을 발달시키는 것이 이 생일에 내재된 엄청난 잠재력을 활용하는 열쇠입니다.

일과 적성

친화적이고 관대한 당신은 이상주의적인 성향이 있어서 사람들을 대하는 일을 원할 수 있습니다. 자신이 믿는 대의를 위해서는 매우 단호하고 설득력을 발휘합니다. 박애주의자인 당신은 공동체에 도움이 되는 일을 할 수 있는 힘이 있습니다. 영업과 판촉에 재능이 있어 사업을 하면 계약과 사업적 거래를 성공적으로 협상할 수 있습니다. 강한 의지와 결단력을 갖춘 당신은 성취를 위해 쏟을 에너지가 많습니다. 리더십이 강하지만 다른 사람들과의 협력을 선호하죠. 연예계나 글쓰기, 음악 쪽에서도 역량을 발휘할 수 있습니다.

수비학으로 풀어본 당신의 운세

마스터 숫자인 11의 특별한 울림으로 당신에게는 이상주의와 영감, 혁신이 매우 중요합니다. 겸손함과 자신감이 섞여 있어서 물질적으로나 정신적으로나 자제력을 발휘하려고 노력하죠. 당신은 스스로의 감정을 신뢰함으로써 자신의 본성에 내재하는 양면성을 어떻게 다루어 극단적인 면을 줄일지 경험으로 알고 있습니다. 늘 기운이 넘치고 활력을 즐기지만, 지나치게 걱정하거나 비현실적이 되지 않도록 조심하세요. 탄생월 8의 영향으로 단호하고 야심 차며 선견지명과 실행력을 갖추었습니다. 창의적이고 독창적일 때는 낙천적이고 근면하며 열정적입니다. 하지만 일을 반쯤 하다 그만두지 말고 한번 시작한 일은 끝내는 법을 배워야 하겠습니다. 두려움은 흔히 돈과 권력에 대한 불안 때문에 찾아오니 오만하거나 계산적인 성향을 극복할 필요가 있겠네요. 진정한 잠재력을 펼치려면 자신의 독특한 재능을 표현할 방법을 알아야 합니다.

- 장점 : 집중력, 객관적, 열정, 고무적, 정신적, 직관력, 지적, 외향적, 독창적, 예술적, 봉사 정신, 치유 능력, 인도주의, 영적 능력
- 단점 : 우월 콤플렉스, 목적 상실, 지나치게 감정적, 쉽게 상처받음, 쉽게 흥분함, 이기적, 투명성 부족

연애와 인간관계

자신의 창의적인 생각들을 전달하는 능력이 있는 당신은 예술적인 사람들에게 매력을 느낍니다. 당신은 마음이 따뜻하고 다정하며 사교성이 뛰어난 사람입니다. 인간관계에서 힘 있고 지적인 사람들에게 특히 끌리는 편이지만, 사랑하는 사람들과 논쟁에 말려들지 않게 조심하세요. 당신은 좋아하는 사람들에게 극히 관대하며 굉장히 충실한 친구이자 연인입니다. 관계를 활기차게 유지하기 위해 노력할 의지가 있지만, 때로는 개인적 자유도 필요합니다.

당신에게 특별한 사람

연인이나 친구 ♥

1월 3, 5, 23일 / 2월 3, 11, 21일 / 3월 9, 19, 28, 31일 / 4월 7, 17, 26, 29일 / 5월 5, 15, 24, 27, 29, 31일 / 6월 3, 13, 22, 25, 27, 29일 / 7월 1, 11, 20, 23, 25, 27, 29일 / 8월 9, 18, 21, 23, 25, 27일 / 9월 7, 16, 19, 21, 23, 25일 / 10월 5, 14, 17, 19, 21, 23일 / 11월 3, 12, 15, 17, 19, 21일 / 12월 1, 10, 13, 15, 17, 19일

힘이 되어주는 사람 ♣

1월 3, 4, 10, 21일 / 2월 1, 2, 8, 19일 / 3월 6, 17, 30일 / 4월 4, 15, 28일 / 5월 2, 13, 26일 / 6월 11, 24일 / 7월 9, 22일 / 8월 7, 20일 / 9월 5, 18일 / 10월 3, 16, 31일 / 11월 1, 14, 29일 / 12월 12, 27일

운명의 상대 ♦

1월 22, 28일 / 2월 8, 9, 10, 20, 26일 / 3월 18, 24일 / 4월 16, 22일 / 5월 14, 20일 / 6월 12, 18일 / 7월 10, 16일 / 8월 8, 14일 / 9월 6, 12일 / 10월 4, 10일 / 11월 2, 8일 / 12월 6일

경쟁자 ♠

1월 11, 20일 / 2월 9, 18일 / 3월 7, 16일 / 4월 5, 14일 / 5월 3, 12, 30일 / 6월 1, 10, 28일 / 7월 8, 26, 31일 / 8월 6, 24, 29일 / 9월 4, 22, 27일 / 10월 2, 20, 25일 / 11월 18, 23일 / 12월 16, 21일

소울메이트 ★

1월 26일 / 2월 24일 / 3월 22, 30일 / 4월 20, 28일 / 5월 18, 26일 / 6월 16, 24일 / 7월 14, 22일 / 8월 12, 20일 / 9월 10, 18일 / 10월 8, 16일 / 11월 6, 14일 / 12월 4, 12일

이날 태어난 유명인

헐크 호건(프로레슬링 선수), 에니드 블라이턴, 알렉스 헤일리(작가), 스티브 워즈니악(애플 공동창업자), 정애리, 소유진(배우)

태양 : 사자자리
지배 성좌 : 궁수자리/목성
위치 : 19°-20° 사자자리
상태 : 고정궁
원소 : 불
항성 : 메라크, 알 게누비

8월 12일

LEO

직관력이 강하고 활동적이며 적극적인 성격

야망이 크고 창의적이며 직관력이 강하고 활력이 넘치는 당신은 긍정적이고 적극적인 사람입니다. 사자자리에 태어나 단호하고 결단력이 있는 데다 잠시도 가만있지 못하는 성미와 적극적인 성격은 당신이 원하는 것을 얻는 데 도움을 주겠네요. 단도직입적으로 접근하고 영민하게 반응하는 것으로 보아 당신은 사람과 상황을 재빨리 평가할 수 있습니다. 객관성을 유지하면 기분 변화가 심한 성향을 극복할 수 있습니다.

당신은 성공과 안정에 대한 욕구가 있어 다른 사람들에게 인정받고 싶은 마음이 강합니다. 그래서 늘 친화적이고 남과 어울리길 좋아하죠. 사람을 끌어당기는 개인적 매력이 미리 좌절하는 성향을 극복하는 데 보탬이 되며, 당신은 종종 직관력의 도움을 받습니다. 지배 행성인 목성의 영향으로 당신은 대담하고 용기가 있으며 인정받고 싶어 하는 활동적인 사람입니다. 섬세하면서도 단호하고 안정과 발전에 대한 열망이 강하니, 이러한 이중성의 균형을 잘 맞추어야 합니다. 인정과 이해심이 많지만 권위적이거나 고압적이 될 수도 있다는 뜻입니다.

당신은 자부심이 강하고 당당한 사람이라 타인의 비판에 민감합니다. 그러니 좀 더 합리적인 시각을 키워 남의 평가에 상처받지 않도록 하세요. 현실적인 접근 방식과 사교 수완을 갖추어 타인들과의 협력이 필요한 일을 즐기며 일과 놀이를 결합할 수만 있다면 물 만난 고기가 되겠네요.

당신은 어릴 때부터 사교적이고 친화적인 성향입니다. 당신의 태양이 30년 동안 처녀자리로 들어가는 10세 때부터 서서히 현실성과 분별력이 더 높아질 뿐 아니라 효율성도 커집니다. 그러다 40세에 당신의 태양이 천칭자리로 들어가면 관계를 중시하고 인생에서 더 많은 아름다움과 조화, 균형을 얻고 싶어 하죠. 그래서 글쓰기나 예술, 음악, 치유 예술 같은 활동에 끌립니다. 70세 때 당신의 태양이 전갈자리로 들어가면 깊은 변화와 개인적 힘에 대한 정서적 욕구가 나타납니다.

숨어 있는 자아

당신은 실제로 일을 성사시킬 수 있는 사람이기 때문에, 의지력을 집중하면 무시할 수 없는 강력한 존재가 됩니다. 집중하고 있는 것은 정확히 이루어내기 때문에 자신의 반응을 통제하는 데 대한 두려움이 없죠. 이 힘이 긍정적인 방향으로 흐르면 다른 사람들을 행복하게 해주는 어마어마한 에너지가 될 수 있습니다.

당신은 항상 활동적으로 지내고 싶어 하고 수완을 발휘해 원하는 것을 얻는 데 능해서 전략적 기술과 에너지, 추진력을 이용해 장애물들을 극복합니다. 정신적 자극을 받고 직관에 귀를 기울일 때 가장 좋은 성과를 내며, 확신이 강해서 당신이 틀린 경우에도 자신의 원칙에 따라 단호한 입장을 취합니다. 따라서 좀 더 객관적이 되기 위해 협상과 타협 기술을 발달시킬 필요가 있습니다.

일과 적성

야심적이고 결단력이 강한 당신은 리더십을 타고났으며, 특히 경제적 이익과 관련된 아이디어를 제시할 때 설득력이 매우 높습니다. 도량이 넓고 인정이 많으며, 사람들을 다루는 데 능숙하고 기회를 잘 알아보죠. 당신은 교육, 사업, 연예계 어디에서 일하든 자신만의 방식대로 일할 수 있는 자유를 원합니다. 명령 받는 걸 싫어해서 경영진이 되거나 자영업을 하길 원할 수 있지만, 당신은 늘 유리한 협상을 하고 자신의 재능을 상업화할 수 있습니다.

수비학으로 풀어본 당신의 운세

당신은 직관력이 강하고, 다른 사람들을 기꺼이 도와주며, 친화적일 뿐 아니라 훌륭한 추리력도 갖추고 있습니다. 진정한 개성을 확립하고 싶어서 종종 획기적인 모습을 보이기도 하죠. 천성적으로 이해심이 많고 섬세한 당신은 목적과 목표를 달성하기 위해 어떻게 기지를 발휘하고 협력해야 하는지 잘 알고 있습니다. 자기표현 욕구와 타인을 도우려는 타고난 성향 사이에 균형을 잘 잡으면 정서적 만족과 개인적 성취감을 느낄 수 있을 것입니다. 하지만 스스로의 힘으로 설 수 있는 용기를 길러 자신감을 키우거나 다른 사람들로 인해 쉽게 좌절하지 않는 법을 터득할 필요가 있습니다. 탄생월 8의 영향으로 당신은 야망이 크고 결단력이 있으며 직관력도 강합니다. 현실적인 접근 방식, 실행력과 함께 활동적인 추진력과 외향적 성격도 갖추었네요. 살면서 발전할 기회가 많이 찾아오며, 번영을 누리거나 스포트라이트를 받길 원하는 편입니다.

- 장점 : 창의성, 매력, 추진력, 규율주의자, 자신이나 다른 사람들을 홍보
- 단점 : 은둔하는 성향, 기행, 비협조적, 지나치게 예민함, 자존감 결여

연애와 인간관계

당신은 새로운 사람을 만나는 걸 좋아하고 굉장히 재미있는 성격이라 활발한 사교활동을 펼칩니다. 격렬한 감정의 소유자로, 사적인 인간관계에서 강렬한 낭만적 이상주의와 엄연한 현실 사이를 오가죠. 마음은 낭만주의자라서 상대를 끈덕지게 쫓아다니기도 하지만, 일단 관계가 정립되면 쉽게 감정이 변합니다. 독립에 대한 열망이 강하니 당신에게 자유를 주는 상대를 선택해야 합니다. 당신은 가족에 대한 자부심이 있어서 가족들의 이익을 보호하기 위해서라면 못할 일이 없습니다.

| 태양 : 사자자리 |
| 지배 성좌 : 궁수자리/목성 |
| 위치 : 20° - 21° 사자자리 |
| 상태 : 고정궁 |
| 원소 : 불 |
| 항성 : 메라크, 알 게누비 |

8월 13일

LEO

빈틈없는 현실적 능력을 갖춘 지적인 사람

생일로 볼 때 당신은 독립적이고 창의적이며 사람들을 이끌고 지휘하는 능력을 갖추었습니다. 빈틈없는 현실적 능력을 갖춘 지적인 사람이죠. 사자자리에 태어나 당당하고 용기가 있으며 무시할 수 없는 만만찮은 존재네요. 또한 합리적 사고를 통해 당신이 자유자재로 사용할 수 있는 지식의 힘을 깨닫게 됩니다.

당신은 적극적이고 현실적인 분별력을 갖춘 데다 자기 수양을 쌓아나가는 사람입니다. 정신력을 기르고 자신이 선택한 분야에서 자리를 잡으면 성공을 거둘 수 있습니다. 문제에 대해 독특한 접근법을 제시할 수 있어 사람들에게 현실적인 조언을 해주고 해결 방법을 알려주기도 합니다. 이날 태어난 여성들은 믿을 만한 사고를 하고 상황을 책임집니다.

지배 성좌인 궁수자리의 영향이 당당한 성격과 확장욕을 더 강화합니다. 이 말은 당신이 완고하고 비판적이 될 수 있다는 뜻이기도 합니다. 당신을 잘 아는 이들은 당신을 보수주의와 반체제 성향이 묘하게 섞여 있지만 결코 지루하거나 무디지는 않은 사람으로 봅니다. 아는 것이 많은 당신은 논쟁과 토론을 즐깁니다. 대개는 당신이 이기기 때문이죠. 하지만 자신이 모르는 게 없다는 생각이 들면 고압적이 될 수도 있으니, 공격적이거나 타협하지 않는 것이 항상 당신이 원하는 결과를 가져오는 것은 아니라는 점을 알아야 합니다.

9세 때부터 30년 동안 당신의 태양이 처녀자리로 들어가면서 인생에서 현실적 질서와 안정을 원하는 마음이 커집니다. 그러다 39세 때 당신의 태양이 천칭자리로 들어가면 전환점이 찾아와 개인적 관계에 더 중점을 두고 점차 더 붙임성 있고 협력적인 사람이 됩니다. 당신의 태양이 전갈자리로 들어가는 69세부터는 정서적 변화를 바라는 마음이 더 커지네요.

숨어 있는 자아

당신은 일과 성취에 대한 욕구가 있어서 많은 책무를 떠맡고, 시간 낭비하는 것을 싫어합니다. 섬세하고 상처를 잘 받지만 사람들에게 끌려다닐까 봐 두려워 이런 면을 좀처럼 보여주지 않죠. 겉으로는 자부심이 강한 사람, 혹은 냉소적인 사람처럼 보일 수 있지만 마음속으로는 이타적이고 정의를 지지합니다.

성취를 위한 끈기와 결단력은 감탄할 만하지만, 자신의 뜻대로 조종하려는 성향은 극복해야 합니다. 하지만 당신은 최상의 결과를 얻기 위한 공유와 협력의 가치를 잘 알고 있습니다. 훌륭한 조직자이며, 일이 과중하면 책임을 다른 사람들에게 위임할 줄도 알죠. 보통은 협력적이지만, 가까운 사람들과 정감 어린 농담을 주고받는 모습은 장난기를 유지하면서도 주도적인 위치가 되고 싶어 하는 마음을 보여줍니다.

일과 적성

예리한 지적 능력, 인내심, 근면함까지 갖추고 있어 어떤 직업을 선택하더라도 당연히 권한 있는 자리까지 올라가겠습니다. 실행력과 타고난 소통 능력이 비즈니스 세계에서 당신의 귀한 자산이 될 겁니다. 법률, 과학, 교사 같은 지적인 직업도 잘 맞겠네요. 자신을 표현하고 싶은 강한 욕구가 글쓰기나 연예계에서 발산될 수도 있고, 출판이나 홍보 쪽에 끌릴 수도 있습니다. 혹은 인도주의적 면모를 타고났으니 사회나 종교, 정치 쪽에서 개혁가가 될 수도 있겠네요.

수비학으로 풀어본 당신의 운세

정서적 감수성, 열정, 영감이 13일에 태어난 사람들의 특징입니다. 수비학적으로 당신은 야망과 근면함을 겸비하고 있으며, 창조적인 자기표현을 통해 많은 것을 성취할 수 있습니다. 창조적인 재능들을 실제 제품들로 구현하고 싶다면 실용적인 관점을 길러야 합니다. 당신의 독창적이고 혁신적인 접근 방식은 새롭고 흥미로운 아이디어들을 불러일으켜 사람들에게 깊은 인상을 줍니다. 13일에 태어난 사람들은 성실하고 낭만적이며 매력과 흥이 넘치는 성향으로, 큰 성공을 거둘 수 있는 열정도 갖고 있네요. 탄생월 8의 영향으로 단호하고 결단력이 있으며, 통제하는 위치에 있길 원합니다. 특정 목표에 집중하여 끈기 있게 노력하면 종종 당신의 직업에서 최고 자리에 오릅니다. 아니면 실용적 기술과 관리 능력이 뛰어나 권한 있는 자리까지 올라갈 수 있습니다. 파트너십과 협력을 익히면 자신의 재능을 다른 사람들과 공유할 기회들이 찾아올 것입니다.

- ● 장점 : 포부, 창의력, 자유에 대한 사랑, 자기 표현력, 추진력
- ■ 단점 : 충동적, 우유부단함, 위세 부림, 감정을 드러내지 않음, 반항심

연애와 인간관계

활동적이고 의견이 확고한 당신은 자신의 똑똑한 머리에 걸맞은 사람들에게 끌립니다. 영리하고 사람을 끄는 매력이 있어서 어렵지 않게 친구와 연인을 사귀죠. 솔직하게 터놓고 지내는 관계를 좋아하며, 자신이 타인들과 탄탄한 관계를 쌓고 있음을 알고 싶어 합니다. 그러나 너무 합리적 접근법이 긍정적인 시각을 해치지 않도록 조심하세요. 당신은 자신이 속한 집단의 사람들을 매우 배려하며, 사랑하는 사람들을 위해서는 못 할 것이 없습니다.

태양 : 사자자리
지배 성좌 : 양자리/화성
위치 : 21° - 22° 사자자리
상태 : 고정궁
원소 : 불
항성 : 메라크, 알 게누비

*8*월 *14*일

LEO

근면하고 정직하며 단도직입적인 사람

실용적이고 근면한 당신은 생일로 볼 때 현명한 판단력과 창의적 정신으로 성공과 번영을 보장받겠습니다. 사자자리에 태어나 재능을 타고난 데다 사교적이고 사람을 끄는 매력도 있습니다. 자신이 아는 것에 대한 확신이 있고 직관력이 강한 당신은 주변 환경을 잘 받아들입니다. 또한 활동적이고 생산적일 때 가장 행복을 느끼네요.

당신의 활력에 지배 행성인 화성의 영향이 더해져 성공을 거두는 데 도움이 됩니다. 하지만 당신의 진정한 잠재력을 실현하려면 감정적 확신을 갖지 못하거나 지나치게 예민해지는 성향을 극복해야 합니다.

사람들은 당신을 가리켜 근면하고 정직하며 단도직입적인 사람이라고 말합니다. 평소에는 관대하고 공감력이 좋지만 무지나 어리석은 짓을 참지 못해 성급한 모습을 보여줄 수도 있습니다. 독립적 사고를 하기 때문에 다른 사람의 간섭을 싫어하며, 방해를 받으면 완고한 면이 튀어나오죠.

통찰력과 논리력을 결합시키면 권한 있는 자리로 쉽게 올라갈 수 있으며, 소통을 할 때는 인상적인 말과 적절한 태도로 대응하네요. 자신의 내면의 목소리를 믿고 받아들여야 다른 사람들보다 우위를 얻을 수 있습니다. 당신은 결단력과 단호함을 발휘해 생각을 행동으로 옮기길 좋아하는 한편, 타고난 호기심으로 새로운 영토를 개척합니다.

당신의 태양이 처녀자리로 들어가는 8세쯤부터 30년 동안 현실성과 질서, 시간과 에너지를 더욱 분별 있게 사용하는 데 중점을 둡니다. 그리고 당신의 태양이 천칭자리로 들어가는 38세 때 또 다른 전환점이 찾아와 잠재해 있던 음악적, 예술적 혹은 문학적 재능을 계발하고 관계를 더욱 중시하게 됩니다. 그러다 68세에 당신의 태양이 전갈자리로 들어가면서 정서적 변화와 개인의 힘의 중요성을 강조하는 또 다른 전환점을 맞습니다.

숨어 있는 자아

당신은 자신에 대한 기준이 높고 대대적인 성공을 거두고 싶어 합니다. 하지만 마음이 끌리지 않거나 창의적 요소가 없는 순전히 금전적인 성공이나 사업적인 성공으로는 당신이 찾는 행복을 얻지 못할 겁니다. 당신은 긍정적인 생각과 행동으로 사람들을 대하여 그들의 정신을 고무시킵니다. 드라마틱한 면이 강해서 사람들에게 정보뿐 아니라 즐거움을 주길 원하는데, 그러한 면은 각계각층의 사람들을 연결시키는 데 딱 알맞습니다.

당신은 자신에 대한 믿음을 증명하기 위해 성공을 원합니다. 자신이 과제들을 극복할 수 있음을 보여주고, 그 과정에서 자신감을 북돋우기 위해 스스로에게 끊임없이 과제를 던지죠. 그 덕분에 간간이 마음의 평온을 위협하는 의심이나 불신을 물리칠 수 있습니다. 그러나 일단 상황이 당신에게 유리하게 움직이기 시작하면 강한 목적의식을 발휘하기 때문에, 그 무엇도 당신의 거대한 잠재력의 실현에 방해가 되지 못할 겁니다.

일과 적성

드라마틱한 재능을 타고났고 두뇌가 명석한 당신은 자기 수양만 쌓는다면 당신의 직업에서 선두에 설 수 있습니다. 내면의 불안으로 자신의 능력을 충분히 계발하지 못하는 일이 없도록 조심하세요. 다양한 경험을 원하는 것으로 보아 당신은 변화의 기회를 충분히 제공받지 못하는 일에는 싫증을 내는 경향이 있습니다. 천부적인 사업 감각과 조직력이 있어 상업이나 금융, 법률 쪽에서 성공을 거둘 수 있고, 아니면 드라마틱한 재능을 글쓰기, 음악, 연극 쪽에서 발휘할 수도 있습니다. 배려심과 인도주의적인 면모가 교사나 상담, 사회복지사, 혹은 노조 지도자나 정치인처럼 다른 사람들을 대변해야 하는 직업에서 두각을 나타내도록 돕습니다. 아니면 스포츠계에 진출할 수도 있는데, 이 경우 크게 생각할 줄 아는 힘이 있어 최고의 자리에 오를 수 있습니다.

수비학으로 풀어본 당신의 운세

지적인 잠재력, 실용주의, 강한 결단력이 14일에 태어난 사람들의 특성입니다. 14일이 생일인 사람들은 실제로 일을 최우선으로 생각하고, 자신은 물론 남을 판단할 때도 직업적 성취에 근거를 둡니다. 안정을 원하지만, 숫자 14가 나타내는 잠시도 가만있지 못하는 성미 때문에 끊임없이 운명을 개척하려 시도하면서 빠르게 앞으로 나아가고 새로운 도전을 하죠. 이러한 타고난 불안감과 끊임없는 불만은 삶에서 많은 변화를 만드는 자극제 역할을 하는데, 특히 근무 환경이나 경제적 상황이 마음에 들지 않을 때 이런 성향이 강하게 나타날 수 있습니다. 당신은 깊은 통찰력으로 문제를 신속하게 파악하여 풀어나가는 것을 즐기는 편입니다. 탄생월 8의 영향으로 볼 때, 열심히 노력하면 당신의 힘과 열망을 실현할 수 있습니다. 당신은 현실적이고 성공에 대한 열망이 강해서 문제 해결에 독창적이고 혁신적인 접근법을 취하며, 다른 사람들에게 깊은 인상을 주는 새롭고 흥미로운 아이디어들을 가지고 있습니다.

- ● 장점 : 결단력, 근면함, 행운, 창의적, 실용적, 상상력, 부지런함
- ■ 단점 : 과도하게 신중하거나 충동적임, 불안정, 경솔함, 고집

연애와 인간관계

창의성과 지적 능력을 겸비한 당신은 일과 놀이를 결합할 수 있습니다. 친화적이고 사교적이라서 사랑과 연애를 할 기회가 많죠. 당신은 특히 활동적이고 정신적 자극을 주는 사람들에게 끌리며, 자신의 재치와 유머 감각을 알아주는 사람들을 원합니다. 공감력과 이해심이 많기 때문에 사람들이 도움과 조언을 구하러 오는 편이네요.

태양 : 사자자리
지배 성좌 : 양자리/화성
위치 : 21° 45′ – 23° 사자자리
상태 : 고정궁
원소 : 불
항성 : 알 게누비

8월 15일
LEO

빛나는 아이디어와 적극성을 발산하는 내면적 카리스마

이날 태어난 당신은 생일이 열정과 지적 능력에 관련되어 있기 때문에 정보를 신속하게 파악합니다. 당신은 지식 축적을 통해 적극성과 자신감을 높일 수 있으며, 사자자리에 태어나 느긋하고 유쾌하며 생기가 넘칩니다. 머릿속에 빛나는 아이디어들이 가득 차 있으니, 당신의 활력과 잠시도 가만있지 못하는 기질을 창조적인 일들로 돌려야 하겠습니다.

당신은 이상주의적이고 자부심과 확신이 강하며 언어에 대한 재능을 타고났습니다. 이런 재능이 글쓰기나 가르치는 일과 강연 기술에 도움이 됩니다. 당신은 자신의 판단에 의지하지만 이론보다는 실천을 선호하는 편입니다. 하지만 그 두 가지를 결합해야 성취를 이룰 잠재력이 높아집니다.

지배 성좌인 양자리의 영향으로 당신은 야망이 크고 활력과 추진력이 넘칩니다. 책임감 있는 자세와 좀 더 깊이 생각하는 습관을 들이면 더 큰 성공을 거둘 수 있습니다. 당신은 일단 기술을 익혀 숙달하면, 자신이 얼마나 재능 있고 똑똑한지 다른 사람에게 보여주는 편입니다. 대체로 관습에 얽매이지 않고 진보적인 성향이며, 독특한 관심사와 취미가 있습니다. 영감을 받으면 연극 쪽에서 인정받으려고 노력할 수도 있는데, 타고난 매력과 열정으로 그다지 어렵지 않게 감명을 줄 수 있습니다. 당신은 사회적 성향에다 친화적이지만, 느긋하고 색다른 사람이 되고 싶어 하며, 또래집단이 주는 압박감에 굴복하지 않습니다.

7세 때 당신의 태양이 30년 동안 처녀자리로 들어갑니다. 이 기간 동안 당신은 일상생활, 특히 근무 환경에서 현실적 질서와 효율성을 중요하게 생각합니다. 37세까지 이런 경향이 계속되다가 당신의 태양이 천칭자리로 들어가면서 전환점이 찾아와 잠재해 있던 음악적, 예술적 혹은 문학적 재능들을 계발하고 관계를 중요하게 생각합니다. 그러다 67세 때 당신의 태양이 전갈자리로 들어가면 또 다른 전환점을 맞아 심도 깊은 변화, 개인적 힘, 삶의 전환을 중시하게 됩니다.

숨어 있는 자아

내면적 카리스마로 사랑과 적극성을 발산하는 당신은 자신을 표현할 수단을 찾는 것이 중요합니다. 봉사에 대한 강한 확신과 소망이 있어 사람들을 돕는 단체를 이끄는 것을 즐길 수도 있습니다. 물질적 안정 때문에 이상주의적 면모를 포기하지 않도록 조심하세요. 하지만 당신은 경제적 두려움을 이길 수 있을 것으로 보이며, 그런 두려움은 장기적으로 보면 근거 없는 것으로 드러나게 됩니다.

당신은 강한 남성적 요소들과 여성적 요소들이 섞여 있어서 독립성과 결단력뿐 아니라 동정심과 섬세함도 함께 가지고 있네요. 건강한 삶을 위해서는 이런 특성들의 균형을 맞추는 것이 중요합니다. 의지력, 결단력, 활기찬 개성을 갖춘 당신은 훌륭한 성취를 이룰 수 있는 뛰어난 잠재력이 있습니다.

일과 적성

타고난 매력과 사업 감각이 효과적으로 결합되어 당신의 성공을 돕는데, 특히 영업과 마케팅, 홍보 쪽이 유망합니다. 뛰어난 드라마틱한 감각과 지식에 대한 사랑이 연극이나 강연장에서 빛을 발할 수도 있겠습니다. 또한 자신의 아이디어를 재미있게 이해시키는 능력이 프레젠테이션이나 연설 혹은 글쓰기에 도움이 됩니다. 대의를 위해 싸우는 훌륭한 투사라서 변호사나 대변인 같은 직업에 매력을 느낄 수 있으며, 개혁에 관심이 있으면 노조 지도자나 정치인처럼 타인을 대변할 수 있는 직업에 끌릴 수도 있습니다. 마찬가지로, 인도주의적 본능 때문에 카운슬링이나 사회복지 쪽에서 일할 수도 있습니다. 어떤 일을 하건 자신의 방식대로 할 수 있는 재량권을 원하고 자영업을 선호할 수도 있습니다.

수비학으로 풀어본 당신의 운세

다재다능함과 열정, 잠시도 가만히 있지 못하는 성향이 15일에 태어난 사람들의 특성입니다. 대개는 카리스마가 넘치며 민첩하죠. 강한 직관, 그리고 이론과 현실을 결합해 빨리 배우는 능력이 당신의 최대 자산입니다. 많은 경우 새로운 기술을 배우면서 돈을 법니다. 또한 직관력을 종종 활용하고 기회가 찾아오면 금방 알아보는 편입니다. 15일에 태어난 당신은 돈을 끌어모으고 다른 사람들부터 도움과 지원을 받는 데 소질이 있습니다. 느긋하지만 결단력이 강한 당신은 예기치 않은 일을 환영하고 모험을 좋아합니다. 천성적으로 모험심이 강하지만 자기 것이라 부를 수 있는 근거지나 집을 마련하고 싶어 하네요. 탄생월 8의 영향으로 야망이 크고 단호하며 활동적인 성격입니다. 선견지명과 조직력, 사업 감각을 갖추어 성공과 번영에 도움이 되는 장기적 투자를 즐깁니다.

- 장점 : 적극적, 관대함, 책임감, 친절함, 협력적, 안목, 창조적 아이디어
- 단점 : 파괴적, 무책임, 자기중심적, 변화에 대한 두려움, 신뢰 결여, 우유부단함, 물질주의적

연애와 인간관계

사교적이고 마음이 따뜻한 당신은 사람들과의 관계에서 많이 베푸는 편이지만 개인적인 자유도 원합니다. 당신은 예민함과 배려심부터 강렬한 열정까지 다양한 감정을 표현할 줄 압니다. 이상주의적 성향을 보더라도 당신은 정신적 자극을 주고 관심사를 공유할 수 있는 파트너를 찾습니다. 다른 사람들에 대한 책임감이나 부담도 당신의 인간관계에 영향을 미칩니다. 하지만 카리스마가 있어서 친구가 많고 연애 기회도 자주 찾아오며 인기가 많습니다.

사자자리

이날 태어난 유명인

나폴레옹 보나파르트(프랑스 정치인), 벤 애플렉, 제니퍼 로렌스(배우), 줄리아 차일드(요리연구가), 월터 스콧, 스티그 라르손(작가), 박인환(시인), 송지효, 이상윤(배우), 이영자(코미디언), 이종범(야구 선수)

태양 : 사자자리
지배 성좌 : 양자리/화성
위치 : 22°45′ - 24° 사자자리
상태 : 고정궁
원소 : 불
항성 : 없음

8월 16일

LEO

뛰어난 직관력과 넘치는 활력

매력적이고 친화적이며, 지적 능력과 직관력이 뛰어난 당신은 자신의 분별력과 예리한 통찰력을 잘 드러내지 않습니다. 객관적이고 사려 깊어 보이지만, 예민하고 이상주의적인 사람입니다. 사자자리에 태어나 자신감과 결단력, 통찰력을 겸비해서 아이디어를 빠르고 정확하게 이해하죠. 실용적이고 직접적인 접근 방식을 취해 독립적인 시각을 가지며, 설득력 있는 언변을 갖고 있네요.

지배 행성인 화성의 영향이 활력을 부여하고 정신적 잠재력을 높여줍니다. 또한 더욱 모험심을 가지고 대담해지라고 독려하고, 성격의 내향적인 면을 자극합니다. 하지만 화성의 영향으로 잠시도 가만있지 못하는 성미와 다혈질이 있네요. 따라서 너무 걱정하거나 충동적이 되지 않도록 조심하세요. 쉽게 싫증을 내지 않도록 자제력을 길러서 한번 시작한 일은 끝내는 법을 터득하기 바랍니다.

다른 사람들의 인정을 받고 싶거나 빛나고 싶은 마음은 당신이 대중 앞에 서는 것을 즐긴다는 것을 말해줍니다. 보통은 진지하지만, 정말로 당신에게 영감을 주는 관심사를 발견하면 열정적이고 자발적이 됩니다. 자신의 빠른 직관을 믿고, 너무 고압적이거나 지나치게 많이 요구하는 성향은 극복하기 바랍니다.

이른 나이인 6세 때 당신의 태양이 처녀자리로 들어가는데, 이후 30년 동안 현실적인 태도를 취하고, 특히 업무 환경에서 스스로의 힘으로 질서 있고 효율적인 체계를 구축하는 데 중점을 둡니다. 그러다 당신의 태양이 천칭자리로 들어가는 36세에 전환기가 찾아와 관계를 더 중시하게 되고, 잠재해 있던 예술적, 극적 혹은 문학적 재능을 발달시키기 시작합니다. 66세 때 당신의 태양이 전갈자리로 들어가면 개인적 힘과 변화나 쇄신의 욕구가 강조되며 그와 함께 의식이 높아집니다.

숨어 있는 자아

당신은 다른 사람들을 자극하는 것이 무엇인지 알고 싶어 합니다. 그리고 사람을 대하는 능력이 당신의 성공에서 중요한 부분을 차지합니다. 하지만 조화로운 관계에 많은 것이 달려 있으니, 따뜻함과 냉정한 거리 두기 사이에 균형을 잡을 필요가 있습니다. 타인에게 너무 실망하면 낙담하기 쉽지만, 건설적인 상태일 때는 매우 관대하고 근면하며 뛰어난 성취를 이룰 잠재력을 보입니다.

현실적 능력들을 타고나 사람들에게 조언자가 되어주며, 최상의 상태일 때는 겸손해지고 남에게 인정을 베풉니다. 경제적으로 운이 따라주어 금전적 문제가 생기더라도 금방 해결됩니다. 긍정적 태도로 강한 직관에 귀를 기울이면 못 할 일이 없겠습니다.

일과 적성

당신은 대인관계 기술과 뛰어난 지적 능력을 갖추어 여러 분야에서 잠재력을 발휘할 수 있습니다. 열정이 당신의 성공에 중요한 열쇠인데, 이러한 열정은 있는 척 꾸며낼 수 없는 것입니다. 사업을 하면 대규모의 일이나 미디어 쪽에 자연스레 끌리며 문제 해결 능력이 뛰어납니다. 당신의 조직력과 관리 기술이 중요한 자리까지 올라가는 데 도움이 됩니다. 또한 드라마틱한 것에 대한 재능이 결단력과 결합되면 쇼 비즈니스에서 성공을 거둘 수 있습니다. 남에게 지시받는 것을 싫어해 어떤 직업을 선택하건 종속적인 자리는 피해야 하겠네요. 투지가 있으니 가치 있는 대의를 위해 일하고 싶어 할 수도 있습니다.

수비학으로 푼 당신의 운세

16일에 태어난 사람은 사려 깊고 섬세하며 친화적입니다. 분석적인 편이지만 대개 자신의 느낌에 따라 인생과 사람을 판단합니다. 하지만 자기표현 욕구와 다른 사람들에 대한 책임감이 충돌할 때 내면의 갈등을 겪을 수 있겠습니다. 세계에서 일어나고 있는 일에 관심이 많아 국제 법인이나 언론계에 들어갈 수도 있습니다. 창의적인 사람들은 글쓰기에 재능이 있으며 번뜩이는 영감을 발휘합니다. 16일에 태어난 사람은 지나친 자신감과 불안 사이에 균형 맞추는 법을 배워야 합니다. 탄생월 8의 영향으로 때로는 초연하거나 객관적으로 보이지만, 보통은 현실적이며 건전한 가치관을 가지고 있습니다. 당신은 영향력과 권력이 있는 자리를 원하지만, 이런 영향력을 공명정대하게 행사해야 합니다. 세상사에 밝고 자부심이 강한 당신은 결단력과 믿음을 가지면 많은 것을 성취할 수 있습니다.

- 장점 : 박학다식, 집과 가족에 대한 책임감, 진실성, 직관력, 사교적, 협력적, 통찰력
- 단점 : 걱정, 만족하지 못함, 자기 홍보, 독단적, 회의적, 까다로움, 화를 잘 냄, 인정이 없음

연애와 인간관계

야망이 크고 천성적으로 똑똑한 파트너, 다시 말해 당신이 기댈 수 있는 사람을 찾아야 합니다. 창의적이고 성공한 사람에게 끌리는 성향은 당신이 멋진 자극과 사교를 좋아한다는 뜻입니다. 지식을 좋아하고 나누고 싶어 하기 때문에 당신의 생각과 아이디어를 전하는 것이 매우 중요합니다. 하지만 파트너를 쥐고 흔들지 않도록 조심하세요.

♌

사자자리

이날 태어난 유명인

마돈나(가수), 티모시 허턴(배우), 제임스 캐머런(영화감독), 빌헬름 분트(심리학자)

| 태양 : 사자자리 |
| 지배 성좌 : 양자리/화성 |
| 위치 : 23°45′ - 25° 사자자리 |
| 상태 : 고정궁 |
| 원소 : 불 |
| 항성 : 없음 |

8월 17일
LEO

빠른 상황 판단력과 분석력이 돋보이는 사색가

사교적이고 친화적인 당신은 상황 판단이 빠르고 직관력이 강한 사자자리 태생입니다. 개념에 대한 이해가 빨라 상황을 자신에게 유리하게 이용할 줄 알죠. 자유롭고 넓은 시각의 소유자이며 가치관이 확고합니다. 자기 수양이 큰 도움이 되니, 좋은 교육을 받거나 정신적 자극을 주는 무언가를 찾는 것이 중요합니다.

자신의 많은 아이디어를 표현하고 싶은 욕구는 지배 성좌인 양자리의 영향으로 보이며, 정신적으로 활발하고 생산적이 되어야 한다고 암시합니다. 하지만 잠시도 가만있지 못하는 성미와, 긍정적이고 창조적이다가도 걱정하고 비관적이 되는 성향 또한 있습니다. 비관적이 되어 스스로에게 과중한 요구를 하지 않도록 하세요. 한번 시작한 일을 끝내는 법을 터득하고 인내심을 길러 너무 충동적으로 행동하지 않도록 조심할 필요가 있습니다.

당신은 충실하고 배려심이 많지만 독단적이거나 충동적인 행동은 자제해야 합니다. 당신이 원하는 존경을 받기 위해서는 불만보다는 다정한 성격을 보여주는 게 좋습니다. 관대하고 자발적인 사람이긴 하지만 정서적 억압이 당신의 긍정적 시각을 손상시킬 수 있습니다. 그러니 자신을 드라마틱하게 보여줄 수 있는 흥미진진하고 정서적 성취감을 주는 활동에 참여해야 합니다.

5세 때 당신의 태양이 30년 동안 처녀자리로 들어가면 현실적 문제들이 중시되고, 스스로의 힘으로 점차 효율적인 근무 환경을 만들어가고 싶은 소망이 강조됩니다. 그러다 당신의 태양이 천칭자리로 들어가는 35세 때 또 다른 전환기가 찾아와 사회적 관계와 파트너십에 중점을 두게 됩니다. 또한 창조력이 향상되어 음악적, 예술적 혹은 문화적 관심을 계발하고 싶어지죠. 당신의 태양이 전갈자리로 들어가는 60대 중반에는 인생의 더욱 심오한 의미를 공부하여 더 큰 정서적 깊이를 얻고 더 많은 도전을 하고 싶어 합니다.

숨어 있는 자아

겉으로 보기엔 자부심이 강해 내면의 섬세함이 잘 드러나지 않을 수 있습니다. 당신은 인도주의적 성향과 드라마틱한 감각이 잘 어우러져 있는 사람이어서 자신의 아이디어와 창의성을 표현해야 할 필요가 있습니다. 사람에 관심이 많아 자연스럽게 타인들에게 조언자가 되는데, 이렇게 조언을 하다 보면 자신의 불만을 해소하는 데도 도움이 됩니다. 당신은 집과 가족의 안정을 추구하며 자신의 책임을 분명하게 인식하고 있습니다. 가치관을 발달시키면 지나친 낭비와 지나친 검약 사이의 균형을 맞추는 법을 알게 될 겁니다.

객관적인 시각을 유지하고 긍정적인 신념 체계를 가지면, 낙담하거나 좌절하는 성향을 극복하는 데 도움이 될 뿐 아니라 인생에 기적이 나타날 수 있습니다. 편안한 틀에 갇히지 않으려면 계속해서 새로운 과제들에 도전하도록 스스로를 독려할 필요가 있겠네요. 다행히 당신은 지식을 좋아하며 자신과 환경을 개선하기 위한 방법들을 강구합니다.

일과 적성

당신의 타고난 극적 소질과 야망은 연극이나 연예계에서 출세가도를 달리거나 사업이나 정치에서 성취를 이루도록 도울 수 있습니다. 남의 마음을 간파하는 데 뛰어난 당신은 사람들과 함께 일하는 것을 좋아하기 때문에 상담사나 사업 자문으로 성공을 거둘 수도 있습니다. 또한 훌륭한 조직 운영자나 관리자라서 당신이 선택한 분야에서 리더가 될 수 있습니다. 소통 기술이 있고 지식을 좋아해 글쓰기나 법, 교육 쪽에 끌릴 수도 있고, 아니면 섬세함과 사회적 의식이 있으니 치유 관련 직업에 종사하거나 대의를 위해 일할 수도 있습니다.

수비학으로 풀어본 당신의 운세

17일에 태어난 사람은 상황 판단이 빠르고 내성적 성격에 분석력이 뛰어납니다. 독립적인 사색가이며, 고등교육이나 숙련된 기술을 통해 혜택을 받네요. 당신은 전문 지식을 발전시키기 위해 자신의 지식을 구체적인 방식으로 활용하며, 물질적 성공을 얻거나 전문가나 연구자로서 중요한 자리를 차지할 수 있습니다. 남에게 자기 얘기를 잘 하지 않는 편이며, 자기 성찰적이고 객관적이며, 사실과 수치에 관심이 많습니다. 보통 진지하고 사려 깊은 태도를 보이며, 서두르지 않고 여유 있게 일하는 것을 좋아하죠. 소통 기술을 발달시키면 타인을 통해 자신에 관해 더 많은 것을 알 수 있을 겁니다. 탄생월 8의 영향으로 결단력이 강하고 건전한 가치관의 소유자이며 때로는 완벽주의자가 되지만, 융통성 없는 시각이 당신의 발전을 저해할 수 있겠네요. 걱정과 의심을 떨쳐버리기 바랍니다. 당신은 영향력 있는 사람이 되고 물질적으로 성공하길 원하기 때문에 열심히 노력하고 건전한 판단력을 발달시켜야 하며, 정신적 에너지를 건설적으로 사용해야 합니다.

- ● 장점 : 사려 깊음, 전문가, 좋은 기획자, 사업 감각, 돈을 끌어들임, 개성적 사고, 각고의 노력, 정확성, 숙련된 연구자, 과학적
- ■ 단점 : 무심함, 외로움, 완고함, 경솔함, 침울함, 예민함, 편협함, 비판적

연애와 인간관계

다정하고 배려심 많은 당신은 헌신적인 파트너가 될 수 있습니다. 친화적이고 사교적이어서 친구와 지인이 많죠. 인간관계가 인생에서 중요한 부분을 차지하기 때문에 다른 사람들이 원하는 바를 많이 배려합니다. 파트너에게 매우 충실하고 힘이 되어주지만, 너무 의존적이 되는 것과 지배적이 되는 것 사이에 정서적 균형을 유지할 필요가 있습니다. 창의적인 사람들이 당신의 인생에 긍정적 영향을 미칩니다.

태양 : 사자자리	
지배 성좌 : 양자리/화성	
위치 : 24°45′ - 26° 사자자리	
상태 : 고정궁	
원소 : 불	
항성 : 없음	

8월 18일

LEO

다양한 경험과 지식을 추구하는 모험가

영감과 상상력이 풍부하고 활발한 두뇌에 호기심이 많은 당신은 큰 잠재력을 지닌 사자자리 태생입니다. 자부심이 강하고 당당하며 성공을 원하지만, 당신의 목표를 이루려면 동기부여가 되고 결단력이 있어야 합니다. 당신은 다양한 경험을 추구하고 모험심이 강해서 계획과 아이디어가 많습니다.

지배 성좌인 양자리의 영향이 당신의 성격에 용기를 더합니다. 이 영향과 진취적 기상 때문에 당신은 잠시도 가만있지 못하고 활동하죠. 종속적인 위치에 있는 걸 좋아하지 않아서 지시받는 것을 달가워하지 않고 스스로 계획을 세우길 좋아합니다. 주도권을 잡거나 독립적으로 일하길 원하며, 구성에 대한 감각이 뛰어나서 프로젝트를 조직하고 실행하는 능력이 있습니다.

두뇌가 명석하고 지적인 당신은 지식욕이 강하고 자신의 생각과 아이디어를 표현하고 싶어 합니다. 타고난 영적 재능으로 다른 사람들의 의도를 감지하고 위선을 알아차리죠. 주변 상황에 민감해서 부조화와 긴장된 상황을 잘 느끼기 때문에 긍정적인 환경에 있을 필요가 있습니다.

4세 때 당신의 태양이 처녀자리로 들어가는데, 이후 30년 동안 현실적 조건들을 중시하고 인생의 질서를 원하게 됩니다. 그러다 당신의 태양이 천칭자리로 들어가는 34세에 전환점이 찾아와 관계에 대한 인식이 높아지고 타고난 음악적, 문학적, 예술적 관심을 계발할 수 있는 자극을 받습니다. 64세 때 당신의 태양이 전갈자리로 들어가면서부터는 삶에서 더 많은 의미를 찾게 되고, 인식을 심화시켜줄 변화를 시도합니다.

숨어 있는 자아

당신은 환상이나 현실도피에서 벗어나 현실을 직시함으로써 자신의 거대한 잠재력을 훈련시키는 과제에 대처할 수 있습니다. 당신의 감수성과 생기 넘치는 상상력으로 보아 때로는 쉬운 길을 택하는 것에 끌릴 수도 있습니다. 지식과 이해력이 풍부해서 정신적 혹은 형이상학적 아이디어에 끌리며, 천성이 다정하고 이야기하길 좋아합니다. 또한 토론을 좋아해서 개혁이나 진보적 운동과 관련된 집단을 능숙하게 다룹니다.

당신은 힘, 특히 지식의 힘을 좋아하며 자신보다 정보나 지식이 더 많은 사람들을 존중합니다. 그러나 상황에 휘말려 정신적 파워 게임을 하거나 조종하려는 성향은 조심해야 합니다. 하지만 당신은 이상주의, 결단력, 비전으로 타인들에게 정신적 자극을 줄 수 있는 사람입니다.

일과 적성

사람들에게 주목받고 싶은 욕구가 있어 배우, 댄서 혹은 감독으로 연극과 관련된 일에서 성공을 거둘 수 있습니다. 야망이 큰 당신은 정치, 법률 또는 사업 쪽에 진출할 수도 있는데, 그쪽 분야에서 지도적인 위치에 오르고 싶어 하겠네요. 명령받는 것을 좋아하지 않아서 자영업자 쪽으로 기울 수도 있습니다. 또한 실용적 재능과 함께 조직력까지 갖추었으니 제조나 머천다이징, 금융 쪽에서 성공할 가능성도 있습니다. 사람들을 대하는 능력으로 보아 대중을 상대하는 직업, 특히 교육이나 사회복지 쪽에서 역량을 발휘할 수도 있겠네요. 아니면 섬세함, 심리에 대한 특별한 통찰력, 타고난 치유 능력으로 의학이나 대체 의학 관련 직업에 끌릴 수도 있습니다.

수비학으로 풀어본 당신의 운세

결단력, 적극성, 야망은 18일과 연관된 특성입니다. 활동적이고 도전욕이 강한 당신은 항상 바쁘게 지내길 원하고 진취적인 일에 자주 관여합니다. 유능하고 근면하며 책임감이 강해 권한 있는 자리까지 올라갈 수 있겠네요. 아니면 사업 감각과 조직력이 뛰어나 상업 쪽으로 진출할 수 있습니다. 과로로 고생할 수 있으니 이따금 긴장을 풀고 느긋해질 줄 알아야 합니다. 18일에 태어난 당신은 다른 사람들을 치유하고 유익한 조언을 해주거나 문제를 해결해주는 능력이 있습니다. 탄생월 4의 영향으로 두뇌가 명석하고 사람과 상황에 대한 직관력이 뛰어납니다. 잠시도 가만있지 못하고 불안정할 수도 있지만, 당신은 맡은 일을 능률적으로 해내고 결단력 있게 계획을 실행합니다. 남들에게 인정받길 원하며, 종종 이상주의적 믿음과 물질적 성향 사이에 충돌이 일어납니다.

- 장점 : 진보적, 적극적, 직관, 용기, 단호함, 치유력, 효율성, 자문 능력
- 단점 : 통제되지 않는 감정, 나태함, 무질서, 이기적, 냉담함, 일을 끝내지 못함, 기만

연애와 인간관계

자부심이 강하고 드라마틱한 면이 있는 당신은 사람들을 끌어들이는 카리스마 있는 성격입니다. 인간관계에서는 솔직함을 매우 중요하게 생각하네요. 성격이 섬세해서 굉장히 다정하고 상냥하지만, 방종이나 회피 등의 방법으로 현실도피를 하지 않도록 조심하세요. 당신은 마음이 따뜻하고 유익한 조언을 해주기 때문에 어려움 없이 사람들의 마음을 끌어들입니다. 중요한 관계에서는 정신적 자극을 줄 수 있고 관심사와 가치관을 공유할 수 있는 사람을 찾는 것이 중요합니다.

당신에게 특별한 사람

연인이나 친구

1월 10, 13, 20, 25, 30일 / 2월 8, 11, 18, 28일 / 3월 6, 9, 16, 26, 30일 / 4월 7, 14, 24, 30일 / 5월 2, 5, 12, 22일 / 6월 3, 10, 20일 / 7월 1, 8, 18일 / 8월 6, 16, 20, 30일 / 9월 4, 14, 28, 30일 / 10월 2, 12, 26, 28, 30일 / 11월 10, 24, 26, 28일 / 12월 8, 22, 24, 26일

힘이 되어주는 사람

1월 12, 16, 17, 28일 / 2월 10, 14, 15, 26일 / 3월 8, 12, 13, 24일 / 4월 6, 10, 11, 22일 / 5월 4, 8, 9, 20, 29일 / 6월 2, 6, 7, 18, 27일 / 7월 4, 5, 16, 25일 / 8월 2, 3, 14, 23일 / 9월 1, 12, 21일 / 10월 10, 19일 / 11월 8, 17일 / 12월 6, 15일

운명의 상대

2월 14, 15, 16일 / 3월 31일 / 4월 29일 / 5월 27일 / 6월 25일 / 7월 23일 / 8월 21일 / 9월 19일 / 10월 17일 / 11월 15일 / 12월 17일

경쟁자

1월 6, 18, 22, 27일 / 2월 4, 16, 20, 25일 / 3월 2, 14, 18, 23일 / 4월 12, 16, 21일 / 5월 10, 14, 19일 / 6월 8, 12, 17일 / 7월 6, 10, 15일 / 8월 4, 8, 13일 / 9월 2, 6, 11일 / 10월 4, 9일 / 11월 2, 7일 / 12월 5일

소울메이트

3월 28일 / 4월 26일 / 5월 24일 / 6월 22일 / 7월 20일 / 8월 18일 / 9월 16일 / 10월 14일 / 11월 12일 / 12월 10일

이날 태어난 유명인

패트릭 스웨이지, 로버트 레드포드(배우), 로만 폴란스키(영화감독), 강수연(배우), 지드래곤(가수), 양세형(코미디언)

| 태양 : 사자자리 |
| 지배 성좌 : 양자리/화성 |
| 위치 : 25° 45′ – 27° 사자자리 |
| 상태 : 고정궁 |
| 원소 : 불 |
| 항성 : 알파르드, 아드하페라, 알 자브하 |

8월 19일

LEO

중심 역할을 원하는 강한 자부심과 자신감

활동적이고 똑똑하며 사람들과 어울리기 좋아하는 당신은 빛을 발하고 주목받고 싶어 합니다. 사자자리에 태어나 자부심과 자신감이 강하고 창의성과 자기표현 욕구가 있네요.

충분히 활동적인 성격에 지배 성좌 양자리의 영향으로 활력까지 더해져 당신은 강한 확신을 가지고 행동합니다. 중심 역할을 하길 원해 흔히 상황을 주도하죠. 화성의 영향으로 진취성과 자발성이 강하고 투기하는 성향이 있지만 일확천금을 꿈꾸어서는 안 됩니다. 만사를 자기 뜻대로 하려고 하기 때문에 지배적이거나 이기적인 성격을 완화시킬 필요가 있네요.

상황 파악이 빠르지만, 과잉반응하거나 좌절하거나 지나치게 돈 걱정을 하는 경향은 극복해야 합니다. 똑똑하고 빈틈이 없으며 정신적 잠재력이 높은 당신은 항상 바쁘게 지내고 박식해지고 싶어 합니다. 냉소주의와 천진난만함이 섞여 있는 것으로 보아 건강한 정신과 직관력을 발달시켜야 되겠네요. 활기찬 기질이지만, 일이 인생에서 중요한 역할을 하고 나이가 들수록 더 큰 자리를 차지합니다. 인생에서 아무리 어려운 상황에 부딪히더라도 당신은 자신에게 역경을 이길 수 있는 힘이 있다는 걸 마음속으로 알고 있습니다.

어린 나이인 3세 때부터 당신의 태양이 30년 동안 처녀자리로 들어갑니다. 이 시기에는 현실적이고 질서 있는 인생의 틀을 만드는 것이 중시되고 봉사와 디테일에 대한 관심이 커집니다. 당신의 태양이 천칭자리로 들어가면 인생에 전환점이 찾아와 관계가 더 중요해지기 시작하고 새로운 사교적, 사회적 혹은 창조적 기술들을 발전시킵니다. 그러다 63세 때 당신의 태양이 전갈자리로 들어가면서 더 심오한 감정적 깊이와 치열함, 변화를 원하게 됩니다.

숨어 있는 자아

지식과 지혜에서 정신적 자극을 받는 당신은 긍정적인 태도를 유지하고 인내심과 관용을 기를 필요가 있습니다. 그러면 잠시도 가만있지 못하는 활동적인 두뇌를 다잡고 건설적이 되게 하는 데 도움이 됩니다. 민첩하고 적극적인 당신은 새로운 아이디어들을 남들에게 효과적으로 제시하여 자신의 생각들로 영향력을 발휘하는 힘이 있습니다. 엄격한 평가자이기 때문에 자신이 믿는 일을 현실로 만들기 위해 굉장히 열심히 일하죠.

강한 의지력과 결단력이 물질세계에서 성공을 이루는 데 도움이 되지만, 완전한 성취를 이루려면 이런 힘들과 직관적인 통찰력 사이에 균형을 맞추어야 합니다. 건강한 정신, 용기, 독창성을 결합하면 빛나는 영감을 받을 수 있습니다.

일과 적성

야망이 큰 당신은 친화적이고 자신감 있는 모습을 보입니다. 토론에 적합하고 논쟁에서 이길 수 있는 정신적 활력이 있어서 법률이나 정치에서 큰 성공을 얻는 데 도움이 됩니다. 마찬가지로, 영업이나 에이전트 쪽 직업을 선호할 수도 있겠네요. 당신은 분석적일 뿐만 아니라 직업적으로 도움이 되는 기술력도 보유하고 있습니다. 드라마틱한 감각이 뛰어나 연극이나 연예계에 끌릴 수도 있지만 무슨 일을 하건 책임자나 관리자 역할을 원할 겁니다. 결단력이 강하고 일처리가 신속하니 자영업을 선택할 수도 있습니다.

수비학으로 풀어본 당신의 운세

19일에 태어난 사람들은 흔히 쾌활하고 야망이 큰 인도주의자라는 평을 듣습니다. 결단력이 있고 지략이 넘치는 당신은 통찰력이 뛰어나지만, 몽상가적인 기질이 있어서 인정이 많고 이상주의적이며 창조적입니다. 섬세한 성격이지만, 적극적으로 행동하고 중심 자리를 요구하는 것은 중요한 사람이 되고 싶은 마음 때문입니다. 자신의 정체성을 확립하고 싶은 욕구가 강한데, 그러려면 먼저 또래집단이 주는 압박감을 극복해야 합니다. 남들에게는 자신만만하고 회복력이 뛰어나며 지략이 풍부한 사람으로 보이지만, 내면의 긴장감으로 심한 감정 기복을 겪을 수 있겠네요. 그러나 예술적이고 카리스마 넘치는 당신은 세상이 당신의 탐험을 위해 존재한다는 걸 압니다. 탄생월 8의 영향으로 체력이 좋고 활력이 넘칩니다. 예리하고 결단력이 있어서 권한과 영향력이 있는 자리까지 올라가죠. 아니면 사업 수완과 실무 능력이 있어 상업계에 진출합니다.

- 장점 : 활동적, 중심 역할, 창의성, 리더십, 행운, 진보적, 낙천주의, 강한 확신, 경쟁력, 독립성, 사교적
- 단점 : 자기중심적, 침울함, 근심 걱정, 거절에 대한 두려움, 심한 감정 기복, 물질주의적, 이기주의, 성급함

연애와 인간관계

자신감 있고 스스로에게 동기부여를 하는 당신은 이해심이 많고 사려 깊습니다. 사회적 성향이며 사람들을 끄는 능력이 있어서 주위에 친구와 추종자가 끊이지 않습니다. 당신은 근면하고 지적인 자극을 주는 사람들에게 특히 관심이 있으며, 직관력이 강해서 사람들의 생각이나 느낌을 잘 알아차립니다. 하지만 신뢰할 만한 장기적인 관계를 쌓는 데는 시간이 필요합니다. 일단 마음을 정하면 너그럽고 다정한 파트너가 됩니다.

당신에게 특별한 사람

연인이나 친구

1월 11, 21, 28, 31일 / 2월 9, 19, 26, 29일 / 3월 17, 24, 27일 / 4월 5, 15, 22, 25일 / 5월 13, 20, 23일 / 6월 1, 11, 18, 21일 / 7월 9, 16, 19일 / 8월 7, 14, 17, 31일 / 9월 5, 12, 15, 29일 / 10월 3, 10, 13, 27, 29, 31일 / 11월 1, 8, 11 25, 27, 29일 / 12월 6, 9, 23, 25, 27일

힘이 되어주는 사람

1월 9, 12, 18, 24, 29일 / 2월 7, 10, 16, 22, 27일 / 3월 5, 8, 14, 20, 25일 / 4월 3, 6, 12, 18, 23일 / 5월 1, 10, 16, 21, 31일 / 6월 2, 8, 14, 19, 29일 / 7월 6, 12, 17, 27일 / 8월 4, 10, 15, 25일 / 9월 2, 8, 13, 23일 / 10월 6, 11, 21일 / 11월 4, 9, 19일 / 12월 2, 7, 17일

운명의 상대

1월 3일 / 2월 1, 15, 16, 17일 / 4월 30일 / 5월 28일 / 6월 26일 / 7월 24일 / 8월 22일 / 9월 20일 / 10월 8일 / 11월 16일 / 12월 14일

경쟁자

1월 7, 8, 19, 28일 / 2월 5, 6, 17, 26일 / 3월 3, 4, 15, 24일 / 4월 1, 2, 13, 22일 / 5월 11, 20일 / 6월 9, 18일 / 7월 7, 16일 / 8월 5, 14일 / 9월 3, 12일 / 10월 1, 10일 / 11월 8일 / 12월 6일

소울메이트

1월 3, 19일 / 2월 1, 17일 / 3월 15일 / 4월 13일 / 5월 11일 / 6월 9일 / 7월 7일 / 8월 5일 / 9월 3일 / 10월 1일

♌

사자자리

이날 태어난 유명인

빌 클린턴(전 미국 대통령), 코코 샤넬(패션 디자이너), 질 세인트 존(배우), 맬컴 포브스(기업인), 오빌 라이트(비행기 발명가), 손태영(배우)

| 태양 : 사자자리 |
| 지배 성좌 : 양자리/화성 |
| 위치 : 26°45' – 28° 사자자리 |
| 상태 : 고정궁 |
| 원소 : 불 |
| 항성 : 알파르드, 아드하페라, 알 자브하 |

8월 20일

LEO

예리한 감성과 통찰력이 돋보이는 지적 탐구자

다정하고 매력적이며, 야망이 크고 자부심이 강한 당신은 사람과 사회문제를 다루는 타고난 재능으로 조화와 평화를 만들어낼 수 있습니다. 직관적이고 현실적이어서 자신의 열망과 뛰어난 통찰력을 결합시킬 줄 알지만, 편안함과 물질적 안락을 좋아하는 편이기 때문에 동기부여가 필요하겠네요.

다행히 지배 성좌인 양자리의 영향으로 당신은 목표 지향적이고 에너지와 추진력을 갖추고 있는데, 특히 명성과 돈을 좇는 일에서 더 이런 힘을 발휘합니다. 또한 영향력 있는 자리에 오르거나 성공을 얻기 위해 기꺼이 열심히 노력하네요.

통찰력과 책임감이 있지만, 때로는 기대에 미치지 못할까 봐 걱정하는 경향이 있으며, 자신의 노력을 인정받길 원합니다. 하지만 일과 놀이를 결합할 줄 알고 다른 사람들을 편하게 해줍니다. 일의 가치를 알기 때문에 결단력과 끈기를 발휘해 장애물들을 극복하죠.

지식을 좋아하고 지식이 당신에게 힘을 준다는 걸 아는 당신은 자신의 아이디어와 정보를 공유하길 좋아합니다. 예리한 감각을 타고나 자신의 독특한 비전으로 사람들에게 정신적 자극을 주죠. 때로는 이상주의와 물질주의가 충돌하기 때문에 분명한 길을 제시해주는 인생철학을 개발해야 합니다.

당신의 태양이 처녀자리로 들어가는 31세까지는 현실적 능력과 일상생활에서의 질서에 중점을 둡니다. 상황을 끊임없이 분석하여 개선하려고 하죠. 그러다 32세 때 태양이 천칭자리로 들어가면 전환점이 찾아와 관계, 창의성, 균형의 중요성이 커집니다. 그리고 62세 때 태양이 전갈자리로 들어가면서 정신의 더 깊고 변화할 수 있는 측면들에 관심을 쏟고 더 많은 개인적 힘을 얻습니다.

숨어 있는 자아

결단력과 통제에 대한 욕구가 있는 당신은 권력을 즐기겠네요. 이런 성향이 긍정적으로 사용되면 활동적인 방식으로 성취를 이룰 수 있지만, 냉혹해지거나 남을 조종하려 드는 일이 없도록 조심해야 합니다. 타고난 사업감각에 근면한 당신은 자신의 재능들을 상업화할 수 있습니다. 독립적인 성격이지만 타인과의 협력의 중요성도 잘 알고 있네요.

때로는 단호하고 노력을 아끼지 않으며 체계적이지만 또 때로는 목적의식이 상실되고 힘이 없는 것처럼 느껴지기 때문에, 인생에서 일과 놀이 사이에 건설적인 균형을 유지하는 게 중요합니다. 때때로 불안을 느끼지만, 경제적 문제와 관련된 두려움은 대개는 쓸데없는 것으로 판명됩니다. 다행히 당신에게는 인내심과 타고난 치유력이 있으니 상황이 매우 어렵더라도 굴하지 않고 역경을 이겨낼 힘이 있습니다.

일과 적성

똑똑하고 결단력 있는 당신은 정신적 잠재력을 최대한 활용할 수 있는 직업에서 성공을 거둘 가능성이 가장 높습니다. 드라마틱한 것에 대한 재능과 자기표현 욕구가 있어 글쓰기나 연예계 쪽에 끌릴 수 있습니다. 마찬가지로, 머리가 좋아 교사, 언론, 출판 등의 직업이 이상적일 수도 있겠네요. 사업 쪽에서는 통제욕이 있어 매우 독립적이며, 자영업에서 역량을 발휘합니다. 천부적인 사교수완을 보면 정치나 홍보와 관련된 일에 이끌릴 수도 있습니다. 또한 이 생일은 종종 예술적이거나 음악적인 재능 또는 박애주의 성향도 나타냅니다.

수비학으로 풀어본 당신의 운세

20일에 태어난 당신은 직관력이 뛰어나고 섬세하며 융통성이 있고 이해심이 넓어 자신을 큰 집단의 일원으로 생각합니다. 그래서 사람들과 상호작용하고 경험을 공유하며 배울 수 있는 협력적인 활동을 즐기죠. 매력적이고 품위 있는 당신은 외교술과 사회성을 발전시켜 다양한 사회집단에서 쉽게 활약합니다. 하지만 자신감을 키워 다른 사람들의 행동과 비판에 쉽게 상처받거나 너무 의존하는 경향은 극복해야 합니다. 당신은 서로 마음이 맞는 화합의 분위기를 조성하는 데 귀재입니다. 탄생월 8의 영향으로 현실적이고 단호하지만, 주도권을 쥐고 싶은 마음과 팀의 일원이 되고 싶은 마음 사이에 내적인 갈등도 겪겠네요. 당신은 야망이 크고 단도직입적이며 진취적인 사람입니다. 활동적이고 에너지가 넘쳐서 인생의 과제들에 용기 있게 도전하죠. 강한 확신, 풍부한 지략, 훌륭한 판단력도 당신의 많은 특징들 중 일부입니다.

- 장점 : 훌륭한 파트너십, 온화함, 재치, 수용적, 직관력, 사려 깊음, 조화로움, 상냥함, 원만함, 친선 대사
- 단점 : 의심이 많음, 자신감 부족, 굴종, 소심함, 지나치게 예민함, 이기적, 술수가 뛰어남

연애와 인간관계

지적이고 사려 깊은 당신은 이해심이 많고 함께 있으면 자극을 주는 사람입니다. 애정생활이 매우 드라마틱하지만, 평온을 유지하고 조화로운 관계를 만들고 싶은 바람이 강합니다. 그 과정에서 자신이 양보하고 희생을 자처하고 있는 건 아닌지 인식해야 합니다. 아니면 너무 고압적이 될 수도 있기 때문에 힘의 균형을 맞추는 것이 중요하겠네요. 하지만 당신은 기꺼이 사랑과 애정을 너그럽게 베풀고 훌륭한 사교술을 갖춘 매력적이고 카리스마 넘치는 사람입니다.

당신에게 특별한 사람

연인이나 친구

1월 8, 12, 18, 22일 / 2월 16, 20일 / 3월 14, 18, 28일 / 4월 6, 12, 16, 26일 / 5월 10, 14, 24일 / 6월 2, 8, 12, 22일 / 7월 6, 10, 20, 29일 / 8월 4, 8, 18, 27, 30일 / 9월 2, 6, 16, 25, 28일 / 10월 4, 14, 23, 26, 30일 / 11월 2, 12, 21, 24, 28일 / 12월 10, 19, 22, 26, 28일

힘이 되어주는 사람

1월 6, 10, 25, 30일 / 2월 4, 8, 23, 28일 / 3월 2, 6, 21, 26일 / 4월 4, 19, 24일 / 5월 2, 17, 22일 / 6월 15, 20, 30일 / 7월 13, 18, 28일 / 8월 11, 16, 26일 / 9월 9, 14, 24일 / 10월 7, 12, 22일 / 11월 5, 10, 20일 / 12월 3, 8, 18일

운명의 상대

2월 16, 17, 18일 / 5월 29일 / 6월 27일 / 7월 25일 / 8월 23일 / 9월 21일 / 10월 19일 / 11월 17일 / 12월 15일

경쟁자

1월 13, 29, 31일 / 2월 11, 27, 29일 / 3월 9, 25, 27일 / 4월 7, 23, 25일 / 5월 5, 21, 23일 / 6월 3, 19, 21일 / 7월 1, 17, 19일 / 8월 15, 17일 / 9월 13, 15일 / 10월 11, 13일 / 11월 9, 11일 / 12월 7, 9일

소울메이트

1월 6, 25일 / 2월 4, 23일 / 3월 2, 21일 / 4월 19일 / 5월 17일 / 6월 15일 / 7월 13일 / 8월 11일 / 9월 9일 / 10월 7일 / 11월 5일 / 12월 3일

이날 태어난 유명인

라지브 간디(전 인도 총리), 로버트 플랜트(가수), 에이미 애덤스, 앤드루 가필드(배우), 데이비드 O. 러셀(영화감독), 하하(방송인)

| 태양 : 사자자리 |
| 지배 성좌 : 양자리/화성 |
| 위치 : 27°30′ - 28°30′ 사자자리 |
| 상태 : 고정궁 |
| 원소 : 불 |
| 항성 : 레굴루스, 알파르드, 아드하페라, 알 자브하 |

8월 21일

LEO

사람들을 사로잡는 강한 추진력과 설득력 있는 말솜씨

성취욕이 강하고 행동 지향적인 당신은 야망이 크고 직관이 뛰어난 활동적이고 다재다능한 사자자리 태생입니다. 자부심이 강하고 두뇌가 명석하며 호기심이 많고 자신의 뜻대로 하려는 의지가 강하죠. 낙천적이고 진취력이 있어 인생을 최대한 충실하게 살고자 합니다. 또한 이런 열정으로 볼 때 당신은 자신의 개성을 창조적인 방식으로 표현해야 할 필요성이 있습니다.

지배 성좌인 양자리의 영향이 활력과 추진력을 더하지만 성급하게 행동하거나 쉽게 싫증을 낼 수도 있습니다. 충동적이 되어서는 안 되며 사전 계획 없이 일을 벌이지 말아야 합니다. 이 생일이 나타내는 커다란 잠재력으로 볼 때 만족하지 못하는 성향을 극복하려면, 당신의 에너지를 긍정적인 방향으로 돌려야 합니다.

당신은 끊임없이 정신적 자극을 원하고 위트와 재치 있는 응답으로 다른 사람들을 즐겁게 해줍니다. 설득력 있는 말솜씨와 센스로 다른 사람들의 마음을 사로잡아 원하는 것을 얻죠. 그러나 어리석은 짓을 용납하지 않고, 때로는 지나치게 노골적으로 말하며 이기적이거나 오만해질 수 있습니다. 다방면에 재능이 많고 활동적인 생활을 즐기지만, 특정한 기술 하나를 개발하는 것이 좋으며 교육과 학습을 통해 큰 이점을 얻을 것입니다.

인생 초기에 당신의 태양이 처녀자리로 들어갑니다. 이후 30년 동안 당신은 이 별자리의 특성인 현실성, 비판, 완벽주의의 영향을 받을 것이며, 좀 더 효율적인 업무 환경을 만드는 데 점차 관심을 가질 것입니다. 그러다 태양이 천칭자리로 들어가는 31세 때 전환점이 찾아와 관계의 중요성에 대한 인식이 높아집니다. 또한 창의력이 향상되어 잠재해 있던 음악적, 예술적, 문학적 관심을 드러내고 싶어 하죠. 61세 때 태양이 전갈자리로 들어가면서부터는 개인적 힘과 변화에 관련된 문제가 중요해집니다. 이 영향으로 의식과 감정도 깊어집니다.

숨어 있는 자아

정서적 감수성이 풍부해 매우 직관적이지만, 이런 감수성이 때로는 당신을 다른 방향들로 끌어당깁니다. 한편으로는 새롭고 흥미진진한 일을 원하지만, 다른 한편으로는 안전과 안정을 원하죠. 이런 면들이 건설적인 방향으로 돌려지지 않으면 초조하고 불안하거나 현실도피 성향을 띠기 쉽습니다. 행복을 주는 새로운 일에 대해 계속해서 긍정적인 계획을 세우면 냉소적이거나 반항적이 되는 것을 피할 수 있습니다. 이상에 대한 추구와 진실에 대한 욕구가 관대하고 인정 많은 인도주의자가 되는 원동력 역할을 합니다.

당신은 솔직하고 정직해서 다른 사람들도 그러하길 기대합니다. 다정하고 배려심이 많지만 비꼬는 성향은 조심해야겠네요. 여행이나 더 높은 수준의 교육을 통해 숨어 있던 모험심을 발견할 수 있습니다. 매력과 자발성을 타고났기 때문에 이 생일과 연관된 숨겨진 예술적 혹은 창조적 재능을 탐구하고 싶을 수도 있습니다.

일과 적성

관심을 끄는 주제에 대해서는 어떤 것이든 매우 빠른 속도로 지식을 흡수하기 때문에 도전을 계속할 수 있는 다양한 경험을 원합니다. 활발한 지적 능력으로 교육이나 글쓰기 혹은 출판 쪽에 끌릴 수도 있습니다. 뛰어난 대인관계 기술을 활용할 수 있는 직업이 이상적이겠네요. 외국과 관련되거나 변화가 많은 직업이면 훨씬 더 좋을 겁니다. 아니면 자기표현 욕구가 있어 음악이나 미술 혹은 연예계에 진출할 수도 있고, 스포츠 쪽도 당신의 활동 욕구를 긍정적으로 발산할 수 있는 분야입니다.

수비학으로 풀어본 당신의 운세

역동적인 추진력과 외향적인 성격이 21일에 태어난 사람들에게서 흔히 볼 수 있는 특징입니다. 사교적인 성향이라 관심 분야와 아는 사람이 많고 전반적으로 행운이 따라다닙니다. 보통 다정하고 사교적으로 사람들에게 다가가죠. 또한 독립심이 있으며 직관이 강하고 매우 독창적입니다. 21일에 태어난 사람은 흥이 많고 사람을 끌어당기며 창의적이고 사교적 매력이 있습니다. 반대로 수줍음을 타고 속마음을 잘 드러내지 않을 수도 있는데, 특히 가까운 사이에서는 자기주장을 할 필요가 있습니다. 인생에서 많은 기회가 찾아오며 다른 사람들과 협력하여 성공을 거둡니다. 협력적인 관계나 결혼에 끌리겠지만 자신의 재능과 능력을 인정받으려는 열망 또한 큽니다. 탄생월 8의 영향으로 직관과 의지가 강해 굉장히 활동적입니다. 늘 기운이 넘치고 활력을 즐기지만 지나치게 걱정하거나 비현실적이 되지 않도록 조심하세요. 배우는 속도가 빠르고 새로운 환경에 쉽게 적응하는 반면에 융통성 없고 완고한 면도 있네요.

- ● 장점 : 영감, 창의력, 사랑으로 맺은 관계, 오래 지속되는 관계
- ■ 단점 : 의존성, 신경과민, 비전 결여, 실망감, 걱정

연애와 인간관계

위트가 넘치고 재미있는 당신은 매우 똑똑한 사람입니다. 친화적인 성격으로 모르는 사람들과도 쉽게 어울리고 활발한 사교생활을 하고 싶어 하죠. 당신은 훌륭한 주최자이자 함께 있으면 자극을 주는 사람입니다. 독립적이고 성공한 사람들에게 끌리고, 자유롭고 자립적인 관계를 원합니다. 연애할 때에는 매우 드라마틱하고 다정하지만 속을 터놓지 않거나 의심하는 면도 있습니다. 하지만 가족이나 좋아하는 사람들을 보호하는 데는 적극적이네요.

연인이나 친구

1월 4, 13, 19, 23일 / 2월 2, 11, 17, 21일 / 3월 9, 15, 19, 28, 29, 30일 / 4월 7, 13, 17, 26, 27일 / 5월 5, 11, 15, 24, 25, 26일 / 6월 3, 9, 13, 22, 23, 24일 / 7월 1, 7, 11, 20, 21, 22일 / 8월 5, 9, 18, 19, 20일 / 9월 3, 7, 16, 17, 18일 / 10월 1, 5, 14, 15, 16, 29, 31일 / 11월 3, 12, 13, 14, 27, 29일 / 12월 1, 10, 11, 12, 25, 27, 29일

힘이 되어주는 사람

1월 7, 15, 20, 31일 / 2월 5, 13, 18, 29일 / 3월 3, 11, 16, 27일 / 4월 1, 9, 14, 25일 / 5월 7, 12, 23일 / 6월 5, 10, 21일 / 7월 3, 8, 19일 / 8월 1, 6, 17, 30일 / 9월 4, 15, 28일 / 10월 2, 13, 26일 / 11월 11, 24일 / 12월 9, 22일

운명의 상대

2월 16, 17, 18, 19일

경쟁자

1월 6, 9, 14, 30일 / 2월 4, 7, 12, 28일 / 3월 2, 5, 10, 26일 / 4월 3, 8, 24일 / 5월 1, 6, 22일 / 6월 4, 20일 / 7월 2, 18일 / 8월 16일 / 9월 14일 / 10월 12일 / 11월 10일 / 12월 8일

소울메이트

4월 30일 / 5월 28일 / 6월 26일 / 7월 24일 / 8월 22일 / 9월 20일 / 10월 18, 30일 / 11월 16, 28일 / 12월 14, 26일

사자자리

이날 태어난 유명인

오브리 비어즐리(삽화가), 케니 로저스(가수), 우사인 볼트(육상 선수), 김대건(신부), 박광현(영화감독), 박선영(배우)

| 태양 : 사자자리/처녀자리 경계 |
| 지배 성좌 : 양자리/화성, 수성 |
| 위치 : 28°30' – 29°30' 사자자리 |
| 상태 : 고정궁 |
| 원소 : 불 |
| 항성 : 레굴루스, 알파르드, 아드하페라, 알 자브하 |

8월 22일

LEO

창의적인 사고와 결단력이 빛나는 리더십

사자자리와 처녀자리 사이에서 태어난 당신은 실용적인 접근 방식을 취하고 창의적인 사고를 하는 사람입니다. 종종 놀라운 결단력과 진취성을 보여주기도 하죠. 야망과 자부심, 명예심이 있으며, 자신의 지식을 잘 활용합니다. 개별 프로젝트에 집중하여 신속하고 과단성 있게 행동하는 당신은 단호한 사고를 하는 유능한 조직자입니다.

지배 성좌인 양자리의 영향을 받아 활동적인 삶을 즐깁니다. 대담하고 용기가 있으며 활동적인 성격으로, 진보적이고 적극적인 인상을 줍니다. 머릿속에는 아이디어가 넘쳐나고, 자신의 생각과 계획을 실현하길 간절히 바라죠. 자신의 일에서 대개 성공을 거두고 남들에게는 보수적인 사람으로 보이지만, 초조해하거나 성급한 성향은 극복해야 합니다. 독립적인 욕구와, 특히 권한과 관련된 문제에서 반항적인 면을 보이는 자유로운 기질 사이에서 균형을 맞추는 법을 터득하여 완고해지지 않도록 하세요.

즐거움을 좇으며 에너지를 소모하는 것보다 일할 때 더 행복한 당신은 지루할 틈이 없게 해줄 정신적인 것을 더 추구해야겠네요. 지식을 넓히는 것을 즐기기 때문에 교육이 도움이 되며 더 높은 수준의 교육이나 독학을 통해 성공을 거둘 수 있습니다. 물질주의적인 면도 강하지만 이상주의적 성향이 있어 대의와 아이디어를 열정적으로 지지할 수 있는 인도주의자입니다.

태어난 해에 당신의 태양이 처녀자리로 들어가며, 이후 30년 동안 이 별자리의 특성인 실용적 질서와 체계의 영향을 받습니다. 그러다 30세에 당신의 태양이 천칭자리로 들어가면서 전환점이 찾아오는데, 이때부터 모든 관계의 중요성을 더욱 인식하게 되죠. 또한 창조적 능력이 향상되어 사회적 교제 범위를 넓히길 원하고 잠재해 있던 음악적, 예술적, 문학적 관심을 계발하려고 합니다. 당신의 태양이 전갈자리로 들어가는 60세 때 또 다른 전환점을 맞아 개인적 힘과 변화에 대한 욕구가 증가하고 인식이 확장됩니다.

숨어 있는 자아

당신에게 주어진 과제에는 희생, 이타심, 겸손이 포함됩니다. 당신은 책임감이 강한 사람이며, 궁극적으로 마음의 평화는 자신의 환경에서 조화를 이루기 위한 노력에서 나온다는 것을 깨닫게 됩니다. 이러한 노력에는 가정에서의 의무를 다하거나 타인의 보호자 혹은 조언자 역할을 하는 것도 포함됩니다. 또한 확고한 가치관으로 대의를 위해 싸우는 것도 해당될 수 있습니다.

당신은 애정과 남의 잘못에 관용을 베풀며 많은 어려움들을 극복할 수 있습니다. 하지만 비판적 또는 고압적이 되거나 간섭하려 들지 않도록 조심하세요. 중심을 잡고 차분함과 냉정을 유지하는 법을 배우면 불안을 다스릴 수 있습니다. 아니면 불만을 지혜를 추구하거나 여행을 하는 쪽으로 돌릴 수 있습니다. 당신은 현실적인 사람이지만 내적 감수성이 풍부해서 높은 이상을 달성하는 데서 성취감을 느낄 수도 있습니다.

일과 적성

리더십을 갖춘 당신은 좋은 기획자이자 조직자입니다. 사업을 한다면 자영업을 하는 쪽이 더 만족스러울 것입니다. 독립적인 성격이지만 파트너십이나 팀을 이루어 일하는 것이 당신에게 매우 생산적임을 알게 됩니다. 항상 아이디어가 넘치고 사교술이 뛰어나서 사업, 특히 영업, 판촉 혹은 홍보에서 성공을 거둘 가능성이 높겠네요. 아니면 교육, 글쓰기, 법률처럼 좋은 머리를 활용할 수 있는 직업에 끌릴 수도 있습니다. 재능을 타고났고 드라마틱한 감각이 있어서 연예계나 음악계에서 뛰어난 성취를 보일 수도 있습니다.

수비학으로 풀어본 당신의 운세

22일에 태어난 당신은 자부심이 강하고 현실적이며 직관력이 뛰어난 사람입니다. 22는 마스터 수로 22라는 수와 4라는 수 둘 다 울림을 줄 수 있습니다. 정직하고 근면하며 리더십을 타고난 당신은 카리스마 있는 성격이며 사람에 대한 이해가 깊고 무엇이 사람들에게 동기부여를 하는지 알고 있습니다. 감정을 잘 드러내지 않는 편이지만 다른 사람들의 행복을 돌보고 보호하는 데 관심을 기울입니다. 하지만 자신의 현실적 입장을 망각해서는 안 됩니다. 당신은 교양이 있고 세상사에 밝아서 친구와 추종자가 많습니다. 이날 태어난 사람들 가운데 좀 더 경쟁력이 강한 이들은 타인의 도움과 격려로 성공을 거두고 재산을 모읍니다. 형제자매와 유대감이 강한 사람이 많아 그들을 보호하고 힘이 되어주죠. 탄생월 8의 영향으로 당신은 신뢰성이 있고 효율적이며 분별력이 뛰어납니다. 통찰력과 상상력이 풍부하기 때문에 문제 해결을 즐기고 때로는 어려운 문제들에 간단한 해결책을 찾아 사람들을 놀라게 하죠.

- ● 장점 : 보편성, 책임자, 직관력, 실용적, 현실적, 손재주, 능숙함, 개발자, 뛰어난 조직자, 현실주의자, 문제 해결자, 성취자
- ■ 단점 : 일확천금에 대한 기대, 초조 불안, 위세 부림, 물질주의, 비전 결여, 나태함, 자기 홍보

연애와 인간관계

친화적이고 카리스마 넘치는 성격이 많은 사람들의 마음을 끌어 풍요로운 사교생활을 누립니다. 가까운 관계에서 때로는 사랑을 잘 표현하지 못하며, 독특한 사람들에게 끌리는 편입니다. 당신은 강하고 독립적이면서도 마음이 따뜻합니다. 그리고 좋아하는 사람들을 보호하려고 하죠. 당신이 쥐락펴락할 수 없을 정도로 지적인 동시에 젊음과 쾌활한 기분을 유지하도록 해주는 누군가가 필요합니다.

연인이나 친구

1월 3, 4, 14, 20, 24, 25일 / 2월 2, 12, 14, 15, 16, 18, 22일 / 3월 10, 16, 20, 29, 30일 / 4월 8, 14, 18, 27, 28일 / 5월 6, 12, 16, 25, 26, 31일 / 6월 4, 10, 14, 23, 24, 29일 / 7월 2, 8, 12, 21, 22, 27일 / 8월 6, 10, 19, 20, 25일 / 9월 4, 8, 17, 18, 23일 / 10월 2, 6, 15, 16, 21, 30일 / 11월 4, 13, 14, 19, 28, 30일 / 12월 2, 11, 12, 17, 26, 28, 30일

힘이 되어주는 사람

1월 4, 8, 21일 / 2월 2, 6, 19일 / 3월 4, 17, 28일 / 4월 2, 15, 16일 / 5월 13, 24일 / 6월 11, 22일 / 7월 9, 20일 / 8월 7, 18, 31일 / 9월 5, 16, 29일 / 10월 3, 14, 27일 / 11월 1, 12, 25일 / 12월 10, 23일

운명의 상대

1월 3일 / 2월 1일 / 5월 31일 / 6월 29일 / 7월 27일 / 8월 25일 / 9월 23일 / 10월 21일 / 11월 19일 / 12월 17일

경쟁자

1월 7, 10, 15, 31일 / 2월 5, 8, 13, 29일 / 3월 3, 6, 11, 27일 / 4월 1, 4, 9, 25일 / 5월 2, 7, 23일 / 6월 5, 21일 / 7월 3, 19일 / 8월 1, 17일 / 9월 15일 / 10월 13일 / 11월 11일 / 12월 9일

소울메이트

3월 31일 / 4월 29일 / 5월 27일 / 6월 25일 / 7월 23일 / 8월 21일 / 9월 19일 / 10월 17, 29일 / 11월 15, 27일 / 12월 13, 25일

사자자리

이날 태어난 유명인

클로드 드뷔시(작곡가), 존 리 후커(가수), 발레리 하퍼(배우), 레이 브래드버리, 도로시 파커(작가), 덩샤오핑(중국 정치인)

처녀자리
VIRGO

8월 23일 ~ 9월 22일

태양 : 처녀자리/사자자리 경계

지배 성좌 : 처녀자리/수성

위치 : 29°30′ 사자자리 – 0°30′ 처녀자리

상태 : 변통궁

원소 : 흙

항성 : 레굴루스, 페크다

8월 23일

VIRGO

따뜻한 마음과 예리한 지적 능력

당신은 별자리의 경계에 태어나 사자자리의 친화적이고 따뜻하며 사교적인 성격과 처녀자리의 예리한 지적 능력을 모두 갖추고 있습니다. 진취적이고 근면해서 어렵고 도전적인 프로젝트를 떠맡고, 일단 행동 방침이 정해지면 매우 단호하게 추진합니다. 예리한 관찰력에 자기표현 욕구가 합쳐져 사람들에게 인기를 끌겠네요. 하지만 성급하고 우유부단하고 걱정하는 성향이 당신의 성공에 주된 장애물입니다.

지배 성좌인 처녀자리의 영향까지 받은 당신은 상황 판단이 빠르고 현실적이며 지식에 대한 욕구가 있습니다. 논리 정연하고 정확해서 모든 세부사항들을 신중히 생각하고 분석한 뒤에야 결정을 내리죠. 하지만 같은 일을 계속해서 곱씹거나 너무 비판적이 되지 않아야 합니다. 명확한 소통을 하는 재능이 성공으로 가는 당신의 특별한 자산입니다.

좌절감이나 불안을 피하려면 자신을 단련시키고 한번 시작한 일은 끝내는 것이 중요합니다. 그렇지 않으면 잠시도 가만있지 못하는 천성 때문에 에너지가 너무 많은 방향으로 분산될 수 있습니다. 당신은 마음이 따뜻하고 사람을 잘 다루기 때문에 인간관계가 특히 중요합니다. 필요할 때 매력을 발산할 줄 아는 당신은 이해심이 많고 재미있는 성격이어서 다른 사람들의 마음을 사로잡습니다.

당신의 태양이 천칭자리로 들어가는 30세부터 다른 사람들의 욕구와 관계를 더 중요시하게 됩니다. 조화와 균형에 대한 감각이 향상되어 예술적 혹은 창조적 배출구를 찾을 가능성도 있습니다. 이런 경향이 60대가 시작될 때까지 계속되다가 당신의 태양이 전갈자리로 들어가면 전환점이 찾아와 정신의 더 깊고 미묘한 측면들에 닿으려는 마음이 커지고 더 섬세해집니다.

숨어 있는 자아

내면의 고귀함과 자부심이 있어 남들에게 실패하는 모습을 보이고 싶어 하지 않습니다. 지루함을 느끼면 끈기를 발휘하지 못하기 때문에 자극을 주는 도전적인 일들을 발견해야 합니다. 성급하게 행동했다가 결국 프로젝트를 포기하게 되는 것보다는 신중하게 결정을 내리는 게 좋습니다. 다행히 당신은 사람에 대한 판단이 빠르고 훌륭한 심리학자적 자질이 있네요. 사람들이 대개 당신의 의견을 존중하기 때문에 권한 있는 자리까지 올라갈 수 있습니다.

당신이 느끼는 불안의 주된 요인은 돈입니다. 낭비하는 성향은 이런 불안을 줄이는 데 도움이 되지 않죠. 때로는 엄청난 성공을 거둘 수 있지만, 재정 상황이 변동될 수 있으니 저축하거나 계획을 세우는 편이 현명합니다. 여행이나 변화가 당신의 인생에서 중요한 역할을 하므로 판에 박힌 일상에서 벗어날 좋은 기회가 생기면 두려워 말고 시작하기 바랍니다. 때로는 스스로에 대한 믿음을 가지고 자신감을 기를 필요가 있지만, 타고난 사업 감각이 항상 당신을 보호해줄 겁니다.

일과 적성

다재다능해서 여러 직업에서 성공이 보장되지만 단조로운 일을 하는 직업은 피하는 게 좋겠군요. 소통 기술과 사람을 다루는 재능이 있어 교사, 영업, 글쓰기, 출판, 연예계 등에서 뛰어난 역량을 나타냅니다. 아니면 정확하고 꼼꼼해서 엔지니어링, 과학 혹은 정교한 예술품 제작 쪽으로 진출할 수도 있겠습니다. 또한 현실적 감각이 있으니 금융이나 부동산, 혹은 다른 사람들의 돈을 다루는 직업이 맞을 수도 있습니다. 당신은 어떤 직업을 선택하건 완벽주의자가 되어 자신의 일을 잘 해내고 싶은 욕심이 있습니다.

수비학으로 풀어본 당신의 운세

강한 직관력, 풍부한 감수성, 창의성이 23일에 태어난 사람들을 묘사하는 말들입니다. 다재다능하고 열정적이며 두뇌 회전이 빠른 당신은 프로다운 면모를 보이고 독창적인 아이디어가 넘쳐납니다. 23이라는 수의 영향으로 새로운 주제들을 쉽게 배우지만, 이론보다는 실천을 더 선호합니다. 여행과 모험, 새로운 사람들을 만나는 것을 즐기며, 잠시도 가만있지 못하는 성향이라 다양한 경험을 많이 하고 상황을 최대한으로 활용합니다. 전반적으로 친화적이고 흥이 많으며 용기와 추진력을 갖추었는데, 자신의 진정한 잠재력을 실행하기 위해서는 활동적인 생활을 할 필요가 있습니다. 탄생월 8의 영향으로 야망이 크고 성격이 강합니다. 책임 있는 지위에 있다면 공정해지는 법을 배워야 합니다. 당신은 현실적인 사람이지만 다재다능해지고 싶은 욕구로 보아 삶이 너무 무사평온하면 쉽게 지루함을 느낍니다.

- 장점 : 충성심, 인정이 많음, 책임감, 여행을 좋아함, 소통, 직관력, 창의력, 다재다능함, 신뢰할 수 있음
- 단점 : 이기주의, 불안정, 완고함, 비타협적, 트집 잡기, 침잠함, 편견

연애와 인간관계

재미있고 다재다능한 당신은 여러 다른 유형의 사람들과 어울리는 걸 좋아합니다. 그러나 침착하지 못하고 신경이 예민해 관계에서 느끼는 자신의 기분에 대해 갈팡질팡할 수 있습니다. 사랑에 빠졌을 때는 이상주의적이고 기꺼이 희생하려 하네요. 하지만 처음에는 열정에 넘쳐 사랑을 시작했다가 계산적이 되거나 냉담한 반응을 보이고 흥미를 잃을 수도 있습니다. 인정이 많고 당신의 능력에 대한 믿음이 있는 파트너를 선호합니다.

연인이나 친구

1월 11, 21, 25일 / 2월 9, 19, 23일 / 3월 17, 21, 30일 / 4월 5, 15, 19, 28, 29일 / 5월 13, 17, 26, 27일 / 6월 11, 15, 24, 25, 30일 / 7월 9, 13, 22, 23, 28일 / 8월 7, 11, 20, 21, 26, 30일 / 9월 5, 9, 18, 19, 24, 28일 / 10월 3, 7, 16, 17, 22, 26, 29일 / 11월 1, 5, 14, 15, 20, 24, 27일 / 12월 3, 12, 13, 18, 22, 25, 27, 29일

힘이 되어주는 사람

1월 5, 13, 16, 22, 28일 / 2월 3, 11, 14, 20, 26일 / 3월 1, 9, 12, 18, 24, 29일 / 4월 7, 10, 16, 22, 27일 / 5월 5, 8, 14, 20, 25일 / 6월 3, 6, 12, 18, 23일 / 7월 1, 4, 10, 16, 21일 / 8월 2, 8, 14, 19일 / 9월 6, 12, 17일 / 10월 4, 10, 15일 / 11월 2, 8, 13일 / 12월 6, 11일

운명의 상대

1월 19, 20, 21일 / 6월 30일 / 7월 28일 / 8월 26일 / 9월 24일 / 10월 22일 / 11월 20일 / 12월 18일

경쟁자

1월 2, 23, 30일 / 2월 21, 28일 / 3월 19, 26, 28일 / 4월 17, 24, 26일 / 5월 15, 22, 24일 / 6월 13, 20, 22일 / 7월 11, 18, 20일 / 8월 16, 18, 19일 / 9월 7, 14, 16일 / 10월 5, 12, 14일 / 11월 3, 10, 12일 / 12월 1, 8, 10일

소울메이트

1월 14, 22일 / 2월 12, 20일 / 3월 10, 18일 / 4월 8, 16일 / 5월 6, 14일 / 6월 4, 12일 / 7월 2, 10일 / 8월 8일 / 9월 6일 / 10월 4일 / 11월 2일

이날 태어난 유명인

리버 피닉스, 진 켈리(배우), 밥 크로스비(가수), 헨리 프링글(언론인), 애드거 리 매스터스(시인), 코비 브라이언트(농구 선수), 박찬욱(영화감독), 김정민(가수), 이성재(배우)

처녀자리

| 태양 : 처녀자리 |
| 지배 성좌 : 처녀자리/수성 |
| 위치 : 0°30′ - 1°30′ 처녀자리 |
| 상태 : 변통궁 |
| 원소 : 흙 |
| 항성 : 레굴루스, 페크다 |

8월 24일

VIRGO

의지력과 분별력, 근면성을 갖춘 전문가

두뇌가 명석하고 차분하며 자신감이 강한 당신은 숨은 자질이 많은 사람입니다. 정확하고 직접적인 걸 좋아해서, 새로운 아이디어를 논리적으로 제시하여 설득력을 발휘합니다. 합리적이고 근면하여 어려운 상황에도 잘 대처하죠. 끈기와 의지력이 들여다보여 사람들의 존경과 존중을 받습니다.

당신은 지배 성좌인 처녀자리의 영향을 받아 영민하고 적극적으로 소통하며 예리한 지적 능력을 갖추었습니다. 이런 영향으로 분별력과 근면성이 강화되어 자기 분야에서 전문가가 되겠네요. 인생에 분석적으로 접근해 세세한 사항까지 주의를 기울이고 질서 있고 정돈된 상태를 좋아합니다. 하지만 지나치게 까다롭게 굴거나, 비판적이 되거나, 쓸데없는 걱정으로 시간을 낭비하지 않도록 주의하세요.

당신은 독창성이 높은 사람이기 때문에, 자극을 주는 새로운 경험들을 하면 삶이 풍요로워질 수 있습니다. 인도주의적 성향이 있어 자유나 진보적 개혁을 촉진하는 일에 참여할 수도 있겠네요. 용기 있고 경쟁력이 강한 당신은 위협적인 상황을 만나면 힘들게 싸워 이겨냅니다. 하지만 때때로 신경질적이 되고 화를 잘 내거나 도발적이 될 수 있으니 조심하세요. 육체적인 운동을 하면 정신적인 긴장을 해소하는 데 긍정적인 효과를 미칩니다.

당신의 태양이 천칭자리로 들어가는 29세부터 30년 동안 개인적으로건, 직업적으로건 파트너십을 중시하게 됩니다. 또한 아름다움과 조화로운 관계에 대한 인식이 높아지고 자신이 가진 창조적 잠재력을 계발하고 싶어하는 시기이기도 합니다. 그러다 59세 때 당신의 태양이 전갈자리로 들어가면서 전환점이 찾아와 삶의 더 깊은 의미를 추구하고 변화를 중시하게 됩니다.

숨어 있는 자아

내면의 강렬한 힘들 때문에 당신은 완전히 확신을 잃고 불안해하는가 하면 자신이 특별한 사람이라는 생각에 젖기도 합니다. 긍정적으로 사고하고 자신의 직관적 이해를 믿으면 걱정이나 의심에 빠지는 시기를 피할 수 있습니다. 다행히 당신에게는 톡 쏘는 유머 감각이 있어서 자신과 타인을 너무 진지하게 받아들이지 않고 감정적 긴장을 완화시킵니다. 당신은 높은 이상, 드라마틱한 감각, 리더십을 발휘할 수 있는 잠재력을 갖춘 데다 타고난 재능들을 이용할 힘이 있습니다.

매우 섬세한 사람이기 때문에 인간관계가 당신에게 특히 중요합니다. 타인에게 지나치게 의존하는 것과 독립성을 유지하는 것 사이에 균형을 맞출 필요가 있겠네요. 이 균형을 잃으면 낙관적이다가도 또 낙담에 빠지기도 하거든요. 그러니 타인과의 소통망을 계속 열어두어야 합니다.

일과 적성

지식을 나누고 싶은 욕구가 교사나 강연 같은 학구적 직업이나 관측 분야에서 충족될 수 있습니다. 아니면 리더십과 조직력, 전략기획 능력으로 상업계에 진출할 수도 있겠네요. 디테일을 좋아하고 철저한 성격이어서 뛰어난 연구자, 과학자, 금융 분석가 혹은 회계사가 될 수도 있겠습니다. 또한 근면하고 현실적인 이상주의자이니 상담, 의료, 소통과 관련된 직업이 당신의 인도주의적인 관심을 충족시킬 수 있습니다. 당신은 타고난 심리학자여서 사람들과 접촉하는 직업에 끌립니다. 그리고 재산이나 부동산을 다루는 직업에서 특히 역량을 발휘합니다.

수비학으로 풀어본 당신의 운세

생일 24에 부여된 정서적 감수성으로 볼 때 당신은 안정과 조화를 추구합니다. 형태와 구조에 대한 이해가 빨라 복잡하지만 효율적인 시스템을 쉽게 구축하죠. 신의가 있고 공정한 당신은 감정을 잘 드러내지 않는 성향이며 말보다 행동이 중요하다고 믿습니다. 24일에 태어난 사람들에게 주어진 주된 과제는 각계각층의 사람들과 어울리는 법 터득하기, 의심이 많은 성향 극복하기, 안정적인 가정 꾸리기입니다. 탄생월 8의 영향으로 정신적으로 활발하고 양심적이며 책임감이 있네요. 하지만 파괴적인 행동은 삼가세요. 아집이 강한 사람으로 보일 수 있으니까요. 마음을 편히 먹고 자신의 감정을 표현하면 지나치게 진지해지는 성향을 극복할 수 있습니다. 당신은 인생에 대해 실용적인 태도를 취하기 때문에 사업 감각이 뛰어나고 물질적 성공을 거둘 수 있습니다.

- ● 장점 : 에너지, 이상주의자, 현실적 능력, 결단력, 정직함, 공정함, 너그러움, 가정적, 활동적
- ■ 단점 : 물질주의, 돈에 인색함, 무정함, 판에 박힌 일상을 싫어함, 나태함, 불성실, 불안정, 고압적, 완고함

연애와 인간관계

젊은 기운이 넘쳐 새로운 사람들과 장소에 끊임없이 관심을 기울입니다. 사랑과 우정을 굉장히 중요하게 생각하지만 감정 기복이 심해서 관계에 어려움을 겪을 수 있습니다. 즐거움을 위해서 사람들과 잘 어울리며, 정신적 친밀감이 바탕이 될 경우 좋은 관계를 맺을 수 있습니다. 당신은 창의성을 자극할 수 있는 사람들이나 당신의 유머 감각을 공유할 수 있는 파트너에게 끌립니다.

당신에게 특별한 사람

연인이나 친구

1월 6, 16, 22, 26, 27일 / 2월 4, 14, 20, 24일 / 3월 2, 12, 18, 22, 23일 / 4월 10, 16, 20, 30일 / 5월 8, 14, 18, 28일 / 6월 6, 12, 16, 26일 / 7월 4, 10, 14, 24, 31일 / 8월 2, 8, 12, 22, 29일 / 9월 6, 10, 20, 27일 / 10월 4, 8, 18, 25일 / 11월 2, 6, 16, 23, 24, 30일 / 12월 4, 14, 21, 22, 28, 30일

힘이 되어주는 사람

1월 6, 17, 23, 31일 / 2월 4, 15, 21, 29일 / 3월 2, 13, 19, 27, 30일 / 4월 11, 17, 25, 28일 / 5월 9, 15, 23, 26일 / 6월 7, 13, 21, 24일 / 7월 5, 11, 19, 22일 / 8월 3, 9, 17, 20일 / 9월 1, 7, 15, 18, 30일 / 10월 5, 13, 16, 28일 / 11월 3, 11, 14, 26일 / 12월 1, 9, 12, 24일

운명의 상대

2월 18, 19, 20, 21일

경쟁자

1월 24일 / 2월 22일 / 3월 20, 29일 / 4월 18, 27, 29일 / 5월 6, 16, 25, 27, 30일 / 6월 14, 22, 25, 28일 / 7월 12, 21, 23, 26일 / 8월 10, 19, 21, 24일 / 9월 8, 17, 19, 22일 / 10월 6, 15, 17, 20일 / 11월 4, 13, 15, 18일 / 12월 2, 11, 13, 16일

소울메이트

1월 13일 / 2월 11일 / 3월 9일 / 4월 7일 / 5월 5일 / 6월 3, 30일 / 7월 1, 28일 / 8월 26일 / 9월 24일 / 10월 22일 / 11월 20일 / 12월 18일

이날 태어난 유명인

호르헤 루이스 보르헤스, A. S. 바이엇, 파울로 코엘료(작가), 칼 립켄 주니어(야구 선수), 루퍼트 그린트(배우), 앙드레 김(패션 디자이너)

태양 : 처녀자리
지배 성좌 : 처녀자리/수성
위치 : $1°30' - 2°30'$ 처녀자리
상태 : 변통궁
원소 : 흙
항성 : 레굴루스, 페크다

8월 25일

VIRGO

아이디어를 현실로 만들 수 있는 잠재력

이 생일의 영향으로 당신은 명석하고 창조적인 두뇌의 소유자이며, 계속해서 지적인 자극을 줄 새롭고 흥미로운 아이디어들을 끊임없이 찾습니다. 의지가 강하고 실용적이지만 상상력이 풍부하고 예민해서 자신의 아이디어를 현실로 만들 수 있는 잠재력이 있네요.

지배 성좌인 처녀자리의 영향으로 상식이 풍부하고 진보적인 사고를 하며 디테일까지 신경을 쓰는 철저한 성격입니다. 분별력이 강하고 체계적이어서 기존 시스템을 다듬고 개선하는 것을 좋아합니다.

아이디어를 전달하는 방식에서 수성의 영향이 분명히 나타나 정확하고 단호하게 소통합니다. 글이나 말을 좋아해 글쓰기에 재능이 있고, 당신이 선택한 분야에서 전문가가 되는 데도 도움이 됩니다. 하지만 지나치게 비판적이 되거나 사소하고 중요하지 않은 문제들을 걱정하는 성향은 극복할 필요가 있습니다.

신경과민 증세가 있긴 하지만, 어떤 일에 대해 강한 믿음이 생기면 그 일을 끝낼 때까지 전력을 다합니다. 이런 타고난 열정이 지식과 경험을 전달하는 교사가 되도록 자극하기도 합니다. 그러나 야망이 크고 추진력이 강하기 때문에 자신의 뜻을 다른 사람들에게 강요함으로써 고압적이 되지 않도록 주의하세요.

당신은 필요할 때면 매력과 사교 수완을 발휘할 줄 알아 설득력이 강하고 흥미로운 발언을 합니다. 이날 태어난 여성들은 독립적이고 새로운 프로젝트를 추진하는 걸 즐기며, 또한 남성과 여성 모두 항상 바쁘게 지내는 걸 좋아합니다.

어릴 때부터 상황을 현실적으로 분석하여 이해하고 개선하는 성향이 있습니다. 당신의 태양이 천칭자리로 들어가는 28세 때부터 30년 동안 사회적 관계와 파트너십의 중요성을 점점 더 인식합니다. 또한 창조력이 향상되어 잠재해 있던 음악적, 예술적, 문학적 관심을 계발할 수도 있습니다. 그러다 58세 때 당신의 태양이 전갈자리로 들어가면서 또 다른 전환점을 맞아 변화와 더 강한 자기 인식에 대한 욕구, 그리고 개인적 힘을 중시하게 됩니다.

숨어 있는 자아

똑똑하고 지적이지만 내면에 높은 이상이 있으며 정서적 감수성이 풍부합니다. 그래서 특히 인간관계에서 상처를 받기 쉬우니, 독립적이고 싶은 자신의 욕구와 타인들의 욕구 사이에 균형을 유지하는 것이 꼭 필요합니다. 사랑하는 사람들에게 따뜻하고 베푸는 좋은 친구이지만, 서로 사랑을 주고받는 파트너가 없으면 불완전하다는 느낌을 받습니다. 마음은 청춘이지만 다른 사람들이 당신의 높은 이상에 부응하지 못하면 실망합니다. 낙심했을 때 침울해한다거나 아니면 현실을 도피하는 식으로 어려움에 대처해서는 안 됩니다. 사랑에 대한 갈구를 타인에 대한 봉사, 예술, 음악, 문학, 혹은 영적 경험을 통해 창조적으로 배출할 수 있습니다. 당신은 불화에 민감하기 때문에 조화로운 환경 속에 있어야 합니다.

일과 적성

지식에 대해 끝없이 갈구하는 당신은 학계나 트레이너 혹은 교사 같은 직업에 끌릴 수 있습니다. 당신이 가진 모든 전문 지식을 나누고 싶은 마음이 있어 변호사나 카운슬러가 될 수도 있는데, 이 경우 종종 대의를 위해 일할 것입니다. 타고난 꼼꼼함으로 연구자, 과학자, 기술자, 화학자로 두각을 나타낼 수도 있겠네요. 또한 수학이나 엔지니어링, 아니면 당신의 손재주를 발휘할 분야에서 이름을 떨칠 수 있습니다. 근면하고 금전 문제에 관심이 많아 사업을 할 수도 있는데, 당신의 방식대로 자유롭게 일할 수 있는 쪽을 선호하겠네요. 한편 이날 태어난 사람들 중에는 음악적, 예술적 재능을 가진 이들이 많고, 언어를 좋아해서 글쓰기 쪽에 끌릴 수도 있습니다. 혹은 사교 수완을 타고나서 기획자나 에이전트 같은 직업에 매력을 느낄 수도 있습니다.

수비학으로 풀어본 당신의 운세

민첩하고 에너지가 넘치지만 직관적이고 사려 깊은 당신은 다양한 경험을 통해 자신을 표현할 필요가 있습니다. 25일에 태어난 사람들은 완벽을 위해 열심히 일하고 생산성이 높습니다. 대개 직관적이고 기민하며, 단순한 이론보다는 현실적 적용을 통해 더 많은 지식을 습득합니다. 판단력이 뛰어나고 세부적인 것까지 보는 눈이 있어 성취가 보장됩니다. 그러나 충동적이거나 엉뚱한 결정을 내리는 성향을 극복해야 회의적인 태도가 줄어들게 됩니다. 25일에 태어난 당신은 정신적 에너지가 강해서 집중하면 다른 누구보다 빨리 모든 사실들을 파악해 결론을 내릴 수 있습니다. 자신의 직관을 믿고 끈기와 참을성을 기르면 성공과 행복이 따라옵니다. 탄생월 8의 영향으로 당신은 대담하고 혁신적입니다. 현실적이고 사업 감각을 타고났으니 조직력과 실무 능력을 발달시키면 큰 이득을 얻겠네요. 또한 안정감을 느끼고 확실히 자리를 잡고 싶은 마음이 강해서 장기적인 계획을 세우고 투자를 합니다.

- ●장점 : 직관력, 완벽주의, 통찰력, 창의력, 사교적
- ■단점 : 충동적, 조급함, 무책임, 과도하게 감정적, 질투, 비밀스러움, 비판적, 침울함,
  신경과민

연애와 인간관계

자신감 있고 현실적인 당신은 매력이 넘치는 사람입니다. 성격이 느긋하고 평화를 유지하는 능력이 있어 타인과 조화로운 관계를 맺죠. 야망이 크기 때문에 열심히 일하는 사람들을 존경합니다. 협력을 좋아하며, 일단 정착한 파트너에게는 매우 충실합니다. 헌신적이고 베푸는 편이지만 비판적이 되지 않도록 조심하세요. 하지만 당신은 타고난 카리스마가 있어 늘 사람들의 마음을 끌어들입니다.

처녀자리

이날 태어난 유명인

클라우디아 쉬퍼(슈퍼모델), 레너드 번스타인(음악가), 숀 코너리, 블레이크 라이블리(배우), 마틴 에이미스(작가), 엘비스 코스텔로(가수), 팀 버튼(영화감독), 조정치, 황광희(가수)

태양 : 처녀자리

지배 성좌 : 처녀자리/수성

위치 : 2°30' – 3°30' 처녀자리

상태 : 변통궁

원소 : 흙

항성 : 레굴루스

8월 26일

VIRGO

누구와도 쉽게 친구가 되는 사교적인 성격

타고난 리더십, 자신감 있는 모습, 관대한 정신은 이날 태어난 사람들의 특성입니다. 마음이 따뜻하고 다정하며 사교적인 당신에게는 친구들이 인생에서 중요한 역할을 합니다. 강한 정의감 못지않게 공감력도 뛰어나 약자를 옹호하거나 원칙에 위배될 경우에는 맹렬하게 싸우죠. 당신의 성공을 방해하는 몇몇 장애물 중 하나가 꼭 필요할 때 자신을 단련하지 못하는 것입니다.

당신은 지배 성좌인 처녀자리의 영향을 받아 매우 실용적으로 사고하고 지적인 사람들에게 끌립니다. 가능한 모든 영향들을 분석한 뒤에야 결정을 내리죠. 그러나 같은 문제를 계속해서 곱씹거나 걱정하거나 지나치게 비판적이 되지 않도록 조심하세요. 당신은 조직력이 좋은 데다 질서와 깔끔함을 원하기 때문에 인생의 모든 것이 효율적으로 굴러갈 때 행복을 느낍니다.

개인적인 매력을 발산하는 당신은 사람들에게 관심이 많고 이해심이 넓으며 인정이 많습니다. 자부심이 강하지만 섬세하며 집과 가족에 큰 관심을 기울입니다. 개방적이고 우호적이어서 나이나 배경에 상관없이 누구와도 쉽게 친구가 되죠. 사치품과 멋진 환경을 좋아하는데, 다행히 당신의 라이프스타일을 뒷받침해줄 만한 사업적 재능을 타고났네요.

당신은 어린 시절 아버지나 할아버지 같은 남성에게서 강한 영향을 받습니다. 27세에 당신의 태양이 천칭자리로 들어가면서 30년 동안 사교적 수완, 파트너십, 관계에 더 많은 중점을 두게 됩니다. 또한 균형과 조화에 대한 감각이 높아져 예술적 혹은 창조적 능력을 계발하는 데 도움이 됩니다. 그러다 당신의 태양이 전갈자리로 들어가는 57세 때 또 다른 전환기가 찾아와 당신의 감수성과 대의를 자극해 인생에서 더 많은 변화와 전환을 추구하게 됩니다.

숨어 있는 자아

자부심이 강하고 겉으로 자신감 있어 보이기 때문에, 다른 사람들은 당신의 약하고 직관적인 면을 잘 보지 못합니다. 때로는 자신의 많은 노력이 인정받지 못한다고 생각해 지나치게 진지해지거나 고집을 부리거나 이기적이 됩니다. 이럴 때면 좌절하거나 싸우려 들기 쉽습니다. 하지만 다른 한편으로는 마음이 매우 따뜻하고 너그러우며 사랑하는 사람들을 위해서라면 물불을 가리지 않기 때문에 감정적 균형을 맞출 필요가 있습니다.

당신의 인도주의적이고 인정 많은 성격을 표현할 때, 당신은 많은 인기를 얻고 원하는 존경을 받습니다. 영민한 통찰력으로 다른 사람에게 도움을 줄 때면 유머 감각을 멋지게 발휘하며, 굉장히 냉정해질 때에는 번뜩이는 지혜를 발휘합니다.

일과 적성

어떤 직업에서건 당신의 뛰어난 조직력과 타고난 사업 감각이 좋은 자산이 되지만, 당신은 특히 상업계나 행정 쪽에 끌릴 수 있습니다. 소통 기술과 사교술 덕분에 교육이나 글쓰기, 법률 쪽에서 두각을 드러낼 수도 있습니다. 혹은 분석력을 갖추었고 세부적인 부분까지 신경을 쓰기 때문에 과학, 엔지니어링, 연구, 산업계로 진출할 수도 있겠습니다. 사람들을 좋아하고 말솜씨가 좋으니 영업이나 연기 쪽도 잘 맞겠네요. 또한 타고난 공감력과 인도주의적 면모가 카운슬링이나 자선활동을 위한 기금 모금을 통해 발산될 수도 있겠습니다. 직관과 이성적 사고가 결합되면 치유 관련 직업에서 특히 도움이 됩니다.

수비학으로 풀어본 당신의 운세

생일 26이라는 수가 의미하는 힘으로 볼 때 당신은 확고한 가치관과 현명한 판단력을 갖춘 신중한 성격의 소유자입니다. 가정적이고 부모 본능이 강해 탄탄한 기반을 쌓거나 현실적 안정을 구할 필요가 있습니다. 종종 다른 사람들에게 비빌 언덕이 되어주는 당신은 어려울 때 의지해오는 친구, 가족, 친척들에게 기꺼이 힘이 되어줍니다. 하지만 물질주의적인 성향과 사람이나 상황을 통제하려는 마음은 자제할 필요가 있겠네요. 탄생월 8의 영향으로 당신은 뛰어난 성취를 이루고 싶어 하고 야망이 있습니다. 열심히 노력하고 책임을 지려 하지만, 자기 몫 이상의 업무를 떠맡으려고 하진 마세요. 당신은 타고난 사업 감각과 현실적 기술이 있어서 다른 사람들에게 금전 문제에 대한 조언도 해줍니다. 또한 안정감을 느끼고 확실히 자리를 잡고 싶은 마음이 강해서 장기적인 계획을 세우고 투자를 합니다.

- ● 장점 : 창의적, 현실적, 배려심, 꼼꼼함, 이상주의, 정직함, 책임감, 가족에 대한 자부심, 열정적, 용기
- ■ 단점 : 완고함, 반항적, 부정직, 불친절, 냉담함, 끈기 부족, 불안정

연애와 인간관계

당신은 다정하고 베푸는 성격이라 사람들을 끌어들입니다. 사랑과 인정을 받고 싶은 마음이 강한 이상주의자이지만, 지배하려 들거나 고압적이 되는 성향은 조심하세요. 열정적인 당신은 사랑에 쉽게 빠집니다. 하지만 원하는 목표를 성취하기 위해서는 독립에 대한 욕구와 협력해야 할 필요성 사이에서 균형을 맞추어야 합니다.

연인이나 친구

1월 2, 28일 / 2월 26일 / 3월 24일 / 4월 22일 / 5월 20, 29, 30일 / 6월 18, 27, 28일 / 7월 16, 25, 26일 / 8월 14, 23, 24일 / 9월 12, 21, 22일 / 10월 10, 19, 20, 29, 31일 / 11월 8, 17, 18, 27, 29일 / 12월 6, 15, 16, 25, 27일

힘이 되어주는 사람

1월 2, 10, 13, 16일 / 2월 8, 11, 14일 / 3월 6, 9, 12일 / 4월 4, 7, 10일 / 5월 2, 5, 8일 / 6월 3, 6일 / 7월 1, 4, 30일 / 8월 2, 28, 30일 / 9월 26, 28일 / 10월 24, 26일 / 11월 22, 24일 / 12월 20, 22, 30일

운명의 상대

2월 23, 24, 25, 26일 / 10월 31일 / 11월 29일 / 12월 27일

경쟁자

1월 3, 9, 10일 / 2월 1, 7, 8일 / 3월 5, 6, 31일 / 4월 3, 4, 29일 / 5월 1, 2, 27일 / 6월 25일 / 7월 23일 / 8월 2, 21, 31일 / 9월 19, 29일 / 10월 17, 27일 / 11월 15, 25일 / 12월 13, 23일

소울메이트

1월 5일 / 2월 3일 / 3월 1일 / 5월 30일 / 6월 28일 / 7월 26일 / 8월 24일 / 9월 22일 / 10월 20일 / 11월 18일 / 12월 16일

처녀자리

이날 태어난 유명인

맥컬리 컬킨(배우), 크리스토프 이셔우드(작가), 기욤 아폴리네르(시인), 앙투안 라부아지에(화학자), 테레사 수녀(인도주의자), 전태일(노동운동가)

태양 : 처녀자리
지배 성좌 : 처녀자리/수성
위치 : 3°30' – 4°30' 처녀자리
상태 : 변통궁
원소 : 흙
항성 : 없음

8월 27일

VIRGO

의무감이 강하지만 관대하고 위트 있는 성격

매력적이고 결단력이 강하며 리더십을 타고난 당신은 생일로 볼 때 현실적이고 상황 판단이 빠르며 예지력이 있는 사람입니다. 자제력이 강하고 근면해서 일단 명확한 목표를 정하면 끝까지 끈기 있게 노력하죠. 또한 다양한 감정을 표현할 줄도 압니다. 정이 많고 섬세하지만 강하고 지배적인 면도 있네요.

지배 성좌인 처녀자리의 영향으로 인생에서 소통이 특히 강조됩니다. 당신은 강한 정신력과 명확한 감각으로 상황을 빠르게 파악해 잘못된 것을 짚어내고 복잡한 문제들을 이해합니다. 기준이 높고 체계와 질서를 원해서, 때로는 흥분하여 지나치게 비판적이 되기도 합니다.

강렬한 감정들을 건설적인 방향으로 표현할 때, 당신의 특별한 카리스마를 발휘할 때 인기를 얻습니다. 다른 사람들이 너무 굼뜨게 행동하거나 자신의 운명이 불만족스럽더라도 안달하지 말아야 합니다.

현실적이고 영민할 뿐 아니라 직관력도 강한 당신은 정신적 자극을 찾고 다른 사람들을 곧잘 돕습니다. 이상주의적이고 관대하며, 의무감이 강하지만 위트가 있고 재미있는 성격이죠. 이날 태어난 남성들 중에는 여성적인 성격이 발달하는 사람이 많습니다.

당신의 태양이 처녀자리로 들어가는 25세까지는 정신적인 집중과 분별력이 중시됩니다. 그러다 당신의 태양이 천칭자리로 들어가는 26세에는 파트너십과 인간관계에 대한 욕구가 증가합니다. 또한 균형, 조화, 아름다움에 대한 감각이 향상되어 일정 형태의 문학적, 예술적 혹은 창조적 배출구를 찾을 가능성이 있습니다. 당신의 태양이 전갈자리로 들어가는 56세까지 이런 경향이 계속되다가 전환점이 찾아와 공동 출자에 관심이 쏠리고 정서적, 영적 쇄신을 하고 싶은 마음이 커집니다.

숨어 있는 자아

야망이 크고 근면한 당신은 성공 지향적이며 항상 자신을 더 잘 이해하려고 노력합니다. 지나간 것에 대한 걱정이나 좌절감을 떨쳐버리면, 당신의 커다란 잠재력을 실현하는 데 필요한 자제력을 더 쉽게 발휘할 수 있을 겁니다. 불만을 느끼고 너무 쉽게 포기하면 자신의 목적의식에 집중하지 못하고 남의 각본에 휘말리게 됩니다.

인생에 대한 접근 방식이 보편적이기 때문에 잠재해 있는 인도주의, 영성, 혹은 생기 넘치는 상상력을 발산할 방법을 찾으면 더 깊은 성취감을 맛볼 수 있습니다. 남을 위해 기꺼이 희생하려 하지만 숨은 의도 없이 선한 마음으로 해야 합니다. 관대함과 다정함을 베풀면 몇 번이고 보답을 받습니다.

일과 적성

당신은 사심 없이 대의나 이상을 위해 일할 때 가장 빛을 발하기 때문에 정치, 자선사업 혹은 치유 관련 직업에 종사할 수 있습니다. 지식을 다른 사람들과 나누는 걸 즐기니 뛰어난 교사나 작가가 될 수도 있겠습니다. 색채와 소리에 대한 이해력은 미술이나 음악에 대한 재능을 나타냅니다. 미술상이나 골동품상, 공예, 디자인 쪽에서 성공할 수도 있겠네요. 구조에 대한 감각은 수학이나 건축 같은 분야에서도 도움이 됩니다. 당신은 효율적이고 철저한 사람이지만, 비즈니스에서는 광고나 출판처럼 당신의 감각이 창조적으로 활용될 때 가장 뛰어난 성과를 냅니다. 아니면 말솜씨가 좋으니 영업이나 연예계 쪽으로 진출할 수도 있습니다. 공감력과 사람에 대한 이해가 결합되면 의료, 카운슬링, 공직에서 다른 사람들을 보살피는 일을 할 수도 있겠습니다.

수비학으로 풀어본 당신의 운세

27일에 태어난 당신은 직관적이지만 탐구심이 강하며, 인내심과 자제력을 키우면 생각이 굉장히 깊어질 수 있습니다. 단호하고 결단력이 있으며 관찰력이 좋죠. 또한 세세한 부분까지 많은 주의를 기울입니다. 전반적으로 이상주의적이고 섬세하며 창의성이 풍부해서 독창적인 생각과 아이디어들로 다른 사람에게 깊은 인상을 줍니다. 소통 기술을 배우면 속내를 드러내는 걸 꺼리는 성향을 극복하는 데 도움이 될 것입니다. 27일에 태어난 사람에게는 교육이 특히 도움이 되며, 적절한 조건을 갖추면 글쓰기, 연구, 대규모 조직에서 성공을 거둘 수 있습니다. 탄생월 8의 영향으로 당신은 정신적으로 활발하고 통찰력이 있습니다. 자신의 강렬한 감정을 표현해야 하므로 대개 성격이 활동적이죠. 좀 더 객관적인 시각을 키우면, 다른 사람들의 말에 귀를 기울이고 그들의 비판이나 아이디어들을 받아들일 수 있을 겁니다.

- 장점 : 리더십, 철저함, 근면함, 전통적, 권한, 보호, 치유력, 훌륭한 가치 판단
- 단점 : 조급함, 불안, 과로, 고압적, 쉽게 낙담함, 계획 부족, 통제하려는 행동

연애와 인간관계

활동적이고 섬세하며 강렬한 감정을 지닌 당신은 보통 말이나 아이디어로 자신을 잘 표현하는 창의적인 사람들에게 끌립니다. 낭만적이고 드라마틱한 면이 있으니 부적절한 관계에 휘말리지 않도록 주의해야 합니다. 사교적이고 충실한 친구인 당신은 관대하고 사람들에게 힘이 되어줍니다. 그러나 종종 주도권을 쥐려고 노력하기 때문에 충실하지만 요구가 많은 파트너가 될 수 있으며, 자신과 타인들에 대한 사랑을 확실하게 표현할 필요가 있습니다.

당신에게 특별한 사람

연인이나 친구

1월 3, 16, 22, 25, 29, 30일 / 2월 1, 14, 20, 23, 27, 28일 / 3월 18, 21, 25, 26일 / 4월 16, 19, 23, 24, 28일 / 5월 8, 14, 17, 21, 22, 26, 31일 / 6월 12, 15, 19, 20, 24, 29일 / 7월 10, 13, 18, 22일 / 8월 8, 11, 15, 16, 20, 27, 29, 30일 / 9월 6, 9, 13, 14, 18, 23, 27, 28일 / 10월 4, 7, 11, 12, 16, 21, 25, 26일 / 11월 2, 5, 9, 10, 14, 19, 23, 24일 / 12월 3, 7, 8, 12, 17, 21, 22일

힘이 되어주는 사람

1월 17일 / 2월 15일 / 3월 13일 / 4월 11일 / 5월 9, 29일 / 6월 7, 27일 / 7월 5, 25일 / 8월 3, 23일 / 9월 1, 21일 / 10월 19, 29일 / 11월 17, 27, 30일 / 12월 15, 25, 28일

운명의 상대

2월 23, 24, 25일 / 5월 31일 / 6월 29일 / 7월 27일 / 8월 25, 30일 / 9월 23, 28일 / 10월 21, 26일 / 11월 19, 24일 / 12월 17, 22일

경쟁자

1월 20, 23일 / 2월 18, 21일 / 3월 16, 19일 / 4월 14, 17일 / 5월 12, 15일 / 6월 10, 13일 / 7월 8, 11일 / 8월 6, 9일 / 9월 4, 7일 / 10월 2, 5일 / 11월 2일 / 12월 1일

소울메이트

1월 4, 31일 / 2월 2, 29일 / 3월 27일 / 4월 25일 / 5월 23일 / 6월 21일 / 7월 19일 / 8월 17일 / 9월 15일 / 10월 13일 / 11월 11일 / 12월 9일

이날 태어난 유명인

린든 존슨(전 미국 대통령), 게오르크 빌헬름 프리드리히 헤겔(철학자), 만 레이(예술가), 박명수, 김현철(코미디언)

처녀자리

| 태양 : 처녀자리 |
| 지배 성좌 : 처녀자리/수성 |
| 위치 : 4°30′ – 5°30′ 처녀자리 |
| 상태 : 변통궁 |
| 원소 : 흙 |
| 항성 : 없음 |

8월 28일

VIRGO

마음은 언제나 청춘인 낭만주의자

사교적이고 마음이 따뜻하며 친화적인 당신은 마음은 언제나 청춘인 사람입니다. 정체성이 강해 종종 대담한 모습을 보이며, 이를 통해 당신이 원하는 인정을 받을 수 있습니다. 사랑하는 사람들을 존중하고 이기적이지 않고 이해심이 많으며 이야기를 잘 들어줍니다. 그러나 미숙함이나 아집이 당신의 매력을 해치지 않도록 주의하세요.

당신은 지배 성좌인 처녀자리의 영향으로 똑똑하고 현실적인 접근 방식을 취하며 사업 감각을 타고났습니다. 평소에는 상황을 매우 신중하게 분석하지만 회의적인 성향이 되지 않도록 조심해야 합니다. 자기주장이 분명하고 직설적이며 지식과 전문 기술을 중요하게 생각합니다.

장난기가 있고 낭만적인 당신은 이상주의와 실용주의가 다이나믹하게 섞여 있습니다. 꾸물대는 성향은 있지만 일단 무언가에 마음을 정하면 목표를 성취하기 위해 기꺼이 큰 희생을 감수하죠. 화려한 것을 좋아하고 풍요로운 생활에 끌리기 때문에, 활발한 사교생활이 필요하며 남에게 즐거움을 주는 사람입니다. 협조적이고 기꺼이 도움을 주려 해서 다른 사람들에게 정서적 지주가 되어줍니다. 항상 젊게 살지만 자제력을 발휘해야 자신의 잠재력을 충분히 실현할 수 있습니다.

당신의 태양이 천칭자리로 들어가는 25세 때부터 30년 동안 개인적으로건, 일에서건 파트너십이 더욱 강조됩니다. 또한 미와 조화에 대한 감각이 확장되어 당신이 가진 창조적 잠재력을 계발하고 싶어지는 시기이기도 합니다. 그러다 54세 때 당신의 태양이 전갈자리로 들어가면서 또 다른 전환점이 찾아와 인생의 더 깊은 의미를 추구하고 변화에 더욱 중점을 두게 됩니다.

숨어 있는 자아

당신은 마음이 따뜻하고 다정하며 조화로운 관계를 추구합니다. 내면이 고귀하고 확신이 강한 사람이라 끊임없는 도전으로 자신에게 동기부여를 해야 합니다. 그러나 충동적인 성향과 즉각적인 만족을 얻으려는 마음이 이를 방해할 수 있습니다. 재미있게 노는 걸 좋아하기 때문에 쉬운 선택을 할 수도 있는데, 그러면 결과적으로 목적의식과 방향성을 잃게 됩니다.

섬세하고 강한 감정의 소유자이기 때문에, 쉽게 상처받거나 자기연민에 빠지지 않으려면 객관적인 시선을 발달시켜야 합니다. 또한 흘러넘치는 감성을 쏟아내는 방법도 익혀야 합니다. 내면의 목소리에 따라 행동하면 자신을 창조적으로 표현하기 시작하고 정서적 힘을 이용할 수 있을 겁니다. 당신은 매우 너그럽고 인정이 많으며 다른 사람을 돕는 것을 즐깁니다.

일과 적성

타고난 사업 감각이 어떤 일에서든 성공하는 데 도움이 되지만, 당신은 사람을 다루는 직업에 더 끌릴 것 같네요. 소통에 대한 재능이 있어 글쓰기나 교육, 영업 쪽에 진출할 수 있습니다. 또한 다른 사람들을 즐겁게 해주는 것을 좋아해 쇼 비즈니스나 음악 쪽에 끌릴 수도 있습니다. 사교적 수완을 타고나 고객 서비스나 홍보 쪽 일을 할 수도 있고, 뛰어난 대인관계 기술이 판촉이나 출판 분야에서 성공하는 데 도움이 될 수도 있습니다. 혹은 천부적인 미적 감각이 있어 화가나 디자이너 같은 직업이나 가정용품과 가구를 취급하는 일을 택할 수도 있습니다.

수비학으로 풀어본 당신의 운세

1일에 태어난 사람들과 마찬가지로 당신은 야망이 있고 단도직입적이며 진취적입니다. 늘 새로운 일에 뛰어들 준비가 되어 있는 당신은 인생의 도전을 용기 있게 받아들입니다. 그러한 열정이 사람들에게 정신적 자극을 주어, 함께 일하지 않더라도 당신이 최근에 하는 일에서 적어도 조력자 역할이라도 하게 합니다. 성공 지향적이고 단호한 사람이지만 당신에게는 가족과 가정이 매우 중요합니다. 안정을 찾고 가장 가깝고 소중한 사람들을 돌보는 일이 때로는 당신에게 과제가 될 수 있습니다. 당신은 탄생월 8의 영향으로 직관력이 높고 적극적인 마인드를 갖고 있습니다. 책임을 맡았을 때는 효율적으로 일하지만, 성급하거나 참을성이 없어질 수도 있네요. 역동적이고 항상 바쁘게 지내기 때문에 긴장을 풀고 느긋이 쉴 줄도 알아야 합니다. 상황 판단이 빨라 문제를 쉽게 해결하겠네요. 그러나 열의가 너무 지나쳐 적절한 계획 없이 프로젝트를 시작하지 않도록 조심하세요.

- ● 장점 : 진보적, 대담성, 예술적, 창의적, 인정이 많음, 이상주의적, 야망, 근면함, 안정된 가정생활, 의지력
- ■ 단점 : 몽상가, 동기부여가 되지 않음, 동정심 부족, 비현실적, 거만함, 나쁜 판단, 공격적, 자신감 부족, 의존적, 자만심

연애와 인간관계

당신은 자율성과 개인적 성취를 얻기 위해 노력하는데, 사랑에 대한 욕구가 강해 갖가지 애정사에 휘말릴 것으로 보입니다. 정이 많고 다정하지만, 관계에 있어 이상주의적이고 완벽주의자적인 성향 때문에 다른 사람들이 당신의 기대를 따라가지 못하는군요. 마음이 너그럽고 매력적이고 친화적이어서 친구와 연인을 쉽게 사귀지만, 그중에는 가치가 없는 관계도 있습니다. 일단 완벽한 짝을 찾으면 매우 다정하고 힘이 되어줍니다.

처녀자리

이날 태어난 유명인

샤를 부아예, 벤 가자라, 데이비드 솔(배우), 요한 볼프강 괴테(작가), 데이비드 핀처(영화감독), 이상벽(방송인), 오광록, 소이현(배우)

태양 : 처녀자리	
지배 성좌 : 처녀자리/수성	
위치 : 5°30′ – 6°30′ 처녀자리	
상태 : 변통궁	
원소 : 흙	
항성 : 알리오트	

8월 29일

VIRGO

예리하고 현실적인 지성을 소유한 완벽주의자

이날 태어난 사람들은 카리스마가 있고 마음이 따뜻하며 야망이 큽니다. 예리한 지적 능력과 진취적 정신도 갖추었죠. 독립적이고 성공 지향적인 당신은 활동적인 것을 좋아하고 크게 생각합니다. 하지만 감정에 이끌려 자제력을 잃거나 극단으로 흐르지 않도록 조심하세요.

지배 성좌인 처녀자리의 영향으로 당신은 예리하고 현실적인 지성의 소유자이며, 완벽주의자입니다. 세부 사항에 신경 쓰는 걸 좋아하고 자신의 일을 개선하길 원하죠. 하지만 문제들을 끊임없이 생각하고 또 생각하는 건 삼가야 합니다. 그러다 보면 불안이 찾아오기 마련이거든요. 다행히 당신은 지식에 대한 갈망이 있고 배움을 좋아해 정신적으로 항상 바쁘기 때문에 지나치게 예민해지지는 않습니다.

사교적이고 너그러운 당신은 사람과 관련된 활동에 뛰어납니다. 마음을 넓혀주는 여행이 특히 긍정적인 도움을 주고 새로운 사람들을 많이 만날 기회가 됩니다. 조직력이 뛰어나고 모험심이 강해서 돈을 버는 능력도 있습니다. 자제력만 갖춘다면 당신의 놀라운 잠재력을 실현할 수 있을 겁니다.

활동적이고 매력적이지만 때로는 불안감에 잠식돼 스스로를 고립시킬 수 있습니다. 그러나 직관과 이상적인 비전을 다시 결합시키면 곧 열정과 창의력을 되찾을 수 있습니다.

어릴 때부터 당신은 현실적이고, 상황을 분석하여 이해하고 개선합니다. 당신의 태양이 30년 동안 천칭자리로 들어가는 24세부터는 파트너십과 관계 맺기에 대한 욕구가 증가합니다. 또한 창조력이 향상되어 잠재해 있던 음악적, 예술적, 문학적 관심사가 발달되죠. 54세 무렵에 당신의 태양이 전갈자리로 들어가면서 인생의 또 다른 전환점이 찾아와 변화, 더 깊은 인식, 내면의 힘에 대한 정서적 욕구가 중요시됩니다.

숨어 있는 자아

당신은 지식이 풍부할 뿐 아니라 글이나 말에 특별한 재능을 타고났으며, 다른 사람에게 정신적 자극과 즐거움을 주는 아이디어들이 많습니다. 지적 능력에 자극을 받지만 잠시도 가만있지 못하는 성향이라 지루해지지 않으려고 여기저기 기웃거리죠. 섬세하고 상상력이 풍부한 당신은 자유를 갈망하지만, 원대한 계획을 세워놓고 실현하지 못하는 방종한 몽상가가 되지 않도록 조심하세요.

어떤 일에 정말로 흥미를 느끼면 매우 열정을 보이기 때문에, 당신이 정말로 좋아하는 일을 찾아서 잘하는 것이 중요합니다. 너무 성급하게 덤비면 주의가 산만해져 생각할 틈도 없이 혹은 적절한 계획 없이 덜컥 일부터 저지르죠. 하지만 최상의 상태일 때는 낙천적이고 열정적이며 당신의 밝은 전망을 실현할 수 있습니다.

일과 적성

야심적이고 리더십이 있는 당신은 관리직이나 자영업에서 더 성공을 거둘 수 있습니다. 적어도 어떤 일을 하건 자신의 방식대로 일할 수 있는 재량권을 가능한 한 많이 원하죠. 또한 무슨 직업을 택하더라도 지루함을 피하기 위해 다양한 활동과 변화가 필요합니다. 어떤 일에서건 대인관계 기술이 도움이 되는데, 정서적 이해력이 높고 지혜를 타고났기 때문에 사람들을 돌보는 직업을 갖거나 사람들을 돕는 일을 할 수 있습니다. 예리한 지성을 갖추었으니 교육이나 법률, 과학, 글쓰기, 혹은 정치 쪽 일을 할 수도 있겠습니다. 아니면 당신의 현실성과 진취성이 사업이나 제조업에서 발산될 수도 있고, 상상력과 창조력이 풍부하니 적절한 기회가 찾아오면 음악계나 연예계에서도 큰 성공을 거둘 수 있습니다.

수비학으로 풀어본 당신의 운세

29일에 태어난 사람들은 직관력이 강하고 섬세하며 감성이 풍부합니다. 당신의 타고난 공감력과 이해심은 휴머니즘을 고취시키고 다른 사람들이 희망과 꿈을 실현하도록 용기를 북돋워줍니다. 진정한 공상가지만, 성격에 극단적인 면이 있으니 심한 기분 변화를 조심해야 합니다. 29일에 태어난 사람들은 인기를 원하고 다른 사람들이 당신을 어떻게 생각하는지에 신경을 씁니다. 탄생월 8의 영향으로 의지력이 강하고 의욕적인 성격입니다. 자기표현 욕구는 당신이 상상력이 풍부하고 정서적 성취감을 추구한다는 것을 말해줍니다. 당신은 야망이 크고 활동적이지만 인정이 많고 섬세한 본성을 지닌 이상주의자이기도 합니다. 그러나 중요한 사람이 되고 싶어 과장되게 행동하고 중심 자리를 요구하죠. 또한 독창적인 사람이 되고 개인적 정체성을 수립하고 싶은 바람이 강합니다.

- 장점 : 영감을 줌, 균형적, 성공, 신비적, 창의적, 직관력, 원대한 꿈, 세부사항에 주의를 기울임, 신뢰
- 단점 : 산만함, 침울함, 까다로운 성격, 극단주의자, 사려 깊지 못함, 고립감, 지나치게 예민함

연애와 인간관계

매력적이고 사람을 압도하며 드라마틱한 면도 있는 당신은 열정적인 성격의 소유자입니다. 대개 힘 있는 사람에게 끌리지만, 파트너와의 힘겨루기는 피해야 합니다. 이날 태어난 여성들은 집과 관계를 편안하고 조화롭게 유지하기 위해 열심히 노력합니다. 대체로 당신은 사교적이며 좋은 주최자가 될 수 있습니다. 한 사람 이상이 당신에게 관심을 보이는 경우가 종종 있는데 독하게 맺고 끊지를 못해 어려움을 겪을 수 있습니다.

당신에게 특별한 사람

연인이나 친구

1월 2, 3, 6, 9, 10, 11, 21, 27, 31일 / 2월 1, 4, 7, 8, 9, 25, 29일 / 3월 2, 5, 6, 7, 17, 23, 27일 / 4월 3, 4, 5, 15, 21, 25일 / 5월 1, 3, 13, 19, 23, 30일 / 6월 1, 11, 17, 21, 28일 / 7월 9, 15, 19, 26, 29일 / 8월 7, 13, 17, 24, 27일 / 9월 5, 11, 15, 22, 25일 / 10월 3, 9, 13, 20, 23일 / 11월 1, 7, 11, 18, 21, 30일 / 12월 5, 9, 16, 19, 28일

힘이 되어주는 사람

1월 11, 16, 30일 / 2월 9, 24, 28일 / 3월 7, 22, 26일 / 4월 5, 20, 24일 / 5월 3, 18, 22, 31일 / 6월 1, 16, 20, 29일 / 7월 14, 18, 27일 / 8월 12, 16, 25일 / 9월 10, 14, 23일 / 10월 8, 12, 21, 29일 / 11월 6, 10, 19, 27일 / 12월 4, 8, 17, 25일

운명의 상대

2월 24, 25, 26, 27일

경쟁자

1월 15일 / 2월 13일 / 3월 11일 / 4월 9일 / 5월 7, 30일 / 6월 5, 28일 / 7월 3, 26일 / 8월 1, 24일 / 9월 22일 / 10월 20, 30일 / 11월 18, 28일 / 12월 16, 26일

소울메이트

1월 9, 29일 / 2월 7, 27일 / 3월 5, 25일 / 4월 3, 23일 / 5월 1, 21일 / 6월 19일 / 7월 17일 / 8월 15일 / 9월 13일 / 10월 11일 / 11월 9일 / 12월 7일

이날 태어난 유명인

마이클 잭슨(가수), 엘리엇 굴드, 잉그리드 버그먼(배우), 찰리 파커(색소폰 연주자), 장 오귀스트 도미니크 앵그르(화가), 리처드 애튼버러(영화감독), 존 로크(철학자), 한용운(시인), 손기정(육상 선수), 배용준(배우), 김구(독립운동가)

389

| 태양 : 처녀자리 |
| 지배 성좌 : 처녀자리/수성 |
| 위치 : 6° - 7°30′ 처녀자리 |
| 상태 : 변통궁 |
| 원소 : 흙 |
| 항성 : 알리오트 |

8월 30일

VIRGO

부드러움과 강인함이 공존해 매력적인 사람

당신은 표현력이 좋고 근면하며 사람에 대한 관심과 배려심이 많습니다. 설득력이 강하고 독창성도 있네요. 부드럽고 다정하면서도 강인함과 자제력을 갖추어 여러 상반되는 감정들을 표현합니다.

지배 성좌인 처녀자리의 영향을 받아 명석하고 분석적인 두뇌의 소유자로, 사소한 세부사항까지 모두 짚어냅니다. 지식욕과 자기를 향상시키고 싶은 욕심이 있으며, 자신의 생각을 분명하게 표현하는 능력을 발달시킵니다. 현실적이고 집중력이 강해 맡은 일에 철저하고 성실하지만, 완벽을 추구하느라 자신이나 타인들에게 지나치게 비판적이 되지 않도록 조심하세요.

사교적이고 매력적인 당신은 사람들을 행복하게 해주는 걸 좋아합니다. 삶에 대한 태도와 시각이 긍정적이지만 현실적이기도 하죠. 하지만 때때로 지나치게 진지해지거나 내면으로 침잠해서 감정을 억제하거나 걱정에 빠지고 부정적이 되는군요. 의무감과 자신이 정말로 원하는 것 사이에서 갈등을 겪기도 합니다. 객관성을 기르고 당신의 삶에 내재된 보편적 사랑과 연민을 표현하는 법을 익히면 좀 더 즐거운 감정적 만족감을 얻을 수 있을 겁니다.

당신은 어린 시절부터 상황을 현실적으로 분석하여 이해하고 개선하는 데 관심이 많습니다. 당신의 태양이 천칭자리로 들어가는 23세부터 30년 동안 개인적으로건, 직업적으로건 협력을 중시합니다. 또한 이 시기에는 미와 조화에 대한 감각이 높아져 자신의 창조적 잠재력을 계발하고 싶어 합니다. 그러다 53세에 당신의 태양이 전갈자리로 들어가면서 또 다른 전환점이 찾아와 변화의 힘이 강조되고 인생에서 더 깊은 정서적 의미를 찾으려 합니다.

숨어 있는 자아

살아오면서 혹은 어린 시절 가정에서 사랑의 감정을 억누른 경험이 있기 때문에, 당신에게는 애정 표현이 매우 중요한 문제입니다. 회의적인 성향이 있으니 신뢰를 키우고 믿을 수 있는 사람을 판단하는 법을 익혀야 합니다. 자신감을 기르면 당신이 원하는 것들을 이루는 데 도움이 됩니다. 당신은 자기 자신과 타인을 스스로 어떻게 평가하는지, 그리고 남들이 당신을 어떻게 평가하는지를 특히 중요하게 생각합니다.

돈을 중요시하는데, 돈을 벌기 위해 열심히 일할 의지도 있습니다. 당신은 어떤 아이디어나 프로젝트를 추진할 적절한 시기를 직관적으로 감지한 뒤에 엄격한 체계 없이 즉흥적으로 일할 때 더 좋은 성과를 냅니다. 굉장히 예민한 사람이라 혼자 깊이 생각하고 강한 영감을 접할 시간을 정기적으로 마련하는 것이 좋습니다.

일과 적성

당신은 분석적이고 기술적인 성향이어서 연구나 과학, 의료 분야에 끌릴 수 있습니다. 또한 예리한 지적 능력과 소통 기술을 갖추었으니 교육이나 저술 쪽도 알맞습니다. 인도주의적 면모가 다른 사람들을 돌보는 직업이나 사회 개혁 분야에서 발휘되거나, 사람에게 관심이 많아서 뛰어난 카운슬러가 될 수도 있습니다. 지식에 대한 갈망과 현실적 사고를 갖춘 당신은 선택한 분야에서 충분히 전문가가 될 수 있으며 사업 쪽으로 진출할 수도 있겠네요. 혹은 타고난 창의성과 미에 대한 사랑으로 음악가나 배우, 연예인이 될 수 있습니다. 자연에 대한 감각이 있어 조경사 같은 직업에 매력을 느낄 수도 있습니다.

수비학으로 풀어본 당신의 운세

30일에 태어난 사람들은 예술적이고 창의적이며 우호적이고 사교적이라는 말을 듣습니다. 당신은 행복한 생활을 즐기고 사람들과 어울리는 것을 좋아하네요. 카리스마가 넘치고 성실하죠. 사교적이고 취향이 세련된 데다 스타일과 형태에 대한 감각이 있어 예술, 디자인, 음악과 관련된 어떤 일에서건 성공을 거둘 수 있습니다. 마찬가지로, 자기표현 욕구가 있고 언어 감각을 타고나 글쓰기나 말하기 혹은 노래에 뛰어납니다. 당신은 강렬한 감정의 소유자라서 사랑에 빠지거나 만족감을 꼭 얻어야 하네요. 행복을 누리고 싶으면 게으름을 피우거나 너무 제멋대로 굴지 마세요. 30일에 태어난 사람들 중에는 인정을 받거나 명성을 얻은 이들이 많은데, 특히 성공한 뮤지션이나 배우, 연예인이 많습니다. 탄생월 8의 영향으로 당신은 근면하고 이상주의적이며 의지력이 강할 뿐 아니라 야심 찬 사람입니다. 진지하고 자발적인 열정을 가진 데다 진취적이어서 아이디어를 받아들여 자신만의 극적인 스타일로 확장해나갑니다.

- 장점 : 흥이 넘침, 충실함, 친화적, 대화에 능함, 창의적, 운이 좋음
- 단점 : 나태, 고집, 변덕, 성급함, 불안정, 무심함, 산만함

연애와 인간관계

당신은 열정적이고 낭만적인 성격에 애정이 많은 사람이지만, 다양한 경험과 모험에 대한 욕구로 성급해지거나 초조해질 수도 있습니다. 대체로 관대하고 남에게 베푸는 편인데, 때로는 냉정해지거나 내면으로 침잠해버릴 수도 있습니다. 판에 박힌 일상에서 벗어나 잠시 휴식을 취하거나 짧은 여행을 다녀오면 관계에 특히 도움이 됩니다. 다른 사람들에게 세심하게 마음을 쓰는 편이라 파트너의 요구에 따라 많은 변화를 겪을 수 있으니, 독립성과 열정을 유지하는 것이 중요합니다.

당신에게 특별한 사람

연인이나 친구

1월 2, 9, 11, 12, 22, 25일 / 2월 7, 10, 20, 23, 26일 / 3월 5, 7, 8, 18, 21일 / 4월 3, 5, 6, 16, 19일 / 5월 1, 4, 14, 17, 20, 24, 29일 / 6월 2, 12, 15, 27일 / 7월 10, 13, 16, 20, 25, 30일 / 8월 9, 15, 24, 26일 / 9월 7, 13, 22, 24일 / 10월 4, 7, 10, 14, 19, 24, 28, 29일 / 11월 2, 5, 8, 12, 17, 22, 26, 27일 / 12월 3, 6, 10, 15, 20, 24, 25일

힘이 되어주는 사람

1월 12, 23, 29일 / 2월 10, 21, 27일 / 3월 22, 26일 / 4월 6, 17, 23일 / 5월 4, 15, 21일 / 6월 2, 13, 19, 28, 30일 / 7월 11, 17, 26, 28일 / 8월 9, 15, 24, 26일 / 9월 7, 13, 22, 24일 / 10월 5, 11, 20, 22일 / 11월 3, 9, 18, 20, 30일 / 12월 1, 7, 16, 18, 28일

운명의 상대

2월 25, 26, 27, 28일 / 7월 29일 / 8월 27일 / 9월 25일 / 10월 23일 / 11월 21일 / 12월 19일

경쟁자

1월 1, 4, 26, 30일 / 2월 2, 24, 28일 / 3월 22, 26일 / 4월 20, 24일 / 5월 18, 22, 31일 / 6월 16, 20, 29일 / 7월 14, 18, 27일 / 8월 12, 16, 25, 30일 / 9월 10, 14, 23, 28일 / 10월 8, 12, 21, 26일 / 11월 6, 10, 19, 24일 / 12월 4, 8, 17, 22일

소울메이트

1월 20일 / 2월 18일 / 3월 16일 / 4월 14일 / 5월 12일 / 6월 10일 / 7월 8일 / 8월 6일 / 9월 4일 / 10월 2일

이날 태어난 유명인

메리 셸리(작가), 어니스트 러더퍼드(물리학자), 레이먼드 마세이(배우), 테드 윌리엄스(야구 선수), 워런 버핏(기업인), 염상섭(작가)

| 태양 : 처녀자리 |
| 지배 성좌 : 처녀자리/수성 |
| 위치 : 7°30′ – 8°30′ 처녀자리 |
| 상태 : 변통궁 |
| 원소 : 흙 |
| 항성 : 알리오트 |

8월 31일

VIRGO

뛰어난 분석력과 풍부한 감성을 지닌 이상주의자

생일로 볼 때 당신은 근면한 이상주의자로, 분석력과 활발한 상상력, 강렬한 감정의 소유자입니다. 사람을 끌어당기는 매력과 소통 기술, 결단력이 독특하게 조합되어 일과 놀이를 결합시키는 창조적 재능이 있네요.

수성의 영향이 배가되어 당신은 비전이 명확하고 아주 세세한 것까지도 이해하고 분석할 수 있습니다. 논리 정연하고 신중해서 체계적으로 추론하여 결정 내리길 좋아하죠. 당신은 일을 개선해나가고 분별력을 발휘해 탁월한 성취를 이룹니다. 다만 완벽을 추구하려다 부정적인 비판을 하거나 독선적이 되지 않도록 조심하세요.

당신은 미와 고급스러움에 대한 안목이 있고, 목소리가 좋습니다. 정열적인 사랑과 활력, 열정과 관대함으로 사람들의 마음을 사로잡고 깊은 인상을 주죠. 그러나 때로는 완고해지거나 내면으로 침잠하거나 침울해지기 때문에, 사람들이 당신의 여러 다른 성격들을 이해하기 어려울 수 있습니다.

마음이 넓고 사업 감각을 타고난 당신은 자신의 가치를 사람들에게 알리는 편이며, 돈과 관련된 문제에 관심을 가집니다. 하지만 감정이 풍부하고 원대한 꿈을 품고 있죠.

일상적이고 평범한 삶을 초월하고 싶은 마음이 있어 형이상학적, 신비적 혹은 종교적 주제들에 관심을 보일 수 있습니다. 관심이 가는 프로젝트에는 전력을 다해 덤벼들기 때문에 과로하지 않게 조심하세요.

22세 때부터 30년 동안 당신의 태양이 천칭자리로 들어가는데, 이때부터 사회적 관계와 파트너십의 중요성을 서서히 인식하게 됩니다. 창의력과 조화에 대한 감각이 향상되어 잠재돼 있던 음악적, 예술적, 문학적 관심을 계발하고 싶어지죠. 그러다 52세 때 당신의 태양이 전갈자리로 들어가면서 전환점이 찾아와 감정적 변화를 더 깊이 원하게 되며, 자신을 더 잘 다스리고 자립적인 사람이 됩니다.

숨어 있는 자아

빛을 발하고 싶고 타인에게 영감을 주고 싶은 내면의 욕구에 당신의 가장 큰 잠재력이 있는데, 이 잠재력은 타고난 정직성과 높은 이상주의에서 나옵니다. 이러한 자산이 효과적으로 계발되면 일상의 어려움들을 극복하는 데 도움이 되겠네요. 불안을 느끼면 냉담해지고 믿음을 잃어버리지만, 일단 자기 궤도로 돌아오면 매우 자발적이고 개방적인 모습을 보입니다.

이 생일은 감정적 격렬함과 연결되는데, 이런 특성을 힘겨루기에 이용해서는 안 됩니다. 특히 다른 사람들에게 실망했을 때는 더욱 조심하세요. 이상과 현실이 크게 달라 갈등을 느낄 수도 있겠네요. 당신의 성공의 열쇠는 사람과 상황을 공감하며 이해하는 데 있습니다. 타인에 대한 이러한 관심이 열정과 사교술과 결합되면 자신과 주변 사람들을 위한 조화와 행복을 일구어낼 수 있습니다.

일과 적성

사람을 잘 다루고 동향을 파악하는 능력을 타고나서 영업이나 언론계에서 두각을 드러낼 수 있습니다. 임원이나 기업가, 독지가가 될 수도 있고, 분석력이 뛰어나 과학 연구나 편집, 교육 분야에 끌릴 수 있습니다. 반면 창조적 표현력이 글쓰기나 음악, 예술, 연예계에서 발산될 수도 있겠네요. 현실적이고 정확하기 때문에 회계나 자산 관리 혹은 엔지니어링 관련 직업을 선택할 수 있습니다. 아니면 이상주의와 섬세한 성격 덕에 자선사업이나 다른 사람들을 보살피는 직업, 의료계에서 일할 수도 있습니다.

수비학으로 풀어본 당신의 운세

31일에 태어난 사람들의 특징은 의지력과 결단력이 강하며 자기표현을 중요하게 생각한다는 것입니다. 당신은 지칠 줄 모르고 단호하며 물질적 발전을 원합니다. 하지만 인생의 한계를 받아들이고 탄탄한 토대부터 쌓을 필요가 있습니다. 운이 따라주고 좋은 기회가 찾아오기 때문에, 여가 활동을 수익성 있는 사업으로 전환하면 성공을 거둘 수 있습니다. 매우 열심히 일하는 편이라 즐길 시간을 가지는 것도 중요합니다. 또 이기적이거나 지나치게 낙관하는 성향도 경계하세요. 탄생월 8의 영향으로 당신은 야망이 있고 현실적이며 지적입니다. 실무 능력과 성취욕이 있죠. 당신은 정서적 만족을 원하기 때문에 물질적 욕망에 빠져 방종하기보다는 자기주장을 할 방법들을 찾아야 합니다. 또한 자신의 아이디어들을 분명하고 솔직하게 전달하거나 감정을 표현하는 법을 터득해야 합니다.

- ● 장점 : 행운, 창의력, 독창성, 구성 능력, 건설적, 끈기, 현실적, 대화에 능함, 책임감
- ■ 단점 : 불안정, 성급함, 의심이 많음, 쉽게 낙담함, 야심이 없음, 이기적, 완고함

연애와 인간관계

당신은 남과 어울리기 좋아하고 매력적인 성격이라 사람들의 마음을 쉽게 얻습니다. 사교적이고 외향적인 생활을 즐기지만, 이상적인 파트너를 만나면 충실한 상대가 되고 장기적인 관계를 맺기 위해 모든 노력을 기울입니다. 보통 정신적으로 잘 맞는 사람과 결혼하며, 안정감을 주고 힘을 보태주는 파트너가 필요합니다. 정신적인 과민함을 극복하면 더 많은 균형과 조화를 이룰 수 있습니다.

당신에게 특별한 사람

연인이나 친구
♥

1월 8, 11, 23, 29일 / 2월 6, 9, 27일 / 3월 4, 7, 19, 25, 29일 / 4월 2, 5, 23, 27일 / 5월 3, 21, 25일 / 6월 1, 19, 23일 / 7월 17, 21일 / 8월 15, 19, 29일 / 9월 13, 17, 27일 / 10월 11, 15, 25, 29, 30일 / 11월 9, 13, 23, 27, 28일 / 12월 7, 11, 21, 25, 26일

힘이 되어주는 사람

1월 13, 30일 / 2월 11, 28일 / 3월 9, 26일 / 4월 7, 24, 30일 / 5월 5, 22, 28일 / 6월 3, 20, 26일 / 7월 1, 18, 24, 29일 / 8월 16, 22, 25일 / 9월 14, 20, 25일 / 10월 12, 18, 23일 / 11월 10, 16, 21일 / 12월 8, 14, 19일

운명의 상대

2월 27, 28, 29일 / 10월 30일 / 11월 28일 / 12월 26일

경쟁자

1월 5, 19일 / 2월 3, 17일 / 3월 1, 15일 / 4월 13일 / 5월 11일 / 6월 9, 30일 / 7월 7, 28, 30일 / 8월 5, 26, 28일 / 9월 3, 24, 26일 / 10월 1, 22, 24일 / 11월 20, 22일 / 12월 18, 20일

소울메이트

1월 7일 / 2월 5일 / 3월 3일 / 4월 4일 / 9월 30일 / 10월 28일 / 11월 26일 / 12월 24일

이날 태어난 유명인

리처드 기어(배우), 마리아 몬테소리(교육자), 밴 모리슨(가수), 정경호, 고준희, 신혜선(배우)

태양 : 처녀자리
지배 성좌 : 처녀자리/수성
위치 : 8° - 9°25′ 처녀자리
상태 : 변통궁
원소 : 흙
항성 : 알리오트

9월 1일

VIRGO

야망 있고 예리한 판단력을 갖춘 리더

큰 성공을 원하고 독립적인 당신은 혁신적인 아이디어들을 실제로 구현하고 싶어 합니다. 야망이 커서 목표가 높은 데다 사업 감각을 타고나 자신의 능력을 상업화하는 데 능하네요. 사람과 상황을 빠르게 판단할 줄 알고, 창의적이고 선구적이며 기회를 빠르게 포착합니다. 또한 자신의 겉모습에 관심이 많아 성공을 불러오는 똑똑한 이미지를 보여주고 싶어 합니다.

지배 성좌인 처녀자리의 영향이 배가되어 예리한 지적 능력이 있고 지식을 갈구합니다. 하지만 이 별자리는 신경과민의 성향도 강하기 때문에 차분함을 유지하려면 반드시 정기적인 휴식이 필요하겠네요. 당신은 말이건 글이건 소통에 뛰어나고, 정확한 접근법을 취하기 때문에 논리 정연합니다. 기준이 높고 일에 철저한 태도로 접근하는데, 그러다 자신이나 타인들에게 너무 비판적이 되지 않도록 조심하세요.

경제적으로 성공을 거둘 잠재력이 매우 높으니 자제력을 발휘하고 일을 미루지만 않으면 성과를 거둘 수 있습니다. 다행히 당신은 근면하고 훌륭한 기획자나 에이전트의 자질이 있네요. 현실적인 성격이지만 승산이 있을 때는 모험도 불사하며, 자신의 노력에 합당한 보상을 얻고 싶어 하죠.

당신의 태양이 천칭자리로 들어가는 21세 때부터 다른 사람들과 협력하고 관계를 맺고 싶은 마음이 커집니다. 조화와 균형, 세련됨에 대한 감각이 향상되어 문학적, 예술적, 혹은 창조적 관심사를 탐구할 가능성도 있습니다. 이런 경향이 51세까지 이어지다가 당신의 태양이 전갈자리로 들어가면 전환점이 찾아오는데, 이때부터는 정신의 더 깊고 미묘한 측면들을 접하고 자신의 힘을 제대로 평가하는 것이 중요하다는 걸 깨닫게 됩니다.

숨어 있는 자아

내면의 고귀함으로 인해 당신은 자부심이 강하고 은근히 극적인 면이 있습니다. 현실적인 이상주의자라서 사람들에게 봉사하고 싶어 하고, 목적의식이 강하지만 물질주의 성향 때문에 제약을 받을 수 있습니다. 때로는 의외로 겸손하고 때로는 자신만만하며 독단적입니다. 독창적이고 시대를 앞서가는 아이디어들이 있으니 자신을 표현할 자유가 필요합니다. 어떤 프로젝트에 대해 긍정적이고 열정적일 때는 이 일을 다른 사람들에게 효과적으로 제안하여 흥미를 불러일으키는 능력이 있습니다.

당신은 인맥이 넓어 다양한 집단의 사람들을 서로 연결해줄 수 있습니다. 또 자신만의 인생철학이 있어서 대체로 낙천적이고 명랑하죠. 자신의 범위를 넓히고자 하는 욕구 덕분에 전체를 조망하는 힘이 생기고, 리더십과 예지력, 직관적인 지혜를 갖추게 됩니다. 이런 직관적인 인식을 더 믿고 일상생활에 적용할수록 더 많은 일들이 자연스럽게 제자리를 잡을 겁니다.

일과 적성

조직력이 뛰어나고 대규모의 일을 좋아하며 일을 적절하게 위임할 줄 아는 당신은 경영진이나 관리자가 되거나 자영업을 하면 두각을 드러냅니다. 행정가나 프로듀서나 정치인이 되어도 이런 능력이 도움이 되겠네요. 또한 타인과 상호작용하는 기술이 교육, 글쓰기, 영업, 커뮤니케이션 분야에서 성공하는 데 도움이 될 수 있습니다. 경쟁력이 강하고 철저한 성격에다 일을 잘 해내고 싶은 욕심이 있어 자기 분야에서 전문가가 될 수 있고, 아니면 연구 쪽으로 끌릴 수도 있습니다. 선두에 서고 개척하는 것을 좋아해 군대나 예술 같은 다양한 직업을 선택할 수 있습니다. 직관과 창조력을 타고났으니 세부적인 기술들을 발달시키고 다듬으면 성공이 보장됩니다. 그러나 어떤 직업에서든 가능하면 독립성을 유지하는 것이 중요합니다.

수비학으로 본 당신의 운세

이 생일은 최고가 되길 원하고 자율적이고 싶은 강한 소망을 암시합니다. 1일에 태어난 사람은 개인주의적이고 혁신적이며 용기와 에너지가 넘칩니다. 또 개척자 정신이 있어 스스로 결정을 내리거나 독립하려 하죠. 열정과 독창적인 아이디어가 많아 다른 사람들에게 성공으로 가는 길을 보여줄 수 있습니다. 그러나 세계가 자신을 중심으로 돌지 않는다는 사실을 잊지 말아야 합니다. 탄생월 9의 영향으로 당신은 직관력이 뛰어나고 섬세합니다. 주위 환경의 영향을 쉽게 받고 다른 사람들의 생각을 잘 받아들이죠. 또 마음이 넓은 인도주의자라서 공정함과 정의를 추구합니다. 남들에게는 자신감과 회복력이 강한 사람처럼 보이지만 내면의 긴장으로 감정적 기복을 겪기도 합니다. 결단력이 있고 지략이 넘치는 당신은 앞을 내다보는 능력도 뛰어나지만 몽상가적인 기질이 있어 공감력이 좋고 이상주의적입니다.

- 장점 : 리더십, 창의적, 진보적, 단호함, 낙천적, 강한 확신, 승부욕, 독립적, 사교적
- 단점 : 고압적, 질투심, 자기중심적, 적대감, 이기심, 자제력 부족, 나약함, 불안정, 성급함

연애와 인간관계

당신은 열망이 강하고 감정이 격렬한 편이어서, 개인적 차원에서 대화를 나눌 필요가 있습니다. 매력과 카리스마를 갖추어 친구와 추종자들을 쉽게 만드는데, 당신 자신은 새로운 아이디어와 기회로 영감을 줄 수 있는 낙천적인 사람들에게 끌립니다. 자유로운 성향이어서 어느 정도 거리를 둔 관계를 선호하죠. 연애에 있어서는 시간을 들여 천천히 관계를 쌓는 편이 좋으니 너무 초반부터 상대에게 몰두하지 않는 것이 현명합니다.

이날 태어난 유명인

릴리 톰린(배우), 로키 마르시아노(권투 선수), 글로리아 에스테판, 배리 깁(가수), 앤 리처즈(전 텍사스 주지사), 앨런 더쇼위츠(변호사)

태양 : 처녀자리

지배 성좌 : 처녀자리/수성

위치 : 9°– 10° 처녀자리

상태 : 변통궁

원소 : 흙

항성 : 알리오트

9월 2일

VIRGO

현실적이면서도 사려 깊은 노력가

생일로 볼 때 당신은 현실적이지만 섬세하고 현명하며 우호적이고 사려 깊습니다. 열정적이고 독립적이며, 자신의 아이디어와 프로젝트로 사람들에게 정신적 자극을 줄 수 있습니다. 하지만 좌절감이나 실망에 빠져 중요한 계획을 망치지 않도록 조심하세요.

지배 성좌인 처녀자리의 영향으로 당신은 철저한 성격에 근면하고 체계적이며 늘 노력합니다. 예리한 지적 능력의 소유자로 지식욕이 강해 아는 게 많죠. 상황을 신중하게 분석하는 편이지만, 지나치게 회의적이 되거나 같은 문제를 계속 붙들고서 걱정이나 불안에 빠지지 않도록 하세요.

당신은 천성적으로 관대하고 사람의 심리를 잘 읽지만 극단적이 될 때도 있습니다. 인도주의적이고 관대하다가도 때로는 신경질적이고 강압적인 면모를 보이죠. 현실적인 비전을 가진 데다 지략이 풍부해서 빈둥거리기보다 활동적으로 지내는 쪽을 좋아합니다.

당신은 창의성이 풍부해 순발력이 있는데, 팀 단위로 일하거나 협업을 할 때 이런 점이 특히 도움이 됩니다. 겉모습을 중요하게 생각해 좋은 인상을 주고 싶어 하네요. 따뜻하고 매력적인 당신은 다른 사람들과 함께 있는 것을 즐기며 유머 감각을 발휘해 궁지에서 벗어나기도 합니다.

당신은 어릴 때부터 상황을 끊임없이 분석해 개선하려고 합니다. 하지만 당신의 태양이 천칭자리로 들어가는 20세 때부터 30년 동안은 협력과 다른 사람들과의 관계를 중시합니다. 또한 이 시기에는 균형과 조화에 대한 감각이 높아져 자신의 창조적 잠재력을 발달시키고 싶어 합니다. 그러다 50세에 당신의 태양이 전갈자리로 들어가면서 또 다른 전환점이 찾아와 인생의 더 깊은 의미를 추구하고 변화의 힘을 더욱 중시하게 됩니다.

숨어 있는 자아

당신은 때로는 이상주의와 물질주의 사이에서 갈등을 겪습니다. 판단력이 뛰어난 데다 돈과 관련된 본능이 발달했으니 때로는 알면서 위험을 무릅써보는 것도 좋습니다. 당신은 또한 어느 정도의 흥분도 즐기는군요. 하지만 너무 사치를 부리거나 반대로 자린고비가 되기 쉽습니다. 재정 상태에 변동이 일어날 수 있으니 장기적인 자산 관리 계획을 세울 필요가 있겠네요.

자신감과 자긍심을 기를수록 삶에서 더 많은 것을 얻을 수 있고, 자신을 가둬두는 제약에서 벗어나면 더 당당해질 수 있습니다. 여행, 새로운 탐구, 운동이 특히 도움이 되는데, 불안과 성급함을 좀 더 긍정적으로 배출할 수 있고 모험심을 자극하기 때문입니다.

일과 적성

당신은 다양한 경험을 할 수 있는 일들을 즐깁니다. 다른 사람들과 협력해서 일을 잘하기 때문에 미디어, 상담, 사회복지, 홍보 계통의 직업들에 끌릴 수 있습니다. 혹은 현실적인 성격이 은행이나 주식시장, 회계 쪽에서 빛을 발할 수도 있겠습니다. 또한 분석력과 기술력이 뛰어나 교육이나 글쓰기, 과학 쪽 직업을 원할 수도 있습니다. 강한 결단력이 인정 많은 성격과 봉사하고 싶은 마음과 결합되면 치유 관련 직업이나 사람들을 돕는 직업에 끌릴 수도 있겠네요. 이 탄생일에 태어난 사람들은 또한 스포츠뿐 아니라 연예계, 특히 음악 쪽에서 성공을 거둘 가능성이 높습니다.

수비학으로 본 당신의 운세

2는 높은 감수성과 집단의 일원이 되고 싶은 강한 욕구를 암시합니다. 당신은 융통성이 있고 이해심이 많으며 다른 이들과 협력하는 활동을 즐깁니다. 다른 사람들과의 조화와 교류를 좋아해 가족 문제에서 중재자나 조정자가 됩니다. 그러나 좋아하는 사람들을 즐겁게 해주려다 지나치게 의존적이 될 위험이 있습니다. 탄생월 9의 영향으로 지각력이 뛰어나고 상상력이 풍부할 뿐 아니라 공감력이 좋습니다. 독립적이고 마음이 넓으며 자유롭지만 때로는 고정관념을 드러내기도 합니다. 공정함과 정의를 추구하는 인도주의자로, 앞을 내다볼 줄 알고 진취적인 시각을 갖추어 정신적이면서도 현실적입니다. 다만 너무 성급해하거나 지나치게 감정적이 되거나 극단적으로 반응하지 않도록 조심하세요. 자신의 생각과 감정을 솔직하게 전하는 법을 배울 필요가 있습니다.

- ● 장점 : 사려 깊음, 훌륭한 파트너십, 온화함, 재치 있음, 수용적, 직관적, 조화, 상냥함, 호의 넘침
- ■ 단점 : 의심, 자신감 부족, 굴종, 과민함, 이기심, 쉽게 상처받음, 부정직

연애와 인간관계

친근한 소통자인 당신은 토론을 즐기고 지적 호기심을 공유할 수 있는 친구들이 필요합니다. 때로 지나치게 객관적인 것처럼 보이기도 하지만 마음이 따뜻한 사람이지요. 평소에는 사교적이지만 내면에 숨겨진 불안 때문에 이따금 시비조가 되어 긴장이나 불만을 불러일으킬 수도 있겠네요. 하지만 기본적으로는 충실하고 다정하며 친구들과 연인에게 힘이 되어주는 사람입니다.

처녀자리

이날 태어난 유명인

지미 코너스(테니스 선수), 키아누 리브스(배우), 크리스타 매콜리프(우주비행사), 르네 통(수학자), 헨리 조지(경제학자), 안중근(독립운동가), 알렉스(가수)

| 태양 : 처녀자리 |
| 지배 성좌 : 염소자리/토성 |
| 위치 : 10° - 11° 처녀자리 |
| 상태 : 변통궁 |
| 원소 : 흙 |
| 항성 : 알리오트, 조스마 |

9월 3일
VIRGO

적극적이고 자신감이 있어서 함께 있으면 좋은 사람

당신은 현실적이고 우호적이며 예리하고 결단력이 있을 뿐 아니라 의지력이 강합니다. 붙임성이 있고 사회적 성향이어서 함께 있으면 좋은 사람이지요. 자신을 끊임없이 성장시키고 개선하려는 욕구가 있으니 성공을 위해서는 목표를 명확히 세워야 합니다. 이날 태어난 당신은 창의력뿐 아니라 장애물을 극복하고 기록적인 성취를 이룰 수 있는 역량을 갖고 있습니다.

지배 성좌인 염소자리의 영향으로 집중력, 이해력, 분별력이 뛰어납니다. 현실적이고 근면하며 체계적이고 조직력까지 갖추었네요. 사업 감각을 타고나 현실적인 접근 방식을 취하며 정확하게 소통합니다. 믿음직하고 철저한 성격이지만 트집을 잡거나 틀에 갇힌 사람이 되지 않도록 조심하세요.

당신은 야심가에 활동적이고 생산적이어서 운명의 희생자가 된 기분은 잘 느끼지 않습니다. 끈기와 인내심이 있지만 새로운 경험을 할 수 없는 일은 피하기 바랍니다. 자부심이 강하지만 사람들에게 거들먹거리지 않도록 하세요. 당신은 긴장하면 화를 잘 내고 좌절감을 느낍니다. 하지만 다행히 재능이 있고 두뇌 회전이 빠르며, 분위기를 띄우는 사람이 될 수 있습니다. 이날 태어난 사람들 중에 영감 넘치는 이들은 예술이나 음악, 문학을 통해 자신을 표현합니다.

어릴 때부터 상황을 분석하여 이해하고 개선하는 데 관심이 많습니다. 당신의 태양이 30년 동안 천칭자리로 들어가는 19세부터 점차 사회적 관계와 협업의 중요성을 더 인식하게 됩니다. 또 창의력이 높아져 잠재해 있던 음악적, 예술적, 문학적 관심을 계발하고 싶어지죠. 그러다 당신의 태양이 전갈자리로 들어가는 49세에 또 다른 전환점이 찾아와 변화와 전환, 개인적 힘에 대한 욕구를 추구하게 됩니다.

숨어 있는 자아

적극적이고 자신감 있는 모습 때문에 내면의 섬세함이 가려지기 쉽지요. 물질적 문제로 걱정하는 일이 많지만, 직관을 믿으면 의심하거나 회의적인 태도를 극복할 수 있습니다. 정기적 휴식이나 일상에서 벗어나 조용히 지내는 시간이 필요하지만 자신을 고립시키지 않도록 주의하세요. 기분이 안 좋을 때는 외부 상황을 통제하려다 냉담하고 완고해지거나 고압적이 될 우려가 있습니다. 그러나 동기가 생기면 대담하고 빠릿빠릿하며 경쟁심을 불태우고 자발적이 되어, 자신의 예리한 통찰력을 재미있고 창의적으로 표현할 수 있습니다.

당신은 지혜를 타고나 자연스럽게 권위를 갖게 되며, 두뇌가 명석하고 지식을 좋아하여 어떤 상황에도 적절히 대응합니다. 성격이 강하고 자제력이 있어 다른 사람들에게 희망을 주고 자신의 꿈을 성취할 수 있는 힘이 있습니다.

일과 적성

당신은 권력과 체계, 효율성을 좋아하기 때문에 조직자나 관리자나 경영진으로, 특히 사업에서 두각을 드러냅니다. 말재간이 좋아 법률이나 글쓰기, 교육, 정치 분야에서 성취를 이룰 수도 있겠네요. 당신은 일을 할 때 다양한 형태로 소통하는 편입니다. 싹싹함 역시 사람들을 대할 때 훌륭한 자산이 되어 사람과 관련된 직업에서 성공을 불러옵니다. 굉장히 철저하고 노력을 아끼지 않는 성격이라 연구나 과학, 기술과 관련된 일에 끌릴 수 있습니다. 또한 매우 독립적이고 지시받기를 좋아하지 않아서 자영업을 하거나 다른 사람들에게 일을 시키는 위치를 선호하죠. 당신은 단도직입적이고 실무적인 태도를 갖추어 시간을 낭비하지 않고 목표를 향해 곧장 나아갑니다.

수비학으로 본 당신의 운세

3은 사랑과 창의성에 대한 욕구를 암시합니다. 이날 태어난 사람들은 흥이 넘쳐 함께하기 좋은 친구이며 친목 활동을 즐깁니다. 자기표현 욕구가 강하고, 긍정적일 때는 인생을 만끽합니다. 그러나 쉽게 싫증 내는 성향 때문에 우유부단해지거나 한꺼번에 너무 많은 일을 벌이다 하나도 제대로 못 하게 될 수도 있습니다. 하지만 당신은 예술적이고 매력적이며 유머 감각이 있는 사람입니다. 언어적 재능이 말하기나 글쓰기, 노래를 통해 나타날 수도 있겠네요. 자긍심을 키워야 하므로 지나친 걱정이나 감정적 불안에 빠지지 않도록 조심하세요. 탄생월 9의 영향으로 당신은 추리력이 뛰어나고 직관이 강합니다. 평화와 조화를 얻으려면 제약과 과제들을 극복하는 것이 중요합니다. 통찰력이 강해 확실한 비전을 가지고 있지만, 자신의 생각과 감정을 솔직하게 전하는 법을 익혀야 합니다.

- 장점 : 유머, 행복감, 친화적, 생산적, 창의적, 예술적, 대화에 능함, 소망의 힘, 자유를 사랑함
- 단점 : 쉽게 싫증을 냄, 허영심, 지나친 상상력, 과장함, 자기 자랑, 방종, 나태함, 위선적

연애와 인간관계

역동적 매력이 넘치는 당신은 친구와 지인이 많습니다. 근면하지만 재미와 사교 생활도 즐기지요. 다른 사람들에게는 기댈 언덕이 되어주지만, 자신감 있는 성격 탓에 사랑에 대한 욕구를 항상 드러내지는 않습니다. 대개 강하면서도 창의적인 사람들에게 끌리는데, 희생을 자처하는 일은 삼가세요. 독립적인 성격이라 때로는 사랑에 대해 애매모호한 모습을 보이지만 일단 정착하면 충실하고 배려하는 연인이자 배우자가 됩니다.

연인이나 친구

1월 1, 7, 17, 20, 21일 / 2월 5, 15, 18일 / 3월 3, 13, 16, 29, 31일 / 4월 1, 11, 14, 27, 29일 / 5월 9, 12, 13, 25, 27일 / 6월 7, 10, 23, 25일 / 7월 5, 8, 21, 23일 / 8월 3, 6, 19, 21일 / 9월 1, 4, 17, 19일 / 10월 2, 15, 17, 23일 / 11월 13, 15, 30일 / 12월 11, 13, 19, 28일

힘이 되어주는 사람

1월 15, 17, 28일 / 2월 13, 15, 26일 / 3월 11, 13, 24일 / 4월 9, 11, 22일 / 5월 7, 9, 20일 / 6월 5, 7, 18일 / 7월 3, 5, 16일 / 8월 1, 3, 14일 / 9월 1, 12일 / 10월 10, 29일 / 11월 8, 27일 / 12월 6, 25일

운명의 상대

1월 5일 / 2월 3일 / 3월 1, 2, 3일

경쟁자

1월 4, 5, 14일 / 2월 2, 3, 12일 / 3월 1, 10일 / 4월 8, 30일 / 5월 6, 28일 / 6월 4, 26일 / 7월 2, 24일 / 8월 22일 / 9월 20일 / 10월 18일 / 11월 16일 / 12월 14일

소울메이트

1월 2일 / 3월 29일 / 4월 27일 / 5월 25일 / 6월 23일 / 7월 21일 / 8월 19일 / 9월 17일 / 10월 15일 / 11월 13일 / 12월 11일

처녀자리

이날 태어난 유명인

찰리 신(배우), 멤피스 슬림(가수), 칼 앤더슨(물리학자), 로런 아이즐리(작가), 장 조레스(프랑스 정치인), 서인영(가수), 안상태, 정경미(코미디언), 김주승, 김수미(배우)

태양 : 처녀자리	
지배 성좌 : 염소자리/토성	
위치 : 11°–12° 처녀자리	
상태 : 변통궁	
원소 : 흙	
항성 : 조스마	

*9*월 *4*일

VIRGO

사람에게 관심이 많은 섬세한 현실주의자

예리한 현실성과 이상주의적인 섬세함이 흥미롭게 섞여 있는 당신은 근면하고 설득력이 강한 사람입니다. 사람에게 관심이 많은 현실주의자로, 충실하고 믿을 만한 친구나 동반자가 될 수 있습니다. 지배 성좌인 염소자리의 영향으로 꼼꼼하고 정확하게 일합니다. 머리가 좋아 작은 부분까지 분석하고 연구하지만, 쉽게 걱정에 빠지거나 자신이나 타인에 대해 지나치게 비판적인 성향도 있네요. 믿음직하고 철저해서 일을 할 때 매우 생산적입니다. 하지만 의무적으로 하는 일과 좋아서 하는 일 사이에서 갈등을 겪을 수 있습니다.

조화에 대한 욕구가 있어 아름다움과 고급스러움에 대한 안목을 높이면 예술적 혹은 창의적 재능을 발휘할 수 있습니다. 장기적인 계획을 세우는 편이며, 돈을 중요하게 생각하고 돈을 벌기 위해 열심히 일하려는 의지도 있습니다. 또한 가족을 보호하고자 하는 의식이 강하며, 안정을 원하고 인정받고자 합니다.

당신은 매력적이고 책임감이 강하며 관계를 중시하지만 감정을 엄격하게 억제하기도 합니다. 이런 극단적인 성향 때문에 한편으로는 배려심 있고 인도주의적인 면모를 보이고 다른 한편으로는 지나치게 진지하거나 융통성이 없기도 합니다.

당신의 태양이 30년 동안 천칭자리로 들어가는 18세부터 파트너십과 관계 맺기에 대한 욕구가 커집니다. 또한 조화와 아름다움에 관한 심미안이 향상되어 문학적·예술적으로 창조적 분출구를 찾을 가능성이 높아집니다. 이런 경향이 48세까지 이어지다가 당신의 태양이 전갈자리로 들어가면 전환점을 맞아 정서적·정신적으로 변화가 생기며 공동 투자나 기업 활동에 관심이 쏠립니다. 그러다 78세 때 당신의 태양이 염소자리로 들어가면 개인적 철학과 지식에 대한 욕구를 중시하게 됩니다.

숨어 있는 자아

당신은 냉담하거나 내성적인 것처럼 보이지 않으면서 감정적으로 거리 두는 법을 익혀야 합니다. 그러면 지배하는 입장이 되려 애쓰지 않으면서 자발적이 될 수 있습니다. 내면이 매우 섬세하기 때문에 애정을 표현하는 것이 당신에게는 중요합니다. 인생 초기에는 사람들의 기대에 부응하느라 사랑을 충분히 표현하지 못한 경험이 있네요. 자기 자신과 자신의 감정을 소중하게 여기는 법을 터득하면 좀 더 자신감이 생기고, 자신을 양보하면서까지 남의 인정을 받고자 하는 생각이 줄어들 것입니다. 부정적일 때는 격렬한 감정이 실망감과 좌절로 표현되고 과거에 붙들려 있을 수 있습니다. 그러나 긍정적일 때는 관대하고 매우 다정하네요. 이럴 때는 당신의 열린 마음이 보편적 연민이나 정신적 섬세함과 결합해 타인에게 봉사하고 싶은 소망이 커집니다.

일과 적성

일과 놀이를 접목하는 재주가 있는 당신은 사교 수완도 뛰어납니다. 배려심을 타고나서 상담 일이나 교직에 끌릴 수 있습니다. 영업, 상업, 커뮤니케이션 쪽도 당신의 지적 능력과 사람 다루는 기술을 발휘하기에 알맞습니다. 당신은 사업 감각이 뛰어나고 자신의 재능을 경제적 자산으로 바꿀 줄 알죠. 기술력뿐 아니라 실무 능력을 갖추어 제조, 엔지니어링, 연구, 혹은 부동산 투자 쪽에 끌릴 수 있습니다. 틀에 박힌 일상을 싫어하고 싫증을 잘 내기 때문에 전반적으로 다양한 경험을 하며 변화가 있는 직업들에서 더 일을 잘 합니다. 치유 관련 직업을 택할 경우에는 매우 실용적이고 현실적으로 접근하는 편입니다.

수비학으로 본 당신의 운세

생일 4가 나타내는 탄탄한 구조와 정돈된 힘으로 볼 때 당신은 안정을 원하고 질서를 세우길 좋아합니다. 4일에 태어난 사람들은 형태와 구성에 민감합니다. 안정을 중시하여 자신과 가족을 위한 탄탄한 토대를 쌓고 싶어 하죠. 인생에 현실적으로 접근해서 탁월한 사업 감각과 물질적 성공을 거둡니다. 묵묵한 성격이지만 사람들에게 신뢰감을 주며 정직하고 공정한 편입니다. 하지만 자신의 감정을 표현하는 법은 배워야 합니다. 4일에 태어난 사람들에게 주어진 과제는 불안정한 시기를 극복해야 한다는 것입니다. 탄생월 9의 영향을 받아 당신은 수용적이면서도 합리적입니다. 주위 환경에 민감하기 때문에 가끔 모든 것에서 떨어져 있는 시간이 필요합니다. 당신은 내성적이지만 마음이 넓고 인도주의적이어서 공정함과 정의를 추구합니다.

- 장점 : 조직력, 절제력, 꾸준함, 근면함, 손재주, 실용적, 신뢰감, 정확성
- 단점 : 소통 부족, 억눌림, 융통성 없음, 나태함, 무정함, 미루는 버릇, 돈에 인색함, 권위적, 화를 잘 냄, 엄격함

연애와 인간관계

이상주의적이고 섬세하며 매력적인 데다 사람들의 마음을 사로잡는 능력이 있는 당신은 낭만적이고 다정합니다. 인간관계를 진지하게 생각하고 굉장히 몰두하는 편이죠. 그러나 때때로 도를 지나치지 않도록 조심하세요. 또 당신의 마음이 충분히 인정받지 못하는 상황에서 너무 베풀지 마세요. 상대와의 사이에서 균형과 독립성을 잃어버리면 관계는 당신에게 은총이자 저주가 되어 따뜻하고 자발적이다가도 거칠고 융통성이 없어지는 상태를 오락가락하게 됩니다. 그러나 자신을 표현하고 싶은 강한 욕구가 창조적으로 사용되면 기쁨과 즐거움을 얻을 수 있습니다. 당신은 소중한 사람들에게 매우 너그러우며 그들이 원하는 것들을 진지하게 생각합니다.

처녀자리

태양 : 처녀자리

지배 성좌 : 염소자리/토성

위치 : 12° - 13°25′ 처녀자리

상태 : 변통궁

원소 : 흙

항성 : 조스마

9월 5일
VIRGO

현실적이고 근면하며 큰 계획을 세우는 설계자

현명하고 신중하며 매력적인 당신은 따뜻한 마음과 건전한 판단력을 지닌 솔직하고 개방적인 사람입니다. 예의 바르고 겸손하지만 큰 계획을 세울 수 있는 훌륭한 설계자죠. 우호적이고 온화한 접근 방식을 취하는 당신은 끊임없이 배우고 자신을 개선하려는 욕구가 있습니다. 다만 불만 때문에 당신의 낙천적인 성향이 위축되지 않도록 조심하세요.

지배 성좌인 염소자리의 영향으로 당신은 현실적이고 근면하며 예리한 통찰력까지 갖추었습니다. 독립적이고 유능하며 분석적인 접근 방식을 취하고, 생산성을 발휘할 때 즐거움을 느끼죠. 그러나 완벽을 추구하려다 사소한 문제들을 걱정하거나 너무 비판적이 되지 않도록 경계해야 합니다. 욱하는 성미가 발동해 당신이 추구하는 조화를 깨트릴 수 있으니까요.

이 생일은 행복, 육체적 편안, 경제적 안정을 약속합니다. 자유나 변화, 여행에도 끌리지만 견고한 본거지가 주는 안정도 똑같이 원합니다. 잠시도 가만있지 못하는 성향이 원대한 계획을 성취하는 자극제가 될 수도 있지만 목적의식을 약화시킬 수도 있습니다. 마음이 불안정할 때는 남의 문제에 지나치게 휘말릴 수도 있겠네요. 다양한 주제에 대한 관심은 에너지를 지나치게 분산하지 않는 한 긍정적인 영향을 미칩니다. 인내심을 발휘하고 계획을 끈기 있게 추구하면 대개 성공을 거둘 수 있습니다.

당신은 어릴 때부터 현실적인 성향이며 상황을 분석하여 개선하려고 합니다. 17세 때 당신의 태양이 천칭자리로 들어가면 더욱 사회 지향적이 되고 인기를 얻고 인정받고 싶은 욕구가 강해집니다. 또한 일에서나 개인적으로나 파트너와의 관계가 인생에서 더 중요한 자리를 차지합니다. 그러다 47세에 당신의 태양이 전갈자리로 들어가면 독립성과 통제력이 커집니다. 또 다른 전환점은 당신의 태양이 염소자리로 들어가는 77세에 찾아옵니다. 이때부터는 삶에 더욱 긍정적이고 발전적인 새로운 에너지가 나타납니다.

숨어 있는 자아

당신에게는 자신감을 키우는 것이 중요하며, 인생의 모든 분야에서 자신을 표현하는 능력을 키우면 자신감이 강화될 수 있습니다. 당신은 창의적이고 직관적이지만, 좌절감에 시달리고 어디로 가야 할지 결정을 내리는 데 어려움을 겪기도 합니다. 남에게 유익한 조언을 해주기 때문에 도움을 원하는 사람들이 찾아들지만 당신이 항상 도울 수 있는 건 아닙니다. 당신이 늘 곁에서 도와주기보다 사람들이 자신의 실수를 통해 배우도록 할 필요도 있습니다.

긍정적인 기분일 때는 삶에 관대하고 보편적인 접근 방식을 취하며 사교적이고 사람들에게 따뜻한 관심을 보입니다. 이럴 때는 집중력을 유지하면서 객관적인 결정을 내릴 수 있습니다. 학습이 자기 인식에 특히 도움이 될 수 있습니다.

일과 적성

사업 감각을 타고난 당신은 자신의 재능들로 경제적 이익을 얻을 수 있습니다. 싫증을 느끼지 않도록 다양한 경험을 원하기 때문에 일상에 갇히지 않는 것이 중요합니다. 기술에 소질이 있어 과학이나 공학, 컴퓨터 쪽에 끌릴 수 있습니다. 소통에 대한 재능도 있어 법률이나 저술 쪽에서 도움이 되고 훌륭한 평론가가 될 수도 있겠네요. 대인관계가 뛰어나니 홍보나 영업 분야와도 어울립니다. 또한 땅과 관련된 일, 이를테면 조경, 건축, 부동산 투자 등에서 성공할 가능성이 높네요. 타고난 철학적 사고방식 때문에 성직자나 교육 관련 직업에 매력을 느낄 수도 있습니다. 연기자나 작곡가가 되어도 좋습니다.

수비학으로 본 당신의 운세

강한 직관력, 넘치는 모험심, 자유에 대한 열망이 5일에 태어난 사람들의 공통점입니다. 당신은 여행과 예상치 못한 수많은 변화의 기회를 통해 세계관과 믿음이 근본적으로 바뀌는 시기를 거칩니다. 5의 영향을 받아 활동적인 삶을 살지만 참을성을 기르고 작은 부분까지 주의를 기울일 필요가 있습니다. 성급한 행동을 삼가고 투기 행위만 하지 않는다면 성공을 거둘 수 있겠네요. 5일에 태어난 사람들의 타고난 장점은 순리를 따를 줄 알고 객관성을 유지한다는 것입니다. 탄생월 9의 영향으로 당신은 합리적이면서 섬세한 사람입니다. 인도주의자라서 공평함과 정의를 추구하죠. 앞을 내다볼 줄 알고 진보적인 시각을 갖추어 정신적 부분을 중시하면서도 현실적입니다. 사업 감각이 뛰어나지만 열심히 일하고 노력해야 성공을 거둘 수 있습니다. 성급하게 행동하거나 권력을 탐하지 않도록 조심하세요.

- 장점 : 다재다능함, 융통성, 진취적, 매력, 대담성, 자유를 사랑함, 재치, 순발력, 호기심, 신비적, 사교성
- 단점 : 신뢰성 없음, 변덕, 미루는 버릇, 일관성이 없음, 의지할 수 없음, 지나친 자신감, 고집불통

연애와 인간관계

천성적으로 사교성이 뛰어나 어디서건 친구를 잘 사귑니다. 그러니 어느 정도 신중해질 필요도 있겠네요. 당신은 관대하고 배려심이 많아 사람들에게 인기가 많은 편입니다. 긍정적일 때는 사회적으로도 성공을 가져다주는 열렬한 사랑을 할 수 있습니다. 또한 당신은 가족에 대한 보호의식이 매우 강하며, 충실한 친구이기도 합니다.

당신에게 특별한 사람

연인이나 친구

1월 3, 5, 9, 10, 18, 19일 / 2월 3, 7, 16, 17일 / 3월 1, 5, 6, 14, 15, 31일 / 4월 3, 12, 13, 29일 / 5월 1, 10, 11, 27, 29일 / 6월 8, 9, 25, 27일 / 7월 6, 7, 23, 25, 31일 / 8월 4, 5, 21, 23, 29일 / 9월 2, 3, 19, 21, 27, 30일 / 10월 1, 17, 19, 25, 28일 / 12월 13, 15, 21, 24일

힘이 되어주는 사람

1월 1, 6, 17일 / 2월 4, 15일 / 3월 2, 13일 / 4월 11일 / 5월 9일 / 6월 7일 / 7월 5일 / 8월 3일 / 9월 1일 / 10월 31일 / 11월 29일 / 12월 27일

운명의 상대

3월 3, 4, 5, 6일

경쟁자

1월 2, 16일 / 2월 14일 / 3월 12일 / 4월 10일 / 5월 8일 / 6월 6일 / 7월 4일 / 8월 2일 / 12월 30일

소울메이트

1월 11, 31일 / 2월 9, 29일 / 3월 7, 27일 / 4월 5, 25일 / 5월 3, 23일 / 6월 1, 21일 / 7월 19일 / 8월 17일 / 9월 15일 / 10월 13일 / 11월 11일 / 12월 9일

이날 태어난 유명인

아서 쾨슬러(작가), 존 케이지(작곡가), 라켈 웨치(배우), 프레디 머큐리(가수), 베르너 헤어초크(영화감독), 브루스 커밍스(역사학자), 이현도, 정기고(가수), 김혜수, 오정해, 류수영(배우), 이재용(영화감독), 김연아(피겨스케이팅 선수)

태양 : 처녀자리

지배 성좌 : 염소자리/토성

위치 : 13°– 14° 처녀자리

상태 : 변통궁

원소 : 흙

항성 : 없음

9월 6일

VIRGO

자극과 변화가 필요한 근면한 실용주의자

이 생일의 영향을 받아 당신은 지루함을 막아줄 자극과 변화가 필요한 현실적인 실용주의자입니다. 여행과 모험을 원하지만 안정과 가정의 평안도 바라죠. 자신의 이미지를 의식하기 때문에 인기를 원하고 좋은 인상을 주고 싶어 합니다.

지배 성좌인 염소자리의 영향으로 당신은 근면과 인내를 통해 투지를 기를 수 있습니다. 이해력과 분별력이 높고 예리한 통찰력과 강한 직관력도 가지고 있네요. 또한 조언자나 전문가로 공동체에 기여할 수도 있습니다. 당신에게는 일이 매우 중요하지만, 침착하지 못하거나 성급하게 굴다가 불만이 쌓이지 않도록 조심하세요.

살면서 경제적 상황이 바뀔 수 있기 때문에 저축을 하고 장기적 투자를 고려하는 것이 좋습니다. 그러면 돈에 관한 걱정이나 불안을 극복하는 데 도움이 됩니다. 다재다능하고 융통성이 있는 당신은 명확한 목표가 정해지면 굉장히 집중하지요. 현실적 인식이 강하지만 섬세한 통찰력도 갖추어 원대한 비전을 성취하는 데 도움이 됩니다.

16세에 당신의 태양이 천칭자리로 들어가는데, 이때부터 다른 이들과 협력하고 일대일로 사람을 대하고 싶은 욕구가 커집니다. 또 세련된 미적 감각이 향상되어 문학적, 예술적, 창조적 관심사를 탐구할 가능성이 있습니다. 이런 경향이 46세까지 이어지다가 당신의 태양이 전갈자리로 들어가면 전환점이 찾아와서 변화를 추구하게 되며 자신의 능력에 대한 평가를 더욱 중시하게 됩니다. 그러다 당신의 태양이 궁수자리로 들어가는 76세 때부터는 긍정성과 정직에 대한 욕구가 강조됩니다.

숨어 있는 자아

잠시도 가만있지 못하는 성향이지만, 당신이 정말로 흥미를 느끼는 대상을 찾으면 정신적인 자극을 받아 장기적 만족을 안겨줄 일에 집중하게 됩니다. 때로는 자신이 올바른 결정을 내리고 있는지 확신하지 못해 스스로를 의심하거나 불안에 시달릴 수 있습니다. 좀 더 객관성을 유지하고 자신의 인생이 큰 계획 아래 있다고 믿으면 인생을 한결 가볍고 창의적인 태도로 대할 수 있습니다.

타고난 인도주의자라서 항상 사람에게 관심이 많으며 균형감을 유지합니다. 사교적이고 창의적인 아이디어가 넘치는 당신은 자신을 표현할 때 가장 행복해하죠. 직감이 잘 들어맞으며, 이는 다른 사람들을 빠르게 판단하는 데 도움이 되곤 합니다. 당신은 재치 있는 유머로 사람들을 즐겁게 하고 놀라게 하길 좋아합니다. 자유를 사랑하는 성향이 여행이나 다른 나라에서 일할 기회로 연결될 수도 있습니다.

일과 적성

당신은 근면한 사람이지만 틀에 박히지 않은 직업을 원합니다. 분석력을 타고났고 힘든 일도 곧잘 해내 연구나 과학, 심리학 분야에서 성취를 이룰 수 있습니다. 시각적 감각이 뛰어나고 이미지 메이킹에 대해 잘 알아 광고, 언론, 그래픽, 사진 같은 직업도 잘 맞습니다. 사업을 한다면 다양한 경험을 원하며, 빠른 경제적 보상을 얻을 수 없는 일에는 매달리지 않습니다. 여행이나 스포츠, 레저와 관련된 직업이 당신의 에너지와 열정을 발산하기에 좋겠네요. 또 이날 태어난 사람들은 건강과 관련된 직업이나 의료계에도 끌립니다.

수비학으로 본 당신의 운세

6일에 태어난 사람들은 인정 있고, 이상주의적이며, 배려심 많은 성품을 지니고 있습니다. 가정적이어서 집을 잘 보살피며 헌신적인 부모가 되지요. 보편적인 조화와 치열한 감정을 위해 자신이 믿는 것을 위해 열심히 일하죠. 좀 더 감성이 풍부한 사람들은 창조성을 표현할 출구를 찾게 되어 연예계나 예술, 디자인 계통으로 끌릴 수 있습니다. 이날 태어난 사람들에게 주어진 과제는 자신감을 키우는 것, 가족과 이웃들에게 더 많은 정을 베푸는 것, 책임감을 기르는 것 등입니다. 탄생월 9의 영향으로 당신은 직관이 강하고 섬세합니다. 공감력과 이해력이 높아 배려심 많고 다정하며 힘이 되어주는 공상가 혹은 인도주의자죠. 또한 통찰력과 진취적인 시각을 갖춘 당신은 정신적이면서도 현실적인 사람입니다.

- ● 장점 : 세상일에 밝음, 보편적인 인류애, 다정함, 인정이 많음, 신뢰할 수 있음, 이해심, 이상주의, 침착함, 예술성, 균형감
- ■ 단점 : 불만, 근심, 수줍음, 비합리적, 고집스러움, 지나친 솔직함, 군림하려는 태도, 책임감 부족, 이기적, 의심, 자기중심적

연애와 인간관계

우호적이고 외향적인 당신은 지적인 사람이나 재미있는 사람에게 끌립니다. 평생 동안 지속될 지식욕으로 인해 당신은 끊임없이 자기 계발을 하고 내면의 활기로 차 있는데, 이는 사회적 성공에도 크게 도움이 됩니다. 당신은 굉장히 재미있는 사람이지만 책임감을 기르기 위한 노력이 필요합니다. 당신은 관계를 조화롭게 유지하려는 의지가 있는 사람이며, 연인과 잠깐의 공백기를 가지면 열정과 모험심을 회복하는 데 기적 같은 효과가 있습니다.

당신에게 특별한 사람

연인이나 친구 ♥

1월 6, 10, 20, 21, 26, 29일 / 2월 4, 8, 18, 27일 / 3월 2, 6, 16, 25, 28, 30일 / 4월 4, 14, 23, 26, 28, 30일 / 5월 2, 12, 13, 18, 21, 24, 26, 28, 30일 / 6월 10, 19, 22, 24, 26, 28일 / 7월 8, 17, 20, 22, 24, 26일 / 8월 6, 15, 18, 20, 22, 24일 / 9월 4, 13, 16, 18, 20, 22일 / 10월 2, 11, 14, 16, 18, 20일 / 11월 9, 12, 14, 16, 18일 / 12월 7, 10, 12, 14, 16일

힘이 되어주는 사람 ♣

1월 7, 13, 18, 28일 / 2월 5, 11, 16, 26일 / 3월 3, 9, 14, 24일 / 4월 1, 7, 12, 22일 / 5월 5, 10, 20일 / 6월 3, 8, 18일 / 7월 1, 6, 16일 / 8월 4, 14일 / 9월 2, 12, 30일 / 10월 10, 28일 / 11월 8, 26, 30일 / 12월 6, 24, 28일

운명의 상대

1월 25일 / 2월 23일 / 3월 3, 4, 5, 6, 21일 / 4월 19일 / 5월 17일 / 6월 15일 / 7월 13일 / 8월 11일 / 9월 9일 / 10월 7일 / 11월 5일 / 12월 3일

경쟁자

1월 3, 17일 / 2월 1, 15일 / 3월 13일 / 4월 11일 / 5월 9, 30일 / 6월 7일 / 7월 7, 28일 / 8월 3, 24, 27일 / 9월 1, 22, 25일 / 10월 20, 23일 / 11월 18, 21일 / 12월 16, 19일

소울메이트 ★

1월 18일 / 2월 16일 / 3월 14일 / 4월 12일 / 5월 10, 29일 / 6월 8, 27일 / 7월 6, 25일 / 8월 4, 23일 / 9월 2, 21일 / 10월 19일 / 11월 17일 / 12월 15일

이날 태어난 유명인

존 돌턴(과학자), 제인 애덤스(사회개혁가), 라파예트 후작(프랑스 군인), 스콧 트래비스(드러머), 이드리스 엘바(배우), 윤극영(작곡가), 박강성(가수)

| 태양 : 처녀자리 |
| 지배 성좌 : 염소자리/토성 |
| 위치 : 14° - 15° 처녀자리 |
| 상태 : 변통궁 |
| 원소 : 흙 |
| 항성 : 미자르 |

9월 7일

VIRGO

책임감 강하고 일을 중시하는 완벽주의자

이 생일의 영향을 받아 현실적이고 현명하며 섬세한 당신은 인생에서 탄탄한 질서를 구축하고 싶어 합니다. 일을 매우 중시하는데, 다행히 그로 인해 경제적으로 안정된 생활을 합니다. 상상력이 풍부하고 가치관이 건전해서 노력하면 소망을 현실로 만들 수 있을 겁니다.

지배 성좌인 염소자리의 영향으로 당신은 체계적이고 근면하며 분별력을 타고났습니다. 자신의 일에 보이는 자부심은 당신이 완벽주의자임을 말해줍니다. 의무감과 통제력이 강해 책임감이 있고 능숙하지만, 감정을 심하게 억제하면 너무 진지해지거나 침울해지고 완고해질 수 있습니다.

이상주의적이고 섬세한 당신은 다른 사람들을 돕고 싶어 합니다. 동시에 매우 현실적인 면도 있어, 이런 두 성향이 결합되면 인정이 넘치는 현실주의자가 될 수 있습니다. 이따금 찾아오는 정신적 스트레스를 피하려면 자신을 돌아보고 휴식하며, 명상하는 시간이 필요합니다. 당신에게는 실용적 기술과 직관력, 열정을 가지고 일에 집중할 수 있는 힘 등 여러 가지 재능이 있습니다.

당신의 태양이 천칭자리로 들어가는 15세 무렵부터 30년 동안 개인적으로건 직업적으로건 사회생활과 관계에 더 중점을 두게 됩니다. 또 균형과 조화에 대한 감각과 더불어 창조적 잠재력을 개발하고 싶은 마음도 커집니다. 그러다 당신의 태양이 전갈자리로 들어가는 45세 즈음에 또 한 번의 전환기가 찾아와 인생의 더 깊은 의미를 추구하고 변화의 힘에 더 중점을 두게 됩니다. 당신의 태양이 염소자리로 들어가는 75세가 되면 발전, 진실, 바람직한 이상에 대한 욕구가 생겨납니다.

숨어 있는 자아

당신은 믿음직스럽고 생산적인 사람이지만 잠시도 가만있지 못하는 성향이라 새로운 경험을 하고 싶어 하고 모험을 즐깁니다. 이런 욕구가 억제당하면 불만을 느끼게 되고 그 보상 심리로 현실도피를 할 수 있습니다. 다행히 당신에게는 굉장한 매력이 있어 여러 어려운 상황들에서 벗어나고 사람들을 끌어모을 수 있습니다.

당신은 한편으로는 예측 가능한 안정되고 안전한 삶을 원하지만 다른 한편으로는 얽매이길 싫어하고 권태에 대한 두려움이 있습니다. 상황이 순조롭게 굴러가더라도 판에 박힌 생활에 안주하지 않도록 조심하세요. 당신의 기회는 집과 직장의 일상에서 떨어진 곳에 있으니까요. 참을성을 기르고 내면의 조화를 찾아보세요.

일과 적성

현실적이고 통찰력 있는 당신은 과학 연구부터 사업, 좀 더 창조적인 일까지 어떤 직업을 택하든 성공을 거둘 수 있습니다. 창의적인 방법을 좋아하고 철저한 편이라 원대한 비전에는 현실적인 계획을 세우는 것이 필요합니다. 당신은 질서를 원하고 예리한 지적 능력이 있어서 상업이나 산업 쪽에 끌리는 경우가 많은데, 뛰어난 조직력을 발판으로 각 분야에서 두각을 나타낼 수 있습니다. 고용주들은 당신의 근면함과 신뢰성, 책임감을 인정할 것입니다. 소통 능력과 분석력이 뛰어난 당신은 교사나 글 쓰는 일에 관심이 갈 수도 있습니다. 혹은 풍부한 상상력이 예술, 연극, 음악에서 발산될 수도 있습니다.

수비학으로 본 당신의 운세

7일에 태어난 사람들은 분석적이고 생각이 깊은 완벽주의자로, 비판적이고 자신에게 몰두합니다. 스스로 결정을 내리는 것을 좋아하고 개인적 경험을 통해 최상의 교훈을 얻는 경우가 많죠. 학구열이 있어 학계에 몸담게 되거나 기술 향상에 힘씁니다. 당신은 때때로 다른 사람의 비판에 지나치게 예민하고 이해받지 못한다고 느낍니다. 또 속내를 숨기거나 알쏭달쏭한 태도를 취하려는 성향이 있어 본심을 들키지 않고 민감한 질문을 던지는 기술이 발달합니다. 당신은 탄생월 9의 영향을 받아 통찰력이 있고 상황 판단이 빠르며 분별력이 뛰어납니다. 환경의 변화에 민감하기 때문에 다른 사람들의 기분 변화를 쉽게 알아차립니다. 마음이 넓은 인도주의자로 균형과 공평함, 정의를 추구하죠. 통찰력이 있어 종종 선견지명을 발휘하기도 하지만, 사실과 상상을 혼동하지는 마세요.

- 장점 : 교양적, 신뢰, 세심함, 이상주의, 정직함, 정신적, 과학적, 합리적, 사색적
- 단점 : 감추는 성향, 정직하지 않음, 속을 터놓지 않음, 회의적, 혼란, 지나치게 객관적, 냉담함

연애와 인간관계

현실적이고 사무적인 접근 방식 때문에 당신의 정서적 섬세함이 드러나지 않는 경우가 많습니다. 다른 사람들의 기분을 잘 알아차려서 모든 관계에서 도움을 받죠. 하지만 강한 감정을 억누르면 침울해지거나 스스로를 고립하기 쉽습니다. 사랑하는 사람이 원하는 것과 관심사를 파악하여 사랑을 쌓아가세요. 당신은 사교적이고 매력을 타고났으며, 실질적인 도움을 주며 상대에게 관심을 나타냅니다.

연인이나 친구
♥

1월 7, 11, 12, 22일 / 2월 5, 9, 20일 / 3월 3, 7, 8, 18, 31일 / 4월 1, 5, 16, 29일 / 5월 3, 4, 14, 27, 29일 / 6월 1, 12, 25, 27일 / 7월 10, 23, 25일 / 8월 8, 21, 23, 31일 / 9월 6, 19, 21, 29일 / 10월 4, 17, 19, 27, 30일 / 11월 2, 15, 17, 25, 28일 / 12월 13, 15, 23, 26일

힘이 되어주는 사람
♣

1월 8, 14, 19일 / 2월 6, 12, 17일 / 3월 4, 10, 15일 / 4월 2, 8, 13일 / 5월 6, 11일 / 6월 4, 9일 / 7월 2, 7일 / 8월 5일 / 9월 3일 / 10월 1, 29일 / 11월 27일 / 12월 25, 29일

운명의 상대

3월 5, 6, 7, 8일

경쟁자

1월 9, 18, 20일 / 2월 7, 16, 18일 / 3월 5, 14, 16일 / 4월 3, 12, 14일 / 5월 1, 10, 12일 / 6월 8, 10일 / 7월 6, 8, 29일 / 8월 4, 6, 27일 / 9월 2, 4, 25일 / 10월 2, 23일 / 11월 21일 / 12월 19일

소울메이트
★

1월 9일 / 2월 7일 / 3월 5일 / 4월 3일 / 5월 1일 / 10월 30일 / 11월 28일 / 12월 26일

이날 태어난 유명인

소니 롤린스(색소폰 연주자), 버디 홀리(가수), 엘리아 카잔(영화감독), 모지스 할머니(화가), J. P. 모건(금융가), 뷔퐁 백작(박물학자), 존 콘포스(화학자), 에핌 젤마노프(수학자), 김지영(배우), 김재걸, 박재홍(야구선수)

| 태양 : 처녀자리 |
| 지배 성좌 : 염소자리/토성 |
| 위치 : 15° - 16° 처녀자리 |
| 상태 : 변통궁 |
| 원소 : 흙 |
| 항성 : 미자르 |

9월 8일

VIRGO

포부가 크고 진취적이며 일 욕심이 많은 사람

이 생일의 영향을 받아 당신은 창의적이고 현실적이며 느긋한 성격입니다. 포부가 크고 진취적인 당신은 사업 감각을 타고났으며, 독특하고 독창적인 견해를 보여줍니다. 밝고 우호적으로 보이지만 진지한 면도 있습니다. 당신의 강한 자기표현 욕구는 사교 생활에서 구체적으로 드러나거나 글쓰기나 예술 형태로 발산됩니다. 객관적인 삶의 태도를 취하지만 특히 재정 문제에 대한 걱정이나 우유부단한 성향 때문에 이런 태도가 흔들릴 수 있습니다.

당신은 지배 성좌인 염소자리의 영향을 받아 상황을 체계적으로 분석하며, 근면하고 책임감이 강합니다. 정확성을 중요시해서 일을 잘 해내고 싶어 하고, 자기 일에 자부심이 있죠. 예리한 두뇌로 문제를 해결하지만, 너무 비판적이 되진 말아야 합니다. 당신은 가치관이 건전해 굉장히 알뜰하며 협상을 잘합니다.

직관적인 통찰력이 결정을 내리는 데 많은 도움을 주지만 지나치게 진지해지거나 침울해지지 않도록 조심해야 합니다. 삶을 깊이 탐구하고 싶은 욕구가 심리학적 기술이나 정신적 인식 혹은 블랙코미디 같은 유머 감각으로 나타날 수 있습니다.

당신은 어릴 때부터 언제나 상황을 분석하여 이해하고 개선하려 합니다. 그러나 당신의 태양이 천칭자리로 들어가는 14세부터 30년 동안은 점차 사회적 관계와 파트너십의 중요성을 더 인식하게 됩니다. 또 창조성이 향상되어 음악적·예술적·문학적 영역에서 재능을 계발하고 싶어 하죠. 그러다 당신의 태양이 전갈자리로 들어가는 44세에 인생의 또 다른 전환점이 찾아와 힘, 치열함, 변화에 대한 욕구가 강해집니다. 74세에 당신의 태양이 염소자리로 들어가면서부터는 공부나 여행, 종교를 통해 견문을 넓히길 원하게 됩니다.

숨어 있는 자아

현명하고 논리적인 당신은 자신의 아이디어를 열정적이고 진지하게 전달할 줄 압니다. 건전한 가치관이 화합을 추구하는 데 도움이 되죠. 그러나 물질적 안정에 대한 강한 욕구와 자기표현 욕구 사이에 충돌이 일어날 수 있습니다. 다행히 당신은 매우 지적이고 자신의 책임을 잘 알고 있어서 누군가에겐 강한 상대이자 훌륭한 전략가가 될 것으로 보입니다.

다툼이나 불화에 굉장히 예민하기 때문에 주위 환경이 조화로워야 행복을 느낍니다. 아이러니하게도, 당신은 균형 감각을 잃어버리면 말로 상처를 주거나 간섭하고 싶은 유혹을 느낍니다. 하지만 사랑과 조화에 대한 욕구가 강하며, 이런 욕구가 예술이나 음악, 혹은 사람들을 돕는 쪽으로 발산될 수 있습니다.

일과 적성

당신은 빈틈없는 사업 감각이 있어 상업 분야에서 성공을 거두고 명석한 두뇌를 연구나 과학 쪽에서 활용할 수 있습니다. 기술력이 뛰어나 당신이 관심을 느끼는 어떤 직업에서건 이를 적용할 수 있습니다. 독창적인 아이디어들이 많고 삶에 개성적으로 접근하니 글쓰기나 소통 관련된 직업에 끌릴 수도 있겠네요. 또한 지적이고 논리적이어서 교직에서 성취를 이룰 수도 있고, 자기표현 욕구가 있어 연예계나 정치계에 진출할 수도 있겠습니다. 당신은 다양한 경험을 원해 직업을 바꿀 수도 있고, 같은 일을 계속하더라도 새로운 아이디어를 적용하거나 업무 방식을 개선하고 싶어 합니다.

수비학으로 본 당신의 운세

생일 8이 암시하는 힘은 뚜렷한 가치관과 건전한 판단력입니다. 8이라는 숫자로 볼 때 당신은 큰 성취를 이루고 싶어 하는 야심가적 기질이 있습니다. 이 생일은 또한 지배욕, 안정과 물질적 성공에 대한 열망도 나타냅니다. 이날 태어난 사람들은 사업 감각을 타고났으니 조직력과 실무 능력을 갈고닦으면 큰 도움이 될 것입니다. 또 자신의 권한을 공정하게 행사하거나 위임하는 법도 배워야 합니다. 당신은 안정감을 느끼고 확실히 자리를 잡고 싶은 마음이 강해서 장기적인 계획을 세우고 투자를 합니다. 탄생월 9의 영향을 받아 현실적이고 통찰력이 있으며 직관이 강합니다. 또한 지식을 창의적이고 구체적으로 활용하고 싶어 하고 상상력이 풍부해 독창적이고 생산적입니다.

- ● 장점 : 리더십, 철저함, 근면, 신뢰감, 보호, 치유력, 가치 판단력
- ■ 단점 : 조급함, 낭비, 참을성 부족, 인색함, 초조불안, 군림하려는 성향, 쉽게 낙담함, 계획성 부족, 통제하려는 경향

연애와 인간관계

당신은 현명하고 독창적이며 사교적이어서 어렵지 않게 친구와 추종자를 만듭니다. 감정에 따라 즉흥적으로 행동하는 경향이 있어 때로는 다정하고 섬세하다가도 때로는 지나치게 무심합니다. 연인과 특별한 정신적 유대를 원하기 때문에 상대가 당신의 높은 이상에 부합하지 못하면 비판적이 될 수 있습니다. 안정이라는 현실적 문제가 인간관계를 결정하는 데 영향을 미치기도 합니다. 당신은 친근한 매력으로 모든 사회적 상황에서 원하는 바를 이룹니다.

연인이나 친구
♥

1월 4, 8, 22, 23, 26일 / 2월 6, 20, 24일 / 3월 4, 18, 22일 / 4월 2, 16, 20, 30일 / 5월 14, 15, 18, 28, 30일 / 6월 12, 16, 26, 28일 / 7월 10, 14, 24, 26일 / 8월 8, 12, 22, 24일 / 9월 6, 10, 20, 22, 30일 / 10월 4, 8, 18, 20, 28일 / 11월 2, 6, 16, 18일 / 12월 4, 14, 16, 24일

힘이 되어주는 사람
♣

1월 9, 20일 / 2월 7, 18일 / 3월 5, 16, 29일 / 4월 3, 14, 27일 / 5월 1, 12, 25일 / 6월 10, 23일 / 7월 8, 21일 / 8월 6, 19일 / 9월 4, 17일 / 10월 2, 15, 30일 / 11월 13, 28일 / 12월 11, 26, 30일

운명의 상대

1월 27일 / 2월 25일 / 3월 6, 7, 8, 9, 23일 / 4월 21일 / 5월 9일 / 6월 17일 / 7월 15일 / 8월 13일 / 9월 11일 / 10월 9일 / 11월 7일 / 12월 5일

경쟁자

1월 2, 10, 19일 / 2월 8, 17일 / 3월 6, 15일 / 4월 4, 13일 / 5월 2, 11일 / 6월 9일 / 7월 7, 30일 / 8월 5, 28일 / 9월 3, 26일 / 10월 1, 24일 / 11월 22일 / 12월 20, 30일

소울메이트
★

1월 15일 / 2월 13일 / 3월 11일 / 4월 9일 / 5월 7일 / 6월 5일 / 7월 3일 / 8월 1일 / 10월 29일 / 11월 27일 / 12월 25일

처녀자리 ♍

이날 태어난 유명인

팻시 클라인(가수), 안토닌 드보르자크(작곡가), 마틴 프리먼(배우), 버니 샌더스(미국 정치인), 박소담(배우)

| 태양 : 처녀자리 |
| 지배 성좌 : 처녀자리/토성 |
| 위치 : 16° - 17° 염소자리 |
| 상태 : 변통궁 |
| 원소 : 흙 |
| 항성 : 미자르 |

9월 9일
VIRGO

상황 판단이 빠른 건설적 이상주의자

당신은 친근하면서도 현실적이고 상황 판단이 빠릅니다. 이 생일의 영향을 받아 건설적인 이상주의자죠. 사람들과 어울리며 에너지를 얻는 당신은 성실하고 집중할 줄 아는 훌륭한 전략가 혹은 기획자입니다. 또 사교적이고 다정하며 인류애가 있고 감정이 풍부합니다. 당신은 결단력이 강하고 활동적이며 근면해서 큰일을 해낼 잠재력이 있습니다.

지배 성좌인 염소자리의 영향을 받아 현실적이고 정확하며 논리적입니다. 자제력이 강하고 소통 기술이 뛰어나죠. 지식을 열망하고 분석력이 강하며 철저한 성격이라서 뛰어난 연구자나 조사관이 될 수 있습니다.

그러나 당신이 지닌 양면성의 균형을 잡을 필요가 있습니다. 당신은 한편으로는 거칠고 완고하며 요구가 많습니다. 하지만 다른 한편으로는 섬세하고 지극히 관대한데, 특히 사랑하는 사람들에게 더욱 그러합니다.

당신은 활발하고 강렬한 상상력의 소유자이며 이상주의적 진실을 추구하기 때문에 형이상학, 종교 쪽에 끌릴 수 있습니다. 대체로 현실적인 낙천주의자이지만 때로는 일이 잘되고 있는데도 쓸데없이 돈 걱정을 합니다.

당신의 태양이 천칭자리로 들어가는 13세 이후부터 사교, 파트너십, 관계 맺기에 대한 욕구가 증가합니다. 조화와 균형에 대한 감각이 발달해 문학적·예술적·창조적 형태의 분출구를 찾고자 합니다. 이런 경향이 43세까지 계속되다가 당신의 태양이 전갈자리로 들어가면 전환점이 찾아와 정서적·정신적 쇄신뿐 아니라 공동 출자나 기업 활동에 관심이 쏠립니다. 그러다 73세에 당신의 태양이 염소자리로 들어가면서 또 다른 전환점을 맞는데, 이때부터는 더욱더 철학적이 되어 여행이건 정신적 추구를 통해서건 자신의 지평을 넓히고 싶어 합니다.

숨어 있는 자아

당신에게는 물질적 안정을 바라고 권력과 명예를 얻고 싶은 욕구와 높은 이상주의가 묘하게 섞여 있습니다. 인정받고 싶은 마음이 동기부여를 강하게 하여 더 높이 올라가겠다는 자극제가 됩니다. 상당한 성취를 이룰 에너지와 투지가 있지만 다른 사람들을 돕고 싶은 열망을 채워주면 더 큰 충족감을 느낄 겁니다. 당신의 의지력과 열정, 신념이 뭉치면 기적을 이룰 수 있습니다.

놀라운 발전을 이루는 시기와 힘이 약해지는 시기가 번갈아 나타납니다. 내면의 정신적 욕구에 귀를 기울이면, 즐거움을 좇는 것과 인생의 좀 더 의미 있는 면을 추구하는 것을 조율할 수 있습니다. 다행히 당신은 항상 활기차고 장난기가 많은데, 이런 점이 당신의 높은 목표를 이루는 데 도움이 됩니다.

일과 적성

타고난 사교 수완과 인맥을 만드는 기술이 사람과 관련된 모든 직업에서 도움이 됩니다. 일단 어떤 일이나 사람, 아이디어에 대한 믿음이 생기면 강한 신뢰와 열정을 나타내 제품 판매와 홍보에 기여하는데, 특히 홍보, 대행사, 협상 분야에서 이런 태도가 톡톡히 도움이 되겠네요. 에너지와 추진력이 있어 혼자 일하는 편을 선호하지만 사람들과 협력해서도 일을 잘합니다. 뛰어난 분석력과 소통 기술을 발휘해 연구나 글쓰기 분야에서 두각을 드러낼 수도 있습니다. 권한 있는 자리에 앉는 것이 가장 이상적이겠네요. 또한 당신은 유익한 조언자이기도 합니다. 풍부한 상상력은 예술, 연극, 음악 분야에서 일할 때 든든한 자산이 되어줍니다.

수비학으로 본 당신의 운세

어질고 인정 많고 섬세한 면은 생일 9와 관련된 특성입니다. 당신은 대체로 지적이고 직관적인 사람이며, 보편적 수용력을 갖추었습니다. 9일에 태어난 사람들은 인생이 미리 계획되어 있으며, 자신이 조정할 여지가 많지 않다고 느낍니다. 당신은 감정적으로 일을 대하지 않는 법을 익혀야 할 뿐 아니라 이해심과 관용, 인내심도 키워야 합니다. 세계 여행을 하고 다양한 사람들과 상호작용하면서 많은 것을 얻겠네요. 하지만 비현실적인 꿈을 꾸거나 현실도피로 흐르지 않도록 조심하세요. 탄생월 9의 영향으로 당신은 직관력과 수용력이 강합니다. 주변 환경을 민감하게 받아들이기 때문에 다른 사람들의 복지에 관심이 많습니다. 그러나 인생이 공정하거나 완벽하지 않다는 것을 이해하고 삶의 한계를 받아들일 필요가 있습니다. 당신은 통찰력과 직관, 정신적 능력이 발달해 선견지명도 있네요.

- 장점 : 이상적, 창조적, 섬세함, 관대함, 사람을 끄는 매력, 시적인 감성, 자비심, 베푸는 성향, 객관적, 운이 좋음, 인기있음
- 단점 : 좌절, 신경과민, 확신이 없음, 이기심, 비현실적, 쉽게 휘둘림, 열등감, 두려움, 걱정, 고립감

연애와 인간관계

당신은 사람들과의 소통을 좋아해서 다양한 사회집단과 즐겨 어울립니다. 사교적이면서도 적극적인 당신은 지적인 사람들에게 매력을 느끼네요. 당신은 새로 사귄 친구와의 사이를 유익한 사업적 관계로 발전시키는 재능이 있습니다. 정신적으로 강한 사람에게 끌리지만 연인과 심리전을 벌이지는 마세요. 당신은 사랑하는 사람들에게 매우 관대하고 힘이 되어주기 때문에 충실한 친구들이 많습니다. 배려하는 연인이자 배우자이지만, 자신의 독립성을 유지하는 것도 중요합니다.

당신에게 특별한 사람

연인이나 친구
♥
1월 3, 23, 24일 / 2월 11, 21일 / 3월 9, 19, 28, 31일 / 4월 7, 17, 26, 29일 / 5월 5, 15, 16, 24, 27, 29, 31일 / 6월 3, 13, 22, 25, 27, 29일 / 7월 1, 11, 20, 23, 25, 27, 29일 / 8월 9, 18, 21, 23, 25, 27일 / 9월 7, 16, 19, 21, 23, 25일 / 10월 5, 14, 17, 19, 21, 23일 / 11월 3, 12, 15, 17, 19, 21일 / 12월 1, 10, 13, 15, 17, 19일

힘이 되어주는 사람
♣
1월 3, 4, 10, 21일 / 2월 1, 2, 8, 19일 / 3월 6, 17, 30일 / 4월 4, 15, 28일 / 5월 2, 13, 26일 / 6월 11, 24일 / 7월 9, 22일 / 8월 7, 20일 / 9월 5, 18일 / 10월 3, 16, 31일 / 11월 1, 14, 29일 / 12월 12, 27일

운명의 상대
1월 22, 28일 / 2월 20, 26일 / 3월 6, 7, 8, 9, 18, 24일 / 4월 16, 22일 / 5월 14, 20일 / 6월 12, 18일 / 7월 10, 16일 / 8월 8, 14일 / 9월 6, 12일 / 10월 4, 10일 / 11월 2, 8일 / 12월 6일

경쟁자
1월 11, 20일 / 2월 9, 18일 / 3월 7, 16일 / 4월 5, 14일 / 5월 3, 12, 30일 / 6월 1, 10, 28일 / 7월 8, 26, 31일 / 8월 6, 24, 29일 / 9월 4, 22, 27일 / 10월 2, 20, 25일 / 11월 18, 23일 / 12월 16, 21일

소울메이트
★
1월 26일 / 2월 24일 / 3월 22, 30일 / 4월 20, 28일 / 5월 18, 26일 / 6월 16, 24일 / 7월 14, 22일 / 8월 12, 20일 / 9월 10, 18일 / 10월 8, 16일 / 11월 6, 14일 / 12월 4, 12일

이날 태어난 유명인

휴 그랜트, 애덤 샌들러(배우), 오티스 레딩(가수), 레프 톨스토이(작가), 체사레 파베세(시인), 커넬 샌더스(KFC 창업자), 김가연, 채정안, 서지석, 김정화, 정일우(배우)

411

태양 : 처녀자리

지배 성좌 : 염소자리/토성

위치 : 17°-18° 처녀자리

상태 : 변통궁

원소 : 흙

항성 : 미자르

9월 10일
VIRGO

결단력 있고 야망이 큰 이상주의적 현실주의자

결단력 있고 야망이 큰 당신은 현실적인 접근 방식을 취하고 의지력이 강한 사람입니다. 지적이고 사교 수완을 타고났으며 기회를 포착하는 능력도 뛰어나네요. 높은 이상과 우호적인 성품을 지녀 어떤 일에서건 두각을 드러낼 것으로 보입니다.

지배 성좌인 염소자리의 영향으로 현실적이고 근면합니다. 체계적이고 예리한 통찰력이 있어 인생을 진지하고 철두철미하게 대하죠. 어떤 프로젝트나 대의에 몰두하면 지치지 않고 성실하게 전력을 다합니다.

독립적이고 생산적인 당신은 통솔력과 실행력을 타고났습니다. 현실적이며 가치에 대한 안목이 높아 인생의 좋은 것들을 알아보죠. 명성과 사치를 얻고자 하는 욕구가 당신이 행동하도록 동기부여를 하지만 낭비벽은 조심해야 합니다. 사랑하는 사람들에게 매우 관대한 모습을 보이는 한편, 자신이 쓴 돈에 걸맞은 가치를 깐깐하게 얻어내는 면도 있습니다.

당신은 자유를 추구하지만 때로는 성급해지고 사람들을 지배하려 합니다. 반대에 부딪치면 완고한 성격을 드러내죠. 폭넓게 사고하는 능력과 용기가 있으니 가능하다면 일의 선도자가 되어 앞장서는 자리에 있으면 가장 좋습니다. 당신의 이상주의와 자기 인식에 대한 욕구는 강한 인도주의적 성향으로 나타납니다. 이렇게 당신은 사람에 대한 관심이 많아 타인을 깊이 이해하고 인정이 많습니다.

당신의 태양이 천칭자리로 들어가는 12세 때부터 더욱 사회 지향적이 되고 인기와 인정을 얻고 싶은 마음이 강해집니다. 사람과 잘 사귀는 법을 터득하고, 조화롭고 창조적인 일을 즐기죠. 당신의 태양이 전갈자리로 들어가는 42세부터 더욱 강해져 독립적이 되고 통제력이 커집니다. 그러다 당신의 태양이 염소자리로 들어가는 72세에 이르면 여행, 새로운 관심사 혹은 교육을 통해 자신의 지평을 탐구하고 확장하고 싶어집니다.

숨어 있는 자아

내면의 강한 갈망과 감정들 때문에 자신도 이해하기 어려운 상황에 빠질 수 있습니다. 이런 격한 감정을 당신과 다른 사람들의 삶에 도움이 되는 강력한 힘을 가진 이타적 사랑으로 돌릴 수 있습니다. 당신은 사람들의 욕구를 이해하는 능력을 타고났으며 자신이 원하는 것을 얻기 위해 협상할 줄 압니다. 강한 의지력과 원하는 바를 실현할 힘을 갖추었으니 자신의 동기를 끊임없이 확인하고 자신이 무엇을 원하는지에 관심을 기울이기 바랍니다.

당신은 대단한 무언가를 이루고 싶어 하고 투지와 의욕이 강합니다. 사람들을 잘 다루고 인맥 쌓는 재능을 타고났기 때문에 긍정적 태도를 유지하면 주변 사람들의 삶과 환경을 개선할 수 있습니다.

일과 적성

이상주의와 현실성이 강하게 결합된 당신은 특히 관리자와 기업가가 갖춰야 할 리더십을 타고났습니다. 분석력이 뛰어나 연구 분야에서 두각을 드러내거나 유능한 기술자가 될 수 있습니다. 설득력이 강하고 열정적이어서 아이디어나 제품 혹은 사람을 효과적으로 홍보하죠. 용기 있고 열성적인 당신은 협상가나 재정 자문가 등 금융, 경제 계통의 직업을 원할 수 있습니다. 소통 기술이나 창조성이 있어 교육, 예술, 연극, 음악 분야의 직업도 고려해볼 만합니다. 스포츠도 당신의 욕구와 열정을 발산하기에 좋은 분야입니다.

수비학으로 본 당신의 운세

1일에 태어난 사람들과 마찬가지로 당신은 야심이 크고 독립적입니다. 주어진 과제들을 극복해야 목표를 성취할 수 있지만 투지를 발휘해 대개 목적을 달성하지요. 당신은 개척 정신이 있어 아주 멀리까지 여행을 가거나 독립하는 경우가 많습니다. 10일에 태어난 사람들은 세상이 자신을 중심으로 돌지 않는다는 것을 알고 고압적으로 굴지 않도록 경계해야 합니다. 탄생월 9의 영향으로 당신은 창의적이고 직관력이 강하며 섬세합니다. 선견지명이 있고 수용적이어서 현재의 동향을 잘 따라가지요. 명확한 정체성을 확립하고 성취하고 싶은 욕구가 강하면서 자부심과 열정, 독창적 아이디어들도 갖추었습니다. 남들에게는 자신감 있고 회복력이 강하며 지략이 풍부한 사람처럼 보이지만 내면의 긴장으로 감정적 기복을 겪을 수 있겠습니다.

- ● 장점 : 리더십, 창조적, 진취적, 강력함, 낙관적, 강한 확신, 승부욕, 독립적, 사교적
- ■ 단점 : 고압적, 질투심, 자기중심적, 자만심, 적대감, 무절제, 이기심, 나약함, 우유부단함, 성급함

연애와 인간관계

이상주의와 현실성이 흥미롭게 조합된 당신의 성격은 인간관계에 영향을 미칩니다. 매우 다정하지만 감정적으로 격렬해 기분이 쉽게 바뀌죠. 흥분과 모험을 좋아해 당신의 관심을 계속 붙들어두면서도 자신의 일에 성실한 사람이 필요합니다. 당신은 상대에게 든든한 의지가 되어주지만 가까운 관계에서도 독립적일 수 있는 자유가 필요합니다.

처녀자리

이날 태어난 유명인

에이미 어빙(배우), 칼 라거펠트(패션 디자이너), 아놀드 파머(골프 챔피언), 호세 펠리치아노(가수), 스티븐 제이 굴드(고생물학자), 힐다 둘리틀(시인), 랜디 존슨(야구 선수), 최용수(축구 선수), 이외수(소설가)

| 태양 : 처녀자리 |
| 지배 성좌 : 염소자리/토성 |
| 위치 : 17°45′ – 19° 처녀자리 |
| 상태 : 변통궁 |
| 원소 : 흙 |
| 항성 : 없음 |

9월 11일

VIRGO

목표 지향적이고 통찰력 있는 리더

섬세함과 결합된 뛰어난 정신적 잠재력이 이날 태어난 사람들을 특별하게 만듭니다. 생각을 분명히 표현하고 근면한 당신은 독립적이고 통제하는 위치에 있길 원합니다. 지식의 힘을 잘 알아 자신에게 유리하게 이용하죠. 그러나 이런 재능들에도 불구하고 능력에 못 미치는 성과를 낸다는 게 문제입니다. 신중하지만 관습에 얽매이기 싫어하는 성향도 있으며, 남들에게는 자신감 있고 확신에 찬 사람으로 보입니다.

당신은 지배 성좌인 염소자리의 영향을 받아 생각이 깊고 세세한 부분까지 신경을 씁니다. 분석력이 있고 집중력이 뛰어나 훌륭한 심리학자나 작가가 될 자질이 있습니다. 목표 지향적이어서 때로는 자기 자신에게 너무 비판적이거나 엄격하네요. 정규 교육이든 자기 주도 학습이든 교육이 당신의 잠재력을 최대한 끌어내는 핵심 열쇠입니다.

이날 태어난 사람은 리더십과 통찰력이 있습니다. 남성이건 여성이건 이날 태어난 사람들은 우두머리 행세를 하거나 너무 성급하게 행동하지 않도록 조심해야 합니다. 당신은 사람의 본심을 꿰뚫어보고 원하는 바를 잘 이해하기 때문에 업무를 효율적으로 분배합니다. 직관에 따라 행동하면 독창적이고 창조적인 재능이나 사업 감각을 개발할 수 있습니다.

당신의 태양이 천칭자리로 들어가는 11세부터 이전에 비해 사회 지향적이 되며 개인적 차원에서 사람들과 관계를 맺고 싶은 마음이 강해집니다. 아름다움을 보는 안목이 높아져 문학적·예술적·창조적 관심사를 탐구할 가능성이 있습니다. 그러다 당신의 태양이 전갈자리로 돌아가는 41세부터는 힘이 강해져 더욱 자립적이 되고 통제력이 커집니다. 71세에 당신의 태양이 염소자리로 들어가면 여행을 하거나 정신적 지평을 넓히고 싶어집니다.

숨어 있는 자아

당신은 영감을 받으면 목표를 이루기 위해 놀라운 투지를 보이지만, 팀워크의 중요성도 본능적으로 이해하고 있습니다. 사람들은 때로 당신 내면의 힘과 끈기를 과소평가하고 겉모습으로만 판단하기도 합니다. 당신이 연기를 꽤 잘해서 미지의 것에 대한 두려움과 섬세함을 숨기고 있음을 거의 눈치채지 못하죠. 사교적 수완과 자신감을 키우세요. 그러면 자신의 능력을 신뢰하게 되어 잠재력을 발휘할 수 있을 겁니다.

당신은 경쟁도 즐길 줄 알아 지식을 잘 활용하여 매우 재미있는 모습을 보여줍니다. 그러나 도를 지나치거나 너무 진지해지거나 한 가지 일에 집착하지 않도록 조심하세요. 적정 업무량을 지키면 무리하지 않을 수 있습니다. 당신은 정의를 위해 싸우고 사람들을 돕길 간절히 바라는 이상주의자의 면모가 있습니다.

일과 적성

지시받는 것을 좋아하지 않으니 권한 있는 자리에 가거나 자영업을 하는 것이 좋습니다. 지적 능력과 조직력을 갖추어 뛰어난 행정관이나 법률가가 될 수 있고, 실무 능력과 분석력이 있어 애널리스트, 재정 자문가 혹은 통계 전문가로 역량을 발휘할 수도 있습니다. 마찬가지로 경제학자, 연구자, 과학자, 기술자 같은 직업을 선호할 수도 있겠네요. 교사나 작가가 되어도 좋습니다. 당신은 책임감이 강하고 열심히 노력하기 때문에 다른 사람들로부터 공헌과 능력을 인정받을 것입니다. 또한 인도주의자적인 성향이 있어 개혁가나 상담사 같은 직업에 끌릴 수 있고, 리더십이 강해 연기자나 정치인으로 스포트라이트를 받고 싶을 수도 있습니다.

수비학으로 본 당신의 운세

마스터 숫자인 11의 특별한 영향으로 당신에게는 이상주의, 영감, 혁신이 매우 중요합니다. 겸손과 자신감이 섞여 있어서 물질적으로나 정신적으로 자제력을 발휘하는 것이 당신의 과제가 됩니다. 직관력이 있으나 에너지가 분산될 수 있으니 집중할 목표를 찾아야 합니다. 늘 기운이 넘치고 활력을 즐기지만 지나치게 불안해하거나 비현실적이 되지 않도록 조심하세요. 탄생월 9의 영향으로 당신은 직관력이 강하고 섬세한 사람입니다. 수용력이 좋고 마음이 너그러운 인도주의자여서 사람들의 행복에 관심을 기울이죠. 객관성을 유지하고 사교 수완을 발휘하면 사람들과 강한 유대를 쌓을 수 있습니다. 사람들에게 힘이 되어주길 원하기 때문에 남들을 잘 돕지만 지나치게 비판적이 되지는 않아야 합니다. 통찰력과 정신적 능력이 있는 당신은 종종 선견지명을 발휘합니다.

- ● 장점 : 균형감, 집중, 객관적, 열정적, 영감을 불러일으킴, 정신적, 이상주의적, 직관적, 치유 능력, 인도주의적, 영적 능력
- ■ 단점 : 우월 콤플렉스, 정직하지 않음, 목적 상실, 지나치게 감정적, 쉽게 상처받음, 쉽게 흥분함, 이기적, 투명성 부족, 군림하려는 태도, 심술궂음

연애와 인간관계

지적이고 관찰력이 뛰어난 당신은 충실하고 믿을 수 있는 연인 혹은 친구입니다. 진지하고 배려심이 많으며, 안정적이고 거짓 없는 관계를 원하죠. 상황을 개선할 줄 아는 사람이지만 우두머리 행세를 하며 비판적인 것과 주위 사람들을 돕는 것의 차이를 구분할 줄 알아야 합니다. 당신은 보통 협상 기술을 발휘해 원하는 것을 얻어냅니다.

처녀자리

이날 태어난 유명인

D. H. 로렌스, 오 헨리(작가), 브라이언 드 팔마(영화감독), 유오성, 구본승(배우), 이용대(배드민턴 선수), 구준엽(가수)

태양 : 처녀자리

지배 성좌 : 염소자리/토성

위치 : 18°45′ - 20° 처녀자리

상태 : 변통궁

원소 : 흙

항성 : 데네볼라

9월 12일

VIRGO

단도직입적이고 솔직하며 능력 있는 사람

생일로 볼 때 당신은 지적이고 우호적이고 사교적이며 자신감이 강한 사람입니다. 두뇌 회전이 빨라서 재담이나 논쟁을 즐기고 다른 사람들을 평가하는 데 능하죠. 당신은 앞일 개의치 않고 자신의 생각을 용기 있게 말하며 단도직입적이고 솔직한 걸 좋아합니다. 재능을 타고났으며 정신적 수용력이 높고 관대하며 낙천적이어서 자제력만 발휘하면 뛰어난 잠재력을 실현할 수 있습니다.

당신은 지배 성좌인 염소자리의 영향을 받아 집중력이 강하고 정신적으로 완벽하길 원합니다. 품위를 지키고 열심히 일하며 책무를 진지하게 받아들이죠. 염소자리의 영향으로 돈에 대해 타고난 감각이 있고 위신과 자긍심을 중요하게 생각합니다. 또한 현실적인 분별력과 능숙하고 유려한 말솜씨를 갖춘 뛰어난 비평가이기도 합니다. 하지만 긴장하면 지나치게 성급해지거나 신랄해질 수 있으니 조심하세요.

능력이 빼어난 당신은 지도적인 위치에 서는 경우가 많으며 사람을 잘 다룹니다. 철학적 성향이 있어 전체를 살필 줄 알고 인도적 성격의 일들에 끌리죠. 자신의 목표와 비전에 확신을 가지면 성공이 보장됩니다.

당신의 태양이 천칭자리로 들어가는 10세부터는 인기를 얻고 인정받고 싶은 마음이 커질 뿐 아니라 타인과의 밀접한 관계를 통해 자신에 대해 더 많이 알고 싶어 합니다. 이런 성향이 40세까지 계속되다가 당신의 태양이 전갈자리로 들어가면 변화의 중요성이 커지고 자신의 힘과 통제력을 평가하려고 합니다. 당신의 태양이 염소자리로 들어가는 70세부터는 삶에 대해 좀 더 발전적이고 철학적인 태도를 취합니다.

숨어 있는 자아

훌륭한 연기자인 당신은 겉으로 자신감 넘치는 모습을 유지하며, 내면의 예민함과 창조적 표현 욕구를 드러내지 않습니다. 당신은 야망이 크고 자신에 대한 기준이 높으며 물질적 성과에 대한 욕구가 강한 사람입니다. 하지만 걱정이나 우유부단함에 빠져 에너지를 잃으면 안 되기 때문에 적절한 선택을 하는 것이 중요한데, 특히 가까운 관계에서 더욱 그러합니다. 때로 형이상학적 주제나 영적인 주제에 관심을 느끼며, 타고난 직관을 발달시키거나 내면의 목소리에 귀를 기울이면 많은 것을 얻을 수 있습니다.

중요한 계획이 실패할 경우 자기연민에 빠질 수 있지만, 장애물을 극복하고 성공을 거둘 만한 투지가 있는 사람이기 때문에 그런 상태가 오래가지는 않습니다. 또 창조적 정신이 있어 당신의 마음을 사로잡을 새롭고 흥미로운 방법들을 끊임없이 찾아냅니다.

일과 적성

분석력이 뛰어난 당신은 연구나 과학, 심리학 분야에서 성공을 거둘 수 있습니다. 냉철한 지적 능력과 언어에 대한 재능으로 볼 때 글쓰기, 교육 미디어 쪽에서 뛰어난 성취를 이룰 수도 있습니다. 법률이나 출판 분야에서도 성공할 수 있고, 현실적인 성격 때문에 금융계에 진출해 뛰어난 은행가나 경제학자, 증권 중개인이 될 수도 있습니다. 마찬가지로 재정 자문, 회계사, 딜러 혹은 협상가로도 두각을 드러냅니다. 아니면 인도주의적 면이 사회복지사가 되거나 노조 지도자, 정치인처럼 다른 사람들을 대변하는 직업으로 성공하고 싶다는 자극을 주기도 합니다. 또한 철학적이거나 종교적인 직업에 관심을 느낄 수도 있고, 창조적인 세계를 택한다면 디자이너나 가수로 성공할 수 있습니다.

수비학으로 본 당신의 운세

당신은 직관력이 강하고 친화적이며 추리력이 뛰어납니다. 생일 12는 진정한 개성을 확립하고 싶은 욕구를 암시합니다. 혁신적이고 섬세한 당신은 목표와 목적을 이루기 위해 어떻게 요령을 발휘하고 협력할지 잘 알고 있습니다. 남들에게는 자신감 있어 보이지만 자기 회의와 의심이 평소의 느긋한 성격과 긍정적인 태도를 해칠 수도 있습니다. 정체성을 확립하고 싶은 욕구와 다른 사람들을 도우려는 성향 사이에서 균형을 잡으면 정서적 만족과 개인적 성취감을 함께 얻을 수 있겠네요. 탄생월 9의 영향을 받아 당신은 재치 있고 직관적이며 감수성이 예민합니다. 지적이고 상상력이 풍부하며 창의적이기 때문에 자신을 자유롭게 표현할 방법을 찾아야 합니다. 성급하게 행동하거나 너무 많은 방향으로 에너지를 분산하지 마세요. 생각과 아이디어들을 다른 이들과 나누면 자신의 감정을 표현할 수 있고 오해받는 일도 사라집니다. 당신은 통찰력과 진보적인 시각을 가진, 정신적이면서도 현실적인 사람입니다.

- 장점 : 창조적, 매력적, 추진력, 엄격함, 적극적, 자신감
- 단점 : 내성적, 기행, 비협조적, 지나치게 예민함, 자긍심 부족

연애와 인간관계

친근한 성격에 지적인 당신은 재치 있고 자신감에 찬 모습을 보입니다. 하지만 쉽게 싫증을 내고 어느 정도 불만이 있는 걸 보면 정신적 자극을 주는 사람들을 찾는군요. 연애를 할 때는 상대가 당신을 존중하고 당신의 호의를 당연한 것으로 받아들이지 않는 한 충실하고 힘을 주는 연인이 됩니다. 당신은 견문이 넓은 사람이 되고 싶어 해서 새로운 활동을 시도하거나 새로운 장소를 방문하기를 즐깁니다. 마찬가지로, 지식을 늘리거나 새로운 기술을 계발할 수 있는 공부를 하는 것과 사고를 자극하는 사람 만나기를 좋아합니다. 당신은 어느 때건 친구를 사귈 수 있고 사람의 마음을 끄는 힘이 있습니다.

태양 : 처녀자리

지배 성좌 : 황소자리/금성

위치 : 19°45′ - 20°45′ 처녀자리

상태 : 변통궁

원소 : 흙

항성 : 데네볼라

9월 13일
VIRGO

창조적 사고와 유머 감각을 갖춘 사람

독립성, 예리한 지적 능력, 현실성은 이 생일과 연관된 특성들입니다. 사교적이고 개성이 강한 당신은 각계 각층의 사람들과 친구가 됩니다. 때로는 초조해하고 흥분을 잘하지만 단도직입적이고 자신의 감정에 솔직한 걸 좋아합니다. 진취적인 성격이나 지나치게 감정을 억압하거나 과중한 업무로 인한 스트레스를 받지 않도록 조심하세요.

지배 성좌인 황소자리의 영향으로 당신은 매우 매력적이고 설득력이 강한 사람입니다. 창조적인 사고에 유머 감각이 뛰어난 데다 목소리가 좋고 말투는 정중합니다. 심미안이 있어 취향이 세련되었으며 고급스러움과 안락함을 좋아하죠.

당신은 능률적이고 열정적이지만, 신경을 곤두세우거나 지나친 질투를 하거나 성급하게 행동하지 않도록 조심하세요. 전반적으로 성실하고 근면한 편이긴 해도, 뛰어난 잠재력을 발휘하려면 자제심을 키우고 기술을 계발하는 것이 중요합니다. 어떤 일에 관심이 있으면 매우 열정적으로 덤벼들지만 성취욕에 사로잡혀 우두머리 행세를 하지 않도록 경계해야 합니다. 이날 태어난 사람들은 평생 젊은 기운을 유지하며, 양성의 기질을 다 갖고 있네요.

당신은 어릴 때부터 무슨 일이든 현실적으로 접근합니다. 하지만 당신의 태양이 천칭자리로 들어가는 9세부터 30년 동안 개인적 관계, 자신의 인기, 전반적인 파트너십이 강조됩니다. 또 균형과 조화에 대한 인식이 높아져 창의적인 잠재력을 키우고 싶어 하죠. 그러다 당신의 태양이 전갈자리로 들어가는 30대 말에 또 다른 전환점이 찾아와 인생의 더 깊은 의미를 추구하고 변화의 힘에 중점을 두게 됩니다. 당신의 태양이 궁수자리로 들어가는 69세부터는 지평을 넓히고 싶은 자극을 받습니다.

숨어 있는 자아

당신의 카리스마 넘치는 따뜻함은 남을 배려하는 마음에서 나옵니다. 이러한 강렬한 애정이 발산되면 남을 돕는 일에 놀라운 성과를 올릴 수 있고 주목할 만한 자기표현을 할 수 있습니다. 당신은 영감을 받으면 다른 사람들을 즐겁게 하면서 자신의 아이디어를 전할 수 있는 재능이 있습니다.

당신은 삶의 과제들에 이상주의적이고 낙천적으로 접근하지만 회의적일 때도 있네요. 재능을 타고났고 창조적이지만 물질적 안정이 중요한 문제가 될 수 있으니 경제적인 안전책을 강구하는 데 신경을 써야 합니다. 의지할 만한 탄탄하고 안정된 무언가를 원하거나 돈 문제를 과도하게 걱정할 수도 있는데, 돈을 버는 능력이 뛰어나기 때문에 그런 걱정은 하지 않아도 됩니다.

일과 적성

당신의 설득력과 조직력이 영업, 판촉, 홍보, 정치 등의 직업에서 도움이 되겠네요. 예리한 지적 능력과 지식에 대한 사랑으로 볼 때 교육, 글쓰기, 법률 분야에 소질을 보일 수 있겠고, 강력한 이상과 패기가 있어 대의를 위한 투사로 나설수도 있습니다. 마찬가지로 사업 감각을 타고나 상업, 부동산, 회계 혹은 주식시장에서 성공하는 데 도움이 됩니다. 종속적인 위치에 있는 걸 좋아하지 않아서 경영자나 관리자 혹은 자영업자로 성공할 수 있습니다. 혹은 스포츠가 당신의 에너지와 추진력을 발산하는 데 잘 맞을 수도 있고, 자기표현을 추구하니 연극이나 예술 계통으로 끌릴 수도 있겠습니다. 어떤 직업을 택하든 당신은 열심히 일하여 목표를 성취하려는 의지가 있습니다.

수비학으로 본 당신의 운세

감수성, 열정, 영감이 13일에 태어난 사람들의 특징입니다. 수비학적으로 볼 때 당신은 근면하며 투지와 재능을 발휘해 많은 것을 성취할 수 있습니다. 하지만 창조적인 재능을 제품으로 구현하고 싶다면 실용적 관점을 길러야 합니다. 일에 몰두해 전심으로 노력하면 큰 성공을 거둘 수 있겠습니다. 13일에 태어난 사람들은 매력과 흥이 넘치며 사교적인 성격입니다. 이날 태어난 많은 사람들과 마찬가지로 당신 역시 여행을 원하고 더 나은 삶을 위해 새로운 환경에 정착하고 싶어 합니다. 탄생월 9의 영향으로 당신은 통찰력 있고 공감력이 좋습니다. 주위 환경의 영향을 쉽게 받기 때문에 결단력를 키워야 하며, 자기 삶이 나아가는 방향을 통제할 줄 알아야 합니다. 성급하거나 의심하거나 불안해지는 성향도 극복해야겠네요. 하지만 너그러운 인도주의자이자 추리력이 뛰어난 당신은 공평함과 현실적인 해결책을 추구합니다.

- 장점 : 포부, 창의력, 자유에 대한 사랑, 자기표현력, 추진력
- 단점 : 충동적, 우유부단함, 권위적, 감정을 드러내지 않음, 반항심

연애와 인간관계

당신은 사교적이고 친근하지만 인간관계에서 조심성 있고 객관적이다가 열정적이 되는 등 다소 오락가락합니다. 솔직담백한 편이지만 때로는 마음을 숨기고 냉담한 것처럼 보입니다. 이상적인 사랑을 찾기 때문에 기대가 너무 높으면 실망하기 쉽습니다. 은밀하거나 부적절한 관계에 빠질 위험도 있지만 당신은 다정한 연인이자 배우자, 충실한 친구입니다. 당신은 영리하고 즐거움을 주는 사람들을 특히 좋아합니다.

| 태양 : 처녀자리 |
| 지배 성좌 : 황소자리/금성 |
| 위치 : 20°45' – 21°45' 처녀자리 |
| 상태 : 변통궁 |
| 원소 : 흙 |
| 항성 : 데네볼라 |

9월 14일

VIRGO

확신이 강하고 지식과 지혜를 사랑하는 야심가

생일의 영향으로 당신은 확신이 강하고 지적인 야심가입니다. 독립적이고 적극적이며 지식과 지혜를 추구하죠. 진심으로 믿는 무언가를 발견하면 엄청난 열정을 쏟아부어 성공을 거둡니다.

지배 성좌인 황소자리의 영향으로 소통 기술이 뛰어나 생각을 분명히 표현하며 매력적입니다. 세부적인 부분까지 신경을 쓰며, 훌륭한 비판가이기도 하죠. 사람들을 상대하거나 함께 일할 때 너무 성급하거나 권위적으로 행동하지 않도록 조심하세요. 당신은 금성의 영향을 받아 사업 감각을 타고났고 인생의 좋은 것들을 알아보는 안목이 있습니다.

당신은 독립적이고 추진력이 강하므로 가진 재능을 최대한 활용할 수 있습니다. 또한 끊임없이 자신에게 도전하면 지루함을 느끼지 않을 수 있지요. 어떤 때는 오만하고 독단적이지만, 어떤 때는 이상할 정도로 자신감이 떨어질 수 있습니다. 하지만 다행히 상냥하고 사교적인 성격이어서 평소의 낙천적인 자신으로 금세 돌아오네요. 당신은 다재다능하고 잠시도 가만있지 못하는 성향이라 여행이나 학습을 통해 삶을 탐구하고 싶어 합니다. 설득력이 강하니 인생의 기회들을 최대한 활용하기 위해서는 자제력만 키우면 되겠습니다.

당신의 태양이 천칭자리로 들어가는 8세 무렵부터 점차 사회 지향적이 되고 인기와 인정을 갈망합니다. 이후 30년 동안 사람들과의 관계에서 더더욱 사교적이 되고 요령이 발달합니다. 그러다 당신의 태양이 전갈자리로 들어가는 38세부터는 독립성과 통제력이 높아지네요. 68세에 당신의 태양이 궁수자리로 들어가면 진실, 교육, 여행을 중시하고 자신의 선택권을 넓히는 데 관심을 기울이게 됩니다.

숨어 있는 자아

당신은 때로는 지극히 따뜻하고 관대하며 다정하고 겸손하지만 때로는 따지기 좋아하고 사람을 조종하려 하거나 완고합니다. 이런 극단적인 면들의 균형을 맞추려면 당신을 이끄는 내면의 목소리에 귀를 기울여 이성과 직관을 결합해야 합니다. 당신은 이미 사람들에 대한 직관이 발달해 있기 때문에 그리 어렵지 않을 겁니다.

지식의 가치를 이해하며 구조에 대한 감각이 뛰어난 당신은 많은 성취를 이루거나 지혜를 터득한 사람들을 존중합니다. 사교술과 조직력을 갖추어서 다른 사람들이 당신의 성공을 돕도록 하는 데 능숙하네요. 다행히 정직함을 원하는 마음도 당신 성격의 큰 부분을 차지하니 솔직하게 자신의 결점을 인정하면 어려운 상황들에 맞서 헤쳐나갈 수 있을 뿐 아니라 건강한 자의식을 가질 수 있습니다.

일과 적성

당신은 관리 능력이 뛰어나고 문제를 해결하는 재주가 있습니다. 글쓰기 재능이 있어 창의적인 일이나 사업에 활용할 수 있습니다. 지시받는 위치에서는 만족하지 못하는 성격이라 권한 있는 자리나 자기 사업을 할 때 더 능력을 발휘합니다. 어떤 직업에서건 다양한 경험이 중요합니다. 여행할 수 있는 직업이면 더 좋겠네요. 분석력을 타고나 연구, 과학, 심리학, 교육 분야에 끌릴 수도 있겠습니다. 사업을 한다면 사람들과 접촉하는 일을 할 때 성공합니다. 당신은 무언가를 거짓으로 좋아하지 못하는 성격이라 진심으로 열정을 쏟을 수 있는 직업을 선택해야 합니다.

수비학으로 본 당신의 운세

지적인 잠재력, 실용적 시각, 강한 결단력이 14일에 태어난 사람들의 특성입니다. 당신은 탄탄한 기반을 갖고 싶은 열망이 강하고 열심히 노력하여 성공을 거둡니다. 이날 태어난 많은 다른 사람들처럼 당신은 자기 직업에서 최고의 자리에 오를 수 있습니다. 당신은 뛰어난 통찰력으로 문제에 신속하게 대응하고 해결을 즐깁니다. 위험을 무릅쓰거나 도박을 해보는 것도 좋아하는데, 운이 좋아 뜻밖의 횡재를 할 수도 있습니다. 당신은 탄생월 9의 영향으로 신중하고 섬세한 성격입니다. 자신의 직관을 믿는 법을 익히세요. 그리고 성급하게 행동하거나 지나치게 물질주의적이 되지 않도록 하세요. 당신은 근면한 편이지만 모험심이 강하고 자유에 대한 욕구가 있어 새로운 무언가를 탐구하고 시도하고 싶어 합니다. 열정적인 당신에게 삶은 많은 것을 안겨줄 것입니다. 여행과 뜻밖의 기회를 통해 시각과 믿음에 실질적인 변화를 겪을 수 있습니다.

- 장점 : 결단력, 근면, 행운, 창조적, 실용적, 상상력, 부지런함
- 단점 : 지나치게 신중하거나 충동적임, 불안정, 경솔함, 고집

연애와 인간관계

당신은 인생에 대해 독특하거나 독창적인 태도를 취하는 사람들을 좋아합니다. 또 자제력이 있고 성실한 파트너를 찾고 싶어 하죠. 당신은 매력적인 데다 적극적 태도를 타고나서 사람들을 끌어들이고 믿음을 줍니다. 그러나 가까운 관계에서 융통성을 발휘할 필요가 있으며 대장 노릇을 하려 들거나 비판적으로 굴지 않도록 조심하세요. 지식이나 지혜에 대한 사랑이 발판이 되어 이상적인 동반자를 만날 가능성이 높습니다. 당신은 굉장히 독립적인 성향이어서 관계에서 어느 정도의 자유를 원합니다.

당신에게 특별한 사람

연인이나 친구

1월 1, 13, 14, 28, 31일 / 2월 12, 26, 29일 / 3월 10, 24, 27일 / 4월 8, 22, 25일 / 5월 5, 6, 20, 23일 / 6월 4, 18, 21일 / 7월 2, 16, 19, 30일 / 8월 14, 17, 28, 30일 / 9월 12, 15, 26, 28, 30일 / 10월 10, 13, 24, 26, 28일 / 11월 8, 11, 22, 24, 26일 / 12월 6, 9, 20, 22, 24일

힘이 되어주는 사람

1월 26일 / 2월 24일 / 3월 22일 / 4월 20일 / 5월 18일 / 6월 16일 / 7월 14일 / 8월 12일 / 9월 10일 / 10월 8일 / 11월 6일 / 12월 4일

운명의 상대

3월 12, 13, 14, 15일

경쟁자

1월 3, 25일 / 2월 1, 23일 / 3월 21일 / 4월 19일 / 5월 17일 / 6월 15일 / 7월 13일 / 8월 11일 / 9월 9일 / 10월 7일 / 11월 5일 / 12월 3일

소울메이트

1월 3, 10일 / 2월 1, 8일 / 3월 6일 / 4월 4일 / 5월 2일

처녀자리

이날 태어난 유명인

케이트 밀레트(페미니스트), 조 캘드웰, 앤드루 링컨(배우), 마거릿 생어(산아제한 운동가), 에이미 와인하우스(가수), 요시다 슈이치(작가), 신동욱, 이종석(배우), 봉준호(영화감독)

| 태양 : 처녀자리 |
| 지배 성좌 : 황소자리/금성 |
| 위치 : 21°45' - 22°45' 처녀자리 |
| 상태 : 변통궁 |
| 원소 : 흙 |
| 항성 : 데네볼라 |

9월 15일
VIRGO

예리한 지적 능력을 갖춘 믿음직하고 내실 있는 사람

지적이고 친근한 성격의 당신은 생일로 볼 때 큰 계획을 품은 믿음직스러운 사람입니다. 지식을 좋아해서 많은 주제에 흥미가 있지만 특히 세계의 문제들에 관심이 많네요. 당신은 이미지를 중요하게 생각해서 사람들에게 좋은 인상을 주고 싶어 하고 최고가 되길 원합니다. 단도직입적이고 요령 있는 사람으로, 마음이 따뜻하고 너그러우며 대체로 낙천적이지만 부정적인 생각을 하는 성향은 극복해야 합니다.

지배 성좌인 황소자리의 영향을 받은 당신은 믿음직하고 내실 있는 사람이며 사랑과 애정에 대한 욕구가 강합니다. 미와 형태에 대한 안목이 있어 예술, 자연, 인생의 좋은 것들을 즐길 줄 알죠. 세세한 사항까지 분석할 수 있는 능력에 표현이 분명하여 창조적으로 소통하지만 비판적이거나 성급해지지 않도록 조심하세요. 굉장히 검소하고 알뜰하게 생활하는 편이지만 사랑하는 사람들에게는 매우 후합니다.

항상 자기 의견을 밝힐 준비가 되어 있지만 때로는 감정 표현이 차단되어 좌절하거나 부끄러움을 타거나 딱딱하게 격식을 차리기도 합니다. 생각이 많으면 걱정이 생기고, 만족감을 느끼고 싶어 너무 많은 일을 맡기도 합니다. 하지만 긍정적일 때는 이상주의적 성격 덕분에 아이디어가 샘솟고 봉사를 즐깁니다.

당신의 태양이 천칭자리로 들어가는 7세부터 당신은 친밀한 인간관계를 바라고 사회적으로 받아들여지길 원하게 됩니다. 이때부터 미와 조화에 대한 안목이 높아지기 시작해 창조적인 배출구를 찾게 될 가능성이 있습니다. 이런 경향이 37세까지 계속되다가 당신의 태양이 전갈자리로 들어가면 전환점이 찾아와 정서적, 정신적 쇄신뿐 아니라 공동 투자나 기업 활동에 관심이 쏠립니다. 그러다 67세 때 당신의 태양이 염소자리로 들어가면 자신의 지평을 넓히는 데 더 관심을 기울이게 됩니다.

숨어 있는 자아

객관성을 유지하고 긍정적인 시각과 삶의 철학을 기르면 당신의 강렬한 감정을 창조적인 방향으로 돌리고 불만에 빠지지 않을 수 있습니다. 당신은 내적으로 섬세해서 안전하고 안정적인 가정과 조화로운 환경을 중시하고, 평화와 평온을 원합니다.

당신은 자신의 책임을 확실하게 인식하고 있고 신세 진 것은 갚아야 한다고 생각합니다. 하지만 이미 검증된 일에 안주하기보다 새로운 영역들에 끊임없이 도전할 필요가 있습니다. 당신은 멋진 아이디어를 통해 자신을 표현할 수 있는데, 그러려면 정신적 자극을 주는 사람들과 어울리는 것이 중요합니다. 당신은 사람들을 돕는 것을 좋아하고 대체로 훌륭한 조언자이지만 지나친 간섭은 금물입니다. 때로는 남들이 스스로의 실수를 통해 배울 수 있도록 하는 것이 가장 좋을 수 있으니까요.

일과 적성

예리한 지적 능력과 분석력을 갖춘 당신은 과학이나 연구, 의학에 끌릴 수 있습니다. 마찬가지로 교육이나 법률, 정치 분야에서 두각을 드러낼 수도 있겠네요. 창의적인 소통 기술 덕분에 글쓰기나 사업으로 성공을 거둘 확률도 높습니다. 또한 질서와 비율, 균형에 대한 감각이 있으니 건축가, 디자이너, 화가, 수학자 같은 직업에서도 실력을 발휘하겠네요. 타고난 조언자이자 분석가여서 심리학이나 금융계에서 일할 수도 있습니다. 아니면 인도주의적 성향에 따라 사회 개혁이나 복지사업 쪽에 진출할 수도 있겠네요.

수비학으로 본 당신의 운세

당신은 민첩하고 열정적이며 카리스마가 강한 사람입니다. 강한 직관, 그리고 이론과 현실을 결합해 빨리 배우는 능력이 당신의 최대 자산이네요. 새로운 기술을 배우면서 돈을 벌 때가 많습니다. 또한 직관력을 자주 활용하고 기회가 찾아오면 금방 알아보는 편입니다. 15일에 태어난 사람은 돈을 끌어모으고 다른 이들에게 도움과 지원을 받아내는 재주가 있습니다. 현실적 기술들을 독창적 아이디어들과 결합하고, 불안해하거나 만족하지 못하는 성향을 극복하면 하는 일에서 성공적인 결과를 얻을 수 있습니다. 탄생월 9의 영향으로 당신은 신중하고 섬세한 성향입니다. 현실적인 태도와 공감력을 키우면 보다 조화롭고 만족스럽게 생활할 수 있습니다. 당신은 통찰력과 진취적 시각을 갖추었으며 성실하고 현실적입니다.

- 장점 : 의지력, 관대함, 책임감, 친절함, 협력적, 안목, 창조적 아이디어
- 단점 : 파괴적, 불안 초조, 무책임, 자기중심적, 변화에 대한 두려움, 신뢰 결여, 걱정, 우유부단함

연애와 인간관계

당신에게는 친밀한 관계를 맺는 게 중요하지만, 상대에게 너무 의존해서는 안 됩니다. 당신은 이상주의적이고 남을 잘 도와주며 창조적인 사람으로, 사교적 매력도 갖추었습니다. 소울메이트를 원하고 혼자 있는 걸 싫어하기 때문에 사랑과 행복 대신 안정을 택하지는 않아야 합니다. 배려심이 많고 너그럽지만 객관성을 유지할 필요가 있으며 비판적인 성향은 극복해야 합니다. 상대방과 자신의 감정에 대해 이야기하고 나누는 법을 익히면 관계 진전에 도움이 됩니다.

당신에게 특별한 사람

연인이나 친구

1월 1, 5, 15, 26, 29, 30일 / 2월 3, 13, 24, 27, 28일 / 3월 11, 22, 25, 26일 / 4월 9, 20, 23, 24일 / 5월 7, 18, 21, 22일 / 6월 5, 16, 19, 20일 / 7월 3, 14, 17, 18, 31일 / 8월 1, 12, 15, 16, 29, 31일 / 9월 10, 13, 14, 27, 29일 / 10월 8, 11, 12, 25, 27일 / 11월 6, 9, 10, 23, 25일 / 12월 4, 7, 8, 21, 23, 29일

힘이 되어주는 사람

1월 1, 2, 10, 27일 / 2월 8, 25일 / 3월 6, 23일 / 4월 4, 21일 / 5월 2, 19, 30일 / 6월 17, 28일 / 7월 15, 26일 / 8월 13, 24일 / 9월 11, 22일 / 10월 9, 20일 / 11월 7, 18일 / 12월 5, 16일

운명의 상대

3월 13, 14, 15, 16일

경쟁자

1월 17, 26일 / 2월 15, 24일 / 3월 13, 22일 / 4월 11, 20일 / 5월 9, 18일 / 6월 7, 16일 / 7월 5, 14일 / 8월 3, 12, 30일 / 9월 1, 10, 28일 / 10월 8, 26, 29일 / 11월 6, 24, 27일 / 12월 4, 22, 25일

소울메이트

1월 21일 / 2월 19일 / 3월 17일 / 4월 15일 / 5월 13일 / 6월 11일 / 7월 9, 29일 / 8월 7, 27일 / 9월 5, 25일 / 10월 3, 23일 / 11월 1, 21일 / 12월 19일

이날 태어난 유명인

애거서 크리스티(작가), 올리버 스톤, 장 르누아르(영화감독), 토미 리 존스(배우), 윌리엄 하워드 태프트(전 미국 대통령), 제시 노먼(성악가), 김혜자(배우)

| 태양 : 처녀자리 |
| 지배 성좌 : 황소자리/금성 |
| 위치 : 22°45′ - 23°45′ 처녀자리 |
| 상태 : 변통궁 |
| 원소 : 흙 |
| 항성 : 데네볼라, 코풀라 |

9월 16일

VIRGO

사람과 상황을 꿰뚫어 보는 통찰력의 소유자

이날 태어난 사람들은 똑똑하고 독립적이면서도 친절하고 섬세합니다. 직관력과 현실적 인식이 강한 당신은 사람과 상황을 꿰뚫어보는 통찰력이 있습니다. 지적인 활동에 뛰어나 다른 사람들보다 우위에 서지만 야심 찬 꿈을 실현하려면 절제하는 법을 배울 필요가 있습니다.

지배 성좌인 황소자리의 영향을 받아 당신은 매력 있는 사람이며 삶의 좋은 것들을 즐깁니다. 당신에게는 사랑과 애정이 특히 중요할 것으로 보입니다. 당신은 창의적인 소통 기술과 듣기 좋은 목소리, 논리적인 언변까지 갖추었네요. 금성의 영향으로 사업 감각을 타고나 투자를 잘하고 돈을 끌어모읍니다. 또한 모든 세부적인 사안들까지 처리하는 능력이 이론적으로건 실용적으로건 도움이 됩니다.

평생 지식에 대한 열망이 강해서 특별한 훈련이나 교육을 통해 뛰어난 지적 잠재력을 계발할 수 있습니다. 하지만 다른 사람들과 정신적 힘겨루기에 빠지지 않도록 조심하세요.

현명한 몽상가인 당신은 추진력과 상상력이 뛰어납니다. 당신이 정신적 자극을 받아 이상을 위해 싸울 때는 이런 힘들이 결합되어 엄청난 성공을 거둘 잠재력이 생깁니다. 경직되고 엄격한 분위기를 싫어하는 당신에게는 긍정적인 환경이 필요합니다. 주위의 부조화에 영향을 많이 받는 편이기 때문이지요. 몽상가라서 자신의 생각들을 창조적으로 발산할 필요가 있지만 현실보다 상상을 믿어서는 안 됩니다.

6세 때 당신의 태양이 천칭자리로 들어가는데, 이후 36세 때까지 당신의 삶에서 관계가 중요한 역할을 하고, 인기와 인정을 얻길 원합니다. 그러다 당신의 태양이 30년 동안 전갈자리로 들어가는 36세부터는 자신감과 통제력이 높아집니다. 66세 때 당신의 태양이 궁수자리로 들어가면 더 낙관적이고 철학적이 되며 여행이나 공부를 통해 마음의 지평을 넓힐 결심을 하게 됩니다.

숨어 있는 자아

당신은 스스로에게 권한을 부여하고 싶은 강한 열망에 자극을 받아 항상 자기 계발에 관심이 많습니다. 힘든 상황을 벗어나기 위한 편법으로 남을 조종하거나 현실도피를 하려는 성향을 피하기 위해서는 강인함을 키워야 합니다. 당신의 성격에서 매우 섬세하고 직관적인 면을 발달시키면 대인관계에 도움이 되며 신비주의나 영적 세계에 관심이 갈 수도 있습니다.

지적이고 흥미로운 사람들에게 끌리는 당신에게는 정신적 자극을 줄 긍정적인 롤 모델이 필요합니다. 지적인 도전을 자극하는 모든 일에 뛰어나고, 무언가에 정말로 흥미를 느끼면 굉장히 열심히 노력합니다. 그리고 자신의 영감이나 특별한 통찰력을 다른 사람들에게 전할 때 가장 행복을 느낍니다.

일과 적성

당신은 조직력과 함께 실용적 재능을 갖추어 사업에서 성공을 거둘 수 있습니다. 아니면 예리한 분석력을 과학이나 수학, 컴퓨터 관련 직종에서 발휘할 수도 있겠네요. 소통 기술과 사회적 의식이 있어 교육이나 법률 쪽의 직업에 끌릴 수 있으며, 사람과 관련된 직업에서 성공을 거둘 가능성도 있습니다. 또 심리, 음식, 혹은 자연 치유 능력에 대한 특별한 통찰력 덕분에 의료나 대체 의학 쪽에 매력을 느낄 수도 있겠네요. 하지만 추진력이 강하고 아이디어가 많아서 연기나 글쓰기 같은 좀 더 창의적인 직업을 통해 당신이 아는 것을 다른 사람들에게 전달하고 싶어 할 수도 있습니다. 혹은 자선단체나 가치 있는 대의를 위해 일할 수도 있습니다.

수비학으로 본 당신의 운세

16은 야심이 크면서도 섬세한 면이 있음을 말해줍니다. 외향적이고 사교적인 당신은 친화적이고 사려 깊은 사람이네요. 세계에서 일어나고 있는 일에 관심이 많아 국제 기업에 들어갈 수도 있습니다. 개중 좀 더 창의성이 높은 사람들은 번뜩이는 영감으로 글쓰기에 재능을 발휘합니다. 16일에 태어난 사람들은 지나친 자신감과 불안 사이에 균형을 맞추는 법을 배워야 합니다. 탄생월 9의 영향으로 당신은 관찰력이 뛰어나고 신중합니다. 감정에 예민하기 때문에 감수성이 풍부하지만 외부의 영향을 쉽게 받으며 직관이 강합니다. 경험을 통해 발전하고 탐구하고 성장하고 싶어 해서 여행을 즐기고 모험심이 강합니다.

- 장점 : 책임감, 진실성, 직관력, 사교적, 협력적, 통찰력
- 단점 : 걱정, 만족하지 못함, 무책임함, 자기 홍보, 독단적, 회의적, 까다로움, 화를 잘 냄, 이기적, 인정이 없음

연애와 인간관계

이상주의적이고 배려심 많은 당신은 충실한 친구이자 책임감 있는 동반자입니다. 당신은 같은 생각과 느낌을 공유할 수 있는 누군가를 찾아야 합니다. 당신에게 정신적 자극을 주고 자신감을 북돋아주는 사람과 정서적, 사회적 관계를 성공적으로 맺을 수 있겠네요. 또한 탐구심이 많아 사람들에게 영감을 주거나 동기부여를 하는 것이 무엇인지 알고 싶어 합니다. 사랑을 할 때는 따뜻하고 친절하며 사려 깊습니다.

당신에게 특별한 사람

연인이나 친구

1월 3, 10, 13, 20, 21, 30일 / 2월 1, 8, 11, 18, 28일 / 3월 6, 9, 16, 26일 / 4월 4, 7, 14, 24일 / 5월 2, 5, 12, 22일 / 6월 3, 10, 20일 / 7월 1, 8, 18일 / 8월 6, 16, 30일 / 9월 4, 14, 28, 30일 / 10월 2, 12, 26, 28, 30일 / 11월 10, 24, 26, 28일 / 12월 8, 22, 24, 26일

힘이 되어주는 사람

1월 12, 16, 17, 28일 / 2월 10, 14, 15, 26일 / 3월 8, 12, 13, 24일 / 4월 6, 10, 11, 22일 / 5월 4, 8, 9, 20, 29일 / 6월 2, 6, 7, 18, 27일 / 7월 4, 5, 16, 25일 / 8월 2, 3, 14, 23일 / 9월 1, 12, 21일 / 10월 10, 19일 / 11월 8, 17일 / 12월 6, 15일

운명의 상대

3월 12, 13, 14, 15, 31일 / 4월 29일 / 5월 27일 / 6월 25일 / 7월 23일 / 8월 21일 / 9월 19일 / 10월 17일 / 11월 15일 / 12월 17일

경쟁자

1월 6, 18, 22, 27일 / 2월 4, 16, 20, 25일 / 3월 2, 14, 18, 23일 / 4월 12, 16, 21일 / 5월 10, 14, 19일 / 6월 8, 12, 17일 / 7월 6, 10, 15일 / 8월 4, 8, 13일 / 9월 2, 6, 11일 / 10월 4, 9일 / 11월 2, 7일 / 12월 5일

소울메이트

3월 28일 / 4월 26일 / 5월 24일 / 6월 22일 / 7월 20일 / 8월 18일 / 9월 16일 / 10월 14일 / 11월 12일 / 12월 10일

이날 태어난 유명인

B. B. 킹(가수), 데이비드 코퍼필드(마술사), 피터 포크, 판빙빙(배우), 알베르트 센트죄르지(생화학자), 리콴유(전 싱가포르 총리), 김태균(코미디언), 서기철(아나운서), 강소천(아동문학가)

425

| 태양 : 처녀자리 |
| 지배 성좌 : 황소자리/금성 |
| 위치 : 23° 45′ – 25° 45′ 처녀자리 |
| 상태 : 변통궁 |
| 원소 : 흙 |
| 항성 : 라브룸, 코폴라 |

9월 17일

VIRGO

순간적인 기회를 현명하게 포착하는 삶의 탐구자

생일로 볼 때 당신은 통찰력을 갖춘 현명한 사람이며 소통 기술이 뛰어납니다. 독립적이고 똑똑한 당신은 항상 박식하길 바라죠. 정신적 영감을 받으면 자발적으로 행동하고 순간적인 기회를 포착합니다. 하지만 쉽게 의심하거나 믿음을 잃어버리는 성향이 있어 회의적이 되거나 걱정에 빠지는 경우가 많습니다.

지배 성좌인 황소자리의 영향으로 당신은 매력적이고 말재간이 뛰어납니다. 또 사교적이고 다정하며, 아름다움, 색채, 형태에 대한 안목이 있지요. 당신의 목표를 성취하는 데 여성의 도움이 영향을 미칩니다. 당신은 정확하고 철저한 성격이라 세세한 데까지 신경을 써서 자기 분야에서 전문가가 될 수 있습니다.

당신은 자극을 주는 새롭고 흥미로운 일을 찾으며 독창적, 분석적, 혹은 기술력이 뛰어난 사람이 될 잠재력이 있습니다. 대응력이 빠르지만 시간이 오래 걸리는 힘든 일도 끈기 있게 해냅니다. 흥분을 원하고 가만있지 못하는 성미라 여행이나 학습을 통해 많은 변화를 꾀하고 삶을 탐구하려 합니다. 하지만 이런 변화들이 재정적 불안정이나 근거 없는 걱정을 불러일으켜 당신은 근검절약과 넉넉함 사이를 오락가락합니다. 기존의 것과 새로운 것 사이에 창의적 균형을 맞추는 법을 터득하면 생기와 영감이 유지되어 둔감해지지 않습니다.

5세 때 당신의 태양이 천칭자리로 들어가면 이후 30년 동안 개인적·직업적으로 사교 생활과 일대일 관계에 중점을 둡니다. 그러다 당신의 태양이 전갈자리로 들어가는 35세 때 전환점이 찾아와 더 깊은 인생의 의미를 추구하고 변화의 힘을 중시하게 됩니다. 당신의 태양이 궁수자리로 들어가는 65세부터는 새로운 아이디어나 인생철학을 탐구하고 싶은 마음이 커집니다. 또 여러 곳을 여행하고 싶어 하고 지금까지와는 다른 라이프스타일을 즐기려는 욕구가 생깁니다.

숨어 있는 자아

당신은 사물의 가치를 파악하는 감각을 타고나서 경제적으로 큰 성공을 거둘 잠재력이 있습니다. 하지만 직관에 따른 지혜를 발달시키다 보면 돈만으로는 완전한 만족을 얻지 못함을 깨닫게 됩니다. 당신에겐 번쩍이는 통찰력이 있지만, 깊이 생각하고 에너지를 충전할 시간과 공간이 반드시 필요합니다. 어떤 일에 대한 믿음이 생기면 이상을 현실로 만들기 위해 굉장히 열심히 노력하는 타입이네요.

당신은 자신이 생산적이고 쓸모 있는 사람이라고 느끼길 원하기 때문에 나이가 들수록 삶에서 일이 중요한 역할을 합니다. 따라서 자신의 일이 가치 있다는 믿음을 갖는 게 중요합니다. 정신적으로 완고한 편이니 사람들과의 토론을 즐기되 지나치게 논쟁하지 않도록 유의하세요.

일과 적성

당신은 세부까지 신경을 쓰는 철저한 성격이어서 연구나 과학 쪽에서 역량을 발휘할 수 있습니다. 현실적이고 분석적이라 경제학자, 금융 분석가 혹은 회계사로도 성공을 거둘 수 있습니다. 마찬가지로 소통 기술이 있어 작가나 비평가, 강연자, 언론인으로도 어울립니다. 정신적 활력이 넘쳐 법률 쪽도 맞지만 나서지 않고 배후에서 일하는 편을 선호할 수 있습니다. 혹은 기술력을 갖추어 컴퓨터나 엔지니어링 쪽에서 일할 수도 있겠습니다. 의학이나 치유 관련 직업 역시 당신이 아는 것을 남들과 나눌 수 있는 분야입니다.

수비학으로 본 당신의 운세

17일에 태어난 사람은 상황 판단이 빠르고 내성적이며 논리적인 결정을 내립니다. 자신이 아는 것들을 구체적인 방식으로 활용하기 때문에 전문 지식을 발전시켜 전문가나 연구자로 성공을 거두거나 중요한 위치에 오를 수 있습니다. 남에게 자기 얘기를 잘 하지 않는 편이며, 자기 성찰적이고 객관적입니다. 또 사실과 수치에 관심이 많네요. 긴 시간 집중하고 인내심을 발휘할 수 있으며, 경험을 통해 훨씬 많은 것을 배울 수 있습니다. 하지만 의심하는 성향을 줄이면 더 빨리 배우겠네요. 탄생월 9의 영향으로 당신은 현실적이고 수용력이 좋습니다. 정보가 많고 독립적으로 사고하여 자신의 경험에 따라 판단하고 최종 결정을 내리죠. 당신은 통찰력과 진보적인 시각을 갖추어 정신적이면서도 현실적입니다. 경제적 안정을 중시하는데, 지나치게 물질주의적이 되지 않도록 조심하세요.

- 장점 : 사려 깊음, 전문가, 기획력, 사업 감각, 돈을 끌어들임, 각고의 노력, 정확성, 과학적
- 단점 : 무심함, 완고함, 경솔함, 침울함, 예민함, 비판적, 걱정, 의심

연애와 인간관계

직관력과 지적 능력이 강하지만 내성적이어서 자신의 생각과 감정을 드러내지 않으려 합니다. 눈치가 빠르고 천성적으로 긴장을 잘해 관계가 발전하려면 시간이 걸립니다. 당신은 야심과 투지가 있는 근면한 사람을 좋아합니다. 애정 관계에서는 신뢰를 바탕으로 사랑을 쌓고 조화와 평화를 이루어야 합니다.

| 태양 : 처녀자리 |
| 지배 성좌 : 황소자리/금성 |
| 위치 : 24° 45′ - 25° 45′ 처녀자리 |
| 상태 : 변통궁 |
| 원소 : 흙 |
| 항성 : 라브룸, 코폴라, 자비야바, 알카이드 |

9월 18일

VIRGO

명확한 비전과 현실적 접근 방식을 접목하는 전략가

생일로 볼 때 당신은 현실적이고 통찰력이 있으며 분석적이고 상상력이 풍부합니다. 관심 가는 프로젝트가 있으면 강한 결단력과 목적의식을 바탕으로 열심히 일하지만 그렇지 않을 때는 타성에 젖어 아무것도 하지 않습니다.

지배 성좌인 황소자리의 영향으로 당신에게는 사랑과 애정이 중요합니다. 조화로운 환경과 평온한 생활을 원하기 때문에 가정이 삶의 안정에 중요한 역할을 합니다. 작은 요소까지 신경을 쓰는 철저한 성격이지만, 같은 문제를 끊임없이 곱씹다가 지나치게 비판적이 되거나 불안해지지 않도록 조심하세요. 당신은 지식을 좋아하고 다른 사람에게 정보 전파하기를 즐깁니다.

때때로 신경이 예민해지긴 하지만 당신은 명확한 비전과 현실적인 접근 방식을 가진 훌륭한 전략가입니다. 이런 특성을 강한 직관과 결합시키면 뛰어난 성과를 얻을 수 있습니다. 상황을 먼저 파악한 뒤 결정을 내릴 필요가 있지만, 일단 약속하고 나면 자신의 책임을 진지하게 받아들이는 편입니다.

4세 때부터 30년 동안 당신의 태양이 천칭자리에 머무는데, 그 영향으로 당신은 어릴 때부터 상냥하고 사교적이며, 관계와 사교적 수완을 중시합니다. 그러다 당신의 태양이 전갈자리로 들어가는 34세 때 인생의 전환점이 찾아와 변화, 치열함, 개인적 힘에 대한 정서적 욕구가 강해집니다. 인생의 더 깊은 의미를 추구하고 변화의 힘을 중시하죠. 당신의 태양이 궁수자리로 들어가는 64세부터는 모험심이 강해져 여행이나 높은 수준의 교육을 통해 삶을 탐구할 것입니다. 또한 다른 나라에서 온 사람들을 만나거나 당신이 해외로 나가게 됩니다.

숨어 있는 자아

완벽주의자인 당신은 스스로에게 너무 엄격하지 않아야 합니다. 때로는 기대에 부응하지 못할까 봐 걱정하지만 내면의 힘과 투지가 있어 장애물들을 극복하고 당신이 원하는 인정을 얻을 수 있습니다. 권력이 있는 자리에 있다면 공평무사해야 하며, 불공정하거나 사람들을 함부로 조종하려 해서는 안 됩니다.

명확한 목표가 있을 때는 적극적으로 일하며, 다른 사람들의 협조 없이는 나아갈 수 없다는 것을 당신은 잘 알고 있습니다. 다행히 당신은 개인적으로 사람들을 다루는 기술이 있고 적절한 인맥을 만드는 능력도 있습니다. 예비 자금이 부족할지 모른다는 근거 없는 걱정은 떨쳐버리기 바랍니다. 다른 이들과 협력하는 공동 프로젝트에서 특히 이득을 얻을 가능성이 높습니다.

일과 적성

꼼꼼하고 완벽주의적인 성향이 연구자, 통계 전문가, 경제학자, 회계사 같은 직업에서 성공을 거두는 데 도움이 됩니다. 다른 이들과의 협업이 당신의 경력 발전에 도움이 되기 때문에 업무 제휴를 하거나 팀 단위로 일하는 것도 좋겠네요. 조직력이 뛰어나 경영자나 관리자 자리에 올라가거나 법률이나 법 집행 분야에서 실력을 발휘합니다. 당신의 분석력을 활용하기 좋은 직업으로는 심리학, 강연, 글쓰기 등이 있습니다. 출판이나 광고, 미디어 쪽으로 진출해도 좋으며 치유 관련 직업에서도 두각을 드러낼 겁니다. 또 훌륭한 대의를 위한 자금을 모으는 데도 소질이 있습니다.

수비학으로 본 당신의 운세

결단력, 적극성, 야망이 18일과 연관된 특성입니다. 활동적인 당신은 힘과 끊임없는 도전을 원합니다. 때로는 비판적이고 기분 맞추기 어려운 사람이며, 논란이 될 만한 문제에 끌리는 성향도 있습니다. 당신은 자신의 힘을 이용해 사람들의 마음을 어루만져주고 유익한 조언을 해주거나 문제를 해결해줍니다. 직업적으로는 사업 감각과 조직력이 뛰어나 상업 분야로 진출할 수 있겠네요. 탄생월 9의 영향으로 당신은 훌륭한 전략가이며 창의적이고 독립적이길 원합니다. 통찰력과 진보적 시각을 갖추어 몽상가이지만 합리적이죠. 온정, 공감력, 섬세함을 바탕으로 이해심과 관용, 인내심을 익히고 길러나갑니다.

- 장점 : 진취적, 적극적, 직관적, 용기, 단호함, 효율적, 조언 기술
- 단점 : 통제되지 않는 감정, 나태함, 무질서함, 이기심, 일을 끝맺지 못하는 성향, 오해 받는 성격

연애와 인간관계

매력적이고 우호적인 당신은 사람들과 어울리기를 좋아합니다. 사랑과 애정을 원하지만 안정과 안전이 관계의 필수 조건입니다. 정신적 자극을 주는 지적인 사람들에게 끌리며 생각이 비슷한 사람과 자기표현 욕구를 공유하고 싶어 합니다. 인정이 많고 낭만적이며 섬세하지만 상황이 만족스럽지 않을 때 지나치게 감정적이 되거나 자신감이 떨어지거나 요구가 많아지는 성향은 경계해야 합니다.

당신에게 특별한 사람

연인이나 친구 ♥

1월 8, 18, 22일 / 2월 6, 16, 20일 / 3월 14, 18, 28일 / 4월 12, 16, 26일 / 5월 10, 14, 24일 / 6월 8, 12, 22일 / 7월 6, 10, 20, 29일 / 8월 4, 8, 18, 27, 30일 / 9월 2, 6, 16, 25, 28일 / 10월 4, 14, 23, 26, 30일 / 11월 2, 12, 21, 24, 28일 / 12월 10, 19, 22, 26, 28일

힘이 되어주는 사람 ♣

1월 6, 10, 25, 30일 / 2월 4, 8, 23, 28일 / 3월 2, 6, 21, 26일 / 4월 4, 19, 24일 / 5월 2, 17, 22일 / 6월 15, 20, 30일 / 7월 13, 18, 28일 / 8월 11, 16, 26일 / 9월 9, 14, 24일 / 10월 7, 12, 22일 / 11월 5, 10, 20일 / 12월 3, 8, 18일

운명의 상대

3월 13, 14, 15, 16, 17일 / 5월 29일 / 6월 27일 / 7월 25일 / 8월 23일 / 9월 21일 / 10월 19일 / 11월 17일 / 12월 15일

경쟁자

1월 13, 29, 31일 / 2월 11, 27, 29일 / 3월 9, 25, 27일 / 4월 7, 23, 25일 / 5월 5, 21, 23일 / 6월 3, 19, 21일 / 7월 1, 17, 19일 / 8월 15, 17일 / 9월 13, 15일 / 10월 11, 13일 / 11월 9, 11일 / 12월 7, 9일

소울메이트 ★

1월 6, 25일 / 2월 4, 23일 / 3월 2, 21일 / 4월 19일 / 5월 17일 / 6월 15일 / 7월 13일 / 8월 11일 / 9월 9일 / 11월 7일 / 12월 5일

이날 태어난 유명인

그레타 가르보, 잭 워든(배우), 새뮤얼 존슨, 베르나르 베르베르(작가), 지미 로저스(가수), 에드윈 맥밀런(물리학자), 호나우두(축구 선수), 한예슬(배우)

태양 : 처녀자리

지배 성좌 : 황소자리/금성

위치 : 25°45′ ‒ 26°30′ 처녀자리

상태 : 변통궁

원소 : 흙

항성 : 알카이드, 라브룸, 자비야바,
　　　마르케브

9월 19일
VIRGO

창의적 정신과 예리한 지적 능력을 갖춘 사람

생일로 볼 때 당신은 두뇌 회전이 빠르고 예리하며 직관력이 강하고 현실적이며 다재다능한 사람입니다. 너무 판에 박힌 일은 쉽게 싫증을 내기 때문에 변화와 모험을 추구하거나 새로운 과제들에 도전합니다. 호기심이 많지만 잠시도 가만있지 못하는 성미나 성급함이 성공으로 가는 데 극복해야 할 장애물이 될 수 있습니다.

지배 성좌인 황소자리의 영향으로 당신은 매력 있고 창의적인 정신을 지니고 있습니다. 타고난 사업 감각이 풍족한 생활을 원하는 마음, 예술과 미에 대한 안목과 결합되어 있네요. 상황을 정확하게 분석할 줄 알기 때문에 집중력을 기르고 깊이 있는 사고력을 발전시키면 철저하고 능숙하게 문제를 해결할 수 있습니다.

당신은 예리한 지적 능력을 갖추어 정보를 굉장히 빨리 이해하고 문제의 핵심으로 바로 들어갑니다. 완고하거나 냉소적이거나 말을 잘 하지 않을 때도 있지만, 진취적인 정신이 낙천주의에 불을 붙이면 매우 재미있고 함께 있기 좋은 사람이 됩니다.

어릴 때부터 32세까지 당신의 태양이 천칭자리에 있어 관계를 중시하고 인기와 인정을 갈망합니다. 그러다 당신의 태양이 전갈자리로 들어가는 33세 때 인생의 전환점이 찾아와 개인적 힘과 관련된 문제가 중요해지고 자신감과 통제력이 높아집니다. 또 변화나 공동 투자 같은 것에 관심이 쏠립니다. 당신의 태양이 궁수자리로 들어가는 63세부터는 삶을 더 철학적으로 보기 시작하고 인생에서 더 많은 자유와 모험을 추구합니다. 여기에는 공부나 해외여행도 포함됩니다.

숨어 있는 자아

당신은 겉보기보다 더 섬세할 수 있습니다. 당신의 강렬한 감정들을 표현할 방법을 찾아야 하는데, 그러지 않으면 특히 물질적인 문제로 걱정에 빠지거나 우유부단해지기 쉽습니다. 한편으로는 변화와 다양한 경험, 여행을 원하지만, 다른 한편으로는 안전하고 안정적이며 경제적으로 탄탄한 삶을 원합니다. 이 딜레마에서 벗어나려면 새롭고 흥미로운 일들을 찾아 생산적으로 일할 수 있도록 이런 상반된 성향들을 잘 조합해야 합니다.

당신은 창의적이고 성공 지향적이지만 현실도피 성향도 있습니다. 이상주의자여서 진심으로 다른 사람들을 돕고 싶어 하기 때문에 공감력과 인도주의 정신을 기르면 이런 성향을 극복할 수 있습니다.

일과 적성

당신이 직업을 선택할 때 경계해야 할 것이 바로 지루함입니다. 따라서 대중을 상대하거나 여행업처럼 사람이나 상황이 끊임없이 바뀌는 직업을 선택하는 게 좋습니다. 두뇌 회전이 빠르고 분석력이 뛰어나 정보를 매우 신속하게 이해하는데, 이런 능력이 글쓰기, 법률, 교직, 과학 분야나 사업에서 도움이 될 수 있습니다. 잠시도 가만있지 못하는 성미에다 삶을 탐구하고자 하는 욕구가 있어 직업을 바꾸거나 활동이 많은 직업을 택할 수 있습니다.

수비학으로 본 당신의 운세

19일에 태어난 사람들은 쾌활하며 포부가 크고 활동적이면서도 이상주의적이고 섬세합니다. 결단력이 있고 지략이 넘치는 당신은 통찰력이 뛰어나지만 몽상가적인 기질이 있어서 인정이 많고 감수성이 풍부합니다. 과장되게 행동하고 중심 자리를 요구하는 것은 중요한 사람이 되고 싶은 마음 때문입니다. 다른 사람들에게는 자신만만하고 회복력이 뛰어난 사람으로 보이지만 내면의 긴장감으로 인해 감정 기복이 심할 수 있겠네요. 자부심이 강하지만 세상이 당신을 중심으로 돌지 않는 것도 알아야 합니다. 탄생월 9의 영향으로 당신은 통찰력이 매우 강합니다. 인도주의자라서 다른 사람들의 행복에 관심을 기울이죠. 스스로에게 높은 기준을 세워놓으면 자신과 타인에 대해 너무 진지하거나 비판적이 될 수 있습니다. 야망이 크지만 의심과 불안으로 의욕이 저하될 수도 있습니다.

- 장점 : 활동적, 중심 역할, 창의성, 리더십, 진취적 성향, 낙천주의, 강한 확신, 경쟁력, 독립성, 사교적
- 단점 : 자기중심적, 침울함, 근심 걱정, 거절에 대한 두려움, 물질주의적, 이기주의, 성급함

연애와 인간관계

당신은 두뇌가 명석하면서도 섬세하고 수용적입니다. 안전과 안정이 다른 사람들과 관계를 맺는 데 중요한 요인이 될 수 있겠네요. 당신이 누구를 사랑하고 믿어야 할지 알기 위해서는 시간을 들이고 조급하게 굴지 말아야 합니다. 이 말은 성급하게 관계에 뛰어들면 마음의 괴로움이나 걱정, 의심이 생겨날 수 있다는 뜻도 됩니다. 새로운 환경에서 시작하고 싶은 욕구 역시 당신의 개인 생활을 형성하는 데 중요한 역할을 합니다. 과거를 놓아주고 믿음을 가지면 새로운 기회가 찾아옵니다.

당신에게 특별한 사람

연인이나 친구

1월 4, 13, 19, 23, 24일 / 2월 2, 11, 17, 21, 22일 / 3월 9, 15, 19, 28, 29, 30일 / 4월 7, 13, 17, 26, 27일 / 5월 5, 11, 15, 25, 26일 / 6월 3, 9, 13, 22, 23, 24일 / 7월 1, 7, 11, 20, 21, 22일 / 8월 5, 9, 18, 19, 20일 / 9월 3, 7, 16, 17, 18일 / 10월 5, 14, 15, 16, 29, 31일 / 11월 3, 12, 13, 14, 27, 29일 / 12월 1, 10, 11, 12, 25, 27, 29일

힘이 되어주는 사람

1월 7, 15, 20, 31일 / 2월 5, 13, 18, 29일 / 3월 3, 11, 16, 27일 / 4월 1, 9, 14, 25일 / 5월 7, 12, 23일 / 6월 5, 10, 21일 / 7월 3, 8, 19일 / 8월 1, 6, 17, 30일 / 9월 4, 15, 28일 / 10월 2, 13, 26일 / 11월 11, 24일 / 12월 9, 22일

운명의 상대

3월 15, 16, 17, 18일

경쟁자

1월 6, 14, 30일 / 2월 4, 12, 28일 / 3월 2, 10, 26일 / 4월 8, 24일 / 5월 6, 22일 / 6월 4, 20일 / 7월 2, 18일 / 8월 16일 / 9월 14일 / 10월 12일 / 11월 10일 / 12월 8일

소울메이트

4월 30일 / 5월 28일 / 6월 26일 / 7월 24일 / 8월 22일 / 9월 20일 / 10월 18일 / 11월 16, 28일 / 12월 14, 26일

이날 태어난 유명인

트위기, 제러미 아이언스(배우), 윌리엄 골딩(작가), 브라이언 엡스타인(비틀스의 매니저), 잔드라 로즈(패션 디자이너), 이만수(야구 선수), 견미리, 송중기(배우), 윤성호(코미디언)

태양 : 처녀자리

지배 성좌 : 황소자리/금성

위치 : 26°45´ - 27°30´ 처녀자리

상태 : 변통궁

원소 : 흙

항성 : 알카이드, 자비야바, 마르케브

9월 20일

VIRGO

두뇌 회전이 빠른 진취적 이상의 소유자

생일로 볼 때 당신은 두뇌 회전이 빠르고 현실적인 사람으로, 기회를 재빨리 알아차리고 배우는 걸 좋아합니다. 똑똑하고 섬세하며, 생산적으로 활발하게 지내는 것을 즐기고 진취적인 정신의 소유자죠. 대체로 낙천적이고 솔직하지만 인내심과 관용을 기를 필요가 있습니다.

지배 성좌인 황소자리의 영향으로 당신은 지적인 대화를 나누고 말솜씨가 좋으며, 미적 안목이 있는 매력적인 사람입니다. 세부적인 부분까지 신경을 쓰기 때문에 꼼꼼하고 형태에 대한 감각이 뛰어납니다. 논리 정연하고 설득력 있으며 이해력도 빠르죠. 글이나 그 외의 소통들이 당신의 성공에 중요한 역할을 합니다. 사업 감각과 예리한 통찰력을 타고났지만 지나치게 비판적이 되는 성향은 조심해야 합니다.

당신은 매우 현실적이지만 이상주의적이고 직관적이기도 하며 큰 계획을 그릴 줄 압니다. 천성적으로 설득력이 있고 예리한 재치를 즐기기 때문에 똑똑하거나 자수성가한 사람들에게 끌립니다. 이런 인맥이 당신의 경제적 성취에 특히 도움이 될 겁니다.

어릴 때부터 31세까지 당신의 태양이 천칭자리에 있어 그 영향으로 당신은 인기를 얻고 인정받길 원합니다. 이 시기에는 관계를 특히 중요하게 생각하죠. 그러다 당신의 태양이 전갈자리로 들어가는 32세에 인생이 전환점을 맞아, 다음 30년 동안 개인적 힘에 대한 의식이 높아져 자립심이 커지고 정서적 인지를 하게 됩니다. 당신의 태양이 궁수자리로 들어가는 62세부터는 견문을 넓히고 싶어집니다. 이런 욕구가 물리적으로는 여행, 정신적으로는 공부를 통해 나타날 수 있으며, 철학적인 시각이 발달할 것입니다.

숨어 있는 자아

당신은 평화를 원하지만 끊임없이 정신적 자극을 추구합니다. 집중하거나 깊이 생각하거나 명상하는 법을 익히면 차분함을 유지하고 내면의 동요를 다스리는 데 도움이 될 것입니다. 당신은 지극히 섬세하고 상처받기 쉽지만 겉으로는 자신감 있고 유능해 보입니다. 이렇게 내면의 감수성이 예민하니 세상으로부터의 안전한 안식처를 만드는 것이 중요하지요. 따라서 가정이 당신의 삶에서 중요한 부분을 차지하고 발전해나갈 안정적인 토대를 제공합니다. 그러나 화합을 추구하다가 틀에 박힌 생활에 갇혀버리는 일이 없도록 조심하세요. 당신은 자신의 책임을 잘 인식하고 있지만, 이타심의 가치와 희생하는 법을 배워야 합니다. 이런 마음가짐이 인도주의적 대의를 위해 싸우거나 주변의 평화를 얻기 위한 노력으로 확장될 수도 있습니다.

일과 적성

당신은 사람을 다루는 기술을 활용하는 직업에서 성취할 가능성이 가장 많습니다. 돈이 되는 아이디어가 넘치고 훌륭한 기획자이자 조직자이기 때문에 영업, 홍보, 판촉, 광고 분야에서 성공을 거둘 수 있습니다. 정보를 수집하고 분석하는 능력이 뛰어나 통계, 연구, 교육 분야에서도 성공 가능성이 높습니다. 뛰어난 사업 감각이 있지만 글쓰기, 음악, 드라마, 예술처럼 창조적인 면을 활용할 수 있는 직업에 더 관심이 갈 수 있겠네요. 당신은 협력해서 일하거나 팀워크를 발휘할 때 특히 좋은 성과를 냅니다. 이상주의적 성향이 있어 심리학 관련 직업을 갖거나 사회 개혁 혹은 공공의 행복을 위한 집단에서 일할 수도 있습니다.

수비학으로 본 당신의 운세

20일에 태어난 사람은 직관적이고 이해심이 강하며 융통성이 있습니다. 다른 사람들과 교류하거나 경험을 나누고 배울 수 있는 협력적인 활동을 즐기죠. 매력적이고 사람들과 어울리기 좋아하는 당신은 사교 수완을 발달시켜 다양한 사회집단에서 활약합니다. 하지만 다른 사람들의 행동과 비판에 쉽게 상처받는 성향을 극복해야 합니다. 인간관계에서는 희생을 자처하거나 불신하거나 타인에게 지나치게 의존하지 않도록 주의하세요. 탄생월 9의 영향으로 당신은 활동적이고 강한 성격의 이상주의적 몽상가입니다. 굉장히 섬세해서 주변의 영향을 잘 받으며 수용적입니다.

- ● 장점 : 훌륭한 파트너십, 온화함, 재치, 수용적, 직관력, 사려 깊음, 조화로움, 상냥함, 원만함, 선의 있음
- ■ 단점 : 의심이 많음, 자신감 부족, 굴종, 지나치게 예민함, 감정적, 이기적, 쉽게 상처받음

연애와 인간관계

지적이고 사려 깊으며 상황에 합리적으로 접근하는 당신은 관계에서 자신이 원하는 것을 명확하게 알고 있습니다. 하지만 평범하지 않은 관계에 말려들거나 파격적인 사람들과 관계를 맺을 수도 있겠네요. 천성적으로 현실적이어서 쉽게 사랑에 빠지지 않고 성공적이지 않은 관계는 빠져나옵니다. 두뇌 회전이 빠른 당신은 계속 관심이 유지되고 정신이 깨어 있도록 해주는 누군가를 원합니다.

처녀자리

이날 태어난 유명인

소피아 로렌(배우), 아무로 나미에(가수), 업턴 싱클레어(작가), 레오 스트라우스(정치철학자), 가인(가수), 안재모(배우)

| 태양 : 처녀자리 |
| 지배 성좌 : 황소자리/금성 |
| 위치 : 27°45′ – 28°45′ 처녀자리 |
| 상태 : 변통궁 |
| 원소 : 흙 |
| 항성 : 알카이드, 자비야바, 마르케브 |

9월 21일
VIRGO

강한 직관과 탁월한 잠재력을 지닌 사람

생일로 볼 때 당신은 독립적이고 친화적인 사람입니다. 엄청난 창조적 잠재력을 지니고 있으며 사회적인 성향이죠. 자기표현 욕구가 강하고 말재간이 뛰어나지만, 너무 많은 관심사들로 주의를 분산시키거나 걱정과 망설임에 기운을 낭비하지 마세요.

지배 성좌인 황소자리의 영향으로 당신에게는 사랑과 애정이 중요합니다. 현실적이고 논리 정연하여 지식에 대한 갈망이 있고, 굉장히 매력적인 사람입니다. 미와 형태에 대한 안목이 뛰어나 취향이 세련되었고 예술, 자연, 인생의 좋은 것들을 즐깁니다. 소통 기술이 뛰어나고 세부 사항까지 신경을 쓰지만 사소한 일에 집착해 지나치게 비판적이 되거나 불안에 빠지지 않도록 하세요. 운 좋게도 황소자리 사람들은 사업 감각을 타고나기 때문에 가장 높은 자리까지 올라가는 일이 많습니다.

당신은 한편으로 지극히 따뜻하고 낙천적이다가 한편으로 냉정해지면서 화를 잘 내는데, 특히 긍정적인 목표가 없을 때 신경질적이 되기 쉽습니다. 천성적으로 직관이 강한데, 정신적 문제에 대한 의심은 극복해야 합니다. 하지만 당신은 머리가 좋아서 여러 방법을 모색하며 지혜롭게 문제를 풀어나갈 것입니다.

아주 어릴 때 당신의 태양이 천칭자리에 들어가면서 인정받고 싶은 욕구가 중시됩니다. 31세까지 관계가 인생에서 특히 중요한 자리를 차지하다가, 당신의 태양이 전갈자리로 들어가면 개인적 힘이 증가하여 더욱 단호해지고 통제력이 높아집니다. 당신의 태양이 궁수자리로 들어가는 61세 이후에는 더 철학적이 되고 자유를 원하며 모험심이 강해집니다.

숨어 있는 자아

당신은 건전한 가치관의 소유자이지만 자꾸만 의심해 자신감을 잃어버리는 성향은 극복해야 합니다. 직관력을 활용하는 법을 익히면 믿음이 생기고 자신의 내적 자산에 의지할 수 있습니다. 자존감과 자부심이 강해 실패를 두려워하지만 모험하지 않으면 잠재력을 충분히 발휘할 가능성이 줄어들지요. 쉽게 싫증을 느끼는 편이라 자극을 주고 도전할 만한 무언가를 찾아내야 합니다. 당신의 경우 끈기와 인내를 발휘해야 목표를 성취할 수 있습니다.

당신은 다재다능하고, 대체로 성공을 거두지만 충동적인 면과 사치벽이 있습니다. 이런 면을 잊지 않으면 재정 상태의 변화를 통제할 수 있을 겁니다. 당신은 변화를 원하고 제약이 많은 상황에서 벗어나고 싶어 하는 욕구가 있어 만족을 얻기 위한 많은 방법들을 탐구합니다. 여기에는 지평을 넓히고 새로운 기회를 제공하는 여행과 일이 포함됩니다.

일과 적성

일이 인생의 중요한 부분을 차지하기 때문에 당신의 뛰어난 잠재력을 최대한 활용하는 것이 중요합니다. 언어 능력이 탁월해서 작가나 영업직에서 두각을 드러낼 가능성이 높습니다. 마찬가지로 에이전트, 변호사, 배우, 정치인 혹은 출판 직종에서 성공을 거둘 수 있습니다. 이날 태어난 사람들의 특징인 창의력이 음악을 통해 성공적으로 표현될 수도 있겠네요. 아니면 타고난 사업 감각이 상업 분야에서 발휘될 수 있으며, 이 경우 당신은 창의적으로 일할 수 있습니다. 당신은 단조로운 일을 하는 직업은 피해야 하며 대인관계 기술을 활용하는 일에서 더 좋은 성과를 냅니다. 남을 돕고자 하는 욕구가 상담직이나 교직 등에서 실현될 수도 있습니다.

수비학으로 본 당신의 운세

역동적인 추진력과 외향적인 성격이 21일생들의 공통된 특성입니다. 친화적이고 사교적인 당신은 다양한 사람들과 친교를 맺어 인간관계가 넓습니다. 흥이 넘치고 사람을 끌어당기는 매력이 있으며 창조적이죠. 그러면서도 수줍음을 타고 속마음을 잘 드러내지 않을 수 있는데, 특히 가까운 사이에서는 자기 생각을 잘 표현할 필요가 있습니다. 협력적인 연대나 결혼에 끌리지만, 자신의 재능과 능력을 인정받고자 하는 열망 또한 큽니다. 탄생월 9의 영향으로 재치가 넘치고 신중하며 열정적인 데다 감수성이 풍부하네요. 이성적이지만 상상력이 풍부하니 자신을 마음껏 표현할 방법을 찾아야 합니다. 우유부단해지거나 남의 의견에 지나치게 신경 쓰지 않도록 하세요. 당신은 마음이 넓은 인도주의자로, 공평함과 정의를 추구합니다. 단 성급하게 행동하거나 에너지를 너무 여러 곳에 나누어 쓰지 마세요. 당신은 통찰력이 강해 이따금 선견지명을 발휘합니다.

- 장점 : 영감, 창의력, 사랑으로 맺은 관계, 오래 지속되는 관계
- 단점 : 의존적, 신경과민, 신경질적, 비전 결여, 실망감, 변화에 대한 두려움

연애와 인간관계

당신은 천성적으로 재치 넘치고 재미있어서 함께 있으면 즐거운 사람입니다. 상냥하고 관대하며 사교적이기 때문에 쉽게 친구를 만들고 사람들을 사로잡죠. 섬세하고 이상주의적인 데다 매력적이고 낭만적인 사람이지만, 상황에 만족하지 못하고 신경이 예민해질 때가 많아 상대방을 비판하거나 우유부단해지거나 감정이 바뀌기 쉽습니다. 연인과의 관계에서 희생하는 때도 있지만 냉담해지거나 무신경해질 수도 있겠네요. 당신은 섬세하고 이해심이 많으며 당신의 능력을 믿어주는 짝을 찾습니다.

처녀자리

태양 : 처녀자리/천칭자리 경계
지배 성좌 : 황소자리/금성
위치 : 28°45′ - 29°45′ 처녀자리
상태 : 변통궁
원소 : 흙
항성 : 알카이드

9월 22일

VIRGO

두 별자리의 지성과 사교성을 두루 갖춘 행운아

당신은 두 별자리의 경계에서 태어나 처녀자리의 예리한 지적 능력과 천칭자리의 사교성을 두루 갖춘 운 좋은 사람입니다. 기본적으로 현실적이며 끈기가 있고 꼼꼼하고 정확한 성격에 경쟁심도 있습니다. 독창적으로 사고해서 유익한 토론이나 논쟁을 즐기지만 지나치게 시비조가 되거나 빈정대지 않도록 조심하세요. 하지만 당신은 필요할 때 사교 수완을 효과적으로 발휘할 줄 알고 팀의 일원으로 일할 때의 이점을 잘 알고 있습니다.

지배 성좌인 황소자리의 영향이 더해져 논리 정연하고 두뇌 회전이 빠른 데다 사업 감각을 타고났습니다. 듣기 좋은 목소리를 가졌고 매력적이며 아름다움과 고급스러움에 대한 안목도 있네요. 예리한 통찰력을 갖추고 관찰력도 뛰어나지만 지나치게 비판적이 되지 않도록 조심하세요. 당신은 지식에 대한 갈망과 예리한 지적 능력이 있어 다양한 유형의 활동에 참여합니다. 친구들과 함께 있을 때면 친근한 재담을 즐기고 독특한 유머 감각을 발휘하죠.

당신은 겉모습에 신경을 쓰고 좋은 인상을 주길 원합니다. 하지만 자신의 이상을 실현하거나 다른 사람들을 도울 때 가장 큰 만족을 얻네요. 직관력이 강하니 자신의 직감을 믿기 바랍니다.

태어나는 해에 당신의 태양이 천칭자리에 들어가기 때문에 어릴 때부터 똑똑하고 사교적이며 조화로운 환경을 원합니다. 30세가 될 때까지 인생에서 관계가 중요한 역할을 합니다. 그러다 당신의 태양이 전갈자리로 들어가는 30세에 전환점이 찾아와 정서적인 독립심과 통제력이 커지고 두려움이 줄어듭니다. 60세에 당신의 태양이 궁수자리로 들어가면서 모험심이 강해지고 더욱 철학적이 되며 여행, 외국의 장소나 사람들, 교육에 관심을 느낍니다.

숨어 있는 자아

당신은 사랑과 애정에 대해 적극적으로 반응하고 마음이 따뜻하며 관대해서 함께 있기 좋은 사람입니다. 하지만 자부심이 강하고 도전을 받으면 때로는 완고해지기 때문에 침울해지거나 짜증을 내거나 긴장할 수 있습니다. 평소에는 극도로 섬세한 성격을 통찰력으로 극복하지만 무언가를 결정하면 강한 의지와 투지를 발휘하며 이러한 지구력이 뛰어난 성취를 이루는 데 도움이 됩니다.

당신은 문제의 심층부에 다가가고 표면 아래에 무엇이 있는지 알고 싶은 마음이 강해서 사람들의 동기를 파악하려 하고 심리를 잘 읽습니다. 이러한 통찰력이 일에 도움이 될 뿐 아니라 주변 사람들에게도 영향력을 미칩니다.

일과 적성

분석력과 비판 능력을 갖춘 당신은 뛰어난 편집자나 작가, 교사, 과학자가 될 수 있습니다. 사람들과 함께 일하는 데 재능이 있어 에이전트나 영업 사원, 기획자, 마케터로서 두각을 드러낼 수도 있겠네요. 아니면 리더십, 조직력, 전략 기획 능력을 발판으로 상업계로 진출해 뛰어난 협상가가 되거나 대규모 프로젝트에 참여해 정신적인 도전을 할 수도 있습니다. 구조에 대한 감각이 뛰어나니 건축가나 제도사가 되어도 좋겠습니다. 혹은 인도주의적 면모를 살려 사회 개혁이나 치유 관련 분야에서 자신의 지식을 다른 사람들과 나눌 수도 있습니다.

수비학으로 본 당신의 운세

22일에 태어난 당신은 현실적이고 자제력과 직관력이 강한 사람입니다. 22는 마스터 숫자이기 때문에 숫자 22와 4로 공명할 수 있습니다. 정직하고 근면하며 리더십을 타고난 당신은 카리스마 있는 성격이며 사람에 대한 이해가 깊습니다. 감정을 잘 드러내지 않는 편이지만 사람들을 돌보고 보호하는 데 관심을 기울이죠. 하지만 자신의 현실적 처지를 망각해서는 안 됩니다. 탄생월 9의 영향으로 야망이 크고 합리적이며 신중합니다. 다른 사람들의 감정에 민감해서 이해와 배려를 해주죠. 에너지와 열정을 타고나 근면성과 투지를 발휘해 성공을 거둘 수 있습니다. 통찰력과 강한 직관을 갖추었으며 때때로 자신의 예지력을 활용하고 창조적으로 자신을 표현하며 통해 많은 것을 이룹니다. 그러나 현실적인 시각과 경제 감각을 길러야 합니다.

- 장점 : 보편성, 책임자, 강한 직관력, 실용적, 현실적, 손재주, 능숙함, 개발자, 조직력, 현실주의, 문제 해결자, 성취자
- 단점 : 일확천금에 대한 기대, 신경과민, 권위적, 물질주의, 비전 결여, 나태함, 자기중심적, 욕심, 자기 홍보

연애와 인간관계

당신은 확고한 시각과 자기 의견이 있는 사람이지만 협력을 좋아합니다. 사랑과 우정을 굉장히 중요하게 생각해서 조화로운 관계를 유지하기 위해 양보를 하거나 사교 수완을 발휘하죠. 외향적이고 자부심이 강하며 카리스마가 있어 당당하고 매력적입니다. 항상 이상적인 상대를 찾는 당신은 지속적인 관계를 믿고 마음을 정한 이에게 충실합니다. 하지만 주목받지 못하거나 원하는 사랑을 받지 못하면 불안해하거나 질투를 할 수 있으니 조심하세요.

처녀자리

천칭자리
LIBRA

9월 23일 ~ 10월 22일

| 태양 : 천칭자리/처녀자리 경계 |
| 지배 성좌 : 천칭자리/금성 |
| 위치 : 29° 30′ 처녀자리 – 0° 30′ 천칭자리 |
| 상태 : 활동궁 |
| 원소 : 공기 |
| 항성 : 없음 |

9월 23일

LIBRA

솔직하고 야망 넘치는 리더

이 생일의 기운을 받은 당신은 지적이면서도 섬세하고 매력적이면서도 솔직담백한 사람입니다. 처녀자리와 천칭자리의 경계에서 태어나 두 별자리의 장점을 두루 갖추고 있네요. 그 하나는 현실적이고 날카로운 지성이고 또 하나는 예술적 재능입니다. 안타깝게도 이 기운이 강해지면 극심한 이기주의에 빠진 완벽주의자의 모습을 보일 수 있습니다. 그렇지만 호기심 많은 성향과 탁월한 리더십에 섬세한 감성이 더해져 최고의 자리에 오를 수 있는 잠재력을 갖게 됩니다.

십분각 지배 성좌 천칭자리의 기운이 더해져 당신은 쾌활한 매너와 듣기 좋은 목소리로 사람들을 매료합니다. 진보적 성향으로 지식욕이 많아, 정신적 자극이 되는 프로젝트를 주도하길 즐깁니다. 느긋해 보이면서도 야망이 넘치는 당신은 확고한 믿음과 의지로 끈질기게 밀어붙여 결국 목표를 달성합니다. 사교 수완이 뛰어나며, 자기 수양과 결단력을 갖춘 건설적인 이상주의자로 원하는 것을 실현할 역량이 탁월합니다.

창조적인 사색가이자 이해가 빠른 당신은 소통 능력도 타고났네요. 이상주의자이지만 돈에도 민감하며 아름다움과 화려함도 즐깁니다. 그러나 사치나 허영은 삼가세요. 냉철한 지성을 발휘하는 것이 성공의 가장 중요한 요소이므로, 당신의 흥미를 끄는 일이나 활동을 하는 것이 좋습니다.

29세 이전에 당신은 돈이나 창의력, 좋은 관계에 관심을 많이 보입니다. 30세 즈음, 당신의 태양이 전갈자리로 들어가면서 깊은 정서적 변화가 일어나는 전환기가 찾아옵니다. 당신은 공동 출자 사업에 관여할 수도 있고 다른 사람의 돈을 취급할 수도 있습니다. 또 한 번의 전환기는 당신의 태양이 궁수자리로 들어가는 60세에 맞게 되는데, 이때 당신은 더욱 모험적으로 자유를 누리고 싶어지고, 더 많이 배우고 싶어지거나 여행을 떠나고 싶어집니다.

숨어 있는 자아

겉보기엔 자립심이 강해 보이지만 당신은 파트너나 인간관계에 매우 예민하게 반응합니다. 애정이 많고 사교 수완이 좋아 자상하면서도 자극을 주는 친구가 될 수 있습니다. 그러나 정서적 균형이 깨지면 우울하고 냉담해지거나 한순간 흥미를 잃을 수 있습니다. 그렇기에 사람들이 필요하지만 애정 관계에서는 독립성을 유지하는 것이 좋고, 행복을 유지하기 위해서는 서로 공정하면서도 동등하게 주고받을 수 있는 파트너가 필요합니다.

공감을 잘하고 유능하기 때문에 사람들은 당신의 도움과 지원을 바랍니다. 당신은 다정한 관계를 통해, 또는 미술, 음악, 영적인 세계의 표현을 통해 이상주의적 비전을 실현하고자 합니다. 내적인 감수성이 억압되면 두려움을 느끼고 적대적인 모습을 보이게 됩니다. 그러나 확신이 서면, 건설적인 파트너십과 집단 활동에서 다른 사람들과 적극적으로 협력합니다.

천칭자리

6월

일과 적성

당신은 유연성과 천부적인 소통 능력으로 사람들을 대하는 것을 즐기기 때문에 훌륭한 기획자나 홍보인이 될 자질이 있습니다. 타고난 매력과 설득력으로 대변인 역할도 맡을 수 있겠네요. 정보를 중요하게 생각하므로 교육이나 언론계, 또는 저술 활동에 끌릴 수 있습니다. 적응력이 뛰어나지만 선구적인 사고로 참신한 아이디어를 소개하거나 오래된 개념을 개선하는 데 능력을 보일 수 있습니다. 혹은 음악을 사랑하여 연예계로 발을 들여놓을 수도 있겠네요.

수비학으로 풀어본 당신의 운세

직관적이고 감성이 풍부하며 창의적인 성향은 23일에 태어난 사람들의 공통된 특성입니다. 당신은 열정적인 팔방미인으로 두뇌도 명석하여 프로다운 태도를 보이며 창의적인 아이디어가 넘쳐나네요. 23일의 기운을 받은 당신은 새로운 과제를 쉽게 터득하지만 이론보다는 실천을 더 선호하지요. 여행과 모험, 그리고 새로운 사람을 만나는 것을 즐기며 23일의 기운으로 한시도 가만있지 못해서 다양한 경험을 많이 하게 됩니다. 당신은 어떤 상황에 처해도 그것을 최대한 활용하네요. 전반적으로 자상하고 흥이 많으며 용기와 추진력도 있어 진정한 잠재력을 발현하기 위해서는 활동적인 생활이 필요합니다. 탄생월 9의 기운을 받아 당신은 직관적이고 상상력이 풍부합니다. 다재다능하고 현실적이지만 질서가 필요하며 인내도 키워야겠어요. 쉽게 싫증 내는 경향이 있어서 가다가 중간에 노선을 변경하는 것은 삼가야 합니다. 새로운 도전에 임하기 전에 하던 일은 마무리 지어야 유리하겠네요.

- 장점 : 충실함, 책임감, 여행, 소통, 직관적, 창조적, 다재다능함, 신뢰, 명성
- 단점 : 이기적, 불안정함, 고집 셈, 강경함, 트집 잡기, 둔함, 내향적, 편견

연애와 인간관계

사람을 매료하는 능력이 있어서 친구와 파트너를 쉽게 사귀겠어요. 단번에 빠져들지는 않지만 한번 집중하기 시작하면 관계의 조화를 위해 최선을 다하네요. 로맨틱한 사람이라 정서적인 안정을 좋아하는 당신은 파트너에게 충실합니다. 환멸을 느끼는 경우가 있더라도, 특히 여성인 경우는 의기투합하는 관계로 만들기 위해 끊임없이 노력합니다. 남자들은 그만큼의 인내심은 없지만 관념적으로 완벽한 관계를 만들고 싶다는 마음은 갖고 있습니다.

이날 태어난 유명인

브루스 스프링스틴, 레이 찰스, 훌리오 이글레시아스(가수), 월터 리프먼(작가), 이미연, 심은하(배우), 나얼(가수), 김보경(축구 선수)

처녀자리

441

태양 : 천칭자리
지배 성좌 : 천칭자리/금성
위치 : 0°30′ – 1°30′ 천칭자리
상태 : 활동궁
원소 : 공기
항성 : 없음

9월 24일

LIBRA

다정한 공감력을 갖춘 휴머니스트

이 생일의 기운을 받아 뛰어난 공감력을 갖춘 당신은 자상하고 다정하고 사교적인 사람으로 무엇이 공정하고 옳은 것인가에 대한 확신을 갖고 있습니다. 가족에게는 특별한 애정을 보이는데, 그 외 상황에서는 사교 수완을 발휘합니다. 너그럽고 로맨틱한 당신은 카리스마와 리더십이 잘 조화되어 있네요. 자신의 영향력을 사회적으로 어떻게 발휘할지를 알고 있어 다양한 부류의 사람들과 잘 어울립니다.

지배 성좌 천칭자리의 기운이 더해져 당신은 주변 환경이 화려하고 아름다운 것을 좋아합니다. 영감이 넘치는 당신의 아이디어는 타고난 예술적·창조적 재능을 키울 수 있습니다. 그러나 놀라운 잠재력을 발휘하려면 인내심과 자기 수양이 선행되어야 합니다.

나이가 들어가며 인생이 전반적으로 좋아지며 사람에게 덜 의존하게 됩니다. 신념이 벽에 부딪히더라도 확신을 가질 필요가 있습니다. 사교적이고 훌륭한 기획자이자인 당신은 멋진 엔터테이너이자 진행자가 될 수 있습니다. 편안함을 즐기기 때문에 긴장을 쉽게 풀고 평온한 일상에서도 잘 지냅니다. 그러나 마음속에는 반항적인 휴머니즘이 도사리고 있어 평범한 수준을 넘고 싶은 욕망이 꿈틀댑니다.

28세 이전에는 사회적 관계에 관심을 갖고 조화롭고 고급스러운 환경을 가꾸는 데 관심을 갖습니다. 그러나 29세 즈음에 당신의 태양이 전갈자리로 움직이면서 그러한 관심에 변화가 찾아오는데, 정서적 변화에 관한 문제가 부각되고 삶의 깊은 의미를 찾고자 하는 열망이 생깁니다. 또 한 번의 전환기는 당신의 태양이 궁수자리로 들어가는 59세에 오는데, 이때 당신은 모험심이 더욱 강해지고 정신적으로 또는 신체적으로 삶을 더 깊이 탐구하게 되며, 특히 공부를 더 많이 하게 되거나 해외로 여행을 떠나게 됩니다. 또한 다양한 문화의 사람들을 만나며 삶의 지평을 넓힐 수도 있습니다.

숨어 있는 자아

삶에 확신이 들 때 당신은 한 발짝 물러서 인생을 밝고 유머가 넘치며 재미있는 태도로 바라봅니다. 그러나 우울해지면서 좌절감이나 실망감을 느끼게 되면 대인관계에도 영향을 미치게 되어 남을 좌지우지하려는 마음이 생기고, 사람들은 당신의 감정을 이해할 수 없게 됩니다. 이런 일이 발생하면 너무 심각하게 받아들이지 말고 책임감 있게 행동하기만 하면 격렬한 감정을 안정시킬 수 있습니다. 당신의 따스함과 너그러움, 그리고 다정한 천성은 머지않아 보상을 받게 됩니다.

엄청난 힘을 발휘할 수 있는 잠재력의 소유자인 당신은, 사람들에게 특히 예술가, 정치가, 연예인 또는 정신적인 리더로서 감동을 줄 수 있습니다. 당신은 정신적으로 긴장을 늦추지 않는 사람을 존경하며, 그것을 바로 말로 표현합니다. 관찰을 잘하고 사람들의 성격을 재빨리 간파하기에 인간 본성에 대한 이해를 바탕으로 유용한 사회적 인맥을 쌓을 수 있습니다.

일과 적성

창조적이고 이상주의적인 당신은 가치 있는 대의를 위해 일하며, 다른 사람들이 성공하도록 독려해줄 수 있습니다. 현실감이 뛰어나고 관대하며 카리스마와 독특한 개성으로 사람들을 리드하고 특히 대규모 행사나 사교 모임을 잘 조직합니다. 돋보이는 매력과 사교 수완을 발휘해 사람을 설득하여 인정을 받고 인기도 얻을 수 있습니다. 인도주의적 성향에다 인맥이 넓어 자선 모금 활동 같은 일도 어울립니다. 협상을 잘하므로 훌륭한 중재자가 될 수도 있습니다. 책임감이 강하고 근면해서 법이나 개혁에 관심을 기울일 수도 있겠네요. 강렬한 감성을 표현하면 저술이나 디자인, 연극, 음악, 또는 미술 계통에서 성공을 거둘 수 있습니다.

수비학으로 풀어본 당신의 운세

24일에 태어난 당신은 틀에 박힌 일은 싫어하지만 근면하며 실무 능력과 명철한 판단력을 갖고 있네요. 24일은 풍부한 감성을 암시하므로, 당신에게 안정과 질서가 필요함을 알 수 있습니다. 충실하고 공정하며 때로 감정을 잘 드러내지 않는 당신은 행동이 말보다 우선해야 한다고 믿는 사람입니다. 이렇게 실용적인 태도를 가진 당신은 훌륭한 사업 감각과 능력을 키우면 장애물을 이겨내고 성공할 수 있습니다. 24에 태어난 당신은 고집이 세거나 고정관념에서 벗어나지 못하는 성향을 극복해야만 합니다. 탄생월 9의 영향으로 당신은 상상력이 풍부하고 관대하며 감성에 깊이가 있습니다. 이상주의적이고 낭만적인 사람이라 충실한 친구이자 연인이 될 수 있습니다. 가정과 가족은 당신 인생에서 중요한 역할을 하며, 사랑하는 사람을 위해서 희생을 마다하지 않지요. 내적 충만함을 느끼기 위해 창조적인 자기표현은 꼭 필요합니다. 그러지 않으면 억압된 감정과 좌절감으로 고통받을 수 있습니다.

- 장점 : 이상주의, 실무 능력, 결단력, 정직함, 솔직함, 공정함, 관대함, 가정적, 에너지가 넘침
- 단점 : 물질 만능주의, 불안정, 틀에 박힌 일을 싫어함, 나태함, 불성실, 군림하려 드는 성향, 고집이 셈

연애와 인간관계

매력적이고 사교적인 당신은 친구나 파트너를 사귀는 데 어려움이 없습니다. 사랑과 안정된 관계는 당신에게 특히 중요한데, 따뜻하고 안정된 보금자리를 강렬하게 원하기 때문입니다. 평화와 조화를 유지하기 위해서 당신은 희생도 마다하지 않습니다. 그렇지만 고집이 세서 무언가에 대해 믿음을 가지면 절대 굽히지 않습니다. 따뜻하고 너그러운 마음씨를 지닌 충실한 친구인 당신은 사람들을 즐겁게 해주는 것을 좋아합니다. 우정을 소중히 하기 때문에 지원을 아끼지 않는 파트너가 될 수 있습니다.

연인이나 친구

1월 2, 5, 28일 / 2월 3, 26일 / 3월 1, 24일 / 4월 22일 / 5월 20, 29, 30일 / 6월 18, 27, 28일 / 7월 16, 25, 26일 / 8월 14, 23, 24일 / 9월 12, 21, 22일 / 10월 10, 19, 20, 29, 31일 / 11월 8, 17, 18, 27, 29일 / 12월 6, 15, 16, 25, 27일

힘이 되어주는 사람

1월 2, 10, 13, 16일 / 2월 8, 11, 14일 / 3월 6, 9, 12일 / 4월 4, 7, 10일 / 5월 2, 5, 8일 / 6월 3, 6일 / 7월 1, 4, 30일 / 8월 2, 28, 30일 / 9월 26, 28일 / 10월 24, 26일 / 11월 22, 24일 / 12월 20, 22, 30일

운명의 상대

3월 21, 22, 23일 / 10월 31일 / 11월 29일 / 12월 27일

경쟁자

1월 3, 9, 10일 / 2월 1, 7, 8일 / 3월 5, 6, 31일 / 4월 3, 4, 29일 / 5월 1, 2, 27일 / 6월 25일 / 7월 23일 / 8월 2, 21, 31일 / 9월 19, 29일 / 10월 17, 27일 / 11월 15, 25일 / 12월 13, 23일

소울 메이트

1월 5일 / 2월 3일 / 3월 1일 / 5월 30일 / 6월 28일 / 7월 26일 / 8월 24일 / 9월 22일 / 10월 20일 / 11월 18일 / 12월 16일

이날 태어난 유명인

스콧 피츠제럴드(작가), 린다 매카트니(사진작가), 시몬 판 데르 메이르(물리학자), 김종민(가수)

| 태양 : 천칭자리 |
| 지배 성좌 : 천칭자리/금성 |
| 위치 : 1°30′ – 2°30′ 천칭자리 |
| 상태 : 활동궁 |
| 원소 : 공기 |
| 항성 : 없음 |

9월 25일

LIBRA

바쁜 것을 좋아하는 매력적인 완벽주의자

이 생일의 기운을 받은 당신은 매력적이고 섬세하며 기민하면서도 따뜻한 마음을 지녔습니다. 이상주의적이며 너그럽지만 활발한 사회생활을 하는 당신은 의무감과 절제력이 강하지요. 정서의 폭이 넓어서 냉정하고 초연한 모습부터 자상하고 인정 많은 모습까지 다양하게 나타납니다.

지배 성좌 천칭자리의 기운이 더해져 사랑과 애정은 당신에게 특히 소중하네요. 사교성이 뛰어나 사람들과의 관계를 성공적으로 잘 이끌어나가는데, 특히 사람을 휘어잡는 당신만의 카리스마를 발휘할 때 더욱 부각됩니다. 당신은 주변을 잘 정돈하고 계획을 잘 세워 사람들을 편안하게 해주는 것을 좋아하고 두뇌 회전이 빨라 기지가 넘치는 말로 사람들을 즐겁게 해줍니다. 창의성이 높고 자기를 표현하고자 하는 욕구가 강하여 미술이나 음악, 연극 등을 통해 발산하는 경우가 많고, 적어도 훌륭한 감상자가 될 수 있습니다. 또한 경영이나 투자에 관심이 많고 비즈니스 감각을 타고나 자신의 재능을 상업화할 수 있는 잠재력을 갖고 있습니다.

이상주의자인 당신은 건설적으로 몰입할 수 있는 일이나 프로젝트를 맡아야 합니다. 늘 바쁘게 지내는 것을 좋아하죠. 직관적이며 명민하여 영감을 주는 일을 찾고, 다른 사람을 위한 일들을 알아서 하는 편입니다. 예리한 완벽주의자이기 때문에 때로는 스스로에게, 그리고 다른 사람에게 너무 가혹하거나 위세를 부리고 의심을 할 때가 있습니다. 그러나 그런 성향을 건설적인 방향으로 돌리면 강렬한 감성이 놀라운 성공을 불러올 수 있습니다.

27세까지는 주로 사교 수완과 창조적인 재능, 재정적인 성공 기회를 키우는 데에 관심을 기울이는 경우가 많겠네요. 28세에 당신의 태양이 전갈자리로 들면서 전환기가 오기 때문에, 정서상의 변화와 힘, 변신에 대한 필요성이 커지게 됩니다. 또 한 번의 전환기는 58세에 당신의 태양이 궁수자리로 옮기면서 찾아옵니다. 이때 당신은 더욱 대담하고 솔직해지며, 지평을 넓히고 더 많은 영감과 자유를 원하게 됩니다.

숨어 있는 자아

자진해서 일하려는 마음과 끈기를 키우려면, 자기 수양을 쌓으며 이 생일에 부여받은 엄청난 잠재력을 발휘해야 합니다. 항상 성공을 의식하고 있는 당신은 지속적으로 자신의 상황을 개선하고자 합니다. 그러나 당신의 예술적 감성과 즐거움을 추구하는 성향으로 인해 지나친 탐닉이나 현실도피적인 성향으로 흐르지 않도록 주의해야 합니다.

전체적으로 낙천적이고 친화적인 당신은 놀라운 상상력과 역동적인 감성의 소유자로 대중 사이에서 돋보이며 빛을 내는 능력을 지녔습니다. 그렇지만 냉정함과 좌절감, 실망감을 느끼게 되면 불만이 표출되거나 심지어 신경질적이 될 수도 있습니다. 박애주의적 사고를 가진 당신은 어떤 어려움도 잊어버리고 용서할 수 있습니다. 자신의 타고난 영적 능력을 믿으면 대인관계가 좋아지고 자신감은 커집니다.

일과 적성

상상력이 풍부하고 예술적인 감각이 뛰어나 자신을 표현하고 사람들과 협력하는 것을 즐깁니다. 사교적인 당신은 영향력 있는 사람들과 어울리고 정계에 관여하고 미디어나 광고 출판계에서 일하는 것이 잘 맞습니다. 예술성과 섬세한 안목이 있고 취향이 고상해 작품의 진가를 알아볼 수 있습니다. 창의적이고 재능 많은 당신은 아름다움의 가치를 높이 사, 예술품과 박물관, 미술관 등에 관심이 많습니다. 강렬한 감성은 치유 분야나 간호, 또는 사람들을 돌보는 직업에서 발휘될 수도 있습니다. 지적이고 사려 깊은 당신은 사람들과 지식을 공유하길 즐기며, 특히 문학이나 연극, 미술, 음악 분야에서 교사나 강사가 되고자 할 수 있습니다.

수비학으로 풀어본 당신의 운세

기민하고 에너지가 넘치면서도 직관적이고 사려 깊은 당신은 생일 25의 기운을 받아 다양한 경험을 통해 자신을 표현할 필요가 있습니다. 여기에는 새롭고 흥미진진한 아이디어나 사람들, 또는 장소가 포함됩니다. 완벽하고자 하는 욕구로 인해 열심히 일하여 높은 생산성을 보여주지요. 그러나 일이 계획대로 안 되었을 때 조급해하거나 비판하는 성향은 자제하는 것이 좋습니다. 25일에 태어난 당신은 정신적 에너지가 강렬하여 한번 집중하면 모든 사실을 한눈에 파악하고 누구보다도 빨리 결론에 도달할 수 있습니다. 자신의 직관을 믿고 끈기를 기르면 성공과 행복은 저절로 찾아옵니다. 탄생월 9의 영향으로 당신은 섬세하고 상상력이 풍부하지요. 사람들의 성격을 잘 파악하는데, 이로 인해 회의적인 마음이나 자기 불신을 키우기보다 내적 감정과 직관을 신뢰하는 법을 배울 필요가 있겠네요. 매력 넘치고 사교적이지만 때로는 과잉 반응을 보이고 지나치게 감정적이고 충동적으로 행동할 수 있습니다.

- 장점 : 직관적, 완벽주의자, 통찰력, 창의력, 사람들을 잘 다룸
- 단점 : 충동적, 조급함, 시기심, 비밀스러움, 상황 변화, 비판적, 침울함, 신경질적

연애와 인간관계

정서적인 능력과 매력 덕분에 당신은 사람들을 사로잡을 수 있습니다. 로맨틱하고 극적인 성향이 있는 한편 제멋대로 행동하거나 우유부단한 면이 있어 확신이 없는 관계에 휘말릴 수도 있겠네요. 그러나 분별력을 발휘하면 정신적인 기민함과 따뜻함, 다정함으로 당신과 어울리는 사람들과 유대관계를 맺을 수 있습니다. 특히 당신은 힘이 있고 결단력을 보이는 사람에게 끌리겠네요. 그러나 한번 집중하기 시작하면 당신은 충실하고 성실한 친구나 연인이 될 수 있습니다.

당신에게 특별한 사람

연인이나 친구

1월 3, 8, 22, 25, 29, 30일 / 2월 1, 6, 20, 23, 27, 28일 / 3월 18, 21, 25, 26일 / 4월 2, 16, 19, 23, 24, 28일 / 5월 14, 17, 21, 22, 26, 31일 / 6월 12, 15, 19, 20, 24, 29일 / 7월 10, 13, 18, 22일 / 8월 8, 11, 15, 16, 20, 27, 29, 30일 / 9월 6, 9, 13, 14, 18, 23, 27, 28일 / 10월 4, 7, 11, 12, 16, 21, 25, 26일 / 11월 2, 5, 9, 10, 14, 19, 23, 24일 / 12월 3, 7, 8, 12, 17, 21, 22일

힘이 되어주는 사람

1월 17일 / 2월 15일 / 3월 13일 / 4월 11일 / 5월 9, 29일 / 6월 7, 27일 / 7월 5, 25일 / 8월 3, 23일 / 9월 1, 21일 / 10월 19, 29일 / 11월 17, 27, 30일 / 12월 15, 25, 28일

운명의 상대

3월 21, 22, 23, 24일 / 5월 31일 / 6월 29일 / 7월 27일 / 8월 25, 30일 / 9월 23, 28일 / 10월 21, 26일 / 11월 19, 24일 / 12월 17, 22일

경쟁자

1월 20, 23일 / 2월 18, 21일 / 3월 16, 19일 / 4월 14, 17일 / 5월 12, 15일 / 6월 10, 13일 / 7월 8, 11일 / 8월 6, 9일 / 9월 4, 7일 / 10월 2, 5일 / 11월 2일 / 12월 1일

소울 메이트

1월 4, 31일 / 2월 2, 29일 / 3월 27일 / 4월 25일 / 5월 23일 / 6월 21일 / 7월 19일 / 8월 17일 / 9월 15일 / 10월 13일 / 11월 11일 / 12월 9일

이날 태어난 유명인

드미트리 쇼스타코비치(작곡가), 글렌 굴드(피아니스트), 윌 스미스, 마이클 더글러스, 캐서린 지타존스, 크리스토퍼 리브(배우), 마크 로스코(화가), 윌리엄 포크너(작가), 조 디마지오(야구 선수), 현빈, 류준열(배우), 손담비(가수), 금난새(지휘자)

태양 : 천칭자리	
지배 성좌 : 천칭자리/금성	
위치 : 2°30′ - 3°30′ 천칭자리	
상태 : 활동궁	
원소 : 공기	
항성 : 자니아	

9월 26일

LIBRA

고상하면서도 화려함을 좋아하는 멋진 사교가

사람을 강하게 끄는 매력이 있는 당신은 따뜻하고 멋진 개성을 발산합니다. 우아하고 사교적이며 상냥하면서도 기민하고 결단력이 있습니다. 섬세한 로맨티스트인 당신의 강렬한 감성은 풍부한 영감의 원천이 됩니다. 안타깝게도 이런 풍부한 감성은, 당신의 높은 이상에 사람들이 부응하지 못할 때 좌절의 원인이 되기도 합니다.

지배 성좌 천칭자리의 기운을 받아, 당신은 색채에 대한 안목이 뛰어나며 주변이 아름다울 때 더 큰 행복을 느낍니다. 예술적 성향과 더불어 이미지를 의식하며 화려함을 즐기는 편이라 항상 스타일리시하며 좋은 인상을 주고 싶어 하죠. 우아하고 세련된 당신은 사교성을 타고나 모든 사람들을 편안하게 해줍니다. 사람을 잘 사귀며 유쾌한 매너로 사람들을 매료하지만, 확고하고 결단력 있는 태도를 배워야 합니다.

장난기 많고 놀기 좋아하는 당신, 당신의 타고난 창의력은 저술이나 연극, 음악 분야에서 인내와 끈기를 키우며 계발할 수 있습니다. 이런 멋진 잠재력이 자칫 방종으로 이어지거나 편안한 길을 선택하지 않도록 주의하세요. 사람에게 관심이 많고 다른 사람들을 감성적으로 지지하는 당신은 가까운 사이에서나 그룹 단위 활동에 긍정적인 영향을 미칠 수 있습니다. 당신의 성공을 가로막는 몇 가지 장애물 중 하나는 당신에게 필요한 자기계발을 하지 않는 것입니다.

26세까지는 돈이나 창의력, 관계의 조화 같은 문제에 관심이 많을 수 있습니다. 당신의 태양이 전갈자리로 들어오는 27세 즈음 전환기가 도래하면서 변화의 시기를 맞게 되는데, 이때 정서적 변화와 강렬함에 대한 욕구가 눈에 띄게 커집니다. 당신은 더욱 결단력 있고 열성적인 모습을 보이게 되지요. 또 한 번의 전환기는 57세에 맞게 되는데, 이때 당신의 태양이 궁수자리로 들게 됩니다. 당신은 더욱 모험과 자유를 사랑하게 되고 새로운 관심사를 찾아 더 높은 수준의 교육을 받게 될 수 있습니다. 아니면 외국으로 여행을 가서 다양한 문화의 사람들을 만나게 될 수도 있습니다.

숨어 있는 자아

감정 표현이 풍부하고 자부심이 강하며 고상한 당신은 극단적인 섬세함이나 상처받기 쉬운 성향을 항상 드러내지는 않습니다. 이는 강력한 직관을 키우고 초연한 모습을 유지하면 공정하지 않은 상황을 감지하고 피할 수 있다는 것을 의미하며, 과민하게 반응하는 것도 막을 수 있습니다. 이해심이 많고 공감력이 뛰어나 조언자 역할도 하겠네요. 당신의 관대함과 공감력은 무심함과 균형을 이루어야 다른 사람의 문제를 떠안는 상황을 피할 수 있다는 점 꼭 명심하세요.

마음이 따뜻하며 인생의 기쁨을 아는 당신은 늘 활기가 넘칩니다. 인정 많고 너그러운 성격이기에 사람들과 함께하고 싶어 하며 우정과 조화로운 관계를 원합니다. 진정으로 당신이 즐기는 것을 찾게 되면 푹 빠져 열과 성을 다하네요. 또한 다른 사람에게 즐거움을 주는 일은 보람이 크다는 것을 알게 됩니다.

일과 적성

당신은 비즈니스에 소질이 있지만 이상적인 성향과 자기표현에 대한 열망이 있어서 창조적이고 협업할 수 있는 직업에 잘 어울립니다. 사교적이고 친화적이며 매력이 있고 느긋한 성격이라 홍보나 고객 서비스 분야로 진출할 수 있습니다. 영업을 할 경우 자신이 홍보하는 제품에 신뢰가 있어야 합니다. 그렇지 않으면 설득력을 잃게 됩니다. 일과 사교적인 성향을 결합시켜 레스토랑이나 클럽, 바 등에서 일하는 것을 즐길 수도 있습니다. 혹은 교직이나 특히 영화나 연극, 문학, 음악 쪽에 끌릴 수 있습니다. 좋은 목소리를 타고나 연예계에서도 가수나 음악인으로 두각을 나타낼 수 있겠네요.

수비학으로 풀어본 당신의 운세

26일에 태어난 당신은 인생을 실용주의적으로 바라보며 실무 능력과 훌륭한 사업 감각을 타고났습니다. 미적 감각을 타고났고, 책임감이 강하며 가정적인 사람이라 탄탄한 기반을 다지고 진정한 안정을 찾을 필요가 있습니다. 다른 사람에게 비빌 언덕이 되어주는 당신은 힘들 때 당신에게 기대는 친구와 가족들을 기꺼이 지원합니다. 그렇지만 물질주의적 성향과 상황이나 사람을 통제하려는 욕망은 경계할 필요가 있습니다. 탄생월 9의 영향으로 상상력이 풍부하고 직관적인 당신은 강한 직감의 소유자입니다. 의욕적이고 야망이 커서 지식을 창조적이고 개성적인 방법으로 활용하고자 합니다. 안락하고 걱정 없는 삶을 선호하지만 이상주의 성향으로 인해, 일단 정신적 영감을 받으면 일로매진하여 큰 희생도 감수하네요. 수양을 쌓고 공감력을 드러낸다면 다른 사람에게 베푼 자상함을 사랑으로 보답받게 될 것입니다.

- 장점 : 창의적, 실용적, 배려심, 책임감, 가족에 대한 자부심, 열정, 용기
- 단점 : 고집 셈, 반항적, 불안정한 관계, 열정 결여, 끈기 결여, 불안정

연애와 인간관계

자상하고 매력적인 당신은 활동적인 사회생활을 하여 친구와 추종자가 많습니다. 사람들이 모여 있는 환경에서 순발력을 보여주면 사교 모임의 스타가 될 수 있습니다. 독립적이긴 하지만 사랑을 강렬하게 원하는 이상주의자여서 부적절한 로맨틱한 관계에 끌릴 수 있으니 조심하세요. 관대한 연인인 당신은 거리 두기가 필요하고, 지나치게 심각해져서 모든 것을 다 내어주지 않도록 하는 것이 중요합니다. 이타적이고 인도주의적인 태도 덕분에 자신의 애정생활을 넓은 시야로 볼 수 있게 됩니다.

연인이나 친구

1월 5, 9, 10, 18, 19, 26, 30일 / 2월 3, 8, 16, 17, 24, 28일 / 3월 1, 6, 14, 15, 22, 26일 / 4월 4, 12, 13, 20, 24일 / 5월 1, 2, 10, 11, 18, 22일 / 6월 8, 9, 16, 20, 30일 / 7월 6, 7, 14, 18, 28일 / 8월 4, 5, 12, 16, 26, 30일 / 9월 2, 3, 10, 14, 28일 / 10월 1, 8, 12, 22, 26일 / 11월 6, 10, 20, 24일 / 12월 4, 8, 18, 22, 30일

힘이 되어주는 사람

1월 13일 / 2월 11일 / 3월 9일 / 4월 7일 / 5월 5일 / 6월 3, 30일 / 7월 1, 28일 / 8월 26일 / 9월 24일 / 10월 22일 / 11월 20일 / 12월 18일

운명의 상대

3월 22, 23, 24, 25일

경쟁자

1월 14, 24일 / 2월 12, 22일 / 3월 10, 20일 / 4월 8, 18일 / 5월 6, 16일 / 6월 4, 14일 / 7월 2, 12일 / 8월 10일 / 9월 8일 / 10월 6일 / 11월 4일 / 12월 2일

소울 메이트

7월 30일 / 8월 28일 / 9월 26일 / 10월 24일 / 11월 22일 / 12월 20일

이날 태어난 유명인

조지 거슈윈(지휘자), T. S. 엘리엇(시인), 올리비아 뉴턴 존(가수), 마르틴 하이데거(철학자), 주진모, 윤시윤(배우)

| 태양 : 천칭자리 |
| 지배 성좌 : 천칭자리/금성 |
| 위치 : 3°30′ - 4°30′ 천칭자리 |
| 상태 : 활동궁 |
| 원소 : 공기 |
| 항성 : 자니아 |

9월 27일

LIBRA

매력과 진취성을 갖춘, 성공 가능성이 높은 사람

이 생일의 강한 기운으로 보아 당신은 매력과 진취성을 갖춘 마음이 따뜻한 사람입니다. 솔직한 성격이며 사람들과 나누기를 좋아하여 훌륭한 친구가 될 수 있습니다. 야망을 실현할 기회를 찾으며 큰 계획을 품고 있으니 계속 활동해야 합니다. 그러나 강렬한 감성이 극단으로 치닫지 않도록 하고 지나치게 충동적으로 행동하지 않도록 하세요.

지배 성좌인 천칭자리의 기운을 받아 화려함과 아름다운 것을 좋아하고 색채나 형태, 소리에 대한 감각이 남다릅니다. 좋은 이미지 만들기를 즐기는 당신은 매력적으로 보이며, 자신의 외모를 의식합니다. 공손하고 자상해서 사람들과 잘 어울리며, 천부적인 친화력과 사람을 편안하게 해주는 능력이 있습니다. 명철한 지성이 있고 조직력과 모험심이 강한 당신은 돈 버는 능력도 타고났습니다. 이상주의적이고 영적인 성향이 있기 때문에 당신의 경제적 능력이 이런 인생철학이나 사회 개혁과 연결되면 더할 나위 없이 좋습니다. 그러나 절제심이나 결단력이 부족해서 이날의 기운이 주는 탁월한 잠재력을 계발하지 못할 수도 있습니다.

항상 낙관적이지만 고집스러운 성향 때문에 종종 사랑하는 사람과 소원해질 수 있습니다. 그럼에도 당신의 대인관계 기술과 창의력을 긍정적으로 발산하면 열정과 패기가 발휘됩니다.

25세 이전에 당신은 주로 사회성과 창의적 재능을 기르고, 경제적인 성공을 위한 기회를 준비하는 데에 관심을 가질 수 있습니다. 26세에 이르면 당신의 태양이 전갈자리로 들면서 전환기를 맞게 되어 정서적 변화와 변신에 관한 문제가 대두됩니다. 또 한 번의 전환기는 당신의 태양이 궁수자리로 드는 56세에 찾아오는데, 이때 당신은 개인적인 인맥이나 종교, 교육 또는 여행을 통해 더욱 낙천적이 되고 지평을 넓히며 영감을 얻게 됩니다.

숨어 있는 자아

젊고 순수한 마음을 간직한 당신은 재주가 많아 사람들을 즐겁게 해줍니다. 아이같이 순수한 품성은 때로 미성숙함으로 나타나기도 해서 자신이 맡은 임무를 신중하게 잘 살펴야 합니다. 움직임과 변화에 대한 욕구는 잠시도 가만있지 못하는 성향이나 성급함으로 나타나지만, 영감을 받으면 새롭고 흥미진진한 분야나 활동을 탐색하고 연구합니다. 여행은 당신의 정신적인 지평을 넓히고 자유에 대한 욕구를 충족해줍니다.

지성을 존중하는 당신은 지혜와 통찰력이 있는 사람들에게 관심을 갖습니다. 섬세하고 상상력이 풍부하며 이상주의에 잘 부응하는 당신은 천부적인 재능을 최대한 활용할 수 있는 끈기가 필요하네요. 싫증을 내지 않도록 지식과 기술을 지속적으로 업데이트하거나 더 크고 훌륭한 기회를 찾아 도전함으로써 더 많은 혜택을 얻을 수 있습니다.

일과 적성

단호하고 위엄이 있는 당신은 경영자의 자리에서 훨씬 더 편안함을 느낍니다. 자기표현을 할 자유가 필요한 사람이라 독립적으로 일하거나 프리랜서로 일하는 것을 선호합니다. 상상력과 창의력이 풍부해서 연예계로 진출하면 큰 성공을 거둘 수 있습니다. 또 명철한 지성과 설득력을 갖추고 있어 인도주의자로서 성공적으로 개혁을 이뤄내거나, 교육이나 법, 과학, 저술, 정치 분야로 진출할 수 있습니다. 어떤 직업을 선택하든 단조로움을 피하기 위해서 다양성과 변화는 필요합니다. 공감을 잘하고 이해심이 있는 당신은 사람들의 기분을 유쾌하게 하는 재주가 있어 다른 사람들을 도와주는 복지 관련 직업을 가질 수 있습니다.

수비학으로 풀어본 당신의 운세

27일에 태어난 당신은 섬세한 이상주의자입니다. 창의력이 풍부하며 직관적이고 분석적인 성격이어서 독특한 사고로 다른 사람들에게 깊은 인상을 줄 수 있습니다. 때로 남들에게 비밀스럽고 고고해 보이기도 하지만, 사실은 속으로 긴장감을 감추고 있지요. 소통 기술을 키우면 속마음 표현하는 걸 꺼리는 마음을 극복할 수 있습니다. 교육은 27일에 태어난 사람들에겐 필수적인 것으로, 통찰력을 넓히게 되면 자기를 더 잘 계발하게 되고 인내심이 더욱 커질 것입니다. 탄생월 9의 영향으로 당신은 사람들을 사로잡는 매력과 카리스마가 넘치고 통찰력과 휴머니즘적인 성향이 돋보입니다. 너그럽고 공감력이 뛰어나지만 감정 기복으로 고통받고 현실도피와 자기연민에 빠져 좌절감을 느낄 수 있습니다. 자신을 객관화하는 법을 배우고 이해심과 아량을 더 키우면 많은 도움이 될 것입니다. 감정이 불안정할 때 고집을 부리거나 논쟁하지 않도록 하세요.

● 장점 : 다재다능함, 상상력, 창의성, 단호함, 용기, 높은 이해력, 유능함, 영적, 정신력
■ 단점 : 불쾌함, 쉽게 화를 냄, 논쟁적, 불안 초조, 신경과민, 불신, 신경증, 긴장감

연애와 인간관계

카리스마 넘치는 당신은 강하고 오래 남는 인상을 줍니다. 따스하고 편안한 사람이어서 다른 사람들을 편안하게 해주는 재능이 있지요. 완벽한 진행자로서 사람들과 어울리는 것을 즐겨 주변에 친구가 많습니다. 자신의 마음을 있는 그대로 솔직하게 표현하며 사랑과 다정함을 서로 주고받을 수 있는 상대를 원합니다. 강력하고 결단력 있는 사람에게 끌리기 때문에 연인에게 너무 의존하지 않도록 주의하세요. 일과 취미를 잘 아우르는 능력이 있습니다.

연인이나 친구

1월 2, 3, 6, 9, 10, 11, 21, 27, 31일 / 2월 1, 4, 7, 8, 9, 25, 29일 / 3월 2, 5, 7, 17, 23, 27일 / 4월 3, 5, 15, 21, 25일 / 5월 1, 2, 3, 13, 19, 23, 30일 / 6월 1, 11, 17, 21, 28일 / 7월 9, 15, 19, 26, 29일 / 8월 7, 13, 17, 24, 27일 / 9월 5, 11, 15, 22, 25일 / 10월 3, 9, 13, 20, 23일 / 11월 1, 7, 11, 18, 21, 30일 / 12월 5, 9, 16, 19, 28일

힘이 되어주는 사람

1월 11, 16, 30일 / 2월 9, 24, 28일 / 3월 7, 22, 26일 / 4월 5, 20, 24일 / 5월 3, 18, 22, 31일 / 6월 1, 16, 20, 29일 / 7월 14, 18, 27일 / 8월 12, 16, 25일 / 9월 10, 14, 23일 / 10월 8, 12, 21, 29일 / 11월 6, 10, 19, 27일 / 12월 4, 8, 17, 25일

운명의 상대

3월 23, 24, 25, 26, 27일

경쟁자

1월 15일 / 2월 13일 / 3월 11일 / 4월 9일 / 5월 7, 30일 / 6월 5, 28일 / 7월 3, 26일 / 8월 1, 24일 / 9월 22일 / 10월 20, 30일 / 11월 18, 28일 / 12월 16, 26일

소울 메이트

1월 9, 29일 / 2월 7, 27일 / 3월 5, 25일 / 4월 3, 23일 / 5월 1, 21일 / 6월 19일 / 7월 17일 / 8월 15일 / 9월 13일 / 10월 11일 / 11월 9일 / 12월 7일

이날 태어난 유명인

미트 로프(가수), 샘 애덤스(혁명가), 마이크 슈미트(야구 선수), 아서 펜(영화감독), 고우영(만화가), 남진(가수), 도종환(시인)

| 태양 : 천칭자리 |
| 지배 성좌 : 천칭자리/금성 |
| 위치 : 4°30′ - 5°30′ 천칭자리 |
| 상태 : 활동궁 |
| 원소 : 공기 |
| 항성 : 자니아 |

9월 28일

LIBRA

매력적이고 자상한 감성적 현실주의자

매력적이고 자상하며 지적인 당신은 근면하고 통찰력이 뛰어난 사람입니다. 공감력이 있고 배려심이 많으며, 깊이 있는 감성의 소유자이지만 상황 판단력이 빠르고 실용적이며 현실적입니다. 설득력이 있고 기민하며 안목이 있는 당신은 강력한 인도주의적 성향을 보이거나 이상적인 대의를 위해 싸우라고 당신을 독려하는 사람들에게 관심이 있습니다.

지배 성좌 천칭자리의 기운이 더해져 당신은 사랑과 애정을 보여주는 것을 특히 중시합니다. 사람을 사로잡는 매력과 세련된 사교술 덕분에 다른 사람들을 편안하게 해주는 것을 좋아해서 사람과 관련된 일에서 성공이 보장됩니다. 아름다움과 예술에 대한 감각을 음악과 그림, 또는 연극을 통해 표현할 수 있으며, 주변을 아름답고 호화롭게 꾸미고 싶은 욕구가 있지요.

경제적인 문제에도 관심이 많은데, 타고난 비즈니스 감각과 근면함으로 많은 재능을 상품화할 수 있는 잠재력이 있습니다. 그렇지만 일과 놀이의 균형을 맞추어 삶이 지나치게 심각하지도 힘들지도 않음을 잊지 않는 것이 당신에게 주어진 과제네요. 지나친 규제를 받지 않으면서 아이디어나 프로젝트에 딱 맞는 시기를 직감으로 간파하여 자발적으로 행동할 때 더 좋은 성과를 냅니다.

24세 이전까지는 돈이나 창의력, 또는 관계의 화합을 다지는 문제에 더 관심이 많습니다. 25세에 당신의 태양이 전갈자리로 들면 전환기를 맞이하여 정서적 변화가 생기고 자신의 능력, 그리고 인생의 변화에 대한 욕구가 더 커집니다. 당신은 더욱 결단력을 보이며 목표에 전념하게 됩니다. 또 한 번의 전환기는 55세에 찾아오는데, 이때 당신의 태양은 궁수자리로 들어가게 됩니다. 이때부터 당신은 더욱 모험심이 강해지며 자유를 사랑하게 됩니다. 그리고 공부를 더 하거나 외국이나 외국 사람들과 인연이 되는 경우 영감이 더욱 넘쳐나게 됩니다.

숨어 있는 자아

사랑하는 사람들에게 감정적으로 관대한 당신은 보편적 사랑과 공감력이 있습니다. 너무 예민하기 때문에 때때로 일상에서 벗어나 잠시라도 휴식을 취하거나, 정기적으로 혼자 사색하면서 자신의 깊은 영감과 마주할 필요가 있습니다.

때로 다른 사람의 문제를 떠맡거나 의무감과 마음속 욕구 사이에서 갈등하기도 하네요. 이런 상황은 당신을 회의적이고 내성적으로 만들지요. 집착을 내려놓고 순리에 따르면서, 때가 되면 당신이 필요로 하는 모든 것을 얻게 될 거라 믿으면 초연해질 수 있습니다. 누구나 그렇듯이, 당신 또한 사랑과 인정을 원하지만 다른 사람의 기대에 부응하려 하지 않았다면 이런 것들은 일찌감치 포기했을 것입니다. 스스로 자신과 자신의 감정을 소중히 할수록, 필요한 애정을 얻으려 체면을 구겨야 하는 일은 없을 것입니다. 자신감만 키우면 됩니다.

일과 적성

야심 차고 상상력이 풍부한 당신은 원대한 계획과 독창적인 아이디어를 갖고 있습니다. 섬세하고 이상주의적이면서도 리더의 입장에서 사람을 사로잡는 매력을 분출합니다. 휴머니스트인 당신은 헌신적으로 일을 하지요. 균형과 조화를 찾는 공명정대한 성격으로 인해 약자를 위해 싸울 준비가 되어 있습니다. 설득력이 뛰어나고 기발한 아이디어가 많아 광고나 미디어, 출판 분야에서 일하고 싶어 하겠네요. 예술적 성향이 강하고 열정적인 사람이라 음악이나 연극 같은 창조적인 출구로 감정을 표현하는 길을 찾을 필요가 있습니다.

수비학으로 풀어본 당신의 운세

독립적이고 이상주의적이며 결단력과 실용적인 사고방식을 가진 당신은 자기 생각대로 행동하는 사람입니다. 1일에 태어난 사람들과 마찬가지로 당신은 야심 차고 직설적이며 진취적입니다. 독립적이고자 하는 마음과 팀에 소속되고자 하는 마음으로 갈등하네요. 항상 행동하고 새로운 모험을 할 준비가 되어 있는 당신은 인생의 어려운 난제들을 과감히 받아들입니다. 또한 열정으로 사람들에게 쉽게 영감을 주어, 그들이 당신과 함께하지 못할 때라도 당신에게 도움을 주려 합니다. 28일에 태어난 당신은 리더십과 상식적인 분별력을 지니고 있으며 생각이 명확합니다. 자신이 책임자의 위치라 할지라도 과도한 열정이나 조급함, 편협함은 피해야 합니다. 탄생월 9의 기운으로 상상력이 풍부하고 직관적이며 강렬한 예감을 느끼곤 합니다. 창의력을 계발하거나 스스로 자유롭게 표현할 수 있는 직업을 찾는 것이 좋습니다. 애정이 필요해서 팀의 일원이 되고자 하지만 희생적인 행동을 하지는 마세요.

- 장점 : 공감력, 진취성, 대담함, 예술적, 이상주의적, 야심적, 근면함, 안정적인 가정생활, 강한 의지
- 단점 : 몽상가, 동기 결여, 비현실적, 오만함, 판단력 부족, 공격적, 자신감 결여, 의존적, 자만함

연애와 인간관계

사람을 끄는 매력과 타고난 자상함으로 사람들에게 인기가 많습니다. 애정이 넘치고 배려심이 많으며 눈치가 빠른 당신은 감정 기복이 심해서 돌발적인 행동을 하기도 하지만 사랑하는 사람들에게는 매우 관대합니다. 사람들의 반응에 민감하여 연인의 요구로 인해 많은 변화를 겪을 수 있으니 독립성을 유지하는 것이 중요합니다. 인간관계에 흥미진진함과 변화가 있어야 하고 잠시도 가만있지 못하는 성향이라 틀에 갇히는 일은 없겠네요. 그래서 휴식을 취하고 여행하고 즐길 수 있는 시간이 꼭 필요합니다. 당신과 이상을 공유할 수 있는 상대와 함께하면 더 큰 성과를 낼 수 있습니다.

태양 : 천칭자리
지배 성좌 : 천칭자리/금성
위치 : 5° 30′ – 6° 30′ 천칭자리
상태 : 활동궁
원소 : 공기
항성 : 자니아

9월 29일
LIBRA

친화력 있고 로맨틱한 탁월한 협상가

이 생일의 기운을 받아 당신은 상상력이 풍부하고 로맨틱하면서도 정서적인 힘이 있어서 결단력이 있고 강합니다. 역동적인 매력과 타고난 비즈니스 감각을 활용하여 일과 놀이를 결합시키는 데 탁월합니다. 사람들과 잘 어울리며 분위기를 흥겹게 만드는 당신은 따스함과 관대함으로 좋은 인상을 줄 수 있습니다.

지배 성좌 천칭자리의 영향이 더해져 화려함과 조화로운 환경을 좋아하는 성격입니다. 아름다움과 색채, 소리에 대한 안목이 있는 당신은 타고난 예술적 창의성을 노래나 음악, 미술 또는 연극을 통해 드러낼 수 있습니다. 우아하고 매력적인 외모로 좋은 이미지를 연출하는 데 신경을 씁니다. 친화력과 사교 수완이 있어 협상 솜씨가 탁월하네요. 돈을 버는 능력이 있지만 무절제하게 하고 싶은 일만 하다 보면 훌륭한 잠재력을 계발하는 데 집중하지 못하게 될 수 있으니 주의하세요.

조화로운 관계를 원하는 당신에게 사랑의 표현은 특히 중요하지요. 그렇지만 천칭자리 태생인 만큼 애정의 저울추가 한쪽으로 쏠릴 수 있습니다. 감정이 풍부하고 쾌활하여 침울해지거나 고집스러워지는 때가 있습니다. 특히 사람들이나 상황이 당신의 높은 이상에 부합하지 않아 실망하거나 감정이 너무 격해져서 힘겨루기에 빠지게 되면 이런 일이 발생합니다.

23세까지는 사교성과 경제적인 능력을 키우는 데 주로 관심을 두게 되고 인간관계의 중요성이 부각됩니다. 24세에 당신의 태양이 전갈자리로 옮겨가며 전환기를 맞게 되고 그 이후 30년간 정서적 변화와 변신의 시기를 겪게 됩니다. 또 한 번의 전환기는 54세에 오는데, 이때 당신의 태양이 궁수자리로 들어가게 되면서 모험을 즐기게 되고 더 큰 위험을 감수하거나 깊은 학문의 길로 나가거나 외국을 여행하는 등 마음의 지평을 넓히고 싶어집니다.

숨어 있는 자아

이상주의적인 면이 강한 당신은 다른 사람들을 행복하게 해주거나 자극을 줄 때 긍정적인 기운을 발산합니다. 당신의 놀라운 자발성과 열정과 투지를 발휘하기 위해서는 창의력과 사교성을 표현할 수 있는 분출구가 있어야 합니다.

평소에는 낙천적이지만 감정의 기복으로 인해 사랑하는 사람과 소원해질 수 있습니다. 이런 경우에 당신은 내성적으로 변하거나 냉담해지기 쉬운데, 인생이 당신이 원하는 모든 것을 줄 수 있다는 믿음을 갖거나 강렬한 감정을 발산할 긍정적인 돌파구를 찾을 필요가 있습니다. 역동적인 활력과 세심한 성향으로 치유 쪽이나 정신적인 영역에 끌릴 수 있습니다. 아니면 당신의 공감력과 이해심을 발휘하여 주변 사람들의 삶의 질을 개선하는 데 도움을 줄 수도 있습니다.

일과 적성

이상주의적이고 역동적인 당신은 카리스마 넘치는 기질과 단호한 성격을 지녔습니다. 사교적이고 친화력이 있으며, 즐길 수 있는 활동과 비즈니스 감각을 결합하는 역량이 뛰어납니다. 정서적 충만감을 찾고 싶어 하는 욕구는 당신이 하찮은 일에서 벗어나고자 한다는 걸 보여주지요. 당신에게는 가치 있는 대의나 이상을 위한 일이 가장 잘 맞습니다. 혹은 공공 부문이나 정치계 또는 사회 개혁 분야에 끌릴 수 있습니다. 창의력을 발휘하고자 하면 영화계에서 성공을 거둘 수 있습니다. 드라마틱한 감각이 있으니 배우로 활동하거나 연예계로 진출하면 성공할 수 있으며 사람들과 지식을 나누는 교사나 작가도 좋습니다.

수비학으로 풀어본 당신의 운세

29일에 태어난 당신은 강한 개성과 비범한 잠재력을 지녔습니다. 매우 직관적이고 섬세하며 감성이 풍부하지요. 예술적 영감은 당신이 성공하기 위한 핵심 요소로 이런 영감이 없으면 목표 자체를 잃게 됩니다. 당신은 진정한 몽상가지만 천성에 극단적인 면이 있으니 감정의 기복은 경계해야 합니다. 가장 내밀한 감정을 신뢰하고 사람들에게 마음을 열면 걱정하는 성향이 사라지고 마음을 보호할 수도 있습니다. 다른 사람들에게 정신적 자극을 주거나 도움이 될 수 있는 특별하고 독특한 것을 이루기 위해 창의적인 생각을 마음껏 펼쳐보세요. 탄생월 9의 영향으로 당신은 다른 사람들의 행복에 관심이 많습니다. 관대하고 다정한 사람이지만 자신이나 사람들에게 높은 잣대를 들이대기도 해요. 그러나 기대가 높으면 실망하거나 좌절할 수 있지요. 타협하는 법을 배우고 불완전함을 받아들이면 자신의 운명에 만족할 수 있습니다.

- 장점 : 영감, 균형감, 내면의 평화, 관대함, 성공적, 창조적, 직관적, 신비함, 강렬한 꿈, 현실적, 믿음
- 단점 : 목적이 불분명, 불안함, 침울함, 까다로움, 극단주의자, 무심함, 고립됨, 지나치게 예민함

연애와 인간관계

자상하고 다정한 당신은 사교 모임이 당신을 빛나게 한다는 것을 알게 됩니다. 열정적이고 로맨틱한 성격으로 꽃과 사랑과 시를 좋아하지만 장기적인 관계에서 당신에게 안정감을 줄 수 있는 상대가 필요합니다. 인간관계에서 환멸을 느낄 수 있는 위험성이 있어서 파트너를 선택하는 데 주의를 기울여야 하고, 감정싸움을 하거나 삐쳐서 상대를 힘들게 하는 일이 없도록 하세요. 그렇지만 사람을 휘어잡는 카리스마와 매력은 많은 팬과 친구들을 끌어모을 수 있고, 넘치는 사랑과 관대함으로 사람들에게 줄 것이 많습니다.

이날 태어난 유명인

미켈란젤로 안토니오니(영화감독), 틴토레토(화가), 제리 리 루이스(가수), 넬슨 제독(영국 군인), 레흐 바웬사(폴란드 정치인), 미겔 데 세르반테스(작가), 실비오 베를루스코니(이탈리아 정치인)

| 태양 : 천칭자리 |
| 지배 성좌 : 천칭자리/금성 |
| 위치 : 6°30′ - 7°30′ 천칭자리 |
| 상태 : 활동궁 |
| 원소 : 공기 |
| 항성 : 없음 |

9월 30일
LIBRA

이상주의와 회의주의가 묘하게 섞인 매력적인 성격

상상력이 풍부하면서도 분석적이고, 섬세하면서도 인생을 대하는 태도가 독특한 당신은 이상주의와 회의주의가 묘하게 섞여 있습니다. 당신의 높은 야망에 사람들이 따라오지 못해 많은 어려움을 겪을 수 있지요. 그러나 자신의 매력을 믿고 창의적인 사색가가 되어 보세요.

지배 성좌 천칭자리의 기운을 받은 당신에게 사랑과 애정은 특히 소중합니다. 당신은 예술이나 저술, 음악, 또는 연극을 통해 창의성을 표현할 수 있으며, 그렇지 않더라도 최소한 훌륭한 감상자가 될 수 있습니다. 세련되고 우아하며, 싹싹한 성격에 매력적인 목소리를 갖고 있네요.

진보적인 사색가인 당신은 지식에 대한 열망이 있어 정신적으로 계속 자극을 주는 계획 세우기를 즐깁니다. 비판적이고 분석적이며 종종 전문적인 기술을 갖추기도 합니다. 그러나 걱정이 많고 다른 사람을 의심하는 모습은 평소의 쾌활한 태도에 방해가 되네요.

감성이 풍부한 당신은 인생 전반기에 어려움을 겪을 수 있습니다. 그렇지만 그런 힘든 시기의 경험들이 당신의 직관이나 신비로운 성향에 자극을 주어 후반기에는 오히려 도움이 될 것입니다.

22세 이전까지는 원만한 인간관계를 만드는 데 주로 관심을 두며 창의력과 사교성을 키우고 경제적인 성공을 거둘 기회를 찾게 됩니다. 23세에는 당신의 태양이 전갈자리로 들어가면서 전환기를 맞게 되죠. 이때부터 30년 넘게 당신은 강렬한 감성과 변화, 그리고 변모와 관련된 문제에 집중하게 됩니다. 또 한 번의 전환기는 53세에 찾아오는데, 이때 당신의 태양이 궁수자리로 들어가면서 지평을 넓히게 되고 개인적 인맥이나 종교, 교육이나 여행을 통해 예술적 영감을 추구하게 됩니다.

숨어 있는 자아

강렬한 내적 감성을 표현할 확실한 분출구가 필요한 당신, 적절한 분출구를 찾지 못하면 우울해집니다. 그러나 당신은 사랑의 힘을 깨닫고 그 힘을 다른 사람의 인생에 쏟을 수 있는 엄청난 잠재력의 소유자입니다. 이 시기에 당신은 사람을 휘어잡는 카리스마와 결단력을 보이며 자발성과 따뜻한 마음, 그리고 관대함으로 사람들에게 자극과 영향을 줍니다. 자신을 체계화하여 능률과 끈기를 발휘하는 당신은 마음속 희망을 실질적 형태로 변화시킬 수 있습니다.

수준 높은 지식을 탐구하는 성향으로 영적 성장에 관심 있는 사람들이나 프로젝트에 끌립니다. 심도 있고 분명한 목표를 이루기 위해서는 끊임없이 일하면서 자신의 능력에 도전해야 합니다. 그래야 지나치게 심각해지거나 자신에게만 집중하는 성향에서 벗어나게 됩니다. 외로워지거나 실연을 경험할 수도 있지만 혼자서 사색하고 자기 분석을 할 수 있는 시간 또한 필요하지요.

일과 적성

　사람들과 어울리기 좋아하고 친화력 있는 당신은 창의적인 사고나 공적인 일을 담당하는 일에서 발군의 실력을 보일 수 있습니다. 이상주의적이고 충실한 사람이라 파트너십으로 일하거나 그룹 단위로 협업하는 것을 즐깁니다. 재능이 많은 팔방미인인 당신은 즐기며 놀 수 있는 시간이 허용되는 근무 환경을 선호하지요. 성공을 원한다면 열심히 일하세요. 스타의 반열에 오를 수 있습니다. 천부적인 수완으로 영업이나 고객 서비스 같은 직종에 어울리고, 대인관계 능력은 홍보나 출판 분야에서 성공을 거두는 데 도움이 됩니다. 사람들을 즐겁게 하는 재주가 있어 클럽이나 레스토랑 같은 직종에서 일과 친목 활동을 동시에 해낼 수 있습니다. 또는 쇼 비즈니스나 음악계에 끌릴 수도 있겠네요.

수비학으로 풀어본 당신의 운세

　창의력과 친화력, 사교성은 30일에 태어난 사람들의 특성입니다. 창의적인 잠재력과 야망을 품고 있으며, 떠오르는 아이디어를 자신만의 드라마틱한 스타일로 확장할 줄 압니다. 30일에 태어난 당신은 풍요로운 생활을 즐기며, 비범한 카리스마를 발휘하는 외향적인 사람입니다. 감정이 풍부하여 사랑에 빠지거나 충만감을 느끼는 것을 무척 중시하지요. 행복해지려면 나태, 지나친 탐닉, 성급함, 질투심을 조심하세요. 정서 불안을 초래하는 요인들이죠. 30일에 태어난 사람들 중 음악가나 배우, 연예인들의 경우 특히 인정받고 명성을 얻게 되는 일이 많습니다. 탄생월 9의 기운을 받아 상상력이 풍부하고 직관적입니다. 이상주의적이고 드라마틱한 성향이 있어서, 현실적인 면만 더해지면 원하는 바를 이룰 수 있을 것입니다. 끈기 있게 성의를 다하며 소신대로 밀고 나간다면 책임감을 즐기는 법을 알게 됩니다. 현실도피에 빠지지 않도록 하세요. 그러지 않으면 당신의 목표나 희망은 실현되지 못한 꿈이 될 수 있습니다.

- 장점 : 흥이 넘침, 충실함, 친화적, 훌륭한 통합자, 말재주, 창의적, 운이 좋음
- 단점 : 나태, 고집 셈, 괴팍함, 성급함, 신경질적, 불안정, 무관심, 에너지 분산

연애와 인간관계

　섬세하고 이상주의적인 당신은 지루해지지 않도록 늘 모험을 추구합니다. 연애에는 변화가 수반되기 마련이니, 의기소침해하기보다는 적응하는 법을 배우려 노력하세요. 때로 다른 사람의 문제를 떠맡기도 하는데, 속앓이를 하지 않으려면 상대를 선택할 때 신중을 기해야 합니다. 사랑과 애정을 보이는 것은 당신에게 특히 중요한 일이므로, 사람을 대할 때 마음을 열고 공정해질 필요가 있습니다. 싫증 나지 않으려면 연애할 때 흥미진진한 경험도 필요합니다.

연인이나 친구

1월 9, 13, 30일 / 2월 7, 11, 28일 / 3월 5, 26, 30일 / 4월 3, 24, 28일 / 5월 1, 22, 26일 / 6월 3, 20, 24일 / 7월 18, 22, 31일 / 8월 16, 20, 29, 30일 / 9월 14, 18, 27, 28일 / 10월 12, 16, 25, 26, 31일 / 11월 10, 14, 23, 24, 29일 / 12월 8, 12, 21, 22, 27일

힘이 되어주는 사람

1월 15, 22, 31일 / 2월 13, 20, 29일 / 3월 11, 18, 27일 / 4월 9, 16, 25일 / 5월 7, 14, 23, 30일 / 6월 5, 12, 21, 28일 / 7월 3, 10, 19, 26, 30일 / 8월 1, 8, 17, 24, 28일 / 9월 6, 15, 22, 26일 / 10월 4, 13, 20, 24일 / 11월 2, 11, 18, 22일 / 12월 9, 16, 20일

운명의 상대

1월 11일 / 2월 9일 / 3월 7, 26, 27, 28, 29일 / 4월 5일 / 5월 3일 / 6월 1일 / 10월 31일 / 11월 29일 / 12월 27일

경쟁자

1월 5, 8, 16, 21일 / 2월 3, 6, 14, 19일 / 3월 1, 4, 12, 17일 / 4월 2, 10, 15일 / 5월 8, 13일 / 6월 6, 11일 / 7월 4, 9, 29일 / 8월 2, 7, 27일 / 9월 5, 25일 / 10월 3, 23일 / 11월 1, 21일 / 12월 19일

소울 메이트

1월 13일 / 2월 11일 / 3월 9일 / 4월 7일 / 5월 5일 / 6월 3일 / 7월 1일 / 8월 31일 / 9월 29일 / 10월 27일 / 11월 25일 / 12월 23일

이날 태어난 유명인

조니 마티스(가수), 앤지 디킨슨, 데버러 커(배우), 트루먼 커포티, 윌리엄 스탠리 머윈(작가), 전인권(가수), 주원(배우)

455

태양 : 천칭자리	
지배 성좌 : 천칭자리/금성	
위치 : 7˚30′ – 8˚30′ 천칭자리	
상태 : 활동궁	
원소 : 공기	
항성 : 빈데미아트릭스	

10월 1일

LIBRA

명석하고 예리한 지성의 소유자

독립적이고 의지가 강한 당신은 생일의 기운으로 역동적이면서도 매력적이고 외교 수완이 뛰어납니다. 야망이 커서 지속적으로 자신의 상황을 개선하고 싶어 하지요. 유쾌하고 사교적인 성격 이면에 결단력과 비즈니스 감각과 조직력을 갖추어 묵묵히 자기를 계발하면 반드시 성공할 것입니다.

지배 성좌 천칭자리의 기운을 받아 사랑과 애정을 드러내는 것이 특히 당신에게 중요합니다. 사람을 사로잡는 매력이 있고 세련된 사교성을 발휘해 사람의 마음을 편하게 해주므로 대인관계가 원만하겠네요. 예술적 감각이 뛰어나 고상하고 호화로운 생활을 누리고 싶어 하며 음악이나 그림, 연극을 통해 능력을 발산합니다.

안정감과 힘에 대한 욕구, 그리고 물질적 성공과 인정을 받고자 하는 열망이 당신에게 강력한 동기를 부여합니다. 큰 그림을 그리는 능력이 있어 권한 있는 자리에 적격입니다. 그러나 자부심이 강하고 권위적이며 자기 지향적인 성향으로 인해 비판에 잘 대응하지 못하면 때로 비싼 대가를 치르게 됩니다.

재능 많고 재치가 넘치는 당신은 활동적이고 생산적이며 두뇌가 명석하고 예리한 지성의 소유자입니다. 단, 너무 성급하거나 고집이 센 성향은 경계해야 합니다. 그러나 가치 있는 프로젝트에 자극을 받으면 놀라운 성취를 이뤄낼 수 있는 재능과 역량을 갖고 있네요.

21세까지는 주로 인간관계에 관심을 두며, 사교성과 경제적 능력을 계발하게 됩니다. 22세에 당신의 태양이 전갈자리로 들어가면서 전환기를 맞는데, 이후 30년간 개인적인 능력과 변화에 관련된 문제에 집중하게 됩니다. 또 한 번의 전환기는 52세에 찾아오네요. 이때 당신의 태양이 궁수자리로 움직이면서 당신은 인생에서 더 많은 위험을 감당하게 되거나 학문과 여행을 통해 시야를 넓히게 됩니다.

숨어 있는 자아

기민하고 직관적인 통찰력을 믿으면 당신은 경험에서 얻은 금욕주의적인 지혜를 보여줄 수 있습니다. 타고난 리더십은 자기 절제를 통해 발현되기 때문에 하찮은 자리에 계속 앉아 있으면 진정한 잠재력을 발휘하지 못할 수 있습니다. 드라마틱하고 창조적인 당신은 정해진 목적이나 목표에 전념하는 모습에서 강인함도 나타납니다. 그러므로 큰 그림을 그리고 최고가 되는 것을 목표로 하세요.

회의적이거나 걱정을 너무 많이 해서 신경을 곤두세우고 자신을 혹사하는 성향은 당신의 성공에 걸림돌이 됩니다. 이런 성향으로 인해 고립될 수 있으므로 자신과 자신의 능력에 대한 신뢰를 키우고 창조적인 아이디어를 최대한 활용해야겠네요. 승부욕이 있고 대담한 당신은 기지가 넘치고 자발적이라 많은 사람들에게 자극을 줍니다. 또한 혼자 있고 싶어 하거나 자기 분석을 하고 싶은 성향에서 감춰진 성향이 그대로 드러납니다.

일과 적성

직관적이고 독창적이며 사교적인 당신은 일과 놀이를 결합하는 재주를 타고 났습니다. 사람들과 함께 일하는 것을 즐기지만 다른 사람을 따라 하기보다는 주도하는 것을 더 좋아하지요. 사교 수완과 실행력을 겸비한 당신은 관리자나 조직가, 또는 감독자로서 관리하는 역할을 맡게 됩니다. 그렇지 않으면 자영업 쪽을 택할 수도 있겠네요. 사람의 욕구를 이해하는 마음이 있으니 경제 자문이나 변호사로서 대중에게 도움이 되는 길을 선택할 수도 있습니다. 아름다움과 예술에 대한 심미안이 있으니 중개상을 하거나 화랑을 운영해도 좋습니다. 더 많이 배워서 영감을 받게 되면 신지학이나 철학, 또는 점성학에 흥미를 갖게 되겠네요.

수비학으로 풀어본 당신의 운세

1일 태생인 당신은 개인주의적이고 혁신적이며 용감하고 에너지가 넘칩니다. 강력한 정체성을 확립하고 자기주장을 키울 필요가 있습니다. 개척 정신이 넘쳐 혼자 독립하고자 하는 마음이 강합니다. 이러한 자발적인 성격은 경영 능력이나 리더십을 계발할 수 있도록 자극하기도 합니다. 열정과 신선한 아이디어로 충만해 다른 사람에게 성공의 길을 일러주기도 합니다. 1일 태생인 당신은 세상이 자신을 중심으로 돌지 않는다는 사실을 배울 필요가 있고, 자기중심적이고 독재적인 성향을 잘 조절해야 합니다. 탄생월 10의 영향으로 직관력이 뛰어나 영감과 독창적인 아이디어로 자신을 표현합니다. 대담하고 결단력도 있지만 때론 마음속에 있는 친밀한 감정을 표현하기 어려워할 수 있습니다. 감정이 넘치고 야망이 큰 당신은 혼자서도 강한 인상을 줄 수 있지만 성공은 사람들과 함께할 때 비로소 온다는 것을 명심하세요.

- 장점 : 리더십, 창조적, 진보적, 단호함, 낙천적, 강한 신념, 승부욕, 독립적, 사교적
- 단점 : 고압적, 질투심, 이기적, 자만심, 적대적, 자제심 부족, 이기적, 나약함, 우유부단함, 성급함

연애와 인간관계

친화적이고 매력적인 당신은 친구와 지인이 많으며 인기를 얻고 싶은 욕구가 있습니다. 사랑하는 사람에게 충실하고 큰 희생도 마다하지 않지만 자기중심적이고 교묘하게 상대를 조종하려는 성향은 극복해야 합니다. 당신에게 사랑이 굉장히 중요하긴 하지만 때로는 우유부단함과 다른 사람과의 부적절한 관계로 속앓이를 할 수도 있습니다. 예술을 사랑하고 미와 음악에 대한 심미안이 있어서 정서적으로 자기표현을 할 분출구가 필요하며, 창의적인 사람들과 어울리는 것을 즐깁니다.

이날 태어난 유명인

줄리 앤드루스, 리처드 해리스(배우), 지미 카터(전 미국 대통령), 장자크 아노(영화감독), 강석우, 이휘향, 감우성, 정준호, 김선아(배우), 나미(가수)

태양 : 천칭자리
지배 성좌 : 천칭자리/금성
위치 : 8° 30′ - 9° 30′ 천칭자리
상태 : 활동궁
원소 : 공기
항성 : 빈데미아트릭스, 카피르

10월 2일

LIBRA

세련된 취향을 가진 이상주의적 로맨티스트

사교적이고 매력적이며 성실한 당신은 설득력 있는 휴머니스트입니다. 이상주의자인 당신은 현실 감각도 예리해 영감을 받은 꿈을 손에 잡히는 현실로 만드는 능력이 있습니다.

지배 성좌 천칭자리의 기운을 받은 당신은 천성적으로 사교성이 뛰어나 사람들을 편안하게 만들어줍니다. 사람들은 당신의 정중하고 세련된 태도와 사람들과 협조적으로 일하는 당신의 능력에 매료당합니다. 당신은 충실한 친구이자 훌륭한 부모가 될 수 있으며 가족들을 잘 보호합니다.

당신은 취향이 세련되고 심미안이 발달하여 좋은 이미지를 남기고 싶어 합니다. 색채와 소리에 대한 감각이 남달라 타고난 예술적·창의적 재능을 음악, 예술 또는 연극에서 발산할 수 있습니다. 환경에 민감한 당신은 아마도 온기가 넘치고 멋진 집에서 살 것 같군요.

이상주의자이자 로맨티스트인 당신은 가치 있는 일이라고 생각되면 시간과 돈을 아낌없이 쏟아부을 겁니다. 당신에게 물질적인 안정은 매우 중요하여 대체로 장기적인 계획을 세우는 편입니다. 생각해놓은 목표가 있으면 결연한 의지로 열심히 일하여 물질적인 성취를 이룹니다. 문제는 일과 책임감, 그리고 사랑과 즐거움을 위한 욕구 사이에 균형을 잡아야 한다는 거죠.

20세까지는 사업이나 대인관계와 관련된 사교 활동에 관심이 많습니다. 21세에 당신의 태양이 전갈자리로 들어가면서 전환점을 맞게 되는데, 삶에서 정서적 변화와 강렬함에 대한 욕구가 커지면서 더욱 결단력 있고 열성적인 모습을 보이게 됩니다. 또 한 번의 전환기는 51세에 찾아오네요. 이때 당신의 태양이 궁수자리로 움직이면서 당신은 더욱 대담해지고 모험심이 커질 가능성이 높으며, 철학적인 학문을 통해 인생에서 더 많은 감흥을 찾거나 여행을 하고 싶어질 것입니다.

숨어 있는 자아

당신의 감수성은 겉으로는 잘 드러나지 않습니다. 공감력과 감성이 풍부한 당신은 다른 사람의 문제를 파악하고 깊은 공감대와 폭넓은 사랑을 끌어낼 수 있는 잠재력을 보여줍니다. 사람들과 상황을 넓은 관점에서 바라보면, 인생은 때가 되면 순리대로 흘러가게 되어 있다는 믿음이 생겨 많이 베풀면서도 초연해질 수 있습니다. 이런 깨달음 덕분에 당신은 모든 것을 통제하려 하고, 너무 경직되거나 좌절하는 성향을 극복합니다.

당신은 친화력 있고 배려심이 많은 한편 극단적인 성향의 소유자이기도 합니다. 뭔가에 고무되면 즐겁고 다정하고 즉흥적이 되며, 아이같이 순수한 장난기를 보입니다. 인생을 있는 그대로 받아들이고 매순간에 충실하지만, 부정적인 기류가 흐르면 당신은 희생적이 되거나 자기 연민이나 과도한 탐닉에 빠지게 됩니다. 물질적 욕구와 정신적인 욕구 사이에서 건강하게 균형을 취하면 사랑이 풍부해져 장애물을 이겨내고 소망을 현실로 실현할 수 있게 됩니다.

일과 적성

창조적이고 야망이 큰 당신은 직관력이 뛰어난 매력적인 인격의 소유자이지요. 사람들과 함께 일하기를 즐기고, 대중을 상대하는 직업에서 성공할 수 있습니다. 미디어, 홍보 분야로 진출할 수 있으며, 사회사업가나 협상가로 활동할 수도 있습니다. 지적이고 이상적인 당신은 교사나 심리학자 또는 상담사에도 관심이 있습니다. 예술적이고 아이디어가 독창적이어서 예술가나 디자이너 같은 직업을 선택하면 영감을 발휘할 수 있습니다. 매력적이고 누구하고든 편안하게 어울리는 성격을 발휘하여 외교 분야에서 일하거나 친목이나 업무, 여행을 결합한 일을 할 수도 있습니다. 다양한 사람들과 함께 일하는 능력이 있으니 영업, 혹은 가치 있는 대의를 위해 활약할 수 있습니다.

수비학으로 풀어본 당신의 운세

감수성이 풍부하고 집단 소속감이 강한 성향은 2일에 태어난 사람들의 특징입니다. 적응력과 이해심이 뛰어난 당신은 사람들과 상호작용을 할 수 있는 협력적인 활동을 즐깁니다. 그러나 좋아하는 사람들을 기쁘게 해주려다가 너무 의존적이 될 수 있으니 유의하세요. 자신감을 키우면 사람들의 행동이나 비판에 쉽게 상처받는 성향은 극복할 수 있습니다. 탄생월 10의 영향을 받아 당신은 이상주의적이고 독창적이며 강한 확신과 사람을 휘어잡는 카리스마를 갖고 있네요. 아이디어나 가치 있는 대의에 의해 영감을 받게 되면 다른 사람들에게 영향력을 발휘해 당신이 기획한 운동에 참여시킬 수 있는 능력이 있습니다. 그러나 마음이 불안정하면 개인적인 욕구와 열망으로 노심초사하고 우유부단해져 방향을 잃을 수 있습니다. 감수성이 풍부하고, 환경에 쉽게 영향을 받는 당신은 창조적인 활동을 통해 자신을 표현할 필요가 있으며, 목표를 달성하기 위해서라면 다른 사람들과 기꺼이 함께 일합니다.

- 장점 : 부드러움, 재치, 수용적, 직관적, 민첩함, 사려 깊음, 조화로움, 유쾌함
- 단점 : 의심 많음, 자신감 부족, 복종적, 과민함, 감정적, 이기적, 쉽게 상처받음

연애와 인간관계

사람들과 잘 어울리며 친화력이 있는 당신은 쉽게 친구나 추종자를 만듭니다. 로맨틱한 면이 있어서 사랑의 표현은 개인적으로나 보편적으로나 당신에게 굉장히 중요하지요. 당신은 사랑을 위해서 기꺼이 큰 희생을 할 수 있지만 순전히 의무감에서 하지는 마세요. 자칫하면 인정받지 못한다는 기분이 들 수 있으니까요. 정서적으로 안정되어 있는 파트너에게서 지속적으로 영향을 받는 것이 좋으니 장기적인 관계로 정착하기 위해서는 먼저 안목을 키우는 것이 필요합니다. 특히 당신은 지적이고 창의적인 사람들에게 끌립니다.

이날 태어난 유명인

마하트마 간디(인도 지도자), 그루초 막스(희극배우), 도나 카란(패션 디자이너), 그레이엄 그린(작가), 월리스 스티븐스(시인), 스팅(가수), 김동인(작가), 김재현, 정근우(야구 선수), 이은결(마술사)

| 태양 : 천칭자리 |
| 지배 성좌 : 천칭자리/금성 |
| 위치 : 9°30′ – 10°30′ 천칭자리 |
| 상태 : 활동궁 |
| 원소 : 공기 |
| 항성 : 빈데미아트릭스, 카피르 |

10월 3일

LIBRA

사람을 사로잡는 매력을 갖춘 낙천주의자

창조적이고 인정 많고 카리스마 있는 당신은 강력한 상상력과 왕성한 사고력을 지닌 낙천적인 사람입니다. 조직 능력과 함께 큰 그림을 그리는 능력, 그리고 자신을 표현하고자 하는 강한 욕구가 섞여 제대로 작용하면 원하는 것을 이룰 수 있습니다.

지배 성좌 천칭자리의 기운을 받은 당신은 화려하고 조화로운 환경에서 지내기를 좋아합니다. 사람을 사로잡는 매력과 세련된 사교 매너는 사람 대하는 일에서 성공을 보장합니다. 고급스러움을 좋아하는 당신은 성적 매력을 발산하기를 즐겨 늘 매력적이고 좋은 이미지를 연출하는 데 신경을 쓰지요. 아름다움과 색채, 소리에 대한 안목이 있으며, 음악, 미술 또는 연극을 통해 당신의 타고난 예술적 · 창조적 재능을 계발할 수 있습니다. 이때 생길 수 있는 위험성은 의욕적이었다가도 타성에 젖어 틀에 박힌 편안한 일상에 갇히기 쉽다는 점입니다. 운 좋게도 인생에서 좋은 것들을 추구하는 당신의 강력한 욕구가 더욱 노력하게 되는 원동력이 되기도 합니다.

당신은 자신의 욕구를 위해서는 특별히 적극적이지 않지만 약한 사람들이나 가치 있는 대의를 위해서는 열렬하게 싸웁니다. 다양한 아이디어에 감동받는 당신은 확실한 목표와 목적의식이 정해지면 결단력과 조직력을 발휘합니다. 안타깝게도 당신은 쉽게 짜증을 내거나 완고하게 굴 때가 있지만 최상의 상태에서는 우아하고 너그러우며 유머 감각을 보여주지요.

19세가 되기 전에는 주로 인간관계에 관심이 많으며 사교성과 경제적 잠재성을 키우게 됩니다. 20세에 당신의 태양이 전갈자리로 들어가면 전환기를 맞아 자신의 능력이나 변화와 관련된 문제에 집중하기 시작합니다. 또 한 번의 전환기는 50세에 찾아오죠. 이때 당신의 태양은 30년 동안 궁수자리로 들어가게 되며, 당신은 인생에서 더 많은 위험을 감수하거나 학문이나 여행을 통해 정신적 지평을 넓히게 됩니다. 또한 외국과 외국 사람들과 더 많은 관계를 맺게 됩니다.

숨어 있는 자아

창의적이고 상상력이 풍부하면서도 직관적인 당신은 자기표현을 통해 개인적 힘을 강화하는 것이 좋습니다. 때로 걱정이나 자기 불신 또는 우유부단함으로 인해 그 많은 재능이 충분히 드러나지 못할 수 있습니다. 따라서 다른 사람이나 상황에 에너지를 빼앗기지 않도록 자신의 목표와 목적을 뚜렷이 의식하고 있어야 합니다. 넉넉한 마음과 자세로 인생을 대하면 앞길이 막힌 상황에서도 벗어날 수 있습니다.

사교적이면서도 세심하게 남의 입장을 헤아리는 당신은 사람들을 진심으로 걱정합니다. 안타깝게도 주변 사람들 때문에 실망하고 좌절할 수 있으므로 적절한 거리를 두고 냉정함을 유지하는 것이 중요합니다. 긍정적인 마음을 유지할 때 이 생일이 보장하는 경제적인 안정과 물질적 편안함과 행복을 누릴 수 있습니다.

일과 적성

역동적이고 다재다능한 당신은 매력적인 성격의 소유자로 자신의 아이디어를 홍보하는 능력이 뛰어나지요. 열심히 일할수록 결과는 더 좋아지고 보상도 더 커집니다. 상업 분야에 뛰어들면 영업자로서 성공을 거둘 수 있어요. 창의적이고 재능이 많은 당신은 직관을 발휘하여 사람들이 원하는 것이 무엇인지를 간파합니다. 공명정대한 성격이어서 법이나 정계에서 약자를 위해 싸우거나 대변인으로 활동할 수 있습니다. 학문에 열의가 있다면 훌륭한 교사나 성직자도 될 수 있습니다. 사교적이고 친화적인 성격 때문에 레스토랑이나 분위기 좋은 카페, 클럽 같은 곳에서 일하면 즐거움을 함께 누릴 수 있습니다. 음악이나 예술에 관심이 있다면 공연이나 연극, 영화나 음악계로 진출할 수 있습니다.

수비학으로 풀어본 당신의 운세

3일에 태어난 당신은 섬세하여 창의력과 감정을 표출할 필요가 있습니다. 흥이 넘치며 좋은 친구인 당신은 친목 형태의 사회 활동과 다양한 관심사를 즐깁니다. 다재다능하고 표현력이 풍부해서 다양하고 흥미진진한 경험을 하고 싶어 하지만 쉽게 싫증 내는 성향이 있어 우유부단해지거나 한 번에 일을 너무 많이 벌이는 경향이 있습니다. 3일생 특유의 예술성과 매력이 있고 유머 감각도 있지만, 자존감을 좀 더 키워야 하고 지나친 걱정이나 불안정은 경계해야 합니다. 탄생월 10의 기운을 받아 매우 직관적이고 독립적입니다. 다재다능하고 독창적이지만 안락함을 좋아하고 정서 불안에 빠질 수 있기 때문에 자제력을 기르고 수양을 쌓을 필요가 있습니다. 보통 어려움에 처한 사람들을 돕거나 지원하면서 인도주의적 성향을 표출합니다. 사람을 사로잡는 매력과 내면의 지혜가 돋보이는 당신은 자신의 감정을 믿고 인내를 배울 필요가 있습니다.

- 장점 : 유머, 행복, 친화력, 생산적, 창조적, 예술적, 소망의 힘, 자유를 사랑함, 말재주
- 단점 : 쉽게 싫증냄, 자만심, 지나친 상상력, 과장, 애정이 없음, 거만, 낭비벽, 자기 몰두, 나태함, 위선적, 낭비가 심함

연애와 인간관계

사교적이고 친화적인 당신은 파티 분위기를 돋우는 인물이 될 수 있습니다. 정의가 넘쳐 사랑하는 사람들을 잘 챙기고 친구들에게 용기를 북돋는 말로 힘을 실어주며 과거 당신에게 친절을 베풀었던 사람들을 꼭 기억합니다. 매우 다정하고 마음이 넓은 당신에게 때론 다른 사람들이 너무 의지할 수도 있으니, 그러지 않도록 주의하세요. 당신은 충실하고 믿을 만한 친구이자 연인, 배우자이고 타고난 매력으로 폭넓은 교우 관계를 유지합니다.

연인이나 친구

1월 5, 9, 10, 18, 19일 / 2월 3, 7, 8, 16, 17일 / 3월 1, 5, 14, 15, 31일 / 4월 3, 4, 12, 13, 29일 / 5월 1, 10, 11, 27, 29일 / 6월 8, 9, 25, 27일 / 7월 6, 7, 23, 25, 31일 / 8월 4, 5, 21, 23, 29일 / 9월 2, 3, 19, 21, 27, 30일 / 10월 1, 17, 19, 25, 28일 / 12월 13, 15, 21, 24일

힘이 되어주는 사람

1월 1, 6, 17일 / 2월 4, 15일 / 3월 2, 13일 / 4월 11일 / 5월 9일 / 6월 7일 / 7월 5일 / 8월 3일 / 9월 1일 / 10월 31일 / 11월 29일 / 12월 27일

운명의 상대

3월 28, 30, 31일 / 4월 1, 2일

경쟁자

1월 2, 16일 / 2월 14일 / 3월 12일 / 4월 10일 / 5월 8일 / 6월 6일 / 7월 4일 / 8월 2일 / 12월 30일

소울 메이트

1월 11, 31일 / 2월 9, 29일 / 3월 7, 27일 / 4월 5, 25일 / 5월 3, 23일 / 6월 1, 21일 / 7월 19일 / 8월 17일 / 9월 15일 / 10월 13일 / 11월 11일 / 12월 9일

이날 태어난 유명인

엘레오노라 두세(배우), 처비 체커(가수), 스티브 라이히(작곡가), 고어 비달, 토머스 울프(작가), 찰스 피더슨(화학자), 홍록기, 김구라(코미디언), 김주혁, 윤은혜(배우)

태양 : 천칭자리	
지배 성좌 : 물병자리/천왕성	
위치 : 10°30´ – 11°30´ 천칭자리	
상태 : 활동궁	
원소 : 공기	
항성 : 빈데미아트릭스, 카피르	

10월 4일
LIBRA

창조적이고 독창적인 사색가

당신은 상상력이 풍부하고 섬세하며 창조적인 천칭자리 태생으로 모험심이 많습니다. 솔직하고 직선적이며 천성적으로 사교성이 좋아 인간관계를 예민하게 인식합니다. 친화적이고 사회성이 뛰어나 매력을 발산하며, 자신이 뿜어내는 이미지에 관심이 많습니다. 못하는 것이 없는 팔방미인인 당신은 신선하고 흥미진진한 경험을 찾아다니지요. 그러나 너무 성급하고 한시도 가만있지 못하는 성향은 경계해야 합니다.

지배 성좌 물병자리의 기운을 받은 당신은 창조적이고 독창적인 사색가입니다. 사람들이 상호작용하는 방법을 연구하는 심리학에 관심이 많으며, 마음이 열려 있어 토론을 즐깁니다. 아름다움과 고급스러운 것을 알아보는 당신은 창의력을 타고나 저술이나 음악, 미술, 연극 분야에서 표현력을 발휘할 수 있습니다. 정해진 목표에 집중하여 모든 에너지를 쏟아부을 수 있는 당신은 한번 마음을 먹으면 결연한 의지를 보입니다.

여행은 당신의 인생에서 특히 중요한 부분을 차지하지만, 당신은 가정의 안정과 편안함도 필요로 합니다. 이상주의와 물질주의 성향이 서로 충돌해 불확실함이나 우유부단함, 그리고 집중력 상실이 커다란 난제가 될 수 있습니다.

19세에 당신의 태양이 전갈자리로 들어가 전환기를 맞으며 30년간 지속되는데, 정서적인 변화와 강렬함, 그리고 변신에 대한 욕구가 점점 커집니다. 또 한 번의 전환기는 49세에 찾아오는데, 당신의 태양이 궁수자리로 들어오면서 당신은 더욱 모험심이 강해지고 철학적으로 변하게 되지요. 그 영향으로 학문을 연구하고 지평을 넓히게 되거나 외국인이나 외국에 대한 관심이 더 커지게 됩니다.

숨어 있는 자아

섬세하고 창의적인 아이디어로 넘쳐나며 강력한 비전을 보이는 당신은 독창적이고 영감 넘치는 구상을 분명히 표현할 줄 압니다. 이런 능력은 경제 여건의 변화에 대해 걱정하거나 판단에 앞서 불안해하는 마음을 극복하도록 도와줍니다. 당신은 자기표현 욕구나 자유를 사랑하는 마음이 있어 실의에 빠지더라도 그 상태가 오래가지 않습니다.

영리한 당신은 무엇이든 빨리 배우지만, 초연한 자세를 유지해야 좌절하거나 실망하지 않습니다. 인도주의적 기질을 타고나서 지나간 개인적 문제를 보편적인 시각으로 바라볼 수 있습니다. 낭비벽이 좀 있긴 하지만 경제적인 보상이 따르는 기회를 알아보는 감각이 뛰어나 인생에서 빠르게 성공을 거둘 수 있습니다.

일과 적성

야심 차고 유능하며 다재다능한 당신은 관심사가 다양해서 여기저기 기웃거린 뒤에야 비로소 하나의 직업에 정착할 수 있겠네요. 다양성을 좋아하기 때문에 발전하고 변화할 수 있는 기회를 스스로에게 제공하고, 틀에 박힌 업무를 하지 않는 직업을 선택하는 것이 가장 중요합니다. 시각적 감각이 뛰어나 이미지 메이킹에 대한 인식이 높으니 미디어나 그래픽, 디자인이나 사진 분야에 적합합니다. 전반적으로 근면하며 대인관계 기술이 좋은 당신은 창의적이고 예술적이라 외국과 연계된 일에서 성공할 확률이 높습니다. 또 사고가 깊어서 연구나 철학, 또는 교육과 같이 지적 능력을 발휘하는 직업을 가질 수도 있습니다.

수비학으로 풀어본 당신의 운세

4일에 태어난 사람들이 갖고 있는 견고한 구성과 정돈된 능력으로 보아 당신은 안정과 질서를 확립하는 걸 좋아하겠네요. 에너지와 현실적인 능력, 그리고 강력한 결단력을 부여받은 당신은 성실함으로 성공을 거둘 수 있지요. 안정감을 중요하게 생각하는 당신은 자신과 가족을 위해 견고한 토대를 만들고 싶어 합니다. 인생에 대한 실용적인 태도 덕분에 훌륭한 사업 감각을 터득하고 물질적인 성공도 거둘 수 있습니다. 4일에 태어난 당신에게는 불안정한 상태나 돈 걱정이 큰 문제가 되겠네요. 탄생월 10의 영향으로 당신은 야망이 있고 독립적이며 강력한 직관력과 탐구심이 있습니다. 진보적이고 적응력이 빨라 다양한 경험을 할 수 있는 자유를 원하지요. 여기에는 일과 놀이를 위한 여행도 포함됩니다. 기지가 넘치고 열정적이라 무엇이든 새로운 것을 시도해보는 성격이지만 때로 변덕을 부리거나 일관성이 없고 무책임한 행동을 보이기도 합니다.

- ● 장점 : 체계적, 자기 수양, 꾸준함, 근면, 솜씨 좋음, 훌륭한 손재주, 실용주의, 신뢰, 정확함
- ■ 단점 : 소통 부족, 억압되어 있음, 완고함, 나태함, 냉정함, 미루는 버릇, 너무 알뜰함, 권위적, 감춰진 애착, 쉽게 분개함, 엄격함

연애와 인간관계

사람을 휘어잡는 카리스마가 있고 재미있는 당신은 팬이 많습니다. 천칭자리 태생으로 사교적인 당신에게는 사랑과 우정이 특히 중요합니다. 사람들을 빠르게 간파하는 능력과 유머 감각이 뛰어나 재미있는 친구가 될 수 있습니다. 당신에겐 지적이고 관심사를 공유할 수 있는 사람이 이상적입니다. 그러나 때로 당신은 내성적으로 변해 진심을 보여주지 않을 수도 있습니다.

당신에게 특별한 사람

연인이나 친구 ♥

1월 2, 6, 10, 20, 25, 29일 / 2월 4, 8, 18, 27일 / 3월 2, 6, 16, 25, 28, 30일 / 4월 4, 14, 23, 26, 28, 30일 / 5월 2, 12, 21, 24, 26, 28, 30일 / 6월 10, 15, 19, 22, 24, 26, 28일 / 7월 8, 17, 20, 22, 24, 26일 / 8월 6, 15, 18, 20, 22, 24일 / 9월 4, 13, 16, 18, 20, 22일 / 10월 2, 11, 14, 16, 18, 20일 / 11월 9, 12, 14, 16, 18일 / 12월 7, 10, 12, 14, 16일

힘이 되어주는 사람 ♣

1월 7, 13, 18, 28일 / 2월 5, 11, 16, 26일 / 3월 3, 9, 14, 24일 / 4월 1, 7, 12, 22일 / 5월 5, 10, 20일 / 6월 3, 8, 18일 / 7월 1, 6, 16일 / 8월 4, 14일 / 9월 2, 12, 30일 / 10월 10, 28일 / 11월 8, 26, 30일 / 12월 6, 24, 28일

운명의 상대

1월 25일 / 2월 23일 / 3월 21, 30, 31일 / 4월 1, 2, 19일 / 5월 17일 / 6월 15일 / 7월 13일 / 8월 11일 / 9월 9일 / 10월 7일 / 11월 5일 / 12월 3일

경쟁자

1월 3, 17일 / 2월 1, 15일 / 3월 13일 / 4월 11일 / 5월 9, 30일 / 6월 7, 28일 / 7월 5, 26, 29일 / 8월 3, 24, 27일 / 9월 1, 22, 25일 / 10월 20, 23일 / 11월 18, 21일 / 12월 16, 19일

소울 메이트

1월 18일 / 2월 16일 / 3월 14일 / 4월 12일 / 5월 10, 29일 / 6월 8, 27일 / 7월 6, 25일 / 8월 4, 23일 / 9월 2, 21일 / 10월 19일 / 11월 17일 / 12월 15일

이날 태어난 유명인

장프랑수아 밀레(화가), 버스터 키튼, 찰턴 헤스턴, 수전 서랜든(배우), 테런스 콘란(산업 디자이너), 앨빈 토플러(미래학자), 재키 콜린스(작가), 이원복(만화가), 고수(배우)

463

태양 : 천칭자리

지배 성좌 : 물병자리/천왕성

위치 : 11° 30′ - 12° 45′ 천칭자리

상태 : 활동궁

원소 : 공기

항성 : 알고라브

10월 5일

LIBRA

실용주의자이면서도 감성이 풍부한 사람

감성적 상상력과 영리한 현실성이 묘하게 섞여 있는 성향은 이날 태어난 사람들의 공통된 특성입니다. 대인 관계 능력을 타고난 매력적인 당신은 끊임없이 자신을 찾아 떠나는 새로운 경험을 원합니다. 사람을 휘어잡는 따스한 매력으로 인기를 얻지만 흥미롭거나 성취감을 주는 직업이나 활동이 없다면 만족하지 못할 것입니다.

지배 성좌인 물병자리의 영향이 더해져 당신은 독창적이고 생산적인 아이디어가 샘솟으며 좋은 토론을 즐깁니다. 열린 마음으로 인생을 대하는 당신은 자유에 관한 문제와 사람에게 관심이 많습니다. 천부적인 사고 수완에다 다른 사람들과 협업하는 능력도 지녔지요. 예술적 심미안이 있어 주변을 아름답고 멋지고 화려하게 장식하고 싶어 하며 그 감각을 음악이나 그림, 또는 연극을 통해 발산하겠네요.

기회를 예리하게 포착하는 당신은 경제적인 잠재력이 크고 훌륭한 협상을 이끌어내는 방법을 잘 압니다. 다재다능해서 일과 취미를 잘 어우러지게 하는 능력도 갖고 있네요. 자존심이 강해서 일을 수행할 때는 잘하고 싶은 마음이 강해집니다. 그 모든 재능을 갖추었기에 건전한 가치관을 갖고 책임감 있고 성실하게 나아가면 큰 성공을 거둘 수 있습니다.

17세까지 당신은 인간관계와 사회적인 인식에 주로 관심을 두게 됩니다. 18세에 당신의 태양이 전갈자리로 들어가면서 전환기를 맞아 이후 30년 동안 당신은 감정상의 변화와 개혁에 대한 욕구가 커집니다. 또 한 번의 전환기는 48세에 오는데, 이때 당신의 태양은 궁수자리로 들어가면서 인생에서 더 많은 위험을 감수하고 싶어지거나, 학문이나 여행, 또는 영감을 통해 마음의 지평을 넓히게 됩니다. 78세부터 당신의 태양이 염소자리에 들면서 당신은 체계나 안정, 평안함에 더 집중하게 됩니다.

숨어 있는 자아

실용주의자이면서도 감수성이 풍부한 당신은 이상주의적인 대의에 이끌릴 수 있어, 인도주의 차원이나 종교 운동에서 주요 인물이 될 가능성이 있습니다. 직관력이 뛰어나 절차나 논리적인 사고를 거치지 않고 사람이나 상황을 바로 파악합니다. 이러한 직관적 능력을 계발하고 신뢰하면 통찰력과 문제 해결 능력이 향상됩니다.

새로운 프로젝트나 아이디어에 참여하면 열정이 샘솟는 당신은 싫증 나는 일이나 틀에 박힌 일을 피해 물리적으로나 정신적으로나 새로운 것을 탐색하곤 합니다. 여행은 때로 성공의 기회를 확대하는 데 큰 역할을 합니다. 흥미진진하고 새로운 경험에 대한 욕구가 제약받는다면 당신은 가만있지 못하거나 초조해질 수 있고 현실을 도피하거나 인생의 즐길 거리에만 과도하게 탐닉하면서 보상받으려 할 수 있습니다.

일과 적성

지적이고 창의적인 사람으로 다양성이 필요한 당신은 변화무쌍하고 흥미진진한 직업에 딱 맞습니다. 사람들을 상대하는 데 소질이 있고 판에 박힌 일은 싫어해서 사람을 대하는 분야에서 훌륭한 성과를 냅니다. 재능을 타고난 이상주의자인 당신은 연예계나 음악계로 진출할 수 있습니다. 도덕적인 대의나 사회적인 불평등에 의해 자극을 받는다면 사회 개혁이나 인도주의 집단에서 일하게 될 수도 있지요. 계속 발전하는 시기도 있고 그 반대의 경우도 있을 수 있습니다. 안정과 편안함을 위해서는 장기적인 저축 계획을 세울 필요가 있습니다.

수비학으로 풀어본 당신의 운세

강력한 직관, 모험적인 성향, 자유에 대한 갈망, 이 모든 성향은 5일에 태어난 사람들의 공통된 특징입니다. 새로운 것은 무엇이든 탐색하고 시도해보려는 마음과 열정적인 자세를 보면 인생이 당신에게 줄 것이 참 많다는 것을 알 수 있지요. 많은 기회와 여행을 통해 당신의 가치관과 믿음은 진정한 변화를 겪게 됩니다. 5일에 태어난 당신은 흥미진진한 인생을 바랍니다. 하지만 책임감을 키워야 예측 불가능성을 줄이고 선을 넘지 않으며 불안해하지 않을 수 있습니다. 5일에 태어난 사람들은 순리를 따르고 거리 두는 법에 타고난 재능이 있습니다. 탄생월 10의 영향으로 당신은 야망이 넘치고 한번 마음먹으면 계획이든 이상이든 실행에 옮기는 결단력이 있습니다. 카리스마와 사교성, 그리고 기회를 끌어들이는 능력을 발휘해 친구들을 폭넓게 사귀며 많은 인맥을 쌓습니다. 창의적이고 다재다능하여 상황을 자신에게 유리하게 만들어가는 재주가 있지만 비판적이 되거나 까다롭게 구는 일은 삼가야 합니다.

- 장점 : 다재다능함, 적응력, 진보적, 강렬한 직감, 사로잡는 매력, 운이 좋음, 대담함, 자유를 사랑함, 재빠르고 재치 있음, 호기심, 신비적, 사교적
- 단점 : 실없음, 변덕스러움, 미적거림, 일관성 없음, 과신함, 완고함

연애와 인간관계

사람들은 당신의 타고난 매력에 사로잡힙니다. 사람들과 어울리기 좋아하고 즐길 줄 아는 당신은 친구나 로맨틱한 파트너를 쉽게 만들 수 있습니다. 연애할 때 당신은 상대와 강렬하고 깊은 감정을 나눕니다. 그러나 환멸을 느끼기 쉬우므로 과도한 감정싸움을 하거나 화났다고 너무 뚱해지는 일이 없도록 조심하세요. 큰 계획과 야망을 품은 사람에게 이끌리는 당신은 영향력 있는 사람의 도움을 받게 됩니다.

당신에게 특별한 사람

연인이나 친구
1월 7, 11, 12, 22일 / 2월 5, 9, 10, 20일 / 3월 3, 7, 18, 31일 / 4월 1, 5, 16, 29일 / 5월 3, 14, 27, 29일 / 6월 1, 2, 12, 25, 27일 / 7월 10, 23, 25일 / 8월 8, 21, 23, 31일 / 9월 6, 19, 21, 29일 / 10월 4, 17, 19, 27, 30일 / 11월 2, 15, 17, 25, 28일 / 12월 13, 15, 23, 26일

힘이 되어주는 사람
1월 8, 14, 19일 / 2월 6, 12, 17일 / 3월 4, 10, 15일 / 4월 2, 8, 13일 / 5월 6, 11일 / 6월 4, 9일 / 7월 2, 7일 / 8월 5일 / 9월 3일 / 10월 1, 29일 / 11월 27일 / 12월 25, 29일

운명의 상대
4월 1, 2, 3, 4, 5일

경쟁자
1월 9, 18, 20일 / 2월 7, 16, 18일 / 3월 5, 14, 16일 / 4월 3, 12, 14일 / 5월 1, 10, 12일 / 6월 8, 10일 / 7월 6, 8, 29일 / 8월 4, 6, 27일 / 9월 2, 4, 25일 / 10월 2, 23일 / 11월 21일 / 12월 19일

소울 메이트
1월 9일 / 2월 7일 / 3월 5일 / 4월 3일 / 5월 1일 / 10월 30일 / 11월 28일 / 12월 26일

이날 태어난 유명인

밥 겔도프, 스티브 밀러(가수), 케이트 윈슬렛(배우), 바츨라프 하벨(전 체코 대통령), 리처드 고든(우주 비행사), 루이 뤼미에르, 장 비고(영화감독), 박주미, 송승헌, 이태임(배우)

태양 : 천칭자리

지배 성좌 : 물병자리/천왕성

위치 : 12°30′ - 13°30′ 천칭자리

상태 : 활동궁

원소 : 공기

항성 : 알고라브

10월 6일

LIBRA

안정과 화려함을 동시에 추구하는 자상한 사람

밝고 자상한 당신은 명석하면서도 독창적인 아이디어가 많은 창의적인 사람입니다. 사교성이 좋으면서도 직설적으로 표현하는 당신은 사람에게 관심이 많고 정중하면서도 유능하지요. 특히 경제적인 문제에 관해서라면 천부적인 기민함을 보이며, 안정을 소중하게 여기면서도 인생의 화려함도 즐길 줄 압니다.

지배 성좌 물병자리의 기운을 받아 의지가 강하고 전위적인 것에 관심이 많네요. 부드러운 매력과 우아함을 풍기면서도 매우 독립적이며 자유로운 인생을 원합니다. 비판적인 면도 있지만 전반적으로 상당히 느긋한 성격인 당신은 사회적 인맥을 만드는 능력이 탁월하군요. 걱정하는 성향이 안정을 위협할 수 있는데, 특히 경제적인 문제와 관련되어 그런 성향이 많이 나타납니다.

자기표현에 대한 강한 욕구와 아름다움과 색채, 소리에 대한 심미안이 있어 창의적인 재능을 저술과 음악, 미술, 연극 등을 통해 키울 수 있지요. 어떤 일을 하든 훌륭한 감각을 발휘하는데, 주로 평범하지 않은 것에 끌리네요. 때로는 우유부단하지만 행동 방침을 한번 정하면 목표를 이루기 위해 실행력을 발휘합니다.

17세에 당신의 태양이 전갈자리로 들어가면서 당신은 인생의 전환기를 맞아 강렬한 감정, 개인의 능력, 변모에 대한 욕구가 커지게 됩니다. 또 한 번의 전환기는 47세에 맞게 되는데, 이때 당신의 태양이 궁수자리로 들게 되면서 더욱 자유를 사랑하게 되고 더 많은 위험을 감수하게 됩니다. 이때부터 당신은 외국인이나 외국과 연관성이 더 많아지며 깊은 영감을 받거나 학문을 통해 정신적인 지평을 넓게 되지요. 77세에 당신의 태양이 염소자리로 들면서 안정과 수양, 그리고 현실적인 문제가 부각되기 시작합니다.

숨어 있는 자아

성실하고 믿음직하며, 강한 책임감은 당신의 인생에 가정과 가족이 중요함을 보여줍니다. 습득력이 빠르고 문제 해결 능력이 있어 조언자 역할도 톡톡히 해냅니다. 도와주려는 의도겠지만 남에게 간섭하거나 불안해하지 않도록 주의하세요. 사랑하는 사람들을 위해서라면 큰 희생도 마다하지 않지만 감정에 푹 빠지는 일은 거의 없겠어요. 마음의 평화와 화목함에 대한 열망은 안정과 회복의 시기를 규칙적으로 갖고 싶은 마음으로 표현되지요.

가치 판단이 빠르고 내면에 드라마틱한 감각이 있는 당신은 자연스럽게 리더의 자리에 앉게 됩니다. 사업 감각이 뛰어나긴 하지만 안정만을 중요시하거나 물질적인 관심에 사로잡히는 성향은 극복해야 합니다.

일과 적성

창의적이고 다재다능하며 예리한 지성을 지닌 당신은 탁월한 비즈니스 감각과 독특한 아이디어를 상업화하는 재능이 있습니다. 직접 사업을 운영하면 최고의 성과를 낼 수 있지요. 어떤 직업을 선택하든 당신은 근무 환경을 개선할 방법을 찾아냅니다. 또 직관적이고 사교적이어서 화목하고 친화적인 분위기를 만들어내겠네요. 집필 능력이 있고 사회 문제와 개혁에 관심이 있으며 미술이나 연극, 저술, 음악 분야로 진출할 수 있습니다. 사업 감각을 타고난 당신은 홍보나 제작에도 재능을 보이네요. 철학적이거나 인도주의적 성향은 교육이나 정치를 통해 충족될 수 있습니다.

수비학으로 풀어본 당신의 운세

정이 많고 이상주의적이며 배려하는 성향은 6일에 태어난 사람들의 공통된 특징입니다. 6은 완벽주의자나 포용력이 넓은 사람을 의미하는 숫자로 당신은 책임감이 강하고 다정하며 힘을 실어 줄 수 있는 인도주의자입니다. 6일 태생인 당신은 가정적이고 헌신적인 부모이기도 하지요. 섬세함을 타고난 당신은 창조적인 표현 방법을 찾게 되며 연예계나 예술 또는 디자인 분야로 끌릴 수 있습니다. 자신감을 더 키워 간섭하거나 걱정하거나 또는 부적절한 동정심을 표현하는 성향은 극복해야 합니다. 탄생월 10의 기운을 받은 당신은 매우 직관적이고 독창적이지만 완벽주의자이기도 합니다. 평화와 화목을 원하면서도 회의에 빠지고 자기를 불신하여 어디에 충실해야 할지 망설이게 될 수 있습니다. 자신이나 사람들에 대한 신뢰나 믿음을 잃으면 당신은 끊임없이 불만을 갖거나 불평하게 되지요.

- 장점 : 세상일에 밝음, 보편적 형제애, 친화력, 인정 많음, 의지할 수 있음, 이해심, 공감력, 이상주의적, 가정적, 휴머니스트, 예술적
- 단점 : 불만, 걱정, 수줍음, 비이성적, 불화, 군림, 책임감 부족, 이기적, 의심 많음, 냉소적, 자기중심적

연애와 인간관계

친화적이고 매력적인 당신은 어떤 상황에도 적응할 수 있어서 다정한 연인이자 배우자, 힘을 주는 부모가 될 수 있습니다. 일반적으로 당신은 자발적이고 충실하며 배려하는 성품이지만 자신의 문제에만 너무 빠져 있을 때는 냉정하고 무심해 보일 수 있습니다. 목표를 너무 높이 잡으면 기대에 미치는 사람을 찾기 어렵습니다. 사람들과 어울리는 것을 좋아하고 매우 친절한 성향으로 친구가 많고 모임의 훌륭한 리더가 될 수 있습니다. 상상력이 풍부하며 창의적인 당신은 기지가 넘치고 주변을 즐겁게 합니다.

천칭자리

467

태양 : 천칭자리
지배 성좌 : 물병자리/천왕성
위치 : 13°30′ – 14°30′ 천칭자리
상태 : 활동궁
원소 : 공기
항성 : 알고라브

10월 7일

LIBRA

진취적이고 자유로운 영혼의 소유자

당신은 다정하고 영리하며 솔직한 성품의 천칭자리 태생으로 대인관계 또한 좋습니다. 활동적인 성격이어서 늘 계획이나 전략을 세우죠. 일단 목표를 이루고자 간절히 바라면 당신이 보여주는 결단력과 집중력은 가히 경탄할 만합니다. 진취적이며 물질적인 안정에 끌리는 당신은 인맥을 만드는 데도 탁월한 능력을 발휘하여 이득을 얻고 발전할 수 있지요.

당신의 태양이 물병자리에 들어가면서 그 기운으로 당신은 독창적인 아이디어가 풍부하고 사람들의 속성을 재빨리 간파합니다. 창의적이라 만드는 데 관심과 흥미가 있어서 특히 미술과 음악, 또는 형이상학적이고 종교적인 주제에 관심이 많지요. 열린 마음과 자유로운 영혼을 지닌 당신은 자신의 원칙과 정의를 지지합니다.

당신은 사람들과 협력할 때 성과가 더 좋으므로 타인과의 관계와 협업에 중점을 두어야 합니다. 때로 쓸데없이 돈 걱정을 할 수도 있지만 타고난 전략적 기술과 아이디어를 파는 재능이 보호막이 되어주겠네요. 일단 어떤 구상이나 활동에 몰입하게 되면 강렬한 열정과 강인함, 그리고 결의에 찬 단호함을 보일 수 있습니다. 섬세하고 인도적인 이상주의자여서 언제든 가족과 친구를 돕거나 공감하는 대의를 위해 일할 기회를 찾고자 합니다.

15세까지 당신은 사회적인 인식을 키우는 데 주로 관심이 있습니다. 그러나 16세에 당신의 태양이 전갈자리로 들어가면서 전환기를 맞는데, 이때부터 30년간 감성적인 변화와 능력, 그리고 쇄신과 관련된 문제에 중점을 두게 됩니다. 또 한 번의 전환기는 46세에 찾아오며, 이때 당신의 태양은 궁수자리로 들어가게 됩니다. 이 변화로 당신은 이상주의적 성향과 낙천적인 성향이 더욱 강해지면서 인생에서 더 많은 위험을 감수하거나, 학문이나 여행을 통해 자기표현의 지평을 넓히게 됩니다. 76세부터 당신의 태양이 염소자리에 들며 당신은 의무나 실현 가능한 목표, 현실적인 인생관에 역점을 두기 시작하지요.

숨어 있는 자아

인정과 지위에 대한 강한 욕구는 당신에게 동기를 부여하는 힘이 됩니다. 이 힘이 이상주의와 결합하면 새로운 성공 기회를 접하게 되고 공동체의 이익을 위해 영향력을 발휘할 수 있습니다. 또한 타성에 젖거나 일을 미루는 성향도 극복할 수 있지요. 일단 행동에 나서게 되면, 현재 투입되는 모든 노력은 장기적으로 결국 보상받게 된다는 깨달음으로 인해 많은 이익을 얻게 됩니다.

사랑하고 존경하는 사람들에게는 지나칠 정도로 너그럽지만, 돈에 대해 걱정하는 성향으로 인해 때로 물질주의적으로 비치기도 합니다. 당신에게는 중요한 성취를 이루고 싶은 결단력과 에너지가 있지만 당신은 사람들을 도울 때 가장 큰 만족을 느낍니다. 당신의 야망과 추진력에 사교 수완과 협력에 대한 인식이 더해지면 진정한 성공을 거둘 수 있습니다.

일과 적성

직관적이고 이상주의적인 당신은 스스로 결정하는 것을 좋아하지만 사람들과 공동 작업하는 것도 즐깁니다. 혹은 독립적으로 할 수 있는 일을 택하거나, 에이전트나 영업직, 또는 기획자같이 남에게 도움되는 일을 선택할 수 있습니다. 자신의 생각이나 감정을 글로 옮기는 능력에서 천부적인 재능을 엿볼 수 있습니다. 교육 분야는 특히 당신에게 의미 있게 다가옵니다. 당신은 또한 아이디어에 관해 설득하거나 제품을 판매, 홍보하는 일에서 탁월한 능력을 발휘합니다. 사업 감각과 조직 능력이 탁월하여 투자 자문이나 카운슬러, 협상가로 성공할 확률이 높습니다. 사교적이면서도 인맥을 잘 활용하는 당신은 개인적인 관계에서도 수완을 발휘하여 사람을 상대하는 직업에서 특히 뛰어난 능력을 보일 수 있습니다.

수비학으로 풀어본 당신의 운세

분석적이고 사색적인 7일생들은 혜안이 있으며 자기에게 몰두하는 성향이 있습니다. 늘 자기 인식에 대한 욕구가 커서 지식 쌓는 것을 즐기며 독서와 글쓰기, 또는 정신적인 영역에 관심이 많지요. 상황 판단이 빠르지만 합리화가 지나쳐 너무 사소한 일에 빠져버릴 수 있습니다. 수수께끼 같고 비밀스러워지는 성향이 있어 때로 자신이 오해를 받는다고 느낄 수 있습니다. 탄생월 10의 기운을 받아 야망이 있고 독립적이며 일을 해결하는 능력이 탁월합니다. 현실적인 기대치를 갖고 있는 완벽주의자여서 섬세한 정확성을 보여줍니다. 박식하고 주변에 즐거움을 주며 사람들을 이해하는 능력은 당신이 직관적이고 세심하다는 것을 보여주지요. 혼자 있는 시간이 필요하긴 하지만, 사업적 재능과 친화력 있는 태도로 인해 당신은 혼자보다는 사람들과 어울리는 것을 즐깁니다. 항상 아이디어가 넘쳐 적극적으로 활동할 필요가 있으니 실질적인 능력을 시험대에 올려보세요. 인도주의적인 이상을 충족하고 싶다면 치유 능력을 발휘하여 사람들에게 희망을 줄 수도 있습니다.

- ● 장점 : 교양적, 신뢰할수 있음, 꼼꼼함, 이상주의적, 솔직함, 정신적, 과학적, 합리적, 사색적
- ■ 단점 : 숨기는 성향, 소통 부재, 비우호적, 비밀스러움, 회의적, 혼란스러움, 냉소적

연애와 인간관계

당신은 영향력 있고 똑똑한 사람에게 끌리지만 친밀한 인간관계 또한 당신에게 매우 소중합니다. 그러나 관계가 항상 잘 풀리지는 않지요. 사랑하는 사람들에게 따뜻하고 너그럽지만 내성적으로 바뀌어 자기중심적으로 구는 때가 있습니다. 매력이 넘쳐 사람을 쉽게 매료하지만 정신적인 도전을 좋아하는 성향으로 인해 사람들과 기싸움에 말려들 수 있으니 조심하세요. 영리한 당신은 마음 맞는 사람이 주는 자극을 즐기며 충실한 친구이자 파트너가 됩니다.

당신에게 특별한 사람

연인이나 친구
♥

1월 3, 5, 23일 / 2월 1, 11, 21일 / 3월 9, 19, 28, 31일 / 4월 7, 17, 26, 29, 30일 / 5월 5, 15, 24, 27, 28, 29, 31일 / 6월 3, 13, 22, 25, 27, 29일 / 7월 1, 11, 20, 23, 25, 27, 29일 / 8월 9, 18, 21, 23, 25, 27일 / 9월 7, 16, 19, 21, 23, 25일 / 10월 5, 14, 17, 19, 21, 23일 / 11월 3, 12, 15, 17, 19, 21일 / 12월 1, 10, 13, 15, 17, 19일

힘이 되어주는 사람
♣

1월 3, 4, 10, 21일 / 2월 1, 2, 8, 19일 / 3월 6, 17, 30일 / 4월 4, 15, 28일 / 5월 2, 13, 26일 / 6월 11, 24일 / 7월 9, 22일 / 8월 7, 20일 / 9월 5, 18일 / 10월 3, 16, 31일 / 11월 1, 14, 29일 / 12월 12, 27일

운명의 상대

1월 22, 28일 / 2월 20, 26일 / 3월 18, 24일 / 4월 2, 3, 4, 5, 6, 16, 22일 / 5월 14, 20일 / 6월 12, 18일 / 7월 16, 22일 / 8월 8, 14일 / 9월 6, 12일 / 10월 4, 10일 / 11월 2, 8일 / 12월 6일

경쟁자

1월 11, 20일 / 2월 9, 18일 / 3월 7, 16일 / 4월 5, 14일 / 5월 3, 12, 30일 / 6월 1, 10, 28일 / 7월 8, 26, 31일 / 8월 6, 24, 29일 / 9월 4, 22, 27일 / 10월 2, 20, 25일 / 11월 18, 23일 / 12월 16, 21일

소울 메이트
★

1월 26일 / 2월 24일 / 3월 22, 30일 / 4월 20, 28일 / 5월 18, 26일 / 6월 16, 24일 / 7월 14, 22일 / 8월 12, 20일 / 9월 10, 18일 / 10월 8, 16일 / 11월 6, 14일 / 12월 4, 12일

이날 태어난 유명인

R. D. 랭(정신과 의사), 토니 브랙스톤, 존 멜렌캠프(가수), 데스몬드 투투(남아프리카공화국 대주교), 요요마(첼리스트), 닐스 보어(물리학자), 블라디미르 푸틴(러시아 대통령)

| 태양 : 천칭자리 |
| 지배 성좌 : 물병자리 / 천왕성 |
| 위치 : 14° 30′ – 15° 30′ 천칭자리 |
| 상태 : 활동궁 |
| 원소 : 공기 |
| 항성 : 알고라브 |

10월 8일
LIBRA

의지가 강하고 원대한 계획을 세우는 야심가

당신은 매력적이고 친화적이지만 이 생일이 나타내는 개인적 성취와 실행 욕구에서는 의지가 강하며 야망이 큰 사람임을 엿볼 수 있습니다. 카리스마와 결단력이 있어 직관적인 리더십과 일과 놀이를 접목하는 능력이 탁월하지요. 상황을 빠르게 판단하는 당신은 솔직한 걸 좋아합니다. 진취적이고 성공 지향적이며, 운이 따르는 아이디어를 사람들과 공유하는 능력이 뛰어난데, 이것이 바로 당신의 성공 열쇠입니다.

지배 성좌 물병자리의 기운을 받은 당신은 독창적이고 생산적이며 훌륭한 심리학자입니다. 인생을 넓은 마음으로 대하며 사람을 대하는 기술이 뛰어나고 자유를 소중히 여깁니다. 독립적이면서도 타고난 사교 능력을 발휘해서 팀의 구성원으로 사람들과 공동 작업하기를 즐깁니다. 그러나 특히 당신의 높은 기대에 미치지 못하는 사람들에게 너무 고압적이거나 군림하려 들 위험성이 있네요.

당신의 풍부한 상상력과 예술적 심미안은 아름답고 멋지고 화려한 것들에 둘러싸여 있고 싶은 욕구나 저술이나 음악, 그림, 또는 연기를 통해 표현될 수 있습니다. 그러나 인생의 재미있는 것들에 너무 빠져 과도하게 탐닉한다든가 물질적인 성취에 너무 집착하지 않도록 주의해야 합니다.

15세에 당신의 태양이 전갈자리로 들어가면서 전환기를 맞는데, 이때부터 30년간 감성적인 변화와 개인적인 변화에 관한 문제에 중점을 두게 됩니다. 또 한 번의 전환점은 45세에 오는데, 이때 당신의 태양이 궁수자리로 들어가게 되면서 자유를 더 갈망하며 지평을 넓히고 위험을 감수하고자 하는 욕구가 더욱 커집니다. 이때부터 당신은 외국 사람들이나 외국과 관계를 더 많이 쌓게 되지요. 75세부터 당신의 태양이 염소자리에 들면서 당신은 보다 책임감을 강하게 느끼고 현실적인 문제들을 더욱 진지하게 생각하게 됩니다.

숨어 있는 자아

현실적인 예지력을 갖춘 당신은 강력한 직관을 믿을 정도로 현명하며, 영감을 받으면 최고의 능력을 발휘합니다. 싫증 나지 않도록 지속적인 모험과 변화가 필요한 성향이기에, 여행을 좋아하고 새로운 아이디어와 트렌드를 선도합니다. 돈과 권력, 지위에 대한 열망이 강하지만 이상적이고 섬세한 휴머니스트이기도 하지요. 그래서 타고난 공감력과 전략적으로 힘을 발휘하는 능력이나 자기 본위적인 성향 간에 균형을 맞출 필요가 있습니다.

아량이 넓고 인정 많고 너그러운 당신은 강한 의지와 강렬한 감성으로 사람을 돕는 역동적인 힘을 발휘합니다. 생각하는 스케일이 커서 계획이 곧잘 원대해지지만 한번 실행해볼 필요도 있습니다. 종종 위험을 감수해야 하고 투기성으로 흐를 수도 있지만 기회를 간파하는 능력이 있어 투자한 만큼의 가치를 얻겠네요. 상상력이 풍부하고 설득력이 있으며 탁월한 협상 능력을 보이는 당신은 뛰어난 업적을 낼 수 있는 잠재력이 있습니다.

일과 적성

역동적이고 근면한 당신은 풍부한 상상력으로 큰 성취를 이뤄보고 싶은 열망이 강해 진취적인 기업가가 되기도 합니다. 상업계에서도 성공을 거둘 수 있지만 예술 분야의 직업을 택해 창의적인 재능을 키우고 싶어 하네요. 사람을 사로잡고 감성이 풍부한 당신은 사회 개혁에 열정적이고 이상주의적 성향이 있어 공공 부문이나 정치계에서 일을 하면 만족감을 얻을 수 있습니다. 협상 능력이 뛰어나므로 대기업에서 팀장으로 일할 수도 있습니다. 공명정대한 성향인 당신은 정계로 진출하거나 변호사나 법관이 될 수도 있습니다. 그렇지 않으면 아름다움과 예술을 사랑하니 박물관과 화랑에서 일하거나 골동품상으로 활동할 수도 있습니다. 자신의 아이디어나 역량에 자신이 있다면 에이전트나 기획자로 일하는 것도 좋습니다.

수비학으로 풀어본 당신의 운세

생일 8일은 확고한 가치관과 견실한 판단력을 갖춘 사람임을 암시합니다. 8이라는 숫자에서는 당신이 넘치는 야망으로 큰 성취를 이루고자 함을 알 수 있습니다. 권세와 안정을 얻고 물질적 성공을 이루고 싶은 욕구도 있네요. 8일에 태어난 당신은 사업 감각을 타고나 조직력이나 경영 능력을 키우면 경제적 성취를 이룰 수 있습니다. 안정적 생활과 정착에 대한 강한 욕구가 있어서 장기적인 계획과 투자를 합니다. 탄생월 10의 영향으로 당신은 직관력이 뛰어나고 역동적인 성향을 보입니다. 자기 능력에 믿음을 갖고 내면의 지혜를 신뢰하면 창의력을 물질적 성공으로 연결할 수 있습니다. 열망으로 가득하고 대인관계에 소질이 있는 당신은 독창적인 아이디어를 수익성 높은 대규모 사업으로 전환합니다. 또 개혁의 선두에 서서 새로운 일이나 프로젝트를 시작하거나 기존 시스템을 현대화할 수 있습니다.

- 장점 : 리더십, 철저함, 근면함, 전통적, 권위, 보호, 치유력, 훌륭한 가치 판단력
- 단점 : 성급함, 낭비, 편협함, 구두쇠, 불안 초조, 과로함, 권력에 굶주림, 강압적, 쉽게 좌절함, 무계획

연애와 인간관계

친화적이고 매력적이며 사람들과 잘 어울리면서도 자기주장이 강하고 말에 거침이 없는 당신은 활발한 사회생활을 유지합니다. 안정을 중요시하여 사랑이 아닌 다른 이유로 결혼을 고려하기도 합니다. 당신의 야망과 결단력으로 볼 때 혼자 힘으로 성공한 파트너가 이상적입니다. 관계에 불안을 느끼고 마음이 변할 수 있기 때문에 인내심을 키워 싫증 내지 않도록 해야 합니다. 여행이나 새롭고 흥미진진한 경험을 할 수 있는 시간을 확보하는 것도 도움이 될 수 있습니다.

천칭자리

이날 태어난 유명인

제시 잭슨(시민운동가), 폴 호건, 시고니 위버(배우), 체비 체이스(코미디언), 후안 페론(전 아르헨티나 대통령)

태양 : 천칭자리

지배 성좌 : 물병자리/천왕성

위치 : 15°30' - 16°30' 천칭자리

상태 : 활동궁

원소 : 공기

항성 : 세기누스

10월 9일

LIBRA

놀라운 통찰력과 인식력을 갖춘 리더

독립적이고 영리하면서도 강한 성격의 소유자인 당신은 솔직하고 자신감이 넘칩니다. 이 생일 특유의 리더십은 놀라운 정신적 인식력과 잘 어우러집니다. 창조적이며 관찰력이 있는 당신은 불만을 느끼거나 감정을 자극하는 긴장감을 겪으면 자신감이 떨어질 수 있지만 지식의 힘을 인식하고 있지요.

물병자리에 든 태양의 기운이 더해져 당신은 독창적인 아이디어를 갖고 있으며, 인간성에 대한 이해가 명철합니다. 이날 태어난 여성들은 책임지는 역할을 하는 경우가 많습니다. 진보적인 운동을 선도할 잠재력을 지닌 당신은 새롭고 전위적인 것을 사랑합니다. 마음이 열려 있고 자유로운 당신은 자신의 소신을 지키고 정의와 정정당당한 행동을 지지합니다. 그러면서도 어리석은 짓을 용납하지 못하고 권위적이거나 군림하는 태도를 보이기도 하네요.

통찰력과 표현에 대한 욕구로 당신은 특히 저술이나 미술, 음악, 또는 형이상적이고 철학적인 주제에 관심이 있습니다. 천성적인 실용주의자이긴 하지만 때로 급진적이고 파격적인 모습도 보이지요. 단지 까탈을 부리기 위해 반대를 하는 성향은 경계해야 합니다. 인정을 더 많이 베풀고 다른 사람의 잘못에 너그러워지면 인간관계가 좋아질 수 있습니다.

14세에 당신의 태양이 전갈자리로 들어가면서 인생의 전환기를 맞게 되는데, 이때부터 30년간 개인적인 동기부여의 변화와 변모에 관한 문제에 집중하게 됩니다. 또 한 번의 전환기는 당신의 태양이 궁수자리로 들어가는 44세에 오는데, 이때 당신은 학문이나 지적인 영감, 그리고 여행을 통해 더 많은 가능성을 탐색하게 되고 마음의 지평이 넓어지는 시기를 맞게 됩니다. 74세부터 당신의 태양이 염소자리에 들면서 당신은 자기 관리와 현실적인 안정에 더욱 무게를 두기 시작합니다.

숨어 있는 자아

수용력이 빠른 당신은 스스로를 옹호할 수 있으며, 우호적인 경쟁이나 토론을 즐기기까지 합니다. 자신의 직관을 믿는 법을 알게 되면 독창적이고 예술적인 재능이나 비즈니스 감각을 계발하는 등의 도전을 해볼 수 있게 되지요. 당신은 상황을 관리하는 것을 즐기지만 때로 변덕을 일으켜 짜증을 내거나, 또는 지나치게 자신만만한 성향과 자기 불신에 시달리는 성향이 번갈아 나타나기도 합니다. 그렇지만 내적 강인함이 발휘되면서 역경을 이겨낼 수 있습니다.

결연한 의지로 계획을 실천해나가며 기꺼운 마음으로 열의를 다합니다. 여기에는 타협하지 않는 불굴의 의지와 인내도 포함되는데, 특히 장기적인 목표를 세우면 그런 성향이 더욱 강해집니다. 이런 성향에도 불구하고 자기 계발을 통해 뛰어난 잠재력을 발현할 필요가 있습니다. 근원적으로 휴머니스트인 당신이 사람들을 대하는 노련함에 내적 힘을 더한다면 이상을 실현할 수 있습니다.

일과 적성

지적이고 직관적이며 상상력이 풍부한 당신에겐 여러 가지 직업의 기회가 주어집니다. 사회 개혁에 관심이 많아 법이나 교육, 과학 연구나 저술과 같이 지적인 직업이 특히 잘 어울립니다. 두뇌 회전이 빠르며, 리더십과 더불어 전략적인 기술과 관리 능력은 비즈니스 세계에서 큰 자산이 될 수 있습니다. 타고난 소통 능력과 창의력 표현 욕구를 미술과 디자인, 연극이나 공연, 특히 음악 분야의 직업에서 분출할 필요가 있습니다. 휴머니스트인 당신은 건강 분야의 일에 끌릴 수도 있겠네요.

수비학으로 풀어본 당신의 운세

자애롭고 사려 깊으며 섬세한 감성은 9일에 태어난 사람들의 공통된 특성입니다. 너그럽고 인정이 많아 관대하고 진보적이지요. 직관력과 영적인 능력이 있어 보편적 감응력이 강한데, 이것이 긍정적으로 발현될 때 영적인 길를 찾을 수 있을 것입니다. 당신은 삶의 어려움들을 극복하고 지나치게 예민해지는 경향이나 심한 감정 기복을 제어할 필요가 있습니다. 세계 여행을 하거나 다양한 부류의 사람들과 교류하면 많은 혜택을 볼 수 있지만 비현실적인 꿈이나 현실 도피로 흐르는 성향은 피해야 합니다. 탄생월 10의 영향으로 자주적이면서도 인도주의적인 면을 두루 갖춘 당신은 긍정적인 세계관과 투지로 사람들을 감동시킬 수 있습니다. 천재성을 타고났다면 독특하고 색다른 것을 성취하기 위해 장애물이 있더라도 인내심을 갖고 매진해야 합니다. 고집을 부리거나 군림하려는 성향만 경계한다면 사람들은 당신의 지지나 조언을 원하게 될 것입니다.

● 장점 : 이상주의적, 창조적, 섬세함, 관대함, 사로잡는 매력, 시적임, 자선적, 베푸는 성향, 초연함, 행운이 따름, 인기가 많음

■ 단점 : 좌절, 불안, 분열, 확신이 없음, 이기적, 비현실적, 억울한 마음, 비윤리적, 쉽게 이끌림, 걱정, 고립됨

연애와 인간관계

사람들은 사람을 휘어잡는 당신의 카리스마와 번뜩이는 지성에 매료되지요. 솔직한 당신은 모든 사람들을 진실하게 대하고자 합니다. 성실하고 로맨틱하며 충실한 연인이자 배우자인 당신은 때로는 군림하려 들거나 너무 안달하여 사랑하는 사람과의 관계가 멀어질 수 있습니다. 그렇지만 당신은 현실적인 도움이나 조언을 줄 때는 지원을 아끼지 않지요. 항상 지적인 자극을 주고 진실한 상대가 이상적입니다. 자신감이 넘치다가도 자기 불신에 빠지곤 하는 당신의 기복을 충분히 이해해줄 수 있는 파트너가 필요하지요.

이날 태어난 유명인

존 레넌, 션 오노 레넌, 잭슨 브라운, 존 엔트위슬(가수), 카미유 생상스(작곡가), 하인츠 피셔(전 오스트리아 대통령), 장미란(역도 선수), 유민상(코미디언)

태양 : 천칭자리

지배 성좌 : 물병자리/천왕성

위치 : 16° 30′ - 17° 30′ 천칭자리

상태 : 활동궁

원소 : 공기

항성 : 세기누스

10월 10일

LIBRA

매력 넘치고 친화력 있는 유능한 사람

냉철한 두뇌와 예리한 관찰력에 이상주의와 야망이 더해진 천칭자리 태생인 당신은 매력이 넘치고 사교적이며 어떤 부류의 사람들과도 잘 어울리는 능력이 있습니다. 관대하고 인정이 많아 사람들에게 베풀기를 즐기지만 무언가에 지나치게 빠져드는 것은 주의해야 합니다. 색채와 예술, 아름다움을 보는 안목이 있으며 창의적 재능이 뛰어나고 화려함을 즐깁니다.

지배 성좌 물병자리의 기운을 받은 당신은 새로운 트렌드나 아이디어를 선도하고 싶어 하고 강력한 개성을 지녔습니다. 부드럽고 우아하지만 의지가 강하고 독립적인 면도 있지요. 승부욕이 강하고 때로 비판적인 당신은 그럼에도 항상 느긋함을 유지합니다. 사람을 휘어잡는 당신의 매력은 사회적 인맥을 만드는 데 큰 역할을 합니다. 그러나 고집을 부리고 다른 사람의 조언을 듣지 않는 성향은 안정감에 큰 위협이 될 수 있습니다.

친화력이 있고 재미있는 당신은 사람들을 즐겁게 해주기를 좋아합니다. 자유와 다양성을 원하는 성향으로 인생 계획에 여행이 들어 있을 확률이 높겠네요. 그러나 안달하는 성미 때문에 타고난 재주를 완전히 계발하지 못하게 될 수도 있습니다. 다행스러운 점은 좌절하고 실패하더라도 낙천적인 인생관 덕분에 쉽게 회복할 수 있다는 것입니다.

13세부터 당신의 태양이 전갈자리로 들어가면서 당신은 인생의 선환기를 맞게 되죠. 이때부터 풍부한 감수성과 개인의 영향력, 그리고 변모와 관련된 문제에 집중하게 됩니다. 또 한 번의 전환기는 당신의 태양이 궁수자리로 들어가게 되는 43세에 오는데, 이때 당신은 지적으로 신체적으로 정신적으로 더 많은 모험을 즐기고 시야를 넓게 됩니다. 73세부터 당신의 태양이 염소자리에 들면서 체계와 안정, 현실적인 목표에 더욱 집중하게 됩니다.

숨어 있는 자아

지식욕이 강하고 생각의 스케일이 큰 당신은 경제적으로 성공할 수 있는 아이디어가 풍부하지요. 그러나 물질적인 문제에 지배당하는 성향을 극복해야만 인생에는 돈으로 살 수 없는 것도 많다는 사실을 비로소 깨닫게 됩니다. 진정한 성공을 거두기 위해서는 자신과의 약속을 지키고 타고난 직관력을 믿어야 합니다.

창조적이고 섬세한 당신은 왕성한 지성과 풍부한 감성을 드러낼 표현 방법을 찾아야 합니다. 여기에는 당신이 알고 있는 모든 정보를 활용하여 긍정적인 기회를 만드는 것도 포함됩니다. 당신은 드라마틱한 감각을 살려 사람들을 즐겁게 해줄 수 있는데, 이는 불신과 우유부단함으로 인한 고통을 씻어줄 훌륭한 해독제가 될 것입니다.

일과 적성

유능하고 다재다능한 당신은 인도주의적 이상주의자이자 성취도가 높은 사람입니다. 사람들을 이끌고 책임지는 능력이 있어 명령받는 위치보다 명령하는 위치에 있는 편이 훨씬 잘 어울립니다. 조직력이 뛰어나고 성취욕이 있어 견문을 넓힐 수 있는 도전적인 일이 맞습니다. 말재간과 기지가 번뜩이는 빈틈없는 성격이기 때문에 저술이나 문학 분야 또는 법조계나 교육계에서 뛰어난 능력을 발휘할 수 있습니다. 혹은 대기업에서 관리 능력을 발휘하거나 사업에서 성공을 거둘 수 있습니다. 매력이 넘치고 사교성이 좋아 노조 지도자나 정치인 같은 공직에 끌릴 수도 있습니다. 자선가로서 공동체에 도움이 되는 대형 프로젝트를 주도할 수 있지요. 예술적인 표현 욕구가 있어 음악이나 연극으로 예술계나 연예계로 진출할 수도 있습니다.

수비학으로 풀어본 당신의 운세

1일에 태어난 많은 사람들과 마찬가지로 당신도 성공하기 위해 매우 노력합니다. 그렇지만 목표를 이루려면 장애물들을 극복해야겠네요. 에너지가 넘치고 독창적인 당신은 다른 사람들과 의견이 다르더라도 소신대로 밀고 나갑니다. 일을 찾아서 하는 능력이 있어 멀리 여행을 가거나 독립하는 일이 많습니다. 10일이 생일인 사람들에게 성공과 성취는 중요하며, 선택한 직업에서 최고의 자리까지 올라갈 수도 있습니다. 탄생월 10의 영향으로 당신은 진취적이고 근면합니다. 자신의 지적 능력을 믿고 상황과 사람을 빠르게 간파하지만, 뛰어난 직관력으로 감정을 따르고 싶은 충동과 생각을 조절합니다. 친화력이 뛰어난 당신은 설득력과 사교 수완을 발휘하여 사람들에게 영향을 미쳐 자신의 생각을 따르게 합니다. 세상이 당신을 중심으로 돌지 않는다는 사실을 명심해야 하며, 이기심이나 지나치게 감성적인 성향은 자제하세요.

- 장점 : 리더십, 창조적, 진보적, 단호함, 낙천적, 강한 신념, 승부욕, 독립적, 사교적
- 단점 : 고압적, 강한 질투심, 이기적, 자만심, 적대적, 자제심 부족, 이기적, 우유부단함, 조급함

연애와 인간관계

친화적이고 영리하며, 사람을 사로잡는 매력이 있는 당신은 연인이나 친구를 사귀는 데 어려움이 없습니다. 그렇지만 잠시도 가만있지 못하는 성향으로 쉽게 싫증을 내거나 인간관계에서 자신의 감정을 확신하지 못할 수 있습니다. 그러나 정신적으로 당신을 계속 자극하는 지적이고 활동적인 연인이나 배우자를 만난다면 이런 우려는 불식할 수 있습니다. 새로운 활동을 시도하고 새로운 장소를 가보거나 새로운 공부를 시작하여 당신처럼 똑똑한 사람들을 만나는 데서 즐거움을 느낄 수도 있지요. 인맥을 잘 활용하는 당신은 다양한 사람들과 어울릴 수 있는 사교 활동을 즐깁니다.

이날 태어난 유명인

헤럴드 핀터(극작가), 데이빗 리 로스(가수), 주세페 베르디(작곡가), 델로니어스 몽크(피아니스트), 장 앙투안 와토(화가), 벤 베렌(배우), 헨리 캐번디시(화학자), 강타, 수지(가수)

태양 : 천칭자리

지배 성좌 : 물병자리/천왕성

위치 : 17°30′ – 18°30′ 천칭자리

상태 : 활동궁

원소 : 공기

항성 : 세기누스

10월 11일

LIBRA

진취적 정신과 독립성을 갖춘 지적인 사람

매우 지적이고 아이디어를 나누는 재능을 타고난 당신은 열정과 따스함과 인간적인 매력을 발산합니다. 이상주의적인 성향이 있지만 자신의 믿음을 행동으로 뒷받침하려고 합니다. 활기찬 기질에 타고난 낙천주의자여서 책임감을 발휘하고 필요한 만큼의 노력을 한다면 잠재되어 있는 놀라운 능력을 발휘할 수 있습니다.

지배 성좌 물병자리의 기운을 받은 당신은 독창적이고 독자적으로 생각하는 사람입니다. 자유에 대한 욕구에 진취적인 정신이 더해져 큰 그림을 그리며, 자신의 믿음을 위해 캠페인을 벌이거나 투쟁할 수 있습니다. 사람을 끄는 매력과 심리 기술을 타고나 어떤 부류의 사람도 잘 상대합니다. 당신의 설득력과 조직력은 성공의 사다리를 올라가는 데 확실하게 도움이 됩니다.

강렬한 천칭자리의 기운을 받은 당신은 아름다움과 자연, 예술을 사랑하고 자기표현 욕구가 강하네요. 이날 태어난 많은 사람들은 양성적인 기질을 갖고 있어 독립적이면서도 섬세합니다. 감각이 세련된 사람이라 취향이 훌륭하고 화려하고 편안한 것을 좋아합니다. 지식이 쌓여갈수록 자기주장과 자신감 또한 커지지요. 잠재적인 리더십과 천부적인 사교성을 갖춘 당신은 팀의 구성원으로서 사람들과 공동으로 작업하는 능력이 탁월합니다. 그러나 사람들을 진심으로 대하지 않고 조종하려 하거나 과중한 업무로 스트레스를 받지 않도록 주의하세요.

12세 무렵부터 당신의 태양이 전갈자리로 들어가게 됩니다. 당신은 더욱 치열해지면서 감정상의 변화를 겪고 개인의 영향력을 중시하게 되지요. 또 한 번의 전환점은 당신의 태양이 궁수자리로 들어가는 42세에 오는데, 이때 당신은 학문이나 인맥, 또는 여행을 통해 지평을 넓히고, 더욱 자유로워지며 영감을 찾게 됩니다. 72세부터 당신의 태양이 염소자리에 들면서 실질적이고 현실적인 태도로 인생을 대할 필요성이 더욱 높아집니다.

숨어 있는 자아

당신은 감성이 풍부하고 사랑이 넘쳐 사람들을 사로잡는 능력을 지녔습니다. 이런 능력에서 내면의 우아함과 명랑함, 그리고 사랑과 애정에 대한 욕구를 엿볼 수 있습니다. 영감이 넘쳐 자신을 표현하고 싶을 때 당신은 재치 있고 쾌활해지며 동료를 돕거나 이상적인 대의를 지지하려는 열정을 보여주네요. 그러나 강한 성취욕으로 권위주의나 극단으로 흐르는 성향은 경계해야 합니다.

경제적인 문제에 밝아 자신이나 다른 사람들을 위해 자원을 모으는 능력을 갖고 있지요. 전체적인 인생 계획에서 물질적인 안정은 주요 문제가 되는데, 당신은 탄탄하고 안정적인 의지처를 필요로 하기 때문입니다. 그렇지만 진정한 도전을 시도해보는 대신 항상 안정된 길만 선택하고 싶은 마음은 경계해야 합니다. 반대로 두려움을 느끼더라도 인내와 참을성을 키우면 경제적인 문제는 결국 성공적으로 해결될 것입니다.

일과 적성

지적이고 직관적인 당신은 다재다능하고 이상주의적이라 직업 선택의 폭이 넓습니다. 설득력 있는 당신의 매력을 영업이나 홍보, 협상 분야에서 발휘할 수 있지요. 아이디어를 흥미로운 방법으로 전달하는 능력을 가졌기 때문에 교육 분야나 사업 쪽에서 사람들을 훈련하는 일에 끌릴 수 있습니다. 또 저술이나 법조계, 공공 서비스 분야나 정계로 진출할 수도 있습니다. 진취적인 이상주의자여서 자신을 표현하고 예술적 재능을 계발하기를 원할 수도 있겠네요. 이런 성향으로 인해 예술계나 디자인, 또는 광고나 미디어 세계로 발을 들여놓을 수도 있습니다.

수비학으로 풀어본 당신의 운세

마스터 숫자 11의 특별한 울림은 이상주의와 영감, 그리고 혁신이 당신에게 중요함을 의미합니다. 겸손하면서도 자신감이 넘쳐 물질적으로나 정신적으로 자제심을 가지려 노력해야겠네요. 경험을 통해 당신은 타고난 극단적인 본성을 어떻게 극복해야 할지를 터득하고 자신의 감정을 신뢰하면서 극단적인 성향을 줄이고자 합니다. 늘 활력과 생명력이 충만하지만 지나치게 불안해하거나 비현실적이 되지 않도록 하세요. 탄생월 10의 영향으로 당신은 명석하고 다재다능합니다. 지적이고 친화적이어서 자신의 개성을 표현하려 하고 친구들에게 인기도 많습니다. 계획의 수익성에 대한 확신이 없으면 조급해져서 뭔가 새로운 것을 시도하려고 하지요. 다재다능하고 이상적이며 관심사도 다양해 지루하다거나 따분한 사람이라는 말을 들을 일은 거의 없어요. 그러나 성공하기 위해서는 목표에 집중할 필요가 있습니다. 재능이 많고 자유를 사랑하는 당신은 창의력의 도움을 많이 받을 수 있습니다.

- ● 장점 : 균형감, 집중력, 객관적, 열정적, 영감, 이상주의적, 지적, 외향적, 창조적, 예술적, 인도주의적, 영적
- ■ 단점 : 우월감, 목적 상실, 지나치게 감성적, 쉽게 상처받음, 극도로 예민함, 이기적, 명확성 결여, 권위적

연애와 인간관계

로맨틱하고 이상주의적인 당신은 사람들과의 관계도 중요하게 생각하지만 독립적이고 자유로운 삶에 대한 욕구도 강합니다. 매력이 넘치고 지성적이어서 친구나 추종자가 많습니다. 그렇지만 강렬하고 열정적인 연인이 되는 것과 독립적이고 자유롭고 싶은 욕구 사이를 오가는 성향은 특별한 관계를 만들 기회를 차단할 수 있습니다. 부적절한 관계에 집착하지 않도록 사람 보는 눈을 갖추는 것이 무엇보다 중요하지만 한번 마음을 열고 몰두하기 시작하면 인간관계에 열과 성을 다합니다.

천칭자리

당신에게 특별한 사람

연인이나 친구 ♥

1월 2, 7, 17, 19, 27일 / 2월 5, 8, 15, 25일 / 3월 3, 6, 13, 23일 / 4월 1, 4, 11, 21일 / 5월 2, 9, 19일 / 6월 7, 17일 / 7월 5, 15, 29, 31일 / 8월 3, 13, 27, 29, 31일 / 9월 1, 11, 25, 27, 29일 / 10월 9, 23, 25, 27일 / 11월 7, 21, 23, 25일 / 12월 5, 19, 21, 23일

힘이 되어주는 사람 ♣

1월 3, 5, 20, 25, 27일 / 2월 1, 3, 18, 23, 25일 / 3월 1, 16, 21, 23일 / 4월 14, 19, 21일 / 5월 12, 17, 19일 / 6월 10, 15, 17일 / 7월 8, 13, 15일 / 8월 6, 11, 13일 / 9월 4, 9, 11일 / 10월 2, 7, 9일 / 11월 5, 7일 / 12월 3, 5일

운명의 상대

1월 13일 / 2월 11일 / 3월 9일 / 4월 6, 7, 8, 9일 / 5월 5일 / 6월 3일 / 7월 1일

경쟁자

1월 16, 24일 / 2월 14, 22일 / 3월 12, 20일 / 4월 10, 18일 / 5월 8, 16, 31일 / 6월 6, 14, 29일 / 7월 4, 12, 27일 / 8월 2, 10, 25일 / 9월 8, 23일 / 10월 6, 21일 / 11월 4, 19일 / 12월 2, 17일

소울 메이트

1월 16일 / 2월 14일 / 3월 12일 / 4월 10일 / 5월 8일 / 6월 6일 / 7월 4, 31일 / 8월 2, 29일 / 9월 27일 / 10월 25일 / 11월 23일 / 12월 21일

이날 태어난 유명인

루크 페리(배우), 아트 블래키(드럼 연주자), 대릴 홀(가수), 조지 윌리엄스(YMCA 창립자), 제롬 로빈스(안무가), 피터 틸(페이팔 창립자), 김자옥, 배두나(배우), 이승엽(야구 선수), 이봉주(육상 선수)

태양 : 천칭자리

지배 성좌 : 물병자리/천왕성

위치 : 18°30´ - 19°30´ 천칭자리

상태 : 활동궁

원소 : 공기

항성 : 세기누스

10월 12일

LIBRA

기민하고 상황 판단이 빠른 총명한 인재

총명함과 친화력, 사교성은 이날 태어난 사람들의 공통된 특성입니다. 열정적이고 근면하여 관심을 쏟을 대의나 프로젝트가 있으면 창의적으로 생각하고 타고난 리더십도 발휘합니다. 당신이 성공하기 위한 핵심은 개인적인 차원에서 사람들을 대하는 당신의 능력입니다. 당신은 지식을 사랑하지만 자신을 잘 통제하는 법을 배울 때 진정한 만족감을 얻을 수 있습니다.

지배 성좌인 물병자리의 기운을 받은 당신은 생산적이고 경제적인 보상을 안겨줄 독창적인 아이디어가 많습니다. 새로운 유행이나 구상을 빨리 파악해서 자신의 아이디어로 표현하는 것을 즐기지요. 독립적이지만 사교성을 타고나 팀의 구성원으로 동료들과 협동하기도 합니다. 부드러운 매력을 발산하는 당신은 전체적으로 느긋한 성격이지만 때때로 너무 군림하려 들거나 비판적이고 완고해지기도 합니다.

매우 지적이며 자유를 소중하게 여기고 마음씨가 따뜻한 당신은 다른 사람들에게 베풀 것이 많은 사람입니다. 기민하고 잠시도 가만있지 못하는 성향으로 결정을 빨리 내리고 상황을 쉽게 판단할 수 있습니다. 평소엔 자신감이 넘치고 신념이 강하지만 때로 당신은 걱정이 많아지고 이상하게 자신감을 잃을 수 있지요. 다행스러운 것은 성공을 향한 투지가 있어서 어려움을 이겨내고 결국은 성공한다는 것입니다.

11세 때부터 당신의 태양은 전갈자리로 들어가게 되는데, 이때 당신은 감정상의 변화와 개인의 영향력, 그리고 변모의 필요성에 관심을 갖게 됩니다. 또 한 번의 전환기는 당신의 태양이 궁수자리로 들어가게 되는 41세에 오는데, 이때부터 시야를 넓히고 싶은 욕구가 생기기 시작합니다. 당신은 외국이나 외국인들과 더 많이 교류하게 되고 새로운 관심사에 열중하게 됩니다. 71세부터는 당신의 태양이 염소자리에 들면서 실질적이고 집중적이며 목표 지향적인 태도를 보이게 됩니다.

숨어 있는 자아

당신의 가장 큰 자산은 직관적 통찰력이지만 조용한 내적 목소리에 귀 기울이고 믿음과 신뢰에 대해 배울 필요도 있습니다. 지혜가 더해진다면 상황에 대해 철학적이고 해학적이면서도 더 깊이 있는 태도를 보일 수 있습니다. 자기표현을 할 수 있는 뛰어난 창의력은 인생 설계에 중요한 부분을 차지하며 음악이나 미술, 또는 연극에 대한 욕구를 자극하겠네요.

당신의 성공은 많은 부분 기발한 아이디어를 현실에 적용하고 큰 계획을 달성하는 데 필요한 기초 작업을 준비하는 일에 달려 있습니다. 사람들에게 너그러운 당신은 즐기는 방법을 알고 있지만 과도한 탐닉은 주의해야 합니다. 솔직해지고 싶은 강한 내적 욕구가 사람들을 조종하려는 당신의 성향을 제어하고 전체적인 계획에도 도움이 됩니다. 정신적인 자극을 받으면 지나치게 의욕이 넘치지만 다른 사람들을 고무하는 역할을 할 수 있습니다.

일과 적성

실용적이고 지극히 직관적인 당신은 자신의 창조적인 생각을 시험대에 올려놓고 사람들에게 독특한 능력을 보여주는 것을 즐기지요. 당신이 선택할 수 있는 많은 직업 중에서 특히 잘 맞는 것을 골라보면 심리학자, 상담사, 외교관, 변호사 등입니다. 당신의 느긋한 매력과 조직력은 공적인 일이나 사적인 일 모두에서 성공할 수 있도록 도와줍니다. 표현이 분명하고 사교적이어서 신문방송, 저술, 학계, 또는 출판계로 진출할 수 있습니다. 상상력이 넘치니 창의력을 발산할 수 있는 일에 끌리겠네요. 배우나 음악가, 또는 작사가로서 재능이 나타난다면 사람들의 인정을 받아 세상의 이목을 끌게 됩니다.

수비학으로 풀어본 당신의 운세

12일에 태어난 사람들은 일반적으로 직관적이고 친화력이 있습니다. 진정한 개성을 구현하고 싶은 욕구가 강한 당신은 탁월한 추론력과 독창성의 소유자입니다. 타고난 이해심과 섬세함으로 목표를 달성하기 위해서 전략을 사용할 줄도 알고 다른 이들과 협력하는 방법도 터득하고 있습니다. 자기표현 욕구와 다른 사람들에게 도움을 주려는 타고난 성향 간에 균형을 이룰 때 정서적인 만족감과 개인적인 충만감을 동시에 느낄 것입니다. 그렇지만 남의 도움 없이 혼자 힘으로 독립할 수 있는 용기를 갖고 자신감을 키우거나 다른 사람 때문에 쉽게 실망하지 않는 법을 터득할 필요도 있지요. 탄생월 10의 영향으로 단호하고 지적이며, 안정과 질서에 대한 욕구가 있습니다. 결단력이 있고 에너지가 넘치는 당신은 독립적이면서도 사람들과 서로 협력하여 일하기를 즐깁니다. 인생을 실용적으로 접근하는 태도와 훌륭한 사업 감각이 있지만 정서적으로 흔들리면 상황이나 사람에 대해 과한 행동을 하기도 합니다. 그러나 감정을 잘 표현하거나 사교 수완을 발휘하면 험난한 시기도 순탄하게 넘길 수 있으며 고집을 부리고 요령 없는 성향을 극복할 수 있습니다.

● 장점 : 창조적, 매력적, 진취적, 규율을 강조, 자신이나 다른 사람을 홍보
■ 단점 : 내성적, 이기적, 괴팍함, 비협조적, 과민, 자존심 부족, 수줍음이 많음

연애와 인간관계

명석한 당신은 당신과 잘 지내면서 당신의 아이디어를 잘 이해할 수 있는 파트너를 원하지요. 가까운 사이일수록 밝고 긍정적인 자세를 유지해야 하며 화를 내거나 군림하거나 또는 비판적인 성향은 피해야 합니다. 근면하고 영향력 있는 사람에게 끌리는 당신은 독립적이고 싶은 마음과 친밀한 관계를 유지하고 싶은 마음 사이에서 갈등할 수 있습니다. 자기인식에 대한 욕구가 강해 자제력 있고 인생을 대하는 태도가 독창적인 사람들을 존경합니다.

이날 태어난 유명인

루치아노 파바로티(성악가), 딕 그레고리(희극배우), 수전 앤턴(배우), 천수이볜(전 대만 총통), 홍범도(독립운동가), 김유미(배우)

태양 : 천칭자리	
지배 성좌 : 물병자리/천왕성	
위치 : 19° 30′ - 20° 30′ 천칭자리	
상태 : 활동궁	
원소 : 공기	
항성 : 없음	

10월 13일

LIBRA

야망과 지략이 넘치는 수완가

생일로 보아 당신은 현실적이면서도 매력적이고 근면한 사람으로 아이디어가 넘칩니다. 개념 파악이 빨라 상황을 자신에게 유리하게 활용할 줄 알지요. 야망과 지략이 넘치는 당신은 토론과 지식 습득을 즐깁니다. 책임 감이 강하지만 이 생일이 부여하는 놀라운 잠재력들을 이용하려면 자기 수양이 앞서야 합니다.

지배 성좌인 물병자리의 영향이 더해져 의지가 강하고 독자적인 견해를 갖고 있습니다. 생각의 스케일이 커 서 다양한 주제에 관심이 많으며 특히 세계의 문제에 끌릴 수 있습니다. 진취적인 기상이 넘치고 자유를 갈망하 는 당신은 자신의 믿음을 위해 캠페인을 벌이며 싸워나갑니다.

타고난 수완가인 당신은 사람들과 어울리는 능력이 탁월하여 훌륭한 파트너나 팀원이 됩니다. 그러나 너무 군림하려는 성향은 지양해야 합니다. 가치관이 뚜렷하고 조직력이 있으며, 성공을 향해 오르는 데 도움이 되어 줄 설득력 있는 언변까지 타고났네요. 교육과 실증주의적인 사고는 당신의 인생에 최대 기회를 만드는 데 꼭 필 요한 열쇠입니다. 이를 통해 성급해하거나 좌절하거나 화를 내지 않고, 활기차고 생산성 있는 태도를 유지할 수 있습니다.

10세 무렵부터 당신의 태양은 전갈자리로 들어가게 되는데, 이때부터 30년간 당신은 변화와 영향력, 변모의 문제에 관심을 갖게 됩니다. 또 한 번의 전환기는 당신의 태양이 궁수자리로 들어서는 40세에 찾아옵니다. 이때 부터 당신은 시야를 넓히려 하고 더욱 낙관적이고 자유를 사랑하게 됩니다. 여기에는 학문이나 여행 또는 새로 운 관심사를 통해서 정신세계를 넓히는 것도 포함되지요. 70세 이후부터 당신의 태양이 염소자리에 들면서 당 신은 실질적이고 신중하며 더욱 집중하는 태도를 보이게 됩니다.

숨어 있는 자아

확고한 의견과 극적인 감각을 지닌 당신은 늘 주목받고 싶어 하며 선도하는 위치에 있고 싶어 합니다. 그러 나 당신의 멋진 창의성이나 아이디어를 표현할 적절한 분출구를 찾지 못하면 우울한 기분과 교만한 마음을 번 갈아 느끼게 됩니다. 외양에 감추어져 있는 감수성과 상상력은 방향을 잘 잡으면 놀라운 비전을 보여줄 수 있습 니다.

당신은 평소 절약하고 검소한 생활을 하며 흥정도 잘하지만 사랑하는 사람들에게는 유난히 관대합니다. 야 망이 넘치면서도 가정의 화목과 편안함에 대한 욕구는 굉장한 흡인력으로 작용합니다. 균형을 유지하고 내적 인 평화를 키우는 법을 터득하면 진정으로 놀라운 결과를 얻을 것입니다.

일과 적성

창의적이고 아는 것이 많은 당신은 잠시도 가만있지 못하는 성향인 데다 기지가 넘쳐 어떤 제약도 느끼지 않고 자유롭게 자신을 표현하고자 하는 욕구가 있습니다. 하는 일에 대해 계속해서 지시를 받게 되면 반발심으로 사사건건 따지는 태도를 보이기 쉽습니다. 사교적이고 사람들과 어울리는 것을 좋아해서 다른 사람들과 공동으로 작업하는 것을 즐기며 공직으로 진출할 수 있습니다. 사업에 관심이 있지만 인도주의적 성향이 있어 학계나 교직으로 진출해도 어울리겠네요. 예술적 재능을 계발하고자 한다면 쇼 비즈니스나 문학, 또는 저술 분야를 탐색해볼 수도 있고, 훌륭한 연설가나 법률가가 될 수 있습니다. 자상하고 인정이 많아 사회사업가나 상담사, 또는 심리학자 계통의 직종으로 진출할 수도 있습니다.

수비학으로 풀어본 당신의 운세

풍부한 감성과 열정, 그리고 영감은 13일에 태어난 사람들의 특성입니다. 수비학적으로 보면 당신은 야망과 근면함과 연관되어 있고 창의적인 자기표현을 통해 더 많은 것을 성취할 수 있습니다. 창의적인 재능을 손에 잡히는 상품으로 만들고 싶다면 실용적인 관점을 계발하고 양성할 필요가 있지요. 독창적이고 획기적인 접근법으로 영감을 받아 새롭고 흥미진진한 아이디어로 종종 사람들을 감동시킵니다. 13일에 태어난 당신은 진실하고 로맨틱하며 매력적인 사람으로, 잘 놀면서도 일단 전력을 기울이면 성공을 누릴 수 있습니다. 탄생월 10의 기운을 받은 당신은 회복력이 뛰어나고 현실적이며 다재다능합니다. 독립적이고 독자적인 성향으로 보아 리더십이 있고, 자유를 갈망하네요. 사람들에게 당신은 자신만만하게 보이지만, 긴장감과 불안감으로 마음이 흔들리거나 불필요하게 걱정을 하게 될 수 있습니다. 가만있지 못하는 성향을 다스리고 좀 더 인내심을 기르려면 에너지를 사방팔방으로 분산시키는 성향은 꼭 극복해야 합니다.

- ● 장점 : 야심적, 창조적, 자유를 사랑함, 자기표현적, 진취적
- ■ 단점 : 충동적, 우유부단함, 권위적, 냉정함, 반항적

연애와 인간관계

당신의 인생에서 인간관계와 동료애는 중요한 부분을 차지합니다. 그렇지만 독립적인 생활을 유지하면서 남에게 의지하지 않는 것이 무엇보다 중요하지요. 로맨틱한 성향이지만 때로 진실한 감정을 표현하는 데 애를 먹네요. 그러나 당신이 사랑을 표현하면 인간관계는 대단히 좋아집니다. 연인에게 한번 전념하기 시작하면 당신은 충실한 동반자가 되며 지원을 아끼지 않습니다.

이날 태어난 유명인

마거릿 대처(전 영국 수상), 폴 사이먼(가수), 레니 브루스(희극배우), 아트 테이텀(피아니스트), 이브 몽탕(배우), 진필중(야구 선수), 정은임(아나운서), 조윤희(배우)

태양 : 천칭자리	
지배 성좌 : 쌍둥이자리/수성	
위치 : 20°30′ - 21°30′ 천칭자리	
상태 : 활동궁	
원소 : 공기	
항성 : 스피카, 포라멘	

10월 14일

LIBRA

설득력 있게 대화를 이끄는 매력적인 달변가

매력적이고 친화력이 있으며, 섬세하고 강력한 정신의 소유자인 당신은 사랑과 우정에 대한 강렬한 욕구가 있습니다. 신체적 활력을 타고나 인생에 많은 변화와 다양성을 끌어들이고 활동적인 것을 즐깁니다. 불화와 거친 태도를 싫어하는 성향이라 환경 변화에 민감하고 주변이 아름답고 조화롭기를 원합니다.

지배 성좌 쌍둥이자리의 기운을 받은 당신은 표현력이 있고 호기심이 많으며 적응력이 뛰어난 팔방미인입니다. 호감 가는 목소리에 전달력이 좋아 설득력 있게 대화를 끌어가는 솜씨가 있네요. 달변가인 당신은 때로 어려운 상황에서 벗어나기 위해 안이한 해결책을 취하고, 사람들이 듣고 싶어 하는 얘기만 하고 싶을 때도 있을 것입니다. 그러나 사교적이고 성격이 느긋해서 인간관계에 관심이 많으며 인맥을 쌓는 기술도 뛰어납니다. 화려하고 풍족한 삶을 사랑하는 성향으로, 어떤 형태로든 너무 많은 사회 활동을 하거나 무엇에 과도하게 빠지는 것은 경계해야 합니다.

소리와 색채에 대한 감각이 뛰어난 당신은 음악이나 예술, 또는 연극를 통해 타고난 예술적 재능을 발현하고 싶은 욕구가 생길 수 있습니다. 혹은 타고난 비즈니스 감각을 확장시켜 특히 투자와 관련하여 성공할 수 있을 것입니다. 당신의 예리한 지성은 끊임없이 새로운 개념을 탐구하고 재치와 지능을 시험하네요. 우유부단한 성향 때문에 힘들 수 있지만 무언가에 심혈을 쏟으면 엄청난 힘과 결단력을 발휘할 수 있습니다.

9세부터 당신의 태양은 전갈자리로 들어가게 되며, 이때부터 당신은 개인적인 능력과 변모에 대한 관심이 더욱 커질 것입니다. 또 한 번의 전환기는 당신의 태양이 궁수자리로 들어가는 39세에 오는데, 이때 통찰력이 넓어지면서 새로운 경험을 통해 철학이나 종교에 대한 공부를 하거나, 외국인을 만나고 외국 여행을 하면서 정신세계를 확장하고 싶어지지요. 69세 이후부터 당신의 태양이 염소자리에 들면서 당신은 더욱 실용적이고 현실적이며 조직적이 됩니다.

숨어 있는 자아

감수성이 넘치고 상상력이 활발한 당신은 예지력을 갖게 될 수도, 반대로 환상으로 도피하게 될 수도 있습니다. 천성적으로 직관이 뛰어나 신비주의나 영적 세계에 관심을 갖게 되며 사람들을 상대할 때 이런 천성이 큰 자산이 됩니다. 그러나 남을 기만하거나 교활한 방법으로 감수성을 남용하지 않도록 경계하세요. 늘 행운이 따라주어 그럭저럭 잘 살아나가지만 정신적인 잠재력을 훈련하면 더 놀라운 결과를 이룰 수 있습니다.

리더십이 있고 어떤 상황에서도 기회를 포착하는 당신은 그릇이 크고, 모험을 즐깁니다. 그러나 지식이나 정신적인 영감, 특별한 통찰력으로 남을 도울 때 가장 큰 만족감을 느낄 수 있습니다.

일과 적성

당신은 감수성과 매력, 선견지명이 있으며, 새로운 개념을 창출해내는 능력으로 스타일과 이미지를 만들거나 미술과 디자인 같은 분야에서 성과를 낼 수 있습니다. 사회 문제에 관심이 많으며 탐구적인 사람이라 훌륭한 기자나 사진작가, 배우, 영화감독이 될 수 있지요. 또 소통 능력과 사회에 대한 관심은 교육계로 진출하도록 자극을 줍니다. 직관적이고 섬세한 당신은 영적인 면이 강해 사람들의 욕구를 꿰뚫어봅니다. 이러한 성향으로 인해 성직자나 의료계, 대체의학계로 끌릴 수도 있습니다. 사람들과 어울리는 재주도 있어 관공서에서 일하거나 대인관계가 중요한 직업으로 성공할 수 있겠네요.

수비학으로 풀어본 당신의 운세

지적인 잠재력, 실용주의, 결단력 등은 14일에 태어난 사람들의 특성입니다. 사실 14일에 태어난 당신은 일이 먼저여서, 자신은 물론 다른 사람도 일의 성취 정도에 따라 판단합니다. 안정을 필요로 하지만, 14라는 수가 암시하는 잠시도 가만있지 못하는 성향 때문에 계속 앞으로 나가거나 새로운 도전을 하면서 자신의 운을 지속적으로 개선하려는 노력을 합니다. 진득하지 못한 이런 천성과 만족을 모르는 성향으로 인해 인생에서 키다란 변화를 많이 맞게 되는데, 근무 환경이나 경제 상황에 만족하지 못하면 그럴 가능성이 특히 커집니다. 통찰력이 깊어 문제에 빠르게 반응하고 문제 해결을 즐깁니다. 탄생월 10의 기운을 받은 당신은 직관적이고 이상주의적이면서도 친화력이 있습니다. 양보를 잘하고 상황에 잘 적응하여 평화롭고 화합하는 분위기를 조성합니다. 한편 고집이 세서 평소 남들과 대립각을 세우거나 긴장감을 조성할 때도 있습니다. 당신이 출세 지향적이 아니라면 시간과 에너지를 가정과 가족에게 쏟게 됩니다.

- 장점 : 결단력, 근면함, 행운이 따름, 창조적, 실용주의적, 풍부한 상상력
- 단점 : 지나치게 신중하거나 지나치게 충동적, 경솔함, 완고함

연애와 인간관계

친화력이 뛰어나 모든 부류의 사람들과 잘 어울리지요. 똑똑하고 솔직담백한 사람들에게 끌리는 당신은 지속적으로 정신적인 자극을 주는 사람이 필요합니다. 섬세한 면이 있어 상대의 정서적 변화를 바로 알아차리기 때문에 파트너에게 깊은 애정을 보일 수 있습니다. 그러나 가만있지 못하는 성향으로 싫증을 내거나 정신적인 힘겨루기에 빠질 수도 있지요. 하지만 일단 마음이 정해지면 따스하고 부드러우며 충실한 사람입니다.

당신에게 특별한 사람

연인이나 친구

1월 3, 10, 13, 20, 30일 / 2월 1, 8, 11, 18, 28일 / 3월 6, 9, 16, 26일 / 4월 4, 7, 14, 24일 / 5월 2, 5, 12, 22일 / 6월 3, 10, 20일 / 7월 1, 8, 18일 / 8월 6, 16, 30일 / 9월 4, 14, 28, 30일 / 10월 2, 12, 26, 28, 30일 / 11월 10, 24, 26, 28일 / 12월 8, 22, 24, 26일

힘이 되어주는 사람

1월 12, 16, 17, 28일 / 2월 10, 14, 15, 26일 / 3월 8, 12, 13, 24일 / 4월 6, 10, 11, 22일 / 5월 4, 8, 9, 20, 29일 / 6월 2, 6, 7, 18, 27일 / 7월 4, 5, 16, 25일 / 8월 2, 3, 14, 23일 / 9월 1, 12, 21일 / 10월 10, 19일 / 11월 8, 17일 / 12월 6, 15일

운명의 상대

3월 31일 / 4월 9, 10, 11, 12, 29일 / 5월 27일 / 6월 25일 / 7월 23일 / 8월 21일 / 9월 19일 / 10월 17일 / 11월 15일 / 12월 17일

경쟁자

1월 6, 18, 22, 27일 / 2월 4, 16, 20, 25일 / 3월 2, 14, 18, 23일 / 4월 12, 16, 21일 / 5월 10, 14, 19일 / 6월 8, 12, 17일 / 7월 6, 10, 15일 / 8월 4, 8, 13일 / 9월 2, 6, 11일 / 10월 4, 9일 / 11월 2, 7일 / 12월 5일

소울 메이트

3월 28일 / 4월 26일 / 5월 24일 / 6월 22일 / 7월 20일 / 8월 18일 / 9월 16일 / 10월 14일 / 11월 12일 / 12월 10일

이날 태어난 유명인

랄프 로렌(패션 디자이너), E. E. 커밍스(시인), 윌리엄 펜(퀘이커 지도자), 드와이트 아이젠하워(전 미국 대통령), 이몬 데 발레라(전 아일랜드 대통령), 클리프 리처드, 어셔(가수), 로저 무어(배우), 한나 아렌트(철학자), 주요한(작가), 임재범(가수), 김미경, 차인표, 오윤아(배우), 이우일(만화가)

태양 : 천칭자리
지배 성좌 : 쌍둥이자리/수성
위치 : 21°30′ – 22°30′ 천칭자리
상태 : 활동궁
원소 : 공기
항성 : 스피카, 포라멘

10월 15일
LIBRA

호기심 많고 직관력 있는 이상주의자

매력적이고 상황을 빠르게 판단하며, 마르지 않는 샘물같이 정신적 영감이 충만한 당신은 사교성이 뛰어나 대인관계가 좋습니다. 아름다움과 색채, 소리에 대한 심미안이 있으며, 자신의 창의적 재능을 예술적인 표현을 통해 계발하고 싶어 합니다. 정신적인 잠재력과 함께 명석하고 빈틈이 없는 사람이라 늘 활기차고 지속적으로 지식을 쌓지요. 회의적이지만 아이같이 순수한 면도 있어 직관의 소리에 귀 기울이면 얻는 것이 많다는 것을 점차 깨닫게 됩니다. 그럼으로써 자발적으로 행동하고 순간의 기회를 잡을 수 있게 됩니다. 인생에서 얻을 수 있는 최상의 것을 추구하면서 화려함이나 사교적인 것에 과하게 집착하지 마세요.

지배 성좌인 쌍둥이자리의 기운을 받은 당신은 생각을 분명하게 표현하고 호기심이 많습니다. 글쓰기에 소질이 있고, 창조적인 소통과 교육에도 관심이 많습니다. 재치가 넘치고 호감 있는 목소리와 더불어 사교적인 오락과 대중 연설에 잠재력이 있네요. 다재다능하고 적응력이 빨라 사람들을 즐겁게 해주는 것을 즐기므로 누구와 어떤 주제로도 대화가 가능합니다. 그러나 지속적으로 지적 도전의식을 북돋아줄 필요가 있으며, 당신의 놀라운 두뇌 잠재력을 최대한 발휘하기 위해서는 냉철한 지성을 계발해야 합니다.

평소에는 느긋하고 삶이 조화롭기를 원하지만 때로 짜증을 내고 고집을 부리거나 신경이 예민해지지 않도록 주의할 필요가 있습니다. 요가나 무술, 혹은 다른 운동들은 불안감을 줄이고 과도하게 활동적인 정신에 균형을 줄 수 있는 좋은 방법입니다.

8세부터 당신의 태양은 전갈자리로 들어서는데, 이때부터 30년 동안 정서적 변화와 개인 능력에 관심이 더욱 커지게 됩니다. 또 한 번의 전환점은 당신의 태양이 궁수자리로 들어가는 38세에 오네요. 이때 정신적인 통찰력이 확장되며 모험심이 강해지고 여행이나 외국 방문 같은 새로운 시도에 관심을 갖게 됩니다. 68세 이후에는 당신의 태양이 염소자리에 들면서 더욱 실용적이고 신중을 기하는 삶을 살게 됩니다.

숨어 있는 자아

사람을 분석하는 능력이 탁월한 당신은 훌륭한 심리학자로 인맥을 쌓는 재주가 뛰어납니다. 인간 본성에 대한 예리한 이해력은 번뜩이는 통찰력과 함께 사람들을 돕고 싶어 하는 진실한 마음이나 지혜를 추구하는 마음으로 변하게 되지요. 활기가 넘치고 장난스러워 남을 즐겁게 해주기를 즐깁니다. 한편으로는 진지하고 자기 성찰적인 면이 강해서 때로 혼자 있으면서 내면을 들여다보며 휴식을 취하는 시간이 필요합니다. 온갖 재능을 갖춘 당신은 믿음과 안목만 키우면 놀라운 성공을 거둘 수 있습니다.

내적인 힘과 성취 동력이 있는 당신은 결단력이 뛰어나 영감을 받으면 계획과 이상을 위해 열과 성을 다합니다. 일의 가치를 알아보는 눈을 가진 당신은 부와 명예를 얻을 수 있지만 목적의식이 강해야 만족감도 같이 누릴 수 있습니다. 넘쳐나는 승부욕을 적극적으로 이용하면 생산적인 일을 통해 이익을 얻을 수 있습니다.

일과 적성

지적이고 친화적인 성격의 당신은 도전을 즐기며 정신적으로 안주하지 못하는 성향입니다. 열정이 있고 소통 능력이 뛰어나 홍보나 출판, 교육과 연관된 직업에서 성공을 거둘 수 있습니다. 예술을 사랑하는 걸 보면 창의적이고 섬세하며 글쓰기나 음악에 재능이 있네요. 결단력도 있고 설득력도 뛰어나 변호사나 영업직, 또는 에이전트로서 소통 능력을 최대한 활용할 수 있을 것입니다. 분석적인 면도 갖춰 컴퓨터나 다양한 종류의 기계들을 다루는 작업을 통해 기술력을 발휘하겠네요. 냉철한 지성을 발전시키면 철학이나 형이상학, 또는 보다 심오한 주제를 연구할 수도 있습니다. 인도주의적 성향이 있어서 사회사업, 심리학, 치유 분야의 직업으로 진출할 수도 있습니다.

수비학으로 풀어본 당신의 운세

팔방미인, 열정, 안주하지 못하는 성향은 15일에 태어난 사람들의 특성입니다. 당신의 최고 자산은 강한 직관력과, 이론과 실제를 연결 지어 빨리 배우는 능력입니다. 종종 직관력을 발휘하여 기회가 오면 바로 알아차리지요. 15일에 태어난 당신은 돈을 모으거나 사람들의 지원이나 도움을 얻어내는 재능이 있습니다. 느긋하면서도 단호한 성격이어서 기대하지 않았던 일들을 반기고 도박을 즐깁니다. 탄생월 10의 영향을 받아 직관력이 뛰어나고 이상을 추구하기 때문에 지나치게 이성적인 접근으로 의심을 갖기보다는 자신의 감정을 신뢰할 필요가 있습니다. 평소 보고 듣는 것에 감동을 받는 당신은 지식이 풍부해서 정신적인 능력을 교육이나 문학, 영적인 세계로 쏟으면 많은 것을 얻겠네요. 떠오르는 아이디어와 세세한 것까지 살피는 눈을 신뢰하면 글을 통해 창의적으로 자기표현을 할 수 있습니다.

- 장점 : 자발적, 관대함, 책임감, 친절함, 협조적, 높은 안목, 창의적 아이디어
- 단점 : 파괴적, 안주하지 못함, 무책임함, 선뜻 도우려 하지 않음, 자기중심적, 신뢰 상실, 걱정, 우유부단함, 권력 남용

연애와 인간관계

근면하고 야망이 있고 자수성가한 사람에게 끌리는 당신은 역동적인 정신 에너지가 고갈되지 않도록 계속 유지해줄 수 있는 상대가 필요합니다. 타고난 매력으로 팬을 쉽게 만들지요. 그러나 회의적인 성향이 있어 장기적인 관계에 전념하기까지는 시간이 걸리겠네요. 사회적 인맥과 집단 활동은 사람을 분석하는 당신의 능력을 키우는 데 도움이 됩니다. 이날 태어난 남성은 어떤 여성을 만나든 운이 좋은 편이지만, 특히 영향력 있고 독립적인 여성에게 끌립니다. 일단 한 사람에게 정착하면 당신은 충실하고 힘을 실어주는 사람이 됩니다.

연인이나 친구
♥

1월 11, 21, 28, 31일 / 2월 9, 19, 26, 29일 / 3월 17, 24, 27, 31일 / 4월 15, 22, 25일 / 5월 13, 20, 23, 27일 / 6월 1, 11, 18, 21일 / 7월 9, 16, 19일 / 8월 7, 14, 17, 31일 / 9월 5, 12, 15, 29일 / 10월 3, 10, 13, 17, 27, 29, 31일 / 11월 1, 8, 11, 25, 27, 29일 / 12월 6, 9, 23, 25, 27일

힘이 되어주는 사람

1월 9, 12, 18, 24, 29일 / 2월 7, 10, 16, 22, 27일 / 3월 5, 8, 14, 20, 25일 / 4월 3, 6, 12, 18, 23일 / 5월 1, 10, 16, 21, 31일 / 6월 2, 8, 14, 19, 29일 / 7월 6, 12, 17, 27일 / 8월 4, 10, 15, 25일 / 9월 2, 8, 13, 23일 / 10월 6, 11, 21일 / 11월 4, 9, 19일 / 12월 2, 7, 17일

운명의 상대

1월 3일 / 2월 1일 / 4월 10, 11, 12, 13, 30일 / 5월 28일 / 6월 26일 / 7월 24일 / 8월 22일 / 9월 20일 / 10월 18일 / 11월 16일 / 12월 14일

경쟁자

1월 7, 8, 19, 28일 / 2월 5, 6, 17, 26일 / 3월 3, 4, 15, 24일 / 4월 1, 2, 13, 22일 / 5월 11, 20일 / 6월 9, 18일 / 7월 7, 16일 / 8월 5, 14일 / 9월 3, 12일 / 10월 1, 10일 / 11월 8일 / 12월 6일

소울 메이트
★

1월 3, 19일 / 2월 1, 17일 / 3월 15일 / 4월 13일 / 5월 11일 / 6월 9일 / 7월 7일 / 8월 5일 / 9월 3일 / 10월 1일

프리드리히 니체, 미셸 푸코(철학자), P. G. 우드하우스(작가), 존 케네스 갈브레이스(경제학자), 베르길리우스(시인), 메수트 외질(축구 선수), 윤종신(가수), 송재박(야구 선수)

485

태양 : 천칭자리	
지배 성좌 : 쌍둥이자리/수성	
위치 : 22°30′ – 23°30′ 천칭자리	
상태 : 활동궁	
원소 : 공기	
항성 : 아르크투루스, 스피카, 포라멘	

10월 16일

LIBRA

선견지명과 현실감각을 갖춘 전략가

당신은 매력적이고 섬세하며 근면한 천칭자리 태생으로 결단력이 뛰어납니다. 직관적이면서 사업 감각도 있어 프로젝트에 관심이 생기거나 확실한 목표가 정해지면 지나치게 목적 지향적이 되기도 합니다. 그러나 우유부단함이나 타성, 또는 미루는 성향으로 마음이 부대끼는 때도 있으며, 이는 다른 뛰어난 잠재력을 위협할 수 있습니다.

지배 성좌인 쌍둥이자리의 기운을 받은 당신은 호기심이 많고 통찰력이 있으로 언변도 뛰어나지요. 인간관계에 관심이 많아 친화력도 좋고 사람을 잘 사귑니다. 그러나 인생의 화려함과 즐거움을 즐기기 때문에 지나친 몰입이나 무절제한 사교 활동은 경계하는 것이 현명합니다. 어쨌든 당신의 창의적인 정신엔 아이디어와 계획이 넘치며, 한번 방향을 정하면 개인적인 희망을 실현하기 위해 집요하게 접근해갑니다.

살아가는 데 사교적이고 온후한 태도를 보이는 당신은 드라마틱한 성향이 강하고 매우 감성적입니다. 사랑과 정서적인 충족감에 대한 열망은 미술이나 음악, 연극 같은 창조적인 분야에서 쏟아낼 수 있고 또는 이상주의적인 대의를 위해 싸울 수도 있습니다. 당신의 선견지명과 타고난 현실감각으로 볼 때 훌륭한 전략가가 될 수도 있지요. 그러나 때로 당신은 문제를 회피하거나 죄의식을 느끼고 자기 집착에 빠지기도 합니다. 극단적인 양면성이 잘 어우러지면 조화와 균형을 이룰 수 있을 것입니다.

7세에 당신의 태양은 전갈자리로 들어가게 되는데, 이때부터 당신은 정서적인 감수성과 능력에 관한 문제를 중요시하게 됩니다. 또 한 번의 전환기는 당신의 태양이 궁수자리로 들어가는 37세에 오는데, 이때 인생에 대한 통찰력이 확장되며 여행이나 공부, 또는 모험을 하고 싶은 마음이 커지게 됩니다. 67세 이후부터 당신의 태양이 염소자리에 들면서 당신은 더욱 실용적이며 사려 깊고 신중해집니다.

숨어 있는 자아

협력과 파트너십은 당신의 인생에서 중요한데, 사교 감각을 타고나 개인적으로 사람들을 대하는 능력이 탁월하기 때문입니다. 유익한 인맥을 활용하고 재능을 상업화할 수 있는 특별한 능력에도 불구하고 때로 당신은 경제적인 문제에 대해 쓸데없이 걱정을 많이 하기도 합니다. 그러면서 편안한 가정과 일 사이를 곡예하듯 넘나들겠네요.

능력 있는 자신의 모습을 즐기므로 동기부여가 공정하고 정당한지 확신해야 하는 성격이네요. 다행히 당신에겐 최종 결론에 이르기 전 신중하게 따져보는 능력이 있습니다. 행동 계획을 세우는 것은 타고난 조직 감각을 자극할 수 있고 인내심과 목적의식을 더욱 확고히 할 수 있습니다. 이 생일에서 알 수 있는 것은 결단력과 의지로 장애나 어려움을 극복할 수 있다는 사실입니다.

일과 적성

이상주의적이고 선견지명이 있는 당신은 중재자이자 인도주의자로 사람들에게 감동을 주어 조화를 이루도록 할 수 있습니다. 타협하려는 의지가 있고, 열성을 다하는 모습은 당신이 충실하게 전념하는 사람임을 나타냅니다. 인간 본성을 잘 이해하고 지식 쌓는 걸 좋아하니 학계로 진출하면 훌륭한 교사나 강사가 될 수 있겠네요. 연극이나 음악, 예술을 사랑하는 당신은 창의적이며 감성도 풍부하지요. 작가의 길을 걷거나 연예계에서 극작가로 활동할 수도 있습니다. 상업계 중에서는 광고나 텔레비전, 출판 분야에서 활동할 수 있습니다. 공공심이 강하고 사교적인 당신은 훌륭한 대의를 위해 자금을 모금하며, 지역사회와 연관된 일을 할 수도 있습니다.

수비학으로 풀어본 당신의 운세

16일에 태어난 당신은 사려 깊고 섬세하며 친화적입니다. 분석적인 성향이 강하면서도 인생과 사람을 당신의 감정에 따라 판단하기도 합니다. 16일에 태어난 당신은 자기표현과 다른 사람에 대한 책임감 사이의 갈등에 직면했을 때 긴장감을 느낄 수 있습니다. 세계 문제에 관심이 있어 국제적인 기업이나 미디어에서 일할 수 있습니다. 당신 내면에 흐르는 창조성은 영감이 번뜩이는 글쓰기로 나타납니다. 16일에 태어난 당신은 지나치게 자신만만한 모습과, 의심하고 불안정한 모습 간에 균형을 찾을 필요가 있습니다. 탄생월 10의 영향으로 당신은 야망과 리더십이 있습니다. 안정감을 원하기 때문에 현상유지를 위해서 기꺼이 절충하는 방법을 택합니다. 감성적이고 창의적이어서 반짝이는 아이디어를 표현하고 자신의 개성을 확실하게 보여줄 길을 모색할 필요가 있습니다. 의리와 배려심이 있는 당신은 주변 사람들에게 충실하며 지지를 아끼지 않습니다.

- 장점 : 부와 재산, 관직, 자부심과 품위, 종교계에서 명성을 얻음, 지식에 대한 사랑, 충실함.
- 단점 : 속물 근성, 경솔함, 교활함, 기만

연애와 인간관계

창조적이고 감정이 풍부한 당신은 사랑과 애정에 대한 욕구가 강하며, 사랑하는 사람을 위해서라면 자신을 기꺼이 내어줄 수도 있습니다. 감정 폭이 커서 섬세하고 인정이 많은가 하면 권위주의적이고 군림하는 모습을 보이기도 하네요. 매력이 넘치는 당신은 자신의 열정과 감정적인 욕구를 이해해주는 창의적이고 드라마틱한 사람에게 끌립니다. 혹은 배움에 대한 욕구로 인해 인식 수준이나 지적 수준이 자신보다 높은 사람을 찾게 됩니다.

천칭자리

태양 : 천칭자리

지배 성좌 : 쌍둥이자리/수성

위치 : 23°30' – 24°30' 천칭자리

상태 : 활동궁

원소 : 공기

항성 : 아르크투루스, 스피카, 포라멘

10월 17일

LIBRA

명석한 두뇌로 새로운 지적 지평을 모색하는 탐구자

다재다능하고 사교적인 당신은 인생에서 다양성과 흥미진진함을 만들어내는 사람들과 변화에 이끌립니다. 생일의 기운으로 두뇌가 명석하고 기민하여 활발하게 탐구 정신을 발휘할 수 있도록 항상 새로운 지적 지평을 모색합니다. 사람을 사로잡는 매력과 재빠른 기지로 당신은 매우 유쾌한 모습을 보이지만 반신반의하는 성향이나 조급함은 목적의식을 흩뜨려 놓을 수 있습니다.

지배 성좌인 쌍둥이자리의 기운을 받은 당신은 논리적이고 생각이 분명하여 문제 해결 능력이 뛰어납니다. 사교적이면서도 문제의 핵심을 단번에 파악하는 통찰력으로 탁월한 소통 기술을 보입니다. 그러나 완고하거나 타산적이거나 또는 비밀스러운 성향으로 인해 그 매력이 퇴색되지 않도록 조심해야 합니다. 당신의 예술 감각은 음악, 그림, 연극을 통해, 또는 주변을 우아하고 화려하게 치장하고 싶은 욕구를 통해 표현할 수 있겠네요.

표현력과 적응력이 좋은 당신은 정신적 잠재력을 집중 계발할 필요가 있습니다. 직관적이고 진취적인 성향이기 때문에 비관하거나 갈팡질팡하기보다는 큰 그림을 그리며 직관에 따라 행동할 때 큰 성과를 낼 수 있습니다. 활동성이 높고 좋은 기회를 잡고자 하는 욕망이 강해 여행을 하거나 해외에서 일하게 되는 경우가 많습니다. 화려함과 풍족한 생활을 사랑하는 당신은 어떤 형태로든 현실도피나 지나친 탐닉을 경계하는 것이 현명합니다.

6세에 당신의 태양은 전갈자리로 들어가게 되는데, 이때부터 30년간 정서적인 영향력과 변모에 관한 문제를 중요시하게 되지요. 또 한 번의 전환기는 당신의 태양이 궁수자리로 들어가는 36세에 오는데, 이때 모험심과 자유에 대한 욕구가 커지고 지평이 확대됩니다. 66세 이후 당신의 태양이 염소자리에 들면서 당신은 더욱 현실적이 되며, 사려 깊고 신중해집니다.

숨어 있는 자아

한편으로는 정서적으로 충동적이고 안주하지 못하는 성향이 있고, 또 한편으로는 신중하며 오래도록 안정감을 누리고 싶은 욕구가 자리하고 있습니다. 고급스러운 취향을 가졌기에 화려한 욕구를 충족하려면 열심히 일해야 합니다. 확신을 갖고 끈기를 길러 깊은 통찰력과 인내심을 결합하면 성공할 수 있을 것입니다.

섬세하고 직관적인 당신은 지식과 지혜를 겸비한 사람들을 존경합니다. 진리와 진실성을 추구하려는 욕구가 있어 자신만의 인생철학을 형성하지요. 스스로에게 정직하고 의도를 감추지 않는다면 당신이 원하는 존경을 받을 수 있습니다. 자기표현 욕구와 이상적인 사랑에 대한 갈구는 글을 쓰거나 감성의 힘을 다른 사람들에게 유익한 방향으로 사용하도록 자극합니다.

10월

일과 적성

다양성을 추구하고 정신적 자극이 되는 일을 찾는 성향이어서 변화와 발전이 있는 직업에서 더 좋은 성과를 냅니다. 여행이나 무역 관련 회사에서 일하면서 다른 나라를 여행할 일이 많겠네요. 가치관이 확고하고 지적인 사람이어서 관심 가는 꾸준한 일이면 어떤 것에든 전력을 다할 수 있습니다. 습득력이 빨라 금세 싫증을 내는 경우도 있으니 주의하세요. 소통 능력이 뛰어난 당신은 뉴스 미디어에서 일하는 것을 즐길 수 있습니다. 연구나 강의, 교육에도 관심이 있고요. 사교적인 성격으로 공직이나 사회복지사업에 뛰어들 수 있으며 지역 공동체에서 일할 수도 있습니다. 상식적인 분별력을 갖추고 문제 해결력이 있어 심리학을 공부하거나 조언자나 상담사가 될 수도 있습니다.

수비학으로 풀어본 당신의 운세

17일에 태어난 당신은 상황 판단이 빠르고 내향적인 성격이며 분석력이 뛰어납니다. 자신만의 생각을 가진 사람이라 좋은 교육을 받고 기능을 익히면 좋습니다. 전문 기술을 개발하는 데 구체적인 방법으로 지식을 활용하면 전문가나 연구원으로서 중요한 위치에 오르거나 성공할 수 있습니다. 개인적이고 자기 성찰적이고 초연하며, 정확하고 자세한 정보에 관심이 많은 당신은 진지하고 사려 깊은 태도를 보여주며 여유 있게 행동하기를 좋아합니다. 소통 능력을 계발할수록 다른 사람을 보면서 자신에 대해 더 많은 것을 깨닫습니다. 탄생월 10의 기운을 받은 당신은 야심 차고 이상주의적이며 사람을 휘어잡는 카리스마가 있습니다. 지적이며 강렬한 직관과 세부 사항까지 챙기는 꼼꼼함을 갖춰 당면한 문제를 꿰뚫어봅니다. 상식적인 분별력이 있고 판단에 항상 확신을 갖고 있지만, 조급하거나 과도하게 열의를 보이는 경향이 있어 서두르지 않고 여유 있게 행동하는 것이 필요합니다.

- 장점 : 사려 깊음, 전문가, 기획력, 탁월한 사업 감각, 돈이 붙음, 독자적인 사색가, 정확함, 숙련된 연구자, 과학적
- 단점 : 무심함, 고집이 셈, 경솔함, 침울함, 민감함, 편협함, 비판적, 걱정 많음

연애와 인간관계

사교 활동에 다양성과 변화를 향한 욕구가 흘러넘칩니다. 직관력과 통찰력을 갖춘 사람에게 끌리며, 인간관계를 맺을 기회가 많습니다. 연인과 비밀스러운 관계를 맺을 위험성도 있으니 가능한 한 솔직한 만남을 가져야 이후의 파급효과를 피할 수 있습니다. 감정에 좌우되는 당신은 한편으로는 안정과 편안함을 모색하면서도 또 한편으로는 기분이 잘 바뀌고, 잠시도 가만있지 못하며, 감정적 경험을 하고 싶어 합니다.

당신에게 특별한 사람

연인이나 친구

1월 4, 13, 19, 23, 24일 / 2월 11, 17, 21일 / 3월 9, 15, 19, 28, 29, 30일 / 4월 7, 13, 17, 26, 27일 / 5월 5, 11, 15, 24, 25, 26, 27일 / 6월 3, 9, 13, 22, 23, 24일 / 7월 1, 7, 11, 20, 21, 22일 / 8월 5, 9, 18, 19, 20일 / 9월 3, 7, 16, 17, 18일 / 10월 1, 5, 14, 15, 16, 29, 31일 / 11월 3, 12, 13, 14, 27, 29일 / 12월 1, 10, 11, 12, 25, 27, 29일

힘이 되어주는 사람

1월 7, 15, 20, 31일 / 2월 5, 13, 18, 29일 / 3월 3, 11, 16, 27일 / 4월 1, 9, 14, 25일 / 5월 7, 12, 23일 / 6월 5, 10, 21일 / 7월 3, 8, 19일 / 8월 1, 6, 17, 30일 / 9월 4, 15, 28일 / 10월 2, 13, 26일 / 11월 11, 24일 / 12월 9, 22일

운명의 상대

4월 13, 14, 15, 16 일

경쟁자

1월 6, 14, 30일 / 2월 4, 12, 28일 / 3월 2, 10, 26일 / 4월 8, 24일 / 5월 6, 22일 / 6월 4, 20일 / 7월 2, 18일 / 8월 16일 / 9월 14일 / 10월 12일 / 11월 10일 / 12월 8일

소울 메이트

4월 30일 / 5월 28일 / 6월 26일 / 7월 24일 / 8월 22일 / 9월 20일 / 10월 18, 30일 / 11월 16, 28일 / 12월 14, 26일

이날 태어난 유명인

리타 헤이워드(배우), 아서 밀러, 마크 게이티스, 너새니얼 웨스트(작가), 이블 크니블(스턴트맨), 에미넴(가수), 최인호(소설가), 나운규(영화감독)

태양 : 천칭자리	
지배 성좌 : 쌍둥이자리/수성	
위치 : 24°30′ - 25°30′ 천칭자리	
상태 : 활동궁	
원소 : 공기	
항성 : 아르크투루스, 스피카	

10월 18일
LIBRA

진취적인 아이디어와 상상력이 풍부한 기획자

활동적이고 적극적인 당신은 진취적인 아이디어가 있는 창의적인 사람입니다. 관심이 있으면 열성을 다해 일하지만 쉽게 싫증 내는 성향이 있기 때문에 원하는 것을 찾아야 합니다. 삶에 실용적으로 접근하는 훌륭한 기획자인 당신은 지식을 넓혀 좋은 곳에 사용하고 싶어 합니다.

지배 성좌인 쌍둥이자리의 영향을 받은 당신은 적응력이 뛰어나고 다재다능하며 언어 표현력이 탁월합니다. 직설적이고 솔직하지만 친화력이 좋아 사람을 잘 사귑니다. 문제를 해결하는 재주가 있고 사람들의 욕구를 직관적으로 알아차리므로 훌륭한 협상가나 조언자가 될 수 있겠네요. 아이디어를 전달하는 능력과 자신만의 인생철학이 있어 관심 있는 주제에 대한 토론도 곧잘 합니다. 이상주의적인 당신은 특히 당신보다 덜 똑똑한 사람들을 대할 때 인내심과 아량을 키울 필요가 있습니다.

타고난 예술적, 창조적 재능은 음악이나 그림, 글과 연극을 통해 펼칠 수 있습니다. 두뇌 회전과 직관력이 뛰어나 명석하고 재미있으며 사업 감각도 타고났습니다. 타고난 설득력과 날카로운 기지를 갖춘 당신은 명철하고 자수성가한 사람에게 끌리지요. 긍정적 태도를 지닌 당신은 열정이 넘치고 한번 집중하면 아이디어를 눈에 보이는 현실로 만들어내는 재주가 뛰어납니다. 그러나 너무 비판적이거나 반항적이거나 또는 완고한 모습으로 치우쳐 이러한 잠재력을 손상시키지 않는 것이 현명합니다.

5세 이후 당신의 태양은 전갈자리로 들어가게 되는데, 이때부터 당신은 정서적인 변화와 영향력, 그리고 변모에 관심이 커집니다. 또 한 번의 전환기는 당신의 태양이 궁수자리로 들어가는 35세에 오는데, 이때 모험과 자유에 대한 욕구가 커지고 지평을 넓히고 싶어집니다. 독학이든 정규 과정이든 교육에 중점을 두겠네요. 65세 이후부터 당신의 태양이 염소자리에 들어서면서 당신은 더욱 실용적이고 신중하며 사려 깊은 사람이 됩니다.

숨어 있는 자아

색채와 소리에 대한 감각이 있는 당신은 주변을 아름답고 우아하고 화려하게 꾸미기를 좋아하지요. 그러나 어떤 식으로든 지나치게 쾌락에 빠지는 것은 피해야 합니다. 잠시도 가만있지 못하는 성향을 좀 더 집중하거나 견문을 넓히거나 긍정적인 모험으로 전환시키면 열정을 더욱 활발하게 유지할 수 있습니다. 마음의 평화를 원하는 동시에 끊임없이 배우고 탐색하고자 하는 욕구도 있어서 속도를 늦추는 법을 터득하기까지 여기저기 기웃거리겠네요. 또 인생을 단순화하고 직관에 귀 기울이는 법도 배워야 합니다.

매우 민감한 당신은 특히 가족과 가정에 대한 책임감을 깨닫게 됩니다. 인정 많고 자상해서 훌륭한 조언자가 되겠네요. 그러나 자신이 누구보다 잘 알고 있다고 생각하고 좋은 의도로 한 행동이 다른 사람들에게는 간섭으로 비칠 수도 있습니다. 상황을 좌지우지할 생각을 버리면 힘이 되어주면서도 적절한 거리를 유지할 수 있습니다.

일과 적성

직관력이 있고 상상력이 풍부한 당신은 돈을 벌 수 있는 아이디어가 넘칩니다. 조직력과 결단력을 갖춰 훌륭한 기획자로서 큰 계획을 세울 수도 있습니다. 상황을 손에 쥐고 통제하거나 자기 사업을 할 수도 있지요. 당신은 친화적이고 사교적이며 사람을 휘어잡는 카리스마가 있습니다. 자신을 포함하여 무언가를 믿으면 설득력이 생겨 에이전트나 영업직, 또는 홍보인으로 성공할 수 있습니다. 재능이 많고 야심 찬 당신이 창의적으로 자신을 표현하면 빛을 발할 수 있겠네요. 또 상식적인 분별력과 현실적인 능력을 갖춘 지적인 사람이어서 사회 개혁과 교육에 관심이 많습니다.

수비학으로 풀어본 당신의 운세

결단력, 자기 확신, 야망은 18일에 태어난 사람들의 공통된 특성입니다. 활달하며 도전이 필요한 당신은 늘 바쁘게 움직이며 대규모 기획에 관여하기도 합니다. 유능하고 근면하며 책임감이 강하여 권위 있는 자리에 갈 가능성이 높네요. 혹은 사업 감각과 조직력을 발휘하여 상업 세계로 진출할 수도 있습니다. 과로에 시달릴 수 있으니 일의 속도를 조절하면서 휴식해야 합니다. 18일에 태어난 당신은 자신의 능력을 발휘하여 사람들을 치유하고 훌륭한 조언을 주거나 다른 사람의 문제를 해결해주기도 합니다. 탄생월 10의 영향으로 성취와 성공을 원하는 성향이 강합니다. 친근감 있고 사교적이면서도 자신의 믿음이 다른 사람들과 다를 때 그것을 고수하는 용기가 있지요. 단호한 성격이며 명석한 두뇌와 설득력 있는 언변, 매력적인 태도로 사람들에게 영향을 미치지만 이기심과 사람들을 얕잡아 보는 태도는 경계해야 합니다.

- 장점 : 진보적, 적극적, 직관적, 용기 있음, 단호함, 치유 능력, 유능함, 탁월한 조언자
- 단점 : 억제되지 않는 감정, 나태함, 질서 결여, 이기주의, 냉담함, 일이나 프로젝트 미완성, 기만

연애와 인간관계

감정이나 애정을 잘 표현하지 못하더라도 당신에게 인간관계는 매우 소중합니다. 당신은 사랑하는 사람들을 잘 보호할 수 있지요. 열성을 다해 일하는 비범한 사람이나 외국에서 온 사람에게 끌리며, 정신적 자극을 주고 지적으로 마음이 통하는 관계가 필요합니다. 매력적이고 친화적인 당신은 사람들과 어울리기를 좋아하고 재치 있고 재미있습니다. 일단 정착하기로 마음먹으면 지지를 아끼지 않는 충실한 연인이나 배우자가 될 수 있습니다.

당신에게 특별한 사람

연인이나 친구 ♥

1월 4, 14, 20, 24, 25일 / 2월 2, 12, 15, 18, 22, 23일 / 3월 10, 16, 20, 29, 30일 / 4월 8, 14, 18, 27, 28일 / 5월 6, 12, 16, 25, 26, 31일 / 6월 4, 7, 10, 14, 23, 24, 29일 / 7월 2, 8, 12, 21, 22, 27일 / 8월 6, 10, 19, 20, 25일 / 9월 4, 8, 17, 18, 23일 / 10월 2, 6, 15, 16, 21, 30일 / 11월 4, 13, 14, 19, 28, 30일 / 12월 2, 11, 12, 17, 26, 28, 30일

힘이 되어주는 사람

1월 4, 8, 21일 / 2월 2, 6, 19일 / 3월 4, 17, 28일 / 4월 2, 15, 16일 / 5월 13, 24일 / 6월 11, 22일 / 7월 9, 20일 / 8월 7, 18, 31일 / 9월 5, 16, 29일 / 10월 3, 14, 27일 / 11월 1, 12, 25일 / 12월 10, 23일

운명의 상대

1월 3일 / 2월 1일 / 4월 13, 14, 15, 16일 / 5월 31일 / 6월 29일 / 7월 27일 / 8월 25일 / 9월 23일 / 10월 21일 / 11월 19일 / 12월 17일

경쟁자

1월 7, 10, 15, 31일 / 2월 5, 8, 13, 29일 / 3월 3, 6, 11, 27일 / 4월 1, 4, 9, 25일 / 5월 2, 7, 23일 / 6월 5, 21일 / 7월 3, 19일 / 8월 1, 17일 / 9월 15일 / 10월 13일 / 11월 11일 / 12월 9일

소울 메이트 ★

3월 31일 / 4월 29일 / 5월 27일 / 6월 25일 / 7월 23일 / 8월 21일 / 9월 19일 / 10월 17, 29일 / 11월 15, 27일 / 12월 13, 25일

이날 태어난 유명인

장 클로드 반담(배우), 마르티나 나브라틸로바(테니스 선수), 척 베리(가수), 앙리 베르그송(철학자), 웬디 와서스타인(극작가), 남인수(가수), 황현희(코미디언)

천칭자리

| 태양 : 천칭자리 |
| 지배 성좌 : 쌍둥이자리/수성 |
| 위치 : 25°30' - 26°30' 천칭자리 |
| 상태 : 활동궁 |
| 원소 : 공기 |
| 항성 : 아르크투루스 |

10월 19일

LIBRA

설득력 있는 언변과 세련된 매력을 겸비한 사람

당신은 창의적이고 낙천적인 천칭자리 태생으로 두뇌 회전이 빠릅니다. 친화적이고 사교적이며 상상력이 풍부한 당신은 매력적이고 적극적이며 인기를 얻고 싶어 합니다. 적응력이 뛰어나고 다재다능하지만 그만큼 여기저기 관심을 보이면서 에너지를 분산하거나 우유부단해지지 않도록 주의해야 합니다.

지배 성좌인 쌍둥이자리의 기운을 받아 표현력이 뛰어나고 화술에 아주 능합니다. 설득력 있는 언변과 역동적인 매력을 겸비해 인맥을 쌓는 데 능숙하고 사람들에게 영향력을 행사하네요. 느긋한 성향으로 인간관계에 관심이 많아 대인관계에 특히 뛰어납니다. 그러나 의심하는 성향으로 인해 걱정을 사서 하거나 자신의 감수성을 보호하기 위해 감정을 감추려는 경우도 있습니다.

창작 예술에 끌리고 자기표현 욕구가 강해서 아름다운 것에 둘러싸이고 싶어 하거나 타고난 예술적 혹은 문학적 재능을 계발할 수도 있습니다. 우아함과 화려함, 그리고 풍족한 삶을 열망하는 당신은 어떠한 형태든 과도한 사교 활동이나 탐닉은 경계하는 것이 현명합니다. 운 좋게도 타고난 공감력으로 다른 사람들에게 쉽게 공감합니다. 이런 성향이 발전되면 남에게 도움이 되고 싶은 인도주의적이고 이타적인 욕구가 생깁니다. 그렇지만 따스한 마음과 카리스마 있는 성격으로 인해 사회생활에서 과도한 책임을 떠맡지 않도록 주의하세요.

4세 이후 당신의 태양은 전갈자리로 들어가게 되는데, 이때부터 당신은 정서적인 변화와 개인의 영향력, 자기 혁신에 관심이 커집니다. 또 한 번의 전환기는 당신의 태양이 궁수자리로 들어가는 34세에 오는데, 이때 모험과 자유에 대한 욕구가 커져 여행을 하거나 교육을 더 받고 싶은 열망이 생길 수 있습니다. 64세 이후부터 당신의 태양이 염소자리에 들면서 당신은 더욱 이성적이고 합리적이 되며 현실적인 안목이 더욱 깊어집니다.

숨어 있는 자아

자부심이 강하고 극적인 감각을 타고난 당신은 리더십을 발휘하는 위치에 있기를 좋아하지요. 훌륭한 가치관을 갖추어 빠르게 기회를 판단하고 사람 보는 눈이 있네요. 이러한 비즈니스 감각이 개척 정신과 연결되면 성공을 거둘 수 있습니다. 그러나 신뢰를 잃으면 불안해지거나 변덕스러워질 수 있고, 물질적 힘과 지위를 지나치게 중시할 수도 있습니다.

잠시도 가만있지 못하는 당신은 쉽게 싫증을 냅니다. 그래서 당신을 자극하고 도전심을 불러일으키는 활동을 찾아 인내하고 견뎌낼 필요가 있습니다. 때로 당신은 이상주의와 현실적인 세상일 사이에서 갈등하며 시달릴 수 있지만 다양성과 변화를 좇아 자유롭게 움직입니다. 여행은 당신 인생에 중요한 역할을 하므로 제약받는다고 느끼면 모험을 두려워하지 말고 가능성만 보고 더 멀리 가세요.

일과 적성

다재다능한 당신은 다양성과 흥미진진함이 늘 필요합니다. 새로운 환경에 적응하는 능력은 당신의 빠른 습득력을 보여주지요. 말솜씨가 좋고 매력이 넘치니 재치 있는 대화나 글로 사람들을 즐겁게 할 수 있습니다. 이것은 또한 당신이 훌륭한 영업사원이나 기획자가 될 수 있다는 것을 암시합니다. 대중이 원하는 바를 잘 헤아리고 수용하는 당신은 스타일과 패션을 창출하는 직업이나 홍보, 광고, 또는 정치 관련 일에 뛰어들 수 있습니다. 사람들과 잘 어울리는 능력이 있으니 큰 조직에서 출중한 능력을 발휘할 수 있겠네요. 세련되고 세심한 당신은 귀금속과 보석을 다루는 일처럼 정밀성을 요하는 지극히 섬세한 예술품을 만들 수 있습니다. 사람들과 지식을 나누고 싶다면 훌륭한 교사가 될 수 있는데, 특히 미술이나 연극을 가르치는 교사가 되거나 상담사로서 일하면서 다정한 말로 사람들에게 힘을 북돋워줄 수도 있지요.

수비학으로 풀어본 당신의 운세

야망과 인도주의, 이 두 가지 성향은 19일생의 두드러진 특징입니다. 결단력이 있고 지략이 풍부한 당신은 깊이 있는 통찰력을 갖추었지만 몽상가적인 면도 있으며, 정이 많고 이상주의적이며 창의적입니다. 섬세한 사람이지만, 목표가 생기면 과감해지고 돌진합니다. 개성적인 정체성을 확립하고자 하는 열망도 강하네요. 그러기 위해서는 먼저 또래 집단이 주는 압박감을 극복해야 합니다. 다른 사람들 눈에 당신은 자신만만해 보이지만, 내적 긴장감으로 인해 심한 정서적 기복을 겪을 수 있습니다. 탄생월 10의 영향으로 독립적이고 독창적이며 사람을 휘어잡는 카리스마가 있습니다. 또한 감정과 영감 넘치는 생각을 전달하는 능력도 있지요. 화합과 균형을 추구하지만, 자신감이 넘치다가도 금세 자기 불신에 빠지는 등 기분이 쉽게 변하지요. 사람들에게 둘러싸여 있거나 인기를 얻고 싶어 하기도 합니다.

- ● 장점 : 역동적, 집중적, 창조적, 행운, 진보적, 낙천적, 강한 신념, 승부욕, 독립적
- ■ 단점 : 자기중심적, 우울증, 걱정, 거절에 대한 두려움, 물질 만능주의, 이기적

연애와 인간관계

친화적이고 인기 많은 당신은 친구와 사귀고 사람들을 사로잡는 데 별 어려움이 없지요. 매력적인 당신에겐 이성이 많이 따릅니다. 그렇지만 쉽게 뜨거워졌다가 쉽게 식어버리게 두면 위험한 일이 생길 수 있습니다. 사랑은 지뢰밭과 같아서 성공한 만큼 그만큼의 손실도 감당해야 하지요. 당신은 정이 많고 배려 깊으며 사랑하는 사람을 위해 희생을 감수하기도 합니다. 사람들과 어울릴 때는 너그러움으로 사람을 끌며 친밀감을 잘 유지합니다. 그러나 사치스럽거나 질투하는 성향은 억제할 필요가 있습니다.

당신에게 특별한 사람

연인이나 친구

1월 21, 25일 / 2월 19, 23일 / 3월 17, 21, 30일 / 4월 15, 19, 28, 29일 / 5월 13, 17, 26, 27일 / 6월 11, 15, 24, 25, 30일 / 7월 9, 13, 22, 23, 28일 / 8월 7, 11, 20, 21, 26, 30일 / 9월 5, 9, 18, 19, 24, 28일 / 10월 3, 7, 16, 17, 22, 26, 29일 / 11월 1, 5, 14, 15, 20, 24, 27일 / 12월 3, 12, 13, 18, 22, 25, 27, 29일

힘이 되어주는 사람

1월 5, 13, 16, 22, 28일 / 2월 3, 11, 14, 20, 26일 / 3월 1, 9, 12, 18, 24, 29일 / 4월 7, 10, 16, 22, 27일 / 5월 5, 8, 14, 20, 25일 / 6월 3, 6, 12, 18, 23일 / 7월 1, 4, 10, 16, 21일 / 8월 2, 8, 14, 19일 / 9월 6, 12, 17일 / 10월 4, 10, 15일 / 11월 2, 8, 13일 / 12월 6, 11일

운명의 상대

4월 14, 15, 16, 17, 18일 / 6월 30일 / 7월 28일 / 8월 26일 / 9월 24일 / 10월 22일 / 11월 20일 / 12월 18일

경쟁자

1월 2, 23, 30일 / 2월 21, 28일 / 3월 19, 26, 28일 / 4월 17, 24, 26일 / 5월 15, 22, 24일 / 6월 13, 20, 22일 / 7월 11, 18, 20일 / 8월 16, 18, 19일 / 9월 7, 14, 16일 / 10월 5, 12, 14일 / 11월 3, 10, 12일 / 12월 1, 8, 10일

소울 메이트

1월 14, 22일 / 2월 12, 20일 / 3월 10, 18일 / 4월 8, 16일 / 5월 6, 14일 / 6월 4, 12일 / 7월 2, 10일 / 8월 8일 / 9월 6일 / 10월 4일 / 11월 2일

천칭자리

이날 태어난 유명인

피터 토시(가수), 존 르 카레(작가), 오귀스트 뤼미에르(영화감독), 퍼트리샤 아일랜드(전미여성연맹 총재), 존 리스고(배우), 마르실리오 피치노(철학자)

| 태양 : 천칭자리 |
| 지배 성좌 : 쌍둥이자리/수성 |
| 위치 : 26°30′ – 27°30′ 천칭자리 |
| 상태 : 활동궁 |
| 원소 : 공기 |
| 항성 : 아르크투루스 |

10월 20일

LIBRA

남들과 다르게 살고 싶어 하는 예리한 관찰자

명석한 두뇌에 설득력을 겸비한 당신은 매력적이고 뛰어난 사교성을 지닌 천칭자리 태생입니다. 당신은 남과 다르고 싶은 열망이 있어 매력적인 분위기를 발산하고, 마찬가지로 자신만의 독특한 개성을 가진 사람에게 끌립니다. 표현력이 좋고 인간 행동을 예리하게 관찰하는 당신은 사람들과 모여 있을 때 특히 빛을 발하지요. 미술과 음악, 창조성의 진가를 알아볼 줄 알며, 아름다움과 우아함, 그리고 화려함에 둘러싸이고 싶어 합니다.

지배 성좌인 쌍둥이자리의 기운을 받은 당신은 지적으로 명석하여 글이나 말로 사람들을 감동시킬 수 있습니다. 달변에 토론을 즐기는 성향은 주로 거침없이 의견을 말하는 능력 덕분이지만 사교 수완도 한몫을 하네요. 그러나 유머러스하고 날카로운 재치가 빈정대는 투로 들리지 않도록 주의해야 합니다.

당신은 사람들과 협업하거나 파트너십으로 일할 때 더 많은 성과를 내며, 특히 개인적인 인맥을 통해 도움을 받을 수 있습니다. 그러나 자칫 다른 사람을 자극하거나 조종하려 들기 쉬운데, 그로 인해 관계의 균형을 잃게 되면 많은 기회를 잃을 수 있으니 주의하세요. 마음속에 목표가 있으면 결단력이 확고해지기 때문에 창의적이고 독창적인 성취를 이룰 수 있습니다. 그러나 화를 내거나 스트레스가 생겨 신경이 날카로워지지 않도록 해야 합니다.

아주 어릴 때부터 당신의 태양이 전갈자리로 들어가 당신은 정서적 변화와 개인의 영향력에 대한 인식이 점점 강해집니다. 또 한 번의 전환점은 당신의 태양이 궁수자리로 들어가는 33세에 오는데, 이때 견문을 넓히고 싶어 하거나 여행을 원하게 되지요. 외국 사람들과의 교류가 많아지거나 외국으로 나갈 수도 있습니다. 학문에 관심이 생기면 철학이나 심리학, 법학 같은 분야가 잘 맞습니다. 63세 이후부터 당신의 태양이 염소자리에 들면서 당신은 더욱 현실적이고 합리적이며 신중해집니다.

숨어 있는 자아

엄청난 내면의 힘을 갖추고 있으니 전력을 기울여 열심히 일하면 거의 모든 것을 이룰 수 있습니다. 활동적인 사회생활은 활기와 즐거움의 원천이 될 수도 있지만 한편으로 뛰어난 잠재력의 발현을 방해할 수도 있으며, 때로 둘 다일 수도 있습니다. 사람들과 어울리든 일을 하든 당신은 따뜻한 배려심을 보이며, 이는 인간적인 관심과 활동으로 확대될 수 있습니다.

사람들에게 동기를 부여하는 데 육감이 발달한 당신은 대단히 직관적입니다. 그러나 너무 진지해지면 고집스러워지거나 우울해질 수 있으니 주의하세요. 독립성을 유지하고 지속적으로 새로운 계획을 시도하면 목적의식과 결단성을 강화할 수 있습니다. 강한 개성과 리더십을 소유한 당신은 이 놀라운 잠재력에서 많은 것을 얻을 것입니다.

일과 적성

수용적이고 직관적인 당신은 사람들과의 소통을 즐기고 말과 글에 재주가 있습니다. 상황 판단이 빠르고 친화적이며 인간관계가 좋아서 탁월한 중재자나 협상가가 될 수 있지요. 에이전트나 영업, 홍보나 판촉 분야에서도 뛰어난 역량을 보일 수 있습니다. 창조적인 재능을 계발하면 교육 분야에서 교사나 강사 또는 출판 분야에서 작가나 저널리스트로 성공할 수 있습니다. 사교 수완이 좋고 느긋한 당신은 타고난 심리학자로, 카운슬링이나 건강 관련 직종에서 성공할 수 있습니다. 자신을 표현하는 것이나 극적인 것을 좋아해 연예계나 예술계로 진출할 수도 있겠네요. 리더십과 조직력, 기획력도 있어서 상업계로 진출하여 협업을 하거나 대형 프로젝트에 관여하는 것도 좋습니다.

수비학으로 풀어본 당신의 운세

20일에 태어난 당신은 직관적이고 적응을 잘하며 이해심이 많고 자신을 큰 단체의 일원으로 생각합니다. 평소 사람들과 소통하거나 경험을 나누고 배우는 협업 활동을 즐기지요. 매력적이고 사교적인 당신은 사람 상대하는 법을 익혀 자연스럽게 다양한 사교 모임에서 활동할 수 있습니다. 그러나 자신감을 키울 필요가 있고, 다른 사람의 비판적인 말과 행동에 쉽게 상처받는 성향이나 지나치게 의존적인 성향은 극복해야겠네요. 당신은 화목하고 의기투합하는 분위기를 조성하는 데 달인입니다. 탄생월 10의 기운을 받은 당신은 자신감 있고 독립적인 태도를 유지할 수 있지만 자신의 생각과 아이디어를 나누고 싶어 하기도 합니다. 노는 것을 좋아하고 너그러운 한편 사랑하는 사람들로부터 인정과 애정을 원합니다. 역경이 닥쳤을 때 결단력 있고 확고한 자세를 유지한다면 창의력과 사람을 휘어잡는 카리스마를 발휘하여 사람들에게 영향을 미치면서 진정한 성공을 이루어낼 수 있습니다. 당신은 여러 분야에 관심이 있고 이에 대한 재능도 있어 자기를 표현하고 싶어 합니다.

- ● 장점 : 우호적인 관계, 온화함, 재치 있음, 수용적, 직관적, 사려 깊음, 조화로움, 유쾌함
- ■ 단점 : 의심 많음, 자신감 결여, 굴종, 소심, 지나치게 민감함, 이기적, 쉽게 상처받음

연애와 인간관계

인간관계는 당신에게 매우 소중하지만 남에게 의지하는 상황은 만들지 않는 것이 중요합니다. 친구가 필요한 당신은 너무 오랫동안 혼자 있는 것은 싫어합니다. 당신의 매력과 붙임성, 설득력 덕분에 친구와 연인을 찾을 수 있겠네요. 그러나 진정으로 좋은 관계를 원할 때에도 이따금 감정이 극단적으로 흐르며 상대를 힘들게 하기도 합니다. 우아하고 사교적이며 즐거움을 주는 당신은 모임을 이끄는 빼어난 주도자가 될 수 있습니다.

당신에게 특별한 사람

연인이나 친구

1월 6, 16, 22, 26일 / 2월 4, 14, 20, 24일 / 3월 2, 12, 18, 22일 / 4월 10, 16, 20, 30일 / 5월 8, 14, 18, 28일 / 6월 6, 12, 16, 26일 / 7월 4, 10, 14, 24, 31일 / 8월 2, 8, 12, 22, 29일 / 9월 6, 10, 20, 27일 / 10월 4, 8, 18, 25일 / 11월 2, 6, 16, 23, 30일 / 12월 4, 14, 21, 28, 30일

힘이 되어주는 사람

1월 6, 17, 23, 31일 / 2월 4, 15, 21, 29일 / 3월 2, 13, 19, 27, 30일 / 4월 11, 17, 25, 28일 / 5월 9, 15, 23, 26일 / 6월 7, 13, 21, 24일 / 7월 5, 11, 19, 22일 / 8월 3, 9, 17, 20일 / 9월 1, 7, 15, 18, 30일 / 10월 5, 13, 16, 28일 / 11월 3, 11, 14, 26일 / 12월 1, 9, 12, 24일

운명의 상대

4월 14, 15, 16, 17, 18, 19일

경쟁자

1월 24일 / 2월 22일 / 3월 20, 29일 / 4월 18, 27, 29일 / 5월 6, 16, 25, 27, 30일 / 6월 14, 22, 25, 28일 / 7월 12, 21, 23, 26일 / 8월 10, 19, 21, 24일 / 9월 8, 17, 19, 22일 / 10월 6, 15, 17, 20일 / 11월 4, 13, 15, 18일 / 12월 2, 11, 13, 16일

소울 메이트

1월 13일 / 2월 11일 / 3월 9일 / 4월 7일 / 5월 5일 / 6월 3, 30일 / 7월 1, 28일 / 8월 26일 / 9월 24일 / 10월 22일 / 11월 20일 / 12월 18일

이날 태어난 유명인

벨라 루고시(배우), 톰 페티, 스눕 독(가수), 아르튀르 랭보(시인), 테드 창(작가), 크리스토퍼 렌(건축가), 존 듀이(교육학자), 박완서(작가), 이두일(배우)

태양 : 천칭자리
지배 성좌 : 쌍둥이자리/수성
위치 : 27°30′ - 28°30′ 천칭자리
상태 : 활동궁
원소 : 공기
항성 : 없음

10월 21일

LIBRA

두뇌가 명석한 진보적 사색가

명철한 두뇌와 매력적인 태도는 이날의 기운을 받은 덕분입니다. 진보적인 사색가이자 호기심 많은 당신은 계속해서 열정을 쏟을 수 있는 프로젝트를 즐겨 기획하지요. 현실적인 이상주의자여서 실용적이기도 하지만 직관의 중요성도 알고 있습니다. 사교적이고 사람을 사로잡는 매력이 있으며, 좋은 인간관계를 유지하는 재능은 당신의 가장 큰 특징입니다.

지배 성좌인 쌍둥이자리의 기운을 받은 당신은 적응력이 뛰어나고 다재다능하며 소통 능력이 있습니다. 그러나 쉽게 흥분하고 예민한 성향이기 때문에 하나하나 너무 신경 쓰지 않도록 주의하세요. 분명한 표현으로 탁월한 친화력을 보이는 당신은 능수능란한 사교 수완으로 인맥을 만들어나갑니다. 최신 정보를 얻는 데 민감하며, 자신이 아는 지식으로 다른 사람을 열광시키는 재주가 있어 교사 일에 아주 잘 맞겠군요. 사실 교육은 어떤 형태든 당신의 근사한 잠재력을 최대한 발휘할 수 있는 분야입니다.

당신은 예술적 감각이 있어 음악, 그림, 연극을 통해 이를 표현하려는 욕구가 있고 주변을 아름답고 우아하고 화려하게 치장하고 싶어 합니다. 유쾌한 성격에서 세련된 천성이 드러나지만 때로 고집스러워질 때도 있네요. 관심 있는 주제에 관한 토론과 문제 해결 능력은 당신의 냉철한 두뇌를 창의적으로 유지해줍니다. 정신적인 자극이 부족해지면 사소한 활동에 에너지가 분산될 수 있습니다. 야심 차고 강한 열망과 리더십이 있지만 권위주의적이 되지 않도록 조심할 필요가 있네요.

당신의 삶이 시작되었을 때 당신의 태양이 전갈자리로 들어가기 때문에 생의 첫 30년 동안 당신은 힘과 변화에 대한 문제에 관심을 두게 됩니다. 전환점은 당신의 태양이 궁수자리로 들어가는 32세에 찾아오는데, 이때부터 당신은 더욱 모험심이 강해지고 공부를 하거나 여행을 하고 싶은 마음이 절실해집니다. 외국 사람들이나 외국과의 교류도 더 많아지지요. 62세 이후에는 당신의 태양이 염소자리에 들면서 보다 실용적이고 사려 깊고 신중해집니다.

숨어 있는 자아

솔직하면서도 사람들의 욕구를 직감적으로 파악하는 당신은 훌륭한 협상가나 조언자가 될 수 있습니다. 독립적인 사람처럼 보이지만 파트너나 동료들의 이야기에 귀 기울이지요. 때로는 혼자 있는 것을 두려워해 남에게 지나치게 의존하거나 인간관계가 불안정해질 수 있으니 조심하세요. 균형감과 공정한 경쟁에 대한 인식을 키우면 사랑과 관심을 베풀면서도 동시에 거리를 유지할 수 있습니다.

비범한 상상력이 반짝이는 섬세한 사람이어서 미술과 음악이나 치유 분야, 영적인 경험 또는 이상을 실현하는 것에 재능을 발휘할 수 있습니다. 당신은 매우 훌륭한 친구이자 배려심 많은 동반자가 될 수 있지만 자신이 보낸 애정에 화답이 없으면 현실을 도피하거나 우울해질 수 있어요. 파트너십으로든 팀원으로든 사람들과 함께하는 것은 당신의 정신적 성장에 특히 중요합니다.

일과 적성

야심 차고 대담하며 지식 사랑이 두드러진 당신은 훌륭한 트레이너이자 교사입니다. 친근하고 매력적이며 느긋한 성향으로 사람들과 함께 작업하는 것을 좋아하여 홍보나 광고 분야에서 성공할 수 있습니다. 다재다능한 당신에게 가장 큰 문제는 성취 목표를 정확하게 설정하는 것입니다. 음악, 미술, 연극, 언어에 재능이 있어 연극계나 영화계에서 활동할 수 있습니다. 또한 기지나 상상력, 독창적인 아이디어를 발휘할 수 있는 소설이나 유머, 드라마 창작에 탁월한 재능을 보입니다. 가치 있는 대의를 믿는다면 훌륭한 연설가로 나설 수도 있습니다. 충실하고 헌신적인 당신은 누군가와 함께 일할 때 성과가 더 좋으며, 노력한 만큼 인정받기를 원합니다.

수비학으로 풀어본 당신의 운세

역동적인 추진력과 외향적인 성격은 21일에 태어난 사람들에게서 나타나는 공통적인 특징입니다. 사회성이 좋은 당신은 관심사가 다양하고 인맥도 넓어 항상 행운이 따릅니다. 당신은 늘 사람들에게 자상하고 친근한 모습을 보여줍니다. 독립적이고 직관적이며, 매우 창의적이고 독창적입니다. 21일에 태어난 당신은 노는 것을 좋아하고 사람을 사로잡는 매력이 있으며 사교적입니다. 그러나 한편으로는 수줍음이 많고 내성적인 성향을 보이기도 하는데, 특히 가까운 관계에서는 원하는 바를 정확히 표현할 필요가 있어요. 누군가와 함께하거나 결혼하고 싶은 마음이 있지만, 자신의 재능과 능력을 인정받는 것이 먼저네요. 탄생월 10의 기운을 받은 당신은 야심 차고 솔직합니다. 호기심이 많고 다재다능하며 직관적인 당신이 이 재능을 경제적으로 활용하기 위해서는 열심히 일하고 자기를 계발할 필요가 있네요. 실용적 능력과 창의력 덕분에 대형 기획을 맡을 수 있으며 새로운 프로젝트를 기획하는 것도 좋아합니다.

- ● 장점 : 영감, 창의력, 사랑으로 맺어짐, 오래 지속되는 관계
- ■ 단점 : 의존성, 신경과민, 변덕스러움, 비전의 결여, 실망, 변화에 대한 두려움

연애와 인간관계

매력적이고 친화적인 당신은 친구나 팬을 만드는 데 어려움이 없습니다. 당신은 근면하고 성공한 상대를 좋아합니다. 독립성을 유지하면서도 자신이 할 수 있는 것은 다 해주고 모든 관계에서 떳떳하게 행동하는 것이 중요하지요. 사람을 대할 때 질투심은 자제하는 것이 현명한데, 자칫 당신의 배려심이나 자상한 성격에 흠이 갈 수 있기 때문입니다. 당신은 의미 있는 관계를 믿기 때문에 완벽한 연인을 찾고자 하며, 정착할 사람을 만나면 충실합니다.

이날 태어난 유명인

알프레드 노벨(노벨상 창립자), 새뮤얼 콜리지, 어슐러 르 귄(작가), 캐리 피셔(배우), 화이티 포드(야구 선수), 마틴 가드너(수학자), 나한일(배우), 최유라(방송인)

천칭자리

태양 : 천칭자리	
지배 성좌 : 쌍둥이자리/수성	
위치 : 28°30' - 29°30' 천칭자리	
상태 : 활동궁	
원소 : 공기	
항성 : 없음	

10월 22일

LIBRA

사람들에게 영향력을 행사할 줄 아는 중재자

사람을 사로잡는 매력과 리더십은 이날 태어난 사람들의 특성입니다. 친화력이 좋은 당신은 어떻게 영향력을 발휘하고 그것을 자신에게 유리하게 활용해야 하는지 알고 있지요. 강력한 정의감과 냉철한 지적 능력으로 당신은 어떤 상황에서도 꿋꿋이 버틸 수 있습니다. 그러나 행동 방침이 오락가락하거나 세속적인 쾌락에 과도하게 탐닉하면 높은 이상을 포기해버릴 위험도 있네요.

지배 성좌인 쌍둥이자리의 기운을 받은 당신은 표현력이 좋고 소통에 재능이 있습니다. 타고난 설득력에 인간 본성을 빠르게 파악하는 능력으로 사교성이 좋고 느긋합니다. 역동적인 매력이 있어서 사람들과 함께 있을 때 재미있고 친근감 있는 모습을 보입니다. 당신에게 필요한 것은 뛰어난 잠재력을 최대한 발휘할 수 있도록 자기 수양을 하는 것입니다.

가족과 가정에 관심이 많고 안락한 삶을 추구하는 당신은 주변을 고급스럽고 화려한 것으로 장식하기를 좋아합니다. 예술과 아름다움, 자기표현에 대한 욕구가 있어 저작 활동이나 그림, 또는 음악 분야에 끌릴 수 있습니다. 그렇다고 세속적인 성공으로 이끄는 타고난 비즈니스 감각을 버릴 수는 없네요. 때로 당신은 중재자나 외교관 역할을 맡아 어려운 상황에 평화와 화해를 가져다주기도 합니다. 그러나 때로는 권위주의적이 되거나 옹졸해져서 평소의 느긋한 스타일에서 멀어질 수도 있지요.

삶을 시작할 때 당신의 태양이 전갈자리로 들어가 이후 30년 동안 당신은 영향력과 변화에 대한 문제를 중요시하게 됩니다. 전환점은 당신의 태양이 궁수자리로 들어가는 31세에 찾아오는데, 이때부터 당신은 더욱 낙천적이고 모험적으로 변하고 공부하거나 여행하고 싶은 마음이 절실해지기도 합니다. 외국 사람들이나 외국과의 교류도 더 많아지지요. 61세 이후부터 당신의 태양이 염소자리에 들면서 당신은 더욱 실용적이고 사려 깊어지며, 목표에 더욱 집중하고 전심전력하게 됩니다.

숨어 있는 자아

마음이 넓고 자상한 당신은 폭넓은 객관성을 유지하면서 모든 사람들에게 친밀감을 느낍니다. 때로 좌절하거나 실망감에 빠질 수도 있는데 이런 성향은 과도하게 심각해지거나 논쟁적인 모습으로 나타납니다. 때로 이기적인 행동을 하기도 하지만 당신은 희극적인 삶의 요소들에서 재치를 발휘하여 어려울 수 있는 상황을 무마하는 사람입니다.

당신은 자신감이 넘쳐 보이고, 자부심이 대단하여 마음속 두려움이 드러나는 것을 허용하지 못합니다. 인생에 보다 의미 있는 것을 찾으려는 욕구가 있는데, 이는 어려움을 극복하도록 해주고 지혜의 원천이 됩니다. 당신의 강력한 감정과 감수성은 직관과 연관되어 있어서 직감을 믿는 것이 도움이 됩니다. 긍정적일 때 당신에겐 내적 힘이 넘쳐 치유나 창작력으로 나타납니다.

♎

10월

일과 적성

우아하고 역동적이며 실용적인 능력을 갖춘 당신은 사람들에게 자상하여 인맥이 넓습니다. 사람을 휘어잡는 카리스마와 창의력으로 홍보나 정치계, 인도주의 단체나 글로벌 기업에서 탁월한 기량을 발휘할 수 있습니다. 다재다능하고 극적인 성격이어서 미술이나 인테리어 디자인, 저술, 음악, 연극 등 무엇이든 좋아하는 직업을 선택할 수 있지요. 매력적이고 관대한 면모에 뛰어난 사회성이 더해져 협상가나 중재자 또는 외교관으로 성공할 수 있습니다. 혹은 솔직한 성향과 이상주의로 법조계에서 변호사나 법원 공무원, 또는 판사로 활동할 수 있습니다. 사교 모임을 주선하고 훌륭한 대의나 자선기금을 모금하는 능력에서 당신의 설득력과 진취성이 드러납니다.

수비학으로 풀어본 당신의 운세

이것은 마스터 숫자로 22와 4로서 둘 다 공명이 있습니다. 솔직하고 근면 성실하며 타고난 리더십이 있는 당신은 사람을 휘어잡는 카리스마와 사람에 대한 깊은 이해를 바탕으로 주변 사람들에게 정신적인 자극을 줍니다. 감정을 잘 드러내지 않는 당신은 다른 사람들의 행복을 위해 그들을 배려하고 보호하지만 자신만의 실용적이고 현실적인 태도는 잃지 않지요. 교양 있고 세상에 대해 잘 아는 당신은 친구와 따르는 사람이 많습니다. 승부욕이 강해 다른 사람의 지원과 격려를 받아 성공과 행복을 이룰 수 있습니다. 이날 태어난 사람들은 대부분 형제자매와 유대가 강하고 그들을 보호하고 도우려는 마음이 큽니다. 탄생월 10의 기운을 받아 야심 차고 이상주의적입니다. 빈틈이 없고 매우 직관적인 당신은 자신의 직감을 믿는 법을 터득해야 합니다. 강렬한 감정과 자기표현 욕구가 있어 정신적 자극을 받으면 역동적으로 활동하고 의욕이 넘치겠네요. 스트레스를 받거나 어려운 시기에 참고 인내하는 능력은 당신의 진정한 성품을 보여줍니다. 관대하고 열정적인 당신이지만 때로 이기적이고 오만한 태도가 나올 수도 있으니 유의하세요.

- 장점 : 실용적, 실천적, 손재주, 솜씨, 개발자, 기획력, 문제 해결 능력
- 단점 : 신경질적, 권위적, 물질만능주의, 비전 결여, 나태, 자기중심적, 욕심 많음

연애와 인간관계

당신은 로맨틱하고 너그러워서 사람들은 당신의 자상한 성격에 끌립니다. 예민한 감정의 소유자라 강렬하게 끌리는 사람을 만날 수 있지만, 혼자 있는 것을 싫어해서 평화와 가정, 가족을 위해 현실과 타협하기도 합니다. 이상주의자이지만 관능적인 것을 좇는 성향이 있으니, 이로 인해 당신이 그린 이상적 계획에서 벗어나지 않도록 주의하세요. 사람들을 즐겁고 따뜻하게 해주는 능력으로 당신은 탁월한 리더가 될 수 있습니다.

당신에게 특별한 사람

연인이나 친구

1월 2, 28일 / 2월 12, 26일 / 3월 24일 / 4월 22일 / 5월 20, 29, 30일 / 6월 4, 18, 27, 28일 / 7월 16, 25, 26일 / 8월 14, 23, 24일 / 9월 12, 21, 22일 / 10월 10, 19, 20, 29, 31일 / 11월 8, 17, 18, 27, 29일 / 12월 6, 15, 16, 25, 27일

힘이 되어주는 사람

1월 2, 10, 13, 16일 / 2월 8, 11, 14일 / 3월 6, 9, 12일 / 4월 4, 7, 10일 / 5월 2, 5, 8일 / 6월 3, 6일 / 7월 1, 4, 30일 / 8월 2, 28, 30일 / 9월 26, 28일 / 10월 24, 26일 / 11월 22, 24일 / 12월 20, 22, 30일

운명의 상대

4월 18, 19, 20, 21일 / 10월 31일 / 11월 29일 / 12월 27일

경쟁자

1월 3, 9, 10일 / 2월 1, 7, 8일 / 3월 5, 6, 31일 / 4월 3, 4, 29일 / 5월 1, 2, 27일 / 6월 25일 / 7월 23일 / 8월 2, 21, 31일 / 9월 19, 29일 / 10월 17, 27일 / 11월 15, 25일 / 12월 13, 23일

소울 메이트

1월 5일 / 2월 3일 / 3월 1일 / 5월 30일 / 6월 28일 / 7월 26일 / 8월 24일 / 9월 22일 / 10월 20일 / 11월 18일 / 12월 16일

이날 태어난 유명인

티모시 리어리(심리학자), 사라 베르나르, 카트린 드뇌브, 제프 골드블럼(배우), 도리스 레싱(작가), 프란츠 리스트(작곡가), 아르센 벵거(축구 감독), 별(가수), 박하선(배우)

전갈자리
SCORPIO

10월 23일 ~ 11월 21일

태양 : 전갈자리/천칭자리 경계

지배 성좌 : 전갈자리/명왕성

위치 : 29°30′ 천칭자리 – 0°30′ 전갈자리

상태 : 고정궁

원소 : 물

항성 : 없음

*10*월 *23*일

SCORPIO

대범하고 직선적인 성격의 이상주의자

천칭자리와 전갈자리의 경계에서 태어난 당신은 결단력과 수용력이 있고 상황을 인식하는 능력이 뛰어납니다. 감수성이 예민하면서 진취적인 기질을 가진 당신은 자신이 느낀 대로 경험을 판단하기에 다양한 감정을 겪으면서 많은 것을 배울 수 있습니다. 강한 의지로 자기 수양을 닦는 것부터 시작해서 매력과 카리스마를 갖추는 것까지 포함되지요. 근면하고 인맥을 잘 활용하며 육감이 발달한 당신은 꾸준히 타인과 서로 교감할 수 있는 방법을 찾습니다. 천성이 열정적이고 실용적이기도 해서 위기를 맞아도 꿋꿋하게 헤쳐나가겠네요.

지배 성좌 전갈자리의 기운을 받아 당신의 내면에는 강한 힘이 있습니다. 이상주의적이고 이해심이 많으며, 다정하고 통찰력도 있네요. 당신의 직선적인 태도와 날카로운 평가는 당신이 두려움이 없고 끈기가 있다는 것을 보여줍니다. 도전을 받으면 당신은 상대에게 대담하고 용감한 모습을 드러내고 위협을 받거나 불안한 상황에서도 굴하지 않는 정신을 보여줍니다.

관심 분야를 찾으면 그 분야에서 최고가 되기 위해 야심만만해지고 결단성을 보입니다. 성급하고 잠시도 가만있지 못하는 성향이지만 자상하고 너그러운 면도 있습니다. 당신은 아는 것도 많고 지식에 대한 탐구와 자기표현에 대한 욕구가 있으니 냉철한 마음을 키울 필요가 있습니다.

29세 이전은 감수성과 개인의 영향력이 중요한 시기입니다. 당신의 태양이 궁수자리로 들어가게 되는 30세에는 전환기가 찾아오면서 자유를 갈망하는 마음과 더불어, 여행이나 교육, 또는 삶의 철학을 통해서 삶의 지평을 넓히고 싶은 욕구가 커집니다. 또 한 번의 전환기는 당신의 태양이 염소자리로 드는 60세에 찾아오는데, 이때 당신은 더욱 실용적이고 체계적이며 안전을 의식한 삶의 태도를 보이게 됩니다.

숨어 있는 자아

당신은 놀라운 상상력과 역동적인 감성을 지녔지만 좌절하거나 실망할 때에는 몹시 안달복달하는 타입입니다. 긍정적인 사고방식을 키우면 어려운 일들을 내려놓고 자신의 엄청난 잠재력에 부응하기 위해 필요한 수양을 쌓기가 훨씬 쉬워질 것입니다. 또한 당신은 친화적이고 섬세하며 타인을 받아들이는 포용력이 남다르기 때문에 삶에 대해 보편적인 태도를 키운다면 더욱 너그러워지고 인정 많은 사람이 되겠네요.

끊임없이 성장하고 싶은 욕구가 있어 특별한 성공 기회를 잡을 수 있습니다. 야심 차고 승부욕이 있으며 두뇌 회전이 빠른 당신은 열과 성을 다해 목표에 다가서지요. 그러나 운명의 힘을 실현하는 데 필요한 책임을 회피한다면 영구적 가치를 지닌 무언가를 만들어내고 싶은 강렬한 욕구를 충족시킬 수 없을 것입니다.

일과 적성

당신은 대인 관계에서 큰 성공을 거둘 수 있는 능력이 있습니다. 당신의 높은 소명 의식과 잠재적인 리더십을 실현한다면 사회생활에서, 특히 법조계나 교육계 또는 비즈니즈에서 선두에 서게 될 것입니다. 감정 표현이 풍부한 당신은 예술이나 연예계처럼 창의성이 필요한 업계에도 잘 어울립니다. 혹은 강한 의무감과 섬세하고 배려하는 성향으로 남들을 도울 수 있는 공공기관이나 의료계 또는 치유의 세계로 진출할 수도 있습니다. 상상력이 풍부하고 미래를 읽는 눈이 있어서 영화나 광고계에서 그 능력을 펼치고 싶은 욕구가 생길 수 있습니다.

수비학으로 풀어본 당신의 운세

정서적인 감수성과 창의력은 23일에 태어난 사람들의 공통된 특성입니다. 당신은 다재다능하고 두뇌가 명석하며 직업 정신이 있고 창의적인 아이디어가 넘쳐납니다. 23의 영향을 받은 당신은 새로운 주제를 쉽게 터득하지만 이론보다는 실천을 선호하지요. 여행과 모험을 즐기며 새로운 사람들을 만나는 것을 좋아합니다. 23일의 기운으로 잠시도 가만있지 못하는 성향이어서 다양한 체험을 즐기고 어떤 상황에든 최선을 다합니다. 탄생월 10일의 영향으로 당신은 정신력이 강하고 깊이가 있으며 지독할 정도로 의리를 지킵니다. 이러한 성향으로 당신은 용감하고 어려운 상황에서도 초연하지요. 자립심이 강하고 목적의식이 뚜렷한 당신은 여간해서는 평정심을 잃지 않습니다. 감정을 드러내지 않지만 이상주의적이고 거짓말을 못하는 성격이라 대놓고 솔직하게 자기 의견을 털어놓네요. 두려움 없이 대담해질 수 있는 사람이지만 날카로운 비판이 다른 사람의 심기를 건드리지 않도록 주의하세요.

- 장점 : 충실함, 강한 책임감, 여행을 좋아함, 소통 능력, 직관적, 명성, 창의적, 다재다능함, 믿음직함
- 단점 : 이기적, 불안정, 센 고집, 트집 잡기, 내성적, 심한 편견

연애와 인간관계

감성이 풍부하고 섬세한 당신은 과감하고 낭만적인 이상주의자입니다. 단호한 성향에 끌리기 때문에 자신의 사랑을 드라마틱하게 표현하여 강렬한 감정을 표출합니다. 그러나 때로 사적인 인간관계가 당신의 과도한 물질주의를 자극하거나 극단적인 기분 변화를 초래할 수도 있지요. 풍부한 감성의 소유자인 당신은 감정을 숨기는 법을 모르며 상대를 배려하는 마음이 큽니다. 헌신하고 충실한 성향은 당신에게 매우 중요한 부분이지만 상대를 마음대로 휘두르거나 지나치게 단호해지지 않도록 주의하십시오.

이날 태어난 유명인

자니 카슨(방송인), 알베르트 로르칭(작곡가), 펠레, 더그 플루티(축구 선수), 마이클 크라이튼(작가), 라이언 레이놀즈(배우), 윤손하, 이영아, 서인국(배우)

태양 : 전갈자리	
지배 성좌 : 전갈자리/명왕성	
위치 : 0°30′ - 1°30′ 전갈자리	
상태 : 고정궁	
원소 : 물	
항성 : 없음	

*10*월 *24*일

SCORPIO

진정한 벗이 되어주는 너그러운 마음의 소유자

활기차고 창의적인 당신은 내적인 고귀함과 인생에 행복을 가져다주는 것들을 좋아하는 전갈자리 태생입니다. 화려한 것에 끌리지만 멋진 아이디어나 가치 있는 대의가 있으면 열과 성을 다합니다.

지배 성좌 전갈자리의 기운을 받은 당신은 불굴의 의지가 있고 대담하고 과감합니다. 당신의 날카롭고 직설적인 태도는 겁 없는 성격과 끈기를 보여주고 다른 사람을 이해하는 능력은 당신이 공감력이 뛰어나고 이해심이 많다는 사실을 보여줍니다. 창의적인 사람이라 정서적으로 따뜻하며 사회적 교류에 재능이 있네요. 매력적이고 우아하며 인기를 끄는 능력이 있는 당신은 스스로 예술적으로 표현하는 방법을 찾습니다.

감성적인 통찰력이 뛰어나 사람들의 기분 변화를 쉽게 알아채고, 너그러운 행동으로 인정을 받으며 누군가의 진정한 친구가 될 수 있습니다. 팀의 일에 협조적이고 도움을 주지만 부정적 평가를 받거나 정신적인 지지가 부족하다고 느낄 때는 분노하거나 풀이 죽을 수 있습니다. 자기 수양을 쌓으면 책임감과 인내심이 커다란 보상을 안겨준다는 것을 깨닫게 될 겁니다.

28세까지는 감수성과 개인의 변모와 관련된 문제에 관심을 기울입니다. 당신의 태양이 궁수자리로 들어가게 되는 29세에는 전환기가 찾아오면서 사유와 폭넓은 시야에 대한 욕구가 더욱 커집니다. 여기에는 더 많은 위험을 감수하거나 진리를 탐구하고, 교육 또는 여행을 통해 통찰력을 키우는 것도 포함됩니다. 또 한 번의 전환점은 당신의 태양이 염소자리로 드는 59세에 찾아오는데, 충분히 단련된 당신은 더욱 진중해져 삶에 대해 현실적인 태도를 보입니다.

숨어 있는 자아

사회성이 뛰어난 데다 타고난 배우인 당신은 다른 사람의 감춰진 목적이나 동기부여를 찾아내는 능력이 탁월합니다. 단, 자신을 더 깊이 드러내지는 않으므로 자신의 극단적인 감수성을 보호할 수 있고 자제심을 유지할 수 있습니다. 관대하고 다정한 당신은 사람들과 조화로운 관계를 유지하고 싶어 합니다. 주변 사람들에게 조언을 해주는 일이 많으며 이해심이 많다는 칭찬을 듣습니다. 그러나 자신을 희생하면서까지 관대한 사람으로 보이려고 할 수 있으니 어느 정도 거리를 두는 것이 중요합니다.

자부심이 강하고 지적인 당신은 자신에게 지속적으로 도전심을 불어넣을 필요가 있습니다. 그러나 현실도피를 하거나 순간적인 만족감을 얻으려는 욕구가 지나쳐, 뛰어난 잠재력을 펼치는 데 필요한 자기 수양에 자칫 게을러질 수 있지요. 강력한 직관을 믿으면, 상황을 어느 정도까지 밀고 나갈 수 있는지, 상처 받지 않기 위해서는 언제 놓아야 하는지를 감지할 수 있습니다. 젊은 기운을 유지하는 당신은 인생의 기쁨과 늘 함께하네요.

일과 적성

강렬한 매력과 타고난 비즈니스 감각, 그리고 사교성으로 홍보나 영업, 출판 계통으로 진출할 수 있습니다. 특히 홍보업이나 판매업 같이 사회적인 교류가 있는 일이 맞겠습니다. 창의적이고 사람들을 즐겁게 해주는 것을 좋아해서 예술이나 연예계, 또는 음악계에 끌릴 수 있습니다. 다른 사람들의 문제를 이해하는 데 타고난 재능이 있는 당신은 카운슬러나 사람들을 돌보고 치유하는 직업에 종사할 수도 있습니다. 당신은 치밀한 비즈니스 감각으로 어떤 직업을 선택하든 성공할 수 있지만 자신의 방식대로 일할 수 있는 자유를 더 좋아할 수도 있습니다.

수비학으로 풀어본 당신의 운세

24일에 태어난 당신은 틀에 박힌 일은 싫어할 수 있습니다. 그러나 근면 성실한 당신은 실천력과 건전한 판단력이 있습니다. 24일이 부여하는 풍부한 감성은 당신에게 안정과 질서가 필요하다는 것을 의미합니다. 충실하고 공정하지만 때로 속마음을 표현하지 않는 당신은 말보다 행동이 중요하다고 믿습니다. 이러한 실용적인 삶의 태도로 당신은 훌륭한 비즈니스 감각을 개발하고 장애물을 극복하는 힘을 키워 성공하게 됩니다. 또한 이상주의적이고 독립적인 면모와 풍부한 정서가 엿보입니다. 굳건하게 의리를 지키며 위기의 순간에 나타나 타인을 돕기도 합니다. 자립심이 강하고 용기가 있어 스스로 결정하는 것을 좋아하지요. 이기는 것도 중요하지만 자기중심적이 되거나 군림하지 않도록 조심하십시오. 자신의 감정을 숨기는 타입이지만 자신의 기분에 대해 말할 때는 비판적이고 직설입니다.

- 장점 : 에너지, 이상주의, 실용적 능력, 강한 의지, 정직함, 솔직함, 공정함, 관대함, 가정에 충실, 넘치는 활기
- 단점 : 물질만능주의, 인색함, 불안정, 몰인정, 틀에 박힌 일을 싫어함, 나태, 부정함, 완고함, 복수심, 질투심

연애와 인간관계

매우 섬세한 당신은 감수성이 뛰어나고 사랑에 대한 강렬한 욕구가 있어 온갖 종류의 로맨틱한 관계에 연루될 수 있습니다. 주변을 즐겁게 하는 능력과 사랑스러운 성격으로 활발한 사회생활을 하게 됩니다. 관대한 이상주의자이지만 관계에 대해서는 매혹적이거나 지나치게 심각해질 수 있습니다. 불필요한 고민거리를 피하기 위해서는 마음이 감정에 휘둘리지 않도록 경계하세요. 책임감이 강하고 적응력이 뛰어난 당신은 다른 사람들의 찬사와 존경을 받습니다.

♏

전갈자리

이날 태어난 유명인

빌 와이먼(음악가), 머리 아브라함, 케빈 클라인(배우), 웨인 루니(축구선수), 이주일(코미디언), 김지수(배우), 이정(가수)

505

<table>
<tr><td>태양 : 전갈자리</td></tr>
<tr><td>지배 성좌 : 전갈자리/명왕성</td></tr>
<tr><td>위치 : 1° 30′ - 2° 30′ 전갈자리</td></tr>
<tr><td>상태 : 고정궁</td></tr>
<tr><td>원소 : 물</td></tr>
<tr><td>항성 : 없음</td></tr>
</table>

10월 25일
SCORPIO

남다른 열정과 의욕으로 뛰어난 성취를 이루는 사람

역동적이며 사람을 휘어잡는 카리스마가 있고 감성이 풍부한 당신은 야망과 결단력을 보여주는 전갈자리 태생으로 인생에 거는 기대가 큽니다. 열정과 진취적인 기상이 넘치는 당신은 상상력이 풍부하여 생각의 스케일이 남다릅니다. 직관력이 뛰어나고 분석력이 있으며 관심사도 다양해서 모험적인 사업이나 프로젝트에 참여할 가능성이 있지요. 그러나 충동적인 면이 있어 자기 수양과 집중력이 더해져야 성공할 수 있겠군요.

지배 성좌 전갈자리의 기운을 받은 당신은 성취 욕구가 커서 잠시도 안주하지 못하므로 다양한 방법으로 그 욕구를 표출하는 것이 중요합니다. 감각적이면서도 권위를 동경하는 당신은 명석한 두뇌를 최대한 활용하여 최고가 되기를 원하지요. 장애를 극복하는 능력이 탁월하니 필요하면 언제든 처음부터 다시 시작할 수 있습니다.

때로 통찰력 있는 사고와 비판으로 사람들을 압도할 수 있고, 상황을 직관적으로 파악하는 능력이 있어서 깊은 공감력과 이해심을 보여주기도 합니다. 섬세한 당신은 자신을 예술적으로 표현하기를 좋아하지요. 매력적이고 우아한 분위기에 호감을 사는 능력도 갖추어 사교 활동에도 탁월한 소질을 보입니다.

27세 이전까지 당신은 깊은 감성과 개인의 역량에 대한 문제에 관심이 많습니다. 28세에 당신의 태양이 궁수자리로 들어가면서 전환기가 찾아오는데, 이때 낙천주의 성향이 두드러지며, 인생철학이나 교육 또는 여행을 통해서 더 자유롭게 지평을 넓히고 싶은 욕구가 커집니다. 또 한 번의 전환점은 당신의 태양이 염소자리로 들어가는 58세 때 찾아옵니다. 이 시기부터 당신은 삶에 대해 더욱 현실적이고 합리적이며 안정을 우선시한 결정들을 하게 되지요.

숨어 있는 자아

강한 개성과 독립성에 진취성이 더해진 당신은 의욕이 넘쳐 자신의 원대한 계획을 행동으로 옮길 때면 항상 성공할 것이라는 확신을 갖지요. 지적이면서도 사람을 사로잡는 매력을 발산하는 당신은 설득력이 강하고 다양한 부류의 사람들을 스스럼없이 대할 수 있는 소질을 타고났어요. 습득력이 빨라 지속적으로 새로운 아이디어와 지식을 찾아 나서며 자신의 아이디어를 흥미롭게 전달하는 능력이 탁월합니다.

마음이 잠시도 가만있지 못하니 그 동적 에너지를 창의적이고 생산적인 방향으로 돌려놓을 필요가 있습니다. 그렇게 하지 않으면 불안해지거나 불만이 쌓일 수 있습니다. 계속 관심을 쏟을 수 있는 일이나 프로젝트에 적극적으로 참여하면 지루할 새 없이 이상과 모험심을 지속시킬 수 있어요. 여행은 지평을 넓히는 데 중요한 요소가 될 수 있습니다.

ᠮ,

10월

506

일과 적성

상황 판단이 빠른 지적 능력과 큰 그림을 그리는 정신적 능력이 어우러진 당신은 일단 결단을 내린 후 심혈을 기울이기 시작하면 어떤 분야에서든 뛰어난 성취를 이뤄낼 수 있겠네요. 카리스마 넘치는 성향과 사람을 사로잡는 능력을 타고나 사람을 상대하는 직업에서 성공할 수 있습니다. 두뇌가 명석하여 과학계나 교육계에서 성공을 거둘 수 있지만 예술이나 연극 또는 음악 분야에서 창의력을 발휘하고 싶어질 수도 있습니다. 혹은 야망이 넘치고 조직력과 리더십이 있어서 경영이나 법조계 또는 기업에서 성공을 거둘 수도 있습니다. 재량권이 많이 주어지는 일을 원하는 당신은 자영업을 선호할 수도 있겠네요.

수비학으로 풀어본 당신의 운세

당신은 기민하고 에너지가 넘치면서도 직관적이고 사려 깊은 사람입니다. 25일에 태어난 당신은 다양한 경험을 통해 자신을 표현할 필요가 있습니다. 여기에는 새롭고 흥미로운 아이디어도 포함되고 사람이나 장소도 포함됩니다. 완벽을 꿈꾸는 당신은 열과 성을 다해 일하며 많은 결실을 얻고자 하지요. 그러나 상황이 뜻대로 풀리지 않더라도 조급해하거나 비관하지 마세요. 25일에 태어난 당신은 강렬한 정신 에너지로 일단 집중하기 시작하면 모든 사실과 상황을 통합적으로 판단하여 어느 누구보다 빨리 결론에 도달할 수 있습니다. 자신의 직감을 믿고 인내심을 키우면 성공과 행복은 자연스럽게 찾아옵니다. 탄생월 10의 영향으로 독립적인 당신은 카리스마가 대단하지만 자신의 엄청난 내공과 절제력을 즐겨보세요. 결단력과 통찰력을 겸비한 당신은 도전에 대처하고 장애를 넘어설 길을 잘 찾습니다. 고집스럽고, 다른 사람을 치유할 수 있는 능력을 가진 집요한 사람이라 의리가 강하며 결코 포기하지 않을 겁니다.

- 장점 : 매우 직관적인 완벽주의자, 통찰력, 창의력, 뛰어난 대인 관계
- 단점 : 충동적, 성급함, 무책임, 지나치게 감성적, 질투심, 비밀스러움, 변화무쌍함, 비판적, 우울한 성향

연애와 인간관계

활동적이고 역동적인 당신은 인간관계에서도 강하고 지적이며 근면하면서도 도전을 즐기고 권위 있는 위치에 있는 사람을 좋아하지요. 당신은 넘치는 매력과 감수성으로 상대를 편안하게 해줍니다. 사교적이고 근면한 당신은 상대를 즐겁게 해주며 일과 놀이를 잘 접목시키지요. 관대한 분위기가 조성되면 너그러운 태도로 자상함과 호의를 표현합니다. 책임감이 강하고 현실적이어서 체계적인 삶을 원하고 미래를 위해 계획 세우는 것을 즐깁니다.

당신에게 특별한 사람

연인이나 친구
♥

1월 2, 3, 6, 9, 10, 11, 17, 21, 27, 31일 / 2월 1, 4, 7, 9, 25, 29일 / 3월 2, 5, 7, 13, 17, 23, 27일 / 4월 3, 5, 15, 21, 25일 / 5월 1, 3, 13, 19, 23, 30일 / 6월 1, 11, 17, 21, 28일 / 7월 5, 9, 15, 19, 26, 29일 / 8월 7, 13, 17, 24, 27일 / 9월 5, 11, 15, 22, 25일 / 10월 3, 9, 13, 20, 23일 / 11월 1, 7, 11, 18, 21, 30일 / 12월 5, 9, 16, 19, 28일

힘이 되어주는 사람

1월 11, 16, 30일 / 2월 9, 24, 28일 / 3월 7, 22, 26일 / 4월 5, 20, 24일 / 5월 3, 18, 22, 31일 / 6월 1, 16, 20, 29일 / 7월 14, 18, 27일 / 8월 12, 16, 25일 / 9월 10, 14, 23일 / 10월 8, 12, 21, 29일 / 11월 6, 10, 19, 27일 / 12월 4, 8, 17, 25일

운명의 상대

4월 22, 23, 24, 25일

경쟁자

1월 15일 / 2월 13일 / 3월 11일 / 4월 9일 / 5월 7, 30일 / 6월 5, 28일 / 7월 3, 26일 / 8월 1, 24일 / 9월 22일 / 10월 20, 30일 / 11월 18, 28일 / 12월 16, 26일

소울메이트
★

1월 9, 29일 / 2월 7, 27일 / 3월 5, 25일 / 4월 3, 23일 / 5월 1, 21일 / 6월 19일 / 7월 17일 / 8월 15일 / 9월 13일 / 10월 11일 / 11월 9일 / 12월 7일

이날 태어난 유명인

파블로 피카소(화가), 요한 슈트라우스, 조르주 비제(작곡가), 케이티 페리(가수), 박은식(독립운동가), 김혜자(배우), 박나래(코미디언), 박연준(시인)

전갈자리

| 태양 : 전갈자리 |
| 지배 성좌 : 전갈자리/명왕성 |
| 위치 : 2°30′ - 3°30′ 전갈자리 |
| 상태 : 고정궁 |
| 원소 : 물 |
| 항성 : 프린켑스 |

10월 26일

SCORPIO

격렬한 감정과 명석한 두뇌의 소유자

야망 넘치는 이상주의자인 당신은 격렬한 감정과 강한 욕망을 지니고 있는 섬세한 전갈자리 태생입니다. 매력적이고 상상력이 풍부하여 강렬한 감성이나 욕구를 표현할 수 있는 방법을 찾으려 하지요. 인도주의자인 당신은 인정이 넘쳐 언제든 사람들을 적극적으로 도울 마음의 준비가 되어 있지요. 충동적이고 감성적인 기분에 따라 행동하기도 하지만 현실적인 면도 있어서 빈틈이 없고 계산적이며 안정을 중시합니다.

섬세하고 매력이 넘치지만 지배 행성 명왕성의 기운을 두 배로 받은 덕분에 단호하고 용감하며 투지도 보입니다. 내적 강인함은 활기를 충전하거나 장애물을 극복할 수 있다는 역동적인 의지가 있다는 걸 알려줍니다. 사람들과 어울리는 것을 좋아하면서도 속마음은 잘 드러내지 않는군요. 강렬한 감성의 소유자지만 겉으로는 침착하고 차분해 보입니다. 생각이 경직되면 당신에게 불리하게 작용할 수 있으니 주의하세요.

경제적인 문제에도 관심이 많은 당신은 타고난 비즈니스 감각과 근면성으로 다양한 재능을 상품화할 수 있는 잠재력이 있지요. 다만 일과 놀이 사이에서 적절한 균형을 유지해서 인생이 지나치게 무거워지지 않도록 하는 것이 당신이 풀어야 할 문제네요. 아이디어나 프로젝트를 진행할 때 직관력을 발휘해 적당한 타이밍을 잡을 수 있으며 제약을 받지 않고 자발적으로 행동할 때 최고의 성과를 낼 수 있습니다.

26세까지는 예리한 정서 인식과 개인의 역량에 대한 문제에 관심이 많지요. 27세에 당신의 태양이 궁수자리로 들어가면서 전환기가 찾아오는데, 이때 모험과 진리, 영감, 그리고 자유를 향한 욕구가 커지는 것이 특징입니다. 당신은 더욱 낙천적인 성향을 보이고 외국인을 만나거나 외국에 건너가 정신적인 지평을 넓히고 싶은 욕구도 강해지지요. 또 한 번의 전환점은 당신의 태양이 염소자리로 들어가는 57세 때 찾아옵니다. 이 시기부터 당신은 더욱 결단력 있고 절제되고 현실적인 자세로 목표를 이루어 나가게 됩니다.

숨어 있는 자아

포용력이 있고 철저하게 현실적인 성향인 당신에겐 높은 이상과 일상적인 현실 사이에서 균형을 유지하는 것이 중요합니다. 화려함을 즐기며 고급스러운 취향을 드러내지만 실망하지 않으려면 잠재되어 있는 공감력과 강렬하고 보편적인 사랑을 보여주어야 합니다.

사랑하는 사람들에게 정서적으로 관대하면서도 강인하고 순종적인 면도 있지요. 자기 수양과 절제력은 재능을 발휘하는 데 없어서는 안 될 요소지만 자신에게 너무 가혹하지 않은 것 또한 중요합니다. 신뢰와 자발성을 키우는 법을 터득하면 너무 엄격해지거나 내성적, 또는 회의적이 되는 성향을 극복할 수 있습니다. 예민한 감각의 소유자인 당신은 또한 주기적으로 혼자서 자기 성찰의 시간을 가지면 타고난 직관적 통찰력을 감지할 수 있습니다.

일과 적성

명석한 두뇌와 훌륭한 소통 능력을 갖춘 당신은 어떤 직업에서든 성공할 수 있지만 특히 대규모 프로젝트에 가담하거나 법조계 또는 정치계가 잘 맞습니다. 경영 능력과 비즈니스 감각을 타고났고, 근면하고 책임감이 있어 사람들의 존경을 받습니다. 지식을 갈구하고 사고가 현실적이어서 선택한 분야에서 권위 있는 자리에 앉게 됩니다. 분석적이거나 기술적인 능력으로 과학이나 건강 또는 의료계에서 일을 할 수도 있지요. 창의적이고 미적인 것을 추구하니 음악가나 배우, 또는 연예인 같은 직업에 끌릴 수도 있습니다. 당신의 특성에 나타나는 강한 인도주의적 면모는 사람들을 보살피는 직업이나 박애주의적인 활동, 또는 사회 개혁 등에서 발현될 수 있습니다.

수비학으로 풀어본 당신의 운세

26일에 태어난 당신은 삶에 대해 실용적인 자세를 보이고 경영자 자질과 훌륭한 비즈니스 감각을 갖추고 있습니다. 강한 책임감과 더불어 타고난 미적 감각과 가정적인 성향으로 탄탄한 기반을 다지거나 진정한 의미의 안정을 찾게 되지요. 다른 사람에게 기댈 언덕이 되어주는 당신은 도움이 필요하여 당신에게 의지하는 친구와 가족, 그리고 친척들을 적극적으로 도와줍니다. 그렇지만 다소 물질적인 성향과 사람이나 상황을 좌지우지하려는 욕심은 주의하세요. 탄생월 10의 영향을 받아 외골수로 흐를 가능성도 보이네요. 예의 바르고 용감하면서도 정서는 풍부하지요. 부지런하고 목적의식이 뚜렷해서 승리를 중요시하고 새로운 생각을 추진하면 성공을 거둘 수 있습니다. 관대하고 자상한 당신은 사람들에게 영감을 주는 능력이 있어요. 완벽주의자이자 이상주의자인 당신, 극도의 예민함으로 자신감을 잃거나 고립되지 않도록 하세요.

- 장점 : 창의적, 실용적, 배려심, 책임감, 가족에 대한 자부심, 열정적, 용기
- 단점 : 고집 셈, 반항적, 냉담함, 지속성 결여

연애와 인간관계

섬세하면서도 사랑과 애정에 대한 욕구가 강하지만 다양성을 추구하고 자극을 주는 친구를 찾는 걸 보면 당신은 연인 관계가 지루해지는 것을 원치 않네요. 친구나 파트너와 함께 일상에서 벗어나 여행이나 휴식을 취하면 과도하게 진지하고 일에만 사로잡혀 있는 생활에서 벗어날 수 있습니다. 그러나 새로운 상황이나 뜻밖의 사건이 때로 불안감을 초래할 수 있지요. 연애 초반에 너무 열정을 소진해버리면 갈수록 실망하거나 흥미를 잃을 수 있습니다. 참을성을 가지고 여유 있게 관계를 만들어 나가면 더욱 행복해질 수 있습니다.

당신에게 특별한 사람

연인이나 친구

1월 2, 9, 12, 22, 25일 / 2월 7, 10, 20, 23, 26일 / 3월 5, 8, 18, 21일 / 4월 3, 6, 16, 19일 / 5월 1, 4, 14, 17, 20, 24, 29일 / 6월 2, 12, 15, 27일 / 7월 10, 13, 16, 20, 25, 30일 / 8월 9, 15, 24, 26일 / 9월 7, 13, 22, 24일 / 10월 4, 7, 10, 14, 19, 24, 28, 29일 / 11월 2, 5, 8, 12, 17, 22, 26, 27일 / 12월 3, 6, 10, 15, 20, 24, 25일

힘이 되어주는 사람

1월 12, 23, 29일 / 2월 10, 21, 27일 / 3월 22, 26일 / 4월 6, 17, 23일 / 5월 4, 15, 21일 / 6월 2, 13, 19, 28, 30일 / 7월 11, 17, 26, 28일 / 8월 9, 15, 24, 26일 / 9월 7, 13, 22, 24일 / 10월 5, 11, 20, 22일 / 11월 3, 9, 18, 20, 30일 / 12월 1, 7, 16, 18, 28일

운명의 상대

4월 22, 23, 24, 25일 / 7월 29일 / 8월 27일 / 9월 25일 / 10월 23일 / 11월 21일 / 12월 19일

경쟁자

1월 1, 4, 26, 30일 / 2월 2, 24, 28일 / 3월 22, 26일 / 4월 20, 24일 / 5월 18, 22, 31일 / 6월 16, 20, 29일 / 7월 14, 18, 27일 / 8월 12, 16, 25, 30일 / 9월 10, 14, 23, 28일 / 10월 8, 12, 21, 26일 / 11월 6, 10, 19, 24일 / 12월 4, 8, 17, 22일

소울메이트

1월 20일 / 2월 18일 / 3월 16일 / 4월 14일 / 5월 12일 / 6월 10일 / 7월 8일 / 8월 6일 / 9월 4일 / 10월 2일

이날 태어난 유명인

힐러리 클린턴(미국 정치인), 밥 호스킨스(배우), 마할리아 잭슨(가수), 프랑수아 미테랑(전 프랑스 대통령)

태양 : 전갈자리
지배 성좌 : 전갈자리/명왕성
위치 : 3°30′ - 4°30′ 전갈자리
상태 : 고정궁
원소 : 물
항성 : 프린켑스

*10*월 *27*일

SCORPIO

속마음을 드러내지 않으나 사람을 매료시키는 수수께끼 같은 사람

당신은 상상력이 풍부하고 이상주의적인 전갈자리 태생으로 강력한 직관과 엄청난 감성을 갖고 있네요. 결단력과 인간적인 매력, 그리고 마음을 꿰뚫는 통찰력이 있으며 일과 놀이를 접목시키는 능력이 탁월합니다. 때때로 닥치는 감정적 동요를 긍정적인 방향으로 표출할 방법을 터득하는 것이 중요하네요. 자기표현을 쏟아낼 창의적인 분출구를 발견하면 과도하게 치열해지는 것을 피할 수 있습니다.

십분각에 있는 명왕성의 기운이 배가되어 강한 매력을 발산하고 용기와 투지가 있습니다. 이러한 내적 힘은 깅인한 의지를 보여주는데 이것이 활기를 갖고 장애물을 극복할 수 있는 원동력이 됩니다. 당신은 다정하면서도 속마음을 잘 드러내지 않아요. 가끔 심하게 혼란스러워질 때가 있으나 겉으로는 차분하고 침착해 보입니다. 생각이 경직되면 당신에게 불리하게 작용할 수 있으니 주의하세요.

역동적인 매력과 에너지, 그리고 관대함으로 당신은 사람들을 매료시키고 감동을 줍니다. 초연한 태도로 속마음을 드러내지 않는가 하면 공감하고 다정한 모습을 보여주는 당신은 사람들에게는 수수께끼 같은 인물로 비칩니다. 당신이 가진 여러 다양한 성향을 다 이해하지 못하기 때문이지요.

25세 이전에 당신은 개인적 역량을 발전시키고 깊은 감성을 다루는 방법을 고민합니다. 26세 이후에 당신의 태양이 궁수자리로 들어가면서 당신은 더욱 낙천적이고 모험적이 되면서 기회를 찾게 되지요. 그 영향으로 모험을 하거나 여행 또는 공부를 하게 됩니다. 56세 이후에 당신의 태양이 염소자리로 들어가면서 당신은 더욱 현실적인 견해를 보이면서 잠재력을 실현하기 위해서는 체계성이 필요하다는 것을 깨닫게 됩니다.

숨어 있는 자아

사교적이고 친화적인 당신은 영감을 받으면 열정적으로 활동하고 주변 분위기를 밝게 합니다. 일단 역동적인 정서가 분출되기 시작하면 막강한 긍정의 힘을 발산하지요. 이렇게 분출되는 창의력에 방향이 있다면 더욱 이상적입니다. 그러나 그런 강렬한 감성을 분출시키지 못하면 우울해지거나 내성적이 될 수 있습니다. 타고난 공감력을 발휘하여 사랑의 힘을 사람에 대한 관심으로 확대시키면 자신과 주변 사람들을 위해 화합과 행복을 만들어갈 수 있습니다.

타고난 이상주의자인 당신은 대의를 위해 싸울 때 당면하게 되는 어려운 과제에 잘 대처합니다. 이 생일의 특징은 역동적인 힘입니다. 사람들에게 실망했을 때 또는 파워 게임에서 이 힘을 함부로 쓰지 않도록 하세요. 권한을 갖기 위해서는 당신의 직관력과 신뢰를 결합시키는 법을 터득할 필요가 있어요. 그래야 승리의 기쁨을 맛보며 꿈을 성공적으로 실현해나갈 수 있습니다.

일과 적성

대인 관계 능력과 트렌드를 읽는 직관이 뛰어나서 홍보나 영업, 또는 미디어에서 탁월한 능력을 보일 수 있습니다. 대중의 욕구를 파악하는 능력 외에도 경영자 자질을 갖추고 있어 비즈니스 세계에서 성공할 수 있습니다. 금전 감각도 뛰어나 기업가나 박애주의자로 성장할 수도 있습니다. 당신의 강렬한 창의적 표현력은 음악이나 미술, 또는 연예계를 통해 분출구를 찾을 수 있지요. 혹은 사람들을 치유하는 능력으로 의료계나 복지 분야로 진출할 수도 있습니다. 글쓰기 재능이나 교육에 대한 관심도 갖추고 있습니다.

수비학으로 풀어본 당신의 운세

27일이라는 생일에서 당신은 이상주의적이며 섬세하다는 것을 알 수 있습니다. 직관적이고 분석적이며 창의력이 풍부한 당신은 독특한 생각으로 사람들을 감동시킵니다. 때로 비밀스럽고 이성적이며 초연해 보이기도 하지만 사실 당신은 긴장감을 감추고 있네요. 탁월한 소통 기술을 개발하면 깊은 감정을 표현하는 데 익숙해질 수 있습니다. 또한 27일에 교육은 필수적이죠. 사고의 깊이를 키우면 인내심이 많아지고 자기 수양이 됩니다. 탄생월 10의 영향을 받아 당신은 독창적이고 드라마틱합니다. 자부심과 결단력, 그리고 투철한 도덕 정신은 당신이 말한 것을 그대로 지키는 모습에서 여실히 드러납니다. 의리가 강해 사람을 치유하거나 어려움을 딛고 일어서도록 도와줄 수 있는 능력도 있습니다. 정서적 충족에 대한 욕구가 있으니 자신이 믿는 대의를 위해 생산적으로 일하며 노력을 다하겠네요.

- ● 장점 : 다재다능함, 풍부한 상상력, 창의성, 단호함, 용감함, 깊은 이해심, 영적, 혁신적, 강한 정신력
- ■ 단점 : 무례함, 호전적, 쉽게 기분이 상함, 불안함, 예민함, 불신감, 지나치게 감정적, 예민함

연애와 인간관계

이상주의적이고 충실한 당신이지만 가까운 관계에서 불안감을 느끼게 되면 소유욕과 질투심을 강하게 드러냅니다. 책임감이 강해서 헌신적이며 충실하고 부지런한 사람을 존경하지요. 섬세하고 자상한 친구인 당신은 사람들이 행복해지도록 관심을 갖고 돕지만 다른 사람의 문제에 빠져버릴 수 있습니다. 거리를 두고 초연하게 대처한다면 쓸데없이 골치 아플 일은 없겠네요.

♏

전갈자리

이날 태어난 유명인

니콜로 파가니니(바이올리니스트), 시어도어 루스벨트(전 미국 대통령), 딜런 토머스, 실비아 플라스(작가), 제임스 쿡(탐험가), 아이작 메릿 싱거(재봉틀 발명가), 박수홍(코미디언), 오연수, 홍경인, 한혜진(배우)

태양 : 전갈자리	
지배 성좌 : 전갈자리/명왕성	
위치 : 4°30′ - 5°30′ 전갈자리	
상태 : 고정궁	
원소 : 물	
항성 : 프린켑스	

*10*월 *28*일

SCORPIO

역동적인 감성으로 독창적인 일을 해내는 사람

고귀한 이상을 실현하고 싶은 욕구는 당신이 감성이 풍부한 전갈자리 태생임을 보여줍니다. 당신은 자발적이고 대담하므로 자신의 능력을 믿고 자신감만 잃지 않는다면 많은 성취를 이뤄낼 수 있지요. 창의적이고 상상력이 풍부한 당신은 지혜와 영적인 힘을 이용해 앞일을 내다보기도 합니다. 결단력이 있고 인내심이 강해 독특하고 독창적인 일을 해낼 수 있지요.

지배 성좌 전갈자리의 기운을 받은 당신은 장애물을 극복하고 흐트러짐 없이 새로운 모습을 보여줄 수 있습니다. 때로 상처 받기 쉬운 사람처럼 보이지만 당신의 강인함과 역동성은 스스로 감정만 자제한다면 바르게 균형 잡힌 삶을 살 수 있습니다.

당신은 혼자서도 많은 것을 이룰 수 있지만 사람들과 교류하고 협력할 때 더 큰 성과를 올립니다. 인도주의자인 당신은 도덕적인 성향과 야망이 강하지만 당신의 믿음을 다른 사람에게 강요하지는 마세요. 사랑하는 사람을 위해서는 희생도 마다치 않지만 희생양이 되는 상황은 피하세요. 온정을 잃지 않으면서도 초연한 자세로 타협하는 법을 터득할 필요가 있습니다.

24세까지 당신은 풍부한 감성에 사로잡혀 개인적인 변모에 대한 욕구가 생깁니다. 25세에 당신의 태양이 궁수자리로 들어가 인생의 전환기를 맞으면서 여행이나 교육, 또는 삶의 철학을 통해 자유와 지평을 넓히고 싶은 욕구가 더욱 높아집니다. 또 한 번의 전환점은 55세에 찾아오는데, 당신의 태양이 염소자리로 들어가면서 더욱 현실적이고 실용적인 태도로 목표를 성취하게 됩니다.

숨어 있는 자아

당신의 내면에는 강렬하고 역동적인 감성이 꿈틀대지만 겉으로는 드러나지 않을 수 있습니다. 이런 에너지로 인해 당신은 끊임없이 새로운 프로젝트를 기획하는데, 생산적인 방향으로 진행하면 우울해지거나 부정적인 감정에 휘둘리지 않게 됩니다. 사람이건 상황이건 겉으로 드러나는 모습보다 그 이면을 파헤치고 싶은 욕구가 있어 존재의 더 깊은 차원을 탐구하게 됩니다.

직관력이 뛰어난 당신은 점차 사랑의 힘을 깨닫게 되는데, 사람들과의 관계에서 그 힘을 강력하게 발휘합니다. 사람을 사로잡는 매력이 발산되면서 전체적으로 성공을 이루는 데 큰 도움을 받고 카리스마 넘치는 열정으로 사람들을 고무시킬 수 있습니다. 돈 문제에도 관심이 많지만 사랑의 표현과 원대한 꿈의 실현이 당신에게 특히 소중합니다.

일과 적성

분석적이면서도 직관적으로 사고하는 당신은 창의력을 발휘할 수 있는 직업에 이끌립니다. 여기에는 철학, 과학, 심리학 또는 형이상학 같은 분야에서 연구하는 일도 포함됩니다. 반대로 기술 분야에 소질을 보여 컴퓨터나 기계 공학 쪽에도 끌릴 수도 있습니다. 예리한 지성과 소통 능력이 있으니 작가나 강사 또는 교사로 성공할 수 있습니다. 리더십이 있지만 팀워크나 파트너십의 소중함을 깨달으면 훨씬 더 좋은 성과를 낼 수 있습니다. 인도주의적 성향이 있어서 공동체의 이익을 위한 일에 끌릴 수도 있습니다.

수비학으로 풀어본 당신의 운세

독립적이고 결단력이 있으며 삶에 실용적으로 접근하는 당신은 종종 자신의 생각대로 행동합니다. 1일 태생들과 마찬가지로 야심 차고 직선적이며 진취적이지요. 독립적이고 싶은 마음과 팀에 소속되고 싶은 마음 사이에서 딜레마에 빠집니다. 새로운 모험을 위해 행동에 나설 만반의 준비가 되어 있는 당신은 인생의 도전을 용감하게 받아들이며 그 열정으로 사람들을 고무시켜 동참시키지는 못하더라도 최소한 지지는 할 수 있도록 합니다. 28일에 태어난 당신은 리더십이 있고 상식적인 분별력과 논리, 그리고 명쾌한 사고에 의지할 수 있습니다. 책임을 받아들이지만 지나치게 열정적이고 성급하며 편협한 모습을 보일 때도 있습니다. 탄생월 10의 영향으로 매우 이상적이며 섬세한 당신은 강렬한 예감이나 육감이 있습니다. 의지가 강하고 결단력이 있기 때문에 파트너십과 공동의 노력에서 많은 혜택을 얻겠네요. 독립적이고 고집이 센 당신은 확신이 강하지만 사교 수완과 타협 기술을 터득하면 많은 것을 이룰 수 있습니다.

- ● 장점 : 온정, 진취적, 대담함, 예술적, 창조적, 이상주의적, 야망, 근면함, 안정된 가정 생활, 강한 의지
- ■ 단점 : 몽상가, 동기부여 결여, 냉담, 비현실적, 권위적, 판단력 부족, 공격적, 자신감 결여, 지나치게 의존적, 자만심

연애와 인간관계

다양성을 추구하는 마음과 적극성은 당신이 다양한 관심사를 갖고 있다는 것을 알 수 있습니다. 당신은 사랑을 확신하는 이상주의자지만 불안정하고 급한 성격은 때로 가까운 관계에서 긴장감을 초래할 수 있지요. 그러나 순종적이고 헌신적이어서 사랑하는 사람을 위해서라면 엄청난 희생도 감수할 수 있는 사람이네요. 심상치 않은 관계에 이끌린다면 급반전되는 상황에 빠르게 적응할 수 있어야 합니다.

이날 태어난 유명인

줄리아 로버츠, 맷 스미스(배우), 빌 게이츠(기업가), 조너스 소크(의료 연구가), 오귀스트 에스코피에(요리사), 프랜시스 베이컨(화가), 박영규, 신현준, 천호진(배우)

전갈자리

태양 : 전갈자리
지배 성좌 : 전갈자리/명왕성
위치 : 5° 30' – 6° 30' 전갈자리
상태 : 고정궁
원소 : 물
항성 : 프린켑스

*10*월 *29*일

SCORPIO

인생의 신비로움을 탐구하는 탐정

이상주의적이고 독창적인 당신은 마음이 따뜻하고 영감을 잘 받는 전갈자리 태생으로 육감이 뛰어난 사람입니다. 관대하고 사교적이며, 원만한 성격으로 인기가 많지요. 창의적이고 다재다능한 당신은 사람들을 감동시키는 특별한 능력이 있습니다.

지배 성좌 전갈자리의 기운을 받아 당신은 깊은 이해력과 강력한 통찰력을 가진 탐정이 되어 인생의 수많은 신비로운 것들을 탐구하게 됩니다. 기민하고 혜안이 있지만, 때로는 자신이 관찰한 중요한 정보에 치열할 정도로 매달릴 수 있습니다. 직관적이며 정신력이 강해서 어려운 상황을 통해 자신을 변모시킬 수 있는 능력이 있지요. 인도주의자인 당신은 자상하고 공감력이 뛰어나지만 때로 우울해지거나 정신적인 불안을 느낄 수 있습니다.

공감과 사랑을 경험하게 되면 화합을 조성하고 내적 평온과 균형을 이룰 수 있습니다. 사랑과 안정을 원하면서도 태생적으로 모험심이 강해서 잠시도 가만있지 못하지요. 지평을 넓히고 자유롭기를 바라면서도 정서적 안정감에 대한 욕구가 있어 고독하거나 외롭지 않을 때 훨씬 좋은 성과를 냅니다. 자신이 모든 것을 잘 알고 있다고 생각하여 선한 의도로 타인을 도와주려 한 것이 도리어 간섭하는 결과를 가져올 수도 있습니다. 그러나 가족에게 충실하고 지지를 아끼지 않으며 가정에 대해 자부심을 느낍니다.

23세 이전까지는 개인의 능력에 대한 감각을 키우는 것과 강렬한 감정을 다루는 것에 주로 관심이 있습니다. 24세 이후에 당신의 태양이 궁수자리로 들어가면서 당신은 더욱 낙관적이 되고 모험심에 대한 욕구가 더 강해지게 되지요. 그래서 더 많은 모험을 하거나 여행이나 공부를 하게 될 수 있습니다. 또 한 번의 전환점은 54세에 찾아오는데, 당신의 태양이 염소자리로 들어가면서 당신은 목표를 이루기 위해 더욱 현실적이고 체계적이 됩니다.

숨어 있는 자아

진리와 지식, 그리고 힘에 대한 욕구는 철학적, 형이상학적인 분야의 탐색을 자극하면서 창의적인 사고와 문제 해결력을 향상시킬 수 있습니다. 기본적으로 긍정적으로 사고하는 당신은 적절한 계획이나 전략이 있고 건설적으로 바쁘게 움직일 때 더 좋은 성과를 내지요. 상황 판단이 빠르고 실용적이어서 자신이 얻은 지식을 실질적으로 활용하는 데 소질이 있네요. 단 에너지를 분산하지 않도록 해야 합니다.

번뜩이는 천재성을 보이는 풍부한 창의력과 함께 당신은 사교적인 면이나 예술적인 면에서 자기표현 욕구가 강합니다. 안타깝게도 당신은 물질적인 문제가 생겼을 때 걱정을 하거나 우유부단해질 수 있는데, 상황을 좀 더 가볍게 넘기는 자세가 도움이 됩니다. 기지가 넘쳐 사람들에게 매력적으로 보이지만 비판적인 능력은 반드시 건설적으로 발휘해야 합니다.

일과 적성

타고난 탐정인 당신은 사람이든 상황이든 그 이면을 파헤치는 것에 관심이 많아요. 그래서 심리학이나 과학, 또는 형이상학에 관심이 있습니다. 조화에 대한 열망이 있어서 음악이나 의료 분야에 이끌릴 수 있습니다. 빈둥대는 것을 즐기는 성향도 물론 있지만 책임감이 강해서 행동에 나서게 됩니다. 팀 단위나 파트너십으로 협업하면 특히 많은 혜택을 얻을 수 있습니다. 혹은 비즈니스에서 대인 관계 기술을 활용하면 훨씬 더 좋은 성과를 낼 수 있습니다. 배려하거나 인도주의적인 측면이 있어서 자선 기관이나 상담 분야로 진출할 수도 있습니다.

수비학으로 풀어본 당신의 운세

29일에 태어난 당신에겐 강렬한 개성과 비범한 잠재력이 있습니다. 직관력이 뛰어나고 섬세하며 감성적이지요. 성공의 열쇠는 영감으로, 영감이 없으면 목적의식을 잃게 될 수도 있습니다. 당신은 진정한 몽상가지만 극단적인 성향이 있으니 기분이 쉽게 변하는 것을 경계할 필요가 있네요. 내면 가장 깊숙한 곳에서 올라오는 감정을 믿고 사람들에게 마음을 열어 보이면 걱정하는 성향을 극복하거나 또는 마음을 보호 장비로 이용할 수 있습니다. 창의적인 사고를 활용하여 사람들에게 도움을 주고 동기를 부여할 수 있는 특별하고 독특한 것을 만들어내면 가장 좋겠네요. 탄생월 10의 영향으로 일등을 하거나 독자적으로 일하고 싶은 마음이 있지만 사람들과의 협업이 당신에게는 더 유리합니다. 기발한 아이디어를 갖고 있고 야심도 크지만 단호하게 결단성을 보일 필요가 있습니다. 긍정적이고 열정이 넘칠 때 당신은 엄청난 에너지로 뛰어난 적응력과 혁신, 그리고 용기를 보여줍니다.

- ● 장점 : 영감적, 균형, 내적인 평화, 관대함, 성공적, 창의적, 직관적, 신비로움, 현실적, 신뢰
- ■ 단점 : 산만함, 불안함, 신경질적, 이기적, 허영심, 우울함, 까다로움, 극단주의자, 고립, 지나치게 민감함

연애와 인간관계

당신은 사랑이 넘치고 자기희생적이지만 때로는 사랑하는 사람들의 인생에 너무 참견할 수 있네요. 매력적이고 이상주의적인 당신은 자상하고 감상적인 사람으로 자신보다 행복하지 못한 이들을 적극적으로 도우려 하지요. 배려심이 많지만 경제적인 안정을 원해서 영향력 있거나 부유한 사람들과 교류하기를 원합니다. 균형 잡히고 원만한 성격을 유지한다면 안정적이고 화목한 분위기를 유지할 수 있습니다.

전갈자리

태양 : 전갈자리
지배 성좌 : 전갈자리/명왕성
위치 : 6°30′ - 7°30′ 전갈자리
상태 : 고정궁
원소 : 물
항성 : 캄발리아

10월 30일
SCORPIO

섬세하고 사랑이 넘치는 이상주의자

매력적이고 자상하며, 쉽게 동요하는 당신은 섬세한 전갈자리 태생으로 재능이 많고 적응력이 빠릅니다. 충만하고 다양한 삶에 대한 욕구가 있어 각양각색의 경험과 새로운 모험을 동경합니다. 다만 이러한 개인적인 자유에 대한 욕구는 지속적인 만족감을 주지는 않으며 심한 감정 기복을 겪게 될 수도 있습니다. 창의적이고 화려한 당신은 자신의 생각을 극적인 방법으로 전달하기도 합니다.

지배 성좌 전갈자리의 기운이 더해져 내면의 힘이 더욱 강력해지는데, 이상주의적이고 섬세한 당신은 사랑이 넘치지만 비밀스럽습니다. 당신의 솔직한 태도와 신랄한 평가는 당신이 풍자에 능력이 있음을 보여줍니다. 그러나 당신의 비판적인 발언은 재미있기도 하지만 남에게 상처를 줄 수도 있다는 점을 기억하세요. 도전을 받으면 상대에게 의연하고 대담한 태도를 보일 수 있지요. 위협이나 불안감을 느낄 때는 당신의 집요한 면이 전면에 부각됩니다.

사람들은 당신을 흥미진진하고 활기를 주는 친구로 생각하지만 정서적인 충만감을 추구하는 당신은 구속을 싫어하여 결국 무시해버리곤 합니다. 공허한 마음을 채우기 위해 여행에 기대를 걸기도 하겠지만 주변 분위기만 바꾸어도 마음의 여유가 생기며 낙관적인 기분을 느낄 수 있음을 알게 됩니다. 자유를 향한 열망에 일이 방해가 될 수 있지만 충실하고 순종적이며 정서적으로 책임을 다하면 그에 대한 보상을 받게 됩니다.

24세 이전까지는 인생에서 감수성과 개인적인 변모에 관심을 갖게 됩니다. 23세에 당신의 태양이 궁수자리로 들어가 인생의 전환기를 맞으면서 삶에 대해 낙관주의와 더 큰 지평에 대한 욕구가 커지게 되지요. 이런 욕구는 정신적인 발전이나 교육 또는 여행을 통해 이루어질 수 있습니다. 또 한 번의 전환점은 53세에 찾아오는데, 이때 당신의 태양이 염소자리로 들어가게 되면서 인내와 집념, 그리고 현실주의라는 실질적인 문제에 집중하기 시작합니다.

숨어 있는 자아

이상이 높은 당신은 사람들을 도울 때 당신의 섬세한 감성이 쓸모가 있다는 것을 깨닫게 됩니다. 또한 당신은 사무적인 태도를 보이기도 하는데 이런 강렬한 조합은 당신이 인정 많은 실용주의자임을 나타냅니다. 그러나 사람들에게 환멸을 느끼거나 너무 산만하거나 조급해하면 당신의 풍부한 감성은 현실도피로 흘러 도전에 의연하게 맞서거나 창의적인 분출구를 스스로 찾지 못하게 될 수 있습니다.

강한 진취적 기상을 갖고 있어 열정적이고 낙천적이며 모험적입니다. 물질적인 욕구를 만족시키는 데도 열의를 보입니다. 당신은 영적이고 창의적인 힘을 글쓰기에 쏟거나 또는 훌륭한 아이디어를 손에 잡히는 현실로 바꾸고 싶어 합니다. 매우 직관적이고 깊이 사색할 줄 아는 당신은 한눈에 사람을 파악하는데, 대부분 정확합니다. 두뇌가 명석하고 호기심이 많으며 독특한 유머감각을 지닌 당신은 즐거움을 주는 좋은 친구입니다.

일과 적성

어떤 직업을 갖건 당신은 다양성과 변화가 있어야 싫증을 내지 않을 수 있습니다. 당신에겐 가정이 가장 소중하지만, 일과 여행을 병행할 수 있다면 더욱 좋지요. 사람을 사로잡는 매력은 사람을 상대하는 일에 도움이 됩니다. 회사 규모가 클수록 일을 더 즐기며 할 수 있습니다. 말재주가 있고 전달 능력이 탁월하여 특히 저술 활동이나 미디어 또는 정치계에 끌릴 수 있습니다. 이 생일은 연극이나 영화에서 성공할 수 있는 재능을 말해줍니다.

수비학으로 풀어본 당신의 운세

창의적이고 친화적이며 사교적인 성향은 30일에 태어난 사람들의 공통적인 특성입니다. 야망이 넘치고 창의력이 잠재되어 있는 당신은 아이디어를 받아들여 자신만의 극적인 스타일로 확장시킬 수 있습니다. 삶의 재미를 즐기고 비범한 카리스마가 있으며 외향적인 성향이지요. 감정이 강렬하고 풍부한 당신은 사랑에 빠져 충족감을 느끼는 상태에 있어야 합니다. 행복을 추구하는 과정에서 나태해지거나 탐닉하거나 조급해지거나 질투하지 않도록 하십시오. 이런 성향은 정서적인 불안감을 가져올 수 있습니다. 30일 태생들 중 인정이나 명성을 얻은 사람이 많은데, 음악가나 배우, 또는 연예인들이 대다수입니다. 탄생월 10의 영향으로 적극적인 활동과 흥미가 유지되어야 하지만 자립적이고 훌륭한 성과 또한 얻을 수도 있습니다. 천성적으로 자율적인 당신은 다양한 관심을 추구할 수 있는 자유를 열망하지요. 단호함과 집중력을 유지하면 허황된 생각을 현실로 실현시킬 수 있습니다.

- 장점 : 즐기는 성격, 충실성, 자상함, 훌륭한 책임자, 화술, 창의적, 행운
- 단점 : 나태, 고집이 셈, 변덕스러움, 조급함, 불안정, 무관심, 에너지가 분산됨

연애와 인간관계

당신은 친화적이면서도 비밀스러운 면도 있어 감정적인 절제를 원합니다. 한 곳에 몰입하여 심혈을 기울이는 창의적인 사람들을 존경하지요. 단조로운 것은 싫어하고 우유부단한 면도 있으니 장기적인 관계를 만들기 위해서는 여유를 가질 필요가 있습니다. 개인의 자유에 대한 욕구가 커서 인간관계가 틀에 박혀 단조로워지거나 구속을 느끼게 되면 도망치고 싶어집니다. 상황이 변하면 마음 또한 변하게 되지요. 감정이 다소 불안하여 짧은 만남을 여러 번 거친 후에야 비로소 이상적인 파트너를 찾게 되겠네요. 따스한 마음은 사회적인 성공을 보장합니다.

당신에게 특별한 사람

연인이나 친구 ♥

1월 6, 11, 14, 15일 / 2월 4, 9, 12일 / 3월 2, 7, 10, 11, 28일 / 4월 5, 8, 26, 30일 / 5월 3, 6, 24, 28일 / 6월 1, 4, 22, 26일 / 7월 2, 3, 20, 24일 / 8월 18, 22일 / 9월 16, 20, 30일 / 10월 14, 18, 28일 / 11월 12, 16, 26일 / 12월 10, 14, 24일

힘이 되어주는 사람 ♣

1월 20, 24일 / 2월 18, 22일 / 3월 16, 20, 29일 / 4월 14, 18, 27일 / 5월 12, 16, 25일 / 6월 10, 14, 23, 29일 / 7월 8, 12, 21, 27일 / 8월 6, 10, 19, 25, 30일 / 9월 4, 8, 17, 23, 28일 / 10월 2, 6, 15, 21, 26일 / 11월 4, 13, 19, 24일 / 12월 2, 11, 17, 22일

운명의 상대

4월 26, 27, 28, 29일 / 8월 31일 / 9월 29일 / 10월 27일 / 11월 25일 / 12월 23일

경쟁자

1월 22, 23, 27일 / 2월 20, 21, 25일 / 3월 18, 19, 23일 / 4월 16, 17, 21일 / 5월 14, 15, 19일 / 6월 12, 13, 17일 / 7월 10, 11, 15, 31일 / 8월 8, 9, 13, 29일 / 9월 6, 7, 11, 27일 / 10월 4, 5, 9, 25일 / 11월 2, 3, 7, 23일 / 12월 1, 5, 21일

소울메이트 ★

1월 23일 / 2월 21일 / 3월 19일 / 4월 17, 29일 / 5월 15, 27일 / 6월 13, 25일 / 7월 11, 23일 / 8월 9, 21일 / 9월 7, 19일 / 10월 5, 17일 / 11월 3, 15일 / 12월 1, 13일

이날 태어난 유명인

루이 말(영화감독), 그레이스 슬릭(가수), 헨리 윙클러(배우), 에즈라 파운드, 폴 발레리(시인), 존 애덤스(전 미국 대통령), 알프레드 시슬레(화가), 앙투안 부르델(조각가), 디에고 마라도나(축구 선수), 이미자(가수), 하희라, 전지현(배우)

517

| 태양 : 전갈자리 |
| 지배 성좌 : 전갈자리/명왕성 |
| 위치 : 7° 30' - 8° 30' 전갈자리 |
| 상태 : 고정궁 |
| 원소 : 물 |
| 항성 : 캄발리아 |

10월 31일
SCORPIO

생각을 전달하는 능력이 뛰어난 전략가

결단력 있고 생산적인 당신은 실험적인 전갈자리 태생으로 가치관이 확고하고 성격이 단호합니다. 강렬한 감성의 소유자지만 낙관적이고 매력을 잃지 않는다면 자신의 뜻을 펼쳐나갈 수 있지요. 안정을 중시하고 야망이 커서 종종 책임을 떠맡게 되지만 능력 이상으로 일을 너무 크게 벌이지 않도록 주의하세요.

지배 성좌 전갈자리의 기운으로 당신의 내적인 힘은 더욱 강력해집니다. 단도직입적인 태도와 상식이 풍부한 것으로 보아 당신은 자신의 생각을 전달하는 능력이 뛰어난 훌륭한 전략가입니다. 창의적이고 이상주의적이며 냉철한 지성을 갖춘 사람이라 자기표현이 무엇보다 가장 중요합니다. 그러나 자기 충족감에만 너무 빠져 있으면 놀라운 잠재력을 묵혀둔 채 걱정이나 하면서 타성에 젖어버리거나 나태함에 빠질 수 있습니다.

탄탄한 기반을 다지고 싶은 사람에게 당신은 진정한 보배입니다. 헌신적이어서 남을 기꺼이 돕고자 나서며, 대의나 아이디어에 의해 영감을 받으면 그런 마음이 특히 강해집니다. 선견지명이 있고 섬세한 당신은 정의감이 강하며, 당신의 성실성은 당신이 감정에 솔직하다는 것을 보여주지요. 그러나 당신의 따뜻한 마음도 위협을 받거나 속았다고 느꼈을 때는 돌로 변할 수 있습니다. 도전을 받으면 당신은 상대에게 의연하고 대담한 태도를 보일 수 있지요. 위협이나 불안감을 느낄 때 당신의 진정한 결연함이 드러납니다.

21세까지 당신은 정서적 변화에 관심을 갖게 되지요. 22세 이후에 당신의 태양이 궁수자리로 들어가면서 자유에 대한 욕구가 커지고 또한 교육이나 인생철학 또는 외국이나 외국인을 접하게 되면서 지평을 넓히고 싶은 욕구가 더 커지게 됩니다. 또 한 번의 전환점은 52세에 찾아오는데, 이때 당신의 태양은 염소자리로 들어가게 됩니다. 당신은 인생에 대해 더욱 진지해지고 자기 수양을 하며 안정 위주의 태도를 보이게 됩니다.

숨어 있는 자아

당신의 태평스러운 겉모습 뒤에는 야망과 근면성이 감추어져 있습니다. 어떤 목적에 동기가 부여되면 그 목표를 이루기 위해 헌신하고 확고한 태도를 보입니다. 현실적인 사람이라 안정을 추구하며, 미래에 성취하고자 하는 것들에 대해 미리 계획을 세워두었을 때 더 큰 성과를 낼 수 있습니다. 특히 물질적인 문제에 대해 육감이 발달했는데, 덕분에 가치 판단이 기민하고 사람들의 성향을 빠르게 파악합니다. 기회를 신속하게 알아차릴 수 있기에 마음만 먹으면 훌륭한 기획자가 될 수 있지요. 그러나 열망이 강해 도가 지나치면 자칫 에너지가 분산될 수 있다는 점은 경계하세요.

솔직담백한 당신은 예리하고 기민한 지성과 훌륭한 판단력을 갖추고 있어 자기 수양만 되면 어떠한 장애물도 뛰어넘을 수 있습니다. 이 생일에는 비즈니스에서 엄청난 성공을 거둘 수 있는 가능성이 있으니 경제적인 문제로 고민하지는 않습니다. 그러나 당신의 운명을 개척하는 데 필요한 책임감을 피하고자 한다면 영구적 가치를 지닌 것을 만들고 싶은 강렬한 욕구는 충족시킬 수 없을 것입니다.

일과 적성

역량이 뛰어나고 근면한 당신은 따스한 마음과 현실적인 태도를 활용할 수 있는 직업이 맞습니다. 사회 개혁에 대한 열망이 있으니 교육이나 카운슬링 또는 박애주의적인 활동에서도 좋은 성과를 낼 수 있겠네요. 지평을 넓히고 싶은 욕구가 있어서 심리학이나 철학, 의학 쪽에 끌리거나 종교적인 믿음을 키우게 될 수도 있습니다. 혹은 실용적인 성향과 가치 있는 것을 만들고 싶은 마음이 만나 건축업으로 진출할 수도 있습니다. 훌륭한 부모이자 기획자인 당신은 생산적인 일을 즐기지요. 자기표현 욕구가 있어 저술활동이나 문학 또는 공연 쪽에 끌릴 수도 있습니다. 어떤 직업을 선택하든 당신의 솔직함과 냉철한 두뇌, 그리고 조직력은 성공하는 데 도움이 될 것입니다.

수비학으로 풀어본 당신의 운세

강력한 의지와 결단력, 그리고 자기표현에 역점을 두는 성향은 31일 태생들의 공통된 특징입니다. 당신의 직관이 실용적 능력과 결합되면 올바른 결정을 내릴 수 있지요. 31일에 태어난 당신은 독창적인 아이디어와 탁월한 형태 감각이 있어서 시간을 갖고 계획대로 실행한다면 비즈니스에서 성공할 수 있습니다. 일에 열과 성을 다하는 당신에겐 사랑하고 즐길 수 있는 시간을 갖는 것이 무엇보다 중요합니다. 탄생월 10의 영향으로 당신은 자립적이며 마음의 동요가 심한 성향으로 다양성과 적극적인 삶에 대한 욕구가 있습니다. 남의 떡이 더 커 보인다고 생각하는 성향이 강해서 결단력이 약해질 수도 있습니다. 목표를 찾아 집중하세요. 이날 태어난 사람에게는 새로운 기회나 행운이 찾아오므로 여가 시간의 활동을 수익성 있는 사업으로 전환시키면 성공할 수 있습니다.

- ● 장점 : 행운, 창의적, 독창적, 기획자, 건설적, 포기하지 않음, 현실적, 화술, 책임감
- ■ 단점 : 불안함, 조급함, 의심이 많음, 쉽게 좌절함, 포부 결여, 이기적, 완고함

연애와 인간관계

매력적이고 자상한 당신은 단체를 중시하며 사람들을 초대하는 것을 즐깁니다. 혼자 있는 것을 싫어해서 사람들과 늘 어울리려 하지요. 사람들과 사랑과 애정을 나누는 데서 오는 두려움만 극복한다면 파트너십과 공동 작업이 얼마나 이로운지 알게 될 것입니다. 혜안이 있고 직관적인 당신은 상대의 잠재력을 잘 파악하지만 자신의 운에 지나치게 의존하지 않도록 주의하세요.

♏

천갈자리

이날 태어난 유명인

얀 페르메이르(화가), 마이클 랜던, 앵커 댄 레더(배우), 존 키츠(작가), 장제스(중화민국 정치인), 피터 잭슨(영화감독), 자하 하디드(건축가), 임하룡(코미디언), 홍진호(프로 게이머)

태양 : 전갈자리	
지배 성좌 : 전갈자리/명왕성	
위치 : 8°30´ - 9°30´ 전갈자리	
상태 : 고정궁	
원소 : 물	
항성 : 캄발리아	

11월 1일

SCORPIO

가치와 대의에 끌리는 이타적인 삶

독립적이고 상상력이 풍부한 당신은 자유를 원하는 전갈자리 태생입니다. 매력적이며 대인 관계에 소질이 있어 친구를 쉽게 사귀고 항상 활동적으로 생활합니다. 사교적이면서도 예민한 정신과 강렬한 감성의 소유자인 당신은 나누는 법을 배우거나 자기중심적인 사고에서 벗어날 필요가 있습니다.

통찰력과 강한 정의감, 확신, 예리한 지성을 갖춘 당신은 생각하는 그대로 터놓기를 좋아합니다. 자제력이 뛰어나지만 권리를 위해 투쟁할 때는 이상주의적이고 깊은 이해심을 보이며 진정한 자비심도 보여주지요.

지배 성좌 전갈자리의 기운을 받아 지구력과 결단력이 있네요. 호기심이 많아 솔직한 것을 좋아해서 때로 불쾌하더라도 진실을 드러내고자 합니다. 압박이나 위협을 받으면 상대에게 결연하고 의연하면서도 대담한 모습을 보여줍니다.

풍요로운 삶에 대한 욕구가 당신에게 성취동기를 부여하며, 이상적인 생각이나 가치 있는 대의에 사람들을 끌어들이는 능력을 보이기도 합니다. 마음속에 분노를 품지 않고 책임 있고 사려 깊은 마음을 키우면 사람들의 존경과 도움을 받을 수 있습니다. 두려움 없이 직설적인 태도로 비판하지만 공감을 잘하고 다정한 면도 있네요.

21세 이후에 당신의 태양이 궁수자리로 들어가면서 당신은 더욱 낙천적이 되고 모험심과 확장에 대한 욕구가 커지게 됩니다. 그래서 더 많은 도전을 하게 되거나 여행이나 교육을 통해 인생을 탐구하게 되지요. 51세 이후에는 당신의 태양이 염소자리로 들어가게 되면서 더욱 현실적이고 조직적으로 사고하며 목표에 성실하게 다가가게 됩니다.

숨어 있는 자아

자선적이고 이타적인 삶을 추구하는 당신은 약자를 돕거나 지원하고 조언하는 입장에 섭니다. 좌절감과 실망감이 당신이 풀어야 할 과제지만 인내심과 끈기를 발휘한다면 보답으로 성공을 보장받을 수 있지요. 기민한 정신으로 아이디어를 신속하게 파악하므로 교육과 지식 습득은 자신감을 키우는 데 필수입니다.

창의적이고 직관적인 당신은 사교적, 예술적 능력이 뛰어나고 자기표현 욕구가 있습니다. 사람을 휘어잡는 카리스마와 설득력과 매력, 그리고 지적인 명민함으로 늘 무언가 할 말이 많은 사람으로 비칩니다. 철학이나 종교, 또는 형이상학을 다루는 학계로 진출하면 부정적으로 생각하는 성향을 극복할 수 있습니다. 실용적이면서도 이상적인 당신은 새로운 분야에서 끊임없이 도전하여 목적의식을 만들어갑니다. 타성에 젖지 않는다면 놀라운 잠재력을 최대한 발휘할 수 있습니다.

일과 적성

아이디어를 홍보하는 능력에 조직력이 더해져 당신은 기업이나 과학 또는 법조계에서 두각을 드러낼 수 있습니다. 혹은 주도하고 싶은 욕구가 강해 스포츠계로 진출할 수도 있지요. 사업 감각을 타고나 영업이나 판촉, 금융업 또는 부동산업계에서도 성공을 거둘 수 있습니다. 탐구욕과 확장욕이 있어 여행을 하거나 해외에서 일하도록 자극받기도 하겠네요. 창의적이고 상상력이 풍부한 당신은 저술이나 연기 또는 음악이나 미술 쪽에 끌릴 수도 있습니다. 마찬가지로 대중을 상대하는 타고난 능력이 있어 심리학이나 교육, 또는 사회사업 분야에서 사람들에게 도움을 주는 일에 매료될 수도 있습니다. 마찬가지로 특별한 통찰력과 온정이 있으니 카운슬링이나 치료업계로 진출해서 의료계나 건강관련 직업을 갖게 될 가능성도 있어요.

수비학으로 풀어본 당신의 운세

일등이 되고 독립적이고 싶은 강렬한 열망은 이날 태어난 사람들의 공통된 특성입니다. 1일에 태어난 사람들은 혁신적이고 용기가 있으며, 에너지가 넘치지요. 가끔 강한 정체성을 확립하고 자신의 주장을 키우고 싶은 욕구가 생길 수도 있습니다. 개척자 정신이 충만하여 혼자 독립할 수도 있겠네요. 이런 솔선수범하는 역량은 실행력이나 리더십 능력을 계발하는 원동력이 됩니다. 열정과 독특한 아이디어가 넘치는 당신은 사람들에게 성공의 길을 보여주기도 합니다. 1일에 태어난 사람들은 세상이 자신을 중심으로 돌지 않는다는 사실을 깨달을 필요가 있지요. 자기중심적이거나 권위주의적이 되지 않도록 하세요. 탄생월 11의 영향으로 당신은 이상주의적이며 아이디어가 넘칩니다. 따분하다는 표현은 전혀 어울리지 않아요. 때로 자기주장이 너무 강하지만 다양한 주제에 관심이 많은 아주 재미있는 사람입니다. 충만감을 유지하려면 창의적이고 혁신적일 필요가 있습니다. 목표에 집중해서 에너지를 분산시키지 않도록 하십시오.

- ● 장점 : 리더십, 창조적, 진보적, 단호함, 낙천적, 강한 신념, 승부욕, 독립적, 사교적
- ■ 단점 : 고압적, 강한 질투심, 이기적, 자만심, 적대적, 자제심 부족, 이기적, 불안정, 조급한 성향

연애와 인간관계

사람을 사로잡는 매력과 카리스마가 있는 당신은 친구를 쉽게 사귀고 사람들을 잘 다루지요. 이성에게 매력적으로 어필하는 당신은 주변에 이성이 너무 많아 파트너 선택이 어려울 수 있네요. 인간관계에 거는 기대가 커서 당신의 이익을 보호해주는 사람을 원하고요. 질투나 소유욕, 그리고 의심 많은 행동은 가급적 피하세요. 당신은 매우 섬세하기 때문에 사람들의 감정을 상하게 하는 일은 좋아하지 않습니다.

이날 태어난 유명인

페르난도 발렌수엘라(야구 선수), 스티븐 크레인(작가), 에드워드 사이드(비평가), 라일 로벳(가수), 김경문(야구 감독), 박신양, 박건형(배우)

| 태양 : 전갈자리 |
| 지배 성좌 : 전갈자리/명왕성 |
| 위치 : 9°30′ - 10°30′ 전갈자리 |
| 상태 : 고정궁 |
| 원소 : 물 |
| 항성 : 아크룩스 |

11월 2일
SCORPIO

다양한 환경과 도전을 즐기는 사람

예민하여 잠시도 가만있지 못하는 당신은 역동적인 성향의 전갈자리 태생으로 다양성에 대한 욕구가 있습니다. 삶이 당신을 위해 준비해둔 것이 많아 갖가지 변화를 경험한 후에야 비로소 안주하게 되지요. 마음의 동요가 심한 성향은 천성적인 것으로, 단조로운 분위기에서는 쉽게 싫증을 내며 변화만이 당신을 자극한다는 것을 보여주네요.

경제적 상황이 불만족스러울 때 당신은 더 좋은 가능성을 찾아 나섭니다. 이렇게 새로 시작하고 싶은 욕구가 있으니 앞으로 나가기 위해서는 과거를 잊을 필요가 있지요. 그러나 마음의 안정을 위해서는 투자와 계획은 장기적으로 세워야 합니다.

다정하고 사교적인 당신은 여러 사회 활동에 관여하고 싶어 합니다. 지배 성좌 전갈자리의 기운을 받아 파워와 결단력, 그리고 추진력을 갖고 집요한 모습을 보이지만 온화한 측면도 있어 상처를 잘 받네요. 이러한 극단적인 성향을 지나치게 드러내면 인간관계에서 고통을 겪을 수 있습니다.

이상주의자인 당신의 노력과 선의는 때로 우울함이나 빈정거림과 충돌할 수 있습니다. 수용적이고 명민한 당신은 습득력이 빠르며 사람들을 직관적으로 이해하는 능력이 있습니다. 불안해하지 말고 마음을 열고 낙천적인 태도를 유지하면 처음에 성공하지 못하더라도 다시 시도해볼 수 있다는 것을 배우게 됩니다.

20세 이후에 당신의 태양이 궁수자리로 들어가면서 삶의 지평을 넓히고 싶어 하며 낙천주의에 대한 욕구가 커지게 됩니다. 이는 지적 계발이나 교육, 또는 여행 등으로 나타납니다. 또는 진리나 삶의 철학을 추구하고 싶은 욕구가 생기게 되지요. 또 한 번의 전환점은 당신의 태양이 염소자리로 들어가게 되는 50세에 찾아오는데, 이때 당신은 목표를 이루기 위해 질서와 체계, 그리고 현실주의가 중요하다는 것을 깨닫게 됩니다.

숨어 있는 자아

관대하고 너그러운 당신은 지적이고 지략이 풍부하며 바쁘게 지내는 걸 좋아합니다. 사치스러운 성향이 있긴 하지만 돈과 안정감은 에너지의 원동력이 될 수 있습니다. 인도주의적인 성향을 타고나 사람들에게 깊은 관심을 갖게 되고 통찰력을 보입니다. 되도록 초연한 자세를 유지하면 좌절감이나 실망감을 피할 수 있습니다.

사교적이면서도 창의적인 아이디어가 많은 당신은 자신을 표현할 때 가장 큰 행복을 느낍니다. 당신의 직관은 대체로 정확해서 사람들을 빠르게 파악하는 데 도움이 됩니다. 때로는 옳은 결정을 한 것인지 확신이 서지 않아 자신을 불신할 때도 있지요. 그렇지만 대인 관계 능력이 탁월하고 넘치는 기지와 날카로운 관찰력으로 사람들을 즐겁게 해주는 재미있는 친구가 될 수 있습니다.

일과 적성

근면하고 야망이 넘치지만 다양성을 사랑하여 지속적으로 변화하는 직업을 가질 필요가 있습니다. 냉철한 지성과 기민한 사업 감각으로 재계나 영업계, 또는 법조계에서 성공을 거둘 수 있습니다. 사교수완을 타고나 미디어나 홍보 또는 중재 분야에서도 마찬가지로 좋은 성과를 거둘 수 있습니다. 반대로 당신의 감수성과 상상력, 비전으로 음악이나 연기 또는 사진 분야에서 길을 찾아볼 수도 있지요. 이상주의자이자 훌륭한 심리학자인 당신은 치료 분야나 대의를 위해 싸우는 일에 끌릴 수도 있습니다. 경우에 따라 스포츠나 레저업계도 당신의 에너지와 추진력을 발산할 수 있는 분야가 될 수 있습니다.

수비학으로 풀어본 당신의 운세

풍부한 감수성과 단체에 속하고 싶은 강렬한 열망은 2일에 태어난 사람들의 공통된 특성입니다. 적응력이 뛰어나고 이해심이 많은 당신은 사람들과 교류하는 협업 활동을 즐기지요. 좋아하는 사람들을 즐겁게 해주고 싶은 생각에 당신은 지나치게 의존적이 될 수 있는 위험을 무릅써야 할 수도 있습니다. 그렇지만 자신감을 키우면 사람들의 행동이나 비판에 쉽게 상처받는 성향을 극복할 수 있지요. 탄생월 11의 영향으로 당신은 스스로 표현할 수 있으며 높은 이상으로 사람들을 고무시킬 수도 있지요. 사회의 혁신과 개혁에도 관심이 있어서 사회단체의 선두에서 진두지휘하고 싶어 합니다. 인내를 가지고 현실적인 감각을 유지하면 목표에 도달할 수 있습니다. 남들을 위해 너무 많은 책임을 떠맡지 말고 자기 몫만큼만 하세요.

- 장점 : 훌륭한 파트너십, 부드러움, 재치, 수용적, 직관적, 사려 깊음, 조화, 쾌활함, 친화력
- 단점 : 의심 많음, 자신감 부족, 굴종적, 과민, 이기적, 쉽게 상처 받음, 우울, 기만적

연애와 인간관계

상상력이 풍부하고 똑똑한 당신은 곁에서 당신에게 영감을 주고 동기부여를 해줄 사람이 필요합니다. 비밀스러운 당신은 때로는 너무 내성적이거나 수줍음을 타서 자신의 진정한 감정을 표현하지 못할 때도 있지요. 그렇지만 사교적이고 사람들을 즐겁게 해주니 친구도 많고 함께하기 재미있는 친구지요. 가까운 관계는 매우 소중하게 생각하므로 성공적인 관계를 만들기 위해 열과 성을 다합니다.

당신에게 특별한 사람

연인이나 친구
♥

1월 2, 6, 10, 20, 26, 29일 / 2월 4, 8, 18, 24, 27일 / 3월 2, 6, 16, 25, 28, 30일 / 4월 4, 14, 23, 26, 28, 30일 / 5월 2, 12, 21, 24, 26, 28, 30일 / 6월 10, 19, 22, 24, 26, 28일 / 7월 8, 14, 17, 20, 22, 24, 26일 / 8월 6, 15, 18, 20, 22, 24일 / 9월 4, 13, 16, 18, 20, 22일 / 10월 2, 11, 14, 16, 18, 20일 / 11월 9, 12, 14, 16, 18일 / 12월 7, 10, 12, 14, 16일

힘이 되어주는 사람

1월 7, 13, 18, 28일 / 2월 5, 11, 16, 26일 / 3월 3, 9, 14, 24일 / 4월 1, 7, 12, 22일 / 5월 5, 10, 20일 / 6월 3, 8, 18일 / 7월 1, 6, 16일 / 8월 4, 14일 / 9월 2, 12, 30일 / 10월 10, 28일 / 11월 8, 26, 30일 / 12월 6, 24, 28일

운명의 상대

1월 25일 / 2월 23일 / 3월 21일 / 4월 19, 30일 / 5월 12, 17일 / 6월 15일 / 7월 13일 / 8월 11일 / 9월 9일 / 10월 7일 / 11월 5일 / 12월 3일

경쟁자

1월 3, 17일 / 2월 1, 15일 / 3월 13일 / 4월 11일 / 5월 9, 30일 / 6월 7, 28일 / 7월 5, 26, 29일 / 8월 3, 24, 27일 / 9월 1, 22, 25일 / 10월 20, 23일 / 11월 18, 21일 / 12월 16, 19일

소울메이트
★

1월 18일 / 2월 16일 / 3월 14일 / 4월 12일 / 5월 10, 29일 / 6월 8, 27일 / 7월 6, 25일 / 8월 4, 23일 / 9월 2, 21일 / 10월 19일 / 11월 17일 / 12월 15일

천갈자리

이날 태어난 유명인

셰어 하이트(작가), 대니얼 분(개척자), 스테파니 파워(배우), 마리 앙투아네트(프랑스 루이 16세의 왕비), 케이디 랭, 넬리(가수), 패트릭 뷰캐넌(시사평론가), 박영석(탐험가), 김소연(배우)

태양 : 전갈자리	
지배 성좌 : 물고기자리/해왕성	
위치 : 10°30' - 11°30' 전갈자리	
상태 : 고정궁	
원소 : 물	
항성 : 아크룩스	

11월 3일
SCORPIO

질서를 만들고 협상을 즐기는 실용주의자

삶에 대해 실용적인 태도를 보이는 당신은 섬세하고 상상력이 풍부한 전갈자리 태생입니다. 결단력과 자기 표현에 대한 강렬한 욕구가 있어 현실적인 능력과 창의적인 소질을 접목시킬 수 있습니다. 친화적이고 사교적인 당신은 사람들과 어울리는 것을 즐기며 사람들을 즐겁게 해줄 수 있지요.

지배 성좌 물고기자리의 기운을 받은 당신은 섬세하여 자신의 직관이나 첫인상을 믿는 방법을 익힌다면 의심이나 우유부단함을 극복하는 데 도움이 될 것입니다. 해왕성의 기운은 당신에게 내적인 비전과 영적 능력, 그리고 감수성을 부여합니다. 당신은 충실하고 다정하지만 고집스러워지는 성향은 경계해야 합니다.

완벽주의자인 당신은 재능이 많고 이상주의적으로 자신의 일에 대해 자부심이 강해 어떤 일을 하든 개인주의적 성향을 보입니다. 걱정하는 습성과 감정적인 불안감의 희생양이 되지만 않는다면 맡은 의무를 만족스럽게 해낼 수 있습니다. 질투하거나 빈정거리는 대신 사람을 사로잡는 매력과 재치 있는 화술을 발휘하면 상대를 설득할 수 있을 것입니다.

복을 타고나 경세적 상황은 좋은 편이고 혹 자금이 부족해지더라도 그리 오래가지는 않습니다. 경제적 전망도 좋지만 일을 더 중요시하는 것으로 보아 인내심과 집중력이 있어 당신에게 찾아오는 많은 기회를 이용할 수 있습니다.

19세 이후에 당신의 태양이 궁수자리로 들어가면서 당신은 더욱 낙천적이 되어 폭넓은 시야에 대한 욕구가 커지게 됩니다. 그렇게 지평을 확대하고 진리를 탐색하거나 여행하고 공부하게 되지요. 또 한 번의 전환점은 당신의 태양이 염소자리로 들어가게 되는 49세에 찾아오는데, 이때 당신은 목표를 이루기 위해 더욱 현실적이고 실용적이며 체계적이 됩니다.

숨어 있는 자아

강렬한 이미지를 발산하지만 가만있지 못하는 성향은 당신에게 인내가 필요하며 내면의 조화를 찾아야 하는 도전에 맞닥뜨릴 수 있다는 것을 보여줍니다. 실용적인 태도로 살아가지만 모험과 다양성에 대한 욕구가 있어서 정신적으로든 정서적으로든 새로운 지평을 탐구하게 될 수 있습니다. 그러나 강렬한 감정이 억압되면 불만이 쌓여 그 보상심리로 공상이나 자기탐닉을 통해 도피하게 될 수도 있습니다.

따스한 마음과 공감력을 가진 당신은 사람들의 감정을 읽어낼 수 있지요. 높은 이상으로 사랑과 애정에 대한 욕구가 생기는데, 이는 예술이나 영성을 통해 그 창조적인 분출구를 발견할 수 있습니다. 그러나 자유에 대한 욕구로 태도가 자주 바뀌거나 심한 감정 기복을 겪을 수 있습니다. 다행스럽게도 사람을 끄는 매력과 날카로운 통찰력은 인기를 얻는 도구이자 놀라운 성공의 열쇠가 될 것입니다.

일과 적성

당신의 생일은 경제적인 성공을 위한 절호의 기회를 보여주는데 단 필요한 일에 에너지를 투입해야 합니다. 협상 기술이 뛰어나고 야심이 커서 유리한 거래를 통해 투자한 만큼의 가치를 얻을 수 있습니다. 단 틀에 박힌 일상에 갇히는 일은 피하십시오. 현실성을 타고난 당신은 방법과 질서 만들기를 좋아해서 큰 비전을 위해서는 계획을 세우는 것이 필수적입니다. 말재주와 창의성이 있어 잠재되어 있는 글쓰기 능력을 키울 수 있습니다. 사업을 한다면, 대형 프로젝트와 다른 사람들의 돈을 다루는 일에 이상적입니다. 혹은 치유나 자기표현 분야에서 감수성과 독창성을 발휘할 수도 있지요.

수비학으로 풀어본 당신의 운세

3일에 태어난 당신은 섬세한 성향으로 창의적이고 감성적으로 표현하고 싶은 욕구가 있습니다. 노는 걸 좋아해서 사람들과 잘 어울리는 당신은 친목도모 성격의 사회 활동과 다양한 관심사를 즐깁니다. 다재다능하고 표현력이 풍부해 색다르고 흥미진진한 경험에 대한 욕구가 있어 쉽게 싫증을 내고 우유부단하거나 많은 일을 한꺼번에 하려는 성향을 보이기도 하지요. 3일에 태어난 사람들은 예술적이고 매력적이며 유머 감각이 있지만 자존감을 키워야 하며, 걱정을 사서 하거나 불안감을 느끼는 성향은 경계해야겠네요. 탄생월 11의 영향으로 당신은 열정적이며 영감을 잘 받지요. 지나치게 예민하고 상상력이 풍부하며, 영적 능력과 감응력이 있습니다. 실용적이지만 정서적으로 기복이 심하기 때문에 하나에 집중하여 영감이 넘치는 자신의 아이디어를 유용하고 창의적인 방법으로 사용해야 합니다. 우유부단하고 불안해지면 자기 탐닉에 빠지거나 너무 많은 관심사로 산만해질 수 있어요.

● 장점 : 유머 감각, 행복, 친화적, 생산적, 창조적, 예술적, 자유를 사랑함, 말재주
■ 단점 : 쉽게싫증냄, 자만심, 공상, 과장됨, 허풍, 방종함, 나태함, 위선적, 낭비벽

연애와 인간관계

매우 현실적으로 보이는 당신은 이상주의적이고 로맨틱하며 강렬하면서도 섬세한 감성의 소유자이지요. 안정된 인간관계를 만들기 위해 열과 성을 다하며 필요할 때면 타고난 사교술을 발휘합니다. 그러나 강렬한 감성의 분출구가 막히면 감정 변화가 심해지거나 파트너에게 의지하게 될 수 있습니다. 헌신적이면서도 배려심이 있고 사랑하는 사람에게는 엄하면서도 충실할 수 있습니다. 당신은 사람이 필요한 매우 사교적인 성향입니다.

이날 태어난 유명인

찰스 브론슨(배우), 래리 홈스(권투선수), 애나 윈투어(보그 편집장), 앙드레 말로(작가), 데즈카 오사무(만화가), 박지선(코미디언)

태양 : 전갈자리	
지배 성좌 : 물고기자리/해왕성	
위치 : 11° 30′ - 12° 30′ 전갈자리	
상태 : 고정궁	
원소 : 물	
항성 : 아크룩스, 알페카	

11월 4일

SCORPIO

기민하고 혜안이 있는 철저한 성격의 완벽주의자

창의적이고 진취적인 것에 대한 욕구가 있으며 영감이 넘치고 이상주의적인 당신은 현실적이고 실용적이기를 원하는 전갈자리 태생입니다. 통찰력과 결단력을 갖추고 안목이 높아 타고난 비즈니스 감각으로 다재다능한 면모를 보여 주지요. 당신은 사람들이 처한 문제에 대해 직감적으로 해답을 찾아냅니다. 기민하고 혜안이 있으며 독특한 아이디어가 넘쳐 신선하면서도 특이한 견해를 제시하는데, 실용 가치가 있고 그 단순함에서 명쾌함마저 느껴집니다.

지배 성좌 물고기자리의 기운이 당신의 감수성에 더해져 주변 분위기를 동화시키네요. 하지만 이러한 기운은 우유부단해지거나 주위 사람들이 오해할 소지를 만들기도 합니다. 그러므로 긍정적인 태도는 당신의 행복에 필수 조건이지요. 부정적인 태도를 지양하면 당면한 문제에 집중하게 되어 불안한 조급증으로 에너지를 분산하지 않게 됩니다.

당신은 재산을 관리하는 데는 능하지만, 돈 문제와 관련된 걱정은 문제 해결력이나 수월한 방법을 찾는 능력을 방해할 수 있습니다. 하지만 영감이 넘치는 아이디어와 밝은 견해 그리고 소통 능력으로 독창성이 요구되는 상황에서 우위를 점하게 됩니다. 완벽주의자이기 때문에 타고난 집중력과 철저한 성격 덕분으로 아이디어와 방법을 매우 빠르게 이해할 수 있지요.

18세 이후에 당신의 태양이 궁수자리로 들어가 전환기를 맞게 되면서 인생에서 자유와 낙천주의에 대한 욕구가 더욱 두드러집니다. 진리를 탐구하고 지적인 발전과 교육 또는 여행을 통해 지평을 넓히려는 노력도 하게 되죠. 또 한 번의 전환점은 당신의 태양이 염소자리로 들어가게 되는 48세에 찾아오는데, 이때부터 당신은 인내와 헌신, 그리고 현실주의라는 실질적인 문제에 집중하기 시작해요. 당신의 태양이 물병자리로 옮겨 드는 78세부터는 자립과 우정, 그리고 집단 인식에 더욱 집중하기 시작합니다.

숨어 있는 자아

당신 내면의 감수성은 조화와 안정 그리고 애정에 대한 강렬한 욕구로 나타납니다. 이는 가정과 가족이 당신에게 특히 소중하다는 의미이지요. 그러나 지나치게 배려하고 보살펴야 하는 상황이 되면 권위주의적으로 변하거나 다른 사람의 문제를 떠맡아 자기 마음대로 관리하게 될 위험도 있습니다. 그러나 대부분의 어려움은 사랑의 힘으로 용서를 실천하면서 극복할 수 있습니다. 완벽주의자인 당신은 가치 있는 대의나 이상에 전념할 때는 매우 결단력 있고 헌신적인 모습을 보입니다.

흥미로운 성격에 가치관이 확고한 당신은 군중 가운데서 단연 돋보입니다. 물질주의를 맹신하거나 안정만을 중요시하여 위험을 감수하는 것을 피하지만 않는다면 타고난 사업 감각으로 어떤 상황이든 자신에게 유리하게 반전시킵니다. 매력적이고 세련된 당신은 타고난 리더십과 직관적 통찰력에 필요한 수양만 더해진다면 인생에서 놀라운 성취를 이뤄낼 수 있습니다.

일과 적성

아이디어가 독창적이고 개인주의적 삶의 태도를 갖고 있는 당신은 글쓰기나 소통과 관련된 직업에 끌릴 수 있습니다. 사업 감각이 기민해 상업에서 성공할 수 있으며 연구나 과학 분야, 또는 의료계에서 명석한 두뇌를 활용할 수도 있지요. 또한 날카로운 지적 능력은 철학이나 종교, 또는 형이상학 분야에 끌릴 수도 있습니다. 사람을 직관적으로 이해하는 능력이 뛰어난 당신에게 심리적 능력을 활용할 수 있는 직업은 재능을 발산할 수 있는 훌륭한 통로가 될 수 있습니다. 드라마틱한 감각을 타고났으니 정치계나 연예계로 진출할 수도 있지요. 그렇지만 어떤 직업을 선택하든 당신은 항상 창의적인 아이디어가 넘치고 일하는 방법을 지속적으로 개선하고자 합니다.

수비학으로 풀어본 당신의 운세

생일 4가 보여주는 탄탄한 구조와 정돈된 힘은 당신이 안정을 원하고 질서를 세우기를 좋아한다는 것을 알 수 있지요. 에너지와 실용적인 기술, 그리고 강력한 결단력을 부여받은 당신은 열과 성을 다하면 성공을 이룰 수 있습니다. 안정을 중요시해서 자신과 가족을 위해 탄탄한 기반을 세우기를 좋아하지요. 실용적인 삶의 태도를 갖고 있는 당신은 뛰어난 사업 감각으로 물질적 성공을 이룰 수 있는 능력이 충분합니다. 4일에 태어난 사람들은 솔직 담백하고 공정하지요. 4일생들에게 어려운 난제는 주기적으로 찾아오는 불안감과 경제적인 걱정을 극복하는 일입니다. 천성적으로 충실한 당신은 사람들과 협업을 통해 혜택을 얻을 수 있습니다. 탄생월 11의 영향으로 직관력이 뛰어나고 창의적이며 자기 수양에 대한 욕구가 있네요. 이상주의적이고 원만한 성향으로 조화와 균형을 원합니다. 불만이 쌓이거나 불안함을 느끼게 되면 반항심이 생겨 멋진 아이디어를 비현실적인 일에 헛되이 써버릴 수 있습니다. 책임감을 진지하게 받아들이면 오래도록 안정감을 누릴 수 있습니다.

- 장점 : 체계적, 자기 수양, 꾸준함, 근면함, 조직적, 장인 기질, 손재주, 실용적, 믿음직스러움, 정교함.
- 단점 : 불안정, 파괴적인 행동, 속마음을 터놓지 못함, 억눌림, 엄격함, 나태, 냉정함, 미루는 버릇, 구두쇠, 위압적, 애정표현 부족, 분노, 엄격함

연애와 인간관계

이상주의적이고 솔직한 당신은 파트너를 신중하게 선택할 필요가 있습니다. 그렇지 않으면 실망을 할 수 있지요. 비밀스러운 성향이 있어 진정한 감정을 표현하기 어려워하여 때로 냉정하고 무심하게 보일 수 있습니다. 성실함과 자신감을 유지하면 감정이 자연스럽게 우러나와 연인 관계를 더욱 발전시킬 수 있습니다. 당신의 창의적인 삶의 태도는 사회적인 성공을 보장받고 다양한 부류의 사람들과도 잘 어울릴 수 있도록 돕습니다.

연인이나 친구 ♥

1월 4, 8, 13, 22, 26일 / 2월 6, 20, 24일 / 3월 4, 13, 18, 22일 / 4월 2, 16, 20, 30일 / 5월 14, 18, 28, 30일 / 6월 12, 16, 26, 28일 / 7월 5, 10, 14, 24, 26일 / 8월 8, 12, 22, 24일 / 9월 6, 10, 20, 22, 30일 / 10월 4, 8, 18, 20, 28일 / 11월 2, 6, 16, 18, 26일 / 12월 4, 14, 16, 24일

힘이 되어주는 사람 ♣

1월 9, 20일 / 2월 7, 18일 / 3월 5, 16, 29일 / 4월 3, 14, 27일 / 5월 1, 12, 25일 / 6월 10, 23일 / 7월 8, 21일 / 8월 6, 19일 / 9월 4, 17일 / 10월 2, 15, 30일 / 11월 13, 28일 / 12월 11, 26, 30일

운명의 상대

1월 27일 / 2월 25일 / 3월 23일 / 4월 21일 / 5월 1, 2, 3, 4, 5, 19일 / 6월 17일 / 7월 15일 / 8월 13일 / 9월 11일 / 10월 9일 / 11월 7일 / 12월 5일

경쟁자

1월 2, 10, 19일 / 2월 8, 17일 / 3월 6, 15일 / 4월 4, 13일 / 5월 2, 11일 / 6월 9일 / 7월 7, 30일 / 8월 5, 28일 / 9월 3, 26일 / 10월 1, 24일 / 11월 22일 / 12월 20, 30일

소울메이트 ★

1월 15일 / 2월 13일 / 3월 11일 / 4월 9일 / 5월 7일 / 6월 5일 / 7월 3일 / 8월 1일 / 10월 29일 / 11월 27일 / 12월 25일

전갈자리

이날 태어난 유명인

월터 크롱카이트(언론인), 윌 로저, 로레타 스위트(배우), 로버트 메이플소프(사진작가), 퍼프 대디(가수), 루이스 피구(축구 선수), 이소라(모델), 소지섭(배우)

527

| 태양 : 전갈자리 |
| 지배 성좌 : 물고기자리/해왕성 |
| 위치 : 12°30′ – 13°30′ 전갈자리 |
| 상태 : 고정궁 |
| 원소 : 물 |
| 항성 : 아크룩스, 알페카 |

11월 5일

SCORPIO

명석한 두뇌로 지적 도전을 즐기는 사람

지적이고 감응력이 뛰어난 당신은 명석한 전갈자리 태생으로 깊은 감성과 강렬한 내적 에너지를 갖고 있지요. 호기심과 통찰력이 있어 지식을 통해 힘을 얻고자 합니다. 겉으로는 침착하고 부드러워 보이지만 내적으로는 치열해질 수 있으며 예리한 비판은 때로 너무 노골적인 표현이 될 수 있습니다. 결단력과 인내력이 있는 당신은 강한 확신과 단정적인 태도로 인해 때로는 고집불통으로 보이기도 합니다.

지배 성좌 물고기자리의 기운이 당신의 감수성에 힘을 실어주어 당신은 본능적으로 문제를 파악할 수 있는 능력을 갖고 있습니다. 한 번에 하나의 문제에만 집중할 수 있어서 특정한 연구 분야의 전문가가 되거나 독특한 관심을 갖게 될 수 있지요. 상상력이 풍부하고 예리한 감각의 소유자인 당신은 주변의 모든 것을 동화시키네요. 이런 기운은 당신이 정서적으로 과민해질 수 있고 기분 변화가 심할 수 있다는 것을 보여주지만 조화로운 분위기를 조성하면 내적 평정심을 유지할 수 있습니다.

개인적 인맥에 대한 욕구는 당신이 인맥을 잘 활용하는 사람이며, 대인 관계에 소질을 보이고 새로운 기회와 사람을 통해 성공할 수 있음을 보여주네요. 시적 활동이 왕성해 지적 도전도 즐깁니다. 그러나 논쟁에 뛰어드는 성향이 있으니 마음먹은 대로 일이 풀리지 않을 때 시비가 붙을 수 있습니다. 그렇지만 경제적인 모험에 관여하거나 성공하고 싶은 욕구는 당신이 사람들과의 연대나 협업에서 혜택을 얻을 수 있다는 것을 보여줍니다.

17세 이후에 당신의 태양이 궁수자리로 들어가면서 당신은 더욱 낙관적으로 변합니다. 정신적인 시야를 넓히고 도전을 받아들이거나 여행을 하게 되지요. 혹은 내적인 자유를 더 원하거나 진리나 철학 또는 인생의 의미에 대한 관심이 더 깊어집니다. 당신의 태양이 염소자리로 들어가게 되는 47세 이후에는 더욱 조직적이고 부지런하며 현실적이 되고 삶의 목표와 야망을 구체화하는 시기이기도 합니다. 77세부터 당신의 태양이 물병자리로 옮겨가면서 당신은 친구와의 우정과 자유, 그리고 독립에 더 큰 의미를 두게 됩니다.

숨어 있는 자아

높은 이상과 심오한 사고가 돈과 명예, 그리고 화려함에 대한 실용적인 욕구와 묘하게 결합되어 있어 이 극단적인 성향 사이에서 늘 흔들리겠네요. 목표를 갖게 되면 의지가 강해지고 결단력이 생기는 당신은 단호함으로 사람들에게 감동을 주지요. 훌륭한 전략가인 당신은 타인을 위해 노력하고 거기에서 행복을 느끼는 사람이지만, 탁월한 개인적인 성취를 이루고 싶은 에너지와 결단력 또한 있습니다.

통찰력이 비범하지만 야망과 타성 사이를 오가는 성향은 엄청난 잠재력을 발휘하는 데 장애물이 될 수 있습니다. 그렇지만 놀라운 집중력과 인정 욕구, 그리고 어렵고 힘든 일을 기꺼이 하려는 적극성으로 당신은 근면하고 헌신적이 될 수 있지요. 조화에 대한 강렬한 욕구는 미술이나 음악에 대한 재능이나 비평, 또는 보편적인 정신을 표현하는 데 반영될 수 있습니다.

일과 적성

타고난 사교 수완과 인맥을 만드는 능력을 통해 당신은 홍보 일이나 에이전시, 또는 상업 광고 같은 협상이나 중재와 관련된 직업에서 두각을 드러낼 수 있습니다. 또한 당신은 아이디어나 제품의 판매나 판촉 분야에서 특히 탁월한 능력을 발휘할 수 있지요. 일단 하나의 프로젝트에 심혈을 기울이게 되면 아주 단호해지는 당신은 날카로운 비즈니스 감각과 조직력이 있어서 어떤 직업을 선택하든 성공할 가능성이 높습니다. 자영업을 선호할 수 있지만 사람들과의 협업이 더 많은 기회를 줄 수 있습니다. 혹은 인정받고 싶은 욕구가 어떤 능력이든 주목받게 되는 원동력이 됩니다.

수비학으로 풀어본 당신의 운세

강력한 직관과 모험적인 성향, 그리고 자유에 대한 열망은 5일에 태어난 사람들의 공통된 특성입니다. 탐구하거나 새로운 것을 시도하려는 의지, 그리고 열정적인 자세는 인생이 당신에게 많은 것을 제공하게 될 것임을 암시합니다. 여행과 다양한 경험들, 그리고 그중 뜻밖의 변화가 주는 기회로 인해 당신은 가치관과 믿음에 큰 변모를 겪게 됩니다. 5일에 태어난 당신은 인생이 흥미진진하다고 느낄 필요가 있지만 책임 있는 자세를 키우고 예측이 불가능하거나 불안감을 주는 상황을 피하세요. 시기상조이거나 질투 어린 행동을 피하고 인내를 배우면 성공할 수 있습니다. 5일생들의 천부적인 재능은 대세를 따르는 법을 알고 초연한 자세를 유지하는 것입니다. 탄생월 11의 영향으로 당신은 매우 직관적입니다. 지적이고 솔직담백하며 자신의 생각을 아주 명쾌하게 전달할 수 있지요. 감응력이 뛰어나고 사람들에게 예민하지만 익살스러운 생각은 때로는 회의주의와 접목되어 냉소적인 위트를 자아내기도 합니다.

- ● 장점 : 다재다능함, 적응력, 진보적, 강한 직관, 매력적, 행운, 대담함, 기민함, 재치, 강한 호기심, 신비함, 사교적
- ■ 단점 : 신뢰할 수 없음, 변덕스러움, 일을 미루는 성향, 일관성 없음, 불성실, 자만심, 고집불통

연애와 인간관계

섬세하고 강렬한 감성을 지닌 당신은 호기심이 많고 확고한 신념과 철학이 있습니다. 힘이 넘치고 독립적인 사람을 존경해 자신에게 딩딩히 맞설 수 있고 당신의 단호한 성격에 기죽지 않는 강한 파트너가 필요합니다. 친화적이고 사교적이지만 당신은 스스로 독립하여 새로운 도전을 시험할 수 있지요. 지적 능력을 발휘하고 싶은 욕구가 있어 지적인 사람들과 어울리기를 좋아합니다.

당신에게 특별한 사람

연인이나 친구

1월 2, 3, 23일 / 2월 11, 21일 / 3월 9, 19, 28, 31일 / 4월 7, 17, 26, 29일 / 5월 5, 15, 24, 27, 28, 29, 31일 / 6월 3, 13, 22, 25, 26, 27, 29일 / 7월 1, 11, 20, 23, 25, 27, 29일 / 8월 9, 18, 21, 23, 25, 27일 / 9월 7, 16, 19, 21, 23, 25일 / 10월 5, 14, 17, 19, 21, 23일 / 11월 3, 12, 15, 17, 19, 21일 / 12월 1, 10, 13, 15, 17, 19일

힘이 되어주는 사람

1월 3, 4, 10, 21일 / 2월 1, 2, 8, 19일 / 3월 6, 17, 30일 / 4월 4, 15, 28일 / 5월 2, 13, 26일 / 6월 11, 24일 / 7월 9, 22일 / 8월 7, 20일 / 9월 5, 18일 / 10월 3, 16, 31일 / 11월 1, 14, 29일 / 12월 12, 27일

운명의 상대

1월 22, 28일 / 2월 20, 26일 / 3월 18, 24일 / 4월 16, 22일 / 5월 3, 4, 5, 6, 14, 20일 / 6월 12, 18일 / 7월 10, 16일 / 8월 8, 14일 / 9월 6, 12일 / 10월 4, 10일 / 11월 2, 8일 / 12월 6일

경쟁자

1월 11, 20일 / 2월 9, 18일 / 3월 7, 16일 / 4월 5, 14일 / 5월 3, 12, 30일 / 6월 1, 10, 28일 / 7월 8, 26, 31일 / 8월 6, 24, 29일 / 9월 4, 22, 27일 / 10월 2, 20, 25일 / 11월 18, 23일 / 12월 16, 21일

소울메이트

1월 26일 / 2월 24일 / 3월 22, 30일 / 4월 20, 28일 / 5월 18, 26일 / 6월 16, 24일 / 7월 14, 22일 / 8월 12, 20일 / 9월 10, 18일 / 10월 8, 16일 / 11월 6, 14일 / 12월 4, 12일

이날 태어난 유명인

브라이언 애덤스, 아트 가펑클(가수), 샘 셰퍼드, 비비언 리, 테이텀 오닐(배우), 윌리엄 허셜(천문학자), 알렉사 청(모델), 구봉서, 안영미(코미디언), 법정(승려), 박정철, 한지민(배우), 보아(가수)

529

태양 : 전갈자리	
지배 성좌 : 물고기자리/해왕성	
위치 : 13° 30′ - 14° 30′ 전갈자리	
상태 : 고정궁	
원소 : 물	
항성 : 아크룩스, 알페카, 알 게누비	

11월 6일

SCORPIO

트렌드를 선도하는 아이디어 뱅크

매력적이고 사교적이면서도 야망과 의욕이 넘치는 당신은 진취적인 전갈자리 태생으로 비전과 이상주의를 겸비하고 있습니다. 개인적인 충족감과 행동하고자 하는 열망은 당신의 강한 의욕을 보여주네요. 겉으로는 밝고 원만하게 보이지만 때로 상황이 혼란스러워지면 불안하고 우유부단한 감정을 느낄 수 있습니다. 그러나 계속 행운이 따라주어 자신의 행동 때문에 어려운 상황이 발생했을 때도 잘 이겨낼 수 있습니다.

지배 성좌 물고기자리의 기운이 당신의 감수성에 직관적 통찰력을 더해주어 주변 분위기에 직감적으로 동화될 수 있는 능력이 있습니다. 상상력이 풍부하며 예리한 감각을 지닌 당신은 감동을 받으면 창의력을 발산해 환상에 잠기거나 더 좋은 미래를 꿈꾸는 것을 즐기지요. 균형 잡힌 조화로운 분위기를 조성하면 내적 평정심을 유지할 수 있습니다.

새로운 아이디어를 주도할 때 행복감을 느끼는 당신은 트렌드를 선도하는 것을 좋아합니다. 당신의 많은 특성 중에는 창의적이고 실용적인 면도 포함되는데, 새롭고 특이한 비전을 제시하는 능력을 보면 당신이 독특한 사고의 소유자임을 알 수 있지요. 완벽주의자인 당신은 영감이 넘치는 아이디어와 긍정적인 통찰력으로 기발한 재주가 요구되고 극적인 상황을 연출해야 할 때 우위를 점하게 됩니다.

16세 이후에 당신의 태양이 궁수자리로 들어가면서 당신은 더욱 낙관적이고 시야가 넓어지게 됩니다. 더 높은 수준의 교육을 받거나 여행을 많이 하거나 모험적인 일에 자극받거나 위험을 감수합니다. 철학이나 종교 또는 진리 추구를 통해 영적인 영역을 탐구하고 싶어 하죠. 당신의 태양이 염소자리로 들어가게 되는 46세부터 당신은 질서와 체계의 필요성을 절실히 느끼며 더욱 현실적이고 실용적이며 체계적인 태도로 인생을 살아가게 되지요. 76세부터 당신의 태양이 물병자리로 옮겨가면서 당신은 친구와의 우정과 독립 그리고 인도주의적인 이상을 더 소중하게 여기게 됩니다.

숨어 있는 자아

운이 따르는 아이디어를 떠올리는 데 타고난 재능이 있는 당신은 이익이나 발전을 이룰 수 있는 관계를 찾게 됩니다. 인간관계와 파트너십의 중요성이 강조되는 것은 당신이 단호하고 강인한 사람이지만 타협의 기술을 터득해야만 사람들이 제공하는 것들에서 혜택을 얻을 수 있음을 알 수 있습니다. 선견지명이 뛰어나고 상황 판단이 빨라 자신에게 주어진 기회를 최대할 활용할 준비가 되어 있으며 스스로 기회를 만들어 나가기도 합니다.

당신은 사랑하는 사람에게 솔직하고 지나칠 정도로 관대하지만 권위적이거나 자기 파괴적인 모습을 보이면서 관계를 망칠 위험성이 있습니다. 당신에겐 강렬한 감성과 욕구가 있지만 유연해지고 비판을 받아들이는 법을 터득하면 심오한 차원의 강력하고 이타적인 사랑을 표현하는 데 익숙해질 수 있습니다.

일과 적성

현실적인 태도와 타고난 사교 수완으로 당신은 사람들과 협업하는 일을 즐기며, 일과 놀이를 겸할 때나 금전적인 이득과 관련된 아이디어를 홍보할 때 자신의 진가를 발휘하게 됩니다. 독립적인 성향에 리더십을 타고난 당신은 명령을 받는 것을 좋아하지 않아 관리직에 지원하거나 자영업을 선택할 수 있습니다. 행동이 따르는 진취성과 문제해결 능력이 뛰어나니 새로 시작하거나 도전적인 일에서 성공할 수 있습니다. 용기와 설득력이 있어 어떤 일이나 직업을 선택하게 되면 전념을 하고 열성을 보이지요. 직업으로든 창의적인 분출구로든 음악과 저술 활동에 끌릴 수도 있습니다.

수비학으로 풀어본 당신의 운세

인정이 많고 이상주의적이며 배려하는 성향은 6일에 태어난 사람들의 공통된 특성입니다. 이 생일은 완벽주의자이자 넓은 인맥을 암시하는 숫자로 당신이 책임감 있고 다정하며 지원을 아끼지 않는 휴머니스트임을 보여줍니다. 6일에 태어난 당신은 가정적이며 헌신적인 부모가 될 수 있지요. 당신의 섬세한 성향은 창의적인 표현에 대한 욕구로 나타나 연예계나 미술, 디자인 세계로 진출할 수 있습니다. 자신감을 키우고, 간섭하거나 걱정하거나 또는 부적절한 연민을 보이는 성향을 극복할 필요가 있습니다. 탄생월 11의 영향으로 당신은 강렬한 감성과 강한 성격을 지녔습니다. 높은 이상의 소유자이지만 목표를 이루기 위해서는 인내와 끈기를 보이며 단호할 필요가 있지요. 혁신적이며 상상력이 풍부해 미래를 위해 계획을 세우기를 좋아하고 물질적으로 안정감을 갖기를 원하네요. 불만이 생기더라도 사람들에게 지나치게 비판적이거나 고압적인 태도는 피하십시오.

- 장점 : 세상 경험이 많음, 형제애, 친화적, 인정이 많음, 신뢰할 수 있음, 이해심, 공감력, 이상주의적, 가정적, 인도주의적, 침착함, 예술적, 균형 잡혀 있음
- 단점 : 불만족, 불안, 수줍음, 비이성적, 고집스러움, 직설적, 부조화, 완벽주의, 고압적, 책임감 결여, 이기적, 의심이 많음, 냉소적, 자기중심

연애와 인간관계

따스하고 매력적인 성향에서 나타나는 강한 성격은 사람들을 매료시킬 수 있습니다. 당신은 야심이 넘치지만 그만큼 이해심도 많아 용기를 북돋워주고 사랑하는 사람을 위해서는 무엇이든 할 수 있지요. 그러나 조급한 마음에 진도를 너무 빨리 나가게 되면 나중에 후회를 하게 될 수 있습니다. 안정감을 중요시하므로 물질적인 고려 또한 관계에서 중요한 부분을 차지합니다.

이날 태어난 유명인

샐리 필드, 엠마 스톤(배우), 제임스 네이스미스(농구 창안자), 마리아 슈라이버(언론인), 존 필립 수자(작곡가), 찰스 다우(다우 존스 공동 설립자), 로랑 라로그(수학자), 아돌프 삭스(색소폰 발명가), 권해효, 연정훈, 이동욱(배우), 주영훈(작곡가), 권혁(야구 선수)

m,

천갈자리

| 태양 : 전갈자리 |
| 지배 성좌 : 물고기자리/해왕성 |
| 위치 : 14°30′ - 15°30′ 전갈자리 |
| 상태 : 고정궁 |
| 원소 : 물 |
| 항성 : 아크룩스, 알페카, 알 게누비 |

11월 7일

SCORPIO

논쟁과 토론을 반기는 탐구형 인간

독립적이고 지적인 당신은 직관력이 뛰어난 전갈자리 태생으로 다량의 정보를 분석하고 축적하는 능력이 있습니다. 지략이 풍부하고 머리가 좋아서 지식과 교육의 힘을 알고 있지요. 통찰력이 있고 혜안이 풍부한 당신은 논쟁이나 토론을 통해 지적 능력을 발휘할 수 있는 기회를 반깁니다. 상황을 좌지우지하는 걸 좋아해 사람들에게 위엄을 보이며 권위주의적인 모습으로 비칠 수 있습니다.

지배 성좌 물고기자리의 기운이 당신에게 상상력과 더불어 특정 관심 분야에 깊이 탐구할 수 있는 능력을 주었습니다. 상상력이 풍부하며 영적인 능력을 겸비한 당신은 영감을 받으면 속마음을 터놓고 창의력을 발산하지요. 선견지명과 직관적 통찰력으로 주변의 분위기를 쉽게 판단할 수 있습니다.

신중함과 열정이 결합되어 지나치게 자신만만한 모습과 자기 불신 사이를 오갈 수 있습니다. 타고난 실용주의자지만 때로는 파격적인 발상을 하기도 합니다. 그러나 당신의 독특한 사고방식이 그저 까탈을 부리기 위한 반대 의견이어서는 안 됩니다. 사람들이 당신의 장점을 인식하면서 당신은 권위와 권한이 주어지는 자리에 오르게 됩니다. 인내 하나로 엄청난 도전도 견뎌내는 당신은 결국 끈질긴 노력으로 성공을 이룹니다.

15세 이후에 당신의 태양이 궁수자리로 들어가면 당신은 더욱 낙관적인 상태가 되어 삶에서 솔직함과 이상주의의 필요성이 더 커지게 됩니다. 이때가 공부하고 여행하며 정신적인 지평을 넓힐 시기지요. 당신의 태양이 염소자리로 들어가게 되는 45세에 전환점을 맞게 됩니다. 당신은 인생의 목표를 이루기 위해 더욱 현실적이고 실용적이 되며 질서와 체계에 대한 강한 욕구가 생기게 됩니다. 75세부터 당신의 태양이 물병자리로 옮겨가면서 또 한 번의 전환기를 맞게 되는데, 당신은 우정과 독립적인 생활, 그리고 인도주의적인 이상에 더 집중하게 됩니다.

숨어 있는 자아

강인하면서도 결단력이 있지만 사람을 사로잡는 매력을 발산하는 당신은 양극단의 성향이 결합된 흥미로운 사람입니다. 날카로운 기지와 지성을 겸비한 당신은 사람들을 빠르게 꿰뚫어 보는 인도주의적 성향도 지니고 있습니다. 책임감이 강하고 근면해 내면에는 이상주의적 성향이 있어서 불의와 싸우기도 합니다. 그렇지만 권한이나 돈, 또는 명예에 대한 욕구는 성공의 사다리를 오르는 원동력이 됩니다.

당신은 독립적인 성향이지만 나눔의 가치는 물론 협업을 통해 최선의 결과를 얻을 수 있다는 것을 알고 있네요. 의존적인 상황을 피하기 위해서는 강력한 직관을 발휘하여 자신의 의견을 고수하는 자세와 다른 사람의 의견을 수용하는 자세 사이에서 균형 있는 결정을 할 필요가 있지요. 경쟁을 하는 재미가 더해지면 유머 감각을 유지하는 데 도움이 됩니다.

일과 적성

예리한 지성과 리더십을 겸비한 당신에게는 다양한 직업을 가질 수 있는 기회가 주어지지만 어떤 직업을 선택해도 성공을 이룰 수 있습니다. 독립적이지만 근면성과 책임감을 높이 인정받아 높은 자리까지 올라갈 수 있습니다. 빠른 두뇌 회전과 소통 능력, 그리고 지식에 대한 열망으로 당신은 작가나 교육계 또는 연구 분야로 진출할 수 있습니다. 자신을 성찰하는 능력과 철학적인 성향을 타고나 연극이나 정치계에서도 뛰어난 능력을 보일 수 있습니다. 명령을 받는 것을 싫어해서 책임 있는 자리에 앉거나 자영업에 끌릴 수도 있지요.

수비학으로 풀어본 당신의 운세

분석적이고 사려가 깊은 7일생들은 비판적이며 자신에게만 몰두합니다. 더 큰 깨달음에 대해 끊임없이 열망하는 당신은 지식을 쌓는 것을 즐기고 독서나 글쓰기 또는 영적인 분야에 관심을 둘 수 있습니다. 상황 판단이 빠르긴 하지만 지나치게 이성적이 되거나 사소한 것에 연연할 수 있습니다. 불가사의하거나 비밀스러운 성향 때문에 때로 당신이 오해를 받고 있다고 느낄 수도 있지요. 지적 호기심이 많은 당신은 겉으로 보이는 이면에 무엇이 있는지를 찾기 위해 탐구하고 알아보는 것을 즐깁니다. 탄생월 11의 영향으로 당신은 매우 직관적인 혜안을 갖고 있지요. 지적인 당신에겐 꿰뚫어 보는 직관력이 있어서 현실적이고 상식적인 분별력을 바탕으로 그 능력을 행동에 적용하면 기록적인 성과를 이뤄낼 수 있습니다. 충실하면서도 강한 확신이 있어서 당신의 인도주의적 이념으로 사람들을 감동시킬 수 있는 곳이나 개혁 분야에서 훌륭한 성과를 이뤄낼 수 있습니다.

● 장점 : 교양, 신뢰할 수 있음, 세심함, 이상주의적, 솔직함, 영적, 과학적, 합리적, 사색적
■ 단점 : 은폐, 기만적, 불친절, 비밀스러움, 의심이 많음, 혼란, 불평, 무심함, 냉정함

연애와 인간관계

당신에겐 독립적인 자유를 인정해주는 파트너가 필요합니다. 사려 깊고 직관력이 뛰어난 당신은 사람들을 솔직하게 대하는 것을 좋아해요. 지략도 풍부하지만 단호하면서도 강압적인 성향도 있네요. 누군가를 사랑하면 당신은 지원을 아끼지 않고 기운을 북돋워줍니다. 배려심이 많은 사람이지만 주도하려는 타고난 성향은 때로 당신이 고압적일 수도 있음을 보여주네요. 그러나 일단 시작하면 책임감을 갖고 깊은 사랑을 나누게 되지요.

당신에게 특별한 사람

연인이나 친구

1월 11, 13, 15, 17, 25일 / 2월 9, 11, 13, 15, 23일 / 3월 7, 9, 11, 13, 21, 29일 / 4월 5, 7, 9, 11, 19일 / 5월 3, 5, 7, 9, 17, 31일 / 6월 1, 3, 5, 7, 15, 23, 29일 / 7월 1, 3, 5, 21, 27, 29, 31일 / 8월 1, 3, 11, 25, 27, 29일 / 9월 1, 9, 23, 25, 27일 / 10월 7, 21, 23, 25일 / 11월 5, 19, 21, 23일 / 12월 3, 17, 19, 21, 30일

힘이 되어주는 사람

1월 1, 5, 20일 / 2월 3, 18일 / 3월 1, 16일 / 4월 14일 / 5월 12일 / 6월 10일 / 7월 8일 / 8월 6일 / 9월 4일 / 10월 2일

운명의 상대

5월 5, 6, 7, 8일

경쟁자

1월 6, 22, 24일 / 2월 4, 20, 22일 / 3월 2, 18, 20일 / 4월 16, 18일 / 5월 14, 16일 / 6월 12, 14일 / 7월 10, 12일 / 8월 8, 10, 31일 / 9월 6, 8, 29일 / 10월 4, 6, 27일 / 11월 2, 4, 25, 30일 / 12월 2, 23, 28일

소울메이트

1월 6, 12일 / 2월 4, 10일 / 3월 2, 8일 / 4월 6일 / 5월 4일 / 6월 2일

이날 태어난 유명인

조니 미첼(가수), 빌리 그레이엄(목사), 마리 퀴리(과학자), 조앤 서덜랜드(성악가), 콘라트 로렌츠(생태학자), 알베르 카뮈(작가), 레프 트로츠키(러시아 혁명가), 류성룡(조선 문인), 김윤진(배우), 전현무(방송인), 장윤주(모델)

태양 : 전갈자리	
지배 성좌 : 물고기자리/해왕성	
위치 : 15° 30′ – 16° 30′ 전갈자리	
상태 : 고정궁	
원소 : 물	
항성 : 알 게누비	

11월 8일
SCORPIO

새로운 트렌드를 이끌어가는 기획자

개성 있고 지적인 당신은 섬세한 전갈자리 태생으로 지시하는 성향을 보입니다. 야망이 있고 단호하며 용기와 이상에 전념하는 당신은 사랑하는 사람에게 다정하고 너그럽지요. 관찰을 잘하고 직관이 뛰어나며 지식욕이 많아 상황 판단도 빠르기 때문에 흥미로운 아이디어를 잘 내놓습니다. 멀리 내다볼 줄 알고 실천력도 겸비한 당신은 새로운 트렌드와 콘셉트를 이끌어갈 수 있습니다.

지배 성좌 물고기자리의 기운으로 상상력이 풍부하고 재주가 많으며 강력한 육감을 지녔습니다. 타고난 재능으로 자신을 표현할 수 있는 방법을 찾아 좋아하는 직업을 선택할 수 있는 행운을 누리지요. 집중력과 결단력이 있지만 기분이 수시로 변하거나 공상에 빠지거나 현실을 도피하지 않도록 조심하세요.

성장에 대한 욕구와 전체를 바라보는 능력이 있어 생각의 스케일이 큽니다. 자기 확신이 강하고 호기심이 많은 당신은 사람들의 간섭을 싫어하고 고집스러운 면도 있어 마음의 동요가 심하거나 조급하게 행동하는 모습을 보이기도 하지요. 성공은 더 수준 높은 교육이나 사회적, 도덕적, 종교적 열망을 통해 얻을 수 있습니다. 인내심과 관용을 기르고 자기 수양을 쌓아 불안정한 정서를 극복하게 되면 모든 것을 이룰 수 있습니다.

14세부터 33세까지 당신의 태양이 궁수자리에 있는 기간 동안 당신은 자유와 확실한 이상과 지평을 넓힐 수 있는 기회를 찾게 됩니다. 이때 탐구심이 최고조에 이르러 당신은 종교나 철학, 또는 삶의 의미에 관심을 기울이거나 여행을 하게 되지요. 당신의 태양이 염소자리로 들어가게 되는 44세에 전환점을 맞게 되면서 당신은 목표를 실현하기 위해 수양을 쌓으며 목표에 집중하는 삶을 살게 됩니다. 74세부터 당신의 태양이 물병자리로 옮겨가면서 또 한 번의 전환기를 맞으면, 당신은 우정과 독립적인 삶, 그리고 단체 활동에 더 집중하게 됩니다.

숨어 있는 자아

넘치는 재치와 자기표현에 대한 욕구, 그리고 사교적인 면모를 충분히 발휘하기 위해서는 불확실성이나 우유부단한 성향을 극복할 필요가 있습니다. 선택하고 결정을 내리는 일이 탄탄하게 체계가 잡힌 당신의 정신에 중요한 도전적 과제가 되겠네요. 그러나 화술이나 창의적 재능을 발휘하면 인생의 기쁨을 즐길 수 있습니다.

성공 지향적인 당신은 항상 모종의 계획들을 진행하고 있네요. 독립적이면서 인맥을 잘 활용하고 훌륭한 기획자인 당신은 각양각색의 프로젝트를 맡게 됩니다. 매우 기민하여 사람이나 환경을 빠르게 판단하기 때문에 대형 프로젝트를 좋아하고 항상 기회를 찾아 나섭니다. 자상한 관대함과 낙천주의 덕분에 사람들의 높은 평가를 받고 많은 행운이 더해져 인생의 성공을 이루게 되지요.

일과 적성

당신은 주도적인 자리를 선호하고 탁월한 조직력을 갖추고 있어 특히 관리자나 행정가로서 성공할 수 있습니다. 탐구력이 있어 과학이나 심리학에서 관심과 만족을 얻을 수 있습니다. 인도주의 성향과 뛰어난 화술은 교사나 카운슬러 또는 변호사나 사람들을 대변해야 하는 직업에서 탁월한 능력을 발휘할 수 있는 원동력이 되지요. 여기에는 사회 개혁이나 노동조합 또는 정치계와 관련된 일도 포함됩니다. 아니면 흥미로운 재능을 타고나 연예계에서도 만족감을 얻을 수 있을 것입니다. 또한 철학적, 종교적 또는 형이상학적인 성격의 직업에도 관심을 가질 수 있습니다.

수비학으로 풀어본 당신의 운세

8일에 태어난 사람들은 확실한 가치관과 건전한 판단력을 보여줍니다. 8이라는 숫자에서는 당신이 엄청난 성취를 열망하며 야심 찬 사람이라는 것이 나타납니다. 지배욕과, 물질적인 성공에 대한 욕구가 이 생일에서 보입니다. 8일에 태어난 당신은 타고난 사업 감각이 있어서 조직력과 경영 능력을 키우면 큰 이득을 볼 수 있습니다. 안정감과 정착에 대한 욕구가 강해서 장기적인 계획이나 투자 계획을 세우게 됩니다. 탄생월 11의 영향으로 당신은 지적이며 감동적인 아이디어를 손에 잡히는 현실로 전환시킬 수 있는 능력이 있지요. 생산적이고 외골수적인 성향은 당신이 막중한 책임을 떠맡아 최선을 다해 목표를 이뤄낼 수 있는 사람임을 알 수 있습니다. 영향력을 발휘할 수 있는 자리까지 오를 수 있지만 고집스러워지거나 권위적이 되지 않도록 주의하세요. 당신의 진정한 잠재력에 부응하기 위해서는 독창성을 유지하되 자신의 능력에 믿음을 가질 필요가 있습니다. 그러나 강박관념에 사로잡히거나 권한을 무리하게 사용하지 않는 것이 현명합니다.

● 장점 : 리더십, 철저함, 근면함, 권위, 보호, 치유 능력, 훌륭한 가치 판단
■ 단점 : 조급함, 편협함, 과로, 권위적, 쉽게 좌절, 계획 결여, 강압적 행동

연애와 인간관계

총명하고 직관이 뛰어난 당신은 정신적인 자극을 줄 수 있는 영리하고 재미있는 사람들과 어울리기를 좋아합니다. 친화적이고 공감력 있는 성향으로 사람들은 당신에게 조언과 지원을 원합니다. 이상주의적이고 야망이 있는 당신은 자신과 다른 사람을 위해 책임을 질 수 있는 용기를 가졌네요. 강하고 단호해 보이지만 섬세한 면이 있어서 때로 마음의 동요나 불안함을 보이기도 합니다. 사교성이 뛰어나 친구나 팬이 많습니다.

이날 태어난 유명인

보니 레이트, 리키 리 존스(가수), 알랭 들롱(배우), 헤르만 로르샤흐(정신분석학자), 브램 스토커, 마거릿 미첼(작가), 거스 히딩크(축구 감독), 정우영(아나운서)

태양 : 전갈자리

지배 성좌 : 물고기자리/해왕성

위치 : 16° 30′ - 17° 30′ 전갈자리

상태 : 고정궁

원소 : 물

항성 : 알 게누비

11월 9일

SCORPIO

생기 넘치고 활동적인 분위기 메이커

섬세하고 표현이 분명하며 활기찬 전갈자리 태생인 당신은 냉철한 지성과 지식애를 보여줍니다. 진취적이고 직관적이며 젊음이 넘치는 기질로 활동적인 성향이고 자발적이며 표현력이 풍부합니다. 그러나 때때로 드러나는 미성숙한 태도는 경계할 필요가 있어요. 자신에게 부여된 책임을 다하는 법을 터득하면 창조적이고 자기 성찰이 잘 된 이미지를 발산할 수 있습니다.

지배 성좌 물고기자리의 기운으로 당신은 감수성이 예민하며 상상력이 풍부하고 강력한 예지력을 지녔습니다. 이상주의적이고 감응력이 좋아 설득력이 탁월하고 강한 확신의 소유자이지요. 매력적이고 사교적인 당신은 사람들과 어울리는 것을 즐기며 특히 사람이 많이 모이는 곳에서 분위기를 흥겹게 만듭니다. 그러나 모호한 성격의 사람들에게 시간을 낭비하지 않도록 주의하세요.

의지가 강하고 결단력이 있어 대규모 프로젝트를 기획하고 실행할 수 있겠네요. 그러나 때로는 지나친 자신감과 고집, 또는 충동적인 행동으로 과잉 반응을 할 수 있지요. 과도하게 흥분하는 성향은 개성적이라기보다는 괴팍하다는 인상을 주기 쉽습니다. 신뢰하고 협조하면 성공을 위한 많은 도움을 얻을 수 있습니다. 한시도 가만 있지 못하는 정신적 에너지를 단련시키면 원대한 꿈을 손에 잡히는 현실로 이뤄낼 수 있습니다.

13세부터 42세 사이에 당신의 태양이 궁수자리에 있는 기간 동안 당신은 지평을 넓히고 기회를 잡고 싶은 욕구가 생기며 더욱 낙천적인 성향으로 변합니다. 철학을 탐구하거나 교육이나 여행에 집중하게 되지요. 당신의 태양이 염소자리로 들어가게 되는 43세에 전환점을 맞게 되면서 부쩍 부지런해지고 인내심이 커지며 삶에 질서와 체계를 세우고 싶은 욕구가 강해집니다. 73세부터 당신의 태양이 물병자리로 옮겨가면서 또 한 번의 변화가 찾아오고, 당신은 새로운 아이디어나 우정, 그리고 인간 본성에 대한 지식에 더 집중하게 됩니다.

숨어 있는 자아

당신은 마음이 따뜻한 사람으로, 활기가 넘치고 매력적어서 사람들에게 호감을 주지만 물질만능주의와 이상주의가 묘하게 결합되면서 성공에 대한 열망이 큽니다. 야심이 크지만 놀기 좋아하는 기질은 평생 가며, 그 기질이 사람들을 매혹시키는 재주가 되네요. 친화력과 열정, 사람을 다루는 기술은 당신이 정상까지 오르는 데 확실하게 도움을 줄 수 있습니다.

독립적이고 성공 지향적인 당신은 활동적이며 거창하게 생각하는 걸 좋아합니다. 그러나 감성에 휩쓸리거나 극단으로 치닫지 않도록 조심해야 합니다. 섬세한 당신은 어떤 종류든 향정신성 물질은 피해야 합니다. 그러나 역동적이고 매력적인 당신도 감추고 싶은 두려움이 있거나 지나치게 물질 지향적으로 흐르게 될 수 있습니다. 직관이나 이상주의적인 비전에 다시 연결되면 평상시의 낙관적인 모습으로 되돌아갈 수 있습니다.

일과 적성

리더십 기질이 강한 당신에게 최고의 성취는 선택한 직업에서 선두에 서는 것입니다. 지식을 쌓는 데 탁월한 잠재력을 보여 학계에 이름을 올리거나 법조계, 심리학, 또는 의학계에서 두각을 드러낼 수 있습니다. 글 쓰는 능력이나 화술에 천부적인 재능을 보이니 교직이나 강사, 또는 저술 활동으로 성취감을 얻을 수도 있지요. 타고난 사업 감각은 영업이나 홍보 또는 협상 분야에서 설득력을 발휘할 수도 있습니다. 경우에 따라 확고한 철학으로 훌륭한 정치가나 대변인 또는 대의를 위한 투사가 될 수도 있습니다. 타고난 배우여서 연예계에 관심을 보일 수도 있습니다.

수비학으로 풀어본 당신의 운세

자비심이 많고 사려가 깊으며 풍부한 감성은 9일에 태어난 사람들의 공통된 특성입니다. 관대하고 다정한 당신은 너그럽고 진보적입니다. 직관적이고 영적인 능력은 감응력을 지녔음을 암시하며, 긍정적인 방향으로 전환되면 영적인 통로를 찾을 수 있을 것입니다. 이 생일은 감정의 기복으로 지나치게 예민해지는 성향을 극복해야 할 필요가 있음을 알려줍니다. 세계 여행을 하거나 다양한 부류의 사람들과의 교류에서 얻을 수 있는 것이 많겠지만 비현실적인 꿈이나 현실도피로 흐르는 성향은 피하도록 하세요. 탄생월 11의 영향으로 당신은 지적이고 직관적이며 영매 능력을 갖고 있지요. 상상력이 풍부하고 감응력이 뛰어난 당신은 사람들의 감정도 느낄 수 있습니다. 이상주의적이고 관대하지만 비밀스럽고 때로 깊은 감정을 감추고 있어 분노로 이어질 수도 있습니다. 너무 감정이 격해지면 거리를 두고 낙관적인 자세를 취하는 방법을 터득할 필요가 있습니다. 사교 수완을 발휘하여 오해는 풀고 적대심은 피하도록 하세요.

- 장점 : 이상주의적, 인도주의적, 창조적, 예민함, 관대함, 매력적, 시적, 자비심, 너그러움, 초연함, 행운, 인기 있음
- 단점 : 좌절감, 신경질적, 이기적, 비현실적, 신랄함, 쉽게 이끌림, 열등감, 두려움, 걱정, 고립감

연애와 인간관계

총명하고 섬세한 당신은 이상주의적이며 사려 깊은 사람이지요. 기분이 좋을 때면 자발적이 되어 열정을 보이지만, 회의적이거나 의심이 들 때면 초연하거나 무심하게 보일 수 있습니다. 사랑에 대한 이상이 너무 높아서 당신이 신뢰할 수 있는 파트너와 특별한 유대관계가 필요합니다. 당신은 친화적이고 사교적이지만 외로워질 수 있다는 불안감을 극복할 필요가 있네요. 인간 본성을 이해하는 능력을 타고나 어려움을 이겨낼 수 있고 사람들에게 매력을 발산할 수 있습니다.

당신에게 특별한 사람

연인이나 친구

1월 7, 10, 17, 27일 / 2월 5, 8, 15, 25일 / 3월 3, 6, 13, 23일 / 4월 1, 4, 11, 21일 / 5월 2, 9, 19일 / 6월 7, 17일 / 7월 5, 15, 29, 31일 / 8월 3, 13, 27, 29, 31일 / 9월 1, 11, 25, 27, 29일 / 10월 9, 23, 25, 27일 / 11월 7, 21, 23, 25일 / 12월 5, 19, 21, 23일

힘이 되어주는 사람

1월 3, 5, 20, 25, 27일 / 2월 1, 3, 18, 23, 25일 / 3월 1, 16, 21, 23일 / 4월 14, 19, 21일 / 5월 12, 17, 19일 / 6월 10, 15, 17일 / 7월 8, 13, 15일 / 8월 6, 11, 13일 / 9월 4, 9, 11일 / 10월 2, 7, 9일 / 11월 5, 7일 / 12월 3, 5일

운명의 상대

1월 13일 / 2월 11일 / 3월 9일 / 4월 7일 / 5월 5, 6, 7, 8, 9일 / 6월 3일 / 7월 1일

경쟁자

1월 16, 24일 / 2월 14, 22일 / 3월 12, 20일 / 4월 10, 18일 / 5월 8, 16, 31일 / 6월 6, 14, 29일 / 7월 4, 12, 27일 / 8월 2, 10, 25일 / 9월 8, 23일 / 10월 6, 21일 / 11월 4, 19일 / 12월 2, 17일

소울메이트

1월 16일 / 2월 14일 / 3월 12일 / 4월 10일 / 5월 8일 / 6월 6일 / 7월 4, 31일 / 8월 2, 29일 / 9월 27일 / 10월 25일 / 11월 23일 / 12월 21일

전갈자리

이날 태어난 유명인

이반 투르게네프(작가), 칼 세이건(천문학자), 헤디 라마(배우), 화이티 허조그(야구 코치), 안창호(독립운동가), 방정환(아동문학가), 구혜선(배우), 세븐(가수)

태양 : 전갈자리
지배 성좌 : 물고기자리/해왕성
위치 : 17°30′ – 18°30′ 전갈자리
상태 : 고정궁
원소 : 물
항성 : 없음

11월 10일

SCORPIO

다재다능하고 독창적인 팔방미인

창조적이고 직관적인 성향에 사람을 사로잡는 매력을 겸비한 당신은 독립적인 전갈자리 태생으로 자기주장이 강하고 설득력이 있습니다. 자유를 사랑하지만 당신의 의지와 기발한 재주를 건설적으로 사용하면 성공을 이룰 수 있지요. 영감이 넘치는 아이디어가 있고 용감하며 야심 찬 꿈을 이루기 위해서는 고생을 감수합니다.

지배 성좌 물고기자리의 기운으로 상상력이 풍부하고 감응력이 좋으며 강한 확신과 예지력을 지녔습니다. 지적인 도전을 즐기지만 자신의 기지와 지성을 시험하려는 의도로 너무 도발적이거나 논쟁적이 되지 않도록 주의하세요.

교육은 성공의 기회를 높이는 데 탄탄한 기반을 닦아주는 초석이 됩니다. 머리가 좋고 관심사가 다양한 당신은 다재다능함과 열정을 보여주며 여행이나 공부를 통해 광범위하게 혜택을 얻을 수 있습니다. 지식을 추구하며, 사려 깊고 지적인 사람이어서 훌륭한 관점과 추리력을 꾸준히 키워나갑니다.

배우는 걸 좋아하며, 자기 수양을 잘 쌓았지만 당신이 추구하는 진정한 영감은 정서적인 만족감과 성취감에서 찾을 수 있을 것입니다. 자기 뜻대로 사람들을 조종하면서 얻을 수 있는 것은 없습니다. 당신이 원하는 사랑과 애정은 너그럽고 다정한 공감력을 통해서만 얻을 수 있습니다.

12세부터 41세까지 당신의 태양이 궁수자리에 있는 기간 동안 당신은 더욱 개방적이고 솔직해지면서 긍정적이고 낙관적인 이상에 대한 욕구가 생깁니다. 견문을 넓히고 싶은 욕구는 모험과 자유 또는 여행과 교육에 대한 욕구에서 분명하게 드러나지요. 당신의 태양이 염소자리로 들어가게 되는 42세에 전환점을 맞게 되면서 당신은 목표에 집중하고 수양을 쌓아나가는 삶을 살기 시작합니다. 72세부터 당신의 태양이 물병자리로 옮겨 들면서 당신은 우정과 인간 본성에 대한 지식에 더욱 집중하게 됩니다.

숨어 있는 자아

겉으로는 강해 보여도 당신의 강렬한 감수성은 때로 자기 불신으로 힘들어질 수 있다는 것을 보여줍니다. 인정 많고 관대한 모습을 드러내는 법을 알면 보상받기 위해 남을 조종하거나 정서적으로 제어하려는 성향을 피할 수 있습니다. 자신의 직관과 통찰에 더 많이 의지할수록 성공을 맞이할 확률은 그만큼 더 커집니다. 사교에 과도하게 열중하거나 사서 걱정하는 성향은 피하는 것이 현명합니다. 긍정적인 분위기에서는 일에 최선을 다하고 싶은 열망에서 품위와 겸손함이 풍겨 나옵니다.

역동적이고 창의적이며, 예리하고 기민한 지적 감응력이 겸비된 당신은 긍정적인 활기가 넘치고 역경에 맞서 싸울 수 있는 용기가 있습니다. 주도적으로 권한을 행사하고 싶은 욕구가 있어서 야심 차고 매우 단호하지요. 매력적이고 너그러우며 자상하면서도 인기를 얻는 능력이 있는 당신은 너무 솔직하거나 군림하는 자세를 취하면 사람들을 밀어내게 된다는 점을 깨달아야 합니다. 놀기 좋아하는 성향이 있지만 인내와 책임 있는 자세를 보여야만 당신의 놀라운 잠재력을 최대한 발휘하여 거의 모든 것을 이룰 수 있습니다.

일과 적성

지식의 깊이와 추진력, 그리고 탁월한 사교성 덕분에 인생의 다양한 분야에서 잠재력을 발휘할 수 있습니다. 탐구 정신이 있어 연구나 심리학, 조사 작업에 끌리겠네요. 마찬가지로 교육이나 철학에서도 두각을 드러낼 수 있습니다. 비즈니스에서는 자연스럽게 대기업으로 진출하여 훌륭한 문제 해결사로 활약하기도 합니다. 명령을 받는 입장은 싫어해서 자기 뜻대로 일할 수 있는 자유가 필요하고, 조직력과 경영 능력을 발휘해 중요한 자리에도 오를 수 있습니다. 자기 표현에 대한 욕구가 강하고 드라마틱한 요소를 좋아해서 저술 분야나 연예계로 진출할 수도 있지요. 이 생일은 의사에게 더없이 좋으며 외국인이나 외국을 상대하는 사람들에게도 좋습니다.

수비학으로 풀어본 당신의 운세

1일에 태어난 사람들과 마찬가지로 당신은 엄청난 노력을 기울입니다. 그렇지만 많은 장애물을 극복해야 목표 지점에 도달할 수 있습니다. 에너지가 넘치고 독창적인 당신은 자신의 믿음이 다른 사람들과 다르더라도 그것을 고수합니다. 일을 자발적으로 처리하는 능력과 개척자 정신이 있어 멀리 여행을 하거나 스스로 독립을 이룰 수 있습니다. 또한 세상은 자신을 중심으로 돌지 않는다는 사실을 깨닫고 이기심과 권위적인 모습은 지양해야 합니다. 성공과 성취는 10일에 태어난 모든 사람들에게 중요하기에 선택한 직업에서 최고의 자리에 오를 수 있는 방법을 발견하게 됩니다. 탄생월 11의 영향을 받은 당신은 다재다능하고 독창적인 팔방미인입니다. 강한 확신과 자제력에 대한 욕구는 당신이 영적으로 깨어 있음을 보여주지요. 사람들을 즐겁게 하고 재기발랄한 성격이라 정신적으로 태평해도 방향과 목적은 꼭 필요합니다. 때로는 직설적이고 자기주장이 강한 당신은 너무 말이 많을 수 있지만 어리석다거나 지루하다는 평은 거의 듣지 않지요. 야망에 찬 당신은 권한을 지나치게 남용하지 말고 자기 집착에 빠지지 말아야 합니다.

- ● 장점 : 리더십, 창조적, 진보적, 단호함, 낙천적, 강한 신념, 승부욕, 독립적, 사교적
- ■ 단점 : 고압적, 질투심, 이기적, 자만심, 적대적, 자제심 결여, 이기적, 나약함, 불안

연애와 인간관계

강인하고 단호한 당신은 독립적이고 견문이 넓은 사람을 존경합니다. 주변 분위기를 밝게 만들어 친구나 팬도 쉽게 만들지요. 의지가 강하고 두뇌가 명석한 사람, 당신이 소중하게 여길 수 있는 사람을 파트너로 찾고 있네요. 주관이 뚜렷해 보이지만 친밀한 관계에서는 자신의 감정에 확신이 없으며 때로는 우유부단하거나 회의적으로 보이기도 합니다. 신뢰와 진실성을 체득해 의심하는 성향을 떨쳐버릴 필요가 있네요. 당신은 관계를 유지하면서 창의적이고 드라마틱해질 수 있지만 지나치게 요구하거나 고집스러워지는 성향은 조심하세요.

♏

천갈자리

이날 태어난 유명인

마르틴 루터(종교 개혁가), 리처드 버튼(배우), 윌리엄 호가스(화가), 제이콥 엡스타인(조각가), 바첼 린지, 프리드리히 실러(시인), 엔니오 모리코네(작곡가), 원빈(배우)

| 태양 : 전갈자리 |
| 지배 성좌 : 물고기자리/해왕성 |
| 위치 : 18°30' – 19°30' 전갈자리 |
| 상태 : 고정궁 |
| 원소 : 물 |
| 항성 : 알 셰말리 |

11월 11일
SCORPIO

타인의 입장을 이해하고 통찰하는 조언자

세심하고 이상주의적인 당신은 에너지가 넘치는 전갈자리 태생으로 목표에 집중하여 적극적으로 자신을 단련시키면 엄청난 정신적 잠재력을 발휘할 수 있습니다. 다재다능하고 상상력이 풍부하기 때문에 창의적인 당신의 감성을 표현할 필요가 있습니다. 평정심과 인내심은 성공의 열쇠이며 특별한 분야에 전문가가 되어 반드시 깊은 인상을 남기게 됩니다.

지배 성좌 물고기자리의 기운으로 영적 능력과 육감을 부여받아 감응력과 직관력이 뛰어납니다. 끊임없이 놀라운 아이디어를 내놓지만 걱정하는 습관과 믿음, 자존감을 약화시킬 수 있지요. 현실적인 태도는 침착함과 상상력과 결부되어 균형을 잡아주는 요인이 됩니다. 진동과 리듬에 감응하는 당신은 창의적인 성향이 있고 음악에서 긍정적인 영향을 받을 수 있습니다.

당신은 마음이 넓고 관대하여 자신에게 무한한 가능성이 펼쳐져 있음을 깨닫게 됩니다. 모험심이 강하고 자유로운 삶을 추구하지만 사람들과 함께 나누고 협력하는 것이 혼자 여행하는 것보다 당신을 훨씬 멀리 나아가게 해줄 것입니다. 모든 것을 배움을 주는 경험으로 생각하고 내면의 소리에 귀 기울이면 이성과 직관 모두를 소중히 여기게 될 겁니다.

11세부터 40세까지 당신의 태양이 궁수자리에 있는 기간 동안 당신은 공부나 여행을 통해 진리를 탐구하며 지평을 넓히고 인생을 즐기게 됩니다. 41세에 당신의 태양이 염소자리로 들어가면서 전환점을 맞으면 당신은 더욱 실용적이고 끈질기며 현실적인 삶의 태도를 보이기 시작합니다. 71세부터 당신의 태양이 물병자리로 들어가면 당신은 새로운 아이디어와 자유, 그리고 우정에 더욱 집중하게 됩니다.

숨어 있는 자아

내면의 감각이 역동적인 당신은 거칠고 권위적이며 결단력 있는 모습부터 섬세하고 남을 배려하며 인정 많은 모습까지 모든 감정을 발산할 수 있습니다. 너그럽고 이상주의적이며 마음이 따뜻한 사람이라 의무감이 강하네요. 직관적이면서도 정신적으로 기민한 당신은 영감을 얻으려 하며, 사람들을 돕는 일을 멋지게 해냅니다. 당신의 자기표현 욕구와 창의력은 미술이나 음악, 또는 연극을 통해 분출구를 찾을 수 있고 아니면 적어도 훌륭한 감상자라도 될 수 있습니다.

자신의 책임을 강하게 의식하며 사는 당신은 빚지고는 못 사는 성격이지만 때로 자신과 다른 사람들에게 지나치게 가혹할 때가 있습니다. 그래서 우울해지거나 좌절감을 느낄 수 있지요. 삶에 대한 철학과 가치 있는 대의나 이상을 갖고 있는 당신은 긍정적인 마음 상태를 유지하면 놀라운 능력이 빛을 발하게 됩니다.

일과 적성

다른 사람의 입장을 이해할 수 있는 당신은 훌륭한 심리학자이자 조언자가 될 수 있습니다. 타고난 사업가 성향에 훌륭한 조직력이 결합되어 어떤 직업에서든 도움을 받을 수 있습니다. 지식을 사랑하고 소통에 재능이 있는 당신은 교직과 과학 또는 글쓰기에서 탁월한 성과를 거둘 수 있지요. 독학을 하면 잠재력을 최대한 발휘할 수 있습니다. 대중이나 외국과 관련된 직업이 다양성을 사랑하는 당신을 만족시키고 싫증 나지 않도록 해줄 것입니다. 공동체에 유용하게 쓰이거나 봉사하고 싶은 욕구는 현실에 단단히 발을 딛게 하고 정서적인 만족감을 줄 것입니다.

수비학으로 풀어본 당신의 운세

마스터 숫자 11의 특별한 울림은 이상주의와 영감, 그리고 혁신이 당신에게 매우 중요하다는 것을 보여줍니다. 겸손함과 자신감이 공존하는 사람이라 물질적으로나 정신적으로 극기심을 기르는 것이 당신에게 주어진 과제네요. 경험을 통해 자신의 이 두 가지 성향을 어떻게 다뤄야 할지 스스로 터득해야 합니다. 그러면 자신의 감정을 믿으며 극단적인 태도를 누그러뜨리는 법도 알게 될 겁니다. 항상 생기와 활기가 넘치지만 지나치게 걱정하거나 비현실적인 태도는 피해야 합니다. 탄생월 11의 영향으로 당신은 감성이 풍부하고 영적 능력 또한 지니고 있네요. 주변의 분위기를 긍정적으로 잘 받아들이지만 적대적인 환경은 어떤 종류든 부정적인 영향을 미칠 수 있으니 피하세요. 균형과 단호함을 유지하며 집중하면 사람들과 아이디어에 대해 독특한 통찰력을 얻을 수 있지요. 독자적으로 일할 수 있는 재량권이 필요하지만 자신에게 너무 집착하지 말고 사람들과 협력하며 일하는 법을 터득하세요. 창의적인 생각을 기발한 재주와 현실적인 노하우와 접목시키면 놀라운 결과를 낼 수 있을 것입니다.

- ● 장점 : 집중력, 객관적, 열정적, 의욕적, 정신적, 직관적, 지적, 외향적, 독창적, 예술적, 봉사심, 치유 능력, 인도주의적, 심령적
- ■ 단점 : 우월감, 정직하지 못함, 목적 없음, 지나치게 감성적, 예민함, 이기적, 투명성 결여

연애와 인간관계

이상주의적인 당신은 정서적 안정감에 대한 강렬한 욕구가 있어서 친밀한 인간관계는 행복을 느끼는 데 없어서는 안 되는 필수요소지요. 충실하고 다정한 성격이라 감정을 솔직하게 표현할 수 있지만 지나치게 심각해지거나 불안정해지는 것을 경계하세요. 사교적이고 인기가 많아 사람들과 어울리는 것을 좋아하고 혼자가 되는 것을 싫어하네요. 사람들에게 지원을 아끼지 않는 당신은 사랑하는 사람을 위해서라면 희생도 마다하지 않지만 파트너에게 지나치게 의존하지는 마세요. 운 좋게도 당신은 매력이 넘치고 대인 관계 기술도 뛰어나 사람들의 사랑을 받으며 사회적 지위도 얻습니다.

이날 태어난 유명인

데미 무어, 리어나도 디캐프리오(배우), 조지 패튼(군인), 표도르 도스토옙스키, 모리스 르블랑, 커트 보니것, 카를로스 푸엔테스(작가), 폴 시냐크(화가), 김영하(소설가), 이상민(농구 선수)

태양 : 전갈자리

지배 성좌 : 물고기자리/해왕성

위치 : 19°30' - 20°30' 전갈자리

상태 : 고정궁

원소 : 물

항성 : 알 세말리

11월 12일

SCORPIO

비밀을 파헤치고 진실을 탐구하는 매력적 지성

친화적이고 의사 전달력이 뛰어난 당신은 다재다능한 전갈자리 태생으로 대인 관계에 소질이 있습니다. 냉담하게 보일 때도 있지만 섬세하며 강렬한 감성의 소유자입니다. 이상주의적인 성향이어서 진실을 추구하고 감춰진 문제를 파헤치는 것을 즐깁니다. 당신의 생명력과 두뇌의 힘은 매력적인 개성에 억눌려 있곤 하지만 일단 비전을 전달하는 방법을 알게 되면 당신의 독창성과 깊이 있는 감성으로 사람들에게 영감을 줄 수 있습니다.

지배 성좌 물고기자리의 기운으로 상상력이 풍부하며 영적 능력과 강렬한 감성이 있습니다. 정신적인 자극을 즐기고 자신의 기지와 지적 능력을 시험하는 것을 좋아합니다. 느긋한 태도가 때로 오해를 낳기도 하니 조심하세요.

자신의 지식에 확신을 갖고 있는 당신은 성취하고 성공하는 타입이지만 더 많이 배울수록 더욱 집중할 수 있습니다. 천성이 조화로운 당신은 탄탄한 기반을 만들고 긍정적인 확신을 쌓아 마음의 평화를 이뤄내는 것이 필요합니다. 그렇지 않으면 대립적인 상황에서 파워 게임에 굴복하거나 상대를 자극하거나 불쾌해질 수 있지요. 설득력과 사교 수완을 향상시키면 많은 이득을 볼 것입니다.

10세부터 39세까지 당신의 태양이 궁수자리에 있는 기간 동안 당신은 모험과 자유의 문제에 집중하게 됩니다. 공부나 여행 또는 진리 추구를 통해 정신적인 지평을 지속적으로 넓히면서 인생을 탐구하고자 하지요. 40세에 당신의 태양이 염소자리로 들어가면서 전환점을 맞게 되면, 당신은 더욱 결단력 있고 단련되며 현실적인 삶의 태도를 보이기 시작합니다. 질서와 체계가 잡히지요. 70세부터 당신의 태양이 물병자리로 옮겨 들면서 당신은 우정과 독립심 그리고 인도주의적 이상에 더욱 집중하게 됩니다.

숨어 있는 자아

직관력과 미래를 내다보는 능력이 탁월한 당신은 정신적 잠재력을 발휘하기 위해서는 자기 수양과 집중력이 필수적임을 알게 될 것입니다. 애써 노력하지 않아도 사는 데는 전혀 문제가 없어 엄청난 잠재력을 계발하려는 노력을 하지 않을 수도 있습니다. 지식이 힘이라는 것을 알게 되면 당신은 천진난만함을 잃지 않으면서도 새로운 배움에 대한 강렬한 열망을 가질 수 있겠네요.

이 생일과 연관된 섬세함과 지적 능력은 당신이 사람들의 동기부여와 감춰진 비밀을 이해하는 데 관심이 있으며, 냉철한 지성을 가진 사람들에게 끌린다는 것을 보여줍니다. 자신이 지혜를 타고났음을 의식하고 있지만 이미 알고 있는 것에 의존해 노력이 부족할 수 있어요. 특히 예민한 감각으로 공상에 빠지거나 알코올 또는 약물로 현실 도피를 시도하지 말아야 합니다.

일과 적성

사람들에게 매우 긍정적이고 매력적인 인상을 주는 능력이 있어 자신의 아이디어를 흥미로운 방법으로 알릴 수 있습니다. 훌륭한 전략가이자 대인 관계 기술이 뛰어나 비즈니스와 홍보 또는 영업에 천부적인 소질을 보입니다. 그러나 명령을 받는 것은 싫어해서 관리직을 선호하거나 자영업을 하게 될 가능성이 있지요. 그렇지 않으면 주목을 받고 싶은 욕구로 배우나 감독 또는 정치인으로 성공할 수 있습니다. 날카로운 지성과 소통 능력이 있으니 저술가나 법조계, 교육계 또는 의료업계가 맞을 수도 있겠네요.

수비학으로 풀어본 당신의 운세

12일에 태어난 당신은 직관적이고 친화적이며 남에게 적극적으로 도움을 주려 하고 추리력도 뛰어납니다. 진정한 개성을 뽐내고 싶어 종종 파격적인 모습을 보입니다. 천성이 이해심이 깊고 섬세한 당신은 지략을 사용하는 법과 당신의 목적과 목표를 이루는 협력적인 방법을 알고 있지요. 자기표현 욕구와 사람들을 지원해주는 타고난 성향이 서로 균형을 이룰 때 정서적인 만족감과 개인적인 성취감을 얻을 수 있어요. 그렇지만 자립할 수 있는 용기와 자신감을 키울 필요가 있고, 다른 사람 때문에 쉽게 좌절하지 말아야 합니다. 탄생월 11의 영향으로 당신은 자기표현력이 있지만 때로는 자기주장이 강하고 기탄없이 할 말다 하는 성격이네요. 직관적이고 다재다능하여 관심사가 다양하지만 인내와 결단력이 없으면 에너지를 헛되이 쓰게 되고 한꺼번에 너무 많은 일을 붙들게 될 수 있습니다. 직관력이 강한 당신은 사람을 잘 판단하여 겉으로 드러나지 않은 모습도 꿰뚫어볼 수 있습니다.

- 장점 : 창의적, 매력적, 진취적, 규율을 강조, 홍보 능력
- 단점 : 은둔적, 괴팍함, 비협조적, 지나치게 예민함, 자존심 결여

연애와 인간관계

에너지가 넘치고 적극적인 당신은 안정감을 중요시하고 자신의 인생을 스스로 관리하기를 원합니다. 이상주의적이고 현실적이지만 고집스러운 성향도 있어서 자신의 신념을 지키며 엄격한 도덕적 기준에 충실하네요. 친밀한 관계에서는 양보하는 법을 배워 파트너를 통제하거나 비이성적인 요구를 하지 마세요. 섬세한 당신은 정신적으로 자극을 받을 수 있는 평화롭고 조화로운 환경이 필요하지요. 일단 관계를 맺게 되면 매우 충실하고 열정적이면서도 다정한 파트너가 될 수 있습니다.

전갈자리

당신에게 특별한 사람

연인이나 친구

1월 10, 13, 20, 21, 30일 / 2월 8, 11, 18, 28일 / 3월 6, 9, 16, 17, 26일 / 4월 4, 7, 14, 24일 / 5월 2, 5, 12, 22일 / 6월 3, 10, 20일 / 7월 1, 8, 9, 18일 / 8월 6, 16, 30일 / 9월 4, 14, 28, 30일 / 10월 2, 12, 26, 28, 30일 / 11월 10, 24, 26, 28일 / 12월 8, 22, 24, 26일

힘이 되어주는 사람

1월 12, 16, 17, 28일 / 2월 10, 14, 15, 26일 / 3월 8, 12, 13, 24일 / 4월 6, 10, 11, 22일 / 5월 4, 8, 9, 20, 29일 / 6월 2, 6, 7, 18, 27일 / 7월 4, 5, 16, 25일 / 8월 2, 3, 14, 23일 / 9월 1, 12, 21일 / 10월 10, 19일 / 11월 8, 17일 / 12월 6, 15일

운명의 상대

3월 31일 / 4월 29일 / 5월 9, 10, 11, 12, 27일 / 6월 25일 / 7월 23일 / 8월 21일 / 9월 19일 / 10월 17일 / 11월 15일 / 12월 17일

경쟁자

1월 6, 18, 22, 27일 / 2월 4, 16, 20, 25일 / 3월 2, 14, 18, 23일 / 4월 12, 16, 21일 / 5월 10, 14, 19일 / 6월 8, 12, 17일 / 7월 6, 10, 15일 / 8월 4, 8, 13일 / 9월 2, 6, 11일 / 10월 4, 9일 / 11월 2, 7일 / 12월 5일

소울메이트

3월 28일 / 4월 26일 / 5월 24일 / 6월 22일 / 7월 20일 / 8월 18일 / 9월 16일 / 10월 14일 / 11월 12일 / 12월 10일

이날 태어난 유명인

그레이스 켈리, 앤 해서웨이(배우), 닐 영(가수), 알렉산드르 보로딘(작곡가), 토냐 하딩(스케이트 선수), 나디아 코마네치(체조 선수), 오귀스트 로댕(조각가), 쑨원(중국 정치인), 미하엘 엔데(작가), 산다라박(가수)

| 태양 : 전갈자리 |
| 지배 성좌 : 게자리/달 |
| 위치 : 20°30′ - 21°30′ 전갈자리 |
| 상태 : 고정궁 |
| 원소 : 물 |
| 항성 : 우누칼하이 |

11월 13일
SCORPIO

보수와 급진이 공존하고, 지적 활동을 좋아하는 명석한 두뇌

창의적이고 독창적인 당신은 현실적이고 유능한 전갈자리 태생으로 기민한 두뇌와 예리한 직관력의 소유자입니다. 영감이 뛰어나고 감응력이 탁월하며, 관찰력과 호기심이 많은 당신은 사람들에게 동기를 부여하는 것이 무엇인지 알고 싶어 하죠. 그리고 사람과 상황에 대한 눈치도 빠르네요. 독립적이고 강단 있으며, 생각이 깊어 직관과 분석력을 키울 수 있습니다.

지배 성좌 게자리의 기운은 당신에게 상상력과 영적 능력을 부여합니다. 상황 판단과 이해력이 빠르지만 때로는 회의주의나 우유부단함 때문에 걱정을 하고 의심이 많아질 수 있습니다. 처음 느낀 직감에 확신을 가질 필요가 있습니다. 지적 활동을 좋아하고 아는 것이 많기 때문에 교육이나 자기주도 학습으로 명석한 두뇌를 계발하면서 동시에 자신감도 키울 수 있지요.

보수와 급진이 공존하는 당신은 정신적으로 자극을 주는 활동을 찾아 개성과 창의성을 표현하고 싶은 욕구가 있습니다. 권태나 게으름에 빠지면 신경질적이 되어 싸우려들거나 도발적인 경향을 보일 수 있습니다. 야심 찬 당신은 목표를 이루기 위해 자발적으로 최선의 노력을 하지요. 차가운 냉소주의보다는 긍정적인 통찰력이 성공으로 가는 길을 더욱 탄탄하게 만들어줄 것입니다.

9세부터 38세까지 당신의 태양이 궁수자리에 있는 동안 당신은 이상주의나 확장, 기회의 문제에 집중하게 됩니다. 이 시기에 당신은 인생을 즐기고 위험도 감수하려 합니다. 확장에 대한 욕구는 일이나 교육 또는 여행을 통해 이룰 수 있고, 진리 탐구를 통해 내면세계를 탐색할 수 있지요. 39세에 당신의 태양이 염소자리로 들어가 전환점을 맞게 되면서 당신은 더욱 단련되고 결단력 있고 현실적인 삶의 태도를 보이기 시작합니다. 69세부터 당신의 태양이 물병자리로 이동하면서 당신은 우정과 인도주의적 이상에 더욱 중점을 두게 됩니다.

숨어 있는 자아

야망이 있고 결단력도 있는 당신은 힘과 물질적인 성공에 대한 욕구가 있지요. 경제적인 노하우와 강인한 생존 본능 덕분에 부를 축적하며 상황을 자신에게 유리하게 활용합니다. 직접적이고 솔직담백한 태도로 목표에 접근하니 절대 시간을 낭비하지 않지요. 돈 버는 재주를 타고났지만 자기 통제력을 키울 필요가 있으며, 교활한 성향이나 무모한 행동, 또는 도가 지나친 물질적인 성향은 극복해야 합니다. 추진력이 강하고 근면한 당신은 사회적으로 큰 성공을 거둘 것이며, 놀라운 방법으로 성취를 이뤄낼 잠재력을 갖고 있네요.

당신은 지적으로 기민하고 예리하며 풍부한 매력을 발산합니다. 사고가 자유로운 당신은 특히 도전을 받으면 독창성을 발휘하지만 안주하는 길을 선택하여 진정한 잠재력을 제대로 발휘하지 못할 수 있으니 주의하세요. 활기차고 놀기 좋아하는 성향은 평생 지속되지만 성취를 이루고 최고가 되어가는 과정 내내 책임 있는 자세와 정신적으로 도전하는 자세가 유지되어야 합니다. 회의주의나 냉소주의에 빠지지 않도록 조심하세요. 당신은 우호적인 경쟁을 즐길 때 훌륭한 성과를 낼 수 있기 때문입니다.

일과 적성

사물의 가치를 파악하는 재능을 타고난 당신은 생산적인 일에 재능을 보입니다. 이런 능력은 당신이 어떤 직업을 선택하든 특히 비즈니스에 도움이 됩니다. 어떤 프로젝트가 좋다고 생각하거나 영감을 받으면 당신은 목표를 명확히 하기 위해 정말 열심히 노력하죠. 이 생일은 글쓰기 능력을 부여하거나 재능 많은 교사를 배출합니다. 당신에겐 역동적이고 정신적인 에너지가 있어서 토론이나 법 쪽에 뛰어나며, 또는 분석적인 두뇌가 있어서 심리학이나 연구에 관심을 보일 수 있습니다. 기술적인 능력을 갖고 있을 가능성도 있어 공학 분야나 컴퓨터를 다루는 일을 하게 될 수도 있습니다. 의학계나 의료계도 당신의 지식을 사람들과 나눌 수 있는 분야입니다.

수비학으로 풀어본 당신의 운세

풍부한 감성과 열정, 그리고 영감은 13일에 태어난 사람들의 공통된 특징입니다. 수비학적으로 당신은 야망과 근면성과 관련이 있고 독창적인 자기표현을 통해 많은 것을 이룰 수 있습니다. 눈에 보이는 상품을 만드는 일에 당신의 창의성을 이용하고 싶다면 실용적인 시각을 키울 필요가 있습니다. 독창적이고 혁신적인 당신의 접근법은 새롭고 흥미진진한 아이디어에 영감을 불러일으켜 사람들에게 감동을 주기도 합니다. 13일에 태어난 당신은 성실하고 로맨틱하며 매력적이고 노는 걸 좋아하며 열정을 다해 물질적 풍요를 누릴 수 있습니다. 탄생월 11의 영향으로 당신은 기민하고 직관력이 풍부합니다. 당신에겐 탁월한 아이디어가 넘쳐나지만 자기 불신 때문에 자신감과 결단력을 잃게 될 수 있지요. 이상주의적이고 사려 깊은 당신은 올바른 방향으로 이끌어줄 수 있는 비전이 필요합니다. 회의가 생기거나 의심하면 불신과 정서적인 불안을 겪을 수 있어요. 인도주의적인 성향을 발휘하면 당신의 높은 이상을 실현할 수 있습니다.

- ● 장점 : 야심적, 창조적, 자유를 사랑함, 개성 표현, 진취적
- ■ 단점 : 충동적, 우유부단, 권위적, 냉정함, 반항적

연애와 인간관계

당신은 사랑하는 사람에게 헌신적이고 다정하지만 비밀스러운 성향은 당신이 진심을 감추고 때로 외로움을 느낀다는 것을 알 수 있습니다. 연애 관계에서는 시간이 지나야 파트너를 신뢰하게 됩니다. 당신은 결단력 있고 근면한 사람 혹은 야심 찬 사람에게 끌리지요. 걱정하거나 의심하는 성향이 있어 반감을 품거나 복수심이 생길 수 있으니 주의하세요. 영감이 넘치고 믿을 수 있는 사람을 찾게 되면 당신은 충실하고 신의를 지키는 파트너가 될 수 있습니다.

이날 태어난 유명인

로버트 루이스 스티븐슨(작가), 우피 골드버그, 린다 크리스티안(배우), 루이스 브랜다이스(법률가), 발랑탱 아우이(교육자), 석주명(생물학자)

태양 : 전갈자리	
지배 성좌 : 게자리/달	
위치 : 21°30´ – 22°30´ 전갈자리	
상태 : 고정궁	
원소 : 물	
항성 : 아게나, 우누칼하이	

11월 14일

SCORPIO

독창적인 비전과 아이디어로 영감을 주는 사람

전갈자리 태생인 당신은 단호하고 직설적이며 뚝심만으로 밀어붙여 성공할 수 있는 능력을 지녔습니다. 평소 차분하고 상냥한 당신은 사교성이 좋으며 매혹적인 외모로 친구들을 잘 사귀고 타인에게 영향을 미치는 사람입니다.

지배 성좌 게자리의 기운으로 영적 능력과 깊고 강렬한 감정을 통한 감응력이 있고 혜안이 뛰어납니다. 당신의 사교적인 모습 이면에는 탐구적인 자세로 자신의 기지와 지적 능력을 시험해보는 것을 즐기는 성향이 감춰져 있을 수 있지요. 섬세하고 사려 깊은 성격이지만 현실적인 능력을 지닌 타고난 전략가로 꿈을 현실로 실현시키는 결단력에 혁신적인 아이디어를 접목시킬 수 있습니다.

명석하고 유능한 당신이지만 야심 찬 모습과 타성에 젖은 모습이 혼합되어 있어 자기 수양이 바탕이 되어야 상상력을 자극하는 주제를 찾았을 때 목표에 집중할 수 있습니다. 독창적인 비전과 아이디어로 사람들에게 영감을 주기도 하네요. 무분별한 관심사와 호기심은 목표에서 멀어지게 하고 걱정 근심은 무한한 잠재력을 약화시킬 수 있으니 주의하세요. 정보에 대한 욕구로 선택한 분야에서 견문이 넓어지고 또한 다재다능함과 승부욕이 있어 금전적으로 도움을 주는 아이디어를 떠올릴 수도 있습니다. 야망을 추구하다보면 지나치게 심각해져 스트레스를 받을 수도 있다는 것을 알아두세요.

8세부터 37세까지 당신의 태양이 궁수자리에 있는 기간 동안 당신은 점점 낙천적이 되면서 적극성이나 지평의 확장, 그리고 삶에 대해 이상주의적인 열망을 갖게 됩니다. 이 기간에는 더 많은 기회를 잡을 수 있을 것처럼 느껴지기도 하는데, 공부를 더 하거나 외국인이나 외국과 인연이 생길 수도 있지요. 38세에 당신의 태양이 염소자리로 들어가 전환점을 맞게 되면서 당신은 더욱 현실적인 자세로 안정 위주의 인생을 살아가게 됩니다. 68세부터 당신의 태양이 물병자리로 들어가면서 당신은 새로운 아이디어와 인도주의 ,그리고 우정을 더욱 중요시하게 됩니다.

숨어 있는 자아

풍부한 감정과 내면의 품격을 갖추고 있는 당신은 권력욕과 엄청난 결단력이 합쳐지면서 최고의 자리에 오르게 됩니다. 한번 마음먹으면 특유의 단호함과 끈기로 목적과 방향을 명확하게 설정합니다. 그러나 너무 지나치면 심한 외고집으로 변할 수 있으니 조심하세요. 그렇지만 비즈니스 감각을 타고나서 적극적으로 자기 수양을 쌓아나가면 당신 주변에 단단한 보호막이 형성됩니다.

타고난 리더십이 있고 팀워크와 파트너십이 주는 이점을 잘 알고 있습니다. 인맥을 만들고 재능을 상업화할 수 있는 기량이 있네요. 그러나 때로 당신은 일에 대한 의무감과 인간관계 사이에서 휘둘릴 수 있습니다. 균형을 유지하면 다른 사람들의 욕구를 잘 헤아릴 수 있겠지만, 자신의 능력을 너무 많이 양보하지는 마십시오.

일과 적성

탁월한 조직력으로 비즈니스에서 성공을 이루거나 관리자나 행정가 또는 경영자 같이 권한 있는 자리에 앉게 됩니다. 예리한 두뇌의 소유자로 지적 활동을 즐기니 글쓰기나 교직, 연구 또는 IT 분야의 직업으로 진출할 수 있습니다. 인간의 본성을 이해하는 능력이 있어서 조언가나 치료사 또는 심리학자 같은 직업이 당신에게 보람을 줄 수 있을 것입니다. 혹은 푸근한 매력과 형태와 색채에 대한 타고난 재능, 그리고 드라마틱한 감각으로 연극이나 음악, 미술 분야로 진출할 수 있습니다. 대체로 사람들과의 협업이 일에 큰 도움을 줄 것입니다.

수비학으로 풀어본 당신의 운세

지적인 잠재력과 실용주의, 그리고 결단력은 14일 태생들의 공통된 특징입니다. 14일에 태어난 당신은 일을 우선시하고 일의 성취도를 기준으로 자신과 사람들을 판단합니다. 당신에겐 안정이 필요하지만 14일생에게 나타나는 마음의 동요로 계속 앞으로 나가며 지속적으로 운명을 개척하고 새로운 도전을 받아들입니다. 이렇게 한시도 가만있지 못하는 타고난 성향과 만족감의 결여는 살면서, 특히 근무 환경이나 경제적인 상황에 만족하지 못할 때 변화를 꾀하도록 부추깁니다. 통찰력이 뛰어난 당신은 문제에 신속하게 반응하고 문제를 해결하는 걸 즐기지요. 탄생월 11의 영향으로 당신은 지적이고 이상주의적이며 직관이 뛰어납니다. 강력한 직관을 현실적인 능력과 풍부한 상상력에 접목시키면 독특하고 창의적인 아이디어가 나올 수 있습니다. 회의적인 면이나 고집을 버리고 유연한 사고를 키우면 진보적이고 포용적인 태도를 유지하여 많은 혜택을 얻을 수 있습니다.

- ● 장점 : 단호함, 근면함, 행운, 창조적, 실용주의적, 상상력, 근면함
- ■ 단점 : 지나치게 조심스럽거나 지나치게 충동적, 불안정, 경솔함, 고집불통

연애와 인간관계

섬세하고 인정이 많은 당신의 감성은 극단을 오갑니다. 사교적인 당신은 사람들과 어울리는 것을 좋아하고 주위 사람들을 즐겁게 하는 재주가 있지요. 사랑과 애정이 필요하지만 안정감과 안도감 또한 당신의 인간관계에서 꼭 필요한 조건입니다. 창의성과 표현력을 발현하도록 도와주는 흥미롭고 지적인 사람에게 끌립니다. 일단 연애를 시작하면 양보하는 것과 독립적인 것 사이에 균형을 유지하는 것이 중요합니다.

천갈자리

태양 : 전갈자리

지배 성좌 : 게자리/달

위치 : 22°30′ - 23°30′ 전갈자리

상태 : 고정궁

원소 : 물

항성 : 아게나, 우누칼하이

11월 15일

SCORPIO

모험과 탐구를 즐기는 흥미진진한 성격

야심 차고 지적이며 진취적인 기상이 넘치는 당신은 활동적인 전갈자리 태생으로 한시도 가만있지 못하는 성향을 타고났습니다. 기민하고 날카롭게 꿰뚫는 정신이 당신의 최고 자산이지만 때로 에너지가 다방면으로 분산되면서 계속 관심을 갖고 만족할 수 있는 것을 찾지 못하게 될 수도 있습니다. 그러나 당신의 창의적인 잠재력은 새로운 기술을 배우고 기존의 지식을 향상시키는 데 탁월합니다.

지배 성좌 게자리의 기운으로 당신은 다재다능하고 풍부한 상상력에 강력한 직관과 강렬한 감성을 지녔지요. 뛰어난 유머 감각으로 기지가 넘치며 분위기를 띄우지만 정신적인 도전을 즐기고 자신의 지적 능력을 다른 사람과 견주는 것을 좋아하기 때문에 당신의 우호적인 태도는 때로 오해를 살 수도 있습니다.

즉각적으로 문제의 핵심을 짚어내 그것을 빠르고 효율적으로 풀어내는 능력이 탁월하지만 마음이 조급해지지 않도록 주의하세요. 인내력을 기르면 충동적으로 행동하는 성향을 극복할 수 있습니다. 이렇게 하면 세세한 것까지 꼼꼼하게 챙겨야 하는 문제에 대해서도 더욱 체계적으로 접근할 수 있겠지요.

7세부터 36세까지 당신의 태양이 궁수자리에 있는 기간 동안 당신은 확장이나 기회의 문제를 강조하게 됩니다. 낙관적이 되면서 기꺼이 위험을 감수하기도 하고 이 기간 동안 여행이나 공부에 대한 열망이 커집니다. 37세에 당신의 태양이 염소자리로 들어가면서 전환점을 맞게 되면 당신은 더욱 단련되고 결단력 있으며 현실적인 삶의 태도를 보이기 시작합니다. 자신의 목표와 야망을 더욱 강렬하게 느끼게 될 수도 있고 질서에 대한 강한 열망이 생기기도 하지요. 67세부터 당신의 태양이 물병자리로 들어가면서 당신은 우정이나 독립심, 인도주의적 이상을 더욱 중요시하게 됩니다.

숨어 있는 자아

당신은 자신의 취약한 부분을 보호하기 위해 내면의 감수성을 감추고 있습니다. 때로 당신은 자신의 감정에 확신이 없어 인생에 전반적으로 불만을 가질 수 있습니다. 싫증이 나지 않으려면 모험심을 유지해야 합니다. 여행과 변화, 그리고 정신적이든 물리적이든 꾸준히 탐구하고자 하는 욕구는 새롭고 흥미진진한 경험을 찾는 데 도움이 될 수 있습니다.

직감이 빠른 당신은 직관력도 뛰어납니다. 사람이나 상황에 대한 직관이 발달해 있어 예외 없이 들어맞지요. 당신의 통찰력을 확신하면 이런 재능을 키울 수 있습니다. 자신의 통찰을 따르면 더 깊은 통찰력을 얻게 되고 과도한 탐닉으로 인한 현실 도피 성향도 피할 수 있지요. 대규모 계획을 위해 기꺼이 모험수를 두면 당신은 적재적소에 있는 행운을 누리게 됩니다.

일과 적성

마음먹은 일은 무엇이든 빨리 터득해버리기 때문에 지속적으로 도전 정신을 불어넣어주는 활동이 필요합니다. 어떤 부류의 사람들과도 대화를 터서 인맥을 만들 수 있는 비범한 능력을 지니고 있어서 모든 시도에서 도움을 받을 수 있습니다. 다양성에 대한 욕구가 큰 당신은 여행이나 지속적인 변화를 주는 직업에 끌릴 수 있지요. 야망이 크고 인정받고 싶은 욕구가 있어 직장에서 최고의 자리에 오르게 됩니다. 명석한 두뇌를 발휘할 수 있는 직업으로는 재계나 법조계 또는 정치계가 있습니다. 마찬가지로 당신은 연극이나 저작 활동을 통해 당신의 드라마틱한 재능을 활용할 수 있습니다. 자유를 사랑하여 안주하지 못하는 당신은 다양한 경험과 여러 직업을 거치면서 진취적인 성향에 맞는 직업을 찾을 수 있습니다. 이날 태어난 사람들 중 많은 수가 자영업에 종사합니다.

수비학으로 풀어본 당신의 운세

다재다능함과 열정, 그리고 잠시도 가만있지 못하는 성향은 15일 태생들의 공통된 특징입니다. 당신은 기민하고 카리스마가 넘칩니다. 당신이 가진 최고의 자산은 강력한 직감과 더불어 이론과 실제를 접목시켜 신속하게 배울 수 있는 능력이지요. 많은 경우 새로운 기술을 배워 돈을 벌기도 합니다. 직관력을 발휘하여 기회가 생기면 바로 감지하지요. 15일에 태어난 당신은 돈을 끌어 모으거나 사람들의 도움과 지원을 얻어내는 재능이 있습니다. 모험심을 타고났지만 소속감을 느끼는 가정과 현실적인 터전을 찾는 것이 필요합니다. 탄생월 11의 영향으로 당신은 강한 성격의 소유자로 혹 의구심이 들더라도 결단력과 강한 의지를 보여줍니다. 타고난 분별력과 건전한 판단력을 활용하는 법을 터득하면 불안정할 때에도 두려움을 느끼지 않을 겁니다. 단호하되 유연한 태도를 유지하면 예상치 못한 상황이 닥쳐도 의연하게 상황을 유리한 방향으로 반전시킬 수 있습니다.

- 장점 : 자발적, 관대함, 책임감, 친절함, 협조적, 창의적
- 단점 : 파괴적, 무책임, 자기중심적, 신념 상실, 우유부단, 물질만능주의, 권력 남용

연애와 인간관계

직관이 뛰어나고 섬세하지만 회의적인 태도로 인해 때로 속마음은 내보이지 않은 채 의구심만 키우며 어정쩡한 태도를 보일 수 있습니다. 당신은 정신적인 자극과 다양성이 필요합니다. 그렇지 않으면 쉽게 싫증을 내게 되지요. 안정감과 확실함에 대한 욕구는 인간관계에서 중요한 요소입니다. 인내를 가지고 수용적인 모습을 보이거나 더 넓은 시야를 갖게 되면 누구를 사랑하고 믿을지를 알게 되지요. 자기 파괴적인 요소나 복수를 하고 싶은 욕구로 자칫 관계를 망치지 않도록 하세요. 당신은 긍정적일 때 사랑하는 사람에게 너그럽고 배려심이 넘칩니다.

태양 : 전갈자리	
지배 성좌 : 게자리/달	
위치 : 23° 30′ – 24° 30′ 전갈자리	
상태 : 고정궁	
원소 : 물	
항성 : 아게나, 우누칼하이	

11월 16일

SCORPIO

풍부한 상상력과 영적인 능력을 갖춘 조언자

직관적이고 사려 깊으며 실용적인 태도로 인생을 살아가는 당신은 조직력과 기획력이 뛰어난 전갈자리 태생입니다. 사고가 합리적이어서 호기심과 탐구심으로 얻은 폭넓은 지식을 활용하는 것을 즐기지요. 완벽주의자인 당신의 이런 지적 잠재력은 문제 해결 능력으로 이어져 연구직이나 학계에서 성공할 수 있다는 것을 보여줍니다.

지배 성좌 게자리의 기운으로 당신은 풍부한 상상력과 영적인 능력을 부여받았습니다. 이런 영향으로 당신은 자신을 흥미롭게 표현할 수 있는 능력과 깊은 감정을 갖고 있네요. 이상주의적이고 단호한 성향의 당신은 트렌드를 읽는 능력이 있어서 비판적이거나 고정관념에 빠지지만 않으면 돈을 벌면서 창의적인 능력을 즐길 수 있습니다.

정규 과정이든 독학이든 적극적인 배움과 긍정적인 사고는 성공하는 데 중요한 역할을 합니다. 종종 회의적인 면을 보이지만 당신은 때로 철학적이거나 신비주의적인 통찰력을 탐구하여 상식적인 분별력을 키울 필요성을 느끼지요. 사람들에게 조언자 역할을 하게 될 수도 있습니다. 특히 명석하거나 재미있는 사람들에게 끌리기 때문에 당신은 공동의 관심사를 바탕으로 인맥을 넓힐 수 있습니다.

6세부터 35세까지 당신의 태양이 궁수자리에 있는 기간 동안 당신은 인생의 모험이나 확장에 관한 문제에 집중하게 되지요. 낙천적이 되면서 이 기간 동안 여행이나 공부를 통해 정신적인 지평을 넓히고 싶은 열망이 커집니다. 36세에 당신의 태양이 염소자리로 들어가면서 전환점을 맞게 되면 당신은 더욱 실용적이 되고, 질서가 잡히며 현실적인 태도로 살아가게 됩니다. 66세부터 당신의 태양이 물병자리로 옮겨가면서 당신은 관찰력이 좋아지기 시작하고 더욱 독립적이고 인도주의적이며 단체를 생각하는 마음이 커지게 됩니다.

숨어 있는 자아

당신은 내적으로 매우 섬세하고 상처 받기 쉬운 성향인데 겉으로는 자신만만하고 강해 보입니다. 점차적으로 당신은 책임감과 근면성이 성공으로 가는 길임을 깨닫게 되고 자신의 목표나 타인을 위해서 기꺼이 희생하는 길을 택합니다. 조화와 단순함에 대한 깊은 열망은 미술과 음악을 통해 표현될 수 있으며 가정과 가족의 중요성을 깨닫기도 합니다.

평화에 대한 열망 못지않게 새로운 정신적 지평을 탐색하고 싶은 열망도 강하네요. 지식의 탐구는 궁극적으로 지혜에 대한 탐구로 이어져 교육이나 여행 또는 새로운 모험의 세계로 나가게 하지요. 안주하지 못하는 성향과 타성에 젖는 성향을 오락가락하는 것을 피하기 위해서는 균형 잡힌 생활 속에서 성찰하면서 차분함을 유지하는 것이 중요합니다.

일과 적성

현실적이고 기민한 당신은 비즈니스 감각을 타고났네요. 고용주는 당신의 훌륭한 조직 기술과 책임감을 존중합니다. 이는 관리직이나 경영직에 오르는 데 도움이 많이 될 것입니다. 그러나 매우 독립적인 당신은 자기 방식으로 일하기 위해 자영업을 선호할 수도 있습니다. 당신은 사람들과 협력적으로 일하는 데서 이익을 얻을 수 있음을 깨닫고 파트너십으로 일할 수 있습니다. 예리한 지성으로 연구직이나 교육계, 법조계 또는 자문역에 끌릴 수 있습니다. 이날 태어난 사람들은 철학이나 심리학 또는 형이상학 같은 학문에 관심을 두게 될 수도 있습니다. 또는 영업이나 에이전시 또는 홍보 분야에서 경제적으로 성공을 거둘 수 있지요. 당신은 장기적인 계획을 세우는 데 뛰어나며, 대의를 위해 싸우는 것을 즐깁니다.

수비학으로 풀어본 당신의 운세

16이라는 숫자는 당신이 사려 깊으며 섬세하고 자상한 사람임을 보여줍니다. 분석적인 당신은 인생과 사람을 자신의 느낌에 따라 판단합니다. 그러나 16일에 태어난 당신은 자기표현과 타인에 대한 책임감 사이에서 갈등하게 되면 내적인 긴장감을 느낄 수 있습니다. 또한 세계 문제에 관심이 많고 세계적인 기업이나 미디어 세계에 합류할 수 있습니다. 당신이 창의적인 사람이라면 번뜩이는 영감으로 저술 활동에 소질을 보일 수 있습니다. 당신은 지나치게 자신만만한 성향과 의심하고 불안해하는 성향 사이에 균형을 잡는 법을 터득할 필요가 있습니다. 탄생월 11의 영향으로 당신은 감응력이 있고 상상력이 풍부하지만 은밀하게 감정을 숨기고 아주 침착하거나 초연한 모습을 보일 수 있습니다. 자신의 감정을 합리화하는 것을 좋아하지만 강렬한 감정적 반응을 보이거나 감정적인 동요를 일으키기 쉽습니다. 자기 충족감에 대한 이런 강렬한 열망은 이상이나 가치 있는 대의를 통해 표현되어야 합니다. 사람에 대한 기대치가 높긴 하지만 매정한 모습을 보이거나 너무 비판적이 되면 장기적인 계획의 기반이 약화될 수 있습니다.

- 장점 : 박학다식, 가정에 대한 책임감, 진실성, 직관적, 사교적, 협력적, 통찰력
- 단점 : 걱정, 만족하지 못함, 무책임, 자기 홍보, 독선적, 회의적, 까다로움, 짜증을 잘 냄

연애와 인간관계

당신은 실용적이고 지적인 사람이지만 이상주의적이고 개인적인 성향으로 파격적인 관계나 외국 사람에게 끌릴 수도 있습니다. 긍정적인 자극을 주는 사람을 좋아하며, 일단 관계에 집중하기 시작하면 다정하고 충실하며 지원을 아끼지 않습니다. 완벽주의자인 당신, 자신의 이상이나 믿음을 다른 사람들에게 강요하진 마세요. 상대가 당신의 권위적인 태도에 질릴 수 있습니다. 당신은 늘 활기차고 장난기가 많으며 매사에 느긋한 태도를 취합니다.

♏

전갈자리

이날 태어난 유명인

프랭크 브루노(권투 선수), 버지스 메러디스(배우), 치누아 아체베, 주제 사라마구(작가), 박형식(가수), 김준현(코미디언)

| 태양 : 전갈자리 |
| 지배 성좌 : 게자리/달 |
| 위치 : 24°30′ - 25°30′ 전갈자리 |
| 상태 : 고정궁 |
| 원소 : 물 |
| 항성 : 아게나 |

11월 17일

SCORPIO

색다르고 독창적인 일에서 만족을 느끼는 사람

정신적인 활력과 열정은 당신이 섬세하면서도 현실적인 전갈자리 태생으로 자신의 재능을 상업화할 수 있는 능력이 있음을 보여줍니다. 기지가 넘치고 적응력이 뛰어나지만 자기 성찰적인 성향이 강해서 때로 겸손하거나 심지어 신비주의처럼 보일 수도 있습니다.

지배 성좌 게자리의 기운으로 당신은 상상력과 감응력이 풍부하고 탐구심이 있습니다. 두뇌가 명석하기 때문에 다양한 방면을 탐구해보고 자신의 진정한 재능이 무엇인지 결정할 수 있습니다. 다재다능하고 호기심이 많지만 다양한 관심사와 취미로 인해 에너지를 분산시키거나 혼란스러워지지 않도록 주의하세요. 자기 수양과 명확한 목적의식이 있으면 도전을 받아들이고 불가능한 꿈을 실현하는 데 필요한 인내와 끈기를 키울 수 있습니다. 즉각적인 보상이 없어도 장기적인 결과를 얻기 위해 일할 수 있는 자발성을 계발하면 재능과 집념을 보여줄 수 있습니다.

인간의 본성에 대한 판단력이 뛰어난 당신은 훌륭한 전략가로 디테일을 놓치지 않는 눈이 있습니다. 완벽주의자인 당신은 정확성을 기하기 위해 고심하지요. 그러나 이러한 재능이 비판적으로 기울지 않도록 하세요. 진취적인 기상에 개척자 정신이 있는 당신은 생존본능이 강합니다. 자신의 직감을 신뢰하면 불안하거나 의심하는 성향을 극복할 수 있습니다.

5세부터 34세까지 당신의 태양이 궁수자리에 있는 기간 동안 당신은 인생의 확장이나 기회에 관한 문제를 만나게 되지요. 당신은 자유를 열망하고 낙천적이 되면서 이 기간 동안 위험을 두려워하지 않게 됩니다. 35세에 당신의 태양이 염소자리로 들어가면서 전환점을 맞게 되면 당신은 더욱 단련되고 단호해지며 진지한 자세로 목표나 야망에 다가가게 됩니다. 65세부터 당신의 태양이 물병자리로 이동하면서 당신은 우정이나 독립, 인도주의적 이상이나 단체에 대한 인식을 더욱 중시하기 시작합니다.

숨어 있는 자아

자부심이 강하고 감정이 풍부한 당신은 타고난 비즈니스 감각과 자기표현에 대한 강한 열망이 있습니다. 창의적이고 강렬한 개성의 소유자인 당신은 뭔가 색다르고 독창적인 일을 하고 싶은 욕구가 충족되었을 때 비로소 큰 만족을 얻습니다. 사람을 예리하게 관찰하고 가치에 대한 깊은 이해심으로 사람들에게 조언을 주거나 이끌 수 있습니다. 성공에 장애물이 있다면 걱정하고 낙담하며 우유부단한 성향입니다. 그러나 일단 행동방침을 정하면 결단력 있게 목표를 이루는 데 전념하게 됩니다.

변화를 좋아하고 잠시도 가만있지 못하는 타고난 성향으로 쉽게 질리기 때문에 지속적으로 자극을 주는 관심사가 필요하고 그것을 끈기 있게 해낼 필요가 있습니다. 그래서 다양성이나 모험 또는 여행이 당신의 인생에서 중요한 역할을 하지요. 야심이 많지만 경제적인 면은 변화를 겪을 수 있기에 장기적인 계획을 세울 때 이런 점을 감안해야 합니다. 또한 사치하는 성향이나 너무 충동적인 성향도 조심하세요.

일과 적성

사람을 사로잡는 매력과 사교적 능력은 사람을 상대하는 직업에서 성공하는 데 도움이 됩니다. 어떤 일을 하든 창의적으로 접근하며 타고난 화술을 활용할 수 있습니다. 이런 재능은 저술 활동이나 강의, 미디어, 또는 영업 분야에서 도움이 될 수 있습니다. 다재다능하며 변화무쌍한 직업에 대한 욕구는 당신이 변화가 없는 직업을 피해야 한다는 것을 암시합니다. 혹은 당신의 성향에는 극적인 요소가 많아 쇼 비즈니스나 정치 쪽에서 일하면 만족할 수 있으며, 관심을 끄는 대의를 지지하는 데 열과 성을 다할 가능성이 있습니다. 사람들의 감춰진 동기를 찾고 싶은 욕구가 있어서 심리학적 우위가 있는 직업에 끌릴 수 있으며, 당신의 타고난 비즈니스 감각은 경제적으로 행운을 가져다줄 수 있습니다.

수비학으로 풀어본 당신의 운세

17일에 태어난 당신은 상황 판단이 빠르고 내성적이며 분석력이 뛰어납니다. 사고가 독자적이어서 고등 교육을 받거나 뛰어난 기능을 갖추면 좋은 기회가 생깁니다. 자신의 전문 지식을 계발하기 위해서 지식을 특별한 방법으로 활용하면 전문가나 연구가로 물질적인 성공이나 우월한 지위에 오를 수 있습니다. 혼자 있는 걸 좋아하고, 자기 성찰적이며 초연하며 정확하고 자세한 정보에 관심이 많은 당신은 사려 깊게 행동하며 여유를 갖는 것을 좋아합니다. 소통 기술을 향상시키면 타인과의 유대감을 깊이 다질 수 있을 것입니다. 탄생월 11의 영향으로 당신은 매우 직관적이고 영적 능력이 있습니다. 탐구심이 많아서 이면에 숨어 있는 것을 파헤치는 것을 좋아합니다. 다재다능하고 야심 차고 호감형인 당신은 사람을 끄는 매력이 있습니다. 독창적이고 창의적이지만 탁월한 사고로 재능을 잘 활용하려면 단호하게 집중하는 자세가 필요합니다.

- 장점 : 사려 깊음, 전문가, 우수한 기획자, 사업 감각, 돈을 유치하는 능력, 자유로운 사고, 노력형, 정확함, 숙련된 연구자, 과학적
- 단점 : 무심함, 고집이 셈, 경솔함, 감정 기복이 심함, 편협함, 비판적, 걱정, 의심 많음

연애와 인간관계

당신은 매력적이고 로맨틱하며 강렬한 감성을 지니고 있지만, 불만을 느끼거나 불안한 성향은 때로 당신이 자신의 감정에 대해 비판적이거나 우유부단할 수 있다는 것을 보여줍니다. 충실하고 헌신적인 당신은 연애를 하면서 희생을 할 수도 있지만 냉정해지거나 지나치게 심각해질 수도 있습니다. 마음이 넓으면서도 일정 거리를 유지하여 당신에게 필요한 자유를 줄 수 있는 파트너를 찾고 있습니다.

당신에게 특별한 사람

연인이나 친구

1월 11, 18, 21, 25일 / 2월 19, 23일 / 3월 7, 14, 17, 21, 30일 / 4월 15, 19, 28, 29일 / 5월 13, 17, 26, 27일 / 6월 11, 15, 24, 25, 30일 / 7월 9, 13, 22, 23, 28일 / 8월 7, 11, 20, 21, 26, 30일 / 9월 5, 9, 18, 19, 24, 28일 / 10월 3, 7, 16, 17, 22, 26, 29일 / 11월 1, 5, 14, 15, 20, 24, 27일 / 12월 3, 12, 13, 18, 22, 25, 27, 29일

힘이 되어주는 사람

1월 5, 13, 16, 22, 28일 / 2월 3, 11, 14, 20, 26일 / 3월 1, 9, 12, 18, 24, 29일 / 4월 7, 10, 16, 22, 27일 / 5월 5, 8, 14, 20, 25일 / 6월 3, 6, 12, 18, 23일 / 7월 1, 4, 10, 16, 21일 / 8월 2, 8, 14, 19일 / 9월 6, 12, 17일 / 10월 4, 10, 15일 / 11월 2, 8, 13일 / 12월 6, 11일

운명의 상대

5월 13, 14, 15, 16일 / 6월 30일 / 7월 28일 / 8월 26일 / 9월 24일 / 10월 22일 / 11월 20일 / 12월 18일

경쟁자

1월 2, 23, 30일 / 2월 21, 28일 / 3월 19, 26, 28일 / 4월 17, 24, 26일 / 5월 15, 22, 24일 / 6월 13, 20, 22일 / 7월 11, 18, 20일 / 8월 16, 18, 19일 / 9월 7, 14, 16일 / 10월 5, 12, 14일 / 11월 3, 10, 12일 / 12월 1, 8, 10일

소울메이트

1월 14, 22일 / 2월 12, 20일 / 3월 10, 18일 / 4월 8, 16일 / 5월 6, 14일 / 6월 4, 12일 / 7월 2, 10일 / 8월 8일 / 9월 6일 / 10월 4일 / 11월 2일

이날 태어난 유명인

마틴 스코세이지(영화감독), 대니 드 비토, 록 허드슨, 로렌 허튼, 소피 마르소, 레이철 맥아담스(배우), 데이비드 에마누엘(패션 디자이너), 박한별(배우), 에릭 남(가수)

태양 : 전갈자리

지배 성좌 : 게자리/달

위치 : 25° 30' – 26° 30' 전갈자리

상태 : 고정궁

원소 : 물

항성 : 아게나

11월 18일

SCORPIO

목적의식이 뚜렷하고 결단력 있는 사람

야심 차고 단호한 당신은 매력적이며 너그러운 전갈자리 태생입니다. 자신감이 넘쳐 실패를 해도 기가 꺾이지 않고 좀처럼 패배를 인정하지 않지요. 예리한 지성과 사교성을 겸비한 당신은 사람들을 이해하고 또 그들에게 용기를 주는 것이 무엇인지를 이해하는 훌륭한 심리학자입니다. 넓은 인맥을 잘 활용하기 때문에 개별적인 소통을 선호하고 사람들이 자신을 특별하고 중요하다고 느끼게 만드는 데 소질이 있지요.

지배 성좌 게자리의 기운을 받아 당신은 풍부한 상상력, 직관력과 더불어 강렬한 본능이 있습니다. 비범한 유머 감각은 당신이 위트가 넘치고 사람들을 즐겁게 하는 재주가 있지만 당신의 말이 남의 가슴을 찌를 수 있다는 것을 암시합니다. 도발적인 당신은 정신적인 도전을 즐겨 자신의 기지와 지능을 사람들과 겨뤄보는 것을 좋아합니다.

목적의식이 뚜렷하고 결단력이 있으며 위기를 견디고 극복하는 힘이 있는 당신은 솔선수범하는 걸 좋아하고 아이디어를 건설적인 방법으로 활용합니다. 당신의 확고한 신념과 실용적인 태도에서 기민하게 사고하고 확신에 찬 토론자의 모습이 보입니다. 편안하고 스트레스가 없는 상태에서는 자신의 비전을 명확하게 제시하며 당신의 시각으로 세상을 바라볼 수 있도록 사람들을 설득할 수 있지요. 그러나 화가 나면 냉소적이 되거나 트집 잡는 성향은 극복할 필요가 있습니다.

4세부터 33세까지 당신의 태양이 궁수자리에 있는 기간 동안 당신은 자유나 모험, 그리고 삶의 지평의 확장에 관한 문제를 강조하게 되지요. 당신은 이 기간 동안 공부나 여행 또는 개인적인 진리 탐구를 통해 정신적 지평을 넓히고 싶어 합니다. 34세에 당신의 태양이 염소자리로 들어가 전환점을 맞게 되면서 당신은 더욱 책임감이 강해지고 엄밀해지고 근면성을 중시하는 가치관을 갖게 되며 질서와 체계를 찾게 됩니다. 64세부터 당신의 태양이 물병자리로 이동하면서 당신은 관찰력이 좋아지고 더욱 독립적이고 자유로워지며 인도주의적 성향을 보입니다.

숨어 있는 자아

당신의 성향은 다소 극단적이어서 따뜻하고 자상하며 남에게 도움을 줄 수 있으면서도 한편으로는 암울한 기분에 빠지기 쉽습니다. 전갈의 독침처럼 감정을 후벼 파는 말로 문제를 일으켜 나중에 후회하지 않으려면 자신의 능력과 동기를 찾아보는 것이 필요합니다. 의도적으로 자기의식을 들여다볼 때 당신은 기민하고 통찰력 있는 견해로 그 탐색 과정에서 만나는 많은 사람들을 도울 수 있습니다.

극적인 성향을 타고난 당신은 사람들과 어울리는 것을 좋아해서 활발한 사교 생활을 즐깁니다. 큰 성취를 이루는 데 자부심은 긍정적인 역할을 할 수 있습니다. 하지만 자부심 때문에 너무 자만하거나 고집을 부릴 수도 있습니다. 이를 피하기 위해서는 엄청난 내적 힘을 쏟아부을 수 있는 새로운 프로젝트나 활동을 꾸준히 이어나갈 필요가 있습니다.

일과 적성

당신에겐 결단력과 인내심, 그리고 프로젝트에 한번 몰입하면 열과 성을 다하는 적극성이 있습니다. 그리고 이런 특성은 어떤 직업을 선택하든 인정을 받는 데 도움이 될 것입니다. 필요할 때면 매력을 발산하는 능력과 인간 본성을 빠르게 파악하는 능력으로 당신은 특히 사람들을 상대하는 직업에서 성공할 가능성이 큽니다. 당신의 리더십과 조직력, 그리고 기획력은 대형 프로젝트를 진행할 수 있는 비즈니스에 이상적이네요. 매우 독립적인 당신은 자신의 방식으로 일을 하거나 자영업을 할 수도 있습니다. 아니면 예리한 정신과 날카로운 지성으로 교직이나 강사, 또는 정치계로 진출할 수도 있습니다. 자기표현에 대한 욕구와 드라마틱한 성향이 있어서 예술계나 연예계로 끌릴 수도 있지요.

수비학으로 풀어본 당신의 운세

결단력과 자기주장, 야망은 18일에 태어난 사람들의 공통된 특징입니다. 적극적이고 도전에 대한 갈망이 있는 당신은 늘 바쁘게 활동하고 종종 대규모 사업에 관여합니다. 유능하고 근면하며 책임감이 강해 권위 있는 자리에 오릅니다. 아니면 강력한 사업 감각과 조직력으로 상업계로 진출할 수도 있습니다. 과로에 시달릴 수 있으므로 수시로 휴식을 취하거나 속도를 늦추는 법을 배우세요. 18일에 태어난 당신은 사람들을 치유하면서 자신의 능력을 긍정적으로 사용할 수 있습니다. 또한 건전한 조언을 해주거나 다른 사람의 문제를 해결할 수도 있지요. 탄생월 11의 영향으로 당신은 의지가 강하고 단호한 면을 보여줍니다. 자기주장과 확신이 강하고 매력적이지만, 이기적이거나 제멋대로 행동하지 않도록 주의하세요. 다재다능하고 대담한 당신은 영감이 넘치는 아이디어가 있고, 또 이러한 아이디어를 물질적인 성공 스토리로 실현시킬 수 있는 용기가 있습니다.

● 장점 : 진보적, 적극적, 직관적, 용기, 단호함, 치유 능력, 유능함, 자문 능력
■ 단점 : 통제 불가능한 감정, 나태, 질서 결여, 이기주의, 냉담함, 프로젝트를 완성하지 못함

연애와 인간관계

항상 활기찬 젊음을 유지하는 당신은 재미있고 어울리기 좋은 친구입니다. 사람들에게 감동을 주는 것을 즐기며 너그럽지만 때로 무책임하거나 이기적으로 굴 수 있습니다. 사랑과 우정은 당신에게 매우 중요하기 때문에 사교 수완을 발휘하여 관계를 조화롭게 만듭니다. 외향적이고 자부심이 강하며 단호한 면이 있는 당신은 강하면서도 사람들을 사로잡는 매력이 있습니다. 때로 신경질을 부리지 않도록 조심하세요.

당신에게 특별한 사람

연인이나 친구

1월 6, 16, 18, 22, 26일 / 2월 4, 14, 20, 24, 25일 / 3월 2, 12, 14, 18, 22일 / 4월 10, 16, 20, 30일 / 5월 8, 14, 18, 28일 / 6월 6, 12, 16, 26일 / 7월 4, 10, 14, 24, 31일 / 8월 2, 8, 12, 22, 29일 / 9월 6, 10, 20, 27일 / 10월 4, 8, 18, 25일 / 11월 2, 6, 16, 23, 30일 / 12월 4, 14, 21, 28, 30일

힘이 되어주는 사람

1월 6, 17, 23, 31일 / 2월 4, 15, 21, 29일 / 3월 2, 13, 19, 27, 30일 / 4월 11, 17, 25, 28일 / 5월 9, 15, 23, 26일 / 6월 7, 13, 21, 24일 / 7월 5, 11, 19, 22일 / 8월 3, 9, 17, 20일 / 9월 1, 7, 15, 18, 30일 / 10월 5, 13, 16, 28일 / 11월 3, 11, 14, 26일 / 12월 1, 9, 12, 24일

운명의 상대

5월 13, 14, 15, 16일

경쟁자

1월 24일 / 2월 22일 / 3월 20, 29일 / 4월 18, 27, 29일 / 5월 6, 16, 25, 27, 30일 / 6월 14, 22, 25, 28일 / 7월 12, 21, 23, 26일 / 8월 10, 19, 21, 24일 / 9월 8, 17, 19, 22일 / 10월 6, 15, 17, 20일 / 11월 4, 13, 15, 18일 / 12월 2, 11, 13, 16일

소울메이트

1월 13일 / 2월 11일 / 3월 9일 / 4월 7일 / 5월 5일 / 6월 3, 30일 / 7월 1, 28일 / 8월 26일 / 9월 24일 / 10월 22일 / 11월 20일 / 12월 18일

이날 태어난 유명인

앨런 셰퍼드(우주비행사), 킴 와일드(가수), 린다 에번스, 데이비드 헤밍스(배우), 조지 갤럽(여론 분석가), 최재성(배우), 신지(가수)

태양 : 전갈자리	
지배 성좌 : 게자리/달	
위치 : 26° 30′ – 27° 30′ 전갈자리	
상태 : 고정궁	
원소 : 물	
항성 : 없음	

*11*월 *19*일

SCORPIO

예리한 지성으로 인간의 동기를 파악하는 분석가

풍부한 감성과 창의력은 19일에 태어난 사람들이 지닌 매력입니다. 이상주의적이고 단호하며 탐구심이 강한 당신은 지식을 사랑하는 전갈자리 태생으로 대담하고 독창적이지요. 혁신적인 정신의 소유자로 진취적으로 사고하는 당신은 종종 사회나 교육 개혁에 관심을 갖고 새롭고 흥미진진한 아이디어를 지속적으로 제시합니다.

당신은 지배 성좌 게자리의 기운을 받아 풍부한 상상력과 호기심, 감응력을 지녔지요. 명석한 두뇌로 다양한 분야를 탐구하면서 자신의 진정한 재능을 탐색할 수 있습니다. 당신의 생일과 연관된 마음의 동요는 정신적인 자극이 없으면 쉽게 싫증을 내고 결과적으로 사소한 활동에 에너지를 분산시키기 쉽다는 것을 보여줍니다.

예술적 재능과 지식에 대한 열망으로 정보를 모으고 소통 능력을 계발하여 글쓰기에 소질을 보이기도 하지요. 실용적인 태도와 예리한 지성은 당신이 자신감 넘치며 또 사람들을 이해하고 그들의 동기를 잘 파악하는 훌륭한 분석가임을 보여줍니다. 당신만의 방식으로 사람들 스스로 자신을 특별하고 소중하다고 느낄 수 있도록 만들지요. 쾌활하고 사교 수완이 좋은 당신은 활기를 주는 다정한 친구지만 우울할 때는 냉정하거나 무관심하게 보일 수 있습니다.

3세부터 32세까지 당신의 태양이 궁수자리에 있는 기간 동안 당신은 낙관적인 이상주의나 지평의 확장, 그리고 기회에 관한 문제를 강조하게 됩니다. 이 기간은 공부하고 여행하며 해방감을 맛보기 좋은 때입니다. 33세에 당신의 태양이 염소자리로 들어 전환점을 맞게 되면서 당신은 더욱 단련되고 체계화된 현실적 태도로 인생을 살아가게 됩니다. 63세부터 당신의 태양이 물병자리로 들어가면서 당신은 인도주의적 이상이나 독립이나 우정에 더욱 중점을 두기 시작합니다.

숨어 있는 자아

사랑과 평화에 대한 감춰진 열망은 순수한 사랑이나 이상적인 대의를 추구하게 만들지만 항상 평등을 의식할 필요가 있습니다. 독립적으로 보이는 당신은 현명하게도 일을 혼자 힘으로 해내지 못한다는 사실을 알고 있지요. 파트너십, 팀워크 또는 공동의 노력은 당신의 삶에서 특히 중요한 역할을 합니다. 모든 인간관계에서 과도하게 양보하지 않겠다는 태도를 확실히 하지 않으면 실망하거나 정서적으로 우울해질 위험이 있습니다.

정서적으로 격렬한 감성의 소유자여서 극단적으로 흐르는 감정의 균형을 유지할 필요가 있네요. 당신은 자신의 지적 능력 덕분에 사람들이 자연스럽게 당신에게 끌린다는 것을 알게 됩니다. 냉철한 두뇌를 가졌을 뿐 아니라 따뜻하고 다정하며 이해심이 깊은 당신, 이런 성향의 도움을 받아 리더나 조언자 또는 사람들의 보호자가 되겠군요.

일과 적성

리더십과 사교성, 그리고 예리한 지성으로 당신은 거의 모든 직업에서 탁월함을 보일 수 있습니다. 근면하고 돈에 관심이 많은 당신은 상업계로 진출할 가능성이 있네요. 대형 프로젝트를 선호하고 자신의 방식으로 일할 수 있는 자유를 얻고 싶어 하지요. 여행이나 다양성은 당신이 직업을 선택하는 데 중요한 요인이 될 수 있습니다. 가치 있는 대의를 위해 일하는 것을 즐기는 당신은 사회개혁 분야로 진출할 수 있고 훌륭한 기획자나 대변인이 될 수도 있습니다. 강한 설득력과 화술로 미디어나 정계, 법조계에서 훌륭한 성과를 낼 수도 있습니다. 마찬가지로 영업이나 홍보 또는 금융 분야에서도 성공을 이룰 수 있지요. 자신이 가진 모든 지식을 사람들과 나누는 성향이 있으니 강사나 카운슬러를 고려해볼 수도 있습니다.

수비학으로 풀어본 당신의 운세

역동적이고 야심 차며 인도주의적인 성향은 19일에 태어난 사람들의 공통된 특징입니다. 결단력 있고 지략이 넘치는 당신은 깊이 있는 비전을 가졌으며, 인정 많고 이상주의적이며 창의적인 면이 엿보입니다. 중요한 사람이 되고 싶다는 열망은 인생이라는 연극의 주인공이 되어 사람들의 주목을 받게 만드는 원동력이 됩니다. 종종 자신의 정체성을 확고히 하고 싶은 강한 열망도 생기는데 이를 위해서 집단의 압박감을 극복할 필요가 있습니다.

당신은 자신감 넘치고 결코 굴하지 않는 성격에 지략이 풍부해 보이지만 감정 기복이 심하기도 합니다. 예술적이고 카리스마 넘치는 당신은 이 세상이 존재하는 이유는 탐구하기 위해서임을 깨닫게 됩니다. 탄생월 11의 영향으로 당신은 매우 직관적이며 강렬한 감성을 갖고 있지요. 뛰어난 통찰력으로 미래를 내다보지만 자신의 생각이나 감정을 솔직하게 전달하는 법을 터득할 필요가 있네요. 다재다능한 사람이라 추리력도 뛰어납니다. 초조하거나 불안해하지 마세요. 제약과 도전을 극복해야 평온함과 조화를 찾을 수 있습니다.

- ● 장점 : 역동적, 창조적, 리더, 운이 따름, 진보적, 낙천적, 강한 신념, 승부욕, 독립적, 사교적
- ■ 단점 : 자기중심적, 우울증, 걱정, 거절을 두려워함, 기복이 심함, 물질만능주의, 이기적, 참을성 없음

연애와 인간관계

현실적이면서도 사람을 휘어잡는 카리스마가 있는 당신은 매력적이고 다정한 성품을 지녔습니다. 사교 수완이 있어서 긴장된 상황과 관계를 조화롭게 잘 풀어나갑니다. 스스로 노력하여 성공을 이룬 활동적이고 깨어 있는 사람을 좋아하지요. 격렬한 정서적 감성을 지니고 있어 소유욕이 강해지지 않도록 경계하세요. 성공적인 인간관계를 위해 적극적으로 노력하는 당신은 충실한 파트너 혹은 친구가 될 수 있습니다.

천갈자리

태양 : 전갈자리	
지배 성좌 : 게자리/달	
위치 : 27° 30′ - 28° 30′ 전갈자리	
상태 : 고정궁	
원소 : 물	
항성 : 분굴라	

11월 20일

SCORPIO

극단적인 성향이 매력적으로 섞여 있는 사람

카리스마가 넘치고 직관력이 뛰어난 당신은 전갈자리 태생으로 사람의 마음을 끄는 자상함과 미소, 강렬한 감성을 지니고 있습니다. 단호함과 역동적인 성향으로 다정하고 너그러우며 때로 놀라울 정도로 겸손하지요. 당신은 고착된 성향을 극복하고 절제된 감정을 놓아버릴 필요가 있습니다. 야심 차고 감성이 풍부하고 반응이 빠른 당신은 놀라운 창의적 성취를 이룰 수 있는 잠재력이 있습니다.

게자리의 기운으로 상상력이 풍부하여 주변을 고급스럽고 화려하게 만들기를 좋아하지요. 사교적이고 노는 걸 좋아하는 당신은 자신에게 이익이 되면 탁월한 사교 수완을 발휘합니다. 현실적이고 성실하지만 감정에 좌우되는 성향이 있어서 그 많은 놀라운 잠재력을 최대한 발휘하기 위해서는 자기 수양이 필수입니다.

영감을 받으면 창의적인 방법으로 자신을 표현하고 싶은 욕구가 생겨 연극이나 미술, 음악, 그리고 연예계를 통해 인정을 받고 싶어 하겠네요. 결단력과 근면성을 유지하면 성공을 이룰 수 있습니다. 그러나 성급하거나 교묘하게 조작하거나 또는 너무 위압적인 자세를 극복할 필요가 있습니다. 전략과 기획 능력을 계발하면 큰 강점이 될 것이며 공동 작업을 우선시한다면 지역 공동체나 사회에 대단한 기여를 하게 됩니다.

31세가 될 때까지 당신의 태양은 궁수자리로 움직이면서 기회를 찾아 낙천적으로 살아가게 됩니다. 위험을 감수하며 모험을 즐기고 교육에 관심을 갖거나 외국이나 외국 사람들에게 끌리기도 합니다. 32세에 당신의 태양이 염소자리로 들어가면서 전환점을 맞게 되면, 당신은 더욱 현실적이고 야심 차게 살아가면서 질서와 체계를 찾게 됩니다. 62세부터 당신의 태양이 물병자리로 이동하면서 당신은 관찰력이 많아지고 더욱 실험적이고 독립적이며 단체 중심적인 사고를 하게 됩니다.

숨어 있는 자아

정서적으로 극단으로 치닫는 성향은 자기 분석과 유머를 통해 균형을 잡을 수 있습니다. 너그러우면서도 이기적이고, 근면하면서도 제멋대로이며, 강인하면서도 섬세한 당신은 사교적이고 인맥을 만드는 능력이 탁월하지요. 매력적이고 사람을 꿰뚫는 기민한 판단력은 모든 상황에서 당신에게 도움이 됩니다. 당신은 혼자 있을 때 행복감을 느끼지 못하기 때문에 사람들과 어울리는 것이 매우 중요하며, 평온함을 위해 타협을 하기도 합니다. 그러나 감각적인 것과 안락함을 좋아하는 성향이 당신의 놀라운 잠재력을 역동적으로 표현하는 데 방해가 되지 않도록 조심하세요.

당신의 강력한 직관은 인생에 큰 영향을 줄 뿐만 아니라 휴머니즘과 공감력을 더 계발하는 데 많은 도움이 됩니다. 그런 성향이 좋은 쪽으로 작용하면 의연한 자세를 자신감 있게 유지하여 좌절하거나 실망하지 않도록 해줍니다.

일과 적성

리더십과 정서적으로 풍부한 감성이 결합되어 당신은 자연스럽게 권한 있는 자리에 올라갑니다. 세련된 교양과 매력으로 사람을 상대하는 활동에서 성공을 거둘 수 있습니다. 소통 능력이 뛰어나니 교사나 강사 또는 작가나 영업직에 끌릴 수 있습니다. 유용한 인맥을 만드는 능력은 특히 자신의 능력을 상업화할 수 있는 능력과 결부되어 비즈니스에서 도움을 받을 수 있습니다. 타고난 드라마틱한 감각으로 정치계나 연예계 또는 예술계에서 성공할 수도 있습니다. 한편 인도주의적 성향으로 사회 개혁이나 대의를 위한 일을 하게 될 수도 있습니다.

수비학으로 풀어본 당신의 운세

20일에 태어난 당신은 직관적이고 섬세하며 적응력이 뛰어나고 이해심이 깊으며 자신을 큰 그룹의 일원으로 생각합니다. 사람들과 교감하고 경험을 나누며 서로 배울 수 있는 협동적인 활동을 즐깁니다. 당신은 매력적이고 품위가 있어 외교술과 사교 수완을 발휘하면 쉽게 다양한 사교계로 진입할 수 있습니다. 그러나 자신감을 키워 사람들의 행동이나 비판에 쉽게 상처받는 성향을 극복하고 지나치게 의존적이 되지 않도록 하세요. 당신은 함께하는 사람들끼리 서로 마음이 통하는 조화로운 분위기를 조성할 수 있습니다. 탄생월 11의 영향으로 항상 자신감 있고 현실적으로 보이지만 내면에는 역동적인 감성과 강한 직관이 있습니다. 너그럽고 충실하며 다정하고 부드러운 마음을 지녔지만 고집이 세고 의심이 많은 성향도 있습니다. 극단적인 면의 균형을 잡을 줄 알게 되면 안정감과 질서를 만들어나갈 수 있습니다.

- ● 장점 : 훌륭한 파트너십, 부드러움, 재치, 수용적, 직관적, 사려 깊음, 조화, 쾌활함, 친화력
- ■ 단점 : 의심이 많음, 자신감 결여, 과민증, 감정적, 이기적, 쉽게 상처 받음, 부정직

연애와 인간관계

사교적이고 너그러운 당신은 마음이 따뜻한 사람이라 오랜 기간 동안 우정을 쌓아나갈 수 있습니다. 그러나 불안함을 느끼게 되면 소유욕을 보이고 이기적으로 굴지요. 고집스럽고 책임감이 강한 당신은 사람을 쉽게 포기하지 않고 절대 먼저 떠나지 않아요. 깊고 강렬한 정서를 갖고 있지만 자신이 느끼는 감정을 그대로 드러내지 않을 수 있습니다. 애정이 넘치고 열정적인 당신은 의지가 강하고 드라마틱합니다.

♏

전갈자리

이날 태어난 유명인

로버트 케네디(미국 정치인), 듀안 올맨(기타리스트), 딕 스모더스(코미디언), 네이딘 고디머(작가), 에드윈 허블(천문학자), 최은희(배우), 최일구(방송인)

559

태양 : 전갈자리/궁수자리 경계
지배 성좌 : 게자리/달
위치 : 28°30′ ~ 29°30′ 전갈자리
상태 : 고정궁
원소 : 물
항성 : 분굴라

11월 21일
SCORPIO

우아한 품위로 사랑과 존경을 받는 사람

당신은 전갈자리와 궁수자리의 경계에서 태어나 두 별자리의 영향을 다 받습니다. 우아하고 사교적이며 진취적인 당신은 자신감과 확신에 찬 이미지를 보여주는 매력적인 사람이죠. 감정이 풍부하고 세심하며 상상력이 뛰어난 당신은 섬세하고 침착하면서도 열정적인 면이 있어 단호하고 드라마틱한 성향도 보입니다.

지배 성좌 게자리의 영향을 받아 직관적이고 분별력이 있으며 예감이 뛰어납니다. 일반적으로 자신이 느낀 대로 상황과 경험을 판단하며, 엄청난 창의성과 자기 표현력, 공감력과 이해심까지 갖추어 정서적인 폭이 넓죠. 그래서 대개 당신이 원하는 사랑과 존경을 얻습니다. 반면 자신의 뜻대로 하지 못하게 되면 감정적이거나 신경질적으로 반응합니다.

야망이 강하고 열정과 강력한 비전을 가진 당신은 헌신적이고 근면합니다. 어떤 영감을 받으면 스스로를 표현할 방법들을 찾고 쉽게 일을 주도하게 됩니다. 그래서 종속적인 위치일 때보다 지시를 내리는 입장일 때 훨씬 더 좋은 성과를 내죠. 이상주의적이고 충실하며 의무감이 강해 마음에 끌리는 일보다는 의무를 우선으로 하네요. 굉장히 섬세하긴 하지만, 사업적 감각이 뛰어나고 물질적인 성과도 중요하게 생각합니다. 이런 부분 때문에 단호하고 융통성이 없을 수 있습니다.

30세가 될 때까지 당신의 태양이 궁수자리를 지나가는데 이 시기에는 이상주의, 확장, 기회 등의 문제에 집중합니다. 공부나 여행 혹은 진리 추구와 실증철학을 연구하기에 좋은 시기죠. 그러다 31세에 당신의 태양이 염소자리로 들어가면서 전환기를 맞아 인생을 더욱 절제력 있고 단호하며 현실적인 태도로 대합니다. 당신의 태양이 물병자리로 들어가는 61세부터는 개인의 자유와 개성을 표현하고 싶은 욕구가 깊어지기 시작합니다. 또한 인도주의적인 이상과 우정, 집단의식도 중요시됩니다.

숨어 있는 자아

경쟁심이 강하고 성공 지향적인 당신은 항상 자신의 환경을 개선하거나 출세할 방법을 찾습니다. 당신은 목적의식을 세우는 일에 자신의 모든 역동적 감정들을 활용하면서 자기 내면의 힘을 더 깊이 인식하게 될 것입니다. 당신의 원대한 꿈을 실현하고 장기적인 가치를 가진 무언가를 구축하고 싶다면 자기 수양에 집중할 필요가 있습니다.

타고난 인도주의적 성향의 도움을 받으면 개인적인 불만이나 다른 사람에 대한 실망감을 피할 수 있습니다. 당신의 많은 성취는 지식을 넓히고 보편적 이해력을 얼마나 확장시키는지에 달려 있습니다. 거리를 두고 객관적인 시각을 유지하면 어려운 상황에도 굴하지 않고 현명하게 문제를 해결할 수 있습니다. 매력적이고 사교적인 당신은 위로과 격려의 말로 사람들에게 행복감을 줄 수 있습니다.

일과 적성

신뢰할 수 있고 근면하며, 타고난 권위의식이 있는 당신은 예외 없이 권한 있는 자리에 오르게 됩니다. 매력적이고 마음이 따뜻하여 사람들을 잘 다루지만 자칫 엄격한 사람이 될 수도 있습니다. 당신은 효율적이고 철저한 사람이지만 일에서는 광고나 출판, 방송처럼 당신의 감각이 창조적으로 활용될 때 가장 뛰어난 성과를 냅니다. 이상주의적인 당신은 사회 운동에서 영향력을 발휘하거나 대의를 위해 사심 없이 일할 수 있어서 정치나 자선 사업 또는 치유 관련 직종으로 진출할 수도 있습니다. 또한 화술이 뛰어나고 지식을 나누는 것을 좋아하니 훌륭한 교사나 작가가 될 수도 있습니다. 당신의 감수성과 상상력은 예술을 통해 창의적인 분출구를 찾을 수도 있겠습니다.

수비학으로 풀어본 당신의 운세

역동적인 추진력과 외향적인 성격은 21일에 태어난 사람들의 공통된 특징입니다. 사교적인 당신은 관심 분야가 많고 인맥이 넓으며 행운도 따르네요. 보통 사람들과 잘 어울리며 다정한 성격이죠. 직관력이 강하고 독립적인 당신은 매우 창의적이고 독창적입니다. 21일에 태어난 사람들은 노는 걸 좋아하고, 사람을 끄는 힘이 있으며 사교적인 매력을 풍깁니다. 반대로 수줍어하거나 내성적인 성향을 보일 수도 있는데 특히 가까운 관계에서는 자기주장을 할 필요가 있습니다. 살면서 다양한 재능과 리더십을 보여줄 기회가 많이 찾아옵니다. 협력하는 관계에 끌리면서도 항상 자신의 재능과 능력을 인정받고 싶어 하죠. 탄생월 11의 영향으로 당신은 영감을 잘 받고 수용력이 있습니다. 상황을 빠르게 판단하는 것으로 볼 때 당신은 직관력이 강하고 정신적으로 예리하네요. 의심이나 불신으로 자신감이 떨어지지 않도록 조심하세요. 인내하는 법을 배우면 충동적인 행동을 피할 수 있습니다.

- 장점 : 영감, 창의력, 사랑으로 맺은 관계, 오래 지속되는 관계
- 단점 : 의존성, 신경과민, 감정 통제 상실, 비전 결여, 변화에 대한 두려움

연애와 인간관계

이상주의적이고 열정적인 당신은 감정이 격렬하고 욕구가 강합니다. 드라마틱한 면이 있고 표현력이 좋아서 사랑하는 사람에겐 굉장히 다정하고 힘이 되어 주며 대개 충실하고 너그러운 친구입니다. 당신은 안정을 중요하게 생각해서 가족들이 부족함 없이 살도록 해줍니다. 그러나 평범하지 않은 사람에게 끌리는 성향은 의심스러운 관계를 조심해야 할 필요가 있음을 암시합니다. 조화로운 관계를 맺으려면 부정적인 생각이나 권위주의적인 성향은 피하는 것이 좋습니다.

이날 태어난 유명인

골디 혼, 줄리엣 밀스(배우), 볼테르(철학자), 르네 마그리트(화가), 티나 브라운(출판인), 유길준(개화사상가), 김동완(가수)

궁수자리
SAGITTARIUS

11월 22일 ~ 12월 21일

| 태양 : 전갈자리/궁수자리 경계 |
| 지배 성좌 : 궁수자리/목성 |
| 위치 : 29°30´ 전갈자리 – 0°30´ 궁수자리 |
| 상태 : 변통궁 |
| 원소 : 불 |
| 항성 : 분굴라 |

11월 22일

SAGITTARIUS

혼자서는 행복할 수 없는 사교적 인간

당신은 전갈자리와 궁수자리의 경계에서 태어나 두 별자리의 영향을 모두 받습니다. 전갈자리의 영향으로 끈기가 강하고 섬세하며 매우 직관적입니다. 당신의 관대한 태도와 열정, 그리고 삶을 즐기는 성향은 쾌활하고 인정 많은 성격을 보여주며 궁수자리의 영향을 받아 이상주의적이고 마음이 넓다는 것을 암시합니다.

지배 성좌인 궁수자리의 영향으로 당신은 여행과 자연, 높은 목표에서 정신적 자극을 받고, 철학과 신학에 끌립니다. 낙천주의와 강한 직관, 사교적인 성격 덕분에 사람들은 당신의 친근하고 느긋한 태도에 끌리곤 하죠. 타인의 호감을 사는 능력으로 볼 때 당신은 내면의 매력으로 남들을 즐겁게 하고 매료시키는 사람입니다. 새로운 사실과 생각들에 관심을 느끼긴 하지만, 금세 싫증을 내는 편입니다. 친근하고 협력적이지만 때때로 열성이 너무 지나치기도 합니다. 조금만 조심스러워진다면 열정을 완화시킬 수 있을 겁니다.

당신은 감정적으로도, 물질적으로도 관대하지만 때때로 사치스럽고 화려한 생활에 빠져 극단으로 치달을 수 있습니다. 만약 당신이 성장을 거부하고 현실도피주의자가 되었다면 책임지는 법을 배워야 하고 또 좀 더 성숙한 시각을 가져야 할 것입니다. 하지만 당신이 좋아하는 무언가를 할 때는 아주 열정적으로 전력을 기울이고 인내심을 발휘해 성취와 성공을 이룰 수 있습니다.

29세가 될 때까지 당신은 진취적인 일이나 공부 혹은 여행을 통해 자신의 지평을 넓히고 기회를 찾고 싶어 할 겁니다. 그러다 당신의 태양이 염소자리로 들어가는 30세부터는 성공을 향해 좀 더 목표 지향적이며 현실적인 접근방식을 취합니다. 60세에 당신의 태양이 물병자리로 들어서면서 또 한 번의 전환기를 맞게 되는데, 이때는 자유, 새로운 생각, 그리고 자신의 개성 표현에 대한 욕구가 두드러지게 됩니다.

숨어 있는 자아

당신은 고집이 세지만 섬세한 감성의 소유자이며 정신적 자극을 원합니다. 그러나 봉사 활동에서 가장 큰 즐거움을 느낄 수도 있겠네요. 당신은 배려심이 있는 사람이지만 쉽게 상처 받거나 자기연민을 느끼지 않으려면 좀 더 객관적인 시각을 갖출 필요가 있습니다. 또한 당신은 감수성이 뛰어나 형태에 대한 감각이 좋고 미술이나 음악을 이해하는 안목이 높은데, 이런 자질을 더 계발하고 싶어 하고 그 능력을 마음을 치유하는 일에 쓰길 원합니다. 살면서 무엇을 하든지 간에 당신의 놀라운 잠재력을 최대한 발현할 수 있도록 계속 스스로에게 도전하는 것이 중요합니다.

창의적이고 매력적이며 다른 사람의 말을 잘 들어주는 당신은 사람과 우정을 필요로 하고 보통 혼자서는 행복하지 않습니다. 감정이 풍부하고 내면의 고귀함과 따뜻한 마음을 지닌 당신은 사람들에게 즐거움과 행복을 주는 데 노력을 아끼지 않을 겁니다. 사교적인 성향이지만 방종하거나 사치에 빠지면 자신의 높은 이상을 실현하고자 하는 욕구가 다른 방향을 향할 수도 있겠네요.

일과 적성

당신은 사람을 잘 다루고 사업 수완이 뛰어나며 이상주의적 성향이 있어서 다른 사람과 협력하는 직업에 가장 적합합니다. 매력적이고 소통 능력이 좋으니 영업, 판촉, 에이전시, 혹은 홍보 쪽과 관련된 일을 할 수도 있겠습니다. 또한 미디어, 출판, 정치 쪽에서도 능력을 발휘할 수 있습니다. 사회적 소통과 남을 즐겁게 하는 걸 좋아해서 연예계나 음악 산업에 뛰어들 수도 있겠네요. 아니면 당신의 생각들을 교육계에서 펼치고 싶어질 수도 있겠습니다. 타인의 문제에 공감력이 뛰어나 카운슬러, 사회 복지나 치유와 관련된 일에 어울릴 수도 있고요. 또한 활동적이고 승부욕이 강해서 스포츠계로 진출하면 이러한 면들이 긍정적으로 발휘되고 수익성도 좋겠습니다.

수비학으로 풀어본 당신의 운세

22일에 태어난 사람들은 자긍심이 강하고 실용적이며 직관이 뛰어납니다. 22는 마스터 수로 22라는 수와 4라는 수 둘 다 울림을 줄 수 있습니다. 정직하고 근면하며 리더십을 타고난 당신은 카리스마가 있으며 사람에 대한 이해가 깊고 무엇이 사람들에게 동기부여를 하는지 잘 알고 있습니다. 감정을 잘 드러내지 않지만 자상해서 남을 돌보고 보호하는 데 관심을 기울입니다. 하지만 자신의 현실적 입장을 망각해서는 안 됩니다. 당신은 교양이 있고 세상사에 밝아서 친구와 추종자가 많습니다. 이날 태어난 사람들 중 좀 더 경쟁력이 강한 이들은 타인의 도움과 격려로 성공을 거두고 재산을 모읍니다. 형제자매와 유대감이 강한 사람이 많아 그들을 보호하고 힘이 되어주죠. 탄생월 11의 영향으로 당신은 감정이 강하고 이상이 높으며 단호하고 직관적입니다. 섬세한 편이지만 자신의 주위에 보호막을 치기 때문에 다른 사람들 눈에는 무감각하거나 냉담해 보일 수도 있습니다. 기준을 너무 높게 잡으면 불만에 시달려 비판적이거나 매정해질 수도 있겠네요.

- 장점 : 보편적, 리더십, 뛰어난 직관, 실용적, 현실적, 손재주, 능숙함, 개발자, 뛰어난 조직자, 현실주의자, 문제 해결 능력, 성취감
- 단점 : 일확천금을 노림, 신경질적, 열등감, 위세, 물질주의, 비전 결여, 게으름, 이기적

연애와 인간관계

다정하고 재미있으면서도 세심하고 격정적인 당신은 따뜻한 사람입니다. 그리고 낭만적 관계로 이끌 수 있는 사랑과 애정을 원하죠. 그러나 이러한 관계들이 때로는 부적절하고 노력을 기울일 만한 가치가 없는 것으로 판명될 수 있습니다. 생기가 넘치고 이상주의적인 당신은 상대방에게 강한 애착을 느낄 수 있지만 쓸데없이 골머리를 앓지 않으려면 지나치게 감정적으로 대응하지 않도록 조심해야합니다. 마음이 넓은 당신은 사랑하는 이들에게 관대할 뿐 아니라 공감을 잘 해주는 사람이 될 수 있습니다.

연인이나 친구

1월 5, 9, 10, 18, 19, 26, 30일 / 2월 3, 8, 16, 17, 24, 28일 / 3월 1, 6, 14, 15, 22, 26, 31일 / 4월 4, 11, 12, 13, 20, 24일 / 5월 2, 10, 11, 18, 22일 / 6월 8, 9, 16, 20, 30일 / 7월 6, 7, 14, 18, 28일 / 8월 3, 4, 5, 12, 16, 26, 30일 / 9월 2, 3, 10, 14, 28일 / 10월 1, 8, 12, 22, 26일 / 11월 6, 10, 20, 24일 / 12월 4, 8, 18, 22, 30일

힘이 되어주는 사람

1월 13일 / 2월 11일 / 3월 9일 / 4월 7일 / 5월 5일 / 6월 3, 30일 / 7월 1, 28일 / 8월 26일 / 9월 24일 / 10월 22일 / 11월 20일 / 12월 18일

운명의 상대

5월 20, 21, 22, 23일

경쟁자

1월 14, 24일 / 2월 12, 22일 / 3월 10, 20일 / 4월 8, 18일 / 5월 6, 16일 / 6월 4, 14일 / 7월 2, 12일 / 8월 10일 / 9월 8일 / 10월 6일 / 11월 4일 / 12월 2일

소울메이트

1월 13일 / 2월 11일 / 4월 7일 / 7월 30일 / 8월 28일 / 9월 26일 / 10월 24일 / 11월 22일 / 12월 20일

궁수자리

이날 태어난 유명인

제이미 리 커티스, 마크 러펄로(배우), 조지 엘리엇(작가), 빌리 진 킹, 보리스 베커(테니스 선수), 테리 길리엄(영화감독), 벤저민 브리튼(작곡가), 샤를 드골(전 프랑스 대통령), 송혜교(배우)

태양 : 궁수자리
지배 성좌 : 궁수자리/목성
위치 : 0˚30′ – 1˚30′ 궁수자리
상태 : 변통궁
원소 : 불
항성 : 분굴라

11월 23일
SAGITTARIUS

열정적이고 진취적이며 다재다능한 인재

남과 어울리기 좋아하고 열정적인 당신은 생기가 넘치고 진취적인 궁수자리 태생이네요. 매력과 정직함을 타고나 친구를 잘 사귀고 사람들에게 깊은 인상을 남깁니다. 모험심이 강하고 활동적인 것을 좋아하기 때문에 늘 스케줄이 꽉 찬 바쁜 삶을 삽니다.

지배 성좌 궁수자리의 영향이 당신의 지칠 줄 모르는 성격에 활기를 더해주고 기회를 잡아 자신의 지평을 넓히라고 독려합니다. 생각이 깊고 이상주의자인 당신은 새로운 아이디어를 찾고 말을 퍼뜨리는 걸 좋아합니다. 그러나 쉽게 지루함을 느끼기 때문에 자기 성찰을 하고 믿을 만한 사람이 되는 법을 터득해 좀 더 진중해질 필요가 있습니다. 너무 많은 목표에 휩쓸려 에너지가 분산되지 않도록 조심하세요. 당신은 영감을 받으면 충동적으로 행동하고 사전 계획 없이 새로운 방향으로 나아갈 수 있습니다. 당신의 좋은 의도를 뒷받침하기 위해서는 절제력을 배울 필요가 있습니다.

창의적이고 경쟁심이 강하며 투지 있는 당신은 감정적으로든 물질적으로든 일을 크게 벌이길 좋아합니다. 실무에도 강하고 두뇌회전이 빠르며 다재다능하죠. 자발적으로 나서고 거침없이 말하는 성격에 직설적이고 신랄하기 때문에 사람들에게 융통성과 눈치가 없다는 인상을 풍길 수도 있습니다. 그러나 인정이 많고 마음이 따뜻해서 말실수들을 만회합니다.

당신은 28세까지는 여행이나 교육, 혹은 인생 철학을 통해 자유와 자신의 지평을 넓히는 문제에 주로 관심을 기울입니다. 그러다 당신의 태양이 염소자리로 들어가는 29세에 전환점을 맞아 삶에 대해 더 실용적이고 질서 있고 체계적인 태도를 취하고 자신의 주요 목표들을 성취하는 데에 더 중점을 둡니다. 59세에 태양이 물병자리로 들어가면서 또 다른 변화가 찾아와 독립, 진보적 사고, 자신만의 개성 표현에 대한 욕구가 커집니다.

숨어 있는 자아

지적이고 열정적인 당신은 배우는 것을 좋아하고 정보 이해력이 빠릅니다. 지식의 힘을 알고 있고, 정보를 모음으로써 지혜와 이해력, 자신감을 쌓아나가죠. 이상주의적이고 자부심이 넘치는 당신은 타고난 글재주와 말솜씨를 이용해 의견을 공유하고 싶어 합니다. 당신은 열정, 강한 매력과 함께 다른 사람들에게 정신적 자극을 주고 깊은 인상을 남기는 능력이 있습니다.

생일로 볼 때 당신은 다양한 경험과 흥미진진하고 모험으로 가득한 삶을 좋아합니다. 잠시도 가만있지 못하고 성급한 성미를 긍정적인 자기계발로 돌릴 수 있습니다. 당신은 활동적일 뿐만 아니라 정서적이고 세심하다는 장점도 있어서 성격의 폭이 넓기 때문에 대부분의 사람들에 비해 엄청난 규모의 성취를 이루기에 유리합니다.

일과 적성

카리스마 넘치는 매력과 대인 관계 기술이 있는 당신은 자연스럽게 리더의 자리로 올라가겠네요. 당신은 가능한 한 많은 자유가 주어지는 일을 원하기 때문에 자영업을 선호할 수 있습니다. 다재다능한 야심가여서 흥미를 계속 유지하려면 다양한 경험과 변화가 필요합니다. 날카로운 지성과 설득력 있는 태도로 볼 때 당신은 인도주의자로서 개혁을 일으키는 데 성공할 수 있습니다. 마찬가지로 교육, 법, 과학, 작가, 혹은 정치 쪽에서 성공할 수도 있겠네요. 감정적으로 세심하고 이해심을 타고 나서 복지 관련 직업이나 남을 돕는 일을 할 수도 있습니다. 아니면 진취적 정신이 사업에서 발산될 수도 있겠습니다. 혹은 상상력, 창의력, 그리고 사람의 마음을 사로잡는 천부적인 재능을 타고 났으니 연예계, 특히 음악 쪽에서 성공을 거둘 수 있습니다.

수비학으로 풀어본 당신의 운세

23일에 태어난 사람들은 정서적으로 섬세하고 창의적입니다. 다재다능하고 두뇌 회전이 빠른 당신은 프로다운 면모를 보이고 독창적인 아이디어가 넘쳐납니다. 23이라는 수의 영향으로 낯선 주제를 쉽게 배우고, 이론보다는 실천을 더 선호합니다. 여행과 모험, 새로운 사람들을 만나는 것을 즐기며, 잠시도 가만있지 못하는 성향이라 다양한 경험을 많이 시도하고 상황을 최대한으로 활용합니다. 탄생월 11의 영향으로 당신은 체계적이고 자신의 분별력에 의존합니다. 타인에 대해 매우 수용적이지만 보통은 자신의 소신을 따릅니다. 신념과 천부적인 매력을 갖춘 당신은 자신의 강한 감정들을 남에게 전달할 수 있고 너그러운 시각으로 주위 사람들에게 정신적 자극을 줄 수 있습니다. 영감을 받으면 굉장한 의욕이 생기는 성향으로 볼 때 당신은 흥미롭고 창의적인 사람입니다.

- 장점 : 충실함, 책임감, 여행을 좋아함, 소통을 잘 함, 직관적, 창의적, 다재다능함, 신뢰성, 명성
- 단점 : 이기적, 불안정함, 완고함, 비타협적, 트집 잡기, 따분함, 내향적, 편견

연애와 인간관계

따뜻한 매력을 발산하는 당신은 다양한 배경을 가진 사람들에게 끌릴 수 있습니다. 안전과 안정감을 원하며, 미래를 설계하고 싶어 하죠. 가까운 관계에서는 목적의식과 투지를 보여주는 의지가 강한 사람에게 특히 끌립니다. 매우 사교적인 당신은 훌륭한 주인장 노릇을 할 수 있고 다른 사람들의 문제에 대해 굉장히 공감을 잘 합니다.

연인이나 친구

1월 2, 3, 6, 9, 10, 11, 21, 25, 27, 31일 / 2월 1, 4, 7, 8, 9, 25, 29일 / 3월 2, 5, 7, 17, 23, 27일 / 4월 3, 4, 5, 15, 21, 25일 / 5월 1, 3, 13, 19, 23, 30일 / 7월 1, 11, 17, 21, 28일 / 7월 9, 15, 19, 26, 29일 / 8월 7, 13, 17, 24, 27일 / 9월 5, 11, 15, 22, 25일 / 10월 3, 9, 13, 20, 23일 / 11월 1, 7, 11, 18, 21, 30일 / 12월 5, 9, 16, 19, 28일

힘이 되어주는 사람

1월 11, 16, 30일 / 2월 9, 24, 28일 / 3월 7, 22, 26일 / 4월 5, 20, 24일 / 5월 3, 18, 22, 31일 / 6월 1, 16, 20, 29일 / 7월 14, 18, 27일 / 8월 12, 16, 25일 / 9월 10, 14, 23일 / 10월 8, 12, 21, 29일 / 11월 6, 10, 19, 27일 / 12월 4, 8, 17, 25일

운명의 상대

5월 22, 23, 24, 25일

경쟁자

1월 15일 / 2월 13일 / 3월 11일 / 4월 9일 / 5월 7, 30일 / 6월 5, 28일 / 7월 3, 26일 / 8월 1, 24일 / 9월 22일 / 10월 20, 30일 / 11월 18, 28일 / 12월 16, 26일

소울메이트

1월 9, 29일 / 2월 7, 27일 / 3월 5, 25일 / 4월 3, 23일 / 5월 1, 21일 / 6월 19일 / 7월 17일 / 8월 15일 / 9월 13일 / 10월 11일 / 11월 9일 / 12월 7일

궁수자리

이날 태어난 유명인

브루스 혼즈비(가수), 보리스 칼로프, 하포 막스, 맥스웰 코필드(배우), 사이 바바(인도의 영적 지도자), 클레멘트 고트발트(체코슬로바키아 정치인)

태양 : 궁수자리	
지배 성좌 : 궁수자리/목성	
위치 : 1°30′ - 2°30′ 궁수자리	
상태 : 변통궁	
원소 : 불	
항성 : 분굴라, 이시디스, 그라피아스,	
이에드 프리오르	

11월 24일
SAGITTARIUS

어떤 일에서든 성공을 거두는 능력과 매력

표현력이 좋고 감정이 다채로운 당신은 부드러운 마음과 커다란 창의적 잠재성을 지닌 낭만적인 궁수자리 태생입니다. 지적이고 사람에 대한 직관력이 강하지만 섬세하고 주위의 영향을 쉽게 받는 성격이니 친구를 잘 골라서 사귀어야 할 필요가 있습니다. 하지만 당신은 현실적이고 의무감이 강하며 근면하고 실용적입니다. 때로는 극기에 이를 정도로 충실하고 성실한 당신은 모든 일에 신중한 편이어서 여러 욕구 사이에서 갈등을 겪을 수 있습니다.

지배 성좌 궁수자리의 영향으로 당신은 낙천적이고 열정적입니다. 때때로 놀라울 정도로 직설적이어서 생각하기도 전에 말해버리지요. 당신은 영감을 받으면 지적이고 창의적으로 성취를 이룰 잠재력이 있습니다. 항상 기민한 당신은 여행과 모험을 통해 정서적 충족을 얻으려 하네요. 정신적 성숙에 대한 기대와 도덕적 열망으로 볼 때 당신은 정신 영역과 철학에 관심을 기울이면 보람과 충족감을 느낄 수 있습니다. 그러면 통찰력을 키우는 데 도움이 되며 만사를 흑백논리로 보기보다 애매한 부분까지 포함해 전체를 이해할 수 있을 겁니다.

당신은 고결하고 성실하며 사람에게 관심이 많습니다. 이상주의자여서 자기가 믿는 대의를 위해 싸울 용기가 있으며 설득력도 뛰어나네요. 다정하고 관대해서 많은 사람들의 마음을 끌지만, 정서적으로 개입하다보면 자신의 길에서 벗어나게 되어 실망을 낳을 수 있습니다.

당신은 27세까지는 진취적 일이나 여행, 교육을 통해 자신의 지평을 넓히고 기회를 찾길 원할 겁니다. 그러다 당신의 태양이 염소자리로 들어가는 28세에 전환점을 맞아 성취에 대해 더 실용적이고 목표 지향적이며 현실적인 태도를 취합니다. 삶에서 더 많은 질서와 체계를 원하게 되죠. 그리고 58세에 태양이 물병자리로 들어가면 또 다른 전환점이 찾아와 자유, 새로운 생각들, 자신의 개성 표현에 대한 욕구가 커집니다.

숨어 있는 자아

당신의 성격은 극단적인 면이 있어서 한편으로는 공감을 잘하고 배려심이 많은 인도주의적 성격이지만 다른 한편으로는 엄하고 지나치게 진지한 경향도 있습니다. 당신은 공과 사의 충돌 사이에 균형을 잡는 법을 배워야 합니다. 항상 통제하는 위치가 되려고 애쓰지 않아도 좀 더 자발적으로 행동하면 자신의 능력을 믿을 수 있게 되면서 자신감이 붙을 것입니다.

사랑과 애정을 보여주는 것이 당신에게 특히 중요한 문제입니다. 다른 사람을 행복하게 해주려고 자신을 희생시켜 너무 많은 양보를 하다보면 오히려 차가워 보일 수도 있습니다. 다른 사람들뿐 아니라 자신의 감정도 똑같이 존중하는 법을 익히면 남을 배려하면서도 정서적인 거리를 유지할 수 있습니다.

일과 적성

야심 차고 근면하며 상상력이 풍부한 당신은 독창적인 생각과 큰 계획을 지닌 실용적인 이상주의자가 될 수 있습니다. 예리한 지적 능력과 뛰어난 소통 기술이 어떤 일을 해도 성공을 거두는 데 도움이 됩니다. 섬세하지만 강하고 매력적인 성격이어서 어떤 직업에서도 성공하겠습니다. 인도주의적 성향이 복지 관련 직업이나 사회 개혁에서 충족될 수 있고, 사람에 대한 관심이 많으니 훌륭한 카운슬러가 될 수도 있겠네요. 천성적으로 철학적이어서 교직이나 글쓰기를 통해 자신의 생각을 표현하길 원할 수도 있습니다. 아니면 창의성을 타고 났으니 뮤지션, 배우, 연예인 같은 직업에 끌릴 수도 있겠네요. 당신은 업무상 출장이 많거나 아예 외국에 정착할 수도 있습니다.

수비학으로 풀어본 당신의 운세

24일에 태어난 당신은 판에 박힌 일상을 싫어하지만, 실무 능력과 건전한 판단력을 갖춘 근면한 사람입니다. 24의 영향으로 정서적으로 섬세하기 때문에 안정성과 질서를 확립할 필요가 있습니다. 감정을 잘 드러내지는 않지만 신의가 있고 공정한 당신은 말보다 행동이 중요하다고 믿는 편입니다. 삶에 대해 이렇게 실용적으로 접근해 사업 감각을 키우고 장애물을 극복하여 성공을 거두는 능력을 발달시키죠. 하지만 완고한 성향이나 고정관념은 극복해야 할 필요가 있습니다. 탄생월 11의 영향으로 당신은 이상주의적이고 낙천적입니다. 자기 표현 욕구가 강해 감정적으로나 물질적으로나 생산성이 높죠. 야망이 있고 안전을 중시하는 당신은 물질주의적 성향이 있고 풍족한 생활을 좋아합니다. 동반자 관계에서 자신의 강한 감정만 내세우지 않는다면 조화로운 가정에서 오는 안정을 누릴 수 있습니다.

- 장점 : 에너지가 넘침, 이상주의자, 실용적 기술, 투지, 정직함, 솔직함, 공정함, 관대함, 가정적, 활동적
- 단점 : 물질주의적, 불안정함, 냉혹함, 나태, 불성실, 고압적, 완고함, 복수심

연애와 인간관계

섬세한 성격에 잠시도 가만히 있지 못하는 당신에게는 틀에 박히거나 단조롭지 않은 관계가 필요합니다. 모험을 하거나 파트너와 잠깐의 공백기를 가지면 좋을 겁니다. 감정 변화가 심하니 충분히 시간을 두고 관계를 형성해야 합니다. 관대하고 이상주의적인 당신은 처음에는 열정적으로 사람을 사귀지만 나중에 흥미를 잃어버릴 수 있습니다. 경제적 문제로 위축된다면 관계에 방해가 되어 많은 변화를 불러올 수 있습니다.

사수자리

이날 태어난 유명인

앙리 툴루즈 로트레크(화가), 빌리 코놀리(코미디언), 스피노자(철학자), 프랜시스 버넷(작가)

태양 : 궁수자리

지배 성좌 : 궁수자리/목성

위치 : 2˚30′ – 3˚30′ 궁수자리

상태 : 변통궁

원소 : 불

항성 : 분굴라, 이시디스, 그라피아스,
　　　　이에드 프리오르

*11*월 *25*일

SAGITTARIUS

정신적 자극을 즐기는 창의적 사상가

　놀라운 재능이 있고 직관적이며 이상주의자인 당신은 강렬한 감정과 활력, 추진력을 지닌 궁수자리 태생입니다. 대체로 현실적이지만 낙천주의와 회의주의가 섞여 있으니 지나치게 열정적인 면과 너무 비판적인 면의 균형을 잘 맞춰야 합니다.

　지배 행성 목성의 영향이 배가되면서 당신은 여행과 변화를 통해 성장하고자 합니다. 활발하고 낙천적인 당신은 무슨 일이 있어도 정직하려고 애쓰죠. 때로는 거침없이 행동하고 직설적으로 말하기도 합니다. 정서적인 충족감을 원하는 것으로 볼 때 당신에게는 종교적, 정신적 혹은 도덕적 열망이 있습니다. 욕망이 강하고 이상이 높아서 안주하지 못합니다. 사교적이고 관대한 당신은 주위의 애정과 인정을 즐깁니다. 매력을 발산할 때는 카리스마를 내뿜지만, 쉽게 지루함을 느끼고 기분 변화가 심해서 특히 타인이 당신의 높은 기대에 미치지 못할 때는 정신적으로 약한 모습을 보여줄 수 있습니다.

　진보적 사상가인 당신은 지식욕이 있고 정신적 자극을 주는 일들을 즐깁니다. 고결하고 솔직하며 비판력과 분석력이 뛰어나죠. 자신의 생각을 숨김없이 말하는 걸 좋아해서 때로는 깜짝 놀랄 정도로 직설적인데 특히 자신의 확고한 의견을 주장할 때 더 그런 모습을 보입니다. 하지만 당신은 다정하고 이해심이 많아 자신이 보살피는 사람에게 값진 충고를 해주고 한없이 충직한 사람입니다.

　당신은 26세까지는 모험이나 교육, 여행을 통해 자유와 자신의 기회를 넓히는 것에 주로 관심을 기울입니다. 그러다 27세에 당신의 태양이 염소자리에 들어서면 전환점을 맞아 이때부터는 삶에 대해 더욱 실용적이고 질서가 잡힌 체계적인 태도를 취하게 됩니다. 그리고 57세에 당신의 태양이 물병자리에 들어서면서 또 다른 전환점을 맞이해 독립, 우정, 독창적이고 진보적인 생각에 대한 욕구가 중요시됩니다. 또 자유에 대한 욕구와 공동체 문제에 대한 관심이 높아질 수 있습니다.

숨어 있는 자아

　세심하고 직관적인 당신은 자발적으로 행동할 때 빛이 나며 다른 사람들에게 온정을 베풉니다. 당신은 열정과 투지가 넘치지만, 자신과 타인을 의심하고 불신하는 성향은 당신이 극복해야 하는 중요한 과제들 중 하나입니다. 또한 관계에서 힘겨루기에 휘말릴 수도 있습니다. 혼자 틀어박히거나 소외감을 느끼지 않으려면 긍정적인 생각에 집중하고 자신의 높은 이상을 실현할 수 있는 자신감을 높여야 합니다. 당신의 원대한 목표를 향한 걸음걸음이 당신에게 만족감과 보상을 안겨줄 겁니다.

　당신은 창의적인 사상가이고 삶의 목적의식을 느끼고 싶어 하기 때문에, 일이나 활동들이 특히 중요합니다. 자신의 진정한 재능에 못 미치는 위치에 있다고 생각될 경우 이상과 매우 다른 현실 사이에서 힘들어질 수 있습니다. 당신의 멋진 비전에 인내심과 자기 수양을 접목시키면 결국 당신이 원하는 결과를 얻을 수 있습니다.

일과 적성

카리스마 있고 역동적인 성격인 당신은 어떤 직업에서건 강한 영향력을 행사할 수 있습니다. 사교적이고 친화적인 데다 일과 놀이를 결합할 수 있어서 판매나 홍보 혹은 방송과 관련된 일이 잘 맞습니다. 항상 최신 동향을 파악하고 있을 뿐 아니라 관리 능력도 뛰어나니 사업을 해도 크게 성공할 거예요. 또 인정이 많고 이상주의적이어서 대의를 지지하거나 복지와 관련된 일을 할 수도 있겠습니다. 교육이나 법, 혹은 대형 프로젝트에 끌릴 수 있고, 자기표현 욕구가 글쓰기나 음악, 예술 혹은 연예계에서 발산될 수도 있겠습니다.

수비학으로 풀어본 당신의 운세

25일에 태어난 당신은 기민하고 활력이 넘치면서도 직관이 강하고 사려 깊어서 다양한 경험을 통해 자신을 표현할 필요가 있습니다. 여기에는 새롭고 흥미로운 발상이나 사람, 장소가 다 포함됩니다. 당신은 완벽주의자여서 열심히 일하고 생산적입니다. 그러나 일이 계획대로 되지 않더라도 너무 조급해하거나 비판적이 되어서는 안 됩니다. 25일에 태어난 당신은 정신적 에너지가 강해서 집중하면 다른 누구보다 빨리 쟁점을 파악해 결론을 내릴 수 있습니다. 탄생월 11의 영향으로 당신은 시야를 넓히고 싶고 코즈모폴리턴이 되고 싶은 이상주의자입니다. 어떤 대의나 이상에 의해 영감을 받으면 강한 확신으로 무장한 투사가 될 수 있습니다. 카리스마 있고 직설적인 당신은 큰 조직의 일원이 되거나 대중을 상대로 일하는 것을 좋아합니다.

- 장점 : 직관력, 완벽주의, 통찰력, 창의적 사고, 사람들을 잘 다룸
- 단점 : 충동적, 성급함, 무책임, 극도로 감정적, 질투심, 비밀이 많음, 환경의 변화가 잦음, 비판적, 침울함.

연애와 인간관계

친절하고 사교적인 당신은 헌신적인 사람이지만 이상적인 사랑을 만나기 전에 아마 몇 번의 실연을 겪을 겁니다. 당신은 걱정이 많은 성향이라 안정을 원합니다. 전념을 기울이고 충실하고 근면한 사람을 존중하죠. 당신은 책임감이 강해 힘든 상황에서도 파트너와 조화를 이루며 일할 수 있습니다. 또 이상주의자여서 누군가를 믿으면 상대에게 충실하고 지원을 아끼지 않습니다. 가정에 단단하게 뿌리를 내리고 있지만 종종 멀리 여행을 떠나고 싶어 합니다.

이날 태어난 유명인

앤드루 카네기(기업인), 조 디마지오(야구 선수), 버질 톰슨(작곡가), 아우구스토 피노체트(전 칠레 대통령), 김동건(아나운서), 이혜영(배우), 하현우(가수)

태양 : 궁수자리
지배 성좌 : 궁수자리/목성
위치 : 3°30′ - 4°30′ 궁수자리
상태 : 변통궁
원소 : 불
항성 : 이시디스, 그라피아스, 이에드
　　　프리오르

11월 26일
SAGITTARIUS

원대한 꿈의 성취가 가장 중요한 이상주의자

감정이 강렬하며 직관적이고 세심한 당신은 강한 확신을 지닌 이상주의자입니다. 궁수자리 태생인 당신은 자신의 높은 기대에 부응하고 이상을 실현하면서 즐거움과 만족을 느낍니다.

지배 행성 목성의 영향이 배가되어 당신은 낙천적이고 고결한 사람입니다. 열정이 넘치지만, 회의적인 성향을 극복하는 것이 당신에게 주어진 과제들 중 하나입니다. 이런 성향은 의심이 많아져 자신은 물론 남을 믿지 못하게 되는 원인이 됩니다.

당신은 상충하는 성향을 갖고 있는데, 완벽주의자여서 비판적이고 자기 의견을 거침없이 말하는 한편 인도주의자여서 배려심이 많고 다정하며 자유로운 태도를 보입니다. 긍정적일 때는 이상주의적이고 충실하지만, 취약한 상태일 때는 정반대의 성격을 표출하며 차갑고 냉담해지죠. 정신적으로 잠시도 가만있지 못하는 성향이어서 정신적 자극을 받지 못하면 쉽게 지루함을 느낍니다. 따라서 당신의 종교적이고 도덕적인 포부를 발달시키거나 지적인 지평을 넓힐 수 있는 정신적 깨달음을 추구하면 큰 도움을 받습니다.

자신의 엄청난 창의력과 정서적 힘을 효과적으로 발산할 수 있다면 당신은 특별한 예술적 재능으로 다른 사람에게 쉽게 영감을 줄 수 있습니다. 상상력이 풍부한 한편 분석적인 면도 있어서 삶에 대한 독창적인 접근 방식을 확립해주고 당신을 지탱해주는 철학이 필요하겠습니다.

당신은 25세까지는 진취적인 일이나 공부, 여행을 통해 자유롭게 모험을 하고 기회를 찾고자 합니다. 그러다 당신의 태양이 염소자리에 들어서는 26세부터는 성취에 대해 더 실용적이고 목표 지향적이며 현실적인 태도를 취하기 시작합니다. 그리고 56세에 당신의 태양이 물병자리에 들어서면서 또 다른 전환점을 맞아 독립, 집단의식, 그리고 자신의 개성 표현에 대한 욕구가 증가합니다.

숨어 있는 자아

당신은 사람을 끄는 매력을 발산하여 타인에게 영감을 주고 이를 기반으로 성공합니다. 강한 내적 감정의 소유자인 당신은 세상을 긍정적으로 바라보는 시선이 중요하다는 걸 깨닫게 됩니다. 부정적인 생각에 빠지면 침울해지거나 외로움을 느끼기 쉽습니다. 좋아하는 사람이나 일에 푹 빠지면 열정과 따뜻한 마음을 한껏 드러내죠. 돈에도 관심이 많지만 사랑의 표현과 원대한 꿈의 성취가 당신에게는 가장 중요합니다.

당신은 새로운 프로젝트를 시작하는 걸 특히 즐기기 때문에 활동적으로 일하거나 창의적으로 몰두하는 일을 멈추지 말아야 합니다. 그러면 지나치게 진지해질 틈이 나지 않게 되죠. 섬세하고 직관력이 강한 당신은 자기분석과 깨달음에 대한 욕구를 자극해줄 더욱 깊은 수준의 인식을 탐구하길 원합니다.

일과 적성

분석력이 뛰어나고 상상력이 풍부한 당신은 창의적인 사상가입니다. 당신은 자신의 문제 해결 능력을 사업에 적용하거나 교육, 철학 혹은 글쓰기에서 활용하길 원할 수 있습니다. 기술 쪽에 끌린다면 컴퓨터나 공학 관련된 직업을 가질 수 있는데, 게임 분야처럼 창의적인 능력을 발휘할 수 있는 일이라면 훨씬 더 좋을 겁니다. 당신은 섬세한 데다 사교적 수완까지 타고나서 사람을 대하는 활동들을 더 잘 합니다. 직관적일 뿐 아니라 현실적이어서 관리에 재능이 있지만 진취적인 정신이 자영업을 하도록 자극할 수도 있습니다.

수비학으로 풀어본 당신의 운세

26일에 태어난 당신은 삶에 실용적으로 접근하고 실무에 강하며 사업 감각이 뛰어납니다. 책임감이 강하고 미적 감각을 타고났으며 가정적이어서 스스로 조화로운 환경을 만들거나 현실적인 안정을 찾을 필요가 있습니다. 종종 다른 사람들에게 비빌 언덕이 되어주며, 어려울 때 의지해 오는 친구와 가족들을 기꺼이 도와줍니다. 그렇지만 물질주의적인 성향이나 상황과 사람들을 통제하려는 성향은 자제해야겠습니다. 탄생월 11의 영향으로 당신은 낙천적이고 직관적입니다. 진취적이고 야심 있는 당신에게 책임감을 갖고 독창적으로 일할 기회가 찾아옵니다. 당신은 단호할 때는 완고해지고 오로지 자기 내면의 목소리만 따릅니다. 이상주의자면서 모험을 좋아해 정신없는 공상에 빠져 먼 영감의 세계로 떠나기도 하죠. 당신은 발전하고 탐구하고 싶은 욕구가 있어 많은 것을 성취하고 싶어 합니다. 집중력과 인내심을 유지해야 하는데, 적절한 동기가 없으면 낙담하고 쉽게 포기해버릴 수 있습니다.

- 장점 : 창의적, 현실적, 배려심, 책임감, 가족에 대한 자부심, 열정적, 용기
- 단점 : 완고함, 반항적, 불안정한 관계, 냉담함, 인내심 부족

연애와 인간관계

사교적이고 친화적인 당신은 사람들을 즐겁게 해주는 걸 좋아하고 친절합니다. 하지만 당신 내면의 강렬한 감정을 표현할 긍정적 창구가 필요합니다. 그렇지 않으면 침울해지거나 싫증을 낼 수 있습니다. 잠시도 가만있지 못하는 성미에다 열성적이어서 당신의 모험심을 충족시킬 수 있는 많은 변화의 기회가 찾아옵니다. 때때로 상황이 급변해서 당신과 파트너의 사이가 불안정해질 수 있는데, 특히 그러한 변화가 갑자기 찾아오면 더 혼란스러워질 수 있습니다. 당신은 고정관념이 강해 완고한 면은 있지만 사랑에 빠졌을 때는 상대에게 충실하고 헌신하며 희생적입니다.

연인이나 친구

1월 9, 13, 30일 / 2월 7, 9, 28일 / 3월 5, 26, 30일 / 4월 3, 5, 24, 28일 / 5월 1, 22, 26일 / 6월 20, 24일 / 7월 18, 22, 31일 / 8월 16, 20, 29, 30일 / 9월 14, 18, 27, 28일 / 10월 12, 16, 25, 26, 31일 / 11월 10, 14, 23, 24, 29일 / 12월 8, 12, 21, 22, 27일

힘이 되어주는 사람

1월 15, 22, 31일 / 2월 13, 20, 29일 / 3월 11, 18, 27일 / 4월 9, 16, 25일 / 5월 7, 14, 23, 30일 / 6월 5, 12, 21, 28일 / 7월 3, 10, 19, 26, 30일 / 8월 1, 8, 17, 24, 28일 / 9월 6, 15, 22, 26일 / 10월 4, 13, 20, 24일 / 11월 2, 11, 18, 22일 / 12월 9, 16, 20일

운명의 상대

1월 11일 / 2월 9일 / 3월 7일 / 4월 5일 / 5월 3, 24, 25, 26, 27일 / 6월 1일 / 10월 31일 / 11월 29일 / 12월 27일

경쟁자

1월 5, 8, 16, 21일 / 2월 3, 6, 14, 19일 / 3월 1, 4, 12, 17일 / 4월 2, 10, 15일 / 5월 8, 13일 / 6월 6, 11일 / 7월 4, 9, 29일 / 8월 2, 7, 27일 / 9월 5, 25일 / 10월 3, 23일 / 11월 1, 21일 / 12월 19일

소울메이트

1월 13일 / 2월 11일 / 3월 9일 / 4월 7일 / 5월 5일 / 6월 3일 / 7월 1일 / 8월 31일 / 9월 29일 / 10월 27일 / 11월 25일 / 12월 23일

이날 태어난 유명인

리치 리틀(코미디언), 찰스 슐츠(만화가), 외젠 이오네스코(극작가), 티나 터너(가수), 존 맥비(베이시스트), 페르디낭 드 소쉬르(언어학자)

사수자리

573

태양 : 궁수자리

지배 성좌 : 궁수자리/목성

위치 : 4°30′ - 5°30′ 궁수자리

상태 : 변통궁

원소 : 불

항성 : 그라피아스

11월 27일

SAGITTARIUS

독창적인 아이디어를 끊임없이 떠올리는 천재적 기질

이상주의적이면서 인정이 많은 당신은 카리스마와 매력적인 미소를 가진 궁수자리 태생입니다. 성실하고 진실하지만 수줍음을 타고나 예민한 당신은 관심사가 다양하고 다재다능합니다. 인생을 자신의 느낌대로 판단하긴 하지만 풍부한 상상력을 자랑하는 뛰어난 소통가입니다. 열성적이고 낙천적인 성격이라 친구가 많고 자신의 계획과 활동에 다른 사람들을 끌어들이길 좋아하죠. 하지만 영혼의 성장과 더 큰 자기 인식을 위해서는 명석한 두뇌와 철학적 시각을 단련하는 혼자만의 시간이 필요합니다.

지배 행성 목성의 영향이 배가되어 당신은 정신적, 도덕적 포부에서 정직성을 얻으려 노력합니다. 마음이 넓으며, 여행이나 모험을 통해 자신의 지평을 넓히려고 하죠. 독창적 공상가인 당신은 자신의 풍부한 감정들을 표현할 방법을 찾아야 합니다. 매력적인 사람이지만, 때로는 놀라울 정도로 직설적이고 솔직하게 이야기합니다. 너무 비판적이거나 의도치 않게 공격적이 되지 않도록 조심하는 게 현명합니다.

당신은 상식이 많고 실용적인 기술을 가졌지만 몽상가적인 성향이 있어 목가적인 곳에서의 유토피아 같은 삶을 갈망합니다. 정신적으로 잠시도 가만있지 못하는 성미라서 모험을 좋아하지만 정서적인 안정을 원하는 것으로 볼 때 혼자 있지 않는 것이 좋겠네요. 열정적이고 낙천적인 당신은 큰 그림을 보길 좋아합니다. 사소한 디테일까지 볼 수 있는 세심함을 기른다면 더 많은 것을 포용하고 통찰할 수 있을 것입니다.

당신은 24세까지는 모험을 즐기고 기회를 찾고 싶어 하는 낙천주의자입니다. 그래서 모험을 하거나 여행을 떠나거나 공부를 하죠. 그러다 당신의 태양이 염소자리에 들어가는 25세부터는 당신의 야심을 실현하는데 있어 좀 더 실용적이고 체계적이며 현실적인 접근방식을 취합니다. 그리고 55세에 당신의 태양이 물병자리에 들어가면서 또 다른 전환점을 맞아 독립, 집단 의식, 진보적 생각들에 대한 욕구가 커집니다.

숨어 있는 자아

머리가 좋고 이상주의자인 당신은 지식을 넓혀갈 때 가장 행복합니다. 타인에게 솔직하고 단도직입적으로 이야기하는 것을 좋아하는 당신은 보통 현실적인 면과 직관적인 면을 결합시킵니다. 건설적인 생각들이 넘쳐나며 진취적인 일에서 운이 따르는데 특히 당신이 이루고 싶은 것에 대해 긍정적 계획이 있을 때 더 운이 좋습니다. 하지만 자신보다 인식이 낮은 사람을 대할 때는 인내심과 관용을 길러야 합니다.

당신은 창의적인 잠재력이 뛰어나서 사교 생활에서, 혹은 음악이나 예술, 드라마, 글쓰기를 통해 자신을 표현하고 싶은 욕구가 강합니다. 객관적이고 독창적인 정신이 천재성으로 번쩍이는가 하면 반항적이 되기도 하여, 종종 생각이 시대를 앞서 갑니다. 재치가 넘쳐서 타인을 즐겁게 해주는 걸 좋아하지만, 돈 문제와 관련해 걱정하고 우유부단해지는 성향은 주의해야겠습니다.

일과 적성

겉으로는 친절하고 매력적인 모습이지만, 당신의 예리한 두뇌는 일에 적용할 수 있는 새롭고 독창적인 아이디어들을 끊임없이 떠올립니다. 낙천적이고 진취적이어서 어떤 직업을 선택하더라도 큰 계획을 세울 거예요. 당신은 글쓰기와 형이상학 혹은 철학에 관심이 있습니다. 아니면 조화, 색채, 형태에 대한 안목이 높아서 음악이나 예술에 끌릴 수 있겠네요. 당신은 평화를 위해 상황을 있는 그대로 유지하길 좋아하는 면도 있지만, 여행을 좋아하고 고조된 기분을 즐기며 책임감이 강해서 보통 행동에 돌입합니다. 당신은 팀이나 파트너십을 이루어 다른 사람과 협력해서 일하면 특히 득을 볼 수 있습니다.

수비학으로 풀어본 당신의 운세

27일에 태어난 사람들은 이상주의적이고 섬세합니다. 직관적이고 분석적이며 창의력이 강한 당신은 독창적인 생각으로 사람들에게 깊은 인상을 남길 수 있습니다. 때로는 속을 잘 드러내지 않거나 이성적이거나 거리를 두는 듯 보이지만 사실은 내면의 긴장을 숨기고 있습니다. 소통 기술을 기르면 속마음을 드러내지 않으려는 성향을 극복할 수 있습니다. 27일에 태어난 사람들에게는 교육이 중요하며, 생각의 깊이를 발달시키면 더 끈기 있고 자제력이 강한 사람이 됩니다. 탄생월 11의 영향으로 당신은 직관이 강하고 정신적 능력이 뛰어나며 형이상학에 대한 재능이 있습니다. 이상주의적이고 섬세하며 비전과 상상력을 갖춘 당신은 글쓰기나 교육을 통해서 자신을 표현하는 법을 찾아야 합니다. 진보적인 견해를 지닌 인도주의자이지만, 믿음과 철학이 부족하면 의심과 감정의 기복을 겪을 수 있습니다. 혼자 있는 시간이 필요하지만 사람들로부터 자신을 소외시키지는 마세요. 당신은 주위 사람들과 조화를 이룰 때 평화를 얻을 수 있습니다.

- ● 장점 : 다재다능함, 상상력, 창의적, 단호함, 용감함, 이해력, 정신적 역량, 정신적, 독창적, 강한 정신력
- ■ 단점 : 무뚝뚝함, 싸우기 좋아함, 쉽게 기분이 상함, 따지기 좋아함, 초조 불안, 신경과민, 불신, 지나치게 감정적, 긴장감

연애와 인간관계

당신은 애정이 많고 이상주의적이지만 좀처럼 사랑에 빠지거나 감정에 휩쓸리는 법이 없습니다. 자유롭고 느긋해서 친구를 쉽게 사귀지만 경제적 안정을 원하는 것으로 볼 때 배우자를 선택할 때 경제적인 조건을 고려할 수도 있겠네요. 당신은 활동적이고 창의적이고 근면한 사람과 어울리기 좋아하고 종종 친구들의 도움을 받습니다. 협력을 잘 하는 당신은 혼자서, 혹은 은둔하면서 일하기보다 함께 일하는 쪽을 선호합니다.

당신에게 특별한 사람

연인이나 친구

1월 12, 14, 15, 25, 28일 / 2월 10, 12, 13, 23, 26일 / 3월 8, 11, 21, 24, 31일 / 4월 6, 9, 19, 22, 29일 / 5월 4, 7, 17, 20, 27, 28일 / 6월 2, 4, 5, 15, 18, 25일 / 7월 3, 13, 16, 23, 24일 / 8월 1, 11, 14, 21, 31일 / 9월 9, 12, 19, 29일 / 10월 7, 10, 17, 27일 / 11월 5, 8, 15, 25일 / 12월 3, 6, 13, 23일

힘이 되어주는 사람

1월 12, 23, 26일 / 2월 10, 21, 24일 / 3월 8, 19, 22, 28일 / 4월 6, 17, 20, 26일 / 5월 4, 15, 18, 24일 / 6월 2, 13, 22, 16일 / 7월 11, 14, 20, 31일 / 8월 9, 12, 18, 29일 / 9월 7, 10, 16, 27일 / 10월 5, 8, 14, 25일 / 11월 3, 6, 12, 23일 / 12월 1, 4, 10, 21일

운명의 상대

5월 25, 26, 27, 28일 / 11월 30일 / 12월 28일

경쟁자

1월 17, 18, 21일 / 2월 15, 16, 19일 / 3월 13, 14, 17, 29일 / 4월 11, 12, 15, 27일 / 5월 9, 10, 13, 25일 / 6월 7, 8, 11, 23일 / 7월 5, 6, 9, 21, 30일 / 8월 3, 4, 7, 19, 28일 / 9월 1, 2, 5, 17, 26일 / 10월 3, 15, 24일 / 11월 1, 13, 22일 / 12월 11, 20일

소울메이트

1월 24일 / 2월 22일 / 3월 20일 / 4월 18, 30일 / 5월 16, 28일 / 6월 14, 26일 / 7월 12, 24일 / 8월 10, 22일 / 9월 8, 20일 / 10월 6, 18일 / 11월 4, 16일 / 12월 2, 14일

이날 태어난 유명인

지미 헨드릭스(기타리스트), 캐럴라인 케네디(변호사), 이소룡(배우·무술인), 알렉산드르 둡체크(전 체코슬로바키아 대통령), 안데르스 셀시우스(물리학자), 반효정(배우), 신혜성(가수)

태양 : 궁수자리

지배 성좌 : 궁수자리/목성

위치 : 5°30' – 6°30' 궁수자리

상태 : 변통궁

원소 : 불

항성 : 없음

*11*월 *28*일

SAGITTARIUS

질서를 좋아하는 현실적 몽상가

낭만적이고 관심사가 다양한 당신은 희망과 야망, 매력으로 가득 찬 모험심 강한 궁수자리 태생입니다. 지식에서 영감을 얻기 때문에 단호하고 명확한 행동 방침이 있다면 평범한 일상에 가지는 불만을 극복할 수 있습니다. 변화에 대한 욕구가 있는 것으로 보아 삶이 상당히 불확실하지만 한편으로는 당신이 다채로운 삶을 살 수 있다는 뜻이기도 합니다.

지배 행성 목성의 영향이 배가되어 당신은 재치가 넘치고 사교성이 좋습니다. 열정적이고 낙천적이며 솔직하고 거침없이 자기 의견을 말하죠. 이상주의적이고 확신이 강해서 어떤 대가를 치르더라도 정직하려고 노력합니다. 목성의 영향은 또한 당신이 원하는 대로 창의적 자기표현이나 종교적, 도덕적 포부를 추구하라고 격려합니다.

당신은 세부보다는 전체에 관심이 있고 예지력과 철학적인 시각을 가지고 있습니다. 그러나 작고 세세한 사항을 소홀히 하는 경향이 있으니 인내심을 길러 쉽게 질리거나 너무 빨리 흥미를 잃어버리지 않아야 합니다. 자신의 진정한 잠재력을 실현하기 위해서는 이것저것 건드리기보다는 하나의 특정한 목표에 집중하는 법을 배울 필요가 있겠네요.

23세가 될 때까지 당신은 기회와 삶의 철학, 교육 혹은 여행을 통해 자유와 자신의 지평을 넓히는 데에 관심을 기울이겠습니다. 그러다 당신의 태양이 염소자리에 들어서는 24세 때 전환점을 맞아 이때부터는 삶에 대해 더 실용적이고 질서 있으며 체계적인 태도를 취합니다. 책임감과 자신의 목표를 성취하는 데 필요한 일에 대한 인식이 커지죠. 그리고 당신의 태양이 물병자리에 들어서는 54세에 또 다른 변화가 찾아와 우정, 사회의식, 그리고 독립과 관련된 문제들이 강조됩니다.

숨어 있는 자아

이상주의적이고 상상력이 풍부한 당신은 이러한 자질을 창의적으로 사용하거나 다른 사람을 돕는 데 이용할 때 자신의 섬세함이 낭비되지 않는다고 느낍니다. 또한 실용적이고 질서를 좋아하기도 하는데, 이런 면들이 결합되어 현실적 몽상가가 될 수 있습니다. 인생에서 노동을 굉장히 중요시하며, 꾸준히 노력하면 안정되고 경제적으로 넉넉한 기반을 다질 수 있습니다.

당신은 활발한 정신이 늘 자극을 받을 수 있도록 끊임없이 새롭고 흥미로운 일을 찾습니다. 그러나 내면의 불안정함 때문에 때때로 불만을 느끼거나 현실 도피로 흐르기 쉽습니다. 따라서 긍정적인 목표에 건설적으로 집중하는 것이 중요합니다. 사람과 변화에 워낙 흥미가 많다보니 다양한 경험과 정신적 도전을 추구하면서 공부나 여행을 통해 탐험을 떠나겠습니다.

일과 적성

당신은 다양한 경험을 원해 항상 새로운 분야를 탐험하고 남의 떡이 더 커 보인다고 생각하는 성향을 점차 극복해갑니다. 당신의 자유로운 영혼을 억압하지 않는 생산적인 일을 찾으면 자신의 운명에 만족할 수 있을 겁니다. 야심가인 당신은 목표를 높게 잡는 편이며 리더십을 발휘할 잠재력이 있습니다. 독립적이지만 팀워크나 협업을 통해서도 이득을 봅니다. 여행을 다니고 싶은 욕구를 일에 접목시킬 수 있다면 훨씬 더 좋겠네요. 아니면 내재된 문학적 혹은 음악적 재능을 개발하고 싶을 수도 있겠습니다. 어떤 직업을 선택하든 당신의 따뜻한 매력과 대인 관계 기술을 역동적으로 이용할 수 있을 때 가장 행복감을 느끼겠습니다.

수비학으로 풀어본 당신의 운세

독립적이고 이상주의자이며 단호하고 실용적인 접근법을 가진 당신은 종종 관례를 무시하고 자기 뜻대로 행동합니다. 1일에 태어난 사람들처럼, 당신은 야심가이며 단도직입적이고 진취적입니다. 독립적이고 싶은 마음과 팀의 일원이 되고 싶은 마음 사이에서 갈팡질팡하기도 하네요. 늘 새로운 일에 뛰어들 준비가 되어 있는 당신은 인생의 도전을 용기 있게 받아들이며, 그러한 당신의 열정에 고무된 사람들은 당신과 함께 일하지 않더라도 마지막 순간에 적어도 조력자 역할이라도 하게 됩니다. 28일에 태어난 사람은 리더십이 있고 자신의 분별력과 논리, 명확한 사고에 의지합니다. 당신은 종종 책임을 떠맡지만 지나치게 열정적이거나 성급하거나 편협해질 수도 있습니다. 탄생월 11의 영향으로 당신은 정신적 자극을 잘 받고 잠시도 가만있지 못하는 성미이며 정서적 충족을 얻으려고 노력합니다. 성공과 안정을 원하지만 모험심과 열정이 넘쳐나 인생에서 더 많은 것을 얻기 위해 때때로 기꺼이 위험을 감수합니다.

- 장점 : 인정이 많음, 진취적, 대담함, 예술적, 창의적, 이상주의적, 야망, 근면함, 안정적인 가정, 강한 의지
- 단점 : 몽상가, 의욕 없음, 냉정함, 비현실적, 위세, 판단력 부족, 공격적, 자신감 부족, 의존적, 자만심

연애와 인간관계

다양한 경험과 활동을 좋아하는 것으로 보아 당신은 감정의 동요가 크며 미적 감각과 스타일에 대한 안목이 있습니다. 그러나 가끔씩은 인간미가 부족하거나 자신의 감정에 대해 우유부단해질 수 있습니다. 당신은 모험심이 강하고 낙천적이지만 환경이 자주 바뀌어 장기적인 관계를 유지하기 어려울 수 있습니다. 단조로움을 싫어하기 때문에 이상적인 파트너를 만나기 전까지 짧게 끝나는 관계가 많겠습니다. 당신은 근면하고 자신이 가는 방향을 명확하게 결정하는 사람을 존경합니다.

당신에게 특별한 사람

연인이나 친구

1월 6, 7, 10, 11, 14일 / 2월 4, 9, 12일 / 3월 2, 7, 10, 28일 / 4월 1, 4, 5, 8, 26, 30일 / 5월 3, 6, 24, 28일 / 6월 1, 4, 22, 26일 / 7월 2, 20, 24일 / 8월 18, 22일 / 9월 16, 20, 30일 / 10월 14, 18, 28일 / 11월 12, 16, 26일 / 12월 10, 14, 24일

힘이 되어주는 사람

1월 20, 24일 / 2월 18, 22일 / 3월 16, 20, 29일 / 4월 14, 18, 27일 / 5월 12, 16, 25일 / 6월 10, 14, 23, 29일 / 7월 8, 12, 21, 27일 / 8월 6, 10, 19, 25, 30일 / 9월 4, 8, 17, 23, 28일 / 10월 2, 6, 15, 21, 26일 / 11월 4, 13, 19, 24일 / 12월 2, 11, 17, 22일

운명의 상대

5월 25, 26, 27, 28일 / 8월 31일 / 9월 29일 / 10월 27일 / 11월 25일 / 12월 23일

경쟁자

1월 22, 23, 27일 / 2월 20, 21, 25일 / 3월 18, 19, 23일 / 4월 16, 17, 21일 / 5월 14, 15, 19일 / 6월 12, 13, 17일 / 7월 10, 11, 15, 31일 / 8월 8, 9, 13, 29일 / 9월 6, 7, 11, 27일 / 10월 4, 5, 9, 25일 / 11월 2, 3, 7, 23일 / 12월 1, 5, 21일

소울메이트

1월 23일 / 2월 21일 / 3월 19일 / 4월 17, 29일 / 5월 15, 27일 / 6월 13, 25일 / 7월 11, 23일 / 8월 9, 21일 / 9월 7, 19일 / 10월 5, 17일 / 11월 3, 15일 / 12월 1, 13일

이날 태어난 유명인

랜디 뉴먼(작곡가), 윌리엄 블레이크(시인), 리타 매 브라운(작가), 게리 하트(미국 정치인), 프리드리히 엥겔스(사상가), 유준상(배우)

태양 : 궁수자리

지배 성좌 : 궁수자리/목성

위치 : 6°30′ - 7°30′ 궁수자리

상태 : 변통궁

원소 : 불

항성 : 없음

11월 29일

SAGITTARIUS

현실감각을 잃지 않는 이상주의자

수용력이 좋고 지략이 풍부하며 활력과 추진력을 가진 당신은 정서적 안정을 원하는 인정 많은 궁수자리 태생입니다. 직관력이 강해서 사람들과 그들의 동기를 잘 이해하지만 정서적 안정을 바라기 때문에 사람들이 자신을 어떻게 생각하는지 알길 원합니다. 타고난 이상주의자지만 당신의 야심과 강한 현실 감각으로 볼 때 현실에 단단히 발을 딛고 있으면 단호하고 효율적인 사람이 될 수 있습니다.

지배 행성 목성의 영향이 배가되면서 당신은 무슨 일이 있어도 정직함을 추구하는 명예롭고 이상적인 사람입니다. 열정이 넘치고 낙천적이며 종교적 혹은 도덕적 포부를 가진 당신은 예지력이 있고 철학에 관심이 있습니다. 발전하고 탐구하고 싶은 욕구가 있어 진실과 깨달음을 찾아 멀리 여행을 떠날 수도 있습니다. 그러나 세상을 바로잡으려 시도할 때 너무 엄격하거나 융통성을 잃어버리는 면은 고쳐야 합니다.

확신과 의견이 강하고 진지하며 솔직한 당신은 거침없이 의견을 말하고 직설적입니다. 충실하고 고결한 사람이라 약속을 하면 지키려고 하죠. 근면하고 헌신적이어서 사람들은 의무를 다하려는 당신에게 의지합니다. 자발적이고 관대한 사람이지만, 공정하고 싶은 마음과 인정 많은 모습 사이에 균형을 맞추어야 합니다. 정서적으로 원하는 것과 현실적으로 필요한 것을 효과적으로 결합하면 자기만족과 충족감을 얻을 수 있습니다.

22세가 되기까지 당신은 낙천적이며, 진취적인 일이나 공부, 여행을 통해 기회를 넓혀나가길 원합니다. 그러다 당신의 태양이 염소자리에 들어가는 23세부터는 성취를 이루기 위해 더 실용적이고 목표 지향적이며 현실적인 접근법을 취합니다. 여기에는 삶에서 더 많은 질서와 체계를 원하는 마음도 포함됩니다. 그리고 53세에 당신의 태양이 물병자리에 들어서면서 또 다른 전환점을 맞아 자유, 참신한 생각, 개성 표현에 대한 욕구가 커집니다.

숨어 있는 자아

당신은 실용적이고 단호할 뿐 아니라 창의적이고 재치가 넘치며 남을 즐겁게 하는 재주가 있습니다. 아름다움과 삶의 좋은 것들을 알아보는 안목이 있어 취향이 세련되고 사치를 즐기겠네요. 당신은 매우 친절하고 협조적이지만 때로는 독선적이거나 오만한 어조로 다른 사람들의 반감을 살 수 있습니다. 하지만 기회를 잘 알아볼 뿐 아니라 빈틈없는 실용주의 덕분에 경제적인 문제는 거의 없습니다.

항상 더 높고 큰 목표를 추구하는 당신은 성공 지향적이고 일에서의 전망이 밝습니다. 명석하고 예리한 지성을 갖추어 목표에 집중하면 굉장한 의욕을 보이죠. 대형 프로젝트를 좋아하지만 세부사항을 놓치지 않도록 노력하세요. 세부적인 요소들도 전체의 일부니까요. 당신은 최상의 상태일 때는 일이나 창의적 표현을 통해 다른 사람들에게 영감을 줄 수 있는 탁월한 사상가입니다.

일과 적성

진실과 정의에 대한 열망이 강하고 인도주의적 면모가 있어 대의를 위해 일하거나 법, 정치, 사회 개혁 쪽에 끌릴 수 있습니다. 혹은 이러한 재능을 상상력, 정서적 섬세함과 결합시켜 작가가 되거나 복지 관련 직업에 종사할 수도 있습니다. 아니면 기획력과 조직력이 뛰어나고 생산성을 발휘하는 것을 좋아하니 이러한 재능을 사업이나 행정 분야에 쓸 수도 있겠습니다. 또한 천성적으로 인정이 많고 좋은 부모가 될 자질이 있는 당신은 자선사업이나 지역 사회를 위한 기금 조성으로 다른 사람을 돕고 싶을 수도 있습니다.

수비학으로 풀어본 당신의 운세

29일에 태어난 당신은 성격이 강하고 잠재력이 대단합니다. 직관력이 뛰어나고 섬세하며 감성이 풍부하죠. 당신의 성공의 열쇠는 영감이며, 영감을 받지 못하면 목적의식이 약해질 수 있습니다. 진정한 공상가이지만 성격에 극단적인 면이 있어서 기분이 오락가락하는 것을 조심해야 합니다. 내면 가장 깊은 곳의 감정을 믿고 다른 사람들에게 마음을 열면 노심초사하는 성향을 극복하고 마음에 갑옷을 두르지 않아도 됩니다. 당신의 창의적인 사고를 타인을 돕거나 동기를 부여할 수 있는 특별한 무언가를 성취하는 데 활용하세요. 탄생월 11의 영향으로 인도주의적이고 이상주의적인 당신은 정서적 충족감이나 만족을 원합니다. 새로운 생각들을 탐구하고 발견하길 원해서 호기심이 많고 모험을 좋아하죠. 낙천적이고 확신이 강하지만 새로운 모험에 착수할 때는 현실적 태도를 유지하고 분별력을 발휘해야 합니다. 신념을 가지고 교육이나 공부를 통해 자신의 지평을 넓혀나가면 깨달음과 정신적 각성을 얻겠습니다.

- ● 장점 : 고무적, 균형, 내면의 평화, 관대함, 성공적, 창의적, 직관적, 신비주의, 강력한 꿈, 세상일에 밝음, 신뢰
- ■ 단점 : 집중을 못함, 불안정, 신경과민, 이기적, 허영심, 침울함, 까다로움, 극단주의, 사려 깊지 못함, 고립적

연애와 인간관계

친절하고 매력적인 당신은 남과 잘 어울리고 사교적입니다. 사람들과 함께하길 원해 협동적인 일에 항상 참여하죠. 집단 지향적이어서 혼자 있는 것을 좋아하지 않습니다. 하지만 파트너나 친구들을 조종하려 지나치게 의존하지 않도록 주의하세요. 당신에게는 가정과 가족이 특히 중요하며, 집을 따뜻하고 친밀하며 사람들을 끌어들이는 곳으로 만들고 싶어 합니다.

궁수자리

태양 : 궁수자리

지배 성좌 : 궁수자리/목성

위치 : 7°30′ – 8°30′ 궁수자리

상태 : 변통궁

원소 : 불

항성 : 안타레스

11월 30일
SAGITTARIUS

현명한 판단력과 뛰어난 정신력을 갖춘 낙천주의자

소통에 능하고 창의적이며 재능이 많은 당신은 풍부한 상상력과 활발한 성격을 가진 궁수자리 태생입니다. 적응력이 강하고 다양한 면을 가졌으며, 열정적이고 탐구심이 넘치네요. 인간관계에 확신을 갖게 되면 한결 같은 감정을 유지하는 데 도움이 됩니다. 자기표현을 즐기는 것으로 보아 논리정연하고 반응이 빠른 사람입니다. 매력적이고 말을 잘하고 재미있지만 가끔씩은 까탈스럽게 따지거나 거침없이 말하고 독설을 퍼붓습니다. 드라마틱한 것을 좋아하고 모험심이 강하며 낭만적이어서 때로는 감정에 휩쓸리거나 방종하기 쉽습니다.

지배 행성 목성의 영향이 배가되어 당신은 낙천적이고 이상주의적이며 인도주의적인 성격이 있습니다. 쉽게 싫증을 내는 성향 때문에 도전을 즐기고 흥분되는 일이나 지금까지와는 다른 경험을 원합니다. 문학과 글쓰기에 재능이 있는 당신은 지적, 정서적으로 자신을 표현할 방법을 찾으면 득을 보겠습니다.

진취적이고 모험을 좋아하며, 여행이나 변화를 갈망하지만 자신의 감정에 솔직할 경우 때때로 의심이나 불안을 느낄 수 있습니다. 직관이 강해서 자신의 본능을 믿는 쪽이지만 인내심을 기르면 충동적 행동이 어리석다는 것을 깨닫게 됩니다.

당신은 21세까지는 여행, 교육 혹은 삶의 철학을 통해 자유와 자신의 지평을 넓히는 문제에 주로 관심을 기울입니다. 그러다 당신의 태양이 염소자리에 들어서는 22세에 인생의 전환기를 맞아 더 실용적이고 질서 잡힌 인생을 살아갑니다. 그리고 52세에 당신의 태양이 물병자리에 들어가면 또 다른 변화가 찾아와 우정, 집단의식, 독립에 관한 문제들이 중요시됩니다.

숨어 있는 자아

당신은 깊은 감정의 소유자이지만 사랑과 자기표현에 대한 강한 욕구가 항상 겉으로 분명히 드러나지는 않습니다. 예민한 감수성은 예술적 추구나 다른 사람을 돕는 데 큰 도움이 될 수 있습니다. 그러나 지나치게 감정에 치우치거나 자신에게만 몰두해서는 안 됩니다. 반면 너무 이성적이기보다는 자신의 마음과 강한 직관을 믿는 것이 더 좋습니다. 하지만 의지력, 흥미로운 감각, 설득력 있는 말솜씨를 갖춘 당신은 놀라운 성공을 거둘 잠재력이 있습니다.

당신의 생일은 강한 직관, 현명한 판단력, 뛰어난 정신력을 나타냅니다. 지혜와 논리가 뛰어나 권한이 있는 지위까지 올라갈 것으로 보입니다. 당신은 사교적이며 지적능력이 뛰어나고 큰 그림을 보고 싶어 해 인맥을 쌓고 정보를 공유하는 것을 즐깁니다. 다른 사람에게 지시를 내리는 데 더 익숙한 사람이지만 남의 간섭을 받았을 때도 너무 고집을 부리지 않아야 합니다.

11월

일과 적성

야심 차고 사교적이며 두뇌 회전이 빨라 뛰어난 소통 기술이 당신의 큰 자산이 될 수 있습니다. 당신은 작가가 되어 이러한 재능을 활용하거나 영업, 정치, 혹은 연예계 쪽에서 두각을 드러낼 수 있겠네요. 당신은 일단 직업을 결정하지 못하고 망설이던 시간에서 벗어나면 어떤 직업을 선택하건 타고난 창의적 접근 방식을 활용합니다. 당신이 성공에 이르는 데는 정규 과정이건, 독학이건 교육이 중요한 역할을 합니다. 활동적이지만 우호적인 당신은 말솜씨를 타고나 승진을 하고 인기를 얻습니다.

수비학으로 풀어본 당신의 운세

창의성, 다정함, 사교성이 생일 30과 관련된 특성들입니다. 창의적 잠재력과 함께 야망이 큰 당신은 아이디어들을 받아들여 자신의 방식대로 확장할 줄 압니다. 30일에 태어난 사람들은 행복한 생활을 즐기고 카리스마가 넘치며 외향적입니다. 격렬한 감정의 소유자라서 사랑에 빠지거나 만족감을 느끼는 것이 필수입니다. 행복을 추구할 때 충실함을 유지해야 하고 나태와 탐닉은 피해야 합니다. 조급해하고 질투를 느끼면 정서적 불안을 겪을 수 있습니다. 30일에 태어난 사람들 중에는 인정받거나 명성을 얻은 사람이 많은데, 특히 성공한 뮤지션이나 배우, 연예인이 많습니다. 탄생월 11의 영향으로 당신은 매우 섬세하며 높은 희망과 기대를 품고 있습니다. 진심으로 바라는 것을 얻을 힘이 있지만, 목표를 이루고나면 사실은 다른 무언가를 원했다는 것을 깨달을 수도 있습니다. 잠시도 가만있지 못하고 쉽게 싫증을 내는 성향 역시 지구력과 투지를 약화시킬 수 있습니다. 재능을 타고났지만 불안감과 우유부단함 때문에 자신의 능력을 의심하게 될 수도 있습니다. 그러나 일단 영감을 받으면 높은 창의력을 발휘하여 당신이 실제로 얼마나 재능이 많은지 보여줄 수 있습니다.

- ● 장점 : 노는 것을 좋아함, 충실함, 우호적, 말재주, 창의적, 운이 좋음
- ■ 단점 : 나태함, 고집불통, 변덕스러움, 성급함, 불안정함, 무관심, 에너지가 분산됨

연애와 인간관계

낙천적인 당신은 사람들과 어울리는 것과 인기를 즐깁니다. 카리스마가 있지만 너무 깊이 생각하는 버릇, 몽상가적인 성향, 다양한 경험과 정신적 자극을 원하는 기질 때문에 정착하지 못하거나 장기적 관계 앞에서 망설일 수 있습니다. 의심이 든다면 희생을 자처하거나 잘못된 사람에게 시간과 에너지를 쏟지 마세요. 당신은 보통 아는 것이 많고 교양 넘치며 친절한 사람에게 끌립니다. 남성이건, 여성이건 이날 태어난 사람들에겐 여성들이 특히 중요한 역할을 하고 도움을 줍니다.

연인이나 친구

1월 2, 8, 19, 28일 / 2월 6, 26일 / 3월 4, 24, 30일 / 4월 2, 22, 28일 / 5월 20, 26, 30일 / 6월 18, 24, 28일 / 7월 16, 22, 26일 / 8월 5, 14, 20, 24일 / 9월 12, 18, 22일 / 10월 1, 10, 16, 20, 30일 / 11월 8, 14, 18, 28일 / 12월 6, 12, 16, 26일

힘이 되어주는 사람

1월 18, 21, 22일 / 2월 16, 19, 20일 / 3월 14, 17, 18, 31일 / 4월 12, 15, 16, 29일 / 5월 10, 13, 14, 27일 / 6월 8, 11, 12, 25일 / 7월 6, 9, 10, 23일 / 8월 4, 7, 8, 21, 30일 / 9월 2, 5, 6, 19, 28, 30일 / 10월 3, 4, 17, 26, 28일 / 11월 1, 2, 15, 24, 26일 / 12월 13, 22, 24일

운명의 상대

5월 27, 28, 29, 30일 / 10월 29일 / 11월 27일 / 12월 25일

경쟁자

1월 29일 / 2월 27일 / 3월 25일 / 4월 23일 / 5월 21일 / 6월 19일 / 7월 17일 / 8월 15, 30일 / 9월 13, 28일 / 10월 11, 26일 / 11월 9, 24일 / 12월 7, 22일

소울메이트

1월 24, 27, 28일 / 2월 22, 25, 26일 / 3월 20, 23, 24일 / 4월 18, 21, 22일 / 5월 16, 19, 20일 / 6월 14, 17, 18, 30일 / 7월 12, 15, 16, 28일 / 8월 10, 13, 14, 26일 / 9월 8, 11, 12, 24일 / 10월 6, 9, 10, 22일 / 11월 4, 7, 8, 20일 / 12월 2, 5, 6, 18, 30일

이날 태어난 유명인

빌리 아이돌, 준 포인터(가수), 윈스턴 처칠(전 영국 총리), 조너선 스위프트, 마크 트웨인, 루시 몽고메리(작가), 데이비드 마멧(영화감독), 나문희, 임창정(배우), 김지민(코미디언)

태양 : 궁수자리

지배 성좌 : 궁수자리/목성

위치 : 8°30′ – 9°30′ 궁수자리

상태 : 변통궁

원소 : 불

항성 : 안타레스, 한

12월 1일

SAGITTARIUS

감정의 폭이 넓어 다양한 면모를 보이는 훌륭한 기획자

독립적이고 야망이 강한 당신은 이상주의적 포부를 가진 단호한 성격의 궁수자리 태생입니다. 자신을 표현할 수 있는 자유를 원하고 목적과 관심사를 좇지만 사교적이고 매력적인 사람이기도 합니다. 열정적이고 낙천적이어서 기회를 붙잡거나 모험을 선택할 여지를 열어두길 좋아합니다. 그리고 집중력을 발휘해 성공을 거두지요.

지배 행성 목성의 영향이 배가되어 당신은 현상의 세부보다 전체를 보길 좋아하며 훌륭한 기획자입니다. 평범한 일상으로 바쁘지만 정신적 통찰력을 원하는 것으로 보아 자신감과 안정감을 갖는 데 도움이 되는 현실적인 삶의 철학을 원하네요. 당신의 생일이 나타내는 역동적인 힘과 잠시도 가만있지 못하는 성미는 삶이 당신을 위해 많은 것을 준비해두었음을 암시합니다. 이 생일은 생산성과도 관련되어 있지만, 과도하게 열성을 보이거나 성급하게 행동하지 않도록 조심해야 합니다.

이상주의적 성향과 물질주의적 성향 사이에 충돌이 나타나는 것으로 보아 에너지가 분산되거나 자기 동기 부여가 부족한 점이 당신의 최대 과제네요. 스트레스를 받으면 포기하거나 쉽게 싫증을 느끼는 성향은 프로젝트를 신중하게 계획하고 목표를 위해 꾸준히 노력함으로써 극복할 수 있습니다. 근면하고 현실적이어서 타고난 분별력과 직감을 발휘해 직관적이고 신속하게 사고할 수 있습니다. 때로는 자기 의견에 확신을 갖고 거침없이 발언하는 당신은 모험을 하기도 하고 어떤 대가를 치르더라도 정직하려고 노력합니다.

당신은 20세까지는 낙천적이고 모험심과 기회를 확장하고 싶은 욕구가 강합니다. 모험이나 교육, 여행을 통해 이를 충족시키려고 하죠. 그러다 21세에 당신의 태양이 염소자리로 들어가면서 전환점이 찾아와 삶에 대해 더 현실적이고 질서 있으며 체계적인 태도를 취하고 현실적으로 목표를 성취하는 방법을 더 잘 알게 됩니다. 그리고 51세에 당신의 태양이 물병자리로 들어가면서 또 다른 변화를 맞아 우정, 집단의식, 독립과 관련된 문제들이 강조되며 자신의 진보적인 생각을 남들과 나누겠다고 마음먹습니다.

숨어 있는 자아

역동적인 감정과 섬세한 힘을 가진 당신은 자신의 느낌에 따라 상황을 빠르게 판단할 수 있습니다. 직관력이 매우 강하기 때문에 어떤 사람에게 보인 첫 번째 반응이 대개는 맞아떨어지죠. 당신은 감정의 폭이 넓어서 따뜻하고 점잖고 인정 많은 면부터 강하고 단호한 성격까지 다양한 면모를 보입니다. 잠시도 가만있지 못하고 성급한 성미 탓에 지칠 때도 있지만 일단 어떤 일에 대해 마음을 정하면 끈질기게 매달려 잘 해낼 것입니다.

당신은 매력, 현실적 조직력, 풍부한 상상력이 흥미롭게 결합되어 있으며, 당신의 일은 에너지와 재능을 발산하는 중요한 수단이 될 수 있습니다. 당신의 놀라운 잠재력을 활용하기 위해서는 꾸준히 성실하게 노력해야겠지만, 다행히 근면한 사람이라 경제적 안정을 얻을 것입니다. 좋은 비전을 가지고 있고 가치를 굉장히 중요하게 생각하는 당신은 다른 사람들에게 긍정적인 영향을 미칠 수 있는 위치에 있습니다.

일과 적성

독립적이고 의지력이 강한 당신은 리더십을 타고 났기 때문에 필요한 자제력만 발휘한다면 자신의 분야에서 선두에 서는 성공을 거둘 수 있습니다. 당신은 정직하고 단도직입적인 접근방식을 취하는 현실적인 사람이며, 다른 사람들은 당신이 자신들을 어떻게 생각하는지 알고 있습니다. 조직력이 뛰어나 행정에도 재능을 보이지만 사람을 상대하거나 다양한 경험을 할 수 없는 일이라면 당신에게 자극을 주지 못할 수 있습니다. 당신은 독창적인 아이디어들로 새로운 프로젝트를 시작하거나 기존 시스템의 개선에 도움이 되는 것을 즐깁니다.

수비학으로 풀어본 당신의 운세

이 생일은 최고가 되길 원하고 자율적이고 싶은 강한 소망을 암시합니다. 1일에 태어난 사람은 개인주의적이고 혁신적이며 용기와 에너지가 넘칩니다. 종종 강한 정체성을 확립하고 적극성을 개발할 필요가 있습니다. 이 생일에 부여된 개척자 정신이 독립을 부추기겠네요. 이렇게 스스로 시작하는 힘이 자극제가 되어 실행력과 리더십도 발달합니다. 또 열정과 독창적인 아이디어가 많아 다른 사람들을 성공으로 이끌 수 있습니다. 그러나 세계가 자신을 중심으로 돌지 않는다는 사실을 자각할 필요가 있으며, 자기중심적이며 독선적이 되지 않도록 조심하세요. 탄생월 12의 영향으로 당신은 친절하고 관대합니다. 대담하고 낙천적인 태도를 가진 이상주의자이지만 현실에 단단히 발을 딛고 있길 원하고 뛰어난 분별력을 발휘합니다. 쉽게 다른 사람들의 마음을 끌고 설득할 수 있지만, 언제 주도권을 쥐어야 하는지, 언제 변화와 타협을 받아들여야 하는지 알아야 합니다.

- 장점 : 리더십, 창의적, 진보적, 단호함, 낙천적, 강한 확신, 경쟁력, 독립적, 사교적
- 단점 : 고압적, 질투, 자기중심적, 자만, 적대적, 자제력 부족, 이기적, 불안정, 성급함

연애와 인간관계

이상주의적이고 사교적인 당신은 정서적 안정과 안전을 원합니다. 카리스마 있는 성격이라 친구들과 추종자들이 많죠. 화합을 잘하고 다정한 당신은 관계를 평화롭게 유지하기 위해 노력할 의지가 있으며 사랑하는 사람은 좀처럼 포기하지 않습니다. 사랑과 애정의 감정을 표현할 수 있지만, 감정이 억눌리면 배려심이 부족해지거나 고집을 부릴 수 있습니다.

당신에게 특별한 사람

연인이나 친구 ♥

1월 1, 7, 11, 12, 22, 27일 / 2월 5, 9, 20일 / 3월 3, 7, 18, 26, 31일 / 4월 1, 5, 16, 29일 / 5월 3, 14, 27, 29일 / 6월 1, 12, 25, 27일 / 7월 10, 23, 25일 / 8월 8, 16, 21, 23, 31일 / 9월 6, 19, 21, 29일 / 10월 4, 17, 19, 27, 30일 / 11월 2, 15, 17, 25, 28일 / 12월 13, 15, 23, 26일

힘이 되어주는 사람 ♣

1월 8, 14, 19일 / 2월 6, 12, 17일 / 3월 4, 10, 15일 / 4월 2, 8, 13일 / 5월 6, 11일 / 6월 4, 9일 / 7월 2, 7일 / 8월 5일 / 9월 3일 / 10월 1, 29일 / 11월 27일 / 12월 25, 29일

운명의 상대

5월 30, 31일 / 6월 1, 2일

경쟁자

1월 9, 18, 20일 / 2월 7, 16, 18일 / 3월 5, 14, 16일 / 4월 3, 12, 14일 / 5월 1, 10, 12일 / 6월 8, 10일 / 7월 6, 8, 29일 / 8월 4, 6, 27일 / 9월 2, 4, 25일 / 10월 2, 23일 / 11월 21일 / 12월 19일

소울메이트 ★

1월 9일 / 2월 7일 / 3월 5일 / 4월 3일 / 5월 1일 / 10월 30일 / 11월 28일 / 12월 26일

사수자리

이날 태어난 유명인

우디 앨런(영화감독), 리처드 프라이어(코미디언), 자코 파스토리우스(음악가), 알리시아 마르코바(발레리나), 베트 미들러(가수·배우), 리트레비노(골프 선수), 박효신(가수)

태양 : 궁수자리

지배 성좌 : 궁수자리/목성

위치 : 9° 30′ – 10° 30′ 궁수자리

상태 : 변통궁

원소 : 불

항성 : 안타레스, 한

12월 2일
SAGITTARIUS

창의적이고 실용적인 해결책을 내놓는 천부적 전략가

다재다능하고 사교적인 당신은 진취적이고 직관력이 강한 궁수자리 태생입니다. 이상주의적이고 섬세하며 잠시도 멈춰 있지 않고 다양한 경험을 추구하죠. 지략이 풍부하고 용기가 있어서 흥분과 기회를 불러오는 약간의 위험을 즐기네요. 또 열정과 빛나는 아이디어들이 넘쳐서 창의적이고 사람들에게 영감을 줄 수 있습니다.

당신은 지배 성좌 궁수자리의 영향으로 세부사항보다 큰 계획을 보는 쪽을 선호합니다. 낙천적이고 인도주의적이며 예지력이 있네요. 적극적이어서 승부욕과 모험심이 강합니다. 하지만 사람들과 협력하면서 추가적인 이득을 얻겠네요. 문학과 글쓰기에 재능을 타고났으니 지적, 정서적으로 자신을 표현하는 방법을 찾으면 인정을 받습니다. 그러나 인생의 과제들에 열정적으로 덤벼들 때, 새로 시작하면 과거의 모든 문제가 해결되리라는 믿음으로 무모한 모험을 하지 않도록 주의하세요.

당신은 독창적인 생각과 뛰어난 실무 능력을 갖추었기 때문에 문제에 대한 현실적 해결책을 내놓고 일을 빠르게 진행시킬 수 있는 천부적인 전략가입니다. 자신의 분별력에 의지하고, 독립적이고 독특한 접근방식을 취해 모든 상황의 다양한 면들을 살펴봅니다. 다만 인내심을 기를 필요가 있군요. 근면하고 체계적인 당신은 개방적이고 실용적으로 문제에 접근하며, 솔직하고 단도직입적이며 곧바로 문제의 핵심으로 들어가는 사람입니다.

19세까지 당신은 진취적인 일이나 공부, 혹은 여행을 통해 자신의 지평을 넓히고 기회를 찾고 싶어 합니다. 당신의 태양이 염소자리에 들어가는 20세부터는 성취를 위해 좀 더 실용적이고 목표 지향적이며 현실적인 태도를 보이는데, 여기에는 삶에서 더 많은 질서와 체계를 원하는 마음도 포함됩니다. 그리고 50세에 태양이 물병자리로 들어가면서 또 다른 전환기를 맞아 자신의 개성을 표현하고 싶어 할 뿐만 아니라 더 인도주의적이고 집단 지향적인 방법으로 자신의 라이프스타일에 실험을 해보려고 합니다.

숨어 있는 자아

당신은 자신감 있는 겉모습 때문에 내면의 섬세함이 뚜렷하게 드러나지는 않습니다. 삶의 깊은 의미를 찾고 있는 문제 해결사인 당신은 다른 사람이 겪고 있는 딜레마에 대한 해답을 직관적으로 알고 있습니다. 책임감이 있고 사랑과 애정에 대한 욕구가 강한 당신은 화합을 이루기 위해서라면 어떤 일도 마다하지 않습니다. 심지어 타인을 위해 희생을 자처할 정도죠. 그러나 다른 사람을 너무 보살피다 보면 아무리 좋은 의도라 해도 남을 지배하려 들거나 간섭할 수 있습니다. 당신은 사랑의 힘으로 장애들을 극복하고 다른 사람들을 용서해 그토록 원하는 평화를 얻을 수 있습니다.

당신은 감정이 풍부하고 자부심과 의지가 강하며 지배적인 위치에 있는 걸 좋아하지 않습니다. 가치를 잘 알아보고 사업 감각을 타고났으니 물질적인 것에 너무 집착하지 않는 한 상황을 당신에게 유리하게 바꿀 수 있습니다. 당신은 매력적인 사람이지만 때때로 너무 거침없고 신랄하게 말하는 습관을 조심해야 합니다. 하지만 내면의 강인함과 카리스마가 있어 필요한 절제력만 발휘하면 인생에서 뛰어난 성공을 거두겠습니다.

일과 적성

예리한 지성과 뛰어난 소통 기술로 볼 때 당신에게는 성취를 이룰 수 있는 뛰어난 역량이 있습니다. 대의를 위한 반란자로 사회나 교육 개혁에 앞장설 수도 있겠네요. 끊임없이 아이디어를 발달시키는 당신은 직업을 바꾸거나 적어도 일하는 방식을 개선시킵니다. 태생적으로 사교적일뿐 아니라 빈틈없는 사업 감각이 있어 영업이나 출판, 방송처럼 이 두 특성들이 모두 필요한 직업을 가질 수도 있습니다. 혹은 삶에 대한 당신의 창의적인 접근방식을 글쓰기나 예술 분야에서 활용하고 싶을 수도 있겠습니다. 또한 철학적이거나 인도주의적인 기질이 자선 사업이나 종교 등의 직업에서 충족되거나 독지가가 될 수도 있습니다. 당신은 여행이나 동업에서 특히 득을 볼 수 있습니다.

수비학으로 풀어본 당신의 운세

2일은 감수성과 집단의 일원이 되고 싶은 강한 욕구를 암시합니다. 당신은 다른 사람과 상호작용할 수 있는 협력 활동을 즐깁니다. 그러나 좋아하는 사람들을 즐겁게 해주려다 지나치게 의존적이 될 위험이 있네요. 자신감을 기르면 다른 사람들의 행동에 쉽게 상처 받지 않을 수 있습니다. 탄생월 12의 영향으로 당신은 창의적이고 다재다능하며 직감이 강합니다. 직관력이 뛰어나고 머리가 좋으며 우호적이고 적응을 잘 하죠. 정신적 자극을 원하고 잠시도 가만있지 못하는 성미로 볼 때 당신은 자기 수양을 하고 일관성을 유지하면 득을 볼 수 있습니다. 또한 사교적 수완을 기를 필요가 있으며 너무 무뚝뚝하거나 거침없이 말하지 않아야 합니다. 좀 더 수양을 쌓고 인내심을 기르면 자신의 직관을 믿는 법을 터득하게 됩니다.

- 장점 : 좋은 협력자, 온화함, 요령이 있음, 수용적, 직관이 강함, 사려 깊은, 조화로운, 쾌활함, 친화적
- 단점 : 의심이 많은, 자신감 부족, 굴종적, 민감함, 기만, 이기적, 변덕스러움, 쉽게 상처받음

연애와 인간관계

이상적이고 정직한 당신은 배우자를 신중하게 선택해야 합니다. 그렇지 않으면 그 누구도 당신의 높은 기대에 부응하기 어려울 겁니다. 당신은 천성적으로 다정한 성격이어서 친구들이 많지만, 성격에 두 가지 면이 있어 어떨 때는 낙천적이고 자발적이며 애정이 넘치다가 또 다른 때는 무심하고 내성적이 됩니다. 이러한 변덕스러움 때문에 다른 사람들이 의아해하거나 당황할 수 있습니다. 정신적인 결속을 원하는 당신은 사랑하는 사람을 위해서라면 무슨 일이든 할 수 있습니다.

↗

어수자리

이날 태어난 유명인

모니카 셀레스(테니스 선수), 조르주 쇠라(화가), 마리아 칼라스(성악가), 잔니 베르사체(패션 디자이너), 양현석(연예기획자), 손미나(방송인)

태양 : 궁수자리	
지배 성좌 : 양자리/화성	
위치 : 10°30' - 11°30' 궁수자리	
상태 : 변통궁	
원소 : 불	
항성 : 안타레스, 라스타반, 한	

12월 3일
SAGITTARIUS

사람을 좋아하고 흥이 넘치는 사교가

창의적이고 다재다능하며 사람을 잘 다루는 당신은 매력적이고 다정한 궁수자리 태생입니다. 다른 사람들과 기꺼이 타협하고 협력하려고 하기 때문에 당신과 동료들 모두에게 엄청난 혜택을 줄 수 있는 성공적인 사업을 하게 됩니다. 운이 좋은 편이지만 에너지를 분산시키는 성향이니 당신의 진취적 정신을 가장 중요한 문제에 집중하는 법을 배워야 합니다.

지배 성좌 양자리의 영향이 당신의 긍정적인 시각과 낙천적 성격에 활력을 더해줍니다. 에너지가 넘치고 단호한 당신에게는 장애물을 극복할 수 있는 힘이 있습니다. 또한 이런 적극성은 모험을 즐기고 당신의 지평을 넓히라고 촉구하네요. 기민하고 실무 능력이 뛰어난 당신은 행운과 흥분을 불러올 수 있는 약간의 위험을 즐깁니다. 또한 당신의 투지와 창의적 사고로 인해 표현의 자유를 중요시하고 일을 신속하게 진행하는 걸 좋아합니다.

이지적이고 직관력이 강한 당신은 지적인 활동을 즐기는 인도주의자입니다. 이러한 활동들은 당신의 상상력에 불을 지피고 이상주의적 신념에 영감을 주거나 형이상학적이고 종교적인 주제에 관심을 가지는 자극제가 됩니다. 돈을 벌 수 있는 아이디어가 많으나 이상과 현실 사이에 충돌이 있으니 현실적인 목표를 세울 필요가 있습니다. 그러지 않으면 충분한 돈을 벌지 못할까 봐 걱정하거나 삶에서 힘이 약화되는 시기와 단호하게 발전과 전진을 이루는 시기 사이에서 갈팡질팡할 수 있습니다.

당신은 18세까지는 낙천적인 성향으로 모험심과 기회를 확장하려 합니다. 모험이나 교육, 여행을 통해 이를 충족시키려고 하죠. 그러다 19세에 당신의 태양이 염소자리로 들어가면서 전환점이 찾아와 삶에 대해 더 현실적이고 질서가 있으며 체계적인 태도를 취하고 목표를 성취하는 현실적인 방법을 더 잘 알게 됩니다. 그리고 49세에 당신의 태양이 물병자리로 들어가면서 또 다른 변화를 맞아 우정, 집단의식, 독립과 관련된 문제들이 강조됩니다.

숨어 있는 자아

당신은 밖으로 보기에는 굉장히 활동적이고 인정받고 싶은 욕구가 강하지만 내면의 평화를 찾고 싶은 욕구도 있습니다. 그래서 예술적이고 창의적인 활동들을 하거나 집을 세상으로부터의 안식처로 중요하게 생각할 수 있습니다. 다이내믹하고 세속적인 야망과 소박한 삶을 원하는 마음 사이에 균형을 잡는 법을 배우면 극단으로 치우치거나 너무 자신에게만 몰두하지 않을 수 있습니다. 당신은 먼저 상황에 대한 감을 잡은 뒤 일정한 체계를 세움으로써 당신의 뛰어난 직관을 현실에 적용할 수 있습니다.

물질적 성공에 대한 강한 욕구로 볼 때 당신은 분명 성공할 것이라는 느낌이 오는 프로젝트를 시작하는 것을 즐깁니다. 물질적 성공, 권력, 명성에 대한 강한 욕구가 높은 이상주의와 독특하게 결합되어 있어 당신은 정신적 자극을 받거나 자신의 직관에 귀를 기울일 때 가장 일을 잘 해낼 수 있습니다. 당신의 힘을 긍정적인 방향으로 돌리면 다른 사람까지 고양시키는 엄청난 에너지를 발산합니다.

일과 적성

당신은 독립적이고 리더십이 강하지만 다른 사람들과의 협력의 중요성도 잘 알고 있습니다. 그래서 협업을 하거나 팀워크가 필요한 프로젝트에 참여하기도 합니다. 긍정적인 열정과 활력이 넘쳐서 아이디어나 제품을 팔거나 홍보하는 일에 특히 뛰어나고, 대인 관계 기술과 인맥을 쌓는 능력이 있어 홍보 전문가, 자문, 중개인, 에이전트처럼 사람을 대하는 직업에 잘 어울립니다. 혹은 똑똑하고 창의적이니 음악, 문학, 예술 혹은 드라마 쪽의 길을 걸을 수도 있겠네요. 또한 현실적이면서 이상주의적인 면도 있어서 다른 사람들을 돕는 일에서 특별한 즐거움을 발견할 수도 있습니다.

수비학으로 풀어본 당신의 운세

3일에 태어난 당신은 창의력과 감정을 표현하고 싶은 욕구가 있는 섬세한 사람입니다. 흥이 넘쳐 함께하기 좋은 친구이며 친목을 위한 사교 활동과 다양한 관심사를 즐기는 편입니다. 다양하고 흥미로운 경험을 원하는 당신은 다재다능하고 표현력이 풍부하지만 쉽게 싫증을 내는 성향이 있어 한꺼번에 너무 많은 일을 벌여놓고는 하나도 제대로 못하게 될 수도 있습니다. 탄생일 3의 영향으로 예술적이고 매력적이며 유머 감각이 뛰어나지만 자존감을 키울 필요가 있고, 걱정이나 불안감에 빠지는 성향은 경계해야 합니다. 탄생월 12의 영향으로 당신은 자유를 사랑하고 이상주의적이며 단도직입적입니다. 사람을 잘 믿고 낙천적이죠. 당신은 대개 인맥이 넓고 인기를 즐깁니다. 활동적이고 진취적으로 지내고 싶어 해서 사교 집단이나 대가족의 일원이 되는 것을 즐기죠. 또한 활동과 모험에 대한 욕구는 당신에게 다양한 경험이 필요함을 암시합니다. 그렇지 않으면 지루함을 느끼고 안절부절못하게 됩니다.

- 장점 : 유머, 행복, 우호적, 생산적, 창의적, 예술적, 소원을 이루는 힘, 자유를 사랑함, 말재주
- 단점 : 쉽게 질림, 허영심, 공상, 과장함, 자랑하기 좋아함, 낭비벽, 방종, 나태함, 위선적

연애와 인간관계

친절하고 이상주의적인 당신은 확신이 강한 지적이고 힘 있는 사람에게 끌립니다. 당신은 따뜻하고 애정이 넘치는 사람이며 굉장히 사교적이고 발이 넓습니다. 사랑하는 사람에게 낙천적이고 관대하지만 개인적인 욕구와 야심이 강해서 때로는 계산적으로 보일 수도 있습니다. 관계를 지속시키기 위해 희생도 마다하지 않지만, 개인적인 자유를 어느 정도 유지할 필요가 있습니다. 때때로 친구들이 사업에 도움이 될 수 있습니다.

당신에게 특별한 사람

연인이나 친구

1월 3, 6, 23일 / 2월 11, 21일 / 3월 9, 19, 28, 31일 / 4월 7, 11, 17, 26, 29일 / 5월 5, 15, 24, 27, 29, 31일 / 6월 3, 13, 22, 25, 27, 29일 / 7월 1, 11, 20, 23, 25, 27, 29일 / 8월 3, 9, 18, 21, 23, 25, 27일 / 9월 7, 16, 19, 21, 23, 25일 / 10월 5, 14, 17, 19, 21, 23일 / 11월 3, 12, 15, 17, 19, 21일 / 12월 1, 10, 13, 15, 17, 19일

힘이 되어주는 사람

1월 3, 4, 10, 21일 / 2월 1, 2, 8, 19일 / 3월 6, 17, 30일 / 4월 4, 15, 28일 / 5월 2, 13, 26일 / 6월 11, 24일 / 7월 9, 22일 / 8월 7, 20일 / 9월 5, 18일 / 10월 3, 16, 31일 / 11월 1, 14, 29일 / 12월 12, 27일

운명의 상대

1월 22, 28일 / 2월 20, 26일 / 3월 18, 24일 / 4월 16, 22일 / 5월 14, 20, 30일 / 6월 1, 2, 3, 12, 18일 / 7월 10, 16일 / 8월 8, 14일 / 9월 6, 12일 / 10월 4, 10일 / 11월 2, 8일 / 12월 6일

경쟁자

1월 11, 20일 / 2월 9, 18일 / 3월 7, 16일 / 4월 5, 14일 / 5월 3, 12, 30일 / 6월 1, 10, 28일 / 7월 8, 26, 31일 / 8월 6, 24, 29일 / 9월 4, 22, 27일 / 10월 2, 20, 25일 / 11월 18, 23일 / 12월 16, 21일

소울메이트

1월 26일 / 2월 24일 / 3월 22, 30일 / 4월 20, 28일 / 5월 18, 26일 / 6월 16, 24일 / 7월 14, 22일 / 8월 12, 20일 / 9월 10, 18일 / 10월 8, 16일 / 11월 6, 14일 / 12월 4, 12일

사수자리

이날 태어난 유명인

장뤼크 고다르(영화감독), 조지프 콘래드(작가), 오지 오스본(가수), 줄리앤 무어, 어맨다 사이프리드(배우), 안나 프로이트(심리학자), 양희경(배우), 황치열(가수), 이시영(독립운동가)

| 태양 : 궁수자리 |
| 지배 성좌 : 양자리/화성 |
| 위치 : 11° 30' – 12° 30' 궁수자리 |
| 상태 : 변통궁 |
| 원소 : 불 |
| 항성 : 안타레스, 라스타반 |

12월 4일

SAGITTARIUS

탁월한 사업 감각으로 물질적 성공을 거두는 사람

낙천적이고 야망이 강한 당신은 실용적인 접근 방식을 취하고 활기가 넘치는 궁수자리 태생입니다. 돈과 명망을 얻고 싶은 욕구가 강하고 대담한 추진력이 있어서 용기를 가지고 몰두하면 목표와 이상을 이룰 수 있습니다. 매우 개인주의적이며 자유를 중시하는 당신은 새로운 시작과 자신의 지평을 넓힐 수 있는 기회를 즐깁니다.

지배 성좌 양자리의 영향이 당신의 성격에 적극성을 더할 뿐 아니라 모험을 즐기고 독립적이 되라고 촉구하네요. 경쟁심이 강하고 진취적인 당신은 활동적이고 기민하며 대담해지고 싶어 합니다. 실무 능력이 뛰어나 도전이 필요하고 약간의 위험을 감수하는 일을 즐기고 대개 그 일들을 신속하게 진행합니다.

이상주의적이고 사업 감각이 뛰어난 당신은 좋은 결과를 불러오는 아이디어들과 이를 실현할 수 있는 능력이 있습니다. 선견지명이 있고 이해력이 좋아서 새로운 동향과 상황을 잘 파악하죠. 당신은 새로운 일을 시작하거나 현대적 개념이나 프로젝트의 선두에 서는 걸 즐깁니다. 지략이 풍부하고 용기도 있지만, 진짜 확신이 들어서라기보다 고집 때문에 자신의 원칙을 고수하는 경향이 있습니다. 고압적으로 행동하지 말고 타협하는 법을 배울 필요가 있겠습니다.

당신은 17세까지는 자유, 모험, 기회 같은 문제에 주로 관심을 기울입니다. 그러다 18세에 당신의 태양이 염소자리로 들어가면서 삶에 대해 더 실용적이고 목표 지향적이며 현실적인 태도를 취합니다. 여기에는 삶에서 더 많은 질서와 체계를 원하는 마음도 포함됩니다. 그리고 48세에 당신의 태양이 물병자리로 들어가면서 자유, 새로운 아이디어, 자신의 개성 표현에 대한 욕구가 커집니다. 집단적 노력이나 우정의 중요성이 더 강조되지요.

숨어 있는 자아

당신은 독립적이지만 사람을 잘 다루고 인맥을 만드는 재능이 있습니다. 당신에게는 인간관계가 특히 중요합니다. 또 팀의 일원으로 일하거나 협력할 때의 이점을 잘 알고 있죠. 이상주의적이고 빈틈없는 사업 감각을 갖춘 당신은 어떤 아이디어나 대의를 알리는 데 뛰어난 현실적 몽상가입니다. 때로는 돈 문제 관해 걱정을 할 수도 있지만, 설득력과 탁월한 협상 기술로 볼 때 놀라운 성공을 거둘 잠재력이 있습니다.

의지가 강하고 너그러운 당신은 사랑과 자기표현에 대한 욕구가 강합니다. 이러한 욕구가 타고난 인도주의적 기질과 만나면 다른 사람들을 돕는 동력 역할을 할 수 있습니다. 열정이 넘치는 당신은 거창한 계획을 세우지만 종종 자신만의 방식으로 일할 필요도 있습니다. 이상과 야망, 사랑과 돈, 연민과 권력 같은 상반된 가치 사이에서의 균형을 잡을 수 있다면 탁월한 리더십을 발휘할 수 있습니다.

일과 적성

진취적이고 근면한 야심가인 당신은 성공에 도움이 되는 기회를 잘 알아차립니다. 리더십과 투지가 결합되어 있어 다른 사람들과 역동적이고 발전적인 방향으로 협력할 수 있죠. 넓게 생각하고 협상 기술이 뛰어나기 때문에 사업가가 되거나 대기업에서 경영 부문의 경력을 쌓길 원할 수 있습니다. 또한 설득력이 탁월하니 중재가, 에이전트, 재정 자문 등 상업계의 직업을 택할 수도 있겠네요. 열정이 넘치는 성격이라 아이디어나 제품 또는 사람을 상업적으로 홍보하는 일을 할 수도 있지만 이상주의도 강해서 대의를 알리는 일을 할 수도 있습니다. 혹은 예술 쪽에서 자신의 창의적 재능을 펼칠 수도 있습니다.

수비학으로 풀어본 당신의 운세

생일 4가 나타내는 탄탄한 구조와 정돈된 힘으로 볼 때 당신은 안정을 원하고 질서를 세우고자 합니다. 에너지와 실용적 기술들, 강한 결단력을 타고났기 때문에 열심히 노력하면 성공을 거둘 수 있습니다. 안정을 중시하여 자신과 가족을 위한 탄탄한 토대를 쌓고 싶어 합니다. 인생에 실용적으로 접근해서 탁월한 사업 감각과 물질적 성공을 거두는 능력을 갖추게 됩니다. 4일에 태어난 당신은 정직하고 솔직하며 공정한 편입니다. 이날 태어난 사람에게 주어진 과제는 불안정한 시기나 돈 문제로 걱정하는 시기를 극복해야 한다는 것입니다. 탄생월 12의 영향으로 우호적이고 사교적이지만 직설적이고 거침없이 말합니다. 호기심과 의심이 많아서 역경에 맞서 자신의 능력과 지적 능력을 시험해보는 걸 즐기죠. 자유사상가인 당신은 일단 행동방침을 정하면 상당히 완고한 외골수가 될 수 있습니다. 활동적인 추진력이 넘치지만 자신이 에너지를 유용한 일이나 의미 있는 목적에 쏟기 위해서는 안정과 인내심이 필요합니다.

- ● 장점 : 체계적, 절제력, 꾸준함, 근면함, 조직적, 솜씨, 손재주, 실용주의, 신뢰, 정밀성
- ■ 단점 : 불안정, 파괴적 행동, 소통 부족, 억압적, 융통성 부족, 나태함, 냉정함, 미루는 버릇, 돈에 인색함, 위세, 애정을 감춤, 화를 잘 냄, 엄격함

연애와 인간관계

역동적이고 사려 깊은 당신은 개인적 자유와 활발한 사교 생활을 원합니다. 감정이 잘 바뀌는 편이라 장기적인 관계로 들어가기 전 마지막 순간까지도 의심을 거두지 못합니다. 가까운 동반자 관계에서 당신은 격렬한 감정 때문에 소박한 낙천주의와 엄연한 현실 사이를 오락가락할 수 있습니다. 자율적이길 원하기 때문에 행복해지기 위해서는 당신을 너무 구속하지 않는 배우자를 선택해야 할 것입니다.

이날 태어난 유명인

라이너 마리아 릴케(시인), 제프 브리지스(배우), 프란시스코 프랑코(스페인 정치인)

| 태양 : 궁수자리 |
| 지배 성좌 : 양자리/화성 |
| 위치 : 12°30′ – 13°30′ 궁수자리 |
| 상태 : 변통궁 |
| 원소 : 불 |
| 항성 : 안타레스, 라스타반 |

12월 5일
SAGITTARIUS

끈질기게 야망을 실현하는 목표 지향적 인간

지적이고 단호한 당신은 다재다능하고 안주하지 못하는 성격의 궁수자리 태생입니다. 지식, 성숙함, 뛰어난 분별력을 발휘해 성공을 거둘 운명이지요. 낙천적인 성향과 활동적인 삶을 살고자 하는 욕구로 볼 때 당신은 자신을 감정적으로나 정신적으로 표현할 수 있는 자유가 필요합니다.

지배 성좌 양자리의 영향이 당신의 성격에 적극성을 더할 뿐 아니라 모험을 즐기고 독립적이 되라고 촉구하네요. 당신은 겉으로는 자신감이 넘치고 뛰어난 실무 능력을 보여주지만 의심과 불안이 목적의식을 약화시키기 때문에 자신의 진짜 목표가 무엇인지 혼란을 느낄 수 있습니다.

당신은 계획을 끈질기게 추진함으로써 장기적인 목표를 이루는 데 필요한 인내심과 끈기를 기를 수 있습니다. 거리낌 없이 말할 줄 아는 당신은 혁신적인 의견이 많고 독창적인 시각을 가지고 있습니다. 이런 점들은 당신이 박학다식하고 권위가 있음을 보여주죠. 이날 태어난 여성들은 결단력 있게 사고하고 상황을 책임지는 경향이 있습니다.

당신은 보수적이지만 반항적인 면도 있고 순발력이 좋아서 지루하거나 따분한 인상을 주지는 않습니다. 또한 자유자재로 사용할 수 있는 지식의 힘을 깨닫게 되기도 합니다. 하지만 반항적인 내의를 열성적으로 따르다 보면 에너지가 분산되고 너무 외고집을 부리거나 완고해져 나중에 후회하게 될 위험이 있습니다.

당신은 16세까지는 낙천적이고 모험심과 기회를 확장하고 싶은 욕구가 강합니다. 모험이나 교육, 여행을 통해 이를 충족시키려고 하죠. 그러다 17세에 당신의 태양이 염소자리로 들어가면서 전환점이 찾아와 삶에 대해 더 현실적이고 조리 있는 태도를 취하고 목표를 성취하는 현실적인 방법을 더 잘 알게 됩니다. 그리고 49세에 당신의 태양이 물병자리로 들어가면서 또 다른 변화를 맞아 독립과 진보적 혹은 독창적 아이디어를 표현하는 문제들이 중요시됩니다. 또한 자유에 대한 욕구가 커질 뿐 아니라 집단의식이나 인도주의적 이상을 더욱 잘 이해하게 됩니다.

숨어 있는 자아

당신은 목표 지향적이고 야망이 있습니다. 의무감이 강하고 끈질기죠. 책임감이 강하고 권력을 좋아해서 대개 통제하는 위치에 있길 원합니다. 두뇌 회전이 빨라 자기주장을 잘 펼치고 약간의 우호적 경쟁관계나 논쟁을 즐기기도 합니다. 근면하고 끈기 있게 목표를 추구하는 당신은 단호한 투지를 보여줍니다.

굉장히 독립적이고 리더십을 타고났지만 팀워크나 협력의 중요성도 알고 있습니다. 인간관계나 협업이 인생에서 중요한 부분을 차지할 수 있지만 자신의 욕구와 타인의 욕구 사이에 적절한 균형을 잡는 것도 중요합니다. 정서적 긴장이나 오만함을 피하기 위해서는 타고난 사교적 수완을 활용하는 것이 가장 좋습니다. 하지만 당신은 자존심이 강하기 때문에 당신의 섬세함, 이상주의, 내면의 힘이 겉으로는 잘 보이지 않는 편입니다.

일과 적성

당신은 근면하고 책임감이 강해서 자연스럽게 권위 있는 자리에 올라갈 수 있겠습니다. 예리한 지적 능력과 독창적인 사고방식 때문에 교육이나 철학, 과학 연구 같은 직업에 특히 끌리죠. 너그럽고 친절한 당신은 사람을 잘 다루고 기회를 잘 알아봅니다. 지시받는 것을 싫어하고 자신만의 방식으로 자유롭게 일하는 쪽을 선호하기 때문에 관리직을 찾거나 자영업을 할 수도 있겠습니다. 혹은 인도주의와 정신적 영역에 대한 열망이 있어 사회 개혁과 관련된 일이나 종교계를 선택할 수도 있습니다. 아니면 드라마틱한 감각이 있으니 연예계에 진출할 수도 있겠군요.

수비학으로 풀어본 당신의 운세

강한 직관력, 넘치는 모험심, 그리고 자유에 대한 열망이 5일에 태어난 사람들의 공통점입니다. 새로운 무언가를 탐구하거나 시도하고 싶어 하고 열정적인 당신에게 삶은 많은 것을 안겨줄 것입니다. 여행과 예상하지 못한 수많은 변화의 기회를 통해 세계관과 믿음이 실질적인 변화를 겪게 되겠네요. 생일 5의 영향으로 인생이 흥미진진하다고 느끼지만, 책임감 있는 태도를 키워야 하고, 돌발적인 행동과 안달하는 성향은 조심해야 합니다. 성급한 행동이나 질투 어린 행위는 피하고 인내심을 배우면 성공할 수 있습니다. 5일에 태어난 사람들의 타고난 장점은 순리를 따를 줄 알고 객관성을 유지한다는 것입니다. 탄생월 12의 영향으로 직관적이고 창의적인 당신은 실용적인 기술과 설득력 있는 태도를 지녔습니다. 지적이고 마음이 넓지만 일이 생각보다 빨리 진행되지 않으면 때때로 성급해지고 긴장하는 경향이 있네요. 당신은 개인적인 자유를 원하고 종종 불의에 맞서 싸웁니다.

- ● 장점 : 다재다능함, 적응력, 진보적, 직관력, 매력적, 운이 좋음, 대담함, 자유에 대한 사랑, 재치, 순발력, 호기심, 신비적, 사교적
- ■ 단점 : 믿을 수 없는, 변덕스러움, 미루는 버릇, 일관성이 없음, 신뢰할 수 없는, 지나친 자신감, 고집불통

연애와 인간관계

지적이고 아는 것이 많은 당신은 태도에 권위가 있고 추종자가 많습니다. 책임감이 강하고 사려 깊으며 정직하고 단도직입적이죠. 누군가를 믿으면 많은 도움을 주고 용기를 북돋아줍니다. 배려심이 많지만 상황을 책임지려는 성향이 있어 때로는 자기 뜻대로 결정하거나 고압적이 될 수도 있습니다. 따라서 타인에게는 조언만 주고 그들이 스스로 결정을 내리도록 하는 게 더 낫습니다. 당신은 만족과 행복을 느끼며 정서적으로 균형이 잡혀 있는 사람들을 존중합니다. 삶의 안정된 기반을 위해 결혼 생활을 중요하게 생각하며, 미혼일 경우 탄탄한 가정을 중시합니다.

궁수자리

591

태양 : 궁수자리

지배 성좌 : 양자리/화성

위치 : 13°30′ – 14°30′ 궁수자리

상태 : 변통궁

원소 : 불

항성 : 라스타반

12월 6일

SAGITTARIUS

끊임없이 최신 지식을 습득하고 진실을 추구하는 이상주의자

지적이고 판단력이 뛰어난 당신은 강렬한 감정과 높은 이상을 지닌 통찰력 있는 궁수자리 태생입니다. 본능과 직관력을 발달시키면 긍정의 힘을 이용해 걱정과 정서적 불안을 떨치는 법을 배울 수 있습니다.

지배 성좌 양자리의 영향이 당신의 성격에 활력을 더할 뿐 아니라 모험을 즐기고 독립적이 되라고 촉구하네요. 하지만 넓은 세상에서 목표를 달성하기 위해서는 단호함과 낙천주의를 유지해야 합니다. 다재다능하고 열정적이며 자신의 독창성과 개성을 표현하고 싶어 하는 당신은 세세한 부분까지 주의를 기울여야 하고 성취하려는 목표에 집중해야 합니다.

독립적인 사상가인 당신은 때로 다른 사람의 의견을 무시하고 융통성 없는 구석을 보이기도 합니다. 하지만 인생에서 무엇을 이루고 싶어 하건 진실과 지혜를 탐구한다면 도움이 될 수 있습니다. 실무에 강한 완벽주의자이기도 해 대형 프로젝트를 맡을 만한 역량이 있으며 헌신적이고 성실합니다. 사교적이며 정이 많고 인도주의적 기질도 있어 발이 넓고 외향적인 성격입니다. 매력적이고 관대하며 공감을 잘 하는 편이지만 무지는 참지 못하네요. 그럴 때는 참을성이 없어지고 어리석은 짓을 용납하지 않습니다.

당신의 태양이 염소자리를 지나가는 16세부터 45세까지는 세상의 질서와 체계의 필요성과 현실적 문제들이 강조됩니다. 그러다 당신의 태양이 물병자리로 들어가는 46세에 전환점을 맞아 집단의식과 진보적인 생각이 깊어지고 좀 더 실험적이 됩니다. 그리고 76세에 당신의 태양이 물고기자리에 들어가면 또 다른 전환점이 찾아와 수용력, 상상력, 혹은 정신적 인식에 더 많은 중점을 두겠습니다.

숨어 있는 자아

자신을 표현하는 능력은 당신의 정서적 불안을 해소하고 지나치게 예민해지는 것을 막을 수 있습니다. 또한 이러한 자기표현은 삶의 즐거움을 촉진시켜 행복하고 창의적으로 지내라고 독려합니다. 독창적이고 두뇌 회전이 빠르며 상상력이 풍부한 당신은 사교 생활을 통해서건 예술이나 음악, 드라마, 글쓰기 재능을 개발해서건 성공하는 데 있어 영감이 중요한 역할을 합니다 하지만 특히 감정과 관련된 일들에 대한 걱정이나 우유부단함이 당신의 체계적인 정신을 어지럽힐 수도 있으니 조심하세요.

성공 지향적이고 야망과 용기가 있는 당신은 낙천적이며 사업 감각이 좋고 행운이 따릅니다. 원대한 계획을 가지고 있지만 경제적 안정이 모든 해결책이 될 수 있다고 믿는 경향이 있습니다. 그러나 물질적인 이득만 생각하면 인생에서 진정으로 가치 있는 것을 보는 통찰력을 놓칠 수 있습니다. 다행히 당신은 높은 수준의 지식에서 직관력을 얻어 행복과 충족감을 충분히 느낄 수 있고 특히 봉사 활동에서 기쁨을 얻습니다.

일과 적성

예리한 지성과 진취적 정신을 갖춘 당신은 도전을 즐기고 끊임없이 최신 지식을 습득합니다. 대형 프로젝트를 선호하고 종속적인 위치를 좋아하지 않기 때문에 어느 정도 통제력이나 권한이 있는 직업이 좋습니다. 진실을 추구하는 이상주의자라서 법률이나 상담, 사회 개혁에 끌릴 수 있는데, 특히 다른 사람들의 권리를 대변하는 입장에 있을 때 더욱 그러합니다. 아니면 직관적인 지적 능력을 교육계, 과학 연구, 형이상학, 혹은 철학 분야에서 발휘할 수도 있겠습니다. 한편 실용주의적인 면도 있어 사업을 할 수도 있는데, 이 경우 뛰어난 조직력과 설득력 있는 말솜씨, 여러 재능들이 큰 성공을 거두는 데 도움이 될 수 있습니다.

수비학으로 풀어본 당신의 운세

이상주의, 창의성, 인정 많은 성격이 6일에 태어난 사람들의 특성입니다. 6은 누구와도 친구가 되는 사람을 나타내는 숫자로, 당신이 책임감이 강하고 다정하며 힘을 주는 인도주의자임을 말해줍니다. 생일 6의 영향으로 당신은 가정적인 사람이며 헌신적인 부모입니다. 좀 더 감성적인 사람들은 창조적 표현 형태를 찾아야 해서 연예계나 예술, 디자인 계통에 끌릴 수 있습니다. 당신은 자신감을 더 키울 필요가 있으며 간섭이나 걱정, 부적절한 동정심 등의 성향을 극복해야 합니다. 탄생월 12의 영향으로 당신은 상상력이 풍부하고 자비롭습니다. 낙천적 시각과 지성을 갖춘 몽상가지만, 자신의 직관을 믿는 법을 터득하고 정신적 능력을 기를 필요가 있습니다. 마음이 넓고 독창적인 당신은 더 높은 수준의 학습을 원하며 형이상학과 철학을 공부하면 많은 득을 보겠습니다. 다른 사람들이 원하는 것들을 고려하고 자신의 책임을 받아들이면 마음의 평화를 찾고 불안을 극복할 수 있습니다.

- 장점 : 세상사에 밝음, 인류애, 인정이 많음, 신뢰할 수 있음, 이해심, 공감 능력, 이상주의, 가정적, 인도주의자, 침착함, 예술적
- 단점 : 불만족, 불안, 수줍음, 비이성적, 완고함, 거침없이 말함, 완벽주의자, 고압적, 책임감 부족, 의심이 많음, 자기중심적

연애와 인간관계

친화적이고 통찰력 있는 당신은 흥미 있는 대화가 가능하고 정신적 자극을 주는 지적인 사람들과 어울리는 것을 좋아합니다. 우호적이고 공감을 잘 하는 성격이라 사람들이 조언과 도움이 필요할 때 당신을 찾죠. 이상주의적이고 야망 있는 당신은 자신과 타인을 책임질 수 있습니다. 관계에서 강하고 단호해 보이지만 섬세한 면이 있어 때로는 초조해지거나 지루함을 느낄 수 있습니다. 종종 다른 나라의 장소나 사람에게 관심을 느끼지만 그래도 가정의 안정을 더 소중히 생각합니다.

연인이나 친구

1월 4, 9, 12, 16, 25, 30일 / 2월 10, 14, 23, 24일 / 3월 8, 12, 22, 31일 / 4월 3, 6, 10, 20, 29일 / 5월 4, 8, 18, 27일 / 6월 2, 6, 16, 25, 30일 / 7월 4, 14, 23, 28일 / 8월 2, 12, 16, 21, 26, 30일 / 9월 10, 19, 24, 28일 / 10월 8, 17, 22, 26일 / 11월 6, 15, 20, 24, 30일 / 12월 4, 13, 18, 22, 28일

힘이 되어주는 사람

1월 2, 13, 22, 24일 / 2월 11, 17, 20, 22일 / 3월 9, 15, 18, 20, 28일 / 4월 7, 13, 16, 18, 26일 / 5월 5, 11, 16, 18, 26일 / 6월 3, 9, 12, 14, 22일 / 7월 1, 7, 10, 12, 20일 / 8월 5, 8, 10, 18일 / 9월 3, 6, 8, 16일 / 10월 1, 4, 6, 14일 / 11월 2, 4, 12일 / 12월 2, 10일

운명의 상대

1월 25일 / 2월 23일 / 3월 21일 / 4월 19일 / 5월 17일 / 6월 2, 3, 4, 5, 6, 15일 / 7월 13일 / 8월 11일 / 9월 9일 / 10월 7일 / 11월 5일 / 12월 3일

경쟁자

1월 7, 23일 / 2월 5, 21일 / 3월 3, 19, 29일 / 4월 1, 17, 27일 / 5월 15, 25일 / 6월 13, 23일 / 7월 11, 21, 31일 / 8월 9, 19, 29일 / 9월 7, 17, 27, 30일 / 11월 3, 13, 23, 26일 / 12월 1, 11, 21, 24일

소울메이트

1월 17일 / 2월 15일 / 3월 13일 / 4월 11일 / 5월 9일 / 6월 7일 / 7월 5일 / 8월 3일 / 9월 1일 / 11월 30일 / 12월 28일

이날 태어난 유명인

아그네스 무어헤드(배우), 데이브 브루벡(재즈 작곡가), 알프레드 아이젠슈테트(사진작가), 히사이시 조(작곡가), 류담(코미디언), 양학선(체조 선수)

593

| 태양 : 궁수자리 |
| 지배 성좌 : 양자리/화성 |
| 위치 : 14°30′ - 15°30′ 궁수자리 |
| 상태 : 변통궁 |
| 원소 : 불 |
| 항성 : 없음 |

12월 7일
SAGITTARIUS

풍부한 정보로 다른 사람들에게 자극과 즐거움을 주는 사람

단호하고 직관력이 강하며 머리가 좋은 당신은 깨달음과 더 큰 자기 인식을 추구하는 궁수자리 태생입니다. 지적이고 열정적인 데다 정보를 신속하게 이해할 수 있어 정신적이고 창의으로 구현되어야 하는 독창적인 아이디어가 많습니다.

지배 성좌 양자리의 영향으로 야망이 크고 활력이 넘치며 잠시도 가만있지 못하는 기질입니다. 탐구심과 모험심이 강해서 흥분과 새로운 기회를 불러올 수 있는 약간의 위험을 즐기죠. 창의적 사상가여서 정보 모으기를 좋아하고 지식을 축적함으로써 자신감을 강화합니다. 재능 있고 똑똑하며 말솜씨, 글솜씨가 좋은 당신은 생기가 넘치고 매력이 있으며 자주적입니다. 자신의 생각을 다른 사람들에게 효과적으로 전할 줄 알아 남에게 호감을 삽니다.

당신은 사교적이지만 철학적 시각과 독립적인 성향으로 볼 때 독자적으로 생각하는 것을 좋아하고 또래 집단의 압박에 굴복하는 일이 거의 없습니다. 이런 성향은 또한 개인주의와 회의적인 시각, 창의적 자기표현에 대한 욕구도 강화합니다. 당신은 이상주의적이라 불의에 맞서 싸우려 합니다. 하지만 인습을 거부하는 당신의 진보적 견해는 다른 사람들에게는 충동적이고 반항적으로 보일 수도 있습니다.

당신의 태양이 염소자리를 지나가는 15세부터 44세까지는 삶의 목표를 성취하기 위해 실용적이고 현실적인 접근이 필요하다고 느낍니다. 그러다 당신의 태양이 물병자리로 들어가는 45세에 전환점이 찾아와 독립과 자신의 개성 표현에 대한 욕구가 커지죠. 이 시기에 자유, 집단의식, 인도주의적 이상과 관련된 문제에 참여할 수도 있겠습니다. 그리고 75세에 당신의 태양이 물고기자리에 들어가면 또 다른 전환점이 찾아와 정서적 수용력, 상상력, 혹은 내면세계가 강조됩니다.

숨어 있는 자아

카리스마가 강하고 야망이 있는 당신은 매력적이고 따뜻한 마음을 가진 사람입니다. 사교적이고 너그러워서 사람과 관련된 활동들에 특히 뛰어나죠. 독립적이고 성공 지향적이라 활동적으로 지내길 원하고 남과 다르게 생각하길 좋아합니다. 강한 확신과 봉사하고 싶은 마음이 있어 어떤 이상을 지지하거나 다른 사람들에게 현실적으로 도움이 되는 운동을 이끄는 걸 즐깁니다. 마음에서 우러나는 인정을 베풀 수 있지만 감정이 격렬하니 극단으로 흐르거나 너무 충동적으로 행동하지는 않아야 합니다.

정직하고 솔직한 당신은 타인들과 나누는 걸 즐기고 훌륭한 동반자나 벗이 될 수 있습니다. 이상주의적 측면과 대조적으로 물질주의적 성향도 있는 것으로 보아 삶에서 안정이 중요하네요. 경제적 안정을 위해 정신적으로 너무 많은 타협을 하지 않도록 조심하세요. 하지만 개성이 강하고 두뇌 회전이 빠른 당신은 풍부한 정보로 다른 사람들에게 자극과 즐거움을 줄 수 있는 운이 좋은 사람입니다.

일과 적성

당신은 예리한 지성과 뛰어난 분석력, 소통 기술을 갖추어 작가나 대변인, 혹은 교육계에서 역량을 발휘할 수 있습니다. 마찬가지로, 자신의 생각을 효과적으로 전달할 줄 알아서 법, 학계, 정계에 끌릴 수도 있겠네요. 또 긍정적 태도와 커다란 포부, 카리스마까지 있어서 대기업에서 성공하고 책임 있는 자리까지 올라갈 수 있습니다. 혹은 상업계에 진출해 영업이나 홍보, 협상에서 설득력을 발휘할 수도 있습니다. 자기표현 욕구가 있어 당신의 창의적인 재능들을 음악이나 예술, 연극을 통해 펼칠 수도 있겠네요.

수비학으로 풀어본 당신의 운세

7일에 태어난 사람들은 분석적이고 사려 깊으며 종종 비판적인 성향을 띠며 자신에게 몰두합니다. 끊임없이 자신을 더 잘 이해하고 싶어 정보를 수집하고 독서나 글쓰기나 정신적 영역에 관심이 있습니다. 상황 판단이 빠르지만 지나치게 합리화를 하거나 지엽적 부분에만 빠져 있기도 합니다. 알쏭달쏭한 태도를 취하거나 숨기려는 성향이 있어 때로는 자신이 이해받지 못한다고 느낍니다. 지식의 탐구자로서 교육, 특히 형이상학, 철학 그리고 법을 공부하면 크게 득을 볼 수 있습니다. 탄생월 12의 영향으로 직관력이 강하고 상상력이 풍부합니다. 독립적이고 유능해서 큰 계획을 세우고 독창적인 아이디어들이 많죠. 낙천적이고 느긋한 당신은 스스로 결정을 내리는 걸 좋아하네요. 때로는 의도치 않게 다른 사람들에게 둔감해져 생각에 앞서 먼저 마음속 말을 해버리기도 합니다. 하지만 천진난만한 매력 덕분에 당신의 솔직한 태도와 어린애 같은 무례는 곧잘 용서를 받습니다. 협력하는 법을 배우고 사교적 수완을 발달시키면 독선적인 성향과 회의적, 도발적인 모습을 극복할 수 있을 겁니다.

- 장점 : 교양적, 신뢰감, 세심함, 이상주의, 정직, 심령적 능력, 과학적, 합리적, 사색적
- 단점 : 감추는 성향, 부정직, 불친절, 속을 터놓지 않음, 회의적, 악의적, 냉담함, 무정함

연애와 인간관계

이상주의적, 신비주의적인 당신은 진정으로 의미 있는 관계를 원합니다. 성격에 두 가지 측면이 있는데, 한편으로는 자발적이고 열정적이지만 좀 더 생각이 깊은 면이 있어 혼자만의 시간을 필요로 하기 때문에 때로는 냉담하고 무심해 보이기도 합니다. 낙담하거나 실망을 느낄 경우 자신의 감정을 숨기지 않고 솔직해지면 마음을 추스를 수 있습니다. 그렇지 않으면 회의감과 불신으로 가까운 관계를 망칠 수 있습니다. 또한 밀회에 끌리거나 나중에 부담이 될 수 있는 부적절한 상대에 애착을 느끼지 않도록 조심하세요. 당신은 자신의 명석한 두뇌와 꾸준히 늘어나는 지식에 보조를 맞출 수 있는 지적인 상대가 필요합니다.

연인이나 친구

1월 2, 7, 10, 17, 27, 31일 / 2월 5, 8, 15, 25일 / 3월 3, 6, 13, 23일 / 4월 1, 4, 11, 21, 27일 / 5월 2, 9, 19일 / 6월 7, 17일 / 7월 5, 15, 29, 31일 / 8월 3, 13, 27, 29, 31일 / 9월 1, 11, 25, 27, 29일 / 10월 9, 23, 25, 27일 / 11월 7, 21, 23, 25일 / 12월 5, 19, 21, 23일

힘이 되어주는 사람

1월 3, 5, 20, 25, 27일 / 2월 1, 3, 18, 23, 25일 / 3월 1, 16, 21, 23일 / 4월 14, 19, 21일 / 5월 12, 17, 19일 / 6월 10, 15, 17일 / 7월 8, 13, 15일 / 8월 6, 11, 13일 / 9월 4, 9, 11일 / 10월 2, 7, 9일 / 11월 5, 7일 / 12월 3, 5일

운명의 상대

1월 13일 / 2월 11일 / 3월 9일 / 4월 7일 / 5월 5일 / 6월 3, 4, 5, 6, 7일 / 7월 1일

경쟁자

1월 16, 24일 / 2월 14, 22일 / 3월 12, 20일 / 4월 10, 18일 / 5월 8, 16, 31일 / 6월 6, 14, 29일 / 7월 4, 12, 27일 / 8월 2, 10, 25일 / 9월 8, 23일 / 10월 6, 21일 / 11월 4, 19일 / 12월 2, 17일

소울메이트

1월 16일 / 2월 14일 / 3월 12일 / 4월 10일 / 5월 8일 / 6월 6일 / 7월 4, 31일 / 8월 2, 29일 / 9월 27일 / 10월 25일 / 11월 23일 / 12월 21일

궁수자리

이날 태어난 유명인

노암 촘스키(언어학자), 톰 웨이츠, 애런 카터(가수), 니컬러스 홀트(배우), 래리 버드(농구 선수), 윌라 캐더(작가), 조니 벤치(야구 선수), 정진석(추기경), 강풀(만화가), 홍서범(가수)

태양 : 궁수자리

지배 성좌 : 양자리/화성

위치 : 15° 30′ – 16° 30′ 궁수자리

상태 : 변통궁

원소 : 불

항성 : 사비크

12월 8일

SAGITTARIUS

따지기 좋아하는 반항적 기질과 창의적이고 지적인 삶

지적이고 영감이 넘치며 역동적인 성격으로 볼 때 당신은 단호한 정신과 야망을 가진 궁수자리 태생입니다. 지략이 넘치고 용감해 보이지만 섬세하고 감정이 격렬해 때때로 회의나 불안을 느낄 수도 있습니다. 너그러운 마음과 인정을 베푸는 법을 배우면 남을 정서적으로 지배하거나 조종하려는 성향을 피할 수 있습니다.

지배 성좌 양자리의 영향이 당신의 성격에 활력과 투지, 적극성을 더하고 독립적으로 생각할 수 있도록 합니다. 신중한 편이지만 모험을 좋아하는 구석이 있어 변화와 흥분을 불러올 수 있는 약간의 위험도 좋아합니다. 또 실무 능력이 뛰어나서 상황을 책임지길 좋아하죠. 진취적 기상과 자신을 자유롭게 표현하고 싶은 욕구로 보아 당신은 구속받는 걸 좋아하지 않습니다.

당신은 지적 능력과 직관적 본능이 강력하게 결합되어 있어 창의적인 삶을 살아가는 한편 물질적 성공을 거두고 싶어 합니다. 이상주의적이고 아집이 세서 때로는 안절부절못하거나 지루함을 느끼고, 지시를 잘 따르지 않아 따지기 좋아하고 비타협적이죠. 그러나 자제력, 낙천주의, 열정, 지식에 대한 애정을 보이는 당신은 종종 정신적 자극을 받아 개혁을 일으키거나 독창적으로 새로운 아이디어들을 창안해냅니다.

당신의 태양이 염소자리를 지나가는 14세부터 43세까지는 현실적 문제들과 삶에서 질서와 체계의 필요성이 강조됩니다. 그러다 당신의 태양이 물병자리로 들어가는 44세에 전환점을 맞아 독립, 집단의식, 진보적인 아이디어에 대한 욕구가 커집니다. 또 자유롭고 실험적인 인생을 갈망합니다. 그리고 74세에 당신의 태양이 물고기자리에 들어가면서 또 다른 전환점이 찾아와 정서적으로 더 섬세해지고 공감을 잘 하며 상상력이 풍부해지네요. 이 시기에는 또한 예술적, 창의적, 정신적 재능들이 강조됩니다.

숨어 있는 자아

당신은 활기가 넘치지만 독립적인 사상가이며 다른 사람들의 동기를 빠르고 예리하게 이해합니다. 직관력이 강해서 상황을 직감적으로 파악하죠. 따라서 당신 내면의 목소리를 믿으면 도움이 됩니다. 당신은 과제에 직면했을 때 매우 독창적으로 해결하지만 너무 쉬운 길만 선택하는 성향은 조심해야 합니다. 인내심과 책임감 있는 태도를 길러야 훌륭한 결과를 얻을 수 있기 때문입니다.

현실성과 사업 감각을 타고난 덕분에 경제적인 문제들은 금방 해결됩니다. 또한 이런 좋은 운이 성취감을 느끼는 일을 할 수 있는 기회로까지 확장되네요. 진정한 열정이 있어야 성공이 찾아오는데, 이러한 열정은 꾸며낼 수 없는 것입니다. 솔직하고 정직하고 싶은 마음, 역동적인 추진력, 긍정적 투지가 결합되어 삶에서 특별한 결과를 얻을 수 있을 겁니다.

일과 적성

당신은 문제 해결력, 조직력, 관리 능력이 있어서 자연스럽게 대기업에 끌릴 수 있습니다. 지시받는 것을 좋아하지 않기 때문에 권위 있는 자리에 있거나 자영업을 하는 편이 더 좋겠네요. 드라마틱한 감각이 자기표현 욕구와 결합되면 음악, 글쓰기, 예술, 연예계에서의 성공이 보장됩니다. 이날 태어난 사람들 중에는 형이상학이나 긍정적인 정신 수양에 끌리는 경우가 많습니다. 투지가 강해 당신이 일하면서 부딪치는 장애물들을 극복하는 데 도움이 되겠습니다.

수비학으로 풀어본 당신의 운세

생일 8이 암시하는 힘은 뚜렷한 가치관과 건전한 판단력입니다. 8이라는 숫자로 볼 때 당신은 큰 성취를 이루고 싶어 하는 야심가적 기질이 있습니다. 이 생일은 또한 지배욕, 안정과 물질적 성공에 대한 열망도 나타냅니다. 이날 태어난 사람들은 사업 감각을 타고났으니 조직력과 실무 능력을 갈고 닦으면 큰 도움이 될 것입니다. 당신은 안정적으로 자리를 잡고 싶은 마음이 강해서 장기적인 계획을 세우고 투자를 합니다. 탄생월 12의 영향으로 당신은 낙천적이고 카리스마가 있습니다. 단호하고 활력이 넘치며 의지력이 강해서 자신의 의견이 존중받는 것을 중요하게 여기죠. 영감을 받으면 자신을 명확하고 매우 설득력 있게 표현할 수 있습니다. 물질주의적 성향이 강하지만 철학적이고 지적인 성취에도 끌리네요. 유명해지고픈 욕구로 보아 단호하고 긍정적인 태도를 취하면 주위 환경에서 조화와 통합을 이룰 수 있습니다.

- 장점 : 리더십, 철저함, 근면, 권위 보호, 치유력, 가치판단력
- 단점 : 성급함, 낭비벽, 편협함, 과로, 위압적, 쉽게 낙담함, 계획성 부족, 통제하려는 행동

연애와 인간관계

당신은 지적인 자극을 주는 상대에게 끌리며, 독특하고 독립적인 사람을 찾습니다. 현실적 지식과 지혜가 많아 유익한 조언을 많이 해주는 사람들을 존중하죠. 겉으로는 자신감 넘치는 모습을 보이지만 낙천주의와 비관주의 사이에서 갈팡질팡하는 성향은 당신이 자신의 감정들을 의심한다는 것을 암시합니다. 불안을 느끼면 다른 사람들을 지배하려고 할 수도 있습니다. 근면하고 출세 지향적이라 해도 배우자와 사랑하는 사람들, 그리고 사교를 위한 시간을 꼭 마련해야 합니다.

연인이나 친구
♥

1월 1, 13, 14, 22, 28, 29, 31일 / 2월 12, 26, 29일 / 3월 10, 24, 27일 / 4월 8, 16, 22, 25일 / 5월 6, 20, 23일 / 6월 4, 18, 21일 / 7월 2, 16, 19, 30일 / 8월 14, 17, 28, 30일 / 9월 12, 15, 26, 28, 30일 / 10월 10, 13, 24, 26, 28일 / 11월 8, 11, 22, 24, 26일 / 12월 6, 9, 20, 22, 24일

힘이 되어주는 사람

1월 26일 / 2월 24일 / 3월 22일 / 4월 20일 / 5월 18일 / 6월 16일 / 7월 14일 / 8월 12일 / 9월 10일 / 10월 8일 / 11월 6일 / 12월 4일

운명의 상대

6월 5, 6, 7, 8일

경쟁자

1월 3, 25일 / 2월 1, 23일 / 3월 21일 / 4월 19일 / 5월 17일 / 6월 15일 / 7월 13일 / 8월 11일 / 9월 9일 / 10월 7일 / 11월 5일 / 12월 3일

소울메이트
★

1월 3, 10일 / 2월 1, 8일 / 3월 6일 / 4월 4일 / 5월 2일 / 8월 31일

궁수자리

이날 태어난 유명인

시네이드 오코너, 짐 모리슨(가수), 킴 베이싱어, 데이비드 캐러딘(배우), 디에고 리베라(화가), 장 시벨리우스(작곡가), 신채호(독립운동가), 김광규(배우)

태양 : 궁수자리

지배 성좌 : 양자리/화성

위치 : 16° 30′ – 17° 30′ 궁수자리

상태 : 변통궁

원소 : 불

항성 : 사비크

*12*월 *9*일
SAGITTARIUS

진보적인 신념을 가진 타고난 인도주의자

창의적 정신, 세심함, 긍정적 사고방식이 당신의 성취와 성공에 중요한 열쇠입니다. 사교적이고 우호적인 당신은 활력이 넘치는 낙천적인 궁수자리 태생입니다. 그러나 행운의 기회와 어려움이 동시에 찾아오니 열정과 좌절감 사이에서 균형을 잘 잡아야 합니다. 당신의 속도대로 삶을 헤쳐나가다 보면 인내심과 끈기, 투지를 발휘해 어려움을 극복할 수 있습니다.

지배 성좌 양자리의 영향이 당신의 성격에 적극성을 더할 뿐 아니라 창의적이 되고 모험을 즐기라고 촉구하네요. 당신은 영민하고 직관력이 강하며 아이디어를 곧바로 이해하는 능력이 있어 어려운 상황을 전화위복의 기회로 바꿀 수 있습니다. 진보적이고 자유로운 시각을 가진 인도주의자로, 강한 신념들을 가지고 있죠.

당신은 활동적이고 생산적인 정신의 소유자라 상상력이 풍부한 아이디어들이 넘쳐납니다. 자신을 정신적, 정서적으로 표현할 수 있는 흥미로운 활동에 참여할 필요가 있겠네요. 하지만 감정이 쉽게 동요하는 편이라 긍정적이고 창의적이다가도 걱정하고 자신을 비관하는 상태를 오락가락할 수 있습니다. 일단 시작한 일은 잘 마무리하고, 차분해지도록 노력하면서 너무 충동적으로 행동하지 않도록 조심해야 합니다. 실무 능력이 뛰어나지만 너무 비판적이 되는 성향이 있어 자신이나 타인들에게 부담스러운 요구를 할 수도 있습니다. 불만을 표출하기보다는 평소의 관대하고 다정한 성격을 보여주는 것이 더 현명합니다.

당신의 태양이 염소자리를 지나가는 13세부터 42세까지는 삶의 목표를 성취하기 위해 실용적이고 현실적인 접근이 필요합니다. 그러다 당신의 태양이 물병자리로 들어가는 43세에 전환점이 찾아와 자신의 개성을 표현하고 싶어 하죠. 이 시기에 자유, 집단의식, 인도주의적 이상과 관련된 문제에 참여할 수도 있겠습니다. 그리고 73세에 당신의 태양이 물고기자리에 들어가면 또 다른 전환점이 찾아와 정서적 수용력, 상상력, 혹은 연민이 강조됩니다.

숨어 있는 자아

자신감 있는 겉모습 뒤에는 내면의 섬세함이 존재합니다. 강렬한 감정과 드라마틱한 감각이 건설적인 방향으로 흐를 때, 당신의 특별한 매력에 힘입어 인기가 보장됩니다. 상상력이 풍부하고 의견이 확고한 당신은 자신의 창의성과 아이디어를 표현하길 원합니다. 이 욕구가 충족되지 않을 경우, 특히 다른 사람들이 당신의 기대에 미치지 못할 경우 크게 좌절하거나 실망하죠. 하지만 정신을 수양하고 계속 배워나가다 보면 자신감이 생기고 자신의 잠재력을 최대한 활용할 수 있습니다.

의무감이 강한 것으로 보아 당신은 책임을 회피하지 않으면서도 눈에 띄는 골칫거리가 없길 바랍니다. 안정적인 환경을 중요시하기에 전체적인 삶의 계획에서 가정을 특히 소중히 생각합니다. 또한 조화에 대한 욕구가 예술, 드라마, 글쓰기 혹은 음악에 대한 안목이나 재능에서 나타날 수도 있습니다.

일과 적성

지식을 좋아하고 자신의 생각을 표현하길 원해서 글쓰기, 과학 혹은 교육 쪽의 직업에 매력을 느낄 수 있습니다. 또한 유익한 토론을 즐기기 때문에 당신의 투지와 소통 기술을 함께 보여줄 수 있는 변호사, 개혁가 혹은 정치인 같은 직업에서 빛을 발할 수도 있습니다. 뛰어난 조직자 혹은 경영자이면서 금전 감각이 뛰어나 사업에서 역량을 발휘하거나 당신이 선택한 분야에서 리더가 될 수 있겠네요. 아니면 타고난 인도주의자라 복지와 관련된 직업이나 가치 있는 대의를 위한 일들에 끌릴 수도 있습니다. 또한 드라마틱한 감각이 있어 연예계에서 자신을 표현하는 쪽을 선호할 수도 있습니다.

수비학으로 풀어본 당신의 운세

어진 마음과 사려 깊음, 정서적 감수성은 생일 9와 관련된 특성입니다. 관대하고 다정한 당신은 너그럽고 자유로운 사람입니다. 당신의 직관과 정신적 능력은 보편적인 수용성을 나타내는데, 긍정적으로 작용하면 영적인 길을 추구하게 될 수 있습니다. 그러나 힘든 도전 과제들과 지나치게 예민해져서 감정 기복을 겪는 성향은 극복할 필요가 있겠네요. 세계 여행을 하면서 다양한 부류의 사람들을 많이 만나 훌쩍 성장하지만 비현실적인 꿈을 꾸거나 현실 도피로 흐르지 않도록 하세요. 탄생월 12의 영향으로 당신은 이상주의적이고 낙천적인 시각을 가진 인도주의자입니다. 다양함을 원하고 재능이 많아서 자유로운 탐험을 원하고 각양각색의 경험을 즐기죠. 따라서 독립적인 시각을 기르고 당신의 수많은 재능을 표현할 방법을 찾아야 합니다. 당신은 창의적이고 매력적이지만 화를 잘 내는 경향이 있습니다. 정신적으로 활동적이니 인내와 끈기를 키워 넓은 마음을 가지면 크게 득을 볼 수 있습니다.

- 장점 : 이상주의적, 인도주의자, 창의적, 섬세함, 관대함, 매력적, 낭만적, 자비심, 베푸는 성향, 객관성, 행운, 인기
- 단점 : 좌절, 신경과민, 분열, 확신이 없음, 이기심, 비현실적, 비윤리적, 귀가 얇음, 열등감 콤플렉스, 걱정, 소외감

연애와 인간관계

사교적이고 사려 깊은 당신은 다른 사람과 함께 있는 걸 즐기고 혼자 있는 걸 좋아하지 않습니다. 세심하고 이상주의적이며 정서적 안정을 열망하기 때문에 헌신적이고 애정이 넘치는 배우자와의 친밀한 관계를 원하죠. 당신은 충실하고 다정하며 관대하지만, 여행을 떠나거나 다양한 경험을 할 수 있는 자유도 원합니다. 구속받는 것을 싫어하기 때문에 무거운 책임들로 당신을 얽매지 않는 파트너를 찾아야 합니다. 다정하고 인정이 많은 당신은 사랑하는 사람들을 위해 종종 희생하고 싶은 마음이 들지만, 타인들에게 과도하게 의존적이 되지 않도록 조심하세요.

사수자리

이날 태어난 유명인

존 밀턴(시인), 커크 더글라스, 보브 리지스, 주디 덴치(배우), 존 말코비치, 존 카사베츠(배우·감독), 조앤 아마트레이딩(가수), 프리츠 하버(화학자), 기태영(배우), 고상돈(산악인)

| 태양 : 궁수자리 |
| 지배 성좌 : 양자리/화성 |
| 위치 : 17° 30′ – 18° 30′ 궁수자리 |
| 상태 : 변통궁 |
| 원소 : 불 |
| 항성 : 사비크 |

12월 10일
SAGITTARIUS

뛰어난 비즈니스 감각과 실무 능력을 갖춘 능력자

야심이 강하고 독립적인 당신은 상상력이 풍부하고 지적인 궁수자리 태생입니다. 활동적이고 탐구적인 두뇌의 소유자라서 독창적이고 혁신적인 방법으로 성공을 얻으려고 하죠. 대담하고 모험심이 강하지만 예리한 명확성과 실용적 접근법을 보입니다. 당신은 자유를 추구하고 자신의 정신적이고 정서적인 힘을 통제하려고 합니다. 사업 감각이 뛰어나 동기부여가 되면 성공적인 금융 사업을 시작할 수도 있습니다.

지배 성좌 양자리의 영향이 당신의 진취적 기상에 불굴의 의지와 저항심을 더합니다. 당신은 다양한 경험을 추구하고 모험심이 강해서 계획과 아이디어가 많습니다. 양자리의 영향은 또한 당신이 경쟁심이 강하고 잠시도 가만있지 못하고 움직이려 하며 종종 약간의 위험을 즐긴다고 암시합니다. 당신은 일을 주도하는 쪽을 선호해서 종속적인 위치에 있거나 다른 사람들의 지시를 받는 것을 좋아하지 않습니다. 독립적이고 실무 능력을 갖추어 대형 프로젝트를 준비하고 실행하길 좋아하죠.

두뇌가 명석한 당신은 배움에 대한 열망이 강하고 정보나 지식에 뒤떨어지는 것을 참지 못합니다. 철학, 심리학, 혹은 종교에도 관심이 있네요. 직관력이 뛰어나고 정신적 재능을 타고 나서 다른 사람들을 빠르게 이해하고 위선을 알아차리죠. 그러나 이런 강점들에도 불구하고 당신에게는 긴장을 풀고 조화로운 분위기를 즐길 수 있는 쾌적한 환경이 필요합니다.

당신의 태양이 염소자리를 지나가는 12세부터 41세까지는 현실적 문제들과 삶에서 질서와 체계의 필요성이 강조됩니다. 그러다 당신의 태양이 물병자리로 들어가는 42세에 전환점을 맞아 독립, 집단의식, 진보적인 아이디어에 대한 욕구가 커집니다. 또 자유를 원하거나 좀 더 실험적이 되죠. 그리고 72세에 당신의 태양이 물고기자리에 들어가면서 또 다른 전환점이 찾아와 정서적으로 더 섬세해지고 공감을 잘 하며 상상력이 풍부해집니다.

숨어 있는 자아

직관력이 강하고 몹시 예민한 당신은 극도로 섬세해서 다른 사람들의 감정과 동기의 영향을 잘 받습니다. 뛰어난 통찰력과 개성으로 볼 때 당신은 타고난 정신적, 예술적 혹은 창의적인 재능을 개발하길 원하네요. 정신력이 당신에게 주어진 가장 큰 재능이지만 다른 사람을 조종하려 하거나 심리전을 벌이는 데 이런 힘을 낭비하지 마세요.

당신은 굉장히 똑똑하고 모험을 좋아하기 때문에 종종 타고난 행운에 기댑니다. 그래서 자신의 뛰어난 잠재력에 필요한 자제력과 책임감을 가지려 하지 않고 쉬운 길을 택하고 싶은 유혹에 빠질 수 있습니다. 인기가 있어 활발한 사회 활동을 하지만, 현실 도피적 성향이 성취를 방해하지 않도록 조심하세요. 지식의 힘을 잘 알고 있는 당신은 자신과 남들에게 영감을 주려고 하며 뛰어난 재능을 이상에 쏟을 때 더 좋은 성과를 냅니다.

일과 적성

긍정적이고 매력적이며 빈틈없는 사업 감각을 갖춘 당신은 사람을 대하는 재능을 타고나서 대중을 상대하는 직업에서 성공이 보장됩니다. 두뇌가 명석하고 언어에 대한 재능이 있어 작가, 교사, 변호사, 기획자, 영업사원 같은 직업에 굉장히 어울리죠. 세심할 뿐 아니라 타고난 심리학자라서 테라피나 대체의학처럼 사람을 직접적으로 대하는 직업에서 보람을 느낄 수도 있습니다. 그러나 명령받는 것을 좋아하지 않기 때문에 관리직이나 자영업을 선호하겠습니다. 아니면 상상력이 뛰어나니 자신의 시각적 재능을 예술, 영화, 드라마 혹은 건축에서 활용하고 싶어 할 수도 있겠네요.

수비학으로 풀어본 당신의 운세

1일에 태어난 사람들과 마찬가지로 당신은 각고의 노력을 기울여 원하는 것을 성취하고자 노력합니다. 그렇지만 많은 장애물을 극복해야 목표를 이룰 수 있습니다. 에너지가 넘치고 독창적인 당신은 다른 사람들과 생각이 다를 때도 자신의 믿음을 고수합니다. 개척자 정신을 발휘해 자발적으로 행동하기 때문에 먼 곳으로 여행을 하거나 독립적인 생활을 영위합니다. 하지만 이 세상이 자신을 중심으로 돌지 않는다는 것을 깨달아 이기적이거나 독선적인 사람이 되지 않도록 경계해야 합니다. 이날 태어난 사람들에게는 성공과 성취가 중요한 의미를 지니기 때문에 자신의 직업에서 최고가 되고자 합니다. 탄생월 12의 영향으로 낙천적이고 진취적이며 다재다능합니다. 우호적이고 이상주의적이며 인도주의적이지만, 자신의 권위나 의견에 이의가 제기되거나 반대에 부딪치는 것을 좋아하지 않습니다. 창의적이고 독창적인 당신은 자신의 통찰력과 지략을 대규모 프로젝트를 감독하는 데 발휘할 수 있습니다.

- 장점 : 리더십, 창의적, 진보적, 단호함, 낙천적, 강한 확신, 경쟁력, 독립적, 사교적
- 단점 : 고압적, 질투, 이기적, 자만심, 적대적, 이기적, 나약함, 우유부단함, 인내심 부족

연애와 인간관계

당신은 매력적이고 우호적인 데다 사교적이어서 쉽게 친구를 사귀고 추종자들을 거느립니다. 친절한 당신은 세심하고 배려심 많은 연인이 될 수 있지만 장기적으로는 정신적 자극과 영감을 줄 수 있는 상대가 필요합니다. 확고한 도덕률을 가진 이상주의자이기 때문에 때로는 완고하게 보일 수도 있습니다. 관계에서 솔직한 태도를 취하기 때문에 사랑하는 사람들을 정직하게 대하길 좋아하지만 때로는 신중하게 요령을 부려야 할 때도 있습니다.

궁수자리

이날 태어난 유명인

케네스 브래너, 도로시 라무어, 수잔 데이(배우), 에밀리 디킨슨(시인), 채연(가수)

| 태양 : 궁수자리 |
| 지배 성좌 : 양자리/화성 |
| 위치 : 18°30′ - 19°30′ 궁수자리 |
| 상태 : 변통궁 |
| 원소 : 불 |
| 항성 : 사비크 |

12월 11일

SAGITTARIUS

자발적이고 진취적인 기상으로 성취하는 사람

열정적이고 모험을 즐기며 느긋한 성격인 당신은 상황 판단이 빠르고 낙천적인 시각을 가진 궁수자리 태생입니다. 활동적이고 쾌활해서 사람들과 어울리는 걸 좋아하죠. 걱정이나 회의에 빠지는 성향만 조심하면 대개 상황이 당신에게 유리하게 돌아갑니다. 직관과 인식이 강력하니 지력과 예감을 결합시키고 자신의 감정을 믿어야 합니다.

충분히 활동적인 성격에 지배 성좌 양자리의 영향으로 활력까지 더해져 당신은 자발적이고 진취적입니다. 인생에서 아무리 어려운 상황에 부딪히더라도 당신은 자신에게 역경을 이길 수 있는 힘이 있다는 걸 마음속으로 알고 있습니다. 또한 화성의 영향은 당신이 다소 위험한 투기를 즐기기 때문에 순발력을 기르되 일확천금을 노리는 계획은 피해야 한다고 알려줍니다.

당신은 이상주의적이고 섬세하지만, 물질적 안정을 원해 노동을 게을리하지 않고 재산을 모을 기회를 찾습니다. 대응이 빠르지만, 과잉반응을 보이거나 지나치게 돈 걱정을 하는 성향은 극복해야겠네요. 냉소와 천진난만함이 섞여 있으니 비상한 머리와 내면의 신념을 발달시킬 필요가 있습니다.

당신의 태양이 염소자리를 지나가는 11세부터 40세까지는 삶의 목표를 성취하기 위해 실용적이고 현실적인 접근 방식을 택하게 됩니다. 그러다 당신의 태양이 물병자리로 들어가는 41세에 전환점이 찾아와 독립과 자신의 개성을 표현하고 싶은 욕구가 커지죠. 이 시기에 자유, 집단의식, 인도주의적 이상과 관련된 문제에 참여할수도 있겠습니다. 그리고 71세에 당신의 태양이 물고기자리에 들어가면 또 다른 전환점이 찾아와 내면세계, 상상력, 수용력, 섬세함이 강조됩니다.

숨어 있는 자아

당신의 활동적인 성격의 주된 원동력은 안정과 권력에 대한 욕구 혹은 물질적인 성공과 인정을 얻고자 하는 바람입니다. 일의 가치를 이해하는 재능을 타고났을 뿐 아니라 일로 매우 생산적인 결과를 얻지만, 남을 통제하거나 무자비해지는 성향, 혹은 극단적인 물질주의로 흐르는 성향을 극복해야겠습니다. 하지만 당신은 어떤 프로젝트를 진심으로 신뢰하거나 영감을 받으면 목표를 실현하기 위해 열성을 다할 것이며 결국 뛰어난 성취를 이룰 수 있습니다.

당신은 생기가 넘치고 활기차지만 일을 통한 성취가 점차 인생에서 중요한 역할을 하겠습니다. 정신적 자극을 받으면 당신의 아이디어를 구체적인 현실로 구현하기 위해 자신을 몰아붙일 준비가 되어 있죠. 혼자 깊이 생각하고 에너지를 비축할 시간을 정기적으로 마련하면 직관적인 통찰력을 발휘할 수 있고 회의를 품거나 자기 안으로 침잠하는 성향을 피할 수 있습니다.

일과 적성

당신은 역동적인 정신적 에너지, 열정, 크게 생각하는 능력을 갖추어 사업, 토론, 법, 혹은 연구직에 잘 어울립니다. 어떤 프로젝트에 정신적 자극을 받으면 목표를 실현하기 위해 굉장히 열심히 일합니다. 머리가 좋아서 인정받는 교사가 될 수도 있고 소통에 대한 재능을 활용해 글을 쓰고 싶을 수도 있겠네요. 기술 쪽에 끌린다면 컴퓨터나 엔지니어링 쪽의 일도 잘 맞겠습니다. 혹은 정신적 기술을 연마하여 과학계에서 만족을 얻을 수도 있겠네요. 당신은 어떤 직업을 선택하건 타고난 실무 능력을 발휘해 관리직이 되거나 권한 있는 자리로 올라가겠습니다. 또한 일의 가치를 잘 이해하고 자신의 지식을 나누고 싶은 마음이 있어 일에서 매우 생산적인 영향을 미칩니다.

수비학으로 풀어본 당신의 운세

마스터 숫자인 11의 특별한 울림으로 당신에게는 이상주의와 영감, 혁신이 매우 중요합니다. 겸손함과 자신감이 섞여 있어서 물질적으로나 정신적으로나 자제력을 발휘하려고 노력하죠. 당신은 스스로의 감정을 신뢰함으로써 자신의 본성에 내재하는 양면성을 어떻게 다루어야 극단적인 면을 줄일 수 있을지 경험으로 알고 있습니다. 늘 기운이 넘치고 활력을 즐기지만 지나치게 걱정하거나 비현실적이 되지 않도록 조심하세요. 탄생월 12의 영향으로 당신은 에너지가 넘치고 직관이 강하며 진취적이고 자유를 사랑합니다. 우호적이고 느긋한 데다 매력적인 성격이지만 야망이 있고 단호하며 책임을 지려는 성향입니다. 불안하면 의심에 빠지거나 불안해하고 신경질적이 될 수 있습니다. 그러나 열정적이고 대담한 당신은 구속에서 벗어나길 열망하고 자신의 환경을 개선하기 위해 종종 기꺼이 모험을 합니다.

- 장점 : 집중력, 객관적, 열정적, 고무적, 정신적, 직관적, 지적, 외향적, 창의적, 예술적, 봉사, 치유 능력, 인도주의자, 영적 능력
- 단점 : 우월감, 콤플렉스, 목적 상실, 감정적, 쉽게 상처 받음, 쉽게 흥분함, 이기적, 혼란, 심술궂음

연애와 인간관계

당신은 직관이 강하고 섬세할 뿐만 아니라 사교적이고 느긋하기 때문에 속을 잘 드러내지 않고 당신의 생각을 누구도 모르게 합니다. 사랑에 빠지면 상대에게 적응하고 받아들일 시간이 필요합니다. 걱정이 많고 회의적인 성향이 있어 스트레스나 불안에 시달릴 수도 있겠네요. 당신은 대개 현실적이고 독립적이며 자신을 확신하는 야심 차고 근면한 사람을 좋아합니다.

이날 태어난 유명인

알렉산드르 솔제니친, 나기브 마푸즈(작가), 저메인 잭슨(가수), 엑토르 베를리오즈(작곡가), 카를로 폰티(영화제작자), 수전 세이들먼(영화감독)

태양 : 궁수자리
지배 성좌 : 양자리/화성
위치 : 19°30' - 20°30' 궁수자리
상태 : 변통궁
원소 : 불
항성 : 없음

12월 12일
SAGITTARIUS

목표를 달성하기 위해서라면 쉬지 않고 돌진하는 사람

사교적이고 우호적인 당신은 지식을 사랑하고 뛰어난 직감을 가진 이상주의적인 궁수자리 태생입니다. 현실적 시각에 책임감까지 갖춘 당신은 사업 감각이 탁월하고 타이밍을 잘 맞추며 선견지명이 있습니다. 야망이 있지만, 걱정에 빠지는 성향이 낙천적인 사고방식을 방해합니다. 이렇게 진취성과 무력함이 섞여 있으니 당신은 다른 사람들과 공유할 수 있는 고무적이고 특별한 비전을 찾을 필요가 있습니다.

지배 성좌 양자리의 영향으로 당신은 용기 있고 생명력이 넘치며 추진력이 있습니다. 인도주의자로서 이상주의와 물질주의 사이에서 갈등을 겪을 수 있으니 분명한 통찰력을 줄 수 있는 삶의 철학을 계발해야 할 겁니다. 또한 당신은 어떤 대의에 영감을 받으면 그 대의를 이루는 데 자신의 재능과 기술을 기꺼이 바칩니다.

당신은 일과 놀이를 결합할 줄 알고 다른 사람을 편안하게 해주는 능력이 있어서 물질적인 성공을 거두고 영향력 있는 자리에 오를 수 있습니다. 창의적이고 지적인 당신은 편안함과 물질적 안락에 빠지기보다는 지적인 가치를 추구하며 자신의 포부와 뛰어난 통찰력을 표현할 필요가 있습니다.

당신의 태양이 염소자리를 지나가는 10세부터 39세까지는 현실적 문제들과 삶에서 질서와 체계의 필요성이 강조됩니다. 그러다 당신의 태양이 물병자리로 들어가는 40세에 전환점을 맞아 독립, 집단의식, 진보적인 아이디어에 대한 욕구가 커집니다. 또 자유를 원하거나 좀 더 실험적이 되죠. 그리고 70세에 당신의 태양이 물고기자리에 들어가면서 또 다른 전환점이 찾아와 정서적으로 더 섬세해지고 공감을 잘 하며 상상력이 풍부해집니다. 이 시기에는 예술적, 창조적, 혹은 정신적 재능이 강조됩니다.

숨어 있는 자아

당신은 내면의 힘과 강한 투지가 있어서 한번 마음을 먹으면 목표를 달성하기 위해 쉬지 않고 끈질기게 노력합니다. 생산적인 삶을 살고 싶은 마음과 야망으로 당신의 삶에서 일은 특히 중요한 역할을 합니다. 그러나 자신의 재능과 능력을 완전히 상업화하기 위해서는 분명한 목표와 행동 계획을 세우는 것이 중요합니다.

당신은 사람을 잘 다루고 적절한 인맥을 맺는 능력이 있지만 타인과의 관계에서 의존적 성향을 보이면 안 됩니다. 그런 자신을 발견할 경우 지나치게 지배적으로 행동함으로써 과잉보상을 받으려 할 수 있습니다. 다른 사람을 필요로 하는 것과 독립성 사이에 균형을 유지하면 당신의 재능을 최대한으로 활용할 수 있을 겁니다. 돈과 관련하여 걱정을 할 수 있지만 보통 기우입니다. 당신은 동업이나 협력 관계에서 특히 운이 따릅니다.

일과 적성

당신은 교사, 글쓰기, 정치처럼 정신적 잠재성을 최대한 활용할 수 있는 직업에서 성공할 것으로 보입니다. 뛰어난 설득력과 빛나는 아이디어들이 있어서 광고, 방송 혹은 출판계에서도 성공할 수 있겠네요. 야망이 커 일단 목표를 잡으면 조금도 흔들림 없이 단호하게 추진합니다. 혹은 타고난 창의력과 드라마틱한 감각으로 연극이나 예술 쪽으로 진출할 수도 있겠습니다. 또한 인간에 대한 이해력을 타고났으니 직접적으로 사람을 접하거나 조언을 해주는 직업에 끌릴 수도 있습니다.

수비학으로 풀어본 당신의 운세

당신은 직관력이 강하고 다른 사람들을 기꺼이 도와주며 친화적일 뿐 아니라 훌륭한 추리력도 갖추고 있습니다. 자신만의 개성을 만들고 싶어서 종종 획기적인 모습을 보이기도 하죠. 천성적으로 이해심이 많고 섬세한 당신은 목적과 목표를 달성하기 위해 어떻게 기지를 발휘하고 협력해야 하는지 잘 알고 있습니다. 자기표현 욕구와 타인을 도우려는 타고난 성향 사이에 균형을 잘 잡으면 정서적 만족과 개인적 성취감을 느낄 수 있을 것입니다. 하지만 스스로의 힘으로 설 수 있는 용기를 길러 자신감을 키우거나 인간관계 때문에 쉽게 좌절하지 않는 법을 터득할 필요가 있습니다. 탄생월 12의 영향으로 당신은 이상주의적이고 야심이 있습니다. 자신을 분명하게 표현할 수 있고 수용력이 높아서 상황을 정확하게 파악하죠. 경쟁력이 있지만 성공하려면 자신의 목표에 대한 믿음이 있어야 합니다. 당신은 공정하고 올바른 판단을 내릴 줄 알아 어디에서든 조화를 이뤄내고 다른 사람들이 일체감과 안정을 느끼도록 도울 수 있습니다. 그러나 의심에 빠지면 싫증을 느끼거나 걱정에 잠겨 긴장과 불화를 일으킬 수 있습니다.

- 장점 : 창의적, 매력, 추진력, 규율주의자
- 단점 : 은둔하는 성향, 기행, 비협조적, 지나치게 예민함, 자존감 결여

연애와 인간관계

사교적이고 관대한 당신은 흥미진진한 관계를 좋아합니다. 추진력과 열정을 지닌 창의적인 사람이나 연극적인 사람에게 끌리죠. 또한 정서적 섬세함으로 볼 때 당신은 욕구가 강하고 열정적인 성격입니다. 충실하고 역동적이지만, 너무 과하거나 고압적이 되어서는 안 됩니다. 당신은 걱정이 없고 재미있는 사람이니 감정적 문제를 너무 진지하게 받아들이지 마세요. 특히 계획대로 일이 풀리지 않을 경우 더 조심해야 합니다.

궁수자리

이날 태어난 유명인

프랭크 시나트라, 디온 워윅(가수), 존 오스본(극작가), 귀스타브 플로베르(작가), 그로버 워싱턴 주니어(음악가), 헬렌 프랑켄탈러, 에드바르 뭉크(화가), 로버트 노이스(인텔 창업자), 이금희(방송인), 홍성흔(야구 선수)

태양 : 궁수자리	
지배 성좌 : 사자자리/태양	
위치 : 20° 30' – 21° 30' 궁수자리	
상태 : 변통궁	
원소 : 불	
항성 : 라스알하게	

12월 13일
SAGITTARIUS

과학적으로 접근하고 합리적으로 사고하는 문제 해결사

열정적이고 창의적인 당신은 영리하고 낙천적이며 다재다능한 궁수자리 태생입니다. 광범위한 모험과 해외 여행이 당신의 계획에 들어 있네요. 탁월하고 야심이 강한 당신은 목표에 집중하고 끝까지 끈질기게 노력함으로써 목적을 달성합니다. 흥이 많고 자유로우며 잠시도 가만있지 못하는 성격이지만, 안정에 대한 욕구도 있으니 실용적이고 현실적인 시각을 발달시킬 필요가 있습니다.

사자자리의 영향이 자신감과 희망을 더해 당신에게 찾아오는 행운의 기회를 충분히 즐길 수 있습니다. 하지만 독선에 빠지면 독단적이고 자기중심적으로 행동할 수도 있겠네요. 이상주의적 인도주의자여서 자신의 지평을 넓힐 수 있는 고결하고 숭고한 생각을 품고 있습니다. 또 두뇌 회전이 빠르고 기민하여 폭넓고 철학적인 인생관을 발달시키면 지적 능력과 강한 직관이 당신의 강점이 될 것입니다.

생각이 깊고 인내심이 강한 당신은 과학적 접근방식과 합리성을 갖추어 문제 해결에 뛰어납니다. 다양한 경험을 하길 원해서 정신적 자극을 즐기고 끊임없이 몸을 움직여야 합니다. 안 그러면 쉽게 지루해지고 불만을 가질 수 있습니다. 독특한 유머감각이 있어 다른 사람들을 즐겁게 하지만 어리석은 짓에 관대하지는 않으며 때때로 너무 거침없이 말하거나 지나치게 솔직합니다.

당신의 태양이 염소자리를 지나가는 9세부터 38세까지는 삶의 목표를 성취하기 위해 실용적이고 현실적인 접근 방식이 필요하다고 느낍니다. 그러다 당신의 태양이 물병자리로 들어가는 39세에 전환점이 찾아와 독립과 자신의 개성 표현에 대한 욕구가 커지죠. 이 시기에 자유, 집단의식, 인도주의적 이상과 관련된 문제에 참여할 수도 있겠습니다. 그리고 69세에 당신의 태양이 물고기자리에 들어가면 또 다른 전환점이 찾아와 섬세함과 내면세계, 상상력이 강조됩니다.

숨어 있는 자아

당신의 강렬한 감정들이 때로는 서로 상충되는 이상들에 의해 흔들릴 수 있습니다. 한편으로는 끊임없는 변화를 바라지만 다른 한편으로는 현실성과 안정을 원하거든요. 무엇을 성취하고 싶어 하건 탄탄한 토대를 세워야 한다는 것을 깨닫고 지루해지거나 초조할 때 인내심을 발휘해 쉽게 포기하지 않으면 훌륭한 결과를 얻을 수 있습니다. 너무 많은 목표를 쫓기보다는 한두 가지 관심 분야를 심도 깊게 배우는 편이 더 낫습니다.

당신은 섬세할 뿐만 아니라 훌륭한 조직력과 창의적 지성을 갖추었습니다. 직관력이 강하고 마음이 따뜻해서 사람을 다루는 천부적인 재능이 있네요. 당신은 매력적인 사람이지만 때로 초조하고 불안해져서 당신의 장점인 역동적인 사랑을 표현하지 못할 수도 있습니다. 이상을 향해 열정적으로 노력하면 집중력을 유지할 수 있고, 그리하여 다른 사람들에게 정신적 자극을 주고 대형 프로젝트도 성사시킬 수 있습니다.

12월

일과 적성

당신은 정보를 매우 빠르게 얻기 때문에 다양한 경험과 정신적 도전이 필요한 직업을 선택할 겁니다. 여행이 포함된 직업이 특히 좋으며 계속해서 정신적 자극을 주는 어떤 일이라도 좋습니다. 각계각층의 사람들과 대화가 가능할 뿐 아니라 유익한 인맥을 쌓는 능력이 당신이 하는 모든 일에서 분명 도움이 될 수 있습니다. 야심이 강하지만 잠시도 가만있지 못하고 자유를 좇는 사람이므로 자신의 진취적 성격에 딱 맞는 일을 찾으려면 갖가지 직업을 경험해보는 것이 좋겠습니다.

수비학으로 풀어본 당신의 운세

감수성, 열정, 영감이 13일에 태어난 사람들의 특징입니다. 수비학적으로 당신은 야망이 있고 근면하며 창조적인 자기표현을 통해 많은 것을 성취할 수 있습니다. 창조적인 아이디어를 실제 제품들로 구현하고 싶다면 실용적인 관점을 길러야 합니다. 독창적이고 혁신적인 접근 방식이 새롭고 흥미로운 아이디어들을 불러일으켜 사람들에게 깊은 인상을 주겠네요. 13일에 태어난 사람은 성실하고 낭만적이며 매력적이고 흥이 넘칩니다. 끈기 있게 맡은 일에 전념하면 큰 성공을 누릴 수 있습니다. 탄생월 12의 영향으로 당신은 자신이 무엇을 원하는지 결정하는 데 어려움을 겪습니다. 무언가를 놓칠 수 있다는 걱정 때문에 너무 많은 일을 시도해서 에너지가 분산될 수 있겠네요. 당신은 우호적이고 낙천적이며 협력을 좋아하지만, 독립적으로 생각하고 자율적이고 자유롭게 지내길 원합니다. 지적인 활동을 멈추지 못하는 성향이라 탄탄한 인생 철학을 세우거나 분별력을 발휘해 포괄적인 교육이나 높은 수준의 학습을 추구하면 득을 보겠습니다.

- 장점 : 야망, 창조적, 자유에 대한 사랑, 자기표현력, 추진력
- 단점 : 충동적, 우유부단함, 권위적, 감정을 드러내지 않음, 반항적

연애와 인간관계

당신은 새로운 시작과 기회를 좋아하기 때문에 정신적으로 자극을 주는 사람, 모험을 즐기고 이상주의적이고 진취적인 사람과 어울려야 합니다. 그러지 않으면 지루해지거나 초조해집니다. 속을 잘 드러내지 않는 면이 있어서 자신의 생각을 혼자만 간직하는 걸 좋아하고 진짜 감정을 솔직하게 말하는 법이 드뭅니다. 당신은 인내심과 분별력을 발휘해 애정관계를 발전시키네요. 인간관계를 일과 연결시킬 때는 신중해야 합니다. 당신은 의심과 회의가 들면 더 이상 헌신하지 않기 때문에 관계가 흔들릴 수 있습니다. 다른 사람들에게서 정신적 자극을 받았더라도 그들의 계획과 생각에 휩쓸려 자신의 길에서 벗어나지 않도록 주의하세요.

당신에게 특별한 사람

연인이나 친구

1월 13, 19, 23, 28일 / 2월 11, 17, 21일 / 3월 9, 15, 19, 24, 28, 29, 30일 / 4월 7, 13, 17, 26, 27일 / 5월 5, 11, 15, 24, 25, 26일 / 6월 3, 9, 13, 22, 23, 24일 / 7월 1, 7, 11, 20, 21, 22일 / 8월 5, 9, 14, 18, 19, 20일 / 9월 3, 7, 16, 17, 18일 / 10월 1, 5, 14, 15, 16, 29, 31일 / 11월 3, 12, 13, 14, 27, 29일 / 12월 1, 10, 11, 12, 25, 27, 29일

힘이 되어주는 사람

1월 7, 15, 20, 31일 / 2월 5, 13, 18, 29일 / 3월 3, 11, 16, 27일 / 4월 1, 9, 14, 25일 / 5월 7, 12, 23일 / 6월 5, 10, 21일 / 7월 3, 8, 19일 / 8월 1, 6, 17, 30일 / 9월 4, 15, 28일 / 10월 2, 13, 26일 / 11월 11, 24일 / 12월 9, 22일

운명의 상대

6월 10, 11, 12, 13일

경쟁자

1월 6, 14, 30일 / 2월 4, 12, 28일 / 3월 2, 10, 26일 / 4월 8, 24일 / 5월 6, 22일 / 6월 4, 20일 / 7월 2, 18일 / 8월 16일 / 9월 14일 / 10월 12일 / 11월 10일 / 12월 8일

소울메이트

4월 30일 / 5월 28일 / 6월 26일 / 7월 24일 / 8월 22일 / 9월 20일 / 10월 18, 30일 / 11월 16, 28일 / 12월 14, 26일

궁수자리

이날 태어난 유명인

딕 반 다이크, 스티브 부세미, 제이미 폭스(배우), 카를로스 몬토야(기타리스트), 테일러 스위프트(가수), 하인리히 하이네(시인), 독고영재(배우), 이승환(가수)

607

태양 : 궁수자리
지배 성좌 : 사자자리/태양
위치 : 21°30' – 22°30' 궁수자리
상태 : 변통궁
원소 : 불
항성 : 라스알하게

12월 14일

SAGITTARIUS

다양한 정신적 활동을 즐기는 지적 탐구자

당신은 궁수자리 태생으로 모험과 여행, 흥분을 갈망하는 이상주의자이지만 안정과 안전에 대한 욕구와 분별력도 있어 빈틈이 없고 관찰력이 뛰어난 사람입니다. 다양한 경험과 변화를 원하는 당신은 현재의 영예에 안주하거나 최고가 아닌 것에 만족하지 않습니다.

사자자리의 영향으로 당신은 자신감이 넘치고 낙천적이며 열정적입니다. 고귀하고 숭고한 아이디어들도 많죠. 생각하는 것을 거리낌 없이 말하는 편이며, 대개 확신이 강하고 의견이 확고하며 이를 표현하고 싶어 합니다. 조직력이 뛰어나고 활동적이어서 사소한 일에 에너지를 낭비하기보다 일을 하거나 계획을 세울 때 더 행복합니다. 탄탄한 기반을 쌓고 이를 토대로 발전하길 좋아하기 때문에 자신이 믿는 이상이나 장기 프로젝트를 위해 일하면 득을 볼 수 있습니다.

당신은 지적이고 직관이 강해서 어떤 정보든 활용하는 방법을 알고 있습니다. 지식을 쌓길 원하고 지혜에서 정신적 자극을 받기 때문에 공부를 게을리하지 않습니다. 이런 점으로 볼 때 당신은 철학과 정신적 세계를 탐구하면 득을 볼 수 있습니다. 독학을 하건 교육을 받건 당신은 자신의 지평을 넓힐 수 있는 갖가지 정신적 활동을 즐깁니다.

당신의 태양이 염소자리를 지나가는 8세부터 37세까지는 삶에서 현실적 질서와 체계의 필요성이 강조되어 서서히 목표 지향적이 되고 책임감이 강해집니다. 그러다 당신의 태양이 물병자리로 들어가는 38세에 전환점을 맞아 진보적 아이디어, 개성 표현, 독립에 대한 욕구가 커집니다. 그리고 68세에 당신의 태양이 물고기자리에 들어가면서 또 다른 변화가 찾아와 정서적 섬세함, 상상력, 정신적 인식과 관련된 문제들이 강조됩니다.

숨어 있는 자아

당신은 겉으로는 자신감이 넘치지만 내면은 갈피를 잡지 못하고 있습니다. 새롭고 흥미로운 경험에 대한 욕구와 마음의 평안에 대한 욕구가 양분되어 있거든요. 잠시도 가만있지 못하는 성향이 성공의 원동력이 되지만 잘못하면 도피주의나 방종으로 흐를 수 있는 불만이 생길 수도 있습니다. 따라서 균형 있는 삶이 아주 중요합니다. 자기를 성찰하고 차분해지는 법을 익히면 인내심과 내적 평화를 얻을 수 있을 겁니다.

당신은 직감이 발달하고 세심해서 직관력이 매우 강합니다. 이런 특성들을 개발하면 자신의 통찰력을 활용할 수 있으며 다른 사람들에게 좋은 영향을 미치고 영감을 줄 수 있는 지혜를 얻게 됩니다. 남을 돕고 싶어 하는 마음도 좋지만 너무 비판적이거나 지배하려 하지 않도록 조심해야 합니다. 세상을 개선시키고 싶어하는 이상주의자인 당신은 어떤 대의를 이타적으로 지지하거나 다른 사람들을 도울 때 가장 행복합니다.

12월

♐

일과 적성

진취적인 정신과 뛰어난 조직력을 갖춘 당신은 원대하게 생각하는 편입니다. 두뇌 회전과 상황 판단이 빠르고 특히 영업, 에이전시, 판촉 분야에서 성공할 만한 돈벌이 아이디어들이 넘치죠. 굉장히 독립적인 성격이어서 자신의 방식으로 일할 수 있는 자유가 필요하지만 다른 사람들과 협력해서 일할 때의 이점도 잘 알고 있네요. 그래서 당신은 큰 결실을 얻을 수 있는 동업자를 찾거나 팀을 이루어 일하기도 합니다. 분별력이 뛰어나고 자신만의 철학이 있어서 철학과 사상을 공부하는 데 흥미를 느끼고, 사람들에게 적절한 조언을 해줄 수 있습니다. 아니면 자신의 아이디어를 정연하게 밝힐 줄 알고 지식과 지혜를 좋아하니 글쓰기, 광고, 출판 쪽 일을 할 수도 있겠습니다. 또 이날 태어난 많은 사람들이 스포츠계에 끌립니다.

수비학으로 풀어본 당신의 운세

지적인 잠재력, 실용적 시각, 강한 결단력은 14일에 태어난 사람들의 특성입니다. 이날 태어난 사람들은 실제로 일을 최우선으로 생각하고, 자신은 물론 다른 사람들을 판단할 때도 직업적 성취에 근거를 둡니다. 안정을 원하지만 숫자 14가 나타내는 잠시도 가만있지 못하는 성향은 운명을 개선하기 위해 끊임없이 시도하며 새로운 도전을 하라고 다그칩니다. 이러한 타고난 불안감과 끊임없는 불만은 삶에서 많은 변화를 만드는 자극제 역할을 하는데, 특히 근무 환경이나 경제적 상황이 마음에 들지 않을 때 이런 성향이 강하게 나타날 수 있습니다. 당신은 깊은 통찰력으로 문제를 신속하게 파악하여 풀어나가는 것을 즐기는 편입니다. 탄생월 12의 영향으로 이상주의적이고 야심이 있으며 모험을 즐깁니다. 현실성과 분별력이 있는 사람이지만, 종종 위험을 무릅쓰면서까지 자신의 기지를 시험하기도 하지요. 그러나 심각한 빚을 질 수도 있는 금전적인 모험은 하지 않아야 합니다. 아는 것이 힘이라는 것을 깨달으면 당신은 상상 이상으로 성장하고 발전합니다.

- 장점 : 단호함, 근면함, 행운, 창의적, 실용적, 풍부한 상상력, 부지런함
- 단점 : 과도하게 신중하거나 과도하게 충동적임, 불안정, 경솔함, 고집불통

연애와 인간관계

탐구심이 강하고 두뇌 회전이 빠른 당신은 긍정적이고 진취적인 사람과 당신에게 영감과 동기를 부여하는 사람과 어울리기를 좋아합니다. 이상주의적이고 낭만적이지만, 자신의 친밀한 감정을 항상 잘 표현하는 편은 아니군요. 하지만 상대에게 헌신하기로 결정하면 매우 충실하고 다정합니다. 당신은 안락한 삶을 원하기 때문에 경제적 안정이 관계에 중요한 요소가 될 수도 있겠네요. 당신은 평범하지는 않지만 자신에게 확신이 있는 지적인 사람에게 끌립니다. 배려심이 많지만, 사랑하는 사람들에게 너무 우두머리 노릇을 하지 않는 것이 좋습니다.

당신에게 특별한 사람

연인이나 친구

1월 3, 4, 14, 17, 20, 24일 / 2월 1, 2, 12, 18, 22일 / 3월 10, 16, 20, 29, 30일 / 4월 8, 11, 14, 18, 27, 28일 / 5월 6, 12, 16, 25, 26, 31일 / 6월 4, 10, 14, 23, 24, 29일 / 7월 2, 8, 12, 21, 22, 27일 / 8월 3, 6, 10, 19, 20, 25일 / 9월 4, 8, 17, 18, 23일 / 10월 2, 6, 15, 16, 21, 30일 / 11월 4, 13, 14, 19, 28, 30일 / 12월 2, 11, 12, 17, 26, 28, 30일

힘이 되어주는 사람

1월 4, 8, 21일 / 2월 1, 2, 6, 19일 / 3월 4, 17, 28일 / 4월 2, 15, 16일 / 5월 13, 24일 / 6월 11, 22일 / 7월 9, 20일 / 8월 7, 18, 31일 / 9월 5, 16, 29일 / 10월 3, 14, 27일 / 11월 1, 12, 25일 / 12월 10, 23일

운명의 상대

5월 31일 / 6월 11, 12, 13, 14, 15, 29일 / 7월 27일 / 8월 25일 / 9월 23일 / 10월 21일 / 11월 19일 / 12월 11, 17일

경쟁자

1월 7, 10, 15, 31일 / 2월 5, 8, 13, 29일 / 3월 3, 6, 11, 27일 / 4월 1, 4, 9, 25일 / 5월 2, 7, 23일 / 6월 5, 21일 / 7월 3, 19일 / 8월 1, 17일 / 9월 15일 / 10월 13일 / 11월 11일 / 12월 9일

소울메이트

3월 31일 / 4월 29일 / 5월 27일 / 6월 25일 / 7월 23일 / 8월 21일 / 9월 19일 / 10월 17, 29일 / 11월 15, 27일 / 12월 13, 25일

이날 태어난 유명인

제인 버킨, 바네사 허진스(배우·가수), 스파이크 존스(가수), 스탠 스미스(테니스 선수), 셜리 잭슨(작가), 이선희(가수), 정두홍(무술감독)

태양 : 궁수자리

지배 성좌 : 사자자리/태양

위치 : 22°30′ − 23°30′ 궁수자리

상태 : 변통궁

원소 : 불

항성 : 라스알하게, 레수트

12월 15일

SAGITTARIUS

세상 모든 일에 관심이 있는 활기찬 낙천주의자

창의적이고 상상력이 풍부한 당신은 활동적인 성격에 관심사가 많고 다재다능한 궁수자리입니다. 쾌활하고 사교적인 당신은 활동적인 삶을 살고 낙천적이어서 매력적이고 친밀합니다. 재능이 많기 때문에 단호하고 실용적인 태도를 취해야 성공 가능성이 높아집니다.

사자자리의 영향이 낙천주의와 자신감을 더해주어 자부심이 강하고 진취적입니다. 당신에게 정신적인 자극과 다양한 경험을 줄 수 있는 이상적인 상황을 끊임없이 찾죠. 지적 능력이 뛰어나 많은 주제들을 탐구하지만 목표가 너무 많으면 혼란을 불러올 수 있습니다. 또한 불만이 당신이 극복해야 할 최대 과제가 될 것이며, 자금이 부족해지면 냉소적이거나 걱정에 빠질 수 있습니다. 당신은 때로는 우유부단하지만, 한번 행동 방침을 정하면 단호하고 성실하게 목표를 향해 나아갑니다.

두뇌 회전이 빠르고 재치가 넘치며 사람에 대한 통찰력이 있어 세상 모든 일과 사람들에게 관심이 있습니다. 다른 사람과 협력하는 것을 좋아하지만, 때로 예측불가능하고 충동적으로 행동해서 불편함과 오해를 부르기도 합니다. 다행히 당신은 섬세하고 직관력이 있어서 긴장감을 알아차리고 필요할 경우 요령 있게 행동합니다.

당신의 태양이 염소자리를 지나가는 7세부터 36세까지는 삶에서 자신의 목표와 야망에 대한 인식이 높아지고 현실적이고 실용적인 접근 방식이 강조됩니다. 그러다 당신의 태양이 물병자리로 들어가는 37세에 전환점이 찾아와 진보적 아이디어, 자신의 개성 표현, 독립에 대한 욕구가 커지죠. 그리고 67세에 당신의 태양이 물고기자리에 들어가면서부터는 정서적 섬세함, 상상력, 직관이 강조됩니다.

숨어 있는 자아

사교술이 뛰어나고 똑똑하게 말을 잘 하는 당신은 인간의 본성을 잘 이해하고 있고 각계각층의 사람들과 어울릴 수 있습니다. 사업 감각과 가치를 이해하는 능력을 타고나서 리더십이 있고 다른 사람들의 동기를 신속하게 판단할 수 있죠. 독창적이고 개성이 강한 당신은 타고난 인도주의를 드러내거나 자신의 독창성을 표현할 때 가장 만족합니다.

이 생일이 나타내는 예리하고 직관적인 특성들이 통찰력 있고 다재다능한 성격과 조화를 이루고 있네요. 자부심이 강한 당신은 좋은 이미지를 보여주는 것이 중요하다고 생각하고, 지적인 사람들과 함께 있길 좋아합니다. 내면의 불안함을 누르기 위한 다양한 경험과 행동을 원하는데, 한계를 뛰어넘기 위해서는 결단력과 자기인식을 발달시킬 필요가 있습니다. 돈이 불안의 중요 원인이 될 수 있으니 경제 사정의 변동 가능성을 감안해 너무 낭비하지 않도록 노력하세요.

일과 적성

당신은 상황 판단이 지극히 빠르기 때문에 쉽게 지루해지며 판에 박힌 일상을 싫어합니다. 따라서 다양한 경험을 할 수 있고 계속 활동해야 하는 직업이 필요합니다. 유망한 일자리가 나타나면 대개 당신에게 좋은 기회이니 두려워 말고 모험을 해보세요. 당신은 매력이 있고 사교술이 뛰어나니 사람을 대하는 직업이 잘 맞습니다. 설득력 있는 태도와 말재주 덕분에 작가나 교사가 되거나 영업에서 두각을 드러낼 수도 있겠네요. 사업을 한다면 창의적으로 일에 접근하고 대규모 프로젝트를 선호하죠. 아니면 드라마틱한 성향을 공연이나 음악을 통해 발휘할 수 있는데 이런 분야들에서도 당신의 독창적인 접근방식과 아이디어를 표현할 수 있습니다.

수비학으로 풀어본 당신의 운세

다재다능함과 열정, 잠시도 가만히 있지 못하는 성향이 15일에 태어난 사람들의 특성입니다. 대개는 카리스마가 넘치며 민첩하죠. 강한 직관, 그리고 이론과 현실을 결합해 빨리 배우는 능력이 당신의 최대 자산입니다. 많은 경우 새로운 기술을 배우면서 돈을 법니다. 또한 직관력을 종종 활용하고 기회를 놓치지 않는 편입니다. 느긋하지만 결단력이 강한 당신은 예기치 않은 일을 환영하고 모험을 좋아합니다. 천성적으로 모험심이 강하지만 소속감을 느낄 수 있는 근거지나 집을 마련하고 싶어 하네요. 탄생월 12의 영향으로 당신은 이상주의적이고 낙천적이며 정신적 능력이 있습니다. 어떤 개념이나 사람에게서 정신적 자극을 받으면 열성적으로 덤벼들지만 금방 흥미를 잃고 싫증을 낼 수 있습니다. 다재다능하고 관심사가 많아 공부와 여행을 통해 지적으로 발전하고 성장하길 원합니다. 경제 사정에 기복을 겪겠지만 당신은 돈을 끌어모으거나 다른 사람들로부터 지지와 도움을 받는 재능이 있습니다.

- 장점 : 적극성, 관대함, 책임감, 친절, 협력적, 안목, 창조적 아이디어
- 단점 : 파괴적, 무책임, 자기중심적, 변화에 대한 두려움, 걱정, 우유부단함, 물질주의적

연애와 인간관계

남과 어울리기 좋아하고 매력적인 당신은 쉽게 친구를 사귀고 소통합니다. 관대하고 사교적인 성격이어서 함께 있는 사람들을 편안하게 해주는 재주가 있습니다. 걱정과 불안은 대개 자금 사정 때문에 생기며 이는 안정적 관계에 스트레스를 줄 수 있습니다. 따라서 긍정적으로 생각하는 법을 배우고 믿음을 가져야 합니다. 당신은 매력적인 사람이라서 어렵지 않게 배우자를 찾습니다. 사랑에 빠지면 정이 많고 배려심이 깊으며 자신보다 상대를 먼저 생각하죠. 하지만 기분 변화가 심한 성향으로 볼 때 당신은 따뜻하고 다정하지만 불안을 느낄 때면 냉정하고 무정하게 바뀔 수 있습니다.

당신에게 특별한 사람

연인이나 친구

1월 11, 21, 25일 / 2월 19, 23일 / 3월 17, 21, 30일 / 4월 5, 15, 19, 28, 29일 / 5월 13, 17, 26, 27일 / 6월 11, 15, 24, 25, 30일 / 7월 9, 13, 22, 23, 28일 / 8월 7, 11, 20, 21, 26, 30일 / 9월 5, 9, 18, 19, 24, 28일 / 10월 3, 7, 16, 17, 22, 26, 29일 / 11월 1, 5, 14, 15, 20, 24, 27일 / 12월 3, 12, 13, 18, 22, 25, 27, 29일

힘이 되어주는 사람

1월 5, 13, 16, 22, 28일 / 2월 3, 11, 14, 20, 26일 / 3월 1, 9, 12, 18, 24, 29일 / 4월 7, 10, 16, 22, 27일 / 5월 5, 8, 14, 20, 25일 / 6월 3, 6, 12, 18, 23일 / 7월 1, 4, 10, 16, 21일 / 8월 2, 8, 14, 19일 / 9월 6, 12, 17일 / 10월 4, 10, 15일 / 11월 2, 8, 13일 / 12월 6, 11일

운명의 상대

6월 13, 14, 15, 16, 30일 / 7월 28일 / 8월 26일 / 9월 24일 / 10월 22일 / 11월 20일 / 12월 18일

경쟁자

1월 2, 23, 30일 / 2월 21, 28일 / 3월 19, 26, 28일 / 4월 17, 24, 26일 / 5월 15, 22, 24일 / 6월 13, 20, 22일 / 7월 11, 18, 20일 / 8월 16, 18, 19일 / 9월 7, 14, 16일 / 10월 5, 12, 14일 / 11월 3, 10, 12일 / 12월 1, 8, 10일

소울메이트

1월 14, 22일 / 2월 12, 20일 / 3월 10, 18일 / 4월 8, 16일 / 5월 6, 14일 / 6월 4, 12일 / 7월 2, 10일 / 8월 8일 / 9월 6일 / 10월 4일 / 11월 2일

이날 태어난 유명인

돈 존슨(배우), 진 폴 게티(사업가), 알렉산더 에펠(건축가), 루도비코 라자로 자멘호프(에스페란토 창시자), 김병로(법조인)

태양 : 궁수자리

지배 성좌 : 사자자리/태양

위치 : 23°30′ – 24°30′ 궁수자리

상태 : 변통궁

원소 : 불

항성 : 라스알하게, 레수트

12월 16일

SAGITTARIUS

자신감과 재치로 좌중을 압도하는 분위기 메이커

인맥이 넓고 이상주의적인 당신은 야망이 강한 궁수자리 태생으로, 사교적 만남을 즐기는 코즈모폴리턴입니다. 자부심이 강하고 카리스마가 넘치며, 다정한 성격으로 호감을 얻죠. 인도주의자인 당신은 자신의 강렬한 감정을 표현하는 한 방법으로 남에게 사랑과 애정을 베풀지만, 제 자랑을 늘어놓는 경우도 있습니다.

사자자리의 영향이 당신의 성격에 자신감을 더해줍니다. 희망차고 낙천적인 당신은 고귀하고 숭고한 생각을 품고 있네요. 너그러운 마음과 친절을 베풀 수 있지만, 의무와 자유에 대한 욕구 사이에 갈등이 일어나는 것으로 보아 당신은 때때로 자신의 진심이 어느 쪽에 있는지 확신하지 못하는군요. 하지만 섬세한 성격으로 볼 때 당신은 인정이 많은 사람입니다. 좀 더 철학적인 시각을 발달시키면 이러한 극단적인 성격들 간에 균형을 맞출 수 있습니다.

지적이고 예리한 당신은 소통 기술이 뛰어나고 학습, 논쟁, 토론을 즐깁니다. 재치와 유머 감각도 있어서 사람들을 잘 다루며 매력 있고 재미있죠. 하지만 가끔 자신감이 지나치기도 하군요. 또한 기분이 가라앉아 있을 때 냉소적인 자세나 독설로 긴장과 논란을 일으키지 않도록 조심하세요.

당신의 태양이 염소자리를 지나가는 6세부터 35세까지는 삶의 목표를 성취하기 위해 실용적이고 현실적인 접근 방식이 필요하다고 느낍니다. 그러다 당신의 태양이 물병자리로 들어가는 36세에 전환점이 찾아와 책임으로부터 벗어나길 바라고 더 큰 독립성과 개성 표현에 대한 욕구가 강조됩니다. 이 시기에 보편적 정신세계, 집단의식, 인도주의적 이상과 관련된 문제에 참여할 수도 있겠습니다. 그리고 66세에 당신의 태양이 물고기자리에 들어가면 또 다른 전환점이 찾아와 정서적 섬세함, 상상력이 강조됩니다.

숨어 있는 자아

의지력이 강하고 사교적이며 흥이 많은 당신은 관심사에 대해서는 뛰어난 사교적 수완을 발휘합니다. 이러한 특성들이 드라마틱한 감각과 결합되면 사람들은 당신이 보여주는 자신 있고 확신에 찬 이미지에 끌립니다. 당신이 가진 정서적 힘은 성격을 강하게 단련시키며 당신이 카리스마 있고 관대하며 리더십을 타고난 사람임을 보여줍니다. 영감을 받으면 자신을 창의적인 방식으로 표현하고 싶어 해서 연극, 예술, 음악 혹은 글쓰기를 통해 인정을 받길 바라죠. 성실하게 일하면서도 당신의 바쁜 사교 생활은 우선순위 목록에서 내려가는 법이 없습니다. 다만 당신의 멋진 재능들을 최대한 활용하는 데 필요한 자제심보다 사교 생활을 우선해서는 안 됩니다.

두뇌가 명석하고 문제의 핵심을 짚어내는 능력이 있어서 문제 해결력이 뛰어나고 새로운 프로젝트를 시작하는 걸 특히 즐깁니다. 좀 더 섬세해진다면 자신과 삶을 보다 깊이 이해하게 되어 좌절이나 절망을 느끼는 시기를 피할 수 있습니다. 삶의 역설과 부조리를 알아차리는 능력은 인생의 균형에 중요한 역할을 합니다. 뛰어난 성취를 이룰 수 있는 자신의 잠재력을 최대한 활용하려면 항상 바쁘게 일하거나 창의적으로 몰두하는 것이 중요합니다.

일과 적성

당신의 가장 귀한 자산은 명석하고 빠른 두뇌 회전으로, 작가, 강사, 혹은 정치가 같은 직업에서 특히 도움이 됩니다. 어떤 일에 전념할 때는 진취적인 자세, 투지와 열정을 보이므로 어떤 직업을 갖든 성공을 향해 빠르게 나아갑니다. 리더십, 조직력, 전략적 계획 수립 능력이 있어 사업을 하면 딱 알맞은데, 이 경우 당신은 대규모 프로젝트에 도전하는 것을 즐길 겁니다. 자유를 좋아하는 당신은 자신의 방식대로 일할 수 있어야 하며, 아니면 자영업을 선택할 수도 있습니다. 자신을 드러내고 드라마틱한 것을 좋아하기 때문에 음악, 예술, 연극에 끌리기도 합니다. 또한 타고난 심리학자라 인간의 본성에 대한 이해력을 활용하는 직업을 즐길 수도 있겠습니다.

수비학으로 풀어본 당신의 운세

16일에 태어난 사람은 사려 깊고 섬세하며 친화적입니다. 분석적인 편이지만 대개 자신의 느낌에 따라 인생과 사람을 판단합니다. 하지만 자기표현 욕구와 다른 사람들에 대한 책임감이 충돌할 때 내면의 갈등을 겪을 수 있겠습니다. 세계에서 일어나고 있는 일에 관심이 많아 국제법인이나 언론계에 들어갈 수도 있습니다. 글쓰기에도 재능이 있으며 번뜩이는 영감을 발휘합니다. 16일에 태어난 사람은 지나친 자신감과 불안 사이에서 균형을 찾는 법을 배워야 합니다. 탄생월 12의 영향으로 당신은 낙천적이고 대담하며 발전하고 성장하길 원합니다. 직관력이 강하고 분석적인 심리학자로, 무엇이 사람들에게 동기를 부여하는지 꿰뚫어보죠. 적절한 보상을 제시할 수 있는 당신은 일과 놀이를 결합할 줄 알고 볼거리를 주는 걸 즐깁니다. 다정하고 우호적이지만 오만하거나 이기적으로 행동하거나 잘난 척을 하지 않도록 주의하세요.

- 장점 : 박학다식, 가정에 대한 책임감, 진실성, 직관력, 사교적, 협력적, 통찰력
- 단점 : 걱정, 불만족, 무책임 독단적, 회의적, 까다로움, 화를 잘 냄, 몰인정

연애와 인간관계

여러 배경의 사람들을 알고 있는 것으로 보아 당신은 다양한 집단에서 어울리길 좋아합니다. 친화적이고 느긋한 데다 유머 감각도 있어서 사교 생활에서 즐거움을 얻죠. 마음이 언제나 청춘이고 열정적이어서 다양한 관계를 경험하길 원하니 너무 일찍 정착하는 건 피하는 게 좋겠네요. 당신은 예술적 재능이 있거나 창의적으로 일하는 사람들에게 끌립니다. 남의 시선을 의식해서 깔끔한 이미지를 보여주고 사람들에게 깊은 인상을 남기고 싶어 하며 종종 자발적이고 너그러운 모습을 보입니다. 또한 당신은 사람들을 환대하고 친구들을 초대하는 것을 즐기며 매우 재미있는 성격입니다.

태양 : 궁수자리
지배 성좌 : 사자자리/태양
위치 : 24°30′ - 25°30′ 궁수자리
상태 : 변통궁
원소 : 불
항성 : 레수트, 아쿨레우스

12월 17일
SAGITTARIUS

새로운 아이디어를 제품으로 만들어내는 현실주의자

탐구심이 강하고 야심이 있는 당신은 역동적인 성격에 지식욕이 대단한 궁수자리 태생입니다. 낙천적이고 창의적인 데다 놀라운 상상력의 소유자죠. 당신은 기꺼이 모험을 하고 혁신적입니다. 강한 욕구들을 가졌지만 우두머리 행세를 하려 하거나 자신의 의지를 남들에게 투영하지 않도록 조심해야 합니다. 이해가 빠르고 창의적인 당신이 계속해서 지적인 자극을 받으려면 새롭고 흥미로운 아이디어들을 끊임없이 찾아야 합니다.

사자자리의 영향이 당신의 독립적인 시각에 활기와 자신감을 더하네요. 의지가 강하고 진취적이며 뛰어난 실용적 기술들을 가진 당신은 멋진 아이디어를 구체적인 제품으로 구현할 수 있습니다. 전면에 나서건, 뒤에서 일하건 당신의 공헌이 큰 차이를 만들어내죠.

당신은 안목이 높고 꼼꼼하며, 전체를 읽고 진보적으로 생각할 수 있어서 기존 체계를 다듬고 개선하는 것을 좋아합니다. 하지만 세상을 너무 비판적으로 바라보거나 사소한 문제들에 대해 너무 걱정하지 않아야 합니다. 더 높은 수준의 학습에 관심이 있어서 철학과 정신적 분야를 공부할 수도 있고, 자신의 생각을 정확하고 단호하게 전할 줄 알기 때문에 학문 연구에 끌리기도 합니다. 말이나 언어에 관심이 많아 글쓰기 재능도 있습니다.

당신의 태양이 염소자리를 지나가는 5세부터 34세까지는 현실적인 문제들과 삶에서 질서와 체계의 필요성이 강조됩니다. 그러다 당신의 태양이 물병자리로 들어가는 35세에 전환점을 맞아 독립, 집단의식, 진보적 아이디어에 대한 욕구가 커지죠. 자유를 갈망하고 실험적인 태도가 생기기도 합니다. 그리고 65세에 당신의 태양이 물고기자리에 들어가면서 또 다른 변화가 찾아와 수용력, 정서적 섬세함, 공감력이 높아지고 상상력이 풍부해집니다. 이 시기에는 예술적, 창의적, 혹은 정신적 재능들이 강조됩니다.

숨어 있는 자아

당신은 우호적이고 함께 있으면 자극을 주는 매력적인 사람입니다. 또 사람을 다루는 재능을 타고났네요. 뛰어난 소통 기술, 온화한 태도, 세련된 사교성을 갖추어 가히 품위 있는 외교관이라고 할 수 있습니다. 자신의 이미지를 잘 알고 있어서 스스로를 다른 사람에게 매력적으로 보이게 만들 수 있지만 허영심과 자만심은 조심해야 합니다.

다정하고 배려심이 많으며 사람들을 필요로 하지만, 인간관계에서 독립성을 유지하는 것이 필수적입니다. 바람직한 균형을 유지하면 두려움에 빠지거나 침잠하는 것을 막을 수 있습니다. 높은 이상과 활발한 상상력을 갖춘 당신은 창의적인 사상가이자 현실적 몽상가인데, 이런 재능을 이용해 물질적인 성취를 이룰 수도 있겠네요. 아니면 창의적이고 정신적인 재능을 계발하는 쪽에 끌릴 수도 있습니다. 당신은 돈과 관련해 상황 판단이 빠르지만, 어떤 아이디어나 대의를 홍보하고 이를 위해 열심히 노력할 의지가 있습니다.

일과 적성

당신은 예리한 지각력과 통솔력이 있고 지식을 사랑해서 교사가 되건, 경영 강사가 되건 가르치는 일 쪽에 끌릴 수 있습니다. 마찬가지로, 당신의 명민한 정신을 활용할 수 있는 글쓰기, 과학, 연구 분야에서도 성공할 수 있습니다. 사람을 잘 다루니 사업, 영업, 홍보, 판촉 분야에서도 성공이 보장됩니다. 독립적인 성격이지만 동업을 하거나 팀의 일원으로 일해도 굉장히 이로운 결과를 얻을 수 있습니다. 혹은 당신의 예술적인 면을 활용할 경우 음악이나 예술적 추구에서 충족감을 얻을 수도 있습니다.

수비학으로 풀어본 당신의 운세

17일에 태어난 사람은 상황 판단이 빠르고 내성적 성격에 분석력이 뛰어납니다. 독립적인 사색가이며, 고등교육이나 숙련된 기술을 통해 혜택을 받네요. 당신은 전문 지식을 발달시키고 물질적 성공을 얻거나 전문가, 혹은 연구자로서 중요한 자리를 차지하기 위해 자신의 지식을 구체적인 방식으로 활용합니다. 남에게 자기 얘기를 잘 하지 않는 편이며 자기 성찰적이고 객관적이며 사실과 수치에 관심이 많습니다. 보통 진지하고 사려 깊은 태도를 보이며, 서두르지 않고 여유 있게 일하는 것을 좋아하죠. 소통 기술을 익히면 타인을 통해 자신에 관해 더 많은 것을 알 수 있을 겁니다. 탄생월 12의 영향으로 당신은 직관력이 강하고 다재다능합니다. 정신적 자극을 받으면 의욕이 생기고 활동적이 되며 자신을 표현하고 싶어 하죠. 단도직입적으로 이야기하는 편이고 의견이 확고하지만 성급하거나 초조함에 빠지기 쉽습니다. 우유부단해지거나 걱정에 빠지면 감정적으로나 경제적으로 크게 흔들릴 수 있겠네요. 인내심을 기르고 사교적 수완을 배우면 다른 사람들을 대할 때 신뢰감이 생겨 협력과 동업관계에서 득을 볼 수 있습니다.

- 장점 : 사려 깊음, 전문가, 좋은 기획자, 사업 감각, 금전 감각, 개성적, 노력형, 정확함, 숙련자, 과학적
- 단점 : 무심함, 완고함, 침울함, 예민함, 편협함, 비판적, 걱정, 의심이 많음

연애와 인간관계

탐구심이 강하고 잠시도 가만있지 못하는 성미의 당신은 창의적이고 진취적이며 지적인 사람, 자신의 재능과 근면함으로 성공한 사람과 함께 있는 걸 좋아합니다. 스스로를 집단의 일원이라고 생각하고 매력적인 성격이어서 어렵지 않게 친구를 사귀고 배우자를 찾죠. 정신적으로 독립적이지만 때때로 불안을 느끼는데, 특히 배우자에게서 확신을 받지 못할 경우 더 그러합니다. 당신은 장기적인 관계를 믿으며, 신뢰할 수 있고 함께 정착할 수 있는 사람을 찾습니다.

이날 태어난 유명인

루트비히 판 베토벤(작곡가), 어스킨 콜드웰, 포드 매덕스 포드(작가), 험프리 데이비(과학자), 조지프 헨리(물리학자), 쥘 드 공쿠르(비평가), 밀라 요보비치(배우), 정현종(시인), 길용우(배우), 서정원(축구 선수)

태양 : 궁수자리
지배 성좌 : 사자자리/태양
위치 : 25°30′ – 26°30′ 궁수자리
상태 : 변통궁
원소 : 불
항성 : 레수트, 아쿨레우스

12월 18일

SAGITTARIUS

예리한 지적 능력과 심리적 기술을 결합할 줄 아는 영리한 사람

매력적이고 야심이 있으며 강렬한 감정을 가진 당신은 정중하고 단호하며 세심한 궁수자리 태생입니다. 세계주의자이자 우호적인 성격으로 인정을 받고 싶어 하고 심리적 충족감을 느끼길 원합니다. 자신의 드라마틱한 성격을 표현할 적절한 배출구를 찾는다면 성공과 정신적 안정을 얻을 수 있습니다. 또한 당신의 사교적 수완을 활용하고 협력하는 법을 배우면 동업과 공동의 노력이 큰 보상을 안겨줄 것입니다.

사자자리의 영향이 당신의 자신감에 희망과 창의성을 가득 채웁니다. 낙천적인 당신은 여행과 새로운 기회를 통해 자신의 지평을 넓힐 수 있습니다. 완고하고 자부심이 높아서 정의감과 도덕심이 강하지만, 선의를 너그럽게 표현할 줄 알아 관대하고 따뜻한 사람이기도 합니다.

당신은 침착하고 이해심이 있지만, 무엇이든 자기 마음대로 하길 고집한다면 요구가 많거나 비판적인 사람이 될 수도 있습니다. 고급스럽고 호화로운 것들에 둘러싸여 있길 좋아하는데, 사치스러운 생활에 대한 이러한 욕구는 높은 생활 수준을 유지하기 위해 기꺼이 열심히 일할 의지가 있음을 암시합니다. 하지만 관능을 좇거나 방종에 빠져 당신의 큰 잠재력을 실현하는 데 필요한 자제력을 잃지 않도록 조심하세요.

당신의 태양이 염소자리를 지나가는 4세부터 33세까지는 삶의 목표를 성취하기 위해 실용적이고 현실적인 접근 방식이 필요하다고 느낍니다. 그러다 당신의 태양이 물병자리로 들어가는 34세에 전환점이 찾아와 더 큰 독립성과 개성 표현에 대한 욕구가 강조됩니다. 이 시기에 보편적 정신세계, 집단의식, 인도주의적 이상과 관련된 문제에 참여할 수도 있겠습니다. 그리고 64세에 당신의 태양이 물고기자리에 들어가면 또 다른 전환점이 찾아와 정서적 수용력, 상상력, 정신적 인식이 강조됩니다.

숨어 있는 자아

카리스마 있고 사교적이며 사람을 잘 다루는 당신은 타인의 동기를 영리하게 파악합니다. 예리한 지적 능력과 심리적 기술이 결합되어 있어 당신의 유머는 통찰력이 있고 신랄할 뿐 아니라 굉장히 재미있죠. 때때로 도발적이기도 한 당신은 정신적 도전을 즐기고 자신의 재치와 지적 능력을 다른 사람들과 겨루는 걸 좋아합니다. 하지만 당신은 우정을 매우 중요하게 생각해서 대개 평화를 위해 타협합니다.

당신은 목표와 목적의식이 있으면 전력을 기울이고 부지런히 노력합니다. 실패에 부딪쳐도 엄청난 인내심을 발휘하여 계속 밀고 나가고 희생도 감수합니다. 그러나 당신은 기분이 최고조이다가도 갑자기 심연으로 떨어지기도 하고, 인정 많고 객관적이다가도 좌절하고 지나치게 심각해지는 모습을 보입니다. 이렇게 양극단을 오가는 성격 때문에 균형을 잡는 법을 배울 필요가 있습니다. 자기 분석을 하고 자신의 깊은 통찰력을 신뢰하면 당신의 뛰어난 잠재력을 최대로 활용할 수 있을 겁니다.

일과 적성

야심과 카리스마가 있고 독립적인 당신은 타고난 리더십을 활용할 수 있는 권한 있는 자리까지 자연스럽게 올라갑니다. 매력 있고 사교적이어서 사람과 관련된 대부분의 활동에서 성공을 거둡니다. 진취적인 자세와 자신감 있는 모습, 경쟁심 강한 성격이 사업에서 성공하는데 도움이 될 수 있는데, 특히 유용한 인맥을 만드는 재주도 한몫을 하겠습니다. 소통에 대한 재능을 글쓰기, 영업, 출판, 혹은 교직에서 활용할 수 있고, 극적인 감각이 있어 연예계나 정치 쪽에서 두각을 드러낼 수도 있겠네요. 혹은 당신의 인도주의적 성격을 자선 사업, 사회 개혁, 모금 활동에서 발휘할 수도 있습니다.

수비학으로 풀어본 당신의 운세

결단력, 적극성, 야망은 18일과 연관된 특성입니다. 활동적이고 도전욕이 강한 당신은 항상 바쁘게 지내길 원하고 진취적인 일에 자주 관여합니다. 유능하고 근면하며 책임감이 강해 권한 있는 자리까지 올라갈 수 있겠네요. 아니면 사업 감각과 조직력이 뛰어나 상업 쪽으로 진출할 수 있습니다. 과로로 고생할 수 있으니 이따금 긴장을 풀고 느긋해질 줄 알아야 합니다. 18일에 태어난 당신은 다른 사람들을 치유하고 유익한 조언을 해주거나 문제를 해결해주는 능력이 있습니다. 탄생월 12의 영향으로 당신은 정직하고 이상주의적이며 강렬한 감정을 가지고 있어서 정서적 충족을 위한 성장과 발전이 필요합니다. 다재다능하지만 자신을 표현할 배출구를 찾지 못하면 초조하고 불안해하죠. 관대하고 우호적이지만 거만하거나 오만해 보일 수 있습니다. 그러니 요구를 줄이고 자신의 뜻을 다른 사람들에게 강요하지 않는 것이 좋습니다.

- ● 장점 : 진보적, 적극적, 직관, 용기, 단호함, 치유력, 효율성, 자문 능력
- ■ 단점 : 예민함, 감정 억제, 나태함, 무질서, 이기적

연애와 인간관계

역동적이고 감정에 휘둘리는 당신은 강한 사람에게 끌립니다. 관대하고 정이 많을 뿐 아니라 자신감 넘치고 좋은 인상을 남기기고 싶어 하죠. 당신은 충실하고 배려심이 많지만 때로는 환멸을 느끼거나 감정적으로 차단되어 자신의 진짜 감정을 표현하는 데 어려움을 겪습니다. 관계에서 평화와 조화를 추구하지만, 변화를 싫어하는 타입이고 그로 인해 너무 권위적이거나 완고해질 수도 있습니다. 당신은 관계를 유지하기 위해 기꺼이 인내하고 희생하려 하지만 상황이 풀리지 않을 때는 놓아줄 때도 알아야 합니다.

연인이나 친구

1월 2, 28일 / 2월 26일 / 3월 24일 / 4월 22일 / 5월 20, 29, 30일 / 6월 18, 27, 28일 / 7월 16, 25, 26일 / 8월 14, 23, 24일 / 9월 12, 21, 22일 / 10월 10, 19, 20, 29, 31일 / 11월 8, 17, 18, 27, 29일 / 12월 6, 15, 16, 25, 27일

힘이 되어주는 사람

1월 2, 10, 13, 16일 / 2월 8, 11, 14일 / 3월 6, 9, 12일 / 4월 4, 7, 10일 / 5월 2, 5, 8일 / 6월 3, 6일 / 7월 1, 4, 30일 / 8월 2, 28, 30일 / 9월 26, 28일 / 10월 24, 26일 / 11월 22, 24일 / 12월 20, 22, 30일

운명의 상대

10월 31일 / 11월 29일 / 12월 27일

경쟁자

1월 3, 9, 10일 / 2월 1, 7, 8일 / 3월 5, 6, 31일 / 4월 3, 4, 29일 / 5월 1, 2, 27일 / 6월 25일 / 7월 23일 / 8월 2, 21, 31일 / 9월 19, 29일 / 10월 17, 27일 / 11월 15, 25일 / 12월 13, 23일

소울메이트

1월 5일 / 2월 3일 / 3월 1일 / 5월 30일 / 6월 28일 / 7월 26일 / 8월 24일 / 9월 22일 / 10월 20일 / 11월 18일 / 12월 16일

궁수자리

이날 태어난 유명인

브래드 피트, 케이티 홈스(배우), 스티븐 스필버그(영화감독), 스티브 비코(시민운동가), 키스 리처즈(기타리스트), 크리스티나 아길레라(가수), 파울 클레(화가), 최수종(배우)

| 태양 : 궁수자리 |
| 지배 성좌 : 사자자리/태양 |
| 위치 : 26°30′ - 27°30′ 궁수자리 |
| 상태 : 변통궁 |
| 원소 : 불 |
| 항성 : 레수트, 아쿨레우스 |

*12*월 *19*일

SAGITTARIUS

희망과 낙천주의로 지평을 확장하고 성취하는 사람

사교적이고 다재다능한 당신은 강렬한 감정을 가진 세심한 궁수자리 태생입니다. 창의적으로 자신을 표현하지만 보다 현실적인 타입으로 구조에 대한 감각이 뛰어납니다. 당신의 역동적인 감정들이 생산적인 방향을 향하면 성공적인 결과를 얻을 수 있지만 일이 너무 더디게 진행되거나 계획대로 되지 않을 때 실망하거나 성급해지는 경향은 극복해야 합니다. 당신은 많은 것을 이루고 싶어 하는데, 근면과 인내를 통해서만 성공에 이를 수 있음을 알아야 합니다.

사자자리의 영향이 자신감을 더해주며, 희망과 낙천주의로 자신의 지평을 확장할 수 있습니다. 단호하고 확고한 성격에 자부심이 넘치는 사람이기 때문에 종속적인 위치보다 이끄는 것을 선호합니다.

당신은 합리적이고 지적이지만 감정의 폭이 넓어 자신의 느낌에 따라 판단을 내립니다. 특정 주제나 사람에게 흥미를 느끼면 진심으로 몰두하죠. 그 외에는 싫증을 내고 흥미를 잃어버립니다. 의무감이 강해서 충실하고 성실하며 기꺼이 열심히 헌신하고 희생합니다. 그러나 때로 이런 의무감이 당신의 마음을 장악해버리면 쉽게 좌절하고 불안감에 굴복할 수 있습니다.

당신의 태양이 염소자리를 지나가는 3세부터 32세까지는 현실적인 문제들과 삶에서 질서와 체계의 필요성이 강조됩니다. 그러다 당신의 태양이 물병자리로 들어가는 33세에 전환점을 맞아 개인적 자유, 집단의식, 진보적이고 인도주의적인 아이디어에 대한 욕구가 커지죠. 또 자유를 원하거나 좀 더 실험적이 됩니다. 그리고 66세에 당신의 태양이 물고기자리에 들어가면서 또 다른 변화가 찾아와 수용력, 정서적 섬세함, 공감력이 높아지고 상상력이 풍부해집니다. 이 시기에는 예술적, 창의적, 혹은 정신적 재능들이 강조됩니다.

숨어 있는 자아

우호적이고 지적인 당신은 자신의 생각과 지식을 공유하는 것을 좋아합니다. 또한 마음이 넓고 객관적이며 보편적 사고를 할 수 있는 인도주의자이기도 합니다. 단도직입적이고 정직한 접근 방식을 좋아하죠. 사랑하는 사람들에게 다정하고 관대하지만, 부정적으로 생각하는 성향을 극복해야 하며 너무 비판적인 자세를 취하거나 독선에 빠져서는 안 됩니다. 긍정적인 생각으로 일하면 장애물을 극복하고 성공하기 위해 필요한 정신적 절제력을 기를 수 있습니다.

성공을 원하는 당신은 야망이 있고 근면합니다. 성취를 추구하기 때문에 확고한 목적과 목표가 필요하며 자신이 정말로 이루고 싶은 것이 무엇인지에 대한 내면의 비전이 원동력이 될 때 더 좋은 성과를 냅니다. 그러면 당신의 놀라운 상상력이 명확하게 방향을 제시하며 정서적 불만이 생기지 않도록 해줄 것입니다.

일과 적성

당신은 긍정적인 태도와 섬세한 리더십이 결합되어 있어 사람과 관련된 활동에서 성공이 보장됩니다. 지적이고 생각이 깊어서 교육이나 글쓰기를 통해 자신의 지식을 다른 사람과 공유하길 원할 수도 있겠네요. 창의적이고 재능이 뛰어나니 음악과 예술적 활동에서 두각을 드러낼 수도 있습니다. 또한 당신은 일과 놀이를 결합할 줄 알고 예술을 상용화할 수 있는 능력이 있습니다. 마찬가지로, 극적인 것에 대한 뛰어난 감각이 연기나 연예계에서 발휘될 수도 있겠네요. 당신은 통제하는 위치에 있는 쪽을 선호해서 공손해야 하는 위치를 꺼립니다. 또한 어떤 대의나 이상을 위해 이타적으로 일할 때 가장 기량을 발휘합니다. 뛰어난 시각적 감각이 언론, 광고, 출판 쪽에서 발휘될 수도 있고, 인정 많은 성격이 치유 관련 직업이나 다른 사람을 돌보는 일 혹은 공직에서 발휘될 수도 있습니다.

수비학으로 풀어본 당신의 운세

19일에 태어난 사람들은 흔히 쾌활하고 야망이 큰 인도주의자라는 평을 듣습니다. 결단력이 있고 지략이 넘치는 당신은 통찰력이 뛰어나지만 몽상가적인 기질이 있어서 인정이 많고 이상주의적이며 창조적입니다. 섬세한 성격이지만, 과감하게 행동하고 중심 자리를 요구하는 것은 중요한 사람이 되고 싶은 마음 때문입니다. 자신의 정체성을 확립하고 싶은 욕구가 강한데, 그러려면 먼저 또래 집단이 주는 압박감을 극복해야 합니다. 남들에게는 자신만만하고 회복력이 뛰어나며 지략이 풍부한 사람으로 보이지만 내면의 긴장감으로 심한 감정 기복을 겪을 수 있겠네요. 그러나 예술적이고 카리스마 넘치는 당신은 세상이 당신의 탐험을 위해 존재한다는 걸 압니다. 탄생월 12의 영향으로 당신은 선견지명이 있고 고결하며 감정이 격렬합니다. 현실적 기술들과 당당한 성격으로 볼 때 상황을 책임지는 것을 좋아하고 제약 없이 자신을 표현할 수 있는 자유를 원하네요. 긍정적인 태도를 유지하고 철학적 눈으로 세상을 바라보면 어려움들을 이겨낼 수 있고 일이 지연되거나 장애물에 부딪혔을 때 좌절하는 성향을 극복할 수 있습니다.

- ● 장점 : 활동적, 집중력, 창의적, 리더십, 진보적, 낙천적, 강한 신념, 경쟁력, 독립적
- ■ 단점 : 자기중심적, 걱정, 거부에 대한 두려움, 감정 기복, 물질주의적

연애와 인간관계

사랑을 강렬하게 표현하는 당신은 강하거나 극적인 성격의 사람들에게 끌립니다. 낭만적이고 섬세하지만 안정과 안전에 대한 욕구가 있으니 배우자를 선택할 때 신중해야 합니다. 자신의 커다란 잠재력을 깨우고 걱정이나 부정적 생각, 의심이나 질투에 빠지지 않으면 정서적 만족을 얻을 수 있습니다. 다른 사람들을 도와주고 보호해주는 헌신적인 친구이자 배우자입니다. 인내심과 관용을 기르면 일이 계획대로 흘러가지 않을 때 좌절하는 성향을 극복할 수 있습니다.

연인이나 친구 ♥

1월 3, 8, 22, 25, 29, 30일 / 2월 1, 6, 20, 23, 27, 28일 / 3월 18, 21, 25, 26, 30일 / 4월 16, 19, 23, 24, 28일 / 5월 14, 17, 21, 22, 26, 31일 / 6월 12, 15, 19, 20, 24, 29일 / 7월 10, 13, 18, 22일 / 8월 8, 11, 15, 16, 20, 27, 29, 30일 / 9월 6, 9, 13, 14, 18, 23, 27, 28일 / 10월 4, 7, 11, 12, 16, 21, 25, 26일 / 11월 2, 5, 9, 10, 14, 19, 23, 24일 / 12월 3, 7, 8, 12, 17, 21, 22일

힘이 되어주는 사람

1월 17일 / 2월 15일 / 3월 13일 / 4월 11일 / 5월 9, 29일 / 6월 7, 27일 / 7월 5, 25일 / 8월 3, 23일 / 9월 1, 21일 / 10월 19, 29일 / 11월 17, 27, 30일 / 12월 15, 25, 28일

운명의 상대

5월 31일 / 6월 17, 18, 19, 20, 29일 / 7월 27일 / 8월 25, 30일 / 9월 23, 28일 / 10월 21, 26일 / 11월 19, 24일 / 12월 17, 22일

경쟁자

1월 20, 23일 / 2월 18, 21일 / 3월 16, 19일 / 4월 14, 17일 / 5월 12, 15일 / 6월 10, 13일 / 7월 8, 11일 / 8월 6, 9일 / 9월 4, 7일 / 10월 2, 5일 / 11월 2일 / 12월 1일

소울메이트 ★

1월 4, 31일 / 2월 2, 29일 / 3월 27일 / 4월 25일 / 5월 23일 / 6월 21일 / 7월 19일 / 8월 17일 / 9월 15일 / 10월 13일 / 11월 11일 / 12월 9일

이날 태어난 유명인

에디트 피아프, 모리스 화이트(가수), 랠프 리처드슨, 시실리 타이슨(배우), 장 주네(작가), 리처드 리키(인류학자), 용준형(가수)

| 태양 : 궁수자리 |
| 지배 성좌 : 사자자리/태양 |
| 위치 : 27° 30′ – 28° 30′ 궁수자리 |
| 상태 : 변통궁 |
| 원소 : 불 |
| 항성 : 에타민, 아쿠멘 |

12월 20일

SAGITTARIUS

사람을 끌어당기는 유쾌한 사교가

궁수자리에 태어난 사람들은 이해력이 빠르며 유쾌하고 상냥하여 주위 사람을 끌어당기는 매력이 있습니다. 단체 활동에 적극적으로 참여하고 모두에게 정서적으로 큰 힘이 되어주며 격려를 아끼지 않는 성격이라 친구가 많습니다. 이상주의자인 동시에 인도주의적 성향이 강해 대의 또는 사명에 이끌려 삶을 헌신할 가능성이 큽니다. 상상력이 풍부해 멋지고 톡톡 튀는 아이디어가 넘치지만 다소 거만하여 사치와 방종에 빠지기도 합니다.

사자자리의 영향으로 더욱 강해진 자신감에 희망차고 낙천적인 기질까지 갖춘 당신은 자신의 지평을 넓혀 나갈 수 있습니다. 빈틈 없고 단호한 성격으로 긍정적인 상황에서는 당신의 정신적인 특성을 강하게 해줄 인내심과 냉철한 시선을 개발할 수 있습니다.

감수성이 풍부해 외부 자극에 쉽게 영향을 받는 낭만가 기질이 있습니다. 안타깝게도 풍부한 감정으로 인해 쉽게 좌절감을 느끼기도 하는데 특히 자신의 높은 기대치를 달성하지 못한 경우를 조심해야 합니다. 의무감이나 책임감이 뒤따르는 일보다는 멋지고 쉬운 일을 선호하는 성향이 있으니 순간의 만족감이나 충동적인 행동에 휘둘리지 않도록 수양을 쌓는 일이 필수적입니다.

인정이 많고 너그러워 조화로운 인간관계를 추구하므로 다양한 사람들과 어울리는 것을 즐깁니다. 당신이 정말 즐길 만한 무언가를 발견하면 기꺼이 자신을 바쳐가며 열심히 노력합니다.

당신의 태양이 염소자리를 거치는 31세까지는 인생의 여러 가지 목표를 달성하기 위해 실질적이고 현실적인 접근법이 필요한 시기입니다. 당신의 태양이 물병자리로 들어가는 32세에 인생의 전환점을 맞이합니다. 그래서 좀 더 독립에 대한 욕구나 개성을 표현하고자 하는 욕구가 두드러집니다. 자유, 공동체 의식 또는 인도주의적 이상과 관련된 일에 참여하기도 합니다. 태양이 물고기자리로 들어가는 62세에 또 한 번 전환점을 맞아 감수성과 상상력 혹은 영적인 내면세계에 빠져들 수도 있습니다.

숨어 있는 자아

당신은 매우 사교적인 성격으로 주위에 사람이 늘 있어야 하며 너그럽고 친절하며 아량이 넓습니다. 공감 능력이 좋아 다른 사람들과 사이가 원만한 편으로 좋은 친구 또는 동반자가 될 수 있겠네요. 자부심이 강하고 드라마틱하지만 스스로 통제 가능한 상황을 선호하므로 극단적인 감정은 드러내지 않는 편입니다. 마음의 상처를 입었다고 스스로 피해자라는 생각을 갖거나 자기 연민에 빠지지 않도록 해야 합니다. 하지만 이 감수성이 한편으로는 직관력으로 작용할 수도 있으므로 수양을 쌓는다면 더 높고 심오한 경지에 도달할 수 있습니다.

어린애 같은 쾌활함을 내면에 간직하고 있어 늘 천진난만한 기질을 잃지 않습니다. 이런 기질은 예술, 음악, 글쓰기 및 연극 등으로 나타나거나 사람들을 즐겁게 해주는 일로 이어질 수 있습니다. 뛰어난 상상력, 역동적인 감정, 그리고 타고난 인정을 발휘하여 사람들의 사기를 북돋우고 삶을 즐길 수 있는 능력을 지닌 사람입니다.

일과 적성

당신은 따뜻한 마음씨와 사람을 끄는 매력 덕분에 사람을 상대하는 직종에서 성공할 가능성이 아주 높습니다. 홍보, 판촉, 판매 또는 중개상 등 사회적 상호작용이 필요한 직종에서 특히 두각을 나타내겠습니다. 공감 능력을 타고나 상담이나 치유, 다른 사람을 돕는 일도 잘 어울립니다. 예리한 사업 감각으로 어떤 일을 선택하든 성공할 수 있지만 되도록 자신만의 방식으로 일할 자유가 보장된 일이라면 더욱 좋습니다. 창의력이 뛰어나므로 글쓰기, 음악, 예술 또는 연예계도 적성에 맞겠네요. 타고난 센스로 스포츠 분야에서 재능을 발휘할 수도 있겠습니다.

수비학으로 풀어본 당신의 운세

20일에 태어난 사람들은 직감이 뛰어나고 예민하며, 융통성과 이해심이 있고, 자신을 큰 집단의 일원으로 생각하는 경우가 많습니다. 대체로 사람들과 상호작용하면서 경험을 공유하고 배울 수 있는 협동적인 활동을 선호합니다. 우아하고 매력적인 당신은 뛰어난 사교술과 사회성을 바탕으로 다양한 사교모임을 즐깁니다. 그러나 자신감을 길러야 다른 사람들의 행동과 비난에 쉽게 상처받거나 지나치게 의존적인 성향을 극복할 수 있습니다. 즐겁고 화기애애한 분위기를 조성하는 능력은 타의 추종을 불허하네요. 탄생월 12의 영향으로 빈틈없고 감수성이 풍부하며 천성적으로 활발합니다. 당신은 타인은 물론 그 동기를 파악하는 통찰력이 뛰어나므로 자신의 강한 직감을 신뢰하면 큰 도움이 됩니다. 포부가 크고 결단력이 강하지만 이상주의적인 관점의 영향으로 개인의 발전과 공익을 위한 자기희생 사이에서 갈등할 수 있습니다.

- ● 장점 : 훌륭한 파트너십, 관대함, 재치, 수용력, 직관력, 배려, 조화, 친선, 우호적인 성격, 친선 대사 역할
- ■ 단점 : 의심, 자신감 결여, 지나치게 감정적인 반응, 이기심

연애와 인간관계

정서적인 자극에 대한 욕구는 당신이 감정이 풍부한 사람이라는 의미입니다. 잠시도 가만있지 못하고 매우 예민하면서도 이상주의적 성향이 있어 다양한 사람들을 만나고 싶어 하겠네요. 사랑하는 사람을 위해서라면 기꺼이 자신을 희생하는 타입이므로 오랜 시간을 들여 신중하게 연인을 찾아야 합니다. 발랄하면서도 열정적인 당신은 마음 내키는 대로 행동하는 편이지만 연인에게 지나치게 집착하면 너무 심각해질 수 있으니 조심하세요. 겪지 않아도 될 아픈 상처를 입을 수도 있답니다.

당신에게 특별한 사람

연인이나 친구

1월 5, 10, 18, 19, 26, 30일 / 2월 3, 8, 16, 17일 / 3월 1, 6, 14, 15, 22, 26일 / 4월 4, 12, 13, 20, 24, 30일 / 5월 2, 10, 11, 12, 18, 22일 / 6월 8, 9, 16, 20, 30일 / 7월 6, 7, 14, 18, 28일 / 8월 4, 5, 12, 16, 26, 30일 / 9월 2, 3, 10, 14, 28일 / 10월 1, 8, 12, 22, 26일 / 11월 6, 10, 20, 24일 / 12월 4, 8, 18, 22, 30일

힘이 되어주는 사람

1월 13일 / 2월 11일 / 3월 9일 / 4월 7일 / 5월 5일 / 6월 3, 30일 / 7월 1, 28일 / 8월 26일 / 9월 24일 / 10월 22일 / 11월 20일 / 12월 18일

운명의 상대

6월 16, 17, 18, 19, 20일

경쟁자

1월 14, 24일 / 2월 12, 22일 / 3월 10, 20일 / 4월 8, 18일 / 5월 6, 16일 / 6월 4, 14일 / 7월 2, 12일 / 8월 10일 / 9월 8일 / 10월 6일 / 11월 4일 / 12월 2일

소울메이트

7월 30일 / 8월 28일 / 9월 26일 / 10월 24일 / 11월 22, 23일 / 12월 20, 21일

이날 태어난 유명인

유리 겔러(마술사), 시드니 훅, 수전 랭거(철학자), 맥스 러너, 알랭 드 보통(작가), 유관순(독립운동가), 김기덕, 변영주(영화감독), 박재동(만화가), 윤계상, 장혁(배우), 김신영(코미디언)

태양 : 궁수자리/염소자리 경계
지배 성좌 : 사자자리/태양
위치 : 28° 30′ - 29° 30′ 궁수자리
상태 : 변통궁
원소 : 불
항성 : 에타민, 아쿠멘, 시니스트라,
　　　스피쿨룸

12월 21일
SAGITTARIUS

타고난 사교성과 추진력으로 성취하는 사람

궁수자리와 염소자리의 경계에서 태어난 당신은 목성의 낙관주의와 토성의 현실주의를 모두 얻었습니다. 카리스마 넘치고 다재다능하며 활기찬 성격으로 규모가 큰 일을 성취하고자 하는 욕구가 강합니다. 풍부한 감성은 당신의 추진력이며, 당신은 꿈을 구체적인 현실로 바꾸어 창의적인 가능성을 깨닫고자 하는 욕구가 있습니다. 일단 흥미가 생기면 무작정 시작하고 볼 정도로 적극적이고 의욕이 넘치지만 좋은 기회를 여러 번 놓치게 될지도 모릅니다. 조급한 기질을 버리고 몇 가지 목표에만 집중하는 방법을 배운다면 좀 더 책임감이 생기고 보상도 얻겠네요.

사자자리와 토성의 영향으로 자신감과 결단력이 강합니다. 창의적이고 이상주의적이며 뛰어난 아이디어로 무장한 경우가 많습니다. 친절한 당신은 사람들에게 먼저 다가가 감정을 적극적으로 표현하는 솔직하고 다정한 사람입니다. 에너지가 넘칠 때에는 열정과 진취적인 기상으로 다른 사람들에게까지 영감을 줄 수 있습니다.

우아하면서도 쾌활한 당신은 각계각층의 사람들과 모두 잘 어울리며 타고난 사교술로 다른 사람들을 편안하게 해줍니다. 자비심이 있고 또 성장하고 발전하고자 하는 욕구가 있어 스스로 많은 것을 성취할 수 있는 사람입니다. 하지만 이날 태어난 사람들의 특징인 엄청난 잠재력은 협업이 필요한 벤처 사업에서 크게 빛을 발해 자신뿐만 아니라 타인들에게도 이익을 주게 됩니다.

30세까지는 현실적인 문제와 인생의 규칙 및 체계를 세우고자 하는 욕구에 집중하는 시기입니다. 태양이 물병자리로 들어가는 31세에 인생의 전환점을 맞이하겠네요. 이때부터 독립에 대한 욕구와 함께 독창적이고 혁신적인 아이디어에 대한 열망이 커집니다. 단체 안에서 자유 또는 자신만의 공간을 찾고자 하는 욕구를 느끼기도 합니다. 태양이 물고기자리로 들어가는 61세에 또 한 번의 전환점을 맞는데, 정서적으로 좀 더 예민해지고 공감 능력과 상상력이 풍부해집니다. 예술적, 창의적 또는 영적인 재능이 두드러지는 시기입니다.

숨어 있는 자아

끊임없는 지적 탐구 정신으로 당신은 삶이 끝날 때까지 배우는 것을 즐깁니다. 시원스러운 성품과 더불어 타고난 매력과 마음에서 우러나온 열의, 우아하고 강한 개성을 지니고 있네요. 아는 것이 많고 다재다능한 편으로 잘 아는 주제에 대해서는 설득력이 뛰어납니다. 열정이 넘치고 영리해 아이디어와 정보를 재빨리 파악하여 생활에 적용합니다. 하지만 너무 강한 자존심과 과한 감정 탓에 나중에 크게 실망할 수 있으니 조심하세요.

다채로운 관심사와 개인적인 매력으로 다른 사람들에게 영향을 주고 동기를 부여하는 능력을 지녔습니다. 발전과 변화를 위한 욕구 때문에 때때로 조급하고 초조해지기도 하지만 영감을 받으면 새롭고 흥미로운 주제를 탐험하고자 하는 자극을 받습니다.

일과 적성

포부가 크고 두뇌 회전이 빠르며 크게 생각하는 능력을 갖추었으니 굳은 의지로 집중하기만 하면 어떤 분야에서든 두각을 나타낼 수 있겠네요. 리더십이 뛰어나 자신만의 방식으로 이끌어갈 자유가 필요한 사람입니다. 그래서 대체로 관리직이나 자영업이 적성에 맞습니다. 카리스마 넘치는 성격에 사람들을 사로잡는 능력을 타고난 당신은 홍보, 연예 또는 정치 분야에 특히 어울립니다. 조직력, 현실성, 그리고 사업 수완을 활용해 사업을 할 경우 좋은 성과를 낼 수 있겠네요. 하지만 개인적인 포부와 인도주의적 이상을 향한 욕구 사이에서 갈등을 겪기도 하겠습니다. 한편 예리한 지성을 발휘한다면 과학 또는 교육 관련 분야에서도 성공할 가능성이 있습니다. 하지만 창의력이 뛰어나 예술, 드라마 또는 음악 분야에 관심이 더 높을 수도 있겠네요.

수비학으로 풀어본 당신의 운세

21일에 태어난 사람들은 추진력이 강하고 외향적인 성격이 특징입니다. 사교성이 좋으며 관심사가 다양해 인맥이 넓고 운도 좋은 편입니다. 대체로 친절하고 사람들과 잘 어울리네요. 직감이 강하고 독립적이며 창의력이 뛰어나고 독창적인 사람입니다. 21의 영향으로 노는 것을 좋아하고 사람의 마음을 끄는 힘이 있어 사교적인 매력이 있습니다. 다른 사람들과 협력해 일할 기회가 많이 생기는 편이며 성공할 가능성도 높습니다. 당신은 상호협력적인 관계 또는 결혼생활을 중요하게 여기지만 한편으로는 자신의 재능과 능력을 인정받기를 원합니다. 탄생월 12의 영향으로 낙천적이고 창의적이며 상상력이 풍부하고 이상이 높습니다. 대체로 완벽주의자인 경우가 많으므로 현실 감각을 갖추고 있어야 실망할 일이 줄어듭니다. 화기애애한 분위기를 만들어내는 재주가 있는 걸 보면 다른 사람들을 편안하게 만드는 능력을 갖고 있네요. 설득력이 있고 카리스마가 넘치는 성격으로 다른 사람들에게도 영향을 미치는 사람입니다.

- ● 장점 : 정신적 자극, 창의력, 사랑으로 맺은 관계, 오래 지속되는 관계
- ■ 단점 : 의존성, 신경과민, 감정 조절 능력 상실, 비전 결여, 실망감, 변화에 대한 두려움

연애와 인간관계

다양한 사람들과 어울릴 수 있는 당신은 보편적인 개념의 사랑과 인정을 수용하는 사람입니다. 카리스마 넘치며 역동적이고 책임감이 강해 규칙을 잘 지키고 계획을 좋아합니다. 대체로 안도감과 안정감을 느낄 수 있는 장기적 관계에 끌리는 편입니다. 힘과 권위를 행사할 수 있는 지위에서 도전을 즐기는 근면성실하고 포부가 큰 사람에게 호감을 느끼는군요. 당신은 이해심이 많은 인도주의자이면서도 진정한 정서적인 충족을 원하며 차선에는 만족하지 않는 사람입니다.

염소자리
CAPRICORN

12월 22일 ~ 1월 20일

태양 : 염소자리/궁수자리 경계

지배 성좌 : 염소자리/토성

위치 : 29°30′ - 0°30′ 염소자리

상태 : 활동궁

원소 : 흙

항성 : 시니스트라

12월 22일

CAPRICORN

감수성이 풍부한 온화한 현실주의자

사람을 잡아 끄는 매력을 지녔으면서도 근면 성실한 당신은 자기 수양을 쌓기만 한다면 성공할 수 있는 뛰어난 잠재력을 지니고 있습니다. 염소자리와 궁수자리의 경계에서 태어나 염소자리 특유의 현실적이고 실용적인 통찰력과 궁수자리 특유의 긍정적인 기회를 포착하는 능력을 동시에 갖추었네요. 이러한 자질을 활용하면 리더십을 발휘해야 하는 자리에서 세련된 사교술과 정서적인 감수성으로 사람을 잘 다룰 수 있습니다.

지배 성좌 염소자리의 영향으로 야망이 크고 사명감이 강합니다. 완벽주의자 기질도 있어 일단 맡은 일은 제대로 해내고 싶어 합니다. 조직력이 뛰어나 사업 수완이 좋으며 목표를 체계화하는 데 소질을 보입니다. 재정적 분야에도 관심이 많아서 자신의 재능을 상업화하는 능력도 뛰어나네요. 하지만 물질만능주의나 명성을 좇느라 높은 이상에서 멀어지지 않도록 주의하세요. 사실, 당신이 극복해야 할 과제 중 한 가지는 일과 휴식 사이에서 올바르게 균형을 유지해 인생이 고단해지지 않도록 하는 일입니다.

남을 잘 배려하고 친절한 당신은 감정이 풍부하며 다른 사람들의 마음을 편안하게 해주는 데 소질이 있습니다. 타인에 대한 관심은 당신이 이상주의적인 대의를 위한 싸움에 나설 수 있는 강한 인도주의적 기질을 지닌 사람이라는 점을 증명합니다. 다정한 성격과 타고난 설득력, 그리고 세련된 대화 기술까지 갖추었으니 인간적인 교감에 있어서는 전문가라고 할 수 있겠네요. 당신의 예술적 감수성은 주위를 멋지고 화려한 것으로 치장하거나 음악, 예술 또는 드라마를 통해 발산할 수 있습니다.

29세까지는 목표 지향적이며 본인의 성과에 실용적인 태도를 보이는 편입니다. 당신의 태양이 물병자리로 들어가는 30세에 인생의 전환점을 맞이하면서 자유, 새로운 아이디어, 그리고 개성을 표현하고자 하는 욕구가 강해지겠습니다. 당신의 태양이 물고기자리로 들어가는 60세에 또다시 전환점을 맞이합니다. 이 시기에는 정서적인 수용력, 상상력, 또는 영적 깨달음에 좀 더 집중하게 됩니다.

숨어 있는 자아

당신은 매우 관대하고 온화하며 자발적으로 행동하는 성향을 지녔지만 한편으로는 냉정하고 순종적인 면도 있습니다. 이런 성향들이 가끔 사랑과 일 사이에서 갈등을 일으키는 원인이 되기도 합니다. 감수성이 극도로 예민하고 감정이 풍부하므로 부정적인 면에 집착하여 과거의 일을 털어버리지 못할 경우 좌절감에 시달릴 수 있습니다. 살다보면 적절한 시기에 필요한 것들이 저절로 주어질 거라는 긍정적인 믿음으로 인생을 있는 그대로 받아들인다면 냉소적인 면은 줄어들고 좀 더 객관성을 갖게 될 것입니다.

성장 과정에서 사랑을 억누르거나 다른 사람들의 기대에 맞추어 살아온 경험이 있겠군요. 자신의 능력을 신뢰하고 자신감을 기른다면 무엇이 옳은 일인지를 직감하고 다른 사람들에게 따뜻하게 베풀 수 있는 자리에 도달할 수 있습니다.

일과 적성

당신은 세심하고 창의적이면서도 타고난 현실주의자입니다. 금융 관련 직종이 적성에 맞으며 훌륭한 경제학자나 분석가 또는 증권 중개인이 될 가능성이 있습니다. 또는 자문역이나 회계사도 어울립니다. 사람을 잘 다루는 재주가 있어 협상가 또는 중개인도 적성에 맞습니다. 당신은 포부가 커 사람들을 통솔하는 자리를 좋아합니다. 조직력이 뛰어나 정치인, 관리자 또는 행정 전문가로도 성공할 수 있겠네요. 또 연구 및 과학 분야 또는 지역 사회를 위한 일도 잘 어울립니다. 반대로, 창의적이고 다재다능하니 디자인, 드라마 또는 음악 분야에도 끌리겠네요.

수비학으로 풀어본 당신의 운세

22일에 태어난 당신은 현실적이고 자제력이 있으며 직감이 매우 뛰어난 사람입니다. 22는 마스터 수로 22라는 수와 4라는 수 둘 다 울림을 줄 수 있습니다. 정직하고 근면하며 리더십을 타고난 당신은 카리스마가 넘치며 사람들을 깊이 이해합니다. 감정을 잘 드러내지 않지만 자상하고 다른 이들의 행복을 위한 배려심은 물론 보호본능까지 지녔네요. 그러면서도 실용적이거나 현실적인 입장도 고수하죠. 탄생월 12의 영향으로 당신은 야심이 크고 이상주의자입니다. 낙관적이면서도 동시에 회의적인 성향은 모든 일이 자신의 마음가짐에 달려있다는 얘기죠. 긍정적인 생각을 가질 때는 내놓는 아이디어마다 매우 유익한 성과를 냅니다. 하지만 우울증과 불안감이 생기지 않도록 주의하세요. 감수성이 매우 예민하고 영감이 강해 자신에게 확신이 없을 경우 불안해지기도 합니다. 조화롭고 평온한 환경이 마련될 때 내면의 평화와 평정심을 얻을 수 있겠습니다.

- ● 장점 : 보편성, 독창성, 높은 직관력, 실용주의, 현실성, 손재주, 능숙함, 개발자, 훌륭한 조직력, 현실주의자, 문제 해결 능력, 높은 성취도
- ■ 단점 : 일확천금에 대한 기대, 열등감, 위세 부림, 물질주의, 나태, 아집

연애와 인간관계

직감과 이해심이 있어 공감 능력이 뛰어나네요. 다정하고 애정이 넘치는 성격이라 대인 관계가 꼭 필요한 사람입니다. 대체로 너그럽고 배려심이 많은 편이지만 가끔 지나치게 예민하고 내성적일 때도 있네요. 그럴 때는 냉정해 보일 수 있으니 스스로 균형을 되찾아야 합니다. 생활 패턴을 바꾸거나 여행, 운동을 하면 평상시의 건강한 정신을 되찾는 데 도움이 되겠습니다. 인도주의적이고 보편적인 개념에 민감하며 낭만적인 당신은 상대와 경험을 공유하기를 즐기므로 충실하고 든든한 연인 또는 친구가 될 것입니다.

당신에게 특별한 사람

연인이나 친구

1월 2, 7, 9, 11, 12, 22, 25일 / 2월 7, 10, 20, 23, 26일 / 3월 5, 8, 18, 21일 / 4월 3, 6, 16, 19일 / 5월 1, 3, 4, 14, 17, 20, 24, 29일 / 6월 2, 12, 15, 27일 / 7월 10, 13, 16, 20, 25, 30일 / 8월 9, 15, 24, 26일 / 9월 7, 13, 22, 24일 / 10월 4, 7, 10, 14, 19, 24, 28, 29, 30일 / 11월 2, 5, 8, 12, 17, 22, 26, 27, 28일 / 12월 3, 6, 10, 15, 20, 24, 25일

힘이 되어주는 사람

1월 12, 23, 29일 / 2월 10, 21, 27일 / 3월 22, 26일 / 4월 6, 17, 23일 / 5월 4, 15, 21일 / 6월 2, 13, 19, 28, 30일 / 7월 11, 17, 26, 28일 / 8월 9, 15, 24, 26일 / 9월 7, 13, 22, 24일 / 10월 5, 11, 20, 22일 / 11월 3, 9, 18, 20, 30일 / 12월 1, 7, 16, 18, 28일

운명의 상대

6월 20, 21, 22, 23일 / 7월 29일 / 8월 27일 / 9월 25일 / 10월 23일 / 11월 21일 / 12월 19일

경쟁자

1월 1, 4, 26, 30일 / 2월 2, 24, 28일 / 3월 22, 26일 / 4월 20, 24일 / 5월 18, 22, 31일 / 6월 16, 20, 29일 / 7월 14, 18, 27일 / 8월 12, 16, 25, 30일 / 9월 10, 14, 23, 28일 / 10월 8, 12, 21, 26일 / 11월 6, 10, 19, 24일 / 12월 4, 8, 17, 22일

소울메이트

1월 20일 / 2월 18일 / 3월 16일 / 4월 14일 / 5월 12일 / 6월 10일 / 7월 8일 / 8월 6일 / 9월 4일 / 10월 2일

이날 태어난 유명인

모리스 깁, 로빈 깁(가수), 스리니바사 라마누잔(수학자), 푸치니(작곡가), 페기 애시크로프트(배우), 강감찬(고려 장군), 주시경(한글학자)

태양 : 염소자리	
지배 성좌 : 염소자리/토성	
위치 : 0° 30′ - 1° 30′ 염소자리	
상태 : 활동궁	
원소 : 흙	
항성 : 폴리스	

12월 23일

CAPRICORN

탁월한 직관력과 추진력으로 성공하는 사람

이날 태어난 사람들은 상상력이 풍부하면서도 현실적이며 실천 욕구가 매우 강합니다. 부를 얻기 위한 추진력과 결단력을 지닌 사람이지만 다른 사람들에게 정서적인 영향을 줄 때 진정한 만족감을 얻을 수 있습니다.

지배 성좌 염소자리의 영향으로 포부가 크고 근면합니다. 일단 시작한 일은 끈기 있게 반드시 완수합니다. 대체로 예의 바르고 정이 많지만 내면의 강한 감정을 억누르는 경향이 있어 가끔 냉정하고 무감정한 사람처럼 보일 수 있습니다. 하지만 활기찬 매력과 사람들을 즐겁게 해주는 능력을 발휘하여 온화하고 너그러운 인상을 풍깁니다.

일과 놀이를 조화롭게 병행하는 재주가 있으며 물질적인 이익은 물론 지위까지 얻을 수 있는 추진력도 갖추었습니다. 감정이 풍부하며 원대한 꿈도 갖고 있네요. 노력하기만 한다면 탁월한 직관력과 상상력이 당신이 최고의 자리에 오를 수 있는 밑거름이 되어줄 것입니다. 여러 재능을 가진 사람이지만 긍정적인 변화를 위해서는 잠시도 가만있지 못하는 활력을 집중력으로 바꿀 필요가 있어 보이네요.

28세 전에는 직업이나 의무 같은 실용적인 문제에 관심이 많습니다. 당신의 태양이 물병자리로 들어가는 29세에 인생의 전환점을 맞이하게 되면 좀 더 독립적이고자 하는 욕구가 커지면서 자신만의 독특한 시각을 표현할 수 있게 됩니다. 당신의 태양이 물고기자리로 들어가는 59세에 또 한 번 전환점을 맞이합니다. 이 시기에는 정서적인 감수성을 강화하는 데 좀 더 집중하며 창의적인 욕구에 더 민감해지겠네요.

숨어 있는 자아

자존심이 강하고 독립적인 당신은 강한 정서적인 기운을 긍정적으로 발산해야 하는 사람입니다. 실용적이고 현실적이지만 한편으로는 자신의 이상과 즉흥성으로 다른 사람들에게 자극을 줄 수 있는 능력도 겸비하고 있네요. 당신은 사람을 파악하는 능력이 뛰어나면서도 이타주의적 또는 인도주의적 기질도 타고나 사람을 다루는 능력을 요구하는 분야에서 두각을 나타낼 수 있습니다.

완전히 상반된 성향을 함께 지니고 있어 가끔 주변 사람들에게 혼란을 주기도 합니다. 당신은 대체로 매우 사교적이고 강인하지만 스스로를 고립시키는 기질이 있어 가끔 외로움을 타기도 합니다. 그래서 인간관계에 영향을 줄 수 있을 정도로 완고한 태도를 보이기도 하겠네요. 세속적인 것들을 초월하고자 하는 갈망이 이런 성향을 극복하는 데 도움이 됩니다. 그로 인해 당신의 너그러운 성품과 비전, 그리고 타고난 동정심을 다른 사람들과 나눌 수 있습니다.

일과 적성

당신은 의지가 강하고 지략이 풍부하며 사업 감각을 타고난 덕분에 사람을 다루는 분야에서는 어떤 일이든 성공할 가능성이 높습니다. 대체로 다재다능하고 책임감이 뛰어나며 근면하고 헌신적입니다. 실행력이 뛰어나므로 대기업에서 일할 경우 관리나 경영을 맡는 중역의 자리에 오를 수 있겠네요.

당신의 매력, 설득력, 그리고 의사소통 기술은 판매, 홍보 및 협상 분야에서도 성공 요인으로 작용합니다. 창의력이 뛰어나 사진, 글쓰기, 예술, 음악 및 드라마 관련 직종에서도 유리합니다. 목표를 달성하기 위해 기꺼이 노력할 경우 어떤 직업을 선택하든 당신의 재능을 상업화할 수 있습니다.

수비학으로 풀어본 당신의 운세

23일에 태어난 사람들은 직감이 강하고 정서적 감수성과 창의력이 뛰어납니다. 직업 정신이 투철하고 창의적인 아이디어가 풍부한 당신은 재능과 인정이 많으며 머리 회전도 빠릅니다. 23이라는 숫자의 영향으로 당신은 낯선 주제도 쉽게 받아들이지만 이론을 실행하는 쪽을 선호합니다. 여행, 모험, 그리고 새로운 사람을 만나는 일을 좋아하는군요. 또한 숫자 23 덕분에 에너지가 넘쳐 잠시도 가만있지 못하고 새로운 일에 뛰어들며 어떤 상황이든 쉽게 적응할 수 있습니다. 용감하고 추진력이 있는 편으로 재미를 추구하며 적극적인 태도를 보일 때 진정한 잠재력을 실현할 수 있습니다. 탄생월 12라는 숫자의 영향으로 자신의 감정을 분명하게 표현하며 초기에 어려움이 닥쳐도 꿋꿋이 버텨낼 수 있습니다. 감정의 동요를 피하려면 자기 수양을 쌓아야 일이 마음대로 되지 않을 때에도 감정이 폭발하지 않겠습니다. 타협의 기술을 쌓으면 객관적인 태도를 유지할 수 있는 법을 배우게 됩니다.

● 장점 : 충성심, 인정, 책임감, 여행, 소통, 직감, 창의력, 다재다능함, 신뢰,
■ 단점 : 이기주의, 불안정, 완고함, 비타협적, 트집 잡기,

연애와 인간관계

적극적이고 활기가 넘치지만 정서적인 평온을 얻고자 하는 욕구가 강하네요. 조화로운 관계를 원하므로 평온을 유지하려고 노력하는 편이며 결혼 생활과 가정이 인생 목표에서 중요한 부분을 차지합니다. 하지만 강렬한 감정은 당신이 자신을 긍정적으로 표현하는 일이 필요한 사람이라는 의미입니다. 감정을 억누르기만 하다가는 나중에 문제가 생길 수도 있습니다. 그래도 당신은 활기찬 매력으로 상대의 마음을 쉽게 얻고 이성의 관심을 받는 사람입니다. 사랑이 넘치는 타입이지만 장기적인 관계를 이어가려면 물질적인 안정감과 안도감을 줄 수 있는 연인이 필요하겠습니다.

당신에게 특별한 사람

연인이나 친구

1월 8, 11, 12, 29일 / 2월 6, 9, 27일 / 3월 4, 7, 25, 29일 / 4월 2, 5, 23, 27일 / 5월 3, 4, 21, 25일 / 6월 1, 19, 23일 / 7월 17, 21일 / 8월 15, 19, 29일 / 9월 13, 17, 27일 / 10월 11, 15, 25, 29, 30일 / 11월 9, 13, 23, 27, 28일 / 12월 7, 11, 21, 25, 26일

힘이 되어주는 사람

1월 13, 30일 / 2월 11, 28일 / 3월 9, 26일 / 4월 7, 24, 30일 / 5월 5, 22, 28일 / 6월 3, 20, 26일 / 7월 1, 18, 24, 29일 / 8월 16, 22, 25일 / 9월 14, 20, 25일 / 10월 12, 18, 23일 / 11월 10, 16, 21일 / 12월 8, 14, 19일

운명의 상대

6월 21, 22, 23일 / 10월 30일 / 11월 28일 / 12월 26일

경쟁자

1월 5, 19일 / 2월 3, 17일 / 3월 1, 15일 / 4월 13일 / 5월 11일 / 6월 9, 30일 / 7월 7, 28, 30일 / 8월 5, 26, 28일 / 9월 3, 24, 26일 / 10월 1, 22, 24일 / 11월 20, 22일 / 12월 18, 20일

소울메이트

1월 7일 / 2월 5일 / 3월 3일 / 4월 1일 / 9월 30일 / 10월 28일 / 11월 26일 / 12월 24일

궁수자리

이날 태어난 유명인

카를라 브루니(가수), 쳇 베이커(음악가), 팀(가수), 홍진경(방송인), 조성환(야구선수), 한예리(배우)

태양 : 염소자리
지배 성좌 : 염소자리/토성
위치 : 1° 30′ - 2° 30′ 염소자리
상태 : 활동궁
원소 : 흙
항성 : 폴리스

12월 24일

CAPRICORN

뛰어난 상상력과 현실감각이 어우러진 사람

천성이 현실적이면서도 정서적 이상이 강한 당신은 고상하면서도 실용적이며 머리도 좋은 사람이네요. 직감이 매우 강하면서도 이성적인 사람으로 업무나 자기 분석에 비판적인 사고 능력을 발휘할 수 있습니다. 의심이 많은 편이니 당신 앞에 놓인 다양한 가능성과 기회를 놓치지 않도록 주의하세요.

지배 성좌 염소자리의 영향으로 포부가 크고 책임감이 무척 강합니다. 끈기가 있어 목표를 향해 꾸준히 전진하고 난관을 극복할 수 있는 저력을 지녔습니다. 체계가 잘 갖추어진 일을 맡을 경우 믿음직스럽고 착실하게 업무를 수행합니다. 하지만 지나치게 자제력을 발휘하느라 완고하고 차가운 사람으로 비치거나 우울해지지 않도록 조심하세요.

당신의 삶에 대한 태도는 현실적이며 매력적이고 재능이 뛰어납니다. 창의적인 사고력 덕분에 글쓰기, 말하기 또는 다른 형태의 소통 방식에서도 두각을 나타낼 수 있습니다. 사교술과 매력적인 목소리, 그리고 밝은 성격으로 친구를 잘 사귀고 사람들에게 영향력을 행사합니다. 자신감이 떨어지면 외톨이가 되거나 버림받을 수 있다는 두려움을 느끼는 경우가 있네요. 하지만 혼자만의 평온한 시간과 자기 성찰이 주기적으로 꼭 필요하다는 사실을 명심하세요.

27세까지는 인생에 있어서의 규칙과 조직에 대한 욕구, 그리고 현실적인 관심사에 집중합니다. 당신의 태양이 물병자리로 이동하는 28세에 인생의 전환점을 맞이하면서 독립성 및 자주성에 대한 욕구가 커집니다. 보다 사교적이고 집단을 중요시하는 동시에 자신만의 개성을 표현하고자 하는 욕구도 함께 발달하겠습니다. 당신의 태양이 물고기자리로 들어가는 58세에 또 다른 전환점을 맞이합니다. 그러면서 정서적인 감수성, 상상력 또는 정신적이고 영적인 깨달음이 좀 더 중요해지겠습니다.

숨어 있는 자아

내면에 강한 정서적 힘을 지닌 당신은 다른 사람들의 마음을 사로잡고 행복감과 영감을 줄 수 있는 능력이 있습니다. 뛰어난 상상력에 예리한 현실감각이 잘 어우러진 덕분에 특히 현실적인 문제에 선견지명이 강합니다. 하지만 기발한 상상력이 공상이나 현실도피로 흐르지 않도록 살펴야 합니다. 긍정적인 기운에 집중한다면 업무에 대한 강한 애정과 결단력까지 더해져 성공이 보장됩니다.

사람들의 이목을 끄는 매력과 리더십이 최고의 자리에 오를 수 있는 밑거름이 되겠지만 때때로 인간이 닿을 수 없는 높은 이상을 추구하고자 하는 완벽주의자 기질이 보입니다. 그래서 다른 사람들과 아이디어를 주고받는 과정에서 오해가 생기거나 문제가 발생할 수 있겠습니다. 날카로운 판단력을 유지하면서 자신의 재능을 십분 발휘할 수 있도록 바쁘게 지내는 일이 중요합니다. 직관적인 감수성을 더 쌓는다면 자신에 대한 이해심이 높아지고 지나치게 심각해지거나 우울해지는 일을 피할 수 있습니다. 유머 감각을 가지고 새로운 일을 시작하는 즐거움을 즐길 수 있어야 창의력을 잃지 않을 수 있다는 점을 명심하세요.

일과 적성

다부지고 자립심이 강한 당신은 직감이 뛰어나고 영리하며 포부가 크고 추진력도 지녔네요. 명석한 두뇌로 사업 감각과 기획력을 잘 활용할 수 있습니다. 또 문제 해결 능력이 탁월하고 조직력과 관리력까지 갖추었네요. 기회가 온다면 타고난 글쓰기 능력을 활용할 수 있는 길을 선택해도 좋겠습니다. 국가기관의 예술 관련 업무도 적성에 맞습니다. 공적인 삶에 끌리니 교육, 정치학, 연기 또는 연예 관련 직종도 잘 어울립니다. 매우 실용적이면서도 철학, 형이상학 또는 신비주의에도 관심이 있네요. 관심사가 다양하고 적극적이면서도 독립적인 성향으로 볼 때 자영업도 고려해볼 수 있습니다.

수비학으로 풀어본 당신의 운세

24일에 태어난 사람들은 정서적인 감수성이 뛰어나며 균형과 조화를 중요시하는 특징이 있습니다. 또한 형태와 구조에 대한 이해력이 뛰어나 복잡하면서도 효율적인 체계를 쉽게 조직할 수 있습니다. 이상주의적이면서도 충직하고 정의롭지만 말보다는 행동이 중요하다고 믿는 사람이라 감정을 잘 드러내지 않는 편입니다. 24일에 태어난 사람들이 극복해야 할 중요한 문제는 각계각층의 다양한 사람들과 잘 어울리는 법을 배우고 의심부터 하고 보는 성향을 버리고 안정된 가정을 꾸리는 것입니다. 탄생월 12라는 숫자의 영향으로 통찰력이 뛰어나고 포부가 매우 큽니다. 당신은 다정하고 사교적이지만 쉽게 짜증을 내거나 상처를 받는 편이라 때때로 문제를 마음에 담아두는 일이 생깁니다. 자신감이 넘치고 독립적이면서도 쉽게 상처 받고 위축되는 성향으로 볼 때 모든 관계에서 반드시 균형과 조화를 유지해야 한다는 점을 꼭 기억하세요. 마음을 열고 편견을 버리면 더 큰 그림을 볼 수 있습니다. 하지만 당신은 진지하고 유능하며 근면하고 믿음직스러운 사람입니다.

- 장점 : 에너지, 이상주의, 현실적 능력, 결단성, 관용, 정직, 정의로움, 너그러움, 가정적, 활동적
- 단점 : 물질주의, 질투심, 무자비함, 판에 박힌 일상 혐오, 게으름, 불성실, 완고함

연애와 인간관계

진리와 아름다움을 사랑하는 당신은 정직하고 솔직담백합니다. 사랑에서도 이상주의를 추구하는 당신은 흥미진진하고 자극을 받을 수 있는 친구와 연인을 좋아합니다. 타고난 매력으로 주위 사람들에게 사랑을 받으며 인기가 많습니다. 인간관계에서 다양한 정서적인 변화를 겪을 가능성이 있으므로 완강한 태도보다는 상황에 따라 융통성 있게 행동하는 것이 좋겠습니다. 당신은 성격이 예민하므로 사랑과 애정을 표현하여 정서적인 불안감을 극복하는 것이 중요합니다. 탄탄한 가정과 안정감에 대한 욕구는 결국 정착하는 데 힘이 되겠네요.

이날 태어난 유명인

이냐시오 데 로욜라(가톨릭 사제), 로버트 조프리(안무가), 하워드 휴스(기업인·비행사), 리키 마틴(가수), 에바 가드너(배우), 타르야 할로넨(전 핀란드 대통령), 조하문, 길(가수), 선우은숙, 최진실, 이문식(배우)

| 태양 : 염소자리 |
| 지배 성좌 : 염소자리/토성 |
| 위치 : 2°30′ - 3°30′ 염소자리 |
| 상태 : 활동궁 |
| 원소 : 흙 |
| 항성 : 폴리스 |

12월 25일

CAPRICORN

기꺼이 베풀고 헌신하는 휴머니스트

25일에 태어난 사람들은 현실적이면서도 애정이 넘치고 조화로움에 대한 욕구가 아주 강한 특징이 있습니다. 타고난 매력은 당신의 중요한 자산으로, 사람을 다루는 능력이 성공의 기반이 되겠네요. 부드럽고 영리한 전달자이며 독창적이고 혁신적인 아이디어가 풍부해 시대를 앞서 갑니다. 상황 판단력이 빠르고 독립적이면서도 타인에 대한 배려와 관심이 많아 이상적인 대의를 실현하는 데 도움이 되겠습니다.

지배 성좌 염소자리의 영향으로 믿음직스럽고 책임감이 무척 강합니다. 안정된 가정을 꾸리는 일을 중요시하며, 사랑하는 사람들을 보호하기 위해 기꺼이 헌신하는 사람이군요. 일단 맡은 일은 제대로 잘 해내고 싶어하며, 목표를 달성하기 위해 희생도 감수합니다. 뛰어난 조직력 덕분에 목표를 잘 기획하고 사업 수완까지 남다르군요.

풍요로운 삶을 원하지만 그것 때문에 인도주의 또는 박애주의적인 면이 희석되지는 않네요. 남을 도우려는 욕구가 강해 타인의 일에 대해 조언하거나 도와주는 일이 많은 편이군요. 하지만 도가 지나칠 경우 지나치게 비판적이고 지배적인 태도를 보이거나 간섭이 심해질 위험이 있습니다. 하지만 대체로 당신은 평온한 상태가 유지되기를 원하며 마음이 넓고 믿음직스러운 사람입니다.

26세까지는 자신의 성과에 대해 실용적이고 현실적이며 목표 지향적인 태도를 보입니다. 당신의 태양이 물병자리로 들어가는 27세에 인생의 전환점을 맞이하면서 자유와 독립심을 표현하고자 하는 욕구가 두드러지겠습니다. 색다른 개념을 실행해보고 싶어지며 새로운 친구들을 사귀거나 단체 활동에 참여하고 싶어지겠네요. 당신의 태양이 물고기자리로 들어가는 57세에 또 한 번 전환점을 맞이합니다. 이 시기에는 감수성과 감정이 더 풍부해지고 중요해지겠네요. 남에게 더욱 호의와 인정을 베풀게 되며 또는 예술 또는 신비주의적 활동에도 참여하겠습니다.

숨어 있는 자아

예리한 지성을 지닌 이상주의자이며 철학적인 통찰력을 타고난 당신은 건설적인 일로 바쁘고 지식을 확장할 때 가장 행복을 느낍니다. 정규 과정이든 독학이든 당신에게 교육은 성공과 발전을 위한 핵심 요소입니다. 대체로 솔직하고 단도직입적이며 사람들의 동기는 물론 상황을 파악하는 직감이 매우 뛰어납니다. 전략이 뛰어나고 큰 그림을 보는 능력을 지녔으며, 강한 낙천주의와 풍부한 영감으로 대담하고 진취적으로 일을 밀고 나가는 편이네요.

습득력이 빠른 당신은 삶에 창의적으로 접근하며 자기표현 욕구가 강합니다. 사람들과 함께 어울리는 일이 꼭 필요하며, 잠시도 가만있지 못하는 기질을 다양한 사교 활동에서 활용할 수 있겠네요. 관심 분야가 매우 다양하므로 산만해지거나 우유부단한 태도 또는 불안감에서 벗어나기 위해서는 집중이 중요합니다. 늘 겸손한 태도로 다른 사람들의 요구에 관심을 기울인다면 관용의 자세를 키우고 정서적인 만족감을 높일 수 있겠네요.

일과 적성

진취적이면서도 이상주의적인 당신은 인정이 넘치는 인도주의자입니다. 매력적이면서도 수용적인 성격으로 사람을 다루는 일에 소질이 있습니다. 대중들 앞에 나서는 일이 적성에 맞으므로 정치, 치유 분야 또는 공공 단체에서 일하면 멋지게 성공하겠네요. 지식에 대한 애정이 깊고 형이상학 분야에 관심이 있으므로 역사, 철학 또는 점성학을 연구하거나 가르치는 일도 잘 맞습니다. 기술에 강하고 수학에 관심이 있으니 과학, 천문학, 화학 또는 생물학을 연구하는 일도 적합하겠네요. 창의적이면서도 자기표현 욕구가 강해 작가 또는 다른 예술적인 재능을 발휘할 수 있는 일도 좋습니다.

수비학으로 풀어본 당신의 운세

25일에 태어난 사람들은 직관적이며 사려 깊으면서도 기민하고 활기가 넘쳐 색다른 경험을 통해 자신을 표현할 필요가 있습니다. 완벽함을 추구하고자 하는 욕구가 있어 근면 성실하고 생산적입니다. 대체로 직감이 강하고 총명한 편으로 이론 자체보다는 실제로 적용해보면서 더 많은 지식을 얻을 수 있습니다. 판단력이 뛰어나고 세부적인 사항을 파악하는 눈이 밝아 무슨 일이든 성공적으로 해낼 수 있겠네요. 변덕스럽고 충동적으로 행동하는 기질을 고쳐 의심이 많은 성향을 반드시 개선해야겠습니다. 25일에 태어난 사람답게 집중력을 발휘하면 모든 사실을 파악하면서도 누구보다 더 빨리 결론에 도달할 수 있는 능력을 지녔군요. 탄생월 12라는 숫자의 영향으로 당신은 다른 사람을 잘 돕고 다정한 성격의 소유자입니다. 강한 신념과 독립적인 사고 능력 덕분에 영리하면서도 현실적입니다. 충직하고 믿음직스러운 편이지만 지나친 비판을 하거나 조언이 간섭이 되는 경우가 있으니 넓은 마음과 겸손함을 잃지 마세요.

- ●장점 : 직감력, 완벽주의, 통찰력, 창의력, 대인관계 기술
- ■단점 : 충동적, 조급함, 무책임, 과도하게 감성적, 질투, 비밀스러움, 우울감, 신경과민

연애와 인간관계

당신은 사랑과 애정에 대한 욕구가 강해 이상적인 연애를 원합니다. 친화적이어서 사람들과 어울리는 일에 끌리지만 감수성이 예민한 편이므로 지나친 사교활동은 피하는 것이 현명하겠네요. 당신은 타고난 매력으로 이성의 마음을 쉽게 얻을 수 있지만 신중하게 연인을 골라야 불필요한 감정적 관계를 피할 수 있겠습니다. 연인과도 확실하게 동등한 관계를 유지해야 의존하지 않을 수 있어요. 조화로움과 내면의 평온함을 강하게 원하는 사람이므로 안정적인 가정을 이룰 수 있는지가 연인을 선택할 때 중요한 조건이 되겠네요.

당신에게 특별한 사람

연인이나 친구

1월 9, 14, 15, 25, 28일 / 2월 10, 13, 23, 26일 / 3월 8, 11, 21, 24, 31일 / 4월 6, 9, 19, 22, 29일 / 5월 4, 6, 7, 17, 20, 27일 / 6월 2, 5, 15, 18, 25일 / 7월 3, 13, 16, 23일 / 8월 1, 11, 14, 21, 31일 / 9월 9, 12, 19, 29일 / 10월 7, 10, 17, 27일 / 11월 5, 8, 15, 25일 / 12월 3, 6, 13, 23일

힘이 되어주는 사람

1월 12, 23, 26일 / 2월 10, 21, 24일 / 3월 8, 19, 22, 28일 / 4월 6, 17, 20, 26일 / 5월 4, 15일, 18, 24일 / 6월 2, 13, 16, 22일 / 7월 11, 14, 20, 31일 / 8월 9, 12, 18, 29일 / 9월 7, 10, 16, 27일 / 10월 5, 8, 14, 25일 / 11월 3, 6, 12, 23일 / 12월 1, 4, 10, 21일

운명의 상대

6월 23, 24, 25, 26일 / 11월 30일 / 12월 28일

경쟁자

1월 17, 18, 21일 / 2월 15, 16, 19일 / 3월 13, 14, 17, 29일 / 4월 11, 12, 15, 27일 / 5월 9, 10, 13, 25일 / 6월 7, 8, 11, 23일 / 7월 5, 6, 9, 21, 30일 / 8월 3, 4, 7, 19, 28일 / 9월 1, 2, 5, 17, 26일 / 10월 3, 15, 24일 / 11월 1, 13, 22일 / 12월 11, 20일

소울메이트

1월 24일 / 2월 22일 / 3월 20일 / 4월 18, 30일 / 5월 16, 28일 / 6월 14, 26일 / 7월 12, 24일 / 8월 10, 22일 / 9월 8, 20일 / 10월 6, 18일 / 11월 4, 16일 / 12월 2, 14일

이날 태어난 유명인

험프리 보가트, 계륜미(배우), 다이도, 한턴(가수), 무하마드 알리 진나(파키스탄 초대 대통령), 안와르 사다트(전 이집트 대통령), 엄지원(배우), 박재정(가수)

| 태양 : 염소자리 |
| 지배 성좌 : 염소자리/토성 |
| 위치 : 3˚30′ – 4˚30′ 염소자리 |
| 상태 : 활동궁 |
| 원소 : 흙 |
| 항성 : 폴리스 |

12월 26일

CAPRICORN

현실적이면서도 직감이 강한 행동파

풍부한 감정, 강한 직감, 그리고 온화한 성품을 지닌 당신은 사람을 다루는 일에 천부적인 소질이 있습니다. 염소자리 태생이라 현실감각이 뛰어나 자신의 이상을 열정적으로 실천하는 사람이군요. 매력뿐만 아니라 조직력과 창의적인 지능도 지녔습니다. 하지만 잠시도 가만있지 못하는 기질 때문에 자신의 독특한 잠재력을 알아보지 못할 수도 있네요.

지배 성좌 염소자리의 영향으로 당신은 믿음직스럽고 의무감이 강한 사람입니다. 신의가 깊고 충실해서 사람들을 도우려는 열정도 대단하네요. 관심이 있는 목표에는 집중력을 발휘하는 편이지만 너무 쉽게 싫증을 내는 경향이 있으니 인내심을 길러야 하겠습니다.

당신은 큰 계획이 넘치고 실행, 자유, 그리고 모험에 대한 열정이 가득한 사람이므로 파란만장한 삶을 살겠습니다. 하지만 재정 문제가 열정을 발휘하는 데 걸림돌이 되거나 바로 코앞에 놓인 만족감을 가로막는 경우가 가끔 발생할 수도 있겠네요. 스스로를 분석하며 책임감을 기르고 지난 일은 홀홀 털어버리는 습관을 들이면 감정의 동요를 피할 수 있습니다.

25세까지는 삶의 규칙과 조직에 대한 욕구가 있으며 현실적인 관심사를 중요시합니다. 당신의 태양이 물병자리로 들어가는 26세에 인생의 전환점을 맞이하면서 독립적인 삶을 살고, 세속적인 것에서 벗어나고 싶은 욕구가 커집니다. 사교성이 강해지고 집단을 중요시하는 동시에 개성을 표현하고자 하는 욕구도 함께 발달합니다. 당신의 태양이 물고기자리로 들어가는 56세에 또 한 번의 전환점을 맞이하겠습니다. 그 영향으로 감수성, 상상력 또는 정신적이고 영적인 깨달음에 눈뜨게 됩니다.

숨어 있는 자아

현실적이면서도 극도로 예민하고 직감이 강한 사람입니다. 높은 이상과 사랑에 대한 욕구가 있어 인도주의적 대의를 위한 일은 물론 예술로 자신을 표현하는 일 또는 영적 경험을 통해 진리를 탐구하는 일에 몰두하겠네요. 삶의 규칙을 탄탄하게 마련하고자 하는 욕구가 강하며 특히 업무에서는 재정적인 이익이 확실하게 보장되는 행운이 따릅니다. 풍부한 상상력과 건전한 가치관으로 끈기 있게 노력한다면 이상을 실현할 수 있습니다.

진취적인 기상으로 보아 당신은 행동파이자 모험가네요. 이를 억누를 경우 초지일관하지 못하고 초조해졌다가 한순간 무기력해질 수도 있습니다. 현실도피나 백일몽에만 빠지는 성향을 버리려면 창의적이고 흥미로운 프로젝트나 활동에 꾸준히 집중하는 게 중요합니다. 낙천적인 생각으로 열정을 발휘할 때 당신은 다른 사람들에게 영감을 주고 기운차게 실천할 수 있습니다.

일과 적성

똑똑하고 목적의식이 강하며 결단력에 추진력까지 갖춘 당신은 규모가 크고 활동이 많은 일을 좋아합니다. 자립심이 강해 혼자 노력하고 공들여 얻은 성취를 즐깁니다. 사업과 물질적인 성공을 즐기는 사람이지만 출판이나 광고 및 홍보 분야의 일을 찾을 수도 있습니다. 말재간과 뛰어난 소통 기술은 작가나 대중 매체, 연극 또는 영화 분야에서 성공할 가능성을 보여줍니다. 당신은 현실적이고 조직력이 뛰어나 유능하고 권위가 있는 사람입니다. 어떤 직업이든 도전 과제와 다양함이 보장된 일이어야 싫증을 내지 않을 수 있겠습니다.

수비학으로 풀어본 당신의 운세

26이라는 숫자의 영향으로 당신은 가치관이 확고하고 건전한 판단력을 지닌 신중한 성격입니다. 부모로서의 본능과 가정에 대한 애착은 탄탄한 기반 또는 안정감을 추구하고자 하는 욕구로 이어집니다. 다른 사람들에게 비빌 언덕이 되어주는 편으로 친구들과 가족들이 도움이 필요할 경우 언제든지 기꺼이 도와줍니다. 하지만 물질주의적 성향과 사람이나 상황을 통제하려는 욕구를 경계할 필요가 있겠습니다. 탄생월 12의 영향으로 진취적이면서도 사교적이고 쾌활합니다. 직감이 강하고 똑똑하며 실행력을 갖춘 덕분에 영감을 받은 아이디어를 실제 상품으로 만들어 금전적인 성공을 얻을 수 있겠습니다. 대체로 낯선 상황을 활용할 줄도 압니다. 하지만 주위 상황 때문에 생긴 불만이 불안감으로 이어지는 경우도 있네요. 끊임없이 평온을 유지하려는 기질은 당신이 균형과 조화를 추구하는 사람임을 의미합니다.

- ●장점 : 창의적, 현실적, 배려심, 꼼꼼함, 이상주의, 솔직함, 책임감, 가족에 대한 자부심, 열정, 용기
- ■단점 : 완고함, 반항기, 쌀쌀맞음, 인내심 부족, 불안정

연애와 인간관계

매력을 발산하여 사람들의 마음을 쉽게 얻을 수 있습니다. 당신은 무척 사교적인 사람으로 창의적이고 근면한 사람에게 자극을 받고 매력을 느낍니다. 하지만 사랑에 대한 욕구가 매우 강해 상대를 객관적으로 판단할 수 있을 때까지는 진정한 연인을 만나기가 어렵겠네요. 창의적이지만 판에 박힌 일상에 쉽게 싫증을 느끼는 당신은 이상적인 연인을 만나기 전에는 늘 단기적인 관계로 그치겠네요. 일단 진정한 사랑을 찾으면 충실하고 애정이 풍부한 연인이 될 수 있겠습니다.

태양 : 염소자리
지배 성좌 : 염소자리/토성
위치 : 4°30′ – 5°30′ 염소자리
상태 : 활동궁
원소 : 흙
항성 : 카우스 보레알리스

12월 27일

CAPRICORN

분별력과 판단력이 뛰어난 전략가

감정이 풍부하면서도 현실 감각을 타고난 당신은 언제 어디에서든 자신의 상태를 정확하게 파악하고 싶어 합니다. 염소자리 태생이라 삶의 탄탄한 기반에 대한 욕구와 솔직함과 단도직입적인 기질이 잘 조화를 이루고 있네요. 타고난 이상주의자이지만 야망이 커서 진취적이고 근면한 사람입니다. 사람을 매우 중요하게 여기며 매력적인 사교술로 사람을 상대하는 일이면 성공할 가능성이 높습니다.

지배 성좌 염소자리의 영향으로 인내심이 강하고 목표 지향적입니다. 명석한 두뇌와 분별력 덕분에 판단력이 뛰어나고 생각도 건전합니다. 훌륭한 전략가이자 계획자로 건설적인 태도를 즐기지만 자만심이나 자기 성취감에 빠지지 않도록 주의하세요.

예민하고 직감이 강해 자신만의 느낌을 믿으면 이익을 얻을 수 있으며 대체로 직감이 잘 맞는 편입니다. 재미있는 일을 매우 좋아하며 일과 사교 활동의 균형을 맞출 수 있는 사람입니다. 하지만 제멋대로 행동하는 기질 탓에 과다하게 감정을 표출할 수 있으니 조심하세요.

24세 이전까지는 성공을 향해 현실적으로 다가서고 삶에서 자신이 원하는 것에 대한 집착이 강한 편입니다. 당신의 태양이 물병자리로 들어가는 25세에 인생의 전환점을 맞이하면서 당신의 자유로움과 독립심을 표출하고 싶은 욕구가 드러나겠습니다. 색다른 개념을 실행해보고 싶어지며 새로운 친구들을 사귀거나 인도주의적 또는 단체 활동에 참여하고 싶어지겠네요. 당신의 태양이 물고기자리로 들어가면서 55세에 또 한 번 전환점을 맞이합니다. 타인을 좀 더 포용하고 공감 능력과 동정심이 많아지기도 합니다. 넘치는 상상력을 발휘하여 예술적 또는 신비주의적 활동에 참여하는 경우도 있겠네요.

당신의 숨은 자아

당신은 겉으로는 느긋해 보이지만 일단 실행 계획이 서면 추진력이 강해지고 성공지향적인 사람입니다. 포용력이 있는 당신은 여행을 좋아하고 철학 또는 영적 주제를 연구하는 데 관심이 많습니다. 이런 기질 덕분에 날카로운 현실감각을 유지한다면 기회를 포착하고 돈을 벌 수 있겠네요.

두뇌 회전이 빠르고 촌철살인의 말솜씨를 지닌 당신은 사람들과 함께 있을 때 재치 있게 분위기를 주도합니다. 자신의 의견에 자신감이 넘치지만 혼자서만 일을 처리하거나 오만한 태도는 조심해야겠습니다. 특히 물질적인 문제에 있어서는 육감이 강해 금전적인 손해를 보지 않겠으며 사람을 꿰뚫어 보는 능력도 있습니다. 목표에 전념하여 탄탄한 기반을 다지기 위해 노력한다면 기적을 낳고 장기적인 성공을 이룰 수 있겠네요.

일과 적성

포부가 크고 근면하며 사람을 다루는 재주가 있는 당신은 치유 능력을 타고났습니다. 여유로운 성격과 현실 감각을 활용할 수 있는 직업이 적성에 잘 맞습니다. 대체로 침착하고 이해심이 많으며 이야기를 경청하는 편으로 상담자나 조언자가 될 수 있겠네요. 사회 개혁에 대한 욕구가 있어 특히 교육이나 연구 분야에서 두각을 나타낼 수 있습니다. 훌륭한 조직가이면서 가치 있는 일을 하고자 하는 욕구를 지니고 있어 자선 활동도 잘 맞습니다. 또는 자기표현 욕구가 있으니 글쓰기, 문학 또는 공연 예술 쪽에 끌릴 수 있습니다. 형이상학에 대한 관심과 전문적인 능력을 발휘한다면 천문학이나 점성학을 탐구할 수도 있겠네요.

수비학으로 풀어본 당신의 운세

당신은 직감이 강하고 호기심도 매우 많은 사람이군요. 생일 27이라는 숫자의 영향으로 생각이 깊어 인내심과 자기 절제력도 상당한 편입니다. 단호하고 결단력이 강하며 관찰력이 뛰어나 사소한 디테일도 놓치지 않습니다. 대체로 이상주의적이고 세심하며 창의력이 풍부한 편으로 독창적인 아이디어로 사람들에게 자극을 줍니다. 소통 기술을 향상시킨다면 풍부한 감정을 제대로 표현하지 못하는 태도를 극복할 수 있겠습니다. 27일에 태어난 사람들에게는 교육이 매우 큰 강점이면서 적성에 딱 맞으므로 글쓰기, 연구 분야 그리고 큰 규모의 단체에서 일을 하면 성공 가능성이 높습니다. 탄생월 12의 영향으로 재능이 뛰어나고 포부가 큽니다. 안정감을 중요시하는 사람으로 현실적인 사고를 좋아하면서도 생각의 스케일 또한 매우 큰 편입니다. 직감을 신뢰하는 법을 배운다면 침착한 태도와 세련된 상식을 지닐 수 있으며 더 큰 그림을 보면서 문제를 해결할 수 있겠습니다. 그렇게 되면 대중 앞에서도 편안하고 자신감 넘치는 모습을 보여줄 수 있습니다.

- ● 장점 : 리더십, 철두철미함, 근면, 전통적, 위엄, 보호적, 치유력, 가치 판단력
- ■ 단점 : 편협함, 인색함, 불안감, 진부함, 고압적, 쉽게 위축됨,

연애와 인간관계

당신은 누군가 곁에 있어야 하며 사랑과 인간관계를 특히 중요하게 여깁니다. 성품이 온화해 친구가 많고 단체 활동이나 협력이 요구되는 일을 잘 합니다. 가정과 가족에 대한 애착이 강해 가족의 뿌리 그리고 삶의 탄탄한 기반이 인생 계획에 있어서 중요한 부분입니다. 혼자 있는 것을 좋아하지 않는 편이므로 연인에게 지나치게 의존하지 않도록 주의하세요. 감정이 풍부해 헌신적이고 충실하며 배려심이 많은 연인이 될 수 있지만 때때로 상대에게 위압적으로 행동하지 않도록 조심하세요.

당신에게 특별한 사람

연인이나 친구

1월 7, 12, 15, 27일 / 2월 5, 10, 13일 / 3월 3, 8, 11, 29일 / 4월 1, 6, 9, 19, 27일 / 5월 4, 7, 25, 29일 / 6월 2, 5, 23, 27일 / 7월 3, 21, 25일 / 8월 1, 19, 23일 / 9월 11, 17, 21일 / 10월 15, 19, 29일 / 11월 13, 17, 27일 / 12월 11, 15, 18, 25일

힘이 되어주는 사람

1월 21, 25일 / 2월 19, 23일 / 3월 17, 21, 30일 / 4월 15, 19, 28일 / 5월 13, 17, 26일 / 6월 11, 15, 24, 30일 / 7월 9, 13, 22, 28일 / 8월 7, 11, 20, 26, 31일 / 9월 5, 9, 18, 24, 29일 / 10월 3, 7, 16, 22, 29일 / 11월 1, 5, 14, 20, 25일 / 12월 3, 12, 18, 23일

유명의 상대

6월 26, 27, 28일

경쟁자

1월 5, 8, 28일 / 2월 3, 6, 26일 / 3월 1, 4, 24일 / 4월 2, 22일 / 5월 20일 / 6월 18일 / 7월 16일 / 8월 14, 30일 / 9월 12, 28, 30일 / 10월 10, 26, 28일 / 11월 8, 24, 26일 / 12월 6, 22, 24일

소울메이트

1월 4, 10일 / 2월 2, 8일 / 3월 6일 / 4월 4일 / 5월 2일

이날 태어난 유명인

마를레네 디트리히, 제라르 드파르디외(배우), 요하네스 케플러(천문학자), 루이 파스퇴르(화학자), 택연(가수)

태양 : 염소자리

지배 성좌 : 염소자리/토성

위치 : 5° 30′ – 6° 30′ 염소자리

상태 : 활동궁

원소 : 흙

항성 : 카우스 보레알리스

*12*월 *28*일

CAPRICORN

독창적인 활동을 추구하는 개성 강한 사람

이날 태어난 사람들은 매력적이고 똑똑하며 세심하고 품위가 있으며 근면합니다. 새로운 일에 참여하는 경우에도 다양한 주제에 대해 박식하고 열정적인 태도를 보이는 사람으로 교육은 당신의 삶에서 중요한 요소입니다. 두뇌 회전이 빠르고 재치가 넘치며 사교적이지만 우유부단함이나 불안감은 반드시 극복해야 할 과제입니다.

지배 성좌 염소자리의 영향으로 자기표현 욕구를 충족시키려면 지나치게 진지하거나 수줍음을 타는 기질을 극복해야 합니다. 당신은 이상주의자로 리더십과 실무 능력을 지녔네요. 이 재능은 특히 다른 사람들을 위해 더 나은 환경을 조성하는 데 발휘할 수 있겠습니다. 좋은 조직과 체제의 중요성을 인식한다면 상식과 이상을 기반으로 하여 상호 이익을 창출하는 일에 사람들을 불러 모을 수 있습니다.

당신은 두뇌 회전이 빠르고 지루한 일을 싫어해 몰두할 수 있는 신선하고 독창적인 활동을 끊임없이 찾아내는 편입니다. 이런 기질이 자칫 조바심, 불안감 또는 불만족으로 이어지지 않도록 조심하세요. 포부가 크고 끈기 있으며 현실적인 당신은 힘든 상황을 얼마든지 참고 견딜 수 있지만 충분하다고 판단하는 순간이 올 경우 단호하게 돌아섭니다. 이날 태어난 사람들은 대체로 강한 직감과 정신적인 능력을 타고나기 때문에 나이가 들면서 더 높은 수준의 지혜를 깨닫게 되는 경우가 많습니다.

당신의 태양이 물병자리로 들어가게 되는 24세 이후부터 당신은 외모에 덜 얽매이게 되면서 자신의 개성을 더 신뢰하게 됩니다. 색다른 주제, 단체 활동 또는 인도주의적 문제에 관심이 더 높아지겠습니다. 당신의 태양이 물고기자리로 들어가는 54세에 또 한 번 전환점을 맞게 됩니다. 이때부터는 정서적인 욕구와 이상을 좀 더 중요시하며 감수성과 상상력을 분출합니다.

당신의 숨은 자아

감정이 풍부하고 섬세한 당신은 내면의 사랑과 애정을 다른 사람들에게 들키지 않게 숨기고 있군요. 때때로 지나치게 이성적이거나 계산적인 태도를 보이므로 항상 머리보다 심장을 더 신뢰해야겠습니다. 꽤 드라마틱한 면도 있으니 특히 음악처럼 강한 사랑의 감정을 표현할 수 있는 창의적인 활동을 개발하여 기분이 울적해지거나 제멋대로 흘러가지 않도록 조심하세요.

지적이며, 사람을 잡아 끄는 매력을 지닌 당신은 개성이 매우 강합니다. 진취적인 기상으로 대범한 포부를 실행에 옮길 수 있으며 어떤 계획도 성공적으로 실천할 수 있겠네요. 하지만 반항적인 기질이나 완고한 태도를 반드시 경계해야 합니다. 그래야 잠재력을 발휘하는 데 가장 필수적인 조건인 자기 수양을 쌓을 수 있습니다. 다행히도 당신은 다른 사람들을 위해 봉사하는 일을 할 때 개인적인 행복감과 성취감을 얻을 수 있는 높은 수준의 정신 능력을 지녔군요.

일과 적성

설득력이 뛰어나면서도 매력적이며 조직 능력을 갖춘 당신은 포부가 크고 다재다능한 사람입니다. 지식과 소통 능력이 있으니 교육, 출판, 시장 조사, 미디어 또는 글쓰기 분야 등에 적합합니다. 사업, 정치, 자선 단체, 그리고 행정 기관 같은 큰 조직에서 관리 능력을 발휘할 수도 있겠네요. 진취적인 성향으로 새로운 사람과 다양한 업무 환경이 필수적인 사람이라 직업을 적어도 한 번 정도는 바꾸게 되겠습니다. 사고의 스케일이 크고 독립심이 강해 프리랜서나 자영업도 잘 맞습니다.

수비학으로 풀어본 당신의 운세

이날 태어난 사람들은 포부가 크고 솔직담백하며 진취적입니다. 늘 행동하고 새로운 모험을 할 준비가 되어 있으며 용감하게 인생의 도전 과제를 헤쳐 나갑니다. 당신의 열정은 다른 사람들에게 자극이 되며 함께하지는 않더라도 사람들이 당신의 모험을 지지하겠네요. 성공 지향적이며 결단력이 있지만 가족과 가정생활도 매우 중요하게 여깁니다. 안정감을 기반으로 사랑하는 사람들을 돌보는 일이 당신에게 버거운 도전 과제가 되기도 하는군요. 탄생월 12의 영향으로 당신은 이상주의자이면서도 재능이 많고 자기표현 욕구가 강합니다. 옳다고 믿는 일에 대해서는 확고하고 고집스럽습니다. 변화를 좋아하진 않지만 미리 계획을 세워 미래에 대비하는 성향이네요. 감성이 풍부하고 직감이 강한 당신은 창의적인 재능을 실제로 활용하는 걸 좋아합니다. 사고의 스케일이 커서 상상력을 발휘한다면 기지가 풍부하고 독창적인 사람이 되겠군요.

- ● 장점 : 진취적 성향, 대담함, 예술적, 창의력, 넘치는 인정, 이상주의, 야망, 근면, 안정적인 가정 생활, 강한 의지
- ■ 단점 : 몽상가, 동기부여 결여, 냉정함, 비현실적, 거만함, 형편없는 판단력, 자신감 부족, 과도한 의존성, 자만심

연애와 인간관계

매력적이고 다정한 성격을 타고난 당신은 친구가 많으며, 수줍음과 예민한 성격을 극복하면 재치 있고 즐거운 사람이 될 수 있겠네요. 정신적으로 친밀한 관계를 쌓을 수 있다는 느낌을 주는 사람, 개성이 강하고 똑똑한 사람들에게 매력을 느끼는군요. 하지만 의심 또는 불안감으로 우유부단해지고 이로 인해 연인 관계에도 문제가 생길 수 있습니다. 긍정적이고 열린 태도를 유지한다면 선부른 걱정을 떨치고 편안해질 수 있겠습니다.

이날 태어난 유명인

우드로 윌슨(전 미국 대통령), 매기 스미스, 덴절 워싱턴, 시에나 밀러(배우), 나이젤 케네디(바이올리니스트), 류샤오보(인권 운동가), 리누스 토르발스(소프트웨어 개발자), 태현실(배우), 송가연(이종격투기 선수), 나르샤(가수)

태양 : 염소자리
지배 성좌 : 염소자리/토성
위치 : 6° 30´ - 7° 30´ 염소자리
상태 : 활동궁
원소 : 흙
항성 : 카우스 보레알리스

12월 29일
CAPRICORN

선견지명이 있는 탁월한 설계자

세심하며 사람 다루는 재주를 타고난 당신은 매력적이고 창의적입니다. 사람들과 소통을 잘하며 상냥하고 예의가 발라 세련된 사교술을 펼칠 수 있겠네요. 이상이 높으면서도 현실적이라 목표를 달성하기 위해서라면 노력을 멈추지 않습니다.

지배 성좌 염소자리의 영향으로 대의명분을 내세운 조직이나 프로젝트에 매우 성실하게 전념합니다. 실용주의자인 동시에 훌륭한 설계자이기도 한 당신은 생산적인 활동을 즐기며, 아이디어나 상품을 판매하거나 홍보하는 방법을 예리하게 찾아냅니다. 때때로 자금 문제를 미리 걱정하는 경우가 있지만 뛰어난 처세술과 헌신적인 태도 덕분에 늘 충분한 자금이 보장되는 편이니 걱정할 것 없습니다.

당신은 상상력이 매우 풍부해 창의적으로 사고하며 선견지명이 강합니다. 이런 능력을 사업에 활용하면 발전 가능성이 높겠네요. 그렇지 않으면 타고난 예술적, 정신적 재능으로 영감을 받을 수 있습니다. 호감을 주는 목소리와 좋은 이미지가 당신의 매력 포인트군요. 하지만 화려함을 좋아하는 성향이 지나친 허영심이나 사치벽으로 이어지지 않도록 주의하세요.

당신의 태양이 물병자리로 들어가는 23세 이후부터는 규칙과 관습을 조금 벗어던질 수 있겠습니다. 지난 일을 털어버린다면 자신만의 독특한 관점을 신뢰할 수 있게 됩니다. 단체 활동, 인도주의적 문제 또는 개성을 표현하는 일에도 관심이 더 높아집니다. 당신의 태양이 물고기자리로 들어가는 53세에 또 한 번 전환점을 맞이하겠네요. 이 시기에는 정서적인 내면의 삶에 좀 더 집중하겠습니다. 그러면서 당신의 관점, 꿈 그리고 인간관계에 대한 직관력에도 이런 성향이 반영되겠습니다.

숨어 있는 자아

당신은 특히 사랑을 중요시하는 사람이지만 지식 탐구 활동과 이해력을 향상시키는 일도 정서적인 욕구 충족을 위해서는 필수적입니다. 독학이든 정규 교육 과정이든 상관없이 학습은 정보 및 지혜에 대한 당신의 열망을 충족할 핵심 요소입니다.

도전 의식을 유지하게 해주는 활동을 계속하는 것은 당신에게 큰 만족감을 안겨주며 당신이 발견한 것을 다른 사람들과 나눌 기회도 제공해줍니다. 자제심과 지식을 잘 결합한다면 당신은 조언자로서의 역량이나 또는 타고난 리더십을 스스로 발견할 수 있겠습니다. 당신의 이상주의와 동정심이 보다 큰 계획으로 이어진다면 비관주의나 부정적인 사고를 피할 수 있겠습니다.

일과 적성

매력적이고 카리스마가 넘치는 당신은 사람들에게 호감을 주는 사려 깊은 사람입니다. 사람들 앞에 나설 수 있는 능력이 있으니 판매 및 홍보 관련 분야에서 크게 성공할 수 있겠네요. 지식에 관심이 많아 교사나 강사도 잘 어울립니다. 또 기술력도 있어 IT 분야에 관심이 높겠습니다. 정보를 소화하고 활용하는 능력이 뛰어나니 여러 나라의 언어를 배워 국제기구에서 통역사로 활동하는 것도 좋습니다. 그렇지 않으면 정치나 공무원 분야로 진출할 수도 있겠습니다. 예술에 관심이 많고 글쓰기에 재능이 있으니 작곡, 시인, 악기를 연주하는 음악가도 적성에 맞습니다.

수비학으로 풀어본 당신의 운세

29일에 태어난 사람들은 직감이 매우 뛰어나고 세심하며 감정이 풍부한 편입니다. 천성적으로 인정이 많고 이해심이 깊어 인도주의적 기질이 강하며 다른 사람들이 희망과 포부를 성취할 수 있도록 격려합니다. 진정한 몽상가이면서도 극단적인 면이 있으니 기분이 오락가락하지 않도록 주의해야겠네요. 29일에 태어난 당신은 인기를 얻고 싶어 하며 다른 사람들이 자신을 어떻게 생각하는지에 대해 신경을 씁니다. 탄생월 12의 영향을 받아 사교적이고 다정하면서도 수줍음이 많고 내성적인 모습도 보이네요. 실용주의적 인생관과 물질적인 풍요로움을 위해 적극적으로 열과 성을 다하는 걸 보면 당신이 안정을 중요시하는 사람이지만 돈에만 집착하는 경향은 극복해야한다는 점을 알 수 있군요. 당신은 자유롭고 독립적인 상태를 좋아하지만 나누고 신뢰하는 법을 배운다면 가까운 인간관계, 협력 관계 또는 단체 활동을 통해서 큰 이익을 얻을 수 있겠습니다.

- 장점 : 영감적, 균형, 성공, 신비주의, 창의력, 직관, 강렬한 꿈, 세부적인 내용에 집중, 신념
- 단점 : 집중력 결여, 불안정, 까다로움, 극단주의, 다른 사람에 대한 무관심, 신경과민

연애와 인간관계

교제에 대한 욕구가 강해 대인 관계를 매우 중요시하는 사람입니다. 끊임없이 이상적인 사랑을 추구하지만 출세와 창의적인 사람들에게 관심이 많으며 부유하고 지위가 높거나 예술적 재능이 뛰어난 사람들과 어울리기를 좋아합니다. 일단 사귀기 시작하면 자신을 희생해서라도 평화롭고 조화로운 관계를 유지하기 위해 노력하는 편이군요. 당신은 창의적이고 지적인 관심사를 서로 공유할 수 있어야 친구가 될 수 있고 또 즐거움을 얻을 수 있겠네요.

연인이나 친구

1월 5, 6, 14, 16, 31일 / 2월 12, 14일 / 3월 1, 2, 10, 12, 31일 / 4월 8, 10, 25, 29일 / 5월 6, 8, 27일 / 6월 4, 6, 25일 / 7월 2, 4, 23, 29일 / 8월 2, 21, 27일 / 9월 15, 19일 / 10월 17, 23, 31일 / 11월 15, 21, 29일 / 12월 13, 19, 27일

힘이 되어주는 사람

1월 19, 22, 30일 / 2월 17, 20, 28일 / 3월 15, 18, 26일 / 4월 13, 16, 24, 30일 / 5월 11, 14, 22, 28일 / 6월 9, 12, 20, 26일 / 7월 7, 10, 18, 24일 / 8월 5, 8, 16, 22일 / 9월 3, 6, 14, 20일 / 10월 1, 4, 12, 18, 29일 / 11월 2, 10, 16, 27일 / 12월 8, 14, 25일

운명의 상대

6월 27, 28, 29, 30일

경쟁자

1월 11, 25, 26일 / 2월 9, 23, 24일 / 3월 7, 21, 22일 / 4월 5, 19, 20일 / 5월 3, 17, 18, 29일 / 6월 1, 15, 16, 27일 / 7월 13, 14, 25일 / 8월 11, 12, 23일 / 9월 9, 10, 21, 30일 / 10월 7, 8, 19, 28일 / 11월 5, 6, 17, 26일 / 12월 3, 4, 15, 24일

소울메이트

5월 31일 / 6월 29일 / 7월 27일 / 8월 25일 / 9월 23일 / 10월 21일 / 11월 19일 / 12월 17일

양
물고기

이날 태어난 유명인

존 보이트, 주드 로(배우), 파블로 카살스(첼리스트), 앤드류 존슨(전 미국 대통령), 이소라(가수), 이휘재(코미디언)

태양 : 염소자리	
지배 성좌 : 염소자리/토성	
위치 : 7°30' - 8°30' 염소자리	
상태 : 활동궁	
원소 : 흙	
항성 : 파시에스	

12월 30일
CAPRICORN

박식한 매력으로 사람을 사로잡는 리더

염소자리 태생인 당신은 소통 능력이 뛰어나고 삶에 대한 관점이 독특하며 현실적이면서도 영리하며 재미 있는 사람입니다. 삶에 대해 창의적인 태도는 당신이 다정하고 사교적이며, 사랑과 자기표현 욕구가 강하다는 걸 보여줍니다. 단 근심 걱정이 많고 우유부단한 성향 때문에 뛰어난 잠재력을 망치지 않도록 조심하세요.

지배 성좌 염소자리의 영향으로 당신은 노력 없이는 삶에서 아무것도 얻을 수 없다는 점을 늘 정확하게 인식 하고 있습니다. 의지가 강해 흥미로운 활동에 성실하게 전념하는 편입니다. 또 관심사가 많고 욕구가 다양해 색 다른 경험을 즐기지요. 하지만 지나치게 다방면으로 재능을 허비하지 않도록 주의해야 한다는 점은 명심하세요.

똑똑하고 이해력이 빠르며 사람들과 함께 있고 싶은 욕구가 강해 아이디어 전달자 역할을 하는 경우가 많습 니다. 풍부한 감수성을 예술적인 활동이나 다른 사람들을 돕는 일에 유용하게 활용할 수 있지만 지나치게 감정 을 분출하거나 자신에게만 몰두하는 것은 피하는 편이 좋겠네요. 주변 환경에 민감하므로 조화로운 상황이 필 요한 사람입니다. 이는 타고난 이해심과 정서적인 객관성을 길러주어 인간관계에 실망하지 않도록 도움을 줍 니다.

21세 전까지는 삶에 신중하고 현실적으로 접근합니다. 하지만 당신의 태양이 물병자리로 들어가는 22세 이 후부터 다른 사람들의 의견에서 벗어나 좀 더 자주적인 태도를 지니며 개성을 표현하고자 하는 욕구도 점차 강 해지겠습니다. 삶에서 친구, 단체 활동 또는 인도주의적인 문제가 좀 더 중요해지는 시기이기도 합니다. 당신의 태양이 물고기자리로 들어가는 52세에 또 다른 전환점을 맞이합니다. 이때부터 감수성과 감정이 발달해 좀 더 수용적이 되고 상상력이 풍부해집니다. 아니면 창의적인 재능을 향상시키거나 인정받고자 하는 욕구가 생기기 도 하겠네요.

숨어 있는 자아

다정다감하고 애정이 넘치며, 물질적인 성공에 대한 강한 열망이 당신의 행동에 동기부여를 합니다. 돈과 지 위에 대한 욕구가 때로는 높은 수준의 이상과 충돌하는 일이 생길 수도 있습니다. 그래서 양 극단에서 갈팡질팡 하거나 금전적인 보상이 뒤따를 경우에만 대의 또는 신념을 지지하는 일에 최선을 다하는 경우가 생기기도 합 니다. 당신은 리더십을 타고났지만 다른 사람들에게 지나친 요구를 하지 않는 것이 현명하겠네요.

긍정적인 기운을 유지할 경우 모두에게 행복을 퍼트릴 수 있는 사람입니다. 똑똑하고 박식해 따분한 일은 싫 어하고 정신을 집중할 수 있을 만한 새롭고 독창적인 활동을 끊임없이 찾는 편입니다. 자신의 상황을 우려하는 근본적인 불안감이나 불만이 당신의 적극성을 해칠 수도 있습니다. 그러므로 자신의 다양한 재능을 창의적으 로 발휘할 수 있는 활동을 꾸준히 찾는 일이 중요합니다. 나이가 들어가면서 타고난 직감을 발휘하는 데 도움이 될 보다 높은 수준의 지혜의 중요성을 점차 깨닫게 되겠습니다.

일과 적성

창의적이고 활동적인 당신은 매력적인 성격의 소유자이며 세상 물정에도 밝습니다. 천성이 사교적이어서 사람들과 협력하는 일을 즐기며 일과 놀이를 적절히 조합할 수 있는 능력까지 지녔네요. 아이디어나 목표에 확신이 서면 열정을 쏟아 헌신합니다. 독립적인 성향과 타고난 리더십으로 지시를 받는 일보다는 전반적으로 책임지는 일을 선호합니다. 그래서 관리직 또는 자영업이 적합하겠습니다. 실행력과 다른 사람들에게 영감을 주는 재능이 있으므로 새롭게 시작하는 일이나 흥미진진한 도전거리를 잘 해냅니다. 예술, 음악 또는 글쓰기에도 관심이 높은데 직업이나 취미 활동 모두 좋습니다.

수비학으로 풀어본 당신의 운세

이날 태어난 사람들은 예술적이고 자상하며 사교성이 좋다는 공통점이 있습니다. 당신은 풍족한 생활을 즐기고 사교 활동을 대단히 좋아하죠. 그리고 엄청난 카리스마를 발산하며 충실하고 다정한 사람입니다. 사람들과 어울리기를 좋아하며 취향이 고급스럽고 스타일과 양식에 대한 안목이 뛰어나 예술, 디자인 및 음악 관련 분야에서 성공할 가능성이 높습니다. 또 자기표현 욕구와 언어에 대한 재능을 타고나 글쓰기, 말하기 또는 노래 등도 적성에 맞습니다. 당신은 감정이 풍부해 애정과 만족감이 무엇보다 필요한 사람입니다. 게으름과 제멋대로인 성향을 버려야 행복해질 수 있다는 점을 명심하세요. 30일에 태어난 사람들 중에는 주목받거나 명성을 얻을 수 있는 일을 찾는 사람이 많으므로 특히 음악가, 배우 및 연예인 등이 알맞습니다. 탄생월 12의 영향으로 이상주의적이고 다른 사람들을 사로잡는 능력을 지녔습니다. 심미적이면서도 꼼꼼해 작은 디테일도 놓치지 않지만 까다롭게 비판하는 행동은 삼가는 것이 좋겠네요. 개념을 한데 모으고 확장시키는 능력이 있어 새로운 프로젝트를 시작하거나 낡은 아이디어에 새로운 생명을 불어넣는 경우가 많습니다.

- 장점 : 흥이 넘침, 충실함, 다정다감, 뛰어난 화술, 창의력, 행운
- 단점 : 게으름, 완고함, 변덕스러움, 성급함, 괴팍함, 질투심, 불안정함, 무관심

연애와 인간관계

재치 있고 활발한 당신은 매력적이면서도 카리스마가 넘칩니다. 다정하고 사교적이어서 다른 사람들의 사랑과 애정을 쉽게 얻을 수 있습니다. 여성인 경우 특히 애정운이 좋은 편입니다. 특히 드라마틱하면서도 창의적인 사람들과 어울리기를 좋아하며 그들에게 자극을 받아 사교성이 더욱 좋아집니다. 하지만 가끔 의심하거나 우유부단한 성향으로 가까운 인간관계에 문제가 생기거나 안정감과 관련된 문제로 영향을 받을 수 있겠습니다.

태양 : 염소자리	
지배 성좌 : 염소자리/토성	
위치 : 8°30′ - 9°30′ 염소자리	
상태 : 활동궁	
원소 : 흙	
항성 : 파시에스	

12월 31일

CAPRICORN

맡은 일에 두각을 나타내는 특별한 사람

카리스마가 넘치면서도 진지한 당신은 존재감과 개성이 강해 어디에서든 튀는 특별한 사람입니다. 대범한 매력으로 주목받기를 좋아하며 목표를 성취하고자 하는 끈기가 매우 강합니다. 가끔 우울해지거나 비관적이 될 때도 있지만 늘 자기 인식이 분명하며 현실적인 기준으로 삶을 기획하여 어떤 상황에서도 최대의 보상을 손에 넣는 사람입니다. 자기 수양을 쌓는다면 다양한 재능과 뛰어난 잠재력을 상당 부분 실현할 수 있겠습니다.

지배 성좌 염소자리의 영향으로 당신은 타이밍과 체계에 예민한 사람입니다. 그래서 변화가 있거나 불안정한 시기에는 상당한 불안감을 느낄 수 있겠습니다. 또한 완벽한 신뢰를 얻고자 하는 욕구가 있어 책임을 완전히 떠맡거나 관리하는 일을 좋아합니다. 하지만 실용주의적 성향과 물질적인 문제를 중요하게 여기므로 돈에 대한 집착과 심오한 통찰력 사이에서 갈팡질팡하는 경우가 생기는군요.

독립적인 성향이 두드러지는 당신은 이미지와 첫인상을 중요하게 여깁니다. 성실하고 체계적인 사람이라 일단 시작한 프로젝트에서는 반드시 놀랄 만한 성과를 이끌어냅니다. 보통 자기 의견을 극단적으로 투사하는 당신은 자신이 원하는 만큼 존중받을 수 있는 자기표현 방식을 찾는 것이 좋겠습니다. 당신은 뛰어난 직감을 타고났으며 힘든 상황을 극복하고 스스로 다시 일어설 수 있습니다.

20세 전까지는 인생의 현실적인 규칙과 체계를 중요시하는 성향이 보입니다. 당신의 태양이 물병자리로 들어가는 21세 이후부터 관습에서 벗어나 좀 더 자유로워지겠군요. 자신만의 독특한 관점을 표현할 새로운 기회를 찾느라 단체 활동이나 인도주의적 주제에 관심이 높아지겠습니다. 당신의 태양이 물고기자리로 들어가는 51세에 또 다른 전환점을 맞이합니다. 이 시기에는 감수성, 상상력, 그리고 내면을 단단하게 발전시키는 데 집중하게 됩니다. 당신의 관점, 꿈 그리고 정서적인 이상에도 이런 성향이 반영되겠네요.

당신의 숨은 자아

당신은 삶 전반에서 어린이다운 순수함을 잃지 않는 사람이군요. 덕분에 늘 활기가 넘치고 상상력과 창의력도 뛰어납니다. 긍정적이고 낙천적인 편이지만 불안감이나 쓸데없는 두려움에 휩싸이는 경우가 종종 있으니 조심하세요.

당신의 참모습은 놀라울 정도로 강인하며 남다른 겸손함을 지녔습니다. 남을 돕거나 봉사하는 일에 자진해서 희생하며 진심 어린 정을 베푸는 사람입니다. 이기적이고 드라마틱한 성향 또는 모든 실패를 비극으로 과장해서 받아들이는 예민한 기질은 당신의 뛰어난 잠재력을 알아차리지 못하게 하는 장애물들입니다. 어린 시절에 얻은 교훈 중에는 받아들이기 꺼림칙한 것도 있었겠지만 나이가 들어 점점 더 지혜로워지면서는 이런 경험에서 분명 얻는 것이 있겠습니다. 성취감과 행복감을 얻으려면 자기 수양을 좀 더 쌓아야겠네요.

일과 적성

대체로 진취적이고 다재다능해서 직업 선택의 폭이 매우 넓습니다. 사업 수완이 뛰어나고 야심 차며 목표 지향적인 당신은 자신의 목표나 관심이 많은 일에는 기꺼이 열과 성의를 다합니다. 맡은 일에서 두각을 나타내기를 원하며 소명 의식이 있어 직장뿐만이 아니라 해당 분야에서 최고의 자리에 앉을 가능성이 높습니다. 독립적이며 실용적인 접근법과 실무 능력을 겸비한 당신은 대규모 행사를 조직하는 일에 소질이 있겠습니다. 감정이 풍부하고 세심하며 창의적이므로 연극 또는 오페라 같은 공연 분야도 적성에 잘 맞겠네요. 말하고 쓰는 일에 재능이 있어 글을 쓰는 직업도 어울립니다. 호감 가는 목소리와 타고난 대화 기술로 훌륭한 연설가, 교사 또는 강사가 될 수도 있습니다.

수비학으로 풀어본 당신의 운세

강한 의지력과 결단력, 자기표현 욕구는 생일 31이라는 숫자와 관련이 있습니다. 당신은 물질적인 것에 대한 욕구가 강하며 지칠 줄 모르는 사람으로 결단력도 뛰어납니다. 하지만 삶의 한계를 받아들이고 탄탄한 기반을 세우는 법을 반드시 배워야겠습니다. 복이 많고 운도 따라서 여가 활동을 수익성 있는 사업으로 바꾸는 데 성공할 수 있겠네요. 매우 근면한 타입이므로 즐기는 시간을 갖는 것도 당신에게 꼭 필요한 부분입니다. 이기적인 성향이나 지나치게 낙천적인 태도는 경계하는 것이 좋겠네요. 당신은 사교적이고 자상하면서도 독립적으로 사고하는 사람이라 자신만의 행동 기준이 명확합니다. 모험심이 강하고 진취적인 당신은 개인적인 표현을 통해서 성취감을 얻고자 합니다. 그리고 난관과 도전을 극복할 때 내면이 성장할 수 있겠네요. 진정한 지혜를 얻고 싶다면 물질적인 면이나 재정적인 이익이 발생하는 일에만 집착하지 않아야 합니다.

- 장점 : 행운, 창의력, 독창성, 향상성, 건설적, 끈기, 현실적, 뛰어난 화술, 책임감
- 단점 : 불안정, 성급함, 의심이 많음, 쉽게 낙담함, 포부 부족, 이기심, 완고함

연애와 인간관계

매력과 카리스마, 그리고 타고난 드라마틱한 감각으로 당신은 친구들이나 이성의 마음을 쉽게 얻을 수 있습니다. 사랑하는 사람이나 아끼는 사람들을 보호하려는 성향이 매우 강하며 때때로 쉽게 만족하지 못하는 경우도 있겠습니다. 마음이 후하고 배려심이 남다른 당신은 훌륭한 주인장 역할을 할 수 있으며, 다른 사람들에게 진심 어린 관심을 보입니다. 가끔 기분이 가라앉기도 하지만 온화하고 책임감이 강하여 다정한 연인이자 충실한 동반자 자격이 충분하네요.

이날 태어난 유명인

앙리 마티스(화가), 엘리자베스 아덴(기업가), 존 덴버, 도나 서머(가수), 벤 킹즐리, 앤서니 홉킨스, 발 킬머, 공리(배우), 알렉스 퍼거슨(축구 감독), 임현식(배우), 싸이(가수)

태양 : 염소자리	
지배 성좌 : 황소자리/금성	
위치 : 9° - 11° 염소자리	
상태 : 활동궁	
원소 : 흙	
항성 : 펠라구스	

1월 1일

CAPRICORN

탁월한 리더가 될 잠재력이 있는 사람

이날 태어난 사람들은 포부가 크고 세상 물정에 밝으며 권력을 갖고 싶어 합니다. 자제심과 강한 목적의식은 당신이 성공과 행복을 얻을 수 있는 필수요소입니다. 이 두 가지 없이는 불안해지고 불만이 생기기 쉽습니다. 책임감까지 갖춘다면 당신은 탁월한 리더십을 발휘할 수 있는 큰 잠재력을 지닌 사람입니다.

황소자리의 영향으로 당신은 일단 마음먹은 일은 시간이 한참 걸리더라도 반드시 이루어내는 능력을 지녔습니다. 현실적이면서도 인내심이 강해 관심 있는 목표나 활동에 매우 성실하게 임합니다. 충실하고 헌신적인 성향으로 자신이 원하는 바를 위해서는 큰 희생을 감수할 수 있는 사람이군요. 음악과 드라마에 대한 감각이나 재능을 개발하면 즐거움은 물론 편안함까지 얻을 수 있겠네요. 하지만 거만하거나 이기적인 태도로 자신의 복을 걷어차지 않도록 조심하세요.

다재다능하고 변화에 대한 욕구가 있어 관심사가 매우 다양한 편입니다. 영리하면서도 지식에 대한 갈망이 있어 똑똑한 사람들에게 매력을 느낍니다. 인생 전반에 필요한 독립심은 어린 시절부터 기르는 편이 좋겠습니다. 남의 조언을 무시하는 사람은 아니지만 때때로 고집불통이 되기도 합니다. 당신이 풀어야 할 과제 중 하나는 사소한 감정 문제에서 벗어나 봉사 활동을 통해 이상적인 사랑을 표현하는 일입니다.

19세 이전까지는 인생을 꽤 심각하게 받아들이는 경향이 있네요. 하지만 당신의 태양이 물병자리로 들어가는 20세 이후부터 다른 사람들의 의견에서 벗어나 좀 더 독립적인 태도를 가지게 되며 자신의 개성을 표현하는 데 관심이 커집니다. 친구들, 단체 활동 또는 인도주의적 문제가 삶에서 좀 더 중요한 역할을 하게 되는 시기이기도 합니다. 좌절감과 조급함을 피하기 위해서는 중년까지 자신의 목표를 명확하게 정해야 하겠습니다. 당신의 태양이 물고기자리로 들어가는 50세에 또 한 번 전환점을 맞게 됩니다. 이 시기에는 감수성과 감정을 증진시키는 게 중요해집니다. 포용력이 커지고 상상력이 풍부해지거나 창의적인 재능을 발전시키고자 하는 열망이 생기기도 합니다. 자신의 직감을 신뢰하는 법을 배운다면 자기 확신은 물론 선견지명도 발달하겠습니다.

숨어 있는 자아

당신은 내면의 지식과 고귀한 성품, 그리고 자부심을 지니고 있으면서도 여전히 모자라다고 생각합니다. 이 생각이 성취를 위한 추진력으로 작용하는 경우가 많습니다. 자신에 대한 확신이 부족하면 다른 사람들이나 상황을 조정하려 들 수 있습니다. 주위 사람들에게 인기를 얻거나 인정받고자 하는 욕구가 강해 때때로 곤란한 경우가 생긴다는 점을 인정할 필요가 있겠네요. 하지만 갈등을 하나하나 해결할 때마다 자신감이 점점 높아지겠습니다. 자신의 재능과 한계, 그리고 잠재적인 수완을 현실적으로 평가하면서 힘을 얻을 수 있습니다.

젊은 시절에는 매우 방어적이지만 나이가 들면서 심각한 태도에서 벗어나 좀 더 편안해집니다. 힘들게 얻은 교훈을 통해 성장한 당신은 자립심과 결단력이 매우 강하며 자신만의 근사한 권위를 지니게 됩니다.

일과 적성

권위적이고 독립적이며 행정 기술과 실행 능력까지 두루 갖춘 당신은 책임을 떠맡거나 지도적 위치에 있는 것을 좋아합니다. 직감이 강하고 상황 판단이 빨라 사람들에게 동기를 부여해줍니다. 사업 수완과 기획력을 발휘할 수 있는 자영업이나 창작자, 정치인 또는 프로듀서 등이 적성에 잘 맞습니다. 회사에 고용되어 일할 경우, 임원, 관리자 또는 현장 감독 등이 적성에 맞습니다. 창의적 활동이나 기업체 업무에서 두각을 나타낼 수 있을 정도로 잠재력이 있으니 특히 대기업 및 정부 기관 등 리더십을 십분 발휘할 수 있는 곳에서 일하는 것이 좋습니다. 보통 순전히 장삿속으로 일만 하는 쪽보다는 특정 분야에 특화된 전문 직종을 선호하는 경우가 많습니다. 근면 성실하고 헌신적이지만 다른 사람들의 마음에도 귀를 기울이는 법을 배우는 자세가 필요하겠네요.

수비학으로 풀어본 당신의 운세

이날 태어난 사람들은 일인자로서 자주적으로 행동하고 싶은 욕구가 큽니다. 생일 1이라는 숫자의 영향으로 개인주의적 성향이 강하고 창의적이고 용감하며 에너지가 넘칩니다. 개척 정신이 강해 스스로 결정하고 홀로 독립하고 싶은 마음이 크군요. 열정에 독창적인 아이디어까지 넘치니 다른 사람들에게도 성공할 수 있는 방법을 제시해주는 경우가 많네요. 생일 1이라는 숫자의 특성을 타고난 당신은 세상이 자신을 중심으로 돌아가지 않는다는 점을 배워야겠습니다. 당신은 창의적이고 직감이 매우 뛰어나며 날카로운 통찰력을 지닌 타고난 이상주의자입니다. 영감이 넘치고 의지가 강하기 때문에 단호한 성격의 소유자겠네요. 사람들에게 지시하는 걸 좋아하는 편이라 명령을 받는 일보다는 명령하는 일이 더 맞습니다. 감정 표현을 어려워하는 편이라 냉정하거나 무신경한 사람으로 보일 수도 있겠네요. 자신의 강력한 직감을 믿는 법을 배우고 부정적인 생각에 사로잡히지 않도록 주의하세요. 융통성 없이 자신의 고집만 내세우는 성향을 피하고 타협의 기술을 배우는 것도 도움이 되겠습니다.

- 장점 : 리더십, 창의력, 진취적 성향, 단호함, 낙천적, 강한 확신, 승부욕, 독립적, 사교적
- 단점 : 질투심, 자기중심적, 적대감, 절제력 부족, 성급함

연애와 인간관계

머리가 좋고 이해력이 뛰어난 당신은 싫증을 잘 내는 편이니 각양각색의 사교 모임에 활발하게 참여하는 것이 좋겠습니다. 똑똑한 사람들에게 매력을 느끼며 충실한 친구나 연인이 될 자질이 충분합니다. 성격이 강해 어리석은 일은 꼭 짚고 넘어가는 편이지만 때에 따라서 애교가 넘치기도 하네요. 지식, 규칙, 안정에 대한 욕구가 강해 좋은 부모가 될 수 있겠군요. 하지만 사랑하는 사람들을 지나치게 억압하지 않도록 주의하세요. 자신을 사랑하는 만큼, 현실적인 문제도 중요합니다. 다른 사람들에게 애정을 많이 표현하면 할수록 더 좋습니다.

당신에게 특별한 사람

연인이나 친구

1월 9, 30일 / 2월 7, 28일 / 3월 5, 26일 / 4월 3, 24일 / 5월 1, 22, 30, 31일 / 6월 20, 28, 29일 / 7월 18, 26, 27일 / 8월 16, 24, 25일 / 9월 14, 22, 23일 / 10월 12, 20, 21일 / 11월 10, 18, 19일 / 12월 8, 16, 17, 29일

힘이 되어주는 사람

1월 4, 6, 8, 21일 / 2월 2, 4, 19일 / 3월 2, 17일 / 4월 15일 / 5월 13일 / 6월 11일 / 7월 9일 / 8월 7일 / 9월 5일 / 10월 3일 / 11월 1일

운명의 상대

7월 1, 2, 3, 4, 5일

경쟁자

1월 25일 / 2월 23일 / 3월 21, 31일 / 4월 19, 29일 / 5월 17, 27일 / 6월 15, 25일 / 7월 13, 23일 / 8월 11, 21일 / 9월 9, 19일 / 10월 7, 17일 / 11월 5, 15일 / 12월 3, 13일

소울메이트

1월 2, 13일 / 2월 11일 / 3월 9일 / 4월 17일 / 5월 5일 / 11월 21일

이날 태어난 유명인

울리히 츠빙글리(신학자), 피에르 드 쿠베르탱(올림픽 창시자), 존 에드거 후버(전 미연방수사국 국장), J. D. 샐린저(작가), 폴 리비어(미국 혁명가), 배리 골드워터(미국 정치인), 안성기(배우), 윤건, 김준수(가수), 박성현(양궁 선수)

태양 : 염소자리
지배 성좌 : 황소자리/금성
위치 : 10° - 12° 염소자리
상태 : 활동궁
원소 : 흙
항성 : 펠라구스

1월 2일
CAPRICORN

지적 잠재력을 지닌 창의적인 사람

이날 태어난 사람들은 포부가 크고 끈기가 있으며 진지하고 근면한 특징이 있습니다. 현실적이고 세상 물정에 밝으며 지적 능력이 뛰어나 학습력이 남다르군요. 특히 교육은 잠재력을 최대한 발휘하는 데 도움이 됩니다. 하지만 돈과 인간관계에 대하여 긍정적인 태도를 배우는 일이 아주 중요하다는 점을 꼭 명심하세요.

황소자리의 영향으로 사랑과 애정, 그리고 업무상 조화로운 관계에 대한 욕구가 매우 강합니다. 아름다움과 예술을 무척 사랑하는 사람으로 자신의 창의적인 재능을 유용한 목적에 활용하고 싶어 합니다. 물건의 가치를 단번에 파악하는 능력을 타고나 어떤 상황에서든 최대치의 결과를 얻을 수 있을 정도로 매우 실용적인 성격입니다. 하지만 고급스럽고 호화로운 것을 무척 좋아하는 성향이 있으니 분수에 넘치는 소비생활을 하지 않도록 늘 점검하세요.

독창적인 아이디어와 인간 본성에 대한 날카로운 비판력을 활용한다면 성공할 가능성이 매우 높습니다. 하지만 생일의 영향으로 목표 달성을 위해서는 노력과 자기 수양이 반드시 뒤따라야 한다는 점을 기억하세요. 다행히 포부를 달성할 수 있을 정도로 참을성을 타고났으니 인간관계에서 발생하는 갈등만 피하면 되겠습니다. 당신이 극복해야 할 문제들 중 한 가지는 자신의 능력을 인정하고 믿는 일입니다. 이 점을 제대로 인정하지 못한다면 당신의 능력에 걸맞지 않는 일만 해야 한다는 점을 명심하세요.

18세 전까지는 인생의 현실적인 규칙과 체계를 매우 중요시하는 성향이 보입니다. 당신의 태양이 물병자리로 들어가는 19세 이후부터는 독립과 자유에 대한 욕구가 더 커지고 우정도 더 중요해집니다. 좀 더 색다른 대상에 관심이 생기거나 자신만의 독특한 아이디어를 표현하고자 하는 마음도 갖게 됩니다. 당신의 태양이 물고기자리로 들어가는 49세에 또 한 번 전환점을 맞이하는데, 이 시기에는 감수성과 탄탄한 내적 삶을 일구고자 하는 욕구가 강해집니다. 그러면서 당신의 관점, 꿈, 그리고 정서적인 이상에도 이런 성향이 반영되겠네요.

숨어 있는 자아

무엇이든지 사업으로 바꿀 수 있는 천부적인 재능을 자신에게 진정으로 소중한 일을 하는 데서 얻을 수 있는 성공과 혼동해서는 안 됩니다. 돈벌이가 되는 일을 찾아내고 부를 얻을 수 있는 능력이 탁월해 겉으로는 성공한 사람처럼 보이겠지만 당신의 내면까지 채워줄 수는 없다는 점을 잊지 마세요. 그러므로 돈 버는 재주를 자신에게 더 큰 행복을 안겨줄 가치 있는 일로 바꿀 수 있는 방법을 배우는 것이 중요합니다.

당신은 결단력이 강해 항상 최고의 자리를 목표로 삼습니다. 권력을 즐기고 어떤 목표나 목적에 전념할 수 있는 힘도 갖추었네요. 이런 성향을 통제하지 못하게 되면 불안정하고 완고해질 수 있으며, 열정이 식어 무관심해지는 극단적인 감정 변화를 겪을 수 있습니다. 그렇지만 예민한 감정 덕분에 자신은 물론 다른 사람들에게 닥친 곤란한 일들을 해결할 수 있는 직관적인 통찰력을 얻을 수 있겠습니다.

일과 적성

포부가 크고 창의적이며 성공을 늘 염두에 두고 행동하는 당신은 다른 사람들과 협업하여 일하는 경우가 많습니다. 뛰어난 직관력에 강한 지적 잠재력까지 갖추었군요. 이런 특성이 당신 특유의 감수성과 잘 어우러진다면 치유, 교육 또는 과학 연구 분야에서 두각을 나타낼 수 있습니다. 권위적이면서도 근면하므로 미디어 쪽이나 홍보 전문가, 중재자 또는 관리자가 어울립니다. 훌륭한 심리학자인 당신은 만년에는 타고난 글쓰기 재능을 발휘하게 될 수도 있겠네요. 또는 예술, 사진, 음악, 연극 등 창의력을 펼칠 수 있는 일도 잘 맞습니다. 당신은 자신을 표현하고 지혜를 얻고자 하는 욕구가 있으므로 사업만으로는 장기적으로 만족감을 얻기가 힘듭니다. 교육 쪽이나 사회사업가, 교육자로서 지역사회에 봉사할 수 있는 일이 당신에게는 가장 좋습니다.

수비학으로 풀어본 당신의 운세

섬세함과 집단의 일원이 되고 싶은 강한 욕구는 2일에 태어난 사람들의 특징입니다. 융통성이 있으며 이해심이 많아 협동심이 필요한 단체 활동을 즐깁니다. 조화로움을 사랑하고 다른 사람들과 교감하고자 하는 욕구가 있어 조정자 또는 중재자 역할을 잘 해냅니다. 남에게 호감을 사려고 애쓰다 보면 다른 사람에게 지나치게 의존하게 될 위험이 있으니 조심하세요. 탄생월 1이라는 숫자의 영향으로 직관력이 뛰어나고 상상력이 풍부합니다. 주도하려는 성향이 강해 혼자 결정하거나 독립해 활동하고자 합니다. 독립적이고 획기적이며 대담하고 에너지가 넘칩니다. 고정관념에 얽매이는 경우도 있지만 대체로 마음이 넓고 진보적이네요. 당신은 공감 능력이 뛰어난 인도주의자로 지혜와 정의를 중요시합니다. 인생의 미스터리를 탐구하고자 하는 욕구가 형이상학이나 철학을 연구하고 가르치는 일로 이어질 수도 있겠네요. 성급하고 지나치게 감정적으로, 상황에 극단적으로 대응하는 일은 피하세요. 대중을 위해 봉사하거나 개혁이나 계몽에 관계되는 일을 했을 때 가장 행복하다는 사실을 발견할 수 있겠습니다.

- 장점 : 사려 깊음, 훌륭한 파트너십, 온유함, 전술가, 수용력, 직관력, 조화, 유쾌함, 친선 대사
- 단점 : 의심이 많음, 자신감 부족, 소심함, 과민, 이기심, 쉽게 상처 받음, 기만

연애와 인간관계

섹시함과 강한 매력을 지닌 당신은 사랑과 애정을 얻고자 하는 욕구가 강합니다. 우호적인 관계를 원하는 당신은 연인 관계에서도 돈독한 우정이 꼭 필요한 사람입니다. 일상적인 문제로 쩨쩨하게 굴거나 낙담하지 말아야 합니다. 인간관계에서 불만을 갖게 되는 근본 요인이기 때문이죠. 대체로 당신은 상대에게 충실하고 신뢰감을 주는 연인입니다. 자신이 사랑하는 사람들에게는 관대한 사람이지만 다만 금전 문제로 결혼 생활이나 인간관계에 갈등이 생길 수도 있습니다. 만년에는 사람들이 당신에게 조언과 지도를 구하는 경우가 많겠습니다.

연인이나 친구

1월 4, 18, 21, 31일 / 2월 2, 16, 19, 29일 / 3월 14, 17, 27일 / 4월 12, 15, 25, 27일 / 5월 10, 13, 23, 25일 / 6월 8, 11, 21일 / 7월 6, 9, 19, 31일 / 8월 4, 7, 17, 29일 / 9월 2, 15, 17, 27, 3일 / 10월 3, 13, 25, 28일 / 11월 1, 11, 13, 23일 / 12월 9, 21, 24, 30일

힘이 되어주는 사람

1월 6일 / 2월 4일 / 3월 2일 / 5월 30일 / 6월 28일 / 7월 26일 / 8월 24일 / 9월 22, 30일 / 10월 20, 28일 / 11월 18, 26일 / 12월 16, 24일

운명의 상대

6월 30일 / 7월 3, 4, 5, 6, 28일 / 8월 26일 / 9월 24일 / 10월 22일 / 11월 20일 / 12월 18일

경쟁자

1월 27일 / 2월 25일 / 3월 23일 / 4월 21일 / 5월 19일 / 6월 17일 / 7월 15일 / 8월 13일 / 9월 11일 / 10월 9일 / 11월 7일 / 12월 5일

소울메이트

1월 17, 19일 / 2월 15, 17일 / 3월 13, 15일 / 4월 11, 13일 / 5월 9, 11일 / 6월 7, 9일 / 7월 5, 7일 / 8월 3, 5일 / 9월 1, 3일 / 10월 1일

이날 태어난 유명인

아이작 아시모프(작가), 레나타 테발디(성악가), 베라 조리나(무용가), 데이비드 베일리(사진작가), 지가 베르토프(영화감독), 서용빈, 손민한(야구 선수), 윤세아(배우)

태양 : 염소자리

지배 성좌 : 황소자리/금성

위치 : 11°-13° 염소자리

상태 : 활동궁

원소 : 흙

항성 : 펠라구스

1월 3일

CAPRICORN

어디에도 얽매이지 않는 독립적인 사람

당신은 활발하면서도 창의력이 넘치는 염소자리 태생으로 예리하고 두뇌 회전이 빠릅니다. 이날 태어난 사람들은 흥미를 느끼는 목표나 아이디어에 근면하게 임하는 특징이 있습니다. 특히 도전할 때 창의력이 풍부해지는 자유로운 사고의 소유자이므로 쉬운 길을 선택해 최대치의 잠재력을 발휘하지 못하는 경우를 조심해야 합니다. 항상 젊은이들처럼 혈기가 넘치지만 원하는 것을 성취하려면 인내심과 책임감을 갖추어야 합니다.

황소자리의 영향으로 자신이 흥미를 느끼는 일을 할 때 매력이 넘칩니다. 외모를 중요시하며 스타일과 아름다움에 대한 안목이 예리합니다. 이날 태어난 사람들은 음악적이거나 드라마틱한 것에 대한 이해가 뛰어나며, 재능을 타고난 사람들이 많습니다. 금전적 노하우가 뛰어나며 생존 본능이 강해 부를 쌓고 주변 환경을 이점으로 활용할 수 있습니다. 성공과 성취에 필수적인 요소는 교육, 계획, 그리고 체계적으로 전념하는 태도입니다.

당신은 별자리의 영향으로 타고난 절제력을 발휘할 것인지 또는 자신의 욕구를 채우기 위해 돌진할 것인지를 선택해야 합니다. 부정적인 사고와 걱정하는 습관을 피하는 것이 현명하겠네요. 긍정적인 기운을 유지할 때 자신의 소명의식을 정확하게 깨닫고 품위를 갖출 수 있습니다. 하지만 당신은 여전히 겸손하며 자신의 일에 최선을 다하고자 하는 욕구를 잃지 않겠네요. 의심이 많은 편이지만 자유로운 철학적 사고를 개발할 수 있습니다.

17세 이전까지 당신은 인생을 매우 조심스럽게 살겠네요. 하지만 당신의 태양이 물병자리로 들어가는 18세 이후부터는 관습이나 타인의 의견에 의존하지 않습니다. 자신의 개성을 표현하고자 하는 욕구가 강해 친구들, 단체 활동 또는 인도주의적 문제가 삶에서 중요한 부분을 차지하게 되기도 합니다. 중년이 되면서 당신은 거저 얻을 수 있는 것은 아무것도 없으며 성공하려면 반드시 시간과 노력이 뒤따라야 한다는 점을 깨닫게 됩니다. 당신의 태양이 물고기자리로 들어가는 48세에 또 한 번 전환점을 맞이합니다. 이때부터 더욱 예민해진 감수성과 감정에 집중하겠네요. 인정이 많아져 좀 더 수용적 자세를 보이고 영적인 관심사에 흥미가 높아지겠습니다.

숨어 있는 자아

당신이 진정으로 열정을 발휘할 때 성공이 찾아옵니다. 열정은 가장할 수 있는 게 아니니까요. 활발한 기운을 얻으면 자신의 전부를 쏟아부을 수 있는 사람이군요. 그래서 마음속에 확신이 가득차면 큰 성공으로 이어질 수 있겠습니다. 성취와 완벽함을 추구하는 동안 도전 정신을 잃지 않도록 해야 합니다. 확신이 서지 않을 경우 회의적이거나 냉소적으로 반응할 수 있습니다. 대신 확신이 서면 당신은 좀 더 대담하고 자발적으로 움직일 수 있으며 우호적인 경쟁 관계에서 훨씬 더 일을 즐기는 경우가 많습니다.

당신은 현재 유행하는 흥미로운 주제나 활동을 좋아하기 때문에 새로운 벤처 사업 등을 시작하고 다른 사람들을 모험으로 끌어들이기를 즐깁니다. 인도주의적 주제를 위해 싸우거나 무언가를 개혁하는 데 소질이 있는 당신은 다른 사람들이 행동에 나서도록 고무시킬 수 있습니다. 지식이 곧 힘이라는 인식을 갖고 태어나 당신은 성공을 위해 필요한 정신적인 체계를 세우는 훌륭한 능력, 그리고 눈에 띄게 성공할 수 있는 잠재력을 지니고 있습니다. 당신은 만년에 사랑의 가치를 이해하면서 강력한 깨달음을 경험하게 됩니다.

일과 적성

진취적이고 이상적이며 실무 능력까지 갖춘 당신은 창시자 또는 분쟁 조정자 역할을 훌륭하게 해낼 수 있습니다. 직감이 뛰어나고 두뇌 회전이 빠르므로 적극적으로 행동하며 분명한 것을 좋아하는군요. 일과 놀이를 적절하게 어우르는 능력이 있어 다정하면서도 유용한 사람입니다. 사업에서 성공하려면 신념과 비전을 갖추어야 하겠네요. 당신은 어디에도 얽매이지 않는 독립적인 인간으로 진취적이고 독창적이지만 전통적인 방법을 활용해야 할 경우도 있겠습니다. 당신의 용기와 이상주의는 사회의 불의와 맞서 싸울 원동력입니다. 리더십과 기획력을 갖춘 덕분에 책임자 역할에 적합합니다. 친절한 태도는 판매와 홍보 분야에도 잘 어울리네요. 인도주의자 또는 사회 개혁자 기질이 있어 훌륭한 교사가 될 수 있으며, 글쓰기 재능을 활용하여 글을 쓰는 직업 좋겠습니다.

수비학으로 풀어본 당신의 운세

창의력에 대한 욕구는 3일에 태어난 사람들의 특징입니다. 재미있는 것을 좋아하며 누구에게나 좋은 친구인 당신은 우호적인 사회 활동을 주로 즐기기도 합니다. 당신은 자기표현 욕구가 강하며 긍정적인 기운이 유지될 경우 삶의 기쁨을 발산합니다. 하지만 쉽게 싫증을 내는 성향 때문에 우유부단해지거나 너무 많은 일을 벌일 수 있겠네요. 그럼에도 불구하고 당신은 예술적이고 매력적이며 유머 감각도 뛰어난 편입니다. 말에 대한 재능이 있어 말하기, 글쓰기, 노래 등에서 역량을 발휘하게 됩니다. 탄생월 1이라는 숫자의 영향으로 당신은 자립심이 강하고 독립적입니다. 열정은 물론 독창적인 아이디어가 풍부해 다른 사람들에게까지 성공할 수 있는 방법을 제시하는 경우가 많습니다. 당신은 진지하면서도 근면한 성격으로 상상력을 현실에 적용하기를 좋아합니다. 획기적이고 용감하며 자신의 속내를 거리낌 없이 털어놓을 줄 압니다. 이런 점이 또 한 가지 매력이 되는군요. 진취적인 기상이 색다른 주제를 실험하고 혼자서 결정하거나 자주적으로 활동하는 원동력으로 작용하겠습니다.

- ● 장점 : 유머, 행복감, 다정함, 생산적, 창의적, 예술적 성향, 말재주, 꿈을 이루는 힘, 자유에 대한 사랑
- ■ 단점 : 쉽게 싫증을 냄, 허영심, 자화자찬, 사치, 방종, 게으름, 의심

연애와 인간관계

독립적인 성향이 강하면서도 단단하고 안정된 가정에 대한 욕구가 있습니다. 이날 태어난 여성은 위험을 감수하는 대담성과 개척자 기질을 지닌 남성에게 끌리는 경우가 많습니다. 당신은 활기차고 장난기도 많은 사람이지만 교제를 시작하면 책임감을 발휘하여 충실하고 신뢰감 있는 친구나 연인이 될 수 있겠네요. 가끔 인간관계에서 정서적인 고립감을 느끼기도 하네요. 어쨌든 당신은 꽤 사교적이면서도 매력적이라 주위에 사람이 많으며 매우 유쾌한 사람입니다.

| 태양 : 염소자리 |
| 지배 성좌 : 황소자리/금성 |
| 위치 : 12° - 14° 염소자리 |
| 상태 : 활동궁 |
| 원소 : 흙 |
| 항성 : 베가 |

1월 4일
CAPRICORN

포부와 성실성을 두루 갖춘 성공 지향적인 사람

성공 지향적인 당신은 솔직하고 정직한 염소자리 태생으로 자신의 목표를 달성하기 위해 기꺼이 노력을 다하는 사람입니다. 큰 포부, 승부욕, 뛰어난 판단력을 두루 갖추어 자기 수양을 쌓는다면 어떤 난관도 극복할 수 있는 능력이 있습니다. 하지만 높은 사명감을 성취하기 위해 필요한 책임감을 외면한다면 가치 있는 일을 이루고자 하는 강한 욕구를 채울 수 없을지도 모르니 조심하세요.

황소자리의 영향으로 당신은 직업이나 취미 활동을 통해 예술적이고 창의적인 능력을 표현할 수 있습니다. 금성의 영향으로 매력과 재치, 유쾌함, 그리고 사교성을 타고났군요. 관점이 포괄적이고 관심사가 다양해 여행이나 철학 또는 영적 주제를 연구하는 데 관심이 있겠습니다. 그렇다고 돈 버는 재주가 있는 당신의 예리한 현실 감각을 손상시키지는 않으니 안심하세요.

당신은 자신의 의견에 확신이 넘치고 반응이 매우 빠르지만 사람들을 다룰 때 이런 점이 오만하거나 성급하다는 인상을 줄 위험이 있으니 주의하세요. 매우 현실적인 태도로 인생을 살며, 마음만 먹으면 부를 축적할 수 있는 사람이지만 당신은 심오한 자연과 연관된 것에서 더 큰 만족감을 얻습니다.

당신의 태양이 물병자리로 들어가는 17세를 전후하여 당신은 집단을 좀 더 중요시하고 보수적인 성향에서 벗어나면서 자유를 좀 더 중요시하게 됩니다. 노력을 게을리하지 않는다면 중년의 나이에는 자신의 몸값을 높일 수 있겠네요. 새로운 분야를 찾을 경우에는 갑작스러운 변화를 꾀하거나 어림짐작하지 말고 신중하게 결정해야 합니다. 그래야 쉽게 싫증을 느끼는 일도 피할 수 있습니다. 당신의 태양이 물고기자리로 들어가는 47세 이후에는 정서적 감수성이 더욱 예민해지고 내면의 삶을 단단하게 발전시키는 데 집중하게 됩니다. 그러면서 당신의 관점, 꿈 그리고 정서적인 이상에도 이런 성향이 반영되겠네요. 말년에도 젊은이다운 인생관을 유지하겠습니다.

숨어 있는 자아

당신의 강하고 확신에 찬 겉모습 뒤에는 풍부한 감정과 감수성이 숨어 있습니다. 상상력이 풍부하고 천성이 수용적인 당신은 대규모 공동체를 연결하는 실용적 역할을 할 수 있겠습니다. 인정이 많아 다른 사람들을 위해 기꺼이 자신을 내놓을 수 있는 사람입니다. 감정이 풍부하고 자부심이 넘치며, 이런 자질들이 일이나 창의적인 표현으로 이어진다면 성공의 중요한 열쇠가 되겠네요. 반면 자신의 감수성을 긍정적으로 발산할 곳을 찾지 못하거나 일의 중요성을 인식하지 못한다면 현실도피, 이해력 부족 또는 심한 감정 기복을 겪을 수 있으니 조심하세요.

대개 학문에 천부적인 재능이 있으며 특히 교육, 철학, 법, 종교, 여행 또는 정치학 등 폭넓은 주제에 관심이 있습니다. 특히 자신이 열정을 느끼는 주제에 대해서는 영감을 퍼트리는 사상가 또는 사람들에게 희망을 주는 이야기꾼이 되겠습니다.

일과 적성

사교적이고 다정한 당신은 소통 기술이 뛰어나며 사람들을 잘 다룹니다. 이날 태어난 사람들은 직업에서 변화와 다양성에 대한 욕구가 있으므로 일을 미루는 버릇을 없애려면 다양한 활동이 필요하겠습니다. 당신은 상업 분야에서 관리자 또는 기획자의 자리에 오르면서 성공할 가능성이 높습니다. 공무원, 경찰, 지방 자치단체 등 정부 기관 관련 업무도 적합하겠네요. 지식에 대한 애정이 있으니 좋은 교사나 트레이너가 될 가능성도 높습니다. 상상력과 재치가 있고, 사람들을 즐겁게 해주는 능력을 타고난 당신은 일과 사회 활동을 접목한 활동이나 연예 관련 분야도 잘 맞습니다.

수비학으로 풀어본 당신의 운세

탄탄한 체계와 질서정연함에서 나오는 힘을 중요시하는 4일 태생답게 당신은 안정성을 필요로 하며 규칙을 세우는 일을 좋아합니다. 숫자 4의 영향으로 특정한 방식을 만들고 구성하는 데 소질이 있고 안전주의자이기 때문에 자신은 물론 가족을 위해 단단한 기반을 세우기를 좋아합니다. 삶에 대한 현실적인 접근으로 사업 감각이 뛰어나 물질적인 성공을 거둘 능력이 있군요. 감정을 잘 드러내지 않지만 믿음직스러운 당신은 정직하고 솔직한 편이며 정의로운 사람입니다. 하지만 자신의 감정을 표현하는 방법을 배우면 도움이 되겠군요. 이날 태어난 사람들이 해결해야 할 과제는 심리적으로 불안정한 시기를 극복하는 일입니다. 탄생월 1이라는 숫자의 영향으로 당신은 포부가 크고 진취적이며 독립적인 관점을 지녔습니다. 획기적이면서도 호기심이 강하며 에너지가 넘치는 성격으로 보통 근면하고 진지하며 성취 욕구가 높은 편입니다. 머리가 좋고 직관력이 뛰어나 명령을 받는 위치보다는 명령을 내리는 쪽을 선호합니다. 독창적인 아이디어로 영감을 얻을 경우 당신은 다른 사람들에게 성공할 길을 제시하는 경우가 많습니다.

- 장점 : 조직력, 자기 수양, 꾸준함, 근면, 손재주, 실용적, 신뢰, 정확함
- 단점 : 소통 부족, 억눌림, 게으름, 융통성 부족, 게으름, 미루는 버릇, 거만함, 분개

연애와 인간관계

역동적이고 재치가 있는 당신은 매우 매력적인 사람입니다. 사교적이고 친절하여 친구가 많고 사교 활동에서도 매우 적극적입니다. 당신은 쾌활하고 창의적이며 이런 점을 연인 그리고 다른 사람들과 함께 나눌 때 가장 행복해합니다. 하지만 당신은 연인에게 완전하게 전념하기는 머뭇거리는 편이군요. 또 돈 문제로 인간관계에 문제가 생길 수도 있겠습니다. 가끔 무심해 보이기도 하지만 로맨틱한 사람으로 속으로는 감수성이 풍부하고 인정이 많습니다.

이날 태어난 유명인

아이작 뉴턴(과학자), 야코프 그림(동화 작가), 아이작 피트먼(속기법 발명가), 루이 브라유(시각장애인을 위한 점자 시스템 발명가), 가오싱젠, 할런 코벤(소설가), 유해진, 강혜정(배우), 송은이(코미디언)

태양 : 염소자리

지배 성좌 : 황소자리/금성

위치 : 13° - 15° 염소자리

상태 : 활동궁

원소 : 흙

항성 : 베가

1월 5일

CAPRICORN

모험과 여행을 좋아하는 자유분방한 사람

염소자리 태생 사람들은 카리스마가 넘치며, 충실함과 근면함이 특징입니다. 특히 가치 있는 목표나 목적의식이 분명한 일에는 전력을 다하지요. 현실적이며 세상 물정에 밝아 실패하더라도 강인한 인내심을 발휘하여 멈추는 법이 없으며 희생정신도 강합니다. 이날 태어난 사람들은 특별한 잠재력을 타고났지만 극히 보편적이고 공정한 반면 우울해지거나 지나치게 심각해지는 극단적인 면이 있습니다.

황소자리의 영향으로 매력이 넘치고 창의적인 능력까지 갖추었네요. 사교술이 뛰어나 주변 사람들과 돈독한 관계를 유지하는 일도 그리 어렵지 않아요. 인생의 좋은 것들을 즐기고 조화롭거나 호화롭기까지 한 환경을 선호합니다. 자유분방하며, 이미지를 의식하는 당신은 늘 잘 차려입기를 좋아하며 옷 입는 스타일이 아주 독특한 편이군요.

조직력이 뛰어나니 긍정적으로 사고하고 실행 계획을 잘 세우면 업무 효율이 더 높겠습니다. 장기적인 프로젝트에 노력을 투자하면 이익을 얻기 쉬우며, 일확천금에 대한 헛된 꿈은 버리는 편이 좋겠습니다. 당신은 모험과 여행을 무척 좋아하는 성향으로 고향에서 멀리 떨어진 곳에 정착하는 경우도 있겠군요.

당신의 태양이 물병자리로 들어가는 16세 이후부터 관습에서 벗어나 독립적인 성향이 두드러지겠습니다. 자신만의 개성을 표현하고자 하는 욕구도 커지는군요. 우정, 단체 활동 또는 인도주의적 주제가 중요한 역할을 하기 시작합니다. 당신의 태양이 물고기자리로 들어가는 46세에 또 다른 전환점을 맞이합니다. 이때부터 한층 높아진 감수성과 감정에 좀 더 집중하겠습니다. 최고 수준의 신비주의나 영적 관련성을 탐구하고자 하지만 백일몽 같은 세속적인 수준에서 그칠 수도 있겠네요. 좀 더 수용적이 되고 상상력이 풍부해지면서 창의적인 재능을 개발하거나 자신의 진가를 알아보고자 하는 욕구를 느끼게 되겠습니다.

숨어 있는 자아

엄청난 정서적인 힘을 발휘할 수 있는 잠재력을 강한 목표의식과 잘 결합시킨다면 예술, 연예, 정치 또는 영적 활동 분야에서 지도자가 될 수 있겠습니다. 강한 의지와 긍정적인 생각으로 목표에 전념한다면 기적을 이루어내고 넘치는 인정을 베풀 수 있겠네요. 하지만 부정적인 생각에 빠질 경우 오만하고 냉정해지거나 낙담하고 실망감에 빠지기 쉬우니 주의하세요. 냉정해지지 않으면서도 진정한 객관성을 유지할 수 있는 법을 배우게 된다면 젊은 나이에도 엄청난 내면의 자유를 얻을 수 있으며, 더 깊고 심오한 자연에 대해 탐구하고자 하는 욕구가 생기겠습니다.

당신은 조화로움을 사랑하는 사람으로 평화를 추구합니다. 감각이 예민하고 세속을 초월하고자 하는 욕구가 있으며, 빛, 색, 형태, 소리에 대한 통찰력이 매우 뛰어납니다. 그래서 예술, 음악 또는 영적 활동이 적합한 사람입니다. 다른 사람에 대한 책임감이 매우 강하며 진정한 지혜나 이상적인 세계를 추구하는 경우가 많습니다.

일과 적성

다정하고 너그러우면서도 포부가 크고 근면한 당신은 조화로운 업무 관계와 화기애애한 분위기가 필요한 사람입니다. 당신은 인맥을 쌓고 사람을 다루는 능력이 뛰어나므로 중재자, 관리자 또는 중개인 등의 직종에서 두각을 나타낼 수 있겠네요. 집단적 꿈을 이해하기 때문에 대중이 무엇을 원하는지에 대한 감이 뛰어난 편입니다. 사업으로 성공하고 싶어 하지만 당신의 진정한 재능은 교육 및 영적 활동을 통해 봉사하는 일을 할 때 발휘되겠습니다. 글쓰기, 드라마, 음악에 대한 재능이 있는 걸로 보아 표현력이 강한 사람이네요.

수비학으로 풀어본 당신의 운세

강한 직감, 타고난 모험심, 자유에 대한 열망은 5일에 태어난 사람들의 특징입니다. 여행과 뜻밖의 변화를 포함한 많은 기회를 통해 진정한 관점과 신념을 갖추게 되겠네요. 생일 숫자 5의 영향으로 당신의 삶에는 활력이 넘치지만 참을성을 기르고 세부적인 사항에 집중하는 법을 배울 필요가 있습니다. 어림짐작으로 성급하게 일단 저지르고 보는 습관만 피한다면 성공할 수 있습니다. 또 대세를 따르고 객관성을 유지하는 데 천부적인 소질이 있군요. 탄생월 숫자 1의 영향으로 당신은 자존심이 강하고 포부가 크며 독립적입니다. 세심하고 직감이 뛰어난 사람이며 인정도 많습니다. 공감 능력을 타고났으며 마음이 너그럽군요. 결단력이 강해 혼자서 결정해야 하고 독립이 필수적인 사람입니다. 때때로 열정이 넘치지만 낙담하지 않으려면 지구력을 키울 필요가 있겠네요. 끈기가 없어 가끔 성급하게 행동이 앞서거나 조급한 모습을 보일 수도 있습니다.

- 장점 : 다재다능, 융통성, 진취적인 태도, 매력, 대담함, 자유에 대한 열망, 기민함과 재치, 호기심, 신비주의, 사교성
- 단점 : 믿음직스럽지 못함, 미루는 버릇, 일관성 결여, 과신, 변화에 적응하지 못함

연애와 인간관계

사람을 끄는 매력이 있어서 쉽게 친구를 사귀는 편이며, 강하고 열정적으로 사랑을 표현하는 사람이군요. 자유를 갈망하며, 때때로 평범하지 않은 관계에 빠지기도 하는 당신은 우정을 소중하게 여기며 좀 더 폭넓고 강한 인도주의적 관점으로 인간관계를 이어나갑니다. 이날 태어난 남성들은 다소 강하고 위압적인 여성에게 끌리는 경향이 있습니다. 당신에게는 인간관계가 무척 중요한 편이지만 연인이나 주위 사람들에게 지나치게 의존하지 않도록 주의하세요. 연인뿐만 아니라 다른 인간관계에서도 당신은 영리한 사람들에게 매력을 느낍니다. 일단 완벽한 사랑을 발견하면 충실하고 믿음직스러운 연인이 됩니다.

연인이나 친구 ♥

1월 5, 17, 19일 / 2월 3, 15, 17일 / 3월 13, 15일 / 4월 11, 13일 / 5월 9, 11일 / 6월 7, 9, 30일 / 7월 5, 7, 28, 30일 / 8월 3, 5, 26, 28일 / 9월 1, 3, 24, 26일 / 10월 1, 22, 24일 / 11월 20, 22일 / 12월 18, 20, 30일

힘이 되어주는 사람 ♣

1월 20, 29일 / 2월 18, 27일 / 3월 16, 25일 / 4월 14, 23일 / 5월 12, 21일 / 6월 10, 19일 / 7월 8, 17일 / 8월 6, 15일 / 9월 4, 13일 / 10월 2, 11, 29일 / 11월 9, 27일 / 12월 7, 25일

운명의 상대 ◆

3월 29일 / 4월 27일 / 5월 25일 / 6월 23일 / 7월 5, 6, 7, 8, 21일 / 8월 19일 / 9월 1일 / 10월 15일 / 11월 13일 / 12월 11일

경쟁자 ♦

1월 14, 27일 / 2월 12, 25일 / 3월 10, 23일 / 4월 8, 21일 / 5월 6, 19일 / 6월 4, 17일 / 7월 2, 15일 / 8월 13일 / 9월 11일 / 10월 9일 / 11월 7일 / 12월 5일

소울메이트

6월 30일 / 7월 28일 / 8월 26일 / 9월 24일 / 10월 22, 29일 / 11월 20, 27일 / 12월 18, 25일

물병자리

이날 태어난 유명인

파라마한사 요가난다(인도의 영적 지도자), 다이앤 키튼, 로버트 듀발(배우), 콘라트 아데나워(독일 정치인), 앨빈 에일리(안무가), 움베르토 에코(작가), 마릴린 맨슨(가수), 장광, 유인영, 윤소이(배우), 송경아(모델), 이국주(코미디언)

태양 : 염소자리

지배 성좌 : 황소자리/금성

위치 : 14° – 16° 염소자리

상태 : 활동궁

원소 : 흙

항성 : 베가

1월 6일

CAPRICORN

정반대의 기질이 조화롭게 섞인 매력적인 사람

강인하고 결단력이 있으면서도 사람을 끌어당기는 매력의 소유자로 정반대의 기질이 고루 섞인 흥미로운 사람입니다. 이날 태어난 사람들은 실용적인 관점으로 자신의 이상을 달성하기 위해 열심히 노력하는 특징이 있습니다. 많은 것을 성취할 수 있는 어마어마한 에너지를 소유하고 있으니 덕을 보겠군요. 힘, 돈, 그리고 지위에 대한 욕구가 성공의 계단을 올라갈 수 있는 원동력이 되겠습니다. 톡톡 튀는 재치와 영리함에 인도주의적 기질까지 갖춘 당신은 예리한 통찰력으로 사람을 꿰뚫어볼 수 있으며 더욱 강한 영감을 받을 수 있는 사람입니다.

황소자리의 영향으로 예술 또는 아름다움에 대한 애정을 갖고 있으면서도 부를 쌓을 수 있는 재능도 갖추고 있네요. 창의력이 매우 뛰어나 자신의 능력을 실제로 활용하기를 좋아하며, 목표를 달성하기 위해 기꺼이 희생을 감수하는 편입니다. 하지만 크게 좌절하지 않으려면 인생을 지나치게 심각하게 받아들이지 않아야 합니다. 하지만 당신은 평소에는 인정이 넘치고 객관적이며 평온한 사랑의 감정이 충만합니다.

개성이 강한 당신은 목표를 정확하게 인식하고 포부가 원대하며 의무감을 무엇보다 중요시하는 사람입니다. 철학적으로 사고하며 어려운 시기를 지나는 동안 얻은 경험을 긍정적으로 받아들일 줄 아는 사람이군요.

당신의 태양이 물병자리로 들어가는 15세 이후부터 당신은 관습에서 벗어나 좀 더 독립적인 사람이 됩니다. 그리고 자신만의 독특한 통찰력에 대한 신뢰감도 생기겠습니다. 또 단체 활동이나 인도주의적 주제에 관심이 생깁니다. 당신의 태양이 물고기자리로 들어가는 45세에 또 한 번 전환점을 맞이합니다. 감수성을 개발하고 색다른 내면의 삶을 발전시키는 데 좀 더 집중하게 되는 시기입니다. 그러면서 당신의 관점, 꿈, 그리고 정서적인 이상에도 이런 성향이 반영되겠네요. 만년에는 다른 사람에게 사랑을 표현함으로써 정서적인 만족을 얻을 수 있으며 돈이나 권력이 모든 것의 답이 아니라는 사실을 깨닫게 됩니다.

숨어 있는 자아

당신에게는 지식에 대한 탐구욕이 성공과 성취로 이어지는 핵심 열쇠입니다. 어떤 분야든 교육을 통해 당신의 막대한 잠재력을 발휘할 수 있겠습니다. 자존감을 기르면 의심하거나 우유부단해지지 않을 수 있으며, 다른 사람을 보좌하는 자리보다는 리더십을 발휘할 수 있는 자리에 오를 수 있도록 해줍니다. 독창적인 것을 좋아해 뭔가 색다른 면을 이야기할 수 있는 사람이군요. 고집이 센 편이며 가끔 부산한 경우가 있지만 좀 더 끈기 있게 전략적인 기질을 발휘한다면 장기적으로 좋은 결과를 성취할 수 있습니다. 파워 게임에 휘말리게 되면 긍정적인 에너지를 고갈시킬 수 있으니 조심하세요.

당신은 인정받고자 하는 욕구가 강하며, 특히 제대로 평가받지 못할 때는 힘들어합니다. 책임감이 강한 편이므로 의무와 이상 사이의 균형을 잘 유지해야 하겠습니다. 직감이 매우 뛰어나 보통 어떤 일을 시작하기 전 느낌이 좋을 경우 효율적으로 일할 수 있습니다.

일과 적성

강압적이고 결단력이 강한 당신은 당찬 겉모습 뒤에 불신과 불안감을 숨기고 있습니다. 하지만 그 점이 대중을 다루는 일을 잘 해내는 데 도움이 됩니다. 치유 관련 분야가 당신에게 더할 나위 없이 잘 어울리는 직종으로, 뛰어난 내과 의사나 건강관리 전문가가 될 가능성이 높습니다. 사업 수완이 있고 천성적으로 다른 사람을 잘 돕는 사람이라 상담사, 심리학자, 자문가, 협상가 또는 중개인으로 성공할 수 있겠네요. 능력이 탁월하고 머리가 좋아서 종교나 영적 활동도 잘 맞습니다. 선견지명이 뛰어나니 영화 산업이나 이미지 또는 영상을 파는 회사에서 일하는 것도 좋습니다. 업무를 비롯해 생산적인 활동을 통해서 개인적인 성취감을 얻을 수 있는 사람이니 일 중독자가 되지 않도록 조심하세요.

수비학으로 풀어본 당신의 운세

동정심, 이상주의, 그리고 타고난 배려심은 6일에 태어난 사람들의 공통된 특징입니다. 가정적인 편으로 살림에 소질이 있으며 헌신적인 부모가 되겠습니다. 감정이 강하며 전반적인 조화로움을 중요시하는 성향은 자신이 믿는 일에 헌신할 수 있는 자극제가 되어주는군요. 창의적인 표현 방식을 발견하는 데 매우 민감하여 연예계나 예술 또는 디자인 분야에 관심이 많은 편입니다. 6일에 태어난 사람들이 극복해야 할 도전 과제에는 겸손함 마음을 기르고 친구와 이웃에게 인정을 베풀며, 책임감 있게 행동하기 등이 포함됩니다. 탄생월 1의 영향으로 당신은 포부가 크고 자존심이 강하며 성격이 강한 편입니다. 사업 감각과 실무 능력이 뛰어나지만 물질 만능 주의에 젖지 않도록 조심하세요. 자주적이고 현실적이면서도 직감이 뛰어나며 가치를 중요시하고 본능이 강한 편입니다. 넓은 마음과 자유로움을 간직해야지만 비판적이거나 지나치게 권위적인 성향을 극복할 수 있다는 점을 명심하세요.

- 장점 : 세상일에 밝음, 보편적인 인류애, 다정함, 인정이 많음, 신뢰할 수 있음, 이해심, 이상주의, 침착함, 예술성, 균형감
- 단점 : 수줍음, 비합리적, 고집스러움, 직설적, 군림하려는 태도, 책임감 부족, 이기심, 냉소,

연애와 인간관계

활발하고 현실적이며 방어적인 당신은 사랑하는 사람들을 위해서라면 노력하는 편이지만 가끔 지나치게 거만한 모습을 보이지 않도록 조심해야 합니다. 우정과 애정의 감정도 직업 및 포부와 밀접한 관련이 있는 사람이라 높은 지위나 사회적인 인맥을 가진 권위 있는 사람들에게 매력을 느끼겠습니다. 충실하고 책임감이 강하지만 우유부단함이나 변덕스러움 때문에 행복을 놓치지 않도록 주의하세요.

당신에게 특별한 사람

연인이나 친구

1월 9, 16, 18, 26, 31일 / 2월 7, 14, 16, 24, 29일 / 3월 5, 12, 14, 22, 27일 / 4월 3, 10, 12, 20, 25일 / 5월 1, 8, 10, 18, 23일 / 6월 6, 8, 16, 21일 / 7월 4, 6, 14, 19, 31일 / 8월 2, 4, 12, 17, 29일 / 9월 2, 10, 15, 27일 / 10월 8, 13, 25일 / 11월 6, 11, 23일 / 12월 4, 9, 21, 30일

힘이 되어주는 사람

1월 1, 21일 / 2월 19일 / 3월 17일 / 4월 15일 / 5월 13일 / 6월 11일 / 7월 9일 / 8월 7일 / 9월 5일 / 10월 3, 30일 / 11월 1, 28일 / 12월 26일

운명의 상대

7월 6, 7, 8, 9, 10일

경쟁자

3월 29일 / 4월 27일 / 5월 25일 / 6월 23일 / 7월 21일 / 8월 19일 / 9월 17일 / 10월 15일 / 11월 13일 / 12월 11일

소울메이트

1월 27일 / 2월 25일 / 3월 23, 30일 / 4월 21, 28일 / 5월 19, 26일 / 6월 17, 24일 / 7월 15, 22일 / 8월 13, 20일 / 9월 11, 18일 / 10월 9, 16일 / 11월 7, 14일 / 12월 5, 12일

이날 태어난 유명인

칼릴 지브란(시인), 앨런 와츠, E. L. 닥터로(작가), 알렉산드르 스크랴빈(작곡가), 귀스타브 도레(화가), 박목월(시인), 전이경(쇼트트랙 선수), 데프콘, 미쓰라진(가수)

| 태양 : 염소자리 |
| 지배 성좌 : 황소자리/금성 |
| 위치 : 15°- 17° 염소자리 |
| 상태 : 활동궁 |
| 원소 : 흙 |
| 항성 : 베가 |

1월 7일
CAPRICORN

세심한 지적 능력을 지닌 학구파

당신은 영리하고 직감이 강하며 근면한 사람이며, 생일의 영향으로 세심한 지적 능력이 성공에 이르는 핵심 요소가 되겠습니다. 현실적이고 세상 물정에 밝지만 한편으로는 자신의 이상과 자발적인 행동으로 다른 사람들에게 영감을 줄 수 있는 능력도 지니고 있군요. 사람을 읽어내는 능력이 탁월한 당신은 이타주의적 또는 인도주의적인 기질을 타고났으며 사람을 잘 다뤄야 하는 분야에서 두각을 나타낼 수 있습니다.

황소자리의 영향으로 헌신적인 기질이 강하고 예술, 음악, 문학 또는 다른 창의적인 활동 분야에서 특히 재능을 발휘하겠습니다. 사업과 사교 활동을 한데 어우르는 능력이 있고 야심 찬 성격으로 늘 최고의 자리를 목표로 삼습니다. 하지만 어려운 상황이 닥칠 경우 순응을 거부하며 완고해지거나 엇나가는 기질을 경계해야 합니다.

사교적이면서도 가끔 스스로를 고립시키는 성향이 있어 외로움을 타기도 합니다. 서로 다른 성격적인 특성 사이에서 균형을 유지할 필요가 있겠네요. 특히 물질적인 포부와 자신의 이상 및 영적 깨달음 사이의 균형이 중요하겠습니다. 당신은 또한 급작스러운 깨달음, 그리고 행운이나 혜택 같은 예상치 못한 변화를 경험할 수 있는데, 특히 단체 활동이나 여행에서 그 가능성이 높습니다.

당신의 태양이 물병자리로 들어가 있는 14세부터 43세까지 당신은 관습에서 벗어나 지나친 진지함을 버리고 자유로움을 추구하겠습니다. 색다른 관심거리에 끌리거나 개성을 표현하고자 하는 욕구도 강해집니다. 당신의 태양이 물고기자리로 들어가는 44세 이후부터는 감정이 더 예민해지면서 보다 의미 있는 내면의 삶을 가꾸는 데 집중하겠습니다. 그러면서 당신의 관점, 꿈, 그리고 정서적인 이상에도 이런 성향이 반영되겠네요. 당신의 태양이 양자리로 들어가는 74세에 또 한 번 전환점을 맞이하는데, 직감을 그대로 받아들이고자 하는 욕구가 커지고 용감해지며 다른 사람들과의 관계에서 단도직입적인 태도가 강해집니다.

숨어 있는 자아

당신이 극복해야 할 중요한 도전 과제 중 하나는 자신의 숨은 저력을 깨닫고 능력에 미치지 못하는 일을 거절하는 법을 배우는 것입니다. 때때로 자신을 제대로 알아주지 못하는 사람들을 위해서 일할 수 있겠네요. 그러므로 자신의 뛰어난 잠재력과 재능을 신뢰하는 일이 중요합니다. 새로운 아이디어에 열려 있고 자유와 개혁에 관심이 많은 당신은 획기적이고 진보적이어서 자신만의 독창적인 의견을 표현하고싶어 합니다. 독립적으로 사고하는 태도가 의견 대립으로 이어지는 경우도 잦지만 토론 기술을 쌓는다면 해당 분야에서 두각을 나타낼 수 있습니다. 당신은 선두에 나서기를 꺼리는 편이지만 타고난 리더십을 발휘할 수 있는 분야가 매우 잘 맞습니다.

감정이 예민한 편이라 가끔 변덕을 부리며 그 때문에 자기 안으로 침잠하게 되거나 냉정하게 보이기도 합니다. 하지만 이런 감정 변화 덕분에 직관력이 향상되고 사람들이나 주위 환경에 대한 육감이 생기겠습니다. 자신의 영감과 통찰력을 완전히 신뢰한다면 자발성과 지혜라는 근원적인 힘을 얻을 수 있습니다. 이를 통해서 당신은 사람들을 끌어당기거나 기쁘게 해줄 수 있는 온화한 기운과 사랑을 발산할 수 있겠네요.

일과 적성

당신은 예리한 사업 감각을 지녔지만 자신의 실무 능력과 리더십을 뛰어난 상상력, 그리고 창의적인 재능과 결합시킬 수 있는 분야에 관심이 많습니다. 그러므로 글쓰기, 드라마 또는 예술 분야가 잘 어울립니다. 기획력이 뛰어나고 이상주의적이면서 인도주의적 기질을 지녀 대기업 또는 공익 단체가 적성에 맞습니다. 직업적인 측면에서 보자면 정신적이고 창의적인 능력을 강조하는 분야가 적합하므로 교사, 자문가, 사회복지사 같은 직종이 어울리겠네요. 특히 다른 사람들의 금전적인 문제를 다루는 중개인 같은 일이 적성에 맞습니다. 전면에 나서기보다 뒤에서 일하는 성향이 있으니 프로듀서나 기획자도 적합합니다. 자신의 뛰어난 잠재력에 미치지 못하는 분야에서 안주하지 말라고 조언하고 싶네요. 당신은 인도주의자로 사회 개혁을 위해 헌신하고자 하는 사람이니까요.

수비학으로 풀어본 당신의 운세

7일에 태어난 사람들은 분석적이며 생각이 깊고 완벽주의자 기질에 비판적이고 자신에게만 몰두하는 특징이 있습니다. 혼자 결정하기를 좋아하며 직접 경험해야 가장 잘 배웁니다. 학문을 연구하거나 자신의 기술을 쌓을 수 있는 분야의 일이 적합합니다. 가끔 다른 사람들의 비판에 지나치게 민감해 오해하는 경우가 있네요. 호기심이 많고 비밀스러운 기질이 있어 속으로는 무슨 생각을 하는지 들키지 않고 절묘하게 질문할 수 있는 기술이 뛰어납니다. 탄생월 숫자 1의 영향으로 통찰력이 뛰어나고 머리가 좋으며 판별력까지 갖추었군요. 일인자가 되기를 원하며 자주적이기를 바라는 욕구가 큰 점 또한 이날 태어난 사람들의 특징입니다. 직감이 뛰어나지만 회의적인 기질 탓에 자신의 결정을 완전히 신뢰하지 못하고 걱정이 앞섭니다. 현실적인 당신은 자신의 아이디어를 상업화하기를 원하며 특정 분야에서 전문가가 되는 경우가 많습니다. 꼼꼼하며 근면해 학구적인 직업을 선택하는 경우가 많으며, 연구, 글쓰기, 관리 등의 업무에서 탁월한 능력을 보이겠습니다.

- ● 장점 : 교육, 신뢰, 꼼꼼함, 이상주의, 정직, 영적 능력, 과학적 능력, 합리성, 심사숙고
- ■ 단점 : 감추는 성향, 회의적, 갈팡질팡, 잔소리, 악의적인, 무심함

연애와 인간관계

당신은 로맨틱한 사람으로 매력이 넘쳐 친구나 이성의 마음을 쉽게 얻을 수 있습니다. 똑똑한 사람들에게 매력을 느끼는 편으로 자신과 비슷한 정도로 시야가 넓은 사람을 사귄다면 훨씬 더 좋은 관계를 유지할 수 있겠네요. 하지만 가까운 사이일수록 지나치게 거만한 행동을 하지 않는 편이 현명하겠습니다. 인내심이 강해 일단 교제를 시작하면 매우 충실한 연인이 됩니다. 기민한 정신력과 독특한 관심사의 소유자로 우정과 애정이 업무 관계로 이어지거나 사교 활동에 영향을 받을 수 있겠습니다.

당신에게 특별한 사람

연인이나 친구

1월 21, 28, 31일 / 2월 19, 26, 29일 / 3월 17, 24, 27일 / 4월 15, 22, 25일 / 5월 13, 20, 23일 / 6월 11, 18, 21일 / 7월 9, 16, 19일 / 8월 7, 14, 17, 31일 / 9월 5, 12, 15, 29일 / 10월 3, 10, 13, 27, 29, 31일 / 11월 1, 8, 11, 25, 27, 29일 / 12월 6, 9, 23, 25, 27일

힘이 되어주는 사람

1월 9, 12, 18, 24, 29일 / 2월 7, 10, 16, 22, 27일 / 3월 5, 8, 14, 20, 25일 / 4월 3, 6, 12, 18, 23일 / 5월 1, 4, 10, 16, 21, 31일 / 6월 2, 8, 14, 19, 29일 / 7월 6, 12, 17, 27일 / 8월 4, 10, 15, 25일 / 9월 2, 8, 13, 23일 / 10월 6, 11, 21일 / 11월 4, 9, 19일 / 12월 2, 7, 17일

운명의 상대

1월 3일 / 2월 1일 / 7월 7, 8, 9, 10, 11일

경쟁자

1월 7, 8, 19, 28일 / 2월 5, 6, 17, 26일 / 3월 3, 4, 15, 24일 / 4월 1, 2, 13, 22일 / 5월 11, 20일 / 6월 9, 18일 / 7월 7, 16일 / 8월 5, 14일 / 9월 3, 12일 / 10월 1, 10일 / 11월 8일 / 12월 6일

소울메이트

1월 3, 19일 / 2월 1, 17일 / 3월 15일 / 4월 13일 / 5월 11일 / 6월 9일 / 7월 7일 / 8월 5일 / 9월 3일 / 10월 1일

이날 태어난 유명인

니컬러스 케이지, 제러미 레너(배우), 케니 로긴스(가수), 공현주(배우)

쌍둥이자리

| 태양 : 염소자리 |
| 지배 성좌 : 황소자리/금성 |
| 위치 : 16° - 18° 염소자리 |
| 상태 : 활동궁 |
| 원소 : 흙 |
| 항성 : 베가 |

1월 8일

CAPRICORN

상상력과 감수성, 카리스마가 넘치는 매력의 소유자

염소자리 태생인 사람들은 성격이 강하고 헌신적이며 포부가 크면서도 잘난 체하지 않고 영리하고 세련되었습니다. 결단력이 있고 경쟁심이 강하며 상상력과 감수성, 그리고 카리스마가 넘치는 매력의 소유자이기도 하네요. 현실적이고 세속적인 당신은 이날 태어난 사람들의 특징인 직관적인 통찰력 또는 선견지명을 잃지 않아야 합니다.

황소자리의 영향으로 음악, 예술, 그리고 돈을 다루는 재능이 뛰어나므로 성공할 가능성이 높습니다. 사람들과의 상호 작용을 통해서 대인 관계에 소질을 발휘해 이득을 얻을 수 있겠네요. 아름다움과 화려함, 그리고 풍족한 생활에 관심이 많아 호화로운 환경을 좋아하는 편입니다. 당신은 사람들을 매혹시키는 능력이 있지만 혼란과 회의에 시달리는 속마음을 숨기며 겉으로는 대담한 척을 하고 있네요.

타성에 빠지는 경우도 있겠지만 원대한 꿈과 이상을 잃지 않는다면 물질적인 성공에 대한 계획을 대부분 실행하는 편입니다. 의지가 강하고 머리가 좋아서 관심 분야에서는 학습 속도가 매우 빠릅니다. 애정을 갖는 프로젝트에 아낌없이 열정을 쏟아붓는 점도 매우 인상적이네요. 이는 약물이나 음주 등 파괴적인 취미에 빠져들게 할 수도 있는 신경과민이나 불만을 털어내는 데에도 도움이 되겠습니다. 또한 당신은 스타일에 대한 감각이 뛰어나면서도 드라마틱한 재능이 있어 사람들 속에 있어도 한눈에 들어오는 사람입니다.

젊은 시절에는 강한 힘을 지닌 여성의 영향을 크게 받는 편입니다. 당신의 태양이 물병자리에 위치한 13세부터 42세까지는 관습에서 벗어나 신중해지며 자유에 대한 열망이 커지고 단체 지향적인 성향을 보이겠습니다. 색다른 관심거리를 개발하거나 개성을 표현하고자 하는 욕구가 강해지는 시기이기도 합니다. 당신의 태양이 물고기자리로 들어가는 43세 이후에는 정서적인 감수성과 직관력이 더욱 강해지겠습니다. 꿈, 이상 또는 영적, 심리적인 깨달음이 좀 더 중요해지는 시기입니다. 당신의 태양이 양자리로 들어가는 73세에 또 다른 전환점을 맞이합니다. 이 시기에는 수동적인 기질이 줄어들면서 자신에게 영향을 주는 일들이라면 직접 나서서 행동하기도 합니다.

숨어 있는 자아

영적인 깨달음과 자기 수양을 쌓는다면 자신의 막대한 잠재력을 인식할 수 있게 됩니다. 삶에서 얻은 여러 가지 교훈을 업무에서도 잊지 마세요. 당신은 다른 사람들과 팀을 이루어 일할 때 더 큰 이익을 기대할 수 있습니다. 하지만 어떤 것이든 또 누구에게든 지나치게 의존하게 되면 소심해지거나 너무 심각해질 수 있습니다.

높은 경지의 초연함을 배우는 일도 필수적입니다. 하지만 이 일은 인생의 만년에 이르러서도 완전하게 이해할 수 없는 경우도 있습니다. 당신이 이를 깨닫게 된다면 내면의 자유, 그리고 좀 더 인도주의적이거나 심오한 자연을 깨닫고자 하는 욕구를 스스로 채울 수 있게 됩니다. 당신은 직감이 매우 뛰어나며 독창적인 업무 또는 외국 사람들과 인맥을 쌓는 일 등 세속적인 수준을 뛰어넘고자 하는 욕구가 있습니다.

일과 적성

당신은 포부가 크고 현실적이며 사교술이 뛰어나므로 인맥을 쌓거나 다른 사람들과 협력할 수 있는 일에 잘 어울립니다. 성실하고 세부적인 사항에 집중할 수 있는 능력이 있으니 과학자, 성직자 또는 강연자와 교육자 등의 직종에서 두각을 나타낼 수 있겠네요. 사업으로 보자면 대중에게 봉사하는 일이나 개혁을 위한 일에서 성공할 가능성이 높습니다. 카리스마 넘치고 개성이 뚜렷하며 매력적인 목소리와 자기표현 욕구를 갖춘 당신에게는 사업이나 연예계 분야의 일이 적합하겠군요. 또 소통하고 가르치면서 다른 사람들에게 영감을 주는 일, 즉 정치, 영적 또는 철학 분야도 적성에 맞습니다. 아니면 풍부한 감수성과 조화에 대한 감각을 예술과 음악 분야에서 발휘할 수 있겠군요.

수비학으로 풀어본 당신의 운세

8일에 태어난 사람들은 용감하고 활력이 넘치며 가치를 매우 중요시하고 올바른 판단력을 지닌 특징이 있습니다. 생일 숫자 8의 영향으로 큰 성공을 거두기를 열망하고 타고난 야심이 있는 사람이네요. 권세, 안정, 그리고 물질적인 성공에 대한 욕구가 큰 점도 이날 태어난 사람들의 특징으로 꼽을 수 있겠습니다. 8일에 태어난 당신은 사업 감각을 타고났으며 조직 기술과 실무 기술을 쌓으면 큰 이익을 거둘 수 있겠습니다. 공정하고 공평한 방식으로 권한을 손에 넣고 관리하는 방법을 배우는 일이 당신에게는 필수적입니다. 안정감을 느끼거나 또는 안정된 상태를 다지고자 하는 욕구가 강해 장기간 계획을 세우고 투자하는 편이네요. 탄생월 숫자 1의 영향으로 진취적이고 안목이 뛰어나며 유능한 사람입니다. 창의력이 넘쳐 자신을 적극적으로 표현할 줄 알고 홀로 판단해 독립적으로 활동하는 경우가 많습니다. 상상력이 풍부하면서도 독창적이며 현실적인 아이디어로 무장한 당신은 방법론을 앞세워 자신의 지식을 생산적인 방식으로 활용하기를 좋아합니다. 결단력이 강하고 열의가 넘치는 편이지만 관용을 베풀고 고압적인 태도를 버리는 것이 좋겠네요.

- 장점 : 리더십, 철저함, 근면, 권한, 보호, 치유력, 훌륭한 가치 판단
- 단점 : 조급함, 낭비벽, 참을성 부족, 고압적, 쉽게 좌절하는 성향, 무계획성

연애와 인간관계

카리스마 넘치는 성격으로 사교성이 빛을 발하는 사람이군요. 하지만 삶에서 얻은 여러 가지 교훈을 가까운 관계에도 반드시 적용해야 합니다. 당신은 크게 성공해 정신적으로 자극을 받을 수 있는 사람들에게 매력을 느끼네요. 그리고 열정이 생기는 관계라면 모든 것을 줄 수 있는 사람이기도 합니다. 당신은 감정 기복이 좀 심한 편이지만 인정이 많고 따뜻한 연인이 되겠습니다. 당신에게 가정이란 세상으로부터 보호받을 수 있는 매우 중요한 장소입니다.

연인이나 친구

1월 6, 20, 22, 24, 30일 / 2월 4, 18, 20, 22, 28일 / 3월 2, 16, 18, 20, 26, 29일 / 4월 14, 16, 18, 24, 27일 / 5월 12, 14, 16, 22, 25일 / 6월 10, 12, 14, 20, 23일 / 7월 8, 10, 12, 18, 21일 / 8월 6, 8, 10, 16, 19일 / 9월 4, 6, 8, 14, 17일 / 10월 2, 4, 6, 12, 15일 / 11월 2, 4, 10, 13일 / 12월 2, 8, 11일

힘이 되어주는 사람

1월 1, 3, 4, 14일 / 2월 1, 2, 12일 / 3월 10, 28일 / 4월 8, 26, 30일 / 5월 6, 24, 28일 / 6월 4, 22, 26일 / 7월 2, 20, 24일 / 8월 18, 22일 / 9월 16, 20일 / 10월 14, 18일 / 11월 12, 16일 / 12월 10, 14일

운명의 상대

1월 11일 / 2월 9일 / 3월 7일 / 4월 5일 / 5월 3일 / 6월 1일 / 7월 8, 9, 10, 11, 12일

경쟁자

1월 3, 5일 / 2월 1, 3일 / 3월 1일 / 7월 31일 / 8월 29일 / 9월 27, 30일 / 10월 25, 28일 / 11월 23, 26, 30일 / 12월 21, 24, 28일

소울메이트

1월 5, 12일 / 2월 3, 10일 / 3월 1, 8일 / 4월 6일 / 5월 4일 / 6월 2일

이날 태어난 유명인

엘비스 프레슬리, 데이비드 보위, R. 켈리, 셜리 배시(가수), 스티븐 호킹(과학자), 마해송(동화 작가), 박진희(배우), 설기현(축구 선수)

| 태양 : 염소자리 |
| 지배 성좌 : 황소자리/금성 |
| 위치 : 17° - 19° 염소자리 |
| 상태 : 활동궁 |
| 원소 : 흙 |
| 항성 : 데네브 |

1월 9일
CAPRICORN

안정과 질서를 중요시하는 책임감 있는 사람

당신은 현실적이고 근면한 염소자리 태생으로 참을성이 뛰어납니다. 안정을 우선시하며 오래 지속될 성과의 밑거름이 되는 일을 좋아합니다. 그리고 사람이든 일이든 일단 마음이 기울면 충실하게 본분을 다하며 책임감 있게 행동합니다. 생각의 폭이 넓어 다른 사람들에게도 인도주의적 관심을 기울입니다. 하지만 부정적인 사고방식은 좌절감과 조바심을 불러일으켜 자신의 이상과 바람을 제대로 깨닫지 못하게 하니 피하세요.

황소자리의 영향으로 창의적인 재능을 타고났군요. 이런 재능을 개발하여 상상력과 세심한 감정을 예술로 표현하거나 사람들을 다루는 데 활용할 수 있겠습니다. 사랑과 애정에 대한 갈망은 당신이 인정받기를 원하는 사람이며 삶에서 인간관계를 우선시한다는 점을 보여줍니다.

아름다움과 풍족한 삶을 무척 즐기는 당신은 조화로우면서도 호화로운 환경을 좋아하며 불화를 싫어해서 갈등이 발생하면 그저 눈앞의 상황을 회피하고 최소한의 대립조차 피하려드는 편입니다. 가끔 피할 수 없는 난관을 만나 좌절하는 경우도 있겠지만 비관주의 또는 물질만능주의 때문에 자신의 장점이 가려지지 않도록 해야 합니다. 당신에게는 확고부동한 태도보다는 객관성이 여러 가지 문제를 해결해줄 열쇠입니다. 다행히도 당신에게는 결심을 밀어붙일 충분한 끈기와 지혜가 있습니다.

당신의 태양이 물병자리에 들어가는 12세부터 41세까지 당신은 우정을 소중하게 여기면서도 독립적인 성향이 점차 강해집니다. 색다른 관심사나 인도주의적 문제에 관심이 생기거나 자신만의 개성을 표현하고자 하는 욕구가 강해지기도 합니다. 당신의 태양이 물고기자리로 들어가는 42세 이후부터 정서적 감수성이 더 발달하면서 좀 더 가치 있는 내면의 삶을 가꾸게 됩니다. 그러면서 당신의 관점, 꿈, 그리고 정서적인 이상에도 이런 성향이 반영되겠네요. 많은 변화를 겪고 난 중년에는 파트너십과 협력 관계를 통해 이득을 얻을 가능성이 보입니다. 당신의 태양이 양자리로 들어가는 72세에 또 한 번 전환점을 맞이하면서 솔선수범하고자 하는 욕구는 물론 다른 사람들과의 인간관계를 과감하게 이끌어나가고자 하는 욕구도 커집니다. 이런 변화와 더불어 새로운 시작을 맞이하게 되겠네요.

숨어 있는 자아

당신의 역동적인 감정은 긍정적으로 표출할 수단이 필요하며 그렇지 않으면 다른 사람들의 일에 휘말릴 수 있습니다. 천성적으로 남을 잘 돕는 사람으로 그로 인해 만족감이 크고 친구가 많습니다. 자신감이 생기면 당신은 사랑의 힘을 표현하며 카리스마 넘치는 모습으로 다른 사람들의 마음을 사로잡을 수 있겠네요.

당신은 현실적이면서도 상상력이 풍부하며 질서를 좋아하고 선견지명이 뛰어난 편입니다. 계획과 강한 목적의식이 필수적이며, 그렇지 않으면 잠시도 가만있지 못하는 기질이 발동해 현실도피를 할 수 있습니다. 당신은 자기 개선 의지가 강하고 일이 삶의 우선순위에 있는 사람으로 꾸준히 노력해야지만 진정한 잠재력을 발휘할 수 있겠습니다. 하지만 열심히 노력하다 보면 꼭 필요한 순간에 항상 금전적인 도움을 받을 수 있겠네요.

일과 적성

진취적이며 상상력이 풍부한 당신은 원하는 대로 행동할 수 있는 자유와 독립성을 원합니다. 다양성과 변화에 대한 욕구가 있어 여행과 일을 양립하게 되겠네요. 활동 및 발전에 대한 열망이 강해 다양한 직업을 가질 수 있습니다. 어떤 일을 하든 발전의 여지가 없거나 판에 박히고 반복적인 업무는 피하세요. 이상주의적이며 창의적이고 시적인 당신은 미술과 예술 분야에 관심이 많습니다. 사업과 사회 개혁에 관심이 있다면 마케팅, 경제학, 홍보 및 정치학이 적성에 맞습니다. 두뇌 회전이 빠르고 매력적인 성격이라 여행 상품 기획자, 여행사 직원, 장거리 통근자 또는 판매원처럼 여행과 사업을 병행하는 일을 원하겠네요.

수비학으로 풀어본 당신의 운세

박애정신이 강하고 인정이 많으며 감성이 풍부한 점은 9일에 태어난 사람들의 특징입니다. 당신은 똑똑하고 직관적이며 영적 능력이 뛰어나다는 평을 자주 들으며 보편적인 수용성을 지니고 있습니다. 9라는 숫자의 영향으로 당신은 인생이 자신을 위해서 계획되었으며, 계략이 별로 통하지 않는다고 생각합니다. 그러므로 객관적인 태도, 이해심과 관용, 그리고 인내심을 기르는 법을 반드시 배워야 합니다. 세계를 두루 여행하고 각계각층의 수많은 사람들과 소통하면서 큰 이득을 얻을 가능성이 높습니다. 당신은 탄생월 1이라는 숫자의 영향으로 직감과 수용적 기질이 강합니다. 포부가 크고 결단력이 강해 단호하고 당당한 태도를 보이네요. 통찰력과 육감이 발달한 덕분에 선견지명이 뛰어난 경우가 많습니다. 상상력이 풍부하고 이상주의적인 당신은 자신만의 직감을 신뢰하는 법을 배울 필요가 있겠네요. 당신은 일인자의 자리에서 자주적으로 행동하고자 하는 열망이 강하므로 삶의 여러 한계를 받아들임과 동시에 삶이 늘 공정하거나 완벽할 수 없다는 점을 이해하는 자세가 필요하겠습니다. 때때로 자신의 계획을 포기해야 하는 상황이 닥치기도 하겠지만 이 과정에서 세상이 자신을 중심으로 돌아가지 않는다는 사실을 깨닫게 되겠습니다.

- ● 장점 : 이상주의, 인도주의, 창의력, 세심함, 관대함, 매력적, 시적 성향, 자비심, 베푸는 성향, 객관성, 행운, 인기
- ■ 단점 : 좌절감, 신경과민, 반신반의, 이기심, 비현실성, 휘둘리는 성향, 근심

연애와 인간관계

당신은 자신의 이상을 채워줄 연인을 찾지 못할 경우 정신적인 사랑만을 택할 수 있을 정도로 완벽한 연인에 대한 이상이 매우 높은 사람입니다. 하지만 인도주의적 기질을 타고난 연인을 만날 운이 따르는 편이니 실망할 일은 없겠습니다. 이날 태어난 사람들 중에는 자신을 받들어 모시거나 구제해줄 파트너를 고르는 사람도 있어요. 그러니 사람을 잘 고르는 안목을 갖추는 일이 중요합니다. 하지만 일단 관계가 시작되면 당신은 충실하고 믿음직스러운 연인이네요.

연인이나 친구

1월 1, 7, 21, 23, 31일 / 2월 5, 19, 21, 29일 / 3월 3, 17, 19, 27일 / 4월 1, 15, 17, 25일 / 5월 13, 15, 23일 / 6월 11, 13, 21일 / 7월 9, 11, 19일 / 8월 7, 9, 17일 / 9월 5, 7, 15일 / 10월 3, 5, 13일 / 11월 1, 3, 11일 / 12월 1, 9일

힘이 되어주는 사람

1월 5, 16, 18일 / 2월 3, 14, 16일 / 3월 1, 12, 14, 29일 / 4월 10, 12, 27일 / 5월 8, 10, 25, 29일 / 6월 6, 8, 23, 27일 / 7월 4, 6, 21, 25일 / 8월 2, 4, 19, 23일 / 9월 2, 17, 21일 / 10월 15, 19일 / 11월 13, 17일 / 12월 11, 15, 29일

운명의 상대

1월 6, 30일 / 2월 4, 28일 / 3월 2, 26일 / 4월 24일 / 5월 22일 / 6월 20일 / 7월 9, 10, 11, 12, 13, 18일 / 8월 16일 / 9월 14일 / 10월 12일 / 11월 10일 / 12월 8일

경쟁자

1월 4일 / 2월 2일 / 5월 29, 31일 / 6월 27, 29, 30일 / 7월 25, 27, 28일 / 8월 23, 25, 26, 30일 / 9월 21, 23, 24, 28일 / 10월 19, 21, 22, 26일 / 11월 17, 19, 20, 24일 / 12월 15, 17, 28, 22일

소울메이트

1월 23일 / 2월 21일 / 3월 19일 / 4월 17일 / 5월 15일 / 6월 13일 / 7월 11, 31일 / 8월 9, 29일 / 9월 7, 27일 / 10월 5, 25일 / 11월 3, 23일 / 12월 1, 21일

이날 태어난 유명인

리처드 닉슨(전 미국 대통령), 존 바에즈(가수), 지미 페이지(기타리스트), 시몬 드 보부아르(철학자·작가), 카렐 차페크(작가), 홍대광(가수)

| 태양 : 염소자리 |
| 지배 성좌 : 황소자리/금성 |
| 위치 : 18° - 20° 염소자리 |
| 상태 : 활동궁 |
| 원소 : 흙 |
| 항성 : 데네브 |

1월 10일

CAPRICORN

기회 포착 능력과 추진력으로 성공을 만드는 사람

당신은 현실적이고 다정하며 결단력과 의지가 강한 염소자리 태생으로 무엇이든 직접적으로 접근하는 사람입니다. 특히 물질적인 문제에 육감이 발달해 가치를 예리하게 판단할 수 있으며, 사람들에 대한 판단도 재빠릅니다. 당신의 직감과 목표나 목적에 전념하는 기질이 어우러지면 목표를 달성할 수 있습니다. 실행 욕구와 함께 포부가 큰 편으로 어느 정도 자신을 수양한다면 큰 성공을 거둘 수 있겠네요.

황소자리의 영향으로 매력을 마음껏 발산할 수 있고 타고난 사교성으로 성공 가능성이 한층 더 높아지겠네요. 당신은 아름답고 멋지고 호화스러운 것에 둘러싸여 있고 싶어 합니다. 물질적인 안정과 지위, 그리고 명성을 중요시하지만 관심이 쏠리는 일에는 혼신의 힘을 다하여 성과를 이뤄냅니다. 당신은 풍요로운 생활을 좋아하고 삶을 마음껏 즐기는 법을 알지만 물질만능주의에 지나치게 얽매여서는 안 된다는 점을 명심하세요.

따뜻한 성품과 사람을 끄는 매력이 있어 사람과 관련된 활동에서 운이 따르겠네요. 조화로운 인간관계를 추구하므로 주위 환경에 민감합니다. 대체로 안정을 원하며 살면서 하고 싶은 모든 일을 위한 탄탄한 기반을 쌓기를 좋아하는 편입니다. 근면하며 모든 일에 긍정적인 태도로 임하는 당신은 산도 옮길 수 있을 정도의 추진력을 지녔으며, 다른 사람들에게 좋은 인상을 줍니다.

당신의 태양이 물병자리에 있는 11세부터 40세까지 독립에 대한 욕구가 커지고 우정 또는 공동체 의식에 대한 관심도 높아집니다. 자신만의 독특한 아이디어를 표현하거나 실험해보고자 하는 욕구도 생기네요. 당신의 태양이 물고기자리로 들어가는 41세 이후부터 정서적 감수성은 한층 더 다듬어지고 선견지명이 좀 더 발달하겠습니다. 그래서 이상적이거나 영적인 목표를 추구하게 되네요. 당신의 태양이 양자리로 들어가는 71세에 또한 번 전환점을 맞이하면서 자신의 일에 대해 적극적인 자기 지향성을 보입니다.

숨어 있는 자아

성공 지향적이며 독립적으로 사고하는 당신은 지식은 물론 전문 기술의 힘을 잘 압니다. 현실적이고 머리가 좋아서 문제 해결 능력이 탁월합니다. 세심하고 직관적인 지성을 활용하여 영감에 의한 사고가 가능하니 글쓰기, 미술, 철학, 종교 또는 형이상학 분야에 관심이 많습니다. 또 넘치는 열정으로 다른 사람들에게 영향력을 행사합니다. 이 기질을 잘 활용하면 자연스럽게 리더십을 발휘할 수 있는 자리에 앉게 되겠습니다. 다만 지나치게 완고하거나 고집을 피우는 일은 경계하세요.

마음이 넓고 다정하며 때때로 배려심이 넘치기도 합니다. 당신의 문제는 돈이 아니라 대부분 감정과 관련된 일입니다. 특히 다른 사람들에게 실망하는 일이 잦습니다. 다행히 기회를 포착하는 능력 덕분에 운이 따라주니 어떤 상황이든 더 나은 쪽으로 변화시킬 수 있겠습니다.

일과 적성

근면하고 야심이 있으며 삶에 실용적으로 접근하는 당신은 독립적으로 사고하기를 좋아하므로 사업가, 프로듀서 또는 기획자 등이 적성에 맞습니다. 손재주가 좋고 무엇이든 탄탄하게 쌓아올리고자 하는 욕구가 강해 사업을 해도 좋습니다. 건설이나 엔지니어링 분야에서 건축 기술자 또는 분쟁 중재자 등으로 활약할 수 있겠네요. 예술 분야에 관심이 있다면 재정적인 보상을 원하는 사람이므로 광고, 홍보 또는 생산 및 관리 분야에서 성공할 가능성이 높습니다. 사업 수완이 뛰어나지만 한편으로는 철학, 종교 또는 형이상학에도 관심이 높습니다. 호기심이 많고 창의력이 뛰어나서 미지의 세계를 탐구하고 싶어 하며 때때로 개척자 기질도 보이는군요.

수비학으로 풀어본 당신의 운세

1월에 태어난 다른 사람들과 마찬가지로 당신은 진취적이고 독립적입니다. 이겨내야 할 난관이 많지만 결단력을 발휘하여 목표를 달성하는 편입니다. 개척자 기질이 강해 집에서 멀리 떨어진 곳으로 여행하거나 혼자 독립하게 되겠네요. 10일에 태어난 사람들은 큰 성공을 거두려면 좀 더 끈기를 길러야 하며 자기중심적이고 고압적인 태도를 주의하세요. 탄생월 숫자 1의 영향으로 당신은 추진력이 강하고 열망도 큰 편입니다. 대체로 창의력이 뛰어나고 태도가 당당하며 실무 능력을 갖춘 편입니다. 머리가 좋으므로 다른 사람의 명령을 받는 것보다는 주도하는 것을 선호합니다. 도전 의식이 강해 자신의 지능과 재치를 시험해보고자 하는 욕구가 있습니다. 자신감을 기르려면 때때로 자립이 필요하네요. 자신감이 강해지면 성실해지고 야망도 커집니다. 당신은 균형 잡힌 인생관과 안정을 추구하지만 때때로 좌절감에 빠져 감정을 드러내지 못하는 경우가 발생합니다. 사교술을 기르거나 타협하는 법을 배운다면 성공할 가능성이 높아지겠습니다.

● 장점 : 리더십, 창의력, 진취성, 단호함, 낙관적, 강한 확신, 경쟁심, 독립심, 사교적
■ 단점 : 고압적 성향, 질투심, 자기중심적, 적대감, 이기심, 우유부단함, 조바심

연애와 인간관계

당신은 취향이 우아하고 스타일 감각도 뛰어나며 넘치는 매력으로 주위 사람들을 즐겁게 해줍니다. 포부가 커서 똑똑하거나 성공한 사람들과 어울리기를 좋아하며, 삶의 성취가 미미하다고 판단되는 사람들과는 긴 시간 어울리지 않습니다. 열정적이면서도 현실적인 관점을 잃지 않는 사람이군요. 대체로 사랑하는 사람들에게는 통이 크고 관대한 편이지만 가끔 놀라울 정도로 짠돌이 기질을 보이기도 하네요. 자존심이 세고 사람을 잡아 끄는 매력이 있어 연인의 마음을 쉽게 얻을 수 있지만 가까운 사이일수록 물질적인 조건만 지나치게 강조하지 않도록 조심하세요.

태양 : 염소자리

지배 성좌 : 처녀자리/수성

위치 : 19° - 21° 염소자리

상태 : 활동궁

원소 : 흙

항성 : 데네브

1월 11일

CAPRICORN

총명하고 집중력이 뛰어난 문제 해결사

이날 태어난 사람들은 이상주의적이며 창의력이 풍부하고 근면 성실한 특징이 있습니다. 매사 진지하고 포부가 큰 염소자리 태생으로 넘치는 매력과 따뜻한 성품을 바탕으로 사람을 다루는 데 천부적인 소질을 발휘합니다. 개성이 강하며 외모를 중시하는 당신은 꾸미기를 좋아하고 패션 감각도 남다릅니다. 의지가 굳고 결단력도 강하지만 때때로 신뢰와 의심 사이에서 헤매느라 속을 태우기도 합니다.

처녀자리의 영향으로 당신은 머리가 좋고 총명하며 집중력이 뛰어납니다. 상황 판단이 빠르고 목적의식이 강해 문제 해결 능력이 탁월하며, 무엇이든지 끝까지 해내야 직성이 풀립니다. 실용적이면서 전략가 기질이 강해 여러 재능을 실제로 활용하는 편입니다. 행동 방침을 정하면 최선을 다해 목표를 이룰 능력이 충분한 사람입니다. 하지만 실망하지 않으려면 인생을 너무 진지하게 받아들이지 않는 게 좋습니다. 이런 강렬한 감정을 인정과 폭넓은 태도 등 생산적인 방향으로 발휘할 수도 있으니까요.

관심사가 매우 다양하고 실행 욕구도 강해 여행과 모험을 대단히 좋아하는군요. 심미안이 있고, 화려하고 풍족한 생활에 대한 욕구가 강하며 다행히 부를 쌓을 수 있는 금전적인 잠재력도 있습니다. 특히 여성을 잘 만나면 삶에 유익한 일이 많이 생기겠네요.

당신의 태양이 물병자리에 있는 10세부터 39세까지 자유와 독립에 대한 욕구가 커지겠습니다. 부쩍 높아진 우정이나 공동체 의식에 대한 관심을 발휘할 수 있으며 개성을 표현하고자 하는 욕구도 생깁니다. 당신의 태양이 물고기자리로 들어가는 40세 이후에는 감수성이 강해지면서 선견지명이 더 발달합니다. 자연스레 이상적 또는 영적인 목표를 추구하게 되지요. 중년까지는 여행과 변화와 관련된 일을 많으며 이런 일들이 삶에 긍정적인 영향을 가져다주겠습니다. 당신의 태양이 양자리로 들어가는 70세에 전환점을 맞이하면서 자신의 일은 물론 인간관계에서 단도직입적이고 적극적으로 행동하고자 하는 욕구가 커집니다.

숨어 있는 자아

당신은 올바르게 행동하며 자신의 이상과 상상력을 다른 사람들에게 전파할 수 있는 잠재력이 있습니다. 그러므로 감정적인 에너지를 사소하고 하찮은 일에 쏟아붓는 일을 피해야 긍정적이면서도 세상 물정에 걸맞은 목표를 달성하는 데 활용할 수 있겠습니다. 창의적인 에너지를 집중하면 생산적인 결과를 얻을 수 있겠네요. 식습관과 건강에 유의하면서 재충전하는 시간을 갖고 가끔 긴장을 풀고 여유롭게 쉬는 법도 배우세요.

당신은 사람의 마음을 매혹시키는 능력이 있어 사람들은 당신의 강한 겉모습 뒤에 숨은 내면의 혼란스러움을 보지 못하는 경우가 많습니다. 만년에는 정신적인 발달과 폭넓은 이해심, 그리고 타고난 신비주의적 잠재력이 정점에 이르면서 지혜를 얻게 되겠네요. 장기적인 계획에 따라 행동함으로써 충동적이고 사치스러운 습관 또는 일확천금을 바라는 태도 등은 조심하세요.

일과 적성

당신이 직업을 고를 때는 자기표현, 자유, 그리고 정신적 자극이 필수적인 조건입니다. 당신은 다른 사람에게 명령을 받는 것을 좋아하지 않으므로 자영업이 더 적합하겠네요. 대체로 마음 내키는 대로 행동하는 편이며, 적극적이고 진취적입니다. 누구에게나 인정을 베풀고 독립적으로 사고하는 당신은 교육, 상담 또는 심리학 분야가 적성에 맞습니다. 종교, 철학 및 형이상학 분야에도 관심이 많아 점성학에 재능을 보입니다. 대체로 여성들이 당신의 승진에 중요한 역할을 하겠습니다. 말재주와 상상력, 소통 기술이 뛰어나므로 글쓰기, 음악 또는 미술 분야에 두각을 보이겠습니다. 이상주의자인 당신은 성직자, 정치인 또는 공무원으로 일하며 부당함에 맞서고 개혁하는 일을 원하기도 합니다.

수비학으로 풀어본 당신의 운세

생일 11은 마스터 숫자로 특별한 울림을 전하는데, 이상주의, 풍부한 영감, 혁신이 당신에게 매우 중요하다는 점을 알려줍니다. 겸손함과 자신감이 절묘하게 섞여 있어 물질적으로나 정신적으로 자제심을 갖도록 노력해야 합니다. 대체로 활기가 넘치고 또 그 활력을 즐기지만 지나친 불안감이나 비현실적인 행동으로 이어지지 않도록 조심하세요. 탄생월 1의 영향으로 독립적이고 진취적이며 자신을 창의적으로 표현하고자 하는 욕구가 강합니다. 다정하고 외향적이면서도 구속을 싫어하며, 자유롭게 행동하고 자주적인 삶을 좋아합니다. 인간관계에 좀 더 신경을 쓰고 타협하는 방법을 배운다면 이기적인 태도를 버리고 절충안을 찾는 데 도움이 되겠습니다. 독창적이고 에너지가 넘치며 다재다능하고 관심사가 다양하군요. 때때로 노골적인 말을 쏟아내기도 하지만 당신은 즐거운 사람으로 지루할 틈이 전혀 없네요. 직감이 강하고 결단력이 있지만 자신의 에너지를 사방으로 분산하기보다는 한 가지 목표에 집중하는 자세가 필요하겠습니다.

● 장점 : 균형감, 집중력, 객관적, 열정, 영감 충만, 정신적, 이상주의, 직감력, 치유 능력, 인도주의, 영적인 능력

■ 단점 : 우월감, 목적 상실, 쉽게 흥분함, 쉽게 상처받음, 이기적, 투명성 부족, 고압적인 태도

연애와 인간관계

사람을 잡아 끄는 매력의 소유자로 쉽게 호감을 사는 사람이군요. 대체로 당신은 정신적으로 자극을 받거나 창의적인 영감을 얻을 수 있는 사람들에게 관심이 많은 편입니다. 공동의 관심 또는 목표를 다른 사람들과 공유한다면 모두에게 득이 되겠네요. 당신은 감정이 풍부하고 예민한 사람이므로 규칙적으로 혼자 시간을 보낸다면 생각과 감정을 추스르는 데 도움이 되겠습니다. 그러면 올바른 인간관계를 직감적으로 인식할 수 있고 홀로 서려는 마음과 다른 누군가가 필요한 마음 사이에서 균형을 유지할 수 있겠습니다. 대체로 자신감이 충만할 때 관계가 더 좋은 편이며, 우호적인 경쟁으로 파트너를 긴장시킵니다.

연인이나 친구

1월 9, 13, 23, 25, 27일 / 2월 7, 21, 23, 25일 / 3월 5, 19, 21, 23, 29일 / 4월 3, 17, 19, 21, 27, 30일 / 5월 1, 5, 15, 17, 19, 25, 28일 / 6월 13, 15, 17, 23, 26일 / 7월 11, 13, 15, 21, 24일 / 8월 9, 11, 13, 19, 22일 / 9월 7, 9, 11, 17, 20일 / 10월 5, 7, 9, 15, 18일 / 11월 3, 5, 7, 13, 16일 / 12월 1, 3, 5, 11, 14일

힘이 되어주는 사람

1월 2, 4, 7일 / 2월 2, 5일 / 3월 3일 / 4월 1일 / 5월 31일 / 6월 29일 / 7월 27, 31일 / 8월 25, 29일 / 9월 23, 27일 / 10월 21, 25일 / 11월 19, 23일 / 12월 17, 21일

운명의 상대

1월 8, 14일 / 2월 6, 12일 / 3월 4, 10일 / 4월 2, 8일 / 5월 6일 / 6월 4일 / 7월 2, 11, 12, 13, 14, 15일

경쟁자

1월 6, 19, 29일 / 2월 4, 17, 27일 / 3월 2, 15, 25일 / 4월 13, 23일 / 5월 11, 21일 / 6월 9, 19일 / 7월 7, 17일 / 8월 5, 15일 / 9월 3, 13, 30일 / 10월 1, 11, 28일 / 11월 9, 26일 / 12월 7, 24, 29일

소울메이트

1월 16, 21일 / 2월 14, 19일 / 3월 12, 17일 / 4월 10, 15일 / 5월 8, 13일 / 6월 6, 11일 / 7월 4, 9일 / 8월 2, 7일 / 9월 5일 / 10월 3일 / 11월 1일

이날 태어난 유명인

알렉산더 해밀턴(미국 정치인), 클래런스 클레먼스(음악가), 나오미 저드(가수), 윌리엄 제임스(심리학자), 권기옥(독립운동가), 김유정(소설가), 손예진(배우), 박정환(바둑 기사)

태양 : 염소자리

지배 성좌 : 처녀자리/수성

위치 : 20° - 22° 염소자리

상태 : 활동궁

원소 : 흙

항성 : 데네브

1월 12일

CAPRICORN

세상 물정에 밝고 일을 중시하는 리더

이날 태어난 사람들은 다정하면서도 근면하며 현실적인 염소자리 태생으로 개인적인 매력이 강렬한 특징이 있습니다. 독립적인 기질이 강하지만 사교술을 타고나 팀워크가 요구되는 업무에서 높은 성과를 냅니다. 세상 물정에 밝고 상상력이 매우 뛰어나며 선견지명도 강한 사람이군요.

처녀자리의 영향으로 당신은 책임감이 강하고 목표가 명확하며 매섭게 통찰하는 사람입니다. 꼼꼼하며 자신이 맡은 일에 자부심이 강합니다. 일단 실행하기로 마음먹은 일은 시간이 얼마나 걸리든 상관하지 않고 목적을 달성할 힘을 지녔습니다. 이날 태어난 사람들은 특히 일을 매우 중요시하는 특징이 있습니다. 하지만 바로 옆에서 무슨 일이 생겨도 나 몰라라 하고 자신의 관심사에만 몰두하는 태도는 피해야겠습니다.

현실적인 사업 감각과 세심한 감정의 소유자로 당신은 삶에서 균형 감각을 개발하는 일이 중요하다는 사실을 알게 됩니다. 균형 감각이 있어야 현실도피나 불안정한 상태로 몰고 갈 수 있는 근거 없는 두려움이나 긴장감을 피할 수 있습니다. 당신은 물질세계에 대한 이해가 뛰어나면서도 인도주의적 또는 신비주의적 주제에 관심도 높은 편이라 영적 또는 형이상학 분야를 연구할 수도 있겠습니다. 감수성과 직관, 그리고 예리한 통찰력을 결합하면 인간 본성을 꿰뚫는 능력을 얻을 수 있습니다. 활동적인 삶을 좋아하며, 조언가나 전문가로 지역사회를 위해 봉사하는 일을 할 수도 있겠네요.

당신의 태양이 물병자리로 들어가는 38세부터 당신은 관습적인 시각에서 벗어나 보다 자주적인 태도를 지니게 됩니다. 자신만의 독특한 시각을 신뢰하는 법도 배웁니다. 집단 또는 인도주의적 주제에 대한 관심이 커지고 우정에 대한 욕구도 강해집니다. 당신의 태양이 물고기자리로 들어가는 39세에 다시 전환점을 맞이하겠습니다. 이때부터 자신의 관점, 꿈, 그리고 정서적인 이상이 반영된 내면의 감정적인 삶이 더욱더 중요해지면서 이상적 또는 영적 목표를 추구하게 됩니다. 당신의 태양이 양자리로 들어가는 69세에 또 한 번 전환점을 맞이하면서 사람에게는 물론 상황에 적극적이고 단도직입적으로 접근하고자 하는 욕구가 커집니다.

숨어 있는 자아

당신의 주요 과제 중 한 가지는 자신의 탁월한 아이디어와 성대한 꿈을 실행하는 일입니다. 명석한 두뇌와 내면의 힘을 잘 활용한다면 리더십을 발휘할 수 있는 자리에 오를 수 있겠습니다. 영리하고 재능이 뛰어나면서도 여전히 회의감에 빠지거나 열등감을 느끼곤 하는군요. 자신이 가진 지식의 힘을 인식하고 타고난 직감을 개발한다면 당신은 대담하게 실행하고 자신의 이상을 현실로 바꿀 수 있습니다.

편안한 일상에 안주하며 집에서 쉬는 게 행복할 수도 있겠지만 당신은 천성적으로 책임감이 강해 무엇이든 해야 직성이 풀리는 사람입니다. 조화로움에 대한 내적 욕구가 음악, 미술 또는 평화로운 환경에 대한 강한 애정으로 나타나기도 합니다. 가끔 불안감을 느끼기도 하지만 컨디션이 좋을 경우에는 인정과 내면의 힘을 한껏 발휘하여 주위 사람들을 즐겁게 만들어주는군요.

일과 적성

당신은 다정하면서 사교적이라 파트너십이나 다른 사람들과 협업이 요구되는 활동은 무엇이든 즐깁니다. 말솜씨가 좋아서 글재주가 탁월하고 음감이 있다면 작곡과 연주에도 재능을 보이겠습니다. 또 그림 그리는 것에도 관심이 높겠네요. 경쟁심이 강하고 포부가 크므로 드라마나 스포츠 분야도 적성에 맞습니다. 자영업을 선택한다면 바이어나 무역상 또는 중개인이나 협상가 등의 직종에서 두각을 나타낼 수 있겠습니다. 그렇지 않으면 홍보나 상담 분야도 적성에 맞습니다. 공무원을 선택한다면 외교관이나 상무관이 이상적인 직종입니다. 사진이나 디자인 같은 시각 예술에도 관심이 있어 독창성을 발휘할 수 있겠네요. 새로운 기술에도 거리낌이 없으니 IT 분야도 적성에 맞습니다.

수비학으로 풀어본 당신의 운세

당신은 직관적이고 다정하며 추리력이 뛰어난 편입니다. 자신의 개성을 표현하고자 하는 욕구는 12일에 태어난 사람들의 특징입니다. 창의력이 풍부하면서 세심한 당신은 자신의 목표와 목적을 달성하기 위하여 재치를 발휘하면서 협동하는 방법을 잘 알고 있습니다. 자기 회의나 불신감이 느긋한 성격과 긍정적인 인생관을 약화시키는 면이 있지만 다른 사람들에게는 자신만만한 모습을 보이는 편입니다. 자신에게 집중하는 기질과 남을 돕고자 하는 마음 사이에서 균형을 잘 유지한다면 정서적인 만족감은 물론 개인적인 성취감도 얻을 수 있겠네요. 탄생월 1이라는 숫자의 영향으로 당신은 포부가 크고 근면하며 현실 감각을 지녔습니다. 똑똑하고 대담하며 자주적인 사람으로 창의력이 풍부한 편이며 실무 능력까지 갖추었네요. 당신에게는 일인자가 되고 싶고 또 독립적으로 일하고 싶은 욕구가 있지만 파트너십과 다른 사람들과 협업할 경우 더 크게 성공합니다. 그렇지만 당신은 열정이 가득한 독창적인 사람이라 묵묵히 뒤따르기 보다는 리더의 자리가 더 적합합니다.

- 장점 : 창의력, 매력, 직감, 자기 수양, 적극성, 자신감
- 단점 : 은둔하는 성향, 기행, 비협조적, 지나친 예민함, 자존감 부족

연애와 인간관계

당신은 겉으로는 사교적이면서도 속으로는 상당히 내성적이군요. 결혼 또는 안정적인 관계를 매우 중요하게 여기며, 특히 가정에 대한 애정이 남다릅니다. 대체로 조화로운 관계를 지속하기 위해 희생도 기꺼이 감수하는 편입니다. 하지만 판에 박힌 관계로 굳어지거나 대화 부족으로 무심해져서 결국 냉정하거나 무관심한 태도를 보이지 않도록 주의하세요. 당신에게는 인간관계가 매우 중요하지만 독립적인 성향과 활발한 인간관계 사이에서 균형을 유지해야 한다는 점을 잊지 마세요.

당신에게 특별한 사람

연인이나 친구

1월 10, 14, 26, 27, 28일 / 2월 8, 12, 24, 26일 / 3월 6, 22, 24, 30일 / 4월 4, 20, 22, 28일 / 5월 2, 6, 18, 19, 20, 26, 29일 / 6월 16, 18, 24, 27일 / 7월 14, 16, 22, 25일 / 8월 12, 14, 20, 23, 30일 / 9월 10, 11, 12, 18, 21, 28일 / 10월 8, 10, 16, 19, 26일 / 11월 6, 8, 14, 17, 24일 / 12월 4, 6, 12, 15, 22일

힘이 되어주는 사람

1월 8일 / 2월 6일 / 3월 4, 28일 / 4월 2, 26일 / 5월 24일 / 6월 22, 30일 / 7월 20, 28, 29일 / 8월 18, 26, 27, 30일 / 9월 16, 24, 25, 28일 / 10월 14, 22, 23, 26, 29일 / 11월 12, 20, 21, 24, 27일 / 12월 10, 18, 19, 22, 25일

운명의 상대

1월 15일 / 2월 13일 / 3월 11일 / 4월 9일 / 5월 7일 / 6월 5일 / 7월 3, 12, 13, 14, 15, 16일 / 8월 1일

경쟁자

1월 7, 9, 30일 / 2월 5, 7, 28일 / 3월 3, 5, 26일 / 4월 1, 3, 24일 / 5월 1, 22일 / 6월 20일 / 7월 18일 / 8월 16일 / 9월 14일 / 10월 12, 29일 / 11월 10, 27일 / 12월 8, 25, 30일

소울메이트

1월 8, 27일 / 2월 6, 25일 / 3월 4, 23일 / 4월 2, 21일 / 5월 19일 / 6월 17일 / 7월 15일 / 8월 13일 / 9월 11일 / 10월 9일 / 11월 7일 / 12월 5일

이날 태어난 유명인

존 싱어 사전트(화가), 존 행콕(미국 정치인), 스와미 비베카난다(인도의 영적 지도자), 샤를 페로, 잭 런던, 무라카미 하루키(작가), 커스티 앨리(배우), 에마뉘엘 레비나스(철학자), 정재형(가수), 김사랑, 심형탁, 이보영(배우), 김현수(야구 선수)

태양 : 염소자리

지배 성좌 : 처녀자리/수성

위치 : 21°-23° 염소자리

상태 : 활동궁

원소 : 흙

항성 : 없음

1월 13일

CAPRICORN

높은 이상을 꿈꾸는 완벽주의자

이날 태어난 사람들은 의지력이 강하고 머리가 비상한 특징이 있습니다. 결단력이 강한 염소자리 태생으로 여러 가지 재능을 최대한 발휘하고 싶다면 바쁘거나 창의적인 업무를 할 수 있는 직종에 있어야 합니다. 강한 직감을 개발한다면 자신은 물론 삶을 좀 더 깊게 이해할 수 있으며 때때로 생기는 좌절감도 피할 수 있겠네요. 매력과 리더십이 최고의 자리에 오르는 데 한몫합니다.

처녀자리의 영향으로 당신은 예민하고 빈틈이 없으며 집중력이 뛰어납니다. 문제의 핵심을 꿰뚫는 능력이 있으며 현실적이면서도 단도직입적으로 사고하며 건전한 상식의 소유자입니다. 특히 새롭게 시작하는 프로젝트나 문제 해결을 즐깁니다. 정밀하고 정확한 것을 선호하며 일단 목표를 정하면 꾸준히 노력하여 실행하는 사람입니다. 느긋하게 휴식의 시간을 갖거나 유머 감각을 잃어버렸는지를 스스로 평가해보면 자신이 도를 넘어서 지나치게 진지한 상태인지를 판단할 수 있습니다.

실용주의자이면서도 감수성이 예민하고 상상력이 풍부하며 영감을 잘 받는 걸 보니 이상주의자 기질도 다분하군요. 그러므로 당신은 마음에 깊이 와닿는 목표나 대의를 위해 일할 때 가장 행복한 사람입니다. 하지만 타협할 줄 모르거나 고집불통인 태도는 자신의 능력을 발휘하는 데 가장 큰 걸림돌이라는 사실을 꼭 기억하세요.

당신의 태양이 물병자리에 위치한 8세부터 37세까지 자유와 독립에 대한 욕구가 계속 커지겠습니다. 우정이나 공동체 의식에 대해 높아진 관심을 개발하고 개성을 표현하고자 하는 욕구가 생기기도 합니다. 당신의 태양이 물고기자리로 들어가는 38세 이후부터 감정적인 감수성이 강해지면서 선견지명이 더 발달합니다. 자연스레 이상적 또는 영적인 목표를 추구하게 되지요. 당신의 태양이 양자리로 들어가는 68세에 전환점을 맞이하면서 자신의 일은 물론 인간관계에서 단도직입적이고 적극적으로 행동하고자 하는 욕구가 커집니다. 또한 다른 사람들을 이끌고 영감을 줄 수 있게 됩니다.

숨어 있는 자아

당신은 감수성이 풍부하며 직감이 강하고 지혜를 얻을 만한 잠재력을 지니고 있습니다. 사람들이나 상황에 대한 자신의 직감을 신뢰한다면 내면의 힘과 자발적인 깨달음을 얻을 수 있습니다. 다른 사람들이 전혀 알아채지 못한 자신만의 높은 이상을 깨닫는 데에도 도움이 되겠네요. 높은 이상에 대한 대가는 가끔 혼자가 되는 일이군요. 당신은 예술적이면서 품위가 있으며 앞날을 내다볼 줄 알고 창의적인 타입이므로 글쓰기나 신비주의와 관련된 활동이 적성에 잘 맞습니다. 분석적 또는 비판적인 재능을 갖춘 완벽주의자로 자신의 일에 겸손하고 헌신적인 태도를 보입니다.

당신은 판단이 정확하고 인간의 심리를 파악하는 재주를 타고나 사람들의 행동에 관심이 많고 자기 분석에 재능이 있습니다. 개인적인 만남을 선호하는 편이며 사람들이 자신을 특별하다고 느끼게 해주는 재주도 있군요. 유머 감각이 남다르고 정신적인 도전을 즐기며 다른 사람들과 재치와 지능을 겨루는 일을 좋아합니다.

일과 적성

당신은 근면하고 헌신적이며 리더십을 갖춘 창의적인 사람입니다. 다른 사람 밑에서 일하는 경우라면 고용주는 다각도로 접근하는 당신의 아이디어와 책임감 있는 태도를 아주 높이 사겠습니다. 자기 수양이 잘되어 있어 위기의 순간에도 침착하게 대처합니다. 직관적이며 문제 해결 능력이 뛰어나 한 분야의 전문가나 조언자가 될 능력이 충분하군요. 역사, 철학, 그리고 정신 분야에 관심이 많아서 형이상학을 탐구하는 경우가 많겠습니다. 교육 분야에도 관심이 높아 훌륭한 교사나 작가가 될 수 있겠어요. 또는 상담사나 관리자도 적성에 맞습니다.

수비학으로 풀어본 당신의 운세

감수성이 예민하고 영감이 풍부한 점은 13일에 태어난 사람들의 특징입니다. 숫자에 강하고 노력형 인간이며, 결단력과 창의적인 자기표현을 발휘한다면 많은 것을 이룰 수 있습니다. 하지만 자신의 재능과 예술적인 기질로 구체적인 결과를 얻고 싶다면 실용적인 가치관을 좀 더 개발해야겠습니다. 헌신적인 태도가 뒤따른다면 번영이나 인정을 얻을 수 있습니다. 13이라는 숫자의 영향으로 당신은 매력적이고 재미를 중요시하며 사교성이 뛰어납니다. 이날 태어난 많은 사람들과 마찬가지로 당신은 여행을 통해서 많은 것을 얻을 수 있습니다. 또는 더 나은 삶을 위해서라면 혼자서라도 새로운 환경에 정착하고자 하는 열망이 큰 사람입니다. 탄생월 1이라는 숫자의 영향으로 영리하고 직감이 강하며 자발적으로 행동하고 생각하는 힘이 탁월합니다. 지혜나 지식에서 기쁨을 얻으며 영적 깨달음을 위해서라면 물질적인 세계에 등을 돌릴 수도 있는 사람입니다. 대체로 자주적이고 창의력이 풍부하며 용감하고 에너지가 넘칩니다. 개척자 기질이 강해 새로운 분야나 개념을 탐구하기를 좋아하고 혼자서 결정하거나 독립적으로 활동합니다. 넘치는 열정과 독창적인 아이디어로 다른 사람들에게 성공의 길을 제시하는 경우가 많습니다.

- ● 장점 : 큰 포부, 독창성, 창의력, 자유에 대한 애정, 자기표현력, 추진력
- ■ 단점 : 충동적, 우유부단, 거만함, 감정을 드러내지 않음, 반항심

연애와 인간관계

기분이 좋을 때에는 매력을 한껏 발산하며 열린 마음으로 친구들이나 이성의 관심을 사로잡는 데 아무런 어려움이 없습니다. 당신은 사랑이 필요하지만 가끔 표현하기를 주저하거나 수줍어하는 태도가 다른 사람들과 소통할 때 걸림돌이 됩니다. 이런 태도는 사랑과 일 사이에서 발생할 수 있는 갈등에도 도움이 되지 않아요. 하지만 당신은 일단 시작한 관계에는 매우 충실하며 안정성에 대한 욕구가 강합니다. 사생활에 지나치게 연연하는 습관은 마음을 더 넓게 가질수록 줄일 수 있습니다. 자신의 관심과 바람, 그리고 영감을 공유할 수 있는 연인을 찾는다면 더할 나위 없이 좋겠네요.

이날 태어난 유명인

게오르게 구제프(신비주의자), 로버트 스택, 패트릭 뎀프시, 올랜도 블룸(배우), 매슈 본(안무가), 김건모, 조규찬, 이승기, 박진영(가수), 김미현(골프 선수)

671

| 태양 : 염소자리 |
| 지배 성좌 : 처녀자리/수성 |
| 위치 : 22° - 24° 염소자리 |
| 상태 : 활동궁 |
| 원소 : 흙 |
| 항성 : 없음 |

1월 14일

CAPRICORN

크게 성공할 재능이 다분한 사람

다정하고 현실적이면서도 근면한 당신은 건전한 상식을 바탕으로 직감이 뛰어나고 상상력이 풍부한 사람입니다. 이날 태어난 사람들은 사람을 사로잡는 매력이 있어 사람을 다루는 일이 잘 맞으며 타고난 리더십과 잘 어우러집니다. 천성적으로 창의적이며 논리적인 사고의 소유자로 당신은 지식수준이 높은 사람들을 존경하며, 박학다식해지고 싶은 욕구가 있습니다. 영리하고 포부가 크며 독립적인 당신은 크게 성공할 재능이 다분합니다. 다만 부정적인 생각을 피해야 한다는 점을 명심하세요.

처녀자리의 영향으로 당신은 디테일 하나도 놓치는 법이 없는 꼼꼼하고 신중한 일꾼입니다. 기본적으로 수줍고 내성적인 면이 있지만 소통에 뛰어나고 문제의 핵심을 꿰뚫는 능력을 갖추었습니다. 당신은 완벽주의자 기질이 있어 정밀하고 정확한 관찰을 해낼 수 있지만 지나치게 신중하거나 심각한 태도는 도움이 되지 않습니다.

새로운 생각을 받아들이는 데에 거리낌 없는 당신은 창의적이고 진보적이며 자신만의 독창성을 전달하고자 하는 욕구가 있습니다. 자유는 물론 개혁에도 관심이 있지만 제약을 싫어하는 성향으로 고집을 부리거나 엇나가기도 합니다. 적극적이고 머리가 좋아서 다양하고 새로운 일을 많이 경험해야 싫증이 나지 않겠습니다. 하지만 잠시도 가만있지 못하는 성향 탓에 성급하거나 충동적으로 행동하지 않도록 조심하는 것이 현명하겠네요.

당신의 태양이 물병자리에 위치한 7세부터 36세까지 당신은 독립적이고자 하는 욕구가 점차 커지고 우정 또는 공동체 의식에 대한 관심이 높아집니다. 자신만의 독특한 아이디어를 표현하거나 실험해보는 일이 필요하겠네요. 당신의 태양이 물고기자리로 들어가는 37세 이후부터 감수성이 풍부해지면서 감정적인 욕구를 더 강하게 느낍니다. 선견지명이 발달하면서 이상적 또는 영적인 목표를 추구하게 되네요. 당신의 태양이 양자리로 들어가는 67세에 전환점을 맞이하면서 자기 계발은 물론 무엇이든 시작하고자 하는 욕구가 더 강해집니다.

숨어 있는 자아

당신은 자신만만해 보이지만 고민이나 우유부단함에 빠지기 쉬우며 보기보다 마음속이 복잡한 편이군요. 자신을 표현하고자 하는 욕구가 음악, 미술 또는 드라마 분야에서 창의적으로 표출되는 경우도 있으며, 아이디어를 개발하기 위해 자신을 단련한다면 크게 성공할 수 있겠습니다. 인기를 얻고자 하는 욕구는 당신이 다른 사람들에게 인정받기를 원하는 사람이라는 의미이며 관심 분야에서 인정받고자 한다면 조바심은 금물입니다. 하지만 영감을 받으면 당신의 선견지명과 인도주의 기질이 빛을 발하며 대의와 자신의 이상을 위해 기꺼이 싸울 수 있는 사람입니다.

온갖 일은 물론 모든 사람에게 관심이 많아서 지나치게 많은 일을 하려고 드는 경우가 자주 있군요. 혼자 시간을 보내며 반성, 성찰 또는 명상을 하면 침착함을 기르는 데 아주 좋습니다. 당신은 진정으로 즐기는 일을 할 때 최대의 힘을 발휘할 수 있으므로 가장 크게 성공하겠습니다. 뚜렷한 목적의식을 세우고 자신에 대한 신념을 밀어붙인다면 기적도 이루어낼 수 있습니다.

일과 적성

창의적이고 실용적인 당신은 사람과 사물의 진가를 예리하게 판단합니다. 다재다능하니 시간을 들여 노력한다면 이루지 못할 일이 없겠군요. 대체로 포부가 크고 승부욕이 강한 편이라 그림이든 요리든 자신의 기술을 갈고 닦을 수 있겠습니다. 실무 능력이 뛰어나 리더십을 발휘할 수 있는 자리 또는 관리자 자리에 앉기를 바라는군요. 정이 많고 소통 능력이 탁월하여 교육 또는 미디어, 홍보, 광고, 판촉 분야에 관심이 높겠습니다. 사업 분야에서 경력을 쌓고 싶다면 금융이나 주식 매매 관련 분야가 적성에 맞습니다. 또한 사람을 대하는 직종이라면 당신은 설득력 있고 당당한 태도에 힘입어 성공할 수 있겠습니다.

수비학으로 풀어본 당신의 운세

똑똑하고 실용주의적 세계관을 갖추었으며 결단력이 강한 점은 14일에 태어난 사람들의 특징입니다. 탄탄한 기반을 세우고자 하며 꾸준한 노력으로 성공하고자 하는 열망이 강하네요. 이날 태어난 다른 사람들과 마찬가지로 직업에서 최고의 자리에 오르는 경우가 많습니다. 통찰력이 뛰어나 문제가 생기면 신속하게 대처하며 해결하기를 즐깁니다. 14일에 태어난 사람들에게는 위험을 감수하거나 횡재수를 바라는 기질이 있습니다. 탄생월 1이라는 숫자의 영향으로 당신은 독창적이면서도 이상주의적이지만 집요하게 물고 늘어지고 완고한 태도를 보이거나 자신만의 방식을 내세우는 경우가 자주 있습니다. 일인자가 되어 자주적으로 행동하고자 하는 열망이 커서 창의적인 재능을 발휘할 경우 이름을 날릴 수 있겠습니다. 직접 경험해보고자 하는 기질이 강해 혼자서 결정하거나 독립적으로 일하는 경향이 있습니다. 창의적인 기운과 열정이 넘칠 때는 혁신적인 아이디어를 내놓으면서 다른 사람들까지 성공으로 이끄는 일이 빈번합니다.

- 장점 : 결단력 있는 실천력, 근면 성실, 행운, 창의력, 실용주의, 상상력, 부지런함
- 단점 : 지나친 조심스러움, 충동적인 기질, 불안정, 경솔함, 고집스러움

연애와 인간관계

마음이 넓고 다정하며 어디서든 잘 어울리며 사람 사귀기를 즐깁니다. 당신은 자기 계발에 관심이 많아 끊임없이 발전하려는 사람들에게 매력을 느끼는 경우가 많습니다. 지식에 대한 애정이 깊어 새로운 정보나 기술을 배울 수 있는 단체 활동을 즐기는 편이군요. 자신의 생각에 솔직하고 거침없지만 가끔 대인관계에서 자신의 감정을 제대로 표현하지 못하거나 반대로 지나치게 지배적인 태도를 보이기도 합니다. 특히 관심사가 비슷하거나 협동 프로젝트에 적극적으로 참여할 수 있는 사람들과 관계가 좋은 편이네요.

연인이나 친구

1월 4, 10, 11, 12, 26, 28, 30, 31일 / 2월 2, 9, 10, 24, 26, 28일 / 3월 7, 8, 22, 24, 26일 / 4월 5, 6, 20, 22, 24, 30일 / 5월 3, 4, 18, 20, 22, 28, 31일 / 6월 1, 2, 16, 18, 20, 26, 29일 / 7월 14, 16, 18, 24, 27일 / 8월 12, 14, 16, 22, 25일 / 9월 10, 12, 14, 20, 23일 / 10월 8, 10, 12, 18, 21일 / 11월 6, 8, 10, 16, 19일 / 12월 4, 6, 8, 14, 17일

힘이 되어주는 사람

1월 3, 10, 29일 / 2월 1, 8, 27일 / 3월 6, 25일 / 4월 4, 23, 25일 / 5월 2, 21, 23일 / 6월 19일 / 7월 17, 30일 / 8월 15, 28일 / 9월 13, 15, 26일 / 10월 11, 24일 / 11월 9, 22일 / 12월 7, 20일

운명의 상대

1월 11일 / 2월 9일 / 3월 7일 / 4월 5일 / 5월 3일 / 6월 1일 / 7월 14, 15, 16, 17, 18일

경쟁자

1월 9일 / 2월 7일 / 3월 5, 28일 / 4월 3, 26일 / 5월 1, 24일 / 6월 22일 / 7월 20일 / 8월 18일 / 9월 16일 / 10월 14, 30, 31일 / 11월 12, 28, 29일 / 12월 10, 26, 27일

소울메이트

1월 7일 / 2월 5일 / 3월 3일 / 4월 1일 / 5월 29일 / 6월 27일 / 7월 25일 / 8월 23일 / 9월 21일 / 10월 19일 / 11월 17일 / 12월 15일

이날 태어난 유명인

페이 더너웨이(배우), 알베르트 슈바이처(인도주의자 의사), 세실 비튼(사진작가), 스티븐 소더버그(영화감독), 미시마 유키오, 존 더스 패서스(작가), 정우(배우)

태양 : 염소자리
지배 성좌 : 처녀자리/수성
위치 : 23° - 25° 염소자리
상태 : 활동궁
원소 : 흙
항성 : 테레벨룸

1월 15일

CAPRICORN

다른 사람에게 자극과 영감을 주는 뛰어난 기획자

당신은 포부가 크고 결단력이 강하며 가치 판단력이 뛰어난 염소자리 태생입니다. 침착하면서도 감정이 풍부하고 리더십을 타고났으며 목표를 향해 끈기 있게 전념하는 태도 덕분에 높은 지위에 오를 수 있겠습니다. 현실적이고 실용적이며, 바른 말을 하는 사람입니다. 하지만 사람을 대하는 기술을 타고난 덕분에 사회생활에서 성공을 거둘 가능성이 높습니다. 물질주의에 지나치게 집착하는 성향은 당신의 보장된 미래에 혹시 걸림돌이 될 수 있으니 조심하세요.

처녀자리의 영향으로 소통 기술이 탁월하며 사소한 것 하나도 놓치지 않는 능력을 갖추었습니다. 논리적이면서도 철두철미해서 집중력이 뛰어나며 생각이 깊습니다. 하지만 천성이 비판적이니 지나치게 날카로운 태도를 보이지 않도록 조심하세요. 뭐든지 정확히 정의를 내리고 설명하려는 습관은 문제를 쉽게 풀 수 있도록 도울 뿐만 아니라 타고난 비즈니스 감각을 키워줍니다.

성격이 강하며 창의력과 진취적인 기상을 잘 어우를 수 있습니다. 게다가 판단력이 뛰어나고 사람은 물론 상황을 평가할 수 있는 능력이 있어 다른 사람들의 의견을 대변하거나 인권을 위해 싸우는 일이 적성에 맞습니다. 독립적이면서 의지가 강하고 활발하며 뛰어난 기획력에 다른 사람들에게 영감을 주는 능력까지 갖추었네요.

당신의 태양이 물병자리에 위치한 6세부터 35세까지 단체 지향적이며 매사 심각한 태도에서 약간 벗어나면서 자유에 대한 열망이 점점 커집니다. 색다른 관심사에 끌리거나 자신만의 개성을 표현하고자 하는 욕구가 강해지는 시기이기도 합니다. 당신의 태양이 물고기자리로 들어가는 36세 이후부터 정서적인 감수성이 발달하면서 내면을 탄탄하게 다지게 됩니다. 그러면서 당신의 관점, 꿈, 그리고 정서적인 이상에도 이런 성향이 반영되겠네요. 태양이 양자리로 들어가는 66세 즈음 전환점을 맞이하면서 다른 사람의 본보기 되려는 욕구는 물론 대인관계에서 대담하고 단도직입적으로 행동하고자 하는 욕구가 강해집니다.

숨어 있는 자아

인도주의자이면서 고고한 기질이 있어 시간과 돈에 매우 관대합니다. 자신이 지지하고자 하는 대의나 프로젝트에 에너지를 쏟아부을 수 있으며 사람들에게 자극을 주고 영감을 주겠네요. 지난 일에 얽매이는 습관을 버리지 못하면 좌절감에 빠질 수 있으며 안정감에 집착하는 성향과 지나친 낭비벽 사이에서 갈피를 잡지 못하는 성향은 경제관념을 좀 더 키워야 한다는 점을 보여주네요.

풍부한 창의력을 발휘하여 매우 높은 곳으로 오를 수 있는 영감을 받거나 구체적인 자기표현의 방식을 찾기도 합니다. 이런 시기에는 근심 걱정이 싹 사라지고 사람들과 어울리며 삶의 기쁨을 마음껏 발산할 수 있겠네요. 하지만 한꺼번에 많은 일을 하려다보면 자신이 선택한 일에 걱정이 생기고 우유부단해질 수 있습니다. 당신은 톡톡 튀는 아이디어가 샘솟고 재빠르고 덤덤하면서도 재치가 있어 다른 사람들을 매우 즐겁게 해주는 재능을 갖춘 덕분에 시대를 앞서는 경우가 많은 편입니다.

일과 적성

이상주의적이면서도 단호하며 미다스의 손을 가진 당신은 교육, 연구 및 과학 분야에서 성공할 가능성이 높습니다. 뛰어난 조직력을 발휘하여 큰 규모의 비즈니스 프로젝트를 기획하거나 실행할 수 있겠네요. 건축가, 관리자 또는 공직 등에서 흥미로운 행보를 보이는 편입니다. 성공한 후에는 자선가 또는 창시자가 되는 경우도 있겠어요. 창의적이고 기교가 뛰어나며 전위예술에 재능을 타고나 미술상, 큐레이터 또는 미술품 관리자 등의 직종이 적성에 맞습니다. 또는 노조 대표 또는 인권 운동가 등 인도주의적 대의를 위해 싸우는 일도 적합합니다.

수비학으로 풀어본 당신의 운세

대체로 당신은 기민하고 열정적이며 카리스마가 넘치는 성격입니다. 당신의 가장 큰 자산은 강한 직감, 그리고 이론과 실제를 결합하여 빠르게 습득하는 능력입니다. 새로운 기술을 배우면서도 이익을 낼 수 있도록 관리하는 경우가 많네요. 자신의 직관력을 활용하고 기회를 포착하는 능력 또한 뛰어납니다. 생일 15라는 숫자의 영향으로 돈을 끌어 모으는 재주 또는 다른 사람들에게 도움과 지지를 받는 능력을 지니고 있습니다. 현실적인 기질을 독창적인 아이디어에 적용하고, 잠시도 가만있지 못하거나 불만을 갖는 성향을 극복한다면 어떤 일이든 성공적으로 마무리할 가능성이 훨씬 더 높아지겠습니다. 탄생월 1의 영향으로 당신은 개성이 뚜렷하면서도 인내심이 강하며 에너지가 넘칩니다. 강한 직감과 활기 덕분에 기회를 잘 포착하며 특히 좋은 아이디어나 사업 기회는 놓치는 법이 없군요. 당신은 빈틈이 없고 자주적이므로 일을 주도하거나 다른 사람들에게 성공하는 길을 제시하기를 좋아합니다.

- 장점 : 자발성, 관대함, 책임감, 자상함, 협동심, 높은 안목, 창의적인 아이디어
- 단점 : 혼란스러움, 안절부절, 무책임, 자기중심적, 신뢰 결여, 근심

연애와 인간관계

당신은 다정하고 자신을 표현하고자 하는 욕구가 강해 사교 활동에 적극적으로 참여합니다. 이날 태어난 여성은 대부분 흥미진진하고 활기차거나 대담한 삶을 살아가는 남성들에게 매력을 느끼는 경우가 많습니다. 또 창의적이어서 정신적으로 자극을 받을 수 있는 똑똑한 사람들에게 끌립니다. 하지만 가까운 사이일수록 모호하거나 우유부단한 태도를 보인다면 실망스러운 결과가 생길 수도 있습니다. 그러니 책임감을 잃지 않되 근심 걱정을 버리고 즐기는 방법을 배우세요.

이날 태어난 유명인

몰리에르(극작가), 마틴 루서 킹 주니어(인권 운동가), 진 크루파(드러머), 에드워드 텔러(물리학자), 이어령(문학평론가), 김창숙(배우), 황정민(아나운서)

태양 : 염소자리

지배 성좌 : 처녀자리/수성

위치 : 24° - 26° 염소자리

상태 : 활동궁

원소 : 흙

항성 : 테레벨룸

1월 16일

CAPRICORN

강인하고 현실적이면서도 열의 넘치는 이상주의자

이날 태어난 사람들은 사교적이며 매력이 넘치고 현실적인 염소자리 태생으로 가치관이 확고한 편입니다. 당신만의 매력과 재빠른 판단력은 삶을 발전시키는 데 도움이 됩니다. 당신은 자신만의 개성을 분명히 파악하고 있으며, 이미지에 관심이 많고 외모를 멋지게 꾸미기를 좋아합니다. 안정을 중요시하고 계획적으로 행동하며 선택한 목표를 성취하기 위해 끈기 있게 노력합니다.

처녀자리의 영향으로 당신은 잘 조직된 체계, 일정에 따른 업무 또는 목록을 작성하는 일을 매우 중요시합니다. 정신적으로 예리하고 정확하게 말하는 당신은 훌륭한 비평가이면서 솔직하고 단도직입적인 편입니다. 수줍어하거나 내성적인 면도 있지만 사교적이며 사람들과 원활하게 소통합니다. 인정받기를 원하며 대체로 포부가 크고 결단력이 강하지만 때때로 의심이 많아 나아가기를 주저하는 경우가 가끔 있네요. 하지만 타고난 사업 감각을 발휘하여 일단 일을 맡으면 책임을 다합니다.

각계각층의 다양한 사람들과 쉽게 친해지는 능력은 당신이 인도주의에 관심이 높다는 사실을 보여줍니다. 강인하고 현실적이면서도 열의가 넘치고 이상주의자인 당신은 물질주의와 열정이 흥미롭게 조합된 사람이네요. 아름다움과 풍족한 생활을 지향하고 호화로운 환경과 화려한 분위기를 즐기는 사람이네요.

당신의 태양이 물병자리에 위치한 5세부터 34세까지는 개성, 자유에 대한 열망, 그리고 공동체 의식에 집중하는 시기입니다. 당신의 태양이 물고기자리로 들어가는 35세에 전환점을 맞이하면서 감정을 보다 풍부하게 느끼며 더불어 선견지명도 발달합니다. 당신의 태양이 양자리로 들어가는 65세에 큰 변화를 맞이하면서 자기주장이 강해지고 더 활동적인 성격이 되며 새롭게 시작하고 싶은 욕구가 강해지겠습니다.

숨어 있는 자아

위풍당당하면서 창의적인 당신은 표현력이 남다르며 관심사가 다양하고 기회도 많은 편입니다. 개인적인 매력과 다양성에 대한 욕구가 강한 덕분에 해외에서 활동할 가능성도 있고 새로운 경험이 끊이지 않습니다. 그래서 결정에 어려움을 겪기도 하겠네요. 그러므로 자신의 이상을 제대로 아는 데 걸림돌이 되는 근심이나 부정적인 생각은 피하는 것이 현명합니다. 신뢰감을 좀 더 쌓는다면 자신만의 뛰어난 가능성을 발휘하는 데 도움이 되겠습니다.

두뇌가 명석하고 학습 능력이 뛰어난 당신은 지식을 소중하게 여깁니다. 독창적이며 대중의 취향을 꿰뚫는 능력이 있어 대체로 시대를 앞서는 경우가 많습니다. 진지하면서도 사람의 마음을 사로잡는 장난스러운 구석도 숨어 있군요. 하지만 자기중심적인 성향이 강해 인간관계를 망치는 일이 가끔 있으니 조심하세요. 하지만 넘치는 아이디어를 교육적이면서도 재미있게 표현하는 데 능숙해 다른 사람들의 마음을 사로잡고 영감을 주겠습니다.

일과 적성

인품이 있고 소통 기술이 뛰어나니 영업, 교육, 연예 또는 정치 분야에서 자신의 능력을 긍정적으로 발휘할 수 있겠네요. 현실적이고 포부가 크고 근면한 사람으로 사업상 상품 또는 대의명분을 널리 알리려 할 때 자신의 매력을 활용할 수 있습니다. 또 성격상 출판 또는 광고 분야에서 성공할 가능성이 높습니다. 가치관이 확고하고 기획력이 뛰어난 특성은 관리직이나 법 관련 직종에서 큰 장점이 되겠네요. 아니면 삶에 대한 창의적인 접근법을 타고난 덕분에 음악, 글쓰기 또는 예술 활동 등으로 감정을 발산할 수 있겠습니다. 어떤 일이든 사람을 다루는 일에서 성공할 가능성이 높다는 점을 잊지 마세요.

수비학으로 풀어본 당신의 운세

16일에 태어난 사람들은 포부가 크면서도 세심합니다. 외향적이고 사교적인 편이며 다정하고 사려 깊습니다. 분석적인데도 느끼는 대로 삶을 판단하는 경우가 많네요. 직감이 뛰어나 통찰력이 강하며 배려심을 타고났군요. 16일에 태어난 사람들은 세상사에 관심이 많아서 국제적 기업에 몸담을 수 있습니다. 여러 가지 타고난 재능 중에서도 특히 번뜩이는 영감을 발휘해 글을 쓰는 재능이 뛰어납니다. 당신은 지나친 자신감과 확신 없이 불안해하는 성향 사이에서 균형을 맞추는 법을 배워야겠습니다. 탄생월 1이라는 숫자의 영향으로 자립심이 강하면서도 지략이 풍부하네요. 진취적인 당신은 리더가 되어 새로운 프로젝트를 실행하기를 즐깁니다. 통찰력이 뛰어나고 창의적이라 새로운 개념을 만들어 내고 신선한 관점을 갖출 수 있습니다. 안정성에 대한 욕구를 보니 당신은 유능하고 현실적이며 장기적인 계획을 세우는 사람이군요.

- 장점 : 높은 교육 수준, 집과 가정에 대한 책임감, 진실성, 직감, 사회성, 협동심, 통찰력
- 단점 : 근심 걱정, 불만족, 무책임, 자기주장이 강함, 회의주의, 이기심, 공감 능력 부족

연애와 인간관계

당신은 사교적인 사람으로 친구를 쉽게 사귈 수 있습니다. 우정을 소중하게 여기며 자신이 보살펴야 하는 사람들에게 매우 충실한 태도를 보이네요. 당신은 금전적인 안정을 원하므로 연인을 선택할 때에 현실적인 조건을 보는 경우가 많습니다. 가끔 냉담한 모습으로 다른 사람에게 오해를 사기도 하지만 사랑과 애정에 대한 욕구가 강해 인간관계가 매우 중요한 사람이군요. 친밀감과 자유로움에 대한 욕구 사이에서 균형을 잡는 일이 반드시 필요하겠습니다.

당신에게 특별한 사람

연인이나 친구

1월 2, 6, 8, 14, 23, 26, 27, 28일 / 2월 4, 10, 12, 21, 24, 26일 / 3월 2, 10, 12, 19, 22, 24일 / 4월 8, 14, 17, 20, 22일 / 5월 6, 15, 16, 18, 19, 20, 30일 / 6월 4, 13, 16, 18일 / 7월 2, 11, 14, 16, 20일 / 8월 9, 12, 14, 22일 / 9월 7, 10, 11, 12, 24일 / 10월 5, 8, 10, 26일 / 11월 3, 6, 8, 28일 / 12월 1, 4, 6, 30일

힘이 되어주는 사람

1월 9, 12, 18일 / 2월 7, 10일 / 3월 5, 8일 / 4월 3, 6일 / 5월 1, 4, 10일 / 6월 2, 30일 / 7월 28일 / 8월 26, 30, 31일 / 9월 24, 28, 29일 / 10월 22, 26, 27일 / 11월 20, 24, 25일 / 12월 18, 22, 23, 29일

운명의 상대

7월 16, 17, 18, 19일

경쟁자

1월 11, 13, 29일 / 2월 9, 11일 / 3월 7, 9, 30일 / 4월 5, 7, 28일 / 5월 3, 5, 26, 31일 / 6월 1, 3, 24, 29일 / 7월 1, 22, 27일 / 8월 20, 25일 / 9월 18, 23, 30일 / 10월 16, 21, 28일 / 11월 14, 19, 26일 / 12월 12, 17, 24일

소울메이트

1월 12, 29일 / 2월 10, 27일 / 3월 8, 25일 / 4월 6, 23일 / 5월 4, 21일 / 6월 2, 19일 / 7월 17일 / 8월 15일 / 9월 13일 / 10월 11일 / 11월 9일 / 12월 7일

이날 태어난 유명인

수전 손택(작가), 케이트 모스(모델), 다이앤 포시(동식물 연구가), 김영랑(시인), 심혜진, 이민기(배우)

태양 : 염소자리

지배 성좌 : 처녀자리/수성

위치 : 25° - 27° 염소자리

상태 : 활동궁

원소 : 흙

항성 : 테레벨룸

1월 17일
CAPRICORN

권력과 영향력을 즐기는 타고난 리더

결단력 있고 실용적인 당신은 활발한 염소자리 태생으로 솔직담백하게 행동하는 사람입니다. 독립적이고 성공 지향적인 당신은 잠시도 안주하지 못하는 성향이나 조급증을 없애려면 흥미로운 변화와 모험이 필수적이네요. 당신은 자신감이 넘치며 대규모 프로젝트도 낙관적인 태도로 최선을 다하는 편입니다. 그리고 큰 규모의 프로젝트가 추진력으로 작용하여 목표에 집중한 후에는 거대한 계획을 달성하기 위해 열심히 일합니다.

처녀자리의 영향으로 두뇌 회전이 빨라 즉각적으로 반응하며 상황을 재빠르게 판단합니다. 집중력이 뛰어나며 상식이 풍부해 매사에 빈틈이 없고 생각이 깊습니다. 당신은 기준이 높고 업무에 능숙하지만 자신은 물론 다른 사람들에게 쉽게 만족하지 못하는 태도는 조심하세요.

사업 감각을 타고나 자신의 재능을 상업화하는 데 능숙하며 기회를 포착하는 능력도 대단하네요. 포부가 커서 목표를 높게 잡으며 권력과 영향력을 즐깁니다. 긍정적인 열정을 발산하거나 다른 사람들을 자극하는 능력을 발휘하면 탁월한 기획자나 리더가 되겠습니다.

너그러운 마음과 자신만만한 태도는 당신의 매력이며 덕분에 전반적으로 좋은 운이 더 강해지네요. 때때로 우울해지면서 걱정이 깊어지는 시기가 있으니 균형 잡힌 생활과 건강이 매우 중요합니다.

당신의 태양이 물병자리에 위치한 4세부터 33세까지 당신은 자유와 독립에 점점 더 눈을 뜨게 됩니다. 단체를 지향하며 색다른 관심사에 매력을 느끼거나 자신의 개성을 내보이고 싶어지기도 합니다. 당신의 태양이 물고기자리로 들어가는 34세 이후부터 감수성이 한층 더 발달하면서 내면을 개발하는 일에 흥미를 느낍니다. 그러면서 당신의 관점, 꿈, 그리고 정서적인 이상에도 이런 성향이 반영되겠네요. 당신의 태양이 양자리로 들어가는 64세에 전환점을 맞이하면서 솔선수범하고자 하는 욕구는 물론 인간관계에서 대범하게 행동하고자 하는 욕구가 강해지겠습니다.

숨어 있는 자아

자존심이 강하고 흥미로운 성격으로 당신은 사교적인 편이지만 주도하는 걸 좋아합니다. 호기심이 많고 창의적인 타입이라 시대를 앞선 경우가 많습니다. 사회 개혁이나 변화에도 관심이 많은 편이네요. 자기 수양을 쌓고 부지런한 생활을 한다면 부를 쌓을 수 있는 능력까지 갖출 수 있겠습니다. 하지만 이타주의적 활동을 통해서 훨씬 더 큰 만족감을 얻을 수 있습니다. 타고난 육감을 발휘한다면 더 많은 이득과 보상이 뒤따르겠네요.

무엇이든 통달하고자 하는 욕구와 지칠 줄 모르는 호기심이 항상 새로운 영역을 탐구하는 원동력으로 작용하는군요. 하지만 자신의 재능을 신뢰하지 못하면 능력에 못 미치는 일을 하게 될 수도 있습니다. 다행히 인내심을 타고난 편이라 큰 포부를 달성할 수 있겠습니다. 하지만 다른 사람의 목소리에 귀를 기울여야 하고 완고한 자세는 버리는 것이 현명합니다. 강한 직감과 뛰어난 소통 능력, 그리고 강한 자기표현 욕구를 바탕으로 크게 성공할 기회가 많이 생기겠습니다.

일과 적성

활발하고 직관적이며 큰 포부와 강한 결단력은 성공할 수 있는 당신만의 장점입니다. 머리가 좋고 현실적이어서 원대한 계획을 세우기를 좋아합니다. 당신은 실무 능력이 뛰어나서 사람들을 대표하거나 지휘하는 직종에서 성공할 수 있습니다. 법, 정치 분야 또는 공무원으로 근무하는 경우가 많겠습니다. 돈 문제에 관심이 많다면 은행 또는 보험 회사 업무도 적성에 맞습니다. 음식과 서비스 산업 분야에 관심이 높아 레스토랑이나 호텔 관련 업무도 잘 어울리네요. 교육 수준이 높고 글쓰기 재주가 있으니 교사, 작가 또는 상담사도 적합합니다. 부자가 된 후에는 정의로운 일을 뒷받침해주는 후원자나 자선사업가가 되기도 합니다. 돈과 물질적인 권력에만 집착할 경우 돈만 보고 배우자를 고르거나 일확천금을 꿈꾸게 될 수 있으니 조심하세요.

수비학으로 풀어본 당신의 운세

17일에 태어난 당신은 예리하고 추리력이 뛰어납니다. 대체로 자신의 지식을 특정한 방식으로 발휘하는 경우가 많으므로 전문 지식을 쌓아 성공하거나 또는 전문가 또는 연구가로 명망 있는 자리에 오를 수 있겠네요. 당신은 혼자 있기를 좋아하는 내성적이고 고고한 기질이 강하며, 사실 및 사물에 관심이 매우 높아서 매사에 진지하고 사려 깊은 태도를 보이며 느긋한 편입니다. 당신은 집중력과 인내심을 장시간 발휘할 수 있으며 경험을 통해 가장 잘 배울 수 있습니다. 하지만 회의적인 성향을 버릴수록 습득 속도가 더 빨라지겠습니다. 탄생월 1이라는 숫자의 영향으로 당신은 직감이 강하고 포부도 매우 큽니다. 개성이 강하고 독창적인 기질이 있고 분석력이 뛰어난 훌륭한 계획가이면서 독립심도 강합니다. 용감하고 에너지가 넘치며 모험을 좋아하는 당신은 독립해서 활동할 가능성이 큽니다. 당신은 열정과 독창적인 아이디어의 소유자로 다른 사람을 성공으로 이끄는 경우가 많습니다.

- 장점 : 사려 깊음, 전문가 기질, 계획적, 사업 감각, 경제적 성공, 근면함, 정확성, 과학적 능력
- 단점 : 무심함, 완고함, 경솔함, 우울증, 편협함, 비판적, 근심 걱정, 의심이 많음

연애와 인간관계

당신은 사랑하는 사람들에게 충실하며 마음이 넓은 편입니다. 다정하고 사교적이며 다른 사람에게 존중받는 일을 매우 중요하게 여기는 사람이군요. 가끔 극단적인 감정과 열정적인 기질을 분출하는 경우가 있습니다. 하지만 현실적인 문제를 망각하지는 않는군요. 당신은 사랑과 애정에 대한 욕구가 강하지만 자유로움도 그만큼 중요한 사람이라 개인적인 여유와 시간을 허용하는 관계를 선호합니다. 당신은 권력이 있고 영향력이 강해 새로운 아이디어와 기회로 영감을 얻을 수 있는 사람에게 매력을 느낍니다.

연인이나 친구

1월 5, 6, 10, 11, 15, 29, 31일 / 2월 4, 13, 27, 29일 / 3월 2, 6, 11, 25, 27일 / 4월 9, 23, 25일 / 5월 2, 3, 7, 21, 23일 / 6월 5, 19, 21일 / 7월 3, 17, 19, 30일 / 8월 1, 15, 17, 28일 / 9월 13, 15, 26일 / 10월 11, 13, 24일 / 11월 9, 11, 22일 / 12월 7, 9, 20일

힘이 되어주는 사람

1월 13, 15, 19일 / 2월 11, 13, 17일 / 3월 9, 11, 15일 / 4월 7, 9, 13, 24일 / 5월 5, 7, 11일 / 6월 3, 5, 9일 / 7월 1, 3, 7, 29일 / 8월 1, 5, 27, 31일 / 9월 3, 16, 25, 29일 / 10월 1, 23, 27일 / 11월 21, 25일 / 12월 19, 23일

운명의 상대

5월 30일 / 6월 28일 / 7월 17, 18, 19, 20, 26일 / 8월 24일 / 9월 22일 / 10월 20일 / 11월 18일 / 12월 16일

경쟁자

1월 12일 / 2월 10일 / 3월 8일 / 4월 6일 / 5월 4일 / 6월 2일 / 8월 31일 / 9월 29일 / 10월 27, 29, 30일 / 11월 25, 27, 28일 / 12월 23, 25, 26, 30일

소울메이트

1월 2, 28일 / 2월 26일 / 3월 24일 / 4월 22일 / 5월 20일 / 6월 18일 / 7월 16일 / 8월 14일 / 9월 12일 / 10월 10일 / 11월 8일 / 12월 6일

이날 태어난 유명인

짐 캐리(배우), 데이비드 로이드 조지(전 영국 총리), 무하마드 알리(권투 선수), 알 카포네(마피아), 비달 사순(헤어 디자이너), 사카모토 류이치(작곡가), 이문세(가수), 송강호, 윤유선(배우)

| 태양 : 염소자리 |
| 지배 성좌 : 처녀자리/수성 |
| 위치 : 26° – 28° 염소자리 |
| 상태 : 활동궁 |
| 원소 : 흙 |
| 항성 : 없음 |

1월 18일

CAPRICORN

재능을 현실성 있게 구현하는 능력의 소유자

현명하면서도 날카로운 지성을 지닌 당신은 매력이 넘치는 성격의 소유자입니다. 뛰어난 능력을 바탕으로 남들보다 유리한 위치에서 출발할 수 있으므로 성공할 가능성이 높습니다. 포부가 크고 생각이 넓으며 리더십이 강한 당신은 다른 사람들에게 지시하는 자리를 선호합니다. 하지만 도를 넘거나 거만한 태도를 삼가야겠네요. 다행히 인도주의적 기질도 갖추고 있어 사람의 특성을 잘 파악하고 다른 사람들을 돕는 일도 즐기는 편입니다.

처녀자리의 영향으로 당신은 두뇌가 명석하고 소통 기술이 뛰어납니다. 탁월한 기획력을 보니 사업 감각을 타고났으며 성공을 위해서라면 온 힘을 다하는 사람이군요. 현실적이면서 통찰력이 강해 무엇이든 정확하게 판단하지만 비판적인 기질은 반드시 피해야겠네요. 상식이 풍부하고 집중력이 뛰어난 점은 당신이 생각이 깊고 생산적인 결과를 얻을 수 있는 사람이라는 점을 나타냅니다.

사교적이고 다정하며 마음가짐이 편안할 때 남다른 유머 감각이나 풍자를 보여줄 수 있는 사람입니다. 하지만 실망감이나 좌절감이 긍정적 기질을 깎아내리는 경우가 때때로 발생합니다. 초연함을 잃지 않으면서 더 큰 그림을 보는 일이 중요합니다. 편견이 없어야 다른 사람들을 너그럽게 대하며 따뜻하고 희생적인 기질은 물론 넓은 아량을 발휘할 수 있겠습니다. 언제나 아이디어가 넘치는 당신은 열정과 원대한 계획으로 다른 사람들에게 영감을 줄 수 있는 잠재력을 지니고 있네요.

당신의 태양이 물병자리에 위치한 3세부터 32세까지는 개성, 우정, 자유에 대한 열망, 그리고 공동체 의식을 중요시합니다. 당신의 태양이 물고기자리로 들어가는 33세에 전환점을 맞이하면서 감수성, 상상력, 그리고 좀 더 섬세한 감정이 중요해집니다. 당신의 태양이 양자리로 들어가는 63세에 또 한 번 전환점을 맞이하면서 자기주장이 확실해지고 생기가 넘치며 새로운 시작을 갈망합니다.

숨어 있는 자아

사업 감각에 돈에 대한 직감까지 갖춘 당신은 무엇이든 정확한 평가가 가능한 사람입니다. 그리고 자유로운 세계관에 어울리는 사람이나 상황을 예리하게 판단합니다. 타고난 영향력을 발휘하여 자신의 지식을 다른 사람들에게 전달해야 한다는 책임감이 강하며 그래서 정의로운 대의나 이상을 위해 투쟁하는 훌륭한 운동가가 될 자질이 충분하군요. 하지만 물질주의에만 집착한 나머지 자신의 높은 목표에 소홀해지지 않도록 조심하세요.

모험과 변화를 추구하는 기질이 강한 당신은 다양한 활동을 해야 싫증이 나지 않습니다. 조직이나 책임감에 지나치게 얽매이면 안절부절못하게 됩니다. 균형을 잘 유지해야지만 과격해지지 않고 정서적인 불만을 낭비와 사치로 해소하는 일을 피할 수 있겠네요. 역동적인 감수성을 표출할 방법을 찾는다면 다른 사람들의 마음을 사로잡는 신비한 능력을 발휘할 수 있습니다. 이 능력이 당신의 재빠른 대처 능력과 결합한다면 당신은 다른 사람들을 즐겁게 하고 희망을 줄 수 있겠습니다.

일과 적성

유능하며 창의적인 당신은 자신의 재능을 현실적인 능력과 결합하는 데 관심이 많은 편이네요. 이미지 메이킹에 탁월해 광고, 패션 또는 미디어 분야에서 일할 가능성이 높습니다. 이상주의적이면서 진보적이어서 교육, 훈련 또는 자선 사업 분야에도 관심이 많겠네요. 사업 쪽으로는 직관력과 뛰어난 육감을 발휘해 금융, 투자, 증권 거래 분야에서 성공하겠습니다. 타고난 동정심을 발휘해 치유 관련 직종에서 일하거나 과학 및 기술 분야 연구원도 적성에 맞습니다. 예술적 감성이 풍부하여 글을 쓰는 일이나 영화 및 연극 제작 분야에서 배우, 홍보 전문가 또는 프로듀서 등으로 일할 수도 있겠네요.

수비학으로 풀어본 당신의 운세

결단력이 있고 자기주장이 강하며 포부가 큰 점은 18일에 태어난 사람들의 특징입니다. 활발하고 적극적인 당신은 권력을 갈망하며 지속적인 도전이 필요한 경우가 많습니다. 가끔 비판적이거나 까탈을 부리거나 또는 논쟁이 분분한 주제에 집착하는 경향이 보입니다. 18일에 태어난 당신은 자신의 재능을 다른 사람을 돕고 유익한 조언을 하거나 다른 사람들의 문제를 해결하는 데 활용하기도 합니다. 또는 뛰어난 사업 감각과 기획력을 상업 분야에서 발휘하는 경우도 있네요. 탄생월 1이라는 숫자의 영향으로 당신은 독창적이면서도 다재다능한 사람입니다. 상상력이 풍부하고 아이디어가 샘솟는 사람이라 창의적이고 자주적으로 자신을 표출할 방식이 필요하군요. 전략가 기질이 뛰어나 톡톡 튀는 아이디어를 실제 상품으로 바꿀 수 있네요. 일인자가 되기를 원하며 독창성에 대한 욕구가 강해 당신은 혼자서 결정하거나 독립해서 활동하는 경향이 있습니다. 자신만만하고 에너지가 넘치며 매력과 열정을 발산하여 다른 사람들이 자신의 계획을 지지하도록 유도할 수 있는 사람입니다. 운이 좋은 편이지만 가끔 세상이 자신을 중심으로 돌아가지 않는 다는 사실을 배울 필요도 있겠습니다.

- ● 장점 : 진보적, 자기 확신, 직감, 용기, 단호함, 유능함, 자문 능력
- ■ 단점 : 통제되지 않는 감정, 게으름, 무질서, 이기적, 일이나 프로젝트 미완성, 오해

연애와 인간관계

인간관계에서 균형감을 유지하는 일이 중요하겠습니다. 냉정하거나 무심해 보이는 경우가 있는가 하면 때때로 따뜻하고 배려심이 넘치는 사람이네요. 당신에게 가장 중요한 과제는 친구는 물론 연인도 정신적으로 자극을 받을 수 있는 사람을 만나는 일입니다. 그렇지 않을 경우 당신은 다소 의무적으로 대하거나 시비조로 행동하기 쉽습니다. 일에만 빠져들어 연인과 보내는 시간이 적을 경우에도 갈등이 생길 수 있습니다. 독립심을 유지할 수 있는 연인을 만나야 더 좋습니다. 하지만 당신은 충실하고 사랑스러우며 믿음직스러운 친구이자 연인이군요.

이날 태어난 유명인

케빈 코스트너, 케리 그랜트, 대니 케이(배우), 데이비드 벨라미(환경 보호 운동가), A. A. 밀른(작가), 존 부어먼(영화감독), 질 들뢰즈(철학자), 앤서니 기든스(사회학자), 윤문식, 강동원(배우), 장준환(영화감독)

태양 : 염소자리

지배 성좌 : 처녀자리/수성

위치 : 27° - 29° 염소자리

상태 : 활동궁

원소 : 흙

항성 : 없음

1월 19일
CAPRICORN

유능함과 의지력으로 끝내 성공하는 사람

강한 의지와 결단력은 염소자리에 태어난 사람들의 특징입니다. 당신은 두뇌가 명석하고 현실적이며 인정받고자 하는 욕구가 강해 당연하게 받아들여지는 것을 싫어하는 편입니다. 사업 감각과 리더십을 타고나 적극적이고 생산적이며 자신의 일을 스스로 지배하기를 선호합니다. 열과 성을 다한다면 분명 큰 성공이 따르겠습니다.

처녀자리의 영향으로 당신은 체계적이고 유능하며 소통 기술 또한 뛰어납니다. 뛰어난 글쓰기 또는 말하기 재주를 업무에 활용할 수 있겠네요. 대체로 크게 생각하고 권력을 즐기는 편이며, 안정과 물질적인 성공에 대한 욕구가 강해 성공할 수 있는 원동력이 되어줍니다. 하지만 오만하고 권위적이거나 자기중심적인 성향이 강해 다른 사람의 비판을 온전히 받아들이지 못하는 경우가 있으며, 이는 인간관계에 영향을 주기도 합니다. 사교술을 쌓고 협업하는 법을 배운다면 영향력을 높일 수 있겠습니다.

당신은 두뇌 회전이 빠르고 재능과 기획력이 빼어난 사람이군요. 하지만 지나치게 조바심을 내거나 고집불통인 기질을 반드시 경계해야 합니다. 다행히 이같이 끈질긴 면은 난관을 극복하고 대단한 성취로 이어질 밑거름으로 작용하네요.

당신의 태양이 물병자리에 위치한 2세부터 31세까지는 독립적이고자 하는 열망은 물론 우정이나 공동체 의식도 함께 커집니다. 자신만의 독특한 아이디어를 표현하거나 직접 경험해보고자 하는 욕구도 생깁니다. 당신의 태양이 물고기자리로 들어가는 32세 이후부터 감수성이 한층 더 발달하면서 선견지명이 강해집니다. 자연스레 이상적 또는 영적인 목표를 추구하게 되지요. 태양이 양자리로 들어가는 62세에 전환점을 맞이하면서 새로운 시작이나 적극적인 자기 확신에 대한 욕구가 커지겠습니다.

숨어 있는 자아

당신은 자존심이 강하고 총명하며 이론보다는 실제 경험에서 얻은 지혜와 근면함을 소중하게 여깁니다. 이 과정에서 숨은 공신은 바로 자제심이며, 이는 물질적인 이득보다 좀 더 깊은 만족감을 가져다줍니다. 자신의 직관적인 통찰력을 신뢰하고 의지력을 쌓는다면 자신이 몸담은 분야에서 권위자가 될 수 있겠습니다.

당신의 성공을 가로막을 수 있는 장애물 중 한 가지는 지나치게 비판적인 태도, 냉정함 또는 의심하는 기질입니다. 그러므로 당신에게는 내면의 신뢰감이 자신감을 키우는 데 중요한 부분이며 그래야만 좀 더 대담하고 자발적으로 행동할 수 있습니다. 강한 승부욕과 열정이 긍정적으로 발휘된다면 부를 쌓고 지식을 얻는 원동력이 될 수 있습니다.

일과 적성

당신은 포부가 크고 경쟁심이 강해 영향력을 발휘할 수 있는 권력이 있는 지위에 오르기를 원합니다. 업무에서는 대체로 책임을 떠맡는 걸 좋아하며 임원이나 관리자급이 되기 위해 성실하게 일하는 편입니다. 훌륭한 기획자 또는 감독관 기질이 다분한 당신은 아주 유능하며 세부적인 부분까지 놓치는 법이 없습니다. 업무에 대해 지시받는 것을 싫어하기 때문에 당신은 전문가, 상담가 또는 자문 등 독자적으로 일하는 직업을 선택하는 경우가 많겠네요. 법, 공익 사업 또는 큰 규모의 조직에 관심이 많습니다. 당신은 개성이 강하고 독창적이어서 글쓰기, 그림, 음악 또는 드라마 등을 통해 창의적인 면을 분출하기를 원합니다. 매우 활동적이므로 스포츠를 즐기고 운동선수로 성공할 가능성이 높네요.

수비학으로 풀어본 당신의 운세

19라는 숫자의 영향으로 당신은 명랑하고 포부가 크며 활발하면서도 이상주의적 기질이 강하고 세심합니다. 결단력이 있고 지략이 풍부하며 안목이 있지만 천성적으로 몽상가 기질이 있어 인정이 많고 쉽게 외부의 영향을 받습니다. 중요한 사람이 되고 싶은 욕구가 강해 주목받기를 원합니다. 당신은 다른 사람들에게는 자신만만하고 상처를 받고도 곧 회복하는 사람으로 보이지만 속으로는 불안감이 심해 감정 기복이 심한 편이네요. 자존심이 강하므로 당신은 세상이 자신을 중심으로 돌아가지 않는다는 점을 배울 필요가 있겠습니다. 탄생월 1이라는 숫자의 영향으로 통찰력이 뛰어나며 포부가 큽니다. 대단한 열정으로 일에 덤벼들지만 시작한 일을 마무리하는 법을 배워야겠습니다. 균형과 공정성과 관련되어 문제가 생기는 것을 보니 당신에게는 공명정대하고 공평한 태도를 항상 유지하는 일이 필수적이군요. 객관성을 유지하여 과잉반응하지 않도록 하세요. 자주적이고 이상주의적인 당신은 개성이 강하고 독창적이며 용감하고 에너지도 넘치는 사람입니다. 추진력이 강해 혼자서 결정하거나 독립해서 활동하는 경향이 있습니다. 지도자가 될 경우 다른 사람들에게 성공으로 이르는 길을 제시할 수 있겠네요.

- 장점 : 역동적, 창의력, 리더십, 진보적, 낙천주의, 강한 신념, 경쟁심, 독립성, 사교적 성향
- 단점 : 자기중심적, 근심 걱정, 거절에 대한 두려움, 물질 만능 주의, 독단적, 조바심

연애와 인간관계

당신은 사교적이며 감정을 표현하고자 하는 욕구가 강해 사람들을 사귀는 일을 매우 즐기는 사람입니다. 충실한 연인이 될 수 있지만 가끔 애정 문제로 걱정하거나 우유부단해지며, 이상적인 연인을 선택하기가 어려운 경우가 있습니다. 더 깊이 있고 진지한 기질과 밝고 로맨틱한 기질 사이에서 균형을 유지하는 일이 반드시 필요합니다. 하지만 당신의 넘치는 매력은 다른 사람들을 즐겁게 할 수 있는 큰 자산이며 훌륭한 주인장 노릇을 하는 데 도움이 되겠습니다.

염소자리

이날 태어난 유명인

에드거 앨런 포, 퍼트리샤 하이스미스(작가), 폴 세잔(화가), 재니스 조플린, 돌리 파튼, 필 에벌리(가수), 마이클 크로퍼드(배우), 스테판 에드베리(테니스 선수), 신디 셔먼(사진작가), 박원숙, 박광정(배우)

태양 : 염소자리/물병자리 경계

지배 성좌 : 처녀자리/수성

위치 : 28° 염소자리 - 0° 물병자리

상태 : 활동궁

원소 : 흙

항성 : 알타이르

1월 20일

CAPRICORN

강한 겉모습 속에 섬세한 내면이 감춰진 사람

이날 태어난 사람들은 설득력이 강하고 현실적이고 근면하면서도 세심한 특징이 있습니다. 경계점에서 태어난 당신은 물병자리의 특성인 사람에게 흥미를 지니고 있으며, 인간관계에 대해 매서운 이해력을 보입니다. 업무에서 다른 사람들과 협력하는 능력이 뛰어나 성공의 밑거름이 될 수 있겠네요. 삶에 대한 실용주의적인 접근법은 당신이 충성심과 인내심이 강한 사람이라는 사실을 보여줍니다. 하지만 당신이 맞닥뜨리게 될 과제는 자신의 의무를 모조리 성취하고자 하는 욕망, 그리고 자유와 자발성, 즐거움에 대한 열망 사이에서 균형을 유지하는 일입니다.

처녀자리의 영향으로 당신은 디테일을 챙기는 꼼꼼한 일꾼입니다. 수줍어하거나 내성적이지만 소통 능력이 뛰어나며 문제의 핵심을 꿰뚫을 수 있군요. 완벽주의자 기질과 비판 능력이 뛰어난 당신은 자신의 업무를 제대로 해내고자 하며 정확하고 빈틈없는 관찰을 발휘할 수 있습니다. 의무감과 통제력을 갖춘 덕분에 당신은 믿음직스럽고 노련합니다. 감정을 엄격하게 통제할 경우 지나치게 심각하고 꽉 막힌 사람이 될 수 있답니다.

아름다운 것에 심취하며 형태에 대한 감각이 뛰어난 당신은 창의적인 재능을 미술, 음악, 글쓰기를 통해서 발휘하고 싶어 하는군요. 또한 취향이 훌륭하고 호화로움을 즐기는 기질이 강해 집을 안락하고 멋지게 꾸밉니다. 당신은 돈을 중시하므로 돈을 위해서라면 기꺼이 열과 성을 다하며 탄탄한 장기적인 계획 또한 필요합니다.

당신의 태양이 물병자리로 들어가는 30세까지는 개성과 자유에 대한 열망, 그리고 공동체 의식이 부각되며 독립적인 태도를 보입니다. 친구들 역시 당신에게 매우 중요한 존재가 됩니다. 당신의 태양이 물고기자리로 들어가는 31세에 전환점을 맞이하면서 선견지명이 발달하고 자신의 감정을 좀 더 세심하게 살필 수 있습니다. 당신의 태양이 양자리로 들어가는 61세에 또 한 번 변화를 맞이하는데, 자기주장이 확실해지고 말보다 행동을 우선시하며 새롭게 시작하려는 욕구가 높아집니다. 이를 계기로 리더십을 좀 더 발휘하게 되겠습니다.

숨어 있는 자아

당신은 강한 겉모습 뒤에 지극히 세심한 면을 숨기고 있습니다. 특히 사랑과 인간관계가 매우 중요하며 다른 사람들을 행복하게 해주고 싶은 욕구를 지닌 경우가 많네요. 이러한 열망은 인도주의적인 배려심이나 다른 사람들의 감정에 공감하는 마음으로 드러납니다. 하지만 때때로 긴장하거나 마음에서 내려놓지 못하는 기질 탓에 좌절할 수 있겠군요. 자신이 원하는 사랑과 애정보다 다른 사람들의 기대를 충족시키고자 하는 마음이 크기 때문에 젊은 시절 조건만 따져 연인을 만나는 경우도 있습니다. 그러므로 사랑하고 사랑받고자 하는 열망 때문에 진정한 자아를 포기해버리거나 보호 기제를 발동해 자기 안에 틀어박혀 냉담하거나 우울해지는 등의 과잉 행동을 하지 않는 게 중요합니다.

당신은 평화와 조화로움에 대한 열망이 강하며 앞에 놓인 장애물을 헤쳐나가기 위해 애쓰는 편입니다. 이 과정에서 당신은 자신을 소중하게 여기는 일, 그리고 자신의 감정을 신뢰하는 일의 중요성을 깨닫게 됩니다.

일과 적성

당신은 사교적이며 사업과 즐거움을 결합시키는 능력이 뛰어나 다른 사람들과 함께 일하는 경우 성과가 더 좋은 편입니다. 처세술을 활용하여 다른 사람들을 자신의 생각대로 설득하는 경우가 많군요. 상상력이 풍부하고 유쾌하며 독창적인 당신은 일을 하면서도 자신의 유머 감각과 매력을 발휘하기를 좋아합니다. 당신은 빈틈이 없고 배려심이 강해 의료 및 치유 분야에서 성공할 수 있겠습니다. 건강에 대한 관심이 높으며 사업 감각이 뛰어나니 교사, 상담사 및 자문역도 적성에 맞습니다. 또는 재능이 많고 창의적이므로 글을 쓰는 일이나 그림, 작곡, 영화 제작 등도 어울립니다.

수비학으로 풀어본 당신의 운세

20일에 태어난 당신은 직감이 강하고 융통성과 이해력이 뛰어납니다. 대체로 상호 작용이 가능하고 경험을 공유하거나 다른 사람들로부터 배울 수 있는 협력 활동에서 이득을 보는 경우가 많네요. 당신은 매력적이고 사교적이어서 여러 사교 모임에서 활동할 수 있겠습니다. 하지만 당신은 쉽게 상처 받고 다른 사람을 비난하는 성향을 고쳐야겠습니다. 스스로 희생자임을 자처하거나 불신감 또는 이기적인 기질은 버리세요. 탄생월 1이라는 숫자의 영향으로 포부가 크고 결단력이 있는 단호한 성격입니다. 개성이 강하고 창의적이며 영감을 받으면 용감하고 에너지가 넘치지요. 다정하고 매력적이지만 세상이 자신을 중심으로 돌아가지 않는다는 사실도 배워야겠네요. 인간관계에서는 자신만의 욕구를 채우고자 하는 바람과 다른 사람들의 욕구를 균형 있게 다루어야 합니다. 하지만 자신의 직감과 능력을 믿는다면 예술적인 재능을 상업화하는 데 성공할 수 있겠습니다.

- ● 장점 : 훌륭한 파트너십, 차분함, 재치, 수용력, 직감, 배려, 조화, 친선, 우호적인 성격, 친선 대사 역할
- ■ 단점 : 의심, 자신감 결여, 소심함, 지나치게 감정적인 반응, 이기심, 기만

연애와 인간관계

당신은 매력과 사교성을 타고난 덕분에 관대하고 헌신적으로 대하는 친구가 무척 많은 편입니다. 이상주의적이면서도 로맨틱해 사랑에 대한 욕구가 강하며 애정을 표현하는 일이 당신에게 매우 중요합니다. 강한 절제력으로 당신은 충실하고 믿음직스러운 친구가 될 수 있으며 가족에 대한 보호본능이 매우 강합니다. 그래서 사랑하는 사람들을 위해 남다른 희생정신을 발휘할 수 있는 사람이지만 희생자를 자처하는 기질은 조심해야겠습니다. 이날 태어난 사람들 중에는 나이 차가 큰 사람들과도 돈독한 인간관계를 유지하는 사람들도 있는 편입니다.

당신에게 특별한 사람

연인이나 친구

1월 4, 8, 9, 13, 18, 19, 23일 / 2월 2, 6, 16, 17, 21일 / 3월 4, 14, 15, 19, 28, 30일 / 4월 2, 12, 13, 17, 26, 28, 30일 / 5월 1, 5, 10, 11, 15, 24, 26, 28일 / 6월 8, 9, 13, 22, 24, 26일 / 7월 6, 7, 11, 20, 22, 24, 30일 / 8월 4, 5, 9, 18, 20, 22, 28일 / 9월 2, 3, 7, 16, 18, 20, 26일 / 10월 1, 5, 14, 16, 18, 24일 / 11월 3, 12, 14, 16, 22일 / 12월 1, 10, 12, 14, 20일

힘이 되어주는 사람

1월 5, 16, 27일 / 2월 3, 14, 25일 / 3월 1, 12, 23일 / 4월 10, 21, 29일 / 5월 8, 19일 / 6월 6, 17일 / 7월 4, 15일 / 8월 2, 13일 / 9월 11, 19일 / 10월 9, 30일 / 11월 7, 28일 / 12월 5, 26, 30일

운명의 상대

1월 17일 / 2월 15일 / 3월 13일 / 4월 11일 / 5월 9일 / 6월 7일 / 7월 5, 20, 21, 22, 23, 24일 / 8월 3일 / 9월 1일

경쟁자

1월 1, 10, 15일 / 2월 8, 13일 / 3월 6, 11일 / 4월 4, 9일 / 5월 2, 7일 / 6월 5일 / 7월 3, 29일 / 8월 1, 27일 / 9월 25일 / 10월 23일 / 11월 21일 / 12월 19, 29일

소울메이트

8월 30일 / 9월 28일 / 10월 26일 / 11월 24일 / 12월 22일

이날 태어난 유명인

데이비드 린치, 페데리코 펠리니(영화감독), 퍼트리샤 닐, 조지 번스(배우), 앙드레마리 앙페르(물리학자), 버즈 올드린(우주 비행사), 정웅인, 추자현(배우)

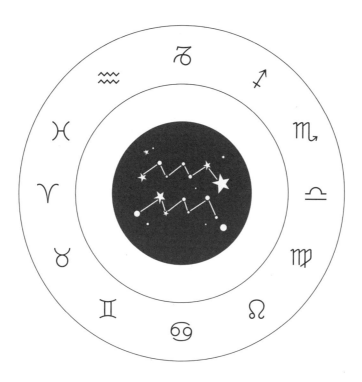

물병자리
AQUARIUS

1월 21일 ~ 2월 19일

태양 : 물병자리/염소자리 경계

지배 성좌 : 물병자리/천왕성

위치 : 29°30′ 염소자리 - 1°30′ 물병자리

상태 : 고정궁

원소 : 공기

항성 : 알타이르, 알비레오

1월 21일

AQUARIUS

사업 감각과 인간 본성에 관한 통찰력을 두루 갖춘 사람

물병자리와 염소자리의 경계에서 태어난 당신은 두 별자리의 장점을 모두 받아 다정하고 카리스마 넘치는 성격에 상황 판단이 빠르고 현실적입니다. 솔직하고 순수하며 강한 신념과 명석한 두뇌를 소유한 당신은 단도직입적이며, 자기 생각을 분명히 말하는 걸 좋아해요. 독창적인 당신은 배우는 것을 즐기며 신중하고 분별력이 있습니다. 느긋한 성격이지만 가끔 욱하는 성미는 반드시 고쳐야겠네요. 자칫 사람들과 멀어질 수 있으니까요.

십분각 지배 성좌인 물병자리에 든 태양의 영향을 받아 당신은 사고가 탁월하며 특히 사람에 대한 관찰력이 매우 정확합니다. 집중력이 좋아 진지하게 일하는 편이군요. 능수능란한 문제 해결사이기도 합니다. 하지만 완벽주의자 기질이 있으니 너무 비판적이 되지 않도록 해야 합니다. 마음이 넓고 인도주의자인 당신은 부당함은 물론 다른 사람들의 권리를 위해 기꺼이 싸우는 자유사상가입니다. 독창적이어서 창의력이 매우 뛰어나지만 퉁명스럽거나 지나치게 솔직한 태도는 다른 사람들의 화를 돋울 수 있으니 주의하세요.

평화로움과 고요함을 원하지만 또 한편으로는 풍족한 생활을 누리고픈 열망이 있어 성공의 원동력으로 작용합니다. 이상이나 대의에 영감을 받으면 평소보다 두 배는 더 노력하겠네요. 자신감 넘치고 배려를 아끼지 않는 당신에게 다른 사람들이 도움이나 조언을 바라는 경우가 많습니다.

29세까지는 자유, 독립, 그리고 개성을 표현하고자 하는 욕구가 우선시되는 시기입니다. 당신의 태양이 물고기자리로 들어가는 30세 이후부터는 좀 더 예민해지면서 감정적인 문제를 인식하게 됩니다. 선견지명이 강하게 발달하거나 내면의 세계에 한층 더 가까워지기도 합니다. 당신의 태양이 양자리로 들어가는 60세에 또 다른 전환점을 맞이하면서 자기지향적인 성향이 더욱더 강해지겠습니다. 또 자신감과 확신도 더 강해지네요. 그 영향으로 새로운 일을 시작하게 되겠습니다.

숨어 있는 자아

당신은 영감이 넘치는 아이디어가 많습니다. 이런 아이디어를 개발해 미술, 음악, 글쓰기 또는 드라마 등 자기표현 방식으로 드러낸다면 자신감이 더 높아지겠습니다. 또는 온화한 매력과 사교술을 발휘하면 사람을 다루는 일에서 크게 성공할 가능성이 높습니다. 에너지가 분산되거나 우유부단한 태도를 피하려면 끈기를 기르고 뚜렷한 목적의식을 세워야겠습니다.

대체로 객관적이고 보편적인 사고방식을 지닌 편이지만 때때로 좌절감에 시달리는 경우도 있습니다. 다른 사람들에게 실망하면 억울해하거나 반항하는 편입니다. 지난 일을 털어버리고 정신적인 에너지를 긍정적인 목표에 집중해야 에너지 낭비를 피할 수 있겠습니다. 사람이나 어떤 일의 최종결과에 대한 자신의 육감을 신뢰한다면 타고난 직감이 엄청난 장점으로 작용하겠네요.

일과 적성

두 별자리의 경계에서 태어난 당신은 염소자리의 특성인 현실적인 사업 감각을 지녀 명성을 원하며, 물병자리의 특징인 인간 본성에 대한 통찰력도 지니고 있네요. 그 덕분에 당신은 일과 사교 생활을 적절히 병행할 수 있습니다. 활발하고 다재다능하며 매력적인 성격에 자신의 아이디어를 홍보할 수 있는 능력까지 있네요. 그래서 특히 영업, 판촉 및 홍보 분야 등이 적성에 잘 맞습니다. 사람을 대하는 기술을 발휘할 수 있는 분야인 상업 또는 금융 분야도 성공 가능성이 높네요. 그렇지 않으면 강한 정의감을 발휘해 법 또는 정치 분야에서 약자를 변호하는 일을 할 수도 있습니다. 마찬가지로 지식을 확장하고자 하는 열망이 있어 교육, 철학 또는 과학 분야도 적성에 맞습니다. 뛰어난 창의력과 재능을 디자인, 미술, 연기, 음악 분야 등에서 발휘할 수도 있겠네요.

수비학으로 풀어본 당신의 운세

활기차면서도 느긋한 성격은 21일에 태어난 사람들의 특징입니다. 사교성이 좋아 인맥이 넓고 관심사도 다양하군요. 대체로 사람들에게 다정다감한 성품을 보입니다. 직감이 강하고 독립적인 당신은 창의력과 독창성이 매우 뛰어나네요. 21일에 태어난 당신은 노는 걸 좋아하고 우아한 매력으로 사람을 잡아 끕니다. 아니면 수줍음이 많고 내성적일 수 있는데 특히 가까운 사이일수록 강하게 자기주장을 할 필요가 있겠습니다. 협력적인 인간관계나 결혼을 중요하게 여기며, 항상 자신의 재능과 능력을 인정받기를 원합니다. 탄생월 1이라는 숫자의 영향으로 진취적이며 독립적인 세계관을 지니고 있습니다. 관찰력이 좋고 창의적이며 탐구심이 강하고 에너지가 넘치는 당신은 포부가 원대하므로 인정받고 성공하려면 노력하는 자세가 필수적입니다. 때때로 완고한 태도를 보이기도 하며 혼자서 결정하거나 독립해서 활동하는 경향이 있습니다. 영감을 받으면 독창적인 아이디어가 샘솟고 놀랄 만한 통찰력을 발휘합니다.

- ● 장점 : 영감, 창의력, 사랑으로 맺은 관계, 오래 지속되는 관계
- ■ 단점 : 의존성, 신경과민, 비전 결여, 변화에 대한 두려움

연애와 인간관계

카리스마 넘치며 이상주의적인 당신은 인간관계에 대한 기대치가 매우 높습니다. 사람을 다루는 재주를 타고나 사람들과 쉽게 어울릴 수 있군요. 때때로 과민반응을 보이기도 하지만 당신은 사랑하는 사람들에 대한 보호의식이 강한 남다른 인도주의자입니다. 다른 사람들이 당신의 선한 성격을 이용하도록 가만히 내버려두었다가는 자신의 목표에 집중할 수 없게 됩니다. 강인함과 따뜻하고 매력적인 성품이 잘 어우러진다면 매력을 풍기는 사람이 될 수 있습니다.

물병자리

이날 태어난 유명인

크리스티앙 디오르(디자이너), 폴 스코필드, 지나 데이비스(배우), 폴 앨런(기업가), 플라시도 도밍고(성악가), 앤디(가수), 정려원(배우)

태양 : 물병자리	
지배 성좌 : 물병자리/천왕성	
위치 : 1° - 2° 물병자리	
상태 : 고정궁	
원소 : 공기	
항성 : 알타이르, 알비레오	

1월 22일

AQUARIUS

세상을 앞서 나가는 영리하고 창의적인 괴짜

당신은 영리하고 직감이 강하며 변화에 대한 강한 열망을 지닌 적극적이면서도 예민한 물병자리 태생입니다. 판에 박힌 일상을 싫어하므로 외국에서 일할 수 있는 기회나 여행이 당신의 삶에 큰 영향을 미치겠네요. 솔직하고 딱 부러지는 성격에 사업 감각과 선견지명이 예리하군요. 보여지는 인상을 의식해 남에게 좋은 이미지를 주는 것을 중요하게 여깁니다. 하지만 안절부절못하는 기질은 인내심과 끈기를 길러야 없어지겠네요.

지배 성좌 물병자리에 든 태양의 영향으로 당신은 다정하면서도 외향적이며 인간 중심의 성향을 지닌 사람입니다. 또한 아주 독특하고 다소 괴짜 같은 면도 있습니다. 객관적이고 독창적인 사고로 천재성을 발휘하며 다른 사람들의 특성을 재빨리 판단할 수 있습니다. 개성 넘치는 통찰력으로 시대를 앞서가는 사람이지만 도가 지나칠 경우 버릇없고 고집스러운 태도를 보이기도 하겠습니다.

현실적인 이상주의자인 당신은 뛰어난 능력과 자기 수양을 바탕으로 꿈을 실현시키기 위해 열심히 노력하는 사람입니다. 가끔 미래를 위한 설계보다는 즉각적인 보상이 뒤따르는 길을 선택하는 경향이 있군요. 불안정한 재정 상황을 걱정하는 일을 피하려면 절약하는 습관을 기르고 장기적인 투자를 고려해보는 것이 바람직하겠습니다.

28세까지는 개인적인 자유, 우정, 그리고 개성이 우선시됩니다. 당신의 태양이 물고기자리로 들어가는 29세부터는 감정적으로 예민해지기 시작하면서 선견지명이 강하게 발달하고 내면의 세계에 한층 더 가까워지겠습니다. 당신의 태양이 양자리로 들어가는 59세에 인생의 전환점을 맞이합니다. 그 영향으로 자신감과 확신이 더 강해지고 포부가 커지며 새로운 벤처 사업이나 활동을 시작할 가능성이 높아집니다.

숨어 있는 자아

무엇이든 빨리 배우는 당신은 샘솟는 창의력을 반드시 발산해야 하는 사람입니다. 자기표현과 혼자서 결정하는 습관을 통해 걱정이나 자신에 대한 의심을 없애는 법을 배울 수 있겠네요. 다재다능하고 융통성이 있으며, 일단 목표가 확실해지면 놀라운 집중력을 발휘합니다. 현실감각이 강하고 선견지명 역시 뛰어나 원대한 비전을 성취하는 데 큰 도움이 되겠네요.

관대하고 사고의 폭이 넓으며 보편적인 통찰력을 지니고 있습니다. 성격이 다정해 사람들의 마음을 쉽게 얻고 인기가 많네요. 덕분에 리더의 성향이 강해지며 누구 밑에 있기를 좋아하지 않습니다. 사업 감각을 타고났지만 물질적인 조건에만 사로잡혀 훌륭한 인도주의적 기질이 억눌리지 않도록 조심하세요.

일과 적성

성실하고 포부가 크지만 다양성을 좋아하므로 판에 박힌 업무가 아닌 빠른 변화를 필요로 하는 직종이 적성에 맞겠습니다. 특히 여행을 자주 다닐 수 있는 직업이 당신의 모험심 넘치는 성격에 딱 들어맞습니다. 당신에게는 현실적이면서도 자신의 이상을 충족시켜줄 수 있는 일이 필요하겠습니다. 사업 분야라면 미래를 예측하거나 아이디어를 다른 사람들에게 파는 일이 좋겠습니다. 어떤 일을 선택하든 실행이 우선입니다. 그렇지 않으면 배우나 음악가로 예술 분야, 치유 분야에서 상상력과 감수성을 발휘해도 좋겠네요.

수비학으로 풀어본 당신의 운세

22는 마스터 수로 22라는 수와 4라는 수 둘 다 울림을 줄 수 있습니다. 정직하고 근면하며 리더십을 타고난 당신은 카리스마 넘치는 성격에 무엇이 사람들에게 동기를 부여하는지를 정확하게 이해합니다. 감정을 잘 드러내지 않지만 배려심이 강해 다른 이들의 행복을 살피는 보호본능을 갖추고 있습니다. 하지만 실용주의적 또는 현실적인 태도를 잃는 법이 없습니다. 대체로 교양이 있고 세상 물정에 밝으며 친구가 많고 이성에게도 인기가 많군요. 경쟁이 치열할수록 성공할 가능성이 더 높으며 운도 따라주어 다른 사람들의 도움은 물론 격려도 많이 받습니다. 탄생월 1이라는 숫자의 영향으로 포부가 크고 진취적이며 독립적인 가치관을 지녔네요. 안정적이고자 하는 의지가 확고하면서도 잠시도 가만있지 못하는 기질이 있는 걸 보면 전혀 제약을 받지 않고 주어진 기회를 모두 즐길 수 있는 자유가 필요한 사람이네요. 두뇌가 명석하고 직감이 강해 혼자서 결정하거나 자주적으로 활동하는 경향이 있습니다. 현실적인 태도를 갖춘 인도주의자인 당신은 어려운 일을 겪는 누군가에게 비빌 언덕이 되어줄 수 있는 사람입니다.

- 장점 : 보편성, 관리자, 뛰어난 직감, 실용주의, 현실적, 손재주, 노련함, 체계 확립, 조직력, 문제 해결 능력, 성공한 사람
- 단점 : 신경과민, 열등감, 거만함, 물질만능주의, 비전 결여, 게으름, 이기주의

연애와 인간관계

사교술이 뛰어나 친구가 많고 이성에게도 인기가 많습니다. 수용적이고 다정하며 정신적인 자극이 필요한 당신은 똑똑한 사람들과 어울리기를 원하는 편이네요. 평온하고 조화로운 관계를 위해서라면 기꺼이 양보하거나 희생도 감수하는 경우가 많습니다. 또한 당신은 우정을 중요시하는 사람입니다. 모험심을 자극하는 사람들과 잘 어울리며 재미있게 지낼 수 있겠네요. 사랑하는 사람들을 즐겁게 해줄 때 자신의 역량을 발휘하게 됩니다.

당신에게 특별한 사람

연인이나 친구

1월 6, 10, 20, 24, 29일 / 2월 4, 8, 18, 27일 / 3월 2, 6, 16, 25, 28, 30일 / 4월 4, 14, 23, 26, 27, 28, 30일 / 5월 2, 12, 21, 24, 26, 28, 30일 / 6월 10, 19, 22, 24, 26, 28일 / 7월 8, 17, 20, 22, 24, 26일 / 8월 6, 15, 18, 20, 22, 24, 30일 / 9월 4, 13, 16, 17, 18, 20, 22일 / 10월 2, 11, 14, 16, 18, 20일 / 11월 9, 12, 14, 16, 18일 / 12월 7, 10, 12, 14, 16일

힘이 되어주는 사람

1월 7, 13, 18, 28일 / 2월 5, 11, 16, 26일 / 3월 9, 14, 24일 / 4월 1, 7, 12, 22일 / 5월 5, 10, 20일 / 6월 3, 8, 18일 / 7월 1, 6, 16일 / 8월 4, 14일 / 9월 2, 12, 30일 / 10월 10, 28일 / 11월 8, 26, 30일 / 12월 6, 24, 28일

운명의 상대

1월 25일 / 2월 23일 / 3월 21일 / 4월 19일 / 5월 17일 / 6월 15일 / 7월 13, 22, 23, 24, 25, 26일 / 8월 11일 / 9월 9일 / 10월 7일 / 11월 5일 / 12월 3일

경쟁자

1월 3, 17일 / 2월 1, 15일 / 3월 13일 / 4월 11일 / 5월 9, 30일 / 6월 7, 28일 / 7월 5, 26, 29일 / 8월 3, 24, 27일 / 9월 1, 22, 25일 / 10월 20, 23일 / 11월 18, 21일 / 12월 16, 19일

소울메이트

1월 18일 / 2월 16일 / 3월 14일 / 4월 12일 / 5월 10, 29일 / 6월 8, 27일 / 7월 6, 25일 / 8월 4, 23일 / 9월 2, 21일 / 10월 19일 / 11월 17일 / 12월 15일

이날 태어난 유명인

바이런(시인), 마이클 허친스, 샘 쿡(가수), 프랜시스 베이컨(철학자), 존 허트(배우), 볼프강 쾰러(심리학자), 정명훈(지휘자), 양금석(배우), 김광석(가수)

691

태양 : 물병자리	

태양 : 물병자리

지배 성좌 : 물병자리/천왕성

위치 : 2°– 3° 물병자리

상태 : 고정궁

원소 : 공기

항성 : 알타이르, 알비레오, 기에디

1월 23일

AQUARIUS

지속적인 자극이 필요한 독창적인 모험가

직감이 강하면서도 현실적인 당신은 근면한 물병자리 태생으로 사람에 대한 통찰력이 뛰어납니다. 체계적이고 조직적인 사람으로 이루고 싶은 무슨 일에든 탄탄한 기반을 쌓는 걸 좋아합니다. 실용적이면서도 풍부한 상상력을 지닌 예민한 사람이네요.

지배 성좌 물병자리에 든 태양의 영향으로 독창적인 사고를 지닌 당신은 특히 문제 해결 과정에서 빛을 발합니다. 사교적이며 상냥한 성격으로 사람을 좋아하며 또 사람들에게 좋은 이미지를 풍기고 싶어 하는군요. 사람들의 특성과 행동 동기를 직감으로 이해하는 능력을 지녀 인도주의적 기질을 강하게 보입니다. 정신적인 능력이 매우 뛰어나 크게 영감을 받거나 직감이 적중하는 경우도 있지만 지나치게 고집스러운 태도는 반드시 극복해야겠네요.

직설적이고 딱 부러진 성격으로 어려운 순간이 닥칠 때마다 자신을 구하고 사람들을 끌어들일 수 있는 강렬한 매력을 지녔습니다. 사교적인 동시에 내성적인 성격은 감정을 숨기거나 억누르는 습관이 있다는 것을 보여줍니다. 절약 정신이 매우 강하고 검소한 편이며, 일을 매우 중요하게 여깁니다. 현실적인 이상주의자로 당신은 성실하게 노력하기만 하면 남다른 잠재력을 발휘할 수 있겠습니다.

27세까지는 개인적인 자유, 우정, 그리고 개성을 표현하고자 하는 문제를 중요시하는 시기입니다. 당신의 태양이 물고기자리로 들어가는 28세부터는 감정적으로 좀 더 예민하고 수용력이 강해지며 다른 사람들에게서 느끼는 영적 인상도 더욱 정확해지겠습니다. 당신의 태양이 양자리로 들어가는 58세에 또 다른 전환점을 맞이하겠네요. 이 영향으로 자신감과 확신이 더 강해지면서 자기지향적인 성향이 더욱 더 강조되고 새로운 활동에 대한 욕구도 높아지겠습니다.

숨어 있는 자아

당신은 열심히 일하며 책임감이 강하지만 다양성과 변화 또한 필요한 사람입니다. 그렇지 않으면 조바심에 불안해질 수도 있습니다. 질서와 안정감을 열망하면서도 자유를 원하며 구속을 싫어합니다. 이런 상반되는 기질은 당신이 주기적으로 일상의 틀에서 벗어나 좀 더 모험적인 활동이 필요한 사람이라는 사실을 보여줍니다. 또한 보다 역동적이며 생산적인 활동을 할 수 있는 자극제가 되기도 하지요.

이상과 꿈이 크고 정서적인 능력이 뛰어난 당신은 사랑, 애정, 그리고 자기표현 욕구가 강합니다. 힘든 일이 생기면 감정의 기복이 심해지거나 아니면 현실도피로 빠질 수 있겠네요. 끈기가 있어 내면의 조화를 찾는 데 적극적으로 임합니다. 뛰어난 선지자 기질로 확실한 비전을 제시할 수 있는 사람이며 세심하면서도 깊은 공감 능력을 보입니다.

일과 적성

사고가 독창적이라 지속적인 자극이 필요한 사람이며, 대인관계 기술을 활용하면 대중과 관련된 직업에서 성공할 수 있겠습니다. 현실적인 면은 사업에 적합하지만 또 인도주의적 성향은 상담이나 사회 개혁 분야에 잘 맞네요. 책임감 있는 업무 태도로 고용주의 주목을 받고 재능을 인정받을 수 있겠습니다. 조직적이면서도 체계적인 일은 맞지만 지루한 업무는 싫어합니다. 손재주가 뛰어나므로 자신의 솜씨를 실용적으로 적용할 수 있는 분야도 좋겠습니다. 타고난 창의력을 발휘한다면 당신은 언제나 독창적이고 독특한 방식으로 자신을 표현하게 되겠네요.

수비학으로 풀어본 당신의 운세

직감과 정서적 감수성, 그리고 창의력은 23일에 태어난 사람들의 특징입니다. 당신은 다재다능하고 열정적이며, 두뇌 회전이 빠르고 프로다운 기질이 있으며 창의적인 아이디어가 샘솟는 사람입니다. 23이라는 숫자의 영향으로 새로운 주제도 쉽게 배울 수 있으며 이론보다 실행을 선호합니다. 당신은 여행, 모험, 그리고 새로운 사람들을 만나는 일을 좋아합니다. 잠시도 안주하지 못하는 성격은 숫자 23의 영향이며, 덕분에 다양한 경험을 시도하고 또 어떤 상황이든 잘 적응하는군요. 대체로 다정하고 노는 걸 좋아하며 용감하고 추진력이 강합니다. 진정한 잠재력을 실현하기 위해서는 활기찬 생활이 필수적입니다. 탄생월 1이라는 숫자의 영향으로 자주적이고 열정적이며 독창적입니다. 독립적이고 진보적인 인생관을 지니고 있지만 다른 사람들과 협업할 때 큰 이익을 얻을 수 있겠네요. 조화로운 분위기가 조성되어야 편안해지며 내면의 평화를 얻을 수 있습니다. 하지만 감정적인 문제에 있어서 완고하거나 융통성 없는 태도는 금물입니다.

- 장점 : 충성심, 책임감, 여행, 소통, 직감, 창의력, 다재다능함, 신뢰, 명성
- 단점 : 이기주의, 불안정, 완고함, 트집 잡기, 내성적, 편견

연애와 인간관계

다정하면서 수용적인 당신은 사람에 대한 이해심이 뛰어난 인도주의자입니다. 다양성에 대한 욕구가 큰 당신은 새롭고 진보적인 아이디어에 계속 관심을 가질 수 있도록 자극을 줄 수 있는 사람들과 어울려야 합니다. 당신은 사랑이 넘치기 때문에 세심한 감성을 알아차려주는 사람을 만나는 것이 좋습니다. 감정을 표현할 분출구를 찾고자 하는 욕구 덕분에 당신은 창의력을 발휘할 수 있고, 감정의 기복이나 토라지거나 까탈을 부리는 일이 없겠네요. 당신은 인간관계에 충실한 편이지만 자신에게만 집중할 수 있는 자유로움 또한 필요한 사람입니다.

물병자리

태양 : 물병자리
지배 성좌 : 물병자리/천왕성
위치 : 3°- 4° 물병자리
상태 : 고정궁
원소 : 공기
항성 : 알타이르, 다비, 기에디, 오쿨루스

1월 24일

AQUARIUS

명석한 두뇌와 사교적인 매력으로 출세하는 사람

당신은 다정하며 창의적인 물병자리 태생으로 느긋한 성격과 삶에 대한 독창적인 태도를 지닌 사람입니다. 포부가 크고 지략이 풍부하며 타고난 사업 감각이 있으며, 조화로움을 열망하네요. 사람들에게 관심이 많고 인도주의적 기질을 타고난 당신은 어느 사교 모임에서든 사람들과 쉽게 어울립니다. 관심사가 다양해 때때로 선택에 어려움을 겪기도 하네요. 하지만 탁월한 아이디어와 객관적인 사고 덕분에 특히 돈 문제를 걱정하는 성향을 극복하는 데 도움이 되겠습니다. 훌륭한 정신적 잠재력과 자기표현 욕구는 당신이 주목할 만한 성과를 얻을 수 있는 사람이라는 점을 보여줍니다.

지배 성좌 물병자리에 든 태양의 영향으로 당신은 쾌활하고 느긋한 성격에 인간 지향적입니다. 대체로 밝고 온화해 보이지만 또 한편으로는 예민하고 진지한 기질이 철학에 대한 관심으로 나타나거나 문제 해결 능력 과정에서 발휘됩니다. 독창적인 아이디어가 넘쳐 시대를 앞서는 경우가 많으며, 재치로 사람들을 즐겁게 해줍니다. 독립적인 성향이 강해 자유를 중요시하지만 지나치게 자기주장만 내세우거나 고집스러운 태도는 피해야겠네요.

근면 성실한 편이며 신중하고 현실적입니다. 또한 협상을 즐깁니다. 직설적이며 문제의 핵심을 정확하게 꿰뚫는 능력을 지니고 있어 뛰어난 소통 기술을 발휘할 수 있다면 성공할 수 있겠네요.

26세까지는 자유, 우정 및 독립에 관련된 문제를 중요시하는 시기입니다. 당신의 태양이 물고기자리로 들어가는 27세 이후부터 예민함이 두드러지면서 감정적인 문제를 인식하게 됩니다. 선견지명이 강하게 발달하거나 내면의 세계에 한층 더 가까워지기도 합니다. 당신의 태양이 양자리로 들어가는 57세에 또 다른 전환점을 맞이하겠네요. 자신감과 확신이 더 강해지고 대담해지면서 인생에서 새로운 출발을 할지도 모르겠습니다.

숨어 있는 자아

사랑과 애정, 그리고 조화로움에 대한 열망은 당신이 창의적인 활동을 중요시하며 가족에 대한 강한 애정을 지닌 사람이라는 것을 보여줍니다. 주변 사람들에게 상당히 방어적인 태도를 보이는 편으로 이는 비판적인 태도나 사람들과 갈등 상황을 만들기도 합니다. 설사 좋은 의도라고 하더라도 남의 인생에 개입하지 않고 스스로 해결하도록 내버려두는 법을 배워야 당신에게 득이 있겠네요. 타고난 인도주의적 기질과 동정심을 잘 결합한다면 보다 심오한 인생의 의미를 찾아 타인을 돕거나 이상주의적 대의를 따르는 길을 선택할 수 있겠습니다.

다재다능하며 독특한 성격과 톡톡 튀는 천재성으로 다른 사람들에게 강한 인상을 줍니다. 자기표현을 추구하면서도 돈과 안정에 대한 높은 관심을 보이는데 이는 당신이 물질주의에만 집착하여 기회를 놓칠 수도 있다는 점을 보여줍니다. 타고난 리더십에 투지가 강해 마음에 차지 않는 자리에는 오래 머무르지 못하는 편입니다.

일과 적성

독창적인 아이디어와 명석한 두뇌, 그리고 자신의 개성을 유지하며 삶에 접근하는 태도로 어떤 일이든 성공할 가능성이 높습니다. 특히 소통이 필요한 일이면 더욱 좋겠네요. 자신이 하는 일에서도 항상 업무방식의 개선을 꾀하는 사람이군요. 빈틈없고 눈치가 빨라 사업에서도 출세하는 경우가 많습니다. 또 명석한 두뇌를 연구 또는 문제 해결 과정에서 발휘할 수 있겠네요. 자기표현 욕구가 강해 글쓰기, 음악 및 연예계에서 성공하겠습니다. 사람을 다루는 직종에도 흥미를 느끼지만 또 한편으로는 생각이 깊어 철학, 종교 또는 법 등에도 관심이 높네요. 지식을 확장하고 공유하고자 하는 열망이 있어 사회 또는 교육 개혁에도 관심이 높군요.

수비학으로 풀어본 당신의 운세

24일에 태어난 사람들은 판에 박힌 따분한 일상을 좋아하지 않는 편입니다. 하지만 성실하며 매우 현실적이고 판단력이 좋습니다. 생일 숫자 24의 영향으로 정서적인 감수성이 뛰어나며, 안정성과 질서를 확립하고자 하는 욕구가 있네요. 가끔 감정을 드러내지 않기도 하지만 믿음직스럽고 공정하며 말보다 행동이 중요하다고 믿는 사람입니다. 삶에 대한 실용주의적 태도를 바탕으로 뛰어난 사업 감각을 발휘한다면 난관을 헤치고 성공할 능력을 지녔군요. 24라는 숫자의 영향인 완고함과 자신의 생각만 내세우는 성향은 버려야 합니다. 탄생월 숫자 1의 영향으로 당신은 독립적이고 이상주의적입니다. 또 진지하며 상상력을 실제로 활용하기를 좋아합니다. 진보적인 사고의 소유자로 인도주의적 문제에 관심이 많아서 대중의 삶이나 개혁에 관련된 일을 할 수 있겠네요. 특히 교육과 정치 분야가 유력합니다. 독창적이면서 대담하며 자신의 의견을 거리낌 없이 표현하지만 대체로 매력적인 편입니다. 진취적인 기상은 당신에게 다양한 개념을 실험하고 혼자서 결정하거나 독립해서 활동하는 경향이 있다는 점을 보여줍니다.

- ● 장점 : 에너지, 이상주의, 현실성, 결단력, 정직, 솔직함, 공정함, 너그러움, 가정적, 활동적, 넘치는 에너지
- ■ 단점 : 물질주의, 자린고비 기질, 판에 박힌 일상 혐오, 게으름, 불성실, 고압적 태도, 완고함

연애와 인간관계

개성이 강하고 예민한 당신은 혼자만의 시간과 공간이 반드시 필요한 사람입니다. 이상주의자여서 기대치가 높기 때문에 거기에 부응하는 상대를 만나기가 쉽지 않습니다. 애정이 많고 적극적이지만 다른 사람들에게 쌀쌀맞게 대하거나 지나치게 냉정한 모습을 보이기도 합니다. 관대하고 헌신적인 성향이므로 나중에 후회할 정도로 지나치게 희생을 감수하는 행동은 주의하세요. 다정한 사람이라 사람들의 호감을 사며, 특히 단체 생활을 훨씬 더 잘하는 편이네요.

당신에게 특별한 사람

연인이나 친구

1월 4, 8, 13, 22, 26일 / 2월 2, 6, 20, 24일 / 3월 4, 18, 22일 / 4월 2, 16, 20, 30일 / 5월 5, 14, 18, 28, 30일 / 6월 3, 12, 16, 26, 28일 / 7월 10, 14, 24, 26일 / 8월 8, 12, 22, 24일 / 9월 6, 10, 20, 22, 30일 / 10월 4, 8, 18, 20, 28일 / 11월 2, 6, 16, 18, 26일 / 12월 4, 14, 16, 24일

힘이 되어주는 사람

1월 9, 20일 / 2월 7, 18일 / 3월 5, 16, 29일 / 4월 3, 14, 27일 / 5월 1, 12, 25, 31일 / 6월 10, 23일 / 7월 8, 21일 / 8월 6, 19, 25일 / 9월 4, 17, 23일 / 10월 2, 15, 30일 / 11월 13, 28일 / 12월 11, 26, 30일

운명의 상대

1월 27일 / 2월 25일 / 3월 23일 / 4월 21일 / 5월 19일 / 6월 17일 / 7월 15, 24, 25, 26, 27, 28일 / 8월 13일 / 9월 11일 / 10월 9일 / 11월 7일 / 12월 5일

경쟁자

1월 2, 10, 19일 / 2월 8, 17일 / 3월 6, 15일 / 4월 4, 13일 / 5월 2, 11일 / 6월 9일 / 7월 7, 30일 / 8월 5, 28일 / 9월 3, 26일 / 10월 1, 24일 / 11월 22일 / 12월 20, 30일

소울메이트

1월 15일 / 2월 13일 / 3월 11일 / 4월 9일 / 5월 7일 / 6월 5일 / 7월 3일 / 8월 1일 / 10월 29일 / 11월 27일 / 12월 25일

이날 태어난 유명인

닐 다이아몬드(가수), 나스타샤 킨스키, 존 벨루시(배우), 이디스 워튼(작가), 이와이 슌지(영화감독), 임예진, 유호정, 송창의(배우), 기성용(축구선수)

태양 : 물병자리
지배 성좌 : 물병자리/천왕성
위치 : 4° - 5° 물병자리
상태 : 고정궁
원소 : 공기
항성 : 다비, 기에디, 오쿨루스, 보스

1월 25일

AQUARIUS

지루할 틈이 없는 사고의 귀재

다정하고 마음이 넓은 당신은 적극적이고 영리한 물병자리 태생으로 성공의 기운이 넘칩니다. 예리하고 눈치가 빠르며 근면 성실하고 절제력이 있습니다. 결단력이 강하고 전략이 뛰어난 사람으로 목표 달성을 위해 에너지와 추진력을 쏟아부을 수 있는 사람입니다. 타고난 사업 감각은 재능을 상업화할 수 있는 밑거름이지만 이상주의 기질 덕분에 다른 사람들을 돕는 활동이나 프로젝트에 참여할 수 있겠네요.

지배 성좌 물병자리에 든 태양의 영향으로 당신은 사람의 특성을 정확하게 판단하며 사람들의 행동 동기에 대한 통찰력도 뛰어납니다. 폭넓게 사고하는 인도주의자인 동시에 독창적인 아이디어가 가득한 자유사상가이기도 합니다. 특히 당신에게는 우정이 중요하며, 쾌활하고 사교적이어서 새로운 인맥을 쌓는 데에 재능을 타고났습니다. 반응이 재빠르고 개성을 예리하게 감지하는 당신은 지루해질 틈이 없는 사람이지만 병적으로 성급한 기질을 반드시 주의해야 합니다.

사정없이 단호하고 확신에 찬 모습을 보이다가도 인정이 넘치고 예민하며 앞을 멀리 내다보는 등 태생적으로 양극단을 오가는 성격입니다. 이 사이에서 균형을 유지하는 법을 배운다면 당신의 꿈과 이상을 실현할 수 있겠습니다. 가끔 객관적인 태도가 냉정하거나 무심한 사람이라는 인상을 주기도 합니다. 하지만 다른 사람들과 잘 협력하는 업무 기술은 당신이 가진 가장 뛰어난 자산 중 하나입니다.

25세까지는 개인적인 자유, 우정, 그리고 개성을 표현하고자 하는 문제를 중요시하는 시기입니다. 당신의 태양이 물고기자리로 들어가는 26세부터 예민해지고 외부의 영향을 받으면서 감정적인 문제가 좀 더 중요해지겠습니다. 자신의 꿈이나 내면의 세계에 관심이 생기기도 합니다. 당신의 태양이 양자리로 들어가는 56세에 인생의 전환점을 맞이하겠습니다. 이에 큰 영향을 받아 리더십과 자기지향적인 성향이 강해지면서 확신과 자신감이 더 커지겠네요. 자연스레 새로운 목표를 시작할 계기가 되겠습니다.

숨어 있는 자아

개인적인 성취를 향한 강한 욕구는 이날 태어난 사람들의 특징으로 당신이 의지가 강하고 포부가 큰 사람이라는 것을 보여줍니다. 인내심과 강한 생존 본능을 가진 당신은 끈기가 있지만 고집스러움이나 조급함은 반드시 버려야 할 점입니다. 때때로 물질적인 세계에 지나치게 집착하고 불필요한 돈 걱정을 하지만 운이 따르는 아이디어가 넘치고 또 그 아이디어를 다른 사람들과 나누는 능력은 당신이 성공할 수 있는 중요한 요인이 되겠습니다.

당신의 이상주의와 활기찬 상상력은 예술, 음악, 종교 또는 영적 영역에 대한 관심으로 나타나겠네요. 원대한 꿈, 추진력, 그리고 결단력이 강하지만 놀랍게도 쉽게 무기력해지는 기질도 있습니다. 예리한 통찰력을 발휘한다면 조화로운 생활을 유지할 수 있겠네요. 이는 당신의 타고난 인정과 관련이 있으며 이타주의적인 활동에 대한 영감이 되는 경우가 많습니다.

일과 적성

독창적인 태도와 사람들의 성격을 날카롭게 판단하는 능력은 어떤 일에서 건 가장 도움이 되는 점입니다. 하지만 특히 글쓰기와 상담 분야에 매우 적합합니다. 다정한 성격으로 다른 사람들과 잘 어울릴 수 있는 당신은 인맥을 쌓는 데 타고난 재주가 있어 인생 계획에 큰 도움이 됩니다. 직감이 강하고 이상주의자여서 독립적이고 스스로 결정하는 걸 좋아하면서도 다른 사람들과 협동하는 일을 즐깁니다. 특히 아이디어나 상품을 판매하고 홍보하는 일이 적성에 맞습니다. 마찬가지로 뛰어난 사업 감각, 기획력, 그리고 일대일 관계에서 사람을 잘 다루는 능력은 재정 자문가 또는 협상가로 성공할 가능성을 보여주네요. 세심하면서도 완벽주의자 기질이 강한 당신은 창의적인 재능을 음악, 글쓰기 또는 예술 분야 등에서 매우 전문적인 수준으로 발휘할 수 있겠습니다.

수비학으로 풀어본 당신의 운세

민첩하고 에너지가 넘치며, 직감이 강하고 사려 깊은 당신은 색다른 경험으로 자신을 표현할 필요가 있습니다. 흥미로운 아이디어를 계속 떠올리거나 새로운 사람을 만나는 일 또는 새로운 장소에 가는 일 모두 좋습니다. 25일에 태어난 당신은 완벽하고자 하는 열망이 있어 열심히 일하고 생산적입니다. 하지만 조급하고 비판적인 태도를 버려야 계획대로 일을 진행할 수 있습니다. 이날 태어난 사람들은 정신적인 에너지가 강한 덕분에 모든 사실을 샅샅이 살피면서도 누구보다 빨리 결론을 얻을 수 있습니다. 성공과 행복은 자신의 직감을 신뢰하고 인내심과 끈기를 발휘하는 법을 배울 때 따라오겠네요. 탄생월 1이라는 숫자의 영향으로 직감이 강하고 포부가 큰 편입니다. 자기 확신이 강해 열정이 넘치며 다른 사람들과 협력도 잘 합니다. 하지만 확신이 서지 않으면 쉽게 불신하고 비협조적인 태도를 보입니다. 독창적이고 대담한 당신은 자신의 의견을 거리낌 없이 표현하지만 보통 매력적인 방식으로 표현하는 편입니다. 안도감을 중요시하므로 자신을 균형감 있고 편안하게 유지해줄 안정적인 환경이 필요합니다.

- ●장점 : 뛰어난 직감, 완벽주의자, 통찰력, 창의력, 대인 관계 기술
- ■단점 : 조급함, 무책임, 과도하게 감성적, 질투심, 비밀스러움, 불안정한 환경, 비판적 성향, 변덕스러움

연애와 인간관계

사교적이며 집단 지향적인 당신은 인맥을 쌓고 사람 만나기를 즐기는 사람입니다. 대체로 사교 생활에 적극적이며 일과 놀이를 잘 병행할 수 있습니다. 당신에게는 모든 인간관계가 중요해서 친구나 지인들과 연락을 유지하기 위해 노력합니다. 똑똑하면서도 권력이 있는 사람들과 어울리고 싶어 하는 경향도 있습니다. 하지만 파트너를 자기 뜻대로 조종하려는 성향은 조심하세요. 때때로 돈 앞에서 조심스러워지기도 하지만 사랑하는 사람들에게는 관대한 편이네요.

태양 : 물병자리
지배 성좌 : 물병자리/천왕성
위치 : 5° - 6° 물병자리
상태 : 고정궁
원소 : 공기
항성 : 다비, 오쿨루스, 보스

1월 26일

AQUARIUS

이상주의와 현실을 결합해내는 탁월한 리더십

물병자리 태생인 당신은 의지가 강하며 새로운 트렌드와 아이디어를 가장 먼저 접하고 싶어 합니다. 카리스마 넘치고 결단력이 강하며 타고난 리더십으로 일과 놀이를 적절하게 조합할 수 있습니다. 실행과 개인적인 성취에 대한 강한 욕구는 생일의 영향으로 당신이 포부가 크고 성공 지향적인 사람이라는 점을 보여줍니다. 당신은 상황을 재빨리 파악하는 능력이 있으며, 솔직하고 시원스럽게 행동합니다. 강한 추진력에 진취적인 기질을 갖춘 덕분에 장대한 꿈을 구체적인 현실로 실현시킬 수 있는 가능성을 지녔다고 할 수 있겠네요.

당신은 지배 성좌 물병자리에 든 태양의 영향으로 사고의 폭이 넓은 인도주의자이고 반항기도 다소 있는 편입니다. 당신은 건설적으로 행동하는 사람으로 이 기질은 벤처 사업 창업자 역할을 하는 데 도움이 됩니다. 개인적인 자유가 제한받는 것을 싫어하고 어떤 일이든 자신만의 방식으로 시도하면서 자칫 오만해질 수 있네요. 딱 부러지는 성격을 타고났으며, 가치관이 훌륭하고 대체로 다정하면서도 확신에 찬 모습을 보입니다.

당신은 사람을 다루는 기술이 탁월하지만 끈기가 부족하네요. 그래서 잠시도 가만있지 못하고 안절부절하다가 갑자기 아량을 베푸는 등 갈피를 잡지 못합니다. 하지만 당신의 기본적인 자산 중 한 가지는 다른 사람들의 행동 동기를 잘 이해하는 능력이라고 할 수 있습니다. 이런 능력이 운이 따르는 아이디어, 이상주의, 그리고 세상 물정에 매우 밝은 당신의 특성들과 잘 결합한다면 성공과 부를 손에 넣을 수 있겠습니다.

24세까지는 자유와 독립에 관련된 문제를 중요시하는 시기입니다. 우정이나 공동체 의식에 관심이 높아지며 개성을 표현하고자 하는 욕구도 강해집니다. 당신의 태양이 물고기자리로 들어가는 25세 이후부터는 감정적인 문제들을 만나게 됩니다. 선견지명이 강하게 발달하거나 내면의 세계에 한층 더 가까워지기도 합니다. 당신의 태양이 양자리로 들어가는 55세에 또 다른 인생의 전환점을 맞이합니다. 그러면서 무엇이든 새로 시작하고자 하는 욕구는 물론 인간관계에서 적극적으로 행동하고자 하는 욕구가 커집니다. 자신감과 대담함이 좀 더 강해지기 시작하면서 새로운 계획과 활동을 시작하겠습니다.

숨어 있는 자아

인생에서 원하는 것을 확실하게 얻으려면 우선 자신의 소망이 무엇인지를 명확하게 파악하는 일이 필수적입니다. 당신은 때때로 다른 사람들에게 무심한 모습을 보이기도 하지만 당신 내면에는 감정과 욕구가 단단하게 자리 잡고 있습니다. 이런 강한 감정은 남에게 인정을 받고 긍정적으로 분출돼야 할 필요가 있지요. 이타적인 사랑, 그리고 다른 사람들을 돕는 일에 몰두할 때 당신의 성품과 높은 이상이 큰 힘을 발휘하겠습니다.

당신은 인맥을 쌓는 기술과 더불어 사업에 재능을 타고났네요. 자신의 가치와 상황에 따른 이점을 끊임없이 고려하면서 협상하는 일을 매우 즐기는 사람입니다. 일이 잘되고 있을 때조차 자금 걱정을 버리지 못하는군요. 하지만 강한 정신력을 잃지 않는다면 자금은 늘 여유롭겠습니다.

일과 적성

이상주의와 현실적 기질의 강한 결합을 통해 추진력을 얻는 당신은 리더십을 타고났습니다. 사업 면에서는, 돈에 대한 통찰력이 뛰어나지만 세력 다툼이나 다른 사람들을 지나치게 비난하는 일을 경계해야겠습니다. 당신은 새로운 시작이나 도전도 잘 해내며 기회를 절대 놓치지 않는 뛰어난 능력이 있네요. 열정과 설득력 있는 말솜씨로 아이디어를 팔거나 상품과 다른 사람들을 홍보하는 일에 종사하는 경우가 많겠습니다. 당신은 대담하고 일에 몰두하며 실무 능력을 갖춘 사람으로 상업 분야에서 협상가, 중개인 또는 재무 상담사 등이 적성에 맞습니다. 그렇지 않으면 삶에 대한 독특한 관점과 개성을 창의적인 분야에서 발휘할 수도 있습니다.

수비학으로 풀어본 당신의 운세

26일에 태어난 사람들은 삶에 대한 태도가 실용주의적이며 실무 능력과 사업 감각이 뛰어납니다. 대체로 책임감이 강하고 미적 감각을 타고났으며 매우 가정적인 당신은 탄탄한 기반을 마련하고 안정적인 삶을 살고자 하는 열망이 있습니다. 다른 사람들에게 의지가 되어주며 도움이 필요할 때 당신을 찾는 친구와 가족들을 기꺼이 도와줍니다. 하지만 물질만능주의 기질과 일이나 사람을 마음대로 조종하고자 하는 욕구는 경계해야겠습니다. 탄생월 1이라는 숫자의 영향으로 당신은 직관력이 있고 독립적이며 진취적인 기상을 지녔습니다. 자유에 대한 열망은 당신이 필요하면 책략을 쓸 수도 있고, 기회를 민첩하게 이용하는 사람임을 보여줍니다. 생각의 범위가 넓고 현실 감각이 뛰어나 트렌드를 예측할 수 있는 사람입니다. 넘치는 열정과 독창적인 아이디어를 바탕으로 다른 사람들에게 성공의 비결을 제시할 수 있습니다. 진지하면서도 성실해 성장해나가는 타입이며, 대체로 상상력을 현실로 실현하는 편입니다. 당신은 혼자서도 많은 일을 성취할 수 있지만 진정한 성공을 위해서는 다른 사람들과의 협력이 반드시 필요합니다.

- ●장점 : 창의력, 현실적, 배려심, 책임감, 가족에 대한 자부심, 열정, 용기
- ■단점 : 완고함, 반항기, 불안정한 관계, 열정의 결핍, 끈기 부족,

연애와 인간관계

애정 문제에 감정이 자주 바뀌는 기질은 당신이 무엇보다도 다양한 상황과 변화가 필요한 사람이라는 사실을 보여줍니다. 충동적으로 행동하고 나중에 후회하기보다는 진행 상황을 진득하게 지켜볼 수 있는 끈기를 길러야겠네요. 대체로 새로운 사람들을 만나고 다양한 일을 경험하는 등 일상을 적극적으로 즐기는 편입니다. 당신에게 이상적인 연인은 당신이 관심과 긴장감을 유지할 수 있도록 해주면서도 애정이 풍부하고 이해심이 많은 사람입니다. 독립적 기질이 강해 연인 관계에서도 자신만의 방식으로 행동할 자유가 필요하네요.

당신에게 특별한 사람

연인이나 친구

1월 6, 14, 22, 24, 31일 / 2월 4, 12, 22, 29일 / 3월 10, 20, 27일 / 4월 8, 18, 25일 / 5월 6, 16, 23, 25, 30일 / 6월 4, 14, 21, 28, 30일 / 7월 2, 12, 19, 26, 28, 30일 / 8월 10, 17, 24, 26, 28일 / 9월 8, 15, 22, 24, 26일 / 10월 4, 6, 13, 15, 20, 22, 24, 30일 / 11월 4, 11, 18, 20, 22, 28일 / 12월 2, 9, 16, 18, 20; 26, 29일

힘이 되어주는 사람

1월 5, 22, 30일 / 2월 3, 20, 28일 / 3월 1, 18, 26일 / 4월 16, 24일 / 5월 14, 22일 / 6월 12, 20일 / 7월 10, 18, 29일 / 8월 8, 16, 27, 31일 / 9월 6, 14, 25, 27, 29일 / 10월 4, 12, 23, 27일 / 11월 2, 10, 21, 23, 25일 / 12월 9, 19, 23일

운명의 상대

1월 12일 / 2월 10일 / 3월 8일 / 4월 6일 / 5월 4일 / 6월 2일 / 7월 28, 29, 30, 31일

경쟁자

1월 16, 21일 / 2월 14, 19일 / 3월 12, 17, 30일 / 4월 10, 15, 28일 / 5월 8, 13, 26일 / 6월 6, 11, 24일 / 7월 4, 9, 22일 / 8월 2, 7, 20일 / 9월 5, 18일 / 10월 3, 16일 / 11월 1, 14일 / 12월 12일

소울메이트

1월 25일 / 2월 23일 / 3월 21일 / 4월 19일 / 5월 17일 / 6월 15일 / 7월 13일 / 8월 11일 / 9월 9일 / 10월 7일 / 11월 5일 / 12월 3, 30일

이날 태어난 유명인

폴 뉴먼(배우), 더글러스 맥아서(미국 군인), 애니타 베이커(가수), 앤절라 데이비스(정치운동가), 스테판 그라펠리(바이올리니스트), 니콜라에 차우셰스쿠(전 루마니아 대통령), 박해일(배우), 김재중(가수)

| 태양 : 물병자리 |
| 지배 성좌 : 물병자리/천왕성 |
| 위치 : 6° - 7° 물병자리 |
| 상태 : 고정궁 |
| 원소 : 공기 |
| 항성 : 없음 |

1월 27일

AQUARIUS

객관적이고 현실적인 조언을 해주는 현명하고 박식한 사람

영리하고 직감적이며, 개성이 강한 당신은 예리한 통찰력을 지닌 유식한 사람입니다. 당신은 물병자리 태생으로 독립적이며 리더십이 뛰어나 윗사람들에게 맞추기보다는 책임감이 주어지는 자리를 원합니다. 상식이 풍부하고 확신이 강하며, 목표를 달성하기 위해 열심히 노력하는 편입니다. 뛰어난 지능과 직감의 소유자이므로 자기 수양만 쌓는다면 놀라운 가능성을 발휘할 수 있겠네요.

지배 성좌 물병자리에 든 태양의 영향으로 다정하고 외향적이며 인간 지향적인 사람입니다. 문제에 대한 접근 방식이 독특해 다른 사람들에게 현실적인 조언과 해결책을 제시해줄 수 있습니다. 또 특이하거나 다소 괴짜 기질도 있군요. 개성적인 사고로 시대를 앞서 나가는 편이지만 고집불통이 되거나 반항적인 태도로 이어질 위험도 있습니다.

계획한 일에 대한 강한 집념으로 장기간의 목표를 실현하려는 끈기와 인내심을 기를 수 있습니다. 객관적이면서도 직관적인 사고의 소유자로 번뜩이는 천재성을 발휘할 수 있으며 사람에 대한 직감이 대체로 정확한 편입니다. 사람의 성격을 잘 파악하며 거침없이 직설적으로 말하는 사람입니다. 독창적인 통찰력은 낡은 제도를 개혁하는 데 영감을 줄 수 있습니다. 이날 태어난 여성들은 사고방식이 과감한 편으로 수동적인 관찰자에 머무르지 않고 상황을 지휘하는 역할을 맡습니다.

23세까지는 개인적인 자유, 우정, 그리고 개성을 표현하고자 하는 문제를 중요시하는 시기입니다. 당신의 태양이 물고기자리로 들어가는 24세부터는 예민한 기질이 드러나고 선견지명이 강하게 발달하며 내면을 강화하게 됩니다. 당신의 태양이 양자리로 들어가는 54세에 인생의 전환점을 맞이하겠네요. 이 영향으로 자신감과 확신이 더 강해지고 포부도 함께 커지면서 새로운 활동을 시작하거나 주도하게 되겠습니다.

숨어 있는 자아

명확한 목표가 정해지면 이를 성취하기 위해 강한 결단력과 타협을 모르는 단호한 태도를 보입니다. 이런 태도는 삶에서 발생할 여러 난관을 극복하는 데 도움을 주어 큰 성공을 이룰 수 있도록 해줍니다. 당신은 권력을 즐기는 편으로 통제하기를 좋아하지만 계략이나 심리 게임에 휘말리는 일은 피해야겠습니다. 의무감과 물질적인 성공에 대한 욕구가 강한 점은 당신이 맡은 일에 책임을 다하는 사람이라는 점을 보여줍니다.

당신은 독립적인 기질이 강하지만 대체로 단체 활동이나 파트너십을 발휘할 수 있는 상황에서 성과가 더 높은 편입니다. 훌륭한 팀원 기질이 다분하며 업무 관계에서 발생하는 협상의 역학 관계를 잘 알고 있군요. 어리석은 사람은 못 참는 성미지만 대체로 독단적으로 행동할 때보다 타고난 사교술을 발휘할 경우 훨씬 더 많은 것을 성취할 수 있습니다. 사람들과 일대일로 만날 때, 당신은 상대방이 자신을 특별한 사람으로 느끼도록 고무하는 능력을 보여주네요.

일과 적성

어떤 일을 하든 당신의 예리한 지능이 일등공신이 되겠습니다. 지속적으로 정신적 자극을 주는 일이 필요한 당신은 영리하고 책임감이 강하며 근면합니다. 기회만 주어진다면 대체로 높은 지위까지 오르는 편입니다. 타고난 인도주의적 기질로 사회나 교육 개혁에 관심이 많은 편이며, 정치 또는 인권을 위한 진보적인 운동에서도 탁월한 성과를 보일 수 있겠습니다. 뛰어난 기획력과 타고난 소통 기술은 사업을 하거나 법을 실행하는 일을 하게 된다면 당신에게 가장 큰 자산이 되어주겠습니다. 하지만 독립적인 기질이 매우 강해 프리랜서나 자영업을 선택하는 경우도 있겠네요. 인간 본성에 대한 깊은 이해력은 상담이나 의학 분야에도 도움이 되겠습니다. 창의력을 표현하고자 하는 욕구와 개성을 발휘한다면 예술, 연극 특히 음악 분야가 적성에 맞습니다.

수비학으로 풀어본 당신의 운세

27일에 태어난 당신은 이상주의적이며 예민합니다. 직감과 분석력이 강하고, 풍부하고 독창적인 사고력으로 다른 사람들에게 감명을 줄 수 있겠습니다. 때때로 말이 없고 이성적이거나 고상한 모습을 보이기도 하지만 사실 긴장감을 속에 숨기고 있습니다. 소통하는 방법을 배운다면 깊은 감정을 표현하기 어려워하는 기질을 극복할 수 있겠네요. 27일에 태어난 사람들에게 교육은 필수적인 요건으로 사고의 깊이를 더할수록 끈기가 강해지고 자기 수양의 수준이 더욱 높아지겠습니다. 탄생월 1이라는 숫자의 영향으로 당신은 재능이 많고 상상력이 풍부하며, 직감이 강하거나 영적 능력이 뛰어납니다. 독립적으로 생각하며 자주적이면서도 확신이 강하고 폭넓은 통찰력을 지녔습니다. 열정과 독창적인 아이디어가 넘치고 진보적인 관점을 지닌 덕분에 다른 사람들에게 성공에 이르는 길을 제시하는 경우가 많습니다. 당신은 이상주의적이면서도 진지하고 근면한 사람으로 자신의 생각을 현실적으로 활용하기를 좋아합니다. 어떤 문제든 자신의 생각과 심정을 거침없이 밝히거나 새로운 개념을 실험하는 데에도 거리낌이 없습니다. 대체로 혼자서 결정하는 편입니다.

- 장점 : 다재다능함, 상상력, 창의력, 용감무쌍함, 깊은 이해심, 영성, 독창성, 정신력
- 단점 : 잦은 짜증, 논쟁을 좋아함, 조급함, 불신, 지나치게 감정적, 긴장감

연애와 인간관계

인도주의자이며 진보적인 당신은 사람들에 대한 욕구가 있어 사랑과 인간관계를 특히 중요시합니다. 감정을 솔직하게 표현하며 영리해 다른 사람들이 당신의 능력과 이성적인 관점을 부러워합니다. 안정과 감정적인 안도감에 대한 욕구로 가정을 이루고 싶어 하며 탄탄한 기반이 전반적인 인생 계획에서 매우 중요한 사람이네요. 감정이 풍부한 편이므로 헌신적이고 충실하며 배려심이 넘치지만 때때로 고압적인 태도를 보이지 않도록 주의하세요.

물병자리

이날 태어난 유명인

볼프강 아마데우스 모차르트(작곡가), 브리짓 폰다(배우), 루이스 캐럴(작가), 김수현(방송 작가), 유지인, 장미희, 박상면, 임호(배우), 안정환(축구 선수)

태양 : 물병자리
지배 성좌 : 물병자리/천왕성
위치 : 7° - 8° 물병자리
상태 : 고정궁
원소 : 공기
항성 : 없음

1월 28일

AQUARIUS

누구에게나 호감을 얻는 인기인

포부가 크고 똑똑한 당신은 사고가 빠르며 천성적으로 직감이 강한 물병자리 태생입니다. 사람의 호감을 사는 매력이 있으며 다른 사람들에게 자기 확신이 강한 모습을 보입니다. 마음이 넓고 다정하며 사교술이 뛰어난 점은 당신이 어디서나 인기가 많다는 걸 보여줍니다. 재능이 많고 판단력이 뛰어나며 자신의 지식에 대한 확신이 있어 독립적으로 사고하는 편입니다. 재빨리 반응하며 개성이 강해 지루해질 틈이 없지만 조급해지는 성향은 조심하세요.

지배 성좌 물병자리에 든 태양의 영향으로 당신은 독창적이고 폭넓게 생각하는 인도주의자이며 반항기도 다소 있습니다. 이런 기질을 생산적으로 발휘한다면 새롭고 진보적인 아이디어나 활동의 선구자 역할을 하는 데 큰 도움이 되겠습니다. 사람들의 특성과 행동 동기에 대한 예리한 통찰력이 있으므로 뛰어난 심리학자가 될 수도 있겠습니다.

우정은 당신의 정서 발달에 필수적인 요소입니다. 마음씨가 따뜻하고 사교적인 당신은 인맥을 쌓는 데 재능이 남다릅니다. 하지만 아이러니하게도 당신은 방해를 받거나 자유를 침해받는 일을 좋아하지 않는군요. 때때로 완고하거나 거만한 태도를 보일 위험도 있습니다. 독창적이고 획기적인 당신은 빠르고 적극적이며 정확한 사고를 하는 사람으로 재치, 풍자 또는 말재간 부리기를 좋아합니다. 곤란한 상황이 벌어질 경우에는 경쟁심이 발동하며 말로 조목조목 되받아칠 수 있습니다. 뛰어난 비평가 기질을 지녔지만 도가 지나치면 말이 상처를 주는 무기가 될 수 있으니 조심하세요.

22세까지는 개인적인 자유, 우정, 그리고 개성을 표현하고자 하는 문제를 중요시하는 시기입니다. 당신의 태양이 물고기자리로 들어가는 23세가 되면 감정적으로 좀 더 섬세해지고 수용력이 강해지며 자신의 꿈과 타고난 직감에 집중하겠습니다. 당신의 태양이 양자리로 들어가는 53세에 인생의 전환점을 맞이합니다. 그 영향으로 자기 지향적 태도가 더 강해지면서 자신감과 담대함이 더 높아지겠습니다.

숨어 있는 자아

흥미로운 성격에 예민하고 창의적인 당신은 자기표현 욕구가 강합니다. 대체로 낙천적이지만 감정적인 문제에 대해서는 좀처럼 만족하지 못하거나 우유부단한 면이 있어 때때로 문제가 생기기도 하네요. 당신의 이상주의는 영감의 원천이 되기도 하지만 따분함을 싫어해서 정신을 집중하고 행복감을 유지하기 위해서 늘 새롭고 특이한 활동을 찾습니다. 타고난 직감과 영적인 재능이 있어 더 높은 수준의 지혜를 얻고자 하는 마음도 큽니다.

당신은 성공 지향적이며 큰 그림을 볼 수 있는 능력을 지닌 덕분에 원대한 계획을 가지고 있고 매우 진취적입니다. 포부가 크고 용감하며, 타고난 운이 좋고 사업 감각도 뛰어납니다. 하지만 재정적인 안정이 모든 일의 해답이라는 생각은 위험합니다. 그러니 당신의 가치, 정체성, 그리고 자존감을 향상시킬 수 있는 일을 선택하는 것이 매우 중요하겠습니다.

일과 적성

매사에 빈틈이 없고 매력적이며 재치가 뛰어난 당신은 말솜씨가 탁월해 의사소통과 관련된 일, 특히 글쓰기, 미디어, 강연 등이 적성에 맞습니다. 지식을 확장하고자 하는 욕구가 있어 교육, 과학, 문학 또는 법 분야도 적합하네요. 유능하고 다재다능하며, 인도주의적 이상주의자이면서도 높은 성취도를 보이는 사람입니다. 이 특성은 가족 상담, 지역사회 관련 사업 또는 사회적이나 정치적인 대의를 위해 싸우는 일 등에 적합합니다. 리더십과 크게 생각하는 능력, 그리고 실무 능력을 대기업에서 인정받을 수 있으며 사업 분야에서도 성공 가능성이 높네요. 그렇지 않으면 예술적인 표현 욕구를 미술, 연예계 특히 음악, 드라마, 방송 등에서 발휘할 수 있겠습니다.

수비학으로 풀어본 당신의 운세

독립적이고 이상주의적이며 결단력이 강하고 실용주의적 태도를 지닌 당신은 자기 생각대로 행동하는 경우가 많습니다. 1월에 태어난 사람들과 마찬가지로 포부가 크고 성격이 딱 부러지며 진취적입니다. 혼자 하고 싶은 욕구와 팀의 일원이 되고싶은 욕구 사이에서 갈등하는 속마음이 보이는군요. 언제든 실행하고 새로운 모험을 시작할 준비가 된 사람으로 인생의 도전과제도 과감하게 받아들입니다. 그리고 강한 열정으로 다른 사람들에게 쉽게 영감을 주며 함께 행동하지는 않더라도 최소한 활동에 대해 지지를 이끌어내는 편입니다. 28일에 태어난 사람들은 리더십이 강하며 자신의 풍부한 상식, 논리력, 그리고 정확한 사고력을 믿습니다. 책임감이 강하지만 지나친 열정, 조급함 또는 편협한 자세는 피해야겠네요. 탄생월 1이라는 숫자의 영향으로 당신은 열정과 독창적인 아이디어가 넘칩니다. 기민하고 직감이 강하며 행동과 정신적 도전에 대한 욕구가 있어 젊은 시절부터 큰 성공을 거둘 수 있겠네요. 당신은 매우 현실적인 사람으로 상황에 따라 가치관이 바뀌기도 하며 자기주장도 달라질 수 있습니다. 내면의 평화를 얻기 위해서는 조화로운 분위기는 물론 사랑이 넘치고 배려심이 넘치는 환경이 필수적이네요.

- 장점 : 인정이 많음, 진보적, 대담함, 예술적 소질, 창의력, 이상주의, 포부, 근면, 안정적인 가정, 강한 의지
- 단점 : 몽상가, 동기부여 결여, 인정 부족, 비현실적, 거만함, 판단력 부족

연애와 인간관계

똑똑하면서도 결단력이 강한 당신은 정신적으로 자극을 주거나 모험심이 강한 영리한 사람들과 어울리는 걸 즐깁니다. 쉽게 싫증을 내는 편이라 적극적인 행동가를 좋아하는 편입니다. 연인을 의심하는 성향이 있으니 같은 관심사를 함께 나누며 정신적인 교감이 있어야 더 편안함을 느끼겠습니다. 일단 누군가에게 마음을 준 뒤에는 믿음직스럽고 애정이 넘치며 따뜻한 연인입니다.

연인이나 친구

1월 9, 12, 16, 25, 30일 / 2월 7, 10, 14, 23, 24일 / 3월 5, 8, 12, 22, 31일 / 4월 6, 10, 20, 29일 / 5월 4, 8, 18, 22, 27일 / 6월 2, 6, 16, 25, 30일 / 7월 4, 14, 23, 28일 / 8월 2, 12, 21, 26, 30일 / 9월 10, 19, 24, 28일 / 10월 8, 12, 17, 22, 26일 / 11월 6, 15, 20, 24, 30일 / 12월 4, 13, 18, 22, 28일

힘이 되어주는 사람

1월 2, 13, 19, 22, 24일 / 2월 11, 17, 20, 22일 / 3월 9, 15, 18, 20, 28일 / 4월 7, 13, 16, 18, 26일 / 5월 5, 11, 16, 18, 26일 / 6월 3, 9, 12, 14, 22일 / 7월 1, 7, 10, 12, 20일 / 8월 5, 8, 10, 18일 / 9월 3, 6, 8, 16일 / 10월 1, 4, 6, 14일 / 11월 2, 4, 12일 / 12월 2, 10일

운명의 상대

1월 25일 / 2월 23일 / 3월 21일 / 4월 19일 / 5월 17일 / 6월 15일 / 7월 13, 30, 31일 / 8월 1, 2, 11일 / 9월 9일 / 10월 7일 / 11월 5일 / 12월 3일

경쟁자

1월 7, 23일 / 2월 5, 21일 / 3월 3, 19, 29일 / 4월 1, 17, 27일 / 5월 15, 25일 / 6월 13, 23일 / 7월 11, 21, 31일 / 8월 9, 19, 29일 / 9월 7, 17, 27, 30일 / 11월 3, 13, 23, 26일 / 12월 1, 11, 21, 24일

소울메이트

1월 17일 / 2월 15일 / 3월 13일 / 4월 11일 / 5월 9일 / 6월 7일 / 7월 5일 / 8월 3일 / 9월 1일 / 11월 30일 / 12월 28일

이날 태어난 유명인

아르투르 루빈스타인(피아니스트), 시도니가브리엘 콜레트(작가), 미하일 바리시니코프(무용가), 일라이저 우드(배우), 잭슨 폴록(화가), 박해미(배우)

| 태양 : 물병자리 |
| 지배 성좌 : 물병자리/천왕성 |
| 위치 : 8° - 9° 물병자리 |
| 상태 : 고정궁 |
| 원소 : 공기 |
| 항성 : 없음 |

1월 29일

AQUARIUS

물질주의와 이상주의가 절묘하게 섞인 독창적인 사람

당신은 의지력이 강하고 영리하며 탁월한 소통기술을 지닌 물병자리 태생입니다. 타고난 반항적 기질을 다른 사람들의 권리를 지지하는 활동으로 활용하게 되며, 넓은 학식을 활용하여 중재자 역할을 할 수 있겠습니다. 개인적인 매력과 창의적인 재능을 발휘하여 사람들을 끌어 모읍니다. 인기가 많은 편으로 각계각층의 다양한 사람들과 쉽게 어울리는군요. 재기가 넘치고 성격이 강해서 자신의 견해를 전달하면서도 사람들을 거슬리지 않게 하는 방법을 잘 알고 있네요.

지배 성좌 물병자리에 든 태양의 영향으로 당신의 독창적인 아이디어가 시대를 앞서는 경우가 많겠습니다. 독립적이고 자유에 대한 열망이 강하므로 어떤 일이든 자신만의 방식을 고집하겠군요. 사교성이 뛰어나고 우정을 소중하게 여기며 인간관계에서도 자유로운 인도주의적 태도를 보입니다. 감정에 솔직하여 호감이 가는 사람이나 새로운 목표가 생기면 열정적으로 접근합니다. 하지만 당신이 너무 많은 짐을 떠맡게 되거나 뜻밖의 변수를 만나면 스트레스로 인해 신경질적이 되고 욱하는 기질을 보이기도 하니 유념하세요.

이상주의적이며 강한 신념을 지닌 당신은 말하기와 쓰기에 재능이 있군요. 이런 재능을 글쓰기나 교육, 강연 등의 분야에서 발휘하겠네요. 당신은 현실적이고 기획력이 뛰어나면서도 때때로 마냥 낙천적이고 진취적인 기상에만 사로잡히기도 합니다. 의사표현에 거침이 없고 활기차서 실천을 즐기고 어떤 일을 하든 큰 스케일을 원합니다. 재능이 많고 결단력이 강하지만 자존심이 고집을 부리는 태도로 이어지지 않도록 조심하세요.

21세까지는 자유, 독립, 그리고 개성을 표현하고자 하는 문제를 중요시하는 시기입니다. 당신의 태양이 물고기자리로 들어가는 22세 이후에는 좀 더 예민해지면서 감정적인 문제를 인식하게 됩니다. 선견지명이 강하게 발달하거나 내면 세계에 빠져들기도 합니다. 당신의 태양이 양자리로 들어가는 52세에 또 다른 인생의 전환점을 맞이하면서 자기 지향적인 성향이 더욱더 강해지겠습니다. 또 자신감과 확신도 더 강해지면서 새로운 관심 영역에서 선구자가 되고자 하는 욕구도 함께 커집니다.

숨어 있는 자아

당신은 설득력이 매우 뛰어나며 물질주의와 이상주의가 절묘하게 섞인 재미있는 사람입니다. 당신은 돈 문제나 물질적인 안정을 지나치게 걱정하는 편이지만 생일의 영향으로 금전운이 따라주어 쓴 만큼 채워지는 편입니다. 아름다운 것을 사랑하고 풍족한 생활에 애착을 갖는 당신은 화려한 분위기를 매우 즐깁니다. 예술적으로도 매우 독창적이며 흥미로운 표현을 즐기는 사람입니다.

매력적이면서도 마음이 따뜻하며 감정이 강한 사람이군요. 카리스마 넘치는 성향으로 사랑과 긍정적인 영향을 발산할 수 있으며 자기표현 욕구를 분출하는 일이 매우 중요합니다. 하지만 감정 기복이 있으므로 극단으로 치닫거나 지나치게 충동적인 행동은 피해야겠네요. 당신은 강한 남성성과 여성성이 한데 어우러진 기질을 가졌습니다. 독립성과 결단력은 물론 동정심과 감수성도 함께 두드러집니다.

일과 적성

당신은 명석한 두뇌의 소유자로 직업 선택의 폭이 매우 다양하겠습니다. 자신의 아이디어를 잘 전달할 수 있는 능력이 있어 강의, 교육 또는 글쓰기 분야에 관심이 높겠네요. 긍정적인 태도와 느긋한 성격으로 사람을 대하는 직종에서 성공할 수 있으며, 책임감이 필요한 직위까지 승진할 수 있겠습니다. 상업 분야에도 관심이 높아 강한 설득력을 판매, 홍보 또는 협상 분야에서 발휘할 수 있겠습니다. 마찬가지로 법, 학계 또는 정치학에도 관심이 높습니다. 자기표현 욕구가 있으니 미디어 또는 연예 분야에서도 일할 수 있습니다.

수비학으로 풀어본 당신의 운세

29일에 태어난 사람들은 강한 성격과 특별한 잠재력이 특징입니다. 당신은 매우 직관적이고 예민하며 감정적입니다. 영감은 당신을 성공하게 해줄 열쇠로 영감이 없이는 목적의식이 약해지기도 합니다. 몽상가 기질이 강하고, 타고난 기질이 극단적이므로 심한 감정 기복을 조심해야 하겠습니다. 자신의 감정을 신뢰하고 마음을 연다면 불안감 또는 자신의 마음을 방어 기제로 이용하는 성향을 극복할 수 있습니다. 당신의 독창적인 아이디어들은 자신에게 동기를 부여하거나 남을 위한 봉사 활동에 발휘하세요. 탄생월 1이라는 숫자의 영향으로 당신은 직감이 강하고 수용적이며 인도주의적 기질을 타고났습니다. 창의적이고 영리해 개성과 빈틈없는 사고력이 요구되는 활동이라면 어떤 일에서든 두각을 나타낼 수 있습니다. 진취적인 기상은 당신에게 색다른 개념을 실험하고 혼자 결정 내리거나 독립해서 활동하는 경향이 있다는 점을 보여줍니다. 자유롭고 열정이 넘치는 당신은 새로운 아이디어를 탐구하기를 좋아하며 전문적인 정보 또는 새로운 것을 발견하는 일에 관심이 많은 편입니다. 자신의 아이디어를 실제로 활용하는 일도 좋아합니다.

- ● 장점 : 영감, 균형, 내적 평화, 관대함, 성공, 창의력, 직감, 신비주의, 강렬한 꿈, 현실적, 신념
- ■ 단점 : 집중력 결여, 불안정, 우울증, 까다로운 성격, 극단주의, 경솔한 행동, 지나치게 예민한 성격

연애와 인간관계

솔직하며 단도직입적인 편으로 다양한 관심사를 다른 사람들과 나누는 걸 즐기는 당신은 훌륭한 동반자가 될 기질이 다분합니다. 자발적이면서도 이상주의적인 당신은 파트너와 같은 영감을 느낄 수 있는 감정적인 유대감이 필요한 사람이군요. 하지만 외로움과 버림 받는 것에 대한 두려움 때문에 때때로 냉담하거나 무정한 태도를 보이거나 헤어지지 못하는 경우가 생길 수도 있겠네요. 과도하게 객관적이거나 독립적인 모습을 보여 당신의 연인이 자신이 쓸모없는 사람이라고 생각하지 않도록 조심하세요. 영리하고 직감이 강한 당신은 창의적인 사람들과 어울리기를 좋아하며 마음이 넓고 충실한 친구가 되겠습니다.

당신에게 특별한 사람

연인이나 친구

1월 2, 7, 10, 17, 22, 27, 31일 / 2월 5, 8, 15, 25일 / 3월 3, 6, 13, 23일 / 4월 1, 4, 11, 16, 21일 / 5월 2, 9, 19, 23일 / 6월 7, 12, 17, 23일 / 7월 5, 15, 29, 31일 / 8월 3, 13, 27, 29, 31일 / 9월 1, 11, 25, 27, 29일 / 10월 4, 9, 13, 23, 25, 27일 / 11월 7, 21, 23, 25일 / 12월 5, 19, 21, 23일

힘이 되어주는 사람

1월 3, 5, 20, 25, 27일 / 2월 1, 3, 18, 23, 25일 / 3월 1, 16, 21, 23일 / 4월 14, 19, 21일 / 5월 12, 17, 19일 / 6월 10, 15, 17일 / 7월 8, 13, 15일 / 8월 6, 11, 13일 / 9월 4, 9, 11, 28일 / 10월 2, 7, 9일 / 11월 5, 7, 24일 / 12월 3, 5일

운명의 상대

1월 13일 / 2월 11일 / 3월 9일 / 4월 7일 / 5월 5일 / 6월 3일 / 7월 1, 31일 / 8월 1, 2, 일

경쟁자

1월 16, 24일 / 2월 14, 22일 / 3월 12, 20일 / 4월 10, 18일 / 5월 8, 16, 31일 / 6월 6, 14, 29일 / 7월 4, 12, 27일 / 8월 2, 10, 25일 / 9월 8, 23일 / 10월 6, 21일 / 11월 4, 19일 / 12월 2, 17일

소울메이트

1월 16일 / 2월 14일 / 3월 12일 / 4월 10일 / 5월 8일 / 6월 6일 / 7월 4, 31일 / 8월 2, 29일 / 9월 27일 / 10월 25일 / 11월 23일 / 12월 21일

이날 태어난 유명인

오프라 윈프리(방송인), 저메인 그리어(페미니스트), 톰 셀렉(배우), 둥려군(가수), 호마리우(축구 선수), 안톤 체호프(극작가), 토머스 페인(사상가), 린다 벅(생리학자), 이일화(배우), 더 콰이엇(가수)

태양 : 물병자리

지배 성좌 : 물병자리/천왕성

위치 : 9° - 10° 물병자리

상태 : 고정궁

원소 : 공기

항성 : 없음

*1월 30*일

AQUARIUS

뚜렷한 자기 확신으로 성공을 지향하는 사람

당신은 다정하고 열정적이며 성공 지향적이면서도 자유를 열망하는 물병자리 태생으로 큰 생각을 품은 사람입니다. 확신이 강하고 역동적인 당신은 사람들을 따뜻하게 대하며 누구와 함께 있든지 자연스럽게 행동합니다. 명석한 두뇌와 이성적인 태도로 지식을 매우 사랑하고 지혜를 얻을 때 진정한 만족감을 느끼네요.

지배 성좌 물병자리에 든 태양의 영향으로 당신은 사고의 폭이 넓은 인도주의자이며, 반항적인 기질도 지녔습니다. 객관적으로 사고하며 독창적이어서 금전적인 보상을 얻을 수 있는 탁월한 아이디어가 넘쳐흐릅니다. 예리한 통찰력으로 다른 사람들의 특성을 재빨리 판단하는 편입니다. 통찰력과 진보적인 생각은 시대를 앞서는 편이지만 도가 지나칠 경우 유연함을 잃거나 비판적인 태도로 이어질 위험도 있습니다.

당신은 새로운 트렌드나 개념을 한눈에 알아채며 아이디어를 표현하는 일을 즐기는 편입니다. 자기 확신은 물론 신념이 강하지만 때때로 불안해하며 충동적으로 행동하기도 하네요. 남들에게 인정받고 싶고 어디서든 빛나기를 바라는 욕구가 강해 대중 앞에 나서는 걸 즐기는 편입니다. 자신이 깊게 빠져든 관심사를 특유의 말솜씨로 설득력 있게 전달할 때 가장 활기차고 신이 납니다.

20세까지는 개인적인 자유, 우정, 그리고 개성을 표현하고자 하는 문제를 중요시합니다. 당신의 태양이 물고기자리로 들어가는 21세부터 당신은 감정적으로 섬세해지고 꿈을 향해 좀 더 노력해야 한다는 생각이 더 강해지거나 내면 세계에 한층 더 가까워지기도 합니다. 당신의 태양이 양자리로 들어가는 51세에 인생의 전환점을 맞이하겠네요. 이 영향으로 자신감과 확신, 그리고 적극성이 더 강해지면서 진정으로 자아를 실현하게 되겠습니다.

숨어 있는 자아

직감이 매우 강하므로 자기 내면의 이야기를 귀담아 듣고 신뢰해야 합니다. 이는 자신의 꿈과 현실 사이에서 균형을 찾을 수 있도록 도와줍니다. 일단 목표를 달성하기 위한 계획이 서면 어떤 어려움에도 아랑곳하지 않고 집중하는 태도가 반드시 필요합니다. 맡은 일에 최선을 다하겠다는 열망이 있어야 겸손하고 명예로운 태도를 유지할 수 있습니다. 성공을 향한 결단력이 항상 당신이 승리하도록 도와줍니다.

당신은 포부가 커서 남의 명령을 받는 것을 꺼리는 편이므로 권위가 있는 자리에 더 적합하겠네요. 기회를 놓치지 않는 능력이 있으며, 현실 감각과 기획력 역시 뛰어납니다. 다정하면서도 빈틈없는 정신력을 지녔지만 남의 이야기를 잘 듣지 못하거나 쉽게 질릴까 봐 조바심을 내는 편이군요. 하지만 당신은 크게 성공할 가능성이 있는 사람으로 긍정적인 태도만 유지한다면 산이라도 옮길 수 있겠습니다.

일과 적성

인간 본성에 대해 예리한 이해력과 매력, 그리고 기획력을 갖춘 당신은 사람과 관련된 일이면 사업, 교육 또는 정부 기관 등 어떤 일이든 성공할 가능성이 높겠습니다. 독립적이고 자신감이 강하며 다정한 성격에 리더십을 타고나 임원, 관리직 또는 자영업이 적성에 맞습니다. 당신은 관심 분야를 찾으면 노력을 쏟아부으며 자신을 채찍질하는 타입입니다. 창의적이고 독창적인 아디이어가 풍부하므로 훌륭한 전달자, 작가 또는 협상가가 될 수 있으며 연예계에서도 성공할 가능성이 높네요.

수비학으로 풀어본 당신의 운세

예술적 감성, 다감한 성격, 뛰어난 사교성은 30일에 태어난 사람들의 특징입니다. 당신은 풍족한 생활과 사교적인 활동을 즐기며, 두드러진 카리스마의 소유자로 충실하면서도 다정합니다. 사람들과 어울리는 걸 좋아하며, 세련된 취향과 스타일, 형태에 대한 안목이 있는 당신은 미술, 디자인, 음악 관련 분야라면 어떤 일이든 성공할 수 있겠습니다. 마찬가지로 자기표현 욕구가 강하며 말재간이 타고났으므로 글쓰기, 말하기, 노래 분야도 적성에 맞겠네요. 당신은 감정이 강해 사랑이나 정서적인 만족감이 필수적인 사람입니다. 행복해지려면 게으르거나 지나친 집착은 금물입니다. 30일에 태어난 사람 중에는 인정받고 명성을 얻고자 하는 경우가 많아 특히 음악가, 배우, 그리고 연예인 등이 많습니다. 탄생월 1이라는 숫자의 영향으로 포부가 크고 이상주의적이며 창의적으로 사고하는 사람이군요. 낡은 생각에 새로운 생명을 불어넣어 되살리는 능력은 당신이 개념을 확장시킬 수 있는 사람이라는 점을 보여줍니다. 당신은 다정하고 수용적이지만 당신의 재치와 사교적인 성격을 사람들과 즐기기를 원한다면 타협하는 법을 배우고 완고하거나 거만한 태도를 삼가야겠네요.

- 장점 : 흥이 넘침, 충실함, 다정다감함, 뛰어난 소통 능력, 창의력, 행운
- 단점 : 게으름, 완고함, 조급함, 불안정, 질투심, 무심함, 에너지를 분산시키는 성향

연애와 인간관계

개인적이고 독립적인 당신은 관심사가 매우 다양해 참여하는 활동도 아주 많습니다. 대체로 자리를 잡고 자주적으로 행동하는 권력가들과 인간관계를 형성하고 싶어 하네요. 때때로 자신의 감정에 확신이 없어 연애가 어려워지기도 합니다. 당신이 존경하거나 믿고 의지할 수 있는 근면한 파트너가 필요합니다. 그렇지 않으면 연애보다 일이 더 재밌어져서 워커홀릭이 될 수도 있겠네요. 당신의 지성에 자극을 줄 수 있는 영리하고 창의적인 사람들과 어울리기를 특히 즐깁니다.

물병자리

이날 태어난 유명인

버네사 레드그레이브, 진 해크먼(배우), 프랭클린 루스벨트(전 미국 대통령), 조디 워틀리(가수), 유현상(가수), 이서진, 오만석(배우), 심석희(쇼트트랙 선수)

태양 : 물병자리	
지배 성좌 : 쌍둥이자리/수성	
위치 : 10°- 11° 물병자리	
상태 : 고정궁	
원소 : 공기	
항성 : 없음	

1월 31일

AQUARIUS

놀라운 천재성을 지닌 훌륭한 사상가

두뇌 회전이 빠르고 독창적인 당신은 다정한 태도를 지닌 관대하면서도 창의적인 물병자리 태생입니다. 자유를 중요시하고 독립적이며 사고의 폭이 넓은 인도주의적 기질에 진보적인 관점을 지녔습니다. 당신은 매우 총명해서 광범위하면서도 보편적으로 사고하므로 그칠 줄 모르는 지식에 대한 탐구 정신이 여행이나 학업으로 이어지겠습니다.

쌍둥이자리에 든 태양의 영향으로 당신은 노련하면서도 매력 넘치는 의사 전달자로 말재주와 글재주 모두 뛰어납니다. 천성적으로 생각이 역동적이고 호기심이 강해 객관성이 뛰어나서 다양한 자료에서 얻은 정보를 통합할 수 있으며 또 그것을 독창적인 방식으로 표현합니다. 당신은 대체로 시대를 앞서 나가는 사람이지만 반항적인 기질이 자기주장만 내세우거나 융통성 없는 태도로 이어지지 않도록 조심하세요.

놀라운 천재성을 지닌 훌륭한 사상가인 당신은 정신적으로 영감을 받을 수 있으며 아주 격정적인 사람이군요. 사람을 관찰하는 재주가 있어 타인을 통찰력으로 평가할 수 있습니다. 하지만 조급한 성향 때문에 쉽게 싫증이 나므로 당신만의 독특한 잠재력을 꾸준하게 발휘하는 데 걸림돌이 될 수 있겠습니다.

19세까지는 자유, 독립, 그리고 개성을 표현하고자 합니다. 당신의 태양이 물고기자리로 들어가는 20세 이후부터는 포용력이 넓어지고 감정적으로 예민해지며 이미지를 중요시하게 됩니다. 선견지명이 강하게 발달하거나 잠재의식의 세계에 한층 더 가까워지기도 합니다. 당신의 태양이 양자리로 들어가는 50세에 인생의 또 다른 전환점을 맞이하면서 투지와 리더십이 강해집니다. 지난 일에 얽매이지 않아야 좀 더 자신만만하고 야심차게 새로운 모험을 감행할 수 있겠군요.

숨어 있는 자아

당신은 상상력과 창의력이 뛰어난 사람이군요. 자신만의 독창적인 아이디어를 자유롭게 발산하려면 먼저 자신의 이런 힘을 깨닫는 일이 우선입니다. 자신만의 영감과 내면의 소리를 신뢰한다면 인생을 변화시킬 수 있는 중대한 결단을 내릴 수 있겠군요. 불안정해질지도 모른다는 걱정 때문에 현재에 안주하는 일을 조심하세요. 당신은 흥미로운 감정들을 갖고 있으므로 감정을 표현하고 나누고자 하는 욕구가 강합니다. 이런 욕구가 충족되지 않으면 좌절감이나 우울함이 찾아올지도 모릅니다. 특히 철학, 종교, 여행, 정치학 등 광범위한 주제에 관심이 많은 당신은 영감을 주는 사상가 또는 사람들에게 희망을 주는 이야기꾼이 되기도 합니다.

새로운 기술과 교육을 통해 정신을 단련시키면 큰 이익을 얻겠습니다. 당신이 비범하든 평범하든 지식은 당신의 성공에 중요한 열쇠입니다. 끈기와 관용을 배우고 굳은 믿음을 가진다면 어떤 역경에서도 긍정적인 태도를 잃지 않고 큰 성공을 얻을 수 있습니다.

1월

일과 적성

타고난 사업 수완과 뛰어난 기획력, 그리고 관리 기술을 잘 결합하면 어떤 일이든 문제없습니다. 정보를 취합하는 일을 무척 즐기고 의사소통 기술이 뛰어난 당신은 교육, 과학 또는 글쓰기 분야에서 두각을 나타낼 수 있습니다. 마찬가지로 연설가 또는 변호사도 적성에 맞습니다. 인도주의적 기질에 사람에 대한 이해력을 타고나 상담 또는 사회 개혁 쪽에 관심이 높겠군요. 대중 또는 외국과 관련된 일이 변화를 즐기는 당신의 정서를 충족시켜주어 지루할 틈이 없겠습니다. 창의적이면서도 아는 것이 많아 예술 및 음악적 재능을 발휘하거나 연예계 쪽을 선택할 가능성도 높겠군요.

수비학으로 풀어본 당신의 운세

강한 의지력과 단호함, 자기표현 욕구는 31이라는 생일 숫자와 관련이 있습니다. 당신은 지칠 줄 모르는 사람으로 물질적인 것에 대한 욕구가 강하며 결단력도 뛰어납니다. 하지만 삶의 한계를 받아들이고 탄탄한 기반을 세우는 방법도 반드시 배워야겠습니다. 복이 많고 운도 좋아서 여가 활동을 수익성 있는 사업으로 바꾸는 데 성공할 수 있겠네요. 매우 근면하므로 여유로운 시간을 갖는 것도 당신에게 꼭 필요한 부분입니다. 이기적인 성향이나 지나치게 낙천적인 태도는 경계하는 것이 좋겠네요. 탄생월 1이라는 숫자의 영향으로 직감이 강하고 다재다능하며 진취적입니다. 당신은 매우 기민하며 창의적인 정신과 안정에 대한 강한 욕구를 지녔지만 잠시도 가만있지 못하거나 조급한 편입니다. 긍정적이고 낙관적인 태도를 유지하고 자연스러운 흐름에 맡기는 법을 터득한다면 끈기 있게 세부적인 사항까지 집중할 수 있게 됩니다. 혁신적이고 탐구 정신이 강한 당신은 대체로 포부가 크며 인정받고 성공하기 위해 열심히 노력합니다. 영감을 받으면 독창적인 아이디어와 독특한 관점을 펼치는군요.

- ● 장점 : 행운, 창의력, 독창성, 향상성, 건설적, 끈기, 현실적, 뛰어난 화술, 책임감
- ■ 단점 : 불안정, 성급함, 의심이 많은, 쉽게 낙담하는, 포부 부족, 이기심, 완고함

연애와 인간관계

다정하면서도 외향적인 당신은 자발적이면서도 사교적이며 사람을 잡아 끄는 매력을 지녔습니다. 하지만 자신감이 떨어지면 지나치게 고압적이 될 수 있으니 조심하세요. 독특하고 흥미로운 감정의 소유자로 정신적인 자극을 즐기며 자기표현을 좋아하는 독창적인 사람들과 어울리는 것을 좋아합니다. 헌신적이고 사랑이 넘치는 사람이지만 혼자가 되기를 싫어하는 점은 당신이 파트너에게 지나치게 의존해서는 안 된다는 의미입니다. 영리하고 의사 표현이 확실한 사람이므로 활기차게 토론할 수 있는 사교 모임을 매우 좋아하겠군요.

연인이나 친구

1월 1, 5, 9, 15, 26, 29, 30일 / 2월 13, 24, 27, 28일 / 3월 11, 22, 25, 26일 / 4월 9, 20, 23, 24일 / 5월 7, 18, 21, 22일 / 6월 5, 16, 19, 20일 / 7월 3, 14, 17, 18, 31일 / 8월 1, 12, 15, 16, 29, 31일 / 9월 10, 13, 14, 27, 29일 / 10월 8, 11, 12, 25, 27일 / 11월 6, 9, 10, 23, 25일 / 12월 4, 7, 8, 21, 23, 29일

힘이 되어주는 사람

1월 1, 2, 10, 14, 27일 / 2월 8, 12, 25일 / 3월 6, 10, 23일 / 4월 4, 8, 21일 / 5월 2, 6, 19, 30일 / 6월 4, 17, 28일 / 7월 2, 15, 26일 / 8월 13, 24일 / 9월 11, 22, 30일 / 10월 9, 20일 / 11월 7, 18일 / 12월 5, 16일

운명의 상대

8월 2, 3, 4, 5일

경쟁자

1월 17, 26일 / 2월 15, 24일 / 3월 13, 22일 / 4월 11, 20일 / 5월 9, 18일 / 6월 7, 16일 / 7월 5, 14일 / 8월 3, 12, 30일 / 9월 1, 10, 28일 / 10월 8, 26, 29일 / 11월 6, 24, 27일 / 12월 4, 22, 25일

소울메이트

1월 21일 / 2월 19일 / 3월 17일 / 4월 15일 / 5월 13일 / 6월 11일 / 7월 9, 29일 / 8월 7, 27일 / 9월 5, 25일 / 10월 3, 23일 / 11월 1, 21일 / 12월 19일

물병자리

이날 태어난 유명인

프란츠 슈베르트, 필립 글래스(작곡가), 노먼 메일러, 오에 겐자부로(작가), 존 라이던, 마리오 란차, 저스틴 팀버레이크(가수), 놀런 라이언(야구선수), 장석주(시인, 평론가), 공지영(작가), 이영애(배우)

태양 : 물병자리	
지배 성좌 : 쌍둥이자리/수성	
위치 : 11°-12° 물병자리	
상태 : 고정궁	
원소 : 공기	
항성 : 아르무스	

2월 1일

AQUARIUS

사회적 불평등에 용감하게 맞서는 개혁가

물병자리 태생인 당신의 가장 큰 장점은 개성과 창조적인 지성입니다. 두뇌가 명석하고 대응이 빠른 당신은 지적 도전을 즐기지요. 일을 통해 실력을 키울 수 있는데, 이는 체계를 탄탄하게 구축하고 결단력을 개발하고 스스로를 단련할 수 있게 해줍니다. 직관력과 재능이 합쳐져 약간의 노력만으로도 즉각적이고도 긍정적인 보상을 얻을 수 있겠네요.

지배 성좌인 쌍둥이자리에 있는 태양의 영향으로 당신은 높은 지성과 번뜩이는 영감을 갖고 있습니다. 지적 호기심이 왕성하여 흥미롭고 설득력 있는 방법으로 자신의 생각을 표현하기 위해 계속해서 지식을 쌓아나갑니다. 하지만 그런 에너지를 잘못 사용했다가는 변덕을 부리거나 쉽게 흥분할 수도 있으니 조심하세요.

매우 역동적인 당신은 앞장서서 일을 완수하고 싶어 하는 타입으로 가급적 행동을 주도하고 아이디어의 선두주자가 될 필요가 있습니다. 자신의 성취에 자부심을 느끼며, 사람들을 흥미롭고 모험적인 길로 이끌고 긍정적인 행동을 취하도록 고무하는 것을 좋아합니다. 포부가 크고 경쟁력이 있으니 인도주의적 문제를 위해 투쟁하거나 개혁에 앞장설 수 있겠네요. 자신이 올바르다고 생각하는 일을 해야지, 목표를 이루겠다고 수단과 방법을 가리지 않는 건 금물입니다.

18세까지는 당신의 태양이 물병자리에 있어 개인의 자유, 우정, 개성의 표현이 강조됩니다. 그러다 19세가 되어 당신의 태양이 물고기자리에 들어가면 꿈과 비전이 중요해지고 감정적 수용성도 풍부해집니다. 49세가 되어 당신의 태양이 양자리에 들어가면서 인생의 전환점을 맞습니다. 이 영향으로 더욱 자신감이 넘치고 적극성을 보이면서 자기 인식이 뚜렷해져 새로운 활동을 시작할 수 있는 영감을 받습니다.

숨어 있는 자아

당신은 새롭고 특이한 것에 매료되고 낡고 편협한 사고방식은 거부합니다. 고집을 부릴 때도 있지만 도전할 때는 굉장한 창의력을 발휘하지요. 인간 행동에 대한 이해가 특별한 당신은 자신보다 박식한 사람들과 교류하며 득을 보고 결국 다른 사람들에게 영감을 줄 수도 있어요.

당신은 패기가 넘쳐서 빠르고 결단력 있게 행동하여 곤경에서도 쉽게 벗어날 수 있습니다. 다만, 구속받는 것을 질색해서 갑자기 폭발하기도 하는데 그런 행동은 주변과 불화를 일으킬 수 있으니 잘 다스리는 법을 배우세요. 가슴속에 에너지가 넘칠 때면 당신은 대담하고 자발적이 되며, 언제나 승리하고 훌륭한 결과를 얻을 것이라는 확신에 찹니다. 이런 자연스러운 열정은 감출 수 있는 것이 아니니 자신의 정신력을 긍정적인 방향으로 이끌도록 집중하는 게 좋겠지요.

일과 적성

카리스마 넘치는 능력을 지닌 당신은 사람들과 협력하는 일에 능합니다. 비즈니스를 한다면 정해진 활동을 좋아하여 관리직이나 경영자의 위치에까지 올라갈 수도 있겠어요. 부드럽고 설득력이 있어 특히 판매와 홍보 분야에서 성공할 수 있습니다. 당신은 행동과 빠른 결정이 필요한 일을 선호합니다. 또한 사회적 불평등에 용감하게 맞설 수도 있답니다. 다양성에 대해 지속적인 욕구가 있으니 틀에 박힌 일은 피하는 게 좋아요. 창의적인 아이디어도 풍부하여, 자신의 개성을 표현할 수 있는 진보적인 연구와 혁신적인 일에 종사하는 것도 괜찮아요.

수비학으로 본 당신의 운세

1이라는 숫자의 특성상 당신은 개성이 풍부하고, 혁신적이며, 용기 있고, 에너지가 넘칩니다. 이따금 강한 정체성을 확립하고 좀 더 단호한 태도를 갖고 싶은 욕구도 있습니다. 이러한 개척 정신은 스스로 독립하도록 당신을 북돋우지요. 또한 자기 주도력은 당신이 경영 능력이나 리더십을 발전시키게끔 자극합니다. 열정과 독창적인 아이디어가 가득한 당신은 다른 사람들이 나아가야 할 방향을 제시해줄 수 있어요. 1일에 태어난 당신은 세상이 자신을 중심으로 돌아가지 않는다는 사실을 명심하고 자기중심적이거나 군림하려는 태도는 삼가세요. 탄생월 2의 영향을 받아 당신은 매우 수용적이고 직관적입니다. 다정하고 사교적이면서도 강한 성격의 소유자죠. 나이가 들어갈수록 자신의 독자성을 깨닫고 더욱 단호하고 완고해진다는 말이지요. 인도주의자인 당신은 개방적이고 진보적이며 사회 개혁과 올바른 대의를 위해서 기꺼이 일할 사람입니다. 하지만 신념이나 자신에 대해 깊게 통찰하지 않으면 불안정해지고 우유부단해질 수도 있습니다. 그래도 비전과 재주가 많아서 특히 창의력을 발휘하고 자신의 독특한 관점을 개발한다면 다른 사람들에게 영감을 줄 수 있답니다.

- ●장점 : 리더십, 창조성, 진보적, 진취성, 낙관적, 강한 신념, 경쟁력, 독립심, 사교적
- ■단점 : 질투심, 자기중심적, 적대적, 자제력 부족, 이기심, 불안정, 참을성 없음

연애와 인간관계

진보적이고 독립적이지만 여전히 안전한 토대와 평온한 가정을 원합니다. 대체로 주관이 뚜렷한 사람에게 끌리네요. 원하는 걸 할 수 있는 자유만 보장된다면 당신은 친구와 파트너에게 아주 충실한 상대가 될 수 있답니다. 사교적이고 매력 있는 당신은 상대의 마음을 사로잡으며 아주 재미있게 해준답니다.

물병자리

이날 태어난 유명인

클라크 게이블(배우), 보리스 옐친(전 러시아 대통령), 존 포드(영화감독), 릭 제임스(가수), 신진식(배구선수)

태양 : 물병자리

지배 성좌 : 쌍둥이자리/수성

위치 : 12° - 13° 물병자리

상태 : 고정궁

원소 : 공기

항성 : 도르숨, 아르무스

2월 2일

AQUARIUS

글쓰기도 뛰어난 재치 있는 달변가

독립심이 강하고 성공 지향적인 당신은 개성이 강한 물병자리 태생입니다. 생일의 영향을 받아 시야가 넓고 상상력이 풍부한 당신은 아이디어가 넘치는 독립적 사고를 합니다. 다정하고 사교적이며 인간 본성에 대한 기민한 이해가 바탕이 되어 세심한 인도주의자가 될 수 있겠네요. 지적 창의력이 풍부한 당신은 두뇌 회전이 빨라 다양성을 추구하거나 꾸준히 지식을 얻을 수 있는 자극을 받겠습니다. 그로 인해 오히려 참을성이 없거나 쉽게 싫증을 낼 수도 있으니 조심하세요.

쌍둥이자리에 위치한 태양의 영향이 더해져서 당신은 최신 아이디어와 혁신에 끌리며 전통에 구애받지 않고 자신을 자유롭게 드러내는 경향이 있습니다. 재치 있고 재미있어 글쓰기와 말주변이 뛰어난 현명한 달변가가 될 수 있겠네요. 독립심이 강하고 고집이 세지만, 다른 사람들과 협력하여 일할 때의 장점을 잘 알기 때문에 일단 하는 일에 확신을 가지면 훌륭한 팀원이 될 수 있습니다. 사람을 대할 때는 솔직하고 정직한 것을 좋아합니다. 하지만 겉으로는 무덤덤해 보여서 주변으로부터 무관심하다는 오해를 받을 수 있으니 조심하세요.

포부가 크고 진취적인 당신은 목표를 달성하기 위해 열심히 노력합니다. 일에서의 성공을 중시하기 때문에 당신의 삶은 직업적 활동, 특별한 프로젝트, 그리고 끝없는 발전을 향한 욕구와 항상 연결되어 있지요. 끈기와 단련은 당신이 그토록 갈망하는 성공으로 가는 열쇠라는 것을 명심하세요.

당신의 태양이 물병자리를 지니는 17세까지는 자유와 독립에 관한 문제와 자신의 개성을 표현하려는 욕구가 강조됩니다. 그러다 18세 이후 당신의 태양이 물고기자리에 들어가면 감수성이 풍부해지고 좀 더 수용적이 되며, 감정적인 문제들에 신경을 쓰게 됩니다. 48세가 되어 당신의 태양이 양자리에 들어가면서 새로운 인생의 전환점을 맞게 되지요. 이때는 과거와 작별할 필요성이 강조되고 좀 더 대담하고 적극적인 태도를 취하게 됩니다. 당신의 태양이 황소자리에 들어가는 78세가 되면 안정감과 실질적인 안전에 대한 강한 욕구가 생겨납니다.

숨어 있는 자아

겉보기에는 단호하고 쌀쌀맞다는 인상을 주지만 내면은 극도로 예민합니다. 감성이 풍부하고 자부심이 넘치며, 자신의 특별한 재능을 다른 사람들과 나누고 싶어 합니다. 감수성이 예민한 선각자로서 당신은 색채와 소리에 대한 감각이 뛰어나 음악과 예술 혹은 저술과 같은 창의적인 활동으로 다른 이들을 매료할 수 있습니다. 아니면 이상이 고고하고 동정심이 많으니 철학이나 신비주의에 끌리는 타고난 성향을 계발할 수 있겠네요. 당신의 예민한 감수성을 펼칠 기회를 얻지 못한다면 변덕을 부리거나 현실을 회피할 위험이 있습니다.

정직하고 싶다는 갈망이 당신 행동의 근원입니다. 당신은 자신이 사랑하는 사람들과 세상을 위해서 진정으로 더 나은 미래를 만들고 싶어 합니다. 그러니 지금부터 미리 당신의 기초를 단단히 다져야 합니다.

일과 적성

사람을 사로잡는 매력을 소유한 당신은 사람과 관련한 일에서는 대부분 성공할 수 있습니다. 사람에 대한 호기심이 많아 심리학, 사회학, 정치학 등을 연구하는 데 끌리겠네요. 독립적인 당신은 모든 일을 스스로 알아서 하고 정해진 일의 범위 안에서 자유로이 일하는 것을 선호합니다. 머리 회전이 빠르고 의사소통 능력이 뛰어나 저술 활동이나 교육 쪽으로 나갈 수도 있겠습니다. 아니면 감수성이 풍부하여 음악이나 예술 혹은 치유 분야로 진출할 수도 있답니다. 금방 싫증을 내는 성향이다 보니 변화가 많거나 출장을 자주 다니는 직업이 더 낫겠네요.

수비학으로 본 당신의 운세

섬세함과 집단의 일원이 되고자 하는 강렬한 욕구는 2일에 태어난 사람들의 특징입니다. 적응력이 뛰어나고 이해심이 있는 당신은 다른 사람들과 상호작용할 수 있는 공동 작업을 즐깁니다. 마음에 드는 사람을 기쁘게 하려다가 지나치게 상대에게 의존하게 될 위험성도 있답니다. 자신감을 키워서 타인의 행동과 비판에 쉽게 상처받는 성향을 극복하는 게 좋겠네요. 탄생월 2의 영향으로 당신은 감수성과 직관력이 풍부합니다. 인도주의자라서 사람과 개혁, 그리고 올바른 대의에 관심이 있으며 자유롭고 진보적인 사람입니다. 협력적이고 사람들에게 힘을 실어주는 당신은 안정을 원하고 질서를 세우고자 하지요. 준비성이 철저하여 앞날을 미리 계획하고, 장기적인 프로젝트를 잘 해낼 수 있답니다. 이상주의자이지만 삶에 대해서는 실용적인 태도를 취하기 때문에 훌륭한 사업 감각으로 경제적 성공을 거둡니다. 타고난 육감 덕에 사람 보는 눈이 거의 정확합니다. 그러니 자신의 감정을 믿는 법을 배우는 것이 무엇보다 우선이겠네요.

- ●장점 : 파트너십, 부드러움, 재치, 수용적, 직관력, 민첩성, 사려 깊음, 조화, 쾌활함, 우호적
- ■단점 : 의심이 많음, 확신이 없음, 과민함, 이기적, 부정직함

연애와 인간관계

사교적이고 다정한 당신은 집단 활동과 새로운 사람들을 사귀는 것을 즐깁니다. 포부가 있고 근면하며, 안정감에 대한 욕구가 강해 상대에게 충실하고 책임감이 있습니다. 단, 우유부단하고 걱정이 많아서 자기감정과 배우자의 선택에 확신이 서지 않을 때도 있어요. 경제적인 부분에 관한 걱정은 관계에 악영향을 미치거나 스트레스를 주기도 합니다. 당신은 세심하지만 연애의 측면에서는 때로 조금 무심하거나 지나치게 현실적으로 보일 수도 있어요.

당신에게 특별한 사람

연인이나 친구

1월 3, 14, 24, 28일 / 2월 1, 12, 22일 / 3월 10, 20일 / 4월 8, 18일 / 5월 6, 16, 31일 / 6월 4, 14, 18, 29일 / 7월 2, 12, 27일 / 8월 10, 25, 31일 / 9월 8, 23, 29일 / 10월 6, 10, 21, 27일 / 11월 4, 19, 25일 / 12월 2, 17, 23일

힘이 되어주는 사람

1월 1, 11일 / 2월 9일 / 3월 7, 28일 / 4월 5, 26, 30일 / 5월 3, 24, 28일 / 6월 1, 22, 26일 / 7월 20, 24일 / 8월 18, 22일 / 9월 16, 20, 30일 / 10월 14, 18, 28일 / 11월 12, 16, 26일 / 12월 10, 14, 24일

운명의 상대

8월 4, 5, 6, 7일

경쟁자

1월 17, 20일 / 2월 15, 18일 / 3월 13, 16일 / 4월 11, 14일 / 5월 9, 12일 / 6월 7, 10일 / 7월 5, 8일 / 8월 3, 6일 / 9월 1, 4일 / 10월 2일

소울메이트

7월 29일 / 8월 27일 / 9월 25일 / 10월 23, 31일 / 11월 21, 29일 / 12월 19, 27일

물병자리

이날 태어난 유명인

제임스 조이스, 아인 랜드(작가), 해브록 엘리스(심리학자), 야샤 하이페츠(바이올리니스트), 송창식(가수), 황석정, 이지아(배우), 한민관(코미디언)

태양 : 물병자리
지배 성좌 : 쌍둥이자리/수성
위치 : 13°- 14° 물병자리
상태 : 고정궁
원소 : 공기
항성 : 도르숨, 아르무스

2월 3일

AQUARIUS

독창적인 아이디어와 독특한 관점으로 성공하는 사람

당신은 사교술이 뛰어나고 독립적인 물병자리 태생입니다. 독창적이고 다정한 사람이며, 인간 본성을 이해하는 재능을 타고났습니다. 사람들을 매혹하는 능력이 있어 다양한 집단의 사람들과 어울려 창조적인 자극과 자아실현을 추구할 수 있답니다. 감수성이 풍부한 당신은 자신의 이미지에 신경을 쓰면서 화려한 분위기를 즐깁니다. 대개는 쾌활하고 남의 마음을 사로잡는 재능이 있지만 겉모습을 의식하지 않는 법을 배우고 좌절과 실망감에 빠지지 않도록 해야 합니다. 안 그러면 어려움을 겪거나 지나치게 심각해질 수가 있어요.

쌍둥이자리에 위치한 태양의 영향이 더해지면서 번뜩이는 영감을 얻고 정신적 능력이 고양됩니다. 소통 능력이 뛰어나 설득력이 있으며 언어에 특별한 재능이 있겠네요. 지적으로 예리하고 새로운 아이디어에도 열려 있어서 시대를 앞서갑니다. 또한 객관적인 사고를 하고 계속해서 배워나가고자 하는 열망도 있습니다.

사람을 끄는 흡입력을 지닌 당신은 종종 개성을 표출합니다. 우정과 동료애를 무엇보다 소중히 여겨 인간관계에서 남다르거나 더 인도주의적인 태도를 취합니다. 섬세한 감각과 세속적인 것을 초월하려는 욕망을 지닌 당신은 빛과 색채, 형태, 그리고 소리에 대한 뛰어난 통찰력을 겸비하여 예술적·음악적·영적인 분야로 발산하고 싶어 합니다.

어린 시절 꽤나 엄한 아버지에게서 받은 영향이 남아 있습니다. 17세에서 46세 사이에 당신의 태양이 물고기자리를 통과하기 때문에 감수성과 상상력이 풍부해집니다. 그래서 더 많은 상상력과 비전을 개발해나가고 내면세계에 더 깊이 다가갈 수 있지요. 당신의 태양이 양자리에 들어가는 47세에 인생의 전환점을 맞으며, 자신감과 자기주장이 강해지며 야심이 커져 새로운 모험과 활동에 뛰어들 가능성이 높습니다. 태양이 황소자리에 들어가는 77세에는 실질적인 안전과 안정감에 대한 욕구가 더 강렬해집니다.

숨어 있는 자아

의지가 강한 당신은 긍정적인 마음으로 집중력을 보일 때 어려움을 극복하고 멋지게 일을 성취할 수 있습니다. 리더십이 있어서 내면의 강한 감정적 힘을 발휘하여 권위와 영향력 있는 자리를 차지할 수 있습니다. 주위 환경에 예민하므로 안정적인 가정과 평화롭고 조화로운 환경이 필요하겠네요.

긍정적일 때는 성실하고 부지런하며 책임감까지 겸비해 어떤 일도 해낼 능력을 갖추게 되지요. 모두와 잘 지내면서도 적당한 거리를 유지할 수 있어서 자신의 이상을 실현하고 다른 이에게 봉사하는 일에 끌립니다. 봉사는 당신에게 닥칠 수 있는 불안과 혼란의 시기를 극복하는 데 도움이 될 것입니다. 때로는 상처받지 않기 위해 무심한 듯 대하지만, 소중한 상대에게는 따뜻하고 인정이 많습니다.

일과 적성

독창적인 아이디어와 독특한 관점을 사람들에게 전하면서 엄청난 성공을 거둡니다. 당신은 상냥하며 동료를 소중히 여기고 인맥을 쌓는 재주도 있습니다. 특히 사람들에게 어떤 욕구가 있는지 직감적으로 알아차리는 능력은 판매나 홍보 분야에 활용할 수 있어요. 글재주가 뛰어나 작가나 강사로 나서도 좋으며, 특히 창작 활동에 매력을 느낍니다. 과학적·창의적 사고가 필요한 분야, 혹은 비즈니스에서도 성공할 수 있겠네요. 특히 자신이 확신할 수 있는 일을 할 때 성공 확률이 높습니다. 인간 본성에 대한 이해가 뛰어나니 아이들을 상대하는 일이나 상담, 사회복지 관련 일에도 끌립니다.

수비학으로 본 당신의 운세

3일에 태어난 당신은 감성이 예민하여 창조적인 활동과 감정 표현을 하지 않고는 배길 수가 없습니다. 노는 것을 좋아하고 사람들과 잘 어울리며, 친목 모임을 즐기고 관심사도 다양합니다. 당신은 다재다능하고 표현력이 풍부하며 다양하고 흥미로운 경험을 하고 싶어 하지만, 쉽게 싫증을 내는 성향 때문에 우유부단해지거나 일을 너무 크게 벌일 수 있겠네요. 3일에 태어난 당신은 대개 예술적이고 매력적이며 유머 감각도 뛰어나지만 좀 더 자존감을 키우고 걱정이나 정서적 불안에 빠지지 않도록 하세요. 탄생월 2의 영향으로 수용적이고 이상주의적이며 사람들을 다루는 재능도 있답니다. 포부가 넘치면서도 매력적인 당신은 사람을 대하는 수완과 다정한 성격을 활용하는 법을 압니다. 재능을 표현하고자 하는 욕구는 목표가 있을 때 당신이 열성적이고 역동적으로 변할 수 있음을 암시하지요. 평상시에는 관대하고 다정하지만 가끔씩 짜증을 내고 조급해져서 충동적으로 행동하거나 과민 반응을 하기도 합니다.

- ● 장점 : 유머, 행복, 다정다감함, 생산성, 창의력, 예술적, 자유로운 걸 좋아함, 글재주
- ■ 단점 : 쉽게 싫증 냄, 과장, 사치, 제멋대로 행동, 게으름, 위선적

연애와 인간관계

강렬한 감정과 사랑에 대한 열망은 있지만, 당신은 자신을 표현할 자유와 독립을 원합니다. 매력적이고 카리스마까지 지니고 있어 상대에게 쉽게 다가갈 수 있습니다. 자신이 다른 사람 눈에 어떻게 비칠지 의식하고 스스로를 제대로 표현하여 좋은 인상을 주고 싶어 하지요. 마음에서 우러나온 행동을 좋아하기 때문에 때로는 충동적이 될 수도 있어요. 사람들은 당신의 활기찬 성격과 매력에 끌립니다. 특히 이날 태어난 남자는 독립적이고 강한 여성에게 매료됩니다.

당신에게 특별한 사람

연인이나 친구

1월 8, 17, 19일 / 2월 15, 17일 / 3월 13, 15일 / 4월 11, 13일 / 5월 9, 11일 / 6월 7, 9, 30일 / 7월 5, 7, 28, 30일 / 8월 3, 5, 26, 28일 / 9월 1, 3, 24, 26일 / 10월 1, 22, 24일 / 11월 20, 22일 / 12월 18, 20, 30일

힘이 되어주는 사람

1월 20, 29일 / 2월 18, 27일 / 3월 16, 25일 / 4월 14, 23일 / 5월 12, 21일 / 6월 10, 19일 / 7월 8, 17일 / 8월 6, 15일 / 9월 4, 13일 / 10월 2, 11, 29일 / 11월 9, 27일 / 12월 7, 25일

운명의 상대

3월 29일 / 4월 27일 / 5월 25일 / 6월 23일 / 7월 21일 / 8월 5, 6, 7, 8, 19일 / 9월 17일 / 10월 15일 / 11월 13일 / 12월 11일

경쟁자

1월 14, 20, 27일 / 2월 12, 25일 / 3월 10, 23일 / 4월 8, 21일 / 5월 6, 19일 / 6월 4, 10, 17일 / 7월 2, 15일 / 8월 13일 / 9월 11일 / 10월 2, 9일 / 11월 7일 / 12월 5일

소울메이트

6월 30일 / 7월 28일 / 8월 26일 / 9월 24일 / 10월 22, 29일 / 11월 20, 27일 / 12월 18, 25일

이날 태어난 유명인

거트루드 스타인, 제임스 미치너, 폴 오스터(작가), 모건 페어차일드(영화배우), 노먼 록웰(화가), 그레고리 맨큐(경제학자), 윤도현(가수), 김제동(방송인), 김동주(야구 선수)

715

| 태양 : 물병자리 |
| 지배 성좌 : 쌍둥이자리/수성 |
| 위치 : 14° - 15° 물병자리 |
| 상태 : 고정궁 |
| 원소 : 공기 |
| 항성 : 도르숨 |

2월 4일
AQUARIUS

정반대의 성향이 흥미롭게 뒤섞여 있는 매력적인 성격

당신은 다정하지만 단호하고, 독창적인 아이디어를 가진 야심 찬 물병자리 태생입니다. 당신은 의지가 강하며 어려운 일을 처리하는 능력이 뛰어나지만 물욕과 이상 사이에서 갈등할 수 있겠네요. 그러나 강한 추진력과 더불어 성공할 기회를 가져다줄 타고난 사업 감각이 있으니 이 두 성향을 잘 조합해 현실적인 이상주의자가 될 수 있습니다.

쌍둥이자리에 있는 태양의 영향력이 더해져 자신의 아이디어를 현실적이고도 역동적이며 설득력 있게 전달할 수 있습니다. 영리하고 창의적인 당신은 재치가 있으며 정보를 아주 빠르게 파악하고 판단력이 뛰어날 뿐 아니라 추론 능력까지 갖추고 있습니다. 매우 독립적이어서 구속받는 것을 싫어합니다. 하지만 자기 방식대로 밀어붙이고 군림하려 들면서 모험을 강행하는 면도 있습니다.

결단력이 있고 진취적인 당신은 조직력이 뛰어나 어떤 프로젝트도 아주 잘 해냅니다. 하지만 감당할 수 있는 만큼만 떠맡는 편이 현명하겠지요. 직설적이고 개성이 뚜렷하며, 상반되는 성향이 흥미롭게 뒤섞여 있습니다. 대개 다가가기 힘들지만 매력적인 성격입니다. 권력, 돈, 그리고 명예에 대한 욕망은 개인과 사회 전반에 대한 날카로운 통찰력을 보여주는 인도주의적 기질 덕분에 균형을 잡게 됩니다.

당신의 태양이 물고기자리에 들어 있는 6세부터 45세까지는 더욱 민감해지고 수용적이 되며 감정적인 문제에 대한 인식이 커지게 됩니다. 상상력과 통찰력 또한 더욱 향상됩니다. 46세에 당신의 태양이 양자리에 들어가면서 인생의 전환점을 맞으면 대담하고 적극적으로 변해야 할 필요성이 강조됩니다. 중년에는 결단력과 실행력을 바탕으로 큰 프로젝트를 성공적으로 완수할 수 있게 됩니다. 당신의 태양이 황소자리에 들어가는 76세에는 안전과 안정에 대한 욕구가 더 커집니다.

숨어 있는 자아

당신의 자신감 넘치는 겉모습 뒤로는 불안감과 사랑에 대한 욕구가 숨어 있네요. 삶이나 예술, 우정을 통해 타고난 창조성을 발휘함으로써 우유부단하고 걱정하는 성향에서 벗어날 수 있습니다. 타고난 열정으로 항상 선두에 서거나 행동의 중심에 있고 싶어 하겠네요. 똑똑한 당신은 어리석은 짓을 용서하지 못하지요. 타고난 고귀함으로 자부심이 크지만 지나치게 고집을 부리거나 제멋대로 구는 태도를 지양해야 합니다.

지식은 내면을 탐구하는 데 필수적인 요소이며 당신의 삶에 강한 영향을 미칩니다. 인정받고 싶은 마음과 사명감, 그리고 끈기를 갖춘 당신은 비전을 이루려고 줄기차게 노력합니다. 탁월한 직관을 실무에서 발휘한다면 당신의 뜻을 세울 수 있는 견고한 토대를 마련할 것입니다. 정직하고 솔직하며 의사표시가 분명하고, 인내심과 끈기가 강해서 장기적으로 성공할 것입니다.

일과 적성

권력과 구조에 대한 인식과 결단력 덕분에 당신은 뛰어난 사업 감각을 갖추게 됩니다. 창의적이고 독창적인 아이디어로 인생의 여러 분야에서 성공할 수 있지요. 소통 기술이 뛰어나니 저술, 교육, 출판 혹은 미디어 분야에 끌릴 수도 있습니다. 또 연극이나 정치에도 관심이 있답니다. 심리학자 자질을 타고나 어떤 직업에서든 도움을 받겠습니다. 인도주의자인 당신은 새로운 사회운동에 관심을 가질 수도 있으며 사람과 관련된 일을 통해서 평생 큰 역할을 감당할 것입니다.

수비학으로 본 당신의 운세

탄탄한 체계와 질서의 힘을 나타내는 4일에 태어난 당신에게는 안정과 질서가 필요합니다. 에너지와 실용적인 기술, 그리고 결단력을 지녔으니 열심히 노력하면 성공을 거둘 수 있지요. 안전에 대한 의식이 강한 당신은 자신과 가족을 위해서 튼튼한 기반을 구축하고자 합니다. 삶에 대한 현실적인 접근은 뛰어난 사업 감각과 물질적인 성공을 이룰 수 있는 능력을 가져다줍니다. 숫자 4의 특성상 당신은 정직하고 공정합니다. 4일에 태어난 사람에게 주어진 과제는 당신이 불안정한 시기와 재정적 어려움을 이겨내야 한다는 것입니다. 탄생월 2의 영향으로 당신은 수용력이 뛰어나고 이상주의적인 사람입니다. 당신에게 있어 가족과 집은 중요하지요. 다행히도 부동산으로 이득을 보겠네요. 근면하면서도 윤택한 생활을 즐기지만 방종해질 수 있습니다. 때때로 당신이 보여주는 지나친 관대함과 배려를 상대는 간섭으로 여길 수도 있습니다. 하지만 여전히 당신은 충실하고 지지를 아끼지 않는 배우자이자 부모입니다.

- ●장점 : 체계적, 자제력, 꾸준함, 근면함, 솜씨, 손재주, 실용주의, 신뢰, 정확함
- ■단점 : 불안정, 파괴적 행동, 소통 부재, 억눌림, 게으름, 냉정함, 아둔함, 자린고비, 위세 부림, 조급함

연애와 인간관계

느긋하고 붙임성이 좋아 보이지만, 위세를 부리거나 고압적인 태도는 삼가세요. 우정과 연애에 대한 열망은 당신의 직업적 포부와 연관성이 있습니다. 당신은 대개 사회적 인맥이 두터운 권력가나 리더에게 끌립니다. 당신은 충실하고 책임감이 있어 가까이 있는 사람들에게 큰 의지가 되지요.

당신에게 특별한 사람

연인이나 친구

1월 4, 8, 9, 16, 18, 26, 31일 / 2월 2, 7, 14, 16, 24, 29일 / 3월 4, 5, 12, 14, 22, 27일 / 4월 3, 10, 12, 20, 25일 / 5월 1, 8, 10, 18, 23일 / 6월 6, 8, 16, 21일 / 7월 4, 6, 14, 19, 31일 / 8월 2, 4, 12, 17, 29일 / 9월 2, 10, 15, 27일 / 10월 8, 13, 25일 / 11월 6, 11, 23일 / 12월 4, 9, 21, 30일

힘이 되어주는 사람

1월 1, 21일 / 2월 19일 / 3월 17일 / 4월 15일 / 5월 13일 / 6월 10, 11일 / 7월 9일 / 8월 7일 / 9월 5일 / 10월 2, 3, 30일 / 11월 1, 28일 / 12월 26일

운명의 상대

8월 7, 8, 9, 10일

경쟁자

3월 29일 / 4월 27일 / 5월 25일 / 6월 23일 / 7월 21일 / 8월 19일 / 9월 17일 / 10월 15일 / 11월 13일 / 12월 11일

소울메이트

1월 27일 / 2월 25일 / 3월 23, 30일 / 4월 21, 28일 / 5월 19, 26일 / 6월 17, 24일 / 7월 15, 22일 / 8월 13, 20일 / 9월 11, 18일 / 10월 9, 16일 / 11월 7, 14일 / 12월 5, 12일

물병자리

이날 태어난 유명인

앨리스 쿠퍼(가수), 댄 퀘일(미국 정치인), 이사벨 페론(전 아르헨티나 대통령), 로자 파크스(시민운동가), 찰스 린드버그(비행사), 베티 프리던(여성학자)

태양 : 물병자리

지배 성좌 : 쌍둥이자리/수성

위치 : 15° - 16° 물병자리

상태 : 고정궁

원소 : 공기

항성 : 없음

2월 5일

AQUARIUS

날카로운 조언을 해주는 탁월한 카운슬러

생일로 보아 당신은 객관적이고 직관적이며 독특한 성격을 가진 개성이 뚜렷한 사람입니다. 당신은 머리가 좋고 번뜩이는 영감을 가지고 있으며, 사람과 삶에 대한 끝없는 호기심으로 변화와 다양성을 추구합니다. 이런 성향은 당신만의 고유한 아이디어를 개발하는 데 도움이 됩니다. 다만 차분하지 못하고 감정 기복이 심한 성향은 당신의 놀라운 잠재력을 망쳐버릴 수 있으니 조심하세요.

쌍둥이자리의 영향으로 머리 회전이 빨라 순식간에 결정을 내리는 능력이 있습니다. 새로운 아이디어를 받아들이고 진보적이며 시대를 앞서가죠. 계속해서 배우려는 열망이 있으며 소통 기술과 글재주가 뛰어납니다. 객관적인 견해를 갖고 있지만 지나치게 거리 두기를 하면 차가워 보일 수 있으니 조심하세요. 그럼에도 독자적인 관점을 지닌 인도주의자로서 당신은 사람들과 협력하는 것의 장점을 잘 알고 있기 때문에 확신이 서는 일일 경우 팀의 훌륭한 일원으로 활약합니다.

삶에 진취적인 당신은 지식과 자유에 가치를 두고, 사회 개혁에 관심이 많습니다. 사고가 자주적이어서 때로 사람들과 대립할 수도 있지만 논쟁적인 성향을 토론의 기술로 발전시킨다면 굉장한 능력을 발휘할 것입니다. 종교와 영성에 마음이 기울지만 자기만의 신념 체계를 구축할 가능성이 더 큽니다. 광적인 천재성을 보이지만 성미가 급하고 참을성이 없으며 변덕스러운 것이 당신의 단점이에요. 또한 당신은 신체 활동으로 신경 기관을 치유할 수 있는 사람입니다. 몸을 움직여 편안하고 상쾌한 기분을 느낄 수 있네요.

어렸을 때는 빨리 배우고 잘 반응합니다. 그러다가 당신의 태양이 물고기자리에 들어 있는 15세에서 44세에는 감수성이 풍부해지고 상상력이 발달합니다. 그로 인해 이상주의적이고 창조적이며 영적인 목표를 추구하게 될 수도 있어요. 45세가 되어 태양이 양자리에 들어가면 일상에서 더 적극적이고 활동적이며 지시하는 입장이 되고 싶어 합니다. 어쩌면 새로운 모험을 찾아 나설 수도 있겠네요. 태양이 황소자리에 들어가는 75세에는 실질적인 안전과 안정감에 대한 욕구가 더 강렬해집니다.

숨어 있는 자아

다재다능한 당신은 삶의 여러 분야에서 자신만의 독자적인 생각을 펼칩니다. 때때로 당신보다 의식 수준이 낮은 상대와 불화를 겪을 수도 있는데, 인내심을 가지세요. 또한 재능과 잠재력을 최대치로 끌어올리기 위해서 스스로 훈련하고 자신의 능력을 믿고 나아갈 필요가 있습니다. 가치를 알아보고 이해하는 당신은 정신적인 것이든 물질적인 것이든 상대가 처한 상황에 대해 탁월한 조언을 해줄 수 있습니다.

당신은 신경이 예민하고 날카로워서 혼자서 조용히 내면을 들여다보고 재충전하는 시간이 필요합니다. 이런 시간들은 특히 당신에게 예술, 음악, 연극 혹은 좀 더 신비로운 영역에 영감을 갖게 해줍니다. 돈 걱정이나 분에 넘치는 생활을 좇느라 안달하는 것은 금물이에요. 당신은 자신의 역동적인 감정의 힘을 즐길 줄 아는 사람이며 에너지와 관용으로 다른 이의 마음을 사로잡고 감동을 줄 수 있답니다.

일과 적성

조직력이 뛰어나 높은 자리에 오를 수 있는 잠재력이 있습니다. 정신력과 소통 능력에 중점을 두는 당신은 훌륭한 교사나 상담사, 심리학자 혹은 사회 개혁가가 될 수 있습니다. 예리한 사업 감각으로 다른 이의 자산을 관리하는 일도 잘해내겠지만, 저술, 연극, 예술과 같이 창조력과 상상력이 필요한 일에 더 흥미를 느낍니다. 반면에 자신의 정신력을 시험하고 싶은 마음과 독립적인 성향으로 자영업에 뛰어들 수도 있어요. 아니면 인도주의적 기질이 있으니 공익을 실현하기 위해 공무원이 될 수도 있습니다.

수비학으로 본 당신의 운세

강한 본능과 모험심, 그리고 자유에 대한 갈망은 5일에 태어난 사람들의 특징입니다. 늘 새로운 것에 도전하고 열정적인 의지로 삶에서 얻는 것도 많습니다. 여행과 때로는 예기치 못한 많은 변화의 기회들로 관점과 신념의 변화를 겪을 수도 있어요. 5의 영향으로 흥미진진한 인생을 꿈꾸네요. 하지만 책임감을 키워야 하고 갑자기 엉뚱한 짓을 하거나 참을성 없이 행동하는 일은 삼가야 합니다. 5일에 태어난 사람들에게 부여된 재능은 대세를 따르고 내려놓을 줄을 안다는 것입니다. 탄생월 2의 영향으로 당신은 사람을 좋아하고 다정다감하며 사교적입니다. 사람을 다루는 재능이 있지만 가끔은 의심을 하고 쌀쌀맞을 때도 있어요. 하지만 일과 놀이를 겸할 때는 다른 사람들과 협력하는 것을 즐깁니다. 직관력이 있고 적응력이 뛰어나며 보통 다른 사람의 감정에 예민하고 세심합니다. 당신은 격려를 받으면 잘 해내는 사람이지만 가끔은 자신에게 몰두할 필요가 있네요.

- ●장점 : 다재다능함, 융통성, 진취적, 직관력, 매력, 행운, 대담함, 자유를 사랑함, 눈치가 빠름, 호기심, 신비스러움, 사교적
- ■단점 : 믿을 수 없음, 미루는 버릇, 모순적, 자만함

연애와 인간관계

매력과 재치가 넘치고 다른 사람을 격려하고 영감을 주는 능력이 있으며 친구가 많아 성공적인 사회생활을 합니다. 연애에서는 개성이 강하고 똑똑한 사람에게 끌리지요. 로맨스뿐 아니라 정신적인 자극을 찾기 때문에 일이나 지적인 활동에서 인간관계를 맺습니다. 능력 있고 똑똑한 사람에게 끌리겠지만 상대를 쥐고 흔들려 하지는 마세요.

물병자리

이날 태어난 유명인

샬럿 램플링, 바버라 허시(영화배우), 보비 브라운(가수), 윌리엄 버로스(작가), 박신양, 민효린(배우), 김지선(코미디언), 휘성(가수)

태양 : 물병자리

지배 성좌 : 쌍둥이자리/수성

위치 : 16°- 17° 물병자리

상태 : 고정궁

원소 : 공기

항성 : 없음

2월 6일

AQUARIUS

진정한 지혜를 추구하는 뼛속까지 인도주의자

이날 태어난 물병자리는 상냥하고 이상주의적이며 타고난 사교술로 사람을 휘어잡는 매력이 있습니다. 사교적이고 외모도 매력적이면서도 조심성 있고 책임감 있으며 진지한 태도를 지녔습니다. 세속적인 면이 강하지만 당신의 직관적인 통찰력이나 비전을 잃지 않는 것이 중요해요. 지식욕이 왕성해 계속해서 배워나가며, 이런 과정 속에서 자기 훈련을 통해 뛰어난 잠재력을 발휘합니다.

쌍둥이자리의 영향으로 당신은 총명하고 의사소통 능력이 훌륭합니다. 하지만 독립적이고 객관적인 성향 탓에 지나치게 직설적일 수 있어요. 독창적이며 창의력이 뛰어난 당신은 판단력과 추리력까지 갖추었습니다. 당신의 능력과 실질적인 기술이 조화를 이룬다면 성공을 거머쥘 것입니다.

평소에 책임감이 강하고 성실해서 프로젝트를 담당하거나 지원해달라는 부탁을 종종 받습니다. 평화와 조화에 대한 열망이 강한 만큼 때로는 현재 상태를 그대로 더 유지하고 싶을 수도 있답니다. 변화를 싫어한다면 매너리즘에 빠질 수도 있어요. 하지만 다행스럽게도 경제적으로 성공하고 싶다는 열망은 원동력이 되어 당신을 행동하게 만듭니다.

14세부터 43세까지는 태양이 물고기자리를 통과하기 때문에 감수성이 예민하고 상상력이 풍부해지며 수용력이 커지며 사회생활에 대해 알아가게 됩니다. 당신은 창의적 재능을 개발하는 데 관심이 있으며 예지력을 보여주거나 영매가 될 수도 있습니다. 당신의 태양이 양자리에 들어가는 44세에 인생의 전환점이 찾아와 당신의 야망과 결심은 더욱 분명해지고 좀 더 확고한 성격을 드러내게 됩니다. 그래서 새 프로젝트를 시작하거나 독창적인 아이디어를 개발하는 일을 하게 될 수도 있어요. 74세에는 당신의 태양이 황소자리에 들어가면서 안정감, 안전, 그리고 감정적인 평안에 대한 욕구가 커집니다.

숨어 있는 자아

사회 개혁에 관심이 많은 당신은 다른 사람과의 협력을 이끌어내는 인도주의자의 면모를 지녔습니다. 진보적인 이념으로 일하는 것은 좋지만, 자기중심적인 성향이 강한 당신은 고집과 인내의 차이를 인식해야만 합니다. 한 걸음 떨어져서 마음을 넓게 가지면 무관심하고 차가워 보이는 걸 피할 수 있답니다. 좌절과 실망의 시기를 면하기 위해 자신의 때를 기다리는 법을 배워야겠네요. 그럼에도 불구하고 책임감이 강한 당신은 다른 사람을 격려하고 영감을 주는 능력이 있으며, 대체로 이상적인 세계와 진정한 지혜를 추구하는 사람입니다.

당신은 일에서 인생을 배우고 파트너십은 당신의 삶에서 중요한 역할을 하며, 나눔은 성공의 열쇠가 될 것입니다. 보통 사람들과 일대일로 상대하는 것을 잘 합니다. 하지만 두려움이나 지나치게 심각해지는 것을 피하려면 사람들과의 협력과 자기만의 독립성 사이에서 균형을 잘 유지해야 합니다.

일과 적성

정의감이 강한 당신은 사람들의 권리와 좋은 근무 환경을 주창하는데, 이런 성향 때문에 정치계나 사회 활동, 공동체와 관련된 일에 뛰어들 수 있습니다. 어떤 직업을 택하든 당신은 대인 기술을 발전시키는 훈련을 해야 합니다. 의사소통하고, 가르치고, 영감을 주는 능력이 있기에 교육, 연구 혹은 사회 개혁에 관심이 있지요. 자신의 인도주의적이거나 정치적인 본성을 활용하지 않는다면 관객을 사로잡는 능력을 살려 연예계로 진출할 수도 있어요.

수비학으로 본 당신의 운세

인정이 많고 이상주의적이며 배려심이 많은 성격은 6일에 태어난 사람들의 특징입니다. 숫자 6은 완벽주의자와 만인의 친구를 의미하며, 이날 태어난 당신은 책임감 있고 사랑스러우며 사람들에게 도움을 주는 인도주의자입니다. 또한 가정적이며 헌신적인 부모이기도 하지요. 감성이 예민하며 창조적 표현 욕구가 있어 연예계나 예술, 디자인 계통에 끌립니다. 좀 더 자신감을 키우고, 간섭과 걱정, 그리고 그릇된 동정심을 갖는 성향은 극복해야 해요. 탄생월 2의 영향으로 당신은 직관적이고 예의 바르며 이상을 추구합니다. 수용적이고 적응력이 뛰어나며 배려심이 많은 자유주의자이기도 하지요. 새로운 개념과 개혁에 열과 성을 다하는 당신은 뼛속까지 인도주의자입니다. 또한 사람들과 일할 때는 근면하고 현실적이며, 때로는 기꺼이 당신의 행운과 소중한 통찰을 나눕니다.

- ●장점 : 세상일에 밝음, 형제애, 다정다감함, 봉사심, 신뢰감, 이해심, 공감 능력, 이상주의적, 가정적, 인도주의적, 침착함, 예술성, 균형감
- ■단점 : 불만, 수줍음, 비이성적, 고집불통, 노골적, 부조화, 완벽주의자, 권위적, 무책임, 의심, 냉소적, 자기중심적, 오지랖이 넓음

연애와 인간관계

자신의 이상과 열정에 부합하는 사람이나 창의적이고 자수성가한 사람에게 끌립니다. 사랑하는 사람을 만나게 되면 열과 성을 다합니다. 당신은 똑똑한 사람에게 매력을 느껴서 영리하고 아는 것이 많은 파트너를 원합니다. 카리스마 넘치는 성격 덕에 친구도 많고 사회적 인맥도 넓습니다. 당신은 결혼과 안정을 삶에서 가장 중요하게 여깁니다.

당신에게 특별한 사람

연인이나 친구

1월 6, 20, 22, 24, 28, 30일 / 2월 4, 18, 20, 22, 28일 / 3월 2, 16, 18, 20, 26, 29일 / 4월 14, 16, 18, 24, 27일 / 5월 12, 14, 16, 22, 25일 / 6월 10, 12, 14, 18, 20, 23일 / 7월 8, 10, 12, 18, 21일 / 8월 6, 8, 10, 16, 19일 / 9월 4, 6, 8, 14, 17, 29일 / 10월 2, 4, 6, 12, 15일 / 11월 2, 4, 10, 13, 25일 / 12월 2, 8, 11일

힘이 되어주는 사람

1월 1, 3, 4, 14, 23일 / 2월 1, 2, 12일 / 3월 10, 28일 / 4월 8, 17, 26, 30일 / 5월 6, 24, 28일 / 6월 4, 22, 26일 / 7월 2, 20, 24일 / 8월 18, 22일 / 9월 16, 20일 / 10월 14, 18일 / 11월 12, 16일 / 12월 10, 14일

운명의 상대

1월 11일 / 2월 9일 / 3월 7일 / 4월 5일 / 5월 3일 / 6월 1일 / 7월 8, 9, 10, 11일

경쟁자

1월 3, 5일 / 2월 1, 3일 / 3월 1일 / 7월 31일 / 8월 29일 / 9월 27, 30일 / 10월 25, 28일 / 11월 23, 26, 30일 / 12월 21, 24, 28일

소울메이트

1월 5, 12일 / 2월 3, 10일 / 3월 1, 8일 / 4월 6일 / 5월 4일 / 6월 2일

이날 태어난 유명인

로널드 레이건(전 미국 대통령), 액슬 로즈, 밥 말리, 내털리 콜(가수), 프랑수아 트뤼포(영화감독), 후쿠야마 마사하루, 데인 드한(배우), 베이브 루스(야구 선수), 유노윤호(가수), 김국진(코미디언)

태양 : 물병자리	
지배 성좌 : 쌍둥이자리/수성	
위치 : 17° - 18° 물병자리	
상태 : 고정궁	
원소 : 공기	
항성 : 없음	

2월 7일

AQUARIUS

남을 잘 도와주고 정직한 심성을 가진 최고의 친구

물병자리에 태어난 당신은 예리한 지성을 갖춘 독창적이고 진보적인 사람입니다. 열정적이고 창의적이며 인도주의자인 당신은 다양하고 흥미진진한 주제들을 연구하며 여러 길을 탐구함으로써 도움을 얻습니다. 이런 성향이 신경성 불안으로 이어지면 재능을 망쳐버릴 수도 있으니 조심하세요.

쌍둥이자리의 영향으로 호기심이 왕성하고 객관적 사고력과 과학적인 연구에 천부적인 재능을 타고났습니다. 또한 노련하고 매력적인 소통가로 사람에 대한 관찰력도 예리하네요. 포괄적이고 보편적인 감각을 소유한 당신은 끝없는 지식욕을 채우기 위해 여행을 하거나 연구에 매진합니다. 호기심을 타고난 당신은 스토리텔러나 작가가 되어 확실한 방법으로 자신의 탐구심을 표현할 수도 있겠네요. 하지만 쉽게 싫증을 느끼는 성향 탓에 자신의 독보적인 잠재력을 끈기 있게 발휘하는 것이 어려울 수도 있습니다.

적당하게 거리를 두고, 당신의 보편적 특성이 성공의 열쇠라는 점을 명심하세요. 하지만 목표와 포부를 실현할 결단력이 약해질 수도 있으니 고집을 부리거나 좌절하고 조급해하지 않도록 조심하세요. 목표를 달성하기 위해서는 당신의 예리한 지성을 활용하여 풍부한 상상력과 이상주의의 조화를 찾아야 합니다.

13세에서 42세 사이에 당신의 태양이 물고기자리를 지나가면서 감수성이 풍부해지고 내면세계가 더욱 견고해집니다. 이것은 당신의 사회생활뿐 아니라 비전, 꿈, 그리고 이상에도 영향을 줍니다. 43세가 되어 당신의 태양이 양자리에 들어가면 인생의 전환점을 맞아 능동적인 태도를 취하고 다른 이들과의 관계에서 대범하고 솔직해질 필요를 강하게 느끼게 됩니다. 또한 대인 관계 기술이 발전할 수도 있어요. 태양이 황소자리에 드는 73세에는 재정적인 안정뿐 아니라 삶에 보다 현실적으로 접근할 필요성도 두드러지게 됩니다.

숨어 있는 자아

풍부한 감정과 따뜻한 마음씨를 지닌 당신은 다른 사람들과 경험을 공유하는 걸 즐기는 사람입니다. 공손하고 다정하며 사교술을 타고났으며 사람들을 편안하게 해주는 능력도 갖추었어요. 카리스마 넘치는 성격 덕에 사랑과 긍정적인 기운을 발산할 수 있습니다. 당신에게는 자기표현의 출구를 가지는 것이 아주 중요합니다. 감정이 강하기 때문에 극단적으로 반응하지 않도록 자제하고 균형감을 찾아야 합니다. 그럼에도 불구하고 매력적인 당신은 사랑의 힘을 갖고 있어 자신을 최고의 상태로 끌어올리기 위해서는 충실한 활동과 관계를 찾기만 하면 됩니다.

남을 잘 도와주고 정직한 심성을 가진 당신은 최고의 친구입니다. 매력적일 뿐 아니라 야망이 크고 진취적인 기상도 있네요. 이런 자질들은 당신이 항상 기회를 찾고 활동하게 하는 추진력이 되어줍니다. 한편으로 당신은 안정과 튼튼한 기반을 원하기도 합니다. 조화를 이루기 위해서 당신은 행동을 계획하고 조직력을 활용해야 할 수도 있습니다.

일과 적성

당신은 변화와 자극을 갈망하기 때문에 단조로운 일은 최대한 피하는 게 좋습니다. 다양한 업무나 출장을 다니는 직업은 당신의 모험 정신에 부합하겠네요. 아이디어나 인물 혹은 제품을 홍보하는 능력이 뛰어나 유능한 영업사원이될 수도 있습니다. 풍부한 상상력과 자신을 표현하고자 하는 욕구로 저술 활동, 연극 혹은 예술을 통해 잠시도 가만있지 못하는 성향을 단련할 수 있어요. 아니면 당신의 수용력과 분석력을 과학과 연구 분야에 녹여낼 수 있습니다. 인도주의적 성향이 강해 정치나 교육과 같은 사회를 개혁하는 일에 나설 수도 있어요. 타고난 동정심이 있으니 건강 관리와 치유 분야에 끌리겠네요.

수비학으로 본 당신의 운세

7일에 태어난 사람들은 분석적이고 사려 깊지만 종종 비판적이고 자기 생각에 빠져드는 것이 특징입니다. 자기 인식을 넓히고자 하는 욕구가 있어 정보 수집을 즐기고 독서와 저술 활동이나 영성에 흥미를 느낄 수도 있어요. 명민하지만 지나치게 합리화하거나 세부적인 것을 놓치기도 합니다. 모호하고 비밀스러운 성향 탓에 때로는 사람들로부터 오해를 받을 수도 있습니다. 독립적인 사상가인 당신은 스스로 결정을 내리고 실수를 해보아야만 직성이 풀립니다. 탄생월 2의 영향으로 당신은 매우 직관적이며 섬세합니다. 단조로운 것을 싫어하여 때때로 초조해지거나 신경질적이 되기도 합니다. 정서적으로 들떠 있어서 흥미진진한 것을 즐기고 많은 활동을 원하지요. 진보적이고 자유주의적인 당신은 사람에게 관심이 있고 대개 협력적인 작업에 관여합니다. 격려를 받으면 잘해내기 때문에 당신에게 영감을 주거나 필요할 때 도움을 주고 지지해주는 사람이 필요합니다. 당신의 능력을 깎아내리는 사람을 조심하되 스스로 결정하기 전까지는 사람들의 조언을 경청하세요.

- ●장점 : 교양적, 신뢰, 세심함, 이상주의적, 정직함, 과학적, 이성적, 사색적
- ■단점 : 부정직, 불친절함, 비밀스러움, 회의적, 혼란스러움, 무심함

연애와 인간관계

사랑에 있어 매우 섬세하기 때문에 지나치게 충동적이기보다는 조심스럽게 관계를 시작하는 편이 좋습니다. 사랑에 빠지면 물불을 가리지 않는 유형이라 어떤 어려움에도 상대에게 충실하고 자신을 희생합니다. 관계에 있어서 이상이 너무 높은 나머지 상대가 당신의 기대만큼 하지 못하면 실망할 수도 있어요. 적당히 거리를 두는 법을 배워두면 좌절을 피할 수 있답니다. 당신은 똑똑한 사람에게 끌리지만 파트너로는 당신만큼 인도주의적이고 마음이 넓은 사람을 택하는 편이 나을 것입니다.

물병자리

이날 태어난 유명인

알프레드 아들러(정신의학자), 토머스 모어, 로라 잉걸스 와일더, 찰스 디킨스, 싱클레어 루이스(작가), 애슈턴 커처, 쥘리에트 그레코(배우), 정형돈(코미디언), 이정현(배우)

| 태양 : 물병자리 |
| 지배 성좌 : 쌍둥이자리/수성 |
| 위치 : 18°- 19°30' 물병자리 |
| 상태 : 고정궁 |
| 원소 : 공기 |
| 항성 : 카스트라 |

2월 8일

AQUARIUS

창의적인 재능을 타고난 열정가

사교적이고 다정다감한 당신은 강한 의지를 지닌 매력 넘치고 주관이 뚜렷한 물병자리 태생입니다. 관대하고 솔직하며 사람들을 좋아하고 여유로운 생활을 영위하지요. 기회를 놓치지 않는 현실적인 안목과 조직력을 갖추었으니 여기에 추진력과 결단력까지 겸비한다면 크게 내다보고 프로젝트를 성공으로 이끌 수 있겠네요.

쌍둥이자리의 영향으로 말이나 글로 소통하는 것을 아주 좋아합니다. 특출한 사상가인 당신은 다양한 경로를 통해 정보와 지식을 수집하고 자신의 아이디어를 독창적이고 재미난 방식으로 제시하는 능력이 뛰어납니다. 광적인 천재성을 지니고 있어 정신적 자극을 잘 받고 매우 격정적이네요. 종종 시대를 앞서가 독창적이고 진보적인 발상을 합니다. 하지만 당신의 반항적인 기질은 외양과 생활 방식으로도 표현될 수 있는데 너무 별나게 굴거나 고집을 부린다면 종종 문제가 됩니다.

자신감 있고 다정한 태도는 사람과 관련한 일에서 행운을 불러옵니다. 빈틈없는 사고방식을 지녀 기술을 빨리 익힐 수 있지만 쉽게 싫증을 내는 성향 탓에 다른 사람의 말에 충분히 귀를 기울이지 않아 오해가 생길 수도 있겠네요. 그러나 대체로 사람들과 조화로운 관계를 추구하기 때문에 사람과 자신이 처한 상황에 대해 직관을 발휘한답니다.

당신의 태양이 물고기자리에 들어 있는 12세에서 41세 사이에는 감수성이 두드러지고 비전에 대한 감각이 더욱 크게 발전합니다. 그러다 이상적이고 예술적이며 혹은 영적인 목표를 추구하게 될 수도 있어요. 당신의 태양이 양자리로 들어가는 42세 이후에는 일상생활에서 더 적극적이고 활동적이며 지시하는 입장이 되고 싶어 합니다. 어쩌면 새로운 모험을 찾아 나설 수도 있겠네요. 당신의 태양이 황소자리에 들어가는 72세에는 새로운 인생의 전환점을 맞아 재정적 안정과 안전에 대한 욕구가 더 강렬해집니다.

숨어 있는 자아

당신은 자신의 개인적인 역량을 키워줄 수 있는 지식을 갈구합니다. 머리가 좋고 실행력이 있어 정말로 흥미를 느끼는 주제나 프로젝트를 찾으면 열정과 의욕에 불타지요. 성취와 성공을 거머쥘 수 있는 당신은 적극성이 산을 움직일 정도로 대단하지만 오만하거나 거드름을 피우지 말고 겸손한 태도를 키워야 할 필요가 있겠네요. 창의적인 당신은 타고난 재능으로 음악과 예술, 저술, 드라마 등에서 두각을 나타낼 수도 있답니다.

당신은 따뜻하고 관대하며 상식적이어서 다른 사람들에게 유용한 도움과 지원을 해줍니다. 자신의 성취를 위해 기초를 확실히 다지고 싶어 하며 목표를 실현하기 위해서는 각고의 노력도 불사하지만 때로는 눈앞의 윤택한 삶을 탐닉하다 고귀한 목표와 이상을 놓쳐버릴 수도 있으니 조심하세요.

일과 적성

진취적인 기상과 추진력, 그리고 대인 관계 기술을 겸비한 당신은 자기 힘으로 어려움 없이 직업을 개척합니다. 독립적인 성격 때문에 보통 누구로부터 지시받는 것을 싫어하고 혼자 일하거나 자유가 보장된 일을 선호하지요. 현실적이고 훌륭한 조직가인 당신은 자신의 성취를 위해 탄탄한 토대를 구축하고 싶어 하며 이런 성향 덕에 사업가나 관리자 혹은 건설업에서 능력을 발휘할 수도 있습니다. 훌륭한 의사소통 능력은 판매, 광고, 미디어 분야에도 도움이 됩니다. 아니면 드라마틱한 감각이 있어 연예계로 진출해 배우, 감독 혹은 작가로 성공할 수도 있겠네요.

수비학으로 본 당신의 운세

뚜렷한 가치와 견고한 판단력은 이날 태어난 사람들의 특징입니다. 8이라는 수는 당신이 큰 성취를 이루려는 열망이 있고 천성적으로 야심 찬 사람임을 의미하지요. 또한 지배, 안전, 물질적 성공에 대한 갈망도 이날 태어난 사람들에게서 드러나는 특성입니다. 사업 감각은 타고났으니 조직력과 경영 기술을 익히면 큰 이득을 볼 수 있겠네요. 당신은 안정감을 느끼고 자리를 잡고 싶은 강한 욕구를 지녀 장기적인 계획을 세우고 투자를 합니다. 탄생월 2의 영향을 받아 수용적이고 매우 직관적입니다. 다정다감하고 사교적이며 사람들에게 부드럽게 대하지만 대개 자립심이 강하고 굉장히 독립적입니다. 그렇지만 배려심이 많고 다른 사람들이 어떻게 느끼는지 세심하게 살피며, 대체로 예의 바르고 로맨틱한 기질을 타고났네요. 매우 직관적이고 독창적인 당신은 야심 있고 창조적이며 감수성을 표현하고자 하는 욕구가 강하지요. 많은 경우 당신의 상식 기준에서는 자신이 옳겠지만 오만하거나 지나치게 비판적인 태도는 삼가세요.

- ●장점 : 리더십, 철저함, 근면함, 전통적, 권위 있음, 치유 능력
- ■단점 : 조급증, 낭비벽, 편협함, 인색함, 초조함, 과로함, 쉽게 좌절함, 무계획성, 지배적

연애와 인간관계

현실적이고 상식적이며, 삶에서 좋은 것들을 사랑하는 당신은 스스로 즐기는 법과 타인을 즐겁게 해주는 법을 알고 있습니다. 보통은 야심 차고 성실한 성공 지향적 사람들과 사귀는 것을 좋아하지요. 자부심이 강하고 안전을 중시해서 사람과의 관계에서 위신과 돈을 중요하게 여깁니다. 취향이 우아하고 아름다운 것을 좋아해서 자질을 알아보는 눈이 있답니다. 마음에 드는 대상에게는 넓은 아량을 베풀기를 좋아하고 친구를 소중히 여깁니다.

연인이나 친구

1월 8, 14, 17, 20, 22, 24일 / 2월 6, 15, 18, 20, 22일 / 3월 4, 13, 16, 18, 20일 / 4월 2, 8, 11, 14, 16, 18일 / 5월 9, 12, 14, 16일 / 6월 4, 7, 10, 12, 13, 14일 / 7월 5, 8, 10, 12, 30일 / 8월 3, 6, 8, 10, 28일 / 9월 1, 4, 6, 8, 26일 / 10월 2, 4, 6, 24일 / 11월 2, 4, 22일 / 12월 2, 20일

힘이 되어주는 사람

1월 6, 23일 / 2월 4, 21일 / 3월 2, 19, 30일 / 4월 17, 28일 / 5월 15, 26, 30일 / 6월 13, 24, 28일 / 7월 11, 22, 26일 / 8월 9, 20, 24일 / 9월 7, 18, 22일 / 10월 5, 16, 20일 / 11월 3, 14, 18일 / 12월 1, 12, 16, 30일

운명의 상대

1월 7일 / 2월 5일 / 3월 3일 / 4월 1일 / 8월 10, 11, 12, 13일

경쟁자

1월 5, 26, 29일 / 2월 3, 24, 27일 / 3월 1, 22, 25일 / 4월 20, 23일 / 5월 18, 21일 / 6월 16, 19, 30일 / 7월 14, 17, 28일 / 8월 12, 15, 26, 31일 / 9월 10, 13, 24, 29일 / 10월 8, 11, 22, 27일 / 11월 6, 9, 20, 25일 / 12월 4, 7, 18, 23일

소울메이트

1월 30일 / 2월 28일 / 3월 26일 / 4월 24일 / 5월 22일 / 6월 20일 / 7월 18일 / 8월 16일 / 9월 14일 / 10월 12, 31일 / 11월 10, 29일 / 12월 8, 27일

이날 태어난 유명인

라나 터너, 제임스 딘(배우), 쥘 베른(작가), 킹 비더(영화감독), 존 윌리엄스(작곡가), 마르틴 부버(철학자), 드미트리 멘델레예프(화학자), 존 러스킨(사회비평가), 강부자, 김성령, 정선경, 백진희(배우), 이호준(야구선수), MC 스나이퍼(가수)

물병자리

| 태양 : 물병자리 |
| 지배 성좌 : 쌍둥이자리/수성 |
| 위치 : 19° 30' – 20° 30' 물병자리 |
| 상태 : 고정궁 |
| 원소 : 공기 |
| 항성 : 카스트라 |

2월 9일
AQUARIUS

신비주의적 잠재력으로 삶의 지혜를 선사하는 사람

물병자리 태생인 당신은 창의적이고 독립적이며 다정다감한 성격입니다. 두뇌 회전이 빠르고 수용적이라서 설득력 있고 카리스마가 넘치지요. 당신은 직관적이고 인도주의적 본성을 바탕으로 삶에 대한 독특한 관점을 지녔으며, 사교적이고 인간 행동에 대한 관찰력도 뛰어납니다. 또한 다양한 재능을 가진 덕분에 당신에게는 여러 선택지가 준비되어 있겠네요. 그때 우물쭈물하면 자신감이 떨어지고 활력을 잃을 수 있으니 조심하세요.

쌍둥이자리의 영향을 받아 당신은 창의적인 접근으로 문제를 해결합니다. 편견이 없고 인습에 얽매이지 않는 발상을 하는 당신은 번뜩이는 영감을 얻을 수 있어요. 자유롭고 싶어 하는 모습이 때로는 무관심하게 비치기도 해서 사람들은 당신의 태도가 차갑고 무심하다고 여길 수도 있습니다.

낡은 생각을 혁신적으로 만드는 것을 좋아해 시대를 앞서가는 진보적인 아이디어를 쏟아내겠네요. 직관력이 뛰어나 높은 자리까지 올라가겠지만 다시 내려가지 않으려면 반드시 정신수양이 필요합니다. 그래도 보편적인 이해와 타고난 신비주의적 잠재력이 결합된다면 당신 자신과 다른 이들의 삶에 굉장한 지혜를 선사할 것입니다.

매력이 있고, 끊임없이 다양성을 추구하는 당신은 많은 인맥을 쌓고 다양한 환경을 경험하게 되겠네요. 또 외국에서 생활할 가능성도 있습니다. 지나치게 많은 관심사로 산만해질 염려가 있지만 프로젝트와 활동에 전념할 때는 매우 성실하며 집중력을 잃지 않습니다.

11세에서 40세 사이에 당신의 태양이 물고기자리로 이동하면서 감수성과 상상력이 두드러집니다. 그래서 사회생활, 꿈, 그리고 창조적 재능이나 영적 재능을 좀 더 인식하게 되고 거기에 민감해진답니다. 당신의 태양이 양자리에 들어가는 41세에는 인생의 전환점을 맞아 모든 일에 적극적으로 주도권을 잡을 필요성이 커지고 어쩌면 새로운 모험을 시작하거나 진보적인 아이디어를 더 발전시킬 수도 있겠네요. 당신의 태양이 황소자리로 들어가는 71세에는 주안점이 새롭게 바뀌어 안정에 대한 욕구와 삶에 대한 실제적인 접근이 강조됩니다.

숨어 있는 자아

조화에 대한 강한 열망은 가정과 가족 사랑에 영향을 줄 수 있습니다. 때때로 당신은 주변 사람들을 과보호하고 그들의 어려움을 해결하려 듭니다. 비록 선의였을지라도 그들의 삶을 떠맡으려 하지 말고 스스로 자기 문제를 다룰 수 있도록 내버려두어야 합니다. 과감히 행동할 줄 알아야 발전하므로 목적의식을 분명히 하고 당신의 진정한 잠재력을 발휘하기 위해 좀 더 어려운 도전을 책임감 있게 받아들이는 것이 중요합니다.

활기차고 놀기 좋아하는 기질은 평생 함께하겠네요. 이미지를 인식하고 자신만의 독특한 스타일을 표현하려는 욕구가 있으니 예술적인 활동을 통해 자신의 창의성을 키워나가게 됩니다. 당신이 조화와 유토피아적인 이상을 추구할지라도 책임을 다할 때라야 지속적인 보상을 얻을 수 있습니다.

일과 적성

인정이 많고 사고가 독립적인 당신은 교육, 저술, 상담, 심리 혹은 사회 개혁과 관련한 직업을 원할 수도 있습니다. 다재다능하여 단순히 금전적 보상만 주어지는 일보다는 성취감을 느낄 수 있는 직업에서 더 큰 만족을 느끼지요. 여행과 변화는 당신의 일과 생활 방식에서 중요한 역할을 할 것입니다. 공공 서비스 분야에서 일할 생각이라면 행정이나 법률, 정치 혹은 공무원에 끌릴 수 있겠네요. 집단적인 꿈과 한 세대의 열망을 이해하는 잠재적 재능이 있어 예술과 연극 혹은 디자인과 기술 등을 통해 창의력을 표현하고 싶을 수도 있답니다.

수비학으로 본 당신의 운세

자애롭고 사려 깊고 정서적으로 섬세한 성향은 9일에 태어난 사람들의 특징입니다. 아량이 넓고 친절한 당신은 관대한 자유주의자입니다. 직감과 영적 능력은 당신에게 보편적인 수용력이 있다는 의미이므로 이를 긍정적으로 펼친다면 영적인 길을 모색하는 데 영감을 받을 수 있겠네요. 이날 태어난 사람들에게 주어진 과제는 예민한 성격으로 감정의 기복이 심하다는 것과 여러 가지 도전을 극복해야 하는 것입니다. 당신은 세계 여행을 즐기고 다양한 사람들과 교류하며 많은 것들을 누리지만 비현실적인 꿈이나 현실을 도피하려는 성향은 버려야 합니다. 탄생월 2의 영향으로 당신은 민감하고 수용적이지만 결정을 못 내리고 갈팡질팡하는 성향이 있으니 균형 잡힌 시각을 유지해야 할 필요가 있겠네요. 성공하기 위해서는 당신의 재능을 개발할 수 있도록 진정한 영감을 주는 뭔가를 찾아야 합니다. 다양한 관심사를 즐기며 천성이 독립적인 당신에게는 구애받지 않고 정신적 창조성을 펼칠 자유가 필요합니다.

- ●장점 : 이상주의, 인도주의, 창의적, 세심함, 관대함, 매력적, 예술적 감각, 온정적, 헌신적, 공정함, 행운, 인기
- ■단점 : 좌절감, 분열, 이기심, 비현실적, 귀가 얇음, 열등감, 걱정이 많음

연애와 인간관계

당신은 다정하고 사교적이어서 여러 유형의 사람들을 사로잡는 능력이 있습니다. 관대하고 표현력이 풍부한 반면 때로는 무심하게 보일 수도 있으니 관계에서 적절한 조화와 균형을 유지해야 해요. 지적인 사람에게 끌리기 때문에 친구들과 함께 지적인 활동을 하거나 관심사를 공유하는 것이 유익합니다. 사고가 현대적인 사람이라 관계에 대해 더 특이하고 대안적인 접근을 택할지도 모르겠네요.

물병자리

이날 태어난 유명인

앨리스 워커, 나쓰메 소세키, 존 쿳시(작가), 캐럴 킹(가수), 미아 패로, 장쯔이(배우), 자크 모노(생물학자), 신카이 마코토(애니메이션 감독), 최성원, 홍경민(가수), 김동성(쇼트트랙 선수)

위치 : 20° - 21° 30′ 물병자리

상태 : 고정궁

원소 : 공기

항성 : 나시라, 카스트라

2월 10일

AQUARIUS

중요한 자리에서 지휘하고 통솔하는 훌륭한 조직가

성실하고 의지가 강한 당신은 건전한 상식을 갖춘 물병자리 태생입니다. 카리스마 있고 일대일 관계에 능한 당신은 사교술을 타고났으며, 팀워크나 협력이 필요한 일에 탁월합니다. 바쁘게 지내는 것을 선호하고 현실적이지만 동시에 섬세하며 생기발랄한 상상력의 소유자이기도 하지요.

천칭자리의 영향을 받아 매력적이고 사람에 대한 직관이 뛰어납니다. 인간 본성을 잘 파악하는 당신은 나이가 들면서 통찰력이 더욱 깊어집니다. 독립적이지만 사람들과 관계를 맺고 싶어 하고 누군가에게 도움을 주면서 만족을 느끼지요. 자신의 일은 스스로 결정하는 유형이라서 자유를 원하고 구속받는 것은 질색합니다. 창의적이며 본질을 꿰뚫어보는 능력이 있고, 탁월한 문제 해결사랍니다.

때로는 짜증을 내고 고집스럽기도 하지만 또 어떤 때는 섬세함, 배려심, 인정으로 사람들을 감동시키지요. 모든 일에 적극적이고 현실적으로 접근하며 이상이 높고 통찰력도 뛰어납니다. 당신은 보통 원하는 그림이 명확할 때 행동으로 더 잘 옮길 수 있습니다. 늘 최고의 상태를 유지하기 위해서는 인생 계획을 정기적으로 점검하는 것이 현명합니다. 삶의 균형을 잘 잡아갈 때 비로소 속박받는 상황에 놓이지 않게 되고 현실 도피를 통해 방종하는 일을 피할 수 있습니다.

10세에서 39세 사이에 당신의 태양이 물고기자리에 들면서 감수성이 두드러지기 때문에 감정을 다루는 나름의 방법을 터득해야 합니다. 자신의 꿈을 좇아 나아가고 싶을 수도 있겠네요. 40세가 되어 당신의 태양이 양자리에 들면 일상생활에서 더 적극적이고 활동적이며 지시하는 입장이 되고 싶어 합니다. 어쩌면 새로운 모험을 찾아 나설 수도 있겠네요. 당신의 태양이 황소자리에 들어가는 70세에는 인생의 새로운 전환점을 맞아 실질적인 안전과 안정감에 대한 욕구, 자연에 대한 호기심이 더 강렬해집니다.

숨어 있는 자아

상냥하고 사교적이지만 동시에 능력과 결단력도 있습니다. 책임감 있고 훌륭한 조직가로서 정신적으로 고귀하고 자부심이 강해 대체로 중요한 자리에 오르거나 사람들을 통솔하는 위치에 오르게 됩니다. 예리하고 명민한 지적 능력을 갖춘 당신은 솔직하고 직선적인 스타일로 사람들은 이를 타고난 자신감 때문이라 생각합니다. 직관이 매우 뛰어나 대개 사람이나 상황에 대해 처음 가진 느낌에 확신이 들면 최선을 다해 밀어붙입니다.

가정과 가족에 대한 책임감은 당신 삶에서 아주 중요한 부분을 차지합니다. 평화와 조화에 대한 열망이 커서 때로는 화를 억누르거나 타성에 젖을 수도 있습니다. 그럴 경우 미지에 대한 걱정, 긴장, 감정 기복을 겪게 됩니다. 자신의 감정과 두려움에 맞서는 법을 배움으로써 새로운 영역으로 나아가고 자신을 쇄신할 수 있답니다. 자신의 지평을 넓힌다면 기술과 전문성으로 다른 사람들을 돕고자 하는 욕구와 새롭고 흥미진진하며 느긋하게 즐기려는 마음 사이에 균형을 잡을 수도 있겠네요.

일과 적성

독립적이고 현명한 당신은 원하는 대로 할 수 있는 자유를 갈망합니다. 그래서 다른 사람들로부터 이래라 저래라 지시받는 것을 질색하지요. 그렇기 때문에 관리직이 더 잘 맞을 수 있어요. 직관적이며 사람들의 특성을 판단하는 능력이 뛰어난 당신은 훌륭한 사업 감각을 바탕으로 협상에도 능합니다. 구매와 판매에 재주가 있어 협상가나 대리인으로 활동하는 비즈니스에 끌릴 수도 있겠네요. 또한 사람을 대하는 재능은 정치인이나 공무원으로도 성공할 수 있음을 암시합니다. 다른 사람들을 돕고자 하는 열망이 있으니 자선 단체나 종교 혹은 영적인 분야나 소외된 사람들을 돕는 곳에서 일할 수도 있겠네요. 창의력이 뛰어나 연극과 스포츠, 음악, 예술, 그리고 사진과 관련한 분야를 선택할 수도 있어요. 타고난 창의성은 당신을 연구나 신기술 분야로 이끌 수도 있습니다.

수비학으로 본 당신의 운세

1일에 태어난 다른 사람들처럼 당신은 대단한 노력가입니다. 하지만 목표를 달성하기 전에 몇몇 장애물을 극복해야만 할 거예요. 활기 넘치고 독특한 매력을 소유한 당신은 사람들과 의견이 상충될 때도 자신의 신념을 고수합니다. 개척 정신과 자기 주도적 능력 덕분에 먼 곳으로 여행을 떠나거나 혼자서 해나갈 수 있는 힘을 얻겠네요. 그러면서도 세상이 자신을 중심으로 돌아가지 않는다는 것을 깨달아야 이기적인 외골수가 되지 않을 거예요. 10일에 태어난 모든 사람들에게는 성공과 성취가 중요합니다. 그래서 자신의 직업에서 최고가 되려고 하지요. 탄생월 2의 영향을 받아 직관적이고 적응력이 뛰어나며 친절한 성격을 지녔습니다. 하지만 때로는 너무나 많은 선택지에 결정을 내리지 못하고 무엇을 해야 할지 혼란스러울 수도 있어요. 당신은 대개 붙임성이 좋고 사교적이어서 사람들과의 협력을 통해 많은 혜택을 얻습니다. 야심 차지만 의존적인 성향 때문에 우유부단해질 수도 있겠네요. 당신은 사려 깊고 세심하여 다른 이의 감정을 잘 살핍니다.

- ●장점 : 리더십, 창조성, 진보적, 진취적, 낙관적, 강한 신념, 경쟁력, 독립성, 친근감
- ■단점 : 고압적, 질투심, 독선적, 적대적, 자제력 부족, 이기적, 우유부단함

연애와 인간관계

당신은 다정한 성격으로 사람들과 어울리고 협력하는 것을 즐깁니다. 특히 가치 있는 뭔가에 기여한다는 생각이 들 때는 더욱 그렇습니다. 파트너십을 통해 많은 것을 얻을 수 있기 때문에 협상과 사교술을 섭렵하는 게 중요합니다. 안락한 것에 도취되어 안주해버릴 수도 있지만, 영감을 갈구하는 성향이 있어 지적인 도전을 주는 관계를 추구합니다. 지나치게 예민할 때는 감정 기복이 심해지고 의사소통이 잘 되지 않아 상대와 오해가 쌓일 수 있어요. 그렇지만 당신은 기본적으로 사람들로부터 사랑과 지지를 받을 만한 충실한 파트너랍니다.

태양 : 물병자리
지배 성좌 : 천칭자리/금성
위치 : 21° - 22°30′ 물병자리
상태 : 고정궁
원소 : 공기
항성 : 사달수드, 데네브 알게디, 나시라

2월 11일
AQUARIUS

직관이 뛰어나고 영적인 잠재력을 타고난 이상주의자

의지가 강하고 독창적인 당신은 창의력과 인간 본성에 대한 예리한 통찰력을 지닌 물병자리 태생입니다. 진보의 최선두에 서고 싶은 당신은 늘 활기를 잃지 않으려 새롭고 흥미진진한 모험을 추구하지요. 체력과 추진력까지 겸비하고 있어 긍정적인 마음만 갖고 있다면 인내심을 가지고 장애물과 좌절을 극복할 수 있답니다.

천칭자리의 영향으로 당신은 부드럽고 다정다감하며 사회적인 상호작용에 대한 욕구가 강합니다. 창조적인 재능이 있으며, 인간관계에서도 독창적인 태도로 접근합니다. 모든 유형의 사람들과 잘 지내는 능력을 타고나 인도주의적인 기질이 강합니다. 진보적인 사고를 지닌 타고난 반항아로 시대에 뒤떨어진 시스템을 개혁하는 능력이 있습니다. 하지만 이런 성향은 당신에게 불리하게 작용할 수도 있으니 고집을 부린다거나 제멋대로 굴지 않는 게 현명하겠지요.

예민하고 감정이 풍부한 당신은 대체로 이상주의적이면서 마음에 깊이 와닿는 대의나 프로젝트에 매진할 때 가장 행복을 느낍니다. 재치가 있고 수용적이며 명민하여 상황 판단이 아주 빠릅니다. 창의력과 활동성을 유지하면 지루할 틈 없이 굉장한 잠재력을 펼칠 수 있답니다.

당신의 태양이 물고기자리에 드는 9세에서 38세까지는 감수성이 풍부하고 상상력이 발달합니다. 이는 사회생활뿐 아니라 당신의 꿈, 이상에도 영향을 줍니다. 39세가 되면 당신의 태양이 양자리에 들면서 인생의 전환점을 맞아 적극적으로 주도성을 쥘 필요성이 두드러지고 사람들을 대할 때 용감하고 솔직해집니다. 이를 바탕으로 삶에서 새로운 활동을 개척해나갈 수도 있겠네요. 69세에 당신의 태양이 황소자리에 들어가면 새로운 변화가 강조되면서 삶에 대한 현실적인 태도와 재정적 안정감에 대한 욕구가 더 커집니다.

숨어 있는 자아

직관이 뛰어나고 영적인 잠재력을 타고난 당신은 이러한 측면을 발전시키면 많은 득을 볼 것입니다. 자기분석과 성찰을 통해 내면의 섬세한 감정과 자발성을 유지하면 제때에 삶을 꽃피울 수 있답니다. 그러면 마음의 여유를 찾고 의심에 사로잡히거나 독단에 빠지는 일은 없어질 거예요. 기대치가 너무 높으면 완벽한 당신의 높은 이상에 맞출 사람이 없겠지요.

재치와 풍자를 즐기는 성향은 인생의 모순을 좀 더 가볍게 받아 넘기고, 정신적으로 균형을 잡도록 도와줍니다. 도발적인 당신은 다른 이들을 즐겁게 해주는 것도 즐기지만, 그들을 상대로 자신의 재치와 지식을 시험하는 정신적인 도전을 아주 좋아합니다. 매우 독립적이긴 하지만 인맥을 쌓는 데 능하고 누군가의 파트너나 팀의 일원으로 일하는 것을 선호합니다. 결단력과 리더십은 삶의 모든 면에서 도움이 되고 당신을 한층 성장시켜줍니다.

일과 적성

예리한 통찰력과 강한 직감을 소유한 당신은 역동적이고 수용적이며 관리자의 자질도 갖추었습니다. 또한 인도주의적 성향은 당신을 심리학자나 상담가로 이끌 수도 있겠네요. 창의적이며 진보적인 당신은 연구와 정보 기술에 관심이 있고 새로운 산업에서 선두주자가 되는 것을 즐깁니다. 당신은 맡은 일에 전념하고 근면하기 때문에 고용주나 상사는 당신의 잘 단련된 태도와 독창적인 아이디어를 받아들이는 수용력을 높게 평가할 것입니다. 위기 상황에서도 침착하게 대처하는 당신은 문제 해결과 새로운 발견을 즐깁니다. 당신은 대개 상담가나 전문직 혹은 자영업에서 능력을 발휘할 수 있겠네요. 교육에 대한 관심은 당신이 훌륭한 교사나 작가가 될 수도 있음을 암시합니다. 아니면 철학이나 영성 혹은 형이상학을 연구하는 쪽으로 나갈 수도 있습니다.

수비학으로 본 당신의 운세

11이라는 생일의 특별한 울림은 이상주의, 직감, 그리고 혁신이 당신에게 아주 중요하다는 것을 암시합니다. 겸손하면서도 자신감이 있는 당신은 물질적으로도 영적으로도 스스로를 자제해야 합니다. 경험을 통해 자기 본성의 양면성을 분별하고 감정을 솔직하게 받아들임으로써 극단적인 태도를 지양할 수 있습니다. 보통은 아주 열정적이고 활력적이지만 지나치게 들뜨거나 현실과 멀어지는 것은 피해야 합니다. 탄생월 2의 영향으로 직관적이고 수용적이지요. 섬세한 당신은 사교적이고 외교적이며 인도주의적 관점을 지녔습니다. 특히 격려해주고 힘을 실어주는 상대를 만난다면 협력과 파트너십을 통해 큰 도움을 받을 것입니다. 적응력이 뛰어나긴 하지만 때때로 두려움과 사람에 대한 불신으로 너무 쉽게 낙담해버립니다. 당신은 재능과 직관을 갖춘 사람이니 다른 사람의 말에 현혹되지 말고 자신의 생각을 따르세요. 특히나 새로운 영역을 개척하고 독창적인 개념을 실험할 때는 더욱 그래야 합니다.

- 장점 : 균형 감각, 집중력, 객관적, 열정, 직관력, 영적인 능력, 이상주의, 지성, 외향적, 창의력, 예술 감각, 봉사심, 치유 능력, 인도주의자, 신념
- 단점 : 거만함, 목적 없음, 감정 과잉, 쉽게 상처받음, 이기적, 투명성 결여, 고압적

연애와 인간관계

이상주의적이고 관습에 얽매이지 않는 당신은 진보적인 개념에 관심이 많아서 대개는 기꺼이 새로운 아이디어를 수용하는 비정통적인 친구들의 모임을 즐깁니다. 때로 섬세하고 솔직하며 사려 깊고 배려심이 있는가 하면 때로는 고집이 세고 이기적이기도 하지요. 또 높은 이상과 현실적 고려 사이에서 내적 갈등을 겪을 수도 있어요. 친밀한 관계를 원하면서도 가끔은 자신을 억누르며 강한 감정을 표현하지 못합니다. 그렇지만 전반적으로 당신은 훌륭한 친구이자 강한 의지로 기꺼이 사랑하는 이들을 돕고 지지하는 동반자입니다.

당신에게 특별한 사람

연인이나 친구

1월 11, 15, 20, 25, 27, 28, 29일 / 2월 9, 18, 23, 25, 27일 / 3월 7, 16, 21, 23, 25일 / 4월 5, 9, 14, 19, 21, 23일 / 5월 3, 12, 17, 19, 21일 / 6월 1, 5, 10, 15, 17, 18, 19일 / 7월 8, 13, 15, 17일 / 8월 6, 11, 13, 15일 / 9월 4, 9, 11, 13일 / 10월 2, 7, 9, 11일 / 11월 5, 7, 9일 / 12월 3, 5, 7일

힘이 되어주는 사람

1월 9, 26일 / 2월 7, 24일 / 3월 5, 22일 / 4월 3, 20일 / 5월 1, 18, 29일 / 6월 7, 16, 27일 / 7월 14, 25, 29, 30일 / 8월 12, 23, 27, 28, 31일 / 9월 10, 21, 25, 26, 29일 / 10월 8, 19, 23, 24, 27일 / 11월 6, 17, 21, 22, 25일 / 12월 4, 15, 19, 20, 23일

운명의 상대

1월 16일 / 2월 14일 / 3월 12일 / 4월 10일 / 5월 8일 / 6월 6일 / 7월 4일 / 8월 2, 13, 14, 15, 16일

경쟁자

1월 8, 29, 31일 / 2월 6, 27, 29일 / 3월 4, 25, 27, 28일 / 4월 2, 23, 25, 26일 / 5월 21, 23, 24일 / 6월 19, 21, 22일 / 7월 17, 19, 20일 / 8월 15, 17, 18일 / 9월 13, 15, 16일 / 10월 11, 13, 14, 30일 / 11월 9, 11, 12, 28일 / 12월 7, 9, 10, 26일

소울메이트

5월 30일 / 6월 28일 / 7월 26일 / 8월 24일 / 9월 22, 30일 / 10월 20, 28일 / 11월 18, 26일 / 12월 16, 24일

이날 태어난 유명인

제니퍼 애니스턴, 버트 레이놀즈(배우), 토머스 에디슨(발명가), 메리 퀀트(패션 디자이너), 박소현, 전도연, 고아라(배우)

물병자리

태양 : 물병자리
지배 성좌 : 천칭자리/금성
위치 : 22° - 23°30′ 물병자리
상태 : 고정궁
원소 : 공기
항성 : 사달수드, 데네브 알게디, 나시라

2월 12일

AQUARIUS

의사소통 기술과 경영 능력을 지닌 협상의 귀재

당신은 독창적이고 지적이며 창조적인 물병자리 태생으로 사교적이며 느긋한 매력을 지닌 사람입니다. 또한 사람과 상황, 새로운 아이디어를 재빨리 파악할 수 있는 객관적이고 예리한 판단력과 리더십도 지녔습니다. 다만 다양한 재능과 능력을 가지고 지나치게 여기저기 손을 뻗어 에너지를 허비하지 않게 조심하세요.

천칭자리의 영향으로 매력이 넘치고 사교적이며 일생 동안 사람들과 잘 어울려 지냅니다. 때로는 무뚝뚝하고 거리를 두는 것처럼 보이기도 하지만 애정과 마음 따뜻한 친구들을 갈망하지요. 대조적인 성격이 흥미롭게 섞여 있는 당신은 인도주의자이면서도 유익한 거래와 흥정을 좋아합니다. 타고난 사교술과 편안한 분위기, 의견을 잘 개진하는 능력은 당신을 성공으로 이끌 것입니다.

겉으로는 시원시원하고 무덤덤해 보이지만 종종 보이는 것보다 당신의 내면은 좀 더 복잡해요. 자기 훈련으로 마음속의 불안을 다스린다면 창조적이고 상상력이 풍부한 아이디어를 실현할 수 있겠네요. 가치를 판단하는 천부적인 감각이 있어 어떤 상황에서도 최고의 자리에까지 오르지만 타고난 리더십이 완고한 태도로 이어지거나 돈벌이 수단으로 변질되지 않도록 조심하세요. 최고의 상태에서 당신은 독립적이고 열정적이고 역동적이며 자신만의 독특한 스타일을 발휘합니다.

8세에서 37세까지는 당신의 태양이 물고기자리에 들면서 감수성이 풍부해지고 더욱 상상력이 넘치고 수용적이며 사회생활에 대한 인식이 커집니다. 또 보다 확실한 비전을 갖게 되거나 창의성 혹은 영적인 재능을 개발하는 데 관심이 생길 수도 있어요. 당신의 태양이 양자리에 드는 38세에는 인생의 전환점을 맞아 야망과 결단력이 더욱 분명해져 자신의 진가를 발휘하기 시작할 것입니다. 또한 신규 프로젝트를 시작하거나 새로운 아이디어를 선도하는 일에 관여할 수도 있겠네요. 68세가 되어 당신의 태양이 황소자리에 들어가면 새로운 변화가 강조되면서 안정, 안전, 그리고 정서적 편안함에 대한 욕구가 굉장히 커집니다.

숨어 있는 자아

당신의 섬세한 예술적 재능과 빠른 두뇌 회전은 당신의 성격에서 아직 드러나지 않은 면이 많다는 것을 의미합니다. 재치가 넘치고 자신을 표현하고 싶어 하는 욕구는 부분적으로 당신의 타고난 모험심을 충족해줄 것입니다. 단, 자기 불신, 우유부단 혹은 걱정으로 당신의 소중한 에너지를 낭비하는 건 현명하지 않겠지요. 신념을 다지고 수양하며 타고난 직관을 믿는 법을 배우면 엄청난 성공을 거둘 것입니다. 그러니 자신의 재능과 능력보다 못한 자리는 마다해야 합니다.

창의력이 풍부한 당신은 새로운 업적을 달성하는 원동력을 얻을 수 있답니다. 하지만 예민하고 지나치게 긴장될 때 사색이나 명상을 한다면 내면을 차분히 가라앉히는 데 특히 도움이 될 것입니다.

일과 적성

당신은 훌륭한 사업 감각과 더불어 의사소통 기술과 경영 능력을 지닌 협상의 귀재입니다. 공공 분야의 일에도 끌릴 수 있겠네요. 교육과 학습에 흥미가 있다면 교사나 강사와 같은 직업을 택할 수도 있습니다. 사회문제에 관심이 있다는 것은 당신이 정치에 입문하거나 상담가 혹은 조언자가 될 수도 있음을 의미하지요. 통솔력이 있고 유능해서 비즈니스 세계에 뛰어들거나 제조, 회계, 출판 혹은 광고 쪽 일을 원할 수 있어요. 아니면 당신의 독립적이고 창조적인 정신이 저술, 연기 또는 예술 분야로 당신을 이끌 수도 있답니다. 객관적이면서도 비정통적인 사고를 지녔기 때문에 과학자나 발명가가 되는 영감을 받을 수도 있습니다. 타고난 인도주의자이자 박애주의자인 당신은 자신이 선택한 대의에 가치 있는 공헌을 할 것입니다. 탐구심이 강해서 만약 다른 문화권에 흥미가 있다면 고고학자나 인류학자가 될 수도 있겠네요.

수비학으로 본 당신의 운세

직관력과 다정다감한 성격은 12일에 태어난 사람들의 특징입니다. 진정한 자아를 확립하고 싶어 하는 당신은 추론을 잘하고 혁신적이지요. 타고난 이해력과 섬세함으로 자신의 목표를 이루기 위해서 어떻게 지략을 펼치고 협력할 수 있는지 알고 있습니다. 자신을 드러내려는 욕구와 다른 사람을 지원하는 성향 간에 적절한 균형을 이룬다면 당신은 정서적 안정과 개인적인 성취를 맛볼 것입니다. 그렇지만 자립할 수 있는 용기를 가지고 자신감을 키우며 다른 이들로 인해 쉽게 좌절하지 않는 법을 배워야 합니다. 탄생월 2의 영향으로 수용적이고 사교술이 뛰어나며, 사람들을 대하는 재능도 있네요. 인도주의자로서 당신은 다른 이의 감정에 배려 깊고 세심하게 반응하지요. 하지만 일과 약속들로 빡빡한 사회생활에서 여유를 찾는 법을 배워야 합니다. 비록 직관적이고 적응력이 뛰어나지만 가만있지 못하는 성격 탓에 때때로 초조해지거나 지배하려 드는 태도를 보일 수도 있습니다. 배움과 개혁에 관심이 있는 당신은 진보적인 개념과 사회문제 특히 교육이나 정치 분야에 매력을 느낍니다.

- ●장점 : 창조성, 매력, 진취적, 규율, 자기 자신과 다른 사람을 홍보
- ■단점 : 은둔함, 괴팍함, 비협조적, 과민함, 자존감 결여

연애와 인간관계

당신은 다정하고 사교적이며 재미있어서 어떤 유형의 사람과도 즐겁게 소통할 수 있습니다. 보통 당신은 정신적으로 자극을 주거나 관심사를 공유하고 배울 수 있는 사람들을 좋아하며, 꾸준히 자기를 계발하는 사람들을 더 좋아합니다. 다만 개인적인 관계에서 권위적으로 구는 건 안 되겠지요. 진보적인 당신은 연애할 때도 여러 가지 가능성에 도전해보고 싶어 합니다. 예민한 나머지 진심을 잘 표현하지 못하고 되레 매정하게 대해버릴 수도 있어요.

물병자리

태양 : 물병자리	
지배 성좌 : 천칭자리/금성	
위치 : 23° 30′ – 24° 30′ 물병자리	
상태 : 고정궁	
원소 : 공기	
항성 : 사달수드, 데네브 알게디, 나시라	

2월 13일
AQUARIUS

다른 이들의 권리를 위해 기꺼이 싸우는 인도주의자

소통 능력이 뛰어나고 창의적인 발상이 돋보이는 당신은 재능이 많고 극적인 감각을 소유한 물병자리 태생입니다. 강한 성격 탓에 자기 일에는 자부심이 대단하지만 다른 사람 밑에서 일하는 것은 싫어합니다. 성실하며 신뢰할 수 있고 창의적인 태도를 지닌 당신은 리더 역할을 할 수 있는 모임과 집단에서 융화되는 것을 즐깁니다.

천칭자리의 영향을 받아 사교적이고 매력이 넘치며, 어떤 유형의 사람과도 잘 지내는 재주가 있습니다. 자연스러운 친화력과 가치에 대한 탁월한 감각은 훌륭한 거래 혹은 협상 능력을 가져다주기 때문에 모든 영역에서 당신이 성공하도록 도움이 됩니다. 독창적인 접근과 이미지에 대한 인식, 그리고 미적인 것에 대한 열망이 있어 문학적 혹은 예술적 활동을 통해 자신의 개성을 표현하고 싶을 수도 있습니다. 사랑과 애정에 대한 욕구가 강해 사람과의 관계를 소중히 여기네요.

혜안을 지닌 당신은 빈틈이 없고 정확히 사고하며, 이를 바탕으로 문제를 깊이 있게 분석할 수 있습니다. 타고난 반항아인 동시에 인도주의자인 당신은 다른 이들의 권리를 위해 기꺼이 싸우며 이상적인 대의를 지지합니다. 당신은 사람을 대할 때 단도직입적인 방식을 선호하지만 군림하려 들거나 노골적인 언사는 피해야 합니다.

7세에서 36세 사이에는 당신의 태양이 물고기자리를 지나가면서 감수성이 더욱 풍부해지고 비전에 대한 더욱 강한 감각을 키워나갑니다. 당신은 감정에 이끌려 이상주의적이고 창조적이며 영적인 목표를 추구하지요. 당신의 태양이 양자리에 드는 37세부터는 일상생활에서 더 적극적이고 활동적이며 지시하는 입장이 되고 싶어 합니다. 어쩌면 새로운 모험을 찾아 나설 수도 있겠네요. 당신의 태양이 황소자리에 드는 67세에 인생의 새로운 전환점을 맞아 재정적인 안정과 안전에 대한 욕구, 그리고 자연에 대한 사랑이 더욱 커집니다.

숨어 있는 자아

당신은 야망이 있고 예리한 사업 감각을 지녔지만 때때로 돈에 대한 걱정이나 우유부단함, 그리고 경제적 사정으로 인해 자신의 특출한 창의력을 충분히 즐기지 못할 수도 있습니다. 긍정적인 태도로 좀 더 가볍게 생각하고 사치를 줄인다면 삶은 더 단순하고 쉬워질 것입니다. 당신은 대담하고 구애받지 않는 영혼을 소유하고 있어 자유로운 발상이 가능하지요. 더욱이 자기 수양을 겸비한다면 대단한 성공을 이루겠네요.

당신은 너그럽고 관대하며 사람들을 이끌 수 있는 보편적인 관점을 지니고 있습니다. 흥미진진한 것을 즐기며, 사람들에게 동기를 부여하고 변화와 개혁을 추진하는 데 탁월합니다. 고집을 부릴 때도 있긴 하지만 삶에 있어 적당한 거리를 두고 균형을 유지한다면 절망할 일이 없겠네요. 예민해지는 면이 있으니 정기적으로 시간을 내서 쉬거나 놀면서 충전하는 게 좋아요.

일과 적성

머리가 좋고 현실적인 기술을 겸비한 당신은 매우 독창적입니다. 창조적이고 다재다능하여 자신을 표현할 새롭고 다양한 방식을 원합니다. 대형 프로젝트와 사람들과 협동하는 것을 즐기지만 누군가의 밑에서 일하게 되면 속박을 느낄 수도 있습니다. 그래서 이상적으로는 자영업을 하거나 아니면 통세권과 주도권이 주어지는 자리가 좋습니다. 당신의 직관적인 지성은 과학 연구나 교육, 형이상학 혹은 철학으로 당신을 이끌 수 있어요. 또 한편으로는 천성적으로 배려심이 많으니 상담, 사회사업, 혹은 다른 사람들의 권익을 옹호하는 일을 할 수도 있답니다. 아니면 미술, 음악, 연극에 대한 뛰어난 재능과 감각으로 예술, 미디어, 연예계에 몸담을 수도 있겠네요. 개혁을 밀어붙이는 능력이 있어서 인도주의적 대의나 공공 서비스에 끌릴 수도 있습니다.

수비학으로 본 당신의 운세

감수성, 열정, 영감은 13일에 태어난 사람들의 특성입니다. 이날 태어난 사람은 야망이 있고 근면하며 창조적 자기표현을 통해 크나큰 성과를 거둡니다. 하지만 창조적 재능이 실체가 있는 생산물로 결실을 맺으려면 현실적인 관점을 길러야 할 수도 있겠네요. 당신의 독창적이고 혁신적인 접근은 새롭고 흥미로운 아이디어에 영감을 주며, 이는 종종 다른 사람에게 감동을 주는 일로 이어집니다. 13일에 태어나 진실하고 낭만적인 당신은 놀기를 좋아하는 한편 헌신적인 면이 있습니다. 탄생월 2의 영향을 받아 수용적이고 이상주의적이며 사람을 다루는 재능도 있습니다. 야심 차고 매력 있는 당신은 사회적으로나 경제적으로 성공하기 위해 자신의 사교적 수완과 다정한 성격을 활용하는 법을 알고 있어요. 재능을 표현하고자 하는 욕구가 있어서 목표가 있으면 열정적이고 적극적으로 변한답니다. 대개는 관대하고 친절하지만 때에 따라서는 과민하게 반응하거나 사치를 즐기고 방종할 수도 있겠네요. 보통 협력적인 노력을 통해서 이득을 얻지만, 당신은 자신이 주도하는 위치나 책임지는 것을 선호하지요.

- ●장점 : 야심적, 창의력, 자유분방함, 자기표현, 진취적
- ■단점 : 충동적, 우유부단함, 위세 부림, 냉정함, 반항적, 이기적

연애와 인간관계

당신은 사교적이고 다정하며 재치 있고 유쾌한 성격이어서 친구와 지인이 많습니다. 대개 자신을 표현하도록 영감을 줄 수 있는 지적이고 창의적인 사람에게 관심을 가집니다. 사랑과 애정을 원하면서도 우유부단하거나 모호한 태도를 보이는 것은 오래 이어온 관계에 혼란을 가져올 수 있어요. 사람들과 적절한 거리를 두고 지내는 법을 배우거나 자신의 창의력을 계속해서 발휘한다면 사생활에 대한 걱정이나 두려움에서 벗어날 수 있을 거예요. 인도주의자의 면모를 갖춘 당신은 인생에서 우정을 매우 중요하게 생각합니다.

당신에게 특별한 사람

연인이나 친구

1월 13, 17, 29일 / 2월 11, 27, 29일 / 3월 9, 25, 27일 / 4월 7, 11, 23, 25일 / 4월 5, 21, 23, 29일 / 6월 3, 7, 19, 21, 27, 30일 / 7월 1, 17, 19, 25, 28일 / 8월 15, 17, 23, 26일 / 9월 13, 15, 21, 24일 / 10월 11, 13, 19, 22, 29일 / 11월 9, 11, 17, 20, 27일 / 12월 7, 9, 15, 18, 25일

힘이 되어주는 사람

1월 11일 / 2월 9일 / 3월 7, 31일 / 4월 5, 29일 / 5월 3, 27, 31일 / 6월 1, 9, 25, 29일 / 7월 23, 27, 31일 / 8월 21, 25, 29, 30일 / 9월 19, 23, 27, 28일 / 10월 1, 17, 21, 25, 26일 / 11월 15, 19, 23, 24, 30일 / 12월 13, 17, 21, 22, 28일

운명의 상대

1월 12일 / 2월 10일 / 3월 8일 / 4월 6일 / 5월 4일 / 6월 2일 / 8월 15, 16, 17, 18일

경쟁자

1월 10일 / 2월 8일 / 3월 6, 29일 / 4월 4, 27일 / 5월 2, 25일 / 6월 23일 / 7월 21일 / 8월 19일 / 9월 17일 / 10월 15, 31일 / 11월 13, 29, 30일 / 12월 11, 27, 28일

소울메이트

1월 18, 24일 / 2월 16, 22일 / 3월 14, 20일 / 4월 12, 18일 / 5월 10, 16일 / 6월 8, 14일 / 7월 6, 12일 / 8월 4, 10일 / 9월 2, 8일 / 10월 6일 / 11월 4일 / 12월 2일

이날 태어난 유명인

피터 가브리엘(가수), 킴 노백, 올리버 리드, 조지 시걸(배우), 안경현(야구선수), 박희순, 이상우, 박기웅(배우)

| 태양 : 물병자리 |
| 지배 성좌 : 천칭자리/금성 |
| 위치 : 24° - 25° 30' 물병자리 |
| 상태 : 고정궁 |
| 원소 : 공기 |
| 항성 : 사달수드, 데네브 알게디 |

2월 14일

AQUARIUS

단순한 삶을 선호하는 젊고 활기찬 에너자이저

당신은 다정하고 매력적이며 따뜻한 마음씨를 가진 지적인 물병자리 태생입니다. 게다가 성격이 고상하고 세련된 사교성을 지녀 거의 모든 분야에서 성공을 거둘 수 있답니다. 풍부한 상상력과 이미지 연출에 능해 창의적인 능력을 갖게 되거나 다른 사람들에게 좋은 인상을 줄 수 있지요.

천칭자리에 위치한 태양의 영향으로 당신은 사랑스럽고 느긋하며 조화로운 관계와 애정을 갈망합니다. 아름다움, 예술, 그리고 음악을 사랑하는 당신은 창조적인 재능을 타고났네요. 이런 면들을 당당하게 표현하기 위해 훈련하고 싶을 수도 있겠습니다. 호화롭고 멋스러움을 즐기는 당신은 삶에서 누릴 수 있는 최고의 것에 매료되지요.

다른 사람과의 소통에 솔직한 당신은 단순한 삶을 선호합니다. 사람들의 속내를 날카롭게 꿰뚫어보는 탁월한 심리학자이자 타고난 인도주의자이기도 하지요. 때로는 쌀쌀맞은 구석이 있는 당신은 타인과 약간의 거리를 두어 상처받지 않게 자신을 보호합니다. 하지만 오히려 상대가 이런 신호를 잘못 해석하거나 당신에게 필요 없는 존재가 되었다고 오해할 수 있으니 조심하세요. 평생 동안 젊고 활기찬 기질을 유지하는 당신은 곁에 있는 사람들을 즐겁고 행복하게 해준답니다.

당신의 태양이 물고기자리에 드는 6세부터 35세까지는 감수성과 상상력이 두드러집니다. 당신의 이런 면은 사회생활뿐 아니라 꿈, 비전, 이상에도 영향을 줄 수 있습니다. 36세가 되어 태양이 양자리에 들면 인생의 전환점을 맞아 더 능동적으로 주도권을 쥘 필요성이 강조되며, 리더십과 선도적인 아이디어, 그리고 사람들과 직접적인 관계를 맺는 일도 여기에 포함됩니다. 66세가 되어 당신의 태양이 황소자리에 들면 새로운 변화가 강조되어 삶에 대한 실제적인 접근과 재정적 안정성에 대한 욕구가 아주 커집니다.

숨어 있는 자아

폭넓은 관심사와 열망을 지닌 당신은 때때로 인생에서 선택의 기로에 섰을 때 우유부단해지거나 이상과 재미없는 현실 사이에서 갈등을 겪습니다. 하지만 천성이 밝고 감정을 잘 표현하는 성격이라 쉽게 흔들리지 않습니다. 다만 물질적 안정에 대한 욕구 때문에 창조적인 기회를 놓치는 일이 없도록 조심하세요.

당신은 현실적이지만 영적이고 직관적인 능력을 타고났기에 그 힘을 잘 살린다면 자기 인식에 탁월해지고 남을 도우려는 열망이 생길 수 있겠네요. 장난기도 많고 놀기 좋아하는 사람이지만 책임감을 배워야 삶이 안정되고 성공으로 가는 기회도 많아집니다. 드라마틱하고 번뜩이는 아이디어가 넘치는 당신은 창의적인 활동을 통해서 넘치는 에너지를 내뿜어야 할 필요가 있겠네요. 지식에 대한 끊임없는 열망은 일평생 당신이 열정과 활기를 유지할 수 있도록 해줄 것입니다.

일과 적성

개성적이고 결단력 있는 당신은 매력과 활력이 넘칩니다. 일에서 자신의 개성을 활용하여 스스로를 홍보하고 발전할 기회를 잡는답니다. 대개 근면하고 실무 기술과 경영 능력이 탁월하여 비즈니스와 판매 혹은 상품 홍보 분야에서 성공할 수 있습니다. 사람을 다루는 재능도 뛰어나 공공 기관이나 대기업에서 소통과 관련된 일을 할 수도 있겠네요. 아니면 언론, 출판 계통의 일을 할 수도 있습니다. 금융, 보험, 증권 거래소 등에도 매력을 느낄 수 있습니다. 또는 혼자 힘으로 자기 사업을 시작할 수도 있어요. 만약 흥미롭고 다채로운 삶을 원한다면 쇼 비즈니스 쪽 일을 해도 좋습니다.

수비학으로 본 당신의 운세

지적 잠재력과 실용주의, 그리고 결단력은 14일에 태어난 사람들의 특성입니다. 사실 이날 태어난 사람들은 종종 일을 최우선에 두고 자신과 다른 사람들을 실적에 기초해서 판단하기도 합니다. 안정을 원하면서도 14라는 숫자의 영향으로 잠시도 가만있지 못하는 성향이 있어 늘 새로운 도전과 스스로를 향상하려는 시도를 하지요. 타고나기를 안주하지 못하고 쉽게 만족하지 못하는 성격 탓에 특히 직업 환경이나 재정적인 상태에서 행복을 못 느끼면 삶에서 상당히 많은 변화를 꾀할 것입니다. 당신은 통찰력이 있어 문제가 생기면 신속하게 대응하고 해결하는 것을 즐깁니다. 탄생월 2의 영향을 받아 직관적이며 분별력이 있습니다. 비판적이고 자기 생각에만 빠져 있는 경향은 종종 당신이 완벽주의자임을 암시하지만 때로는 회의주의를 합리화할 수도 있답니다. 수용적이고 직관적이긴 하지만 침착함과 믿음이 부족할 수 있어요. 스스로 결정하기를 좋아하여 당신은 종종 직접 경험하며 많은 것을 배웁니다.

- ●장점 : 결단력, 근면함, 행운, 창의적, 실용적, 상상력, 부지런함
- ■단점 : 지나치게 신중하거나 혹은 지나치게 충동적임, 불안정, 무분별함, 고집불통

연애와 인간관계

매력적이고 개성적인 당신은 스스럼없이 눈앞의 기회를 이용합니다. 친구를 잘 사귀는 덕에 사교적인 기회가 많고 지인들도 많습니다. 많은 기회들이 아는 사람을 통해 찾아오죠. 당신은 실용적이고 상식이 풍부하지만 시간을 가지고 신중하게 관계를 다져가야 합니다. 그렇지 않으면 구속받는다고 느끼거나 흥미를 잃어버릴 수도 있어요. 당신은 스스로에게 정직한 사람으로 특히 현실적이면서 창의적이고 섬세한 파트너에 마음이 끌릴 수도 있답니다. 당신은 관계를 소중히 여기지만 관계 안에서 자유도 원합니다.

물병자리

이날 태어난 유명인

앨런 파커(영화감독), 잭 베니(배우), 그레고리 하인즈(무용가), 막스 호르크하이머(철학자), 이윤석(코미디언)

태양 : 물병자리
지배 성좌 : 천칭자리/금성
위치 : 25°- 26° 30′ 물병자리
상태 : 고정궁
원소 : 공기
항성 : 없음

2월 15일

AQUARIUS

꿈을 구체화하는 능력을 가진 사람

물병자리에 태어난 당신은 관대하고 다정하며 두뇌 회전이 빠른 독창적인 사상가입니다. 가치에 대한 인식이 확고하며, 학습력이 빨라 살면서 많은 재능을 습득하게 될 것입니다. 사업 감각을 타고났으며 카리스마 넘치는 소통으로 자주 기회를 발견하고 자신의 재능을 상업화할 수 있습니다.

천칭자리에 위치한 태양의 영향력이 더해져 당신은 모든 유형의 사람들과 잘 어울리며 자신의 창조적인 아이디어로 그들에게 영향을 미칩니다. 또한 매력적이고 다정다감하며, 사회적 교류에 대한 욕구가 강한 당신은 천생 인도주의자입니다. 타고난 사교성과 어렵지 않게 인맥을 쌓는 재능이 아이디어를 선전하는 능력과 결합된다면 당신의 성공에 커다란 기여를 하겠네요. 아름다움, 스타일, 고급스러운 것들을 좋아하여 대체로 취향이 사치스럽군요.

비전에 대한 감각과 나무보다 숲을 보는 능력이 있으니 앞을 내다보는 훌륭한 조직가가 될 것입니다. 크고 대단해지고 싶더라도 긍정적인 목표를 마음에 새기는 것이 더 중요합니다. 때로는 당신의 반항적인 면이 좋은 변화를 가져올 때도 있지만 도를 넘어서 무조건 반대하거나 고집을 부리는 일은 없도록 하는 게 현명하겠지요. 재능이 있고 상황 판단이 빠른 당신은 운 좋게도 꿈을 구체화하는 능력을 지녔습니다. 단, 지나친 열망으로 물질적인 걱정에 매몰되지 않도록 조심하세요.

5세에서 34세 사이에는 당신의 태양이 물고기자리를 지나가면서 감각이 더 섬세해지고 감수성이 두드러집니다. 그래서 이상과 창의적인 목표를 추구하게 될 수도 있겠네요. 35세가 되어 당신의 태양이 양자리로 이동하면 더 적극적이고 활동적인 일상을 보내며 지시하는 입장이 되고 싶어 합니다. 어쩌면 새로운 모험을 찾아 나설 수도 있습니다. 당신의 태양이 황소자리로 드는 65세에는 새로운 인생의 전환점을 맞아 재정적인 안정과 안전, 그리고 삶에 대한 현실적인 태도를 지닐 필요성이 커집니다.

숨어 있는 자아

자부심과 자신감이 넘치는 당신은 책임자의 자리에까지 오릅니다. 발이 넓어서 다양한 집단의 사람들을 연결하고 도와주는 것에서 만족을 찾습니다. 눈썰미가 있고 예술적 감각을 타고나 직업이 아니라면 취미 생활로라도 자신의 창조적인 재능을 발휘할 수 있겠네요. 큰 노력 없이도 경제적으로 잘 꾸려나가겠지만 당신의 이상과 지혜를 드러낸다면 더 큰 보상을 얻을 수 있습니다.

운 좋게도 당신은 자신의 목표를 이루는 데 필요한 인내심을 갖추었습니다. 하지만 만약 자기 능력보다 못한 자리에 있다면 오히려 엄청난 자신의 잠재력을 깨닫지 못할 수도 있어요. 적극적으로 일하고 수양을 쌓아나가다 보면 성공으로 가는 절호의 기회가 찾아옵니다.

일과 적성

위임하는 일에 능하고 사회 문제에 관심이 많은 당신은 공직자나 공무원으로 일할 수 있습니다. 탁월한 사업 감각과 의사소통 기술, 경영 능력까지 겸비하고 있어 협상을 원활하게 이끄는 상담가나 조언자로도 일할 수 있겠네요. 또한 교육과 학습에 대한 관심이 있어 가르치는 일이나 글을 쓰는 일을 하거나, 새로운 기술을 발견하는 데 흥미가 있어 컴퓨터나 기술 공학 분야에서 일할 수도 있습니다. 만약 사업을 한다면 금융업이나 서비스업에 끌리겠네요. 창의적인 당신은 독창적인 예술품을 만들어내는 일에 영감을 받을 수도 있습니다. 타고난 인도주의자여서 자신이 선택한 대의를 위해 크나큰 공헌을 할 것입니다. 이날 태어난 부유한 사람들 중에는 자선가와 예술 애호가가 있답니다.

수비학으로 본 당신의 운세

다재다능하고 열정이 넘치며 잠시도 가만있지 못하는 성향은 15일에 태어난 사람들의 특징입니다. 당신의 가장 큰 자산은 강한 직관과 더불어 이론과 실제를 통해 빠르게 습득하는 능력입니다. 종종 직관력을 활용하여 기회가 있을 때 재빨리 포착하기도 하지요. 15일에 태어난 당신은 돈을 모으거나 다른 이들로부터 도움과 지원을 받는 재주가 있습니다. 걱정이 없고 한번 결정하면 밀어붙이는 성향이라 예기치 못한 일을 즐기고 때로는 모험을 좋아한답니다. 탄생월 2의 영향을 받아 포용력이 있고 매우 직관적입니다. 진취적이고 근면하며 사람 사귀는 것을 좋아하지만 의견 대립이 있을 때 위세를 부리거나 공격적이 되지 않아야 합니다. 야망이 있는 당신은 지적 활동을 활발히 하고 추진력이 있습니다. 다만 과로하거나 과욕을 부리고 낭비에 빠지지 않도록 하세요. 당신은 신속하고 빈틈이 없어 책임이 따르는 창조적인 계획을 통해 자신의 패기를 표현해야 할 필요가 있습니다. 낙관적이고 열정이 넘치는 시기에, 일을 잘 마무리할 수만 있다면, 다른 사람들과의 협력을 통해서 많은 것을 얻을 수 있답니다.

- ●장점 : 의지, 관대함, 책임감, 다정함, 협조적, 감사하는 마음, 창의적, 진취성
- ■단점 : 불안정, 무책임, 자기중심적, 변화에 대한 두려움, 믿음 상실, 근심함, 주저함, 물질만능주의

연애와 인간관계

인기가 많고 성격이 외향적이라 주변에 사람이 많겠네요. 충실한 파트너로서 당신은 친구들과 사랑하는 사람들에게 아주 관대합니다. 사람을 끄는 매력이 있어 로맨틱한 경험을 할 기회가 많습니다. 지적이고 역동적인 당신은 카리스마 있고 에너지가 넘치는 사람들과의 모임을 즐깁니다. 강렬한 감정과 사랑과 애정에 대한 갈망을 지녔지만 때때로 자신에게 맞는 파트너가 누구인지 결정을 내리지 못할 수도 있습니다. 그렇다 해도 당신의 우정과 카리스마는 언제까지나 당신의 사회적 성공을 보장할 것입니다.

이날 태어난 유명인

제인 시모어, 클레어 블룸, 존 베리모어(배우), 갈릴레오 갈릴레이(천문학자), 찰스 티파니(보석 디자이너), 어니스트 섀클턴(탐험가), 아트 슈피겔만(만화가), 이루마(작곡가), 오상진(아나운서), 신은경, 홍수현(배우), 모태범(스피드스케이팅 선수)

태양 : 물병자리

지배 성좌 : 천칭자리/금성

위치 : 26° - 27° 30′ 물병자리

상태 : 고정궁

원소 : 공기

항성 : 없음

2월 16일

AQUARIUS

생산적이며 지략이 뛰어난 행동파

지적이고 보편적인 관점을 지닌 당신은 다정하고도 독립적인 물병자리 태생입니다. 이 생일은 당신이 대체로 관대하고 친절하며 편견이 없지만 한편으로는 내성적이거나 비판적인 면이 있다는 점을 암시합니다. 리더십이 강해 다른 사람 밑에서 일하는 자리는 성에 차지 않으며 훌륭한 가치판단을 내릴 때가 많습니다.

천칭자리에 있는 태양의 영향으로 사회성과 소통 능력이 탁월하네요. 사람과 사랑, 그리고 애정을 원하는 당신에게 관계는 더없이 중요합니다. 재치 있고 반응이 빠르며, 교양적이고 인도주의적입니다. 독립적이지만 사람을 편하게 대하는 타입이라 팀을 이루어 하는 일도 잘 해냅니다. 하지만 이상하게 불안을 느끼는 기질 탓에 쉽게 싫증을 내고 미사여구 없이는 귀 기울여 소통하기 어렵네요.

당신은 행동파로 생산적이며 지략이 뛰어납니다. 광적인 천재성으로 영감을 얻고 독특한 아이디어를 떠올리기도 하지요. 특출한 사상가이자 훌륭한 정보 통합가로서 배우는 것과 자신의 지식을 공유하는 것을 즐깁니다. 그러나 다른 생각에 빠져 있을 때는 집중을 못 하고 깜빡깜빡하기도 하지요. 보통은 한 걸음 떨어져 냉정을 찾지만 때때로 실의와 좌절에 빠지는 성향은 긍정적인 계획과 목표를 엉망으로 만들 수도 있어요. 지나간 것을 놓아버릴 줄 알게 된다면 더욱 행복한 현재를 누릴 수 있답니다.

4세에서 33세 사이에는 당신의 태양이 물고기자리에 들면서 감수성이 풍부해지고 더 창의적이고 수용적이 되며 사회생활에 대한 정서적 인식이 커집니다. 또한 선견지명이 있으며 창조적인 재능을 개발하는 데 관심이 생길 수도 있겠네요. 34세가 되어 당신의 태양이 양자리에 들면서 인생의 전환점을 맞습니다. 야망과 결단력이 확고해지고 자신의 진가를 발휘하기 시작합니다. 당신의 태양이 황소자리로 들어가는 64세가 되면 새로운 변화가 강조되면서 더 현실적인 태도를 취하게 되고 안정과 안전, 그리고 정서적 편안함에 대한 욕구가 생깁니다.

숨어 있는 자아

실용적인 감각을 타고난 당신은 아이디어나 프로젝트의 가치를 재빨리 판단할 수 있습니다. 이런 판단력에 당신의 심리 기술이 더해지면 타인의 특성이나 동기를 파악하는 능력도 생깁니다. 당신을 훌륭한 리더로 만들어주는 결정적인 능력이지요. 재정적 안정에 대한 욕구가 의사 결정에 중요한 기준이 될 수 있지만 영혼의 성장이 저해되는 일은 없도록 하세요. 다행스럽게도 당신의 엉뚱한 유머 감각 덕분에 균형 잡힌 시각을 유지할 수 있답니다.

역동적인 변화, 모험, 여행 혹은 신체 운동 등으로 다양성을 추구하면 내면의 소란스러움과 조바심을 잠재울 수 있습니다. 하지만 변화하는 경제적 사정을 고려해야 해서 낭비와 절약 사이를 오가겠네요. 무엇보다 지속적이고 장기적인 계획을 세워서 재정적인 한계를 극복하세요.

일과 적성

독립적이고 진보적인 당신은 저술이나 연설 등으로 자신을 표현할 수 있습니다. 이런 재능 덕에 교사나 강사와 같은 교육 관련 직업을 택할 수도 있겠네요. 당신은 이상주의적이고 직설적이면서도 명쾌하고 표현이 확실하며 섬세한 안목을 겸비하고 있습니다. 분석력을 활용하여 남의 작업을 검토하고 수정하는 일을 하거나 저널리스트 혹은 리포터와 같이 미디어 분야에서 직업을 가질 수도 있습니다. 경영 능력과 비즈니스 감각이 있어 상업이나 금융 혹은 주식 쪽에 끌리기도 합니다. 한편 자신의 창의력을 탐험하고 싶다면 스포츠, 예술 혹은 쇼 비즈니스 분야에 발을 들일 수도 있겠네요. 인도주의적이고 역동적인 당신은 정치적인 문제 혹은 사회 개혁과 관련한 자선 사업이나 대의를 위해 일할 수 있습니다.

수비학으로 본 당신의 운세

16일에 태어난 사람들은 사려 깊고 세심하며 다정합니다. 분석적이지만 종종 자신이 느낌으로 삶과 사람을 판단합니다. 자기표현의 욕구와 타인에 대한 책임감 사이에 마찰이 생길 때는 내적 긴장을 느낍니다. 또한 세계정세에 관심이 있어 국제 기업이나 언론계에 참여할 수도 있답니다. 창의성이 있어 번뜩이는 영감으로 글쓰기에 재능을 보일 수도 있겠네요. 당신은 지나친 자신감과 의심, 그리고 불안 사이에서 균형을 잡는 법을 배워야 합니다. 탄생월 2의 영향을 받아 당신은 내적인 조화를 추구하지만 때로는 직관적이고 아주 이상적입니다. 인도주의인 당신은 배려심이 깊고 친절하며 자신이 믿는 대의를 위해서는 그것이 무엇이든 최선을 다합니다. 다른 사람에게 세심하기도 하지만 의심이 많고 감정의 기복이 심한 성향 탓에 관대하다가도 불안해하고 우유부단해질 수 있겠네요. 그러니 초조하고 안달하는 성격은 고쳐야 합니다.

● 장점 : 높은 학력, 가정에 대한 책임감, 진실성, 직관력, 사회성, 협조적, 통찰력

■ 단점 : 근심함, 만족하지 못함, 무책임, 자기 자랑, 독선적, 회의적

연애와 인간관계

당신은 사람들을 즐겁게 해줄 때 가장 만족감을 느낍니다. 그래서 지적으로 자극을 주거나 공통의 관심사를 공유하는 사람들과 사귑니다. 지나치게 심각해져 논쟁하려는 경향을 피한다면 한 걸음 떨어져서 균형 있는 관점을 유지할 수 있습니다. 지적이고 기민한 당신은 사람들과의 관계에서 심리 기술을 활용하여 조화와 지속적인 만족을 느낄 수 있습니다.

물병자리

이날 태어난 유명인

존 슐레진저(영화감독), 조지 케넌(정치학자), 오다기리 조(배우), 김원준, 장윤정, 에릭(가수), 허경환(코미디언), 이민정, 김수현(배우)

태양 : 물병자리

지배 성좌 : 천칭자리/금성

위치 : 27°- 28°30′ 물병자리

상태 : 고정궁

원소 : 공기

항성 : 없음

2월 17일

AQUARIUS

주도권을 쥐고 권력을 즐기는 야심가

이날 태어난 물병자리는 결단력이 있고 의지가 강한 현실적인 개인주의자입니다. 야심 있고 끈기 있는 당신은 심성이 곧고 조직력이 뛰어나 물질적으로나 사회적으로 계속해서 발전하고 싶은 열망이 있습니다. 적극적이고 생산적이며 권력을 즐깁니다. 그래서 끊임없이 자신의 능력을 시험해야 할 필요가 있습니다. 주도권을 쥐는 능력을 타고났지만 지나치게 군림하려는 태도를 피하기 위해서는 인내심을 기르는 게 큰 도움이 되겠네요. 다행스럽게도 장애물을 극복하고 훌륭한 성과를 낼 수 있는 능력이 있습니다.

천칭자리에 있는 태양의 영향이 더해져 사람들과 잘 어울리고 재미있으며 예술적이고 창의적인 감각이 뛰어납니다. 마음이 따뜻한 친구들이 많은 당신은 특히나 여성들로부터 많은 도움을 받습니다. 필요할 때는 매력을 발휘하여 호감을 사기 때문에 일과 재미 두 마리 토끼를 모두 잡을 수 있답니다.

창의적이고 분석적인 두뇌를 지닌 당신은 종종 독창적이거나 돈벌이가 되는 아이디어를 잘 만들어냅니다. 하지만 실패로 인한 좌절은 고집과 반항적인 태도로 이어질 수도 있습니다. 그냥 두면 자기 파괴적인 행동의 요인이 되니 조심하세요.

32세까지는 당신의 태양이 물고기자리를 통과하면서 내적으로 강해지고, 감수성은 더욱 풍부해집니다. 이러한 성향은 당신의 사회생활뿐 아니라 비전, 꿈, 이상에도 영향을 줍니다. 33세에 당신의 태양이 양자리에 들면서 인생의 전환점을 맞으면 적극적으로 주도권을 쥐고 새로운 아이디어를 개척하거나 인간관계에서 용감하고 솔직해질 필요성이 강조됩니다. 당신의 태양이 황소자리에 들어가는 63세에는 변화가 두드러지면서 안정에 대한 더 커진 욕구와 삶에 대한 실용적인 태도가 강조됩니다.

숨어 있는 자아

근면한 당신은 끈기와 지구력, 용기가 있는 사람입니다. 자부심이 넘쳐 이따금씩 거만해지는 성향과 긴장하면 신경질적이 되는 버릇을 조심해야 합니다. 절제력을 키우면 큰 만족을 얻을 수 있을 뿐만 아니라 현실적인 상식과 개인적인 경험을 통해 얻은 교훈을 가지고 사람들을 도울 수 있습니다.

지적인 경쟁을 즐기며 번개처럼 빠르게 자신의 의견을 개진할 수 있습니다. 스스로 확신이 설 때는 자발적이고 거침없이 영혼의 소리에 따를 수 있습니다. 그래서 회의적이고 의심이 많은 성향도 극복할 수 있답니다. 지식에 대한 사랑과 빠른 통찰력이 타고난 사업 감각과 조화를 이룬다면 인생에서 엄청난 성공을 거둘 수 있습니다.

일과 적성

근면하고 창의적이고 독립적이며, 독특한 재능과 경영 능력을 갖추었습니다. 추론을 잘해 사안을 조사하고 핵심을 파악하기를 좋아하니 형사나 변호사 같은 직업에도 끌릴 수 있어요. 현실적인 당신은 자신의 조직력을 활용하여 대기업을 경영할 수도 있습니다. 아니면 생각을 글로 표현하는 재능과 상상력을 발휘하여 저술 활동을 하거나 사람들에게 기술을 가르치고 훈련하는 일을 할 수도 있겠네요. 독립성을 중요시해 지시를 받는 것은 싫어합니다. 그래서 책임자가 더 잘 맞아 훌륭한 관리자나 슈퍼바이저가 될 수 있습니다.

수비학으로 본 당신의 운세

17일에 태어난 사람은 기민하고 분석 능력이 뛰어나고 글재주가 좋습니다. 탐구심이 많고 독창적이며 좋은 교육을 받아 재주가 많은 독립적인 사상가입니다. 전문성을 발전시키기 위해 자신의 지식을 구체적으로 활용하며 물질적인 성공뿐 아니라 전문가 혹은 연구자로서의 입지도 탄탄하게 다집니다. 개인적이고 내성적이며 남과 적당한 거리를 두는 당신은 사실과 수치에 관심이 많습니다. 그래서 진지하게 심사숙고하는 태도로 천천히 해나가는 것을 좋아합니다. 소통 능력을 키우면 다른 사람들을 통해 자신을 더 많이 발견할 수 있습니다. 탄생월 2의 영향으로 수용적이고 직관적입니다. 다정하고 사교적이지만 본성이 독립적인 당신은 생각과 관점이 독창적이고 독특하죠. 신념이 부족하거나 깊이 있는 성찰이 없으면 회의를 품고 우유부단해질 수 있어요. 휴머니스트인 당신은 보편적이고 진보적이며 사회 개혁과 훌륭한 대의를 위해 기꺼이 일합니다.

- ●장점 : 사려 깊음, 전문성, 기획력, 탁월한 사업 감각, 돈을 끌어모으는 재주, 개성적, 장인 정신, 정확성, 숙련된 연구자, 과학적
- ■단점 : 무심함, 고집불통, 부주의, 심한 감정 기복, 편협함, 비판적, 불안감, 의심

연애와 인간관계

사교적이고 성격이 밝은 당신은 재미있거나 색다른 사람들과 만나는 걸 즐기며 다양한 사람들과도 쉽게 어울립니다. 하지만 때로 사랑하는 사이나 오래 지속되는 관계가 되면 우유부단하고 확신을 가지지 못하기도 해요. 종종 힘 있고 창의적인 사람에게 끌리기도 합니다. 강하고 자신감 넘치는 당신의 이미지와는 전혀 다르게 사랑과 친밀감, 그리고 이해에 대한 욕구가 강합니다. 사랑에 빠졌을 때는 스스로를 괴롭히거나 괴팍해지지 않도록 조심해야 합니다. 당신은 자신의 길을 가는 것을 좋아하지만 상대를 배려하며 충실할 수 있는 사람입니다.

연인이나 친구

1월 7, 17, 20, 21일 / 2월 5, 15, 18일 / 3월 3, 13, 16, 29, 31일 / 4월 1, 11, 14, 15, 27, 29일 / 5월 9, 12, 25, 27일 / 6월 7, 10, 11, 23, 25일 / 7월 5, 8, 21, 23일 / 8월 3, 6, 19, 21일 / 9월 1, 4, 17, 19일 / 10월 2, 3, 15, 17일 / 11월 13, 15, 30일 / 12월 11, 13, 28일

힘이 되어주는 사람

1월 15, 17, 24, 28일 / 2월 13, 15, 22, 26일 / 3월 11, 13, 24일 / 4월 9, 11, 22일 / 5월 7, 9, 20일 / 6월 5, 7, 14, 18일 / 7월 3, 5, 16일 / 8월 1, 3, 14일 / 9월 1, 12일 / 10월 6, 10, 29일 / 11월 8, 27일 / 12월 6, 25일

운명의 상대

1월 5일 / 2월 3일 / 3월 1일 / 8월 21, 22, 23일

경쟁자

1월 4, 5, 14일 / 2월 2, 3, 12일 / 3월 1, 10일 / 4월 8, 30일 / 5월 6, 28일 / 6월 4, 26일 / 7월 2, 24일 / 8월 22일 / 9월 20일 / 10월 18일 / 11월 16일 / 12월 14일

소울메이트

1월 2일 / 3월 29일 / 4월 27일 / 5월 25일 / 6월 23일 / 7월 21일 / 8월 19일 / 9월 17일 / 10월 15일 / 11월 13일 / 12월 11일

이날 태어난 유명인

마이클 조던(농구 선수), 휴이 뉴튼(흑인 인권 운동가), 루스 렌델(작가), 앨런 베이츠, 조지프 고든 레빗(배우), 임경진(방송인), 신동엽(코미디언), 이세창, 홍은희(배우)

태양 : 물병자리

지배 성좌 : 천칭자리/금성

위치 : 28°- 29°30′ 물병자리

상태 : 고정궁

원소 : 공기

항성 : 없음

2월 18일

AQUARIUS

물질적 욕구와 인도주의적 이상이 결합된 직관적이고 섬세한 사람

역동적이고 설득력 있으며 개인주의 성향이 강한 당신은 물질적 욕구와 인도주의적 이상이 흥미롭게 뒤섞여 있는 사람입니다. 사교적이고 매력 있지만 내성적이며 권력과 새로운 프로젝트를 시작하는 것을 즐깁니다. 일과 사적인 관계 사이에서 균형을 유지하는 것이 당신에게는 가장 큰 도전이겠군요.

천칭자리에 있는 태양의 영향력이 더해져 아름다움과 예술에 대한 센스가 있고 미감이 뛰어납니다. 독창적인 아이디어로 음악, 저술, 연극 등을 통해 자신을 표현할 방법을 찾을 수도 있어요. 독립적인 성향이지만 사람과의 관계를 매우 중요시하여 팀으로 함께 일할 때의 장점을 알고 있습니다. 사람들에게 관심이 있어 상대를 이끌어주는 역할을 좋아하지만 지나치게 비판적이거나 통제하려 드는 건 금물이에요.

당신은 상처를 잘 받지만 냉정한 구석이 있어서 사람들은 당신의 애정과 꾸지람을 어떻게 이해해야 할지 어려울 때도 있겠네요. 재정적인 문제로 골머리를 썩을 수도 있겠지만 예리한 사업 감각과 결단력으로 자신의 재능을 상품화하는 능력이 있습니다. 목표가 생기면 결단력 있게 매진하는 성향으로 뭔가 독창적인 것을 만들어내는 것을 좋아하지요. 당신은 확신을 가질 때 대개 모든 것이 자연스럽게 흘러간다는 걸 잘 압니다. 하지만 반대로 의심이 들 때는 과거에 매여 타이밍을 놓쳐버리기도 하지요. 다행히도 자기 훈련을 극기가 아닌 미래를 위한 투자로 볼 줄 아는 사람이네요.

당신의 태양이 물고기자리에 드는 31세까지는 비전에 대한 감각이 강하게 발전하며 감수성이 두드러집니다. 이러한 성향은 이상주의적이고 예술적이며 영적인 목표를 추구하도록 북돋웁니다. 32세 이후에 당신의 태양이 양자리에 들어가면 일상생활에서 더 적극적이고 활동적이며 지시하는 입장이 되고 싶어 합니다. 어쩌면 새로운 모험을 찾아 나설 수도 있겠네요. 태양이 황소자리에 들어가는 62세에는 새로운 인생의 전환점을 맞아 좀 더 현실적인 안정감과 안전에 대한 욕구가 강해집니다.

숨어 있는 자아

내면적으로 당신은 극도로 예민하며 특히 사랑과 감정의 표현에서 더욱 그러합니다. 감정을 표현하는 데 점점 더 어려움을 느낄 수 있는데 이러한 성향 탓에 때때로 회의적이거나 내성적으로 변할 수도 있겠네요. 마음을 활짝 열어 상대를 신뢰할 때 당신은 아주 관대하고 인정이 많아집니다. 이런 보편적인 감정은 초자연적이거나 영적인 경험에 대한 흥미를 불러일으킬 수도 있네요. 한 걸음 떨어져 인생을 있는 그대로 받아들이는 연습을 한다면 적당하면서도 자연스러운 유머 감각의 덕을 볼 수 있답니다.

깊은 감정과 인도주의자적 정신은 이상과 대의를 위해 강한 투지를 갖도록 북돋웁니다. 직관이 뛰어나 종종 자신의 직감을 믿고 처음 생각대로 밀어붙인다면 최고의 성과를 거둘 것입니다.

일과 적성

근면하고 성실하며 기꺼이 희생을 감내하는 타입이지만 일과 휴식, 그리고 여가에서 건강한 균형을 유지해야 할 필요가 있습니다. 독립적인 성향이라서 자신의 독창적인 생각을 표현할 충분한 자유를 원하기도 하지요. 당신은 함께 일하는 사람들로부터 격려와 긍정적인 피드백을 받습니다. 대체로 이상주의적이고 매력이 넘치며 대중들과 함께 일하는 것을 즐기고 사회 개혁을 적극 지지합니다. 직관력 있고 똑똑하며 사업 감각이 뛰어나 사람들에게 조언할 때 자신의 비판력과 분석력을 십분 활용할 수 있는 관리직도 잘 맞겠군요. 다정하고 사교적이라서 일과 재미를 결합하는 재능도 있답니다. 하지만 상대의 말을 곧이곧대로 받아들여서 화를 내는 태도는 버려야 합니다.

수비학으로 본 당신의 운세

결단력, 자기주장, 그리고 포부는 18일에 태어난 사람들의 특성입니다. 적극적이고 도전하고 싶어 하는 당신은 바쁘게 지내고 자주 사업에 뛰어들지요. 유능하고 근면하며 책임감이 있어 책임자의 자리에까지 오르겠네요. 아니면 사업 감각과 조직력이 뛰어나 상업의 세계에 진출할 수도 있습니다. 과로로 고생할 수도 있으니 때로는 휴식을 취하고 천천히 가는 법도 배우세요. 18이라는 숫자의 특성상 자신의 능력을 활용하여 사람들을 치유하거나 조언하고 그들의 문제를 해결해줄 수도 있겠네요. 탄생월 2의 영향으로 직관적이고 창의적인 당신은 영감을 주는 독창적인 생각을 지녔습니다. 수용적이고 다정하지만 제약을 받거나 책임을 떠맡는 것을 싫어해서 규칙에 얽매이고 싶어 하지 않습니다. 이상주의자이지만 실용적인 기술과 독창적인 아이디어를 지닌 당신은 내면의 평화와 고요를 찾기 위해서 균형을 유지하는 법을 배울 필요가 있습니다.

- ●장점 : 진보적, 적극적, 직관력, 용기, 확고함, 치유력, 효율성, 조언 능력
- ■단점 : 통제 불능의 감정, 나태함, 무질서, 이기주의, 일과 프로젝트 완수 실패

연애와 인간관계

직관적이고 섬세한 당신은 자신의 깊은 감정을 표현할 수 있는 자유를 원합니다. 다정하고 영리하여 스스로 즐길 줄 아는 창의적인 사람들의 모임을 좋아하지요. 의미 있고 진실한 관계를 원하고 충실하며 사랑을 표현합니다. 다소 즉흥적이어서 자신의 내면의 소리를 따르기를 좋아하고 파트너나 친구들에게 충동적으로 행동할 때가 있습니다. 사랑하는 사람을 기쁘게 해주려는 마음에 희생을 자처할 때도 있습니다. 당신에게 우정은 아주 소중합니다.

| 태양 : 물병자리/물고기자리 경계 |
| 지배 성좌 : 천칭자리/금성 |
| 위치 : 29°30′ 물병자리 - 0°30′ 물고기자리 |
| 상태 : 고정궁/변통궁 |
| 원소 : 공기/물 |
| 항성 : 포말하우트, 사달멜리크 |

2월 19일

AQUARIUS

어딘가 예사롭지 않고 색다른 휴머니스트

물병자리와 물고기자리 사이에 태어난 당신은 창의적이며 섬세하고 이상주의적이라는 장점이 있습니다. 직접적이고 솔직하게 의사소통하며 사람들과의 관계에서도 정직한 태도를 선호합니다. 다정하고 따뜻하고 외향적이며 사람을 잘 다루는 재주를 타고났네요. 하지만 짜증 내거나 고집을 부리는 성향은 고쳐야 합니다. 자칫하다가는 당신의 카리스마 넘치는 매력을 망치고 사람들과의 사이도 틀어질 수 있거든요.

천칭자리와 물고기자리 사이에 위치한 태양의 영향으로 로맨틱하고 창조적이며 예지력이 있고 직관적입니다. 사람들과 어울리는 것을 좋아해 늘 사람을 필요로 하며 적극적으로 사교 활동을 합니다. 외모와 지위를 중요시하기 때문에 평소 사람들에게 위엄 있는 모습을 보입니다. 그럼에도 불구하고 어딘가 예사롭지 않고 색다른 면이 있는데, 이는 시대를 앞서가는 당신의 독특한 발상을 고스란히 보여준답니다.

사업 감각을 타고나 기회를 포착하는 행운을 거머쥘 수 있습니다. 좌절하거나 타성에 젖는 경향은 때때로 당신에게서 목표를 이루는 데 필요한 성실성과 인내심, 결단력을 앗아갈 수도 있겠네요. 하지만 워낙에 낙천적이어서 다시금 판단력과 사고력을 끌어올릴 수 있답니다. 또한 정의가 넘치고 인정이 많으며 신념이 강해서 종종 자신의 이상을 지켜내고 다른 사람들을 위해서 싸울 수 있습니다.

30세까지 당신의 태양이 물고기자리를 지나가면서 정서적 감수성이 풍부해져 상상력이 넘치고 수용적이며 또래 집단에 대한 인식이 커집니다. 또한 예지력이 생기거나 창조적이거나 영적인 재능을 개발하는 데 관심이 있을 수도 있겠네요. 당신의 태양이 양자리에 드는 31세에는 인생의 전환점을 맞습니다. 야망과 결단력은 더 명확해지고 당신은 비로소 진가를 발휘하게 됩니다. 새 프로젝트를 시작하거나 새로운 아이디어를 선도하는 데 관여할 수도 있어요. 61세가 되어 당신의 태양이 황소자리에 들어가면 새로운 변화가 강조되면서 안정, 안전, 그리고 정서적 편안함에 대한 욕구가 굉장히 커집니다.

숨어 있는 자아

자신을 표현하고자 하는 욕망을 지닌 당신은 직업적으로든 아니면 취미로든 저술, 예술, 음악, 연극 등에 끌릴 수 있습니다. 문제를 해결하기 위해 단순하고 창의적인 접근을 한다면 걱정과 우유부단함에서 벗어날 수 있겠네요. 생각지도 못하거나 아주 사소한 것에서 이익과 기회를 얻을 수 있으니 간과하지 않도록 주의하세요. 나중에서야 그 중요성을 알게 되는 경우가 있으니까요.

편견이 없는 휴머니스트로서 보편적인 관점으로 삶을 조망할 수 있습니다. 하지만 때로는 자신이 처한 상황과 다른 사람들로 인한 좌절로 불만을 가질 수도 있답니다. 이런 좌절을 느꼈을 때 너무 빨리 포기하거나 쉽게 벗어나려는 유혹에 빠지지 않도록 하세요. 정신적으로 적당한 거리를 두고 인내심을 키우게 되면 자신감을 얻고 굉장한 성공을 거둘 수 있어요.

일과 적성

카리스마 넘치는 성격과 사람을 대하는 재능은 당신이 대중들과 함께 일하는 것을 즐길 줄 아는 사람임을 의미하지요. 설득력이 있고 자신의 이미지를 잘 알고 있기 때문에 판매와 홍보 혹은 광고 쪽 일을 할 수도 있습니다. 아니면 디자인과 패션 혹은 연기, 노래, 춤 등으로 자신을 표현하고 싶어 할 수도 있겠네요. 재치 있고 유머 감각이 뛰어나 사람들을 재미있게 해주며 사교 모임을 성공적으로 운영할 수도 있습니다. 가능한 한 많은 사람을 만나는 것을 좋아해서 직업적으로 최고의 자리에까지 오르고 출세할 수 있는 큰 조직이 더 잘 맞는답니다. 하지만 성공하려면 열심히 일하고 시작한 것은 잘 마무리 짓고 모든 일을 기한 안에 끝낼 수 있어야 하겠지요.

수비학으로 본 당신의 운세

밝고 야심 차며 인도주의적인 면은 19일에 태어난 사람들의 특성입니다. 결단력 있고 지략이 뛰어난 당신은 신중하면서도 인정이 많고 이상주의적인 몽상가이기도 합니다. 예민하지만 큰 인물이 되고 싶은 욕구는 당신에게 무대 중앙을 차지하고 열정을 보이라고 등을 떠밉니다. 종종 개인의 정체성을 공고히 하려는 강한 열망이 있네요. 그러려면 우선 또래 집단이 주는 압력을 이겨내야 합니다. 다른 사람들 눈에는 당신이 자신감이 넘치고 유연한 사람으로 보이겠지만 사실 당신은 내면의 긴장감으로 인해 감정 기복이 심하답니다. 탄생월 2의 영향을 받아 수용적이고 직관적이며 연극적인 성격을 지녔습니다. 격려를 받으면 잘 해내고 환경의 영향에 민감합니다. 예의 바르고 낭만적이어서 다른 사람의 감정을 세심하게 배려하고 마음을 쓰지요. 다정하고 사교적이며 사람을 대하는 재능이 있지만 때로는 변덕스러운 감정과 가만있지 못하는 성격 탓에 결점을 드러내기도 합니다. 당신 쪽에서 맞출 수도 있겠지만 다른 사람들이 당신의 의사 결정에 영향을 주지 않도록 하세요.

- ●장점 : 열정, 집중력, 창의력, 리더십, 행운, 진보적, 낙천적, 강한 신념, 경쟁력, 독립적, 사교적, 절제력
- ■단점 : 자기중심적, 근심함, 거절에 대한 두려움, 감정 기복, 물질만능, 이기주의, 조급증

연애와 인간관계

노는 것을 좋아하고 사람들과 잘 어울리는 당신은 인기가 있어 따르는 사람들도 많습니다. 하지만 당신의 따뜻한 마음과 헌신을 받을 자격이 없는 사람들을 걸러내기 위한 정확한 안목도 키울 필요도 있습니다. 배려 깊고 공감 능력이 뛰어나며 자신감이 넘치다 보니 사람들이 당신에게 조언과 지지를 요구할 수도 있습니다. 다만, 상대가 일방적으로 바라기만 할 수 있으니 누가 진정한 내 사람인지 분간할 수 있어야겠지요. 부드럽고, 사랑하는 사람들에게 잘 베풀며, 편견 없는 마음과 사람을 끄는 매력은 관계에 있어서 아주 큰 자산입니다.

당신에게 특별한 사람

연인이나 친구

1월 5, 9, 18, 19, 23일 / 2월 3, 7, 16, 17, 21일 / 3월 1, 5, 14, 15, 31일 / 4월 3, 12, 13, 29일 / 5월 1, 10, 11, 27, 29일 / 6월 4, 8, 9, 25, 27일 / 7월 6, 7, 23, 25, 31일 / 8월 4, 5, 21, 23, 29일 / 9월 2, 3, 19, 21, 27, 30일 / 10월 1, 17, 19, 25, 28일 / 12월 13, 15, 21, 24일

힘이 되어주는 사람

1월 1, 6, 17일 / 2월 4, 15일 / 3월 2, 13일 / 4월 11일 / 5월 9일 / 6월 7일 / 7월 5일 / 8월 3일 / 9월 1일 / 10월 31일 / 11월 29일 / 12월 27일

운명의 상대

8월 22, 23, 24, 25일

경쟁자

1월 2, 16일 / 2월 14일 / 3월 12일 / 4월 10일 / 5월 8일 / 6월 6일 / 7월 4일 / 8월 2일 / 12월 30일

소울메이트

1월 11, 31일 / 2월 9, 29일 / 3월 7, 27일 / 4월 5, 25일 / 5월 3, 23일 / 6월 1, 21일 / 7월 19일 / 8월 17일 / 9월 15일 / 10월 13일 / 11월 11일 / 12월 9일

이날 태어난 유명인

니콜라우스 코페르니쿠스(천문학자), 에이미 탄(작가), 리 마빈, 베니치오 델 토로(배우), 샘 김(가수)

물고기자리
PISCES

2월 20일 ~ 3월 20일

태양 : 물고기자리

지배 성좌 : 물고기자리/해왕성

위치 : 0° - 1°30′ 물고기자리

상태 : 변통궁

원소 : 물

항성 : 포말하우트, 사달멜리크

2월 20일

PISCES

사람들을 웃게 해주는 재치 만점 엔터테이너

매력적이고 사교적인 성향의 당신은 친근하고 수용적인 물고기자리 태생입니다. 타고난 세심함과 느긋함으로 전반적으로 사람들과 잘 지냅니다. 창의적이고 다재다능하지만 자신의 목표를 정확히 정하는 데는 어려움을 겪을 수도 있겠네요. 그렇지만 포부가 넘치고 결단력 있어 당신은 반드시 필요한 변화를 이끌어낼 것이며 진정한 자아를 발견하기 위해 멀리 여행을 떠날 수도 있답니다.

물고기자리 십분각에 위치한 태양의 영향력이 더해지면서 통찰력과 상상력뿐 아니라 직관력도 높아지며 이상주의적 본성이 더욱 깊어집니다. 자신의 예감을 믿게 되면 타인뿐 아니라 자신의 장단점도 알게 될 것입니다. 활기 넘치고 긍정적인 세계관이 당신의 진정한 자산이며 성실하기까지 하여 장애물이 있어도 충분히 극복할 수 있겠네요. 새로운 환경에도 쉽게 적응하는 사람이지만 틀에 박힌 것을 싫어하고 안주하지 않는 성향 탓에 자신이 처한 상황에 쉽게 불만을 가질 수도 있습니다.

당신의 인생에서 진보와 발전 뒤에는 종종 제자리걸음의 시기가 온다는 것을 명심하고 목전의 이해보다는 장기적인 투자를 통해서 새정적인 문제에 대비하세요. 성공과 보상은 대개 인내와 원칙을 충실히 고수할 때 따라오는 것이니 조급함이 오히려 근심과 불안을 야기하는 역효과를 가져온다는 사실을 명심해야 합니다.

이미지를 잘 인식하고 비전에 대한 감각이 뛰어나 종종 독창적인 발상이 넘쳐납니다. 좋은 본보기를 보았다 하면 거기에서 영감을 얻어 정신적 자극과 변화를 주는 이상적인 환경을 찾아 나서기도 하지요.

29세까지 당신의 태양이 물고기자리를 통과하면서 감수성과 감정이 풍부해집니다. 삶에서 이상적인 상황이나 관계 혹은 좀 더 마술적인 어떤 것을 찾고 있는 자신을 발견하게 될 것입니다. 30세부터 당신의 태양이 양자리에 들면 당신은 더욱 자신감이 붙고 야망이 커지게 됩니다. 새로운 모험을 시작하거나 다른 사람과의 관계에서 주도권을 잡을 수도 있겠네요. 60세가 되어 당신의 태양이 황소자리에 들면서 새로운 인생의 전환점을 맞습니다. 그때부터 인생의 속도를 늦추고 더 안정감 있는 생활과 재정적 안정에 대한 욕구가 생길 것입니다.

숨어 있는 자아

두뇌 회전이 빠르고 총명하여 재능이 많으니 혼란을 피하고 목표를 이루기 위해서는 의지를 다잡고 현실을 직시해야 할 필요가 있습니다. 하지만 일단 행동 방침을 정하고 나면 아주 결단력 있게 집중할 수 있습니다.

심리학자의 기질을 타고나 사람을 빠르게 간파하는 능력과 배움에 대한 욕구가 있습니다. 사교적이고 현명한 당신은 활발한 생활을 즐기고 다정하며 재치 있고 매력적입니다. 하지만 때로는 재정적인 문제로 실의에 빠질 수 있는데, 이는 다시 엄청난 사치로 이어질 수 있으니 조심하세요. 하지만 보편적이고도 인도주의적인 시각을 키우게 되면 물질적인 상황에서 한 걸음 떨어져 좀 더 편안해질 수 있답니다. 예지력을 타고나 종종 일이 벌어지기 전에 직감적으로 상황을 감지했을 때 더 잘 해내지요. 집중력을 유지하고 자기 인식을 개발함으로써 보다 현실적인 목표를 세우고 난관을 극복하여 놀라운 잠재력을 실현할 수 있습니다.

일과 적성

당신은 근면하지만 야망이 있는 사람이라 좀 더 발전할 수 있는 직업이 필요하겠네요. 두뇌가 명석하여 일반적으로 변화와 여행을 비롯한 활동적인 삶을 원합니다. 당신은 예민한 구석이 있어 일할 때 자기 마음에 드는 분위기가 필수입니다. 그래서 상사나 동료들과 사이가 좋지 않다면 아예 직장을 포기하고 다른 곳을 알아보겠네요. 그래도 다재다능하여 새로운 기술을 빨리 익히고 상황에 맞게 잘 적응하지요. 색채와 형태에 대한 안목이 있어 예술과 디자인에도 관심이 많습니다. 마찬가지로 리듬감과 감수성이 풍부하여 음악과 춤, 그리고 건강과 치유 관련 일에도 매력을 느낍니다. 사교성이 뛰어나고 무던한 성격 덕에 홍보 분야의 일에 성공할 수 있습니다. 또는 스포츠 분야에서의 경력은 경쟁하거나 가르치는 일을 하도록 영감을 주겠네요. 당신은 지루하게 반복되는 일보다는 상상력을 자극하는 일을 원합니다.

수비학으로 본 당신의 운세

20일에 태어난 당신은 직관적이고 섬세하며 이해심이 많고 종종 자신을 더 큰 집단의 일원으로 여깁니다. 그래서 평소 상호작용이 가능하고 경험을 공유하거나 다른 이들로부터 배울 수 있는 협력적인 관계를 즐깁니다. 매력적이고 부드럽기 때문에 사교술과 사람을 다루는 기술을 개발하면 다양한 계층의 사람들과 어려움 없이 잘 지낼 수 있겠네요. 하지만 다른 사람들의 행동과 비판적인 평가에 쉽게 상처받고 지나치게 의존하는 성향을 극복하기 위해서 자신감을 길러야 합니다. 당신은 조화롭고 편안한 분위기를 만들어내는 데 달인이네요. 탄생월 2의 영향을 받아 적응력이 뛰어나고 현실적입니다. 확실한 방법을 찾지 못하면 안정성에 대한 욕구가 강해지는 경향이 있습니다. 환경에 대한 민감성과 조화에 대한 애정은 당신이 중재자나 조정자로 활동하게끔 영감을 줍니다. 인내심을 키우고 자신의 직관을 믿게 되면 자기 불신을 극복하고 더 적극적인 성격으로 변할 수 있습니다.

- ●장점 : 사려 깊음, 좋은 파트너, 다정다감함, 재치, 수용적, 직관력, 조화로움, 유쾌함, 친화적
- ■단점 : 의심, 자신감 부족, 예민함, 감정적, 이기적, 쉽게 상처받음

연애와 인간관계

다정하고 사교적인 당신은 종종 관계에서 조화와 평화를 추구합니다. 당신에게 우정은 아주 중요하며, 당신을 즐겁게 해주고 지적으로 자극을 주는 사람들과 어울립니다. 타고난 엔터테이너로서 재치가 있어서 다른 사람을 웃게 만들며, 특히 당신이 좋아하는 사람들 앞에서 더 그렇습니다. 비록 한 사람에게 정착하더라도 변화와 다양성에 대한 욕구는 당신에게 여행을 하고 사회적 인맥을 넓혀가도록 영감을 줍니다.

연인이나 친구

1월 6, 10, 20, 24, 29일 / 2월 4, 8, 18, 27일 / 3월 2, 6, 16, 25, 28, 30일 / 4월 4, 14, 23, 26, 28, 30일 / 5월 2, 12, 21, 24, 26, 28, 30일 / 6월 10, 19, 22, 24, 26, 28일 / 7월 8, 12, 17, 20, 22, 24, 26일 / 8월 6, 15, 18, 20, 22, 24일 / 9월 4, 13, 16, 18, 20, 22일 / 10월 2, 11, 14, 16, 18, 20일 / 11월 4, 9, 12, 14, 16, 18일 / 12월 7, 10, 12, 14, 16일

힘이 되어주는 사람

1월 7, 13, 18, 28일 / 2월 5, 11, 16, 26일 / 3월 3, 9, 14, 24일 / 4월 1, 7, 12, 22일 / 5월 5, 10, 20일 / 6월 3, 8, 18일 / 7월 1, 6, 16일 / 8월 4, 14일 / 9월 2, 12, 30일 / 10월 10, 28일 / 11월 8, 26, 30일 / 12월 6, 24, 28일

운명의 상대

1월 25일 / 2월 23일 / 3월 21일 / 4월 19일 / 5월 17일 / 6월 15일 / 7월 13일 / 8월 11, 23, 24, 25, 26일 / 9월 9일 / 10월 7일 / 11월 5일 / 12월 3일

경쟁자

1월 3, 17일 / 2월 1, 15일 / 3월 13일 / 4월 11일 / 5월 9, 30일 / 6월 7, 28일 / 7월 5, 26, 29일 / 8월 3, 24, 27일 / 9월 1, 22, 25일 / 10월 20, 23일 / 11월 18, 21일 / 12월 16, 19일

소울메이트

1월 18일 / 2월 16일 / 3월 14일 / 4월 12일 / 5월 10, 29일 / 6월 8, 27일 / 7월 6, 25일 / 8월 4, 23일 / 9월 2, 21일 / 10월 19일 / 11월 17일 / 12월 15일

이날 태어난 유명인

시드니 포이티어(배우), 커트 코베인, 리한나(가수), 안셀 애덤스(사진작가), 로버트 알트만(영화감독), 손지창(배우), 장기하(가수), 기보배(양궁 선수)

태양 : 물고기자리

지배 성좌 : 물고기자리/해왕성

위치 : 1° 30′ - 2° 30′ 물고기자리

상태 : 변통궁

원소 : 물

항성 : 포말하우트, 사달멜리크

2월 21일

PISCES

현재를 즐기고 구속을 싫어하는 자유로운 영혼

현실적이면서도 상상력이 풍부한 당신은 자기표현 욕구가 강한 섬세한 물고기자리 태생입니다. 다재다능하고 창조적인 사람이라 어떤 사람이나 발상에 매력을 느끼면 쉽게 사로잡히고 열정적이 됩니다. 합리적인 관점을 지녀 종종 스스로 안전한 토대를 구축하는 일에 관심을 갖습니다. 하지만 제한적이고 지루한 일상은 당신의 변화무쌍한 기질과 잘 맞지 않습니다. 비록 얽매이는 것을 싫어하지만 필요할 때는 당신이 얼마나 적응력이 뛰어나고 체계적인 사람인지 보여줄 수 있답니다.

물고기자리 십분각에 위치한 태양의 영향력이 더해져 직관력에 수용성까지 갖추게 되며 사람의 마음을 읽어내는 능력으로 유행과 사회적 흐름을 잘 파악해냅니다. 리듬감이 뛰어나 음악을 듣는 귀와 춤추는 재능을 지녔습니다. 방향성이 없을 때는 또래 집단에 의해 좌지우지될 수도 있겠네요. 그러다 보니 혼자서 중심을 잡기보다는 대세를 따르거나 쉬운 돌파구로서 현실 도피를 선택할 수도 있어요.

운 좋게도 경제적으로 어려움은 없지만 일을 굉장히 중요시하기 때문에 근면과 혼신의 노력을 통해서 성공을 거두고 안정된 자리에 오릅니다. 당신은 성실하고 실무적인 사람이라 책임감이 강하네요. 자신의 임무를 수행할 때는 그것을 훌륭하게 해내고 싶어 하고 일에 대한 자부심이 있습니다.

28세까지 당신의 태양이 물고기자리에 들면서 감정 발달과 미래에 대한 꿈, 그리고 감수성이 강조됩니다. 29세에서 58세 사이에 양자리를 지나가는 태양의 영향으로 당신은 자기주장이 강해지며 적극적이고 모험적으로 살게 됩니다. 59세부터 당신의 태양이 황소자리에 들면 더욱 차분해지고 안정되며 아마 자연에 대한 흥미도 커질 것입니다. 또한 자리를 잡고 안정감을 느끼려는 욕구도 커집니다.

숨어 있는 자아

안정감과 안전을 갈망하는 실용적인 성향이긴 하지만 내면의 조급함을 극복하기 위해 엄청난 노력을 기울일 필요가 있습니다. 잠시도 가만있지 못하는 성격이라 그대로 두었다가는 현실을 회피하거나 감정 기복이 심해질 수 있겠네요. 하지만 풍부한 상상력이 창의적이고 실용적인 활동으로 연결된다면 당신은 최고의 생산성을 발휘하게 됩니다.

당신의 내면적 매력은 따뜻한 마음이네요. 행동과 자유, 그리고 모험에 대한 갈망은 다양하고 흥미진진한 인생을 살게 될 것을 암시합니다. 지금을 즐기고 현재를 가장 중요시하기 때문에 행복이 아주 가까이 있다고 믿습니다. 이상이 높고 선견지명이 뛰어나 창조적인 일과 다른 사람을 돕는 것을 통해서 꿈과 사랑에 대한 동경을 표현하지요. 아니면 책임감이 있는 완벽주의자여서 자부심을 가지는 일을 더 선호할 수도 있겠네요.

일과 적성

당신은 상식이 많고 삶에 실용적으로 접근하는 사람이지만 규칙적이고 단조로운 틀에 얽매이거나 제한받는 것을 싫어합니다. 섬세하고 상상력이 풍부해서 사람들에게 영감을 주는 한편 현실적이기도 하지요. 질서를 원하지만 자신이 무엇을 성취하고 싶은지 정확히 모르기 때문에 여러 다양한 것들을 시도해볼 수 있습니다. 만약 사업을 한다면 조직력으로 좋은 성과를 낼 수 있겠네요. 운 좋게도 당신이 성공을 위해 열심히 노력한다면 좋은 기회가 찾아올 것입니다. 사교적이고 외향적이라서 어떤 분야든 홍보 쪽에서 두각을 드러내며, 특히 패션, 예술, 디자인 분야에서 능력 발휘를 제대로 하겠네요. 훌륭한 리듬감은 음악이나 춤에서도 성공할 수 있다는 것을 암시하지요. 손재주가 좋아서 손으로 직접 물건을 만드는 것에도 관심이 있답니다.

수비학으로 본 당신의 운세

역동적인 추진력과 외향적인 성격은 21일에 태어난 사람들에게서 일반적으로 드러나는 특성입니다. 사교적인 성향으로 당신은 관심사가 다양하고 인맥이 두터우며 대체로 운이 좋습니다. 평소 사람들에게 친절하고 부드럽게 대합니다. 직관적이고 독립심이 강하며 창의력이 뛰어나고 독창적입니다. 숫자 21의 특성으로 노는 것을 좋아하고 사회적인 매력으로 사람들을 끌어당기지요. 그런가 하면 수줍어하며 내성적이기도 한데 가까운 관계에서는 자기주장을 내세울 필요도 있겠네요. 협력적인 관계나 결혼에 마음이 끌리기도 하지만 당신이 늘 원하던 것은 자신의 재능과 능력으로 인정받는 것입니다. 탄생월 2의 영향으로 완고하고 고집이 셀 수 있지만 환경과 또래 집단에게서 영향을 받습니다. 스스로를 신뢰하지 못하는 성향 탓에 에너지가 여기저기로 분산되어 자신을 위해 마련된 엄청난 기회인데도 충분히 활용하지 못합니다. 활동에 대한 욕구가 있으니 자신을 표현할 방법을 찾아야 할 것입니다. 안정되면서도 흥미진진한 직업을 찾는다면 영적으로도 감정적으로도 영감을 얻을 것입니다.

- ●장점 : 영감, 창의력, 조화를 사랑, 오래 지속되는 관계
- ■단점 : 의존적, 감정 통제 결여, 비전 없음, 실의, 변화에 대한 두려움

연애와 인간관계

사교적이고 다정한 당신은 사회적 활동과 사교 모임을 즐깁니다. 풍부한 감정과 세심한 마음 씀씀이로 사랑을 아주 많이 베풉니다. 하지만 마음이 제대로 전달되지 않으면 기분이 상하거나 토라지기도 해요. 진정으로 함께하고 싶은 사람이 누구인지 확신을 얻기 위해서 시간을 갖고 여유롭게 행동하는 법을 배워야 합니다. 누군가를 반드시 도와야 한다거나 자신을 희생해야 한다는 생각에 빠지지 않도록 조심하세요. 행복해지기 위해서 자신을 흥미롭게 해주고 관대한 상대를 원할 수도 있겠지만 동시에 당신에게 안정감도 줄 수 있어야 합니다.

당신에게 특별한 사람

연인이나 친구

1월 7, 11, 16, 22일 / 2월 5, 9, 20일 / 3월 3, 7, 18, 31일 / 4월 1, 5, 16, 29일 / 5월 3, 14, 16, 27, 29일 / 6월 1, 6, 12, 25, 27일 / 7월 4, 10, 13, 23, 25일 / 8월 8, 21, 23, 31일 / 9월 6, 19, 21, 29일 / 10월 4, 17, 19, 27, 30일 / 11월 2, 5, 15, 17, 25, 28일 / 12월 13, 15, 23, 26일

힘이 되어주는 사람

1월 8, 14, 19일 / 2월 6, 12, 17일 / 3월 4, 10, 15일 / 4월 2, 8, 13일 / 5월 6, 11일 / 6월 4, 9, 28일 / 7월 2, 7일 / 8월 5일 / 9월 3일 / 10월 1, 29일 / 11월 18, 27일 / 12월 25, 29일

운명의 상대

8월 24, 25, 26, 27일

경쟁자

1월 9, 18, 20일 / 2월 7, 16, 18일 / 3월 5, 14, 16일 / 4월 3, 12, 14일 / 5월 1, 10, 12일 / 6월 8, 10일 / 7월 6, 8, 29일 / 8월 4, 6, 27일 / 9월 2, 4, 25일 / 10월 2, 23일 / 11월 21일 / 12월 19일

소울메이트

1월 9일 / 2월 7일 / 3월 5일 / 4월 3일 / 5월 1일 / 10월 30일 / 11월 28일 / 12월 26일

이날 태어난 유명인

니나 시몬(가수), 앨런 릭먼, 엘런 페이지(배우), 위베르 드 지방시(패션 디자이너), 아나이스 닌(작가), W. H. 오든(시인), 샘 페킨파(영화감독), 박수근(화가), 서태지(가수), 김하늘, 박은혜, 강하늘(배우)

| 태양 : 물고기자리 |
| 지배 성좌 : 물고기자리/해왕성 |
| 위치 : 2°30′ - 3°30′ 물고기자리 |
| 상태 : 변통궁 |
| 원소 : 물 |
| 항성 : 포말하우트, 사달멜리크, 데네브 아디게 |

2월 22일

PISCES

어디로 튈지 모르는 예측 불허의 매력과 창의적인 재능

당신은 매우 직관적이고 삶에 대한 독특한 관점을 지닌 물고기자리 태생입니다. 상상력이 풍부하고 수용적이며 창조적인 접근법으로 문제를 해결해나갑니다. 이는 당신이 진정한 천재로, 영감을 주는 순간을 경험할 줄 아는 실용주의자임을 의미합니다.

물고기자리 십분각에 위치한 태양의 영향력이 더해져 민감성과 초자연적 지각력은 강화되고, 사회적 흐름이나 유행뿐 아니라 자신을 둘러싼 새로운 변화를 감지할 수 있습니다. 명상적인 기질이 있지만 당신의 발상이 때로 시대를 앞서가 다른 사람들에게 받아들여지지 않을 수도 있습니다. 방향성이 없으면 또래 집단의 영향을 받기 쉬우므로 혼자서 중심을 잡지 못하고 대세를 따르거나 현실 도피를 선택할 수도 있어요.

때때로 당신은 어디로 튈지 모르는 예측불허의 사람이지만 순발력 넘치는 재치와 창의적인 재능은 다른 사람에게 아주 매력적으로 보인답니다. 또한 다재다능하여 여러 가지 관심사와 특이한 취미를 갖고 있지요. 자신을 표현하지 못하게 되면 실의에 빠지고 결정을 내리지 못해 에너지가 이리저리로 분산될 수 있습니다. 보통은 유쾌하고 다정한 관점을 보여주지만 재정적인 문제를 논의할 때는 더 진지해지는 면이 있습니다.

27세까지는 당신의 태양이 물고기자리를 이동하면서 감수성과 사람들과의 감정적 교감이 부각됩니다. 28세에서 57세 사이에는 당신의 태양이 양자리를 통과합니다. 이 영향으로 새로운 국면을 맞아 더욱 결단력 있고 활기가 넘치게 되며 이는 새로운 모험에 대한 강렬한 열망으로 이어집니다. 58세 이후에 당신의 태양이 황소자리에 들면서 당신은 자리를 잡고 안정감을 느끼고 싶은 욕구가 커지며 감정적으로도 차분하고 편안해지기를 원합니다.

숨어 있는 자아

책임감이 있고 가정적이며 내면의 평화를 원합니다. 때로는 곁에 있는 사람들을 위해 기꺼이 희생을 감내하지만, 깊은 사랑과 애정이 있어도 감정의 노예가 되는 일은 거의 없습니다. 너무 많은 책임을 지게 되거나 자신의 일이 아닌 문제를 떠맡게 되면 불안해하는 경향이 있습니다. 높은 이상과 조화에 대한 열망은 사회적으로든, 창조적인 활동 혹은 대의를 위한 투쟁으로든 자신을 표현하도록 영감을 줄 것입니다.

타고난 사업 감각과 사람들을 이끄는 능력으로 높은 지위에 오르는 일이 많습니다. 관찰력과 통찰력을 겸비하고 있어 가치에 대한 감각이 탁월하고 종종 지략을 뽐냅니다. 협상과 평가 기술로 사람들에게 깊은 인상을 줄 수 있지만, 현실에 안주하느라 이상을 버리는 일은 없도록 조심하세요. 자부심 있고 열정적인 당신은 뭐든지 빠르게 습득하여 자신의 관심사와 창의적인 시도를 성공적인 사업 아이템으로 쉽게 전환할 수 있답니다.

일과 적성

창의적이고 총명한 데다가 올바른 마음가짐과 뛰어난 상상력, 그리고 훌륭한 조직력을 갖추었습니다. 다정하고 사교성을 타고나 사람을 상대하는 직업에서 능력을 인정받을 수 있습니다. 또한 뛰어난 소통 능력을 지녀 저술 활동이나 홍보 쪽에서도 성공을 거둘 수 있겠네요. 아주 예민한 구석이 있지만 사업 감각을 타고나 상업에서도 성공할 것입니다. 보통 영감을 받으면 최고치로 일할 수 있으니 관심이 사그라지지 않도록 끊임없이 자신의 일을 평가해야 합니다. 천성적으로 철학이나 남을 돕는 일에 관심이 있어 성직자나 사회 개혁, 정치, 의료계에 매력을 느끼지요. 혹은 타고난 리듬감은 당신이 음악을 들을 줄 아는 귀와 춤에 소질이 있다는 것을 암시합니다. 자기표현에 대한 강한 열망은 음악과 연극 쪽에서 성공을 안겨주겠네요.

수비학으로 본 당신의 운세

22일에 태어난 당신은 자부심이 있고 실용적이며 직관이 매우 뛰어납니다. 22는 마스터 숫자로, 22나 4 모두에 울림을 줄 수 있습니다. 당신은 정직하고 근면하며 카리스마 넘치는 성격으로 사람들을 깊이 이해하는 타고난 리더입니다. 비록 자신의 감정을 잘 드러내지는 않지만 다른 사람의 행복을 지켜주는 데 관심을 보입니다. 탄생월 2의 영향은 당신이 완벽주의자이면서 인도주의자이지만 현실적인 목표를 가질 필요가 있음을 드러냅니다. 친절을 베풀 가치가 없는 사람들을 위해 자신을 희생하지 마세요. 탄생월 2의 영향을 받아 결단을 내리지 못하고 약해져 있을 때 자기 주변에 보호막을 만들 수 있습니다. 사랑하는 사람들과 더 잘 지내고 싶다면 지나치게 예민하거나 비판적으로 굴지 마세요. 조화를 사랑하며 내적인 평화를 갈망하는 마음은 당신이 인정 많은 이상주의자임을 의미합니다.

- ●장점 : 보편적, 지도력, 직관력, 실용적, 현실성, 손재주, 능숙함, 솜씨, 조직력, 현실주의자, 문제 해결사, 성취력
- ■단점 : 일확천금을 노림, 신경과민, 위세 부림, 물질만능주의, 비전 결여, 나태함, 이기적

연애와 인간관계

지나치게 이상주의적인 당신은 사랑에 대한 기준이 높아서 상대가 당신의 기대치를 맞추기가 어려울 수 있습니다. 하지만 공감을 잘하고 친절하기 때문에 사랑하는 사람을 위해서 희생하는 타입입니다. 마음에서 우러나 행동하고 베풀기도 하지만 자기만의 욕구에 너무 집중하다 보면 자칫 차갑거나 거리를 두는 것처럼 느껴질 수 있답니다. 그러니 예민하게 반응하기보다는 평정심을 유지하면서 긍정적으로 보이는 게 중요합니다. 창의적이고 다재다능하여 사람들과 함께하는 것을 즐기고 일과 놀이를 함께하는 재능이 있습니다. 친구와 파트너에게 충실하고 지원도 아끼지 않네요.

당신에게 특별한 사람

연인이나 친구

1월 4, 8, 22, 26일 / 2월 6, 20, 24일 / 3월 4, 18, 22일 / 4월 2, 16, 20, 30일 / 5월 14, 18, 28, 30일 / 6월 12, 16, 26, 28, 29일 / 7월 10, 14, 24, 26일 / 8월 8, 12, 22, 24일 / 9월 6, 10, 20, 22, 30일 / 10월 4, 8, 18, 20, 21, 28일 / 11월 2, 6, 16, 18, 26일 / 12월 4, 14, 16, 24일

힘이 되어주는 사람

1월 9, 20일 / 2월 7, 18일 / 3월 5, 16, 29일 / 4월 3, 14, 27일 / 5월 1, 12, 25일 / 6월 10, 23일 / 7월 8, 21일 / 8월 6, 19일 / 9월 4, 17일 / 10월 2, 15, 30일 / 11월 13, 28일 / 12월 11, 26, 30일

운명의 상대

1월 27일 / 2월 25일 / 3월 23일 / 4월 21일 / 5월 19일 / 6월 17일 / 7월 15일 / 8월 13, 25, 26, 27일 / 9월 11일 / 10월 9일 / 11월 7일 / 12월 5일

경쟁자

1월 2, 10, 19일 / 2월 8, 17일 / 3월 6, 15일 / 4월 4, 13일 / 5월 2, 11일 / 6월 9일 / 7월 7, 30일 / 8월 5, 28일 / 9월 3, 26일 / 10월 1, 24일 / 11월 22일 / 12월 20, 30일

소울메이트

1월 15일 / 2월 13일 / 3월 11일 / 4월 9일 / 5월 7일 / 6월 5일 / 7월 3일 / 8월 1일 / 10월 29일 / 11월 27일 / 12월 25일

이날 태어난 유명인

드루 베리모어(배우), 제임스 블런트(가수), 루이스 부뉴엘(영화감독), 조지 워싱턴(미국 초대 대통령), 하인리히 루돌프 헤르츠(물리학자), 김창완(가수), 이나영, 최다니엘, 한효주(배우)

| 태양 : 물고기자리 |
| 지배 성좌 : 물고기자리/해왕성 |
| 위치 : 3°30′ – 4°30′ 물고기자리 |
| 상태 : 변통궁 |
| 원소 : 물 |
| 항성 : 포말하우트, 데네브 아디게 |

2월 23일

PISCES

권력과 명성을 갈망하는 야심가이자 예지력 있는 이상주의자

당신은 파트너십과 협력을 통해 성공을 거머쥘 수 있는 수용적이고 열정적이며 친절하고 활동적인 물고기자리 태생입니다. 안절부절못하는 성격이지만 당신의 삶은 사회적 활동을 지향하고 있으며, 사람들과 관련한 경험을 통해 발전해나갑니다.

물고기자리 십분각에 위치한 태양의 영향력이 더해져 수용 능력이 더욱 커지고 특유의 육감으로 곁에 있는 사람들의 기분을 잘 알아차리지요. 섬세하고 상상력이 풍부하며 재정적 보상을 가져다주는 사업 수완과 아이디어도 갖고 있네요. 리듬감이 있어 음악을 들을 줄 알고 춤에 대한 재능도 타고났습니다. 방향성이 결여되면 또래 집단의 영향을 받기 쉬워 혼자서 중심을 잡기보다는 대세를 따르거나 쉬운 돌파구로서 현실 도피를 선택할 수도 있네요.

포부가 넘치고 다재다능한 당신은 사업과 즐거움을 융합하는 능력이 있으며, 이는 곧 당신이 네트워킹에 능하다는 의미지요. 또한 이를 바탕으로 사회 여러 계층의 사람들과 어울리는 법도 배울 수 있답니다. 당신은 과감한 결단력을 보여주는 사람으로, 목표와 아이디어에 영감을 받으면 굉장한 힘을 발휘합니다. 성공하려는 열망이 강하지만 세심하고 상상력이 풍부하며 이상주의적인 측면이 있으니, 삶에서 균형을 찾고 돈이 부족할지도 모른다는 근거 없는 걱정은 씻어낼 필요가 있답니다.

26세까지는 당신의 태양이 물고기자리를 통과하면서 감수성과 감정이 두드러집니다. 이상적인 상황이나 관계 혹은 삶에서 좀 더 멋진 어떤 것을 찾을 수도 있네요. 27세부터는 당신의 태양이 양자리에 들면서 더욱 자신감 넘치고 적극적이며 야망이 커지기 시작하지요. 그래서 새로운 모험을 시작하거나 다른 사람들과의 관계에서 주도권을 쥐게 될 수도 있어요. 57세가 되어 당신의 태양이 황소자리에 들면 인생의 새로운 전환점을 맞습니다. 이때부터는 삶의 속도를 늦추게 되고 좀 더 편안한 삶과 재정적인 안정을 원하게 됩니다.

숨어 있는 자아

당신은 예지력이 있고 이상주의적인 한편 돈과 권력, 명성을 갈망하는 야심 차고 의욕이 넘치는 사람입니다. 근면하고 계획을 체계적으로 실행할 능력을 갖췄지만 쉽게 싫증을 내는 성향 탓에 재정적 보상이나 즉각적인 수익이 없으면 계획을 포기하고 더 전망 있는 쪽으로 눈을 돌립니다. 하지만 노력 없이는 적절한 보상을 기대할 수 없다는 사실을 본능적으로 잘 알고 있지요.

리더십과 인정받고 싶은 욕구로 보건대 당신은 보편적인 기준으로 사고하는 사람입니다. 머리로는 조화를 갈망하고 새로운 시작을 즐기지만 불안하고 초조해지지 않도록 조심해야 합니다. 너그럽고 다재다능한 당신은 인내심과 지략이 풍부하며 현실적인 목표를 세우고 싶어 합니다. 낭비벽이 있어 때로는 과소비할 수도 있지만 돈과 안전에 대한 욕구는 당신이 진취적이고 새로운 기회를 포착하도록 동기를 부여합니다.

일과 적성

상상력이 풍부하고 다정한 성격을 지녀 사람을 상대하는 직업에서 반드시 성공할 수 있습니다. 인정받고 싶은 욕구는 당신이 속한 전문 분야에서 선두에 서게끔 채찍질합니다. 자신이 믿는 아이디어나 대의를 사람들에게 납득시키는 특별한 기술을 보유하고 있어 특히 홍보나 협상 분야에서 성공하겠네요. 수출입 혹은 여행 등 외국과 관련한 직업을 가져도 잘 해낼 수 있습니다. 혼자서 일하는 게 성향에 맞지만 팀을 이루어 일해도 훌륭하게 자기 몫을 다할 수 있답니다. 사업 감각과 함께 색채, 소리, 그리고 형태에 대한 감각 또한 타고나 예술, 연극 혹은 뮤지컬 산업에 종사할 수도 있겠네요. 일단 하나의 프로젝트에 전념하면 완벽한 결단력을 보여주는 당신은 예리한 사업 감각과 조직력으로 어떤 직업을 선택하든 성공을 거머쥘 것입니다.

수비학으로 본 당신의 운세

직관적이고 감정적으로 섬세하며 창의적인 당신은 다재다능하고 두뇌 회전이 빠르며 프로페셔널한 태도를 지녔습니다. 23일에 태어난 당신은 창의적인 에너지가 넘쳐나 여행과 모험, 그리고 새로운 사람을 만나는 것을 좋아하지요. 23이라는 숫자의 영향으로 가만있지 못하는 성향이어서 다양한 경험을 하고 또 상황에 쉽게 적응할 수도 있답니다. 노는 것을 좋아하며 용기와 열정을 갖추고 있어 자신의 진정한 잠재력을 발현하기 위해 활동적인 삶을 추구하겠네요. 탄생월 2의 영향으로 타인과의 협동을 즐기지만 차분히 혼자만의 시간을 가지며 마음을 다잡는 것도 좋아하지요. 자신의 능력을 믿고 다양한 주제를 탐구하여 지평을 넓혀감으로써 많은 것을 얻습니다. 고요와 평화에 대한 욕구는 자기 본연의 생각과 특별한 재능을 표현하도록 영감을 줄 수 있습니다.

- ●장점 : 충실함, 책임감, 여행, 의사소통, 직관력, 창의력, 다재다능함, 신뢰감, 명성
- ■단점 : 이기적, 불안정, 완고함, 고집불통, 트집 잡기, 편견

연애와 인간관계

사회생활에 적극적이며 친구가 많습니다. 당신에게는 인간관계가 중요하기 때문에 관계를 잘 유지하기 위해서 노력을 아끼지 않습니다. 신념이 확고한 당신은 자신의 강한 성격에 겁먹지 않고 옆에 있어줄 파트너를 원하지요. 대체적으로 친절하고 느긋하지만 정신적인 도전과 논쟁을 즐기기도 합니다. 비록 정신력이나 강한 개성에 끌리지만 정신적으로 타인을 지배하려 들거나 또는 반대로 누군가에게 지배를 받는 사람이 되지 않도록 조심하세요. 그럼에도 불구하고 친절하고 이해심이 많기 때문에 좋아하는 사람들에게 아주 관대하고 사랑하는 사람들을 위해서는 어떤 고생도 마다하지 않는답니다.

당신에게 특별한 사람

연인이나 친구

1월 3, 23일 / 2월 11, 21, 25일 / 3월 9, 19, 28, 31일 / 4월 7, 17, 26, 29일 / 5월 5, 15, 24, 27, 29, 31일 / 6월 3, 13, 22, 25, 27, 29일 / 7월 1, 11, 15, 20, 23, 25, 27, 29일 / 8월 9, 18, 21, 23, 25, 27일 / 9월 7, 16, 19, 21, 23, 25일 / 10월 5, 14, 17, 19, 21, 23일 / 11월 3, 7, 12, 15, 17, 19, 21일 / 12월 1, 10, 13, 15, 17, 19일

힘이 되어주는 사람

1월 3, 4, 10, 21일 / 2월 1, 2, 8, 19일 / 3월 6, 17, 30일 / 4월 4, 15, 28일 / 5월 2, 13, 26일 / 6월 11, 24일 / 7월 9, 22일 / 8월 7, 20일 / 9월 5, 18, 24일 / 10월 3, 16, 22, 31일 / 11월 1, 14, 29일 / 12월 12, 27일

운명의 상대

1월 22, 28일 / 2월 20, 26일 / 3월 18, 24일 / 4월 16, 22일 / 5월 14, 20일 / 6월 12, 18일 / 7월 10, 16일 / 8월 8, 14, 26, 27, 28, 29일 / 9월 6, 12일 / 10월 4, 10일 / 11월 2, 8일 / 12월 6일

경쟁자

1월 11, 20일 / 2월 9, 18일 / 3월 7, 16일 / 4월 5, 14일 / 5월 3, 12, 30일 / 6월 1, 10, 28일 / 7월 8, 26, 31일 / 8월 6, 24, 29일 / 9월 4, 22, 27일 / 10월 2, 20, 25일 / 11월 18, 23일 / 12월 16, 21일

소울메이트

1월 26일 / 2월 24일 / 3월 22, 30일 / 4월 20, 28일 / 5월 18, 26일 / 6월 16, 24일 / 7월 14, 22일 / 8월 12, 20일 / 9월 10, 18일 / 10월 8, 16일 / 11월 6, 14일 / 12월 4, 12일

이날 태어난 유명인

피터 폰다, 켈리 맥도널드, 다코타 패닝(배우), 빅터 플레밍(영화감독), 조니 윈터(기타리스트), 이효석(작가), 정찬, 정유미(배우)

태양 : 물고기자리

지배 성좌 : 물고기자리/해왕성

위치 : 4˚30′ – 5˚30′ 물고기자리

상태 : 변통궁

원소 : 물

항성 : 포말하우트, 데네브 아디게

*2*월 *24*일

PISCES

새로운 시작을 즐기는 개척자

물고기자리 태생인 당신은 의욕이 넘치고 상상력이 풍부할 뿐 아니라 수용적이며 독립적인 성격을 타고났습니다. 이상주의자여서 감정이 풍부하고 열심히 일하고자 하는 의욕이 넘치며, 사랑하는 사람들을 잘 감싸주고 아주 부드럽게 대할 수 있는 사람입니다. 사랑스럽고 품위 있으며 삶에 현실적으로 접근하는 당신은 높은 이상과 더불어 돈과 고급스러운 것에 대한 실재적인 열망이 뒤섞여 있다 보니 양단 사이에서 갈팡질팡할 수 있겠네요. 하지만 당신에게 영감을 주면서 동시에 재정적인 이득을 가져다주는 대의를 찾게 되면 강렬한 감정에 압도되는 것을 극복할 수 있답니다.

지배 성좌인 물고기자리 십분각에 위치한 태양의 영향력이 더해져 직관력이 커지지만, 가끔은 감정 기복이 심해져서 잠시도 가만있지 않고 안절부절못할 수 있습니다. 두뇌가 명석하고 새로운 경향과 아이디어를 수용할 줄 알기 때문에 사회 개혁을 두 손 들고 환영할 수도 있겠네요. 대개는 상상력이 풍부하고 사색적이지만 천성적인 불안감은 때때로 사람들과의 불화를 초래하기도 합니다. 방향성이 결여되면 또래 집단의 압력에 영향을 받기 쉬워 혼자서 중심을 잡기보다는 내세를 따르거니 쉬운 돌파구로서 현실도피를 선택할 수도 있네요.

새로운 시작을 즐기므로 개척자가 되는 것이 이상적입니다. 그러니 타성에 젖거나 참을성 없는 성격은 고치는 게 좋아요. 스스로를 믿는 한 허튼짓하지 않게 되고 독창적인 아이디어와 직관은 성공을 보장해줄 것입니다.

25세가 될 때까지 당신의 태양이 물고기자리를 통과하면서 미래를 향한 꿈뿐만 아니라 감정적 발달과 직관이 더욱 두드러집니다. 26세에서 55세 사이에 당신의 태양이 양자리를 지나면서 당신은 자기주장을 발전시키고 모험적이고 활동적인 것을 즐기게 됩니다. 그러므로 이 시기는 프로젝트를 시작하거나 리더십에 열중하고 맺고 있는 관계에 더욱 솔직해지는 법을 배우기에 적절한 때입니다. 56세 이후에 당신의 태양이 황소자리에 들어가면서 당신은 더 차분하고 한결같아지며 어쩌면 자연에 대한 관심이 커질 수도 있겠네요. 또한 자리를 잡고 안정감을 느끼고 싶은 욕구도 커집니다.

숨어 있는 자아

매력적이고 협동심이 강해서 사람들을 사귀는 것을 좋아하며 대체로 카리스마 넘치는 성격을 갖고 있네요. 네트워커로서 당신은 적절한 관계를 맺고 일과 즐거움을 융합할 수 있는 능력을 지녔습니다. 상상력이 풍부하고 독창적이며, 경영 능력을 겸비한 훌륭한 전략가이기도 하지요. 새로운 프로젝트와 아이디어에 마음을 뺏기면 엄청난 에너지와 투지로 타고난 열정을 드러냅니다. 직관력과 사업 감각이 뛰어나 미리 재정적인 기회를 포착할 수 있으며 대개 돈을 벌 수 있는 탁월한 아이디어들을 많이 지녔습니다.

때로 당신은 다른 사람 위에 군림하려 들 수 있지만 결국 다른 사람들과 일하는 능력은 사교술과 협상력을 어떻게 활용하는지에 달려 있다는 것을 압니다. 개인적인 관계들은 당신 자신을 비춰보는 거울이자 당신의 강력한 사랑과 감정을 표현하는 방편을 제공해주기도 하기 때문에 아주 중요합니다.

2월 24일

일과 적성

강한 열망과 동기는 당신이 물질주의 성향이 있는 이상주의자임을 암시합니다. 당신은 직관적이고 수용적이라서 사람들을 대하는 재능이 탁월하며, 재정적 조언자이자 중재자 혹은 협상가로 활동할 수 있습니다. 더욱이 새로운 시작이나 도전에 능하고 기회나 재능 있는 사람들을 발굴하는 특별한 능력도 지녔습니다. 상상력이 풍부하고 색채와 형태에 대한 감각이 뛰어나 인테리어 디자인이나 스타일링을 통해서 자신을 표현할 수도 있겠네요. 아니면 운명을 개척하기 위해 모험정신을 발휘할 수도 있습니다. 즉 삶의 다양한 방식을 경험해보려고 먼 곳으로 여행을 떠날 수도 있지요. 아니면 재능이 많고 개성적인 사람이니 작가나 배우 혹은 화가로서 창작의 세계에서 직업을 찾을 수도 있겠네요.

수비학으로 본 당신의 운세

생일 숫자 24의 정서적 감수성은 당신이 조화와 질서를 확립해야 할 필요성을 암시합니다. 대개 정직하고 믿음직스러우며 안전을 중요하게 여기기 때문에 파트너의 사랑과 지지를 원하며 자신과 가족을 위해 탄탄한 기초를 구축하는 것을 좋아합니다. 삶에 대한 실용적인 접근은 당신에게 탁월한 사업 감각과 물질적 성공을 거둘 수 있는 능력을 선사하지요. 24일에 태어난 당신은 불안정한 시기를 이겨내야 하며, 완고하고 고정관념에 빠지는 성향을 극복해야만 합니다. 탄생월 2의 영향을 받아 사람들과 상호작용하기를 좋아하는 네트워커로서 집단의 노력에 협력하거나 중재자 역할을 할 수도 있겠네요. 효율적이고 결단력 있으며 훌륭한 조직적 역량도 갖추었습니다. 그러므로 성공을 이루기 위해 당신에게 필요한 것은 오로지 자기 수양과 성공에 대한 갈망뿐입니다. 사람을 보는 눈이 있으니 자신의 직관을 믿는 법을 배우세요. 의욕을 잃는다면 안절부절 못하고 에너지가 분산될 수 있습니다.

- 장점 : 에너지, 이상주의자, 실용적 기술, 강한 결단력, 정직, 솔직함, 공정, 관대함, 가정적, 활동적, 열정
- 단점 : 물질만능주의, 자린고비, 불안정, 반복적인 일상을 싫어함, 나태, 불성실, 위압적, 고집, 복수심

연애와 인간관계

매력적이고 다정한 당신은 보통 활동적인 생활과 새로운 사람들을 만나는 것을 즐깁니다. 하지만 쉽게 싫증을 내는 성향 때문에 당신을 긴장시키고 계속해서 관심을 가져주는 누군가가 필요하지요. 당신 못지않게 열심히 일하는 강력한 파트너가 이상적입니다. 사랑과 애정에 대한 강한 열망은 결국 당신이 정착하고 자신에게 집중하도록 만들어줍니다. 여유를 가지고 잘 맞는 친구와 파트너를 선택한다면 사랑과 관계에서 좀 더 느긋해질 수 있습니다.

연인이나 친구

1월 14, 24, 31일 / 2월 12, 22, 29일 / 3월 10, 20, 27일 / 4월 8, 18, 25일 / 5월 6, 16, 23, 30일 / 6월 4, 14, 18, 21, 28, 30일 / 7월 2, 12, 16, 19, 26, 28, 30일 / 8월 10, 17, 24, 26, 28일 / 9월 8, 15, 22, 24, 26일 / 10월 6, 13, 20, 22, 24, 30일 / 11월 4, 8, 11, 18, 20, 22, 28일 / 12월 2, 9, 16, 18, 20, 26, 29일

힘이 되어주는 사람

1월 5, 22, 30일 / 2월 3, 20, 28일 / 3월 1, 18, 26일 / 4월 16, 24일 / 5월 14, 22일 / 6월 12, 20일 / 7월 10, 18, 29일 / 8월 8, 16, 27, 31일 / 9월 6, 14, 25, 29일 / 10월 4, 12, 23, 27일 / 11월 2, 10, 21, 25일 / 12월 9, 19, 23일

운명의 상대

1월 12일 / 2월 10일 / 3월 8일 / 4월 6일 / 5월 4일 / 6월 2일 / 8월 27, 28, 29, 30일

경쟁자

1월 16, 21일 / 2월 14, 19일 / 3월 12, 17, 30일 / 4월 10, 15, 28일 / 5월 8, 13, 26일 / 6월 6, 11, 24일 / 7월 4, 9, 22일 / 8월 2, 7, 20일 / 9월 5, 18일 / 10월 3, 16일 / 11월 1, 14일 / 12월 12일

소울메이트

1월 25일 / 2월 23일 / 3월 21일 / 4월 19일 / 5월 17일 / 6월 15일 / 7월 13일 / 8월 11일 / 9월 9일 / 10월 7일 / 11월 5일 / 12월 3, 30일

물고기자리

이날 태어난 유명인

윈슬로 호머(화가), 제임스 파렌티노, 에드워드 제임스 올모스, 아베 비고다(배우), 스티브 잡스(기업인), 개리(가수), 박정아(배우)

태양 : 물고기자리

지배 성좌 : 물고기자리/해왕성

위치 : 5° - 6° 30′ 물고기자리

상태 : 변통궁

원소 : 물

항성 : 포말하우트, 데네브 아디게

2월 25일

PISCES

사회적 흐름과 트렌드를 빠르게 파악하는 유행의 선도자

섬세함과 정신력은 당신이 특별한 물고기자리 태생임을 나타냅니다. 영감과 상상력이 풍부한 당신은 독립적이고 자기 관리가 철저하며 표현이 확실한 사람입니다. 직관력이 있으면서도 이성적이어서 지식이 지닌 힘을 깨닫고 타고난 안목을 활용하여 자신의 지적 능력을 최대한 끌어올립니다. 많은 재능을 갖고 있음에도 당신의 문제는 성취력이 부족하다는 것입니다. 배려심이 많고 신중하지만 인습에 얽매이지 않는 면 때문에 다른 사람들 눈에는 당신이 자신감 넘치고 확신에 찬 것처럼 보이지요.

물고기자리 십분각에 위치한 태양의 영향력이 더해져 영매의 능력을 지녔으며 깊은 사고를 합니다. 그 덕에 분석력이 뛰어나며 사회적 흐름과 유행뿐 아니라 당신을 둘러싼 주변의 변화를 잘 알아차립니다. 또한 사람과 상황에 대한 독특한 통찰력을 보이지만 동시에 혼란과 자기 의심의 시기를 겪을 수도 있으니 조심하세요.

방향성이 결여되면 또래 집단의 압력에 영향을 받기 쉬워 혼자서 중심을 잡기보다는 대세를 따르거나 쉬운 돌파구로서 현실 도피를 선택할 수도 있어요. 당신은 목표 지향적인 성격이라서 때때로 지나치게 비판적이거나 자신에게 엄격합니다. 자신의 직관을 믿는 법을 배우면 독창적인 관점이 발달할 기회를 잡을 수 있을 겁니다. 공적으로든 취미로든 배움은 당신의 잠재력을 최대한 끌어내줄 핵심 열쇠입니다.

24세까지 당신의 태양이 물고기자리를 이동하면서 감수성과 다른 사람과의 감정적 교류가 중요해집니다. 25세에서 54세 사이에는 당신의 태양이 양자리를 통과합니다. 이 영향으로 좀 더 적극적이고 결단력이 강해지며 의욕이 넘치게 되는데, 이는 새로운 모험에 대한 강렬한 열망으로 이어질 수도 있겠네요. 55세 이후에 당신의 태양이 황소자리에 들어가면 자리를 잡고 물질적으로 안정감을 느끼고자 하는 욕구가 커지고 동시에 좀 더 조용하고 편안한 삶을 원하게 됩니다.

숨어 있는 자아

당신은 강하고 결단력 있으며 한편으로는 신비롭고 애교 있는 상반된 성격이 재미있게 뒤섞여 있습니다. 똑똑하고 관찰력이 뛰어난 데다가 재치 있고 신랄한 말솜씨까지 갖추고 있으며, 다른 사람의 심리를 꿰뚫어보는 예리한 통찰력도 지녔습니다. 성실한 이상주의자로서 확신을 가지고 기꺼이 불의에 맞서 싸웁니다. 그렇지만 권력과 돈, 명예에 대한 열망 또한 성취 동기로 작용합니다.

당신은 독립적인 성향이지만 최선의 결과를 내기 위해서 다른 사람들과 협력하고 공유하는 일의 가치를 잘 알고 있습니다. 때로는 놀라운 결단력으로 상황을 잘 견뎌냅니다. 하지만 권위 있는 사람과의 파워 게임에서 지나치게 에너지를 소모할 수 있으니 다른 사람 밑에서 일하는 자리는 피하는 게 현명하겠네요. 다른 이들을 돕고 싶어 하는 마음이 크지만 너무 많은 일을 떠맡으면 스트레스를 받을 수도 있으니 조심하세요.

일과 적성

똑똑하고 수용적이며 개성이 강하고 리더십이 있습니다. 책임감 있고 근면한 태도를 고용주가 높이 사서 높은 자리에까지 오를 수 있겠네요. 만약 사업을 한다면 자신의 지식을 상업화하는 능력도 있답니다. 아니면 강의나 지도 등 교육과 관련한 일을 하게 될 수도 있습니다. 창의성을 발휘하고 싶다면 글을 쓰거나 대형 프로젝트를 감독하는 일을 해보세요. 체계를 조직하고 개선하는 능력이 뛰어나니 효율적으로 일하는 재능을 살려서 관리직으로 일할 수도 있습니다. 인도주의자인 당신은 일터에서 개혁을 추진하고 더 나은 환경을 조성하는 데 관심이 있습니다. 만약 정신적인 것에 끌린다면 철학을 탐구하거나 종교에 심취할 수도 있겠네요.

수비학으로 본 당신의 운세

25일에 태어난 당신은 명민하고 에너지가 넘치며 직관적이고 신중합니다. 그래서 다양한 경험을 통해 자신을 표현해야만 합니다. 새롭고 흥미진진한 아이디어, 사람 혹은 장소가 이에 해당하겠지요. 완벽을 추구하고자 하는 열망은 당신을 근면하고 생산적인 사람으로 만들어줍니다. 하지만 계획대로 잘 되지 않는다고 해서 조급해하거나 비난하는 태도는 버려야 할 것입니다. 25일에 태어난 당신은 강한 정신력을 지녀 집중력을 발휘하면 모든 사실을 검토하고 누구보다도 빨리 결론에 도달할 수 있습니다. 성공과 행복은 자신의 직관을 믿고 인내와 끈기를 키워나갈 때에 비로소 찾아옵니다. 탄생월 2의 영향을 받아 섬세하고 똑똑합니다. 인간관계를 통해 당신은 배우고 발전합니다. 매사에 긍정적으로 생각하고, 자신의 창의력을 망가뜨리는 내적인 두려움을 떨쳐버리면 직관과 정신력을 단련할 수 있습니다. 현실적인 인도주의자인 당신은 몸담고 있는 집단과 조직에 지대한 공헌을 할 수 있겠군요.

- ● 장점 : 직관력, 완벽주의, 통찰력, 창의적, 사람을 잘 다룸
- ■ 단점 : 충동적, 조급함, 무책임, 질투심, 비밀스러움, 환경 변화가 잦음, 비판적, 감정 기복, 신경 과민

연애와 인간관계

당신은 정서적으로 예민하지만 단도직입적이어서 할 말은 거침없이 다하는 성격입니다. 긍정적이고 감정에 솔직하며 복잡하지 않은 사람에게 끌리지요. 책임감 있고 이상주의적이며 자부심이 강해 파트너십에서 우위에 서고 싶어 합니다. 부정적인 생각이 든다고 제멋대로 굴거나 가족들에게 실망과 좌절의 감정을 드러내는 것은 좋지 않습니다. 그렇지만 당신은 충실하고 안전을 중시하므로 사랑하는 사람들을 보호하기 위해 최선을 다합니다. 당신에게 가정은 일의 스트레스와 외부의 압박으로부터 벗어날 수 있는 성과 같은 존재지요. 당신은 따뜻하고 배려심이 많으며 다른 사람들을 즐겁게 해주는 걸 좋아합니다.

당신에게 특별한 사람

연인이나 친구

1월 11, 13, 15, 17, 25일 / 2월 9, 11, 13, 15, 23일 / 3월 7, 9, 11, 13, 21일 / 4월 5, 7, 9, 11, 19일 / 5월 3, 5, 7, 9, 17, 31일 / 6월 1, 3, 5, 7, 15, 29일 / 7월 1, 3, 5, 17, 27, 29, 31일 / 8월 1, 3, 11, 25, 27, 29일 / 9월 1, 9, 23, 25, 27일 / 10월 7, 21, 23, 25일 / 11월 5, 9, 19, 21, 23일 / 12월 3, 17, 19, 21, 30일

힘이 되어주는 사람

1월 1, 5, 20일 / 2월 3, 18일 / 3월 1, 16일 / 4월 14일 / 5월 12일 / 6월 10일 / 7월 8일 / 8월 6일 / 9월 4일 / 10월 2일

운명의 상대

8월 28, 29, 30, 31일

경쟁자

1월 6, 22, 24일 / 2월 4, 20, 22일 / 3월 2, 18, 20일 / 4월 16, 18일 / 5월 14, 16일 / 6월 12, 14일 / 7월 10, 12일 / 8월 8, 10, 31일 / 9월 6, 8, 29일 / 10월 4, 6, 27일 / 11월 2, 4, 25, 30일 / 12월 2, 23, 28일

소울메이트

1월 6, 12일 / 2월 4, 10일 / 3월 2, 8일 / 4월 6일 / 5월 4일 / 6월 2일

이날 태어난 유명인

조지 해리슨(가수), 피에르 오귀스트 르누아르(화가), 제포 마르크스, 톰 커트니(배우), 허구연(야구 해설가), 한가인(배우)

물고기자리

태양 : 물고기자리
지배 성좌 : 물고기자리/해왕성
위치 : 6° 30' ~ 7° 30' 물고기자리
상태 : 변통궁
원소 : 물
항성 : 데네브 아디게, 스카트

2월 26일

PISCES

강한 목표 의식과 성취욕을 가진 성공 지향적인 사람

사교적이고 직관적인 당신은 실용적인 기술과 수용력이 뛰어나며, 이상주의적 사고를 하는 물고기자리 태생입니다. 타고난 재능과 재주가 많아서 바쁘고 활기찬 생활을 누리면서 자신의 개성을 표현하고 자아를 실현하고자 하지요. 하지만 머릿속이 늘 분주할 수 있으니 자기 자신과 사랑하는 사람들을 위해서 단단한 기반을 다지세요. 정서적인 안정과 마음의 평화를 찾을 수 있을 겁니다. 당신은 지시를 따르는 입장보다는 앞장서서 사람들을 이끄는 쪽에 더 끌리겠네요. 그렇지만 너무 많은 것을 하려다가 감당할 수 있는 범위를 넘어버리면 모두 무용지물이 될 수도 있으니 조심하세요.

물고기자리 십분각에 위치한 태양의 영향으로 당신은 내면의 지혜와 함께 상상력과 정신적 능력을 발휘해 훌륭한 판단을 내릴 수 있답니다. 직관을 믿는 법을 훈련하면 자신의 지식에 대해 불안감을 떨쳐버리고 자신감과 과단성 있는 성격을 드러낼 수 있습니다.

완벽주의자로서 보통 책임감이 대단하지만, 긴장에서 벗어나도록 노력해야 해요. 그렇지 않으면 조바심이 나고 비판적이 될 수 있답니다. 당신은 머리가 좋고, 안목이 뛰어나 자신의 마음을 단도직입적으로 잘 표현합니다. 즉 자신의 아이디어와 의견을 솔직하고 재치 있게 전달하는 기술을 지니고 있다는 말이지요.

당신의 태양이 물고기자리로 이동하는 23세까지는 감수성과 감정이 눈에 띄게 풍부해집니다. 삶에서 이상적인 상황이나 관계 혹은 좀 더 마술적인 무언가를 찾고 있는 자신을 발견할지도 모르겠군요. 24세부터 당신의 태양이 양자리에 들면 좀 더 자신감 있고 적극적이며 포부가 넘치게 됩니다. 54세에 당신의 태양이 황소자리에 들어가면서 인생의 새로운 전환점을 맞습니다. 이때부터 당신은 삶의 속도를 늦추고 더 편안한 삶과 경제적인 안정을 찾고 싶어 하지요.

숨어 있는 자아

머리가 좋고 매우 섬세하며 직관적이어서 자기표현에 대한 욕구가 강합니다. 재치 있고 다정하지만 깊은 곳에 자리한 개인적인 감정들, 특히 친밀한 관계에서 오는 불확실성을 극복해야만 합니다. 직접 선택하고 결정하는 과정을 통해 자신의 이성적인 사고를 시험해볼 수도 있겠네요. 종종 형이상학이나 영적인 주제에 관심이 있어 타고난 직관을 개발하고 내면의 소리를 들으면서 많은 것을 얻기도 합니다.

강한 현실감각은 당신이 사람과 상황에 대한 빠른 판단력을 바탕으로 한 명민한 사람임을 나타내지요. 하지만 재정적인 안정이 당신에게 모든 해답을 줄 거라는 생각은 버리세요. 어쨌든 강한 목표 의식과 성취욕을 지닌 당신은 기준이 높고 성공 지향적인 사람입니다. 또한 미리 계획하고 구상하여 행동으로 옮기는 사람이기도 합니다. 독립적으로 사고하는 능력을 볼 때 당신은 큰 프로젝트를 수행하고 대규모 사업도 관리, 감독할 수 있는 사람입니다. 당신은 보통 사람들의 의심이 그릇된 것임을 증명함으로써 한계와 비판에 맞서지요.

2
월

일과 적성

상상력이 풍부하고 현실적인 당신은 지식과 기술을 넓힐 수 있는 직업을 원합니다. 창의적이고 정신적으로 자극을 받을 수 있는 일을 선호하며, 비전에 대한 강한 감각과 선견지명을 타고났네요. 글재주가 있어 의사소통 분야, 특히 저술, 문학, 교육 혹은 미디어 쪽에서 성공할 수 있습니다. 과학적인 사고를 한다면 화학이나 공학 기술과 관련한 직업을 택할 수도 있겠네요. 아니면 금융이나 법 계통의 직업도 선호합니다. 당신은 조직력이 뛰어나고 믿을 만한 사람이기 때문에 어떤 일을 하든지 탁월한 능력을 발휘하지요. 개혁에 관심이 있어서 노조나 정치와 같이 사람을 위한 목소리를 낼 수 있는 영역에 끌리기도 합니다. 예술적 표현에 대한 욕구는 예술과 디자인, 음악 혹은 연극과 같은 매체를 통해서 가장 잘 충족될 수 있답니다.

수비학으로 본 당신의 운세

26일에 태어난 당신은 삶에 현실적인 태도로 접근하고 경영 능력과 훌륭한 사업 감각을 갖추었습니다. 책임감이 있고 미적 감각을 타고났으며 가정적이기 때문에 기초를 탄탄히 세우고 진정한 안정감을 느끼고 싶어 하지요. 때로는 사람들에게 의지가 되는 존재로서, 도움이 필요할 때 당신에게 기대는 친구와 가족에게 기꺼이 지원을 아끼지 않는답니다. 하지만 물질주의적인 성향과 사람과 상황을 통제하려는 욕망은 삼가야 합니다. 탄생월 2의 영향을 받아 실용적인 능력뿐 아니라 직관과 육감이 강하게 발달했습니다. 애써 남의 기분을 맞추려다 자칫 지나치게 의존할 위험성도 있네요. 성취욕은 당신의 혁신을 도와주고 생각의 스케일을 넓혀주지요. 다른 사람의 의견을 잘 받아들이지만 때로는 주위의 간섭에 화가 나기도 합니다. 생각이 확고할 때는 자기 결정을 따르는 것을 좋아합니다.

- ●장점 : 창의적, 실용적, 배려심, 책임감, 가족에 대한 자부심, 열정, 용기
- ■단점 : 고집불통, 반항적, 불안정한 관계, 냉담함, 끈기 부족

연애와 인간관계

직관력이 뛰어나고 마음이 들떠 잠시도 가만있지 못하는 당신은 뭔가를 이루고 성취하기를 원하는 지적인 사람을 좋아합니다. 당신은 세심하고 공감을 잘하지만 관계는 쉽게 변하기 때문에 때때로 불안을 느낄 수도 있답니다. 하지만 다양함과 정신적 자극을 좋아해 새로운 기회나 흥미로운 사람을 만나는 일은 당신을 변화시키기도 하지요. 똑똑하고 지식에 대한 당신의 애정을 공유할 수 있는 파트너를 원합니다.

연인이나 친구

1월 12, 16, 25일 / 2월 10, 14, 23, 24일 / 3월 8, 12, 22, 31일 / 4월 6, 10, 20, 29일 / 5월 4, 8, 18, 27일 / 6월 2, 6, 16, 25, 30일 / 7월 4, 14, 18, 23, 28일 / 8월 2, 12, 21, 26, 30일 / 9월 10, 19, 24, 28일 / 10월 8, 17, 22, 26일 / 11월 6, 10, 15, 20, 24, 30일 / 12월 4, 13, 18, 22, 28일

힘이 되어주는 사람

1월 2, 13, 22, 24일 / 2월 11, 17, 20, 22일 / 3월 9, 15, 18, 20, 28일 / 4월 7, 13, 16, 18, 26일 / 5월 5, 11, 16, 18, 26일 / 6월 3, 9, 12, 14, 22일 / 7월 1, 7, 10, 12, 20일 / 8월 5, 8, 10, 18일 / 9월 3, 6, 8, 16일 / 10월 1, 4, 6, 14일 / 11월 2, 4, 12일 / 12월 2, 10일

운명의 상대

1월 25일 / 2월 23일 / 3월 21일 / 4월 19일 / 5월 17일 / 6월 15일 / 7월 13일 / 8월 11, 30, 31일 / 9월 1, 9일 / 10월 7일 / 11월 5일 / 12월 3일

경쟁자

1월 7, 23일 / 2월 5, 21일 / 3월 3, 19, 29일 / 4월 1, 17, 27일 / 5월 15, 25일 / 6월 13, 23일 / 7월 11, 21, 31일 / 8월 9, 19, 29일 / 9월 7, 17, 27, 30일 / 11월 3, 13, 23, 26일 / 12월 1, 11, 21, 24일

소울메이트

1월 17일 / 2월 15일 / 3월 13일 / 4월 11일 / 5월 9일 / 6월 7일 / 7월 5일 / 8월 3일 / 9월 1일 / 11월 30일 / 12월 28일

이날 태어난 유명인

빅토르 위고(작가), 마이클 볼튼, 네이트 루스, 조니 캐시(가수), 재키 글리슨(배우), 유시진(만화가), 이연희(배우)

태양 : 물고기자리

지배 성좌 : 물고기자리/해왕성

위치 : 7° 30′ - 8° 30′ 물고기자리

상태 : 변통궁

원소 : 물

항성 : 데네브 아디게, 스카트

2월 27일
PISCES

지식을 사랑하고 다양한 관심사를 즐기는 창조적 사상가

똑똑하고 수용적이며 천성이 이상주의적인 당신은 포부가 원대한 물고기자리 태생입니다. 앞을 내다볼 줄 아는 당신은 활기차고 중성적인 매력을 지녔으며, 이는 삶에 대한 새로운 시각과 함께 정신적으로 들떠 있음을 의미하기도 합니다. 그렇기 때문에 종종 당신의 잠재력은 책임감 있고 성숙한 태도를 통해서 발전할 수 있답니다. 때때로 회피하는 태도를 보이기도 하지만 자신의 감정에 솔직하고 정직한 것을 선호하지요. 진취적인 기상을 가졌지만 감정을 억압하거나 지나치게 열광함으로써 발생하는 스트레스는 경계해야 합니다.

물고기자리 십분각에 위치한 태양의 영향력이 더해져 직관적이고 상상력이 넘치며 다재다능하고 늘 아이디어가 넘칩니다. 또한 공감 능력이 뛰어나고 매력적이어서 사람의 마음을 사로잡을 수 있지만 기분에 따라서 속내를 감추기도 하고 말수를 줄이기도 한답니다.

사교적이지만 삶을 바라보는 관점은 독립적입니다. 대의나 아이디어에 영감을 받으면 열정에 불타오르지만 그렇다고 이루고 싶은 열망에 가득 차 다른 사람들 위에 군림하려 들면 안 됩니다. 지식에 대한 애정이 넘치는 창조적인 사상가로서 다양한 관심사를 즐기지요. 교육이나 지식과 관련한 분야에서 말재주와 글재주를 쉽게 개발할 수 있을뿐더러 타고난 사업 감각도 향상시킬 수 있답니다. 예술과 아름다운 것을 감상할 줄 아는 감각이 있어 훌륭한 취향과 고급스럽고 편안한 것에 대한 애정을 갖게 됩니다.

당신의 태양이 물고기자리에 드는 22세까지는 감정 발달과 직관이 강조됩니다. 23세에서 52세 사이에는 당신의 태양이 양자리를 통과합니다. 이 영향으로 당신은 자기주장이 더 강해지고 모험과 활동을 좋아하게 되지요. 53세 이후에 당신의 태양이 황소자리를 통과하면서 좀 더 창의력이 넘치고 자연과 고급스러운 것 혹은 풍족한 생활에 관심이 커집니다. 또한 안정적으로 자리 잡고 싶다는 욕구도 커집니다.

숨어 있는 자아

매력적이고 사람들을 즐겁게 해주는 재능이 있는 당신은 활기차며 마음이 젊습니다. 성공에 대한 열망은 물질주의와 이상주의가 흥미롭게 뒤섞인 당신의 개성을 보여줍니다. 야심이 크지만 느긋한 성격 덕에 평생 낙천적이고 열정적으로 살 수 있으며, 이런 면이 사람들을 매료하기도 하지요. 다정하고 외향적인 성향과 사람을 대하는 뛰어난 기술은 당신이 정상에까지 올라가도록 돕습니다.

당신에게는 겉모습과 물질적인 안정이 중요하지만 때로는 남모를 두려움을 느끼기도 하고 지나치게 돈벌이에 연연할 수도 있습니다. 그럼에도 불구하고 당신은 적극적인 마음가짐과 상상력 넘치는 아이디어를 바탕으로 성공을 향해 집중합니다. 항상 강렬한 감정과 연민을 가슴에 품고 활기차게 생활하며, 열정과 장난기로 사람들을 즐겁게 해줄 수 있답니다.

일과 적성

똑똑하고 빈틈이 없으며 설득력 있는 태도를 갖춘 당신은 훌륭한 기획자입니다. 만약 사업을 한다면 광고나 판매 쪽에서 일할 수 있습니다. 매력적이고 긍정적인 성격이기 때문에 대중을 상대하는 직업이 잘 맞겠네요. 현대적 사고에 대한 관심과 배움에 대한 열망은 교육 분야로 당신을 이끌 수도 있습니다. 열정이 많아서 학생에게 좋은 영향을 주는 교사나 강사가 될 수 있어요. 인도주의자인 당신은 변호사나 정치가 혹은 대의를 위해서 싸우는 대변인이 될 수도 있답니다. 경영 능력과 기업가 정신을 갖추고 있어 자기 사업을 시작하거나 책임자 혹은 부서나 회사의 대표로 일할 수 있습니다. 책임감을 가지고 진지하게 임하는 한 열정과 결단력을 바탕으로 엄청난 성과를 거둘 것입니다. 상황 파악이 빨라서 특히나 배움을 통해 삶에서 진보를 이룹니다. 계속해서 새로운 기술을 익히면 젊음과 높은 기상을 유지할 수 있답니다.

수비학으로 본 당신의 운세

직관적이면서도 분석적인 당신은 인내심과 자제력을 키움으로써 사고를 크게 향상할 수 있습니다. 생일 27일은 결단력과 관찰력, 그리고 세세한 부분에까지 주의를 기울이는 능력이 있음을 나타냅니다. 때로는 비밀스럽고 합리적이며 초연한 것처럼 보이지만 실상은 내면에 긴장을 감추고 있지요. 의사소통 기술이 더 정교해진다면 깊은 감정을 거리낌 없이 표현할 수 있을 겁니다. 탄생월 2의 영향을 받아 집단의 구성원이 되려는 욕구가 강하고 적응력과 이해력이 뛰어나며 협동을 즐깁니다. 수용적이면서도 호기심이 많아 자신의 직관을 믿는 법을 배운다면 자기 생각을 효과적으로 전달하고 더 큰 깨달음을 얻을 수 있어요. 균형을 잡고 적당한 거리를 유지하는 법을 익히면 사람들과 교류하면서도 독립성을 지킬 수 있습니다. 반대에 부닥쳤을 때 불안하거나 초조해하지 마세요. 상대에게 당신의 타고난 따뜻한 심성을 보여주면서 인도주의자의 면모를 개발하세요. 지나치게 자신만만하다 보면 성공에 취해버릴 수도 있답니다.

- ●장점 : 다재다능함, 창의적, 창조성, 결연함, 용감함, 이해력, 영성, 독창적, 정신력
- ■단점 : 시비조, 가만있지 못하는 성격, 신경 과민, 불신, 지나치게 감정적

연애와 인간관계

매력 있고 똑똑하며, 마음이 젊은 당신은 사교적이고 인기가 많습니다. 하지만 격정적이고 예민하여 때로는 즉흥적이며 차갑기까지 합니다. 당신은 강한 유대감을 느낄 수 있는 이상적인 사랑을 찾습니다. 이따금 타인에 대한 책임감 때문에 자신의 계획이 지연되거나 관계에 영향을 받기도 하지요. 당신은 워낙 매력이 넘쳐 친구나 파트너를 찾는 데 어려움이 없지만 혼자 남겨지거나 버림받지 않으려면 상대를 잘 맞춰주고 타협하는 법을 배우세요. 그래도 일단 이상적인 사랑을 찾으면 충실한 친구이자 애정이 넘치는 파트너가 될 수 있답니다.

연인이나 친구

1월 7, 10, 17, 27일 / 2월 5, 8, 15, 25일 / 3월 3, 6, 13, 23일 / 4월 1, 4, 11, 21일 / 5월 2, 9, 19일 / 6월 7, 17일 / 7월 5, 15, 19, 29, 31일 / 8월 3, 13, 27, 29, 31일 / 9월 1, 11, 25, 27, 29일 / 10월 9, 23, 25, 27일 / 11월 7, 11, 21, 23, 25일 / 12월 5, 19, 21, 23일

힘이 되어주는 사람

1월 3, 5, 20, 25, 27일 / 2월 1, 3, 18, 23, 25일 / 3월 1, 16, 21, 23일 / 4월 14, 19, 21일 / 5월 12, 17, 19일 / 6월 10, 15, 17, 23일 / 7월 8, 13, 15일 / 8월 6, 11, 13일 / 9월 4, 9, 11일 / 10월 2, 7, 9, 26일 / 11월 5, 7, 13일 / 12월 3, 5일

운명의 상대

1월 13일 / 2월 11일 / 3월 9일 / 4월 7일 / 5월 5일 / 6월 3일 / 7월 1일 / 8월 31일 / 9월 1, 2일

경쟁자

1월 16, 24일 / 2월 14, 22일 / 3월 12, 20일 / 4월 10, 18일 / 5월 8, 16, 31일 / 6월 6, 14, 29일 / 7월 4, 12, 27일 / 8월 2, 10, 25일 / 9월 8, 23일 / 10월 6, 21일 / 11월 4, 19일 / 12월 2, 17일

소울메이트

1월 16일 / 2월 14일 / 3월 12일 / 4월 10일 / 5월 8일 / 6월 6일 / 7월 4, 31일 / 8월 2, 29일 / 9월 27일 / 10월 25일 / 11월 23일 / 12월 21일

물고기자리

이날 태어난 유명인

엘리자베스 테일러(배우), 루돌프 슈타이너(철학자), 존 스타인벡(작가), 아리엘 샤론(전 이스라엘 총리), 지성, 서현진(배우), 윤민수(가수), 이응노, 김환기(화가)

태양 : 물고기자리

지배 성좌 : 물고기자리/해왕성

위치 : 8° 30' – 9° 30' 물고기자리

상태 : 변통궁

원소 : 물

항성 : 스카트

2월 28일

PISCES

명석한 두뇌와 세련된 사교술로 성공을 거두는 사람

다정하고 재치 있으며 사귐이 좋은 당신은 경쟁적이고 근면하며 똑똑한 사람이기도 합니다. 감수성과 직관이 주된 장점이며, 더불어 큰 소망과 원대한 꿈도 지녔습니다. 재주가 많지만 당신의 엄청난 잠재력은 자기 훈련과 인내, 그리고 결단력이 없이는 실현될 수 없습니다. 사람을 대하는 재능이 있어 종종 협력을 통해 성공을 거머쥡니다.

물고기자리 십분각에 위치한 태양의 영향을 받아 당신은 수용적이고 창의력이 넘치며 거기에 비전과 상상력을 겸비하게 됩니다. 때때로 인도주의적 영감을 지녀 예술적이고 감수성이 풍부한 한편 명민한 두뇌와 뛰어난 사업 감각도 갖추었답니다.

지식을 추구하며 사려 깊고 똑똑한 당신은 역동적인 추진력과 설득력을 지녔습니다. 성공으로 가는 기회를 높이는 데 교육은 견고한 기초를 다지는 주춧돌이 될 것입니다. 활기 있고 현실적인 당신은 정신적 도전을 즐기지만 자신의 재치와 소질을 시험하려다 고집불통에 논쟁적이 되거나 반대로 우물쭈물할 수도 있습니다. 확신이 강하고 진취적인 사람이라 관념이 독립적이고 추론력도 뛰어나네요.

21세까지는 당신의 태양이 물고기자리를 지나가면서 감수성이 풍부해지고 타인과의 감정적 상호삭용도 강화됩니다. 인생의 초기에는 특히 강한 남성에게 영향을 받겠군요. 22세에서 51세 사이에 당신의 태양은 양자리를 이동합니다. 이 영향으로 당신은 새로운 국면을 맞아 좀 더 결단력 있고 적극적이며 활기가 넘치게 되는데, 이는 새로운 모험에 대한 강한 열망으로 귀결될 수 있답니다. 52세 이후에 당신의 태양이 황소자리에 들면서 경제적으로 자리를 잡아 안정을 느끼고 싶은 욕구가 커지며, 보다 더 조용하고 감정적으로 평온한 생활을 원하게 됩니다.

숨어 있는 자아

깊은 인식과 통찰력을 지닌 당신은 내면의 지혜와 높은 원칙에 귀 기울이는 법을 배움으로써 자신의 열망을 이뤄나갈 것인지, 아니면 영악한 수완으로 원하는 바를 얻을 것인지 결정을 내려야 합니다. 하지만 책임감을 가지고 올바르게 행동할수록 인생에서 더 높은 자리에 올라갈 수 있습니다. 자신의 도덕적이고 이상주의적 본성을 깨달음으로써 뚜렷한 존엄을 지니게 되므로 지나치게 이기적이거나 제멋대로 행동하는 것은 좋지 않습니다.

본능적으로 상황을 잘 파악하면서도 상식이 뛰어나고 정신적인 반응도 빠릅니다. 이러한 기질로 인해 어려움도 기민하게 잘 헤쳐나간답니다. 매력적이고 관대하며 친절하여 인기를 얻지만 동시에 지나친 오만은 사람들을 밀어낼 수도 있다는 점을 명심하세요. 늘 장난기가 넘치지만, 인내심을 기르고 사람들에게 신뢰를 줄 수 있게 되면 당신의 엄청난 잠재력을 최대치로 끌어올릴 수 있답니다.

일과 적성

명석한 두뇌와 세련된 사교술은 삶의 다양한 영역에서 당신에게 성공을 가져다줄 것입니다. 흥미를 느끼는 모든 것을 지적으로 탐구하고자 하는 열망은 당신을 교육, 과학, 연구 혹은 철학 분야로 이끕니다. 동시에 냉철한 지성을 바탕으로 탁월한 문제 해결사가 될 수도 있겠네요. 천성이 잠시도 가만있지 못하는 사람이라 취업 기회를 놓칠 수도 있습니다. 사람들을 이끄는 것을 선호하기 때문에 관리직이나 자기 사업을 하는 편이 낫습니다. 사업을 한다면 당신의 탁월한 조직력과 진취적인 기상이 도움이 됩니다. 결코 꾸며낼 수 없는, 일에 대한 타고난 열정이야말로 큰 성공으로 직결됩니다. 사람들을 도우려는 열망은 나이가 들면서 더욱 강렬해집니다. 아니면 자기표현에 대한 욕구와 드라마틱한 것을 좋아하는 성향이 당신을 저술이나 예술, 연예계로 끌어들이겠네요.

수비학으로 본 당신의 운세

독립적이고 이상주의적이며 결단력 있고 삶에 실용주의적으로 접근하는 당신은 종종 자기 식대로 행동하기도 합니다. 1일에 태어난 사람들과 마찬가지로 야심 있고 솔직하며 진취적입니다. 혼자이고 싶은 마음과 팀의 일원이 되고 싶은 마음 사이에 갈등을 느끼기도 하지요. 언제나 새로운 모험과 행동을 감행할 준비가 되어 있어 일생에 걸쳐 용기 있게 도전을 받아들입니다. 당신의 열정으로 사람들에게 쉽게 영감을 줄 수 있습니다. 비록 당신과 함께하지 않더라도 사람들은 적어도 당신의 모험을 지지할 것입니다. 28일에 태어난 당신은 리더십이 있고 상식과 논리, 그리고 명확한 사고를 따릅니다. 당신은 책임감 있게 행동할 수 있는 사람으로 지나치게 예민하게 굴거나 인내하지 못하고 편협해지는 것은 금물이겠지요. 탄생월 2의 영향을 받아 사람들을 움직이는 게 무엇인지 직관적으로 알아차리는 능력이 있습니다. 당신은 다양한 개인적인 상호작용에서 많은 것을 얻습니다. 타인에게 비판적인 만큼 때로는 자기 자신의 단점을 면밀히 관찰해야 할 필요가 있네요. 균형을 이루고자 하는 욕구는 상부상조를 배움으로써 혜택을 볼 수 있다는 것을 의미합니다.

- ●장점 : 인정 많음, 진취성, 대담함, 예술적, 창조적, 이상주의적, 포부, 근면, 강한 의지
- ■단점 : 몽상가, 동기 결여, 몰인정, 비현실적, 위세 부림, 판단력 결여, 공격적, 자신감 없음, 지나치게 의존적, 자만심

연애와 인간관계

엄청나게 활동적인 성향과 독립성에 대한 강한 열망은 때로 관계에 방해가 되기도 합니다. 당신은 보통 현실적인 지식과 지혜가 탁월한 사람이나 친절하고 도움을 주며 훌륭한 조언을 많이 해줄 수 있는 사람을 동경합니다. 정신력이 강하지만 자신의 약한 모습까지도 이해해주는 파트너를 원하지요. 자신의 섬세한 면을 보여줄 때 상대와 좀 더 따뜻하고 가까운 관계를 만들어갈 수 있답니다.

이날 태어난 유명인

라이너스 폴링(화학자), 미셸 드 몽테뉴(사상가), 브라이언 존스(가수), 프랭크 게리(건축가), 정찬우(코미디언), 이적, 바다(가수)

| 태양 : 물고기자리 |
| 지배 성좌 : 물고기자리/해왕성 |
| 위치 : 9° - 10 물고기자리 |
| 상태 : 변통궁 |
| 원소 : 물 |
| 항성 : 스카트 |

2월 29일
PISCES

자기표현 욕구가 강하고 감정의 폭이 넓은 예술가

결단력과 상상력, 그리고 창의적인 자기표현은 물고기자리 태생의 특징입니다. 이상주의자인 데다 정이 많으며 직관적인 이해력이 풍부하고 마음이 따뜻합니다. 훌륭한 아이디어가 많으나 쉽게 불안해하는 성향은 문제 해결 능력과 자신감을 떨어뜨립니다.

물고기자리 십분각에 위치한 태양의 영향력이 더해져 감수성이 풍부하고 육감이 뛰어납니다. 매력적인 당신은 탁월한 비전과 이상으로 다른 사람들의 마음을 사로잡습니다. 상상력과 긍정적인 사고가 종종 성공과 행복으로 가는 열쇠이긴 하지만 현실에 발을 디디고 일상적인 문제들에 신경 쓸 필요도 있습니다. 당신은 소리를 잘 듣고 박자와 리듬감이 뛰어나 음악을 들으면 편안해지는 자신을 발견하지요.

자신의 정신적 잠재력을 탐구하기 위해 자극이 필요한데, 교육이나 자기인식이 도움을 주겠네요. 모든 것을 배움의 경험으로 받아들인다면 좌절하고 조급해지는 성향을 극복할 수 있답니다. 사람을 대하는 재능이 있으니 넓은 마음을 가지고 관대한 태도를 지닌다면 자신의 무한한 가능성을 깨닫게 됩니다.

당신의 태양이 물고기자리에 드는 20세까지는 감수성과 감정이 풍부해집니다. 그래서 이때는 이상적인 상황이나 관계를 찾거나 혹은 견고한 내적 삶을 살게 됩니다. 21세부터 당신의 태양이 양자리에 들어가면서 더욱 자신감이 늘고 야심이 커지기 시작합니다. 또한 새로운 모험을 시작하거나 사람들과의 관계에 있어서 좀 더 솔직해집니다. 51세가 되면 당신의 태양이 황소자리에 들면서 인생의 새로운 전환점을 맞습니다. 이때부터 당신은 삶의 속도를 늦추고 더 안정적이고 경제적으로 편안한 삶을 원하게 됩니다.

숨어 있는 자아

감정의 폭이 넓은 당신은 자기표현 욕구가 강하고 창의적입니다. 자신의 감정과 생각을 표출하지 못하면 우울감에 빠지거나 실망할 수도 있겠네요. 당신의 생일이 부여하는 엄청난 잠재력을 성취하기 위해서는 인내와 끈기를 비롯하여 삶에 대한 긍정적인 철학을 발전시켜나갈 필요가 있습니다. 재능이 풍부한 당신은 예술, 음악 혹은 연극에서 자신의 창의력을 발산할 돌파구를 찾거나 아니면 적어도 꽤 괜찮은 감상자가 될 수 있답니다.

책임의식이 강해 빚지는 것을 싫어하지만 때로는 이런 면이 자신은 물론 다른 사람들까지 힘들게 할 수 있습니다. 당신은 보통 부드럽고 따뜻한 마음을 지닌 이상주의자이지만 의무와 책임, 그리고 성실해야 한다는 생각이 강합니다. 전통적인 형태든 비전통적인 형태든 교육은 당신에게 성공을 가져다주는 핵심 열쇠이기 때문에 계속해서 지식을 쌓아가고 정신적으로 느슨해지지 않도록 하세요.

일과 적성

지식에 대한 애정과 소통 능력을 겸비한 당신은 교육자나 과학자와 같은 직업을 가진다면 탁월한 능력을 발휘할 수 있습니다. 타고난 사업가 기질은 훌륭한 조직력 혹은 관리 기술과 어우러져 어떤 일을 하든지 도움이 될 것입니다. 색채와 소리에 대한 감각은 예술과 디자인, 시, 음악 혹은 춤의 세계로 당신을 이끌 수도 있어요. 또한 문학이나 상상력이 풍부한 이야기를 저술하는 데도 관심이 있답니다. 타고난 동정심과 철학적인 성향은 당신을 종교나 약자를 위한 일로 이끌 수도 있겠네요. 아니면 드라마틱한 감각을 지녀 쇼 비즈니스 분야에서도 성공할 수 있습니다.

수비학으로 본 당신의 운세

29일에 태어난 사람들은 역동적이고 단호한 성격을 지닌 이상주의적 선각자로 개성이 강하고 엄청난 잠재력을 지녔습니다. 성공의 핵심 열쇠는 영감입니다. 만약 영감이 없다면 목적을 잃은 것과 마찬가지입니다. 당신은 진정한 몽상가이긴 하지만 아주 다정하고 따뜻한가 하면 또 차갑고 몰인정하고, 낙천적인가 하면 비관적인, 본성의 양극단을 오갈 수 있으니 조심해야 합니다. 남을 비판하거나 의심하는 버릇은 고쳐야 하며 옆에 있는 사람을 배려하는 법을 배워야 할 것입니다. 탄생월 2의 영향을 받아 강렬한 감정을 지녔고 관찰력과 감수성이 뛰어납니다. 자신을 표현하고 소통하려는 열망은 당신이 다른 사람들과 상호작용해야 할 필요가 있음을 암시하지요. 당신은 다재다능하여 자신의 아이디어를 실용적으로 활용함으로써 이익을 얻는답니다. 다른 사람을 기쁘게 해주려 노력하지만, 의도가 좋다고 해서 늘 환영받는 것은 아니라는 사실을 깨닫기도 하지요.

- ●장점 : 영감, 균형적, 내적 평화, 부드러움, 창조적, 직관력, 신비로움, 강렬한 꿈, 신념, 세상일에 밝음, 성공적
- ■단점 : 목적이 불분명함, 감정 기복, 곤경, 극단주의자, 경솔함, 지나치게 예민함

연애와 인간관계

당신에게 관계가 아주 중요하긴 하지만, 파트너에게 의존하지 않도록 조심하세요. 자기만의 독자적인 관점을 키워나가고 많은 재능을 표현할 수 있는 돌파구를 찾을 필요가 있겠네요. 진실한 사람이라 언제나 곁에 있어주는 충실하고 다정한 배우자를 찾습니다. 당신은 감정을 숨기지 않고 드러내며 한 사람과 오랫동안 관계를 유지하고 싶어 하지요. 또한 마음씨가 따뜻하여 사람들과 어울리는 걸 좋아하며, 친구가 많고 주위 사람들을 즐겁게 해줄 수 있습니다.

당신에게 특별한 사람

연인이나 친구

1월 1, 15, 26, 29, 30일 / 2월 13, 24, 27, 28일 / 3월 11, 22, 25, 26일 / 4월 9, 20, 23, 24일 / 5월 7, 18, 21, 22일 / 6월 5, 16, 19, 20, 23일 / 7월 3, 14, 17, 18, 31일 / 8월 1, 12, 15, 16, 29, 31일 / 9월 10, 13, 14, 27, 29일 / 10월 8, 11, 12, 25, 27일 / 11월 6, 9, 10, 13, 23, 25일 / 12월 4, 7, 8, 21, 23, 29일

힘이 되어주는 사람

1월 1, 2, 10, 14, 27일 / 2월 8, 25일 / 3월 6, 23일 / 4월 4, 21일 / 5월 2, 6, 19, 30일 / 6월 4, 17, 28일 / 7월 2, 15, 26일 / 8월 13, 24일 / 9월 11, 22일 / 10월 9, 20일 / 11월 7, 18일 / 12월 5, 16일

운명의 상대

8월 31일 / 9월 1, 2, 3, 4일

경쟁자

1월 17, 26일 / 2월 15, 24일 / 3월 13, 22일 / 4월 11, 20일 / 5월 9, 18일 / 6월 7, 16일 / 7월 5, 14일 / 8월 3, 12, 30일 / 9월 1, 10, 28일 / 10월 8, 26, 29일 / 11월 6, 24, 27일 / 12월 4, 22, 25일

소울메이트

1월 21일 / 2월 19일 / 3월 17일 / 4월 15일 / 5월 13일 / 6월 11일 / 7월 9, 29일 / 8월 7, 27일 / 9월 5, 25일 / 10월 3, 23일 / 11월 1, 21일 / 12월 19일

이날 태어난 유명인

조아키노 로시니(작곡가), 제임스 미첼(배우), 다이나 쇼어(가수), 팀 파워스(작가), 시모어 페퍼트(수학자)

태양 : 물고기자리	
지배 성좌 : 물고기자리/해왕성	
위치 : 9° 30′ - 10° 30′ 물고기자리	
상태 : 변통궁	
원소 : 물	
항성 : 없음	

3월 1일
PISCES

주변 사람을 섬세하게 살피는 공감 능력과 높은 안목

이 생일은 당신이 이상주의적이고 근면하며 목적의식이 강하고 분명한 목표를 지닌 결단력 있고 헌신적인 사람임을 보여줍니다. 창의력과 현실적인 능력이 결합되면서 자신의 진정한 독창성을 발휘할 수 있습니다. 삶을 너무 진지하게 받아들이는 것보다는 적당한 거리를 두고 그저 흘러가게 두는 법을 배운다면 많은 것을 얻을 수 있겠네요. 때로는 좌절과 역경에 부닥칠 수 있지만 당신의 인내심과 카리스마 넘치는 열정이 드러난다면 사람들이 도움의 손길을 내밀 것입니다.

물고기자리 십분각에 위치한 태양의 영향력이 더해져 당신은 섬세하고 감수성이 풍부하며 안목이 높습니다. 공감 능력이 뛰어나 다른 사람의 감정을 잘 받아주지만 감정 기복이 심하거나 불안해지는 것은 피해야 합니다. 이런 극단적인 감정이 있으니 긍정적으로 생각하고 주변 사람들과 잘 어울려 지내는 것이 도움이 됩니다. 집단적 무의식을 파악하는 능력이 있는 당신은 천부적으로 영매의 자질을 타고났습니다. 여기에 뛰어난 사교술이 합쳐진다면 사람을 잘 다루는 재능을 얻을 것입니다. 행복감을 느끼지 못하면 현실 도피나 자기 연민에 빠질 수도 있으니 조심하세요.

야심이 있는 당신은 탁월한 경영 능력과 리더십을 지녔습니다. 훌륭한 조직가로서 계획이 섰을 때 일을 더 잘할 수 있답니다. 대개 장기적인 투자에서 큰 이익을 볼 수 있으므로 막연하게 일확천금을 노리는 일은 삼가야겠지요.

당신의 태양이 물고기자리를 지나는 19세까지는 감수성이 풍부하고 수용적이며 감정적 욕구를 강하게 표출합니다. 20세에서 49세 사이에 당신의 태양은 양자리를 지나갑니다. 이 영향으로 새로운 국면을 맞은 당신은 좀 더 결단력 있고 적극적이며 활기가 넘치게 되는데, 이는 새로운 모험에 대한 열망으로 귀결될 수 있답니다. 50세부터는 당신의 태양이 황소자리에 들면서 자리를 잡고 재정적으로 안정감을 느끼고 싶은 욕구와 함께 조용한 삶을 원하게 됩니다.

숨어 있는 자아

감정적인 힘을 가지고 있다는 것은 당신이 매력적인 성격이며, 인정 많고 부드러운 사람이 될 수 있다는 것을 암시합니다. 강한 의지로 매사에 집중한다면 결단력과 굳은 확신을 바탕으로 기적을 이뤄낼 것입니다. 하지만 부정적인 생각에 사로잡힌다면 고집불통이 되고 말겠지요. 거기다가 속을 끓이고 우울감에 빠질 수도 있어요. 자신의 진짜 감정을 표현할 수 있게 되면 차갑고 냉소적인 이미지를 벗어날 수 있을뿐더러 적당한 거리를 유지하여 내면의 자유를 누릴 수 있답니다.

좀 더 심오한 본질에 대해 알고 싶어 하는 열망은 당신이 조화와 평화를 사랑하는 사람이라는 것을 보여줍니다. 감성이 섬세한 당신은 색채, 빛, 소리에 대한 인식이 뛰어나 이를 예술, 음악, 영적인 분야로 풀어내고 싶을 수도 있습니다. 이타심을 가지고 삶에 대해 보편적인 태도를 지닌다면 진정한 행복과 만족을 누리게 됩니다.

일과 적성

천성적으로 다정하지만 야심이 있는 당신은 프로젝트를 시작하고 인맥을 쌓는 능력이 있습니다. 조화로운 업무 관계에서 행복을 느끼며 어떤 일을 하든 사람을 편하게 대할 수 있습니다. 당신은 행정과 관리에 수완이 있어 사업에서도 성공하지만 자신의 상상력과 독창적인 감각을 활용할 때 비로소 정서적으로 만족을 얻습니다. 판매 분야에서 일하게 된다면 고객과 친구가 되고, 대중이 무엇을 원하는지 마음을 읽어낼 수 있겠네요. 당신은 남을 위해 봉사하거나 자신의 일에 영적으로 접근할 때 더 깊은 성취감을 느낀답니다. 저술과 연극 혹은 음악에 타고난 재능을 발휘해 감정을 표현하고 싶어 하지요. 당신은 독립성을 보장받을 때 더 자발적으로 일하고 성과를 냅니다.

수비학으로 본 당신의 운세

1일에 태어난 당신은 개성적이고 혁신적이며 용기 있고 에너지가 넘치는 사람입니다. 또한 종종 강한 정체성을 구축하고 적극성을 발전시키고자 하는 욕구도 있지요. 선구자적인 정신으로 용감하게 독립할 수도 있답니다. 이런 자발성은 경영 능력과 리더십을 키울 수 있도록 자극을 줍니다. 열정과 독창적인 아이디어가 가득해서 사람들에게 나아가야 할 방향을 보여줄 수 있어요. 하지만 1일에 태어난 당신은 세상이 자신을 중심으로 돌아가지 않는다는 사실을 깨닫고 자기중심적이거나 오만한 태도를 버려야 합니다. 탄생월 3의 영향은 당신이 감정을 표현하고 싶어 하는 면이 있다는 것을 암시합니다. 인간관계, 동료애, 우정은 감정적으로 성숙하는 데 아주 중요한 요소이지요. 특정한 하나의 목표에 집중하는 연습을 하면 목적을 망각하지 않을 수 있답니다. 하지만 발전과 탐구에 대한 욕구를 지니고 있어 여행을 하거나 어쩌면 외국 땅에서 정착하게 될지도 모르겠군요.

- ●장점 : 리더십, 창조적, 진보적, 진취적, 낙관적, 강한 신념, 경쟁력, 독립적, 사교적
- ■단점 : 고압적, 질투심, 자기중심적, 거만함, 적대적, 절제력 부족, 이기적, 불안함, 참을성 없음

연애와 인간관계

매력적이고 카리스마가 넘치는 당신은 느긋하고 다정합니다. 대개 강하고 힘 있는 사람에게 끌립니다. 자신의 감정을 표현하고자 하는 욕구는 당신이 사교 모임에서 빛을 발할 수도 있음을 의미하지요. 부드럽고 다정하여 사랑하는 사람들을 위해서는 기꺼이 최선을 다합니다. 당신은 보통 두뇌가 명석하고 결단력이 있는 사람을 동경합니다. 마음에 여유가 있을 때는 재미있고 재치가 넘치지요. 종종 새로운 형태의 관계를 맺지만 충분한 자유와 자기만의 시간을 원합니다.

물고기자리

이날 태어난 유명인

데이비드 니븐, 해리 벨라폰테, 루피타 뇽오(배우), 산드로 보티첼리(화가), 이츠하크 라빈(이스라엘 정치인), 로저 돌트리, 저스틴 비버(가수), 주현, 마동석, 김민희(배우), 정민태(야구 선수)

태양 : 물고기자리

지배 성좌 : 게자리/달

위치 : 10°30′ – 11°30′ 물고기자리

상태 : 변통궁

원소 : 물

항성 : 없음

3월 2일

PISCES

사람들의 시선을 사로잡는 매력과 풍부한 상상력

이상주의적이면서도 현실적인 당신에게는 감수성이 풍부하지만 명석하고 결단력이 있는 물고기자리 태생의 특성이 보입니다. 매력 있고 느긋하면서도 강한 성격이며 객관적이고도 진취적입니다. 당신은 대개 파트너십을 통해 도움을 얻지만 그렇다고 상대를 지배하려 들거나 파워 게임을 해서는 안 되겠지요. 특히 상대가 당신의 현실적인 조언이나 권위를 받아들이지 않을 때 더 조심해야 합니다.

게자리에 위치한 태양의 영향력이 더해져 상상력이 풍부하며 직관적이고 수용적입니다. 보편적인 가족관을 가진 당신은 세심하고 배려 깊은 인도주의자입니다. 이는 당신이 사람들을 돕는 데 자신의 지식을 활용할 수 있다는 것을 보여줍니다. 당신은 공감 능력이 뛰어나 다른 사람의 요구를 잘 받아줍니다. 좌절에 빠졌을 때는 적당한 거리를 두는 것이 중요합니다. 불행하다고 해서 현실을 회피하고 위험을 무릅쓰는 일은 삼가야 합니다.

매력적인 당신은 사람들의 시선을 사로잡습니다. 거침없고 단호한 성격을 보면 신중함과 열정을 함께 지닌 사람 같네요. 기지가 넘치고 논리적이라서 사람들의 동기를 재빨리 파악할 수 있답니다. 돈과 명성에 대한 열망으로 행동하지만, 근면한 선각자로서 성공할 수 있는 엄청난 에너지가 있음을 의미하기도 합니다.

18세까지 당신의 태양이 물고기자리를 지나가면서 감수성과 정서적 발달, 그리고 미래에 대한 꿈이 두드러지게 됩니다. 19세에서 48세까지 당신의 태양은 양자리를 지나갑니다. 이 영향으로 당신은 계속해서 자신감과 적극성을 개발하며 활동성과 모험심을 즐기게 되지요. 이 시기는 주도권을 쥐고 좀 더 솔직해지는 법을 배우기에 적기입니다. 49세부터는 당신의 태양이 황소자리에 들어가면서 정서적으로 평안하고 현실적인 태도를 지니게 되지요. 또한 자리를 잡고 싶은 욕구와 재정적인 안정뿐만 아니라 아름다움과 자연에게서 자양분을 얻고 싶은 욕구도 커집니다.

숨어 있는 자아

겉보기에는 쾌활하지만 당신의 다이나믹한 성향은 내면의 고결함, 지성, 강한 의지 또한 보여줍니다. 배움에 대한 애정과 알고자 하는 욕구는 자신의 내면을 탐구하는 데 지식이 중요한 역할을 한다는 걸 강조하네요. 종종 당신은 교육을 통해 엄청난 잠재력을 개발하지요. 철학적으로 사고하며 이전에 경험한 어려움들로부터 교훈을 얻습니다. 당신은 대개 진보적이며 당당하게 말로 뱉을 수 있는 강한 신념을 가슴 깊은 곳에 품고 있습니다.

걱정이 많은 성향이지만 자존심이 있어 의심하거나 우유부단한 면은 드러내지 않습니다. 그러다 보니 종종 다른 사람들 밑에서 일하는 것보다는 리더십을 발휘하는 자리에 오르기도 하지요. 의무와 책임감이 강해 자신이 해야 할 일과 이상 사이에서 균형을 찾을 필요가 있겠네요. 완벽주의자인 당신은 남을 위해 봉사하는 일에 집중하면 비판하거나 지나치게 요구하는 성향을 극복할 수 있습니다. 인정받고 싶은 욕구가 강해 자신의 노력이 당연한 것으로 여겨지는 것을 힘들어하지요. 파워 게임에 휘말리지 않도록 조심하세요. 그렇지 않으면 당신의 긍정적인 에너지는 모두 고갈되고 말 것입니다.

일과 적성

결단력 있고 진보적인 당신은 새로운 아이디어와 방법을 실행하는 것을 즐깁니다. 똑똑한 데다 세심한 성격이라 사람과 관련한 직업을 가진다면 아주 즐겁게 해낼 것입니다. 무대에 서는 것과 정치 쪽에 매력을 느끼니 어떤 면에서는 대중 앞에 서는 일을 할 때 쉽게 성공할 수 있겠네요. 독창적이고 창의적인 아이디어가 풍부하여 교육, 저술 혹은 사회 개혁에 관심을 가질 수도 있습니다. 능력과 타고난 사업 수완이 있는 당신은 인생에서 많은 것을 이뤄낼 수 있습니다. 그렇지만 당신의 선견지명에 기초하여 계획을 세운다면 더 행복해질 수 있답니다. 일과 생산적인 활동을 통해서 개인적인 성취를 이뤄내지만 너무 많은 일을 떠맡는 것은 삼가세요. 의학과 치유 계통의 직업에서 자신의 재능을 발휘할 수 있습니다. 당신은 대개 팀을 이루거나 파트너십을 통해 일을 협력적으로 훌륭히 해냅니다.

수비학으로 본 당신의 운세

감수성과 집단의 일원이 되고자 하는 강한 욕구는 2일에 태어난 사람들의 특성입니다. 적응력과 이해력이 뛰어나 다른 사람들과 교류하면서 경험할 수 있는 활동을 즐깁니다. 좋아하는 사람들을 기쁘게 하려다 상대에게 지나치게 의존하게 될 위험성도 있답니다. 그렇지만 자신감을 키우면 사람들의 행동과 비판에 쉽게 상처받는 성향을 고칠 수 있어요. 탄생월 3의 영향을 받아 당신은 유능하고 직관적이며 명석한 두뇌까지 겸비했으니 이제 몰두할 목표와 흥미진진한 프로젝트를 찾기만 하면 됩니다. 당신의 생일은 사회적 교제에서 많은 변화가 있을 것과 여행의 기회가 올 것이라는 점을 암시하지요. 불안정하고 잠시도 가만있지 못하며 시시각각 변하는 감정으로 인해 때로는 사람들과 문제가 생기기도 합니다. 하지만 사랑과 이해를 바탕으로 교묘하게 설득력을 발휘해 관계를 잘 유지해갑니다. 파워 게임을 하거나 꼼수를 쓰는 관계는 피하는 게 좋아요.

● 장점 : 좋은 파트너십, 부드러움, 재치, 수용적, 직관적, 민첩함, 사려 깊음, 조화성, 쾌활함
■ 단점 : 의심이 많음, 자신감 결여, 지나치게 예민함, 이기적, 쉽게 상처 입음

연애와 인간관계

친구와 당신을 따르는 사람들은 당신의 장점과 카리스마에 끌립니다. 보호 본능이 강하고 애정이 많지만 다른 사람을 통제하거나 지배하려는 성향은 극복해야만 합니다. 우정과 연애에 대한 염원은 당신이 하는 일, 그리고 야망과 관련이 있을 수도 있어요. 당신은 사회적인 인맥이 많은 영향력 있는 사람에게 쉽게 끌립니다. 사랑하는 이들을 위해 기꺼이 열과 성을 다하는 걸 보면 당신은 충실하고 책임감 있는 사람이지요. 한편 연애를 하고 사랑을 찾을 때는 현실적인 문제들과 안정에 대한 욕구를 고려합니다.

당신에게 특별한 사람

연인이나 친구

1월 9, 16, 18, 26, 31일 / 2월 7, 14, 16, 24, 29일 / 3월 5, 12, 14, 22, 27일 / 4월 3, 10, 12, 20, 25일 / 5월 1, 8, 10, 12, 18, 23일 / 6월 6, 8, 16, 21일 / 7월 4, 6, 8, 14, 19, 31일 / 8월 2, 4, 12, 17, 29일 / 9월 2, 10, 15, 27일 / 10월 8, 13, 25일 / 11월 6, 11, 23일 / 12월 4, 9, 21, 30일

힘이 되어주는 사람

1월 1, 21일 / 2월 19일 / 3월 17일 / 4월 15일 / 5월 13일 / 6월 11일 / 7월 9일 / 8월 7일 / 9월 5일 / 10월 3, 30일 / 11월 1, 28일 / 12월 26일

운명의 상대

9월 2, 3, 4, 5일

경쟁자

3월 29일 / 4월 27일 / 5월 25일 / 6월 23일 / 7월 21일 / 8월 19일 / 9월 17일 / 10월 15일 / 11월 13일 / 12월 11일

소울메이트

1월 27일 / 2월 25일 / 3월 23, 30일 / 4월 21, 28일 / 5월 19, 26일 / 6월 17, 24일 / 7월 15, 22일 / 8월 13, 20일 / 9월 11, 18일 / 10월 9, 16일 / 11월 7, 14일 / 12월 5, 12일

물고기자리

이날 태어난 유명인

미하일 고르바초프(러시아 정치인), 루 리드, 캐런 카펜터, 존 본 조비, 크리스 마틴(가수), 제니퍼 존스(배우), 고현정, 이선균, 이하늬(배우), 이지형(가수), 이세돌(바둑 기사)

태양 : 물고기자리
지배 성좌 : 게자리/달
위치 : 11°30′ - 12°30′ 물고기자리
상태 : 변통궁
원소 : 물
항성 : 아케르나르

3월 3일
PISCES

냉철하게 이해하고 판단하는 탁월한 관찰자

물고기자리 태생인 당신은 다재다능하고 상상력이 넘치며, 예리한 통찰력을 지닌 섬세한 사람입니다. 강한 감정과 자유에 대한 욕구를 지녔으며, 창의적인 사람으로 스스로를 표현하는 방법을 찾으면서 많은 것을 얻습니다. 내면의 고귀함과 자신감은 당신이 원대한 꿈을 가졌다는 걸 의미하지만 비현실적인 환상에 사로잡히지 않도록 하세요. 당신은 이상적이고 로맨틱하며 공감 능력이 뛰어나고 인정이 넘칩니다.

게자리에 위치한 태양의 영향력이 더해지면서 감수성이 풍부하고 수용적입니다. 당신은 보호 본능과 배려심이 많으며 강한 예감과 육감을 지녔습니다. 당신에게는 자기 일에 대한 확신이 아주 중요하지요. 만약 희망을 잃는다면 낙관적이고 밝은 성격이 차갑고 냉정해질 수 있어요. 하지만 목적의식과 결단력이 있기 때문에 그런 기분에서 쉽고 빠르게 빠져나올 수 있답니다.

사업과 즐거움을 결합시키는 능력이 있어 사교적이고 다정다감하여 집단 활동과 파트너십을 통해 득을 봅니다. 현명하고 재치 있는 사람이라 자발적이며 사람들을 즐겁게 하는 재주가 뛰어나지요. 사람에 대한 판단이 빠르지만 논쟁에 집착하고 빈정대거나 사랑하는 사람을 질투해서는 안 됩니다.

18세에서 47세 사이에는 당신의 태양이 양자리를 지나갑니다. 이 영향으로 당신은 자기주장이 강해지고 적극적이고 용기 있는 행동을 즐기게 되지요. 48세부터는 당신의 태양이 황소자리에 들어가면서 현실성과 안정성, 그리고 재정적 안정에 대한 욕구가 커집니다. 좀 더 차분해지고 정서적으로도 안정되며 자연에 관심이 생길 수도 있겠네요. 78세에는 당신의 태양이 쌍둥이자리에 들면서 인생의 전환점을 맞이합니다. 이때부터 당신은 호기심이 많아지고 사고방식이 바뀌기 시작합니다. 또한 의사소통과 배움에 대한 관심이 커질 수 있겠네요.

숨어 있는 자아

자부심 있고 섬세하며 가치에 대한 이해력이 풍부한 당신은 내적 힘을 깨닫고 자기 능력보다 작은 것에 안주하지 않는 것이야말로 자신이 직면한 도전 중 하나임을 알게 됩니다. 만약 돈에 너무 큰 비중을 두게 되거나 능력에 대한 자신감과 확신이 부족해진다면 원대한 소명과는 동떨어진 일을 하게 될 수도 있겠네요. 사람에 대한 냉철한 이해력은 당신을 인간 행동에 대한 탁월한 관찰자일 뿐 아니라 자유를 중시하는 개인주의자로 만들어 줄 것입니다.

창의적이고 진보적인 당신은 자신의 독창적인 아이디어와 재능을 표현하고 싶어 합니다. 성격이 예민해 기분 변화가 심할 때가 있지만 마음만 먹으면 다른 사람을 즐겁고 행복하게 해줄 수 있지요. 이상주의적이고 섬세하여 특히 예술, 음악, 연극 분야 또는 좀 더 신비주의적인 것에서 영감을 받습니다. 긍정적인 태도를 지닐 때 역동적인 매력과 열정을 발산하며 관대함을 베풀게 되지요.

일과 적성

예리한 사업 감각이 직관과 창의적인 능력과 적절히 조화를 이룬다면 당신은 혁신가나 개혁자가 될 수 있습니다. 글재주와 탁월한 상상력은 저술, 연극 혹은 예술 분야에서 창조적인 빛을 발합니다. 아니면 경영 능력과 리더십, 그리고 조직력을 바탕으로 여러 사람을 다루는 일을 할 수도 있겠네요. 하지만 자유에 대한 사랑과 정신력을 시험해보고 싶은 욕구가 있어 자기 사업을 하는 것에 더 끌리는 편입니다. 인도주의적 관점을 지닌 이상주의자인 당신은 이타적인 조직을 위해 일하거나 종종 보이지 않는 곳에서 기꺼이 일하기도 합니다. 생일로 볼 때 당신은 현명한 상담가와 선생님이 될 수도 있겠네요.

수비학으로 본 당신의 운세

사랑, 창조성, 그리고 감수성에 대한 욕구는 3일에 태어난 사람들의 특성입니다. 성격이 느긋하고 사람들에게 좋은 친구로 평가받으며, 사회적 활동을 하고 여러 취미를 즐깁니다. 다재다능하고 자신을 표현하고자 하는 욕구가 있어 다양한 경험을 추구합니다. 하지만 쉽게 싫증을 내는 성향 탓에 결단을 내리지 못하거나 반대로 지나치게 일을 벌일 수도 있어요. 유머 감각이 뛰어나고 열정적이며 매력적이지만 걱정하는 버릇을 없애려면 자존감을 키워야 합니다. 개인적인 관계와 애정이 넘치는 분위기는 당신에게 희망과 영감을 주는 만큼 아주 중요하지요. 탄생월 3의 영향으로 당신은 자신의 상상력과 창의적인 아이디어들을 눈에 보이는 실체로 만들 필요가 있습니다. 그렇지 않으면 그것들은 그저 실현되지 않는 꿈으로 남을 뿐입니다. 당신은 자부심이 있고 이상주의적이지만 불완전하거나 준비가 부족하다는 생각을 버려야 자기 능력에 확신을 갖게 됩니다. 낙관적인 태도를 지닐 때 당신의 개성은 사랑과 관대함, 그리고 창의력으로 반짝반짝 빛납니다. 하지만 반대로 비관적일 때는 지나치게 감정적으로 격해질 수도 있어요.

- ●장점 : 유머, 행복, 다정함, 생산적, 창조적, 예술적, 사랑스러움, 자유분방함, 말재주
- ■단점 : 쉽게 싫증 냄, 질투심, 자만심, 과장함, 낭비벽, 방종함, 게으름, 소유욕, 버릇없음

연애와 인간관계

매력적이고 흥이 넘치는 성격 덕분에 당신은 친구와 자기편을 쉽게 얻습니다. 똑똑하고 장수성가한 사람들을 동경하네요. 그 우정과 동료애는 일이나 지적인 사회 활동과 연결되어 있기도 합니다. 관대하고 자발적이며, 기분이 좋을 때는 삶이나 파티에서 흥을 돋우는 사람이 될 수도 있습니다. 당신은 지적 능력을 갖춘 사람에게 끌리고 자신의 아이디어에 대해 토론하고 소통하는 것을 좋아합니다. 하지만 너무 위세를 부리거나 독점하려 들지 마세요. 확신이 없고 불안하다는 걸 드러낼 뿐입니다.

연인이나 친구

1월 21, 28, 31일 / 2월 19, 26, 27, 29일 / 3월 17, 24, 27일 / 4월 15, 22, 23, 25일 / 5월 13, 20, 23일 / 6월 11, 18, 21일 / 7월 9, 16, 17, 19일 / 8월 7, 14, 17, 31일 / 9월 5, 12, 15, 29일 / 10월 3, 10, 13, 27, 29, 31일 / 11월 1, 8, 9, 11, 25, 27, 29일 / 12월 6, 9, 23, 25, 27일

힘이 되어주는 사람

1월 9, 12, 18, 24, 29일 / 2월 7, 10, 16, 22, 27일 / 3월 5, 8, 14, 20, 25일 / 4월 3, 6, 12, 18, 23일 / 5월 1, 4, 10, 16, 21, 31일 / 6월 2, 8, 14, 19, 29일 / 7월 6, 12, 17, 27일 / 8월 4, 10, 15, 25일 / 9월 2, 8, 13, 23일 / 10월 6, 11, 21일 / 11월 4, 9, 19일 / 12월 2, 7, 17일

운명의 상대

1월 3일 / 2월 1일 / 9월 3, 4, 5, 6일

경쟁자

1월 7, 8, 19, 28일 / 2월 5, 6, 17, 26일 / 3월 3, 4, 15, 24일 / 4월 1, 2, 13, 22일 / 5월 11, 20일 / 6월 9, 18일 / 7월 7, 16일 / 8월 5, 14일 / 9월 3, 12일 / 10월 1, 10일 / 11월 8일 / 12월 6일

소울메이트

1월 3, 19일 / 2월 1, 17일 / 3월 15일 / 4월 13일 / 5월 11일 / 6월 9일 / 7월 7일 / 8월 5일 / 9월 3일 / 10월 1일

물고기자리

이날 태어난 유명인

알렉산더 그레이엄 벨(발명가), 진 할로(배우), 재키 조이너 커시(육상선수), 조지 밀러(영화감독), 김용림(배우), 노사연, 유진, 성유리(가수)

태양 : 물고기자리

지배 성좌 : 게자리/달

위치 : 12° 30' - 14° 물고기자리

상태 : 변통궁

원소 : 물

항성 : 아케르나르

3월 4일

PISCES

팀원과의 협력을 즐기고 사랑하는 이에게 헌신하는 사람

물고기자리 태생인 당신은 야심과 결단력을 겸비한 현실적이고 헌신적인 성격이면서도 영리하고 고상한 사람입니다. 근면하고 경쟁적인 반면에 상상력이 풍부하고 섬세하며 카리스마가 넘치지요. 세속적인 면이 강하지만 세련된 매력과 강렬하고 직관적인 통찰력 또한 갖추었습니다.

게자리에 위치한 태양의 영향력이 더해져 당신은 감수성이 풍부하고 수용적입니다. 높은 목표와 이루고자 하는 바가 있지만 무기력에 빠지기도 해 스스로를 채찍질할 물질적인 보상이 필요합니다. 공감 능력이 있어 다른 사람의 감정을 잘 받아주지만 감정의 기복이나 걱정하는 습관은 경계해야 합니다. 사람들의 좀 더 내밀한 감정을 감지하는 능력은 당신이 영매의 능력을 타고난 사람임을 보여주지요. 불행하다고 해서 현실 도피나 자기 연민에 빠져서는 안 됩니다.

의지가 강하고 성격이 밝은 당신은 영감을 받거나 관심이 있는 분야의 지식은 빠르게 이해하는 능력이 있습니다. 안정적인 생활을 원하지만 지루하고 싫증 날 수 있는 활동은 피하는 것이 좋겠지요. 결국에는 그런 일들로 불안감이 생기기 때문입니다. 안전과 정서적인 만족에 대한 욕구는 당신에게 득히 동료애와 우정이 중요하다는 것을 암시합니다. 당신은 천성이 협력적이며, 책임감을 갖고 자신을 수양한다면 주도권과 자신감 또한 키울 수 있겠네요.

16세까지 당신의 태양이 물고기자리를 이동하면서 감수성과 주변 환경에 대한 수용성, 그리고 감정적인 욕구가 두드러집니다. 17세에서 46세 사이에는 당신의 태양이 양자리에 들어갑니다. 그 영향으로 새로운 국면을 맞아 좀 더 적극적이고 과감해지며 활기가 넘치게 되죠. 이런 변화는 새로운 모험에 대한 열망으로 귀결됩니다. 47세부터는 당신의 태양이 황소자리에 들면서 자리를 잡고 재정적으로나 정서적으로 더 안정되고 싶어 하는 마음이 커집니다. 77세가 되어 당신의 태양이 쌍둥이자리에 들면 다양한 형태의 의사소통에 호기심과 관심이 많아지는데, 어쩌면 새로운 일에 흥미가 생길 수도 있겠네요.

숨어 있는 자아

다정하고 외향적인 당신은 팀원들과 협력하는 것을 즐기고 협업의 장점을 알고 있습니다. 걱정이 많고 과거에 얽매이는 성향이라면 한 걸음 떨어져 바라보는 법을 배워야 할 것입니다. 그러니까 사람이나 사물에 의존하지 않는 게 중요해요. 안 그러면 지나치게 심각해질 수 있기 때문입니다. 그저 흘러가게 두는 법을 배움으로써 당신은 더 큰 자유를 누리게 되고 더욱 보편적인 사고를 갖게 됩니다.

타고난 사교술 덕분에 사회적 상황에서 사람들과 좀 더 수월하게 관계를 맺게 됩니다. 일을 통해 삶의 교훈을 많이 얻지만 당신의 행복에는 인간관계가 더 큰 부분을 차지합니다. 사랑하는 사람들을 위해서 기꺼이 헌신하지만 그렇다고 희생양이 되지는 않도록 조심해야겠지요. 모든 관계에서 힘의 균형을 맞추고 자기 수양을 쌓음으로써 놀라운 잠재력을 일깨울 수 있답니다.

일과 적성

사교술이 뛰어난 당신은 사람과 관련된 직업에서 일을 잘 해내겠네요. 높은 직관과 상상력을 지니고 있어 예술, 미용, 춤, 음악 혹은 연기 분야에서 재능을 발휘할 수도 있습니다. 또한 어떤 형태든 글쓰기에 매료될 수도 있어요. 섬세하고 공감력이 뛰어나 상담, 강의 혹은 지역사회를 위해 봉사하게 될 수도 있답니다. 직관적인 사업 감각이 있고 근면한 당신은 풍족한 삶을 누리고 싶은 열망 때문에 의욕이 커지는 타입입니다. 주변 환경과 조화를 이루고 싶은 마음에 지나치게 일상에 매몰되지는 않도록 조심하세요.

수비학으로 본 당신의 운세

천부적인 에너지와 실용적인 기술, 그리고 강한 결단력을 지닌 당신은 열심히 일함으로써 성공을 거둘 수 있습니다. 4일에 태어난 당신은 형식과 구성에 대한 감각이 뛰어나 실용적인 체계를 만들어낼 수 있답니다. 안전을 중시해 자신과 가족을 위해 탄탄한 기반을 마련하고 싶어 하지요. 삶에 실용적인 태도로 접근하니 탁월한 사업 감각과 추진력이 생기고 물질적인 성공도 거머쥐겠군요. 대개 정직하고 공정하지만 그럼에도 불구하고 사교술을 좀 더 익혀야 하며 고집 세고 눈치 없는 성향을 고쳐야 합니다. 탄생월 3의 영향력으로 당신은 다재다능하고 창의적이며 자신의 아이디어를 실용적으로 활용할 수 있습니다. 꾸물거리는 성향을 고치기 위해서는 체계를 세워야 하고 끊임없는 정신적 자극을 받아야 합니다. 당신은 다양한 사회 활동과 관심사를 즐기지만 선택과 집중이 필요할 때도 있어요. 평소에는 매력적이고 유쾌하지만 때때로 정서가 불안해지면 내성적으로 보일 수 있습니다. 분석력이 뛰어나 자기주장을 통해 사람들이 당신의 의견에 귀를 기울이도록 만들 수 있습니다.

- ●장점 : 체계적, 자기 수양, 솜씨, 손재주, 실용주의, 신뢰, 꼼꼼함
- ■단점 : 불안정, 소통 부재, 억눌린, 게으름, 꾸물거림, 자린고비, 위세 부림, 애정을 드러내지 않음, 분개함

연애와 인간관계

카리스마 있는 성격 덕에 좋은 사회적 인맥과 친구들이 많습니다. 가까운 사이에서는 어떨지 모르지만 당신은 대개 적극적이고 정신적으로 자극을 주는 똑똑한 사람들과 관계를 맺게 되네요. 또한 자기만의 방식으로 삶의 역경을 헤쳐나가는 근면한 사람들을 동경하지요. 지식에 대한 애정과 내면의 지혜를 가진 사람들에 대한 동경은 당신이 배움이나 사람들과의 협력을 즐긴다는 걸 말해줍니다. 당신은 열의를 가진 관계에서는 기꺼이 시간과 돈을 투자합니다.

당신에게 특별한 사람

연인이나 친구

1월 6, 20, 22, 24, 27, 30일 / 2월 4, 18, 20, 22, 28일 / 3월 2, 16, 18, 20, 26, 29일 / 4월 14, 16, 18, 24, 27일 / 5월 2, 12, 14, 16, 22, 25일 / 6월 10, 12, 14, 20, 23일 / 7월 8, 10, 12, 15, 16, 18, 21일 / 8월 6, 8, 10, 16, 19일 / 9월 4, 6, 8, 14, 17일 / 10월 2, 4, 6, 12, 15일 / 11월 2, 4, 10, 13, 17일 / 12월 2, 8, 11일

힘이 되어주는 사람

1월 1, 3, 4, 12, 14일 / 2월 1, 2, 12일 / 3월 10, 28일 / 4월 8, 26, 30일 / 5월 6, 24, 28일 / 6월 4, 22, 26일 / 7월 2, 11, 20, 24일 / 8월 18, 22일 / 9월 16, 20일 / 10월 14, 18일 / 11월 3, 12, 16일 / 12월 10, 14일

운명의 상대

1월 11일 / 2월 9일 / 3월 7일 / 4월 5일 / 5월 3일 / 6월 1일 / 9월 4, 5, 6, 7, 8일

경쟁자

1월 3, 5일 / 2월 1, 3일 / 3월 1일 / 7월 31일 / 8월 29일 / 9월 27, 30일 / 10월 25, 28일 / 11월 23, 26, 30일 / 12월 21, 24, 28일

소울메이트

1월 5, 12일 / 2월 3, 10일 / 3월 1, 8일 / 4월 6일 / 5월 4일 / 6월 2일

이날 태어난 유명인

안토니오 비발디(작곡가), 앨런 실리토, 제임스 엘로이(작가), 존 가필드(배우), 이광수(작가), 김정은, 박민영(배우)

777

태양 : 물고기자리	
지배 성좌 : 게자리/달	
위치 : 13°30′ – 15° 물고기자리	
상태 : 변통궁	
원소 : 물	
항성 : 아케르나르	

3월 5일
PISCES

끈질긴 노력으로 자신의 고상한 꿈을 실현하는 사람

열정적이고 이상적인 당신은 포부가 크고 잠시도 가만히 있지 못하는 물고기자리 태생의 몽상가입니다. 섬세하고 직관이 뛰어나 창의적이고 생산적인 노력을 통해 자신의 강력한 상상력을 활용할 수 있답니다. 충동적인 면이 있어 때때로 열정에 휩싸여 내키는 대로 행동할 때가 있네요.

게자리에 위치한 태양의 영향력이 더해져 당신은 육감이 강해지고 가족이나 친구들의 지원을 원하게 됩니다. 감수성이 풍부하고 수용적이라서 다른 이의 감정을 쉽게 이해하며, 영매의 능력을 타고났습니다. 공감 능력과 배려심이 많아 다른 사람들의 문제를 떠맡지 않도록 조심해야 합니다. 근면하고 현실적이지만 때로는 감정이 격해져서 신경이 곤두서고 호들갑을 떨 수도 있습니다.

천성적으로 정이 많은 당신은 사람들에게 많은 것을 기대하고 스스로도 사랑하는 사람들을 위해서는 기꺼이 희생합니다. 장애물을 만나거나 좌절할 경우 비관주의와 물질주의에 사로잡히지 않도록 조심하세요. 또한 불행하다고 해서 진실을 외면하거나 현실 도피 혹은 자기 연민에 빠져서는 안 됩니다. 자신의 강한 직관을 믿을 수 있게 되면 인생에서 예상치 못한 기회를 잡게 됩니다. 타고난 사업 감각, 여행과 변화를 사랑하는 마음은 다양한 활동과 직업을 경험하도록 영감을 줄 것입니다.

15세까지 당신의 태양이 물고기자리에 드는데, 이는 당신이 이상주의자에 사랑이 많고 다재다능하지만 한편으로는 감정 과잉으로 쉽게 싫증을 내는 경향이 있음을 의미합니다. 16세에서 45세 사이에 당신의 태양이 양자리를 지나가면서 당신은 점점 더 자신감 있고 적극적이며 포부가 넘치게 됩니다. 새로운 모험을 시작하고 협력적인 사업에서 수익을 발견할지도 모르겠군요. 46세에는 당신의 태양이 황소자리에 들면서 인생의 새로운 전환점을 맞습니다. 이때부터는 삶의 속도를 줄이고 재정적 안정에 대한 욕구가 커집니다. 당신의 태양이 쌍둥이자리에 드는 76세부터는 의사소통과 아이디어 교환에 지대한 관심이 생깁니다.

숨어 있는 자아

강렬한 감정과 섬세한 본성은 당신이 사랑의 힘으로 성공을 거머쥘 것임을 암시합니다. 거센 감정을 발산하지 못하거나 현실적 이치에 맞게 활용하지 못한다면 때로는 불리하게 작용하거나 감정 과잉이 될 수 있습니다. 하지만 반대로 긍정적으로 활용한다면, 당신은 역동적이며 창조적인 재능을 지녔기 때문에 특히 연기와 공연 분야에서 두각을 드러낼 수 있습니다.

사교적이고 이상주의적이며 영감이 넘치는 당신은 상상력이 풍부하면서도 현실적인 사람입니다. 자신의 위대한 가능성을 활용하기 위해서는 성취하고자 하는 명확한 그림과 체계적인 계획이 있어야겠지요. 다행스럽게도 당신은 가치에 대한 현실감이 뛰어나고 성실하므로 경제적으로 어렵지는 않겠네요. 무엇보다 자신의 일을 중요시하는 점은 당신이 근면함과 끈질긴 노력을 바탕으로 자신의 고상한 꿈을 현실화할 수 있는 사람임을 의미합니다.

일과 적성

섬세하고 상상력이 풍부하며 변화와 흥미진진한 것을 열망하는 당신은 아마도 다양한 경험이나 출장이 많은 직업에 끌릴 것입니다. 역동적인 성향을 타고나 사업에서도 성공할 수 있겠네요. 천성적으로 배려심이 많은 사람이라 사회 개혁에 관심을 가지거나 치료와 건강 혹은 보육 분야에서 일할 수도 있습니다. 이날 태어난 사람들 중 많은 이들이 예술, 디자인, 영화, 그리고 패션 계통에서 타고난 시각적인 감각을 보여줍니다. 아니면 자신의 성격에서 좀 더 연극적인 부분을 알아가고 싶다면 엔터테인먼트 쪽이나 정치 분야도 괜찮습니다. 어떤 직업을 선택하든 단조로운 일은 반드시 피하세요. 사업 기회를 포착하는 능력이 있어 판매, 홍보 혹은 외국과 거래하는 일을 할 수도 있습니다.

수비학으로 본 당신의 운세

새로운 것에 도전하려는 의지와 열정적으로 다가가는 태도를 지닌 당신은 삶에서 많은 것을 얻게 될 것입니다. 예기치 못한 여행과 변화의 기회를 통해 관점과 신념에 변화가 생기겠네요. 5일에 태어난 당신은 삶이 흥미진진하다는 사실을 받아들일 필요가 있지만, 동시에 책임감 있는 태도를 개발해야 하며 예측하기 힘들고 가만있지 못하는 성향을 고쳐야 합니다. 5일에 태어난 사람들은 한 걸음 물러서서 순리에 따르는 재능을 타고났습니다. 탄생월 3의 영향을 받아 당신은 사교적이고 외향적입니다. 안정과 안전을 원하지만 쉽게 싫증을 내는 성향은 당신이 다양한 변화를 바라는 사람임을 의미하지요. 그렇지만 인내심과 끈기를 기르는 것이 현명하겠지요. 자기표현 욕구가 강한 당신은 긍정적인 태도를 취할 때 삶의 기쁨을 발산할 수 있답니다. 말재주가 좋으니 풍부한 창의력을 활용하는 법을 배워야 할 필요도 있습니다. 시간이 걸리고 쉽지는 않겠지만 참을성을 길러야지만 자신을 통제할 수 있게 됩니다.

- ●장점 : 다재다능함, 적응력, 진취적, 직관력, 매력, 행운, 배려심, 자유를 사랑함, 재치, 순발력, 호기심, 신비로움, 사교성
- ■단점 : 신뢰할 수 없는, 꾸물거림, 모순적, 과신함

연애와 인간관계

관계에 있어서 낭만적이고 이상주의적인 당신은 때때로 정신적인 관계를 중요시하기 때문에 자신의 높은 이상에 부합하는 파트너를 만나기가 어렵습니다. 당신은 창조적이고 인도주의자이면서 이상주의자인 사람을 동경합니다. 사랑에 빠지면 상대를 깊이 사랑하고 힘든 시기를 맞아도 변함없이 충실합니다. 배려심이 많고 지원을 아끼지 않지만 한 걸음 물러서서 현실을 직시하느라 오히려 과민 반응하거나 자신을 희생할 수도 있으니 조심하세요.

연인이나 친구

1월 1, 7, 21, 23, 31일 / 2월 5, 19, 21, 29일 / 3월 3, 7, 17, 19, 27일 / 4월 1, 15, 17, 25일 / 5월 3, 13, 15, 23일 / 6월 11, 13, 21일 / 7월 9, 11, 18, 19일 / 8월 7, 9, 17일 / 9월 5, 7, 15일 / 10월 3, 5, 13일 / 11월 1, 3, 10, 11일 / 12월 1, 9일

힘이 되어주는 사람

1월 5, 16, 18일 / 2월 3, 14, 16일 / 3월 1, 12, 14, 29일 / 4월 10, 12, 27일 / 5월 8, 10, 25, 29일 / 6월 6, 8, 23, 27일 / 7월 4, 6, 21, 25일 / 8월 2, 4, 19, 23일 / 9월 2, 17, 21일 / 10월 15, 19일 / 11월 13, 17일 / 12월 11, 15, 29일

운명의 상대

1월 6, 30일 / 2월 4, 28일 / 3월 2, 26일 / 4월 24일 / 5월 22일 / 6월 20일 / 7월 18일 / 8월 16일 / 9월 5, 6, 7, 8, 9, 14일 / 10월 12일 / 11월 10일 / 12월 8일

경쟁자

1월 4일 / 2월 2일 / 5월 29, 31일 / 6월 27, 29, 30일 / 7월 25, 27, 28일 / 8월 23, 25, 26, 30일 / 9월 21, 23, 24, 28일 / 10월 19, 21, 22, 26일 / 11월 17, 19, 20, 24일 / 12월 15, 17, 18, 22일

소울메이트

1월 23일 / 2월 21일 / 3월 19일 / 4월 17일 / 5월 15일 / 6월 13일 / 7월 11, 31일 / 8월 9, 29일 / 9월 7, 27일 / 10월 5, 25일 / 11월 3, 23일 / 12월 1, 21일

물고기자리

이날 태어난 유명인

저우언라이(중국 정치인), 일레인 페이지(뮤지컬 배우), 렉스 해리슨(배우), 피에르 파올로 파졸리니(영화감독), 오지명(배우), 오은선(산악인)

태양 : 물고기자리

지배 성좌 : 게자리/달

위치 : 14°30′ – 15°30′ 물고기자리

상태 : 변통궁

원소 : 물

항성 : 아케르나르

3월 6일

PISCES

사교적 예의를 갖춘 활기차고 따뜻한 인도주의자

물고기자리에 태어난 당신은 가치관이 훌륭하며 실용적인 기술을 갖춘 이상주의자입니다. 당신은 다정하고 친절하며 활기와 추진력을 타고나 솔직하고 단도직입적이며 의지가 강한 사람입니다. 특히 재정적인 일과 관련하여 직관력이 뛰어나 굉장한 직업적 기회를 얻을 수도 있답니다. 마음에 품은 이상이나 대의를 위해서는 헌신적이고 단호하게 밀고 나가지요.

게자리에 위치한 태양의 영향력이 더해져 사람에 대한 당신의 육감은 대부분 정확합니다. 유리한 조건을 파악하는 능력이 있어 기회를 많이 잡기도 합니다. 공감 능력이 뛰어나 다른 사람의 감정을 잘 받아주지만 감정의 기복이나 걱정하는 성향은 경계해야 합니다. 리더의 자질을 타고났기 때문에 지시를 받는 위치보다는 지시를 내리는 자리가 더 낫습니다. 자기 수양만 쌓는다면 당신은 성공할 수 있습니다.

대단히 건강하고 스스로 즐기는 법을 아는 행운을 얻었으니 풍요로운 삶을 누리겠네요. 그렇지만 지나치게 욕망에 탐닉하거나 속물이 되는 것은 경계해야겠지요. 겸손하고 온화한 면을 보여주어 거만하거나 군림하려는 인상을 주지 않도록 하세요. 수양이 부족하면 자신의 가치와 신념에 확신을 갖지 못하시만, 올바른 태도로 임할 때는 산도 움직일 수 있으며 지식과 능력으로 사람들을 감동시킬 수도 있답니다.

14세까지 당신의 태양이 물고기자리를 지나가면서 정서적 발달이 두드러집니다. 15세에서 44세 사이에 당신의 태양은 양자리를 지나갑니다. 이 영향으로 당신은 점차로 자기주장이 강해지고 적극적이고 모험적인 태도를 즐기게 되지요. 이때야말로 뭔가를 시작하고 한 걸음 앞으로 나아가는 법을 배울 시기입니다. 45세부터는 당신의 태양이 황소자리에 들면서 정서적으로 좀 더 안정되고 현실적이 됩니다. 또한 경제적 안정에 대한 욕구가 커지면서 자리를 잡고, 아름다운 것과 자연에서 자양분을 얻기도 합니다. 75세에는 당신의 태양이 쌍둥이자리에 들면서 의사소통과 공부와 대화에 대한 열망이 두드러집니다.

숨어 있는 자아

지식에 대한 사랑이 큰 당신은 아는 게 많고 문제를 해결할 기술을 갖추었을 때 행복감을 느낍니다. 강한 의지를 긍정적으로 활용한다면 독자적이고도 건설적인 사고를 할 수 있습니다. 당신은 매우 똑똑하고 결단력이 있으며 세부적인 것도 볼 줄 아는 탐구심이 강하고 창의적인 사람입니다. 하지만 싫증을 느끼는 성향 때문에 변화를 쫓고 새로운 관심거리에 열광합니다.

흥미를 갖게 되면 열과 성을 다하기 때문에 빨리 배울 수 있습니다. 따뜻하고 창의적인 당신은 사교적인 예의를 갖추었으며 다른 사람들과 편하게 소통하지요. 하지만 제멋대로 구는 성향 탓에 연인 관계에서 긴장이 생길 수도 있겠네요. 당신은 인기를 끄는 법을 알고 있어 자신만의 매력을 발산한다면 사람들의 마음을 휘어잡을 수 있습니다.

일과 적성

선견지명이 뛰어나고 현실적인 기업가 정신을 갖춘 당신은 종종 대규모 프로젝트를 조직하거나 지휘하게 될 것입니다. 훌륭한 조직가인 당신은 구성에 대한 감각이 뛰어나고 대개 성실합니다. 조화와 자기표현에 대한 욕구가 있어 춤, 음악, 연극 혹은 저술과 같은 예술적이고 창조적인 활동에 강하게 끌릴 수 있겠네요. 사교성이 좋아서 대중을 상대로 하는 직업에서 성공적으로 일할 수 있습니다. 타고난 창의력을 바탕으로 사업에 대한 예리한 이해력과 사교술을 잘 조화시킨다면 당신은 금융계에서 최고의 자리에 오를 수 있답니다. 다른 사람들을 돕고자 하는 열망이 있어 복지 관련 직업이나 치유 또는 의학 분야에 끌릴 수도 있습니다.

수비학으로 본 당신의 운세

인정 많고 이상주의적이며 타고난 배려심은 6일에 태어난 사람들의 특징입니다. 책임감이 있고 애정이 넘치며 다른 사람들에게 힘이 되어주는 인도주의자이지요. 당신은 보통은 세속적이고 출세 지향적이지만 6의 영향을 받아 가정적이며 헌신적인 배우자가 될 것입니다. 세심한 당신은 창조적인 표현 형식을 찾을 필요가 있으며, 종종 엔터테인먼트나 예술, 디자인 분야에 끌린답니다. 6일에 태어난 사람들의 도전 과제는 자신감을 키우고 좀 더 당당해지는 것입니다. 탄생월 3의 영향으로 당신은 섬세하고 육감이 뛰어나네요. 노는 것을 좋아하고 사람들에게 좋은 친구가 되며 사회적 활동과 많은 관심사를 즐깁니다. 다재다능하여 다양하고 흥미진진한 경험을 하고 싶어 하지만 쉽게 싫증을 내는 성향이 있네요. 이 때문에 우유부단해지거나 과도하게 일을 벌일 수도 있습니다. 호기심이 많고 보다 큰 삶의 의미를 발견하고 싶어 하므로 더욱 정신적인 발전을 꾀해야겠네요.

- ●장점 : 세상 경험이 많음, 다정함, 인정 많음, 신뢰할 수 있는, 공감적, 이상주의적, 가정적, 인도주의적, 침착함, 예술적, 균형적
- ■단점 : 불만, 불안함, 수줍음, 비이성적, 고집불통, 노골적, 고압적, 무책임, 냉소적, 자기중심적

연애와 인간관계

매력적이고 성격이 좋은 당신은 성공과 명성에 관계되는 것을 좋아합니다. 풍족한 생활을 좋아하여 사치스러운 것에 끌리고 고급품의 진가를 압니다. 또한 사람들과 관계를 맺을 때도 돈과 장래성을 중요시하네요. 당신은 스스로 즐기는 법과 사람들을 즐겁게 하는 법을 알고 있으며 잠재력이 있는 사람들과 사귀고 싶어 합니다. 아량이 넓고 친절한 당신은 부드러운 사람을 좋아하지만 너무 빠지지는 마세요.

당신에게 특별한 사람

연인이나 친구

1월 7, 8, 17, 20, 22, 24일 / 2월 6, 15, 18, 20, 22일 / 3월 4, 13, 16, 18, 20일 / 4월 1, 2, 11, 14, 16, 18, 26일 / 5월 9, 12, 14, 16일 / 6월 7, 10, 12, 14일 / 7월 5, 8, 10, 12, 20, 30일 / 8월 3, 6, 8, 10, 28일 / 9월 1, 4, 6, 8, 26일 / 10월 2, 4, 6, 24일 / 11월 2, 4, 12, 22일 / 12월 2, 20일

힘이 되어주는 사람

1월 6, 23일 / 2월 4, 21일 / 3월 2, 19, 30일 / 4월 17, 28일 / 5월 15, 26, 30일 / 6월 13, 24, 28일 / 7월 11, 22, 26일 / 8월 9, 20, 24일 / 9월 7, 18, 22일 / 10월 5, 16, 20일 / 11월 3, 14, 18일 / 12월 1, 12, 16, 30일

운명의 상대

1월 7일 / 2월 5일 / 3월 3일 / 4월 1일 / 9월 6, 7, 8, 9일

경쟁자

1월 5, 26, 29일 / 2월 3, 24, 27일 / 3월 1, 22, 25일 / 4월 20, 23일 / 5월 18, 21일 / 6월 16, 19, 30일 / 7월 14, 17, 28일 / 8월 12, 15, 26, 31일 / 9월 10, 13, 24, 29일 / 10월 8, 11, 22, 27일 / 11월 6, 9, 20, 25일 / 12월 4, 7, 18, 23일

소울메이트

1월 30일 / 2월 28일 / 3월 26일 / 4월 24일 / 5월 22일 / 6월 20일 / 7월 18일 / 8월 16일 / 9월 14일 / 10월 12, 31일 / 11월 10, 29일 / 12월 8, 27일

이날 태어난 유명인

미켈란젤로(화가), 엘리자베스 브라우닝(시인), 루 코스텔로(코미디언), 키리 테 카나와(성악가), 가브리엘 가르시아 마르케스(작가), 이현우(가수), 정준(배우)

태양 : 물고기자리

지배 성좌 : 게자리/달

위치 : 15°30' - 16°30' 물고기자리

상태 : 변통궁

원소 : 물

항성 : 아케르나르

3월 7일

PISCES

밝은 겉모습 뒤에 진지하고 깊은 내면이 감춰진 이상주의자

상상력이 풍부하고 이상주의적이며 사려 깊은 당신은 아이디어가 넘치고 창조적이며 혜안을 지녔습니다. 눈부신 내면의 삶을 축복으로 받았으나 성공과 번영을 이루기 위해서는 자신의 원대한 생각과 꿈에 다가갈 수 있는 현실적인 목표를 발견해야만 합니다.

게자리에 위치한 태양의 영향력이 더해져 직관적이며 집단 무의식에 접근하는 능력을 갖추었네요. 감정이 풍부한 사람이라 섬세하며 친절합니다. 배려심이 많고 공감력을 타고났으니 낙천적이고 긍정적인 태도를 지닌다면 어떤 상황에서도 희망을 잃지 않고 잘 헤쳐나갈 겁니다. 다른 사람의 감정을 잘 받아주지만 감정 기복은 조심해야 합니다. 행복하지 않을 때 걱정이나 공상에 빠지는 건 금물입니다. 자신의 강한 육감을 신뢰하면서 직관적인 면을 개발해 나가세요.

겉으로는 밝고 자신감이 넘쳐 보이지만 사실 좀 더 진지하고 깊은 내면을 숨기고 있습니다. 재주와 재능이 많아서 오히려 올바른 선택을 하기 어려울 수 있겠네요. 걱정이 많고 우유부단한 성향을 버리고 결단력 있게 행동해야 발전합니다. 즉각적인 보상보다는 장기적인 투자와 탄탄한 기초를 다지는 쪽이 좋습니다. 아이디어가 좋지만 무엇보다 인내심을 가지고 다른 이의 조언을 듣는 법을 배우세요. 한 걸음 떨어져서 지나간 것을 놓아버릴 줄 알게 되면 좌절과 절망을 피할 수 있습니다.

14세에서 43세 사이에 당신의 태양은 양자리를 지나갑니다. 이 영향으로 당신은 자신감이 붙고 활동적이며 적극적인 태도를 즐기지요. 44세부터 당신의 태양이 황소자리에 들면 안전과 재정적 안정에 대한 욕구가 커집니다. 어쩌면 자연에 더 강렬한 호기심을 가지면서 정서적으로 안정을 찾을지도 모르겠네요. 74세에는 당신의 태양이 쌍둥이자리에 들면서 인생의 전환점을 맞아 호기심이 왕성해지고 사고방식이 바뀌기 시작합니다. 더불어 의사소통에 대한 관심과 새로운 주제를 공부하고 싶어 하는 마음도 커집니다.

숨어 있는 자아

당신은 이상주의적이고 직관이 뛰어나지만 확신을 가졌다가도 이내 회의에 빠지는 성향이네요. 특히 조심성이 많아 모험하는 것을 겁내는 편이라 좌절하거나 자기 자신과 다른 이에게 실망할 수도 있겠네요. 의심과 두려움에 맞서 이겨내야만 자신의 진정한 신념을 찾고 삶이 당신에게 주는 것들을 얻을 수 있습니다. 긍정적인 관점을 지녔기 때문에 당신은 자신의 이상과 상상력을 활용하여 다른 사람에게 영감을 줄 수 있습니다. 중요하지 않은 문제나 사안에 에너지가 분산되지 않게 하여 진정한 목표에 집중하는 법을 배울 필요가 있네요.

당신은 조화와 아름다움에 둘러싸여 있기를 원하지만 개인적으로 중요한 도전 과제는 돈과 물질적인 것에 치우치는 생활을 고쳐나가는 것입니다. 자신이 당면한 더 어려운 도전들에 책임감을 가지는 것이 어렵다는 것을 깨닫기도 합니다. 당신은 창조적인 에너지에 집중함으로써 독창적이고 생산적인 성과를 거둘 수 있습니다. 다이어트와 건강에 신경 쓰고 적당한 휴식을 취해 스스로 회복되는 시간을 가지세요.

일과 적성

섬세하지만 분석적인 당신은 자신을 표현하고 싶은 욕구가 강합니다. 만약 이런 욕구가 당신의 상상력 및 안목과 합쳐진다면 사진, 예술 혹은 영화 쪽으로 나가고 싶어지거나 아니면 음악이나 춤으로 감수성을 표출하고 싶어질 수도 있습니다. 의료계, 교육, 사회사업 혹은 자선사업, 자원봉사와 같은 복지 관련 직업에 마음이 끌릴 수도 있겠네요. 생일의 영향으로 외국에 관심이 있거나 그와 관련한 일을 하게 될 수도 있습니다. 만약 사업을 한다면 대인 관계 기술을 활용하여 성공을 거머쥐겠네요. 일과 관련한 환경의 변화는 당신의 직업까지도 바꿀 수 있습니다. 당신은 어떤 일을 선택하든 명석한 두뇌와 직감으로 빠르게 습득할 수 있습니다.

수비학으로 본 당신의 운세

7일에 태어난 사람들은 분석적이고 사려 깊지만 흔히 비판적이고 자기밖에 모르는 면이 있습니다. 계속해서 자신을 알고 싶어 하는 욕구가 커 정보를 모으는 것을 즐기며 독서나 저술 혹은 영성에 흥미를 느낄 수도 있답니다. 기민하지만 합리화가 지나치거나 디테일을 놓치기도 합니다. 모호하거나 비밀스러운 성향이 있어서 때때로 오해를 받는다는 느낌이 들 수도 있습니다. 탄생월 3의 영향으로 섬세하고 이상주의적인 당신은 사람들과 친밀한 관계를 맺고 싶어 하지만 때로는 혼자 있는 것을 선호하지요. 분석적이고 탐구심이 많아 자신의 속내를 감춘 채 미묘한 질문을 던지는 것을 좋아합니다. 의심이 많고 지나치게 자만하는 경향이 있어 오해받지 않으려면 의사소통 기술을 개발해야만 하겠네요. 당신은 지식을 확장하고 지평을 넓혀갈 때 가장 큰 행복을 느끼고 지적인 활동에서 많은 것을 얻습니다. 지혜를 추구하는 당신은 형이상학, 철학 혹은 치료술에서 영감을 얻을 수 있습니다.

- ●장점 : 교양적, 믿음직스러움, 꼼꼼한, 이상주의적, 정직함, 정신적, 과학적, 이성적, 생각이 깊음
- ■단점 : 감추는 게 많음, 쌀쌀맞음, 비밀스러움, 회의적, 혼란, 무심

연애와 인간관계

당신은 사람들의 마음을 쉽게 사로잡을 수 있으며, 친구를 선택할 때는 신중해야 합니다. 정서적으로 균형을 잡게 되면 지나친 감정 표현과 차갑고 내성적인 모습 사이를 조율할 수 있게 됩니다. 파트너에게 정직한 것은 매우 중요하지요. 대개 당신은 지적인 활동을 함께할 수 있는 똑똑한 사람에게 끌립니다. 당신은 매력적이고 다정하여 친구를 사귀고 연인을 찾는 데 어려움이 없으며 부드러운 태도와 삶에 대한 창조적인 접근으로 사람들을 매료시킬 수 있답니다.

당신에게 특별한 사람

연인이나 친구

1월 9, 23, 25, 27일 / 2월 7, 21, 23, 25일 / 3월 5, 19, 21, 23, 29일 / 4월 3, 17, 19, 21, 27, 30일 / 5월 1, 15, 17, 19, 25, 28일 / 6월 13, 15, 17, 23, 26, 27일 / 7월 11, 13, 15, 21, 24일 / 8월 9, 11, 13, 19, 22일 / 9월 7, 9, 11, 17, 20일 / 10월 5, 7, 9, 15, 18, 30일 / 11월 3, 5, 7, 13, 16, 17일 / 12월 1, 3, 5, 11, 14, 26일

힘이 되어주는 사람

1월 2, 4, 7, 26일 / 2월 2, 5일 / 3월 3일 / 4월 1일 / 5월 31일 / 6월 29일 / 7월 14, 27, 31일 / 8월 25, 29일 / 9월 23, 27일 / 10월 21, 25일 / 11월 6, 19, 23일 / 12월 17, 21일

운명의 상대

1월 8, 14일 / 2월 6, 12일 / 3월 4, 10일 / 4월 2, 8일 / 5월 6일 / 6월 4일 / 7월 2일 / 9월 7, 8, 9, 10일

경쟁자

1월 6, 19, 29일 / 2월 4, 17, 27일 / 3월 2, 15, 25일 / 4월 13, 23일 / 5월 11, 21일 / 6월 9, 19일 / 7월 7, 17일 / 8월 5, 15일 / 9월 3, 13, 30일 / 10월 1, 11, 28일 / 11월 9, 26일 / 12월 7, 24, 29일

소울메이트

1월 16, 21일 / 2월 14, 19일 / 3월 12, 17일 / 4월 10, 15일 / 5월 8, 13일 / 6월 6, 11일 / 7월 4, 9일 / 8월 2, 7일 / 9월 5일 / 10월 3일 / 11월 1일

물고기자리

이날 태어난 유명인

모리스 라벨(작곡가), 피트 몬드리안 (화가), 안나 마냐니, 레이철 와이즈 (배우), 매슈 본(영화감독), 신애라, 장동건(배우)

태양 : 물고기자리	
지배 성좌 : 게자리/달	
위치 : 16°30′ - 17°30′ 물고기자리	
상태 : 변통궁	
원소 : 물	
항성 : 아케르나르	

3월 8일
PISCES

사람들의 잠재의식을 꿰뚫어 보는 심리학자

당신의 생일은 당신이 다정하고 매력적인 성격을 지닌 성실하고 현실적인 물고기자리 태생임을 보여줍니다. 당신은 매사에 단도직입적이고 신속한 태도로 임하며 한편으로는 영감이 뛰어나고 상상력도 아주 풍부합니다. 자립심과 목적의식이 강하며, 타고난 사교술을 발휘해 팀의 리더로서 사람들과 협력하는 것을 선호합니다. 그러나 파워 게임과 교활한 전략에 말려들지 않도록 조심하세요.

게자리에 위치한 태양의 영향력이 더해져 당신은 수용적이며 세심합니다. 대부분 사고력이 강하고 사람들의 잠재의식을 꿰뚫어볼 줄 알며 사람들의 행동 동기를 알아차리는 영매의 능력을 타고났습니다. 배려심이 많아 다른 이의 감정에 잘 공감하지만 감정 기복이 심한 경우는 조심해야겠지요. 자신이 없다면 상황만 어렵게 만드는 논쟁은 피하는 게 좋아요. 현실 도피와 자기 연민 또한 이로울 게 없답니다.

당신은 비록 야심이 있고 사업 감각이 뛰어나지만 생일로 보건대, 정신적 역동성으로 인해 생겨나는 삶의 불균형을 계속해서 조절해야겠네요. 조화를 이뤄내면 내면의 긴장과 이유를 알 수 없는 불안감을 극복할 수 있답니다. 형이상학적인 주제에 끌리는 성향이라 영성이나 철학 쪽으로도 관심을 가지게 됩니다. 당신은 대의나 아이디어에서 영감을 받으면 철저하게 학습하고 심지어 독창적인 생각을 발휘해 발전에 기여할 수 있습니다.

13세와 42세 사이에 당신의 태양이 양자리를 지나가면서 당신은 계속해서 자신감이 생기고 적극적이 되며 포부가 넘치게 됩니다. 사람들을 이끄는 역할이나 새로운 모험을 시작하는 것을 선호할 수도 있겠네요. 43세에는 당신의 태양이 황소자리에 들면서 인생의 전환점을 맞습니다. 이때부터는 삶의 속도를 늦추고 안정감과 재정적 안정에 대한 욕구가 커지지요. 73세부터는 당신의 태양이 쌍둥이자리에 들면서 의사소통과 아이디어 교류에 대한 관심이 높아집니다.

숨어 있는 자아

똑똑하고 상상력이 풍부한 당신은 지혜와 이해력을 중시합니다. 지식에 대한 열망과 진취적인 기상은 당신에게 원동력이 되어줄 것입니다. 집에서 휴식을 취하고 편안한 일상을 누리면서 상당한 행복을 맛보지만, 종종 추진력과 결단력을 바탕으로 도전해 자신의 엄청난 아이디어를 실행에 옮기고 꿈을 향해 나아갑니다. 리더십을 타고났으며 자부심이 강해서 일단 정신적으로 자극을 받으면 진정한 잠재력을 발현하게 될 것입니다.

직관이 뛰어나고 상상력이 풍부한 당신에게는 독립적으로 움직이도록 영감을 주는 무언가가 필요합니다. 독창적이고 진보적인 신념을 갖고 있지만 자신을 표현할 수 있는 창의적인 돌파구를 원하기도 하지요. 균형 잡힌 삶은 행복의 열쇠입니다. 불안, 특히 일과 관련한 걱정에서 벗어나기 위해서는 다른 관심사나 취미 혹은 여행을 통해 매일 반복되는 일상에서 벗어나야 할 수도 있습니다.

일과 적성

다정하고 협력적인 당신은 파트너십이나 다른 사람과 협력하여 작업하는 일을 잘 해냅니다. 타고난 사업 감각이 있으니 무역, 금융 혹은 금융 벤처 분야에서 성공할 수 있겠지만 사교술과 창의력을 결합시킨다면 금상첨화일 것입니다. 뛰어난 조직력을 갖추어 어떤 형태의 행정적인 일도 잘 해냅니다. 외교에 능한 장점은 홍보와 협상과 같은 여러 다양한 분야에서도 도움이 될 것입니다. 직관력이 날카로운 당신은 항상 육감적으로 일의 기회를 알아차립니다. 사진과 디자인 같은 시각 예술 콘셉트에 대한 관심은 창의적인 기질을 고무합니다. 저술, 음악, 연극 혹은 춤 등에도 매력을 느낄 수 있답니다. 섬세하고 창의성을 발휘하고 싶은 욕구가 있는 당신은 자신의 아이디어를 실용적으로 활용할 수 있는 잠재력도 지녔습니다.

수비학으로 본 당신의 운세

생일 8의 영향으로 당신은 탄탄한 가치관과 건전한 판단력을 지닙니다. 8이라는 숫자는 위대한 성취를 이뤄내려는 열망과 타고난 야심이 있음을 나타내지요. 우월감, 안정, 그리고 물질적 성공에 대한 열망도 이 생일에 보이는 특성입니다. 8일에 태어난 당신은 천부적인 사업 감각을 바탕으로 조직력과 경영 능력을 개발함으로써 큰 이득을 얻을 것입니다. 안정을 원하고 자리를 잡고자 하는 욕구가 강해 장기적인 계획을 세우고 투자를 합니다. 탄생월 3의 영향으로 당신은 다재다능하고 상상력이 풍부하지요. 때때로 직관을 통해 번뜩이는 영감을 얻기도 합니다. 섬세하고 창의성을 발휘하고 싶은 욕구가 있어 자신의 아이디어를 실용적인 방식으로 활용합니다. 하지만 자연스럽게 찾아오는 기회를 놓치지 않도록 한꺼번에 너무 많은 것을 시도하지는 마세요. 선택하고 집중하면 당신은 자기 수양과 인내심을 배울 수 있고, 결국 성공적인 결과로 이어질 것입니다. 목표를 달성하려면 설득력을 발휘하여 파트너와 사랑하는 사람들을 조종하기보다는 지지하고 격려해주세요.

- ●장점 : 리더십, 철두철미함, 성실함, 권위, 보호, 치유 능력, 가치에 대한 올바른 판단
- ■단점 : 조급함, 편협함, 가만있지 못하는 성격, 과로, 고압적, 쉽게 좌절함, 계획 부족

연애와 인간관계

안정과 가정생활은 물론 중요하지만 스스로를 표현하는 방법을 찾아야 하며 애정 생활이 지루해지거나 단조로워지지 않도록 하세요. 일과 여가 사이에 균형을 잡으면 모든 것이 순조롭게 흘러갈 수 있답니다. 조화롭고 확실하며 안정된 관계가 당신에게 특히 중요함에도 불구하고, 상대에게 지나치게 의존하거나 만족을 느끼지 못한다면 사랑하는 사람과 시들해질 수도 있습니다. 다정한 매력과 섬세한 이해심으로 집중하다 보면 상대는 스스로를 특별하게 느끼게 될 거예요. 타고난 사교술로 사람들과의 관계에서 평화와 조화를 이룰 수 있습니다.

당신에게 특별한 사람

연인이나 친구

1월 10, 26, 28일 / 2월 8, 21, 24, 26일 / 3월 6, 22, 24, 30일 / 4월 4, 20, 22, 28일 / 5월 2, 18, 20, 26, 29일 / 6월 16, 18, 24, 27일 / 7월 11, 14, 16, 22, 25일 / 8월 12, 14, 20, 23, 30일 / 9월 10, 12, 18, 21, 28일 / 10월 8, 10, 16, 19, 26일 / 11월 3, 6, 8, 14, 17, 24일 / 12월 4, 6, 12, 15, 22일

힘이 되어주는 사람

1월 8일 / 2월 6일 / 3월 4, 28일 / 4월 2, 26일 / 5월 24일 / 6월 22, 30일 / 7월 20, 28, 29일 / 8월 18, 26, 27, 30일 / 9월 16, 24, 25, 28일 / 10월 14, 22, 23, 26, 29일 / 11월 12, 20, 21, 24, 27일 / 12월 10, 18, 19, 22, 25일

운명의 상대

1월 15일 / 2월 13일 / 3월 11일 / 4월 9일 / 5월 7일 / 6월 5일 / 7월 3일 / 8월 1일 / 9월 8, 9, 10, 11일

경쟁자

1월 7, 9, 30일 / 2월 5, 7, 28일 / 3월 3, 5, 26일 / 4월 1, 3, 24일 / 5월 1, 22일 / 6월 20일 / 7월 18일 / 8월 16일 / 9월 14일 / 10월 12, 29일 / 11월 10, 27일 / 12월 8, 25, 30일

소울메이트

1월 8, 27일 / 2월 6, 25일 / 3월 4, 23일 / 4월 2, 21일 / 5월 19일 / 6월 17일 / 7월 15일 / 8월 13일 / 9월 11일 / 10월 9일 / 11월 7일 / 12월 5일

물고기자리

이날 태어난 유명인

린 레드그레이브, 에이단 퀸(배우), 케네스 그레이엄(작가), 안젤름 키퍼(화가), 김찬우(배우)

| 태양 : 물고기자리 |
| 지배 성좌 : 게자리/달 |
| 위치 : 17°30' – 18°30' 물고기자리 |
| 상태 : 변통궁 |
| 원소 : 물 |
| 항성 : 없음 |

3월 9일
PISCES

높은 이상을 꿈꾸는 낭만적 완벽주의자

직관이 뛰어나고 세심한 당신은 내성적이지만 숨겨진 힘과 결단력이 있으며, 관찰력이 뛰어난 물고기자리 태생입니다. 두뇌가 명석하여 새로운 모험을 시작하는 것과 리더의 자리에 있는 것을 좋아합니다. 이상주의자에 깊은 감성을 지닌 당신에게는 진정한 면모를 드러낼 수 있는 변화의 기회가 필요합니다.

게자리에 위치한 태양의 영향력이 더해져 당신은 상상력이 넘칩니다. 감정이 풍부하고 섬세하며 배려심 또한 많습니다. 다른 사람의 감정에 공감하고 수용하며 기꺼이 도움을 주지만 다른 사람의 문제를 떠맡는 건 안 됩니다. 집단 무의식을 파악하는 능력은 변덕스러운 감정 기복은 경계해야 함을 의미합니다. 만족하지 못한다고 해서 현실 도피나 걱정 혹은 자기 연민에 빠지지 않도록 하세요.

다재다능한 당신에게는 일에 몰두하고 창조적으로 자신을 표현하는 게 중요합니다. 하지만 고집을 부리거나 완고한 태도는 이날 태어난 사람들에게서 보이는 위대한 잠재력을 해치는 장애물이기도 하지요. 좀 더 수용적인 태도를 갖추게 되면 자신과 삶을 좀 더 깊은 수준에서 이해할 수 있답니다. 당신은 새로운 시작을 통해 영감을 받으며, 신념을 위한 프로젝트에 성실히 임하면서 자신감과 희망을 느낍니다.

11세까지 당신의 태양이 물고기자리를 지나가면서 섬세함, 주변에 대한 민감성, 그리고 감정적 욕구가 커집니다. 12세에서 41세 사이에는 당신의 태양이 양자리를 통과합니다. 이 영향으로 당신은 점차 적극적이고 대담해지면서 활기가 넘치는데, 이러한 변화는 새로운 모험에 대한 강한 열망으로 이어집니다. 42세 이후에 당신의 태양이 황소자리에 들면서 재정적인 안정과 자리를 잡고자 하는 욕구가 커지고 더불어 좀 더 차분하고 정서적으로 안정된 생활을 원하게 됩니다. 72세에 당신의 태양이 쌍둥이자리에 들면서 의사소통의 다양한 형태에 더 많은 호기심과 관심이 생기기 시작합니다.

숨어 있는 자아

탁월한 의사소통 기술을 개발한다 하더라도 당신은 때때로 지나치게 이상주의적이라서 자신의 진짜 감정을 표현하는 데 어려움을 겪습니다. 그럼에도 불구하고 사적이고 친밀한 관계에 대한 욕구는 행복의 열쇠가 될 것입니다. 적당하게 거리를 두고 상대에 대한 기대를 낮추면, 스스로 설 수 있게 되면서 당신이 꿈꾸던 자신감을 얻게 됩니다. 또한 의심하는 성향과 혼자라는 두려움을 극복할 수 있겠지요. 꼼꼼하고 빈틈없는 당신은 세세한 것에 주의를 기울이고 비판력과 분석력을 개발하고 싶어 합니다.

리더십, 결단력, 그리고 근면성은 당신이 일단 마음먹고 노력한다면 어떤 영역에서도 진보를 이룰 수 있는 사람임을 보여줍니다. 높은 이상을 꿈꾸는 낭만적 완벽주의자인 당신은 자신의 창의적인 재능을 표현하고 싶은 욕구가 강합니다. 지지할 만한 의미 있는 대의를 마음에 품게 되면 높은 이상과 빠른 통찰력, 그리고 어려운 사람을 돕고 싶어 하는 동정심을 성공적으로 표출할 수 있답니다.

일과 적성

편견이 없고 근면한 당신은 관심이 있는 프로젝트에는 매우 집중합니다. 개념을 빠르게 파악하는 능력과 책임감이 있어 고용주에게 인정을 받습니다. 타고난 리더십을 발휘해 다른 사람들에게 영향을 주며 위기가 닥쳤을 때도 차분하게 대응할 수 있습니다. 직관력과 상상력, 그리고 훌륭한 안목은 문제 해결이나 앞을 내다볼 때 또는 시각 예술 영역에서도 활용할 수 있답니다. 또한 음악이나 춤에도 관심을 가질 수 있겠네요. 아니면 상담가나 행정가로 나설 수도 있습니다. 교육에 대한 관심은 뛰어난 교사나 작가가 될 수 있음을 의미하지요. 이날 태어난 사람들 중 일부는 종교나 영성에 관심이 많으며 복지 관련 직업이나 이타적인 활동을 통해 사람들을 돕는 일에 매료됩니다.

수비학으로 본 당신의 운세

자비심, 사려 깊음, 정서적 민감성은 모두 생일 9라는 숫자와 관계가 있습니다. 당신은 관대하고 친절하며 자유롭습니다. 직관과 정신적 능력을 볼 때 당신은 보편적인 수용성을 지녔으며 이런 면이 긍정적으로 발현된다면 영적인 길을 가도록 영감을 받을 수도 있습니다. 이 생일은 지나치게 민감하고 감정의 기복이 심한 경향이 있으므로 이 점은 극복해야만 합니다. 당신은 세계 여행과 삶의 모든 여정에서 만난 사람들과의 교류를 통해 많은 것을 얻겠지만 비현실적인 꿈이나 현실을 도피하려는 태도는 금물입니다. 탄생월 3의 영향으로 당신은 이상주의적이며 창의적이고 상상력이 풍부합니다. 대개 당신은 통찰력 있고 협조적이며 다정합니다. 이해력과 공감 능력을 타고나 자신의 목적과 목표를 달성하기 위해서 협력하는 방법과 요령 피우는 법도 알고 있습니다. 게다가 똑똑하고 뛰어난 추리력까지 있네요. 진정한 개성을 찾고 싶어 때로는 혁신을 꾀하지요. 난관을 극복하기 위해서는 수양을 쌓고 결단력을 키워야 할 필요가 있습니다.

- 장점 : 이상주의적, 인도주의적, 창의적, 세심함, 관대함, 매력적, 시적, 적당히 거리 두기, 행운, 인기가 많음
- 단점 : 좌절, 신경과민, 이기적, 비현실적, 쉽게 현혹됨, 열등감 콤플렉스, 걱정이 많음

연애와 인간관계

세심하고 수용적인 당신은 신뢰할 수 있으며 자신의 은밀하고 깊은 감정을 공유할 수 있는 파트너를 원합니다. 개인적인 욕심에 집착하다가 자칫 사람들과 멀어질 수 있으니 조심해야 합니다. 또한 수줍음을 극복하여 의심하는 성향을 고치세요. 당신은 높은 이상과 열망을 공유할 수 있는 사람과 더 잘 어울립니다. 사람들은 당신의 역동적인 추진력과 새로운 프로젝트를 시작하는 힘에 감탄할 것입니다.

당신에게 특별한 사람

연인이나 친구

1월 11, 20, 25, 27, 29일 / 2월 9, 18, 23, 25, 27일 / 3월 7, 16, 21, 23, 25일 / 4월 5, 14, 19, 21, 23, 29일 / 5월 3, 12, 17, 19, 21일 / 6월 1, 10, 15, 17, 19, 25일 / 7월 8, 13, 15, 17일 / 8월 6, 11, 13, 15일 / 9월 4, 9, 11, 13일 / 10월 2, 7, 9, 11일 / 11월 5, 7, 9, 15일 / 12월 3, 5, 7일

힘이 되어주는 사람

1월 9, 26일 / 2월 7, 24일 / 3월 5, 22일 / 4월 3, 20일 / 5월 1, 18, 29일 / 6월 16, 27일 / 7월 14, 25, 29, 30일 / 8월 12, 23, 27, 28, 31일 / 9월 10, 21, 25, 26, 29일 / 10월 8, 19, 23, 24, 27일 / 11월 6, 17, 21, 22, 25일 / 12월 4, 15, 19, 20, 23일

운명의 상대

1월 16일 / 2월 14일 / 3월 12일 / 4월 10일 / 5월 8일 / 6월 6일 / 7월 4일 / 8월 2일 / 9월 8, 9, 10, 11, 12일

경쟁자

1월 8, 29, 31일 / 2월 6, 27, 29일 / 3월 4, 25, 27, 28일 / 4월 2, 23, 25, 26일 / 5월 21, 23, 24일 / 6월 19, 21, 22일 / 7월 17, 19, 20일 / 8월 15, 17, 18일 / 9월 13, 15, 16일 / 10월 11, 13, 14, 30일 / 11월 9, 11, 12, 28일 / 12월 7, 9, 10, 26일

소울메이트

5월 30일 / 6월 28일 / 7월 26일 / 8월 24일 / 9월 22, 30일 / 10월 20, 28일 / 11월 18, 26일 / 12월 16, 24일

이날 태어난 유명인

보비 피셔(체스 선수기사), 유리 가가린(우주 비행사), 미키 스필레인(작가), 쥘리에트 비노슈(배우), 아메리고 베스푸치(탐험가), 윤복희, 사이먼 도미닉(가수)

| 태양 : 물고기자리 |
| 지배 성좌 : 게자리/달 |
| 위치 : 18°30′ - 19°30′ 물고기자리 |
| 상태 : 변통궁 |
| 원소 : 물 |
| 항성 : 없음 |

3월 10일

PISCES

관습에 얽매이지 않고 새로운 경험을 잘 수용하는 사람

10일이라는 생일을 볼 때 야심과 이상주의가 뒤섞인 당신은 삶에 현실적인 태도로 접근하는 예리한 물고기자리 태생입니다. 재능 있고 다방면에서 능력이 많기 때문에 영감을 받으면 사람들 앞에서 자신의 독창성과 행정적 기술을 발휘하며 종종 주도적인 역할을 해냅니다.

게자리에 위치한 태양의 영향을 받아 타고난 직관력에 상상력이 더해집니다. 독립적이지만 안정에 대한 열망이 강해 당신의 삶에서 특히 가족은 중요한 부분을 차지하지요. 타고난 정신적 혹은 심리적 재능을 볼 때 당신은 내면의 감정을 신뢰해야만 합니다. 불길한 예감이 들 때면 대개 당신이 생각한 대로 일이 흘러가곤 하지요. 동정심이 있고 천성이 따뜻한 당신은 관대하고 인정 많은 사람이지만 자존심과 감수성은 당신이 쉽게 상처받고 우울에 빠지기 쉬운 사람임을 나타냅니다.

근면함과 뛰어난 사업 감각까지 갖추는 복을 받았지만 당신은 관습에 얽매이지 않고 창조적인 활동으로 스스로를 표현해야 할 필요가 있습니다. 새로운 아이디어와 경험을 잘 받아들이는 당신은 편하게 운신하고 싶어하며 물질적 감각이 뛰어납니다. 그리고 틀에 박힌 생활을 싫어하네요. 자유를 열망하면서도 부드러운 매력과 따뜻하고 다정한 태도로 사람들에게 인기가 많고, 섬세함과 사교적 재능 덕에 무례하지 않으면서도 솔직할 수 있답니다. 아름다움에 끌리는 것을 보니 당신은 멋스러우며 창조적 예술을 사랑할 줄 아는 사람입니다.

10세까지 당신의 태양이 물고기자리를 지나가면서 정서적 감수성과 앞날의 꿈과 관련한 것들이 부각됩니다. 11세에서 40세 사이에 당신의 태양은 양자리를 지나갑니다. 이 영향으로 당신은 좀 더 활동적이고 모험적인 인생을 살고 싶어 하며 자신감과 자기주장을 계속해서 키워나갑니다. 그래서 이때는 주도권을 쥐고 앞만 보고 정진하는 법을 배워야 합니다. 41세부터 당신의 태양이 황소자리에 들면서 인생의 새로운 국면을 맞습니다. 자리를 잡고 싶어 하며, 재정적 안정뿐 아니라 아름다움과 자연에서 자양분을 얻고 싶은 욕구가 커지지요. 71세에 당신의 태양이 쌍둥이자리에 들면서 소통의 중요성과 새로운 관심사에 대한 열망이 두드러집니다.

숨어 있는 자아

활기 차고 사교적인 당신은 자신감이 넘쳐 보입니다. 하지만 내면적으로 감당이 안 될 정도로 자신감이 떨어지면 원래 가진 능력과 재능도 활용하지 못하는 상황에 처할 수도 있습니다. 당신은 보통 다방면에 관심이 있지만 하나의 특정한 아이디어나 프로젝트에 집중해야 자신의 뛰어난 창의력을 충분히 발현할 수 있습니다.

성격이 밝고 적응력이 뛰어나 사람에 대한 이해가 빠릅니다. 이러한 통찰력은 당신이 삶에서 뭔가를 성취할 수 있도록 도우며 사회적 상황에서도 성공을 보장해줍니다. 관대하고 이해력이 풍부하여 종종 사교술과 타고난 매력을 활용하여 평화를 유지하려 애씁니다. 다정한 당신도 상대에게 자신의 모든 면을 드러내지는 않으며, 때로는 평정을 찾기 위해 스스로를 돌아보며 혼자 있는 시간이 필요합니다. 강한 직관력을 개발하면 자신의 능력을 신뢰하게 되고 걱정하는 습관과 우유부단한 성향에서 벗어날 수 있습니다.

일과 적성

사람과 관련된 직업은 당신에게 최고의 만족감을 선사할 것입니다. 타고난 심리적인 기술은 판매, 광고 혹은 상담 영역에서 도움이 될 것입니다. 당신은 협력적이고 일을 잘 해내는 팀원이지만 사실 다른 사람에게 지시를 받는 것을 싫어합니다. 그래서 리더의 자리나 혼자 일하는 것이 더 좋습니다. 천성이 연극적이고 상상력이 뛰어나니 음악, 예술, 춤 혹은 연극을 통해 재능을 발산할 수 있습니다. 저술 또한 당신의 타고난 창의력의 긍정적인 출구가 되겠네요. 공감 능력이 뛰어나고 직관적인 당신은 복지 관련 직업에 끌릴 수도 있습니다. 여행하는 걸 좋아해 외국과 관련한 사업에 몸담을 수도 있겠네요. 사람들은 일을 할 때 새롭고 독창적인 발상을 해내는 당신의 능력에 감탄합니다.

수비학으로 본 당신의 운세

1일에 태어난 사람들과 마찬가지로 당신은 포부가 넘치고 독립적입니다. 목적을 달성하려면 많은 난관을 극복해야 하지만 결단력을 바탕으로 목표를 이루어냅니다. 개척 정신이 강해 먼 곳으로 여행을 가거나 자기 사업을 할 수도 있겠네요. 당신은 세상이 자기를 중심으로 돌아가지 않는다는 걸 알아야 하며, 군림하려는 태도는 경계해야 합니다. 탄생월 3의 영향으로 당신은 자신을 표현할 방법을 찾아야 합니다. 당신은 사랑스럽고 다정하며 사회적 활동을 즐기고 관심사가 다양합니다. 다재다능하고 잠시도 가만있지 못하는 성미여서 자기 수양을 쌓지 않는다면 너무 쉽게 싫증을 내거나 한꺼번에 너무 많은 일을 벌일 수도 있네요. 열정적이고 유머 감각이 뛰어나지만 걱정하는 버릇을 없애려면 자존감을 키워야 할 것입니다. 개인적인 관계에서 거만하게 굴거나 지나치게 비판적인 태도는 금물입니다. 당신은 사랑이 가득한 분위기에서 희망과 영감을 얻기 때문입니다.

- ●장점 : 리더십, 창조적, 진취적, 활기참, 낙관적, 강한 신념, 경쟁적, 독립적, 사교적
- ■단점 : 오만함, 질투심, 이기적, 자만심, 이기적, 성급함

연애와 인간관계

당신은 친구와 추종자들을 끌어당기는 아주 멋지고 다정한 매력을 지녔기 때문에 활발하게 사회생활을 하고 사람들을 즐겁게 해주는 것을 즐깁니다. 또한 자신에게 새로운 아이디어를 줄 수 있는 똑똑한 사람들과 어울리는 것을 즐기고 정보를 얻고 실용적인 기술을 배울 수 있는 모임에 들어가는 것을 좋아합니다. 균형과 조화를 이루고자 하는 욕구가 있는 것을 보니 당신은 파트너와 친구들 사이에서 독단적으로 행동하기보다 사교적인 방법과 대인 관계 기술을 활용함으로써 좀 더 많은 것을 성취할 수 있겠네요.

연인이나 친구

1월 4, 11, 12, 16, 26, 28, 30일 / 2월 2, 9, 10, 24, 26, 28일 / 3월 7, 8, 22, 24, 26일 / 4월 5, 6, 20, 22, 24, 30일 / 5월 3, 4, 8, 18, 20, 22, 28, 31일 / 6월 1, 2, 16, 18, 20, 26, 29일 / 7월 4, 14, 16, 18, 24, 27일 / 8월 12, 14, 16, 22, 25일 / 9월 10, 12, 14, 20, 23일 / 10월 8, 10, 12, 18, 21일 / 11월 6, 8, 10, 16, 19일 / 12월 4, 6, 8, 14, 17일

힘이 되어주는 사람

1월 3, 10, 29, 31일 / 2월 1, 8, 27, 29일 / 3월 6, 25, 27일 / 4월 4, 23, 25일 / 5월 2, 21, 23일 / 6월 19, 21일 / 7월 17, 19, 30일 / 8월 15, 17, 28일 / 9월 13, 15, 26일 / 10월 11, 13, 24일 / 11월 9, 11, 22일 / 12월 7, 9, 20일

운명의 상대

1월 11일 / 2월 9일 / 3월 7일 / 4월 5일 / 5월 3일 / 6월 1일 / 9월 10, 11, 12, 13일

경쟁자

1월 9일 / 2월 7일 / 3월 5, 28일 / 4월 3, 26일 / 5월 1, 24일 / 6월 22일 / 7월 20일 / 8월 18일 / 9월 16일 / 10월 14, 30, 31일 / 11월 12, 28, 29일 / 12월 10, 26, 27일

소울메이트

1월 7일 / 2월 5일 / 3월 3일 / 4월 1일 / 5월 29일 / 6월 27일 / 7월 25일 / 8월 23일 / 9월 21일 / 10월 19일 / 11월 17일 / 12월 15일

이날 태어난 유명인

샤론 스톤, 척 노리스(배우), 빅스 바이더백(작곡가), 박두진(시인), 조훈현(바둑 기사), 박미선(코미디언), 한고은, 류현경(배우)

| 태양 : 물고기자리 |
| 지배 성좌 : 게자리/달 |
| 위치 : 19° 30′ – 20° 30′ 물고기자리 |
| 상태 : 변통궁 |
| 원소 : 물 |
| 항성 : 없음 |

3월 11일

PISCES

내면의 힘과 지략이 뛰어난 리더

영감이 넘치고 이상주의적인 당신은 물질적 가치관이 강한 역동적이고 열정적인 물고기자리 태생입니다. 내면의 힘과 지각력을 타고나 리더의 자리에 서거나 새롭고 혁신적인 프로젝트를 이끄는 것을 좋아합니다. 물질적인 것에 관심이 많고 재정적 안정을 원하니 자신의 상상력과 창조적인 재능을 영리 사업에 쓰는 걸 선호하겠네요. 하지만 풍요로운 삶을 살고 싶다면 지나친 사치와 낭비는 피해야겠지요.

게자리에 위치한 태양의 영향으로 당신은 직관이 뛰어나거나 육감이 강하겠네요. 상상력이 풍부하며 예지력과 선견지명이 있습니다. 실용적인 기술과 홀륭한 판단력은 다른 요소들보다 더 중요하지만, 집단 무의식에 접근하는 능력 덕에 당신은 대중적 추세를 알 수 있답니다.

결단력과 강한 신념을 지닌 당신은 인도주의자로서 이상주의적인 사고를 합니다. 끈기 있고 성실한 사람이기 때문에 물질주의에 지나치게 빠지지 않는다면 성공은 당신의 것입니다. 빠르고 직관적으로 반응할 수 있지만, 침착성을 유지하고 강박적이거나 변덕스러운 행동을 삼간다면 참을성도 더 커지고 지배적인 태도도 줄어들 것입니다.

10세에서 39세까지 당신의 태양은 양자리를 지나갑니다. 이 영향으로 당신은 점차 자기주장과 자신감을 키우게 되며 적극적이고 대담한 태도를 즐기지요. 40세 이후에 당신의 태양이 황소자리에 들면서 재정적 안정에 대한 욕구가 커집니다. 당신은 더 느긋하고 결심이 단단해지지만 변화를 꺼리는 것을 보니 완고한 사람이기도 합니다. 70세에 당신의 태양이 쌍둥이자리에 들면서 인생의 전환점을 맞이합니다. 이때부터 호기심이 커지고 사고방식에 변화가 생기기 시작하지요. 또한 의사소통에 대한 호기심과 새로운 것들을 배우고 싶어 하는 마음이 커집니다.

숨어 있는 자아

때때로 돈 문제와 관련해서 결정을 내리지 못하고 걱정만 하다 당신의 탁월한 창의성이 손상될 수도 있습니다. 영감을 받으면 독창적으로 접근하고 깊이 있게 생각하네요. 용기 있는 태도와 독립적인 정신을 바탕으로 개인적인 자유를 추구하고 상황에 재빨리 대처합니다. 표현력이 풍부하긴 하지만, 지나치게 많은 관심사에 에너지를 낭비하지는 마세요. 자기 훈련을 통해서 위대한 잠재력을 최대한 발휘할 수 있답니다.

긍정적일 때는 관대하지만 일이 잘 풀리지 않으면 좌절하게 되죠. 이럴 때 한 걸음 뒤로 물러나면 실망을 피할 수 있습니다. 당신은 두뇌가 명석하고 선견지명이 있어 숲보다 나무를 보는 사람입니다. 또한 당신의 조직력과 투지, 사회적 상식을 활용한다면 개인적인 명분이든 혹은 의미 있는 대의든 당신이 원하는 바를 성취할 수 있을 겁니다.

일과 적성

당신은 훌륭한 관리자나 행정가가 될 수 있으며, 대체로 권한을 가진 지위에 있을 때 일을 더 잘 해냅니다. 돈과 가치에 대한 타고난 이해력은 당신을 사업의 영역으로 이끌 것입니다. 특히 현실적이면서도 상상력이 넘쳐 창조적인 기술을 적용하는 영역에서 탁월한 능력을 발휘합니다. 개혁을 추진하는 능력은 노동조합 같은 조직을 이끌거나 다른 사람들의 권리를 위해서 투쟁하도록 고무시키겠네요. 훌륭한 대변인인 당신은 메시지를 전달하기 위해 정치에 몸담을 수도 있답니다. 만약 자유를 위해 싸우는 투사가 되지 않는다면 교육이나 다른 형태의 공공 서비스에 관심을 가질 것입니다. 개성과 창의성을 표현하려는 욕구가 있어 예술, 음악, 춤 혹은 엔터테인먼트 분야에 끌리겠네요.

수비학으로 본 당신의 운세

생일 11의 마스터 숫자가 지닌 특별한 울림은 이타주의, 영감, 그리고 혁신이 당신에게 매우 중요하다는 것을 암시합니다. 겸손과 자신감이 뒤섞인 사람이라 물질적으로든 정신적으로든 스스로를 통제하는 쪽으로 노력할 것입니다. 당신은 경험을 통해 자기 본성의 서로 다른 측면을 다루는 법을 배우고 감정을 신뢰함으로써 극단으로 치우치지 않는 자세를 만들어나가지요. 대개 당신은 굉장히 열정적이고 활력을 즐기지만 지나치게 걱정하거나 비현실적인 행동은 삼가야 합니다. 탄생월 3의 영향으로 당신은 섬세하고 상상력이 풍부하며 정신적으로 활기 있고 반응이 빠릅니다. 열정적이고 진취적이어서 기꺼이 기회를 잡고 새롭게 출발합니다. 독립적인 사람이라 가만히 손 놓고 있는 타입이 아니며 다양성과 활동성을 추구합니다. 자신이 원하는 바를 알고 있을 뿐 아니라 그것을 얻을 수 있는 가장 빠른 방법도 알 만큼 충분히 지략이 뛰어납니다. 솜씨가 좋고 기술과 정확성을 요하는 기술직에 필요한 재능을 지녔습니다. 사교적이고 자부심이 강해 자신의 이미지와 외모에도 신경을 씁니다.

- ●장점 : 균형적, 집중력, 객관적, 열정적, 영감을 주는, 영적, 이상주의적, 직관적, 지적, 외향적, 독창적, 예술적, 치유 능력, 인도주의적, 신념
- ■단점 : 우월감 콤플렉스, 부정직, 목표 없음, 지나치게 감정적, 쉽게 상처받음, 이기적, 지배적

연애와 인간관계

외향적이고 사교성이 좋은 당신은 다른 사람들과 소통하는 것을 즐기고 좋은 인상을 심어주기를 좋아합니다. 당신은 보통 바람직한 조언을 해주고 문제 해결 능력이 있는 낙관적이고 현실적인 사람들과 사귀기를 원합니다. 역동적이고 감정 기복이 있으므로 배우자나 동료를 쥐고 흔들지 않도록 조심해야겠네요. 정신적으로 자극을 주는 사람들과 어울리거나 창의적으로 표현할 수 있는 집단에 참여함으로써 당신은 많은 것을 얻을 수 있습니다.

태양 : 물고기자리	
지배 성좌 : 전갈자리/명왕성	
위치 : 20°30′ - 21°30′ 물고기자리	
상태 : 변통궁	
원소 : 물	
항성 : 마르카브	

3월 12일
PISCES

신비주의적 깨달음을 얻는 특별한 영감의 소유자

붙임성이 좋고 매력적이며 활기찬 카리스마까지 겸비한 당신은 열정적으로 살아가는 물고기자리 태생입니다. 기운찬 이상주의자라 남들에 비해 천천히 나이 들어가겠네요. 이 생일의 특징인 물질주의와 이상주의의 독특한 조합을 볼 때 당신은 결단력과 야망이 있고 사업 쪽으로 머리가 비상하지만 흥미진진한 것을 즐기고 자신의 이미지에도 신경을 씁니다. 그러다보니 풍요로운 삶을 가져다주는 자금이 늘 필요하겠네요. 무엇이든 습득력이 빠른 당신은 새로운 기술을 개발하고 그것을 창조적으로 적용할 수 있는 길을 발견하기도 하지요.

전갈자리에 위치한 태양의 영향력이 더해져 당신은 앞날을 내다보거나 천부적인 정신적 능력을 갖춥니다. 초심리학, 텔레파시 혹은 예지력에 관해 파고드는 성향이어서 신비주의적 깨달음을 얻을 수도 있겠네요. 강한 통찰력과 깊은 감정을 바탕으로 당신은 사물의 밑바닥까지 파고들어 탐구하기를 즐깁니다. 진정으로 영감을 받으면 기꺼이 최선을 다하고 번영과 명성을 손에 거머쥘 수도 있답니다.

친절하고 적응력이 뛰어나며 사교적인 당신은 재치가 넘쳐 사람들에게 즐거움을 선사합니다. 또한 사람들의 인정을 받고 인기를 얻고 싶어 합니다. 자신이 어떻게 보일지를 의식하기 때문에 멋지게 차려입고 싶어 하지요. 그래서 종종 옷과 화려한 물건을 사는 데 돈을 지출합니다. 독립적인 것을 좋아하지만 사람들과 협력하고 공동의 노력을 기울일 때 수익을 얻고 성공할 수 있습니다. 책임감 있는 태도로 종종 팀에 엄청난 공헌을 하네요.

9세에서 38세 사이에 당신의 태양이 양자리를 지나가면서 당신은 점차 더 적극적이 되고 패기만만해집니다. 자신감이 커지면서 주도권을 쥐고 새로운 모험을 선도하거나 인간관계에서도 영향력을 발휘하게 됩니다. 39세에 당신의 태양이 황소자리에 들면서 인생의 새로운 전환점을 맞습니다. 이때부터 삶의 속도를 늦추고 안정감과 재정적 안정에 대한 욕구가 커지지요. 69세에는 당신의 태양이 쌍둥이자리에 들면서 소통과 의견 교환에 대한 관심이 커집니다.

숨어 있는 자아

당신은 재능과 재주가 많지만 노력과 투지가 없으면 원하는 바가 온전히 실현되지 못합니다. 밝은 성격과 젊음이 넘치는 표현 방식을 볼 때 당신은 이상주의자인 동시에 삶에 활기가 넘치는 사람임을 알 수 있습니다. 관심사가 다양하고 여러 활동을 하기 때문에 사람들은 당신에게 분명한 목표를 세우고 집중하는 법을 배우라고 조언합니다.

똑똑하고 야심 있는 당신은 때때로 자신에게 영감을 주는 대상과 돈벌이가 되는 것 사이에서 갈팡질팡합니다. 편안하고 화려한 생활 방식에 끌리는 한편, 영감을 얻고자 하는 욕망이 이상을 실현하기 위해 노력하라고 자극합니다. 그렇기 때문에 올바른 선택을 내리고 이를 밀어붙이는 것이 행복에 중요한 요소가 됩니다. 당신은 일생 동안 다른 사람을 즐겁고 기쁘게 하는 굉장한 능력을 발휘할 것입니다.

일과 적성

매력과 사교성을 겸비한 당신은 사람과 관련된 활동에서 가장 큰 성취감을 맛볼 수 있습니다. 카리스마와 리더십, 그리고 조직력은 당신이 택한 영역에서 최고의 자리에까지 오를 수 있음을 보여줍니다. 특히 판매, 홍보, 출판 혹은 미디어 분야에서 사람들과 원만하게 잘 지내는 장점을 활용할 수 있습니다. 말재주를 타고나 작가나 강연자로 두각을 나타낼 수도 있겠네요. 자기를 표현하고자 하는 욕구나 연극을 사랑하는 마음은 당신을 예술, 음악, 그리고 엔터테인먼트의 세계로 이끌 수 있습니다. 독창적이고 재능이 많으며 가치에 대한 확고한 인식을 지닌 당신은 사업 감각과 사람에 대한 재빠른 통찰을 적절히 조화시켜 물질적 성공을 이끌어냅니다.

수비학으로 본 당신의 운세

당신은 직관적이고 남을 잘 도우며 다정하고 합리적인 논리력도 갖고 있습니다. 진정한 개성을 찾고 싶어 종종 혁신적인 태도를 취합니다. 이해력과 섬세함을 타고나 자신의 목적과 목표를 달성하기 위해서 요령을 피우거나 협력적인 방법을 활용하는 법을 알고 있답니다. 자신을 표현하려는 욕구와 남을 뒷받침해주고 싶어 하는 타고난 성향 사이에서 균형을 이룬다면 당신은 감정적 만족과 개인적 성취를 이룰 수 있습니다. 그래서 자립할 수 있는 용기와 자신감 혹은 다른 사람들로 인해 쉽게 좌절하지 않는 법을 배우고 싶어 하지요. 탄생월 3의 영향으로 당신은 다재다능하고 섬세합니다. 다정한 성격에 사회적 활동과 많은 관심사를 즐깁니다. 자신을 표현하고 싶어 종종 여러 다양한 경험을 할 수도 있답니다. 이상주의자에 완벽주의자인 당신은 조화로운 분위기를 만들고 싶어 하고 걱정과 비판은 멀리하지요. 다정한 분위기뿐 아니라 개인적인 관계에서 희망과 영감을 얻기 때문에 이것들은 당신에게 아주 중요합니다.

- ●장점 : 창의적, 매력적, 진취적, 단련됨, 자기 주도적
- ■단점 : 은둔, 괴짜, 비협조적, 지나치게 예민함, 낮은 자존감

연애와 인간관계

친구를 쉽게 사귀는 능력은 당신이 느긋하고 사교적인 사람임을 의미합니다. 대개 당신은 관심사가 다양하고 일과 즐거움을 접목시키는 것을 즐기지요. 창의적이거나 재정적으로 성공한 사람을 존경하며, 사교술이 뛰어나 친구와 지인들을 통해 득을 볼 수 있습니다. 관계를 오래 지속하려면 시간을 가지고 신중하게 파트너를 고르는 것이 현명합니다. 따뜻하고 창의적인 세계관으로 다른 사람들을 고양시킬 수 있으나 자신의 욕구를 표현하는 법도 배워야 할 것입니다.

당신에게 특별한 사람

연인이나 친구

1월 6, 8, 14, 23, 26, 28일 / 2월 4, 10, 12, 21, 24, 26일 / 3월 2, 10, 12, 19, 22, 24일 / 4월 8, 14, 17, 20, 22일 / 5월 6, 15, 16, 18, 20일 / 6월 4, 13, 16, 18, 28일 / 7월 2, 11, 14, 16, 20일 / 8월 9, 12, 14, 22일 / 9월 7, 10, 12, 24일 / 10월 5, 8, 10, 23, 26일 / 11월 3, 6, 8, 15, 28일 / 12월 1, 4, 6, 30일

힘이 되어주는 사람

1월 9, 12일 / 2월 7, 10일 / 3월 5, 8일 / 4월 3, 6일 / 5월 1, 4일 / 6월 2, 30일 / 7월 28일 / 8월 26, 30, 31일 / 9월 24, 28, 29일 / 10월 22, 26, 27일 / 11월 20, 24, 25일 / 12월 18, 22, 23, 29일

운명의 상대

9월 12, 13, 14, 15, 16일

경쟁자

1월 11, 13, 29일 / 2월 9, 11일 / 3월 7, 9, 30일 / 4월 5, 7, 28일 / 5월 3, 5, 26, 31일 / 6월 1, 3, 24, 29일 / 7월 1, 22, 27일 / 8월 20, 25일 / 9월 18, 23, 30일 / 10월 16, 21, 28일 / 11월 14, 19, 26일 / 12월 12, 17, 24일

소울메이트

1월 12, 29일 / 2월 10, 27일 / 3월 8, 25일 / 4월 6, 23일 / 5월 4, 21일 / 6월 2, 19일 / 7월 17일 / 8월 15일 / 9월 13일 / 10월 11일 / 11월 9일 / 12월 7일

이날 태어난 유명인

조지 버클리(철학자), 라이자 미넬리(배우), 잭 케루악(작가), 제임스 테일러, 알 제로(가수), 한대수(가수), 박철순(야구 선수), 손범수(방송인), 남궁민(배우)

태양 : 물고기자리

지배 성좌 : 전갈자리/명왕성

위치 : 21° 30′ - 22° 30′ 물고기자리

상태 : 변통궁

원소 : 물

항성 : 마르카브

3월 13일

PISCES

선견지명과 정서적 힘을 겸비한 선각자

당신의 생일은 당신이 성공에 대한 강한 열망을 지닌, 통찰력 있고 다재다능하며 낙관적인 물고기자리 태생임을 나타냅니다. 자기 자신을 창조적이고 실제적으로 표현하고 싶은 욕구가 있지만 결단력과 끈기 없이는 창의적인 아이디어들을 보여줄 수 없다는 것을 명심하세요.

전갈자리에 위치한 태양의 영향력이 더해져 역동적인 감정, 섬세함, 그리고 직감이 더욱 깊어집니다. 리더십을 갖춘 현실적인 이상주의자인 당신은 훌륭한 계획자이자 대리인입니다. 선견지명과 정서적 힘을 겸비한 선각자로서 당신은 자신의 생활을 완전히 바꿀 수 있는 역량이 있답니다. 영감을 받으면 자신의 목표에 굉장히 집중할 수 있습니다. 형이상학적인 주제에 대한 관심은 당신이 텔레파시와 정신적 능력을 개발할 수 있음을 암시합니다.

사업 감각이 탁월해 명민한 사업가가 될 수도 있고, 아니면 대규모 프로젝트와 투기에 뛰어들 수도 있겠습니다. 물질주의적인 성향 탓에 종종 사치스러운 취미가 생기며 소유는 당신의 자존감과 중요한 연관이 있습니다. 하지만 돈을 버는 것에 지나치게 집착하면, 과연 성공을 위해서 자신이 무엇을 감수하고 있는지 되돌아봐야 할 것입니다. 관대하고 낙천적인 당신은 작고 사소한 것보다는 큰 보상을 선호합니다.

7세까지 당신의 태양이 물고기자리를 지나가면서 세심함과 주변 환경에 대한 수용성, 그리고 감정적 욕구가 커집니다. 8세에서 37세 사이에 당신의 태양은 양자리를 지나갑니다. 이 영향으로 당신은 더 적극적이고 대담해지며 활기차집니다. 또한 새로운 프로젝트를 시작하거나 자신감이 더욱 충만해지기도 하지요. 38세 이후에 당신의 태양이 황소자리에 들면서 정서적인 안정을 찾고 싶어 합니다. 68세에 당신의 태양이 쌍둥이자리에 들면서 다른 유형의 의사소통에 호기심이 커지기 시작하고 어쩌면 새로운 관심사가 생길 수도 있겠네요.

숨어 있는 자아

직관력이 뛰어나고 야심이 있는 당신은 섬세하고 똑똑하며 다른 사람들뿐 아니라 자신의 상황을 빠르게 판단하는 능력이 있습니다. 탁월한 조직력과 대규모 프로젝트를 관리하는 능력이 있어 바쁘게 지내는 것을 즐깁니다. 정신적인 자존감과 자부심으로 볼 때 당신은 제한적인 작업이나 정신적 도전이 부족한 일에는 흥미를 느끼지 못합니다. 활동적이고 탐구심이 강한 성향은 지식의 가치를 배우는 것으로 이어집니다. 당신의 아이디어들은 독창적이고 종종 시대를 앞서가네요.

당신은 관대하고 친절하며 설득력이 뛰어나 리더십을 발휘할 수 있는 자리에서 일을 더 잘 해냅니다. 다른 집단의 사람들도 잘 이해하고 파악하는 사람이기도 하지요. 근면하고 상상력이 풍부하며 독창적이라서 발전할 수 있는 기회를 잘 알아차립니다. 또한 부를 축적하는 능력을 지녔으나 다른 사람들을 돕거나 자선 프로젝트에서 더 큰 만족을 얻습니다. 맡은 일에 긍정적이고 열정적으로 임할 때 그 모습을 보고 사람들은 당신에게 자극을 받는답니다. 당신은 특히 교육과 직장에서 여성과의 관계를 통해 혜택을 봅니다.

일과 적성

상상력이 풍부하고 두뇌가 명석하며 천부적인 사업 감각을 지닌 당신은 자신의 많은 재능을 상업화할 수 있는 재주를 타고났습니다. 대중을 편안하게 대하는 능력과 의사소통 기술은 판매와 홍보 혹은 출판 분야에서 일할 때 큰 도움이 될 것입니다. 이날 태어난 사람들은 과학이나 연구 쪽에 몸담을 수도 있습니다. 사업가의 재능을 타고나긴 했지만, 어떤 직업을 택하든 그 안에서 기획력이나 조직력을 발휘하지요. 여행을 좋아하여 해외와 관련한 일을 할 수도 있겠네요. 교육, 강의 혹은 저술과 같은 직업은 자기만의 방식으로 일할 수 있는 자유를 줍니다.

수비학으로 본 당신의 운세

감수성, 열정, 그리고 영감은 13일에 태어난 사람들의 특성입니다. 수비학적으로 당신은 포부와 성실함과 관련이 있고 창조적인 자기표현을 통해 많은 것을 성취할 수 있습니다. 만약 자신의 창조적 재능을 눈에 보이는 상품으로 만들기를 원한다면 당신은 실용적인 관점을 키워야 할 것입니다. 독창적이고 혁신적인 접근은 새롭고 흥미로운 아이디어에 영감을 주며 이는 종종 다른 사람들에게 깊은 영감을 주는 일로 연결됩니다. 13일에 태어난 당신은 성실하고 낭만적이며 매력 있고 즐거움을 사랑하고 거기에 부를 이룰 수 있는 결단력까지 지녔습니다. 탄생월 3의 영향으로 당신은 창의적이고 상상력이 뛰어납니다. 똑똑하고 섬세하여 훌륭한 아이디어와 원대한 계획이 넘칩니다. 대개 느긋하고 좋은 친구로서 친목적인 사교 활동을 즐기지요. 재능이 많고 자기를 표현하고 싶은 욕구가 있어 여러 가지 경험을 원합니다. 하지만 쉽게 싫증을 느끼는 성향 탓에 결정을 내리지 못하거나 일만 많이 벌일 수 있겠네요. 회의적인 경향은 정서적 불안정을 야기할 수 있으니 신념을 가지고 자신의 직관을 믿으면 도움이 됩니다.

- ●장점 : 포부, 창조적, 자유를 사랑함, 자신을 잘 표현함, 진취적
- ■단점 : 충동적, 우유부단함, 위세 부림, 감정을 드러내지 않음, 반항적, 독선적

연애와 인간관계

사교적이고 다정한 당신은 인기를 얻고 싶어 하며 종종 새로운 정서적 경험을 즐깁니다. 쉽게 싫증을 내는 성향이라 자극을 주고 격려해주는 사람을 찾아야만 합니다. 당신은 역동적인 감정을 지니고 있어 개성이 강하고 카리스마가 있는 사람을 동경합니다. 또한 넓은 아량을 발휘해 어려울 때 사람들에게 큰 도움을 줄 수 있답니다. 강한 감정과 애정에 대한 열망을 바탕으로 당신은 사려 깊고 충실한 친구가 됩니다.

물고기자리

이날 태어난 유명인

퍼시벌 로웰(천문학자), 카야 스코델라리오(배우), 닐 세다카(가수), 딕 캣츠(피아니스트), 함석헌(사회운동가), 김수희, 배기성(가수), 김남길, 신애, 이수경, 이준혁(배우)

태양 : 물고기자리

지배 성좌 : 전갈자리/명왕성

위치 : 22° 30′ - 23° 30′ 물고기자리

상태 : 변통궁

원소 : 물

항성 : 마르카브

3월 14일

PISCES

관대함으로 사람의 마음을 이끄는 매력

수용적이고 섬세한 물고기자리 태생이지만 역동적이고 잠시도 가만있지 못하는 천성은 당신으로 하여금 이번 생에 많은 가능성들을 탐구하도록 만들어줄 것입니다. 성공은 당신의 총명함과 재능, 그리고 자립심에 달려 있습니다. 관대하고 자유로운 당신은 사람을 끄는 매력이 있고 보통 인기가 많습니다. 당신의 보편적인 세계관은 인도주의적으로 삶에 접근하도록 북돋우며 타고난 유머 감각을 자극하지요.

전갈자리에 위치한 태양의 영향력이 더해져 당신은 극단적인 성향을 지닙니다. 상반된 특성들이 흥미롭게 뒤섞여 이상주의적이고 상상력이 풍부하면서도 현실적이고 물질적 감각이 뛰어나지요. 대개 당신은 사람의 마음을 끄는 힘과 식견이 있으며 강한 직감과 생각을 꿰뚫어보는 능력을 지녔습니다. 침착해 보이지만 좌절하고 실망할 때는 특히 비꼬는 말투로 내적 긴장을 드러냅니다. 다재다능하고 야심 차며 탁월한 평가자인 동시에 원대한 목표를 성취할 잠재력도 지녔습니다.

독립적인 당신은 남의 지시를 받는 것을 아주 싫어합니다. 즉 다른 사람 밑에서 일하는 것보다는 리더십을 발휘할 수 있을 때 더 잘 해냅니다. 특히 낭비벽이 발동할 때는 돈 관리 문제로 골치를 앓을 수 있겠네요. 서두르거나 순간적인 충동으로 결정을 하면 단번에 빈털터리가 될 수도 있습니다. 하지만 위험을 미리 계산할 줄 알아서 절묘하게 피해가는 능력으로 대부분의 사람들보다 운이 좋은 편입니다.

당신의 태양이 양자리에 들어 있는 7세부터 36세까지 당신은 점차 더 자신감 있고 적극적이 되며 그 결과 자기주도적인 성향이 강해지거나 진취적인 기상을 지니게 됩니다. 37세에 당신의 태양이 황소자리에 들면서 당신은 자리를 잡고 재정적으로 안정을 찾으려는 욕구가 커지는데, 이는 실생활에서 실용성을 추구하는 태도로 이어집니다. 67세에 당신의 태양이 쌍둥이자리에 들면서 의사소통에 더욱 신경을 쓰게 되고, 정신적인 자극이나 새로운 관심사에 대한 욕구도 커집니다.

숨어 있는 자아

당신의 타고난 권위는 정신적 자부심과 드라마틱한 감각에서 나옵니다. 이로 인해 자신의 재능을 활용할 수 있는 책임자의 자리에 오릅니다. 조바심을 내고 잠시도 가만있지 못하는 성향이 있어 제약이나 한계를 뛰어 넘기 위한 노력이 필요합니다. 주위 환경에서 새로운 기회나 발전의 가능성을 얻지 못한다면 여행이나 어떤 새로운 전망을 찾아갈 수도 있겠네요.

훌륭한 가치관과 함께 금전 문제에 대한 직감이 뛰어나 대의나 이상을 위해 싸우는 훌륭한 투사가 될 수도 있답니다. 하지만 재정 계획이 변경되면 때때로 당신의 열망이 꺾일 수 있으니 즉각적인 보상보다는 앞날을 내다보고 예산과 계획을 세우는 일이 필요합니다. 적당한 거리 두기를 하면서 지나친 안정 위주의 태도에서 벗어나고 보편적인 세계관을 활용하면 놀라운 결과를 이루어내겠네요.

일과 적성

과학자, 변호사, 교사 혹은 작가 등과 같이 명석한 두뇌와 의사소통 기술을 활용하는 직업을 가지면 성공할 것입니다. 높은 이상과 인도주의적 성향으로 당신은 대개 진보적 대의를 위해 일하고 싶어 합니다. 상상력이 풍부하고 머리가 좋아 자신을 좀 더 생산적으로 만들어주는 새로운 아이디어와 지식을 탐구하는 것을 즐기지요. 혹은 창조적인 것에 영감을 받아 예술, 음악 혹은 엔터테인먼트 분야를 통해 자신의 감수성을 표현할 수도 있겠네요. 인정이 많아서 치유 관련 직업이나 사회사업 분야에서도 자신을 표현할 수 있답니다.

수비학으로 본 당신의 운세

지적인 잠재력, 실용주의, 그리고 결단력은 14일에 태어난 사람들의 특성입니다. 이날 태어난 사람들은 일을 1순위에 놓고 자신과 남을 직업적 성취에 기반하여 평가하기도 하죠. 안정감을 원하지만 숫자 14에서 오는 가만히 있지 못하는 성향 때문에 당신은 앞으로 나아가거나 계속해서 운명을 개척하는 새로운 시도를 할 것입니다. 타고난 분주함과 만족을 모르는 성향으로 인해 당신은 삶에서 엄청나게 많은 변화를 겪겠네요. 특히 근무 환경이나 재정적 상태에서 행복을 느끼지 못할 때는 더 그렇습니다. 통찰력이 뛰어난 당신은 문제에 재빨리 반응하고 그것들을 해결하는 것을 즐깁니다. 탄생월 3의 영향으로 감정이 강하고 섬세합니다. 이상주의자에 창의적이면서도 생산적인 포부와 굉장한 에너지를 겸비하여 엄청난 성취를 이룰 것입니다. 하지만 쉽게 싫증을 느끼는 성향 탓에 결정을 내리지 못하거나 일만 많이 벌일 수도 있겠네요. 긍정적인 환경은 당신에게 매우 중요합니다. 왜냐하면 당신은 그런 환경에서 영감을 얻고 신이 나기 때문입니다.

- ●장점 : 결단력, 근면함, 행운, 창의적, 현실성, 상상력, 부지런함
- ■단점 : 조심성이 지나치거나 과하게 충동적임, 불안정, 무심함, 완고함

연애와 인간관계

당신의 따뜻한 마음은 평소 성격에서는 분명하게 드러나지 않을 수도 있습니다. 당신은 자신을 생각하게 만들거나 지적이고 창조적인 활동을 공유할 수 있는 상대와 사귈 때 가장 행복합니다. 훌륭한 소통가이지만 때때로 거리 두기가 필요하며, 보이지 않는 불확실성 때문에 지나치게 심각해지는 것은 피하세요. 다행스럽게도 당신은 직관적이고 재미있는 성격으로 특별한 유머와 풍자 감각을 발휘해 긴장된 상황에서도 여유를 잃지 않습니다.

당신에게 특별한 사람

연인이나 친구

1월 6, 11, 16일 / 2월 4, 14일 / 3월 2, 12, 28, 30일 / 4월 10, 26, 28일 / 5월 3, 8, 24, 26, 30일 / 6월 1, 6, 22, 24, 28일 / 7월 4, 20, 22, 26, 31일 / 8월 2, 18, 20, 24, 29일 / 9월 16, 18, 22, 27일 / 10월 14, 16, 20, 25일 / 11월 12, 14, 18, 23일 / 12월 10, 12, 16, 21일

힘이 되어주는 사람

1월 9, 14, 16일 / 2월 7, 12, 14일 / 3월 5, 10, 12일 / 4월 3, 8, 10일 / 5월 1, 6, 8일 / 6월 4, 6일 / 7월 2, 4일 / 8월 2일 / 9월 30일 / 10월 28일 / 11월 26, 30일 / 12월 24, 28, 29일

운명의 상대

1월 21일 / 2월 19일 / 3월 17일 / 4월 15일 / 5월 13일 / 6월 11일 / 7월 9일 / 8월 7일 / 9월 5, 14, 15, 16, 17일 / 10월 3일 / 11월 1일

경쟁자

1월 4, 13, 28일 / 2월 2, 11, 26일 / 3월 9, 24일 / 4월 7, 22일 / 5월 5, 20일 / 6월 3, 18일 / 7월 1, 16일 / 8월 14일 / 9월 12일 / 10월 10, 31일 / 11월 8, 29일 / 12월 6, 27일

소울메이트

1월 15, 22일 / 2월 13, 20일 / 3월 11, 18일 / 4월 9, 16일 / 5월 7, 14일 / 6월 5, 12일 / 7월 3, 10일 / 8월 1, 8일 / 9월 6일 / 10월 4일 / 11월 2일

이날 태어난 유명인

알베르트 아인슈타인(물리학자), 퀸시 존스(음반 프로듀서), 마이클 케인, 빌리 크리스털, 제이미 벨(배우), 박성호(코미디언), 문희준(가수)

태양 : 물고기자리

지배 성좌 : 전갈자리/명왕성

위치 : 23°30' - 24°30' 물고기자리

상태 : 변통궁

원소 : 물

항성 : 마르카브

3월 15일

PISCES

진실을 파헤치고 미지의 세계를 탐구하는 탐험가

상상력이 풍부하고 직관이 뛰어난 당신은 안정과 조화를 추구하는 물고기자리 태생입니다. 상냥하고 겸손하여 특유의 다정하고 매력 넘치는 개성으로 추종자들을 끌어모으지요. 물질적, 사회적으로 성공할 수 있는 기회가 많으며, 가치관이 확고해 인생 계획에서 재정적 안정이 중요한 부분을 차지하겠네요. 당신은 명성과 인정을 얻기 위한 역동적인 추진력을 지녔으나 지나치게 많은 관심사에 에너지를 분산하는 경향 탓에 결단력이 약해질 수 있답니다.

전갈자리에 있는 태양의 영향력이 더해져 당신은 두뇌가 명철하고 탐구심이 높습니다. 미지의 세계에 관심이 있어 새로운 개념을 탐구하거나 진실을 파헤치는 것을 즐기지요. 당신은 어려움을 극복하는 능력으로 성장합니다. 대의나 아이디어에서 영감을 받을 때면 자기 안에서 영감과 창조적인 힘을 발견하여 기록적인 업적을 성취합니다.

당신은 종종 불신과 희망 사이를 교차하기 때문에 어떤 때는 불안해하며 회의에 빠진 것처럼 보이고, 또 어떤 때는 자립적이고 확신에 차며 심지어 지배적인 태도를 보입니다. 이런 성향 때문에 상사와 다툼이나 갈등을 빚게 되면 불안한 환경이 생길 수 있으니 조심하세요. 마음을 느긋하게 먹고 공격적이거나 적대적인 감정을 피하면 평화를 되찾을 수 있답니다.

6세에서 35세 사이에 당신의 태양은 양자리를 지나갑니다. 이 영향으로 당신은 점차 자신감이 붙고 자기주장이 분명해집니다. 36세부터는 당신의 태양이 황소자리에 들면서 재정적 안정에 대한 욕구가 커지지요. 좀 더 여유로워지고 결단력이 생기지만 변화를 꺼리는 태도는 당신의 고집스러움을 보여줍니다. 66세에 당신의 태양이 쌍둥이자리에 들면서 삶의 전환점을 맞아 호기심이 커지고 사고방식에 변화가 생기며 어쩌면 새로운 것들 배우는 데 흥미가 생길 수도 있겠네요.

숨어 있는 자아

자부심이 있고 실패를 싫어하는 당신은 옳은 일을 하고 자존심을 지키는 것을 중요하다고 여깁니다. 당신의 지혜는 남들 눈에 잘 띄지 않지만 고독에 대한 열망 혹은 삶의 신비에 대한 깊은 통찰력으로 표현됩니다. 때때로 당신은 너무 성급하고 고집스러우며 혼란스러워하기 때문에 참을성을 기르고 다른 사람의 충고도 들을 줄 알아야 합니다. 그러나 당신은 내면의 힘을 놓치지 않고, 어려움을 딛고 일어설 수 있으며, 강한 정신력으로 사람들을 고취시키는 능력이 있답니다.

진정한 잠재력을 성취하기 위해서는 지식이야말로 성공으로 가는 길임을 명심해야 합니다. 당신은 자기 자신 혹은 능력에 대한 신뢰를 잃어버리면 고립되거나 숨어버립니다. 그러면서 회의를 품고 의심이 많아질 수 있습니다. 하지만 당신은 직관이 뛰어나고 이해력이 빠른 예리한 관찰자입니다. 자연스럽게 느껴지는 첫인상에 확신을 가지고 거기에 기반해서 행동한다면 과거나 미래보다는 지금 이 순간에 충실히 살아갈 수 있습니다.

일과 적성

섬세하면서도 결단력이 있고 성실한 당신은 좋아하는 분야에서 최고의 자리에 오를 수 있습니다. 힘과 효율성을 즐기기 때문에 특히 행정가, 감독관 혹은 관리자와 같은 사업 혹은 행정 분야에서 성공할 수 있습니다. 또한 광고, 법, 과학 혹은 금융 분야에서도 탁월한 능력을 발휘하지요. 판매, 협상 혹은 연구와 관련한 직업에서 성취를 이루기 쉽습니다. 이상주의적인 기질도 있어 공공 서비스나 복지 관련 직업을 선호할 수도 있답니다. 지시받는 것을 싫어하고 굉장히 독립적이어서 자기 사업을 하는 것을 즐깁니다. 창조적인 면을 활용한다면 음악에서도 재능을 발휘하겠군요.

수비학으로 본 당신의 운세

다재다능하고 열정적이며 가만있지 못하는 성향은 15일에 태어난 사람들의 특성입니다. 당신의 위대한 장점은 강한 직관과 이론, 실제를 조합하여 빠르게 학습하는 능력입니다. 종종 직관을 발휘하여 기회를 재빨리 알아차리지요. 15일에 태어난 당신은 돈을 끌어모으는 재능과 다른 사람들로부터 도움과 지지를 얻어내는 재주가 있습니다. 낙천적이면서도 단호하여 뜻밖의 상황을 반기고 게임을 좋아합니다. 탄생월 3의 영향으로 당신은 수용적이고 다재다능합니다. 매력적이며 다정하고 사회적 활동과 많은 관심사를 즐깁니다. 야심이 있어 다양한 경험과 많은 활동을 통해 자신을 표현할 수 있는 길을 찾을 필요가 있습니다. 하지만 쉽게 싫증을 느끼는 성향 탓에 결정을 내리지 못하거나 일만 많이 벌일 수 있겠네요. 열정적이고 탁월한 재치로 사람들을 즐겁게 해주지만 자존감을 키우고 걱정하거나 감정적인 불안을 야기할 요인들을 피해야 합니다. 개인적인 관계와 다정한 분위기에서 희망과 영감을 얻기 때문에 이것들은 당신에게 아주 중요합니다.

- ●장점 : 자발성, 관대함, 책임감, 친절함, 협력적, 고마움을 아는, 통찰력, 열정적, 창의적
- ■단점 : 잠시도 가만있지 못함, 무책임함, 자기중심적, 변화에 대한 두려움, 걱정, 우유부단함, 물질주의, 권력 남용

연애와 인간관계

사교적이고 다정한 당신은 자신의 감정을 소통하고 싶어 하는 섬세하고 이상주의적인 사람입니다. 사랑에 빠지면 헌신적이고 사려 깊게 행동합니다. 의심이 생기거나 결단을 내리지 못할 때는 사랑을 믿지 못해 걱정과 혼란을 겪게 됩니다. 하지만 일단 마음을 정하면 충실하며 사랑에 전념합니다. 보통 당신은 자신의 창의적인 아이디어나 활동을 함께 공유할 수 있는 관계를 즐깁니다.

연인이나 친구

1월 7, 13, 17, 20일 / 2월 5, 15, 18일 / 3월 3, 13, 16, 29, 31일 / 4월 1, 11, 14, 27, 29일 / 5월 5, 9, 12, 25, 27일 / 6월 7, 10, 23, 25일 / 7월 1, 5, 8, 21, 23일 / 8월 3, 6, 19, 21일 / 9월 1, 4, 17, 19일 / 10월 2, 15, 17일 / 11월 13, 15, 30일 / 12월 11, 13, 28일

힘이 되어주는 사람

1월 15, 17, 28일 / 2월 13, 15, 26일 / 3월 11, 13, 24일 / 4월 9, 11, 22일 / 5월 7, 9, 20일 / 6월 5, 7, 18일 / 7월 3, 5, 11, 16일 / 8월 1, 3, 14일 / 9월 1, 12일 / 10월 10, 29일 / 11월 3, 8, 27일 / 12월 6, 25일

운명의 상대

1월 5일 / 2월 3일 / 3월 1일 / 9월 15, 16, 17, 18일

경쟁자

1월 4, 5, 14일 / 2월 2, 3, 12일 / 3월 1, 10일 / 4월 8, 30일 / 5월 6, 28일 / 6월 4, 26일 / 7월 2, 24일 / 8월 22일 / 9월 20일 / 10월 18일 / 11월 16일 / 12월 14일

소울메이트

1월 2일 / 3월 29일 / 4월 27일 / 5월 25일 / 6월 23일 / 7월 21일 / 8월 19일 / 9월 17일 / 10월 15일 / 11월 13일 / 12월 11일

물고기자리

이날 태어난 유명인

테렌스 트렌트 다비, 필 레시, 라이트닝 홉킨스(가수), 앤드루 잭슨(전 미국 대통령), 데이비드 크로넌버그(영화감독), 김원일(작가), 이정재, 이윤지, 이민우(배우), 김동률(가수)

태양 : 물고기자리
지배 성좌 : 전갈자리/명왕성
위치 : 24° 30′ – 25° 30′ 물고기자리
상태 : 변통궁
원소 : 물
항성 : 마르카브, 스케아트

3월 16일
PISCES

사랑과 관계의 힘을 중시하는 이상주의자

다정하고 사교적인 당신은 느긋한 성격과 매력을 타고난 이상주의적 물고기자리 태생입니다. 겉모습은 침착해 보이지만 정신적인 것과 물질적인 것이 복합된 사람입니다. 한편으로는 상업적인 세계로 진입할 수 있는 비전과 실용적인 기술을 겸비하여 성공적인 기업가나 사업가로 이름을 떨칠 수 있습니다. 또 다른 한편으로는 신비주의적이고 자선적 성향이 있어 마음에서 우러나서 행동하고, 인도주의적 대의를 추구하며 타고난 동정심을 더 많이 베풀게 됩니다.

전갈자리에 위치한 태양의 영향력이 더해져 당신은 통찰력이 있고 명석합니다. 이해력을 키우려고 노력하지만 대체로 내향적인 사람이네요. 자신을 쇄신하고 처음부터 다시 시작할 수 있는 역량과 치유 능력을 갖고 있네요. 명석한 두뇌를 지닌 탁월한 탐구자이나 자신에 대한 정보를 알려주는 것을 좋아하지는 않습니다.

자신을 표현하기 위해 저술이나 다른 창조적인 활동을 통해 상상력을 발휘할 수 있습니다. 환경에 민감한 편인 당신을 행복하게 해주는 열쇠는 내면의 조화와 평화입니다. 의심을 버리고 자신의 능력을 믿고 전념한다면 자신감이 올라갈 것입니다.

5세에서 34세 사이에 당신의 태양이 양자리를 지나가면서 당신은 점차 자신감 있고 적극적이며 포부가 넘치게 됩니다. 그래서 새로운 일을 개척하거나 다른 사람과의 관계에서 솔직해지는 법을 배우지요. 35세에 당신의 태양이 황소자리에 들면서 인생의 전환점을 맞습니다. 이때부터 당신은 삶의 속도를 늦추고 좀 더 영구적인 것과 재정적인 보호책을 원하게 됩니다. 65세부터는 당신의 태양이 쌍둥이자리에 들면서 소통에 대한 관심이 커집니다.

숨어 있는 자아

당신에게는 특히 사랑과 관계가 중요하며, 사람들을 행복하게 해주고 싶어 합니다. 이는 인도주의적인 돌봄 활동이나 온정 어린 너그러움으로 표현됩니다. 섬세하고 주위 환경에 수용적이어서 구속받는다고 느껴도 공개된 방식으로는 자신의 감정을 표현하거나 내키는 대로 하기가 어렵습니다. 당신에게 재정적 안정과 자존감은 행복의 중요한 요소라서 때때로 의무와 개인적 열망 사이에서 갈팡질팡하게 됩니다. 많은 경험을 통해 당신은 사랑의 힘을 중요시하게 됩니다.

이상주의자인 당신은 바라고 원해온 보상을 얻기 위해 얼마나 타협할 것인지 시험대에 오를 수 있습니다. 자신의 권리를 수호하는 것과 배려 깊고 섬세한 태도 사이에서 균형을 잡는 것이 중요합니다.

일과 적성

매력적이고 상상력이 풍부하며, 색감과 스타일에 민감한 당신은 디자이너처럼 이미지를 만드는 직업으로 성공할 수 있습니다. 사교적이고 사람들과 잘 어울리면서도 재정적인 부분을 놓치지 않으며 사업과 즐거움을 연결하는 재주가 있습니다. 당신은 아름다운 물건들을 다루는 일을 즐기는데, 종종 미술품이나 골동품과 관련한 일에 끌릴 것입니다. 아니면 상상력과 독창적인 사고로 저술이나 저널리즘, 미디어와 출판 계통의 일을 할 수도 있답니다. 사람에게 관심이 많은 당신은 훌륭한 외교가나 중재자가 될 수도 있습니다. 인도주의자에다 영성이 뛰어난 당신은 자신보다 불운한 사람들을 치유하고 편안하게 해주는 특별한 능력을 지녔습니다.

수비학으로 본 당신의 운세

16일의 특성상 당신은 사려 깊고 섬세하며 다정합니다. 분석적이지만 종종 자신이 느끼는 바에 따라 삶과 사람들을 판단하지요. 하지만 숫자 16의 특성으로 볼 때 당신은 자기표현 욕구와 다른 사람들에 대한 책임감 사이에서 갈등하며 긴장감을 느끼게 됩니다. 또한 세계정세에 관심이 많아서 다국적 기업이나 언론 분야에 몸담을 수도 있습니다. 당신 안에 있는 창조적인 재능 덕분에 번뜩이는 영감으로 글을 쓸 수도 있겠네요. 지나친 자신감과 회의 혹은 불안 사이에서 균형을 잡는 법을 배워야 합니다. 탄생월 3의 영향으로 당신은 이상주의적이고 창의적이며 독창적인 생각들로 가득 차 있습니다. 느긋하고 다정한 성정이지만 스스로 마음을 정하고 자율적으로 행동하는 편입니다. 직관적이고 예민한 기질의 당신은 자기 능력을 믿고 일 걱정에서 벗어나야 합니다. 돈이 당신의 모든 문제를 해결해준다고 여기지만 정서적 불안은 보통 재정적인 문제와는 별개입니다. 영감을 받을 때 당신은 역동적이고 적극적이며, 자기 뜻대로 지시하기보다는 사람들을 격려하는 힘을 활용할 수 있답니다.

- ●장점 : 고등 교육, 가정에 대한 책임감, 진실성, 직관적, 사교적, 협력적, 통찰력
- ■단점 : 걱정, 무책임, 자기중심적, 독선적, 회의적, 안달복달함, 짜증을 잘 냄, 이기적

연애와 인간관계

이상주의적이고 마음이 젊은 당신은 사랑과 행복한 관계를 위해서 종종 어떤 종류의 희생도 기꺼이 감내합니다. 천성적으로 낭만적인 당신은 사랑과 헌신이 모든 것을 이긴다고 믿습니다. 다만 그럴 가치가 없는 상대를 위해 스스로 희생양이 되는 일은 없도록 조심하세요. 연령대나 배경이 다른 사람들과 관계를 맺을 수도 있습니다. 당신은 관대하고 다정하며 배려심이 많아 상대를 보호해주는 파트너가 될 수 있답니다. 때로는 부드럽게 대하기도 하지만 관계를 맺을 때는 강한 책임감을 가지고 정직하게 다가가는 것을 선호합니다.

당신에게 특별한 사람

연인이나 친구

1월 4, 8, 9, 18, 19, 23일 / 2월 2, 6, 16, 17, 21일 / 3월 4, 14, 15, 19, 28, 30일 / 4월 2, 12, 13, 17, 26, 28, 30일 / 5월 1, 10, 11, 15, 24, 26, 28일 / 6월 8, 9, 13, 22, 24, 26일 / 7월 6, 7, 11, 20, 22, 24, 30일 / 8월 4, 5, 9, 18, 20, 22, 28일 / 9월 2, 3, 7, 16, 18, 20, 26일 / 10월 1, 5, 14, 16, 18, 24일 / 11월 3, 12, 14, 16, 22일 / 12월 1, 10, 12, 14, 20일

힘이 되어주는 사람

1월 5, 16, 27일 / 2월 3, 14, 25일 / 3월 1, 12, 23일 / 4월 10, 21일 / 5월 8, 19일 / 6월 6, 17일 / 7월 4, 15일 / 8월 2, 13일 / 9월 11일 / 10월 9, 30일 / 11월 7, 28일 / 12월 5, 26, 30일

운명의 상대

1월 17일 / 2월 15일 / 3월 13일 / 4월 11일 / 5월 9일 / 6월 7일 / 7월 5일 / 8월 3일 / 9월 1, 16, 17, 18, 19일

경쟁자

1월 1, 10, 15일 / 2월 8, 13일 / 3월 6, 11일 / 4월 4, 9일 / 5월 2, 7일 / 6월 5일 / 7월 3, 29일 / 8월 1, 27일 / 9월 25일 / 10월 23일 / 11월 21일 / 12월 19, 29일

소울메이트

8월 30일 / 9월 28일 / 10월 26일 / 11월 24일 / 12월 22일

이날 태어난 유명인

제리 루이스, 이자벨 위페르(배우), 베르나르도 베르톨루치(영화감독), 양진석(건축가), 김무생, 박용우(배우), 최희섭(야구 선수)

태양 : 물고기자리

지배 성좌 : 전갈자리/명왕성

위치 : 25° 30′ – 26° 30′ 물고기자리

상태 : 변통궁

원소 : 물

항성 : 스케아트

3월 17일

PISCES

약자의 편에서 큰 힘이 되어주는 휴머니스트

직관적이고 분석적인 당신은 인생을 실용적인 태도로 접근하는 섬세한 물고기자리 태생입니다. 야심이 크고 이상이 높지만 물질적인 관심사에 몰두하는 편입니다. 카리스마와 창의적인 재능을 타고난 당신은 상상력이 풍부하고 수용적이지만 자기표현을 통해 조화를 이루는 데 어려움을 느낄 수 있습니다. 당신은 억압을 당하면 걱정과 의심 혹은 비관적인 생각에 빠지는 경향이 있습니다. 대개 근면과 헌신을 다할 때 성공을 얻는 법입니다. 그러니 보상을 받고 싶다면 먼저 자신의 일과 의무를 완수해야겠지요.

전갈자리에 위치한 태양의 영향력이 더해져 당신은 예지력과 강한 직관을 지닙니다. 예리한 통찰력과 깊은 감정을 바탕으로 사물의 밑바닥까지 파고들어 탐구하기를 즐기지요.

사람들은 정이 많고 정직한 당신에게 도움을 요청하고, 당신은 약자 편에 서서 그들을 지지해줍니다. 상식이 풍부하고 조직력이 탁월해 생각하는 힘이 남다릅니다. 낙관적일 때 당신은 영감을 받는 사상가이자 희망을 주는 화술가가 되겠네요. 사고가 건설적이지만 때때로 자기 자신과 다른 사람에 대한 불만으로 지나치게 비판적인 태도를 보일 수 있습니다. 여행은 지식을 확장해 성장하고자 하는 당신의 열망과 잘 맞아떨어지기 때문에 아주 유익합니다.

4세에서 33세 사이에 당신의 태양은 양자리를 지나갑니다. 이 영향으로 당신은 더욱 적극적이고 과감해지며 활기가 넘치게 됩니다. 이는 새로운 모험에 대한 강한 열망으로 이어지지요. 34세에 당신의 태양이 황소자리에 들면서 당신은 자리를 잡고 안정감을 느끼고 싶은 욕구가 커지며, 동시에 좀 더 차분해지고 정서적인 안정감을 느끼고 싶어 합니다. 64세에는 당신의 태양이 쌍둥이자리에 들면서 의사소통의 다른 형태에 더욱 호기심이 생기기 시작하고, 어쩌면 새로운 취미를 가질 수도 있겠네요.

숨어 있는 자아

자선적이고 수용력이 뛰어난 당신은 가식이 없고 솔직한 사람들을 더 좋아합니다. 운이 좋게도 배려심 있는 성격을 타고났기에 종종 다른 사람들을 돕거나 조언을 해주는 입장에 서기도 합니다. 자신감 있고 목적의식이 투철한 것처럼 보이지만 좌절과 실망감으로 힘들 수도 있습니다. 하지만 인내와 끈기를 훈련함으로써 긍정적인 정신 상태를 유지하고 자기 힘으로 성공을 거머쥘 수 있습니다. 아이디어를 아주 빠르게 파악하는 능력이 있어 교육과 지식 습득은 당신의 자신감에서 중요한 부분이 됩니다.

카리스마와 매력에 명석한 두뇌까지 겸비한 당신은 창의적인 발상이 장점이며 자기표현 욕구가 강한 사람입니다. 또한 부정적으로 생각하는 성향을 극복하는 데 도움이 될 철학, 종교 혹은 형이상학에 끌릴 수도 있답니다. 조화를 갈망하는 당신에게 가정은 중요한 역할을 하는데, 특히 평화와 안전에 대한 욕구를 채워줍니다.

일과 적성

당신은 탁월한 사업 감각과 낙관적인 세계관을 지녔지만 세상에 공짜는 없다는 사실을 명심해야 합니다. 재능 있고 역동적이며 다양한 주제에 관심이 많은 당신은 끈기 있고 부지런해져야 합니다. 일을 미루는 습관은 불안함만 가져다줄 뿐입니다. 반대로 성실하게 임하고 세세한 것까지 신경을 쓴다면 중요한 지위를 얻을 수 있습니다. 당신은 보통 판매와 홍보 분야에서 두각을 나타낼 수 있습니다. 대중을 위한 예술을 하고, 자신의 재능을 발휘하여 상업적인 성공을 이뤄내지요. 또한 교육, 여행, 공공 서비스 혹은 정치 분야에서 좋은 결과를 얻을 수 있답니다. 사람을 다루는 능력이 뛰어나 법, 철학 혹은 종교 분야에 매료될 수도 있습니다. 창의적인 사람이라 자신의 강한 감정을 춤, 예술, 음악 혹은 연극으로 표현할 수도 있겠네요.

수비학으로 본 당신의 운세

숫자 17의 특성을 볼 때 당신은 명민하고 내성적이며 분석력이 뛰어납니다. 독립적인 사상가인 당신은 훌륭한 교육과 숙련된 기술을 통해 많은 것을 얻습니다. 당신은 전문성을 기르고 지식을 구체적으로 활용하여 물질적으로 성공하고 전문가 혹은 연구자로서 요직에 오를 수 있습니다. 개인적이고, 스스로를 성찰하며 적당한 거리를 두는 당신은 사실과 수치에 관심이 많습니다. 종종 진지하고 사려 깊은 태도를 보이고 자기만의 시간을 갖는 걸 좋아합니다. 소통 기술을 익히면 다른 사람들로부터 자기 자신에 대해 많은 것을 발견할 수 있습니다. 탄생월 3의 영향으로 당신은 수용적이고 육감과 예감이 강합니다. 영감을 받으면 글로 적어낼 훌륭한 아이디어들과 상상력 넘치는 생각들이 솟아납니다. 친절하고 이상주의적이어서 격려와 안심이 필요한 사람들의 마음을 사로잡습니다. 느긋하고 훌륭한 동반자인 당신은 친목 모임과 다양한 관심사를 즐깁니다. 다재다능하고 자기표현 욕구가 있어 다양한 창조적인 경험들을 하게 되겠네요.

- ●장점 : 사려 깊음, 전문성, 기획력, 사업 감각, 돈을 끌어모으는 능력, 개성 있는 사상, 노력파, 논리적, 노련함, 과학적
- ■단점 : 완고함, 부주의함, 우울함, 예민함, 고정관념, 비판적, 걱정, 의심함

연애와 인간관계

역동적이고 애정 어린 당신에겐 추종자가 많고, 당신도 다른 유형의 사람들과 섞이는 것을 좋아합니다. 다른 사람의 마음을 사로잡는 능력을 지녔지만 진짜 친구와 자기 좋을 대로만 하는 친구를 구분할 필요가 있겠지요. 그렇지 않으면 당신에게 너무 많은 시간을 요구하거나 당신의 목표를 이루는 데 방해가 될 사람들과 가까워질 수 있습니다. 사랑을 많이 베풀지만, 자신의 진짜 감정을 보여줄 때 과장되게 행동하지는 마세요. 당신은 관대하고 인정이 많아서 파트너와 친구들을 지지하고 잘 돌볼 것입니다.

물고기자리

이날 태어난 유명인

루돌프 누레예프(무용가), 커트 러셀, 패트릭 더피(배우), 냇 킹 콜(가수), 보비 존스(골프 선수), 양파, 최자(가수)

| 태양 : 물고기자리 |
| 지배 성좌 : 전갈자리/명왕성 |
| 위치 : 26° 30′ - 27° 30′ 물고기자리 |
| 상태 : 변통궁 |
| 원소 : 물 |
| 항성 : 스케아트 |

3월 18일

PISCES

편견 없이 관대하고 유쾌한 사람

당신은 예민하고 잠시도 가만있지 못하는 성격으로, 여행과 변화를 통해 자기 존재의 한계를 넘어서고 싶어 하는 물고기자리 태생입니다. 직관적이고 즉흥적인 당신은 상상력이 풍부하고 마음이 젊습니다. 선견지명이 있고 다재다능하여 창조적으로 자신을 표현하는 방법을 찾고 싶어 하네요. 앞날에 유일한 장애물은 끈기가 부족하다는 점과 노력에 대해 물질적 보상을 즉각적으로 원하는 태도입니다.

전갈자리의 영향으로 당신은 스스로를 쇄신하고 개선하기 위해 변화를 꾀합니다. 어려운 시기를 겪으면서 자신의 진정한 강점을 깨닫겠네요. 천성이 겸손하고 수용적이지만 통찰력과 이해력이 뛰어나니 어떤 사안에 대해 여러 측면을 살피고 앞으로 펼쳐질 일들의 정확한 타이밍을 예상할 수 있는 사람입니다.

상황에 따라 동요가 심하고, 낭비벽이 있는 당신은 사치스러운 삶을 열망합니다. 이는 규정된 틀이나 예산 내에서 일하고 인내와 자제력을 길러야 필요가 있음을 의미하지요. 인내와 준비성을 가지고 좀 더 효율적으로 기회를 활용하는 법을 배운다면 성공이 오래 지속되도는 것은 물론 자신이 원하는 삶을 유지할 수 있답니다.

3세에서 32세 사이에 당신의 태양은 양자리를 지나갑니다. 이 영향으로 당신은 점차 더 적극적이 되고 자신감이 충만해지는데, 그 결과 자기주도적 성향을 지니게 됩니다. 33세부터는 당신의 태양이 황소자리에 들면서 자리를 잡고 안정감에 대한 욕구가 커집니다. 더불어 삶에서 좀 더 현실적인 것을 바라게 되지요. 63세에 당신의 태양이 쌍둥이자리에 들면서 의사소통에 더 관심이 생기고 정신적 자극을 원하기 시작합니다.

숨어 있는 자아

관대하고 편견이 없는 당신은 똑똑하며 지략이 풍부하고 바쁘게 지내는 것을 좋아합니다. 때때로 자신의 창의력을 약화시키는 자기 의심과 불안에 사로잡혀 자신의 결정이 과연 올바른지 확신을 갖지 못할 때도 있습니다. 하지만 당신은 인도주의적 성향 덕에 시야를 넓힐 수 있고 걱정 많은 성격을 극복할 수 있답니다. 느긋하게 긴장을 푸는 연습을 한다면 당신은 타고난 재능을 있는 그대로 표현하고 삶을 즐길 수 있습니다.

재치 있고 유쾌한 당신은 사람들과 잘 지내고 친목 모임을 즐깁니다. 낭비벽이 있지만 돈과 안정성은 당신에게 동기를 부여하는 요인이 되기도 합니다. 사람에 대한 지대한 관심과 예리한 관찰력은 당신의 직감이 대개 옳으며 이를 바탕으로 사람들을 재빨리 판단할 수 있음을 의미하지요. 하지만 사람에게 실망하거나 좌절하지 않으려면 적당한 거리 두기가 필요하겠네요.

일과 적성

당신은 성실하지만 자신에게 변화와 새로운 발전을 가져다주지 못하는 평범한 일은 피하는 게 좋습니다. 유동적이고 신나는 환경에서 일해야 흥미를 잃지 않고 정신적으로 자극을 받을 수 있습니다. 여행과 관련되거나 대중을 상대하는 일은 가만있지 못하는 성향과 잘 맞습니다. 모험에 대한 욕구가 강해 안정된 생활에 정착하기 전인 젊은 시절에 가능한 한 많은 경험을 쌓고 싶어 하지요. 상상력이 뛰어나고 시각과 구조에 대한 감각이 있어 디자이너, 예술가, 건축가나 영화감독과 같은 직업에 관심을 가질 수 있습니다. 동시에 탁월한 리듬감으로 음악이나 춤에 끌릴 수도 있겠네요. 인도주의자인 당신은 다른 사람을 돕거나 가르치고 교육하는 일에 영감을 받을 수도 있습니다. 아니면 뛰어난 사업 감각과 조직력을 바탕으로 상업 분야로 진출할 수도 있겠네요.

수비학으로 본 당신의 운세

결단력 있고 자기주장이 강하며 포부가 넘치는 성향은 18일에 태어난 사람들의 특성입니다. 도전을 원하고 적극적인 당신은 종종 여러 가지 사업에 관여합니다. 능력 있고 성실하며 책임감까지 겸비하여 책임자의 위치까지 올라가지만 과로로 힘들 수 있으니 가끔은 휴식을 취하며 속도를 늦추는 법을 배우세요. 18이라는 숫자의 특성상 당신은 다른 사람을 치유하고, 그들의 문제를 해결하는 데 자신의 능력을 사용합니다. 탄생월 3의 영향으로 당신은 이상주의적이며 섬세합니다. 느긋하고 훌륭한 동반자로서 사회적 활동과 다양한 관심사를 즐기지요. 다재다능하고 자기표현 욕구가 있어 적극적이고 생산적인 활동을 통해 만족을 얻습니다. 인도주의적인 면모 덕분에 만약 큰 기관에서 일한다면 조직의 개선과 발전에 집중할 것입니다. 쉽게 싫증을 느끼는 성향이라 여행에서 영감을 얻을 수도 있으나 감당하지도 못하면서 일만 많이 벌이지 않게 조심하세요. 보통 열정적이고 매력적이며 유머 감각이 뛰어나지만 자존감을 키우고 적당한 거리 두기도 배워야 합니다.

- ●장점 : 진보적, 적극적, 직관적, 용감함, 단호함, 치유 능력, 효과적, 조언을 잘함
- ■단점 : 통제되지 않는 감정, 나태함, 무질서함, 이기주의, 냉담함

연애와 인간관계

당신은 수용적이고 섬세하면서도 독립적인 사고를 갖고 있습니다. 다정하고 사교적이어서 자신의 마음과 상상력을 자극할 수 있는 사람에게 종종 끌립니다. 똑똑하고 잠시도 가만있지 못하는 성향의 당신에게 중요한 것은 관계입니다. 그래서 여러 유형의 사람들과 어울리는 걸 좋아하지요. 타고난 유머 감각을 발휘하여 좋아하는 사람들이 모인 자리에서 즐거움을 선사합니다. 보통 지적이거나 관심을 함께 공유할 수 있는 사람과 더 잘 지냅니다.

연인이나 친구

1월 6, 10, 20, 29일 / 2월 4, 8, 18, 27일 / 3월 2, 6, 16, 20, 25, 28, 30일 / 4월 4, 14, 23, 26, 28, 30일 / 5월 2, 12, 16, 21, 24, 26, 28, 30일 / 6월 10, 19, 22, 24, 26, 28일 / 7월 8, 12, 17, 20, 22, 24, 26일 / 8월 6, 15, 18, 20, 22, 24일 / 9월 4, 13, 16, 18, 20, 22일 / 10월 2, 11, 14, 16, 18, 20일 / 11월 4, 9, 12, 14, 16, 18일 / 12월 7, 10, 12, 14, 16일

힘이 되어주는 사람

1월 7, 13, 18, 28일 / 2월 5, 11, 16, 26일 / 3월 3, 9, 14, 24일 / 4월 1, 7, 12, 22일 / 5월 5, 10, 20일 / 6월 3, 8, 18일 / 7월 1, 6, 16일 / 8월 4, 14일 / 9월 2, 12, 30일 / 10월 10, 28일 / 11월 8, 26, 30일 / 12월 6, 24, 28일

운명의 상대

1월 25일 / 2월 23일 / 3월 21일 / 4월 19일 / 5월 17일 / 6월 15일 / 7월 13일 / 8월 11일 / 9월 9, 19, 20, 21일 / 10월 7일 / 11월 5일 / 12월 3일

경쟁자

1월 3, 17일 / 2월 1, 15일 / 3월 13일 / 4월 11일 / 5월 9, 30일 / 6월 7, 28일 / 7월 5, 26, 29일 / 8월 3, 24, 27일 / 9월 1, 22, 25일 / 10월 20, 23일 / 11월 18, 21일 / 12월 16, 19일

소울메이트

1월 18일 / 2월 16일 / 3월 14일 / 4월 12일 / 5월 10, 29일 / 6월 8, 27일 / 7월 6, 25일 / 8월 4, 23일 / 9월 2, 21일 / 10월 19일 / 11월 17일 / 12월 15일

이날 태어난 유명인

에드거 케이시(초능력자), 네빌 체임벌린(영국 정치인), 윌슨 피켓(가수), 릴리 콜린스(배우), 존 업다이크(작가), 루돌프 디젤(디젤 엔진 발명자) 정준하(코미디언), 장나라(가수)

물고기자리

태양 : 물고기자리
지배 성좌 : 전갈자리/명왕성
위치 : 27° 30′ - 28° 30′ 물고기자리
상태 : 변통궁
원소 : 물
항성 : 스케아트

3월 19일

PISCES

두 마리 토끼를 잡고 싶어 하는 이상주의자

결단력 있고 직관적인 당신은 의욕적이며 엄청난 추진력을 가진 수용적인 물고기자리 태생입니다. 실용적이고 상상력이 넘치는 성격으로 안정적이고 안전한 상태를 원하지만 다양하고 활동적인 일을 즐기기도 합니다. 당신의 삶에서 일은 중요한 자리를 차지하고 있으며, 근면과 헌신을 다해 지속적이고 성공적인 지위에 오를 수 있답니다.

전갈자리에 위치한 태양의 영향력이 더해져 당신은 관찰력과 판단력이 뛰어납니다. 명석한 두뇌와 훌륭한 관찰력을 지녔으나 항상 자신을 드러내기를 좋아하는 것은 아닙니다. 자제력으로 이해심으로 기르고, 앞장서서 적극적으로 행동하면 자신의 독창성을 찾을 수 있답니다. 당신은 치유력이 있어 스스로를 쇄신하고 처음부터 다시 시작할 수 있습니다. 조직력과 강한 직관을 결합하여 상황을 자기에게 유리하게 만들거나 영감을 받은 아이디어를 눈에 보이는 상품으로 만들 수도 있겠네요.

이상주의적인 당신은 자신의 일에 자부심이 있어 종종 대의나 프로젝트에 기꺼이 헌신합니다. 당신은 주로 재정적인 것에 신경을 많이 쓰는데, 그 부분은 목표를 위해 끈기를 가지고 전념한다면 자연스럽게 따라옵니다. 충실한 성격이어서 심각하게 책임감을 느끼는 경향이 있는데, 긴장을 풀고 친근하게 다가가는 것도 좋습니다.

31세까지 당신의 태양은 양자리를 지나갑니다. 이 영향으로 당신은 자기주장이 커지며 적극적이고 용기 있는 행동을 즐기지요. 32세부터는 당신의 태양이 황소자리에 들면서 안정과 재정적 안정에 대한 욕구가 커집니다. 좀 더 여유로워지고 결단력이 생기지만 변화를 꺼리는 태도는 당신의 고집스러운 기질을 보여줍니다. 62세에 당신의 태양이 쌍둥이자리에 들면서 인생의 전환점을 맞아 호기심이 왕성해지고 사고방식이 바뀌기 시작합니다. 또한 의사소통과 새로운 것을 배우는 일에도 관심이 많아집니다.

숨어 있는 자아

당신은 활력이 넘치고 직관이 강해 감정적이고 정서적인 자극을 원합니다. 활동적이고 흥미진진한 것에 대한 열망은 당신이 새로운 아이디어를 탐구하거나 독창적인 프로젝트를 시작하는 것을 즐기는 사람임을 암시합니다. 활기와 변화가 없으면 불안해하며 왜 그런지 이유를 알기 전까지는 초조해합니다. 보상 심리로 현실 도피를 하려 해서는 안 됩니다.

당신의 마음 한쪽은 변화와 모험을 원하고 또 다른 한쪽은 안정과 안전을 원하기 때문에 당신에게는 발전 기회와 예측성을 동시에 갖춘 균형 잡힌 환경이 필요합니다. 변화와 개혁에 관심이 있는 당신은 다른 사람들이 행동에 나서게끔 자극할 수 있습니다. 당신은 매력 있고 사교적이지만 정서적인 만족을 느끼고 싶어 하며 내면의 고요와 평화를 원합니다. 여러 방향성을 가지기보다는 강하게 울리는 내면의 소리에 귀를 기울인다면 삶이 한결 수월하게 흘러갈 것입니다.

일과 적성

탁월한 직업적 기회를 축복으로 받은 당신은 자신이 무엇을 이루고 싶어 하는지 결정하는 데 어려움을 겪을 수 있습니다. 실용적인 접근과 훌륭한 조직력을 바탕으로 당신은 경영자나 권위자의 자리에 오를 수 있습니다. 사업으로 성공할 수 있으나 창조성에 대한 욕구를 볼 때 당신은 이상이 매우 높은 사람이어서 금전적인 성공만으로 성에 차지 않습니다. 감정적인 만족을 얻지 못한다면 그만 흥미를 잃고 새로운 기회나 도전을 찾을지도 모릅니다. 당신은 대개 발전의 기회가 있는 큰 조직에서 더욱 능력을 발휘합니다. 그렇지 않으면 독립적으로 일하거나 자기 사업을 원할 수도 있겠네요. 여행과 변화를 좋아하는 것을 보니 당신은 다양한 경험에 관심이 많고 새로운 장소에서 일하고 싶어합니다.

수비학으로 본 당신의 운세

야심차고 역동적이면서도 창의적이고 이상주의적이며 섬세한 당신은 19라는 숫자의 특성을 고스란히 지니고 있습니다. 과단성이 있고 지략이 풍부하여 깊은 통찰력을 지녔으나 몽상가적 기질로 인해 인정이 많고 감수성이 풍부합니다. 중요한 사람이 되고 싶은 마음에 과장되게 행동하거나 무대에서 중앙을 차지하려 들 수도 있습니다. 다른 사람들 눈에 당신은 자신감 있고 쾌활한 사람처럼 보이지만 내적인 긴장이나 의심으로 인한 감정 기복이 있습니다. 기준을 너무 높게 설정해버리면 자신과 타인에게 지나치게 진지해지거나 비판적인 태도를 보일 수 있습니다. 탄생월 3의 영향으로 당신은 통찰력이 뛰어나지요. 적극적이고 다재다능한 사람이라 자신의 에너지를 건설적으로 표출할 수 있는 안정적인 환경을 구축한다면 성공할 기회가 높아질 것입니다. 몰입할 때는 자신의 재능과 능력을 발휘하여 새로운 마음가짐으로 근무 환경을 개선합니다. 당신에게는 물질적 성공이 중요하지만 자제력과 변화에 대한 열망을 지니고 있어 당신에게 가장 높은 수준의 보상은 지혜와 감정 표현의 통합입니다.

- ● 장점 : 역동적, 집중력, 창의적, 리더십, 진보적, 낙관적, 강한 신념, 경쟁력, 독립적, 사교적
- ■ 단점 : 자기중심적, 걱정, 거절에 대한 두려움, 물질만능주의, 독선적, 조급함, 현실 도피

연애와 인간관계

카리스마 있고 다정한 당신은 다양한 유형의 사람들과 어울리는 걸 좋아합니다. 사랑을 할 때는 힘 있고 깊은 감정을 느끼지요. 당신은 사람들과 지속적인 우정을 유지하고 강한 유대감을 쌓지만 너무 많은 일상적인 일과 책임에 얽매이는 것은 좋아하지 않습니다. 안정과 안전에 대한 욕구는 당신이 흥미롭지만 믿고 신뢰할 수 있는 파트너를 원한다는 걸 보여줍니다. 장기적인 관계에 전념하기 전에 천천히 시간을 갖는 일도 중요하다는 점을 기억하세요.

물고기자리

이날 태어난 유명인

글렌 클로즈, 브루스 윌리스(배우), 필립 로스(작가), 얼 워런(법조인), 정명화(첼리스트), 김래원(배우)

807

태양 : 물고기자리/양자리 경계	
지배 성좌 : 전갈자리/명왕성, 양자리/화성	
위치 : 28° 30′ – 29° 30′ 물고기자리	
상태 : 변통궁	
원소 : 물	
항성 : 스케아트	

3월 20일
PISCES

진취적인 태도로 가치 있는 대의를 좇는 매력적인 사람

물고기자리와 양자리 사이에 태어난 당신은 두 별자리 모두에게서 좋은 영향을 받습니다. 이상주의적이고 목적의식이 있어 상상력 넘치는 아이디어를 실용적인 쓸모로 전환할 수 있답니다. 섬세하고 포부가 넘치며 다재다능하면서도 원대한 이상을 이루려는 목표가 있습니다. 명민하고 수용적인 당신은 문제의 본질을 꿰뚫는 능력을 지녔습니다. 자기표현에 대한 강한 욕구가 있으나 의심과 걱정의 벽에 부딪힐 수 있겠네요. 꿈을 이루기 위해서는 재정적인 장애물 앞에서 낙담하지 말고 자신의 결정을 믿어야 합니다.

전갈자리와 양자리에 위치한 태양의 영향력이 더해져 당신은 숨은 의도를 직관적으로 재빨리 알아차리는 능력과 사물의 본질을 파악하려는 열망이 있습니다. 당신은 긍정적인 상황에서 자기 확신을 가지고, 과감하며 대담하고 독창적이며 영감이 넘치는 아이디어가 샘솟습니다. 겉으로 보기에는 밝고 소통이 잘 되는 사람이지만 사실은 비범하고 철학적이며 영적인 주제를 연구하고 싶어 하는 진지한 면도 있답니다.

독특한 자질을 갖춘 덕에 많은 것을 성취하겠지만 자신의 매력과 사교술을 활용하는 법을 배운다면 성공의 기회가 더 늘어날 것입니다. 사람에 대한 관심은 당신의 타고난 인도주의적 기질을 보여줍니다. 때로 파트너십과 팀의 일원으로서 일하는 것은 당신의 발전에 중요한 역할을 합니다.

30세까지 당신의 태양은 양자리를 지나갑니다. 이 영향으로 당신은 점차 자신감을 가지고 야심 찬 계획을 발전시킵니다. 또한 새로운 분야에서 선구자나 실험자가 되고 싶어 합니다. 31세에 당신의 태양이 황소자리에 들면서 당신은 인생에서 새로운 전환점을 맞습니다. 이때부터 당신은 점점 더 현실적이고 안전을 중시하게 되며, 고급스럽고 아름다운 것에 대한 열망도 커집니다. 61세부터 당신의 태양이 쌍둥이자리에 들면서 소통에 대한 관심이 커집니다.

숨어 있는 자아

이상주의적이고 현실적인 당신은 진취적인 태도로 가치 있는 대의를 위해 일하는 것을 즐길 수 있습니다. 물질적인 안정에 대한 욕구가 크지만 가슴을 뛰게 만드는 일들을 무시하지는 않습니다. 그래서 기꺼이 다른 사람을 돕고 귀한 조언을 하기도 하지요. 격려를 아끼지 않으며 조화와 평화를 사랑하는 성향은 당신이 긴장된 상황에서도 균형을 잡으려 최선을 다하는 사람임을 의미합니다.

당신은 대의에 대한 확신이 있으면 그것을 온전히 지지하고 사람들을 납득시키기 위해서 자신의 설득력을 총동원합니다. 항상 자신의 지식을 나누고 싶어 하는 성향 덕에 파트너십이나 모임에 지대한 공헌을 할 수 있습니다. 낭만적이고 이상주의적이라서 진정한 사랑과 애정을 원하지만 현실적이고 안정을 중시하는 타입이라 감정에 이끌려 사랑에 빠지지는 않습니다. 또한 타인의 삶에 간섭하는 것과 필요할 때 조언을 하는 것 사이의 차이를 알아둬야 합니다.

일과 적성

경쟁심이 강한 당신은 창의적이며 성공에 대한 열망이 있습니다. 스포츠, 음악 혹은 연극 분야에 끌릴 수 있겠네요. 설득력이 있어 자신의 아이디어를 개진할 수 있으며, 판매와 대중을 상대하는 일에서 탁월한 능력을 발휘합니다. 능력 있고 체계적인 사람이라서 자신의 행정력을 발휘할 수 있는 대규모 프로젝트에 관심이 있습니다. 어떤 일을 택하든 다재다능함과 독창성을 활용하여 변화를 꾀하고 발전을 가져오며 작업 환경을 개선하기를 좋아합니다. 똑똑하고 논리가 정연해 가르치는 일이나 저술 혹은 소통을 통해 성취를 이룰 수 있습니다. 예리한 사업 감각을 지녀 종종 상업 분야에서 성공하거나 연구와 문제 해결에 명석한 두뇌를 활용할 수도 있답니다.

수비학으로 본 당신의 운세

20이라는 숫자의 특성상 당신은 직관적이고 섬세하며, 적응력과 이해력이 뛰어난 사람으로 스스로를 커다란 집단의 일원으로 인식합니다. 타인과 교류하고 경험을 나누거나 다른 이들로부터 배우고 성장할 수 있는 활동을 즐깁니다. 매력적이고 우아한 당신은 외교술과 사교술을 개발하며, 다양한 사교 모임에 쉽게 어울립니다. 하지만 지나치게 의존하거나 다른 사람들의 행동과 비판에 쉽게 상처 받는 성격을 극복하기 위해서는 자신감을 키워야 합니다. 당신은 즐겁고 조화로운 분위기를 만드는 데 귀재입니다. 탄생월 3의 영향으로 창의적이고 섬세하네요. 느긋한 성향으로 좋은 친구가 되어주는 당신은 친목 모임과 다양한 관심사를 즐깁니다. 다재다능하고 자기표현 욕구가 있어 많은 경험을 찾아 나서지요. 하지만 쉽게 싫증을 느끼는 성향 탓에 결정을 내리지 못하거나 일만 많이 벌일 수 있겠네요. 탁월한 유머 감각으로 열정적이고 매력이 넘치지만 걱정과 정서 불안에 빠지지 않으려면 자존감을 키워야만 합니다. 당신은 희망과 영감이 있을 때 일을 더 잘합니다.

- ●장점 : 훌륭한 파트너십, 관대함, 재치, 수용적, 직관적, 사려 깊음, 조화로움, 쾌활함, 원만함, 친화적
- ■단점 : 의심, 자신감 부족, 신경과민, 이기적, 쉽게 상처 받음, 교활함

연애와 인간관계

섬세하고 수용적인 당신은 직관적이고 자발적입니다. 사랑하는 사람을 위해서 많은 것을 할 준비가 되어 있지만, 무관심하거나 관계에 안착하지 못하는 면이 있지요. 보기보다 더 예민해서 긴장을 풀고 편히 쉴 수 있는 조화로운 환경을 만드는 것이 매우 중요합니다. 이상적인 사랑을 찾기 때문에 당신의 높은 기대를 충족시킬 사람을 만나기가 어려울 수 있습니다. 하지만 배려심이 많고 친절하며 안정을 추구하는 당신은 자신이 선택한 파트너에게 충실할 것입니다.

당신에게 특별한 사람

연인이나 친구

1월 4, 8, 13, 22, 26일 / 2월 6, 20, 24일 / 3월 4, 18, 22일 / 4월 2, 16, 20, 30일 / 5월 14, 18, 28, 30일 / 6월 12, 16, 26, 28일 / 7월 1, 10, 14, 24, 26일 / 8월 8, 12, 22, 24일 / 9월 6, 10, 20, 22, 30일 / 10월 4, 8, 18, 20, 28일 / 11월 2, 6, 16, 18, 26일 / 12월 4, 14, 16, 24일

힘이 되어주는 사람

1월 9, 20일 / 2월 7, 18일 / 3월 5, 16, 29일 / 4월 3, 14, 27일 / 5월 1, 12, 25일 / 6월 10, 23일 / 7월 8, 21일 / 8월 6, 19일 / 9월 4, 17, 22, 23, 24일 / 10월 2, 15, 30일 / 11월 13, 28일 / 12월 11, 26, 30일

운명의 상대

1월 27일 / 2월 25일 / 3월 23일 / 4월 21일 / 5월 19일 / 6월 17일 / 7월 15일 / 8월 13일 / 9월 11일 / 10월 9일 / 11월 7일 / 12월 5일

경쟁자

1월 2, 10, 19일 / 2월 8, 17일 / 3월 6, 15일 / 4월 4, 13일 / 5월 2, 11일 / 6월 9일 / 7월 7, 30일 / 8월 5, 28일 / 9월 3, 26일 / 10월 1, 24일 / 11월 22일 / 12월 20, 30일

소울메이트

1월 15일 / 2월 13일 / 3월 11일 / 4월 9일 / 5월 7일 / 6월 5일 / 7월 3일 / 8월 1일 / 10월 29일 / 11월 27일 / 12월 25일

이날 태어난 유명인

윌리엄 허트, 홀리 헌터(배우), 헨리크 입센(극작가), 스비아토슬라프 리히테르(피아니스트), 스파이크 리(영화감독), 엄앵란, 강지환(배우), 옥주현(가수)

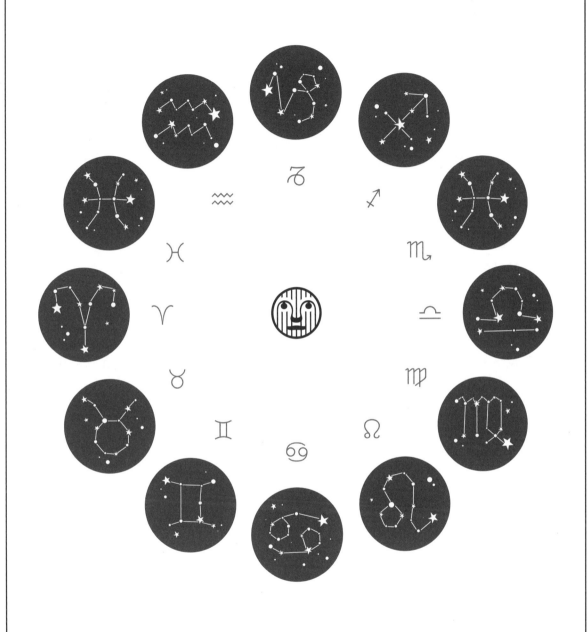

부록

항성의 특징

하나 이상의 항성에 영향을 받는 날 태어난 사람들을 위해 항성들과 그 특성을 설명합니다. 이 부록을 전문적으로 작성된 점성학 차트와 함께 이용하면 천체들의 의미에 관해 더 많은 것을 배울 수 있습니다.

양자리
♈

데네브 카이토스(Deneb Kaitos)

별 이름 : 데네브 카이토스, 디프다(Dipda)라고도 불림
위치 : 1°32′-2°27′ 양자리 (이하 모두 2000년 기준임)
등급 : 2
강도 : ★★★★★★★★
궤도 : 2°10′
별자리 : 고래자리 베타별
해당일 : 3월 21, 22, 23, 24, 25, 26일
별의 성질 : 토성
특징 : 고래 꼬리 부분에 위치한 노란색을 띤 주황색 별

✳

데네브 카이토스는 차분한 성격과 투지를 발휘해 앞으로 나아가는 능력을 나타냅니다. 또 잠시도 가만있지 못하는 천성을 부여해서, 전력을 다해 활동한 뒤 회복 기간을 갖습니다. 데네브 카이토스는 힘을 남용해서는 안 된다고 경고하며, 이 별의 영향을 받는 사람들은 긍정적인 생각으로 마음을 편하게 먹는 법을 익혀야 합니다. 또 혼자 있는 시간도 필요합니다.

이 별은 당신의 태양 각도에 따라 조직력을 부여하고 의무와 책임을 강조합니다. 당신은 자기 수양과 통제력으로 많은 것을 이룰 수 있지만 좌절하는 성향은 경계해야 합니다.

- ● 장점 : 인내심, 투지
- ■ 단점 : 억제, 좌절, 충동적, 생각 없이 방향을 전환함

알게니브(Algenib)

별 이름 : 알게니브, 운반자(Carrier), 날개(Wing)라고도 불림
위치 : 8°10′-9°4′ 양자리
등급 : 3
강도 : ★★★★★★
궤도 : 2°
별자리 : 페가수스자리 알파별
해당일 : 3월 29, 30, 31일, 4월 1, 2일
별의 성질 : 화성/수성
특징 : 페가수스 옆구리의 날개에 위치한 작은 흰색 별

✳

알게니브는 아이디어를 실행하여 큰 성취를 이룰 수 있도록 적극적이고 활발한 사고력을 선사하는 별입니다. 또 경쟁적인 성향과 함께 결단력과 투지, 열정도 주죠. 이 별은 두뇌 회전을 빠르게 해주고 적절한 태도와 인상적인 말로 상대방에게 효과적으로 대응할 수 있는 자신감을 줍니다. 하지만 화를 잘 내거나 무모하게 행동하는 성향은 조심하라고 경고하네요.

이 별은 당신의 태양 각도에 따라 뛰어난 사업 수완, 배움에 대한 사랑, 종교적 문제에 대한 관심, 글쓰기 재능을 부여합니다. 또 사생활과 혼자 있는 시간이 필요하다고 말해주네요. 이 별의 영향을 받는 사람은 대중을 상대하는 일로 성공을 거둘 수 있습니다.

- ● 장점 : 결단력, 진취성. 강한 의지력, 투지, 재치 있는 말솜씨
- ■ 단점 : 비판적, 빈정거림, 고집불통, 우울, 따지기 좋아함

시라(Sirrah)

별 이름 : 시라, 알페라츠(Alpheratz), 안드로메다의 머리

(Caput Andromeda)라고도 불림

위치 : 13°11′-14°13′ 양자리

등급 : 2

강도 : ★★★★★★★★

궤도 : 2°10′

별자리 : 안드로메다자리 알파별

해당일 : 4월 2, 3, 4, 5, 6, 7일

별의 성질 : 목성/금성

특징 : 안드로메다 머리 부분에 위치한 파란색, 흰색,
　　　자주색을 띠는 쌍성

＊

시라는 타인과의 원만한 관계와 인기를 나타냅니다. 조화로운 성격을 부여하고 유익한 인맥에서 이득을 얻도록 해주죠. 이 별은 또한 영예와 부, 쾌활함, 낙천주의, 다재다능, 건전한 판단력도 선사합니다. 그러나 지나치게 솔직하거나 인기를 당연하게 여겨서는 안 된다고 경고하네요.

이 별이 당신의 태양 각도와 연결되면, 당신이 목표를 명확하게 알고 있는 한 진심으로 바라는 것을 이룰 수 있습니다. 때로는 당신이 원하는 것을 얻은 뒤 그다음에 무엇을 할지 몰라 막막할 수 있습니다. 하지만 당신은 그와 관계된 적절한 사람, 적절한 시간, 적절한 장소를 아는 능력을 타고 났습니다. 그래서 이런 막막한 상태가 오래 가지 않는 편입니다.

● 장점 : 따뜻한 마음씨, 즐거움, 인기, 매력적인 성격
■ 단점 : 자만심, 과도함

바텐 카이토스(Baten Kaitos)

별 이름 : 바텐 카이토스, 고래자리 제타별(Zeta Ceti)이라고도
　　　불림

위치 : 20°57′-21°49′ 양자리

등급 : 3.5-4

강도 : ★★★★★

별자리 : 고래자리 제타별

해당일 : 4월 10, 11, 12, 13일

별의 성질 : 토성

특징 : 고래 몸통에 위치한 노란색을 띤 황옥색 별

＊

바텐 카이토스는 신중함, 진지한 시각, 성실함을 부여하는 별입니다. 또 책임감, 단도직입적인 접근 방식, 큰 과제들을 극복하는 능력도 주죠. 한편 이 별은 혼자 일하는 것을 선호하고 제약이 가해지면 잘 참지 못하는 성향을 나타냅니다.

이 별이 당신의 태양 각도와 연결되면, 재산과 라이프스타일에 변화가 생길 가능성이 있으니 바뀐 환경에 적응할 수 있어야 합니다. 상황이 정리되었다고 느끼는 그 순간 큰 변화가 일어납니다. 좋은 여행 기회나 일 때문에 주거지가 바뀔 기회도 찾아옵니다.

● 장점 : 사려 깊음, 겸손한, 헌신, 근면함, 인내심
■ 단점 : 우울함, 이기심, 불안정

알 페르그(Al Perg)

별 이름 : 알 페르그, 쿨라트 누티(Kullat Nuti) 또는
　　　피스키움(Piscium)이라고도 불림

위치 : 25°50′-26°46′ 양자리

등급 : 3.5-4

강도 : ★★★★★

궤도 : 1°10′

별자리 : 물고기자리 에타별

해당일 : 4월 15, 16, 17, 18일

별의 성질 : 토성/목성

특징 : 북쪽 물고기의 꼬리 부근에 있는 줄에 위치한 쌍성

＊

알 페르그는 목표를 이루기 위한 투지를 부여하는 별입니다. 인내심과 착실한 태도를 보이면 성공이 찾아오지만 힘든 노력이 동반되어야 합니다. 성취를 이루고 인정을 받으려면 끈기와 헌신이 필요합니다. 또 이 별은 당신이 스스로에게 불만을 느끼며, 사람들에게 쉽게 화를 낸다는 것을 암시합니다.

이 별이 당신의 태양과 연결되면 느리지만 꾸준히 더 큰 권력과 성취를 이루게 됩니다. 정부나 정치 쪽 일에 대한 선호도 나타냅니다.

● 장점 : 고독 속의 행복, 의무감, 단도직입적, 정직

■ 단점 : 변덕, 불만족, 침울함, 정서적 긴장, 목표가 잘 바뀜

베르텍스(Vertex)

별 이름 : 베르텍스, 대성운(Great Nebulae)이라고도 불림
위치 : 26°51′-27°47′ 양자리
등급 : 3.5-4
강도 : ★★★★★
궤도 : 1°
별자리 : 안드로메다자리 M31별
해당일 : 4월 16, 17, 18, 19일
별의 성질 : 화성/달
특징 : 안드로메다 머리의 북쪽에 위치한 대성운

＊

베르텍스는 야심만만한 성격, 뛰어나고 싶어 하는 욕구를 부여합니다. 천성적으로 일등이 되고 싶어 하고 투지를 불러일으키죠. 내면에 강한 긴장을 부여하여 충동적이거나 성급한 행동을 불러올 수 있습니다.

이 별이 당신의 태양과 연결되면, 대중을 상대하는 일을 할 때 높은 자리에 올라갈 수 있습니다. 리더십, 이상주의, 정의를 위해 싸우려는 욕구도 베르텍스의 특징들 중 일부입니다. 큰 변화를 겪을 수도 있겠네요.

● 장점 : 경쟁력, 열정, 활력과 열의, 효과적 표현력
■ 단점 : 초조불안, 감정 기복이 심함, 화를 잘 냄

미라크(Mirach)

별 이름 : 미라크, 안드로메다의 띠(Andromeda's Girdle)라고도
　　　　　불림
위치 : 29°17′ 양자리-0°24′ 황소자리
등급 : 2
강도 : ★★★★★★★★
궤도 : 2°10′
별자리 : 안드로메다자리 베타별
해당일 : 4월 18, 19, 20, 21, 22, 23일
별의 성질 : 해왕성/금성
특징 : 안드로메다의 띠 옆쪽에 위치한 불그스름한 노란색 별

＊

미라크는 섬세함, 몽상적이고 이상주의적 성격, 세련된 미적 감각을 부여합니다. 당신은 대개 사교적이고 쾌활하며 매력이 넘칩니다. 행복해지길 원하고 사람들과 어울리길 좋아하죠. 이 별의 긍정적인 영향으로 당신은 상상력, 영감, 예술성이 바탕이 된 아이디어들이 넘칩니다. 초자연적인 성향이 있고 백일몽을 즐기죠. 모험심이 강하지만 헌신적이고 예지력도 있습니다. 당신은 다른 사람들에게 자극을 주고 쉽게 친구가 됩니다. 살면서 종종 남들의 도움을 받기도 합니다.

이 별은 당신의 태양 각도와 연결되어 작곡이나 음악 연주에 대한 재능을 부여합니다. 이상에서 현실을 창조하는 것이 당신의 목표일 수 있습니다. 한편 이 별은 자신감 부족에서 기이한 행동을 할 수 있음을 암시합니다.

● 장점 : 이타주의, 총명함, 신비주의 성향, 이상주의, 세련된
　　　　취향, 예술적 재능, 다양한 관심사
■ 단점 : 숨겨진 나쁜 습관, 연애에서의 집착, 과도한 이상주의

황소자리
♉

미라(Mira)

별 이름 : 미라 또는 스텔라 미라(Stella Mira)
위치 : 0°33′-1°32′ 황소자리
등급 : 2-10
강도 : ★★★★★
궤도 : 1°30′
별자리 : 고래자리 오미크론별
해당일 : 4월 20, 21, 22, 23일
별의 성질 : 토성/목성
특징 : 고래 꼬리 부분에 위치한 주홍색 별

＊

미라는 끈기, 목적의식, 의무감, 인내심을 발휘해 장애물을 극복하는 능력을 주는 별입니다. 하지만 물질주의적 성향을 경고하기도 합니다. 당신은 타인뿐 아니라 자신에 대한 불만으로 종종 혼란이나 좌절에 빠지고 불

안정한 생활을 하게 됩니다. 따라서 인내심을 길러야겠네요. 하지만 미라는 과학적인 두뇌와 풍부한 지략도 주기 때문에 독창적인 아이디어를 발달시킬 수 있습니다.

이 별은 당신의 태양 각도와 연결되어 강한 투지를 부여하며, 법조계, 정부, 대중을 상대하는 일들에서 성취를 이룰 수 있게 합니다.

- 장점 : 근면함, 의무감, 단도직입적, 성실함
- 단점 : 불안정, 화를 잘 냄, 좌절감

엘 셰라타인(El Scheratain)

별 이름 : 엘 셰라타인, 샤라탄(Sharatan)이라고도 불림
위치 : 2°58′−3°58′ 황소자리
등급 : 2.5−3
강도 : ★★★★★★★
궤도 : 2°
별자리 : 양자리 베타별
해당일 : 4월 22, 23, 24, 25일
별의 성질 : 화성/토성
특징 : 양의 북쪽 뿔에 위치한 진주처럼 흰 별

∗

엘 셰라타인은 인내심, 반대를 극복하는 힘, 에너지를 부여하는 별입니다. 이 별은 당신이 결단력을 발휘해 리더십을 보이고 명예와 많은 재산을 얻을 수 있다고 암시합니다. 또한 짜증나는 일들을 참을성 있게 해결해야 한다고도 말해주네요. 이 별의 영향을 받는 사람들은 좌절하거나 우유부단함에 빠지면 힘이 크게 떨어지기 때문에 조심해야 합니다.

이 별이 당신의 태양 각도와 연결되면 인내심과 체력이 필요한 일을 선호하게 되고, 자신의 분야에서 두각을 드러냅니다. 하지만 이 별은 부정적인 영향도 미치는데, 상황을 장악하거나 지배하려는 성향으로 문제를 일으킬 수 있으니 조심하세요.

- 장점 : 인내심, 지칠 줄 모르는 힘
- 단점 : 파괴적 힘, 완고함, 에너지 부족, 활력 부족

하말(Hamal)

별 이름 : 하말, 알 하말(Al Hamal) 또는 양(Sheep)이라고도 불림
위치 : 6°43′−7°38′ 황소자리
등급 : 2
강도 : ★★★★★★★★
궤도 : 2°10′
별자리 : 양자리 알파별
해당일 : 4월 25, 26, 27, 28, 29, 30일
별의 성질 : 화성과 토성의 영향이 결합됨
특징 : 양의 이마에 있는 주황색을 띤 노란색 별

∗

하말은 잠시도 가만있지 못하는 성향, 뛰어나고 싶어 하는 욕구와 함께 반항적인 기질을 부여하는 별입니다. 경쟁심과 성공에 대한 욕구로 당신은 때때로 목표를 위해 변칙적인 방법을 사용하느냐 마느냐의 시험대에 오를 수 있겠네요.

하말은 당신의 태양 각도와 연결되어 집중력과 인내심을 발휘해 장애물을 극복할 수 있는 힘을 주지만, 다른 사람을 배려하지 않거나 자신의 힘을 이용해 제멋대로 행동해서는 안 된다고 경고합니다. 인내심을 발휘해야만 기술과 재능, 능력을 계발할 수 있습니다. 또한 이 별은 돈을 최우선순위로 두었을 때의 위험도 암시합니다.

- 장점 : 인내심, 자제력, 근면함, 에너지의 집중, 리더십
- 단점 : 무력 사용, 비양심적, 부적절한 친분 유지

스케디르(Schedir)

별 이름 : 스케디르, 사데르(Sader)라고도 불림
위치 : 6°51′−7°57′ 황소자리
등급 : 2.5
강도 : ★★★★★★★
궤도 : 2°
별자리 : 카시오페이아자리 알파별
해당일 : 4월 26, 27, 28, 29, 30일
별의 성질 : 토성

특징 : 카시오페이아자리 알파에 위치한 다중성이자 변광성

*

당신은 영향력 있는 사람들로부터 도움을 받을 수 있습니다. 스케디르는 종종 신비적 성향을 부여하며, 이 별의 영향을 받은 사람들은 겉으로는 진지해 보이지만 행복한 삶을 즐기거나 원합니다.

이 별은 당신의 태양 각도와 연결되어 글쓰기 재능을 부여하며, 일반 대중을 상대하는 일에서 성공을 거둘 수 있습니다.

● 장점 : 다른 사람들의 도움, 결단력, 일관성
■ 단점 : 물질주의적 성향, 지나치게 진지함

알라마크(Alamak)

별 이름 : 알라마크, 알마크(Almach)라고도 불림
위치 : 13°15′ - 14°20′ 황소자리
등급 : 2
강도 : ★★★★★★★★
궤도 : 2°10′
별자리 : 안드로메다자리 감마
해당일 : 5월 2, 3, 4, 5, 6, 7일
별의 성질 : 금성
특징 : 안드로메다의 왼쪽 발에 위치한 주황색, 에메랄드색, 파란색을 띠는 쌍성

*

알라마크는 예술적·음악적 재능, 좋은 목소리, 사회적인 인기를 주는 별입니다. 또 행운과 성공도 불러오기 때문에 명예나 뜻밖의 이득을 얻을 수 있습니다. 근면하고 인내심이 있으면 성공할 수 있고 사랑, 연애, 가정의 행복도 얻을 수 있습니다.

이 별이 당신의 태양 각도와 연결되면 글쓰기와 창의적인 일에서의 영예, 일반 대중을 상대하는 일에서의 성공, 공무, 특히 법과 관련된 일들에서의 성취를 안겨줍니다. 또한 당신이 명성과 영예를 얻을 수 있음을 암시합니다.

● 장점 : 창의적 재능, 다정한 성격, 물질적 성공을 얻을 수 있는 능력

■ 단점 : 이기심, 방종, 사치

멘카르(Menkar)

별 이름 : 멘카르
위치 : 13°20′ - 14°14′ 황소자리
등급 : 2.5
강도 : ★★★★★★★
궤도 : 1°40′
별자리 : 고래자리 알파별
해당일 : 5월 3, 4, 5, 6일
별의 성질 : 토성
특징 : 고래 턱에 위치한 밝은 주홍색 별

*

멘카르는 당신에게 많은 과제들이 닥칠 것이니 인내심이 필요하다고 예언합니다. 당신은 헌신적이고 공감력이 좋으며 인정을 베풀 줄 압니다. 때로는 가족에게 어려운 상황이 닥칠 수 있지만 자부심과 결단력을 발휘해 당신 몫의 책임을 집니다.

이 별이 당신의 태양 각도와 연결되면 인내심과 책임감 있는 태도로 성공을 거둘 수 있습니다. 하지만 유산 문제가 가족 간에 불화를 불러올 수도 있겠네요. 또한 멘카르는 좋은 목소리를 나타내지만, 목에 문제가 생길 수 있다고 경고합니다.

● 장점 : 헌신적, 사려 깊음, 인정이 많음
■ 단점 : 너무 빨리 포기함, 화를 잘 냄, 무책임, 자기 연민

잔라크(Zanrak)

별 이름 : 잔라크
위치 : 22°33′ - 23°32′ 황소자리
등급 : 3
강도 : ★★★★★★
궤도 : 1°40′
별자리 : 에리다누스자리 감마별
해당일 : 5월 13, 14, 15, 16일
별의 성질 : 토성

특징 : 에리다누스강에 위치한 붉은 별

*

잔라크는 실용적 시각과 삶에 대해 과도하게 진지한 성향을 부여합니다. 다른 사람들의 의견에 지나치게 예민한 성향과 비관적인 시각도 암시합니다.

이 별이 당신의 태양 각도와 연결되면, 당신은 글쓰기, 사업, 대중을 상대로 한 일을 선호합니다. 진라크는 또한 당신이 소외되거나 장애물을 만날 수 있다고 경고합니다. 당신은 주위환경의 영향을 많이 받으며 가족들의 지원을 필요로 합니다.

- 장점 : 실용주의, 진지함, 책임감, 섬세함
- 단점 : 지나치게 진지하거나 침울한 태도

카풀루스(Capulus)

별 이름 : 카풀루스 또는 기루스(Gyrus)라고 불림
위치 : 23°15′ - 24°27′ 황소자리
등급 : 4
강도 : ★★★★
궤도 : 1°30′
별자리 : 페르세우스자리 M34별
해당일 : 5월 13, 14, 15일
별의 성질 : 화성/수성
특징 : 페르세우스의 오른손에 위치한 이원 성단

*

카풀루스는 사고력, 빠른 두뇌 회전, 아이디어와 계획을 실현하는 능력을 부여합니다. 이 별의 영향을 받는 당신은 야망이 크고 경쟁심이 강해서 경솔하거나 우유부단해지고 생각이 쉽게 바뀔 수 있습니다. 이 별은 대화와 토론에 대한 사랑도 나타내기 때문에 당신에게 인상적이고 재치 있는 말솜씨를 부여하죠. 그러나 파괴적 태도, 빈정거림, 논쟁에 당신의 재능을 사용해서는 안 된다고 경고합니다.

이 별은 당신의 태양 각도와 연결되어 끈기, 인내심, 결단력, 에너지를 집중할 수 있는 능력을 선사합니다. 카풀루스의 영향으로 자신의 분야에서 중요한 자리에 앉을 수 있으며, 철학, 점성학 혹은 형이상학을 공부하

게 될 수도 있습니다. 혹은 일반 대중을 상대하는 일에서 성공을 거둘 수 있습니다.

- 장점 : 야심, 뛰어난 유머 감각
- 단점 : 냉소적, 비판적, 너무 경쟁심이 강함, 파괴적

알골(Algol)

별 이름 : 알골 또는 메두사의 머리(Caput Medusae)라고도 불림
위치 : 25°13′ - 26°21′ 황소자리
등급 : 2.5
강도 : ★★★★★★★
궤도 : 2°
별자리 : 페르세우스자리 베타별
해당일 : 5월 15, 16, 17, 18, 19일
별의 성질 : 토성/목성
특징 : 페르세우스가 손에 든 메두사의 머리에 위치한 흰색의 쌍성이자 변광성

*

이 별은 이중적인 의미를 지닙니다. 한편으로는 높은 정신적 가치를 부여하고 다른 한편으로는 불운과 불만 혹은 정신력 부족을 암시하죠. 긍정적일 때 당신은 목적을 이루고 뛰어난 성품을 바탕으로 지도자가 되거나 공동체에 도움이 될 잠재력이 있습니다. 이 별은 사별이 개인의 삶에 강한 영향을 미칠 수 있고 사별을 당한 사람에게 좋은 조언자가 됨을 암시합니다.

알골은 당신의 태양 각도와 연결되어 투쟁 뒤의 승리 혹은 갈등과 분쟁에서의 승리를 안겨줍니다. 그러나 에너지를 분산하거나 혼란에 빠져서는 안 된다고 경고하네요. 항상 행동을 똑바로 하여 법적 문제나 부적절한 관계에 말려들지 않는 것이 중요합니다. 그러지 않으면 복수에 휘말리거나 가족 간에 불화나 물리적 충돌이 일어날 수 있습니다.

- 장점 : 높은 정신적 가치, 올바른 행동
- 단점 : 불운, 성급함, 잘못된 행위, 나쁜 친구들과 어울림

알키오네(Alcyone)

별 이름 : 알키오네
위치 : 29° 황소자리 - 0° 6′ 쌍둥이자리
등급 : 3
강도 : ★★★★★★
궤도 : 1° 40′
별자리 : 황소자리 에타별
해당일 : 5월 19, 20, 21, 22일
별의 성질 : 달/화성
특징 : 황소 어깨에 위치한 플레이아데스성단에 있는 녹황색
주성(플레이아데스성단에서 가장 밝은 별)

＊

알키오네는 개방성, 솔직함, 정직, 성실성을 주는 별입니다. 잠시도 가만있지 못하는 성향과 충동적 행동 역시 이 별과 관계됩니다. 당신은 천성적으로 단호하고 목적의식이 강하지만 감정이 격렬해지면 충동적으로 행동하는 경향이 있습니다. 그러면 소란이 일어나 상황이 격변할 수 있습니다. 이 별은 또한 열병과 시력 문제를 조심하라고 경고합니다.

알키오네는 당신의 태양 각도와 연결되어 사랑, 명성, 리더십을 부여합니다. 당신은 법률 분야나 공무에서 성공을 누리거나 창의적 정신을 활용해 글솜씨를 발휘할수 있습니다.

- 장점 : 창의성, 정직, 열정
- 단점 : 심술, 침울함, 신경질적인 행동

쌍둥이자리

ઈ৩

프리마 히아둠(Prima Hyadum)

별 이름 : 프리마 히아둠
위치 : 4° 41′ - 5° 46′ 쌍둥이자리
등급 : 4
강도 : ★★★★
궤도 : 1° 30′
별자리 : 황소자리 감마별
해당일 : 5월 24, 25, 26, 27, 28일
별의 성질 : 토성/수성 또는 화성/해왕성
특징 : 황소의 북쪽 눈에 위치하고 이마를 나타내는 132개의
별들로 구성된 히아데스성단의 주성인 주황색 별

＊

프리마 히아둠은 성취 혹은 큰 성공으로 이어지는 에너지, 야망, 명성에 대한 욕구를 부여합니다. 또 명확한 사고를 발달시키기 위한 공부와 교육의 필요성도 제시합니다. 하지만 모순된 운명이나 격동의 시기를 암시하기도 합니다.

이 별은 당신의 태양과 연결되어 글솜씨, 사업, 스포츠, 점성학에 대한 재능과 대중을 상대하는 일에서의 성공을 안겨줍니다. 또 명예와 재산을 얻을 가능성과 인기 혹은 악명을 얻을 기회도 있겠습니다. 프리마 히아둠은 탐욕을 품거나 다른 사람을 이용하려는 성향을 경계하고 성급한 결정도 자제하라고 경고합니다. 급하게 결정을 내리면 큰 변화가 일어날 수 있습니다.

- 장점 : 글쓰기, 교육, 소통
- 단점 : 초조함, 불안, 지식 부족, 탐욕

아인(Ain)

별 이름 : 아인
위치 : 7° 30′ - 8° 26′ 쌍둥이자리
등급 : 4
강도 : ★★★★

궤도 : 1°30′
별자리 : 황소자리 엡실론별
해당일 : 5월 27, 28, 29일
별의 성질 : 수성/화성
특징 : 황소의 북쪽 눈에 위치한 주황색 별

*

아인은 명석한 두뇌, 토론을 좋아하는 성향, 뛰어난 판단력, 재치 있는 말재주를 주는 별입니다. 당신은 에너지가 넘치고 적극적이며 논리정연한 말과 적절한 태도로 상대에 대응하는 능력이 있습니다. 하지만 이 별은 부정직함과 법적 문제를 경고합니다.

이 별이 당신의 태양 각도와 연결되면 공부, 글쓰기, 높은 수준의 교육을 받으며 이루는 성취가 강조되는데, 여기에는 비술과 점성학 분야도 포함됩니다. 이 별은 당신이 삶에서 원하는 것을 얻을 수 있는 에너지와 결단력을 부여합니다. 당신은 자신이 선택한 분야에서 성공을 거두고 지속적인 공헌을 할 수 있습니다. 그러나 이 별은 상승 뒤에 때때로 하락이 따를 수 있음을 암시하며, 법적인 문제에 휘말리면 피해가 막심할 수 있다고 경고합니다.

● 장점 : 사고력, 재치 있는 말솜씨, 판단력
■ 단점 : 초조함, 불안, 화를 잘 냄, 지식 부족, 다툼

알데바란(Aldebaran)

별 이름 : 알데바란
위치 : 8°48′-9°45′ 쌍둥이자리
등급 : 1
강도 : ★★★★★★★★★
궤도 : 2°30′
별자리 : 황소자리 알파별
해당일 : 5월 28, 29, 30, 31일, 6월 1, 2일
별의 성질 : 화성/수성/목성
특징 : 황소의 왼쪽 눈에 위치한 장미색 거성

*

알데바란은 4개의 황제별(Royal Stars) 또는 하늘의 관찰자들 중 하나여서 매우 중요한 별로 여겨집니다. 알데

바란은 높은 목표, 명예, 지성, 언변, 진실성을 부여하는 별입니다. 이 별의 영향을 받는 당신은 용기 있는 사람이며 책임 있는 자리에 오르고 많은 재산을 얻을 수 있습니다. 그러나 그 성공이 오래가지는 않습니다. 이 별은 예리하고 인상적인 말솜씨와 토론·논쟁 능력을 부여합니다. 하지만 따지기 좋아하거나 자기 파괴적인 성향도 함께 주네요. 다른 사람들의 질투를 받거나 적을 만들 수 있다는 것, 그리고 건강을 조심하세요.

알데바란이 당신의 태양 각도와 연결되면 뛰어난 정신적 에너지를 부여하여 삶을 잘 헤쳐나가고 강한 투지와 인내심으로 성공할 수 있는 능력을 선사합니다. 또한 대중을 상대로 하는 일에서의 성공을 암시합니다. 숲을 볼 줄 알고 대규모 프로젝트에 착수하거나 집중할 수 있는 힘도 주죠. 이 별이 던지는 한 가지 중요한 경고는 명성이나 성공에는 대가나 희생이 따른다는 것입니다. 이 별의 가장 유익한 영향은 공부, 글쓰기, 교육 개혁을 좋아한다는 것입니다.

● 장점 : 신학적 소질, 해석학을 좋아함, 뛰어난 표현력, 인기
■ 단점 : 악명, 집중력 부족, 걱정

리겔(Rigel)

별 이름 : 리겔
위치 : 15°50′-16°40′ 쌍둥이자리
등급 : 1
강도 : ★★★★★★★★★★
궤도 : 2°30′
별자리 : 오리온자리 베타별
해당일 : 6월 3, 4, 5, 6, 7, 8, 9일
별의 성질 : 화성/목성 또는 토성/목성
특징 : 오리온의 왼발에 위치한 밝은 청백색 쌍성

*

리겔은 삶에서 일찍 일어설 수 있는 능력과 강한 의지력, 큰 야심을 주는 별입니다. 또 더 광범위한 지식을 습득하도록 정신적 자극을 주죠. 행동력과 행운을 바라는 기운이 경쟁력을 갖추라고 당신을 자극합니다. 이 별은 과학적 정신의 발달과 독창성과도 관련되어 있으며, 명

예, 물질적 부유함, 지속적인 성공의 기운을 부여합니다.

이 별은 당신의 태양 각도와 연결되어 당신이 용기 있고 대담하며 시야가 넓고 자유로운 사람임을 암시합니다. 당신은 사업 감각과 정치와 공무에 재능이 있으며 근면합니다. 리겔은 또한 점성학, 공부, 높은 수준의 교육에 대한 선호도 나타냅니다. 이 별은 적극적이고 단도직입적인 접근 방식으로 큰 성공을 거둘 수 있다고 암시하지만, 지나치게 직설적이어서는 안 된다고 경고합니다.

- 장점 : 기업 설립자, 자유로움, 교육, 분별력
- 단점 : 성마른 성질, 오만하거나 제멋대로 구는 성향, 요구가 많음, 초조함, 불안

벨라트릭스(Bellatrix)

별 이름 : 벨라트릭스 또는 여전사(Famale Warrior)라고 불림
위치 : 19°58′−20°54′ 쌍둥이자리
등급 : 1.5
강도 : ★★★★★★★★★
궤도 : 2°10′
별자리 : 오리온자리 감마별
해당일 : 6월 9, 10, 11, 12, 13일
별의 성질 : 화성/목성
특징 : 오리온의 왼쪽 어깨에 위치한 연한 백황색의 큰 별

＊

벨라트릭스는 사고력과 상식, 상황을 신속하게 판단하는 능력을 줍니다. 또한 부와 좋은 인맥을 나타내며, 논리정연하고 지적이며 명민한 두뇌를 선사합니다. 그 영향으로 당신은 언변이 좋아 설득력 있고 효과적인 표현력을 갖췄으며, 권력을 지향합니다. 이 별은 종종 여성들에게 남성적인 사고방식을 부여합니다. 또 권위, 야망, 에너지, 명예를 부여하는 별이기도 해요.

이 별은 당신의 태양 각도와 연결되어 상황이 변화할 수 있음을 나타냅니다. 부와 명예가 오래 지속되지 않을 수 있겠네요. 또한 당신은 연구, 기계, 과학적 접근 방식에 끌립니다.

- 장점 : 분별력, 지적 능력, 좋은 인맥, 소통을 잘함
- 단점 : 마음이 잘 흔들림, 경솔함, 고집불통, 일에서의

우유부단함, 다른 사람들의 말을 듣지 않으려 함, 사태의 급변과 격동

카펠라(Capella)

별 이름 : 카펠라 또는 작은 암염소, 아말테이아(Amalthea)라고도 불림
위치 : 20°52′−21°48′ 쌍둥이자리
등급 : 1
강도 : ★★★★★★★★★★
궤도 : 2°30′
별자리 : 마차부자리 알파별
해당일 : 6월 9, 10, 11, 12, 13, 14일
별의 성질 : 수성/화성
특징 : 마차부가 안고 있는 염소 몸에 위치한 크고 밝은 흰색 별

＊

카펠라는 넘치는 에너지, 탐구심, 배움에 대한 사랑을 부여하는 별입니다. 연구와 새로운 발명에 대한 관심을 북돋우죠. 또한 명예와 책임 있는 중요한 자리를 나타냅니다. 따라서 이 별의 영향을 받는 당신은 부와 성공을 얻을 수 있습니다.

이 별은 당신의 태양 각도와 연결되어 말수가 많은 성향을 나타내는데 말을 너무 많이 하지 말라고 암시합니다. 또 오해를 피하려면 다른 사람의 말에 귀를 기울이라고 조언하네요.

- 장점 : 신뢰성, 충실함, 탐구심, 포괄적 지식
- 단점 : 따지기 좋아함, 우유부단함, 걱정, 관심 부족, 정신적 에너지 낭비

팍트(Phact)

별 이름 : 팍트
위치 : 21°08′−21°46′ 쌍둥이자리
등급 : 2.5−3
강도 : ★★★★★★★
궤도 : 1°40′
별자리 : 비둘기자리 알파별

해당일 : 6월 11, 12, 13, 14일

별의 성질 : 수성/천왕성의 영향을 받는 금성

특징 : 비둘기의 오른쪽 날개 아래쪽에 위치한 작고 밝은 쌍성

＊

팍트는 예술적 재능과 지적 능력뿐 아니라 리듬 감각을 부여합니다. 창조적 사고에 대한 재능과 수학, 음악 또는 교육에 대한 관심도 나타내죠. 이런 기운을 받는 당신은 우호적이고 사랑스러우며 운이 좋은 사람입니다.

이 별이 당신의 태양 각도와 연결되면 인기를 얻고 특히 젊은 사람들과의 인맥이 주어집니다. 팍트의 영향은 예술과 관련된 직업에서 기회를 얻고 성공함을 암시합니다. 또한 당신은 사람들과의 소통이나 중재에 뛰어나 대중을 상대하는 일을 할 수도 있습니다. 이 별은 약간의 독창성과 심령적 능력도 부여합니다.

- 장점 : 희망에 넘침, 매력, 창조적 재능
- 단점 : 너무 말이 많음, 의심, 불안정

민타카(Mintaka)

별 이름 : 민타카, 오리온의 띠(Cingula Orionis)라고도 불림

위치 : 21°30′–22°16′ 쌍둥이자리

등급 : 2.5–3

강도 : ★★★★★★★

궤도 : 1°40′

별자리 : 오리온자리 델타별

해당일 : 6월 12, 13, 14, 15일

별의 성질 : 수성/토성/목성

특징 : 알닐람과 함께 오리온의 띠에 위치한, 흰색과 옅은 보라색을 띠는 밝은 변광성이자 쌍성

＊

민타카는 복, 행운, 위엄을 전해주는 별입니다. 긍정적인 사고로 어떤 상황에서도 주어진 환경을 최대한 이용할 수 있게 하지요. 용기와 근면한 성격, 좋은 타이밍을 부여합니다. 또 실행력과 관리 능력, 지속적 행복을 암시합니다.

이 별은 당신의 태양 각도와 연결되어 통찰력 있는 명석한 두뇌, 훌륭한 판단력, 기억력을 제공합니다. 이 영향으로 당신은 조심스러운 성격에 신중한 사람이며, 인내심을 발휘하면 더 나은 쪽으로 변화할 수 있습니다. 타이밍을 잘 알고 상황을 자신에게 유리하게 바꾸는 재능을 타고났죠. 또한 이 별의 영향을 받아 교육에 대한 선호가 강합니다.

- 장점 : 기회를 볼 줄 아는 능력, 뛰어난 판단력, 관리 능력
- 단점 : 변덕, 좌절, 일관성이 없음, 인내심 부족

엘 나트(El Nath)

별 이름 : 엘 나트

위치 : 21°36′–22°41′ 쌍둥이자리

등급 : 2

강도 : ★★★★★★★★

궤도 : 2°10′

별자리 : 황소자리 베타별

해당일 : 6월 11, 12, 13, 14, 15, 16일

별의 성질 : 화성/수성

특징 : 황소의 북쪽 뿔 끝에 위치한 밝은 흰색과 연회색을 띠는 거대 쌍성

＊

엘 나트는 야망, 투지, 진취적 기상을 통한 성취를 안겨주는 별입니다. 또 행운과 찬사도 선사하죠. 엘 나트의 영향으로 당신은 지적 능력이 탁월하고 상황을 신속하게 파악합니다. 과학 연구나 철학, 신학, 역사 연구로 영예를 얻을 수 있습니다.

이 별은 당신의 태양 각도와 연결되어 좋은 머리, 적극적 태도, 포괄적인 지식을 부여합니다. 또 설득력 있는 말솜씨를 통해 권한을 얻게 하고 법조계나 관직에서 성공을 촉진합니다.

- 장점 : 높은 수준의 교육, 인상적인 말솜씨, 생각과 계획의 실현, 뛰어난 성취
- 단점 : 고집불통, 비판적이고 흠을 잘 잡는 성향, 논란이 많음, 완고함

엔시스(Ensis)

별 이름 : 엔시스
위치 : 22°2′－22°57′ 쌍둥이자리
등급 : 4.5
강도 : ★★★
궤도 : 1°
별자리 : 오리온자리 M42별
해당일 : 6월 13, 14, 15일
별의 성질 : 화성/달
특징 : 오리온의 칼집에 위치한 거대 성운

＊

엔시스는 도전적인 성격, 강한 야심, 앞으로 나아가려는 끊임없는 욕구를 부여하는 별입니다. 한편 불안이나 성급함은 불필요한 격변을 불러올 수 있으니 조심하라고 경고합니다.

이 별은 당신의 태양 각도와 연결되어 엄청난 에너지와 추진력, 의지력을 부여하네요. 그래서 당신은 강렬한 감정의 소유자이고 대담하며 엄청난 활력으로 프로젝트를 시작하는 능력이 있습니다. 이 별의 부정적인 영향은 초조해하거나 성급하게 행동해서 기분 변화가 심하거나 감정이 폭발할 수 있다는 점입니다.

- 장점 : 야망, 대담함, 리더십, 에너지, 활력, 추진력
- 단점 : 성급함, 초조불안, 걱정, 침울함, 따지기 좋아함

알닐람(Alnilam)

별 이름 : 알닐람, 알 니탐(Al Nitham) 또는 진주띠(String of
　　　　Pearls)라고도 불림
위치 : 22°29′－23°22′ 쌍둥이자리
등급 : 2
강도 : ★★★★★★★★
궤도 : 2°10′
별자리 : 오리온자리 엡실론
해당일 : 6월 12, 13, 14, 15, 16, 17일
별의 성질 : 목성/토성, 수성/토성
특징 : 오리온의 허리띠 가운데에 위치한 밝은 흰색 별

＊

알닐람은 잠깐 동안의 명성과 부 또는 대중적 명예를 줍니다. 따라서 이 별의 영향은 지속기간이 짧습니다. 알닐람은 예리하고 대담한 성격을 부여하지만, 고집을 부리거나 경솔한 행동, 적절한 전략 없는 방향 전환은 금물이라고 경고합니다.

이 별이 당신의 태양 각도와 연결되면 강한 성격, 넘치는 에너지와 투지를 나타냅니다. 알닐람은 대규모 프로젝트에 착수하거나 진취성을 가지라고 독려하지만, 말하기 전에 먼저 생각해야 한다는 주의도 줍니다. 완고해지지 않고 좌절에 빠지지 않으면 자신의 엄청난 활력을 긍정적이고 가치 있는 무언가에 쓸 수 있습니다.

- 장점 : 대담함, 에너지가 넘침, 야망, 이익과 승리
- 단점 : 경솔함, 불안정, 자신에게 편리하게 갑자기 바꿔버림

알 헤카(Al Hecka)

별 이름 : 알 헤카
위치 : 23°48′－24°25′ 쌍둥이자리
등급 : 2
강도 : ★★★★★★★★
궤도 : 1°40′
별자리 : 황소자리 제타별
해당일 : 6월 14, 15, 16, 17일
별의 성질 : 화성 혹은 토성/수성
특징 : 황소의 왼쪽 뿔에 위치한 푸르스름한 별

＊

알 헤카의 영향을 받은 사람은 자긍심이 강하고 적극적인 성격이며 권력을 좋아합니다. 리더십과 부와 영예를 얻겠다는 투지가 있습니다. 또한 이 별은 짓궂은 성격을 나타내며, 의심스러운 사람들과 어울리지 말라고 경고합니다.

알 헤카는 당신의 태양 각도와 연결되어 내성적이지만 진취적인 기상을 부여합니다. 당신의 뛰어난 조직력이 학구적 성격이나 근면성과 결합됩니다. 알 헤카는 탐구적이고 실용적인 시각뿐 아니라 실행력도 부여해 대중을 상대로 일할 때 도움이 됩니다. 하지만 의심스러운

상황에서 다른 사람들에게 사기를 당할 위험을 조심하라는 경고도 합니다.

- 장점 : 현실적, 근면함, 투지
- 단점 : 매사에 토를 다는 점

폴라리스(Polaris)

별 이름 : 폴라리스
위치 : 27°35′−28°33′ 쌍둥이자리
등급 : 2
강도 : ★★★★★★★★
궤도 : 2°10′
별자리 : 작은곰자리 알파별
해당일 : 6월 17, 18, 19, 20, 21, 22일
별의 성질 : 토성/금성
특징 : 작은곰의 꼬리에 위치한 노란색과 창백한 흰색을 띤 쌍성

✻

폴라리스는 정신적 힘, 신중함, 명확한 목적과 목표를 부여하는 별입니다. 그런 영향 때문에 당신은 다른 사람들에게서 목표를 성취하라는 격려를 받을 뿐 아니라 존경을 얻습니다. 이 별은 일을 지연시키는 방해와 장애를 물리친 뒤에야 인정을 받는다고 암시합니다. 계속 노력하고 패기 있는 태도를 가지면 보답을 받을 수 있습니다. 하지만 유산과 상속 문제로 오해와 분쟁이 일어날 수도 있겠네요.

이 별이 당신의 태양 각도와 연결되면 정신적 영역, 종교, 철학에 대한 관심을 나타냅니다. 또 대중을 상대하는 재능도 부여합니다. 그러나 예기치 못한 사건들로 당신의 운명에 변화가 생긴다고 암시하기도 합니다.

- 장점 : 충실함, 뛰어난 직관, 분명한 목적과 목표, 관계에서 적절한 경계를 유지함
- 단점 : 냉정함, 지나치게 진지함, 감정 표현 억제

베텔게우스(Betelgeuze)

별 이름 : 베텔게우스
위치 : 27°46′−28°42′ 쌍둥이자리
등급 : I
강도 : ★★★★★★★★★★
궤도 : 2°30′
별자리 : 오리온자리 알파별
해당일 : 6월 18, 19, 20, 21, 22, 23일
별의 성질 : 화성/수성
특징 : 오리온의 오른쪽 어깨에 위치한 주홍색 변광성

✻

베텔게우스는 판단력, 낙천적 시각, 명민한 두뇌, 경쟁심 강한 성격을 부여합니다. 또한 결단력과 투지를 바탕으로 한 성공과 행운도 가져옵니다. 이런 기운으로 당신은 영예를 얻고 물질적인 부도 손에 쥘 수 있습니다.

이 별이 당신의 태양 각도와 연결되면 철학적 재능과 형이상학 연구에 대한 소질을 나타냅니다. 베텔게우스는 스포츠와 법률 쪽에서의 성공을 안겨줄 뿐 아니라 전반적으로 사람들을 상대하는 모든 일에 좋은 영향을 미칩니다. 그러나 영예와 성공이 꼭 오래 지속되는 건 아닙니다. 갑자기 잃어버릴 수 있는 위험이 항상 존재하거든요.

- 장점 : 훌륭한 판단력, 문제 해결력, 행동과 사고의 조화
- 단점 : 고집, 따지기 좋아함, 적대적

멘카리난

별 이름 : 멘카리난, 마차부의 어깨(Shoulder of Rein−holder) 라고도 불림
위치 : 28°56′−29°54′ 쌍둥이자리
등급 : 2
강도 : ★★★★★★★★
궤도 : 2°10′
별자리 : 마차부자리 베타별
해당일 : 6월 19, 20, 21, 22, 23일
별의 성질 : 화성/수성/금성의 영향을 받는 목성

특징 : 마차부의 오른쪽 어깨에 위치한 밝은 노란색 별

＊

멘카리난은 에너지가 넘치고 적극적이며 경쟁심이 강한 성격과 명민하고 활동적인 두뇌를 주는 별입니다. 또한 빠른 행동력과 잠시도 가만있지 못하는 성향도 함께 주네요. 멘카리난은 성공과 명예, 인기를 약속하지만 갑작스러운 변화나 성급한 행동, 파괴적인 성향을 경고합니다.

멘카리난이 당신의 태양 각도와 연결되면, 꾸준히 앞으로 나아가고 불필요한 동요를 피할 경우 성취와 성공을 보장합니다. 하지만 이 별은 행동하기 전에 먼저 생각하는 태도를 길러 성급한 행동을 하지 말아야 한다고 암시합니다.

- ● 장점 : 결단력, 빠른 사고, 적극적, 토론을 좋아함, 대응 능력, 인상적인 말솜씨
- ■ 단점 : 초조함, 불안, 경솔함, 싸우길 좋아함, 고집불통, 완고함, 비판적

게자리
♋

테자트(Tejat)

별 이름 : 테자트, 테자트 프라이어(Tejat Prior)라고도 불림
위치 : 2°27′ – 3°26′ 게자리
등급 : 3
강도 : ★★★★★★
궤도 : 1°40′
별자리 : 쌍둥이자리 에타별
해당일 : 6월 23, 24, 25, 26
별의 성질 : 수성/금성
특징 : 북쪽 쌍둥이의 왼발에 위치한 주홍색 쌍성 변광성

＊

테자트는 자신감, 자부심, 위엄, 고상한 성격을 부여합니다. 이 별은 풍부한 감정, 미에 대한 감각과 안목, 예술적·문학적 재능을 나타냅니다. 이 별의 영향을 받은 사람은 쾌활하고 유머 감각이 있으며 백짓장도 맞들면

낫다는 걸 잘 압니다. 그리고 사람들과 협력하고 생각을 나누고 설득력을 발휘하면 많은 득을 볼 수 있습니다. 하지만 이런 재능을 믿고 교활한 행동을 하거나 지나치게 과신한다면, 일관성이 없어질 수 있다고 경고합니다. 또 법적 문제가 일어날 가능성도 암시합니다.

이 별이 당신의 태양 각도와 연결되면 미에 대한 안목, 예술적 재능, 문학적 실력, 독특한 관심사를 부여합니다. 명랑한 성격도 주지만, 반면에 추진력이 약하고 일관성이 없는 성향은 조심해야 합니다. 이 별의 영향을 받으면 불안정하거나 변화를 겪을 수도 있습니다.

- ● 장점 : 사랑에 대한 생각, 예술적 감각, 사랑으로 맺은 관계, 글솜씨
- ■ 단점 : 낭비, 지나치게 속편한 생활, 허영, 자만심

디라(Dirah)

별 이름 : 디라, 누하이티(Nuhaiti)라고도 불림
위치 : 4°19′ – 5°17′ 게자리
등급 : 3
강도 : ★★★★★★
궤도 : 1°40′
별자리 : 쌍둥이자리 뮤별
해당일 : 6월 25, 26, 27, 28일
별의 성질 : 수성/금성
특징 : 북쪽 쌍둥이의 왼발에 위치한 노란색과 푸른색을 띠는 쌍성

＊

디라는 건전한 정신과 창의적 아이디어들을 주는 별입니다. 또 재치 있고 사교적이며 친화적인 성격과 함께 설득력 있는 말솜씨도 주죠. 그래서 소통을 잘하는 당신은 토론과 논쟁, 사람들과의 모임에서 인기를 즐깁니다. 음악과 정돈된 것을 좋아하고 무언가를 우아하고 세련돼 보이게 만드는 재주도 있죠. 디라는 글쓰기에 대한 재능도 주어서 이를 계발하면 명예와 부를 얻을 수 있습니다,

이 별이 당신의 태양 각도와 연결되면 당신은 사람들에게 좋은 인상을 주고 두루 인기를 얻을 수 있는 힘을

줍니다. 또한 디라의 영향을 받으면 공무, 학계, 글쓰기에서 두각을 드러낼 뿐 아니라 교육, 문학, 출판 혹은 정치 분야에서도 성공을 거둘 수 있습니다. 스포츠에 뛰어나기도 하고, 점성학과 심오한 주제들에 대한 공부도 즐깁니다.

- 장점 : 창의성, 재치, 소통 기술, 예술과 미에 대한 사랑
- 단점 : 허영, 자만심, 낭비, 미성숙

알헤나(Alhena)

별 이름 : 알헤나, 쌍둥이자리의 밝은 발(Bright Foot of
  Gemini)이라고도 불림
위치 : 8°7′–9°7′ 게자리
등급 : 2
강도 : ★★★★★★★★
궤도 : 2°10′
별자리 : 쌍둥이자리 감마별
해당일 : 6월 28, 29, 30일, 7월 1, 2일
별의 성질 : 수성/금성, 또는 달/목성을 동반한 금성
특징 : 남쪽 쌍둥이의 왼발에 위치한 밝은 흰색 별

＊

알헤나는 예술계에서의 명성을 불러올 수 있으며, 세련되고 사랑스러우며 상냥한 성격을 나타냅니다. 이 별의 영향을 받는 당신은 정신적 영역이나 예술, 과학에 관심이 있습니다. 그리고 크건 작건 자신의 성취에 자부심을 느낍니다. 편하고 고급스러운 생활도 좋아하네요.

이 별은 당신의 태양 각도와 연결되어 예술적 성향, 과학에 대한 관심, 점성학이나 형이상학에서 뛰어난 성취가 있으리라는 것을 나타냅니다. 당신은 카리스마가 있으며 사교 생활을 통해, 그리고 대중을 상대로 한 모든 일에서 성공을 거둘 수 있습니다. 당신은 즐거움과 사치에 대한 욕구에서 동기를 얻습니다. 또 이 별은 아킬레스건과 연관되어 있기 때문에 발을 다치지 않도록 조심하세요.

- 장점 : 재치, 즐거운 삶, 사교성, 영화배우처럼 세련됨
- 단점 : 게으름, 방종, 낭비, 자만심, 오만

시리우스(Sirius)

별 이름 : 시리우스
위치 : 13°6′–14°2′ 게자리
등급 : 1
강도 : ★★★★★★★★★★
궤도 : 2°30′
별자리 : 큰개자리 알파별
해당일 : 7월 3, 4, 5, 6, 7, 8일
별의 성질 : 달/목성/화성
특징 : 큰 개의 입에 위치한 밝은 백황색 쌍성, 이집트의 신
  오시리스(Osiris)와 연결됨

＊

시리우스는 낙천적이고 넓은 시야, 그리고 높은 지위에 있는 충실한 친구들을 사귀는 능력을 부여합니다. 이 별의 영향으로 당신은 번영과 성공을 누릴 수 있고 후견인이나 양육자 역할을 맡게 될 수 있습니다. 별다른 노력 없이도 윗사람들의 총애를 받기도 하죠. 시리우스는 명예, 부, 명성뿐 아니라 권력과 리더십을 발휘할 기회도 부여합니다. 그러나 반항적이거나 무모한 행동을 자극하기 때문에 성급하게 일을 밀어붙일 위험이 있으니 조심하세요.

이 별은 당신의 태양 각도와 연결되어 일에서의 성공, 가정의 행복, 그리고 예술이나 점성학, 철학, 더 높은 수준의 교육에 대한 관심을 암시합니다. 준비가 덜 된 채로 너무 빨리 명예를 얻으면 그 성공에 제대로 대처하지 못할 수 있습니다. 당신은 태도가 당당하고 대중을 상대하는 일에서 성공을 거둡니다. 또한 믿을 만한 사람이어서 다른 사람의 재산 관리인 역할을 할 수도 있습니다.

- 장점 : 신뢰성, 책임감, 즐거운 삶, 진취적이고 성공적이며
  창의적인 활동을 좋아함
- 단점 : 어떤 대가를 치르더라도 자유를 원함, 권력과 책임 있는
  지위의 오용

카노푸스(Canopus)

별 이름 : 카노푸스
위치 : 13°58′-15° 게자리
등급 : 1
강도 : ★★★★★★★★★★
궤도 : 2°30′
별자리 : 용골자리 알파별
해당일 : 7월 4, 5, 6, 7, 8, 9, 10일
별의 성질 : 토성/목성, 달/화성
특징 : 아르고호의 노에 위치한 황백색 별

*

이 별은 배와 여행의 수호자인 이집트의 신 카노푸스를 상징하는데 긴 여행을 떠날 수 있다는 것을 암시합니다. 다정한 성격, 보수주의, 빈틈없는 성향, 교육과 학문적 성취를 통한 성공도 암시하지요. 당신은 포괄적인 지식을 습득할 수 있을 뿐만 아니라 공동체를 위해 일할 수 있는 능력이 있습니다. 한편 이 별은 가족과 인간관계, 가정의 불행, 부모와의 갈등을 경고합니다.

이 별은 당신의 태양 각도와 연결되어 공무에서 성공을 거두고 근면한 노력을 통해 원대한 목표를 성취하도록 해줍니다. 그러나 명성이 항상 오래가는 건 아닙니다. 가정이나 친구, 친척들에게 사소한 문제가 생길 수 있지만 가장 힘들 때 도움이 찾아옵니다.

- ● 장점 : 성실함, 헌신, 여행을 좋아함, 인내심, 법조계에서 성공
- ■ 단점 : 좌절감, 불만, 문제를 자초함, 소송에 연루됨

알 와사트(Al Wasat)

별 이름 : 알 와사트
위치 : 17°32′-18°34′ 게자리
등급 : 4
강도 : ★★★★
궤도 : 1°30′
별자리 : 쌍둥이자리 델타별
해당일 : 7월 9, 10, 11, 12, 13일
별의 성질 : 토성

특징 : 쌍둥이의 허리 부근에 위치한 노란색과 푸른빛을 띠는 쌍성

*

알 와사트는 지적 능력, 인내심, 실용적 시각을 부여합니다. 이 별은 명확하고 간결하게 말하는 능력을 주어 공무와 경영에서 두각을 드러내도록 해줍니다. 그러나 너무 애를 쓰다 에너지를 고갈시켜서는 안 된다고 경고합니다. 파괴적으로 행동해 불필요한 스트레스를 야기하고 불편한 상황을 만들지 마세요. 나중에 후회할 수 있습니다.

이 별은 당신의 태양 각도와 연결되어 인내심, 상식, 투지 있게 앞으로 나아가려는 내재된 추진력을 부여합니다. 하지만 과하게 밀어붙이지 말아야 하며 가치 있는 대의를 위해서도 힘을 써야 한다는 점도 잊지 마세요.

- ● 장점 : 과거의 노력에 따른 보상, 투지
- ■ 단점 : 공격적, 비관적, 파괴적 행위

프로푸스(Propus)

별 이름 : 프로푸스
위치 : 17°59′-19°3′ 게자리
등급 : 4
강도 : ★★★★
궤도 : 1°30′
별자리 : 쌍둥이자리 이오타별
해당일 : 7월 10, 11, 12, 13일
별의 성질 : 수성/금성
특징 : 쌍둥이들의 어깨 사이에 위치한 작은 쌍성

*

프로푸스는 명석한 두뇌와 논리 정연한 자기 표현력을 부여합니다. 이 별의 영향을 받는 당신은 사교적이고 상냥하며 재치가 넘칩니다. 예술 활동이나 대중을 상대하는 일에서 명성과 성공을 누릴 수 있습니다. 당신은 섬세하고 감정이 격렬한 사람이며 편안하고 고급스러운 생활을 좋아합니다.

프로푸스는 당신의 태양 각도와 연결되어 예술 활동 쪽으로 당신을 이끌 수 있습니다. 당신은 점성학과 글쓰

기, 대중 앞에서 말하는 데 타고난 재능이 있습니다. 또한 이 별은 당신이 아이디어를 얻고 창조적인 일을 시작하기 위한 가장 좋은 접근 방법을 일러줍니다.

- 장점 : 좋은 목소리, 인상적인 말솜씨, 음악에 대한 사랑, 창조성
- 단점 : 지나치게 예민함, 오만, 목표 달성을 위한 추진력 부족

카스토르(Castor)

별 이름 : 카스토르
위치 : 19°16′–20°13′ 게자리
등급 : 2
강도 : ★★★★★★★★
궤도 : 2°10′
별자리 : 쌍둥이자리 알파별
해당일 : 7월 10, 11, 12, 13, 14, 15일
별의 성질 : 수성, 금성, 화성, 목성
특징 : 북쪽 쌍둥이의 머리에 위치한 밝은 흰색과 창백한
　　　 흰색의 쌍성

*

카스토르는 명석한 두뇌와 예리한 지성을 부여합니다. 이 별은 이익과 손해가 번갈아가며 나타나 상항 변동이 거듭되고 재산이 갑자기 증가했다가 줄어들 수 있음을 암시합니다.

카스토르는 당신의 태양 각도와 연결되어 활기찬 성격, 넘치는 재치와 해학을 주지만 냉소적인 성향도 전합니다. 또 글쓰기에 대한 재능과 뛰어난 소통 기술도 안겨줍니다. 이 별에 영향을 받는 당신은 공적인 일에 관심이 있으며 언론 쪽 직업을 선택할 수도 있습니다. 이 별은 또한 외교 분야에서 기회를 줄 뿐 아니라 뛰어난 직관과 형이상학 연구에 대한 재능도 선사합니다.

- 장점 : 갑작스러운 지위 상승과 재산 변화, 예리한 지성, 창의성
- 단점 : 명성을 얻지만 때로는 큰 대가를 치름, 자기희생

폴룩스(Pollux)

별 이름 : 폴룩스
위치 : 22°15′–23°11′ 게자리
등급 : 1
강도 : ★★★★★★★★★★
궤도 : 2°30′
별자리 : 쌍둥이자리 베타별
해당일 : 7월 13, 14, 15, 16, 17, 18일
별의 성질 : 화성 / 달 / 해왕성
특징 : 남쪽 쌍둥이의 머리에 위치한 밝은 주황색 별

*

폴룩스는 예민하지만 자립적이고 기백이 넘치며 용기 있는 성격을 암시합니다. 이 별의 영향을 받는 사람들은 경쟁적인 스포츠를 좋아합니다. 부정적인 영향으로는 성급하고 지나치게 예민해 좌절감에 빠지거나 싸움을 일으켜 불쾌한 상황에 처할 수 있다는 것입니다.

이 별은 당신의 태양 각도와 연결되어 모험심과 스포츠에 대한 재능을 나타냅니다. 당신은 무언가를 혼자 힘으로 하거나 스스로 노력해 성공을 거두려 할 것입니다. 폴룩스는 개인적 이상과 목표를 추구하는 정신적 능력과 용기도 줍니다. 또한 이 별의 영향으로 높은 수준의 교육에서 성과를 이루고 철학에 대한 관심을 보입니다.

- 장점 : 경쟁심이 강하지만 섬세하고 예민함, 성취력
- 단점 : 경솔함, 공격적, 이기적, 침울함

프로키온(Procyon)

별 이름 : 프로키온
위치 : 24°48′–25°43′ 게자리
등급 : 1
강도 : ★★★★★★★★★★
궤도 : 2°30′
별자리 : 작은개자리 알파별
해당일 : 7월 16, 17, 18, 19, 20, 21일
별의 성질 : 수성 / 화성, 목성 / 천왕성
특징 : 작은 개의 몸에 위치한 황백색 쌍성

*

프로키온은 의지력, 추진력, 계획을 실행하는 능력을 주는 별입니다. 또한 활동적인 삶과 특이한 관심사나 직업을 암시하고, 부, 성공, 행운의 기회를 가져다줍니다. 프로키온은 명성이나 악명뿐 아니라 이익과 손해를 불러오는 갑작스런 사태 전환을 나타냅니다. 따라서 인내심을 기르고 천천히 시간을 들여 계획을 세워야 좀 더 성공적인 결과를 얻을 수 있습니다. 이 별에 대한 옛 해석은 개에 물리는 것을 조심하라는 경고입니다.

프로키온은 당신의 태양 각도와 연결되어 용기, 독창성, 독특한 재능, 예의 바른 성격을 부여합니다. 당신에게 도움을 청해 오고 또 당신이 가장 힘들 때 도움을 줄 충실한 친구들이 많을 것입니다. 또한 증여나 유산을 받아 갑작스러운 부를 얻을 것이라고 예언합니다.

- 장점 : 부와 재산, 관직, 자부심, 종교에서 명성을 얻음
- 단점 : 속물근성, 부주의함, 서투름, 기만

알타르프(Altarf)

별 이름 : 알타르프
위치 : 30° 게자리 – 1° 사자리
등급 : 3.5
강도 : ★★★★★
궤도 : 1° 40′
별자리 : 게자리 베타별
해당일 : 7월 21, 22일
별의 성질 : 화성
특징 : 게의 남쪽 뒷다리 끝에 위치한 주황색 거성

*

알타르프는 의지력과 인내심을 부여하고 노력을 통해 삶의 발전을 이루도록 합니다. 지구력과 투지를 바탕으로 어려움과 위험을 극복할 수 있는 자질을 주지요. 한편 이 별은 충동적인 행동이나 과로를 조심하라고 경고합니다.

알타르프는 당신의 태양 각도와 연결되어 용기, 결단력, 끊임없이 활동하고 열중하고 싶은 욕구를 부여합니다. 또 확신과 자신감뿐 아니라 열정과 진취적 정신도

줍니다.

- 장점 : 활동적, 생산적, 용기, 확신
- 단점 : 에너지 낭비, 충동적

사자리
♌

프레세페(Praesepe)

별 이름 : 프레세페
위치 : 6° 16′ – 7° 16′ 사자리
등급 : 5
강도 : ★★
궤도 : 1°
별자리 : 게자리 M44별
해당일 : 7월 30, 31일, 8월 1일
별의 성질 : 화성/달
특징 : 게 머리에 위치한 40개가 넘는 별로 이루어진 별무리

*

프레세페는 모험심이 강하지만 근면한 성격과 훌륭한 사업 감각을 주는 별입니다. 또 많은 재산을 암시하고 대기업 창립에 관여할 수 있음을 나타냅니다. 하지만 충동적인 행동과 불안을 암시하고 지나치게 무례하게 굴어서 불필요한 문제를 일으키는 성향을 경고하네요. 또한 송사(訟事)나 위험한 거래에 휘말릴 수 있으니 조심하세요.

이 별이 당신의 태양 각도와 연결되면 에너지와 활력, 내면의 자부심, 엄청난 투지로 목표에 집중하는 힘을 부여합니다. 당신은 일단 마음을 정하면 포기하지 않고 최종 목표를 향해 계속 노력합니다. 이 별의 영향을 받으면 친구를 끌어들이고 인기를 얻으며 고위직에 올라가고 명성까지 누릴 수 있습니다. 하지만 프레세페는 다른 사람들과의 오해로 기분 변화가 심하고 의심과 두려움에 빠지면 자기 파괴적인 행동을 할 수 있으니 조심하고 경고합니다.

- 장점 : 열정, 진취성, 강한 의지력, 개방성, 솔직함
- 단점 : 목적이 없음, 반항, 다른 사람과 화합이 안 됨, 오해받는

성격, 은둔

노스 아셀루스 (North Asellus)

별 이름 : 노스 아셀루스

위치 : 6°34′-7°35′ 사자리

등급 : 5

강도 : ★★

궤도 : 1°

별자리 : 게자리 감마별

해당일 : 7월 30, 31일, 8월 1일

별의 성질 : 화성/태양

특징 : 게 몸통에 위치한 연한 황백색 쌍둥이별

＊

노스 아셀루스는 활력과 활기, 창의적 재능, 예술에 대한 사랑, 뜻밖의 소득을 주는 별입니다. 노스 아셀루스와 사우스 아셀루스 모두 다정한 성격을 부여하고 따라서 책임감을 나타냅니다. 특히 노스 아셀루스는 은혜로운 별로 유명하며 성취 능력과 함께 자비롭고 너그러운 마음을 줍니다. 또 성급한 행동과 공격적인 태도로는 원하는 결과를 얻지 못한다고 암시합니다.

이 별이 당신의 태양 각도와 연결되면 대중을 상대하는 재능과 좋은 인맥, 영향력 있는 친구들을 사귀게 해줍니다. 또한 교육, 특히 철학과 종교 분야에서 높은 성과를 내고 사업과 대기업에서의 성공도 나타냅니다.

- 장점 : 두려움을 모름, 경쟁심 강한 성격, 행동 방침이 결정될 때까지 참을성이 강함
- 단점 : 성급함, 완고함, 초조불안

사우스 아셀루스 (South Asellus)

별 이름 : 사우스 아셀루스

위치 : 7°44′-8°44′ 사자리

등급 : 4

강도 : ★★★★

궤도 : 1°30′

별자리 : 게자리 델타별

해당일 : 7월 30, 31일, 8월 1, 2, 3일

별의 성질 : 화성/태양

특징 : 게 몸통에 위치한 연한 노란색 쌍둥이별

＊

사우스 아셀루스는 당신이 책임감 있는 사람이 되기 위해 굉장히 신경을 써야 한다고 암시합니다. 특히 권한이 있는 자리에 있을 때 더 그러합니다. 또 무모하게 행동해서 당신의 인생을 위험에 빠트려서는 안 된다는 경고도 하네요. 뿐만 아니라 남을 비방하는 말이 부메랑으로 돌아와 평판을 잃거나 가정에 문제가 생길 수 있다는 점도 명심하세요.

다른 행성들과 우호적으로 배치되어 있는 이 별이 당신의 태양 각도와 연결되면 자비롭고 너그러운 마음과 사업에서의 성취를 부여합니다. 또한 에너지와 결단력을 주지만 쌍둥이 별인 노스 아셀루스보다는 대중을 상대하는 재능은 약합니다. 이 별은 신중함을 발휘하면 인맥과 유력한 지위에 있는 친구들의 도움을 받을 수 있다고 암시합니다. 하지만 실수가 오해를 불러일으켜 신뢰를 잃거나 일에 문제가 생길 수 있습니다.

- 장점 : 사려 깊고 배려심이 많음, 신중함
- 단점 : 노골적이고 부주의함, 공격적

코카브 (Kochab)

별 이름 : 코카브

위치 : 11°56′-12°45′ 사자리

등급 : 2

강도 : ★★★★★★★★

궤도 : 2°10′

별자리 : 작은곰자리 베타별

해당일 : 8월 4, 5, 6, 7일

별의 성질 : 토성/수성

특징 : 소북두칠성이라고도 불리는 작은곰에 위치한 주황색 거성

＊

코카브는 논리, 집중력, 토론에서 바로 요점을 짚어내는 능력을 부여합니다. 당신은 청결을 좋아하고 조직력

이 뛰어납니다. 또한 이 별은 체력과 권위 있는 자리에 오를 수 있는 기회도 줍니다.

코카브는 당신의 태양 각도와 연결되어 투지를 발휘하면 많은 것을 성취할 수 있음을 암시합니다. 당신은 에너지와 용기로 똘똘 뭉쳐 끝까지 싸울 수 있고 절대로 포기하지 않습니다. 하지만 이 별은 속임수와 악의적이거나 부정한 행동은 삼가라고 경고합니다.

- 장점 : 투지, 인내심, 장애물을 극복하는 용기
- 단점 : 경솔함, 위험과 재해, 비관주의

아쿠벤스(Acubens)

별 이름 : 아쿠벤스
위치 : 12°40 - 13°36′ 사자자리
등급 : 4
강도 : ★★★★
궤도 : 1°30′
별자리 : 게자리 알파별
해당일 : 8월 5, 6, 7, 8월
별의 성질 : 수성/토성
특징 : 게의 남쪽 집게발에 위치한 주황색 거성

＊

아쿠벤스는 논리적이고 합리적인 정신, 인내심, 높은 이상을 부여하는 별입니다. 당신은 단호해 보이고 상당히 거침없이 말합니다. 이 별은 깊은 사고와 조직력을 주지만 고압적인 성향도 드러냅니다.

아쿠벤스는 당신의 태양 각도와 연결되어 뛰어난 체계와 실행 능력을 선사합니다. 당신은 자신의 전문 분야에 뛰어난 공헌을 할 잠재력이 있습니다. 점성학과 과학을 포함해 교육에서의 성취도 보이고 글쓰기에 재능을 나타낼 수도 있습니다. 그러나 이 별은 원래 도망자들을 위한 은신처와 연결되어 있으니 체제에 반하는 일은 조심하라고 경고합니다.

- 장점 : 실용적 성격, 인내심과 투지
- 단점 : 투기, 반항, 초조함, 불안, 지식의 오용

두베(Dubhe)

별 이름 : 두베
위치 : 14°9 - 15°2′ 사자자리
등급 : 2
강도 : ★★★★★★★★
궤도 : 2°20′
별자리 : 큰곰자리 알파별
해당일 : 8월 6, 7, 8, 9, 10일
별의 성질 : 수성/금성 또는 화성
특징 : 큰곰의 등에 위치한 노란색 쌍성

＊

두베는 이상주의, 자신감, 대담함, 자부심을 부여하는 별입니다. 지적 능력과 논리정연한 말솜씨, 설득력 있는 표현력을 주죠. 이런 영향으로 당신은 모험심이 강하지만 때로는 불안을 느끼고 의심과 불신의 늪에 빠질 수 있습니다.

두베는 당신의 태양 각도와 연결되어 성공과 장애물을 극복하기 위한 투지를 부여합니다. 배우는 걸 좋아하고 성취욕이 있어 더 높은 수준의 교육, 점성학, 법률 혹은 군대 쪽으로 끌립니다. 또 글쓰기와 철학에도 재능이 있네요. 하지만 지나치게 물질주의적이어서는 안 되며, 파괴적인 성향을 드러내지 않도록 자신의 힘을 긍정적인 방향으로 쏟아야 합니다.

- 장점 : 높은 수준의 교육, 예술적 재능, 좋은 목소리
- 단점 : 걱정, 불안, 상상력 부족, 물질주의적 성향

메라크(Merak)

별 이름 : 메라크
위치 : 18°29 - 19°34′ 사자자리
등급 : 2
강도 : ★★★★★★★
궤도 : 2°10′
별자리 : 큰곰자리 알파별
해당일 : 8월 10, 11, 12, 13, 14일
별의 성질 : 화성

부록

특징 : 큰곰의 옆구리에 위치한 흰색 거성

＊

메라크의 영향을 받은 사람은 일을 지휘하는 걸 좋아하고 리더십이 있지만 지나치게 지배적인 성향도 있습니다. 투지가 있어 인생에서 많은 것을 성취하고 다른 사람들이 실패하는 분야에서 성공을 거둘 가능성이 있지요.

메라크는 당신의 태양 각도와 연결되어 용기, 적극성, 다혈질적인 활력을 부여합니다. 이 별은 성취력과 연결되어 있어 당신의 삶은 굉장히 활동적일 것입니다. 또한 메라크는 기회, 명성, 명예를 동반합니다.

- ● 장점 : 삶에 대한 사랑, 활동적, 창조적, 야망, 용기
- ■ 단점 : 성급함, 완고함, 과도한 긴장

알 게누비(Al Genubi)

별 이름 : 알 게누비, 아사드 아우스트랄리스(Asad Australis)
　　　　　라고도 불림
위치 : 19°44 – 20°43′ 사자자리
등급 : 3
강도 : ★★★★★★
궤도 : 1°40′
별자리 : 사자자리 엡실론별
해당일 : 8월 12, 13, 14, 15일
별의 성질 : 토성/화성
특징 : 사자의 입에 위치한 노란색 거성

＊

알 게누비는 인내심, 예술적 재능, 표현력을 부여하는 별입니다. 또한 당신이 용감하고 대담한 사람이라고 암시합니다.

이 별은 당신의 태양 각도와 연결되어 투지, 생산성에 대한 욕구, 타고난 실행력을 선사합니다. 당신은 조직력이 뛰어나 대개 권위 있는 자리로 올라갑니다. 자기표현과 창의성에 대한 욕구가 있어 예술계나 좀 더 화려한 직업으로 진출할 수 있겠습니다. 그러나 이 별은 건설적인 방식으로 자신을 표현할 방법을 찾지 않으면 파괴적인 행동을 할 수 있다고 경고합니다.

- ● 장점 : 회복력, 창조력, 예술성, 활력, 매력
- ■ 단점 : 고압적, 자만심, 오만, 냉혹함

알파르드(Alphard)

별 이름 : 알파르드
위치 : 26°17 – 27°8′ 사자자리
등급 : 2
강도 : ★★★★★★★★
궤도 : 2°10′
별자리 : 큰물뱀자리 알파별
해당일 : 8월 19, 20, 21, 22일
별의 성질 : 토성/금성, 태양/목성
특징 : 큰물뱀의 목에 위치한 주황색 거성

＊

알파르드는 타고난 지혜와 인간 본성에 대한 깊은 이해를 부여하는 별입니다. 이런 영향으로 당신은 예술에 대한 안목이 있고 야망이 크며, 섬세한 성격의 소유자입니다. 그러나 알파르드는 방종, 무절제, 자제력 부족을 경고하고, 격동이나 대변동을 암시하기도 합니다. 또 모든 형태의 중독과 감염을 조심해야 합니다.

이 별은 당신의 태양 각도와 연결되어 실행력, 권위 있는 지위, 발전할 수 있는 좋은 기회를 선사합니다. 당신은 중요한 지위에 오르고 세상의 이목을 받길 원합니다. 하지만 항상 공명정대해야 합니다. 그러지 않으면 다른 사람들이 당신을 밀어내버릴 것입니다. 이 말은 일과 인간관계에도 적용되는데, 당신은 감추려 하지만 질투심이 슬금슬금 나타날 수 있기 때문입니다.

- ● 장점 : 자신감, 스스로의 힘으로 이름을 떨침, 명성
- ■ 단점 : 법적 문제와 분쟁에 연루됨, 자제력 상실, 질투심

아드하페라(Adhafera)

별 이름 : 아드하페라, 알 세르파(Al-Serpha)라고도 불림
위치 : 26°35 – 27°34′ 사자자리
등급 : 3.5 – 4

강도 : ★★★★★
궤도 : 1°30′
별자리 : 사자자리 제타별
해당일 : 8월 19, 20, 21, 22일
별의 성질 : 토성/수성
특징 : 사자 갈기에 위치한 노란색 쌍성

＊

아드하페라는 깊은 사고, 질서에 대한 사랑, 현실적 기술, 당면한 일이나 문제에 초점을 맞추는 힘을 부여합니다. 당신은 근면하고 대규모 프로젝트에 집중할 수 있는 힘이 있습니다. 그러나 이 별은 변칙적인 방법을 사용해서는 안 된다고 경고하고 기득권에 반대하는 활동을 피해야 한다고 암시합니다.

아드하페라는 당신의 태양 각도와 연결되어 명석한 두뇌, 배움에 대한 사랑, 실용적 접근 방식을 부여합니다. 또 투지와 인내심, 뛰어난 문제 해결력도 선사합니다.

- ● 장점 : 현실적 기술, 뛰어난 정신 집중력
- ■ 단점 : 완고함, 고집, 비관주의

알 자브하(Al Jabhah)

별 이름 : 알 자브하, 이마(Forehead)라고도 불림
위치 : 26°55′ – 27°52′ 사자자리
등급 : 3.5
강도 : ★★★★★
궤도 : 1°30′
별자리 : 사자자리 에타별
해당일 : 8월 19, 20, 21, 22일
별의 성질 : 수성/토성
특징 : 사자 갈기에 위치한 별

＊

알 자브하는 야망, 일에서 성공과 성취를 거둘 수 있는 뛰어난 잠재력을 부여합니다. 따라서 당신은 판단력이 좋고 부와 성공을 얻을 수 있는 투지를 갖추었습니다. 그러나 이 별은 이기적이고 기회주의적으로 행동하면 불안하고 불안정한 시기들이 찾아올 수 있다고 경고합니다.

알 자브하는 당신의 태양 각도와 연결되어 경쟁심, 실

행력, 적절한 방법을 적용해 창의적 프로젝트에 집중하는 능력을 선사합니다. 그러나 과한 자신감이나 반항적 행동은 나중에 후회를 불러올 수 있으니 피해야 합니다.

- ● 장점 : 인내심, 투지, 훌륭한 체계, 창의성
- ■ 단점 : 무모함, 경솔함, 성급한 결정

레굴루스(Regulus)

별 이름 : 레굴루스, 사자의 심장(Lion's Heart)이라고도 불림
위치 : 28°51′ – 29°48′ 사자자리
등급 : 1
강도 : ★★★★★★★★★★
궤도 : 2°30′
별자리 : 사자자리 알파별
해당일 : 8월 21, 22, 23, 24, 25, 26일
별의 성질 : 화성/목성
특징 : 사자 몸에 위치한 밝은 백청색 삼중성

＊

레굴루스는 무한히 많은 별들 중에서 주도적 역할을 하는 황제별입니다. 고귀함, 높은 명예, 엄청난 카리스마, 위엄 있는 성격을 발휘할 힘을 주는 별이죠. 레굴루스는 신속한 판단을 내리고 힘든 상황에 대처할 수 있는 천부적인 능력을 부여합니다. 또 권력욕과 다른 사람들을 이끌고 지휘하는 능력도 줍니다. 당신은 의지력이 강하고 진취적인 일을 좋아하는데, 이런 성향이 자유와 독립에 대한 욕구로 이어질 수 있습니다. 하지만 레굴루스는 이런 혜택들이 오래 지속되는 건 아니라고 경고합니다.

이 별은 당신의 태양 각도와 연결되어 야망, 권력, 권위, 정부와 대기업에서 높은 자리로 올라갈 수 있는 기회를 부여합니다. 본인이 중요한 지위에 있지 않더라도 영향력 있는 친구들을 둘 것입니다. 또한 이 별은 잘나갈 때 사람들에게 잘해야 한다고 암시합니다. 당신이 하락세일 때 그 사람들을 다시 만날 테니까요.

- ● 장점 : 활기, 솔직함, 용기, 명예와 부, 중요한 지위로 올라감, 권위
- ■ 단점 : 완고함, 제멋대로 행동함, 고압적, 뛰어나지만 큰 실패를 겪을 수도 있음(특히 부정직함 때문에), 순식간에 지나가는 성공과 명성

페크다(Phecda)

별 이름 : 페크다, 파크드(Phachd)라고도 불림
위치 : 29°41 사자자리 – 0°9′ 처녀자리
등급 : 3
강도 : ★★★★★★
궤도 : 2°
별자리 : 큰곰자리 감마별
해당일 : 8월 22, 23, 24, 25일
별의 성질 : 화성/목성 또는 금성
특징 : 큰곰자리에서 세 번째로 큰 별

✳

페크다는 진취적 기상, 고급스러움을 좋아하는 성향, 카리스마 넘치는 성격을 부여합니다. 이 별은 열정, 끊임없는 확장과 창조에 대한 욕구와 연결되며 야망과 신속한 판단력을 줍니다. 풍족한 생활을 좋아하지만 나태나 방종은 경고합니다.

페크다는 당신의 태양 각도와 연결되어 인기, 매력적인 성격, 뛰어난 사교술을 선사합니다. 이 별은 창의적 재능과 글쓰기에 대한 잠재력을 나타내고, 아니면 사치스러운 라이프스타일에 대한 욕구로 사업에서 성공하도록 자극하기도 합니다.

- 장점 : 사교술, 인기, 영향력 있는 친구, 진취성
- 단점 : 과장, 오만, 기회주의자, 허용, 자만심, 지나친 자신감

처녀자리
ᕫ

알리오트(Alioth)

별 이름 : 알리오트
위치 : 7°52 – 8°52′ 처녀자리
등급 : 2
강도 : ★★★★★★★★
궤도 : 2°10′
별자리 : 큰곰자리 엡실론별
해당일 : 8월 29, 30, 31일, 9월 1, 2, 3일

별의 성질 : 화성
특징 : 큰곰 꼬리에 위치한 청백색 별

✳

알리오트의 영향을 받은 사람은 판단력이 뛰어나고 삶에 대한 열정이 넘치며 편하고 안락한 생활을 좋아합니다. 마음이 넓고 자유로운 성향이 특징이죠. 이 별은 승리하겠다는 야심, 경쟁심 강한 성격, 끊임없이 활동하고 싶은 욕구를 부여합니다. 비판 능력도 주지만, 건설적으로 사용해야 합니다.

알리오트가 당신의 태양 각도와 결합되면 사업, 스포츠, 관직, 대중을 상대하는 일에 대한 소질을 나타냅니다. 또 철저함과 모든 상황을 활용할 줄 아는 능력을 촉진시키지만, 화를 잘 내는 성향과 과한 자신감을 조심하라고 경고합니다.

- 장점 : 진실성, 솔직함, 인내심으로 실망감을 극복할 수 있음
- 단점 : 무자비함, 자기 중심주의, 파괴적, 완고함, 지나치게 비판적

조스마(Zosma)

별 이름 : 조스마
위치 : 10°19 – 11°14′ 처녀자리
등급 : 2.5
강도 : ★★★★★★★
궤도 : 2°10′
별자리 : 사자자리 델타별
해당일 : 9월 2, 3, 4, 5, 6일
별의 성질 : 토성/금성
특징 : 사자 등에 위치한 흰색, 연노란색, 푸르스름한
　　　보라색을 띠는 삼중성

✳

조스마는 진지하고 책임감 있는 성격과 명민한 두뇌를 주지만 지나치게 진지해지거나 이기적이 되어서는 안 된다고 경고합니다. 상황 변화를 겪을 수 있지만 불필요한 두려움이나 걱정에 빠져서는 안 됩니다. 조스마가 긍정적으로 작용하면 자유로운 태도와 매력, 긍정적인 접근 방식뿐 아니라 예기치 못한 성공과 발전도 안겨

줍니다.

이 별은 당신의 태양 각도와 연결되어 권력을 얻고 다른 사람들을 설득시킬 수 있도록 도와줍니다. 조스마가 친근감과 인기를 부여하기 때문에 당신은 영향력 있는 사람이 되고 사회적으로 성공할 수 있습니다. 당신은 겉으로는 외향적이고 사교적으로 보이지만 다소 내성적입니다. 이 별은 당신이 어려움에 처했을 때만 진정한 친구가 누구인지 알게 될 것이라고 경고합니다.

- 장점 : 성실함, 충실함, 철저함
- 단점 : 뻔뻔함, 자기중심적, 믿을 수 없는 친구들, 지나치게 진지함

미자르(Mizar)

별 이름 : 미자르
위치 : $14°36 - 15°37'$ 처녀자리
등급 : 2.5
강도 : ★★★★★★★
궤도 : $2°10'$
별자리 : 큰곰자리 제타별
해당일 : 9월 6, 7, 8, 9, 10, 11일
별의 성질 : 화성, 토성/금성
특징 : 큰곰 꼬리에 위치한 흰색과 연한 에메랄드빛을 띠는 별

*

미자르는 야망, 실용적 성격, 창의성, 예술적 재능을 부여합니다. 하지만 이 별은 불화와 논란이 될 만한 일에 연루될 수 있음을 암시합니다.

미자르는 당신의 태양 각도와 연결되어 글쓰기와 사업에서의 뛰어난 성취와 일반 대중을 상대하는 일에서의 성공을 나타냅니다. 하지만 너무 비판적이 되어서는 안 된다고 경고하며 정신적 힘을 창의적이고 긍정적으로 사용하라고 암시합니다.

- 장점 : 진지함, 책임감, 창의적
- 단점 : 반항적, 부조화, 이기적

데네볼라(Denebola)

별 이름 : 데네볼라
위치 : $20°38 - 21°31'$ 처녀자리
등급 : 2
강도 : ★★★★★★★★
궤도 : $2°10'$
별자리 : 사자자리 베타별
해당일 : 9월 12, 13, 14, 15, 16일
별의 성질 : 다양한 영향. 토성/금성/수성, 화성
특징 : 사자자리에 위치한 푸른색 별

*

데네볼라는 뛰어난 판단력, 대담함, 용기, 고귀하고 너그러운 성격을 부여합니다. 이 별의 영향은 흥미진진한 사건과 발전의 기회를 불러옵니다. 따라서 당신은 천성적으로 명확한 사고를 할 수 있고 가치관이 건전할 뿐 아니라 행동이 빠릅니다. 또한 이 별로 보건대 당신은 책임감이 강하고 다른 사람들을 대표해 활발한 활동을 펼칠 것입니다. 하지만 데네볼라는 이런 혜택이 꼭 오래 지속되지 않는다는 것을 일깨워주며, 화를 잘 내거나 불안에 빠지면 관계를 해칠 수 있으니 조심하라고 경고합니다.

이 별은 당신의 태양 각도와 연결되어 독창성과 특별한 기술을 습득하겠다는 투지를 부여합니다. 또한 일을 통한 보상과 명예도 나타내기 때문에 당신이 선택한 분야에서 유명한 전문가가 될 수 있습니다. 종종 공동체의 일과 공무 수행에서 이득과 성공이 찾아옵니다. 하지만 데네볼라는 초조함과 불안함도 안겨주니 나중에 후회할 수 있는 성급한 결정을 내리지 말아야 합니다.

- 장점 : 자제력, 너그러움, 독창적, 책임감, 고결함
- 단점 : 경솔함, 책임감 부족, 성급함

코풀라(Copula)

별 이름 : 코풀라
위치 : $24°4 - 24°47'$ 처녀자리

등급 : 4

강도 : ★★★★

궤도 : 1°

별자리 : 사냥개자리 M51별

해당일 : 9월 16, 17, 18일

별의 성질 : 금성/달

특징 : 큰곰의 꼬리 아래에 위치한 별 혹은 나선상 성운

＊

코폴라는 강렬한 열정, 깊고 치열한 감정, 정서적 섬세함을 부여합니다. 당신은 배려심이 많고 공감을 잘하며 마음씨가 곱습니다. 이 별은 음악에 대한 사랑과 예술적 안목을 부여하여 당신이 자기를 잘 표현할 수 있도록 도와줍니다. 한편 코폴라는 시력을 좋게 유지하도록 신경을 써야 한다고 조언합니다.

코폴라가 당신의 태양 각도와 연결되며 대중을 상대하는 재능을 주기 때문에 당신은 공직이나 법과 관련된 일에 관여할 수 있습니다. 이 별은 작은 장애물에 부딪히거나 차질이 생겼을 때 의욕을 잃을 수 있다고 경고하며, 정서적으로 차분함을 유지하고 인내심을 발휘하면 큰 도움이 된다고 말합니다.

- ● 장점 : 조화로운 성격, 행복감, 쾌활한 태도, 작은 실패를 극복하는 법을 터득함
- ■ 단점 : 화를 잘 냄, 침울함, 사랑의 갈등

라브룸(labrum)

별 이름 : 라브룸, 성배(Holy Grail)라고도 불림

위치 : 25°41′ - 26°21′ 처녀자리

등급 : 4

강도 : ★★★★

궤도 : 1°30′

별자리 : 컵자리 델타별

해당일 : 9월 17, 18, 19일

별의 성질 : 금성/수성

특징 : 컵에 위치한 작은 노란색 별

＊

라브룸은 지성, 창조적이고 수용적인 성격, 직관력과 정신적 능력을 부여하는 별입니다. 또한 당신이 세계주의적 관점과 자유로운 시각, 성직자적 성향을 가졌음을 암시합니다. 당신은 역사나 철학, 종교에 관심을 느낄 것이고 글쓰기 재능을 발휘해 명예와 부를 얻을 수도 있습니다.

라브룸은 당신의 태양 각도와 연결되어 투지력과 대중을 상대로 한 일에서 성공을 거둘 기회를 제공합니다. 당신은 공연 예술, 글쓰기, 프레젠테이션, 소통, 언론 같은 창조적 활동을 통해 자신을 표현하고 싶어 할 수 있습니다. 이 별은 또한 안락과 놀이를 좋아하는 성향을 나타내며 방종에 빠지고 책임 회피를 해서는 안 된다고 경고합니다.

- ● 장점 : 창의성, 교육, 예술적 성공, 글쓰기에 대한 재능
- ■ 단점 : 허영과 자만심, 추진력 부족, 방종

자비야바(Zavijava)

별 이름 : 자비야바, 알 아라프(Al Araph)라고도 불림

위치 : 26°10′ - 27°4′ 처녀자리

등급 : 3.5

강도 : ★★★★★

궤도 : 1°30′

별자리 : 처녀자리 베타별

해당일 : 9월 18, 19, 20, 21일

별의 성질 : 화성/수성

특징 : 여신의 머리 아래에 위치한 연노란색 별

＊

자비야바는 강하고 역동적인 성격을 부여하는 별입니다. 이 별의 영향을 받는 당신은 지적인 사람이며 교육과 과학적 연구 혹은 법률 분야의 직업에 끌립니다. 아니면 출판계나 언론, 매체 쪽에서 손짓을 할 수도 있습니다. 또한 자비야바는 장애물을 극복하고 앞으로 나아갈 수 있는 힘을 부여합니다.

이 별이 당신의 태양 각도와 연결되면 뛰어난 두뇌와 집중력, 세부적인 부분까지 주의를 기울이는 능력을 부여합니다. 당신은 전문직을 선호하며 자신의 분야에서 중요한 인물이 될 수 있습니다. 연구자, 측량사, 시스템 개선자, 통계분석가, 엔지니어 혹은 컴퓨터 전문가가 될

수도 있겠습니다.

- 장점 : 신속한 행동, 기술과 솜씨, 단호함, 솔직하고 거리낌 없는 성격, 인상적이고 재치 있는 말솜씨
- 단점 : 경솔함, 비판적, 따지기 좋아함

알 카이드(Al Kaid)

별 이름 : 알 카이드, 베네트나시(Benethnash)라고도 불림
위치 : 25° 51′ – 26° 50′ 처녀자리
등급 : 2
강도 : ★★★★★★★★
궤도 : 2° 10′
별자리 : 큰곰자리 에타별
해당일 : 9월 18, 19, 20, 21, 22일
별의 성질 : 달/수성
특징 : 큰곰자리에 위치한 파란색 별

*

알 카이드는 활동적인 두뇌와 자기표현 욕구, 직관력, 새로운 상황에 쉽게 적응하는 힘을 부여합니다. 당신은 생각과 아이디어를 주고받는 걸 즐기지만 마음이 쉽게 바뀌는 편입니다. 이 별은 사업에 대한 재능과 권력을 좋아하는 성향을 나타내고 성공, 행운, 부를 얻을 기회를 부여합니다.

알 카이드는 당신의 태양 각도와 연결되어 사업에 대한 재능을 주고 일반 대중을 상대하는 일에서 성공을 거둘 수 있음을 나타냅니다. 당신은 데이터를 다루는 일이나 연구, 혹은 세부적인 부분까지 신경을 써야 하는 까다로운 일에 끌립니다. 또 알 카이드의 영향으로 변화를 추구하고 야망이 클 뿐 아니라 최고가 되고 싶은 마음에 때로는 무자비해지기도 합니다. 이 별은 비판 능력도 주지만 건설적으로 사용해야 합니다.

- 장점 : 활동적 두뇌, 뛰어난 이해력 혹은 지각력, 공감 능력, 다정함, 아이들을 대하는 일을 잘 함
- 단점 : 비판, 험담, 걱정, 예민함, 신경과민, 거짓말하는 버릇, 성급함, 침울함, 지나치게 비판적임

마르케브(Markeb)

별 이름 : 마르케브
위치 : 27° 53′ – 28° 25′ 처녀자리
등급 : 2.5
강도 : ★★★★★★★
궤도 : 1° 40′
별자리 : 돛자리 카파별
해당일 : 9월 19, 20, 21, 22일
별의 성질 : 목성/토성
특징 : 배의 닻줄 구멍 뚜껑에 위치한 작은 별

*

마르케브는 헌신과 충실함, 지식에 대한 사랑, 광범위한 주제들에 대해 전반적인 지식을 습득하는 능력을 부여합니다. 이 별은 교육에 대한 욕구와 관심뿐 아니라 철학에 대한 타고난 재능도 주죠. 또 성공을 거두려면 인내심을 길러야 한다고 일러줍니다. 이 별의 영향을 받는 사람은 긴 여행을 하거나 외국에서 일할 수 있습니다.

이 별이 당신의 태양 각도와 연결되어 글쓰기, 사업, 세부적인 연구 작업에 대한 재능을 부여합니다. 이 별의 영향을 받은 사람은 종종 남들에게 정보와 지식 창고로 보입니다.

- 장점 : 명석한 두뇌, 집중력, 세부적인 부분까지 주의를 기울임
- 단점 : 쓸모없는 정보 수집, 사소한 일과 소문에 관심을 기울임

천칭자리
♎

자니아(Zaniah)

별 이름 : 자니아
위치 : 3° 51′ – 4° 43′ 천칭자리
등급 : 4
강도 : ★★★★
궤도 : 1° 30′
별자리 : 처녀자리 에타별
해당일 : 9월 26, 27, 28, 29일

별의 성질 : 수성/금성
특징 : 여신의 남쪽 날개에 위치한 흰색 변광성

*

자니아는 세련됨, 친화성, 그리고 조화와 질서에 대한 사랑을 부여하는 별입니다. 당신은 다정하고 매력적인 성격이어서 아마 친구가 많을 겁니다. 또 이 별은 인기, 명예, 인맥을 통한 성공을 안겨줍니다.

자니아는 당신의 태양 각도와 연결되어 교육, 지적인 학습에 대한 선호, 연구나 문학에 대한 재능을 부여합니다. 이 별의 도움으로 당신은 관심을 느끼는 분야에서 전문가가 될 수 있습니다. 또한 동료들과의 효과적인 협업 관계를 즐기고 좋은 배우자를 만납니다. 흥분하지만 않으면 매우 상냥한 성격입니다.

- 장점 : 선견지명, 정신적 예리함, 일을 개선하는 사람, 세부적인 일을 처리할 수 있는 능력
- 단점 : 허영, 자만심, 추진력 부족, 낭비, 쉬운 선택을 찾음

빈데미아트릭스(Vindemiatrix)

별 이름 : 빈데미아트릭스, 빈데미아토르(Vindemiator) 또는 포도 수확인(Grapes Gatherer)이라고 불림
위치 : 8°57′–9°57′ 천칭자리
등급 : 3
강도 : ★★★★★★
궤도 : 1°40′
별자리 : 처녀자리 엡실론별
해당일 : 10월 1, 2, 3, 4일
별의 성질 : 수성/토성, 토성/금성/수성
특징 : 여신의 오른쪽 날개에 위치한 밝은 노란색 별

*

빈데미아트릭스의 영향으로 당신은 두뇌가 명석하지만 때로는 충동적이거나 무분별할 수 있습니다. 이 별은 집중력, 논리적 사고, 곧바로 핵심을 짚어내는 능력을 부여합니다. 당신은 체계적으로 문제에 접근하고 해결이 될 때까지 끈질기게 매달리는 편입니다. 하지만 빈데미아트릭스는 당신이 완고하거나 융통성이 없을 수 있음을 암시합니다.

이 별은 당신의 태양 각도와 연결되어 리더십, 자부심, 성취를 이루고 인정받고 싶은 욕구를 부여합니다. 당신은 종종 자신의 똑똑함을 감추고 알맹이 없는 말을 하는 경향이 있습니다. 또한 이 별은 노력을 기울여야 성공이 찾아옴을 말해주며, 불필요하게 돈과 실패를 걱정하는 성향이 있음을 암시합니다.

- 장점 : 내성적, 똑똑함, 일관성, 인내심, 체계적
- 단점 : 우울, 걱정, 돈 문제에 신경을 쓰지 않으면 손해를 봄

카피르(Caphir)

별 이름 : 카피르, 포리마(Porrima)라고도 불림
위치 : 9°9′–10°3′ 천칭자리
등급 : 3
강도 : ★★★★★★
궤도 : 1°40′
별자리 : 처녀자리 감마별
해당일 : 10월 1, 2, 3, 4일
별의 성질 : 수성/금성, 금성/화성
특징 : 여신의 왼쪽 팔에 위치한 황백색의 변광성 쌍성

*

카피르는 상냥하고 사랑스러운 성격, 이상주의, 세련된 취향, 사교적이고 정중한 태도를 부여합니다. 이 별은 당신의 인기를 높여주고 인맥을 통해 발전을 이룰 기회를 제공합니다.

카피르는 당신의 태양 각도와 연결되어 글쓰기, 점성학, 사회학, 철학에 대한 재능을 부여합니다. 당신은 타인과의 소통에 대한 욕구가 강해 대중을 상대로 하는 일에 잘 어울립니다. 성공과 인정에 대한 욕구를 타고나 결국 자신의 가치에 걸맞은 호평을 받죠. 당신의 직관을 믿으면 자신감이 높아집니다.

- 장점 : 교양, 직관, 세련됨, 좋은 취향, 창의성, 우호적
- 단점 : 미심쩍은 상황에 연루됨, 의심

알고라브(Algorab)

별 이름 : 알고라브, 알지라브(Al Ghirab) 또는 까마귀(Crow)
　　　　라고도 불림
위치 : 12° 28′ - 13° 22′ 천칭자리
등급 : 3
강도 : ★★★★★★
궤도 : 1° 30′
별자리 : 까마귀자리 델타별
해당일 : 10월 5, 6, 7, 8일
별의 성질 : 화성/토성
특징 : 까마귀의 오른쪽 날개에 위치한 연노란색과 보라색을
　　　 띠는 쌍성

＊

알고라브는 사업과 진취적인 일에 대한 감각, 과제들을 극복하는 힘, 매력과 우아함을 부여합니다. 또한 내성적이고 학구적인 성격, 인정받고 성공하고 싶은 야망을 나타냅니다. 그러나 다른 사람들의 파괴적 행동과 속임수를 조심하라는 경고도 하네요.

이 별이 당신의 태양 각도와 연결되면 당신은 사람들에게 좋은 인상을 주어 대중과 관계하는 일에서 성공을 거두고 다른 사람들의 도움이나 지지를 얻을 수 있습니다. 대중 앞에 서는 일을 하면 명성과 인기를 얻지만, 자신의 자리를 잃을 수 있는 스캔들을 조심해야 합니다.

- ● 장점 : 인내심, 대규모 사업, 인기, 무공
- ■ 단점 : 변칙적 방법, 기득권층에 반하는 활동

세기누스(Seginus)

별 이름 : 세기누스
위치 : 16° 38′ - 17° 20′ 천칭자리
등급 : 3
강도 : ★★★★★★
궤도 : 1° 40′
별자리 : 목동자리 감마별
해당일 : 10월 9, 10, 11, 12일
별의 성질 : 수성/토성

특징 : 목동의 왼쪽 어깨에 위치한 작은 황백색 별

＊

세기누스는 기민하고 예리한 사고방식, 인맥, 인기를 부여합니다. 이 별은 당신이 다재다능하고 빨리 배우는 사람이라고 말해주지만 일관성이 없고 자주 돌변하는 성향을 조심해야 한다고 경고합니다.

세기누스는 당신의 태양 각도와 연결되어 사업에서의 성공, 점성학과 철학에 대한 재능 혹은 특이한 관심사에 끌리는 성향을 부여합니다. 사교적이고 친화적인 당신에게는 어려울 때 도움을 청해올 친구들이 많습니다.

- ● 장점 : 협력적, 인기, 다재다능함
- ■ 단점 : 우정과 동업으로 손해를 봄

포라멘(Foramen)

별 이름 : 포라멘
위치 : 21° 12′ - 22° 18′ 천칭자리
등급 : 4
강도 : ★★★★
궤도 : 1° 30′
별자리 : 용골자리 에타별
해당일 : 10월 14, 15, 16, 17일
별의 성질 : 토성/목성
특징 : 아르고스선의 선미에 위치하고, 열쇠구멍 성운에
　　　 둘러싸인 붉은 변광성

＊

포라멘은 직관력이 강하고 매력적이며 관대한 성격과 리더십을 부여합니다. 그런 영향으로 당신은 친화적이고 잘난 척하지는 않지만 강한 성격의 소유자입니다. 자존감을 지키고 전념하면 성공과 번영을 얻을 수 있습니다.

포라멘은 당신의 태양 각도와 연결되어 타고난 사교술과 상냥하고 공감을 잘하는 성격을 부여합니다. 당신은 둘 이상의 관점을 동시에 인식하고 볼 수 있기 때문에 분쟁의 중재자 역할에 알맞은 사람입니다.

- ● 장점 : 사교적, 이해심, 친화성, 인내심
- ■ 단점 : 우유부단함, 목표 결여, 속임수에 쉽게 넘어감, 욕심

스피카(Spica)

별 이름 : 스피카, 이슈타르(Ishtar) 또는 아리스타(Arista)
　　　　라고도 불림
위치 : 22˚51′-23˚46′ 천칭자리
등급 : I
강도 : ★★★★★★★★★
궤도 : 2˚30′
별자리 : 처녀자리 알파별
해당일 : IO월 I4, I5, I6, I7, I8일
별의 성질 : 금성/화성 또는 금성/목성/수성
특징 : 여신이 들고 있는 보리 이삭에 위치한 밝은 흰색 쌍성

＊

스피카는 하늘에서 매우 두드러지는 별들 중 하나입니다. 이 별은 뛰어난 판단력과 예기치 못한 행운을 부여합니다. 또 교양, 과학에 대한 관심, 문화와 예술에 대한 사랑도 암시하죠. 이 영향으로 당신은 교육을 마치면 명예를 높이게 되고 더 부유해집니다. 스피카는 또한 외국에서의 성공, 긴 여행, 수입과 수출 거래를 불러옵니다.

스피카는 당신의 태양 각도와 연결되어 높은 신분, 탄탄한 사회적 연고, 사업에서의 성공, 새로운 아이디어와 발명품에서 이득을 볼 수 있는 능력을 부여합니다. 당신은 집중력과 직관력이 뛰어나고 영적인 능력이 있습니다. 지적인 활동과 큰 조직에 관련된 일에 참여하면 성공할 수 있습니다. 당신은 대중을 상대하는 일을 즐기며 특히 영리 사업을 통해 엄청난 부를 얻을 수 있습니다.

● 장점 : 경제적, 실용적인 면에 중점을 둔 목표
■ 단점 : 낭비가 심함, 끊임없이 바뀌는 목표, 불안정한 마음

아르크투루스(Arcturus)

별 이름 : 아르크투루스, 곰의 수호자(Bear Watcher),
　　　　알카메트(Alchameth) 또는 알 시마크(Al Simak)
　　　　라고도 불림
위치 : 23˚15′-24˚2′ 천칭자리
등급 : I
강도 : ★★★★★★★★★

궤도 : 2˚30′
별자리 : 목동자리 알파별
해당일 : IO월 I6, I7, I8, I9, 2O일
별의 성질 : 화성/목성, 금성/목성
특징 : 목동의 왼쪽 무릎에 위치한 밝은 오렌지색과 노란색을
　　　 띤 별

＊

아르크투루스는 예술적 재능과 미술 분야애서의 성공을 부여하는 별이며, 부, 명예, 칭송, 번영을 불러올 수 있습니다. 또 외국에서의 성공과 긴 여행을 통한 성공도 가져옵니다. 하지만 삶에 불안정을 야기할 수 있는 초조함과 불안을 조심하라고 경고합니다.

아르크투루스는 당신의 태양 각도와 연결되어 부와 명성을 안겨줍니다. 초기의 작은 실패 후에 성공을 가져다주며 직관력, 영적 능력 혹은 치유 능력을 부여합니다. 법조계나 공직에 뜻을 두면 성공을 거둘 수 있습니다. 아니면 철학적·정신적 혹은 종교적 주제에 대한 글쓰기에 관심이 갈 수도 있겠습니다. 그러나 이 별은 삶의 우여곡절을 차분하게 받아들이고 객관성을 유지하는 법을 터득함으로써 지나친 걱정과 불만에 빠지지 않아야 한다고 암시합니다.

● 장점 : 종교적 인맥, 훌륭한 판단력, 긴 여행, 매력적
■ 단점 : 방종, 지나친 열정, 나태, 부주의

전갈자리
℧

프린켑스(Princeps)

별 이름 : 프린켑스
위치 : 2˚8′-2˚5O′ 전갈자리
등급 : 3.5
강도 : ★★★★★
궤도 : I˚30′
별자리 : 목동자리 델타별
해당일 : IO월 26, 27, 28, 29일
별의 성질 : 수성/토성
특징 : 목동의 창 손잡이에 위치한 연노란색 거성

업에서 능력을 발휘해 전문가가 될 수 있습니다.

- ● 장점 : 헌신, 높은 수준의 교육, 정연한 논리, 사고력
- ■ 단점 : 따지기 좋아함, 초조불안, 신뢰할 수 없음

*

프린켑스는 예리한 사고방식과 학구적이고 심오한 정신, 연구를 좋아하는 깊은 이해력을 나타내며, 지와 지략, 보수적인 시각을 부여합니다.

프린켑스는 당신의 태양 각도와 연결되어 교육이나 과학, 법률과 공무에서 두각을 드러내도록 합니다. 당신은 경쟁심이 강하고 대담한 성격입니다. 영리한 적극성과 풍부한 지략이 지금까지 시도되지 않았던 일이나 새로운 아이디어의 실행에 착수해 성공을 거두는 데 도움이 됩니다. 당신은 내성적인 성격이며 자신의 생각을 확실히 알 때까지는 어정쩡한 태도를 취합니다. 하지만 통솔하는 것을 좋아하기 때문에, 확신이 들 때는 거리낌 없이 단도직입적인 태도를 취하고 자기주장을 고집합니다.

- ● 장점 : 끈질김, 강한 의지, 근면, 야망
- ■ 단점 : 완고함, 변칙적 방법, 문제를 자초함, 너무 지배적임

캄발리아(Khambalia)

별 이름 : 캄발리아, 캄블리아(Khamblia)라고도 불림
위치 : 5°53′–6°49′ 전갈자리
등급 : 4
강도 : ★★★★
궤도 : 1°30′
별자리 : 처녀자리 람다별
해당일 : 10월 30, 31일, 11월 1일
별의 성질 : 수성/화성
특징 : 여신의 왼쪽 발에 위치한 흰색 작은 별

*

캄발리아는 명민한 두뇌와 뛰어난 토론 실력을 부여합니다. 이 별은 변화하는 환경을 나타내는데 여기에는 뜻밖의 이익도 포함됩니다. 캄발리아의 영향으로 당신은 실용적인 시각을 지녔고 높은 수준의 학습과 교육에 끌립니다. 친화적이고 사교적이지만 종종 인간미가 없어 보일 수도 있습니다.

캄발리아는 당신의 태양 각도와 연결되어 사업이나 정치, 공무에서의 성공을 불러옵니다. 당신은 선택한 직

아크룩스(Acrux)

별 이름 : 아크룩스
위치 : 10°54′–11°50′ 전갈자리
등급 : 1
강도 : ★★★★★★★★★
궤도 : 2°30′
별자리 : 남십자자리 알파별
해당일 : 11월 2, 3, 4, 5, 6, 7일
별의 성질 : 목성
특징 : 남십자자리에서 가장 밝은 청백색 삼중성

*

아크룩스는 지식, 조화, 정의에 대한 사랑을 부여하는 별입니다. 또 철학, 형이상학, 점성학에 대한 관심뿐 아니라 영적 능력도 주죠. 이런 영향으로 당신은 탐구심이 강하고 아마 책 욕심이 끝이 없거나 여행을 하고 싶은 마음이 강할 겁니다. 아크룩스는 연구나 교육, 사회학, 철학, 종교 분야로 당신을 이끌어줍니다.

이 별은 당신의 태양 각도와 연결되어 섬세하고 감성적인 성격을 나타냅니다. 너그럽고 인도주의적인 신념을 부여하기 때문에 정의의 사도가 될 수도 있겠네요. 사람들과 관련된 일에서 두각을 드러내거나 높은 지위에 올라갑니다.

- ● 장점 : 정의, 동료애, 인정이 많음
- ■ 단점 : 복수심, 불공평함, 냉정함

알페카(Alphecca)

별 이름 : 알페카
위치 : 11°26′–12°0′ 전갈자리
등급 : 2.5
강도 : ★★★★★★★

부록

궤도 : 2° 10′

별자리 : 북쪽왕관자리 알파별

해당일 : 11월 4, 5, 6, 7일

별의 성질 : 금성/수성, 화성/수성

특징 : 리본 매듭에 위치한 밝은 흰색 별

＊

알페카는 위엄, 리더십, 치유 능력, 그리고 점성학 같은 심원한 주제에 관한 높은 수준의 학습을 할 수 있는 재능을 부여합니다. 또한 예술적 능력, 음악과 시에 대한 재능도 선사하네요. 당신은 결단력 있는 사람이고 권위 있는 자리에 오를 수 있습니다. 한편 알페카는 유산을 물려받을 수도 있음을 암시합니다.

이 별은 당신의 태양 각도와 연결되어 뛰어난 지적 능력, 활발한 두뇌, 글쓰기 실력, 대중을 상대하는 일에서의 재능을 나타냅니다. 당신의 태양이 이 별과 연결되면 당신은 공연 예술 쪽으로 방향을 전환해 연예인이 될 수도 있겠습니다. 문제가 생겨도 당신의 위치에는 영향이 없을 겁니다. 당신은 활동적이고 창조적인 정신을 교육을 통해 더 발전시킬 수 있습니다.

● 장점 : 똑똑함, 창의성, 글쓰기 재능, 교육, 지식

■ 단점 : 우유부단함, 교활함, 불운

알 게누비(Al Genubi)

별 이름 : 알 게누비, 남쪽 저울(South Scale), 남쪽 집게발
(South Claw)이라고도 불림

위치 : 14° 6′ – 15° 4′ 전갈자리

등급 : 3

강도 : ★★★★★★

궤도 : 1° 40′

별자리 : 천칭자리 알파별

해당일 : 11월 6, 7, 8, 9일

별의 성질 : 목성/화성/토성/금성

특징 : 천칭의 남쪽 저울에 위치한 연한 노란색과 회백색을 띤 쌍성

＊

알 게누비는 삶에서 변화와 불안정한 시간이 닥칠 수

있다고 암시합니다. 또 정통적인 방법을 따르고 궤도를 벗어나지 않아야 한다고 경고합니다. 당신은 장애물을 극복하는 법을 터득함으로써 성공과 성취를 이룰 수 있습니다.

이 별은 당신의 태양 각도와 연결되어 목표와 목적에 집중해 장애물과 좌절을 극복하는 힘을 부여합니다. 얻는 것이 있으면 잃는 것도 있다는 생각을 해두면 정신적 불안을 피할 수 있습니다.

● 장점 : 남을 용서하는 법을 배움, 인내심, 끈기

■ 단점 : 용서를 잘 안 함, 불미스러운 사람들과의 거래, 법적 문제

알 셰말리(Al Schemali)

별 이름 : 알 셰말리, 북쪽 저울(North Scale), 북쪽 집게발
(North Claw)이라고도 불림

위치 : 18° 23′ – 19° 19′ 전갈자리

등급 : 2.5

강도 : ★★★★★★★

궤도 : 1° 30′

별자리 : 천칭자리 베타별

해당일 : 11월 11, 12, 13일

별의 성질 : 수성/목성, 목성/화성

특징 : 천칭의 북쪽 저울에 위치한 청백색 별로 가끔 연한 에메랄드빛이 남

＊

알 셰말리는 많은 재산을 얻을 기회를 제공합니다. 이 별의 영향을 받는 당신은 지적 능력이 뛰어나고 과학이나 심오한 사상을 이해하는 능력이 탁월합니다. 또한 이 별은 명예와 재산, 부를 선사하고 오래 지속되는 행복을 가져다줍니다.

이 별은 당신의 태양 각도와 연결되어 강한 성격, 리더십, 실행력을 부여합니다. 이 별의 도움으로 당신은 일하는 분야에서 높은 지위로 올라가고 초기의 어려움을 거쳐 성공을 거둘 수 있습니다. 그러나 법적 문제나 미심쩍은 상황에 연루될 수 있으니 조심해야 합니다. 하지만 올바른 선택을 하면 어려움이 오래가지 않고 행운이 돌아옵니다.

- 장점 : 건전한 상식, 풍부한 아이디어, 낙천주의, 조직력
- 단점 : 과장, 자만심, 오만

우누칼하이(Unukalhai)

별 이름 : 우누칼하이
위치 : 21°3′-21°54′ 전갈자리
등급 : 2.5
강도 : ★★★★★★
궤도 : 1°40′
별자리 : 뱀자리 알파별
해당일 : 11월 13, 14, 15, 16일
별의 성질 : 토성/화성
특징 : 뱀의 목에 위치한 연한 주황색 별

✳

우누칼하이는 용감하고 대담한 성격, 결단력, 인내심을 부여해 어려움을 극복하는 데 도움을 줍니다. 하지만 적절하지 않은 관계를 유지해서는 안 된다고 경고하며, 옳은 일을 한다는 것은 힘든 일이지만 보상이 클 것이라고 암시합니다.

이 별은 당신의 태양 각도와 연결되어 글쓰기, 정치, 대중을 상대로 하는 일에서 성공을 불러옵니다. 또 뛰어난 구조 감각과 투지력도 부여하지만, 완고해질 수도 있습니다. 또한 우누칼하이는 가족 문제가 공정하게 해결되어야 하고 불화와 법적 다툼에 휘말리지 않도록 조심하라고 경고합니다.

- 장점 : 투지, 인내심, 저항력, 과제 극복
- 단점 : 반항적이고 싸움을 좋아함, 위법 행위, 반체제적

아게나(Agena)

별 이름 : 아게나
위치 : 22°48′-23°45′ 전갈자리
등급 : 1
강도 : ★★★★★★★★★★
궤도 : 2°30′
별자리 : 켄타우로스자리 베타별

해당일 : 11월 14, 15, 16, 17, 18일
별의 성질 : 금성/목성 또는 화성/수성
특징 : 켄타우로스의 오른쪽 앞다리에 위치한 흰색 작은 별

✳

아게나는 목표를 이루고 높은 지위로 올라갈 수 있게 해주는 별입니다. 또 활력과 건강도 줍니다. 당신은 교양 있고 도덕적인 사람이며 이런 특성들이 우정과 성공, 명예를 불러옵니다.

아게나는 당신의 태양 각도와 연결되어 야망과 성공을 부여합니다. 당신은 연줄이 든든하거나 유명한 친구와 지인들이 있을 겁니다. 이 별의 영향으로 당신은 사교술이 뛰어나고 두루 인기를 얻으며 그 덕분에 기회도 찾아옵니다. 또한 아게나는 활발한 지적 활동과 신속하고 솔직한 반응을 보일 수 있게 합니다. 하지만 상황에 맞지 않는 말을 하거나 무분별하게 행동하면 톡톡히 대가를 치를 수 있음을 암시합니다.

- 장점 : 적극적, 똑똑함, 체력, 인기, 도덕적 품성
- 단점 : 경솔함, 우유부단함, 불명예

분굴라(Bungula)

별 이름 : 분굴라, 톨리만(Tolliman)이라고도 불림
위치 : 28°36′-29°35′ 전갈자리
등급 : 1
강도 : ★★★★★★★★★★
궤도 : 2°30′
별자리 : 켄타우로스자리 알파별
해당일 : 11월 20, 21, 22, 23, 24일
별의 성질 : 금성/목성
특징 : 켄타우로스의 왼쪽 앞다리에 위치한 밝은 황백색 쌍성

✳

분굴라는 열정적이지만 품위 있는 성격과 도움이 되는 인맥을 선사합니다. 이 별은 당신이 가장 어려울 때 도와줄 친구를 주고, 기회와 명예나 권력이 있는 자리도 줍니다. 하지만 극단적인 행동을 하거나 숙명론적인 태도를 취해서는 안 된다고 경고합니다.

이 별은 당신의 태양 각도와 연결되어 야심 있는 성

부록

격, 꾸준히 발전할 수 있는 일관성과 투지를 부여합니다. 하지만 경쟁심이나 질투, 자기중심적 성향은 조심해야 합니다.

- 장점 : 자립적, 나누는 법을 배움, 관대함, 인기
- 단점 : 지나치게 예민함, 타인과의 불화, 다른 사람들로부터 스스로를 소외시킴

궁수자리
♐

이에드 프리오르(Yed Prior)

별 이름 : 이에드 프리오르
위치 : 1°19′-2°13′ 궁수자리
등급 : 3
강도 : ★★★★★★
궤도 : 1°40′
별자리 : 뱀주인자리 델타별
해당일 : 11월 23, 24, 25, 26일
별의 성질 : 토성/금성
특징 : 뱀 주인의 왼손에 위치한 진노란색 별

✳

이에드 프리오르는 솔직하고 딱 부러지는 성격과 진지한 태도를 부여하는 별입니다. 당신은 야심과 투지가 있으며 사교술이 뛰어납니다.

이 별은 당신의 태양 각도와 연결되어 매력과 유쾌한 성격을 줄 뿐 아니라 야심과 성공도 안겨줍니다. 또 글을 써서 성공을 거두고 교육과 높은 수준의 학습에서 성취를 이루도록 합니다. 점성학, 철학, 종교에 대한 특별한 관심도 나타내죠. 아니면 당신은 법조계나 정치 쪽에서 일할 수도 있겠습니다. 동료들과 고용주들은 당신을 존중하고 좋아합니다.

- 장점 : 인기, 항상 집중함
- 단점 : 말이 많음, 부도덕, 뻔뻔함, 혁명적

이시디스(Isidis)

별 이름 : 이시디스, 디슈바(Dishubba)라고도 불림
위치 : 1°33′-2°29′ 궁수자리
등급 : 2.5
강도 : ★★★★★★★
궤도 : 1°40′
별자리 : 전갈자리 델타별
해당일 : 11월 24, 25, 26일
별의 성질 : 화성/토성
특징 : 전갈의 오른쪽 집게발 근처에 위치한 밝은 별

✳

이시디스는 자유로운 태도와 자긍심, 높은 목표를 부여하는 별입니다. 또 야망도 주기 때문에 당신은 경쟁심이 강하고 대담하며 인습에 얽매이지 않습니다. 그러나 성급하게 행동하지 않아야 하며 믿을 수 없는 사람과 계속 관계를 유지해서는 안 됩니다.

이 별은 당신의 태양 각도와 연결되어 양질의 교육을 받게 하고, 법, 정치, 철학, 종교, 형이상학, 점성학 같은 분야에 관심을 두게 합니다. 당신은 외향적인 사람으로, 많은 인기, 친구들, 그리고 오래 지속되는 협력 관계를 선호할 것입니다. 하지만 신중해야 합니다.

- 장점 : 기탄없이 솔직함, 교양, 세상사에 밝음
- 단점 : 무분별함, 기회주의자, 지나치게 낙천적

그라피아스(Graffias)

별 이름 : 그라피아스, 아크라브(Acrab) 또는 전갈의 이마 (Frons Scorpi)라고도 불림
위치 : 2°12′-3°13′ 궁수자리
등급 : 3
강도 : ★★★★★★
궤도 : 1°40′
별자리 : 전갈자리 베타별
해당일 : 11월 24, 25, 26, 27월
별의 성질 : 토성/화성
특징 : 전갈의 머리에 위치한 창백한 흰색과 연보라색을 띠는 삼중성

*

그라피아스는 뛰어난 사업 감각, 부, 물질적 힘을 부여하며 총명한 머리와 모험을 감수하려는 의지를 줍니다. 이 별은 많은 어려움 뒤에 성공이 찾아옴을 나타내기 때문에 당신의 목표를 성취하기 위한 열쇠는 인내심과 투지입니다. 그러나 이런 혜택들이 꼭 오래 지속되는 것은 아니며 과로는 스트레스를 불러오고 건강을 해칠 수 있다고 경고합니다.

그라피아스는 당신의 태양 각도와 연결되어 정계에서의 성공과 교육, 종교, 대중과 관련된 일에서의 큰 성취를 나타냅니다. 또 근면과 봉사로 높은 명예를 얻는다고 암시합니다. 당신은 소원을 이루고 원하는 것을 얻을 능력이 있지만 애써서 얻은 성공의 보상을 항상 충분히 누리지는 못합니다.

- ● 장점 : 인내심, 근면, 헌신
- ■ 단점 : 변화와 격동, 물질주의적 성향

한(Han)

별 이름 : 한
위치 : 8°15′-9°13′ 궁수자리
등급 : 3
강도 : ★★★★★★
궤도 : 1°40′
별자리 : 뱀주인자리 제타별
해당일 : 11월 30일, 12월 1, 2, 3일
별의 성질 : 토성/금성
특징 : 뱀 주인의 왼쪽 무릎 근처에 위치한 작은 청백색 별

*

한은 성공의 기회, 행운, 명예를 부여하는 별입니다. 하지만 자기 파괴적 행동과 위법 행위를 경고합니다.

이 별은 당신의 태양 각도와 연결되어 카리스마 넘치는 성격과 사람들에게 좋은 인상을 주는 능력을 부여합니다. 당신은 종종 다른 사람들의 도움을 받으며, 별 노력 없이도 빠르게 진급하는데 항상 응당한 승진은 아닙니다. 또한 이 별은 글쓰기와 대중을 상대로 한 일에서 큰 성취를 이루게 하는데, 불필요한 걱정과 스트레스를

불러올 수 있는 미심쩍은 상황에 연루되지 않도록 조심하라고 경고합니다.

- ● 장점 : 헌신, 책임감, 진지함
- ■ 단점 : 냉정함, 거부감

안타레스(Antares)

별 이름 : 안타레스, 안티 아리에스(Anti Aries) 또는 화성의 라이벌(Rival of Mars)이라고도 불림
위치 : 8°48′-9°49′ 궁수자리
등급 : 1
강도 : ★★★★★★★★★★
궤도 : 2°30′
별자리 : 전갈자리 알파별
해당일 : 11월 30일, 12월 1, 2, 3, 4, 5일
별의 성질 : 화성/목성, 목성/금성
특징 : 전갈의 몸에 위치한 불타는 듯한 붉은색과 선녹색을 띤 쌍성

*

안타레스는 네 개의 황제별 중 하나로 매우 중요한 별입니다. 모험심, 예리한 정신, 관대한 시각, 자유로운 태도를 부여하는 별이죠. 또 예상치 못한 사건과 행운, 수많은 해외여행 기회를 나타냅니다. 안타레스는 용기, 강한 확신, 대담한 성격을 부여하지만, 경솔함, 파괴적 행위, 완고함, 복수 행위를 경고합니다.

안타레스는 당신의 태양 각도와 연결되어 교육이나 정치, 대중을 상대로 하는 일에 대한 관심을 부여합니다. 당신은 아마 이상주의적이고 낙천적이며 정당한 대의를 위해 싸울 의지가 있을 겁니다. 이 별은 또한 글쓰기에 대한 재능과 지식과 지혜를 추구하는 종교적 시각을 줍니다. 명예와 부를 가져다주지만 이러한 것들이 꼭 오래 지속되는 것은 아닙니다. 안타레스의 영향을 받으면 예상치 못한 일들로 좋건 나쁘건 갑자기 상황이 바뀔 수 있습니다.

- ● 장점 : 용기, 세상사에 밝음, 해외여행, 높은 수준의 교육
- ■ 단점 : 급한 성격, 지나치게 거리낌 없이 말함, 반항적, 파괴적 행위

라스타반(Rastaban)

별 이름 : 라스타반
위치 : 10°49′ – 11°42′ 궁수자리
등급 : 2.5
강도 : ★★★★★★★
궤도 : 1°40′
별자리 : 용자리 베타별
해당일 : 12월 3, 4, 5, 6일
별의 성질 : 토성/화성
특징 : 용의 머리에 위치한 붉은색과 청황색의 불규칙한
　　　 변광성, 거대 쌍성

＊

라스타반은 강한 확신, 투지, 일반 대중을 상대하는 일에서의 성공을 가져옵니다. 또한 독특한 발견과 발명의 기회뿐 아니라 변화와 예기치 못한 운명의 전환도 나타냅니다. 이 별은 뛰어난 용기, 대담성, 야심 있는 성격을 부여합니다. 당신은 종종 다른 사람들의 도움으로 권력과 명성을 얻을 수도 있습니다.

라스타반은 당신의 태양 각도와 연결되어 실행력, 야망, 인내심을 부여합니다. 그 덕분에 교육, 종교, 과학, 혁신적 연구 등으로 높은 지위까지 올라갈 수 있습니다.

한편 이 별은 말과 관련이 있어 말을 주로 사용하는 직업을 원할 수도 있습니다.

- ● 장점 : 인내심, 참을성, 실용적 시각
- ■ 단점 : 반항적이고 반체제적인 성향, 추진력 부족

사비크(Sabik)

별 이름 : 사비크
위치 : 16°58′ – 17°59′ 궁수자리
등급 : 2.5
강도 : ★★★★★★★
궤도 : 1°40′
별자리 : 뱀주인자리 에타별
해당일 : 12월 8, 9, 10, 11일
별의 성질 : 토성/금성, 목성/금성
특징 : 뱀 주인의 무릎에 위치한 연한 노란색 별

＊

사비크는 정직성과 도덕적 용기를 부여하는 별입니다. 또 자신의 본성에 충실하고 부정직과 낭비를 피하라고 촉구합니다. 당신은 현명한 판단력을 발휘해야 하며 아무리 수익성이 좋아보여도 부정한 거래를 해서는 안 됩니다.

사비크가 당신의 태양 각도와 연결되면 진지함, 훌륭한 행동, 정의에 대한 사랑을 나타냅니다. 당신은 지혜를 찾고 철학 연구뿐 아니라 비정통적이거나 논란의 여지가 있는 주제들에 끌릴 수 있습니다. 이 별은 더 나은 쪽으로의 변화를 불러와서 달갑지 않은 상황에서도 종종 전화위복이 될 수 있습니다. 또한 당신은 상황이 어떠하든 훌륭한 도덕심과 확신만 있다면 어려운 시간도 충분히 헤쳐나갈 것입니다.

- ● 장점 : 도덕심과 용기, 장애물 극복
- ■ 단점 : 낭비, 부정직, 기만, 도덕심 부족

라스알하게(Rasalhague)

별 이름 : 라스알하게, 뱀 부리는 사람(Serpent Charmer)이라
　　　　 고도 불림
위치 : 21°28′ – 22°26′ 궁수자리
등급 : 2
강도 : ★★★★★★★★
궤도 : 2°10′
별자리 : 뱀주인자리 알파별
해당일 : 12월 13, 14, 15, 16월
별의 성질 : 토성/금성
특징 : 뱀 주인의 머리에 위치한 흰색과 블루사파이어빛을 띤
　　　 밝은 별

＊

라스알하게는 지식과 교육에 대한 욕구, 인도주의, 관대하거나 자유로운 시각을 부여합니다. 그래서 당신은 철학과 종교에 관심이 있고, 눈에 보이는 것을 실현하는 재능이 있습니다.

이 별은 당신의 태양 각도와 연결되어 내성적이지만

사려 깊은 성품을 나타냅니다. 또한 대규모 프로젝트나 계획에 집중할 수 있는 능력을 부여해 사업에 성공할 수 있으며, 개인적으로도 큰 성취를 이루어내면서 시대를 앞서갈 것이라고도 암시합니다. 당신을 의심에 빠뜨릴 수도 있으나, 당신이 다른 사람을 믿고 마음을 열면 인기를 얻고 교우 관계를 넓힐 수 있습니다.

- ● 장점 : 큰 규모의 일들에 관여함, 스포츠 활동, 괜찮은 수입
- ■ 단점 : 의심, 에너지 분산, 지나치게 진지함

레수트(Lesuth)

별 이름 : 레수트, 침(Sting)이라고도 불림
위치 : 22° 2′ - 24° 0′ 궁수자리
등급 : 3
강도 : ★★★★★★
궤도 : 1° 40′
별자리 : 전갈자리 뉴별
해당일 : 12월 15, 16, 17, 18 일
별의 성질 : 수성/화성
특징 : 전갈의 침에 위치하고 성운에 둘러싸인 작은 4중성

＊

레수트는 명민하고 예리한 두뇌, 적극성, 자발성을 부여하는 별입니다. 이 별의 영향으로 당신은 건전한 판단력과 사교성을 갖춘 야망이 강한 사람입니다. 이 별은 창의성과 독창성, 새로운 발견을 위해 노력하게 하고 뜻밖의 이익과 행운을 맞을 기회를 줍니다.

레수트는 당신의 태양 각도와 연결되어 공무에서의 성공, 글쓰기 재능, 교육, 높은 수준의 학습 기회가 있을 것임을 암시합니다. 당신은 직관력과 탐구심이 강하고 유익한 발견으로 사회에 기여합니다. 또 두뇌 회전이 빠르고 활발해 뛰어난 탐정이나 수사관 역할을 합니다. 솔직하고 근면하며 활력 있고 행동이 빠르죠. 하지만 모든 역량을 가치 있는 일들에 쏟도록 노력하고, 위험하거나 법적 문제에 휘말릴 수 있는 행동은 피해야 합니다.

- ● 장점 : 기민함, 창의적, 투지, 상식
- ■ 단점 : 과장하는 성향, 격동

아쿨레우스(Aculeus)

별 이름 : 아쿨레우스
위치 : 24° 49′ - 25° 57′ 궁수자리
등급 : 4.5
강도 : ★★★
궤도 : 1°
별자리 : 전갈자리 6M별
해당일 : 12월 17, 18, 19일
별의 성질 : 화성/달
특징 : 아쿠멘과 함께 성단에서 전갈의 침 약간 위에 위치한 별

＊

아쿨레우스는 엄청난 에너지, 투지, 리더십, 실행력을 부여하는 별입니다. 이 별의 영향으로 당신은 활동적이지만 침착하지 못하며 기분이 쉽게 바뀝니다. 따라서 인내심을 길러야 성공의 기회가 많아질 것입니다.

아쿨레우스가 당신의 태양 각도와 연결되면 공공 분야에서의 성공을 불러오지만 열심히 일하고 당면한 일에 전념할 때만 가능한 일입니다. 한편 이 별의 영향을 받는 사람은 눈 건강에 신경을 써야 합니다.

- ● 장점 : 빠른 두뇌 회전, 직관력, 적극적, 야망
- ■ 단점 : 성급함, 화를 잘 냄, 기분이 잘 바뀜

에타민(Etamin)

별 이름 : 에타민
위치 : 26° 55′ - 27° 57′ 궁수자리
등급 : 2.5 - 3
강도 : ★★★★★★
궤도 : 1° 40′
별자리 : 용자리 감마별
해당일 : 12월 19, 20, 21일
별의 성질 : 화성/달
특징 : 용의 눈에 위치한 붉은색의 거대 쌍성

＊

에타민은 예리한 사고, 열정, 개성, 개척 정신을 부여하는 별입니다. 당신은 자신감이 강하지만 때로는 너무

지나쳐서 성급한 행동으로 지위를 잃을 수도 있습니다.

이 별은 당신의 태양 각도와 연결되어 높은 수준의 교육, 글쓰기, 출판, 혹은 법률 쪽으로 나가도록 독려합니다. 일반적으로 에타민의 영향을 받은 사람은 성격이 적극적이고 단호하며 특이한 주제나 아이디어, 문제들에 대한 관심을 가집니다.

- ● 장점 : 의지력, 투지, 야심, 진지함
- ■ 단점 : 충동적 행동, 다툼, 화를 잘 냄, 침울함

아쿠멘(Acumen)

별 이름 : 아쿠멘
위치 : 27°45′ – 28°54′ 궁수자리
등급 : 4.5
강도 : ★★★
궤도 : 1°
별자리 : 전갈자리 7M별
해당일 : 12월 20, 21, 22일
별의 성질 : 화성/달
특징 : 이 성단은 아쿨레우스와 함께 전갈의 침 바로 위에 위치함

＊

아쿠멘은 리더십, 에너지, 적극성, 출세욕을 부여하는 별입니다. 강한 의지와 내면의 긴장, 충동적인 성향도 주죠. 이런 치열한 감정들과 지나치게 흥분하는 성향이 종종 혼란과 오해, 심지어 다툼으로 이어질 수도 있습니다. 또한 아쿠멘은 사업의 성공을 암시하며, 시골 생활과 대가족을 좋아하는 성향을 나타냅니다.

이 별은 당신의 태양 각도와 연결되어 열정과 패기 있는 태도를 부여합니다. 당신은 자신의 성취를 보여주는 것을 좋아하고 승리가 중요 목표입니다. 당신은 새로운 아이디어를 구상해서 실행하는 진취적인 성격이며 대중들을 상대로 일합니다. 하지만 당신에게는 가족의 지원과 사랑이 필요합니다. 또한 아쿠멘은 시력에 신경을 쓰라고 경고합니다.

- ● 장점 : 독립적, 정서적, 인기, 야망
- ■ 단점 : 지나치게 예민함, 기분이 잘 바뀜, 성급함, 내면의 긴장

시니스트라(Sinistra)

별 이름 : 시니스트라
위치 : 28°46′ – 29°44′ 궁수자리
등급 : 3
강도 : ★★★★★★
궤도 : 1°40′
별자리 : 뱀주인자리 뉴별
해당일 : 12월 21, 22, 23일
별의 성질 : 금성/토성
특징 : 뱀 주인의 왼손에 위치한 주황색 왜성

＊

시니스트라는 사업에서의 성공, 뛰어난 실행력, 잠재적 리더십, 독립적이거나 독창적 성격을 부여합니다. 하지만 잠시도 가만있지 못하는 성미와 변화에 대한 끊임없는 욕구도 함께 주기 때문에 상황 변동이 심할 수 있습니다.

이 별은 당신의 태양 각도와 연결되어 큰 포부와 대담하고 독창적이지만 호전적인 성격을 부여합니다. 또 사업, 법조계, 정부 혹은 대중을 상대로 하는 일에서의 성공을 나타냅니다. 아니면 당신은 더 높은 수준의 연구, 종교, 철학 쪽에 큰 뜻을 품을 수도 있습니다. 또한 스스로의 힘으로 이름을 떨칠 기회가 찾아와 명성이나 악명을 얻게 됩니다.

- ● 장점 : 공직에서의 높은 지위
- ■ 단점 : 고압적, 냉정함, 지나치게 진지함

스피쿨룸(Spiculum)

별 이름 : 스피쿨룸, 삼렬성운(Trifid Nebulae)이라고도 불림
위치 : 29°41′ 궁수자리 – 0°39′ 염소자리
등급 : 5
강도 : ★★
궤도 : 1°
별자리 : 궁수자리 20M, 21M별
해당일 : 12월 21, 22, 23일
별의 성질 : 달/화성

특징 : 궁수의 화살촉에 위치한 두 개의 성단과 하나의 성운

＊

스피쿨룸은 야망, 적극성, 뛰어난 용기, 강한 확신을 부여합니다. 이 별로 볼 때 당신은 사회적이고 사교 모임을 즐깁니다. 하지만 쉽게 침울하고 초조해져서 뜻밖의 결정을 내리거나 특이한 행동을 할 수도 있겠네요.

스피쿨룸은 당신의 태양 각도와 연결되어 강렬한 감정, 포부, 야망, 용기, 강한 확신을 부여합니다. 당신은 남과 어울리기 좋아하고 사교 행사를 즐기며 친구, 특히 여자 친구가 많습니다. 또한 스피쿨룸은 성급한 행동은 후회를 불러오기도 한다고 경고합니다.

- ● 장점 : 의지력, 투지, 활력
- ■ 단점 : 침울함, 화를 잘 냄, 초조불안, 다툼, 후회할 수 있는 결정

염소자리
♑

폴리스(Polis)

별 이름 : 폴리스
위치 : $2°15' - 3°14'$ 염소자리
등급 : 4
강도 : ★★★★
궤도 : $1°30'$
별자리 : 궁수자리 뮤별
해당일 : 12월 23, 24, 25, 26일
별의 성질 : 목성/화성
특징 : 궁수의 활 윗부분에 위치한 청백색 3중성

＊

폴리스는 예리한 지각력과 특정 목표에 집중하는 힘을 부여합니다. 또한 성공과 많은 재산을 얻을 수 있도록 독려하고 높은 지위로 올라갈 수 있는 투지를 줍니다. 이 별의 영향을 받아 당신은 좋은 결과를 불러올 결정을 신속하게 내리는 능력이 있고 리더십이 강합니다. 그러나 반항적이고 고압적인 성향은 조심해야 합니다.

폴리스가 당신의 태양 각도와 연결되면 개적적이고 용감한 성격, 많은 기회, 인내심, 큰 야망을 부여합니다.

당신은 자부심이 있고, 명성을 얻건 악명을 얻건 스스로의 힘으로 이름을 떨치고자 합니다. 이 별은 또한 높은 수준의 교육을 받게 하고 정신적 영역에 대한 특별한 관심을 부여합니다. 그리고 당신이 기업의 창업자가 아니라면 상황을 지배하고 주도권을 쥐려는 건 삼가라고 경고합니다.

- ● 장점 : 집중력, 경쟁심 강한 성격
- ■ 단점 : 반항적, 초조함, 불안, 인내심 부족, 지나치게 낙천적

카우스 보레알리스(Kaus Borealis)

별 이름 : 카우스 보레알리스
위치 : $5°20' - 6°19'$ 염소자리
등급 : 3
강도 : ★★★★★★
궤도 : $1°40'$
별자리 : 궁수자리 람다별
해당일 : 12월 27, 28, 29일
별의 성질 : 수성/화성
특징 : 궁수의 활 북쪽 부분에 위치한 주황색 거성

＊

카우스 보레알리스는 지적 능력, 예리한 사고, 에너지가 넘치는 인상적인 말솜씨, 뛰어난 소통 기술을 주는 별입니다. 토론과 논쟁을 좋아하는 것도 이 별의 영향입니다. 하지만 때로는 공격적이거나 따지기 좋아하는 사람처럼 보이기도 합니다. 이 별은 재치 있는 말재주와 인도주의적 성향, 이상주의적 성격, 깊은 정의감도 부여합니다. 또한 당신에게 변화를 강요하여 당신의 완고함이 시험대에 오를 수 있겠네요.

이 별이 당신의 태양 각도와 연결되면 단호함과 영향력 있는 지위를 얻겠다는 내면의 추진력을 부여합니다. 당신의 리더십과 독창성이 다른 사람들의 인정을 받아 성취나 승진으로 이어집니다. 하지만 내면의 불안과 계속해서 앞으로 나아가려는 욕구가 불만을 불러일으킬 수도 있습니다.

- ● 장점 : 다재다능함, 단호함, 아는 것이 많음, 솔직함
- ■ 단점 : 불만, 극단주의자, 독단적

파시에스(Facies)

별 이름 : 파시에스
위치 : 7°12′ - 8°24′ 염소자리
등급 : 5
강도 : ★★
궤도 : 1°
별자리 : 궁수자리 M22별
해당일 : 12월 29, 30, 31일
별의 성질 : 태양/화성
특징 : 궁수의 활에 위치한 밝은 개방 성단과 성운

＊

파시에스는 적극성, 투지, 두려움 없는 성격을 줍니다. 이에 따라 당신은 활력과 활기가 넘치고 권력을 행사하고 싶어 하며 리더십을 갖추고 있습니다. 파시에스는 신속하게 결정을 내리는 능력을 주기 때문에 당신은 경쟁을 즐기고 승리를 거두는 뛰어난 전략가입니다.

이 별은 당신의 태양 각도와 연결되어 사업, 대중을 상대하는 일에서 성공을 기약할 뿐 아니라 강한 의지력, 내면의 추진력, 경쟁심을 부여합니다. 그러나 항상 1등이 되고 싶은 욕구에는 위험이 수반되니 부당한 거래나 위험한 상황은 피하라고 경고합니다.

- 장점 : 삶의 의지, 활동적 생활, 성취력, 단호함
- 단점 : 과도한 긴장, 완고함, 싸우려는 성향

펠라구스(Pelagus)

별 이름 : 펠라구스, 눈키(Nunki)라고도 불림
위치 : 11°15′ - 12°21′ 염소자리
등급 : 2
강도 : ★★★★★★★★
궤도 : 2°10′
별자리 : 궁수자리 시그마별
해당일 : 1월 1, 2, 3, 4, 5월
별의 성질 : 수성/목성
특징 : 궁수가 손에든 화살 날개에 위치한 별

＊

펠라구스는 진실에 대한 사랑, 강한 성격, 딱 부러지고 적극적인 태도를 부여합니다. 또 성공하겠다는 투지와 건전한 분별력을 줍니다. 펠라구스는 교육과 더 높은 수준의 학습, 특히 과학, 철학, 역사, 정신적 영역의 학습을 강력하게 권합니다. 또 솔직한 성격과 강한 확신도 나타냅니다.

이 별이 당신의 태양 각도와 연결되면 당신은 아이디어가 풍부하고 영향력 있는 공직으로 올라가며 집과 가족의 상황이 순조롭습니다. 스스로 이름을 떨치고, 때로는 복잡한 상황에 휘말리기도 하지만 대개는 별 탈 없이 빠져나옵니다.

- 장점 : 높은 수준의 교육, 건전한 상식, 진실에 대한 사랑
- 단점 : 논란이 많음, 부정직으로 인한 실패

아셀라

별 이름 : 아셀라(Ascella)
위치 : 12°39′ - 13°37′ 염소자리
등급 : 3
강도 : ★★★★★★
궤도 : 1°40′
별자리 : 궁수자리 제타별
해당일 : 1월 3, 4, 5, 6일
별의 성질 : 목성/수성
특징 : 궁수의 겨드랑이에 위치한 쌍성

＊

아셀라는 풍부한 아이디어, 뛰어난 판단력, 정신적 영역과 철학에 이끌리는 성향을 부여하는 별입니다. 진취적으로 넓게 보고 생각한 것을 실용성에 접목시키면 부와 행운을 얻을 수 있습니다.

이 별이 당신의 태양 각도와 연결되면 야망, 도덕적 용기, 건전한 판단력을 부여합니다. 당신은 아마도 강한 신념을 지닌 사람일 겁니다. 이 별은 당신에게 도움이 필요할 때 영향력 있는 친구와 고용주가 도와줄 것을 암시합니다. 또한 당신의 사교적 성격과 실행력이 많은 기회와 행운, 행복을 가져다줄 것입니다.

- ● 장점 : 남과 어울리기 좋아함, 사교적이고 친화적, 강한 확신
- ■ 단점 : 무뚝뚝함, 따지기 좋아함

마누브리움(Manubrium)

별 이름 : 마누브리움
위치 : 14°01′–15°03′ 염소자리
등급 : 4
강도 : ★★★★
궤도 : 1°30′
별자리 : 궁수자리 오미크론별
해당일 : 1월 5, 6, 7일
별의 성질 : 태양/화성
특징 : 궁수의 얼굴에 위치한 성단의 일부인 별

＊

마누브리움은 당신이 용기 있거나 대담하고 역동적인 성격이라고 말해줍니다. 또한 당신이 대단히 용감하고 반항적 행동을 할 수 있다고 암시합니다. 당신은 아마 성격이 급하고 참을성이 없을 겁니다.

이 별은 당신의 태양 각도와 연결되어 활력과 활기, 리더가 되고 싶은 강한 욕구를 부여합니다. 이 별로 볼 때 당신은 자부심이 강하고 개척 정신이 있으며 스포츠와 경쟁을 즐깁니다. 또 상황을 지배하고 싶어 합니다.

- ● 장점 : 활력, 성취력, 용기, 야망
- ■ 단점 : 완고함, 초조함, 불안, 싸우려는 성향

베가(Wega)

별 이름 : 베가
위치 : 14°20′–15°19′ 염소자리
등급 : 1
강도 : ★★★★★★★★★★
궤도 : 2°30′
별자리 : 거문고자리 알파별
해당일 : 1월 4, 5, 6, 7, 8일
별의 성질 : 금성/수성, 목성/토성
특징 : 거문고의 하단에 위치한 흰색과 블루사파이어빛을 띤 밝은 별

＊

베가는 리더십과 사교적이고 외향적인 성격을 부여합니다. 당신은 이상주의적이고 낙천적인 시각의 소유자이고 창의력과 글쓰기에 재능이 있습니다. 하지만 이 별은 변화무쌍한 상황으로 성공에 변동이 나타나는 시기가 올 수 있으니 투지를 발휘해야만 안정을 얻을 수 있다고 암시합니다.

베가는 당신의 태양 각도와 연결되어 성공과 높은 지위로 올라갈 수 있는 기회를 부여합니다. 이 별은 영향력 있는 사람과 만나게 해주며, 이런 인맥은 명예와 인기로 이어질 수 있습니다. 베가는 또한 변화무쌍한 상황 때문에 성공이 오래가지 못할 수 있다고도 암시합니다. 당신은 아마 관직이나 일반 대중을 상대하는 일을 좋아할 겁니다. 그러나 이 별은 너무 비판적이거나 퉁명스럽게 굴지 말라고 경고합니다.

- ● 장점 : 교양, 희망, 진지함, 책임감
- ■ 단점 : 권력의 오용, 지나치게 내성적, 비판적, 퉁명스러움, 숨어 있는 적

데네브(Deneb)

이름 : 데네브, 다나브(Danab)라고도 불림
위치 : 18°49′–19°55′ 염소자리
등급 : 3
강도 : ★★★★★★
궤도 : 1°40′
별자리 : 독수리자리 제타별
해당일 : 1월 9, 10, 11, 12일
별의 성질 : 화성/목성
특징 : 독수리 눈에 위치한 녹색 별

＊

데네브는 리더십과 자유로운 태도, 너그러운 성격을 부여합니다. 그 영향으로 낙천적이고 진취적이며 대담한 당신은 열정이 넘치고 야망이 큽니다. 또 건전한 분별력을 갖추었고 적극적으로 행동합니다.

이 별이 당신의 태양 각도와 연결되면 당신은 대중을 상대하는 일에서 성공을 거두고 사업과 법조계에서 일

하게 될 가능성이 큽니다. 당신은 리더십, 실행력, 강한 의지를 갖추었고 다른 사람들에게 지시를 내릴 줄 압니다. 이 별은 독립적이고 활동적인 성격 또는 진정한 개성을 부여해 당신이 용기와 열정을 발휘하여 발전할 기회를 줍니다.

- 장점 : 진취성, 경쟁력, 야망
- 단점 : 경솔함, 성급함, 부정직함, 태만

테레벨룸(Terebellum)

이름 : 테레벨룸
위치 : 24°52′–25°55′ 염소자리
등급 : 5
강도 : ★★
궤도 : 1°
별자리 : 궁수자리 오메가별
해당일 : 1월 15, 16, 17일
별의 성질 : 금성/토성
특징 : 궁수의 꼬리에서 4각형으로 된 부분에 있는 주황색 별

＊

테레벨룸은 명확하고 실용적인 시각, 야심 있고 단호한 성격을 부여합니다. 이 별의 영향으로 당신은 어려움을 극복한 뒤에야 성공을 거둡니다. 이 별로 보건대 당신은 책임감과 의무감이 강하고 고생과 힘든 노력을 견딜 수 있습니다. 하지만 개인적 욕구와 타인에 대한 의무 사이에서 갈등을 겪을 수도 있습니다.

이 별은 당신의 태양 각도와 연결되어 중요한 지위까지 올라갈 수 있는 영리함과 야망을 부여합니다. 그러나 술수를 잘 부리는 성향일 수 있으니 나쁜 짓과 범법 행위를 하지 않아야한다고 경고합니다. 이 별로 볼 때 당신은 많은 재산과 성공을 얻을 수 있지만 여기에는 상당한 대가나 희생이 따르기도 합니다.

- 장점 : 야망, 헌신, 감상적, 똑똑함
- 단점 : 돈에만 관심이 있음, 냉정함, 술수를 잘 부림, 이기적

물병자리
♒

알비레오(Albireo)

이름 : 알비레오
위치 : 0°17′–1°16′ 물병자리
등급 : 3
강도 : ★★★★★★
궤도 : 1°40′
별자리 : 고니자리 베타별
해당일 : 1월 20, 21, 22, 23일
별의 성질 : 수성/금성
특징 : 고니 머리에 위치한 황옥색과 사파이어블루빛을 띠는 쌍성

＊

알비레오는 세련되고 부드러운 성격을 부여하고 종종 우아하거나 멋진 외모를 나타냅니다. 이 별로 볼 때 당신은 깔끔한 것을 좋아하고 사랑스러운 성격이며 인기를 원합니다. 당신은 대개 가장 도움이 필요할 때 다른 사람의 도움을 받습니다.

이 별은 당신의 태양 각도와 연결되어 사교적이고 호감 가는 느긋한 성격을 부여합니다. 그래서 친구를 쉽게 사귀고 대중을 상대로 하는 일에서 성공을 거둡니다. 알비레오는 글쓰기, 특히 인도주의적이거나 사회적 주제에 대해 글을 쓰는 재능을 부여합니다. 또한 당신은 독특한 직업을 선택하고 특이한 습관이 있을 것으로 보입니다. 너무 급진적이거나 극단적이 되지 않도록 조심하세요.

- 장점 : 소통을 잘함, 자유로움, 창의적 아이디어, 독창적
- 단점 : 반항적, 너무 급진적, 기이하고 비우호적임

알타이르(Altair)

이름 : 알타이르, 독수리(Eagle)라고도 불림
위치 : 0°47′–1°43′ 물병자리
등급 : 1

강도 : ★★★★★★★★★

궤도 : 2°30′

별자리 : 독수리자리 알파별

해당일 : 1월 20, 21, 22, 23, 24일

별의 성질 : 화성/목성, 천왕성, 수성

특징 : 독수리 목에 위치한 백황색 별

＊

알타이르는 강한 욕구, 자신감, 야망, 자유로운 태도를 부여하지만 고집 센 성격도 줍니다. 이 별로 볼 때 당신은 급진적이고 반항적이거나 때로는 일을 망쳐놓아 문제를 일으키지만 독창성, 특이함, 기발한 아이디어가 그런 행동을 상쇄합니다. 또한 알타이르는 새로운 발명을 통해 재산이 갑자기 크게 불어나거나 성공을 얻지만 심한 상황 변동으로 권위 있는 자리가 위험해질 수 있다고 경고합니다.

이 별이 당신의 태양 각도와 연결되면 독창성, 인기, 모험심 많은 성향을 부여합니다. 또한 알타이르는 지식을 추구하라고 촉구하고 글쓰기와 교육에 대한 재능도 드러냅니다. 야심이 크고 대담한 당신은 운명을 바꾸려 하고 예상치 못한 이익이나 혜택을 봅니다. 또한 집단 지향적이어서 친구를 잘 사귀고 사람들에게 영향을 미칩니다.

- 장점 : 독창적, 기발함, 개성, 인도주의적, 창의적
- 단점 : 반항적, 적대적, 변덕스러움

기에디(Giedi)

이름 : 기에디, 알 자디(Al Jady)라고도 불림

위치 : 2°50′–3°48′ 물병자리

등급 : 4

강도 : ★★★★

궤도 : 1°40′

별자리 : 염소자리 알파별

해당일 : 1월 23, 24, 25일

별의 성질 : 금성/화성, 금성/수성

특징 : 염소의 남쪽 뿔에 위치한 노란색, 재색, 연보라색을 띠는 쌍성

＊

기에디는 뜻밖의 사건, 우여곡절, 행운이나 갑작스런 성공, 특이한 관계로 가득 찬 다사다난한 삶을 선사합니다. 불안정하고 상황이 바뀌는 시기를 겪을 것이니 지금의 행운을 즐기되 예기치 못한 일이 일어날 것을 염두에 두어야 합니다.

이 별은 당신의 태양 각도와 연결되어 에너지와, 활력, 활동적인 성격을 부여합니다. 글솜씨를 포함한 창의적 재능을 통해 성공과 대중의 인기를 가져다주죠. 당신은 도움과 혜택을 줄 수 있는 영향력 있는 친구들이 있습니다. 하지만 비판적인 성향을 조심하고 부당한 거래를 피해야 합니다.

- 장점 : 창의적 재능, 인기, 특이한 관계, 다른 사람들의 호의
- 단점 : 불안정, 기행, 비판적

다비(Dabih)

이름 : 다비

위치 : 3°4′–4°3′ 물병자리

등급 : 3

강도 : ★★★★★★

궤도 : 1°40′

별자리 : 염소자리 베타별

해당일 : 1월 23, 24, 25, 26일

별의 성질 : 토성/금성, 토성/천왕성

특징 : 염소의 왼쪽 눈에 위치한 주황색과 푸른색을 띠는 쌍성

＊

다비는 신뢰와 권위를 부여하고 사람들의 인정을 받게 해주는 책임감 강한 성격도 선사합니다. 하지만 당신은 내성적이고 의심 많은 성향이기도 합니다. 이 별은 또한 불미스러운 관계나 친구로 인한 손해를 조심하라고 경고합니다.

다비는 당신의 태양 각도와 연결되어 투지, 꾸준한 발전과 노력을 통한 성공을 부여합니다. 승진 기회를 잡으려면 신중하게 나아가야 하고 전통적인 방법들을 사용해야 합니다.

- 장점 : 근면, 헌신, 인내심

■ 단점 : 지나친 의심, 불신

오쿨루스(Oculus)

이름 : 오쿨루스
위치 : 3°44′-4°44′ 물병자리
등급 : 5
강도 : ★★
궤도 : 1°
별자리 : 염소자리 파이별
해당일 : 1월 24, 25, 26일
별의 성질 : 금성/토성
특징 : 염소의 오른쪽 눈에 위치한 작은 백황색 별

＊

오쿨루스는 예리한 지적 능력과 의무감, 실용적 시각을 부여하는 별입니다. 당신은 사교술이 뛰어나 친구와 지인이 많지만 엄숙한 태도 때문에 거리를 둔다는 인상을 줍니다. 그러나 이 별은 당신을 지원하고 성공하도록 도와주는 충실한 친구들을 줍니다.

오쿨루스는 당신의 태양 각도와 연결되어 매력과 우호적인 성격을 선사합니다. 또 인기와 일반 대중을 상대로 한 일에서 성공도 안겨줍니다.

● 장점 : 사교적, 우호적, 집단 지향적
■ 단점 : 소외, 무정함, 지나치게 진지함

보스(Bos)

이름 : 보스
위치 : 4°11′-5°1′ 물병자리
등급 : 5
강도 : ★★
궤도 : 1°
별자리 : 염소자리 로별
해당일 : 1월 25, 26일
별의 성질 : 다양한 영향. 금성/토성
특징 : 염소 얼굴에 위치한 작은 흰색 별

＊

보스는 안목, 예술적 표현에 대한 재능, 날카로운 지적 능력을 부여하는 별입니다. 또 강한 의무감을 주어 부지런히 일하라고 촉구하죠. 당신이 투지와 강한 확신을 가지면 이 별은 성공과 행운을 가져다줍니다.

보스는 당신의 태양 각도와 연결되어 강한 성격과 확신, 개성, 목적의식을 불러옵니다 당신은 특이한 분야에 관심이 있으니 너무 급진적이거나 극단적이 되지 않도록 조심하세요.

● 장점 : 머리가 좋음, 자제력, 야망, 근면성을 통한 성공
■ 단점 : 지나치게 진지함, 자학, 이탈

아르무스(Armus)

이름 : 아르무스
위치 : 11°45′-12°45′ 물병자리
등급 : 5
강도 : ★★
궤도 : 1°
별자리 : 염소자리 에타별
해당일 : 2월 1, 2, 3일
별의 성질 : 화성/수성
특징 : 염소 심장에 위치한 작은 주홍색 별

＊

아르무스는 독창성, 창의성, 논쟁을 좋아하는 성격, 빠른 두뇌 회전, 다른 사람들에게 깊은 인상을 남기는 능력을 부여합니다. 또 특별하고 재치 있는 말솜씨도 줍니다. 하지만 따지기 좋아하거나 무례한 성향을 조심해야 하며 당신을 불안정하게 하는 내면의 불안도 경계해야 합니다.

아르무스는 당신의 태양 각도와 연결되어 독립성, 빠른 행동, 기민함을 부여합니다. 당신은 사회적 성향이며 일반 대중을 상대하는 일에서 성공을 거둘 것입니다.

● 장점 : 분별력, 판단력, 기술, 인상적인 말솜씨
■ 단점 : 화를 잘 냄, 정신적 긴장, 불안, 싸우기 좋아함

도르숨(Dorsum)

이름 : 도르숨

위치 : 12°51′-13°50′ 물병자리

등급 : 4

강도 : ★★★★

궤도 : 1°30′

별자리 : 염소자리 세타별

해당일 : 2월 2, 3, 4일

별의 성질 : 목성/토성

특징 : 염소 등에 위치한 작은 백청색 별

*

도르숨은 인내심과 참을성을 발휘해 원대한 목표를 이룰 수 있는 능력을 부여합니다. 근면한 당신은 대중을 상대로 하는 일에서 성공을 거둡니다.

이 별은 당신의 태양 각도와 연결되어, 느리지만 꾸준한 발전을 불러옵니다. 그러나 책임감이 있어야 앞으로 나아갈 수 있습니다. 또 글솜씨를 연마하면 좋습니다.

- 장점 : 의무감, 사교적 수완, 봉사하려는 의지
- 단점 : 긴장, 불만, 인내심 부족

카스트라(Castra)

이름 : 카스트라

위치 : 19°30′-20°12′ 물병자리

등급 : 4

강도 : ★★★★

궤도 : 1°30′

별자리 : 염소자리 엡실론별

해당일 : 2월 8, 9, 10일

별의 성질 : 목성/토성

특징 : 염소 배에 위치한 노란색과 주황색을 띤 작은 별

*

카스트라는 리더십, 적극성, 공직에서의 출중한 성과를 가져다주는 별입니다. 또한 인내심과 근면성이 있어야 성공하고 파괴적인 행위는 실패를 불러온다고 암시합니다.

카스트라는 당신의 태양 각도와 연결되어 글쓰기와 높은 수준의 교육을 받으며 좋은 성과와 명예를 얻게 해 줍니다. 당신은 아마 철학이나 점성학에 흥미를 느낄 겁니다. 또한 이 별은 직관력과 정신적 능력도 부여합니다.

- 장점 : 인내심, 야망, 철학적 사고
- 단점 : 자신감 부족, 비관주의

나시라(Nashira)

이름 : 나시라, 기쁜 소식의 전달자(Bringer of Good Tidings) 라고도 불림

위치 : 20°48′-21°45′ 물병자리

등급 : 4

강도 : ★★★★

궤도 : 1°30′

별자리 : 염소자리 감마별

해당일 : 2월 10, 11, 12, 13일

별의 성질 : 토성/목성

특징 : 염소 꼬리에 위치한 작은 별

*

나시라는 성공을 불러오며, 실패와 다른 과제들을 극복할 수 있는 힘을 줍니다. 또 신중한 성격을 부여하며, 인내하면 보상을 받을 것이고 성공은 어려움을 겪은 뒤에야 찾아온다고 암시합니다.

나시라는 당신의 태양 각도와 연결되어 글솜씨, 관리 능력 및 실행력, 대중을 상대하는 일에서 성공을 안겨줍니다. 이 별은 고군분투를 나타내지만 일단 성공을 이루면 오래 지속되며 인생의 후반기에는 저명한 위치에 오를 가능성도 있습니다.

- 장점 : 인내심, 참을성, 신중함
- 단점 : 긴장, 불만, 화를 잘 냄

사달수드(Sad Al Suud)

이름 : 사달수드

위치 : 22°24′-23°20′ 물병자리

등급 : 3

강도 : ★★★★★★

궤도 : 1°30′

별자리 : 물병자리 베타별

해당일 : 2월 11, 12, 13, 14일

별의 성질 : 수성/토성, 태양/천왕성

특징 : 물병을 든 소년의 왼쪽 어깨에 위치한 연노란색 별

＊

사달수드는 창의성, 상상력, 직관력, 영적 능력을 암시합니다. 당신은 점성학과 형이상학 공부에 흥미를 느낄 수 있습니다. 대체로 당신은 가정적이고 집을 좋아합니다. 이 별의 영향을 받는 사람은 가정생활이 행복하고 결혼으로 득을 봅니다.

이 별은 당신의 태양 각도와 연결되어 독창성, 대중을 상대로 한 일에서의 성공, 점성학, 철학 혹은 정신적 영역에 대한 관심을 부여합니다. 또한 이상하거나 뜻밖의 사건이 일어날 수 있다는 암시도 합니다.

- 장점 : 독창성, 창의성, 운 좋은 변화, 새로운 기회
- 단점 : 스캔들, 역효과를 낳을 수 있는 성급한 행동

데네브 알게디(Deneb Algedi)

이름 : 데네브 알게디

위치 : 22°23′–23°39′ 물병자리

등급 : 3

강도 : ★★★★★★

궤도 : 1°40′

별자리 : 염소자리 델타별

해당일 : 2월 11, 12, 13, 14일

별의 성질 : 목성/토성

특징 : 염소 꼬리에 위치한 작은 별

＊

데네브 알게디는 성공, 명성, 부, 그리고 어렵고 이득이 없는 상황을 성공적인 상황으로 바꿀 수 있는 능력을 부여합니다. 뛰어난 사업적 감각과 적극적 성격이 리더십과 실행력을 증진시킬 수 있습니다. 당신은 뛰어난 전략가이며 크게 보고 생각하길 좋아합니다. 이 별의 영향으로 당신은 높은 자리에 올라갈 수 있지만 신중해야 하

며 사람을 가려 사귀어야 합니다.

이 별은 당신의 태양 각도와 연결되어 법조계나 공직에서의 큰 성취와 꾸준하지만 확실한 발전을 가져옵니다. 하지만 성급하거나 사소한 문제에 화를 잘 내는 성향은 극복해야 합니다.

- 장점 : 설득력이 강함, 지각력, 야망, 기민함
- 단점 : 파괴적 행위, 기회를 놓침

물고기자리
♓

사달멜리크(Sad Al Melik)

이름 : 사달멜리크

위치 : 2°21′–3°16′ 물고기자리

등급 : 3

강도 : ★★★★★★

궤도 : 1°30′

별자리 : 물병자리 알파별

해당일 : 2월 19, 20, 21, 22일

별의 성질 : 토성/수성, 토성/목성

특징 : 물병을 든 소년의 오른쪽 어깨에 위치한 연노란색 거성

＊

사달멜리크는 상상력이 풍부하고 보수적인 성격, 정신적 능력과 형이상학 및 점성학에 대한 관심을 부여하는 별입니다.

이 별은 당신의 태양 각도와 연결되어 대규모의 프로젝트를 진행한다거나 큰 기업에서 성공할 기회를 줍니다. 또 탐구심이 강하고 근면하며 물질주의적인 성향도 나타냅니다. 사달멜리크는 실패를 겪은 뒤에야 성공이 찾아오고 당신이 얼마나 노력을 기울이는지에 많은 것이 달려 있다고 암시합니다.

- 장점 : 현실적, 인내심, 섬세함, 근면
- 단점 : 불신, 비현실적, 혼란

포말하우트(Fom Al Haut)

이름 : 포말하우트
위치 : 2°51′-3°51′ 물고기자리
등급 : 1
강도 : ★★★★★★★★★
궤도 : 2°30′
별자리 : 남쪽물고기자리 알파별
해당일 : 2월 19, 20, 21, 22, 23, 24, 25일
별의 성질 : 금성/수성
특징 : 남쪽 물고기의 입에 위치한 불그스름한 흰색 별

＊

포말하우트는 4개의 황제별 중 하나이며 동지(冬至)를 나타냅니다. 특히 강한 힘을 가진 별이어서 행운, 성공, 예리한 사고를 부여합니다. 또 물질적인 관점을 좀 더 정신적인 관점으로 바꿀 필요성도 나타냅니다.

이 별은 당신의 태양 각도와 연결되어 좋은 리듬감, 수용성, 대세를 따르는 성향을 나타냅니다. 주변 환경의 영향을 쉽게 받는 당신은 자기중심적인 면도 있으므로 창의적인 자기표현 방법을 찾아야 할 필요가 있습니다. 또한 이 별은 유산을 기대할 수 있다고 암시하지만 낭비를 조심하라고도 경고합니다.

● 장점 : 예산 세우는 법을 익힘, 이상주의적, 풍부한 상상력, 창의적
■ 단점 : 대가가 큰 법적 문제, 통찰력 부족, 부주의함

데네브 아디게(Deneb Adige)

이름 : 데네브 아디게, 알 다나브(Al Dhanab)라고도 불림
위치 : 4°19′-4°55′ 물고기자리
등급 : 1
강도 : ★★★★★★★★★
궤도 : 2°30′
별자리 : 고니자리 알파별
해당일 : 2월 22, 23, 24, 25, 26, 27일
별의 성질 : 금성/수성
특징 : 고니 꼬리에 위치한 밝은 흰색 별

＊

데네브 아디게는 지적 능력과 정보를 신속하게 이해하는 힘을 부여합니다. 또 다재다능함과 이상주의, 정신적 능력도 선사하죠. 친화력이 있고 사람들에게 호감을 주는 당신은 친구를 선택할 때 주의해야 합니다.

이 별이 당신의 태양 각도와 연결되면 글쓰기에 대한 재능, 문학에 대한 사랑, 점성학에 대한 관심을 부여합니다. 데네브 아디게는 당신이 인기가 있고, 대중을 상대로 한 일에서 성공할 것이라고 암시합니다. 또 당신이 어린 시절에 강렬한 인상을 남기는 문제에 직면할 수도 있음을 암시합니다.

● 장점 : 논리정연함, 풍부한 상상력, 빈틈없음, 뛰어난 지적 능력
■ 단점 : 요령 부족, 관계 약화

스카트(Skat)

이름 : 스카트
위치 : 7°51′-8°40′ 물고기자리
등급 : 3.5-4
강도 : ★★★★
궤도 : 1°30′
별자리 : 물병자리 델타별
해당일 : 2월 26, 27, 28, 29일
별의 성질 : 토성/목성 또는 천왕성/금성/수성
특징 : 물병을 든 소년의 오른쪽 다리에 위치한 작은 별

＊

스카트는 이상주의, 예술적 재능, 수용적인 정신을 부여합니다. 이 별로 볼 때 당신은 낭만적인 성격이며 행운과 성공, 오랜 행복을 누립니다.

스카트는 당신의 태양 각도와 연결되어 섬세함, 이상주의, 정신적 능력을 부여하며 일반 대중을 상대로 한 일에서의 성공을 불러옵니다. 당신은 인기를 누리고 어려울 때 친구들로부터 도움을 받을 것입니다. 하지만 지나치게 감정적이 되어서는 안 되며 비판에 과잉 반응하는 성격도 극복해야 합니다.

● 장점 : 창의성, 리듬감, 섬세함, 인내심
■ 단점 : 일관성이 없음, 침울함, 초조불안

아케르나르(Achernar)

이름 : 아케르나르
위치 : $14°17'-15°11'$ 물고기자리
등급 : 1
강도 : ★★★★★★★★★
궤도 : $2°30'$
별자리 : 에리다누스자리 알파별
해당일 : 3월 3, 4, 5, 6, 7, 8일
별의 성질 : 목성
특징 : 에리다누스 강어귀에 위치한 청백색 별

✳

아케르나르는 시각의 확장과 전체를 볼 수 있는 힘을 자극합니다. 당신은 낙천적이고 정의를 사랑하며 포부가 큰 사람일 것입니다, 이 별은 성공과 일반 대중을 상대하는 일에 대한 재능을 부여합니다. 또한 당신은 철학과 종교에 끌릴 것입니다.

이 별은 당신의 태양 각도와 연결되어 관대하고 인내심이 강하며 낙천적인 성격을 부여합니다. 또 높은 수준의 교육을 받으며 큰 성과를 내고, 글쓰기 재능이 있으며, 뛰어난 성과에 대한 보답도 있으리라 암시합니다. 당신은 사업과 일반 대중을 상대하는 일에서 성공을 거둘 수 있습니다. 그리고 명성을 얻으면 오래 지속되는 편입니다.

● 장점 : 정의, 사교적 감각, 포부
■ 단점 : 외부의 영향을 쉽게 받음, 도피주의, 투기, 오해

마르카브(Markab)

이름 : 마르카브
위치 : $22°29'-23°22'$ 물고기자리
등급 : 2.5 - 3
강도 : ★★★★★★★
궤도 : $1°40'$
별자리 : 페가수스자리 알파별
해당일 : 3월 12, 13, 14, 15, 16일
별의 성질 : 화성/수성

특징 : 페가수스의 날개에 위치한 밝은 흰색 별

✳

마르카브는 진취성, 결단력, 단호한 정신을 부여합니다. 이 별의 영향을 받은 사람은 토론이나 논쟁을 좋아하고 판단력이 뛰어납니다. 실용적인 기술을 갖추었고 다재다능하며 재치 있는 말솜씨도 있네요. 당신은 인상적인 말과 적절한 태도로 상대에게 대응하고 상황을 자신에게 유리하게 이용할 줄 압니다.

이 별이 당신의 태양 각도와 연결되면 여행을 좋아하는 성향, 창의적이고 예술적인 재능, 대중을 상대하는 일에서의 성공을 부여합니다. 이 별은 사업에 대한 재능을 주며, 신속하고 직관적으로 생각하고 행동하는 능력을 통해 물질적 소득을 얻게 해줍니다. 당신은 높은 수준의 교육, 정신적 영역, 철학, 혹은 글쓰기에 대한 관심을 추구하라는 자극을 받을 수 있습니다. 또한 마르케브는 현실에 안주해서는 안 되고 열정이 부족한 성향을 극복해야 한다고 경고합니다.

● 장점 : 에너지가 넘침, 창의적, 진취적
■ 단점 : 트집을 잡음, 고집, 화를 잘 냄, 경솔함, 성급한 행동

스케아트(Scheat)

이름 : 스케아트
위치 : $28°14'-29°6'$ 물고기자리
등급 : 2
강도 : ★★★★★★★★
궤도 : $2°10'$
별자리 : 페가수스자리 베타별
해당일 : 3월 16, 17, 18, 19, 20, 21일
별의 성질 : 화성/수성 혹은 토성/수성
특징 : 페가수스의 왼쪽 다리에 위치한 짙은 주황색과
　　　 노란색을 띤 거성

✳

스케아트는 결단력을 부여하지만 완고함도 줍니다. 이 별로 보건대 당신은 몽상가이자 이상주의자이며 진취적인 성격입니다. 당신은 아마 친구가 많고 원활한 사교 생활을 즐길 것이며 사회관계에서 소속감을 느낄 것

입니다.

　이 별은 당신의 태양 각도와 연결되어 대중을 상대로 한 일에서의 성공뿐 아니라 형이상학, 점성학, 심원한 주제들에 대한 재능도 부여합니다. 또한 성공이 꼭 오래 지속되는 것은 아니며 친구, 지인 혹은 사업 동료를 선택할 때 신중해야 한다고 암시합니다.

● 장점 : 결단력, 분별력, 토론을 잘함, 진취성, 투지
■ 단점 : 물로 인한 위험, 경솔함, 완고함